中国低碳年鉴

(2012)

总第3卷

《中国低碳年鉴》编委会

北京
冶金工业出版社
2013

内容简介

为全面记载我国应对气候变化和低碳发展的历程，促进转变经济发展方式，由国务院相关部委应对气候变化和低碳发展主管司局及省（自治区、市）发展和改革委员会等共同编辑出版大型低碳发展典籍《中国低碳年鉴2012》。

《中国低碳年鉴2012》主要载述2011年国家应对气候变化和低碳发展的法律法规、政策文件、国家各部委与各省、自治区、直辖市应对气候变化和低碳发展工作，以及有关数据资料、案例，内容全面、丰富、详实，具有权威性、可靠性和较高的实用价值，可作为各级党政机关、企事业单位、院校、科研院所、专家学者及有关人员在政策决策、规划制订、科研、教学、管理等工作中的参考。

图书在版编目（CIP）数据

中国低碳年鉴. 2012 / 《中国低碳年鉴》编委会编
一北京 : 冶金工业出版社, 2013.1
ISBN 978-7-5024-6146-1
Ⅰ. ①中… Ⅱ. ①中… Ⅲ. ①气候变化—影响－中国
－经济－经济发展－2012—年鉴 Ⅳ. ①F124-54
中国版本图书馆CIP数据核字(2013)第004980号

出版人 谭学余
地址 北京北河沿大街嵩祝院北巷39号，邮编100009
电话 (010) 64027926 电子信箱 yjcbs@cnmip.com.cn
责任编辑 曾 媛 美术编辑 孔令刚 版式设计 孔令刚
责任校对 张 之
ISBN 978-7-5024-6146-1
廊坊市安次区码头镇长岭印刷厂印刷；冶金工业出版社出版发行；各地新华书店经销
2013年1月第1版，2013年1月第1次印刷
880mm×1230mm；彩：56页；52.5印张；字数：1886千字；页数：792页
560.00元
冶金工业出版社投稿电话：(010)64027932 投稿信箱：tougao@cnmip.com.cn
冶金工业出版社发行部 电话：(010)64044283 传真：(010)64027893
冶金书店 地址：北京东四西大街46号(100010) 电话：(010)65289081(兼传真)

大力推进生态文明建设，努力建设美丽中国。

着力推进绿色发展、循环发展、低碳发展，形成节约资源和保护环境的空间格局、产业结构、生产方式、生活方式。

发展循环经济，促进生产、流通、消费过程的减量化、再利用、资源化。

——摘自中国共产党第十八次代表大会工作报告

2011年3月5日，国务院总理温家宝在十一届全国人大四次会议上作《政府工作报告》强调积极应对气候变化。3月17日，十一届全国人大四次会议通过的《中华人民共和国国民经济和社会发展第十二个五年规划纲要》，把积极应对气候变化、加快低碳发展作为“十二五”时期我国经济社会发展的重要政策导向之一。

2011年2月21～22日，全国发展改革系统应对气候变化工作会议在广州召开，国家发展和改革委员会副主任解振华出席会议并讲话。会议以科学发展观为指导，深入分析当前应对气候变化工作面临的形势，全面总结“十一五”和2010年应对气候变化工作，研究部署了“十二五”特别是2011年应对气候变化各项工作任务。

2011年1月12日，国家发展和改革委副主任解振华主持召开国家应对气候变化规划编制启动会议，研究部署规划编制有关工作。

2011年1月24～25日，国家发展和改革委在重庆召开国家低碳省市试点工作座谈会，对各省市的试点工作给予了肯定，并对下一步各省市的试点工作做了部署。

2011年4月17日，“绿色汽车·和谐社会”——中国·合肥私人购买新能源汽车示范应用仪式在江淮汽车技术中心举行。科学技术部部长万钢出席。

2011年6月，工业和信息化部部长苗圩在新疆建设兵团参观新疆大全光伏产业园基地规划和多晶硅及配套电厂的工程建设。

2011年11月28日～12月11日，在南非德班举行的联合国气候变化大会上，以国家发展和改革委副主任解振华（右）为团长的中国代表团为德班会议取得积极成果作出了重要贡献。左为中国代表团副团长、国家发展和改革委应对气候变化司司长苏伟。

2011年7月9日，国家能源局、财政部、农业部在北京联合召开全国农村能源工作会议。会议提出以建设绿色能源示范县、实施新一轮农网改造升级工程、大力发展农村可再生能源为重点，全面推动农村能源建设取得新进展。

2011年10月20日，住房和城乡建设部绿色建筑产业集聚示范区授牌暨中国建筑设计咨询公司、武进区政府项目签约仪式在江苏省常州市武进区举行。住房和城乡建设部副部长仇保兴出席授牌和签约仪式。

2011年2月24日，交通运输部在江苏无锡市召开“车、船、路、港”千家企业低碳交通运输专项行动总结会暨低碳交通运输体系城市试点启动会。低碳交通运输体系城市试点工作正式启动。图为交通运输部副部长高宏峰与江苏省副省长史和平为低碳交通运输体系城市试点无锡市揭牌。

2011年10月19日，水利部、财政部在京召开农村水电增效扩容改造试点启动视频会，财政部副部长张少春、水利部副部长胡四一分别与重庆、浙江等6省（区、市）人民政府签署农村水电增效扩容改造试点责任书。水利部部长陈雷强调，实施农村水电增效扩容改造责任重大，一定要高度重视，精心组织，强化管理，切实把这一利国惠民的好事办实、实事办好。

2011年1月18日，第二届中美清洁能源务实合作战略论坛18日在华盛顿举行，当日下午即将抵美访问的中国国家主席胡锦涛致信祝贺。全国政协副主席董建华，全国政协副主席、科技部部长万钢，美国能源部部长朱棣文，商务部部长骆家辉等出席论坛。

2011年11月15日，科学技术部、中国气象局和中国科学院在北京联合召开《第二次气候变化国家评估报告》发布暨专家解读会。《第二次气候变化国家评估报告》全面、系统汇集了我国应对气候变化有关科学、技术、经济和社会研究成果，客观地反映了我国科学界在气候变化领域的研究进展。

2011年11月11日，第二届世界低碳与生态经济大会暨技术博览会在江西南昌开幕。来自五大洲23个国家的使节，12个国际低碳组织的代表参加会议。全国人大常委会副委员长蒋树声出席并宣布大会开幕。大会上共有155个重大项目达成投资合作协议，签约总投资金额888亿元。

中国首个林业碳汇交易试点在浙江义乌启动。

2011年6月11日，“2011年全国节能宣传周”在全国展开。

2011年10月16日，以倡导低碳生活为主题的环保活动“酷中国—全民低碳行动计划”在天津市启动。项目以国家发改委确定的5省8市低碳试点省市，以及北京、上海等地为核心，在学校、企业、社区等人群中开展一系列的低碳生活公众参与活动。项目的阶段性成果在南非德班如开的联合国气候变化大会上的“中国角”展区展出，引起了世界各国与会代表的关注。

“2011中国应对气候变化和低碳发展十大新闻发布会暨《中国低碳年鉴2011》首发式”举行。

《中国低碳年鉴》顾问委员会

名誉顾问

陈至立　全国人大常务委员会副委员长

陈昌智　全国人大常务委员会副委员长

徐匡迪　第十届全国政协副主席、中国工程院主席团名誉主席

顾　　问

解振华　国家发展和改革委员会副主任

李毅中　全国政协经济委员会副主任、工业和信息化部原部长

周生贤　环境保护部部长

仇保兴　住房和城乡建设部副部长

李盛霖　交通运输部原部长

张桃林　农业部副部长

汪　洪　水利部总工程师

宋秀岩　全国妇联书记处第一书记

贾治邦　国家林业局原局长

郑国光　中国气象局局长

林左鸣　中国航空工业集团公司董事长

徐锭明　国务院参事、国家能源专家咨询委员会主任

秦大河　全国政协人口环资委副主任、国家气象局原局长

牛文元　国务院参事、中国科学院可持续发展战略研究组组长

金　涌　清华大学化工科学与技术研究院院长、中国工程院院士

《中国低碳年鉴》编辑委员会

孙翠华　国家发展和改革委员会应对气候变化司副司长

李　高　国家发展和改革委员会应对气候变化司副司长

高广生　国家发展和改革委员会应对气候变化司巡视员

孙　桢　国家发展和改革委员会应对气候变化司副巡视员

田成川　国家发展和改革委员会应对气候变化司战略规划处处长

马爱民　国家发展和改革委员会应对气候变化司综合处处长

蒋兆理　国家发展和改革委员会应对气候变化司国内处处长

黄问航　国家发展和改革委员会应对气候变化司对外合作处处长

华　中　国家发展和改革委员会应对气候变化司战略规划处副处长

马燕合　科学技术部社会发展科技司司长

沈建忠　科技部社会发展科技司综合与气候变化处处长

周长益　工业和信息化部节能与综合利用司司长

杨铁生　工业和信息化部节能与综合利用司副司长

王文远　工业和信息化部节能与综合利用司节能处处长

赵英民　环境保护部科技标准司司长

王明良　环境保护部科技标准司应对气候变化处处长

韩爱兴　住房和城乡建设部建筑节能与科技司副司长

仝贵婵　住房和城乡建设部建筑节能与科技司处长

何建中　交通运输部政策法规司司长

柯林春　交通运输部政策法规司副司长

李树栋　交通运输部政策法规司节能减排处处长

田中兴　水利部农村水电及电气化发展局局长

樊新中　水利部农村水电及电气化发展局农电处处长

王衍亮　农业部科技教育司巡视员

李　波　农业部科技教育司资源环境处处长

王祝雄　国家林业局造林绿化司司长

蒋三乃　国家林业局造林绿化司应对气候变化处处长

罗云峰　中国气象局科技与气候变化司司长

袁佳双　中国气象局科技与气候变化司气候处处长

张小媛　中华全国妇女联合会巡视员兼宣传部长

白　荷　中华全国妇女联合会宣传部文化处处长

李俊峰　国家应对气候变化战略研究中心主任

潘　荔　中国电力产业联合会电力环保与应对气候变化中心主任

孙伟善　中国石油和化学工业联合会副秘书长兼产业发展部主任

李永亮　中国石油和化学工业联合会产业发展部处长

王英建　北京市发改委 北京市能源与经济运行调节工作领导小组办公室专职副主任

张玉梅　北京市发展和改革委员会应对气候变化处处长

张志强　天津市发展和改革委员会主任

田国栋　天津市发展和改革委员会资源节约和环境气候处处长

吴晓华　河北省发展和改革委员会副主任

黄建梅　河北省发展和改革委员会应对气候变化处副处长

王　赋　山西省发展和改革委员会主任

程泽业　山西省发展和改革委员会 副主任

武东升　山西省发展和改革委员会应对气候变化处处长

文　民　内蒙古自治区发展和改革委员会副主任

迟瑞平　内蒙古自治区发展和改革委员会应对气候变化处处长

王金笛　辽宁省发展和改革委员会主任

吕　鹏　辽宁省发展和改革委员会应对气候变化处处长

宋　刚　吉林省发展和改革委员会副主任

吕继辉　吉林省应对气候变化与节能减排工作领导小组办公室主任

王汉春　江苏省发展和改革委员会副主任

张宪华　江苏省发展和改革委员会资源节约与环境保护处处长

缪　军　江苏省发展和改革委员会资源节约与环境保护处副处长

孔晓宏　安徽省发展和改革委员会副主任

徐禾生　安徽省应对气候变化办公室主任

许爱民　江西省发展和改革委员会主任

沈　丰　江西省发展和改革委员会应对气候变化处处长

许克振　湖北省发展和改革委员会主任

田　啓　湖北省发展和改革委员会应对气候变化处处长

林回福　海南省发展和改革委员会主任

冯　燕　海南省发展和改革委员会区域经济和资源节约环境保护处处长

杨庆育　重庆市发展和改革委员会主任

董晓川　重庆市发展和改革委员会资源环境和应对气候处处长

代永波　四川省发展和改革委员会主任

陈波涛　四川省发展和改革委员会环资处处长

高　鸿　贵州省发展和改革委员会党组成员、省西部开发办公室副主任

王庆卫　贵州省发展和改革委员会应对气候变化处副处长

杨锦昆　云南省发展和改革委员会副主任

袁千禾　云南省发展和改革委员会应对气候变化处处长

孙本拉　西藏自治区发展和改革委员会副主任

谢　慧　西藏自治区发展和改革委员会应对气候变化处副处长

樊维斌　陕西省发展和改革委员会总工程师

纳新武　陕西省发展和改革委员会应对气候变化处副调研员

袁进琳　宁夏回族自治区发展和改革委员会主任

霍振祥　宁夏回族自治区发展和改革委员会资源节约与环境保护处处长

李洪波　新疆维吾尔自治区发展和改革委员会巡视员

徐卫新　新疆维吾尔自治区发展和改革委员会地区经济处处长

张德云　新疆生产建设兵团发展和改革委员会副主任

杨安民　新疆生产建设兵团发展和改革委员应对气候变化处处长

沈　毅　深圳市发展和改革委员会副主任

曹先强　深圳市发展和改革委员会能源与循环经济处处长

柯志敏　厦门市经济发展局局长

叶怡锻　厦门市经济发展局环境和资源综合利用处处长

杨　凯　鞍山市发展和改革委员会主任

金　峰　鞍山市发展和改革委员会副主任
谷树忠　国务院发展研究中心资源与环境政策研究所副所长
周宏春　国务院发展研究中心社会发展研究部室主任
王　毅　中国科学院科技政策与管理科学研究所副所长
潘家华　中国社会科学院城市发展与环境研究所所长
庄贵阳　中国社会科学院可持续发展研究中心副秘书长
齐　晔　清华大学气候变化与低碳发展政策研究中心主任
毛宗强　中国可再生能源学会副理事长
罗　勇　中国气象局国家气候中心副主任
赵新峰　首都师范大学管理学院院长
杨　志　中国人民大学气候变化与低碳经济研究所所长
诸大建　同济大学可持续发展与管理研究所所长
刘兴利　北京现代循环经济研究院院长
孟赤兵　北京现代循环经济研究院常务副院长
韩　冰　北京现代循环经济研究院副院长
苟在坪　北京现代循环经济研究院副院长
徐怡珊　中国环境监测总站高级工程师
秦海岩　中国可再生能源学会风能专业委员会秘书长
张贵龙　农业部环境保护科研监测所副研究员
杜绍中　北京环境交易所董事长
王　靖　天津排放权交易所总经理
林　健　上海环境能源交易所总经理
李正希　广州碳排放权交易所董事长
赵　雍　北京水泥厂有限责任公司总经理
郑文泰　海南兴隆热带花园（植物园）董事长
胡士勇　江苏华宏科技股份有限公司董事长
覃国军　中国石油安全环保技术研究院院长
张维世　神华准格尔能源有限公司董事长

低碳工业编

主编单位：工业和信息化部节能与综合利用司

主　　编：杨铁生　工业和信息化部节能与综合利用司副司长

副 主 编：王文远　工业和信息化部节能与综合利用司节能处处长

低碳交通编

主编单位：交通运输部政策法规司

主　　编：何建中　交通运输部政策法规司司长

副 主 编：柯林春　交通运输部政策法规司副司长

李树栋　交通运输部政策法规司节能减排处处长

执行副主编：高建刚　交通运输部政策法规司节能减排处副调研员

张婧嫄

低碳建筑编

主编单位：住房城乡建设部建筑节能与科技司

主　　编：韩爱兴　住房和城乡建设部建筑节能与科技司副司长

副 主 编：仝贵婵　住房和城乡建设部建筑节能与科技司处长

执行副主编：侯文俊

低碳农业编

主编单位：农业部科技教育司

主　　编：王衍亮　农业部科技教育司巡视员

副 主 编：李　波　农业部科技教育司资源环境处处长

方　放　农业部科技教育司资源环境处副处长

执行副主编：曹子祎　李晓华　于秀娟　王晓斌　黎光华　黄　辉　李文星　王国占

《中国低碳年鉴》编辑部

编辑部主任：孟赤兵

编辑部副主任：芶在坪 侯 静

编　　辑：侯 静 王 蕾 敬 涛

版式设计：张 之 孔令刚

彩页设计：孔令刚

封面设计：孔令刚

特约编审／撰稿

于秀娟 寸文娟 马 欣 马国安 王 农 王文远 王庆卫 王晓斌
王 蕾 方 放 田 啓 邢佰英 任 颖 刘 强 芶在坪 李 玲
李文星 李永亮 李晓华 杨 帆 杨安民 杨俊峰 时丽艳 迟瑞平
林 淦 林斌忠 张 之 张 浩 张婧嫄 陈 斌 陈大岭 纳新武
易成波 金陶陶 於俊杰 孟赤兵 侯 静 侯文俊 袁 业 徐卫新
高迎春 高建刚 唐 正 黄 辉 黄建梅 曹子伟 曹先强 章升东
彭 飞 敬 涛 董晓川 谢 慧 樊新中 黎光华 霍振祥

编辑部地址：北京现代循环经济研究院
北京市安外大街138号皇城国际大厦A座611室

编辑部电话：010-84119310（传真）

电子邮箱：zgdtjjnj@126.com

编辑说明

应对气候变化事关中华民族和全人类的长远利益，走低碳发展之路是积极应对气候变化的迫切要求，也是体现以人为本、全面协调可持续的发展导向、建设创新型国家的客观要求。

树立绿色低碳发展理念，大力发展以低碳排放、循环利用为内涵的绿色经济，逐步建立以低碳排放为特征的工业、建筑、交通体系和低碳社会生活，积极探索具有中国特色的低碳发展道路，有效控制温室气体排放，为推进中国和世界可持续发展作出积极贡献，已成为中国的一项基本国策，并已纳入了国民经济和社会发展第十二个五年规划纲要。

为全面记载我国应对气候变化和低碳发展的历程和实际状况，加快走低碳发展之路的步伐，特编辑出版《中国低碳年鉴》。这个构想一经提出，立即得到从中央到地方、国家各重点行业及其协会、低碳试点与实践单位的各方面的高度关注和坚决支持，全国人大、国务院各有关部委和部门，各省市区发改委、专家学者应邀担当顾问、编委，积极撰写和提供文稿、资料、图片，并提出了许多指导意见，给了我们努力做好《中国低碳年鉴》的编辑出版工作以巨大的鼓舞和鞭策。

一、《中国低碳年鉴 2012》基本内容为2011年中国应对气候变化和低碳发展状况、重要信息数据、基本经验和主要成效。为增强《年鉴》的时效性和适用性，适当收录了2012年我国应对气候变化和低碳发展的部分政策文件和内容。

二、《中国低碳年鉴 2012》在编辑出版全过程中，坚持以邓小平理论和“三个代表”重要思想为指导，贯彻落实科学发展观。在体例上，采用文章、条目、报表和图片相结合。

三、《中国低碳年鉴 2012》具有一些明显的特点，国家工业和信息化部、住宅和城乡建设部、交通运输部、农业部等部委（局）设置了专编。载入的事件、信息、数据、资料、图片等都来自官方和公开出版物，具有权威性、真实性，历史价值和保存、使用、查考价值都较高；涵盖内容全面、广泛、系统，从中央到地方、企业、园区、行业、领域，涉及言论、重大活动和事件、法规、政策、科技、典型案例以及国外概况，多层次、全方位，涉及低碳发展的各个方面，全书达160多万字，规模之大、内容丰富、详实、完备，为前所少见；图文并茂，具有较强的可视性、生动性和可读性。

四、诚挚感谢全国人大、全国政协、国务院各有关部委（局）、省市区发改委、国家各重点行业协会、低碳试点与实践单位、专家学者等在《中国低碳年鉴 2012》的编辑出版中给予的支持！

五、《中国低碳年鉴》编辑部设在北京现代循环经济研究院。

六、由于我们缺乏经验，水平有限，对于书中存在的疏漏乃至错误，敬请不吝指正。

Editing Instructions

Climate change relates to the long-term interests of Chinese nation and all mankind, so taking the low-carbon development way is an urgent demand to actively respond to climate change, an embodying in the direction of People First, Overall Coordination and Sustainable Development, and also the inherent and objective requirement of building an innovative country as well.

It has already became a China's basic state policy and incorporated into Twelfth Five-Year Plan for National Economic and Social Development of People's Republic of China to establish green low-carbon development concept, to strongly develop green economy with the connotation of low-carbon emissions and recycling usage, and to radually set up the industry, construction and transportation systems with low-carbon emission and low-carbon social life, and to actively explore the low-carbon development road with Chinese characteristics, and to effectively

control greenhouse gas emissions, as well as to positively contribute to promoting sustainable development of both China and the world.

For the purpose of comprehensively recording the course and actual situation of Chinese low-carbon development, and speeding up the low-carbon development, China Low-Carbon Yearbook was specially published.

Great attention and firm support were given from all involved parties such as from the central to locals, each national key industry and its association, and the low-carbon pilot and practice units. The consultants and editors were invited from the relevant ministries and commissions (bureaus) of National People's Congress and the State Council, and the provincial and municipal National Development and Reform Commission, and relevant experts and scholars. All of them positively wrote and provided manuscripts, the information and pictures, and gave many guidance suggestions. All mentioned above encouraged and spur us to make great efforts to edit China Low-Carbon Yearbook 2012 well.

China Low-Carbon Yearbook 2012 basic content focuses on China low-carbon development status and actions in dealing with climate change, important information/data, experience and major achievement in 2011. To improve the timeliness of China Low-Carbon Yearbook, we collected important policy documents and related contents referring to China's actions in dealing with climate change and low carbon development in 2012.

The Deng Xiaoping Theory and Three Representative Important Thought were adhered to and followed, and Scientific Development Outlook was applied and implemented during editing of China Low-Carbon Yearbook 2012, which combined articles, items, statements and pictures in style.

China Low-Carbon Yearbook 2011 has some obvious features as follow: exclusive column for Ministry of Industry and Information Technology, Ministry of Transport, Ministry of Housing and Urban-Rural Development, Ministry of Agriculture, and several other ministries and bureaus; the incidents, information, data, materials, pictures and etc. recorded are all from the official and open publications with authority and authenticity, which have high historical value , and high storage, usage and reference values; contents covered are more comprehensive, broad and systematic, from the central to locals, so as enterprises, parks, each industry and field, speech and views, major activities and events, regulations, policies, science and technology, and typical cases and foreign profiles, involving each aspect of low-carbon development at multi-level and all-dimension. The book with more than 2 million characters is rear before owing to its large scale and rich, accurate and complete content; excellent pictures and texts, with strong visibility, vitality and readability.

Sincerely thanks to the related ministries and commissions (bureaus) of National People's Congress and the State Council, every provinces and cities, the national key industries and their associations, low-carbon pilot and practice units, experts and scholars etc. for their supports in the editing and publishing of China Low-Carbon Yearbook 2012!

We are of inexperience and of limited level, for the omissions and errors existing in the book, please point out without stint.

目录

低碳推进单位展示

>>>

党和国家领导重要论述

中共中央总书记、国家主席
胡锦涛重要论述

在金砖国家领导人第三次会晤时的讲话（节录）

不久前，我们制定颁布了“十二五”规划纲要，确定了未来5年中国经济社会发展的指导思想、战略目标、主要任务。我们将以科学发展为主题，以加快转变经济发展方式为主线，加快推进经济结构调整，大力加强自主创新，切实抓好节能减排，不断深化改革开放，着力保障和改善民生，促进社会公平正义，促进经济长期平稳较快发展和社会和谐稳定，切实做到发展为了人民、发展依靠人民、发展成果由人民共享。

（2011年4月14日）

在博鳌亚洲论坛二〇一一年年会开幕式上的演讲（节录）

转变发展方式，推动全面发展。我们应该紧跟世界发展新趋势，着力转变经济发展方式，积极调整经济结构，增强科技创新能力，发展绿色经济，促进实体经济和虚拟经济、内需和外需均衡发展，同时兼顾速度和质量、效率和公平，把发展经济和改善民生紧密结合起来，实现经济社会协调发展。

未来5年，中国将着力建设资源节约型、环境友好型社会，深入贯彻节约资源和保护环境基本国策。节约能源，降低温室气体排放强度，发展循环经济，推广低碳技术，积极应对气候变化，促进经济社会发展与人口资源环境相协调，走可持续发展之路。

（2011年4月15日）

在天津滨海新区考察时的讲话（节录）

这个生态城是中国、新加坡两国经济技术合作的又一个亮点，希望生态城的建设者坚持生态文明理念，加快生态城建设步伐，努力探索出一条城市节能环保的良性发展路子。

（2011年4月30日）

在主持中共中央政治局第29次学习会时的讲话（节录）

加快培育发展战略性新兴产业是加快转变经济发展方式的必然要求，是努力掌握国际经济竞争主动的必然要求，是加快建设创新型国家的必然要求，关系经济社会发展全局。加快培育发展战略性新兴产业，有利于我们充分发挥科技引领作用、在更高起点上形成新的经济增长点、提高经济增长质量和效益，有利于我们抓住国际产业调整转移和生产要素优化重组的时机、加快形成参与国际经济合作和竞争新优势，有利于我们有效吸引、集聚、整合创新资源，加强经济社会发展创新驱动。我们一定要紧紧抓住历史机遇，切实加大工作力度，把战略性新兴产业加快培育成为先导产业和支柱产业。

（2011年5月31日）

在庆祝中国共产党成立90周年大会上的讲话（节录）

在当代中国，坚持发展是硬道理的本质要求就是坚持科学发展。我们要以科学发展为主题，以加快转变经济发展方式为主线，更加注重以人为本，更加注重全面协调可持续发展，更加注重统筹兼顾，更加注重改革开放，更加注重保障和改善民生，加快经济结构战略性调整，加快科技进步和创新，加快建设资源节约型、环境友好型社会，促进社会公平正义，促进经济长期平稳较快发展和社会和谐稳定，不断在生产发展、生活富裕、生态良好的文明发展道路上取得新的更大的成绩，不断为全面建成小康社会、实现中华民族伟大复兴打下更为坚实的基础。

（2011年7月1日）

在中央水利工作会议上的讲话（节录）

兴水利，除水害，历来是治国安邦的大事。几十年来，我们党领导人民开展了气壮山河的水利建设，取得了前所未有的治水兴水成就。新形势下，我国经济社会发展和人民生活改善对水提出了新的要求，发展和水资源的矛盾更加突出，水对经济安全、生态安全、国家安全的影响更加突出。当前和今后一个时期，加快水利改革发展的总体要求是：以邓小平理论和“三个代表”重要思想为指导，深入贯彻落实科学发展观，把水利作为国家基础设施建设的优先领域，把农田水利建设作为农村基础设施建设的重点任务，把严格水资源管理作为加快转变经济发展方式的战略举措，注重科学治水、依法治水，突出加强薄弱环节建设，大力发展民生水利，不断深化水利改革，加快建设节水型社会，促进水利可持续发展，努力走出一条中国特色水利现代化道路。加快水利改革发展的主要目标是，力争通过 5 年到10年努力，从根本上扭转水利建设明显滞后局面。到2020年，基本建成防洪抗旱减灾体系、水资源合理配置和高效利用体系、水资源保护和河湖健康保障体系、有利于水利科学发展的体制机制和制度体系。

（2011年7月8日）

在首届亚太经合组织林业部长级会议上的致辞（节录）

国际金融危机深层次影响仍然存在，国际金融市场不稳定不确定因素增多，国际和地区热点此起彼伏，气候变化、生态恶化、能源资源安全、粮食安全、重大自然灾害等全球性挑战日益突出，全球金融治理任重道远。有效应对全球发展面临的挑战、实现共同发展已经成为国际社会普遍关注的重大课题。

森林在推动绿色增长中具有重要功能。森林是陆地生态系统的主体和维护生态安全的保障，对人类生存发展具有不可替代的作用。森林是重要而独特的战略资源，具有可再生性、多样性、多功能性，承载着潜力巨大的生态产业、可循环的林产工业、内容丰富的生物产业。森林是陆地上最大的碳储库，减少森林损毁、增加森林资源是应对气候变化的有效途径。

亚太地区拥有世界上最丰富最独特的森林生态系统，森林面积占全球一半以上。近年来，亚太地区林业呈现良好发展势头，森林面积持续增加，成为扭转全球森林资源下降趋势的主要力量。同时，亚太地区也面临着毁林、森林退化、林区相对贫困和林产品贸易保护主义等挑战。

为应对亚太林业发展面临的挑战、实现共同发展，亚太经合组织各成员高度重视林业在应对气候变化、实现绿色增长方面的重要作用，积极开展区域合作。2007年亚太经合组织领导人第十五次非正式会议通过的《气候变化、能源安全和清洁发展悉尼宣言》提出“到2020年，本地区各种森林面积净增长2000万公顷”的目标。2010年亚太经合组织领导人宣言进一步提出，各方应该共同努力，实现悉尼目标，推动森林恢复和可持续经营。这充分体现了亚太经合组织各成员加强林业合作的政治意愿。亚太经合组织林业合作虽然处于起步阶段，但潜力巨大、前景广阔。

首届亚太经合组织林业部长级会议的召开，为加强区域合作、加快林业发展提供了新的合作渠道。会议将围绕转变经济发展方式、应对气候变化、发展绿色经济、促进绿色增长进行深入探讨，意义重大。这里，我愿就区域林业发展和合作提出 3 点建议。

第一，加强林业建设。我们应该把林业发展纳入经济社会发展总体布局，完善林业政策，增加资金投入，推进科技创新，加大资源培育力度，创新管理模式，加强森林执法，提升森林资源数量和质量，优化资源配置，推动产业发展，突出生态建设。

第二，发挥森林多种功能。我们应该妥善处理发展和保护、产业和生态的关系，充分发挥森林在经济、社会、生态、文化等方面的多种效益，实现平衡发展。要合理利用森林资源，发展林业产业，壮大绿色经济，扩大就业，消除贫困。要挖掘林业潜力，发展木本粮油和生物质能源，维护粮食安全和能源安全。要加强生物多样性保护，涵养水源，防治荒漠化，增加森林碳吸收，应对气候变化，维护区域和全球生态安全。

第三，深化区域合作。我们应该本着平等互利原则，以务实态度开展区域合作。要推动亚太林业高层对话，加强林业政策协调，深化林业经济技术合作，减少或消除绿色贸易壁垒，积极参与全球森林问题磋商和对话，发挥区域林业合作机制作用，增加对发展中成员的支持。

中国高度重视林业建设，把发展林业作为实现科学发展的重大举措、建设生态文明的首要任务、应对气候变化的战略选择。中国不断增加投入，加强森林生态系统、湿地生态系统、荒漠生态系统建设和生物多样性保护，全面实施退耕还林、天然林保护等重点生态工程，持续开展全民义务植树，深入推进集体林权制度改革，调动全社会发展林业积极性，实现了森林资源和林业产业协调发展。目前，中国森林面积达到1.96亿公顷，其中人工林面积达到6168万公顷，居世界首位，为促进绿色增长、推动可持续发展提供了有利条件。

中国将继续加快林业发展，力争到2020年森林面积比2005年增加4000万公顷、森林蓄积量比2005年增加13亿立方米，为绿色增长和可持续发展作出新的贡献。中国将继续通过亚太森林恢复与可持续管理组织，为亚太经合组织发展中成员提供力所能及的支持。

（2011年9月6日）

在夏威夷举行的APEC工商领导人峰会上的演讲（节录）

尊重各成员根据其资源禀赋、发展阶段、能力水准等具体情况自主选择绿色增长道路。要加强环境技术传播和合作，帮助发展中成员发展环境产业，避免产生新的绿色贸易壁垒。”

（2011年11月12日）

中国加入世界贸易组织10周年高层论坛上的讲话（节录）

中国将进一步扩大对外经济技术合作。我们将适应国际产业转移和国内外市场需求变化，更加注重加强同世界各国的经济技术交流合作，推动经济发展方式转变和经济结构调整，大力发展结构优化、技术先进、清洁安全、附加值高、吸纳就业能力强的现代产业体系，促进产业结构优化升级。我们将继续通过开放市场、引进先进技术提升制造业国际竞争力，推动传统制造业向价值链高端延伸，促进战略性新兴产业加快发展。我们将加强生态文明建设，坚持绿色、低碳发展理念，加强资源节约和生态环境保护，大力发展绿色产业和节能环保产业。

（2011年12月11日）

中共中央政治局常委、全国人大常委会委员长
吴邦国重要论述

参加十一届全国人大四次会议河北代表团审议时的讲话

要针对影响和制约经济社会协调发展的重大结构性问题，着力增强自主创新能力，积极推行低碳技术，大力发展循环经济，努力构建现代产业体系，切实做好推动科学发展和加快转变经济发展方式这篇大文章。

（2011年3月8日）

向十一届全国人大四次会议作全国人大常委会工作报告（节录）

坚持不懈地推进节能减排，强化法律规范、政策引导，加强重点领域节能减排和生态保护，坚决淘汰落后产能，抑制高耗能高污染产业过快增长，促进清洁生产，发展绿色产业和循环经济，完善生态补偿机制，推动经济增长建立在可持续发展的基础上。

要进一步完善集体林权制度改革配套措施，认真落实各项强林惠林政策，大力实施林业重点工程，积极发展林业产业和林下经济，走出一条资源增长、农民增收、生态良好的现代林业发展之路。

（2011年3月9日）

在广西壮族自治区调研时的讲话（节录）

大力发展循环经济，是落实科学发展观的内在要求，既能减少环境污染，又能增加经济效益，要坚持科学规划，选准技术路线，加强资源综合利用，进一步延伸产业链，彻底摆脱高能耗、高污染、低效益的粗放型发展模式。

（2011年4月28～29日）

在乌兹别克斯坦最高会议上的主旨演讲（节录）

双方应结合各自国家发展战略规划，抓住经济结构调整机遇，发挥经济互补优势，在落实好现有大项目合作、深化油气资源领域合作的同时，积极开展风能、太阳能等清洁能源领域合作。

（2011年9月22日）

在十一届全国人大常委会第二十四次会议上讲话（节录）

要坚持不懈地推进节能减排，强化政策引导，加强重点领域节能减排和生态保护，坚决淘汰落后产能，切实抑制高耗能高污染产业过快增长，加快发展绿色产业和循环经济，推动经济增长建立在可持续发展的基础上。

（2011年12月31日）

中共中央政治局常委、国务院总理
温家宝重要论述

在十一届全国人大四次会议上的《政府工作报告》（节录）

加快推进经济结构战略性调整。这是转变经济发展方式的主攻方向。要推动经济尽快走上内生增长、创新驱动的轨道。

调整优化产业结构。加快构建现代产业体系，推动产业转型升级。一是改造提升制造业。加大企业技术改造力度，重点增强新产品开发能力和品牌创建能力，提高能源资源综合利用水平、技术工艺系统集成水平，提高产品质量、技术含量和附加值。推动重点行业企业跨地区兼并重组。完善落后产能退出机制和配套政策。二是加快培育发展战略性新兴产业。积极发展新一代信息技术产业，建设高性能宽带信息网，加快实现“三网融合”，促进物联网示范应用。大力推动节能环保、新能源、生物、高端装备制造、新材料、新能源汽车等产业发展。要抓紧制定标准，完善政策，加强创新能力建设，发挥科技型中小企业作用，促进战略性新兴产业健康发展，加快形成生产能力和核心竞争力。三是大力发展服务业。加快发展生产性服务业，积极发展生活性服务业。大力发展和提升软件产业。着力营造有利于服务业发展的市场环境，加快完善促进服务业发展的政策体系。尽快实现鼓励类服务业用电、用水、用气、用热与工业基本同价。四是加强现代能源产业和综合运输体系建设。积极推动能源生产和利用方式变革，提高能源利用效率。推进传统能源清洁利用，加强智能电网建设，大力发展清洁能源。统筹发展、加快构建便捷、安全、经济、高效的综合运输体系。坚持陆海统筹，推进海洋经济发展。

加强节能环保和生态建设，积极应对气候变化。突出抓好工业、建筑、交通运输、公共机构等领域节能。继续实施重点节能工程。大力开展工业节能，推广节能技术，运用节能设备，提高能源利用效率。加大既有建筑节能改造投入，积极推进新建建筑节能。大力发展循环经济。推进低碳城市试点。加强适应气候变化特别是应对极端气候事件能力建设。建立完善温室气体排放和节能减排统计监测制度。加快城镇污水管网、垃圾处理设施的规划和建设，推广污水处理回用。加强化学品环境管理。启动燃煤电厂脱硝工作，深化颗粒物污染防治。加强海洋污染治理。加快重点流域水污染治理、大气污染治理、重点地区重金属污染治理和农村环境综合整治，控制农村面源污染。继续实施重大生态修复工程，加强重点生态功能区保护和管理，实施天然林资源保护二期工程，落实草原生态保护补助奖励政策，巩固退耕还林还草、退牧还草等成果，大力开展植树造林，加强湿地保护与恢复，推进荒漠化、石漠化综合治理。完善防灾减灾应急预案，加快山洪地质灾害易发区调查评价、监测预警、防治应急等体制建设。

我们要扎实推进资源节约和环境保护。积极应对气候变化。加强资源节约和管理，提高资源保障能力，加大耕地保护、环境保护力度，加强生态建设和防灾减灾体系建设，全面增强可持续发展能力。非化石能源占一次能源消费比重提高到11.4%，单位国内生产总值能耗和二氧化碳排放分别降低16%和17%，主要污染物排放总量减少8%至10%，森林蓄积量增加6亿立方米，森林覆盖率达到21.66%。切实加强水利基础设施建设，推进大江大河重要支流、湖泊和中小河流治理，明显提高基本农田灌溉、水资源有效利用水平和防洪能力。

（2011年3月5日）

主持召开国务院常务会议讨论通过《青藏高原区域生态建设与环境保护规划(2011—2030年)》

会议指出，包括西藏、青海、四川、云南、甘肃、新疆6省(区)27个地区179个县在内的青藏高原，地理位置特殊，自然资源丰富，是我国重要的生态安全屏障。加强青藏高原生态建设与环境保护，对于维护国家生态安全，促进边疆稳定和民族团结，全面建设小康社会，具有重要意义。党中央、国务院对此高度重视，先后作出一系列决策部署，青藏高原生态环境保护取得积极进展。2001年以来，累计退牧还草约16万平方公里，退耕还林约4200平方公里，治理水土流失面积约9000平方公里，森林覆盖率提高0.8个百分点，主要河流、湖泊水质优良，大部分城镇大气环境质量优于国家一级标准。但由于自然环境复杂脆弱，区域产业结构不尽合理，青藏高原生态安全仍面临严峻挑战，生态建设和环境保护任务依然艰巨繁重。

会议强调，加强青藏高原生态建设与环境保护，必须按照保护优先、预防为主，统筹规划、重点突破，分区管理、协调推进，创新机制、依靠科技的原则，坚持自然恢复和工程修复相结合，全面推进重点地区生态环境保护，加大产业结构调整和污染防治力度，加强基础能力建设，加快解决影响人民群众健康的突出生态环境问题。力争到2030年，使青藏高原自然生态系统趋于良性循环，城乡环境清洁优美，人与自然和谐相处。为此，一要划分主体功能区。根据不同地区的地理特征、自然条件和资源环境承载力，将青藏高原划分为生态安全保育区、城镇环境安全维护区、农牧业环境安全保障区、资源区和预留区等其他地区，并制定实施相应的管理措施。二要加强生态保护与建设。以三江源、祁连山等10个重点生态功能区为重点，强化草地、湿地、森林和生物多样性保护，推进沙化土地和水土流失治理，加强土地整治和地质灾害防治，提高自然保护区管护水平。三要加大环境污染防治力度。优先实施饮用水水源地保护与治理，全力保障城乡饮水安全。推进重点流域水污染和城镇大气污染防治，强化固体废物安全处置，严格辐射安全和土壤环境管理。完善农牧民聚居区环境基础设施。四要提高生态环境监管和科研能力。建设气候变化和生态环境监测评估预警体系。完善法规标准，加强生态环境管理执法能力建设，严格执法监督。大力开展生态环境保护科学研究和宣传教育。五要发展环境友好型产业。加快传统农牧业生态转型，科学合理有序地开发矿产资源和水能资源，促进生态旅游健康发展。积极稳妥地推进游牧民定居工程，实施传统能源替代。

（2011年3月30日）

主持召开国务院常务会议研究部署经济工作（节录）

下大力气抓好节能减排。坚决抑制高耗能高污染行业过快增长，提高能耗和排放标准等准入门槛，加大差别电价、惩罚性电价政策实施力度。强化节能减排目标责任。加快实施节能减排重点工程。

积极推动发展方式转变。加快推进产业转型升级，加快培育发展战略性新兴产业，推动服务业大发展，改善中小企业发展环境；从深化收入分配制度和财税体制改革、完善社会保障体系、保障改善民生、改善消费环境入手，抓紧建立扩大消费的长效机制；多方面采取措施促进国际收支基本平衡。

（2011年4月13日）

在第四次中国、日本、韩国领导人会议上的发言（节录）

大力发展可再生能源。合作发展风能、太阳能、潮汐能、生物质能，大力推广节能技术。成立中日韩“可再生能源产学研创新联盟”，将三国技术、生产和市场优势更好结合起来。

加快中日韩循环经济示范基地建设，促进合理利用资源、保护生态环境、实现可持续发展。中国政府愿采取积极措施，争取年内在中国启动循环经济示范基地建设，并支持在日韩建立示范基地。

（2011年5月22日）

在东京出席第三届中日韩工商峰会午餐会上的讲话（节录）

进一步发展绿色经济和循环经济。中日韩三国人均资源占有水平较低，大力发展绿色经济、循环经济，实现可持续发展，是我们的共同目标。中方愿意与日韩加强在风能、太阳能等可再生能源领域的合作。中方倡议成立三国“可再生能源产学研创新联盟”，使三国在技术、生产和市场等方面的优势实现互补。今年中方将以新能源合作为主题举办国际论坛和展会，邀请三国政府、企业、大学和科研机构代表共商合作事宜。建立中日韩循环经济示范基地是三国领导人两年前达成的共识，中国政府愿意采取有效措施，争取年内在中国启动循环经济示范基地建设，我们也支持在日韩建立示范基地。

（2011年5月22日）

在伦敦英国皇家学会发表的演讲（节录）

我们将加快培育和发展战略性新兴产业。现阶段重点培育和发展节能环保、新一代信息技术、生物、高端设备制造、新能源、新材料、新能源汽车等产业。所有这些，都将促进当前发展并为长期发展提供有力支撑。

我们不仅要在经济领域、科技领域继续扩大对外开放，而且在文化建设、社会管理等领域也要大胆博采众长。中国在推进现代化过程中遇到的诸多问题，如能源问题、环境问题、贫富差距问题、司法公正问题和廉政问题等，许多发达国家都曾经遇到过。对各国的成功经验，我们要认真借鉴；对别人走过的弯路，我们不应重复；对世界面临的难题，我们要同国际社会一道来破解。

（2011年6月27日）

在第六届中德经济技术合作论坛上的演讲（节录）

拓展新能源和节能环保合作。两国在可再生能源发展和提高能效等领域合作大有可为。去年两国已签署共同建立生态园合作协议，拟在中国青岛建立首个中德生态园，欢迎德方企业积极参与规划和建设。我们愿意充分发挥双边财政合作的示范作用，重点支持双方在节能减排、绿色信贷及气候变化等领域的合作。我们还期待双方企业在新能源交通、建筑节能和低碳生态城市建设等方面合作迈出实质性步伐。

（2011年6月28日）

在中央水利工作会议上的讲话 （节录）

要全面提高防汛抗旱减灾能力，加快中小河流治理，加快小型水库除险加固步伐，加快山洪灾害防治，加快抗旱水源建设。要大力推进节水型社会建设，实行最严格的水资源管理制度，建立健全节约用水的利益调节机制，大力推广节水技术和产品。要加大水生态治理和水环境保护力度，加强水污染防治，实施地下水超采治理和保护，推进生态脆弱河湖修复，继续加强水土保持。要突出加强农田水利建设，充分发挥现有灌溉工程作用，因地制宜扩大有效灌溉面积，健全农田水利建设新机制。要着力保障城乡居民饮水安全，加强水资源配置工程建设，提高城乡供水保障能力，解决好农村饮水安全问题，加强城市供水能力建设。要健全加快水利发展的保障机制，加大水利建设投入，推进水利改革创新，加快水利科技进步。

（2011年7月9日）

主持召开国家应对气候变化及节能减排工作领导小组会议

会议审议并原则同意“十二五”节能减排综合性工作方案，以及节能目标分解方案、主要污染物排放总量控制计划，研究部署相关工作。

会议指出，“十一五”期间，经过全国上下共同努力，基本实现了节能减排约束性指标。我国以能源消费年均6.6%的增速支撑了国民经济年均1.2%的增速。节能减排工作有力促进了产业结构调整和技术进步，提高了全社会节能环保意识，遏制了能源消耗强度和主要污染物排放量大幅上升的势头，成为贯彻落实科学发展观的一大亮点，并为应对全球气候变化作出了重要贡献。

会议强调，“十二五”期间是我国转变经济发展方式、加快经济结构战略性调整的关键时期。要继续把节能减排作为调结构、扩内需、促发展的重要抓手，作为减缓和适应全球气候变化、促进可持续发展的重要举措，进一步加大工作力度，务求取得预期成效。（一）推进重点领域节能减排。工业节能要注重以先进生产能力淘汰落后生产能力。交通节能要重视发展公共交通，优化运用多种运输方式。建筑节能要合理改造已有建筑，大力发展绿色建筑、智能建筑，最大限度地节能、节地、节水、节材。生活节能要推广使用经济高效的节能产品，培养节约环保的消费模式和生活方式。（二）进一步调整优化产业结构。发展现代产业体系，鼓励发展第三产业和战略性新兴产业，运用高新技术改造传统产业。推动能源生产和利用方式变革，构建安全、稳定、经济、清洁的现代能源产业体系。（三）实施节能减排重点工程。着力抓好节能重点工程、环境治理重点工程、循环经济重点工程。（四）推广使用先进技术。建立节能减排技术遴选、评定及推广机制，积极引进、消化、吸收国外先进技术，加快技术的开发、示范和推广应用，有效提高能源利用效率，降低污染排放。（五）加强节能减排管理。完善节能评估审查制度，制定和执行耗能设备国家标准，鼓励企业建立节能计量、台账和统计制度。实施电力需求侧管理、能效标识、政府节能采购等管理方式。（六）完善节能减排长效机制。落实税收优惠政策，推进资源税费和环境税改革。调整进出口关税，遏制高耗能、高排放产品出口。

会议强调，要积极开展应对气候变化国际合作。坚持以《联合国气候变化框架公约》和《京都议定书》为基础，坚持“共同但有区别的责任”原则和公平原则，按照“巴厘路线图”授权，在哥本哈根协议和坎昆协议基础上，建设性推动应对气候变化国际谈判进程，使德班会议在加强公约和议定书全面、有效和持续实施方面，取得进一步的积极成果。

会议要求各地区、各部门进一步统一思想，提高认识，对节能减排综合性工作方案早部署、早落实。要抓紧分解落实节能减排指标，完善节能减排统计、监测、考核体系，切实把落实五年目标与完成年度目标结合起来，把年度目标考核与季度跟踪检查结合起来。要加强节能减排工作的组织领导，地方各级人民政府对本行政区域内节能减排工作负总责，政府主要领导是第一责任人。严格实行节能减排奖惩机制，把各地区节能目标责任评价考核结果，作为对省级人民政府领导班子和领导干部综合考核评价的重要依据，实行问责制。动员全社会力量开展节能减排行动。

（2011年7月19日）

主持召开国务院常务会议

会议对建立废旧商品回收体系作出了部署，指出，我国废旧商品回收体系很不完善，不仅影响废物利用，而且极易造成环境污染，建立完整、先进的回收、运输、处理、利用废旧商品回收体系已刻不容缓。一要完善回收处理网络。建设、改造标准化居民废旧商品回收网点，畅通生产企业回收大宗废旧商品和边角余料渠道，尤其要加强报废汽车、废弃电器电子产品、废轮胎、废弃节能灯等重点废旧商品的回收工作。二要强化科技支撑。加强废旧商品回收、分拣和处理技术攻关，提高装备水平。开展国际合作与交流，借鉴管理经验，引进先进技术。三要培育大型废旧商品回收企业，促进废旧商品回收、分拣和处理集约化、规模化发展。四要加强对回收企业站点、回收加工经营行为和市场秩序的监管，依法查处违法犯罪行为。强化废旧商品回收各环节的污染防治，杜绝二次污染。五要明确政府部门和生产、流通企业及使用者责任，修订完善相关制度标准，加快将废旧商品回收处理纳入法制化轨道。六要广泛开展宣传教育，倡导环保健康、循环利用的生产生活方式。会议决定成立由商务部牵头、有关部门参与的部际协调机制，指导废旧商品回收体系建设工作。

会议在总结原油、天然气资源税改革试点经验的基础上，决定对《中华人民共和国资源税暂行条例》作出修改，在现有资源税从量定额计征基础上增加从价定率的计征办法，调整原油、天然气等品目资源税税率。会议决定对《中华人民共和国对外合作开采海洋石油资源条例》和《中华人民共和国对外合作开采陆上石油资源条例》作出相应修改。

在第五届夏季达沃斯论坛开幕式上的致辞（节录）

大力培育和发展战略性新兴产业，现阶段重点培育和发展节能环保、新一代信息技术、生物、高端装备制造、新能源、新材料、新能源汽车等产业，力争形成新的支柱性产业，在新一轮科技革命和产业革命中赢得发展的主动权。

中国将坚持节约资源和保护环境，走绿色、低碳、可持续的发展道路，显著提高资源利用效率和应对气候变化能力。节约资源、保护环境是实现可持续发展的必由之路，是我国的一项基本国策。我们将加快构建有利于节约资源和保护环境的产业结构、生产方式和消费模式，促进人与自然的和谐统一。“十二五”期间，把非化石能源占一次能源消费比重提高到11.4%，单位国内生产总值能源消耗和二氧化碳排放分别降低16%和17%，主要污染物排放总量减少8%至10%。我们要健全法规和标准，强化目标责任考核，理顺能源资源价格体系，加强财税、金融等政策支持，推动循环经济发展，大力培育以低碳排放为特征的工业、建筑和交通体系，全面推进节能、节水、节地、节材和资源综合利用，保护与修复生态，增加森林碳汇，全面增强应对气候变化能力。

（2011年9月14日）

在全国节能减排工作电视电话会议上的讲话（节录）

要从战略和全局高度认识节能减排的重大意义，全面落实节能减排综合性工作方案，下更大决心、花更大气力，打赢节能减排持久战和攻坚战，建设资源节约型、环境友好型社会。

“十一五”时期，我国节能减排取得显著成效，我们以能源消费年均6.6%的增速支撑了国民经济年均11.2%的增长。节能减排工作有力促进了产业结构调整和技术进步，为应对全球气候变化作出了重要贡献。当前，节能减排形势还相当严峻。必须充分认识节能减排的极端重要性和紧迫性，增强忧患意识、危机意识和责任意识，以科学发展观为指导，坚持节能减排思想不动摇，工作不松懈，力度不减弱，步伐不放缓，全面落实“十二五”节能减排综合性工作方案，务求取得预期成效。

提出五点要求：

（一）着力调整优化产业结构，促进节能减排。要坚持走中国特色新型工业化道路。加快发展现代产业体系，逐步提高服务业的比重和水平。大力发展战略性新兴产业。鼓励新上先进生产能力，加快淘汰落后生产能力，强化节能、环保、土地、安全等指标约束，抑制高耗能、高排放行业过快增长，防止高污染、高耗能产业转移到西部地区。大力发展循环经济。合理控制能源消费总量，调整能源结构，大力推广煤炭的清洁高效利用，因地制宜发展风能、太阳能等可再生能源，在做好生态保护和移民安置的基础上积极发展水电，在确保安全的基础上高效发展核电。推动能源生产和利用方式变革，构建安全、稳定、经济、清洁的现代能源产业体系。

（二）坚持以科技创新和技术进步推动节能减排。加快建立节能减排的技术支撑体系，选择一批关系全局的重大技术项目，攻克一批共性和关键技术，引进消化吸收国外先进节能减排技术和管理经验。建立节能减排技术的遴选、评定及推广机制，促进产业化示范和推广应用。实施节能改造、重金属污染防治、资源综合利用等重点工程。

（三）完善节能减排长效机制。深化资源性产品价格改革，完善价格形成机制。加大财政资金支持引导作用，落实税收优惠政策，积极推进资源税费和环境税费改革。调整进出口税收政策，遏制高耗能、高排放产品出口。加强节能发电调度，实行电力需求侧管理，推行合同能源管理，扶持壮大节能服务产业。在试点的基础上逐步建立碳排放交易市场。推进污水垃圾处理设施建设与运营市场化。

（四）加强节能减排能力建设。抓紧制订完善能源消耗、污染排放方面的强制性国家标准和设计规范，完善统计核算与监测方法。加强节能管理体系建设，建立健全国家、省、市三级减排监控体系。

（五）推进重点领域节能减排。开展万家企业节能低碳行动，促进重点用能单位科学管理、组织、控制生产经营活动。加强工业、建筑、交通领域节能减排。工业领域要严格执行高耗能、高排放行业的准入标准，全面推行清洁生产，加强重金属污染防治，全过程控制污染物排放。建筑节能要科学合理改造已有建筑，积极发展绿色建筑、智能建筑，最大限度地节能、节地、节水、节材。交通节能减排要重视发展公共交通，统筹发展和优化运用多种运输方式，逐步提高机动车排放标准，积极推广节能与新能源汽车。推广使用经济高效的节能产品，提倡绿色低碳消费，形成节能环保的消费模式和生活方式。各类公共机构要发挥示范带头作用，国家机关要做表率。重视农业和农村节能减排，治理农业面源污染。大规模开展植树造林，增加森林碳汇。

各级党委和政府要把节能减排作为促进科学发展的硬任务，转变经济发展方式的硬举措，考核各级干部的硬指标。要明确各级政府和有关企业节能减排的责任。加强组织领导，形成一级抓一级、层层抓落实的工作机制。严格监督检查，对节能减排指标实行年度考核，接受社会监督。开展节能减排全民行动，加强舆论监督，尽快形成政府为主导、企业为主体、全社会共同参与的工作局面。

（2011年9月27日）

关于当前的宏观经济形势和经济工作（节录）

推进结构调整和节能减排。今年是“十二五”开局之年，要为转变经济发展方式创造良好环境，引导各方面把工作着力点放在加快经济结构调整、提高发展质量和效益上，放在增加就业、改善民生、促进社会和谐上。目前，经济增长方式粗放、结构不合理的问题仍然较为突出，特别是部分高耗能产品生产增长较快，一些过去停工减产的也在恢复生产，产能大量释放，局部地区电力供需偏紧，节能减排任务非常严峻。同时，重金属污染、水污染问题呈多发高发态势，部分新兴产业发展也存在一些环境隐患。要下更大力气推进结构调整，把改造提升制造业、加大企业技术改造力度、加快培育发展战略性新兴产业、大力发展服务业等方面的工作做实做好。从多方面采取措施，改善小企业发展环境，支持小企业发展。认真抓好节能减排和环境保护工作，明确各地和企业目标责任，突出能耗、环保等标准对企业投资和生产的约束性作用，加强节能减排重点工程建设，深入推进全社会节能减排，积极应对气候变化。

（2011年9月《求是》杂志）

关于科技工作的几个问题（节录）

依靠科技创新加快转变经济发展方式

进入新世纪以来，我国经济社会发展站到了一个新的起点上，呈现出新的阶段性特征。随着经济规模不断扩大，经济发展的瓶颈制约在加大，特别是耕地、淡水、能源资源和环境约束强化。近10年来我国每年平均净增739万人，人口数量在增长，耕地面积在下降，人地矛盾突出。我国是一个淡水资源严重短缺的国家，人均2100立方米，只相当于世界人均水平的四分之一，而且时间和空间分布不均衡。北方黄淮海地区人口、经济总量、粮食生产都超过全国的三分之一，但人均淡水资源仅400多立方米，不到全国的五分之一。即使南方，季节性缺水问题也十分突出。从1993年开始，我国成为石油净进口国，2010年进口2.4亿吨，进口依存度达55%。2010年原煤产量32.4亿吨，消费量接近34亿吨，煤炭净进口1.4亿吨，已由煤炭净出口国变成净进口国。人口老龄化快速发展，劳动力资源也出现结构性短缺。我们一方面面临人口总量继续增加的压力，又面临人口老龄化加快的压力。总之，不平衡、不协调、不可持续的问题仍然十分突出。经济发展主要依靠投资出口拉动、依靠第二产业带动、依靠增加物质资源消耗和低成本土地、劳动力投入的方式已难以为继。加快转变经济发展方式、推进经济结构战略性调整，已成为一个十分重大而紧迫的任务。

（2011年10月《求是》杂志）

听取天津滨海新区开发开放情况汇报时的讲话（节录）

着力增强可持续发展能力，在节能减排、生态保护、环境治理、低碳发展等方面走在全国前列。

（2011年10月24日）

中共中央政治局常委、全国政协主席
贾庆林重要论述

在北京调研时的讲话（节录）

在更高起点上推进人文北京、科技北京、绿色北京建设，努力实现“十二五”时期良好开局，以优异的成绩迎接中国共产党成立９０周年。要继续加强森林资源的建设和保护，强化水资源节约与利用，加强环境治理，使节约资源和保护环境成为全社会的共同价值观和自觉行动。要坚持走中国特色城镇化道路，进一步推进郊区城镇化建设，加快新城建设、城乡结合部改革发展和重点小城镇发展，注重在城镇化进程中推进城乡一体化，推动城市公共服务、基础设施向农村延伸，努力形成梯度开发、分布合理的统筹城乡发展新格局。

（2011年2月16～18日）

在海南调研时的讲话（节录）

大力发展绿色经济，是“十二五”时期我国经济发展的重要着力点。海南国际旅游岛的建设发展，在理念、目标、方向上与发展绿色经济的要求都是一致的，海南在发展绿色经济方面也具有得天独厚的优势。必须牢固树立绿色、低碳发展理念，切实把海南的优势保持好、发挥好，把绿色经济这篇大文章布局好、谋划好，为海南的发展不断注入新的活力，为全国发展绿色经济创造更多好的经验。要大力发展热带现代农业，加大强农惠农力度，推进节地、节肥、节水、节能的农业生产新技术，促进农业生产经营专业化、标准化、规模化、集约化，实现农产品优质、绿色、安全生产。要大力发展绿色制造业，坚持工业企业集中发展的原则不动摇，注重延伸现有企业的产业链条，发展高科技的研发设计，积极发展海洋经济，扎实做好节能减排，走集约化发展的新型工业化道路。要按照建设全国生态文明示范区的要求，把保护生态环境放在更加突出的位置，在保护中发展，在发展中保护，继续推进海防林建设，切实保护好核心生态区的环境资源，努力走出人与自然和谐相处的文明发展之路，使海南成为全国人民的四季花园。

（2011年3月17～22日）

在深圳调研时的讲话（节录）

面对日趋强化的资源环境约束，必须增强危机意识，树立绿色、低碳发展理念，以节能减排为重点，加快构建资源节约、环境友好的生产方式和消费模式，增强可持续发展能力。要着力加强节能减排和新能源技术研发与推广，大力发展低碳技术、节能环保产业和循环经济，努力实现节能减排目标。要大力实施新能源汽车战略，加大投入和支持力度，加快实现技术超越和产业跨越，努力振兴我国汽车产业。

（2011年4月13～14日）

在纪念西藏和平解放60周年座谈会上的讲话（节录）

西藏的生态环境保护与建设全面加强。建立各类自然保护区47个，总面积41.37万平方公里，居全国之首。建立各类生态功能保护区21个，保护湿地600余万公顷。加大退牧还草、退耕还林力度，加强节能减排，主要城镇空气质量优良率达95%以上，雪域高原的碧水蓝天得到很好保护。要继续把建设生态西藏放在突出位置，全面加强生态环境保护与建设，努力实现西藏经济社会可持续发展。

（2011年5月23日）

在江西调研时的讲话（节录）

当今，新能源和新材料产业的利用开发飞速发展。作为取之不尽、用之不竭的可再生能源，太阳能光伏产业突破传统高耗能、高污染两个最大制约瓶颈，一定会成为江西最具竞争力、最有发展潜力的高新技术产业和新的经济增长极。

要以鄱阳湖生态经济区建设为龙头，树立绿色、低碳发展理念，加强生态环境保护与建设，加快构建资源节约、环境友好的生产方式和消费模式，增强可持续发展能力，努力探索出一条经济与生态协调发展的新路子。

（2011年6月13～16日）

在十一届全国政协委员会常委会第十四次会议闭幕会上的讲话（节录）

我们要在“加快”和“为主线”这两个关键词上深刻领会、狠下功夫，要下最大的力气扩大内需、增加消费，降低能源资源消耗，切实提高经济发展的质量和效益，建设好“两型”社会。

推进经济结构战略性调整，促进经济长期平稳较快发展，加强生态建设和环境保护，切实抓好森林资源保护、草原和湿地保护、海洋合理开发利用、循环经济等几项重大生态建设工程，树立绿色、低碳发展理念，增强可持续发展能力，努力探索出一条经济与生态协调发展的新路子。

（2011年6月24日）

在辽宁大连调研时的讲话（节录）

绿色制造作为一种现代制造模式，综合考虑了环境影响和资源效率，是制造业和绿色理念的有机结合。发展绿色制造业，要求生产过程和产品都是绿色的，有了绿色的装备就为用户实现节能降耗提供了基本条件。要积极推进绿色设计和制造工艺，提供节能、节水、节材、智能化的高附加值产品，推广回收再生和循环再利用技术，延伸再制造产业链，提高能源资源利用效率，增强可持续发展能力，为建设资源节约型、环境友好型社会作出不懈努力。

（2011年7月1～2日）

在陕西调研时的讲话（节录）

切实提高生态文明水平，深入推进节能减排，继续加大植树造林和防沙治沙力度，积极构建资源节约、环境友好的生产方式和消费模式，推动生态建设和环境保护迈上新台阶。

（2011年8月11～16日）

在鄂尔多斯考察时的讲话（节录）

深入推进防沙治沙工作，切实提高生态文明水平，是贾庆林此次调研的重点。在库布其沙漠腹地生态工程现场、亿利资源生态精品园、沙漠植物馆、沙漠博物馆等，他详细了解库布其沙漠治理、治沙技术研发等情况。在库布其清洁能源基地、沙生植物园，他同企业负责人、一线治沙员工亲切交谈，仔细询问沙产业发展情况。贾庆林强调，荒漠化防治是功在当代、利在千秋的伟大事业。要坚持预防为主、科学治理、合理利用的方针，遵循规律，因地制宜，落实责任，加大投入，健全防沙治沙体制机制，积极动员企业等社会力量参与，努力开创防沙治沙新局面，为建设资源节约型、环境友好型社会作出贡献。要坚持科学防沙治沙，大力开展科技攻关，不断探索新技术、新材料、新方法，统筹规划重点工程建设，努力使广大沙区的生态状况明显改善。要大力发展沙产业，不断调整沙区产业结构，积极发展沙漠新能源产业，注重发挥企业的主体作用，鼓励民间资本进入沙产业，努力调动广大农牧民参与沙产业发展的积极性，切实提高沙产业发展的质量和效益。要进一步加强国际交流与合作，引进国外资金、技术和先进管理经验，推进我国防沙治沙智力与技术“走出去”，开拓国际合作新领域，在世界防沙治沙事业中发挥更大作用。

（2011年8月29～30日）

在中荷企业家午餐会上的讲话（节录）

今年初，中国制定了国民经济和社会发展第十二个五年规划纲要，明确提出以科学发展为主题，以加快转变经济发展方式为主线，深化改革开放，保障和改善民生，促进经济长期平稳较快发展和社会和谐稳定，为全面建成惠及十几亿人口的更高水平的小康社会打下具有决定性意义的基础。规划突出强调了“走可持续发展之路”，这既是中华民族生存发展的需要，也将是对世界文明的重大贡献。中国的现代化不可能再走过量消耗资源、牺牲生态环境的老路，必须走出一条经济社会与人口资源环境相协调、人与自然相和谐的文明发展道路。未来五年，我们将加快构建有利于节约资源和保护环境的产业结构、生产方式和消费模式，切实降低能耗，减少排放；我们将加强气候变化领域国际交流与合作，切实提高应对气候变化能力。

拓展节能环保等领域合作，共同应对气候变化。目前，中国正朝着绿色、低碳的方向努力，积极推进资源节约型、环境友好型社会建设。荷兰在能源开发、建筑能效、资源回收利用等方面拥有先进技术和成熟管理经验。两国政府和企业应加强交流与合作，大力推广双方在环境基础设施建设、城市规划与古城保护、建筑节能与供热、污水及垃圾处理等领域示范项目的经验。切实通过相互投资、技术转让、建设生态示范区等形式，开展节能环保等领域的互利合作，共同应对气候变化和资源约束挑战。

（2011年10月30日）

中共中央政治局常委、中央书记处书记、国家副主席
习近平重要论述

在湖南省考察调研时的讲话（节录）

要把科学发展这个主题和加快转变发展方式这条主线贯穿于经济社会发展全过程和各领域，坚持在发展中促转变，在转变中谋发展，使经济增长真正建立在优化结构、提高效益、降低消耗、保护环境、改善民生的基础上。

水利是农业的命脉，要以深入贯彻今年中央一号文件为契机，切实加强农田水利基本建设，抓好重大水利枢纽和水利工程建设，不断提高抗御自然灾害和水资源调配能力。

（2011年3月20～23日）

在贵州调研时的讲话（节录）

坚持走新型工业化道路，大力发展新兴战略性产业，加大自主创新力度，推动经济发展走科技引领、创新驱动的路子。要坚持处理好加快经济发展与保护生态环境的关系，继续强化植树造林、石漠化治理、草地湿地恢复保护等生态工程建设，使贵州青山常在、碧水长流、资源得到永续利用。

（2011年5月11～12日）

在中国—智利企业家委员会第五次年会开幕式上的讲话（节录）

在国际金融危机冲击和全球气候变化双重压力下，现在世界各国都把发展新兴产业作为引领复苏、促进发展的突破口。中国在“十二五”规划中确立了节能环保、新一代信息技术、生物、高端装备制造、新能源、新材料以及新能源汽车等重点发展的新兴产业。中国在太阳能光伏产业、大型成套设备等领域也拥有世界先进技术。智利也及时出台了大力发展低碳经济的相关政策。希望双方发挥各自优势，加强新兴产业合作，共同提升相关产业竞争力，为两国经贸关系可持续发展注入新动力。

（2011年6月10日）

在联合国拉丁美洲和加勒比经济委员会的演讲（节录）

中国产业结构不够合理，城乡区域发展不协调，经济发展质量需要改善，特别是经济增长的资源环境约束强化，科技创新能力不强，就业总量压力和结构性矛盾并存。中国实现自己的发展目标需要继续付出艰苦努力。

（2011年6月10日）

在天津调研时的讲话（节录）

发展循环经济是实现科学发展的重要举措，要通过更新观念、完善政策、加强立法等措施来大力推动。

（2011年9月22～23日）

在妇女与可持续发展国际论坛开幕式上的致辞（节录）

中国正处在快速工业化、城镇化进程中。我们着眼于共同呵护人类赖以生存的地球家园和维护中华民族长远生存发展，把环境保护与可持续发展放在国家发展战略突出位置。众所周知，中国是《里约宣言》、《21世纪议程》、《北京宣言和行动纲领》以及《千年宣言》的积极响应国和忠实践行国，也是最早通过《21世纪议程》、最早制定《节能减排综合性工作方案》和《应对气候变化国家方案》以及最快实现联合国千年发展目标的发展中国家。

我们从人口多、底子薄、人均资源占有量少、城乡和区域发展不平衡的国情实际出发，注重总结国内发展实践、借鉴国外发展经验，在本世纪初提出了以人为本、全面协调可持续发展的科学发展观。我们综合运用法律、经济、行政等手段扎实推进科学发展、和谐发展、和平发展，在环境保护与可持续发展方面取得明显成效。从1992年到2010年，中国累计节约能源约13亿吨标准煤，相当于减排二氧化碳29亿吨。特别是在2006年至2010年的第十一个五年规划实施期间，中国单位国内生产总值能耗累计下降19.1%，化学需氧量、二氧化硫排放量分别下降12.45%、14.29%；全国森林覆盖率从上世纪90年代初期的13.92%提高到20.36%。中国以实际行动为节约能源资源、减缓全球温室气体排放、保护人类生态环境作出了有益贡献。

截止今年10月底，世界总人口已突破70亿。随着工业化、城市化进程快速推进，随着全球能源资源约束和环境压力日益加大，可持续发展任务更为紧迫。我们在积极推动世界经济实现强劲增长、可持续增长、平衡增长的同时，将针对中国经济社会发展不平衡、不协调、不可持续的问题，特别是收入分配差距较大、科技创新能力不强、城乡区域发展不协调的问题，加大环境保护与可持续发展力度。我们将继续牢牢扭住经济建设这个中心不动摇，坚定不移走科学发展道路，坚持以科学发展为主题，以加快转变经济发展方式为主线，更加注重以人为本，更加注重全面协调可持续发展，更加注重统筹兼顾，更加注重改革开放，更加注重保障和改善民生，加快经济结构战略性调整，加快科技进步和创新，加快建设资源节约型、环境友好型社会，促进社会公平正义，促进经济长期平稳较快发展和社会和谐稳定，在本世纪第二个十年，在生产发展、生活富裕、生态良好的文明发展道路上不断取得新的更大的成绩。

（2011年11月9日）

中共中央政治局常委、国务院副总理
李克强重要论述

主持召开国务院南水北调工程建设委员会第五次会议的讲话（节录）

要按照加快建设资源节约型、环境友好型社会的要求，加强水资源节约、保护和优化配置，努力把南水北调工程建成质量优、效益好、惠民生的放心工程。

水是生命之源、生产之要、生态之基，水资源节约和保护是南水北调工程的关键。我国北方地区水资源严重短缺，南水北调是优化配置水资源的战略举措。但无论是调来的水还是当地的水都十分宝贵，必须合理开发、节约使用。要把节水工作贯穿于工农业生产和社会生活的全过程，建立健全节约用水机制，出台有效的政策措施，全方位提高用水效率。要把加强水资源管理与加大南水北调工程建设力度更好地结合起来，促进沿线地区经济社会全面协调可持续发展。

（2011年3月1日）

在第十二届中国发展高层论坛开幕式上的致辞（节录）

中国发展站在一个新的起点上，既面临难得的历史机遇，也面对诸多可以预见和难以预见的风险挑战。针对发展中存在的不平衡、不协调、不可持续等问题，我们将坚持以科学发展为主题，以加快转变经济发展方式为主线，把各方面发展的积极性引导到保障和改善民生上来，引导到调整经济结构、加强节能环保、深化改革开放上来，着力提升发展的质量和效益。

今后五年，中国将加快建立以企业为主体、市场为导向、产学研相结合的技术创新体系，坚定不移实施国家知识产权战略，重点突破制约产业转型升级的核心关键技术，促进经济增长由主要依靠增加物质资源消耗向主要依靠科技进步、劳动者素质提高和管理创新转变。同时，切实加强农业基础，改造提升制造业，大力培育战略性新兴产业，加快发展低碳技术、节能环保产业和循环经济，构建现代能源产业体系和综合运输体系，使服务业增加值比重提高 4 个百分点，推动形成科技引领、创新支撑的产业发展格局。

（2011年3月21日）

在“十二五”国家重点专项规划编制工作座谈会上的讲话（节录）

要紧紧围绕“十二五”发展主题主线，编制好国家重点专项规划，把规划纲要的目标任务落到实处，推动转方式调结构不断取得新进展。

“十二五”要编制18个重点专项规划，主要集中在五个方面：一是推动结构调整。坚持把扩大内需作为规划的立足点和战略方针，着力扩大居民消费需求，带动结构调整和产业升级。二是加快科技创新。三是强化节能环保。发挥规划的激励和约束功能，加大节能减排力度，加强生态环保工作，提高能源资源利用效率。四是突出改善民生。

（2011年4月29日）

参观“十一五”环保成就展暨中国国际环保展览会时的讲话（节录）

旱涝灾害频发给我们敲响了警钟，必须遵循自然规律，高度重视水资源有效保护与合理利用，进一步加强水、大气和土壤污染治理，用最严厉的手段整治重金属污染，确保人民群众饮水和食品安全。

“十一五”期间，我国环保工作取得显著成绩。但当前环境形势依然严峻，任务重、压力大、难题多，要按照科学发展和加快转变经济发展方式的要求，编制并实施好“十二五”环保专项规划，加快建设资源节约型、环境友好型社会。

现在环保科技已能上天入地，但环保理念还需深入人心。实现青山常在、绿水常流、蓝天白云，要靠每一个人尤其是青年一代。让我们学习和借鉴人类一切先进成果，抢占世界环保科技的制高点，赢在全球产业竞争的起跑线，步入可持续发展的新境界。

中国有望成为世界上最大的节能环保产业市场。节能环保产业作为战略性新兴产业，既有经济效益也惠及民生，前景十分广阔。我们要顺应世界发展潮流，大力开拓清洁产品市场，培育经济新的增长点，赋予生活新的品质和内涵。同时，中国生态环保释放出的巨大需求，也会给各国企业提供新的商机。

（2011年6月7日）

在第二届全球智库峰会上的演讲（节录）

着力推进绿色发展。这是结构调整的大趋势。中国将以此为契机，加快科技创新步伐，调整和优化产业结构，把节能环保、新一代信息技术、生物、新能源等产业确立为战略性新兴产业，给予重点鼓励和扶持。同时，加快发展循环经济、低碳技术，逐步关闭高耗能、高排放的落后生产能力，推动能源生产和利用方式变革，合理控制能源消费总量，构建绿色清洁的生产方式和消费模式。

（2011年6月25日）

出席韩国四大经济团体举行的经济界午餐会的致辞（节录）

采取构建“绿色产业战略合作机制”等措施，加强绿色产业等新兴领域合作，积极促进循环经济和低碳发展。

（2011年10月27日）

在中国环境与发展国际合作委员会2011年会开幕式上的讲话（节录）

首先，发展必须转型，转型也是发展。适应世情国情的新变化，缓解资源环境等瓶颈制约，实现经济长期平稳较快发展，必须更新发展理念、创新发展模式、探索发展路径，在转型中求得发展。转型不仅有利于节约资源保护环境，而且有利于培育和壮大新的增长点，能够带动新的产业发展。

第二，在扩大内需、创新驱动、包容增长中实现转型发展。

第三，促进经济社会发展和资源环境保护协调互动。我们认识到，不改变粗放增长的状况，资源难以支撑，环境难以承受，经济难以持续。中国将充分发挥节约资源、保护环境的倒逼作用，带动技术更新、产业升级，进而促进整个经济转型。加快调整和优化产业结构，从源头节约资源、保护环境。同时，加大水污染、空气污染、土壤污染等治理的力度，把解决损害群众健康的环境问题作为重中之重，尽量多还旧账，努力不欠新账，创造宜居环境，不断提高人民群众生活质量。这是转型发展的基本要点，我们决不走以牺牲环境为代价换得经济增长的老路。

第四，构建节能增效现代产业体系支撑转型发展。中国能源综合利用效率离世界先进水平还有较大差距，节能增效的潜力巨大。节能重在治本控源，增效重在产业优化。我们将进一步淘汰落后产能，抑制高耗能高排放行业发展，在工业、交通、建筑等领域继续实施重点节能工程，鼓励企业大规模推进节能技术改造，使传统产业清洁优化、焕发生机。同时，大力发展节能环保、循环经济、低碳技术等新兴产业和高技术产业，加快发展服务业。今后五年，我们将采取综合措施，使单位国内生产总值能耗下降16%，服务业增加值比重提高4个百分点。这“一降一升”，可以有力地促进增长质量和效益的提高，是转型发展的重要内容。

第五，以改革开放为动力推进转型发展。转型发展是一场广泛而深刻的变革，中国的经济体制改革正进入深水区、处于攻坚克难的阶段，没有改革的跟进，就没有转型的活力和保障。我们将把改革贯穿于经济转型的始终，力争尽快在重点领域和关键环节取得突破，以机制为引导，促进经济发展走上转方式、调结构的轨道。价格是市场最敏感的信号，我们将把资源性产品价格改革作为一个重点，努力推行差别化、阶梯式的能源资源消费政策，更好地发挥价格机制的调控作用。投资、财税、金融、贸易等政策是调节企业行为的有力杠杆，我们将加快完善这些方面措施。　环保是人类共同事业。我们将以负责任的态度参与国际环境合作，吸收国外先进的环保理念和管理经验，更好地推进生态文明建设。积极应对全球气候变化是中国经济社会发展的战略举措。我们愿与国际社会一道，推动即将召开的德班气候变化会议取得积极成果，为世界可持续发展作出新贡献。

（2011年11月15日）

在中央和国家机关事务工作先进集体先进工作者表彰大会上的讲话（节录）

机关事务工作，要注重为建设节约型机关打好基础。党和政府的一切工作是为了人民，宝贵的资金、物资都要用在刀刃上。公共机构厉行节约是社会期待，也有很大潜力，社会各方面对机关事务管理，特别是公用经费和政府采购亦高度关注。机关事务工作者要从对人民负责的高度出发，节约和合理使用公用经费，增加工作透明度，接受群众监督。充分认识节约能源资源的重要性和紧迫性，开动脑筋，精打细算，以改革的办法大力推进节能、节水、节物，在建设节约型机关、践行社会责任方面求得实效、做出表率。

(2011年11月18日)

在第六届中日节能环保综合论坛开幕式上的致辞（节录）

推进节能环保贯穿于中国现代化建设的整个进程。中国节能环保领域正展现出广阔的市场和无限的商机。“十二五”时期，我们将综合采取结构调整、工程技术、管理创新等措施，大力推进能源节约和污染物减排，促进能源效率提高、环境质量改善，使经济增长质量和效益再上新台阶，促进经济长期平稳较快发展。

中日同为经济大国，也都是能源消费大国，转型创新是两国的共同利益所在。深化节能环保合作，对于进一步扩大双方经贸往来、培育增长引擎、增强可持续发展能力、巩固两国关系，都具有重要意义。双方应从大局着眼，从长计议，把中国的市场优势与日本的先进技术结合起来，推动节能环保合作取得新的突破性进展。提出三点建议：

一是加强政策对话。两国政府应利用现有合作机制，进一步密切沟通，交流发展模式和政策经验。中日两国都是能源进口大国，应加强能源问题磋商，提高在国际能源市场的发言权，维护能源消费国利益和世界能源安全。

二是落实重点项目。扎实推进前期和本次签署的合作项目，对其中技术先进、效果好的重大项目，两国政府应给予资金支持。从促进东北亚、东亚经济一体化大局出发，推动中日韩循环经济示范基地建设。

三是分享技术成果。希望日方把更多节能环保先进技术引入中国，以技术拓展市场，更好发挥技术合作的龙头带动作用。中国鼓励双方企业和科研机构合作开展技术研发，进一步加大知识产权保护力度。

（2011年11月26日）

\>>>

领导言论

在全国节能减排工作电视电话会议上的发言

张　平

“十一五”规划《纲要》第一次将节能减排确定为国民经济和社会发展的约束性指标。五年来，各地区、各部门按照党中央、国务院的决策部署，把节能减排作为调整经济结构、转变发展方式、促进科学发展的重要抓手，采取一系列强有力的政策措施，在保持经济持续较快发展的同时，基本实现了“十一五”规划《纲要》确定的目标任务，扭转了“十五”后期能源消耗强度和主要污染物排放量大幅上升的势头。“十二五”时期，我国仍将处于工业化、城镇化快速发展阶段，但面临的资源环境约束日益强化，节能减排形势十分严峻，任务非常艰巨。今年以来，全国能源消费增长比去年明显加快，污染物减排形势也不容乐观。这种状况必须及时扭转，否则就无法实现年初确定的节能减排目标，经济结构调整和发展方式转变也难以取得实质性进展。

按照国务院部署和“十二五”规划的要求，国家发改委将会同有关部门重点做好以下工作：

一、明确目标责任，加强评价考核。抓紧做好“十二五”节能减排综合性工作方案任务分工的落实。健全节能统计、监测和考核体系，定期发布全国和各地区单位国内生产总值能耗公报。会同有关部门每年组织开展对各地区节能目标责任评价考核，并将考核结果向社会公告。

二、严控“两高”行业过快增长，调整优化产业结构。强化节能评估审查，提高“两高”行业准入门槛，严控新上“两高”项目，严肃查处违规乱上项目问题。会同有关部门研究完善限制“两高”产品出口的政策措施，继续控制“两高一资”产品出口。加快淘汰落后生产能力，并严格控制落后产能向中西部地区转移。积极调整能源结构，大力发展可再生能源。加快发展服务业和战略性新兴产业，提高其在国民经济中的比重。

三、加快实施重点工程，推广新技术和新产品。加大中央预算内投资和中央财政资金的投入，加快实施节能改造工程、节能产品惠民工程、合同能源管理推广工程等节能重点工程，力争在“十二五”时期形成3亿吨标准煤的节能能力。加快城镇污水处理设施及配套管网建设，积极开展重点流域水污染防治，到2015年新增污水日处理能力4200万吨。大力推进资源综合利用、再制造、“城市矿产”等各项工作，发展循环经济，提高资源产出效率。组织节能关键共性技术开发、示范和推广应用，发布国家重点节能技术推广目录。

四、加强用能管理，做好预测预警。合理控制能源消费总量，科学分解目标任务，加强考核和监督。在工业、建筑、交通运输、公共机构以及居民生活领域全面加强用能管理，抑制不合理用能需求。开展万家企业节能低碳行动，制定具体方案，落实目标责任，实行能源审计制度，开展能效水平对标活动，力争五年节能2.5亿吨标准煤。继续加强预测预警，按季度发布各地区节能目标完成情况晴雨表。

五、加强政策引导，强化经济激励和约束。深化资源性产品价格改革，根据宏观经济形势逐步理顺煤、电、油、气、水、矿产等资源性产品价格关系，推行居民用电、用水阶梯价格，严格落实差别电价、惩罚性电价以及脱硫电价，研究制定燃煤电厂烟气脱硝电价等政策。会同有关部门深化“以奖代补”、“以奖促治”等支持机制，强化财政资金的引导作用。落实促进节能减排的税收优惠政策。引导金融机构加大对节能减排的支持力度。推进碳排放权和排污权交易试点。推行污染治理设施建设运行特许经营。

六、完善法规标准，加强监督检查。修订清洁生产促进法、重点用能单位节能管理办法等。制订和完善一批单位产品能耗限额标准、用能产品能效标准。扩大用能产品能效标识实施范围，引导消费行为。推进节能产品认证，加强认证监管。建立能效“领跑者”标准制度。按照中央关于加快转变经济发展方式监督检查工作的要求，组织开展节能减排监督检查，推进节能减排绩效管理。加强节能执法检查，严肃查处违反节能评估审查制度、未按要求淘汰落后产能、擅自对高耗能行业实行电价优惠，以及虚标产品能效标识等行为。

七、加强能力建设，开展全民行动。建立健全节能管理、监察、服务“三位一体”的节能管理体系。抓好家庭社区、青少年、企业、学校、军营、农村、政府机构、科技、科普和媒体等十个节能减排专项行动，加强经常性宣传教育，组织好全国节能宣传周等专题活动，动员全社会参与节能减排，培育文明、节约、绿色、低碳的生产方式、消费模式和生活习惯。

我们将将认真贯彻落实这次会议精神和温家宝总理的重要讲话，认真履行职能，加强统筹协调，抓好各项工作落实，为顺利实现“十二五”节能减排目标任务做出新的贡献。

（张 平：国家发展和改革委员会主任，2011年9月27日）

加强生态文明建设　推进低碳发展

解振华

我国是一个发展中大国，处于工业化、城镇化发展过程中，面临着发展经济、改善民生、保护环境、应对气候变化的多重挑战。中国国务院提出了“建设生态文明”的重大战略任务，在全球应对气候变化和金融危机的背景下，这一战略决策对实现我国科学发展具有十分重要的意义。绿色低碳发展是践行生态文明、促进可持续发展的必然选择，这已在去年年底召开的坎昆气候大会上成为世界各国共识和今后发展的潮流。党中央、国务院高度重视应对气候变化，统筹国际国内两个大局，将积极应对气候变化作为促进发展方式转变、调整经济结构的重大机遇，将节能减排、绿色低碳发展作为可持续发展的内在要求。“十一五”我国已采取了一系列政策与行动，取得了显著成效，以能源消费年均增长6.6%支撑了国民经济年均11.2%的增速，能源消费弹性系数由“十五”时期的1.04下降到0.59。全国单位国内生产总值能耗下降19.1%，节能6.3亿吨标准煤，减少二氧化碳排放约15亿吨。

今年三月，全国人大审议通过的“十二五”规划《纲要》，进一步明确以科学发展为主题，以加快转变经济发展方式为主线，将积极应对气候变化和推进绿色低碳发展作为重要的政策导向，提出到2015年我国单位国内生产总值能耗在2010年基础上降低16%、单位国内生产总值二氧化碳排放降低17%、主要污染物排放总量减少8%到10%，非化石能源占一次能源比重达到11.4%以及增加森林碳汇的约束性指标，并提出了经济增速预期目标7%，资源产出率提高15%以及合理控制能源消费总量的政策导向。这对于促进我国经济发展方式转变将发挥重要作用。

为落实《纲要》提出的目标任务，促进我国绿色低碳发展，近期我们编制了“十二五”节能减排综合性工作方案和控制温室气体排放综合实施方案，重点开展以下工作：

一是合理控制能源消费总量，强化节能减排目标责任。科学合理确定各地区“十二五”能源消费总量、单位GDP能耗和碳强度下降以及减少主要污染物排放总量的目标，健全统计、监测和考核体系，对地方节能减排、降低碳强度目标和控制能源消费总量完成情况进行评价考核，考核结果向社会公告，纳入政府绩效管理，实行问责制。

二是优化产业结构和能源结构。大力发展服务业和战略性新兴产业，抑制高耗能、高排放行业过快增长，强化节能、环保、土地、安全等指标约束，加快淘汰落后产能，推动传统产业改造升级，形成节能环保减碳循环经济的产业体系。大力发展可再生能源，调整能源消费结构。

三是实施节能环保减碳重点工程和示范工程。实施节能改造工程、重大节能技术产业化示范工程、节能产品惠民工程、合同能源管理推广工程和节能管理能力建设工程。实施城镇污水处理设施及配套管网建设工程、规模化畜禽养殖污染治理工程和脱硫脱硝工程。实施循环经济重点工程，建设100个资源综合利用示范基地、50个“城市矿产”示范基地、5个再制造产业集聚区。实施工业过程温室气体控排技术示范工程，碳捕集、利用和封存技术示范项目和高排放产品节约替代工程。

四是全面开展节能减碳全民行动。继续在企业、农村、商店、机关、学校、社区、军营开展全民节能行动，在工业企业开展能效水平对标活动和万家企业节能低碳行动，在建筑领域开展绿色建筑行动和金太阳工程，在交通运输领域开展“车船路港”千家企业低碳交通运输专项行动，在农业和农村、商业和民用、公共机构开展节能减排活动。

五是大力发展循环经济。编制和实施全国循环经济发展规划和重点领域专项规划，深化循环经济示范试点，推广循环经济典型模式，组织实施循环经济“十百千示范”行动，即实施循环经济十大工程，创建百个循环经济示范城市和乡镇，培育千家循环经济示范企业，实现循环经济发展由试点向示范推广的转变。

六是加快低碳技术开发和推广应用。组织开展节能减碳共性、关键和前沿技术攻关。实施节能减碳重大技术与装备产业化工程，重点支持电动汽车、稀土永磁无铁芯电机、半导体照明、低品位余热利用等关键低碳技术与设备产业化。加快节能减碳技术推广应用。

七是完善相关经济政策。理顺资源性产品价格，推行居民用电、用水阶梯价格和供热计量收费。加大差别电价、惩罚性电价实施力度。完善污水和垃圾处理收费政策。深化政府推广高效节能技术和产品的激励机制。推进资源税改革，落实和完善资源综合利用税收政策。加大各类金融机构对节能减排、低碳项目的信贷支持力度，建立银行绿色评级制度。

八是扎实推进低碳试点。试点省区和城市将编制低碳发展规划，积极探索具有本地区特色的低碳发展模式，建立有利于低碳发展的政策体系和市场机制，加快建立以低碳排放为特征的工业、建筑、交通体系，适时扩大低碳试点内容和范围。

九是增加森林碳汇。大力推进植树造林，继续实施三北防护林与长江中下游地区等重点防护林工程、退耕还林工程、天然林保护工程、京津风沙源治理工程以及速生林基地建设工程等生态建设项目。深入开展城市绿化造林，加快建设城市森林生态屏障。

十是创新体制机制。健全节能环保和应对气候变化法律法规。开展碳排放交易试点，逐步建设碳排放交易市场，推行污染治理设施建设运行特许经营。加快节能环保标准体系建设，建立“领跑者”标准制度，促进用能产品能效水平快速提升。研究建立低碳产品标识和认证制度。

“十一五”期间我国为完成节能减排任务，带动和发展了吸纳2800万人就业、总产值1.6万亿元人民币以上的节能环保循环经济产业。实现“十二五”规划确定的节能环保减碳目标更艰巨更困难，全社会总投入将大幅度增加，我国节能环保低碳产业和市场将会有更大发展。欢迎国内外产业界积极加入到这一为民造福的巨大市场中来，在实现自我发展的同时为中国乃至全球应对气候变化、保护生态环境、实现可持续发展做出贡献。

为积极探索有中国特色的绿色低碳发展道路，去年7月，经国务院批准，在5省8市开展了低碳省和低碳城市试点工作，贵阳市是试点城市之一。试点工作一年来，各试点省和城市编制了《低碳试点工作实施方案》，理清了工作思路，其中贵阳市提出要以结构调整为主线，大力发展低碳产业，增加低碳经济总量，狠抓节能减排，提高工业低碳生产力，打造低碳产业体系的总体思路。并在经济较快发展的同时较好地完成了节能减排任务，已在全市公交系统率先实行了“油改气”；在试点农村结合新农村建设，农户家庭使用了沼气，推广了垃圾分类和污水处理，种植了有机粮食和蔬菜；在试点社区使用了太阳能路灯，家家绿化阳台，户户使用节能灯和节水装置，小区实行了垃圾分类，有的还试行“碳中和”，普及低碳生活方式。其他试点省、市也已积极开展了试点工作。目前我委正会同有关部门，研究出台鼓励低碳发展的经济政策，还将在试点城市中开展碳排放交易试点工作，并为试点省、市创造条件积极开展国际合作。

“十二五”是我国全面建设小康社会的关键时期，也是推动绿色低碳发展、加快生态文明建设的关键时期，我们要牢固树立绿色低碳发展理念，以高度的责任感和使命感，把握机遇，应对挑战，求真务实，开拓创新，积极探索中国特色的绿色低碳发展道路，为实现可持续发展做出积极贡献。

（解振华：国家发展和改革委员会副主任。2011年7月16日在2011生态文明贵阳会议上的讲话）

在碳收集领导人论坛第四届部长级会议开幕式上的讲话（节录）

解振华

在全球气候变化的大背景下，碳捕集和封存作为一项具有大规模温室气体减排潜力的技术，受到国际社会越来越多的关注和重视。许多国家开展了技术研发、项目示范、政策法规制定等工作，包括联合研发技术，这些都传达了世界各国探索前沿技术发展和控制温室气体排放的决心，传递了全球合作应对气候变化和促进可持续发展的积极信号。

从全球范围来看，碳捕集和封存仍处于研发和示范阶段，在技术、资金、政策法规等问题上面临诸多挑战，距大规模商业化推广还有较大差距，对该技术发展前景还存在一些争议。国际社会应通过进一步的研究、实践和广泛的合作，推动该技术发展。

气候变暖是人类面临的共同挑战。中国政府本着对中华民族和全人类长远利益负责的态度，高度重视气候变化问题。中国政府确定了到2020年单位国内生产总值二氧化碳排放比2005年下降40%～45%的减缓行动目标，并将其作为约束性指标纳入国民经济和社会发展规划。2005年到2010年，经过艰苦努力，我国单位GDP能耗下降了19.1%，实现了“十一五”确定的目标。今年3月，全国人大审议通过了“十二五”规划《纲要》，继续将积极应对气候变化、推进绿色低碳发展作为重要的政策导向，确定了“十二五”期间单位国内生产总值能耗降低16%，单位国内生产总值二氧化碳排放下降17%、非化石能源占一次能源消费比重达到11.4%等约束性指标。“十二五”期间，我们将强化节能减排目标责任、优化产业结构和能源结构、实施节能减碳重点工程和示范工程、加强节能减碳管理、大力发展循环经济、加快节能减碳技术开发和推广应用、完善相关经济政策、扎实推进低碳试点、增加森林碳汇、健全相关体制机制，通过努力实现绿色低碳发展，确保完成控制温室气体排放的任务。

当前和今后一段时间，中国将主要依靠节能、提高能效、大力发展可再生能源以及在确保安全的前提下发展核能等措施控制温室气体排放。从长期发展看，我国以煤为主的能源结构短期内难以改变，碳捕集、利用和封存技术的推广和应用，对于中国实现更为长远的减排温室气体具有重要作用。因此，中国政府重视碳捕集、利用和封存技术的发展，鼓励一些企业和研究机构在煤炭、电力、化工、油气开采等行业开展了一些示范项目，并与有关国家、国际组织和企业保持着密切的交流与合作，取得了比较好的成果。中国在发展碳捕集和封存技术过程中始终倡导和坚持二氧化碳的资源化利用，以降低碳捕集和封存的成本，创造新的产品和就业机会，以便更易于该技术的推广和产业化。目前，这一理念已经得到国际社会的重视和响应，成为该技术发展的重要方向，今年新修订的《碳收集领导人论坛宪章》中增加了二氧化碳利用的内容，这体现了中国对该技术发展作出的重要贡献。

目前，一些国家制定了碳减排路线图，根据本国国情将发展可再生能源作为优先选择，有的甚至提出到2050年可再生能源将占到一次能源消费的85%以上，这些国家发展碳捕集、利用和封存的压力将会有所减轻。然而，能源结构以煤炭为主的国家为实现长期减排目标，如果没有其他技术选择和技术创新，发展、应用碳捕集、利用和封存技术的任务将更大、更艰巨，对这些国家也是不得已而为之。

“十二五”期间，我国将在现有基础上，继续在重点行业稳步推进碳捕集、利用和封存技术，使之更完善、更适合中国的需要。

在其发展规划方面，我们将深化该技术在我国长期发展潜力、障碍、风险和影响的评估，进一步明确其在我国控制温室气体排放和能源长期发展战略中的地位和作用，重点支持关键技术的研发。着力推动二氧化碳资源化利用的技术的研发，提高碳捕集、利用和封存技术的可持续性。

在示范项目实施方面，我们将加强对项目的支持和指导，优先支持有行业、地区特色，低成本、规模适度且近期有较大推广价值的重点示范项目，培育相关产业发展。加强不同地区和不同行业之间的联合与协调，引导电力、煤化工等高排放行业在行业规划中充分考虑二氧化碳捕集、利用和封存的需要。加强对中长期较大规模和全流程示范项目的规划设计。

在政策法规建设方面，我们将加强技术、产业、财税、价格、金融等政策研究，进一步明确政策需求和导向。研究制定指导性和鼓励性政策，营造有利于碳捕集、利用和封存发展的政策环境。加强法律法规体系建设，降低可能出现的长期环境风险，引导该技术安全发展。

在扩大公众参与方面，我们将在宣传推广绿色低碳发展理念的基础上，加强与碳捕集、利用和封存技术相关的信息传播和知识普及，努力扩大公众对该技术的了解。同时探索建立各种利益相关者都能参与的机制，鼓励引导企业、研究机构积极参与相关工作。

国际合作对于碳捕集、利用和封存技术的发展至关重要。该技术的研发、示范和推广都需要大规模资金支持，同时，该技术发展还面临着诸多挑战，发展中国家无论从资金和技术都没有能力依靠自身的力量实现碳捕集、利用和封存技术的发展，解决这些问题需要全球共同努力，特别是发达国家的支持。为此，我愿提出以下建议：

第一，进一步发挥碳收集领导人论坛在推动开展碳捕集、利用和封存领域合作上的作用。通过多种渠道，促进国际间在技术研发、知识产权、示范项目、商业模式等方面的信息交流与经验共享，推动发达国家和发展中国家的研究机构和企业开展联合研发，共享知识产权。

第二，探索建立鼓励碳捕集、利用和封存发展的全球性资金机制。加大对发展中国家的资金和政策支持，通过建立以发达国家公共资金为主要来源的专门基金，帮助发展中国家掌握和应用该技术。

第三，发达国家利用自身优势，率先为推动碳捕集、利用和封存技术发展作出贡献。率先实施大规模、全过程的商业化示范项目，为该技术推广应用做出表率，为发展中国家探索符合本国国情的技术发展道路提供参考和帮助。制定鼓励性政策，促进碳捕集、利用和封存技术研发的转让。

发展碳捕集、利用和封存技术对于全球应对气候变化、实现绿色低碳发展意义重大。中方愿以举办此次会议为契机，加强国际合作，努力与各方一道，进一步推动和促进该项技术在全球的发展。

（解振华：国家发展和改革委员会副主任，2011年9月22日）

在《联合国气候变化框架公约》第17次缔约方会议暨《京都议定书》第7次缔约方会议高级别会议上的致辞

解振华

首先，我代表中国政府衷心感谢南非政府和南非人民主办这次德班会议。同时，我们完全支持阿根廷代表“77国集团+中国”所作的发言。

过去二十多年来，我们从里约、京都、巴厘、哥本哈根、坎昆一路走来，在联合国多边框架下为应对气候变化开展对话、加强合作、凝聚共识，不断取得积极成果。现在我们共聚德班，应牢记使命，珍惜来之不易的成果，充分落实已有共识，进一步促进公约和议定书的全面、有效和持续实施。我谨借此机会发表三点意见：

一、夯实基础，巩固现有框架。

联合国气候变化框架公约及其京都议定书凝聚了各方的共识，奠定了国际社会应对气候变化行动的基本准则，确立了“共同但有区别的责任”原则和公平原则。巴厘路线图明确了加强公约和议定书实施的谈判授权。德班会议应在哥本哈根会议和坎昆会议基础上进一步维护和巩固公约和议定书的原则和框架，按照巴厘路线图的要求达成全面、公平、均衡的成果。

二、积极行动，达成务实成果

德班会议最重要的任务是完成巴厘路线图谈判授权，就京都议定书第二承诺期作出明确安排，明确议定书发达国家缔约方在议定书第二承诺期继续承担量化减排指标，明确非议定书发达国家缔约方在公约下可比的减排指标；同时，全面落实坎昆协议所达成的共识，尽快启动绿色气候基金，细化适应、技术转让、能力建设和透明度等方面的机制安排。

三、践行承诺，增强合作互信

行动是最好的语言，在哥本哈根会议上，各国领导人明确表达了应对气候变化的政治意愿，提出了各自的减排承诺或行动目标，对保证环境整体性具有重要意义。去年的坎昆会议就资金、适应、技术转让和透明度等问题达成了原则共识。国际社会期待这些承诺和共识能尽快转化为切实、有力的行动，细化为公平、有效、便于操作的机制安排。发展中国家在面临发展经济和消除贫困等繁重任务的同时，已经尽其所能为控制温室气体排放做出了巨大努力。发达国家应当正视其历史责任和高人均排放的现实，切实履行率先大幅度减排的责任，把向发展中国家提供资金和技术转让支持的义务和承诺落到实处。

中国政府本着对本国人民和世界人民负责的态度，历来高度重视气候变化问题，把积极应对气候变化作为中国经济社会发展的重大战略和坚定不移的政策取向。中国的排放总量引起了关注，但请大家别忘了，中国是一个有13.2亿人口的发展中国家，人均GDP刚过4300美元、还有1.28亿人的生活费用低于每天1美元水平，面临促进发展、消除贫困、改善民生的艰巨任务。但中国克服种种困难，为应对全球气候变化付出了艰苦努力。2005至2010年，中国单位国内生产总值能耗下降19.1%，节能6.3亿吨标准煤，相当于减少二氧化碳排放约15亿吨，为减缓全球温室气体排放作出了重要贡献。

中国政府于2009年11月郑重宣布了到2020年控制温室气体排放行动目标，其中包括二氧化碳排放强度比2005年下降40-45%的目标。2010年，中国在五省八市启动了低碳试点工作，探索符合中国国情的低碳发展模式。我国的“十二五”规划《纲要》中提出到2015年单位国内生产总值二氧化碳排放比2010年降低17%、非化石能源占一次能源比重达到11.4%以及增加森林蓄积量6亿立方米、森林覆盖率增加到21.66%的约束性指标，并提出“合理控制能源消费总量”、“建立完善温室气体排放统计核算制度，逐步建立碳排放交易市场”。中国将采取切实行动，确保上述目标的实现。中国还将在适应、能力建设、节能和提高能效等方面继续加强南南合作，向其他发展中国家，特别是最不发达国家、小岛屿国家和非洲国家提供力所能及的帮助。

通往更美好未来的路就在我们脚下。中国将全力支持德班会议按照巴厘路线图授权，就加强公约和议定书的全面、有效和持续实施作出公平、有效的安排，达成全面、均衡的成果。中国坚定支持南非政府按照公开透明、广泛参与和缔约方驱动的原则推动德班会议取得成功。我们将一如既往地发挥积极建设性作用，与各方一道，共同为德班会议圆满成功做出不懈努力。

（解振华：中国出席德班会议代表团团长、国家发展改革委副主任，2011年12月7日，南非德班）

在全国能源工作会议上的报告（节录）

刘铁男

2011年是“十二五”开局之年。能源系统认真贯彻党中央和国务院决策部署，按照十七届五中全会精神和“十二五”规划纲要要求，积极推动能源生产和利用方式变革，科学谋划“十二五”能源发展，加强供应保障能力建设，大力调整能源结构，推进能源科技创新和体制创新，统筹“两个大局”、利用“两种资源”，确保能源供需总体平稳。一年来，面对能源需求过快增长、历史性干旱造成的水电出力大幅下降，以及体制机制因素制约等复杂形势，经过各方面共同努力，有效地保障了两节、春耕、三夏、迎峰度夏、迎峰度冬等重点时段的能源供应，有力地支撑了国民经济9%以上的增长，为“十二五”经济社会发展良好开局做出了积极贡献。

2011年，我国能源供应保障能力明显提高。全年新增煤炭产能9500万吨，14个大型煤炭基地产量达到32亿吨。新增电力装机9000万千瓦，全国电力总装机达到10.5亿千瓦。加快输电通道建设，宁东—山东±660千伏直流示范工程投产运行，皖电东送淮南—上海交流特高压输变电示范工程、云南普洱—广东江门±800千伏直流特高压输电工程均已开工建设。

2011年是可再生能源和新能源发展迅速的一年。水电装机达到2.3亿千瓦，在建规模5500万千瓦。新开工糯扎渡等9个大型水电站，装机规模1260万千瓦。风电并网容量新增1600万千瓦，累计达到4700万千瓦；年发电量800亿千瓦时，同比增长60%以上。光伏发电增长强劲，装机容量达到300万千瓦，比上年增加3倍以上。

2011年，是精心谋划能源长远发展的一年。能源科技、煤层气、电力、煤炭、炼油、天然气、可再生能源（包括水电、风电、太阳能、生物质能）、页岩气、煤炭深加工示范等18项规划，经国家能源局局长办公会审议通过，已经或即将颁布实施。合理控制能源消费总量取得重要进展，统一了思想，形成了共识，初步形成了工作方案。增加能源科研投入，新设立第三批21家国家能源研发中心及重点实验室，首批13个能源应用技术研究及工程示范项目科研专项，在能源科技进步和重大装备国产化方面取得一批重大成果。

2011年，是民生能源工程取得积极进展的一年。召开了第一次全国农村能源工作会议，全年安排农网改造升级工程投资650亿元，惠及1800多个县。解决了偏远地区60多万人的用电问题。加强少数民族、边疆地区能源建设，青藏直流联网工程投入试运行，南疆油气利民工程和四川汶川、青海玉树等灾区电力建设都取得积极进展。安排热电联产项目1000万千瓦，满足800万人口的冬季采暖需求。

2011年，我国加快实施“走出去”战略，境外油气勘探开发取得新成果，油气战略通道建设取得新进展。中哈原油管道一期工程顺利运行。中俄原油管道年输油量达到设计规模。中缅油气管道进展顺利。中亚天然气管道C线加快开展前期工作。中哈天然气管道哈境内南线工程正式开焊，惠及沿线500万人口，这也是我国实施“走出去”战略，关注和改善资源国当地民生的典范工程。

2012年能源工作总体要求是：全面贯彻党的十七大和十七届三中、四中、五中、六中全会精神，以邓小平理论和“三个代表”重要思想为指导，深入贯彻落实科学发展观，认真落实中央经济工作会议精神和全国发展改革工作会议部署，按照“稳中求进”的工作总基调，结合能源工作的实际，做到“三稳三进”。“三稳”，就是确保能源生产总量稳定增长，为经济平稳较快发展提供稳定的能源保障，确保能源市场供求和价格基本稳定。“三进”，就是在调整能源结构、提高能源加工转换效率、构建安全稳定经济清洁现代能源产业体系方面取得实实在在的进展，在合理控制能源消费总量、提高能源使用效率方面取得实实在在的进展，在推进能源科技创新和体制机制创新方面取得实实在在的进展。

为实现中央经济工作会议提出的经济社会发展目标提供有效的能源保障，要落实今年工作的总体要求，重点做好八个方面的工作：

一是加强能源供应保障能力建设。优化能源开发布局，落实“十二五”规划，有序开工重大能源项目，确保能源生产总量稳定，加强重点能源生产基地建设，加强能源输送通道建设，加强石油、天然气、煤炭等储备能力建设。2012年，新增煤炭生产能力2亿吨，新增发电装机容量7000万千瓦左右。

二是着力推动能源结构调整。在做好生态保护和移民安置的前提下积极发展水电，2012年新开工水电规模达到

2000万千瓦。在确保安全的基础上高效发展核电，抓紧编制和报经批准后实施《核电安全规划》和《核电中长期发展调整规划》。促进天然气产业协调发展，实现国内产量快速增长，大力发展非常规天然气。积极有序发展风电，组织实施“十二五”第二批规模为1500～1800万千瓦的风电项目建设计划。积极发展太阳能，组织实施“十二五”第一批规模为300万千瓦的开发计划。

三是深化和扩大能源国际合作。积极开展对话交流，加强与重点国家和地区的务实合作，做好能源国际合作的宏观指导和服务。坚持平等互利的原则，深化上游与下游、资源与非资源、投资与贸易等方面的合作。

四是积极推进能源科技和体制创新。加快构建“重大技术研究、重大技术装备、重大示范工程及技术创新平台”四位一体的能源科技创新体系。着力破解体制机制障碍，更加重视能源体制改革的顶层设计和总体规划，研究和提出改革的思路、方案，力求在重点领域和关键环节取得新突破。

五是加强民生能源工程建设。2012年要再解决60万无电人口用电问题，“十二五”力争全面解决500万无电人口用电问题。大力推进农村能源建设，安排中央预算内投资650亿元，继续实施农网改造升级。加快西藏、新疆及青海、四川、云南、甘肃四省藏区电网建设，做好青藏直流联网工程试运行工作，加快推动南疆天然气利民工程建设。在偏远农牧区，建设一批太阳能发电、风光互补电站、太阳能热利用等设施。改善城镇居民生活用能条件，“十二五”时期，使用天然气的人口将新增1亿，总量达到2.5亿。2012年，西气东输工程二期贯通香港，提高香港能源保障能力。

六是合理控制能源消费总量。要建立分解机制，加强监督考核，完善政策法规，争取“十二五”期间把有效合理控制能源消费总量的机制建立起来。加大结构调整力度，着力转变发展方式，发挥合理控制能源消费总量的“倒逼机制”作用，落实能源消费总量和强度双控的要求，提升经济发展质量和效益。

七是加强能源行业管理。组织实施好“十二五”各项能源规划，根据规划核准重大项目，制定和出台相应的政策措施。启动《国家能源发展战略》编制工作，提出我国能源发展的总体方略和战略图。抓紧出台一批煤炭、电力、炼油、煤炭深加工、页岩气、天然气、煤层气、可再生能源产业政策。完善行业标准体系，加快能源法制建设，做好能源基础工作。

八是全面提高能源工作水平。加强能源行业管理，建立一支高素质的队伍，培养一批政治过硬、业务熟练、视野广阔、工作扎实的综合型人才。

必须要增强忧患意识。我国能源资源禀赋不高，人均占有量远低于世界平均水平。资源环境约束矛盾日益突出。近年来，能源资源对外依存度不断上升。维护13亿人口能源资源永续利用，是永恒的忧患。能源工作责任重大，任务艰巨，必须牢固树立政治意识、大局意识、忧患意识、责任意识、创新意识和服务意识，为推动能源科学发展做出应有的贡献。

（刘铁男：国家发展和改革委员会副主任、国家能源局局长，2012年1月10日）

在全国农村能源工作会议上的讲话（节录）

刘铁男

党中央、国务院高度重视农村能源工作。自上世纪80年代以来，国家持续实施了一系列农村能源建设工程，取得了重要成就。全国累计安排农村电网建设与改造，以及无电地区电力建设投资5270多亿元，农村电力服务基本达到城市同等水平，农村电价大幅度降低，大大减轻了农民负担。全国沼气用户累计达到4000万户，年产沼气约140亿立方米。建设了200万千瓦农林剩余物直燃发电厂，年发电量超过100亿千瓦时，消耗农林剩余物约1000万吨，增加农民收入约30亿元。积极支持各类太阳能技术应用，全国农村已累计安装太阳能热水器约5000万平方米，建成太阳房1700多万平方米，太阳灶保有量达到140多万台。建成太阳能独立光伏电站800多座，安装太阳能户用光伏系统10万余套，为解决偏远地区居民基本生活用电发挥了积极作用。

我国城镇化发展进程不断加快，农村能源发展潜力加大。目前，我国近7亿乡村人口年人均生活用电量仅316千瓦时，近500万无电人口用电问题还没有得到解决。还有相当多的农村地区农民生活主要依靠薪柴、秸秆等传统能源。加强农村能源建设，是贯彻落实科学发展观，全面建设小康社会，切实改善农村民生的必然要求，对于促进现代农业发展，加快社会主义新农村建设，提高农民生产生活水平具有重要的意义。

加强农村能源建设，是贯彻落实科学发展观，全面建设小康社会的必然要求；是改善农村民生，推进城乡公共服务均等化的重要举措；是促进农村可再生能源发展，建设社会主义新农村的重要途径；是扩大内需、保持国民经济平稳较快发展的重要条件。“十二五”规划纲要明确提出要“加强农村能源建设，继续加强水电新农村电气化县和小水电代燃料工程建设，实施新一轮农村电网改造升级工程，大力发展沼气、作物秸秆及林业废弃物利用等生物质能和风能、太阳能，把“农村供电工程、农村沼气工程”作为新农村建设的重点工程，把“行政村通电、无电地区人口全部用上电”列入基本公共服务和重点。

当前和今后一段时期，农村能源工作的指导思想是：深入贯彻落实科学发展观，按照党的五中全会精神和“十二五”规划纲要关于加快社会主义新农村建设的要求，坚持“政府引导、市场运作、统筹规划、因地制宜、多能互补、清洁高效”的原则，以建设绿色能源示范县、实施新一轮农网改造升级工程、大力发展农村可再生能源为重点，全面推动农村能源建设取得新进展，为改善农民生活和发展农村经济提供优质、清洁、经济、可靠的现代能源保障。今后五年农村能源建设的重点：一是抓好绿色能源示范县建设。到2015年建成200个绿色能源示范县。二是加快实施新一轮农网改造升级工程。三是大力发展农村可再生能源。坚持因地制宜，科学利用，走多元化发展的道路：⑴合理布局和科学发展生物质发电项目。结合治沙生态工程、畜禽养殖场大型沼气工程，城市污水处理和工业有机废水处理工程，建设生物质发电项目。到2015年生物质发电装机容量达到1300万千瓦。⑵积极推进生物质气化工程。在秸秆资源丰富、经济较发达地区，建设生物质气化工程、秸秆沼气等集中供气工程。到2015年生物质集中供气达到300万户。⑶推广应用生物质成型燃料。在农林生物质分散度高、规模收集难度大的地区，建立生物质成型燃料生产基地。到2015年生物质成型燃料年利用量达到2000万吨。⑷稳步发展非粮生物液体燃料。到2015年，生物燃料乙醇年利用量达到300万吨，生物柴油年利用量达到150万吨。⑸大力推广太阳能热利用技术。积极支持农户使用太阳能热水器、太阳灶，建设村镇阳光浴室工程，建成1000个太阳能示范村。此外，继续发展农村小水电、农村户用沼气，鼓励在风能资源丰富的农村地区建设小型风电设施。

当前，农村能源建设要抓好以下工作：一是加强组织领导。各地要把农村能源工作列入重要议事日程，切实加强对农村能源建设的领导，做好规划布局、协调指导、监督检查等方面的工作。国家和省级能源发展规划要设农村能源专章，县一级要制定专门的农村能源发展规划，把农村能源发展工作列入当地经济社会发展规划和年度工作计划。绿色能源示范县要将农村能源发展主要指标列入县域经济社会发展规划。二是建立长效投入机制。中央财政资金是农村能源基础设施建设的重要资金来源，对加快农村能源建设具有重要作用。除财政资金外，要研究制定优惠政策，吸引社会资金参与农村能源项目建设。研究设立农村能源发展专项资金，建立农村能源项目建设改造、运营维护持续投入的长效机制。三是出台配套支持政策。用好农网改造资金，落实好生物质发电上网电价政策和生物质成型燃料补贴政策。继续将太阳能热利用产品纳入国家惠民工程支持范围，对农村和小城镇居民安装使用太阳能热水系统、太阳灶、太阳房等设施给予支持。完善可再生能源价格和税收政策，促进可再生能源持续化、规模化发展。四是加强项目管理和服务。加强对农村能源建设项目的监督检查，做好项目验收、评估工作，确保工程质量。建立和完善农村能源技术服务体系，健全农村能源行业标准，确保项目长期稳定运营。

（刘铁男：国家发展和改革委员会副主任、国家能源局局长，2011年7月10日）

科技创新支撑荒漠化防治与改善民生

万　钢

荒漠化是历史性和全球性的环境问题，已成为人类生存和可持续发展面临的最严峻挑战之一。目前，全球荒漠化土地面积已接近3800万平方公里，有110多个国家、共10多亿人正遭受着土地荒漠化的威胁。采取积极措施防治荒漠化，是世界各国的共同责任和义务。

多年来，国际社会为防治荒漠化进行了不懈的努力。在1992年联合国环境与发展大会上，荒漠化防治被列入了《21世纪议程》，构建了世界各国人民共同防治荒漠化的政治基础与合作框架。中国是世界上荒漠化最严重的国家之一，荒漠化的面积已达国土总面积的30%左右。本届库布其国际沙漠论坛的召开，充分表明了中国政府应对荒漠化挑战、走可持续发展道路的决心与努力。

科技创新是推动荒漠化防治事业发展的不竭动力，这是国际社会的共识。多年来，各国政府一直致力于荒漠化防治的基础科学和应用技术的研究，不断提高荒漠化防治的科技支撑能力。我国政府也一贯高度重视依靠科技进步防治荒漠化。早在1994年，《中国21世纪议程》将防治荒漠化作为促进可持续发展的优先领域。近年来，在党中央、国务院的领导下，科技部不断加强荒漠化防治的科技工作，主要包括以下三个方面：

一是全面加强荒漠化防治科技工作的总体部署。2006年，国务院颁布了《国家中长期科学和技术发展规划纲要》，把环境保护确定为我国科学技术发展的重点领域之一。“十一五”期间，科技部加强了对环境保护的研究，在国家科技计划中组织实施了一批生态环境科技项目，启动实施了“水体污染控制与治理”科技重大专项，中央财政投入资金给予支持。

各项荒漠化扶持的科技工作，涵盖了防沙治沙、退化草地修复等众多领域，涉及到内蒙古、宁夏、青海、甘肃等中西部荒漠化严重地区。这是中国政府第一次大规模、集中组织开展生态环境科技攻关，为荒漠化防治提供了重要支撑，取得了共赢的良好局面。

二是推广了一批重大荒漠化治理的技术成果。通过国家科技计划，各地方和行业的支持，在各级政府、部门及科研单位的共同努力下，科技部组织提炼出20余项生态保护与修复技术模式，示范推广面积达500余万亩，不仅为生态建设提供了技术支撑，而且还带动了生态畜牧业、生态旅游业、新能源等多种生态产业的发展，得到了地方政府、企业，特别是农牧民的欢迎。

今天，论坛会址所在的库布其沙漠，内蒙古亿利资源集团和当地政府、农牧民密切合作，走出了一条防沙治沙产业化的新路子，建立了国家级新能源科技示范基地，把5000多平方公里的沙漠改造成了生机勃勃的绿洲。同样值得称赞的是，青海科技工作人员长期坚守在三江源的核心区，与当地藏民牧民总结提出了退化草地人工恢复技术，在青藏高原累计推广22万余亩。科技创新为农牧民的生活带来了实实在在的好处，也为全球防治荒漠化提供了可借鉴的经验。

三是积极开展荒漠化防治的国际科技合作。我国高度重视与世界各国的科技合作，颁布实施了《国际科技合作计划》，将环境保护列为优先的工作领域，在荒漠化防治技术合作研发、技术推广和培训、合作研究基地建设等方面推出了一系列的合作项目，实施了引进日本花甲专家等引智计划，极大地带动了中国荒漠化研究的国际化进程。通过举办荒漠化防治技术国际培训班，先后为亚洲、非洲等发展中国家，培训了300多名科技人员，将我国荒漠化防治的成功经验介绍到了世界各地。同时，我国荒漠化防治工作也得到了世界各国的关注与帮助，澳大利亚生态学家维克多·斯夸尔等多位外国专家常年为中国的荒漠化防治提供了帮助，获得了我国政府颁发的国际科学技术合作奖。

今年是我国“十二五”规划的开局之年，荒漠化防治的科技工作也正在翻开新的一页。“十二五”期间，根据科学发展、转变发展方式的要求，科技部牵头编制了“十二五”国家科学技术发展规划，将生态环境保护放在重要的位置，加快推进荒漠化防治与生态建设、环境污染治理、循环经济等领域的科技创新工作，支撑改善环境质量，让科技创新活动更加贴近百姓生产生活。在荒漠化防治领域，我们将重点加强以下五个方面的工作，以有效发挥科学技术在荒漠化防治中的作用。

第一，加强荒漠化重大基础科学问题的研究。荒漠化问题是经济社会和人类活动的结果，科学把握地球生态系统的变迁规律与关键问题，是荒漠化防治取得实效的理论基础。科技部将进一步加大对生态系统观测与研究的支持，掌握全球变化格局下荒漠化的主要矛盾，有效指导荒漠化防治的技术开发与生产实践。

第二，加快荒漠化防治技术的研发。着力推动国家生态修复科技综合示范基地的建设，加快荒漠化防治关键技术的研发与示范，提高荒漠化防治技术的创新与推广转化的能力，使示范基地成为生态建设技术模式验证的试验田，先进、成熟技术推广转化的孵化器。

第三，合理地利用荒漠化地区的资源。荒漠化防治不仅仅意味着大量的投入，也将为发展新经济提供物质资源。科技部将以科技重大专项的实施为抓手，加快荒漠化地区太阳能、风能、生物质能等新能源技术的开发与应用，提升清洁能源、生物医药等产业链的创新能力，创新商业模式，促进与荒漠化防治相关产业的发展。

第四，充分发挥企业的主体作用。荒漠化防治需要各方面的力量。科技部将支持以企业为主体来承担荒漠化领域的科技项目，鼓励科研院所积极参与，引导地方政府创新环境保护的模式，建立政产学研用相结合的生态保护长效机制。

第五，提高国际科技合作水平。加强国际科技合作，是推进全球荒漠化防治进程的重要渠道。科技部将积极推动，组织和参与各类国际重大科技合作计划，营造良好的多边和双边科技合作的氛围，促进国内外荒漠化防治技术与政策的研究与交流，携手应对荒漠化的挑战。我们也希望有关国家、国际组织、研究机构和企业，与我们一道推进相关科技合作计划的实施。

荒漠化是全球共同面临的问题。当前全球防治荒漠化的形势仍然十分严峻，对荒漠化防治科学问题的认识还有待进一步深化，荒漠化防治技术创新与推广应用仍面临许多瓶颈。在此，我们呼吁世界各国秉承“国家、地方、企业相结合，产、学、研相结合，生态效益、经济效益、社会效益相结合”的理念，在更大范围、更广领域和更高层次上，开展广泛的国际科技交流与合作，充分发挥科技创新在荒漠化防治中的支撑作用，为建设人类和谐美好家园做出更大的贡献。

（万钢：科学技术部部长，2011年7月9日在“2011库布其国际沙漠论坛”上的主题演讲）

推动全球二氧化碳资源化利用技术的发展（节录）

万　钢

CCUS技术（即碳捕集、封存与利用技术）被认为是应对气候变化重要的技术路径之一，其战略意义不仅在于具有实现大规模温室气体减排的潜力，更重要的是提供了一种可能的战略性技术选择前景。中国在CCUS相关技术政策、研发示范、能力建设、国际合作等方面开展的一系列工作。据不完全统计，“十一五”期间，中国政府围绕CCUS技术部署研发项目20余项，直接公共财政经费投入超过2亿元，带动企业等社会投入超过10亿元；“十二五”支持力度持续增大，截至目前，公共财政经费支持超过4亿元，带动社会投入超过23亿元。

各国在加大力度推动相关技术示范时应充分考虑四个原则。一是尊重科学与技术发展的客观规律，示范项目开展要以科学合理、技术经济的可行性为基础，切忌为追求规模或政府补贴，盲目推进不符合技术发展经济运行和工程放大规律的示范项目。二是科学评价，从严确定示范项目的安全性指标。三是保持适度的技术开放性。在经济允许的条件下，应避免建设单一的核心技术路线，尽量确保技术路线示范的多样化。目前看来，我们尚无法判断哪种技术路线组合最具前景。技术路线的多样化还有利于在跨行业技术交叉融合中催生新的技术突破。四是注重研发经验和技术成果的扩散，促进全球CCUS技术的早日成熟和大范围应用。

（万钢：科学技术部部长，2011年9月19日在碳收集领导人论坛（CSLF）第四届部长级会议上的致辞）

在电动汽车科技发展座谈会上的讲话（节录）

万　钢

首先，我国电动汽车系统集成和整车研发能力必须加强。他说，过去我们关注的重点在关键核心技术上，等到做出整车时，会突然发现，原来没有考虑的东西现在变成了关键核心问题。在电动汽车领域，很多小插件、小技术往往会影响最终商业模式的形成。2013年已经不远了，这些细节技术的研发和设计要抓紧部署。

第二，在技术研发和产业化过程中，要注重技术创新链和产业链的打造。万钢说，电动汽车产业链应当如何定义，是否也应该包括电池的最终回收利用，还需要企业进一步研讨。但有一点是肯定的，在产业链建设当中，要更多考虑产业联盟的作用。产业链的形成必须是企业牵头，以企业为主。企业的主体作用不应仅仅体现在过去在投入、组织研发和应用方面的促进，还应该是在决策方面的促进，企业应该是创新研发和应用推广的组织者。

第三，要进一步探索适合中国电动汽车发展的商业模式。要充分发挥现在正在开展的十城千辆节能与新能源汽车示范推广应用工程的作用，通过示范应用来考验电动汽车，建立我们自己的商业模式，拓展市场。万钢说，下一步，他认为有两个应用方式可以供示范城市和整车厂考虑：一是租赁，电动汽车在租赁市场应该大有可为，这种运行模式国家补贴起来也相对容易。其次是物流，尤其是城市物流车方面。如果电动汽车示范运行能够实现在这两个领域的突破，百万辆电动汽车的容量应该可以实现。这都是我们可开拓的市场，也是中国特色的市场，这些市场要用起来。

第四是要加强电动汽车的标准建设。尤其是充换电设备的通信协议必须要关注。他说，通信协议一定是公用的，不能成为某一个企业的专利，这是我们最基本的原则，其他的东西都可以商量。但是对于像电池、接插件等并不是国际专利的东西，我们应尽快把标准制定出来。

（万钢：科学技术部部长，2011年12月22日）

在全国节能减排工作电视电话会议上的发言（节录）

周生贤

在党中央、国务院的坚强领导下，“十一五”期间，地方各级人民政府和国务院有关部门层层落实减排任务，强化目标责任考核，加大工程减排、结构减排、管理减排工作力度。在经济增速和能源消费总量均超过规划预期的情况下，2010年全国化学需氧量、二氧化硫排放总量分别比2005年下降12.45%、14.29%，超额完成污染减排任务，为保持经济平稳较快发展提供了有力支撑。

“十二五”时期，我国经济仍将保持较快发展，能源资源消耗总量继续增长。污染减排指标由化学需氧量、二氧化硫两项扩大到四项，增加氨氮、氮氧化物；减排领域由原来的工业与城镇，扩大到交通和农村。明确要求在消化增量的基础上，化学需氧量、二氧化硫排放分别减少8%，氨氮、氮氧化物排放分别减少10%，绝对削减量占排放基数30%左右，任务非常艰巨。

环境保护部将切实把思想和行动统一到国务院的决策部署上来，坚决落实《国务院“十二五”节能减排综合性工作方案》的要求，会同有关部门和地方政府重点抓好以下五项工作。

一是强化目标责任，加大问责力度。抓紧组织与各省(区、市)人民政府、五大电力集团公司、国家电网公司和中石油、中石化集团公司签订“十二五”减排目标责任书。修订完善主要污染物减排统计监测考核、减排核查核算办法，对各地总量削减目标责任书和年度减排目标完成情况进行评价考核，考核结果报告国务院同意后，向社会公布，严格落实奖惩措施。

二是分解总量指标，尽快落实减排任务。督导各地按照国家要求，合理确定本地区排放总量控制目标，层层分解落实减排任务，明确下一级政府、有关部门和重点企业责任。不允许突破控制指标，也不允许采取层层加码和一刀切的方式平均分配减排指标。

三是总结经验，继续推进结构减排、工程减排和管理减排。把结构减排放在更加突出位置。各级环保部门全力配合有关部门，运用好减排倒逼机制，督促各地按期完成国家下达的淘汰落后产能任务，加强对淘汰落后产能的减排核查。对未按规定期限淘汰的企业，吊销排污许可证；对重点案件实行挂牌督办，对虚假淘汰行为依法追究责任。继续强化工程减排。减排重点工程将列入到各地和主要集团公司减排目标责任书中。各级环保部门必须加强对项目建设的环境监理，确保重点工程项目逐一落实。对不能按时完成重点工程项目建设和保证正常运行的地区或集团公司，将严格实行区域和行业环评文件限批，暂停审批除民生工程、节能减排、生态环境保护和基础设施建设以外的建设项目。从严落实管理减排。推进环境监管能力标准化建设，着力提高污染源监测、机动车污染监控、农业源污染检测和减排管理能力。实施国家第四阶段机动车排放标准，在部分重点城市逐步实施国家第五阶段排放标准，全面提升车用燃油品质，强化车用燃油环保指标监管。强化重点污染企业的环境监控，发布主要污染物超标严重的国控企业名单。2012年底前，火电、钢铁、造纸、印染等行业的重点企业以及城镇污水处理厂，必须完成运行监控平台和自动监测系统的建设，严肃查处生产运行记录、在线监测、减排台账中的弄虚作假行为。

四是严格环评审批，有效控制新增排放。提高并严格执行火电、化工、造纸、印染等行业污染物排放标准，把污染物排放总量指标作为环评审批的前置条件，在大气污染联防联控重点地区开展煤炭消费总量控制试点，对电力、钢铁、造纸、印染等行业实行主要污染物排放总量控制。建立重点地区、重点行业排污总量跟踪监测和预警制度，严格控制高耗能高排放行业新建项目。环评过程要公开透明，充分征求专家和社会公众意见。对环评文件未经审批即擅自开工、建设过程中擅自作出重大变更、未经环境保护“三同时”验收即擅自投产等违法行为，要依法严肃追究有关人员的责任。

五是完善激励政策，健全长效机制。充分运用环境经济政策和市场手段来推进污染减排。深化环保收费改革，适当提高排污费收费标准。严格落实脱硫电价，尽快推动出台燃煤电厂烟气脱硝电价政策。建立健全排污权有偿取得和使用交易。建立企业和地区减排财政补贴激励政策。同时，积极探索创新有利于企业和公众参与减排的政策举措。

（周生贤：环境保护部部长，2011年9月27日）

提高生态文明水平（节录）

周生贤

一、推进生态文明建设是重大而紧迫的战略任务

建设生态文明，是我们党深入贯彻落实科学发展观，针对经济快速增长中资源环境代价过大的严峻现实而提出的重大战略思想和战略任务，是中国特色社会主义伟大事业总体布局的重要组成部分。

推进生态文明建设是破解日趋强化的资源环境约束的有效途径。只有加强能源资源节约，发展循环经济，加强环境治理和生态建设，才能有效破解经济增长中的资源环境瓶颈制约。

推进生态文明建设是加快转变经济发展方式的客观需要。将环境保护的"倒逼机制"传导到结构调整和经济转型上来，能更好地推动整个社会走上生产发展、生活富裕、生态良好的文明发展道路。

推进生态文明建设是保障和改善民生的内在要求。我们必须秉持环保为民的理念，着力解决损害群众健康的突出环境问题，切实维护广大人民群众的环境权益。

推进生态文明建设是后国际金融危机时期抢占未来竞争制高点的战略选择。只有以环境保护优化经济结构和发展方式，抢占世界经济发展新的制高点，才能在新一轮国际竞争中赢得主动。

二、积极探索代价小、效益好、排放低、可持续的中国环境保护新道路

环境保护是生态文明建设的主阵地和根本措施，是推进可持续发展的着力点和攻坚方向。《建议》确定的"十二五"时期经济社会发展主要目标之一就是经济结构战略性调整取得重大进展，单位GDP能源消耗和二氧化碳排放大幅下降，主要污染物排放总量显著减少，生态环境质量明显改善。温家宝总理所作的《政府工作报告》明确提出，"十二五"期间，非化石能源占一次能源消费比重提高到11.4%，单位国内生产总值能耗和二氧化碳排放分别降低16%和17%，主要污染物排放总量减少8%至10%，森林蓄积量增加6亿立方米。改革开放30多年来，我国一些地方就环保论环保，就污染谈污染，甚至重蹈"先污染、后治理"的覆辙，付出过大的环境代价。立足我国的基本国情，紧紧围绕科学发展的主题、转变经济发展方式的主线和提高生态文明水平的新要求，走出一条代价小、效益好、排放低、可持续的环境保护新道路，是形势使然、出路所在。

"代价小"就是坚持环境保护与经济发展相协调，以尽可能小的资源环境代价支撑更大规模的经济活动；"效益好"就是坚持环境保护与经济社会建设相统筹，寻求最佳的环境效益、经济效益和社会效益；"排放低"就是坚持污染预防与环境治理相结合，把经济社会活动对环境损害降低到最小程度；"可持续"就是坚持环境保护与长远发展相融合，通过建设资源节约型、环境友好型社会，推动经济社会可持续发展。将代价小、效益好、排放低、可持续的要求全面体现到国民经济体系的各个领域和社会组织体系的各个方面，以环境容量优化区域布局，以环境改善倒逼发展方式转变，以生态建设再造环境优势，是有效减轻环境治理压力、扭转生态恶化趋势的治本之策。

三、加快建设资源节约型、环境友好型社会，努力提高生态文明水平

面对日趋强化的资源环境约束，必须增强危机意识，树立绿色、低碳发展理念，以节能减排为重点，健全激励和约束机制，加快构建资源节约、环境友好的生产方式和消费模式，增强可持续发展能力。

积极应对全球气候变化。气候变化是环境问题，也是发展问题。我国政府提出，到2020年单位GDP二氧化碳排放量要比2005年下降40%～45%，并把大幅降低能源消耗强度和二氧化碳排放强度作为约束性指标，有效控制温室气体排放。应对全球气候变化，主要应从减缓、适应和增强能力建设等方面入手。在减缓方面，要坚定不移地推行有利于节约能源资源、保护环境的产业结构、生产方式、消费模式；大力节约能源，提高能源利用效率；调整能源消费结构，增加非化石能源比重；继续推进植树造林，提高森林覆盖率，增加蓄积量，提高固碳能力。在增强适应能力方面，加强对各类极端天气和气候事件的预警监测与应对；建立完善温室气体排放和节能减排统计监测制度；加强科学研究，加快低碳技术研发和应用，逐步建立碳排放交易市场。在国际合作方面，坚持共同但有区别的责任原则，承担与我国发展水平相适应的减排责任和义务。

深化污染减排。"十一五"期间，在经济增速和能源消费总量均超过规划预期的情况下，化学需氧量、二氧化硫排放量分别下降12.45%、14.29%。"十二五"时期，国家已经将化学需氧量、二氧化硫、氨氮和氮氧化物四种主要污染物纳入约束性指标，污染减排的任务依然十分艰巨。要落实减排目标责任制，强化污染物减排和治理。要把结构减排放在更加突出的位置，继续强化工程减排和管理减排，加快污水处理设施建设，提高污水处理率和负荷率；加大“三河三湖”、松花江、黄河小浪底库区、三峡库区、南水北调水源及沿线等重点流域水污染防治力度。有效控制城市大气污染，继续加强燃煤电厂脱硫，切实加强电厂脱硝，严格控制机动车尾气排放，将区域大气环境作为整体进行部署，着力构建“统一规划、统一监测、统一监管、统一评估、统一协调”的区域空气联防联控工作新机制。

大力发展循环经济。《建议》和《政府工作报告》就推动循环经济发展提出一系列要求，包括以提高资源产出效率为目标，加强规划指导、财税金融等政策支持，完善法律法规，实行生产者责任延伸制度，推进生产、流通、消费各环节循环经济发展；加快资源循环利用产业发展，加强矿产资源综合利用，鼓励产业废物循环利用，完善再生资源回收体系和垃圾分类回收制度，推进资源再生利用产业化；开发应用源头减量、循环利用、再制造、零排放和产业链接技术，推广循环经济典型模式，推进低碳城市试点。这些规定具体明确，需要多策并举，全力抓好。

着重解决损害群众健康的突出环境问题。《建议》强调指出，“以解决饮用水不安全和空气、土壤污染等损害群众健康的突出环境问题为重点，加强综合治理，明显改善环境质量”。要继续强化饮用水源保护区管理措施，扎实抓好饮用水环境安全保障工作。抓紧实施《重金属污染综合防治“十二五”规划》，全面排查重金属等污染物排放企业及其周边区域环境隐患，有效解决重点防控区域、行业和企业的突出问题。集中开展沿江沿河沿湖化工企业综合整治，全力遏制化工行业环境事件高发势头。强化核与辐射安全监管能力建设。有效控制城市噪声污染。加大农村“以奖促治”支持力度，控制农业面源污染，实施农村清洁工程，全面启动“连片整治”工作，建设清洁水源、清洁田园和清洁家园。

切实保护和修复生态。坚持保护优先和自然恢复为主，从源头上扭转生态环境恶化趋势。实施重大生态修复工程，巩固天然林保护、退耕还林还草、退牧还草等成果，保护好草原和湿地。继续推进荒漠化、石漠化综合治理。加强自然保护区、重点生态功能区、海岸带的保护和管理，加快水土流失的治理，不断增强涵养水源、保持水土、防风固沙能力，构筑国家生态安全屏障。保护生物多样性，把生物资源有效保护与合理利用结合起来。让江河湖等重要生态系统休养生息。

建立健全有利于环境保护的体制机制。抓紧制定与我国基本国情相适应的环境保护宏观战略体系、全防全控的防范体系、健全高效的环境治理体系、完善的环境法规政策科技标准体系、完备的环境管理体系、全民参与的社会行动体系。进一步深化环评制度，严格环境准入，严格执法监督，健全重大环境事件和污染事故责任追究制度，持续开展环保专项行动。注重运用市场手段，加快建立生态补偿机制，积极推进资源性产品价格改革和环保收费改革，全面改革资源税，开征环境保护税，健全绿色税收、绿色证券、绿色采购、绿色贸易等环境保护科技和经济政策。建立健全污染者付费制度，建立多元环保投融资机制，大力发展环保产业。

（周生贤：环境保护部部长，原载2011年11月《求是》）

夯实水利发展基础 增强水利保障能力
积极应对全球气候变化（节录）

陈 雷

气候变化深刻影响着人类的生存和发展，已成为世界各国共同面临的重大挑战。中国是一个人口众多、经济发展迅速的发展中国家，人多水少，水资源时空分布不均，水资源承载能力与生产力布局不相匹配是中国的基本水情。近年来，受全球气候变化影响，中国极端天气事件明显增多，水旱灾害的突发性、异常性、不可预见性日显突出，局部地区强暴雨、极端高温干旱以及超强台风等事件呈突发、多发、并发趋势；水资源南丰北缺的趋势更为凸现，主要江河的实测径流量多呈下降趋势，北方地区水资源短缺形势不容乐观；冰川与冻土面积减少，北方一些河流断流、湖泊萎缩消失，水库蓄水减少，湿地功能下降，海平面上升引起海岸侵蚀、海水入侵、河口海水倒灌等一系列生态问题。应对极端气候，防御水旱灾害，保障水安全，实现水资源的可持续利用，是中国在全面建设小康社会、加快推进现代化进程中必须着力加以解决的重大课题。

中国政府高度重视应对全球气候变化，把节约资源和保护环境作为基本国策，大力发展循环经济，推广低碳技术，开发建设水电、太阳能、风电等低碳和可再生能源，促进经济社会发展与人口资源环境相协调。在2009年哥本哈根气候大会前，中国政府作出承诺，在2020年单位GDP二氧化碳排放比2005年下降40%～45%，非化石能源占一次能源消费的比重达15%左右，森林面积比2005年增加4000万公顷，森林蓄积量比2005年增加13亿立方米。“十二五”规划对应对全球气候变化、加快转变经济发展方式作出全面部署，提出明确要求。水资源是受全球气候变化影响最为明显的重点领域，加强水利建设是适应气候变化特别是应对极端气候事件的重要基础。今年中央1号文件《关于加快水利改革发展的决定》将水安全提高到国家安全的战略高度，把水利作为国家基础设施建设的优先领域，把防灾减灾体系建设摆上应对气候变化的突出位置。

“十二五”期间，我们将坚持减缓与适应并重、开发与保护统一、建设与管理衔接、科技创新与制度创新并举、政府主导与全民参与并行，全面贯彻落实中央决策部署，加快水利基础设施和防汛抗旱体系建设，加强水资源节约保护和管理，提高水旱灾害应急管理能力，在新的起点上推进水利改革发展新跨越，从整体上提高水利应对极端气候的能力，为促进我国经济长期平稳较快发展、夺取全面建设小康社会新胜利提供坚实的水利保障。

第一，突出加强防洪薄弱环节建设。针对近年来严重洪涝灾害暴露出的突出问题，着力加强中小河流和大江大河重要支流治理、小型病险水库除险加固、山洪灾害防治、病险水闸除险加固等防洪薄弱环节建设，力争在“十二五”时期全国洪涝灾害年均直接经济损失占同期GDP的比重降低到0.7%以下。

第二，加快夯实农田水利基础。完成70%以上的大型灌区和50%以上的重点中型灌区骨干工程续建配套与节水改造任务，净增农田有效灌溉面积约260万公顷，新增高效节水灌溉面积约330万公顷。加大小型农田水利重点县建设力度，因地制宜兴建小水窖、小水池、小塘坝、小泵站、小水渠等“五小”水利工程，加强灌区末级渠系节水改造和田间工程配套，解决农田灌溉“最后一公里”问题。

第三，全面推进节水型社会建设。把落实最严格的水资源管理制度作为节水型社会建设的重大战略举措，抓紧划定水资源开发利用控制、用水效率控制、水功能区限制纳污“三条红线”，全面落实水资源有偿使用、水资源论证、取水许可等管理制度，强化水资源管理责任与考核，全国万元GDP用水量降低到140立方米以下，万元工业增加值用水量降低到80立方米以下，农业灌溉水有效利用系数提高到0.53。

第四，大力提高城乡供水保障能力。继续推进农村饮水安全工程建设，全面解决农村饮水不安全问题。加快南水北调工程建设，构建“四横三纵、南北调配、东西互济”的水资源战略配置格局。大力推进江河湖库水系连通，全面提升水资源调控水平。加大海水淡化、中水回用、雨水集蓄利用等非常规水资源开发利用力度。全国新增供水能力400亿立方米左右，全国干旱灾害年均直接经济损失占同期GDP的比重降低到1.1%以下。

第五，切实搞好水土保持和生态保护。实施国家水土保持重点工程建设，加强重点区域及山洪地质灾害易发区的水土流失防治，全面开展坡耕地综合治理，继续推进生态脆弱河流和地区水生态修复。在保护生态和农民利益前提下，加快水能资源开发利用，大力发展农村水电，未来五年新增农村水电装机容量约500万千瓦，增加年发电量215亿度，每年可减少二氧化碳排放量1800万吨。

第六，多措并举增加水资源战略储备。制定特殊时期的水资源安全保障预案，针对不同地区的具体情况，采用多种措施建立应急水源。对海河和辽河等地下水供水比重较高的缺水流域，严格控制地下水开采总量，禁止深层地下水开采，利用南水北调水置换超采地下水，逐步恢复地下水的涵养能力，增加地下水战略储备；对于西北地区，加强产水区生态保护和水源涵养，加快骨干水利工程建设，增加流域储水能力，增强应对干旱能力；在西南丰水区，加强水源工程和配置工程建设，充分利用地下水的涵养能力，增强流域水资源调控能力，为应对极端干旱提供应急水源。

第七，进一步提高防汛抗旱应急能力。加强防洪非工程措施建设，强化防汛抗旱行政首长负责制，完善水文监测体系和防汛指挥系统，构建“纵向到底、横向到边”的预案体系，落实预警到乡、预案到村、责任到人的防御措施，建设专业化与社会化相结合的防汛抗旱应急抢险救援队伍，健全保障有力的防汛抗旱物资储备体系，着力提高防汛抗旱应急管理水平。

第八，积极开展国际合作与交流。我们积极参与应对气候变化科学研究领域的国际合作与交流。自上世纪90年代起，长期参加政府间气候变化专门委员会（IPCC）全会和工作组会议，先后与联合国开发计划署合作开展了中国气候变化影响与脆弱性研究项目，分别与联合国儿童基金会和联合国教科文组织合作开展了气候变化对中国地下水资源影响和对黄河流域水资源影响研究项目，与英国、加拿大、瑞士等国的科研机构也开展了多种形式的交流与合作。杭州国际小水电中心通过积极开展小水电“点亮非洲”、小水电清洁发展机制以及小水电站设计和设备输出等合作项目，帮助非洲发展中国家开展低碳清洁能源的开发利用，减缓气候变化。今后，我们将继续推进政府和民间的国际合作与交流，学习国际先进经验和做法，努力减缓和适应气候变化对中国水资源的影响。

女士们、先生们！积极应对极端气候，科学防御水旱灾害，努力保障水安全是全人类的共同责任。中国愿意继续加强与有关国际组织和国家的交流与合作，携手应对全球气候变化挑战，为实现水资源可持续利用，促进经济长期平稳较快发展和社会和谐稳定做出新的更大贡献！

（陈雷：水利部部长，2011年4月22日在中国极端气候应对战略高级圆桌会议上的讲话）

高度重视 精心组织 强化管理
扎实做好农村水电增效扩容改造工作（节录）

陈 雷

为贯彻落实今年中央1号文件和中央水利工作会议精神，提高农村水电综合能效和现代化水平，实现农村水电可持续发展，中央财政决定在可再生能源发展专项资金中安排资金支持农村水电增效扩容改造工作，并明确今明两年在浙江、重庆开展农村水电增效扩容改造全面试点，在湖北、湖南、广西、陕西开展部分试点，取得成效后再全面推开。今天，水利部和财政部共同召开这次会议，主要任务是全面启动农村水电增效扩容改造试点工作，与有关省、自治区、直辖市人民政府签署农村水电增效扩容改造责任书，对试点工作进行动员和部署。

一、充分认识开展农村水电增效扩容改造的重要意义

农村水电是我国农村经济社会发展的重要基础设施，是山区生态建设和环境保护的重要手段。今年中央1号文件和中央水利工作会议明确要求，加快水能资源开发，大力发展农村水电。改革开放以来，我国农村水电建设蓬勃发展，目前全国已建成农村水电站45000多座，装机容量5900多万千瓦，年发电量2000多亿千瓦时，约占全国水电的三分之一，在增加能源供应、减排温室气体、保护生态环境等方面发挥了重要作用，为农村发展、农民增收和民生改善做出了重要贡献。但也要看到，由于承担公益性任务较多、上网电价偏低和体制机制不顺等多方面原因，早期建设的农村水电站无力依靠自身积累进行改造升级，设备设施老化，能效逐年衰减，不仅浪费宝贵的水能资源，影响综合效益的发挥，还存在着不少安全隐患。据统计，我国1995年前投运具有增效扩容改造潜力的农村水电站有5700多座，装机容量近800万千瓦。对这些老旧电站进行增效扩容改造，不仅能提高水能资源利用效率，促进节能减排，保护河流生态环境，还能消除公共安全隐患，让当地群众得到更多实惠，是一项费省效宏、一举多得、利国惠民的德政工程和民生工程，具有重大而深远的意义。

第一，开展农村水电增效扩容改造，是发展可再生能源、促进节能减排的迫切需要。国家“十二五”规划纲要明确提出，到2015年我国非化石能源占一次能源消费的比重要从2010年的8.3%提高到11.4%，单位国内生产总值二氧化碳排放要在2010年的基础上降低17%，并作为“十二五”经济社会发展的重要约束性指标。这充分体现了国家加大节能减排力度的决心，也对大力发展包括农村水电在内的可再生能源提出了新的要求。农村水电增效扩容改造不需要移民，不增加环境负担，开发成本和电能质量均优于风能、太阳能等同类能源。全面实施农村水电增效扩容改造，不仅可巩固现有220多亿千瓦时的水力发电能力，还可使老旧水电站发电量平均提高40%以上，新增水电发电量100多亿千瓦时，相当于每年节约1100万吨标准煤、减排二氧化碳2800万吨,对于促进我国能源结构调整和节能减排具有重要的作用。

第二，开展农村水电增效扩容改造，是消除电站安全隐患、保障公共安全的迫切需要。

第三，开展农村水电增效扩容改造，是壮大农村集体经济、促进农民增收的迫切需要。

第四，开展农村水电增效扩容改造，是改善河流生态环境、促进人水和谐的迫切需要。受当时经济发展水平和生态环境意识的制约，早期建设的引水式电站很多未考虑生态用水需求。由于水轮机组能效逐年下降，发电耗水量相应增加，近年来引水式电站枯水期运行导致下游河段减水脱流问题有上升趋势，严重影响河流生态环境和下游群众生产生活用水，引起社会各界的广泛关注。实施农村水电增效扩容改造，增设生态流量泄放设施，优化梯级电站运行调度，可以有效改善河流生态环境，促进人水和谐。同时还可以进一步扩大就近供电范围，有效降低自供电价，促进山区农民以电代柴，巩固退耕还林成果，保护山区生态环境，实现“以水发电、以电护林、以林涵水”的良性循环。

二、准确把握农村水电增效扩容改造的总体要求

农村水电增效扩容改造的总体要求是：坚持科学发展主题和加快转变经济发展方式主线，全面贯彻落实今年中央1号文件和中央水利工作会议精神，积极践行可持续发展治水思路，以提高综合能效和安全性能为目的，以机电设备和配套设施更新改造为重点，以体制改革和机制创新为保障，把增效扩容改造与节能减排、民生改善、江河治理、除险保安、生态建设和环境保护有机结合起来，优先对增效扩容潜力大、安全隐患突出、惠农作用直接、综合效益显著、筹融资能力较强的农村水电站实施增效扩容改造，提高水能资源利用效率，保障农村用电需要，促进农村水电持续有序健康发展。

开展农村水电增效扩容改造，要着重把握好以下几项原则：

第一，坚持突出重点，提升综合能效。影响老旧电站综合能效的因素很多，在改造中必须严格按照《小型水电站机电设备报废条件》、《小型水电站技术改造规范》等技术标准的要求，严格设备检测，认真分析原因，科学比选方案，搞好初步设计，有针对性地对农村水电机电设备、金属结构、送出工程等加以重点改造，最大程度地提升能效和发电能力，确保改造后综合效率达到规定的指标。

第二，坚持安全发展，消除病险隐患。

第三，坚持科技引领，推动升级改造。经过多年的努力，我国农村水电装备设计制造技术已达到国际先进水平。实施农村增效扩容改造，必须高起点规划、高标准实施，因地制宜选用技术先进、质量优良、节能环保、安全可靠的机电设备，大力推广新技术、新材料、新工艺，抓住机遇实现技术设备的升级换代，全面提高自动化、信息化和现代化水平。

第四，坚持统筹兼顾，发挥综合效益。农村水电是农村特别是偏远山区的重要民生设施，是当地水资源综合利用体系的重要组成部分，承担着防洪、灌溉、供水等大量公益性任务。增效扩容改造要遵循河流综合规划、防洪规划和水能资源开发利用规划，充分考虑发电、防洪、供水、灌溉、生态等各方面用水需求，做到在工程上有措施，运行上有方案，监管上有制度，调度上有手段，实现增效扩容、治水办电和生态改善的多赢，全面发挥农村水电的综合效益。

第五，坚持建管并重，完善体制机制。中央财政支持农村水电增效扩容改造，不仅要解决当前老旧农村水电能效低、安全隐患严重等问题，还要通过改造，带动老旧电站理顺体制机制，使改造后的电站能长期稳定运行，为全国起到示范作用。试点地区要积极推进农村水电体制机制改革，对增效扩容项目实行"新电新价"和 "同网同价"， 按照规定进行定岗定员，加强安全监管和运行管理，优化河流梯级调度，促进农村水电可持续发展。要鼓励农民以多种形式参与电站改造，建立电站改造收益合理分配机制，使当地群众成为电站改造的参与者、运行管理的监督者、

改造收益的享有者。

三、扎实做好农村水电增效扩容改造试点工作

按照水利部、财政部共同批复的试点实施方案，今明两年，浙江、重庆、湖北、湖南、广西、陕西六省、自治区、直辖市要对620座农村水电站实施增效扩容改造，其中浙江、重庆试点项目分别达到115个和363个，时间十分紧迫，任务极为艰巨。为保障试点项目顺利实施，今天财政部、水利部与有关省、自治区、直辖市人民政府签订责任书，明确目标任务和各方责任，这是签约各方共同做出的庄严承诺。我们要以此次会议为契机，按照试点方案和责任书明确的目标、任务和责任，加强领导，精心组织，强化措施，全力推进，确保农村水电增效扩容改造试点任务如期完成。

第一，全面加强组织领导。

第二，突出抓好前期工作。

第三，切实落实配套资金。

第四，积极创新建管模式。

第五，着力强化监督检查。

第六，扎实搞好宣传培训。

（陈雷：水利部部长，2011年10月19日在农村水电增效扩容改造试点启动视频会暨责任书签署仪式上的讲话）

加快农村水电发展 促进能源结构调整（节录）

胡四一

一、背景

1. 中国能源结构和电力结构本质上是一个保障发展的问题，今后一段时期我国能源供应仍然需要保持较高的增长速度。要实现2020年我国经济发展目标，一次能源需求将达到45亿吨标准煤左右。

2. 目前，我国一次能源年消费总量约33亿吨标准煤，其中煤炭接近70%，非化石能源约为8%。煤炭年消耗量和二氧化碳年排放量居世界首位，煤炭生产和消费已接近环境容量的极限。要实施能源结构的战略调整，要大力发展非化石能源。

3. 为应对全球气候变化，我国已向世界承诺到2020年单位国内生产总值二氧化碳排放比2005年下降40%至45%，非化石能源占一次能源消费的15%左右。节能减排任务十分艰巨，这两个指标均与水电密切相关。届时水电至少要占9%，水电装机容量将达到3.3～3.5亿千瓦。

4. 我国水能资源十分丰富。水能资源技术可开发量5.42亿千瓦，年发电量2.47万亿千瓦时。2010年年底全国水电装机2.1亿多千瓦，年发电量6800多亿千瓦时。其中，以小水电为主体的农村水电已成为农村特别是偏远山区的重要民生设施，目前总装机达到5800多万千瓦，年发电量2100多亿千瓦时，使占全国1/2地域、1/3的县、1/4的农村人口用上了电，为农民脱贫致富奔小康和农村经济社会发展作出了重要贡献。

5. 目前，我国水能资源开发程度不足40%，远低于发达国家60%～70%的平均水平，还有较大的开发潜力。根据《可再生能源中长期发展规划》，2020年中国小水电装机要达到7500万千瓦。

二、存在问题

我国水能资源开发利用存在移民难度大、影响河流生态环境等制约因素。近几年国家先后出台了《大中型水利水电工程建设征地补偿和移民安置条例》和《规划环境影响评价条例》等法规，加强了河流规划、移民和环评等工作，水电建设秩序明显好转。依据多年来的国际经验，只要真正做到优化设计、管理到位，统筹流域规划，注重移民安置和生态保护，小水电发展基本不会对当地生态环境造成负面影响。目前在国家层面还存在一些影响小水电开发利用的问题，主要表现在：

1. 规范水能资源开发利用的法律法规不健全。虽然我国《水法》、《电力法》和《可再生能源法》都对水能资源开发利用做了原则性规定，但目前尚无一部全国性法律法规专门对水能资源开发利用进行规范，导致违规建设时有发生，既影响水资源综合利用，又危害公共安全。特别是农村水电点多面广，管理难度大，迫切需要通过法律法规予以专门规范。

2. 扶持小水电发展的政策措施未落实。2005年《可再生能源法》颁布后，国家一直没有出台水电适用该法的规定，小水电无法享受与其它可再生能源同等的上网、电价和税收等扶持政策。小水电上网难、电价低、税负重，在一些水电比重高的省份尤为明显，西南地区水电实际上网电价仅为当地销售电价的1/3，甚至更低，致使我国小水电没有按照既有的可再生能源政策得以规范发展。

3、对农村水电发展的资金扶持力度不够。农村水电在改善农村生产生活条件和帮助农民脱贫致富等方面具有不可替代的作用，但项目规模小、投资回收期长，融资难，需要国家予以适当扶持。目前，国家对水电农村电气化和小水电代燃料的农村水电项目给予了资金扶持，但扶持资金少，农民受益覆盖面偏低，未能充分发挥农村水电在节能减排、生态环境保护和社会主义新农村建设中的作用。

三、三点建议

为深入贯彻科学发展观，全面落实今年中央一号文件提出的在保护生态和农民利益的前提下，加快农村水电开发利用的要求，建议：

1. 尽快制定《农村水电条例》，对农村水电建设和运行管理等予以规范，使农村水电发展与地方发展、农民利益、生态建设和环境保护有机结合。

2. 尽快落实有关扶持政策，出台水电适用《可再生能源法》的规定，使小水电发展能享受到与其他可再生能源同等的上网、电价和税收等扶持政策。

3. 逐步加大对农村水电建设的财政扶持力度，扩大小水电代燃料建设规模和实施范围，加快水电新农村电气化县建设，启动农村水电增效扩容改造，消除安全隐患，加大节能减排，提高清洁能源发电效率，不断地推动中国山区农村水电事业的发展。

（胡四一：水利部副部长，2011年3月4日，政协提案）

在全国林业厅局长会议上的讲话（节录）

贾治邦

促进绿色增长，必须充分发挥林业的重要作用。绿色增长是一种资源节约、环境友好、人与自然和谐的发展模式，是一条低排放、低能耗、低污染的发展道路，体现着科学发展和可持续发展的理念。2012年联合国可持续发展大会已把绿色增长确定为大会主题。联合国秘书长潘基文呼吁，各国要促进绿色增长，以修复支撑全球经济的自然生态系统。党的十七届五中全会明确要求树立绿色发展理念，国家“十二五”规划对绿色发展作出了具体部署。推动绿色发展，促进绿色增长，需要良好的生态环境提升承载能力，需要绿色的资源能源支撑经济发展，需要先进的生态文化引领时代潮流。胡锦涛主席在首届亚太经合组织林业部长级会议上指出，森林在推动绿色增长中具有重要功能，要高度重视林业在实现绿色增长中的重要作用，并再次重申“中国将继续加快林业发展，力争到2020年森林面积比2005年增加4000万公顷、森林蓄积量比2005年增加13亿立方米，为绿色增长和可持续发展作出新贡献”。这就要求必须加快发展现代林业，全面增强林业多种功能，进一步提升林业促进绿色增长的能力和水平。

应对气候变化，必须充分发挥林业的特殊作用。应对气候变化是人类共同面临的严峻挑战，国际社会正在为此作出不懈努力，想方设法减少温室气体排放。森林具有吸碳、储碳和替代功能，是地球陆地上最大的储碳库和最经济的吸碳器，在应对气候变化中发挥着特殊作用。利用森林碳汇进行间接减排，既可以实现减排目标，减缓气候变暖，又可以改善生态状况，拓展经济发展空间，实现一举多得。刚刚闭幕的德班气候大会通过决议，决定建立德班增强行动平台特设工作组，实施《京都议定书》第二承诺期并启动绿色气候基金。这就意味着国际社会最迟将于2015年制定一项约束所有缔约方减排的法律文书，并于2020年开始生效实施。保护和增加森林资源，减少毁林和森林退化，已成为国际社会应对气候变化的广泛共识和共同行动。当前，我国正处于工业化、城镇化快速推进的关键阶段，发展经济的任务十分繁重，二氧化碳排放量将长期保持较高水平，面临着越来越大的减排压力。随着应对气候变化进程的不断推进，如何为国家经济发展赢得更大空间，已经成为务林人的重要任务。我国森林资源丰富，且大多是中幼林，提高质量、增加碳汇的潜力很大。在发展经济与减少排放的双重压力下，必须继续加强森林资源培育，如期实现2020年林业“双增”目标，全面提升林业应对气候变化的能力。

当前和今后一个时期的林业工作，必须在坚持原有好做法好经验的基础上，牢牢把握以下几个重大问题。

一是必须把维护生态安全作为林业建设的首要任务，全面实施以生态建设为主的林业发展战略。2003年，党中央、国务院确立了以生态建设为主的林业发展战略，推动林业建设取得了显著成效。但是，我国仍然是一个缺林少绿、生态脆弱的国家。森林覆盖率不到世界平均水平的2/3，人均森林面积不到世界平均水平的1/4。自然湿地只有5.43亿亩，仅占国土面积的3.77%，远低于世界6%的平均水平。全国濒危和受威胁的物种总数已占高等植物和脊椎动物种类总数的10%～15%。生态问题依然是我国经济社会可持续发展的一个突出制约，生态建设依然是我国现代化建设的一个紧迫任务。必须始终把维护生态安全作为林业建设的首要任务，毫不动摇地坚持生态优先的原则，深入推进林业重点工程建设，加大生态建设和保护力度，全面构建以林草植被为主体的国土生态安全体系，为经济社会可持续发展提供坚实的生态屏障。

二是必须把发展绿色产业作为林业建设的重要内容，不断增强农民持续增收能力。发展绿色产业，是充分发挥林业经济功能、拉动生态建设、促进绿色增长的必然要求。我国林地广袤，其中许多林地土壤肥沃，物种资源众多，水热条件优越，森林景观迷人，具有发展绿色产业的独特优势和巨大潜力。集体林地承包到户后，广大农民积极发展林下经济，自觉处理好了生态与产业、保护与利用、兴林与富民的关系，实现了生态受保护、农民得实惠双赢，走出了一条不砍树能致富、长中短相结合的发展之路。发展林下经济已成为科学利用森林资源、壮大绿色产业规模、促进农民就业增收的成功实践。必须牢固树立绿色发展理念，坚持因地制宜、科学规划、完善政策、强化服务，引导农民进一步做大做强林下经济，增强农民的持续增收能力。

2012年林业工作重点

（二）稳步推进造林绿化。一要认真落实《全国造林绿化规划纲要》。全年计划安排造林任务9000万亩，森林抚育8000万亩，低产林改造2500万亩，义务植树25亿株。研究制定造林绿化目标责任制考核办法。抓好中央财政造林补贴试点、碳汇造林试点和能源林建设项目。强化部门绿化检查指导，加强乡村绿化和身边增绿工作。二要认真实施林业重点工程。抓好天保工程政策落实，建立绩效考评指标体系，全面加强工程管理。协调国家发改委等部门，争取国务院尽快批准在生态脆弱区和重点地区重启退耕地还林。加强综合效益监测，提高工程管理水平，巩固和扩大退耕还林成果。认真实施三北防护林五期工程，扩大百万亩人工林基地建设试点，继续推进规模治理。启动长防、珠防和太行山绿化三期工程。开展木材战略储备生产基地示范工作，推进重点地区速生丰产用材林基地建设，逐步提高木材自给能力。三要突出抓好防沙治沙工作。认真编制《全国防沙治沙规划》和《京津风沙源治理工程二期规划》，推进京津风沙源治理工程、石漠化治理工程和全国防沙治沙综合示范区建设。做好第二次石漠化监测成果汇总、分析和发布工作。协调有关部门探索建立荒漠生态补偿机制，启动国家沙化土地封禁保护区试点。与省级政府签订新一轮防沙治沙责任书。四要切实加强森林抚育经营。编制全国森林经营中长期规划，建立健全森林抚育经营标准体系，发布森林抚育作业设计规定和检查验收办法。抓好森林抚育补贴试点，完善森林抚育补贴制度。五要加强林木种苗培育和管理。确定一批国家级林木种质资源库和保障性苗圃，推进国家重点林木良种基地建设，提升良种壮苗生产和供应能力。加强林木良种补贴试点项目跟踪检查。继续开展打击制售假冒伪劣林木种苗和保护植物新品种权专项行动。

（三）切实加强资源保护管理。一要加强以林地为核心的森林资源保护管理。

（贾治邦：国家林业局党组书记、局长 2011年12月29日）

把握林业基本属性　推动林业科学发展

贾治邦

一、林业是对支撑经济社会发展具有战略作用的基础产业

在深入贯彻落实科学发展观、加快转变经济发展方式的今天，林业的经济功能不断拓展，产业地位不断提升，在国家经济建设全局和发展战略中的作用日益突出。

森林作为重要的资源库，能够提供丰富的原材料和林产品，对于支撑经济社会发展意义重大。依靠森林资源，可以生产出木材及其制品、工业原料、木本粮油、食品药材等一万多种林产品和原材料。我国人均GDP已跨上4000美元，社会消费不断升级，可再生、可降解、绿色养生的林产品越来越受到青睐。近年来，作为三大基础原材料之一的木材，在我国总消费量呈刚性增长，2005年为3.25亿立方米，2009年为4.21亿立方米，“十二五”期间年均将超过5亿立方米。野菜山珍、木本粮油等森林食品，成为人们改善膳食结构、应对“三高”疾病的新宠。茶油作为我国特有的木本食用油，品质甚至优于橄榄油，被联合国粮农组织列为健康型高级食用油。2020年我国茶油年产量将达到250万吨，占到食用植物油总产量的20%以上。大力发展木本粮油等森林食品，已成为提升国民营养健康水平、维护国家粮食安全的重要途径。

森林作为重要的能源库，是生产生物质能源的“绿色油田”、“绿色电厂”，对实施替代能源战略意义重大。森林是仅次于煤炭、石油、天然气的第四大能源资源。据预测，全世界煤炭可供开采年限为220～240年、石油为70～100年、天然气为50～60年。在后化石能源时代，发展以森林为主的生物质能源，成了各国能源替代战略的重要选择。一方面，森林是一座储量丰富的“绿色油田”，许多树木的果实富含油脂，可用于生产生物柴油。我国有果实含油量超过40%的树种150多种，总面积超过400万公顷，开发生物柴油的前景十分广阔。另一方面，森林是一座潜力巨大的“绿色电厂”，其木质纤维的发热量平均都在4000～5000千卡/千克，燃烧产生的热能可转化为电能。我国森林每年可产出枝桠剩余物约3亿吨，如能得到全部利用，可提供相当于我国每年化石能源消耗量1/10的能源。大力发展林业生物质能源，实施林油、林电一体化战略，对维护我国能源安全、促进经济又好又快发展意义十分重大。

森林作为自然循环经济体，是发展绿色经济的重要基础，对转变发展方式和扩大国内需求意义重大。发展林业，有利于逐步摆脱拼资源能源、以牺牲环境为代价的发展方式，有利于促进经济结构调整和绿色产业发展。很多地方通过大力发展林下产业和森林游憩业，变“砍树”为“看树”，改变了过去主要依靠生产木材获得经济效益的

林业传统发展方式，林业经济正在实现由“砍伐森林树木”向“利用森林环境”的转变。我国集体林区通过林权改革，27亿亩集体林地成为农民发家致富的新舞台，农业经济正在实现由“耕地为主”向“耕地林地并重”的转变。不少地方通过科学开发森林资源，使一根翠竹撑起一方经济，一个树种成就一个大产业，一处景观带来一片繁荣，区域经济正在实现由“传统发展”到“绿色发展”的转变。发展林业还能够有效解决农民就业增收问题。集体林权制度改革已惠及3亿多农民，受益农户平均获得森林资产近10万元，全国林地每亩产出从2003年的84元，增加到2010年的198元，极大地提高了农民的收入，带动了农村社会消费提升，为扩大内需、促进经济社会持续快速发展增添了强大动力。

二、林业是对保障地球和人类健康长寿具有独特作用的公益事业

林业不但具有显著的经济功能，还有独特的生态、社会、文化功能。在生态危机不断挑战人类生存发展底线、改善生态成为人们迫切愿望的背景下，我国林业发展承担着建设和保护“三个系统一个多样性”（即森林、湿地、荒漠三个生态系统和生物多样性）的重要职责，直接关系到地球和人类的健康长寿。

“三个系统一个多样性”的建设和保护是解决生态危机的根本所在，对于保障地球家园的健康长寿极端重要。科学家把森林喻为“地球之肺”，湿地喻为“地球之肾”，荒漠化喻为“地球之癌症”，生物多样性喻为地球的“免疫系统”。“三个系统一个多样性”在维护地球生态平衡中起着决定性作用，无论哪一个受到损害和破坏，都会影响地球的生态平衡和健康长寿。长期以来，由于对“三个系统一个多样性”的严重破坏，引发了全球气候变化、土地沙化、水土流失、干旱缺水等一系列生态危机，如同病魔一样吞噬着地球的肌体，威胁着人类的生存发展。古巴比伦、古埃及、古印度等人类文明都是因为森林和湿地遭到严重破坏后，随着青山变成秃岭、沃野变成荒漠而衰落。科学家预言，如果森林和湿地从地球上消失，陆地90%的生物将灭绝，全球90%的淡水将流入大海，生物固氮、生物放氧将分别减少90%和60%，地球的健康将恶化到无法根治的地步，人类将彻底失去生存家园。

“三个系统一个多样性”是生态产品的主要产地，对于保障每一个人的健康长寿极端重要。森林、湿地、荒漠和生物多样性通过自身功能的有效发挥，生产出维护人类生存发展和保障人们健康长寿的生态产品。主要包括：吸收二氧化碳、放出氧气，吸附粉尘、净化空气，涵养水源、保持水土，提供淡水、净化水质，增加湿度、调节气候，防风固沙、减少噪声等。森林制造的负氧离子，被誉为“空气维生素”、“健康长寿素”。四川九寨沟、福建武夷山等地，每立方厘米空气中负氧离子超过1万个，高的达到8万个，因此成为闻名中外的休闲养生胜地。这些生态功能和生态产品，可以改善人的生存环境，调节人的生理机能，促进人的身心健康。研究表明，在人的视野中，当绿色达到25%以上时，能消除眼睛和心理的疲劳，释放心理压力。全世界长寿地区，如格鲁吉亚的阿布哈吉亚、厄瓜多尔的比尔卡旺区和我国的广西巴马、湖北钟祥，其共同特点就是青山绿水、生态优美。此外，“三个系统一个多样性”还可以提供丰富的森林药品和保健品等，这些都有利于人类健康长寿。

“三个系统一个多样性”是构建人类文化的不可或缺的元素载体，对于丰富人民群众文化生活极端重要。森林是人类文化产生和发展的源泉。一方面，森林是一部内容丰富、包罗万象的教科书，是一座取之不尽、用之不竭的精神宝库；另一方面，森林以其独特的形态美、色调美、音韵美等，对人们的审美情趣和道德情操起着潜移默化的作用。几千年来，人们从弘扬森林文化中体验和享受人与自然的和谐之美。“宁可食无肉，不可居无竹”便是生动的印证。在全面建设小康社会和生态文明的伟大实践中，人们对以森林文化为主的生态文化更加渴求，对生态文化产品的需求更加迫切。“十二五”期间，要大力繁荣林业生态文化，生产出丰富多彩的生态文化产品，为提高人民群众文化生活水平做出更大贡献。

（贾治邦：国家林业局局长，2011年2月《求是》2011年第3期）

在2011年全国气象局长会议上的讲话（节录）

郑国光

扎实做好应对气候变化工作。应对气候变化工作挑战大、难题多、任务重，我们要切实履行职责，努力提高服务水平，切实发挥科技支撑作用。

积极做好应对气候变化工作。加强适应气候变化特别是应对极端天气气候事件能力建设，开展国家适应行动计划与战略研究，加强关键领域的影响脆弱性评估，强化早期预警系统和减灾机制建设，提升极端天气气候事件风险评估与管理水平，提高气候系统观测、气象数据整理分析和模拟评估能力。加强温室气体排放监测工作，完成温室气体项目一期工程建设，组织申报二期工程，重点增强京津冀、长三角、珠三角地区及5省8市国家低碳试点地区温室气体观测能力。

做好应对气候变化科技支撑工作，加强气候变化科学研究和评估工作，完成区域和流域气候变化评估报告，充分发挥国家气候变化专家委员会的职能和作用，完成参加IPCC第五次评估报告的气候系统模式的模拟试验，推进省级气象部门深入参与地方应对气候变化工作，为经济建设、节能减排、产业结构调整等提供有力科技支撑。积极开展应对气候变化国际合作，努力做好IPCC全会等重要会议的相关工作，加强IPCC国内组织协调，完成特别报告评审，组织做好我国参加南非德班气候变化会议和联合国秘书长全球可持续发展高级别小组会议的科学支持。

加强风能、太阳能等气候资源开发利用。完成第四次风能资源详查和评价工作。推进风能资源监测、评估和预报成果的深层次应用。建设风能预报系统，开展风电场实时预报服务。启动全国太阳能资源详查。推进太阳能光伏预报系统建设，开展太阳能发电预报气象服务试验。加强风能、太阳能开发利用管理，促进资源信息共享。科学开发利用空中云水资源，加强农业水库增蓄、水力发电、生态环境治理等人工影响天气服务。召开第三次全国人工影响天气工作会议。推进重大工程建设和区域经济开发等项目的气候可行性论证。完善气候可行性论证技术指南。加强气候可行性论证机构管理和技术交流，开展论证成果质量、论证能力建设的检查和评估。

（郑国光：中国气象局局长，2011年1月12日）

增强适应气候变化能力 保障可持续发展

郑国光

随着经济社会发展水平的提高以及极端气候事件的频繁出现，应对气候变化对于保障经济社会可持续发展、维护人民群众切身利益和国家根本利益的意义越来越凸显。“十二五”规划纲要提出，“加强适应气候变化特别是应对极端气候事件能力建设”。这是我们党立足我国国情和发展阶段、积极应对全球气候变化、努力化解我国经济社会发展面临的气候风险的重大决策。

适应气候变化是可持续发展的必然要求

把加强适应气候变化能力建设摆在“十二五”时期的重要战略位置，体现了我们党对国家、民族和全人类负责任的态度，顺应了经济社会可持续发展的要求。

应对气候变化是一项长期、复杂、艰巨的任务。以气候变暖为显著特征的全球气候变化已成事实，所产生的显著影响不可回避。如果不采取有效措施加以应对，未来气候变化幅度可能会超过自然生态和经济社会系统所能承受的极限，造成突然的和不可逆转的严重后果。应对气候变化包括减缓和适应两个方面。减缓是指通过减少温室气体排放和增加碳汇，减小气候变化的速率与规模；适应是指自然生态系统和人类经济社会系统为应对实际的或预期的气候刺激因素及其影响而作出的趋利避害的调整，通过工程措施和非工程措施化解气候风险，以适应已经变化并且还将继续变化的气候环境。气候变化既对粮食安全、水资源安全、生态安全构成重大威胁，又对基础设施、人居健康、城市发展等产生不利影响。因此，应对气候变化是影响人与自然和谐和可持续发展的重大现实课题，是涉及经济、社会、生态、环境、科技等多个领域的复杂难题。

适应气候变化特别是应对极端气候事件具有现实性和紧迫性。近百年来，气候变化正使全球一些重要的系统失去原有的平衡，包括海洋与大气环流模态改变、北大西洋温盐环流调整、北极海冰快速融化等。气候变化最直接的威胁就是气候规律发生改变，台风、强降水、高温干旱、低温冷害、强对流等灾害性天气发生的频次和强度、季节和持续时间、地点和范围等超出了以往的观测事实和基本常识。近20年来，我国极端天气气候事件发生的频率和强度也出现了明显变化。研究表明，未来气候变暖趋势将进一步加剧，极端气候事件发生频率可能增大。无论是否减排以及采取何种强度的减排措施，全球地表气温在未来几十年持续升高的趋势都难以避免。因此，应对极端气候事件具有现实性和紧迫性。我们要站在支撑经济社会可持续发展和服务人民福祉安康的战略高度，切实把应对极端气候事件摆在重要和优先位置。

坚持减缓和适应气候变化并重是立足我国国情和发展阶段的正确抉择。气候变化是全人类面临的共同挑战，各国和各地区具有共同利益，肩负共同责任。工业革命以来，发达国家向大气中排放大量温室气体，对全球气候变暖负有不可推卸的责任，至今其人均能源消费和温室气体排放强度居高不下，应当承担控制和减轻温室气体排放强度的义务。由于发展阶段滞后、发展能力不足，发展中国家应对极端气候事件能力较弱，更为关注适应气候变化问题。我国是一个气候条件复杂、生态环境脆弱、自然灾害频发、易受气候变化影响的国家，也是发展中国家，面临发展经济、消除贫困、改善民生的艰巨任务。适应气候变化特别是应对极端气候事件，是实现经济社会可持续发展的现实问题，是保障人民生命财产安全的民生问题，是促进世界和谐发展的战略问题。我国既要承担与发展阶段、应负责任和实际能力相称的国际义务，又要以科学负责的态度，做好适应气候变化和应对极端气候事件的各项工作，努力把气候灾害损失降低到最小程度，将与气候相关的风险控制到最低限度，促进经济社会可持续发展。

不断增强适应气候变化能力是可持续发展的战略任务

面对全球气候变化的严峻形势和适应气候变化的艰巨任务，我们应当坚持减缓和适应并重、避害与趋利并举，全面增强应对气候变化能力。

着力增强应对极端气候事件能力。目前，我国抵御极端气候事件的能力较弱。应认真研究极端气候事件发生发展规律、发生频率、空间分布特征，认识和把握大气环流变化形势，准确预测极端气候事件及其对风、雨、温度的影响，建设快速有效的气候服务和应急管理体系，强化灾害性天气监测预警、预报服务、应急处置，科学制订和实施防灾措施及应急预案，增强应对和防范的针对性、有效性；加大对大中城市、农村、沿海、重要江河流域、重要铁路公路沿线、输变电线路、主要战略经济区、地质灾害易发区域气象监测网络的投入力度，提高应对极端气候事件的综合监测预警、抵御、减灾能力；建立健全防御极端气候事件的体制机制，完善应对极端气候灾害的应急预案、启动机制以及多灾种早期预警机制，完善部门联合、上下联动、区域联防的防灾机制；科学修订气候变化脆弱行业的灾害防御标准，加强气候影响评价和气象灾害风险评估，严格实施气候风险论证制度，使人居环境和重要战略基础设施远离灾害多发区、易发区和自然环境脆弱区。

着力增强农业抗御气候风险能力。农业是最易受气候影响的行业，我国农业靠天吃饭的状况在短时期内难以根本改变。在全球气候变暖背景下，我国大部分地区气象灾害以及农业病虫害频繁发生，农田、森林、草地、河湖、湿地等自然生态系统不同程度受损，对农林牧渔业综合生产能力带来了较大负面影响。应深入研究气候变暖与农业种植结构调整的关系，根据气候条件的变化，适当扩大一年多熟作物种植面积；研究工农业生产面临的极端气候事件，特别是连片、连年干旱给农业生产带来的风险，进一步提高农业抗旱标准，扩大耐旱作物种植面积；研究全球气候变暖以及极端气候事件增多增强形势下农业病虫害发生规律、分布范围和传播途径，夯实农业应对气候变化的基础。

着力增强重要领域适应气候变化能力。把握气候变化对森林、草地、湿地、湖泊等生态系统影响的规律，科学指导生态建设，提高生态安全方面适应气候变化能力。加强城市人口、交通、工业等的气候承载力分析，科学调整经济结构和产业布局，提高城市适应气候变化能力。把握全球气候变暖形势下各类疾病发生规律、分布范围和传播途径，科学应对高温热浪、雾、霾等极端事件对人类健康的影响，提高公共卫生安全方面适应气候变化能力。把握气候变化与水循环的变化特征及其与旱涝发生频率和强度变化的关系，掌握水资源总量自然补给的年季规律及主要江河湖泊流域年、季径流规律，应对水资源变化对水电建设与生产、工农业用水安全的影响，提高水资源利用和用水安全方面适应气候变化能力。加强区域人口、经济、交通、能源等的气候承载力分析，加强灾害易发区和重要战略经济区的安全保障和风险评估，加强重大工程建设的气候可行性论证，提高重点区域和脆弱行业适应气候变化能力。

着力增强气候资源开发利用能力。气候是人类赖以生存的自然环境的重要组成部分，是经济社会可持续发展的重要基础资源。气候的变化必然会带来大气、光、热、水等气候资源和太阳能、风能等气象能源的改变，开发利用气候气象资源是适应气候变化的一项重要任务。应开展太阳能、风能等清洁能源开发评估，为优化能源结构和降低温室气体排放提供科学数据，科学开发和有效利用清洁能源；加强人工增雨作业，努力改善工农业水资源利用状况；加强农业和生态气候区划，研究适应气候变化的农业气候资源利用途径及农业生产力布局。

扎实推进适应气候变化能力建设

近年来，我国适应气候变化能力得到增强，但仍然处于较低水平，相关决策的科技基础薄弱，重点工程规划和建设对气候因素考虑不足，公众的气候变化风险意识不强。应深入贯彻落实科学发展观，制定适应气候变化的国家战略，谋划适应气候变化的重大举措，扎实推进适应气候变化能力建设。

加快制定适应气候变化总体战略规划。将适应气候变化纳入各地国民经济和社会发展规划，以发展经济为中心，以科技进步为支撑，不断增强适应气候变化能力。在安排重大工程和科技项目时，充分考虑气候变化因素，制定防御极端气候事件的规划，完善突发灾害应急预案和防灾标准。制定相关行业适应气候变化的政策措施。

加快推进适应气候变化工程建设。加快推动中国气候观测系统建设，实施国家气候变化应对科学工程，提高对气候系统及其变化的认识，提高极端气候事件的监测预测预警水平。开展气候灾害风险评估和气候可行性论证以及重点领域、关键行业、脆弱地区气候变化影响和适应能力评估。实施应对气候变化全民行动计划，利用现代信息传播技术加强宣传、教育和培训，特别是加强与人民群众生活密切相关的适应技术和措施的宣传普及，提高公众对适应气候变化的认知水平，引导公众更加科学、和谐、绿色地生产生活。

加快完善适应气候变化的体制机制和法制。完善多部门参与的决策协调机制，建立政府、企业、公众广泛参与的适应气候变化行动机制，建立高效的组织机构和管理体系。加快推进应对气候变化立法进程，依法规范全社会广泛参与应对气候变化的责任和义务，统筹协调各地区各部门应对气候变化的行动和利益，加强国家和地方应对气候变化基础建设，规范气候变化科学研究、预测预估、影响分析、政策制定。

（郑国光：中国气象局局长，原载2011年11月15日《人民日报》）

>>>

法律规章

中华人民共和国资源税暂行条例实施细则

中华人民共和国财政部 国家税务总局 令第66号

（二〇一一年十月二十八日公布，自二〇一一年十一月一日起施行）

第一条 根据《中华人民共和国资源税暂行条例》（以下简称条例）第十五条的规定制定本细则。

第二条 条例所附《资源税税目税额幅度表》中所列部分税目的征税范围限定如下：

（一）原油，是指开采的天然原油，不包括人造石油。

（二）天然气，是指专门开采或与原油同时开采的天然气，暂不包括煤矿生产的天然气。

（三）煤炭，是指原煤，不包括洗煤、选煤及其他煤炭制品。

（四）其他非金属矿原矿，是指上列产品和井矿盐以外的非金属矿原矿。

（五）固体盐，是指海盐原盐、湖盐原盐和井矿盐。

液体盐，是指卤水。

第三条 条例第一条所称单位，是指国有企业、集体企业、私有企业、股份制企业、其他企业和行政单位、事业单位、军事单位、社会团体及其他单位。

条例第一条所称个人，是指个体经营者及其他个人。

第四条 资源税应税产品的具体适用税额，按本细则所附的《资源税税目税额明细表》执行。

未列举名称的其他非金属矿原矿和其他有色金属矿原矿，由省、自治区、直辖市人民政府决定征收或暂缓征收资源税，并报财政部和国家税务总局备案。

矿产品等级的划分，按本细则所附《几个主要品种的矿山资源等级表》执行。

对于划分资源等级的应税产品，其《几个主要品种的矿山资源等级表》中未列举名称的纳税人适用的税额，由省、自治区、直辖市人民政府根据纳税人的资源状况，参照《资源税税目税额明细表》和《几个主要品种的矿山资源等级表》中确定的邻近矿山的税额标准，在浮动30%的幅度内核定，并报财政部和国家税务总局备案。

第五条 纳税人不能准确提供应税产品销售数量或移送使用数量的，以应税产品的产量或主管税务机关确定的折算比换算成的数量为课税数量。

原油中的稠油、高凝油与稀油划分不清或不易划分的，一律按原油的数量课税。

第六条 条例第九条所称资源税纳税义务发生时间具体规定如下：

（一）纳税人销售应税产品，其纳税义务发生时间是：

1. 纳税人采取分期收款结算方式的，其纳税义务发生时间，为销售合同规定的收款日期的当天；

2. 纳税人采取预收货款结算方式的，其纳税义务发生时间，为发出应税产品的当天；

3. 纳税人采取其他结算方式的，其纳税义务发生时间，为收讫销售款或者取得索取销售款凭据的当天。

（二）纳税人自产自用应税产品的纳税义务发生时间，为移送使用应税产品的当天。

（三）扣缴义务人代扣代缴税款的纳税义务发生时间，为支付货款的当天。

第七条 条例第十一条所称的扣缴义务人，是指独立矿山、联合企业及其他收购未税矿产品的单位。

第八条 条例第十一条把收购未税矿产品的单位规定为资源税的扣缴义务人，是为了加强资源税的征管。主要适应税源小、零散、不定期开采、易漏税等情况，税务机关认为不易控管，由扣缴义务人在收购时代扣代缴未税矿产品为宜的。

第九条 扣缴义务人代扣代缴的资源税，应当向收购地主管税务机关缴纳。

第十条 根据条例第十二条规定，纳税人应纳的资源税应当向应税产品的开采或生产所在地主管税务机关缴纳。具体实施时，跨省开采资源税应税产品的单位，其下属生产单位与核算单位不在同一省、自治区、直辖市的，对其开采的矿产品，一律在开采地纳税，其应纳税款由独立核算、自负盈亏的单位，按照开采地的实际销售量（或者自用量）及适用的单位税额计算划拨。

第十一条 纳税人具体适用的单位税额，由财政部根据其资源和开采条件等因素的变化情况适当进行定期调整。

第十二条 本细则由财政部解释，或者由国家税务总局解释。

第十三条 本细则自条例公布施行之日起实施。一九八四年九月二十八日财政部颁发的《中华人民共和国盐税条例（草案）实施细则》同时废止。

附表一：资源税税目税额明细表（略）

附表二：几个主要品种的矿山资源等级表（略）

资源税若干问题的规定

（国家税务总局二〇一一年十一月二十八日公告）

一、一些特殊情况销售额的确定

纳税人开采应税产品由其关联单位对外销售的，按其关联单位的销售额征收资源税。

纳税人既有对外销售应税产品，又有将应税产品自用于除连续生产应税产品以外的其他方面的，则自用的这部分应税产品，按纳税人对外销售应税产品的平均价格计算销售额征收资源税。

纳税人将其开采的应税产品直接出口的，按其离岸价格（不含增值税）计算销售额征收资源税。

二、自产自用产品的课税数量

资源税纳税人自产自用应税产品，因无法准确提供移送使用量而采取折算比换算课税数量办法的，具体规定如下:

煤炭，对于连续加工前无法正确计算原煤移送使用量的，可按加工产品的综合回收率，将加工产品实际销量和自用量折算成的原煤数量作为课税数量。

金属和非金属矿产品原矿，因无法准确掌握纳税人移送使用原矿数量的，可将其精矿按选矿比折算成的原矿数量作为课税数量。

三、自产自用产品的征税范围

资源税条例及其实施细则中所说的应当征收资源税的视同销售的自产自用产品，包括用于非生产项目和生产非应税产品两部分。

四、资源税扣缴义务人适用的税额（率）

标准规定如下:

(一)独立矿山、联合企业收购未税资源税应税产品的单位，按照本单位应税产品税额（率）标准，依据收购的数量（金额）代扣代缴资源税。

(二)其他收购单位收购的未税资源税应税产品，按主管税务机关核定的应税产品税额（率）标准，依据收购的数量（金额）代扣代缴资源税。

收购数量（金额）的确定比照课税数量（销售额）的规定执行。

扣缴义务人代扣代缴资源税的纳税义务发生时间为支付首笔货款或首次开具支付货款凭据的当天。

除以上修改外，资源税的代扣代缴仍按总局1998年下发的《中华人民共和国资源税代扣代缴管理办法》执行。

五、新旧税制衔接的具体征税规定

(一)按实物量计算缴纳资源税的油气田在2011年11月1日以后开采的原油、天然气，依照新的资源税条例规定及税率缴纳资源税；此前开采的油气依法缴纳矿区使用费。

(二)按销售额计算缴纳资源税的油气田2011年11月1日以前开采的原油、天然气，在2011年11月1日以后销售和自用于非连续生产应税油气的，依照新的资源税条例规定及税率缴纳资源税；其在 2011年11月1日以前签订的销售油气的合同，在2011年11月1日以后收讫销售款或者收到索取销售款凭据的,依照新的资源税条例规定及税率缴纳资源税。

六、黑色金属矿原矿、有色金属矿原矿

(一)黑色金属矿原矿、有色金属矿原矿，是指纳税人开采后自用、销售的，用于直接入炉冶炼或作为主产品先

入选精矿、制造人工矿，再最终入炉冶炼的金属矿石原矿。

(二)金属矿产品自用原矿，是指入选精矿、直接入炉冶炼或制造烧结矿、球团矿等所用原矿。

(三)铁矿石直接入炉用的原矿，是指粉矿、高炉原矿、高炉块矿、平炉块矿等。

(四)独立矿山指只有采矿或只有采矿和选矿，独立核算、自负盈亏的单位，其生产的原矿和精矿主要用于对外销售。

(五)联合企业指采矿、选矿、冶炼(或加工)连续生产的企业或采矿、冶炼(或加工)连续生产的企业，其采矿单位，一般是该企业的二级或二级以下核算单位。

七、原油、天然气

(一)原油中的稠油、高凝油与稀油划分不清或不易划分的，一律按原油的数量课税。

(二) 凝析油视同原油，征收资源税。

(三) 开采海洋石油、天然气资源的企业，是指在中华人民共和国内海、领海、大陆架及其他属于中华人民共和国行使管辖权的海域内依法从事开采海洋石油、天然气资源的企业。

八、盐

(一)北方海盐，是指辽宁、河北、天津、山东四省、市所产的海盐。

南方海盐，是指浙江、福建、广东、海南、广西五省、自治区所产的海盐。江苏省所产海盐比照南方海盐征税。

液体盐俗称卤水，是指氯化钠含量达到一定浓度的溶液，是用于生产碱和其他产品的原料。

(二) 纳税人以自产的液体盐加工固体盐，按固体盐税额征税，以加工的固体盐数量为课税数量。纳税人以外购的液体盐加工固体盐，其加工固体盐所耗用液体盐的已纳税额准予抵扣。

九、铝土矿和耐火黏土

铝土矿一般是指包括三水铝石、一水硬铝石、一水软铝石、高岭石、蛋白石等多种矿物的混合体。是用于提炼铝氧的一种矿石，通常呈致密块状、豆状、鲕状等集合体，质地比较坚硬，其铝硅比为3～12，含铝量（指三氧化二铝，下同）一般在40～75 %。铝土矿主要用于冶炼金属铝、制造高铝水泥、耐火材料、磨料等。本税目的征收范围包括高铝黏土在内的所有铝土矿。

耐火黏土是指耐火度大于1580℃的黏土，矿物成分以高岭土或水白云母——高岭土类为主。耐火黏土呈土状，其铝硅比小于 2～6，含铝量一般大于 30%。依其理化性能、矿石特征和用途，在工业上一般分为软质黏土、半软质黏土、硬质黏土和高铝黏土等四种。耐火黏土主要用于冶金、机械、轻工、建材等部门。高铝黏土不同于一般的耐火黏土，其有用成分的含量、矿石特征等均与铝土矿相同。高铝黏土既可用于生产耐火材料，又可用于提炼金属铝。本税目的征收范围是除高铝黏土以外的耐火黏土。

十、石英砂

石英砂主要用于玻璃、耐火材料、陶瓷、铸造、石油、化工、环保、研磨等行业。是一种具有矽氧或二氧化矽的化合物，其主要成分是二氧化硅，呈各种颜色，为透明与半透明的晶体，形态各异。本税目的征收范围包括石英砂、石英岩、石英砂岩、脉石英或石英石等。

十一、矿泉水等水气矿产

矿泉水是含有符合国家标准的矿物质元素的一种水气矿产，可供饮用或医用等。此外，水气矿产还包括地下水、二氧化碳气、硫化氢气、氦气、氡气等。矿泉水等水气矿产属于“其他非金属矿原矿未列举名称的其他非金属矿原矿”。

十二、本规定自2011年11月1日起执行。

《国家税务总局关于印发〈资源税若干问题的规定〉的通知》(国税发〔1994〕015号)和《国家税务总局关于印发〈资源税几个应税产品范围问题的解答〉的通知》(国税函〔1997〕628号)，自2011年11月1日起废止。

节能技术改造财政奖励资金管理办法

财建[2011]367号

财政部 国家发展和改革委员会

（二〇一一年六月二十一日）

第一章 总 则

第一条 根据《国务院关于加强节能工作的决定》(国发〔2006〕28号)和《国务院关于印发节能减排综合性工作方案的通知》(国发[2007]15号)，“十一五”期间，国家将安排专项资金支持企业节能技术改造(以下简称节能资金)。为加强财政资金管理，提高资金使用效益，特制定本办法。

第二条 为了保证节能技术改造项目的实际节能效果，节能资金采取奖励方式，实行资金量与节能量挂钩，对完成节能量目标的项目承担企业给予奖励。

第三条 节能量核定采取企业报告，第三方审核，政府确认的方式。企业提交改造前用能状况、节能措施、节能量及计量检测方法，由政府委托的第三方机构进行审核，第三方机构对出具的节能量审计报告负责。

第四条 节能资金奖励实行公开、透明原则，接受社会各方面监督。

第五条 本办法所称的节能资金，是指中央财政预算安排的，专项用于奖励企业节能技术改造项目的资金。

第二章 奖励对象和方式

第六条 财政奖励的节能技术改造项目是指《“十一五”十大重点节能工程实施意见》(发改环资〔2006〕1457号)中确定的燃煤工业锅炉(窑炉)改造、余热余压利用、节约和替代石油、电机系统节能和能量系统优化等项目。

第七条 财政奖励资金主要是对企业节能技术改造项目给予支持，奖励金额按项目实际节能量与规定的奖励标准确定。

第三章 奖励条件

第八条 申请资金奖励的项目必须符合下述条件：

(一)经发展改革委或经贸委、经委审批、核准或备案；

(二)属于节能技术改造项目；

(三)节能量在1万吨(暂定)标准煤以上；

(四)项目承担企业必须具有完善的能源计量、统计和管理体系。

第四章 奖励标准

第九条 东部地区节能技术改造项目根据节能量按200元／吨标准煤奖励，中西部地区按250元／吨标准煤奖励。

第十条 节能量是企业通过节能技术改造项目直接产生的，并且能够核定。

第五章 奖励资金的申报、审查和下达

第十一条 符合本办法规定的节能技术改造项目，由企业提出节能财政奖励资金申请报告并经法人代表签字，具体要求见附则。

第十二条 按属地化申报原则，企业将财政节能奖励资金申请报告报所在地节能主管部门(发展改革委或经贸委、经委，下同)和财政部门。省级节能主管部门会同财政部门对企业节能资金申请报告进行严格初审、确定、汇总后，报国家发展改革委和财政部。中央直属企业直接报国家发展改革委和财政部，同时抄送所在地省级节能主管部门和财政部门。

第十三条 国家发展改革委同财政部对地方上报的财政节能奖励资金申请报告组织专家进行评审。国家发展改革委根据奖励标准确定项目奖励额度，下达节能技术改造项目实施计划，抄送财政部。

第十四条 财政部根据国家发展改革委下达的节能技术改造项目实施计划，按照奖励金额的60%下达预算，并抄送国家发展改革委。财政部门按照财政国库管理制度有关规定将资金及时拨付到项目承担企业。

第十五条 地方节能主管部门会同财政部门采取必要措施、落实相关政策，督促节能技术改造项目实施，保证项目按时完工并实现节能目标。

第十六条 财政部会同国家发展改革委委托节能量审核机构对项目实际节能量进行审核，由节能量审核机构出具审核报告并承担责任。

第十七条 财政部根据节能量审核机构出具的节能量审核报告与省级财政部门进行清算，由省级财政部门负责下达或扣回奖励资金。

第六章 节能量审核机构的管理

第十八条 国家发展改革委会同财政部按照有关规定提出节能量审核机构名单。

第十九条 国家发展改革委对节能量审核机构的审核工作进行监管。对节能量审核报告严重失真的审核机构取消资格，并追究相关人员的责任。

第七章 奖励资金的监督管理

第二十条 企业收到财政奖励资金后，在财务上作资本公积处理。

第二十一条 企业对上报材料的真实性负责。对弄虚作假，骗取、套取财政资金的企业，财政部将扣回财政奖励资金，并由国家发展改革委责令地方节能主管部门进行整改，同时将企业名单在社会上进行曝光。

第二十二条 奖励资金必须专款专用，任何单位不得以任何理由、任何形式截留、挪用。对违反规定的，除将国家奖励资金全额收缴国家财政外，按照《财政违法行为处罚处分条例》(国务院令第427号)等有关法律法规追究有关单位和人员的责任。

第八章 附 则

第二十三条 本办法由财政部会同国家发展改革委负责解释。

第二十四条 本办法自印发之日起施行，暂行期限到2010年12月31日。

风电场功率预测预报管理暂行办法

国能新能[2011]177号

（国家能源局二〇一一年六月九日印发）

第一章 总 则

第一条 为加强和规范风电场运行管理，落实风电全额保障性收购要求，保障电力系统安全可靠运行，促进风电健康有序发展，根据《中华人民共和国可再生能源法》、《中华人民共和国电力法》、《电网调度管理条例》，制定本办法。

第二条 风电场功率预测预报是指风电场经营企业根据气象条件、统计规律等技术和手段，提前对一定运行时间内风电场发电有功功率进行分析预报，向电网调度机构提交预报结果，以提高风电场与电力系统协调运行的能力。

第三条 所有并网运行的风电场均应具备风电功率预测预报的能力，并按要求开展风电功率预测预报。

第二章 预测预报要求

第四条 风电功率预报分日预报和实时预报两种方式。日预报是指对次日0时至24时的预测预报，实时预报是指自上报时刻起未来15分钟至4小时的预测预报，时间分辨率均为15分钟。

第五条 日预报要求并网风电场每日在规定时间前按规定要求向电网调度机构提交次日0时到24时每15分钟共96个时间节点风电有功功率预测数据和开机容量。

第三章 预测管理要求

第六条 实时预报要求并网风电场按规定要求每15分钟滚动上报未来15分钟至4小时风电功率预测数据和实时的风速等气象数据。

第七条 所有并网运行的风电场须建立风电功率预测预报系统，并配备专职人员负责系统运行维护、预测预报管理和向电网调度机构实时传送数据工作，确保预测预报系统稳定可靠运行。

第八条 风电场的风电功率预测系统必须满足电力二次系统安全防护的有关要求，与电网调度机构的风电功率预测系统建立接口并运行于同一安全区，自动向电网调度机构实时传送预测结果。

第九条 风电场功率预测系统提供的日预测曲线最大误差不超过25%；实时预测误差不超过15%。全天预测结果的均方根误差应小于20%。

第四章 运行管理

第十条 电网调度机构应根据风电场传送的功率预测结果，综合考虑系统运行要求，按照优先调度风电的原则，编制风电场发电计划，并及时向风电场通报。

第十一条 电网调度机构应结合电网运行实际情况，在保证电网安全运行的基础上，原则上按照风电场上报的功率预测结果下达风电场发电计划。如电网运行受到约束，电网调度机构可对风电场发电计划进行适当调整，但须明确判定条件。

第十二条 并网风电场应执行电网调度机构下达的日发电调度计划曲线(包括实时滚动修正的计划曲线)和调度指令，及时调整有功出力。

第五章 监督考核

第十三条 所有已并网运行的风电场应在2012年1月1日前建立起风电预测预报体系和发电计划申报工作机制并开始试运行，按照要求报送风电功率预测预报结果。未按要求报送风电功率预测预报结果的风电场，不得并网运行。试运行期间的预测预报结果，不作为考核依据。

已具备按风电预测预报机制运行条件的省级和区域电网，可在本办法发布之日起即开展风电预测预报机制试运行。

第十四条 新建风电场要同步建设风电预测预报体系和发电计划申报工作机制。

第十五条 各风电场预测预报系统从2012年7月1日起正式开始运行。所有风电场企业要按要求正式开展风电功率预测预报和发电计划申报工作，并按照电网调度机构下达的发电计划曲线运行。

第十六条 电网调度机构按照附件规定的考核指标对风电场预测预报进行考核，定期发布考核结果。长期预测准确度差的风电场企业应按有关要求进行整改。经电网调度机构修改调整的运行时段，不对风电场预测预报进行考核。

电网调度机构要按“公平、公正、公开”的原则做好风电并网运行管理，记录保存相关调度信息，接受国家能源主管部门和电力监管部门的监督，具体考核办法另行制定。

第六章 附 则

第十七条 本办法由国家能源局负责解释。

第十八条 本办法自发布之日起执行。

风电开发建设管理暂行办法

（国家能源局 二〇一一年八月二十五日印发）

第一章 总 则

第一条 为加强风能资源开发管理，规范风电项目建设，促进风电有序健康发展，根据《中华人民共和国行政许可法》、《中华人民共和国可再生能源法》和《企业投资项目核准暂行办法》，制定本办法。

第二条 风电开发建设管理包括风电场工程的建设规划、项目前期工作、项目核准、竣工验收、运行监督等环节的行政组织管理和技术质量管理。

第三条 国务院能源主管部门负责全国风电开发建设管理。各省(区、市)政府能源主管部门在国务院能源主管部门的指导和组织下，按照国家有关规定负责本地区风电开发建设管理。委托国家风电建设技术归口管理单位承担全国风电技术质量管理。

第四条 本办法适用于国务院投资主管部门和省级政府投资主管部门核准的所有风电项目。海上风电开发建设还应符合《海上风电开发建设管理暂行办法》(国能新能(2010)29 号)的要求。

第二章 建设规划

第五条 风电场工程建设规划是风电场工程项目建设的基本依据，要坚持“统筹规划、有序开发、分步实施、

协调发展”的方针，协调好风电开发与环境保护、土地及海域利用、军事设施保护、电网建设及运行的关系。

第六条 国务院能源主管部门负责全国风电场工程建设规划(含百万千瓦级、千万千瓦级风电垂地规划)的编制和实施工作，在进行风能资源评价、风电市场消纳、土地及海域使用、环境保护等建设条件论证的基础上，确定全国风电建设规模和区域布局。

第七条 省级政府能源主管部门根据全国风电场工程建设规划要求，在落实项目风能资源、项目场址和电网接入等条件的基础上，综合项目建设的经济效益和社会效益，按照有关技术规范要求组织编制本地区的风电场工程建设规划与年度开发计划，报国务院能源主管部门备案，并抄送国家风电建设技术归口管理单位。

第八条 风电建设技术归口管理单位综合考虑风能资源、能源藉求和技术进步等因素，负责对各省(区、市)风电场工程建设规划与年度开发计划进行技术经济评价。

第九条 国务院能源主管部门依法对地方规划进行备案管理，各省(区、市)风电场工程年度开发计划内的项目经国务院能源主管部门备案后，方可享受国家可再生能源发展基金的电价补贴。

第十条 各电网企业依据国务院能源主管部门备案的各省(区、市)风电场工程建设规划、年度开发计划，落实风电场工程配套电力送出工程。

第三章　项目前期工作

第十一条 项目前期工作包括选址测风、风能资源评价、建设条件论证、项目开发申请、可行性研究和项目核准前的各项准备工作。企业开展测风要向县级以上政府能源主管部门提出申请，按照气象观测管理要求开展相关工作。

第十二条 风电项目开发企业开展前期工作之前应向省级以上政府能源主管部门提出开展风电场项目开发前期工作的申请。按照项目核准权限划分，5万千瓦及以上项目开发前期工作申请由省级政府能源主管部门受理后，上报国务院能源主管部门批复。

第十三条 省级政府能源主管部门提出的年度开发计划，应包括建设总规模和各项目的开发申请报告，国务院投资主管部门和省级政府投资主管部门核准的项目均应包括在内。项目的开发申请报告应在预可行性研究阶段工作成果的基础上编制，包括以下内容：

(一)风电场风能资源测量与评估成果、风电场地形图测量成果、工程地质勘察成果及工程建设条件；

(二)项目建设必要性，初步确定开发任务、工程规模、设计方案和电网接入条件；

(三)初拟建设用地或用海的类别、范围，环境影响初步评价；

(四)初步的项目经济和社会效益分析；

国务院能源主管部门对满足上述要求的项目予以备案。

第十四条 为促进风电技术进步，国务院能源主管部门可根据需要选择特定开发区域及项目，组织省级政府能源主管部门采取特许权招标方式确定项目投资开发主体及项目关键设备。也可对已明确投资开发主体的大型风电基地的项目提出统一的技术条件，会同项目所在地省级政府能源主管部门指导项目单位对关键设备集中招标采购。

第四章　项目核准

第十五条 为做好地方规划及项目建设与国家规划衔接，根据项目核准管理权限，省级政府投资主管部门核准的风电场工程项目，须按照报国务院能源主管部门备案后的风电场工程建设规划和年度开发计划进行。

第十六条 风电场工程项目按照国务院规定的项目核准管理权限，分别由国务院投资主管部门和省级政府投资主管部门核准。

由国务院投资主管部门核准的风电场工程项目，经所在地省级政府能源主管部门对项目申请报告初审后，按项目核准程序，上报国务院投资主管部门核准。项目单位属于中央企业的，所属集团公司需同时向国务院投资主管部门报送项目核准申请。

第十七条 项目单位应遵循节约、集约和合理利用土地资源的原则，按照有关法律法规与技术规定要求落实建设方案和建设条件，编写项目申请报告，办理项目核准所需的支持性文件。

第十八条 风电场工程项目申请报告应达到可行性研究的深度，并附有下列文件：

(一)项目列入全国或所在省(区、市)风电场工程建设规划及年度开发计划的依据文件；

(二)项目开发前期工作批复文件，或项目特许权协议，或特许权项目中标通知书；

(三)项目可行性研究报告及其技术审查意见；

(四)土地管理部门出具的关于项目用地预审意见；

(五)环境保护管理部门出具的环境影响评价批复意见；

(六)安全生产监督管理部门出具的风电场工程安全预评价报告备案函；

(七)电网企业出具的关于风电场接入电网运行的意见，或省级以上政府能源主管部门关于项目接入电网的协调意见。

(八)金融机构同意给予项目融资贷款的文件；

(九)根据有关法律法规应提交的其他文件。

第十九条 风电场工程项目须经过核准后方可开工建设。项目核准后2年内不开工建设的，项目原核准机构可按照规定收回项目。风电场工程开工以第一台风电机组基础施工为标志。

第五章 竣工验收与运行监督

第二十条 项目所在省级政府能源主管部门负责指导和监督项目竣工验收，协调和督促电网企业完成电网接入配套设施建设并与项目单位签订并网调度协议和购售电合同。项目单位完成土建施工、设备安装和配套电力送出设施，办理好各专项验收，待电网企业建成电力送出配套电网设施后，制定整体工程竣工验收方案，报项目所在地省级政府能源主管部门备案。项目单位和电网企业按有关技术规定和备案的验收方案进行竣工验收，将结果报告省级政府能源主管部门，省级政府能源主管部门审核后报国务院能源主管部门备案。

第二十一条 电网企业配合进行项目并网运行调试，按照相关技术规定进行项目电力送出工程和并网运行的竣工验收。完成竣工验收后将结果报告省级政府能源主管部门，省级政府能源主管部门审核后报国务院能源主管部门备案。

第二十二条 项目单位应根据电网调度和信息管理要求，向电网调度机构及可再生能源信息管理机构传送和报告运行信息。未经批准，项目运行实时数据不得向境外传送，项目控制系统不能与公共互联网直接连接。项目单位长期保留的测风塔、机组附带的测风仪的使用要符合气象观测管理的有关要求。

第二十三条 项目投产1年后，国务院能源主管部门可组织有规定资质的单位，根据相关技术规定对项目建设和运行情况进行后评估，3个月内完成评估报告，评估结果作为项目单位参与后续风电项目开发的依据。项目单位应按照评估报告对项目设施和运行管理进行必要的改进。

第二十四条 多个风电场工程在同一地域同期建设，可由项目所在地省级政府能源主管部门组织有关单位统一协调办理电网接入、建设用地或用海预审、环境影响评价、安全预评价等手续。

第二十五条 风电项目单位应按照国务院能源主管部门及国家可再生能源信息管理机构的要求，报告风电场工程相关运行信息。如发生火灾、风电机组严重损毁以及其他停产7天以上事故，或风电机组部件发生批量质量问题，应在第一时间向国务院能源主管部门及省级政府能源主管部门报告。

第六章 违规责任

第二十六条 风电场工程未按规定程序和条件获得核准擅自开工建设，不能享受国家可再生能源发展基金的电价补贴，电网企业不予接受其并网运行。

第二十七条 对于违规擅自开工建设的项目，一经发现，省级以上政府能源主管部门将责令其停止建设，并依法追究有关责任人的法律和行政责任。

第二十八条 通过国家特许权招标方式获得投资开发主体资格的项目单位发生违约，项目单位承担特许权协议规定的相关责任；情节严重的，按照招投标法规定，自违约时间起3年内取消其参与同类项目投标资格，并予以公告。参加国家特许权项目招标或设备集中招标的设备制造企业违反招标约定，自违约发生时间起3年内该企业不得参与同类项目投标。

第二十九条 风电场发生火灾、风电机组严重损毁以及其他停产7天以上事故，或风电机组部件发生批量质量问题，超过7天未以任何方式报告情况，或未按规定向国家可再生能源信息管理机构提交有关信息的，省级以上政府能源主管部门将责令其改正，并依法追究有关责任人的法律和行政责任。

第七章 附则

第三十条 本办法由国家能源局负责解释。

第三十一条 本办法由国家能源局发布，自发布之日起施行。

山西省应对气候变化办法

（山西省人民政府 二〇一一年七月十二日颁布实施）

第一章 总 则

第一条 为控制温室气体排放，提高减缓与适应气候变化的能力，增强全社会应对气候变化的意识，推动转型发展、跨越发展，建设资源节约型、环境友好型社会，促进经济发展与人口、资源、环境相协调，根据《中国应对气候变化国家方案》等相关规定，结合本省实际，制定本办法。

第二条 本办法所称应对气候变化，是指运用法律、经济、行政和科技等手段，对自然变化或者人类活动引起的气候变化造成的影响所采取的对策，包括气候变化的适应和减缓。

第三条 应对气候变化应根据科学发展观的要求，坚持在可持续发展框架下应对气候变化的原则，遵循《联合国气候变化公约》规定的“共同但有区别的责任”原则、减缓与适应并重的原则，将应对气候变化的政策与其他相关政策有机结合的原则，依靠科技进步和科技创新的原则，积极参与、广泛合作的原则。

第四条 各级人民政府应当组织、协调解决本行政区域内应对气候变化工作中的重大问题，督促本行政区域内国家机关、企事业单位和社会组织落实应对气候变化相关工作目标和措施。

县级以上人民政府有关部门应当在各自职责范围内做好应对气候变化的相关工作。

第五条 县级以上人民政府应当建立健全推动低碳发展的政策和机制，加快转变经济发展方式，加大低碳投入，在全社会倡导和树立低碳生产、低碳消费的理念。

国家机关、企业事业单位和社会组织应当严格遵守节能和生态环境保护法律、法规及标准，强化管理措施，落实节能减排目标责任制，积极参与应对气候变化的相关活动。

鼓励公众选择有利于减缓气候变化的消费模式和生活方式，自觉履行节能和生态环境保护义务。

第六条 各级发展和改革部门是本行政区域内应对气候变化工作的组织协调管理部门，负责会同有关部门研究提出应对气候变化工作的规划和政策，协调开展应对气候变化领域的对外合作和能力建设，并对相关工作进行审核、监督、管理。

第二章 减缓气候变化

第七条 县级以上人民政府应当严格执行国家及省发展循环经济、节约能源资源的法律法规和政策，制定和完善有利于减缓温室气体排放的相关政策，建立落后产能退出机制，降低温室气体排放强度。

第八条 努力建设“气化山西”。大力实施煤层气、焦炉煤气、天然气和煤制天然气“四气产业”一体化战略，提高清洁能源使用比重。鼓励清洁、低碳能源开发和利用，增加可再生能源和其他非化石能源的使用比例，优化能源结构。提高煤的清洁高效开发和利用技术，逐步降低煤炭在一次能源中的比例，减缓由能源生产和转换过程产生的温室气体排放。

第九条 逐步推行建设项目温室气体排放评价制度，建立和完善建设项目温室气体排放强度评价指标体系、评价标准和评价办法，核定建设项目温室气体排放总量。

第十条 推行能源节约举措，降低能源消耗。优化火电结构，加快淘汰落后的小火电机组，发展单机600MW及以上超（超）临界机组、大型联合循环机组等高效、洁净发电技术，降低发电的单位煤耗；发展热电联产、热电冷联产和热电气多联供技术；加强电网建设，采用先进的输、变、配电技术和设备，降低输、变、配电损耗。

第十一条 因地制宜开发小水电资源。在保护生态的基础上有序开发水电，把发展水电作为促进山西能源结构向清洁低碳化方向发展的重要措施。

第十二条 鼓励发展煤层气产业，对地面抽采项目实行探矿权、采矿权使用费减免政策，对煤矿瓦斯抽采及其他综合利用项目实行税收优惠政策，煤矿瓦斯发电项目享受可再生能源法规定的鼓励政策，最大限度地减少煤炭生产过程中能源浪费和甲烷排放。

第十三条 积极扶持风能、太阳能、地热能等可再生能源的开发和利用，深化风能、太阳能资源区划。鼓励火电企业和其他相关企业开发建设大规模的风电场和光伏电站。支持风电制造业技术进步和太阳能电池的深度开发，实现风电、光能设备国产化。积极发展太阳能采暖、制冷、日光温室、太阳灶等多种方式的太阳能利用设施。积极推进地热能开发利用，推广满足环境和水资源保护要求的地热资源供暖、供热水和地源热泵技术，研究开发深层地热发电技术。合理确定可再生能源电价，为可再生能源上网提供优惠条件。

第十四条 大力推进农作物秸秆、沼气等生物质能源的开发和利用。在粮食主产区等生物质能源资源较为丰富的地区，按照规划建设和改造以秸秆为燃料的发电厂和中小型锅炉。在有条件的地区鼓励建设垃圾焚烧发电厂。在规模化畜禽养殖场、城市生活垃圾处理场等建设沼气工程，合理配套沼气利用设施。大力推广沼气和农林废弃物气化技术，提高农村地区生活用能的燃气比例。

第十五条 加强能源资源的高效利用和清洁利用，提高能源资源的利用效率。支持焦炉煤气制甲醇和发电等综合利用，减少焦炉煤气放散产生的二氧化碳排放。支持水泥等行业的工业窑炉、冶金企业高炉、焦炉等工业余热的回收利用，减少煤炭等化石能源的消耗。

第十六条 严格执行国家及省有关产业政策和行业准入标准，健全强制淘汰高能耗的落后工艺、技术和设备制度，依法淘汰落后的能耗过高的用能产品、设备，禁止生产、进口和销售达不到最低能效标准的产品。控制高耗能、高污染和高排放生产工艺和产品的生产，强化电力、钢铁、焦化、有色金属、化工、建材等重点行业以及交通运输、农业机械、建筑、商业和民用等行业的节能技术开发和推广。

第十七条 加快转变经济发展方式，按照“以煤为基、多元发展”的思路，改造提升传统产业，鼓励煤炭企业多元发展，积极发展现代煤化工，加大煤炭资源深加工力度，延长煤炭产业链，实现高碳产业低碳发展。培育壮大现代装备制造业、新型材料工业、特色食品工业、现代物流、生产性服务业、旅游等新兴产业。提高经济发展水平，努力降低单位GDP温室气体排放强度。

第十八条 进一步促进工业领域的清洁生产和循环经济的发展，在满足经济社会发展对工业产品基本需求的同时，尽可能减少水泥、石灰、钢铁、电石等产品的使用量，最大限度地减少这些产品在生产和使用过程中二氧化碳等温室气体的排放。要采用先进技术，优化工艺流程，打造煤电铝、煤焦化、煤气化、煤电材等资源循环产业链，提高煤矸石、粉煤灰、矿井瓦斯、矿井水资源综合利用水平。

第十九条 加强生态农业建设，推广科学合理使用化肥、农药技术，大力加强耕地质量建设，推广秸秆还田和少耕免耕技术，减少农田氧化亚氮排放，增加农田土壤碳贮存。研究开发优良反刍动物品种技术、规模化饲养管理技术，加强对动物粪便、废水和固体废弃物的管理，加大沼气利用，降低畜产品的甲烷排放强度。

第二十条 继续深入推进造林绿化工程，不断提高森林覆盖率。全面实施十大林业生态建设工程、五大林业产业开发工程和六大森林资源保护工程，加快推进晋北晋西北防风固沙、太行山土石山区水源涵养、吕梁山黄土高原水土保持和平川盆地防护经济林等四大生态屏障建设，积极推进煤矿采空区植被恢复工程，全面提升森林生态功能等级，增加林木蓄积量和森林碳贮存，增加陆地碳汇贮存和吸收汇。

第二十一条 提高垃圾的资源综合利用率，从源头上减少垃圾产生量。提高填埋场产生的可燃气体的收集利用水平，减少垃圾填埋场的甲烷排放量。大力研究开发和推广利用先进的垃圾焚烧技术、垃圾填埋气回收利用和堆肥技术，鼓励企业建设填埋气体收集利用系统。提高垃圾处理费征收标准，对垃圾填埋气体发电和垃圾焚烧发电的上网电价给予优惠。

第二十二条 国家机关、企业事业单位和社会组织等用能单位应当提高资源综合利用能力，采用节能新技术、新工艺、新设备、新材料，降低单位产值能耗和单位产品物耗，提高资源综合利用效率。

第二十三条 企业事业单位应当加强内部管理，建立健全管理制度，采取措施降低资源消耗，减少废弃物的产生量和排放量，提高废弃物的循环利用和资源化水平。

第二十四条 加快发展绿色、低碳建筑，严格执行新建建筑节能标准，加大既有建筑节能改造力度，提高可再生能源建筑应用水平和规模，加快建筑节能科技创新，推动建筑节能技术应用和示范项目建设。鼓励和扶持在既有建筑节能改造和新建建筑中采用太阳能等可再生能源，减少建筑物采暖耗能。

第二十五条 县级以上人民政府应当支持企业事业单位开展太阳能、风能、生物质能等可再生能源开发利用，推动太阳能光伏建筑一体化和太阳能路灯等节能系统在城镇建筑、基础设施中的应用。

第三章　适应气候变化

第二十六条 县级以上人民政府及其有关部门应当按照主体功能区规划和生态功能区划的要求，依据生态承载能力和环境功能要求，合理进行产业布局和资源开发，调整和优化产业结构，加快绿色发展，逐步形成生态、资源、

人口、经济相协调的发展格局。

第二十七条 加强农业基础设施建设和农田基本建设。加快实施以节水改造为中心的大型灌区续建配套和小型农田水利建设，继续推进节水灌溉示范，积极发展节水旱作农业，加大中低产田治理力度，加快丘陵山区和干旱缺水地区雨水集蓄利用工程建设，提高农田抗旱标准，提高农业用水效率。

第二十八条 不断增强农业适应气候变化能力。要加强气候变化对我省农业的综合影响评估，组织开展精细化农业气候区划，根据自然条件、社会经济发展水平和气候变化特点，及时调整农业结构，优化农业区域布局，改进种植制度和耕作制度，在适宜区域发展多熟制，提高复种指数，增强农业固碳能力。

第二十九条 积极选育和推广产量潜力高、品质优良、综合抗性突出和适应性广的优良动植物新品种，提高农业抗旱、抗涝、抗高温、抗病虫害等适应气候变化的能力。

第三十条 强化对森林资源和自然保护区、湿地等自然生态系统的有效保护，研究选育耐寒、耐旱、抗病虫害能力强的树种，提高森林植物在气候适应和迁移过程中的竞争能力和适应能力，不断增加森林覆盖率，提高生态系统的稳定性和安全性。

第三十一条 加强森林防火，建立完善的森林火灾预测预报、监测、扑救助、林火阻隔及火灾评估体系。加强森林病虫害控制，进一步建立健全森林病虫害监测预警、检疫御灾及防灾减灾体系，扩大生物防治。

第三十二条 开发和利用生物多样性保护和恢复技术，特别是森林和野生动物类型的自然保护区、湿地保护和修复、濒危野生动植物物种保护等相关技术，降低气候变化对生物多样性的影响。

第三十三条 坚持工程治理与自然修复相结合的方针，以保护生态环境为重点，加大重点流域和地区典型生态区生态环境的保护与建设，积极推进汾河流域生态环境治理修复与保护以及对三川河、涑水河、丹河、桑干河、七里河、十里河、滹沱河、浊漳河、文峪河等河流的全面治理，提高生态系统的稳定性和安全性。尤其要加强对典型生态敏感及脆弱区的生态保护，对生态环境脆弱的牧区、林区、矿区和重要的生态功能区，依法设立禁采区、禁垦区、禁伐区和禁牧区。

第三十四条 积极推进矿山生态恢复，提高矿区生态环境质量。加强矿山生态环境保护，同步治理矿区“三废”和地表沉陷，大力推进土地复垦并进行生态重建。通过矿区造林绿化、矿区现有森林抚育及保护、矿区荒漠化治理、湿地恢复等工程，恢复矿区植被，保护矿区生物多样性。

第三十五条 科学规划和合理利用地表水、地下水资源，积极开发空中云水资源，增加可供水量。严格执行用水总量控制制度、用水效率控制制度和水功能区限制纳污制度。加强水利基础设施的规划和建设，加强水资源控制工程建设、灌区建设与改造，提高水利设施调蓄区域性、季节性水资源的能力，提高水资源对气候变化的适应能力，推进水土流失综合治理。

第三十六条 加大水资源配置、综合节水技术的研发与推广力度。重点研究开发大气水、地表水、土壤水和地下水的转化机制和优化配置技术，积极支持开展以抗旱、防雹、水库增蓄、森林火灾扑救、生态环境保护等为目的的人工影响天气作业。

加强节水型社会建设，深入推进节水型城市、单位、企业（校园、小区）创建，提高水资源利用率。严格执行国家取水许可、水资源有偿使用和节约用水管理制度，研究开发工业用水循环利用技术，加强生活节水技术、器具开发和排污管理，促进废水、污水循环利用。

第三十七条 气象主管机构应当会同有关部门建立温室气体监测统计系统和气候变化监测评估系统，加强对气候变化和极端气候事件的监测，增强对干旱、高温、洪涝、霜冻等气象灾害及其次生、衍生灾害的预测、预警和信息发布能力。提高对气候变化的预测能力，开展对农业、林业、水资源、生态环境和敏感行业的气候变化影响评估，编制气候变化评估报告，为适应和减缓气候变化及防灾减灾提供决策依据。

第三十八条 积极开展应对气候变化可行性论证，规避气候变化带来的气候风险，对重大基础设施、大型工程建设、区域性经济开发、区域农牧业结构调整、大型太阳能、风能等气候资源开发利用建设项目进行气候变化影响评估及气候可行性论证。

第四章　温室气体排放管理

第三十九条 开展温室气体清单编制工作，分类统计区域能源活动、工业生产过程、农业活动、土地利用变化和林业、城市废弃物处理等部门温室气体排放种类和排放量，掌握区域温室气体排放源和吸收汇特征。

第四十条 开展环境温室气体浓度监测，掌握温室气体时空变化规律，为控制区域温室气体排放和制定应对气候变化政策提供依据。

第四十一条 研究主要行业、生产工艺和装备水平下温室气体排放情况，确定行业温室气体排放系数，探索建立低碳产品标准、标识和认证制度；在制定和修改产业政策时，要充分考虑单位产值温室气体排放量这一重要因素，限制超额温室气体排放工艺的使用和产品的生产。

第四十二条 根据国家温室气体减排目标，实行区域温室气体总量控制和企业温室气体总量控制，将单位GDP二氧化碳排放强度纳入各级政府和企业的目标责任制和评价考核体系。

第四十三条 建立以环境温室气体浓度、行业温室气体排放系数、区域和重点企业温室气体排放量等为主要内容的温室气体排放数据库，为开展应对气候变化研究、制定应对气候变化政策、预测未来温室气体排放情景提供技术支撑，为温室气体目标管理提供依据。

第四十四条 积极支持发展温室气体吸收汇，支持二氧化碳捕获、利用及封存技术研究和项目实施。鼓励企业通过清洁生产机制降低温室气体排放量。

第五章 保障措施

第四十五条 各级人民政府应当建立地方应对气候变化的管理体系和工作机构，研究确定应对气候变化的重大战略、方针和政策，协调解决应对气候变化工作中的重大问题。把适应气候变化和控制温室气体排放目标作为制订中长期发展战略和规划的主要内容，根据本地区地理环境、气候条件、经济发展水平等方面的具体情况，因地制宜地制定应对气候变化的相关政策措施，并认真组织实施。

第四十六条 编制土地利用总体规划、城乡规划、环境保护规划、生态保护建设规划、水资源规划和水土保持规划等规划时，应当征求有关单位、社会组织、专家学者、公众和气象部门的意见，并进行科学论证。要充分考虑气候变化对经济社会发展的影响，合理引导资源开发和配置、产业发展和生产力布局等，大力培育区域生态经济和循环经济体系。

第四十七条 县级以上人民政府应当建立相对稳定的政府资金渠道，支持气候变化应对工程建设及相关科技研发工作，并确保资金落实到位、使用高效。吸收社会资金投入气候变化的科技研发工作，将科技风险投资引入气候变化领域。充分发挥企业作为技术创新主体的作用，引导企业加大对气候变化领域技术研发的投入。

第四十八条 采取鼓励和优惠措施，吸引国内外企业、金融机构和民间资本投入，建立健全多元化绿色低碳投融资和环境资源生态补偿机制。逐步建立温室气体排放权有偿使用和碳交易市场，充分发挥市场的资源配置作用，实现温室气体总量控制前提下的环境资源合理调配。

第四十九条 加强气候变化相关科技工作的宏观管理与协调，加强气候变化科技领域的人才队伍建设，建立气候变化专家库。鼓励有关部门和科研机构参加应对气候变化国内外合作，学习和应用先进技术和方法，提高应对气候变化能力。

第五十条 推进气候变化重点领域的科学研究与技术开发工作。加强气候变化的科学事实与不确定性、气候变化对经济社会的影响、应对气候变化的经济社会成本效益分析和应对气候变化的技术选择与效果评价等重大问题的研究。加强气候观测系统建设，开发气候变化监测技术、温室气体减排技术和气候变化适应技术等。重点研究开发气候变化准确监测技术、气象灾害预测预警技术、提高能效和清洁能源技术、主要行业二氧化碳、甲烷等温室气体的排放控制与处置利用技术、生物固碳技术及固碳工程技术等。

第五十一条 各级人民政府应当进一步提高政府领导干部、企事业单位决策者的气候变化意识，逐步建立一支具有较高全球气候变化意识的干部队伍。

第五十二条 科技、文化、新闻出版、广播电视、气象等部门和有关社会团体、新闻媒体应当利用多种传媒途径，开展形式多样的宣传教育和节能减排主题活动，普及气候变化知识，倡导低碳生活，增强公众应对气候变化的意识。

第五十三条 教育主管部门应当加强气候变化知识的教育和普及，培养学生形成低碳、节能、环保的意识和行为，为有效应对气候变化创造良好的社会氛围。

第五十四条 建立公众和企业界参与的激励机制，发挥企业参与和公众监督的作用。完善气候变化信息发布的渠道和制度，增加有关气候变化决策的透明度，促进气候变化领域管理的科学化和民主化。

第五十五条 县级以上人民政府及其部门，应当注重支持节能、节水、节地、节材、资源综合利用等项目的实施。对依法列入节能技术、节能产品推广目录的项目实行鼓励政策，并将节能产品纳入政府采购目录。积极支持可

再生能源开发利用、低碳排放和碳汇项目的申报和实施。

第五十六条 县级以上人民政府应当加强对能源生产和转换、工程过程等排放温室气体的单位进行经常性监督检查，对煤炭、火力发电、焦化、有色金属、建材、化工等重点企业实行清洁生产审计、能源计量管理、能源消费统计和能源利用状况分析制度，核定温室气体排放种类和排放量。

第五十七条 县级以上人民政府应当每年向上一级人民政府报告应对气候变化职责履行情况，将温室气体减排指标完成情况纳入地方经济社会发展综合评价和年度考核体系，作为政府领导干部综合考核评价和国有及国有控股企业负责人业绩考核的重要内容。

中国环境标志低碳产品标识使用管理暂行办法

（中环联合(北京)认证中心 二〇一一年一月印发）

一、为确保中国环境标志低碳产品标识的正确使用，倡导可持续生产和消费，促进环境友好型社会建设，服务于国家低碳经济的发展，制定本办法。

二、中国环境标志低碳产品认证属于中国环境标志产品认证的一种。获得中国环境标志低碳产品认证的产品则表示该产品在符合环境标志相关要求的基础上，在温室气体排放方面满足更高的标准要求。

三、中国环境标志低碳产品标识是由中环联合（北京）认证中心有限公司（以下简称“认证中心”）确认、发布，并报国家工商行政管理总局商标局注册的商标（中国环境标志低碳产品标识的式样见附件）。

中国环境标志低碳产品标识所有权归认证中心，并受国家商标法保护。未经认证中心许可，任何单位和个人不得擅自使用该标识。

四、认证中心负责中国环境标志低碳产品标识的发放以及标识使用的日常管理工作。

未经认证中心许可，任何单位和个人不得开展上述工作。

五、在生产、使用及处置等过程中采取一定措施消除污染或减少污染，降低温室气体排放，达到环境标志产品技术要求，并通过中国环境标志低碳产品认证的产品，其获证企业可以向认证中心申请使用中国环境标志低碳产品标识。

六、认证中心与通过中国环境标志低碳产品认证的获证企业签订中国环境标志低碳产品标识使用协议，核发中国环境标志低碳产品标识，准予产品的生产及销售者在规定的范围内使用中国环境标志低碳产品标识。同时，在认证中心网站予以公布。

七、认证中心负责建立健全中国环境标志低碳产品标识的发放和监督管理制度，并向社会公开。认证中心负责中国环境标志低碳产品标识发放对象、范围、编号的登记，对产品使用中国环境标志低碳产品标识情况进行检查管理。

八、认证中心每年向环境保护部报告获得中国环境标志低碳产品认证的产品以及发放中国环境标志低碳产品标识的情况。

九、企业可以在获得中国环境标志低碳产品认证的产品及其包装上张贴或印制中国环境标志低碳产品标识，在广告宣传中使用中国环境标志低碳产品标识。中国环境标志低碳产品标识必须和中国环境标志同时使用。

十、企业在使用中国环境标志低碳产品标识时，可以根据需要按等比例放大或缩小复制，但不得改变中国环境标志低碳产品标识的形状和颜色。

十一、企业不得在超出认证范围或者认证有效期的产品、包装及广告宣传中使用中国环境标志低碳产品标识。

十二、认证中心对违反本办法使用中国环境标志低碳产品标识的，视情况对违规的相关单位和个人采取下列措施：

1. 责令停止违规行为；

2. 公布侵权单位名单及产品名称、类别；

3. 采取其他相关的法律措施。

十三、本办法由认证中心负责解释。

十四、本办法自2011年2月1日起试行。

附： 中国环境标志低碳产品标识的式样：

黑白标识

彩色标识

1. 中国环境标志低碳产品标识的含义：标识图形由外围的C状外环和青山、绿水、太阳组成。标识的中心结构表示人们赖以生存的环境；外围的C状外环是碳元素的化学元素符号，代表低碳产品。整个图形向人们传达了一种通过倡导低碳产品来共同保护人类赖以生存的环境的含义。

2. 中国环境标志低碳产品标识的规格：

标识的规格如图，可成比例放大缩小，应清晰可辨。

标识分为：

单色标识：黑色图案：C：0　M：0　Y：0　K：100

双色标识：绿色图案：C：60　M：0　Y：100　K：0

　　　　　黑色图案：C：0　M：0　Y：0　K：100

报告 公报 声明

中国应对气候变化的政策与行动2012年度报告

国家发展和改革委员会

二〇一二年十一月

前 言

中国是受气候变化不利影响最为脆弱的国家之一。2011年以来，中国相继发生了南方低温雨雪冰冻灾害、长江中下游地区春夏连旱、南方暴雨洪涝灾害、沿海地区台风灾害、华西秋雨灾害和北京严重内涝等诸多极端天气气候事件，给经济社会发展和人民生命财产安全带来较大影响。2011年全年共有4.3亿人次不同程度地受灾，直接经济损失高达3096亿元。

中国政府高度重视气候变化问题。2011年十一届全国人大四次会议审议通过的《国民经济和社会发展第十二个五年规划纲要》(以下简称《纲要》)，明确了“十二五”时期中国经济社会发展的目标任务和总体部署，应对气候变化作为重要内容正式纳入国民经济和社会发展中长期规划。《纲要》将单位GDP能源消耗降低16%、单位GDP二氧化碳排放降低17%、非化石能源占一次能源消费比重达到11.4%作为约束性指标，明确了未来五年中国应对气候变化的目标任务和政策导向，提出了控制温室气体排放、适应气候变化影响、加强应对气候变化国际合作等重点任务。

为落实“十二五”时期中国应对气候变化目标任务，推动绿色低碳发展，中国国务院印发了《“十二五”控制温室气体排放工作方案》、《“十二五”节能减排综合性工作方案》等一系列重要政策文件，加强对应对气候变化工作的规划指导。有关部门和地方政府积极采取行动，应对气候变化各项工作取得明显成效。在气候变化国际谈判中，中国继续发挥积极建设性作用，推动德班会议取得积极成果，为应对全球气候变化作出了重要贡献。

为使各方面了解中国2011年以来应对气候变化采取的政策与行动及取得的成效，特编写本年度报告。

一、减缓气候变化

控制温室气体排放是中国积极应对全球气候变化的重要任务，也是加快转变经济发展方式和推进产业转型升级的必然要求。2011年中国政府发布了《“十二五”控制温室气体排放工作方案》，将“十二五”碳强度下降目标分解落实到各省(自治区、直辖市)，优化产业结构和能源结构，大力开展节能降耗，努力增加碳汇，低碳发展取得积

2012年11月21日，《中国应对气候变化的政策与行动2012年度报告》在国务院新闻发布会上发布

极成效。

(一)调整产业结构

推动传统产业改造升级。国家发展改革委修订并发布《产业结构调整指导目录(2011年本)》，强化通过结构优化升级实现节能减排的战略导向。加强节能评估审查、环境影响评价和建设用地预审，进一步提高行业准入门槛，严格控制高耗能、高排放和产能过剩行业新上项目。严格控制高耗能、高排放产品出口。国务院印发了工业和信息化部牵头编制的《工业转型升级规划(2011-2015年)》，着力推动工业绿色低碳发展。工业和信息化部发布了钢铁、有色、建材、石化和化工、节能与新能源汽车、工业节能、大宗固废、清洁生产等“十二五”规划，推动工业转型升级。同时狠抓技术改造，完善管理办法，加大支持力度，突出支持重点，2011年共安排工业专项技改资金135亿元，带动投资2791亿元，使技改工作的针对性、有效性和影响力得到明显提升。

扶持战略性新兴产业发展。国务院印发了《“十二五”国家战略性新兴产业发展规划》，明确我国节能环保产业、新一代信息技术产业、生物产业、高端装备制造业、新能源产业、新材料产业、新能源汽车产业等七大类战略性新兴产业发展路线图。国家发展改革委牵头制定了重点工作分工方案，细化明确国务院各部门的具体任务；加快建立战略性新兴产业统计体系，组织战略性新兴产业试测算工作，研究起草《战略性新兴产业重点产品和服务分类目录》；进一步加大对重大项目建设的支持力度，组织实施了一批重大产业工程和重点专项，设立了战略性新兴产业发展专项资金；积极推动新兴产业创投计划，新兴产业创投计划支持创投基金已达102只，总规模近290亿元，其中主要投资于节能环保和新能源领域的基金有24只，规模超过70亿元。

大力发展服务业。继续做好《国务院关于加快发展服务业的若干意见》、《国务院办公厅关于加快发展服务业若干政策措施的实施意见》等有关文件的贯彻落实，2011年又印发了《国务院办公厅关于加快发展高技术服务业的指导意见》，进一步改善服务业环境、提高服务业发展水平。在《产业结构调整指导目录(2011年本)》中重新划分了服务业类别，大幅增加鼓励类服务业条目，初步形成了鼓励发展服务业的门类体系。加强和改进市场准入、人才服务、品牌培育、服务业标准、服务认证示范和服务业统计等方面工作。在全国范围积极开展服务业综合改革试点，并在一些领域建立了跨部门的工作协调机制。全国多数省市制定印发了加快发展服务业的政策文件，积极推进生产性服务业集聚区建设，加快促进重大服务业项目建设。

加快淘汰落后产能。继续贯彻落实《关于抑制部分行业产能过剩和重复建设引导产业健康发展的若干意见》和《关于进一步加强淘汰落后产能工作的通知》，完善落后产能退出机制，2011年工业和信息化部、国家发展改革委等有关部门联合印发了《关于印发淘汰落后产能工作考核实施方案的通知》、《关于做好淘汰落后产能和兼并重组企业职工安置工作的意见》、《高耗能落后机电设备(产品)淘汰目录(第二批)》等，加强对淘汰落后产能工作的检查考核，督促指导各地切实做好企业职工安置工作。2011年，全国共关停小火电机组800万千瓦左右，淘汰落后炼铁产能3192万吨、炼钢产能2846万吨、水泥(熟料及磨机)产能1.55亿吨、焦炭产能2006万吨、平板玻璃3041万重量箱、造纸产能830万吨、电解铝产能63.9万吨、铜冶炼产能42.5万吨、铅冶炼产能66.1万吨、煤产能4870万吨。

(二)节能提高能效

加强节能考核和管理。国务院印发了《“十二五”节能减排综合性工作方案》，分解下达“十二五”节能目标，实施地区目标考核与行业目标评价相结合、落实五年目标与完成年度目标相结合、年度目标考核与进度跟踪相结合，并按季度发布各地区节能目标完成情况晴雨表。工业和信息化部发布了《工业节能“十二五”规划》；住房城乡建设部发布了《关于落实<国务院关于印发“十二五”节能减排综合性工作方案的通知>的实施方案》、《“十二五”建筑节能专项规划》和《关于加快推动我国绿色建筑发展的实施意见》；交通运输部发布了《关于公路水路交通运输行业落实国务院“十二五”节能减排综合性工作方案的实施意见》及部门分工方案，印发了《交通运输行业“十二五”控制温室气体排放工作方案》；国务院机关事务管理局发布了《公共机构节能“十二五”规划》。

进一步完善节能标准。截止2011年底，国家质检总局、国家发展改革委累计出台的高耗能产品能耗限额强制性国家标准达到28项。工业和信息化部、交通运输部等有关部门组织开展若干重点行业、重点产品强制性能耗限额标准以及内燃机等工业通用设备能效标准制定和修订工作；组织22项行业标准立项，复审209项节能标准；抽查重点用能行业单位产品能耗限额标准执行情况和高耗能落后机电设备(产品)淘汰情况；废止道路运输车辆燃料消耗量过渡期车型表，截至2012年6月底，累计发布19批达标车型表，发布达标车型近2万多个，新购营运车辆开始全面执行燃料消耗量限值标准，批准发布《汽车驾驶节能操作规范》等5项行业标准。

推广节能技术与产品。积极推进采用节能技术，国家发展改革委牵头发布第四批《国家重点节能技术推广目录》，公布煤炭、电力、钢铁等13个行业的22项节能技术；工业和信息化部下发了《关于开展重点用能行业能效水平对标达标活动的通知》，指导各地深入开展能效水平对标达标，实施重点企业节能技术改造，积极推广先进节能生产工艺；编制完成钢铁、石化、有色、建材等11个重点行业节能减排先进适用技术目录、应用案例和技术指南，涉及600多项节能技术；继续推进工业企业能源管理中心建设，开展工业能耗在线监测试点，组织制订工业能效提升计划和电机能效提升计划，提出工业能效提升路线图和低能效电机淘汰路线图，2011年全年共推广节能电机200多万千瓦。继续实施节能产品惠民工程，推广使用节能产品，2011年全国共推广高效节能空调1826多万台、节能灯1.5亿只、节能汽车400多万辆。

实施重点节能改造工程。国家发展改革委继续组织实施锅炉(窑炉)改造、电机系统节能、节约和替代石油、能量系统优化、余热余压利用、建筑节能、绿色照明等重点节能改造工程。发布了《中国逐步淘汰白炽灯路线图》，决定从2012年10月1日起逐步禁止进口和销售普通照明白炽灯。2011年新增节能建筑面积13.9亿平方米，完成北方15个省(区、市)既有居住建筑供热计量及建筑节能改造面积1.4亿平方米；天津等10个低碳交通运输体系建设第一批城市试点继续推进，启动了北京等16个低碳交通运输体系建设第二批城市试。2011年，通过重点节能改造工程建设，可形成1700多万吨标准煤的节能能力。

发展循环经济。国家发展改革委编制了《循环经济发展“十二五”规划》，颁布实施了《废弃电气电子产品回收利用管理办法》；总结凝练了60个国家循环经济发展典型模式案例；选择了22个园区继续实施园区循环化改造示范试点工程，选择7个园区开展第三批国家“城市矿产”示范基地建设，选择16个城市继续开展第二批餐厨废弃物资源化利用和无害化处理试点，在12个地区开展了工业固体废物综合利用基地建设；加大循环经济关键共性技术推广力度；确定了两批18个国家循环经济教育示范基地。

推广合同能源管理。国家发展改革委公布了第二、三批共1273家通过备案的节能服务公司名单。全国多个地方省、市、自治区相继出台合同能源管理项目专项扶持政策。合同能源管理涉及领域从以工业为主，发展到覆盖工业、建筑、交通和公共机构等多个领域。2011年，全国节能服务产业产值达到1250亿元，同比增长49.5%，节能服务公司共实施合同能源管理项目4000多个，投资额412亿元，同比增长43.5%，实现节能量1600多万吨标准煤。

实行财税激励政策。工业和信息化部联合有关部门发布了两批《关于节约能源使用新能源车辆减免车船税的车型目录》，对节能车船和新能源车船实行车船税减免。财政部、交通运输部设立了交通运输节能减排专项资金，2011年和2012年对402个申报项目给予了补助，形成二氧化碳减排量183.7万吨。海洋局设立海岛保护专项资金，共支持地方开展海岛保护项目15个，经费约2亿元。农业部投入43亿元引导地方政府加大对沼气利用的补助力度，2011年沼气用户达4100万户，形成CO2减排量6000万吨；在内蒙古、西藏、新疆、甘肃等9个省和自治区实施草原生态保护补助奖励机制政策，安排财政资金共136亿元。林业局扩大造林补贴和森林抚育补贴规模，其中森林抚育补贴财政试点资金超过50亿元。

2011年全国万元GDP能耗为0.793吨标准煤(按2010年价格)，比2010年降低2.1%。主要工业单位产品综合能耗有不同程度降低，2011年与2010年相比，重点大中型钢铁企业吨钢综合能耗、氧化铝综合能耗、铅冶炼综合能耗分别同比下降0.8%、3.3%、4%。2011年，全国城镇新建建筑设计阶段执行节能50%强制性标准基本达到100%，施工阶段的执行比例为95.5%，新增节能建筑面积13.9亿平方米；公共机构人均综合能耗比2010年下降2.93%，单位建筑面积能耗下降2.24%。

(三)优化能源结构

加快发展非化石能源。国家能源局组织制定了《可再生能源发展“十二五”规划》和水电、风电、太阳能、生物质能四个专题规划，提出了到2015年中国可再生能源发展的总体目标、主要措施等。组织实施了108个绿色能源示范县、35个可再生能源建筑规模化应用示范城市及97个示范县建设试点，组织开展风电、太阳能、生物质能、页岩气等专项规划和上海等五个城市电动汽车充电设施发展规划等专项规划的制定；2011年发布372项能源行业标准，下达633项制(修)订计划，涵盖了包括核电、新能源和可再生能源在内的主要能源领域；筹建生物燃料行业标准化管理体系，加快生物燃料产能建设。2011年，全部非化石能源利用量约为2.83亿吨，在能源消费总量中占8.1%；全国非化石能源发电装机占全部发电装机的比例达到27.7%，非化石能源比例较2005年提高3.4个百分点。2011年，水电装机新增1400万千瓦，累计达到2.3亿千瓦，在建规模5500万千瓦，新开工装机规模1260万千瓦，发电量6626亿千瓦时；核电装机新增173万千瓦，发电量869亿千瓦时；风电并网容量新增1600万千瓦，居全球第一，并网风电发电量800亿千瓦时；太阳能光伏新增装机210万千瓦，累计装机达到300万千瓦；各类生物质发电装机600万千瓦，发电量300亿千瓦时；地热能发电装机2.42万千瓦，海洋能发电装机0.6万千瓦，地热、海洋能发电量1.46亿千瓦时。全国城镇太阳能光热建筑应用面积达21.5亿平方米，浅层地能建筑应用面积2.4亿平方米，已建成及正在建设的光电建筑应用装机容量达127万千瓦。

推进化石能源清洁利用。继续推动常规化石能源生产和利用方式变革和清洁高效发展，发布了《天然气发展“十二五”规划》和《关于发展天然气分布式能源的指导意见》，提出了“十二五”期间的发展目标和重点任务。在发布实施的《煤炭工业发展“十二五”规划》中将大力发展洁净煤技术，促进煤炭高效清洁利用作为“十二五”煤炭工业发展的重点任务之一，加快高参数、大容量清洁燃煤机组、燃气电站建设，全国在运百万千瓦超超临界燃煤机组达到40台，数量居世界第一，30万千瓦及以上火电机组占全部火电机组容量的74.4%；进一步加大非常规能源开发力度，组织制定了《页岩气发展规划(2011- 2015年)》，提出到2015年基本完成全国页岩气资源潜力调查与评价，初步掌握页岩气资源潜力与分布，到2015年页岩气产量达65亿立方米的发展目标。组织制定了《煤层气(煤矿瓦斯)开发利用“十二五”规划》，提出2015年煤层气(煤矿瓦斯)产量达到300亿立方米，瓦斯发电装机容量超过285万千瓦，民用超过320万户，新增煤层气探明地质储量1万亿立方米的发展目标。

(四)增加碳汇

增加森林碳汇。国家林业局制定了《林业应对气候变化“十二五”行动要点》，提出加快推进造林绿化、全面开展森林抚育经营、加强森林资源管理、强化森林灾害防控、培育新兴林业产业等5项林业减缓气候变化主要行动；发布了《全国造林绿化规划纲要(2011-2020年)》和《林业发展“十二五”规划》，明确了今后一个时期林业生态建设的目标任务。继续实施退耕还林、“三北”和长江重点防护林工程，推进京津风沙源治理工程和石漠化综合治理工程，开展珠江、太行山等防护林体系和平原绿化建设，启动天保二期工程。扩大森林抚育补贴规模，组织开展各类森林经营试点示范建设。印发了《森林抚育作业设计规定》、《中央财政森林抚育补贴政策成效监测办法》和《森林经营方案编制与实施规范》等相关技术方案。2011年，全国共完成造林面积599.66万公顷，中幼龄林抚育面积733.45万公顷，完成低产低效林改造面积78.88万公顷，义务植树25.14亿株;城市绿地面积达224.29万公顷，城市人均公园绿地面积、建成区绿地率和绿化覆盖率三项绿化指标分别达到11.80平方米、35.27%和39.22%。

增加草原碳汇。2011年，国务院安排136亿元财政资金在内蒙古、西藏、新疆、甘肃等9个省和自治区实施了草原生态保护补助奖励机制政策，享受到补奖政策的农牧民达到1056.7万户。2012年，补助奖励机制政策范围扩大到河北、山西等5个省的牧区和半牧区。2011年，共完成草原围栏建设450.4万公顷，严重退化草原补播145.9万公顷，人工饲草地建植4.7万公顷，京津风沙源草地治理9.1万公顷。2012年目前已完成内蒙古、西藏、四川、甘肃等9个省、自治区退牧还草工程，草原围栏建设440.4万公顷，严重退化草原补播140.1万公顷，人工饲草地建植5.5万公顷，京津风沙源草地治理3.4万公顷。

增加其它碳汇。农业碳汇方面，中央财政安排保护性耕作推广资金3000万元、工程建设投资3亿元，2011年新增保护性耕作1900多万亩，全国保护性耕作面积累计达到8500万亩。保护性耕作与传统耕作相比，农田土壤含碳量可增加20%，每年减少农田二氧化碳等温室气体排放量达0.61-1.27吨/公顷，按全国保护性耕作实施面积计算，相当于减少CO2排放300万吨以上。湿地碳汇方面，2011年全国新增湿地保护面积33万公顷，恢复湿地2.3万公顷，湿地储碳功能进一步增强。

二、适应气候变化

2011年以来，中国政府积极采取措施，提高了重点领域适应气候变化的能力，减轻了气候变化对经济社会发展和人民生产生活的不利影响。

(一)农业领域

农业部大力推动农田水利基本建设，提升农业综合生产能力。推动大规模旱涝保收标准农田建设。开展了大型灌区续建配套与大型灌溉排水泵站更新改造，扩大农业灌溉面积、提高灌溉效率。培育并推广产量高、品质优良的抗旱、抗涝、抗高温、抗病虫害等抗逆品种，进一步加大农作物良种补贴力度，加快推进良种培育、繁殖、推广一体化进程，目前全国主要农作物良种覆盖率达到95%以上，良种对粮食增产贡献率达到40%左右。

积极组织节水农业技术模式创新，突出工程、设备、生物、农艺和管理等措施在田间的组装集成，总结提出了区域性骨干技术模式。示范推广了全膜双垄集雨沟播、膜下滴灌、测墒节灌等九大节水技术模式，建设节水农业示范基地，水分生产力比“十一五”之前提高10%-30%，促进了旱区粮食稳定增产、农民持续增收。

(二)林业及生态系统

林业局发布了《林业应对气候变化“十二五”行动要点》，提出了4项林业适应气候变化主要行动，着力加强森林抚育经营和森林火灾、林业微生物防控，优化森林结构，改善森林健康状况。贯彻落实《国务院办公厅关于做好自然保护区管理有关工作的通知》，严格限制自然保护区内的开发建设活动，强化监督管理，进一步加强国家重要生态区域和生物多样性关键地区保护。加强野生动植物保护和自然保护区建设，截至2011年底，新增国家级自然保护区23处，林业系统自然保护区已达2126处，总面积达1.23亿公顷，占全国国土面积的12.78%。完成了80%以上国土面积的湿地资源调查任务，实施全国湿地保护工程项目39个，建设湿地保护管理站点100多处，新增湿地保护面积33万公顷，恢复湿地2.3万公顷，新增4处国际重要湿地和68处国家湿地公园试点。发布了《中国国际重要湿地生态状况公报》，初步构建了湿地生态系统健康价值功能评价指标体系，进一步加强了湿地恢复与保护。

(三)水资源领域

国务院发布了《关于实行最严格水资源管理制度的意见》，提出实行最严格的水资源管理制度要求，确立水资源开发利用、用水效率控制、水功能区限制纳污控制的“红线”，严格执行取水许可、水资源有偿使用、水自愿论证制度，全面推行节水型社会建设，成为指导我国今后一个时期水资源管理工作的纲领性文件。国务院批复了《全国江河湖泊水功能区划》、《全国农村饮水安全工程“十二五”规划》和《水利发展规划(2011-2015年)》。水利部完成了《全国地下水利用与保护》等多项水利规划。工业和信息化部大力推进节水型工业体系建设，会同水利部、全国节约用水办公室印发了《关于深入推进节水型企业建设工作的通知》。

加快推进枢纽水源和大江大河治理等一批骨干工程建设，继续推进大中型病险水库和大中型病险水闸的除险加固，继续对重点中小河流重要河段进行治理，继续进行大型灌区续建配套与节水改造和排水泵站更新改造，启动小型农田水利重点县建设，实施水土流失综合治理以及坡改梯工程，加快生态脆弱河流综合治理，启动实施水资源合理利用与生态保护工程；开展了水电新农村电气化项目和小水电代燃料项目建设。

通过上述政策与行动的实施，中国有效地应对了北方冬麦区、长江中下游和西南地区接连发生的大范围严重干旱；通过农村饮水安全工程建设解决了7000万农村人口的饮水安全问题；战胜了“两江一河”严重秋汛，成功防范了7个登陆台风和热带风暴，主要灾害损失指标比多年均值明显降低，其中洪涝灾害死亡人数为新中国成立以来最低。

(四)海洋领域

国家海洋局组织开展了《海洋领域应对气候变化中长期发展规划(2011-2020年)》、《“十二五”国家应对气候变化科技发展专项规划(海洋领域)》、《国家“十二五”海洋科学和技术发展规划纲要》、《全国海洋观测网总体规划(2011-2020)》等专题规划的编制工作，定期开展厄尔尼诺/拉尼娜等海洋与气候变化研究与形势预测工作，编发《海洋与重大气候事件快报》和《海洋领域应对气候变化工作通讯》，编制了《气候变化对海洋生物的影响监测与评价研究报告》和《海平面上升影响评估专题报告》。加强典型海洋生态系统与气候变化响应监测的保护性修复工作，构建中国管辖海域海-气二氧化碳交换通量监测网络，开展海洋碳循环监测与评估。进一步完善沿海海洋气候观测网立体布局，加强海岛、海岸带地区防灾减灾应急救助体系建设，初步开展了海洋灾害风险评估与区划工作，大力支持沿海地方开展重点海岛整治修复项目，全面完成海洋功能区划修编工作。2012年设立海岛保护专项资金，中央财政投入2亿元，支持地方开展海岛保护项目15个。

(五)卫生健康领域

卫生部印发了《关于加强饮用水卫生监督监测工作的指导意见》、《全国城市饮用水卫生安全保障规划(2011-2020年)》、《关于进一步加强饮用水卫生监测工作的通知》和《2012年国家饮用水卫生监督监测工作方案》，全面加强饮用水卫生监督监测工作，推进饮用水卫生监督监测能力建设，保障城乡饮用水卫生安全。

加大饮用水卫生监督监测工作力度，自2012年7月1日起全面实施新的国家饮用水卫生标准，规范供水单位卫生许可工作。目前，国家饮用水卫生监测网已在省级辖区实现全覆盖，2012年国家财政投入2.2亿元支持地方开展饮用水卫生监测工作。不断完善传染病网络直报系统，加强传染病监测、报告与防控工作，重点加强与气候变化密切相关的登革热、发热伴血小板减少综合征等虫媒传染病和手足口病等肠道传染病防控工作。截至2011年底，全国100%的疾病预防控制机构、98%的县级及以上医疗机构和94%的乡镇卫生院实现了网络直报，直报单位总数达6.8万余家。

(六)气象领域

中国气象局启动了《“十二五”应对气候变化专项规划》编制工作，提出了“十二五”期间气象部门气候变化工作重点领域和任务。发布了《气候变化绿皮书：应对气候变化报告(2011)》、《中国气候变化监测公报2010》、《气象部门应对气候变化技术指导手册3.0版》，并启动了气象灾害风险评估技术指南的编制工作。联合科技部、中科院共同发布了《第二次气候变化国家评估报告》。完成对长江三峡、鄱阳湖等8个流域的气候变化综合评估报告，以及对东北、华中粮食生产和新疆、陕西特色产业影响的专项评估。

稳步开展观测系统现代化建设，气候系统观测能力得到不断提升；加强气候资源的开发利用，初步建立了风能、太阳能预报服务平台；精细化农业气候资源区划工作不断深入，省级应对气候变化工作全面铺开。

(七)防灾减灾体系建设

民政部牵头修订并报请国务院出台了《国家自然灾害救助应急预案》，完善了预警响应、旱灾救助、过渡性救助、部门应急联动等内容。组织开展国家综合防灾减灾战略研究，颁布实施了《国家综合防灾减灾规划(2011-2015年)》。出台或修订了《自然灾害生活救助资金管理暂行办法》、《中央救灾物资储备管理办法》、《关于加强自然灾害救助评估功工作的指导意见》和《全国综合减灾示范社区创建管理暂行办法》，联合财政部出台了《自然灾害生活救助资金管理暂行办法》，以国家减灾委员会名义下发了《关于加强自然灾害社会心理援助工作的指导意见》等文件。水利部印发了《关于进一步加强台风灾害防御工作的意见》、《巡堤查险工作规定》等规章制度。国土资源部组织起草了《国务院关于加强地质灾害防治工作的决定》，推进各地加强今后一个时期地质灾害防治体系建设；启动了《全国地质灾害防治“十二五”规划》编制工作，明确了“十二五”期间地质灾害防治的总体目标和重点任务。住房城乡建设部印发了《关于加强城市内涝防治及开展2012年城市防汛工作的通知》，做好城市内涝防治工作。

国家减灾委相关成员单位进一步完善各类自然灾害的监测预警机制，着力提升极端天气气候事件的监测预警能力，加强气象灾害监测早期预警系统建设。继续加强国家防汛抗旱指挥系统二期建设。建立暴雨洪涝和干旱风险评估系统，注重提升城市应对暴雨灾害等极端天气能力。

三、开展低碳发展试验试点

继续推进低碳省区和城市试点，启动碳排放交易试点，开展低碳产品、低碳交通运输体系、绿色重点小城镇试点，探索不同地区、不同行业绿色低碳发展的经验和模式。

(一)继续推进低碳省区和城市试点

国家发展改革委批复了各试点省区和城市低碳发展规划实施方案，加强对试点工作的指导，完善工作机制，推动构建以低碳排放为特征的产业体系，低碳试点各项工作稳步开展。各试点省区和城市成立了低碳试点工作领导小组，建立决策咨询机制、基础研究机制、试点示范机制、对外交流合作机制等，创新有利于低碳发展的体制机制。将二氧化碳排放强度下降指标完成情况纳入各地区经济社会发展综合评价体系和干部政绩考核体系。目前，各试点省市已完成启动阶段各项任务目标，正进入攻坚阶段，全面开展各项试点工作。

(二)启动碳排放交易试点

建立自愿减排交易机制。2012年6月，国家发展改革委出台《温室气体自愿减排交易管理暂行办法》，确立自愿减排交易机制的基本管理框架、交易流程和监管办法，建立交易登记注册系统和信息发布制度，鼓励基于项目的温室气体自愿减排交易，保障有关交易活动有序开展。

开展碳排放权交易试点。2011年，国家发展改革委在北京市、天津市、上海市、重庆市、湖北省、广东省及深圳市启动碳排放权交易试点工作。各试点地区加强组织领导，建立专职队伍，安排试点工作专项资金，抓紧组织编制碳排放权交易试点实施方案，明确总体思路、工作目标、主要任务、保障措施及进度安排。着手研究制定碳排放权交易试点管理办法，明确试点的基本规则。测算并确定本地区温室气体排放总量控制目标，研究制定温室气体排放指标分配方案。建立本地区碳排放权交易监管体系和登记注册系统，培育和建设交易平台，做好碳排放权交易试点支撑体系建设。北京市、上海市、广东省分别在2012年3月28日、8月16日和9月11日启动碳排放权交易试点。

(三)开展相关领域低碳试点工作

研究开展低碳产业试验园区、低碳社区、低碳商业试点。国家发展改革委组织开展低碳产业试验园区、低碳社区、低碳商业评价指标体系和配套政策研究，探索形成适合中国国情的低碳发展模式和政策机制。

开展低碳产品试点。国家发展改革委组织研究产品碳排放计算方法，建立低碳产品标准、标识和认证制度，组织编制《低碳产品认证管理办法(暂行)》，引导低碳消费。

开展低碳交通运输体系建设城市试点。2011年，交通运输部启动低碳交通运输体系建设试点工作，以公路、水路交通运输和城市客运为主，选定天津、重庆、深圳、厦门、杭州、南昌、贵阳、保定、无锡、武汉10个城市开展首批试点。2012年2月，选定北京、昆明、西安、宁波、广州、沈阳、哈尔滨、淮安、烟台、海口、成都、青岛、株洲、蚌埠、十堰、济源市16个城市开展低碳交通运输体系建设第二批城市试点工作。目前，各试点城市通过建设低碳型交通基础设施，推广应用低碳型交通运输装备，优化交通运输组织模式及操作方法，建设智能交通工程，完善交通公众信息服务，建立健全交通运输碳排放管理体系，加快建设以低碳排放为特征的交通运输体系。

开展绿色低碳重点小城镇试点示范。2011年，财政部、住房城乡建设部和国家发展改革委启动绿色低碳重点小城镇试点示范工作，选定北京市密云县古北口镇、天津市静海县大邱庄镇、江苏省苏州市常熟市海虞镇、安徽省合肥市肥西县三河镇、福建省厦门市集美区灌口镇、广东省佛山市南海区西樵镇、重庆市巴南区木洞镇7个镇为第一批试点示范绿色低碳重点小城镇。各试点示范镇根据本地经济社会发展水平、区位特点、资源和环境基础，分类探索小城镇建设发展模式。编制完善总体规划和各专项规划，有效利用土地和其他资源，合理布局建设用地，加强生态环境建设，改善居住环境，增强基础设施和公共服务覆盖能力，引导产业和人口有序集聚。

四、加强能力建设

(一)加强低碳发展顶层设计

制定并贯彻落实《“十二五”控制温室气体排放工作方案》。2011年，国务院印发了国家发展改革委牵头编制的《“十二五”控制温室气体排放工作方案》，明确了到2015年中国控制温室气体排放的总体要求和主要目标，提出了推进低碳发展重点任务和政策措施。2012年，国务院办公厅印发了《“十二五”控制温室气体排放工作方案重点工作部门分工》，对方案的贯彻落实工作进行全面部署。

加强应对气候变化法制建设。国家发展改革委会同有关部门研究起草应对气候变化法律框架；通过开展“省级气候变化立法研究——以江苏省为例”项目推进中国省级应对气候变化立法，为全国范围开展立法工作积累经验。

开展重大战略研究和规划制定。国家发展改革委会同财政部等有关部门组织开展了中国低碳发展宏观战略研究项目，对我国到2020、2030和2050年低碳发展总体态势进行分析判断，研究提出我国低碳发展宏观战略的分阶段目标任务、实现途径、政策体系、保障措施等，为加快推进低碳发展奠定理论和政策基础。组织开展了《国家应对气候变化规划(2011-2020年)》编制工作，印发《地方应对气候变化规划编制指导意见》，加强对地方应对气候变化规划编制工作的指导。组织制定《国家适应气候变化总体战略》。

(二)逐步建立温室气体统计核算体系

建立和健全温室气体排放基础统计制度。国家发展和改革委会同有关部门组织编写了《关于加强应对气候变化和温室气体排放统计的意见》。云南省等一些地方统计部门已启动温室气体排放基础统计工作。国务院机关事务管理局制订了《公共机构能源资源消耗统计制度》，组织完成了“十一五”期间和2011年全国公共机构能源资源消耗情况汇总分析和国家机关办公建筑、大型公共建筑能耗统计。住房城乡建设部修订了《民用建筑能耗和节能信息统计报表制度》。国家林业局进一步加快推进全国林业碳汇计量与监测体系建设，试点已扩大到17个省市。国家统计局出台了《关于加强和完善服务业统计工作的意见》，为建立健全服务业能源统计奠定坚实基础。交通运输部组织开展交通运输行业碳排放统计监测研究。

大力推进温室气体清单编制和排放核算。国家发展改革委发布《省级温室气体清单指南(试行)》，组织完成中国2005年温室气体清单和第二次国家信息通报编制工作。组织编写了陕西、浙江、湖北、云南、辽宁、广东和天津7个省(市)2005年温室气体排放清单总报告及能源、工业生产过程、农业、土地利用变化及林业、废弃物五个领域的温室气体清单分报告。组织开展其他24省市温室气体清单编制工作。研究开展化工、建材、钢铁、有色、电力、航空等行业企业温室气体排放核算方法和报告规范。

(三)增强科技支撑

加强基础科学研究。科技部、国家发展改革委等有关部门联合印发了《“十二五”国家应对气候变化科技发展专项规划》。科技部通过973计划支持“应对气候变化科技专项”和全球变化研究国家重大科学研究计划，支持气候变化领域基础研究工作。水利部组织开展气候变化对水利影响方面的关键技术研究，开展水利应对气候变化影响的适应性对策措施研究。卫生部启动气候变化对人类健康的影响与适应机制研究。国土资源部组织开展“应对全球气候变化地质响应与对策”调查和研究工作。环境保护部组织开展钢铁、水泥、交通等重点行业大气污染物与温室气体排放协同控制政策与示范研究。国家林业局初步完成中国森林对气候变化响应与林业适应对策研究，进一步推进典型森林生态系统固碳和减排经营技术研究。交通运输部组织开展“建设低碳交通运输体系研究”。中国气象局组织开展了多模式超级集合、动力与统计集成等客观化气候预测新技术的研发和应用，完成政府间气候变化专门委员会(IPCC)的第五次国际耦合模式比较计划，为IPCC第五次评估报告提供模式结果。

加快低碳技术研发、应用及推广。国家发展改革委组织启动“国家低碳技术创新和产业化示范工程”首批项目，批复了钢铁、有色、石化3个行业共20个示范工程。2011-2012年度，能源领域安排科技计划项目共计59项，国拨经费总计27.4亿元。制定发布能源科技、洁净煤高效转化、风力发电等科技发展专项规划，发布第四批《国家重点节能技术推广目录》。水泥行业内有950条生产线配套建成余热发电站，年可节约1125万吨标准煤。完成5批《节能与新能源汽车示范推广应用工程推荐车型目录》的审定工作。试点推进绿色汽车维修技术，开展高速公路运营节能技术应用与示范工程。“金太阳示范工程”项目已累计支持光伏发电项目343个，总装机容量约1300MW。开展海洋波浪能、潮汐能等海洋能开发利用关键技术研究与产业化示范。开展海洋生物固碳监测试点和海底碳封存技术研究试验。科技部启动了30万吨煤制油工程高浓度二氧化碳捕集与地质封存技术开发及示范、高炉炼铁二氧化碳减排与利用技术关键技术开发和3.5万千瓦富氧燃烧碳捕获关键技术、装备研发及工程示范等项目，并部署了大规模燃煤电厂烟气二氧化碳捕集、驱油及封存技术开发及应用等示范项目。

建立研究咨询机构。2011年11月，国家发展改革委成立了国家应对气候变化战略研究和国际合作中心，主要为气候变化工作提供政策研究支撑。环境保护部环境发展中心和南京环境科学研究所组建成立了环境与气候变化中心和生态保护与气候变化响应研究中心。国家林业局2011年成立了华东、中南、西北三个林业碳汇计量监测中心，2012年又成立了生态系统定位观测网站中心，负责开展全国森林、湿地、荒漠生态定位观测研究。2011年5月，中国民航总局成立了中国民航大学节能减排研究与推广中心，作为行业节能减排专门研究机构，研究并推广节能减排工作。

五、全社会广泛参与

利用多元化媒体平台，展示各行业各领域应对气候变化的政策、行动和成就，重视发挥非政府组织的积极性，继续推进应对气候变化科学知识的宣传和普及工作，引导全民广泛参与应对气候变化行动，营造有利于绿色、低碳发展的社会氛围。

(一)政府加强引导

2012年9月，国务院批复同意自2013年起，将每年“全国节能宣传周”的第三天设立为“全国低碳日”，加强对应对气候变化和低碳发展的宣传引导。有关部门和地方各级政府通过制作宣传材料、举办论坛、组织活动等多种途径，倡导低碳发展理念。国家发展改革委组织编写了《中国应对气候变化的政策与行动(2011)》白皮书，系统介绍“十一五”以来我国应对气候变化工作和落实国家方案所取得的成就，得到广泛肯定和好评。科技部组织编制“十一五”应对气候变化科技宣传手册。环境保护部制作了《应对气候变化，就在开关之间》、《应对气候变化，始于足下》等4部环保公益广告片；设计制作了2万余套公众应对气候变化宣传挂图；举办了8期“千名青年环境友好使者行动”培训活动。在2012年防灾减灾宣传周期间，各地共发放各类科普书籍和宣传手册2000余万册，举办各类防灾减灾讲座3000余场。国家发展改革委会同有关部门组织开展以“节能低碳，绿色发展”为主题的节能宣传周活动，举办了2012年中国北京国际节能环保展览，并通过发送节能公益短信、举办绿色驾驶知识讲座等形式，积极开展节能宣传。住房城乡建设部组织开展了以“绿色交通·城市未来”为主题的2011年中国城市无车日活动。交通运输部组织了公共自行车启动仪式、参观节能环保展、低碳体验日、公益讲座、第五批节能减排示范项目授牌仪式等宣传活动，推广交通运输节能低碳发展理念。国家林业局开展了林业应对气候变化媒体培训班、零碳音乐会、林业碳汇公益广告进公园等宣传活动。气象局制作完成了《气候变化—中国在行动》(2011)多语种电视外宣片及画册；出版《气候变化的故事》、《寻找绿色低碳建筑》两本科普读物；利用“3.23”世界气象日、“5.12”防灾减灾日等活动积极开展气候变化科普宣传。国管局组织开展了以“节能低碳新生活，公共机构做表率”为主题的全国公共机构节能宣传周活动，组织各级公共机构开展了停开电梯、空调，步行或骑车上下班等能源紧缺体验活动。

(二)媒体广泛宣传

中国主要新闻媒体围绕应对气候变化、绿色低碳发展的主题开展内容丰富、形式多样的宣传报道活动。新华社、人民日报、中央电视台等主流媒体及环境气候领域的专业媒体围绕气候变化国际谈判德班会议及有关重大文件发布开展了一系列专题报道和深度报道。相关媒体通过组织开展丰富的活动和制作喜闻乐见的宣传材料，提高了应对气候变化的宣传质量和效果。中央电视台等媒体摄制完成了《环球同此凉热——气候文明之旅》、《变暖的地球》等纪录片。中国新闻社举行“低碳发展·绿色生活”公益影像展，中国经济导报社等媒体举办了“2011中国应对气候变化和低碳发展十大新闻”评选活动。

(三)非政府组织积极行动

中国气候传播项目中心组织问卷调查，统计分析中国公众对气候变化问题的认知度、对气候变化影响的认知度、对气候变化应对的认知度、对应对气候变化政策的支持度、对应对气候变化行动的执行度以及对气候变化传播效果的评价等6个方面的信息，供中国政府政策制定者参考。中国可再生能源行业协会等通过联合举办我国低碳照明、低碳建筑、节能环保建材、低碳交通及新能源汽车等领域的论坛、博览会，促进企业交流合作，推动产业快速发展。中华环境保护基金会主办以“积极行动，应对气候变化”为主题的第四批大学生环保公益活动，引导大学生开展应对气候变化公益活动实践，推动节能减排全民行动。中国绿色碳汇基金会发起了“绿化祖国、低碳行动”植树节活动。近40家中外民间组织共同发起了气候公民超越行动(C+)计划，倡导企业、学校、社区和个人积极参与应对气候变化的活动。世界自然基金会继续组织“地球一小时”公益活动。中国国际民间组织合作促进会、绿色出行基金等在辽宁、北京、天津、杭州等15个省、市组织“酷中国—全民低碳行动计划”项目及低碳公众宣传教育巡展活动。

(四)公众踊跃参与

中国公众采取积极行动应对气候变化，践行低碳饮食、低碳居住、低碳出行、低碳旅游等低排放的生活方式和适度消费、杜绝浪费等消费模式。广大市民选择公共交通等绿色低碳出行方式，截止到2011年，全国已有143个城市承诺开展无车日活动。中国各地开展以学校、机关、商场、军营、企业、社区为单位的节能减碳活动，号召人们树立“节能、节俭、节约”的工作、生活和消费理念，自觉抵制铺张浪费行为，崇尚简约的生活方式。各地大、中、小学开展形式多样的活动积极宣传低碳生活、保护环境，在加强青少年节能、低碳宣传教育方面产生了广泛的社会影响。

六、积极参加国际谈判

中国政府高度重视全球气候变化问题，以对本国人民和全人类高度负责任的态度，积极建设性参与应对气候变化国际谈判，加强与各国在气候变化领域的多层次磋商与对话，努力推动各方就气候变化问题深化相互理解，广泛凝聚共识，为推动建立公平合理的国际气候制度作出了积极贡献。

(一)积极参加联合国进程下的国际谈判

中国坚持以《联合国气候变化框架公约》和《京都议定书》为基本框架的国际气候制度，积极发挥联合国框架下的气候变化国际谈判的主渠道作用，坚持公平原则、“共同但有区别及各自能力的责任”原则，坚持在可持续发展的框架下应对气候变化，坚持按照公开透明、广泛参与、缔约方主导和协商一致的原则，积极建设性参与谈判，加强与各方的沟通交流，推动气候变化国际谈判取得积极进展。

2011年，中国继续积极参与联合国进程下的气候变化国际谈判，全面参与南非德班会议的谈判与磋商，坚持维护谈判进程的公开透明、广泛参与和协商一致，以认真、负责、开放、务实的姿态，为德班会议最终取得一揽子平衡成果、确保谈判沿正轨前进作出了重要贡献。为配合德班会议谈判，首次在联合国气候变化大会期间以中国代表团名义举办了为期9天、包含23场主题活动的“中国角”系列边会活动。在中国等广大发展中国家的努力下，德班会议继续按照巴厘路线图授权推进公约和议定书的实施，在哥本哈根会议和坎昆会议的基础上取得了重要成果。会议期间，胡锦涛主席致函祖马总统，全力支持东道国南非政府的工作。中国利用各种渠道和方式与各方开展坦诚、深入的对话与交流，力求增进理解、凝聚共识、提振信心，为会议取得积极成果发挥了积极建设性的作用。

(二)广泛参与相关国际对话与交流

利用高层互访和重要会议推动谈判进程。中国国家主席胡锦涛在出席金砖国家领导人会晤等重大多边外交活动中，多次发表重要讲话，推动国际社会深化合作，共同应对气候变化这一全球性挑战。温家宝总理在出席联合国可持续发展大会期间，呼吁各方按照“共同但有区别的责任原则”应对气候变化，发展绿色经济，推动可持续发展。

积极参与气候变化谈判相关国际进程。参与联合国可持续发展大会、“经济大国能源与气候论坛”领导人代表会议、彼得斯堡气候变化部长级对话会、多哈会议部长级预备会、政府间气候变化专门委员会以及国际民航、国际海事组织会议等系列国际磋商和交流活动。中国还积极参与“全球清洁炉灶联盟”、“全球甲烷倡议”、“全球农业温室气体研究联盟”、“全球碳捕集和封存研究院”等相关国家发展期的公约外应对气候变化务实行动倡议及相关国际机制，从多方面推动公约主渠道的谈判取得进展。

加强与各国磋商与对话。继续加强“基础四国”磋商机制，并以“基础四国+”的方式，与其他发展中国家开展对话与交流，积极维护发展中国家的利益。积极与发展中国家的智库开展联合研究，共同组织相关学术研讨，增进相互理解，推动开展气候变化科学研究、气候变化国内和国际政策对话以及技术转让、能力建设和信息共享等方面的国际合作。继续保持与美国、欧盟、澳大利亚、日本等发达国际和地区的对话磋商，增进理解，扩大共识。积极开展与发达国家相关智库的学术交流与对话。

(三)中国参加联合国气候变化多哈会议基本立场主张

今年年底，联合国气候变化框架公约第十八次缔约方会议和京都议定书第八次缔约方会议将在卡塔尔首都多哈举行，多哈会议对于切实维护公约和议定书的基本法律框架、加强公约和议定书的实施、维护发展中国家的正当发展权益具有重要意义。今年6月，在巴西里约召开的联合国可持续发展大会上，各国领导人重申应对气候变化的基础是公约确立的公平原则、“共同但有区别的责任及各自能力”原则。多哈会议应积极落实各国领导人达成的这一重要政治共识，继续坚持公约的原则和规定，确保联合国框架下的多边谈判沿着正确的方向不断前行。

中国认为，多哈会议应把落实各方已达成的共识放在优先位置，首先完成好巴厘路线图的谈判，关键是确立一个有法律约束力的议定书第二承诺期并确保其按时实施，发达国家切实采取行动，兑现率先减排及向发展中国家提供资金和技术支持的承诺。具体来说，多哈会议应在以下四方面达成成果：一是就议定书第二承诺期的落实和执行作出进一步的明确安排，确保议定书第二承诺期于2013年1月1日按时实施，这是多哈会议最重要的成果；二是在发展中国家普遍关心的减缓、适应、资金、技术转让和能力建设等问题上进一步取得实质性进展，特别是发达国家须兑现减排和提供资金、技术和能力建设支持的承诺，确保已建立的相关机制和机构切实发挥为发展中国家应对气候变化提供支持的作用；三是对有关公平、贸易、知识产权等巴厘行动计划可能的未决问题作出妥善后续安排，以成功完成好巴厘行动计划的谈判；四是就2020年后进一步加强公约实施涉及的相关原则问题充分交换意见，并做好德班平台谈判进程与巴厘路线图谈判的衔接，为下一步谈判奠定坚实基础。

中国支持多哈会议东道国卡塔尔遵循公开透明、广泛参与、协商一致和缔约方驱动的原则，推动多哈会议取得积极成果。中国将在此过程中继续发挥积极建设性作用，与各方一道携手努力，推动多哈会议取得成功。

七、加强国际交流与合作

继续本着“互利共赢、务实有效”的原则积极参加和推动与各国政府、国际组织、国际机构的务实合作，为促进全球合作应对气候变化发挥着积极建设性作用。

(一)推动与国际组织合作

国家发展改革委与联合国环境规划署合作，共同开展GEF“增强对脆弱发展中国家气候适应力的能力、知识和技术支持”项目。卫生部组织中国疾病预防控制中心等单位与世界卫生组织合作，实施GEF“适应气候变化保护人类健康”项目，目前中国项目活动按计划顺利开展。科技部与国家发展改革委联合举办了“碳收集领导人论坛(CSLF)第四届部长级会议。国家林业局成功召开了首届亚太经合组织林业部长级会议，举办了联合国粮农组织第24次亚太林委会会议和第2届亚太林业周活动、东北亚生态论坛。依托亚太森林恢复与可持续管理网络中心，开展亚太地区林业应对气候变化相关能力建设和国际合作项目。民政部积极推进上海合作组织、中日韩、中俄印和东盟地区论坛等框架下的对话与交流，进一步完善了上合、东盟、中日韩、中俄印等多边减灾救灾合作机制。

(二)加强与发达国家合作

国家发展改革委组织召开了中欧、中德、中英、中丹气候变化双边磋商会议，推动了有关框架协议签署和合作项目开展。科技部在中美清洁能源联合研究中心框架下，双方在洁净煤技术、建筑节能技术以及电动汽车等领域开展了富有成效的联合研究。住房城乡建设部与美国、德国、英国、加拿大、丹麦等国有关部门签署了有关建筑节能合作备忘录，促进建筑节能的合作。交通运输部与德国交通建设和城市规划部联合举办了“中德绿色物流会议”，进一步加强了交通运输低碳发展国际交流与合作。中国民航局与美国贸发署(TDA)和联邦航空局(FAA)共同举办了“中美民航节能减排高层培训”，学习了解美国民航业节能减排管理体制、运行机制、相关技术和研发项目进展，以及美国民航业应对气候变化的做法和经验。

(三)深化与发展中国家合作

国家发展改革委积极推动应对气候变化南南合作，已与埃塞俄比亚、格林纳达、尼日利亚、马达加斯加以及贝宁等国签署《应对气候变化物资赠送的谅解备忘录》，向其赠送节能低碳产品；成功举办8期发展中国家应对气候变化研修班，共培训来自81个国家的300多名政府官员和技术人员。科技部支持了13个面向发展中国家的、与应对气候变化直接相关的国际培训班，涉及生物质、太阳能、沼气、荒漠化防治、节水高效农业、草原生态建设、热带生物多样性、燃煤电厂烟气净化、非木质林产品开发等领域；重点支持南太平洋岛国可再生能源利用与海洋灾害预警研究及能力建设、LED照明产品开发推广应用、秸秆综合利用技术示范、风光互补发电系统研究推广利用、灌溉滴水肥高效利用技术试验示范等一批援外项目，帮助发展中国家提高应对气候变化的适应能力。水利部承办了水资源和小水电部级培训班，与发展中国家高级官员交流了气候变化条件下加强水资源管理，开发、利用小水电等方面的经验和实践。国家海洋局设立了“南海及周边海洋国际合作框架计划(2011-2015)”，将“海洋与气候变化”、“海洋防灾减灾”列为主要资助领域，联合周边国家开展了“中印尼热带东南印度洋海-气相互作用与观测”和“印度洋季风爆发观测研究项目”。国家林业局成功举办了“气候变化框架下毁林与土地退化监测和评估南南合作研讨班”，共同探讨中国与发展中国家开展林业应对气候变化南南合作

(四)开展清洁发展机制项目合作

截至2012年8月底，中国共批准了4540个清洁发展机制项目，预计年减排量近7.3亿吨二氧化碳当量，主要集中在新能源和可再生能源、节能和提高能效、甲烷回收利用等方面。其中，已有2364个项目在联合国清洁发展机制执行理事会成功注册，占全世界注册项目总数的50.41%，已注册项目预计年减排量(CER)约4.2亿吨二氧化碳当量，占全球注册项目年减排量的54.54%，项目数量和年减排量都居世界第一。注册项目中已有880个项目获得签发，总签发量累计5.9亿吨二氧化碳当量，为《京都议定书》的实施提供了支持。

《第二次气候变化国家评估报告》主要内容和结论

编者按《第二次气候变化国家评估报告》编制工作于2008年12月启动， 2011年11月发布。由科技部、中国气象局、中国科学院牵头，会同外交部、国家发展和改革委员会、环保部、教育部、农业部、水利部、国家林业局、国家海洋局、国家自然科学基金委员会等部委组成的编写领导小组组织实施。《第二次气候变化国家评估报告》全面、系统汇集我国应对气候变化有关科学、技术、经济和社会研究成果，准确、客观反映我国气候变化领域研究的最新进展，为制定国民经济和社会的长期发展战略提供科学决策依据，为我国参与气候变化领域的国际行动提供科技支撑，同时也可供从事气候变化研究的专家学者参考使用。

《第二次气候变化国家评估报告》包括中国的气候变化、气候变化的影响与适应、减缓气候变化的社会经济影响评价、全球气候变化有关评估方法的分析、中国应对气候变化的政策等5部分，共40章。

一、气候变化及其影响的观测事实

1.1 气候变化的事实

1880年以来中国的变暖速率在每百年升温0.5℃到0.8℃之间。1951～2009年，中国陆地表面平均温度上升1.38℃，变暖速率为每十年升温0.23℃。1880年以来，中国降水无明显变化趋势，但存在20～30年尺度的年代际振荡。中国地面太阳辐射量减少。1960年代以来，东亚冬、夏季风均减弱。自20世纪90年代以来，超过82%的冰川处于退缩状态，90年代以来退缩加速。1950年代以来，全国沿海海平面平均上升速率为每年2.5mm。

1.2 观测到的气候变化影响

华北地区　近50年气温升高，降水减少，气候暖干化明显，加剧了水资源紧张态势，引起浅层地下水位不断下降。气候变暖导致热量增加从而影响该地区的农业产量及布局。

东北地区　近50年气温上升，年降水量减少，从而引起东北西部特别是吉林省中西部地区干旱趋势加重，土地向荒漠化和盐渍化发展，但农作物由于积温增加，种植面积扩大。

华东地区　近50年气温上升，热浪发生频率及强度增加，导致人体心血管、脑血管及呼吸系统等疾病的发病率和病死率增加。

华中地区　近50年气温上升，降水量的空间分布变化明显，洪涝灾害加剧，湿地面积不断减小，气候变化还使得该地区适宜于钉螺和血吸虫生长的时期在过去几十年中有不同程度的延长，血吸虫病暴发几率增大。

华南地区　近50年登陆华南热带气旋个数减少，强度增大，登陆时间偏早，移动路径复杂。南海海平面加速上升，1993年至2006年，南海海平面平均上升速率为每年3.9mm。

西南地区　20世纪后40年川西高原、云贵高原的增温趋势明显，而四川盆地气温存在明显的下降趋势，降水表现为降雨日数的逐步减少。气候变化引起干旱、洪涝灾害频次增多，程度加重，该地区山地灾害占全国同类灾害的30%～40%以上。气候变化加剧了西南地区生物多样性减少、生态系统退化、岩溶地区石漠化。

西北地区　近50年的气候变暖虽然使绿洲灌溉区农作物的气候产量提高了大约10%～20%，但使雨养农业区作物气候产量减少了10%～20%左右。

青藏地区　20世纪80年代，青藏高原冬春积雪日数增加，而90年代呈减少趋势。念青唐古拉峰地区的冰川近期也出现了较大变化，喜马拉雅山脉西段的纳木那尼冰川正在强烈萎缩，冰川末端在1976年～2006年平均退缩速度为每年5m左右，2004年～2006年退缩速度达到每年7.8m，表现出近期加速后退态势。

二、未来气候变化可能的潜在影响

在低、中等、高排放情景下，利用模式预估21世纪末中国年平均温度将比20世纪后20年平均分别增加约2.5℃、3.8℃、4.6℃，比全球平均的温度增幅大。未来我国气候将会变得更暖。

农业　到2050年，年平均温度每增1℃，北半球中纬度的作物带可在水平方向北移150 km～200 km，垂直方向上移150 m～200 m。在品种和生产水平不变的前提下，温度上升1.4℃，降水增加4.2%，中国一熟制种植面积可由当前的62.3%下降为39.2%，二熟制面积变化不大，三熟制可由13.5%提高到35.9%。

不考虑适应措施，全球温度升高2.5℃，中国粮食单产最高下降幅度约20%；考虑适应措施（如CO2肥效、适应技术等），则可以部分抵消升温的危害，一些作物产量还可能略有增加。按照可持续的社会发展模式和人口增长速率，如果高浓度CO2的肥效作用充分得到利用，中国就可以保证2030年人均每年400kg的粮食需求。

水资源 预计21世纪中期，松花江、珠江径流量增加幅度相对较大，长江和黄河增幅略小。在黄河河源区，降水变化对径流量的影响较大，气温影响相对较小；而未来黄河源区的降水量可能增加，在一定程度上可能缓解近20 年黄河上游径流量减少趋势。

陆地生态系统 到21世纪末，中国森林植被类型和物种的分布可能发生大范围的迁移。东北森林垂直分布带有上移的趋势；若降水也增加，则大兴安岭森林群落中温带针阔混交林树种的比例增加；落叶针叶林的面积减少很大，甚至可能移出中国境内；温带落叶阔叶林面积扩大，较南的森林类型取代较北的类型；高寒草甸可能被稀树草原和常绿针叶林取代，森林总面积增加。

海平面 预计未来30年，中国沿海海平面将继续上升。全海域2030年比2009年上升80～130mm，同时存在显著的区域差异。天津、上海、广东沿海海平面的涨幅最大，分别将达到76mm～145mm、98mm～148mm和83mm～149mm。2050年珠江口绝对海平面将上升90mm～210mm。

未来海平面上升导致风暴极值水位的重现期明显缩短。至2050年，长江三角洲、珠江三角洲和渤海西岸50年一遇的极值水位将缩短为5～20年一遇。

人体健康 气候变化及其引起的极端天气气候事件增多对人体健康以负面影响为主。可能引起钉螺最北分布带向北扩散，增加敏感区域血吸虫病传播的风险。2030年血吸虫病潜在分布地区可能北移至江苏北部等地区，而2050 年将进一步北移。

三、适应气候变化的政策和措施

农业 调整农业种植结构和布局。发展现代生物与高新技术。推广更新农业管理措施。改善农业基础设施与条件。

水资源 转变水资源管理思路，建设节水型社会。实施水资源保护，维护可再生能力；强化非常规水源利用，实现多种水源综合配置。加强基础设施建设，提高防洪抗旱及水资源调配能力。将气候变化纳入到水资源评价和规划范畴。

陆地生态系统 进行植树造林，科学经营管理人工林，提高森林火灾、病虫害的预防和控制能力。调整放牧方式和时间。科学管理湿地生态系统。提高荒漠生态系统的适应能力。系统监测生物多样性对气候变化响应，评估脆弱性。

近海与海岸带 研究海平面上升对海洋工程标准的影响，建立中国近海和海岸带影响的预警系统、近海和海岸带环境与生态系统影响评估体系，以及应对气候变化的中国海岸带综合管理体系。

人体健康 建立和完善气候变化对人体健康影响的监测、预警系统，为社会提供内容丰富、准确、及时、权威的疾病监测、评估、预测、预警。结合极端天气事件与人体健康监测预警网络，对发生的极端天气气候事件所致疾病进行实时监测、分析和评估。

四、减缓

4.1各主要部门及行业的减排技术与潜力

能源供应部门 先进高效燃煤发电技术、煤基多联产技术、碳捕集和封存技术、核电技术、水电技术、风电技术、太阳能发电、生物质能发电技术和生物燃料技术等。与2005年相比，到2020年其减排潜力可达到18亿吨CO_2左右。从减排潜力和减排成本两个方面看，应优先发展和推广超（超）临界发电技术、水电、核能和陆上风电。

终端能源利用部门 其减排技术集中在工业、交通运输和建筑等部门。2020年中国能源终端利用部门技术减排潜力约22亿吨CO_2，其中工业、交通运输和建筑部门分别占46%、28%和26%。实现其减排潜力的关键在于能源效率提高和减排成本降低的速度，以及技术推广的力度。此外，还需要努力克服经济、社会、行为和（或）体制上的种种障碍。

工业生产过程 其减排技术集中在减少CO_2 、N_2O以及含氟类气体排放的技术。预计到2020年，中国工业生产过程温室气体相对减排潜力约为2.29亿～5.42亿吨CO_2当量。

农林及其他土地利用 减少农业温室气体排放，增加农田、草地、湿地和森林生态系统碳汇的技术措施具有相当潜力。适当的灌溉管理可以减少稻田甲烷排放30%～40%，相对于使用厩肥而言，堆肥和沼渣可以减少40%～60%的甲烷排放；施用有机肥、秸秆还田与免耕等能够增加农田土壤碳储量每年每公顷0.47～0.96 吨C；秸秆青贮、氨化每年可减少甲烷动物肠道甲烷排放约17万吨，能源作物的减排潜力为0.66亿吨CO_2。2015年，全国户用沼气每年可减排0.78亿～1.2 亿吨CO_2，沼气工程可减排268万吨CO_2。相对于2000年，2010～2030年植树造林、减少毁林、森林管理、封山育林等活动的碳吸收量约为每年4.17亿～6.10亿吨CO_2。

4.2 促进减缓碳排放的战略思路与对策

转变经济发展方式，推动产业结构优化升级；大力发展绿色经济、循环经济、生态经济，加快转变生产模式和消费模式；大力推进节约能源，提高能源利用效率；发展新能源与可再生能源，优化能源结构；优化土地利用方式，增强碳汇能力；加速科技进步，增强自主创新能力；加强应对气候变化相关的法律、法规和政策措施的制定；加强宣传教育，提高公众意识，倡导全民参与；大力加强国际合作与交流；完善并加强应对气候变化战略的管理和协调机制。

4.3 中国要走低碳发展道路

转变经济发展方式，走以低碳为重要特征的新型工业化和城市化道路，既是中国应对全球气候变化的需要，也是贯彻落实科学发展观，建设资源节约型和环境友好型社会，实现可持续发展的必然选择。中国在能源供应、终端利用、生产过程、土地利用等方面，通过整合可持续发展的政策措施，可以积极有效地向低碳发展方式转型。当然，实现低碳发展需要加强技术创新，加快先进低碳技术研发和产业化步伐；需要加大投入，加速发展低碳战略性新兴产业，促进传统产业转型升级，实现低碳化发展；需要加强体制和机制建设，为低碳发展创造良好的制度环境、政策环境和市场环境；同时也需要倡导低碳社会消费观念，改变不可持续的生活方式。尽管中国当前的发展阶段不可能在短期内实现绝对的低碳化，但从长远看，发展低碳经济与中国的可持续发展是协同一致的。全面参与国际合作，调动全社会力量，必将加速中国的低碳化进程。

五、中国应对气候变化的政策、措施与成效

中国目前正处于工业化、城镇化和国际化快速发展阶段，能源结构以煤为主，能源消费和温室气体排放增长都比较快。作为发展中国家，本着对全球负责的精神和推进可持续发展战略的要求，中国已经通过推进经济结构调整、努力提高能源效率、节约能源、积极开发利用可再生能源、大力开展植树造林以及实行计划生育等方面的政策和措施，为减缓全球温室气体排放的增长作出了积极的贡献。

中国在控制温室气体排放方面取得了积极的进展。2006～2010年，中国单位GDP能耗强度下降19.1%，累计减少二氧化碳排放14.6亿吨，二氧化硫排放量减少14.29%，化学需氧量排放量减少12.45%。以能源消费年均6.6%的增速支持了国民经济年均11.2%的增速，能源消费弹性系数由“十五”时期的1.04下降到0.59，扭转了我国工业化、城镇化加快发展阶段能源消耗强度大幅上升的势头。

“十一五”期间，我国可再生能源呈跳跃式发展。到2010年底，计入沼气、太阳能热利用等非商品可再生能源，我国可再生能源年利用量总计3亿吨标准煤，占当年能源消费总量的9.6%。

森林覆盖率由2005年的18.21%上升到2008年的20.36%，森林面积净增2054.3万公顷，森林蓄积量净增11.23亿立方米，提前两年实现“十一五”的规划目标。

中国气候条件复杂，生态环境脆弱，易受气候变化的不利影响。中国高度重视气候变化对不同领域和不同地区的影响，坚持以增强防灾减灾能力和提高适应气候变化能力为目标，在农业、林业、水资源和海岸带等适应气候变化领域采取了一系列政策措施，取得了明显效果。

提高全社会应对气候变化意识是中国应对气候变化政策和行动的重要内容，通过节能减排、低碳生活等一系列宣传教育和公众参与活动，中国公众应对气候变化的意识进一步提高，全社会积极应对气候变化的氛围正在逐步形成。

中国政府积极参加了应对气候变化的国际谈判和合作。中国积极支持和参加《联合国气候变化框架公约》和《京都议定书》框架下的活动，按照共同但有区别的责任原则，努力推动气候变化领域国际社会的交流与互信，促进形成公平、有效的全球应对气候变化机制，促进《公约》和《议定书》的有效实施。

中国政府在完善相关法律法规、成立中央和地方应对气候变化管理机构、建立推动CDM项目合作的体制机制等方面采取了一系列综合措施，初步建立了应对气候变化的体制机制框架。

(中国气象局国家气候中心副主任罗勇供稿)

2011年中国国土绿化状况公报

全国绿化委员会办公室

(2012年3月12日)

2011年是全面实施“十二五”规划起步之年，是开展全民义务植树运动30周年，也是联合国确定的“国际森林年”。各地区、各部门在党中央、国务院的正确领导下，认真贯彻中央林业工作会议、中央农村工作会议和全国绿化委员会第二十九次全体会议精神，紧紧围绕林业“双增”目标，扎实开展国土绿化工作，取得新的成绩。

一、全民义务植树深入开展

各级领导率先垂范。4月2日，胡锦涛等党和国家领导人在北京市永定河畔，参加首都义务植树活动。胡锦涛总书记在植树时强调:“前不久召开的全国两会，明确了‘十二五’时期经济社会发展的目标任务，对生态文明建设提出了新的更高要求。我们要在新的起点上进一步推进植树造林工作，坚持依靠群众、依靠科技、依靠改革，不断提高生态文明建设成效，努力促进经济社会可持续发展。”全国绿化委员会、中共中央直属机关绿化委员会、中央国家机关绿化委员会、首都绿化委员会共同组织开展了以“国际森林年中国行动”为主题的“共和国部长义务植树活动”，197名部级领导参加了义务植树。全国人大、政协、中国人民解放军组织开展了全国人大、政协领导、百名将军义务植树活动。地方各级党政军领导在各地植树季节来临之际带头参加义务植树。各级领导率先垂范，为广大公民履行植树义务起到了良好的示范引领作用。

组织发动广泛深入。全国绿化委员会、国家林业局以全民义务植树30周年为契机，组织开展了一系列纪念活动，利用电视、广播、报刊、网络等媒体广泛宣传义务植树30年的辉煌成就、基本经验和先进典型，与人力资源和社会保障部联合表彰奖励一批全国绿化先进集体、劳动模范和先进工作者。12月13日，在全民义务植树决议颁布30周年之际，召开新闻发布会，通报了30年来全民义务植树和国土绿化情况。各地进一步加大造林绿化的宣传力度，广泛宣传义务植树、绿化祖国、美化家园的重大意义，着力营造造林绿化、全民参与、人人有责的浓厚社会氛围。浙江、江西、广西、河南等省区将春节后上班第一天团拜改为植树活动，植树造林推动生态文明建设。辽宁省筹集专项资金购买苗木，开展“百团大战绿辽宁，创建绿化模范村”义务植树活动，组织团员青年及志愿者植树百万余株，绿化农村道路万余条。上海市采取种绿、植绿、养绿、护绿等多种方式，积极开展绿化美化进社区、进校区、进营区、进园区、进楼宇、进村宅的“六进”活动。浙江、湖南一些地市运用现代网络手段，组织开展义务植树活动。福建省绿化委员会、林业厅、摄影家协会联合举办森林福建与城乡绿化摄影比赛及摄影展，得到社会各界的广泛关注和积极参与。贵州、青海等省以“义务植树，呵护自然”、“保护生态环境，建设美好家园”为主题，开展形式多样、内容丰富的宣传活动。甘肃省绿化委员会、林业厅举办以“践行低碳生活，共建绿色家园暨国际森林年——陇原儿女在行动”为主题的植树造林大型宣传咨询活动，发放林业法规、绿化科普知识等宣传材料10万余份。

尽责形式丰富多样。新形势下，全民义务植树尽责形式呈现出一些新的变化。各地区、各部门在坚持直接参加植树为基本形式的前提下，积极创新机制，大力推行栽植树木与抚育管护、认建认养、以资代劳等多种方式相结合的尽责形式。北京市加强义务植树组织管理，认真落实18种义务植树尽责形式，对申请以资代劳履行植树义务的单位，收缴以资代劳费，安排专业绿化队代其完成植树任务；对申请直接参与植树劳动的单位，统筹安排参加区（县）、乡（镇）重点绿化工程的整地、栽植等绿化劳动。从市、区到乡（镇），各级绿化委员会开通全民义务植树服务热线电话，强化服务，引导社会力量参与首都绿化美化建设。广东省绿化委员会将公民履行植树义务形式拓展为参加绿化劳动、缴纳绿化费、捐赠物资、认种认养、修建基础设施和宣传咨询等六大类12种，并制定出台了《义务植树折算暂行标准》。辽宁省各级绿化委员会根据地区和人群的不同特点，积极开辟多种义务植树尽责形式，对无法直接参加义务植树的成年适龄公民，采取缴纳义务植树绿化费、街头认养绿地、保护古树名木等方式尽责；对院校学生，通过组织参加力所能及的绿化和环保公益宣传活动等履行植树义务；对农村适龄公民，组织直接参加林业生态建设工程造林绿化劳动。云南省各地在城区、城郊、荒山荒地及水土流失严重区域等地，开辟“杨善洲林”义务植树基地，以植树活动为载体，学习弘扬杨善洲精神，为建设森林云南做贡献。安徽省采取多种形式筹措资金，大力推进义务植树基地建设，省绿化委员会要求每个地级市至少建1个、每个县级单位至少建2-3个义务植树基地，加强组织实施，提高基地建设水平。

植树活动蓬勃开展。全国绿化委员会、国家林业局组织开展了以“植树造林，减缓气候变化，中国人民在行动”

为主题的2011国际森林年活动。各地区、各部门积极响应，组织开展丰富多彩、形式多样的主题活动。全国绿化委员会、国家林业局、共青团中央组织开展了“保护母亲河——2011年度青少年植树行动”，在全国选取10个在党的历史和红军长征途中具有重要意义的地区，举行统一行动日活动，上百万青少年参加植树活动，进一步激发了青少年的爱国热情，增强了生态文明意识。全国绿化委员会、国家林业局和全国妇联在内蒙古自治区库伦旗举办“母亲公益林示范基地”揭碑仪式，开展治沙造林活动，进一步激发了广大妇女投身生态建设的积极性。北京军区分别在内蒙古自治区赤峰市、商都县开展5.5万亩大规模义务植树活动。重庆市开展“以森林重庆攻坚年，创先争优建新功”为主题的义务植树活动，广泛建立纪念林种植点，春秋两季全市有2575万人次义务植树1亿余株。陕西省绿委、林业、交通、铁道、水利、共青团、妇联等部门，共同组织开展义务植树活动，推进湿地、库区、道路绿化。

据统计，2011年全国共有6.14亿人次参加义务植树，植树25.14亿株。截至2011年底，全国参加义务植树人数累计达133亿人次，义务植树614亿株。我国的全民义务植树运动已成为世界上参与人数最多、持续时间最长、影响范围最大的生态文明实践活动。

二、林业生态工程建设成效显著

各级林业部门突出林业“十大生态屏障”和“十大主导产业”建设，提前谋划，强化管理，加大投入，扎实推进林业生态工程建设，取得显著成绩。据统计，全年造林613.8万公顷。

天然林保护工程全年造林57.16万公顷，森林改培3.33万公顷，森林抚育175.13万公顷，1.15亿公顷森林得到有效保护，天然林管护措施全面落实，长江上游、黄河上中游地区坚持禁止天然林商品性采伐，东北、内蒙古国有林区森林采伐量继续调减。退耕还林成果巩固深入推进，工程建设继续稳步实施，全年荒山荒地造林45.29万公顷、封山育林20.87万公顷，截至2011年底，退耕还林工程造林2700万公顷，其中退耕地造林900万公顷、荒山荒地造林1500万公顷、封山育林 300万公顷。“三北”及长江流域等重点防护林体系工程全年造林134.43万公顷，其中，“三北”防护林建设五期工程开局良好，工程建设呈现快速发展、规模推进、结构优化、质量提升、效益凸显的良好态势。沿海防护林、长江、珠江流域防护林以及太行山绿化工程造林稳步推进，工程区水土保持、水源涵养、防风、消浪等防护能力不断增强。京津风沙源治理工程全年完成林业建设任务53.63万公顷，二期规划建设范围扩大，增加了固沙项目。岩溶地区石漠化工程由试点转入重点治理，全年完成林业建设任务21.17万公顷。速生丰产用材林基地建设工程以工业原料用材林建设为重点稳步推进，形成了以粤桂琼闽地区为代表的南方原料用材林产业带，以长江中下游地区与黄河中下游地区为代表的中东部工业原料用材林产业带，以东北、内蒙古地区为代表的工业原料用材林产业带。

各地也相继组织实施地方造林绿化工程，加快林业生态建设步伐。重庆市四级书记抓“森林重庆”建设，开展“绿山富民”行动，深入实施城市、农村和长江两岸森林工程等多项造林绿化工程，森林覆盖率由2007年的33%提高到目前的39%。福建省建立省、市、县（区）、乡（镇）、村（屯）五级党政主要领导抓造林绿化的工作机制，大力实施绿色城市、绿色村镇、绿色通道、绿色屏障的“四绿”工程建设，2011年造林规模为历年之最。浙江省以森林屏障、森林通道、森林村庄、森林城镇、森林网络、森林文化等六项工程为重点，启动实施“1818”平原绿化行动。江西省落实各级党委政府目标责任制，制定考核办法，推进“一大四小”造林绿化工程深入开展。广东省启动实施生态景观林带建设工程，进一步强化森林生态和景观功能，实施绿色发展战略。广西自治区以通道绿化、城镇绿化和村屯绿化为重点，采取高位推动、部门联动、全民行动，深入实施“绿满八桂”造林绿化工程。海南省启动“绿化宝岛”计划，以防护林工程为重点，加强领导，层层明确责任，分解落实任务，推进海岛绿化和海防林建设。陕西省开展千里绿色长廊工程建设，全力推进重点区域绿化，改善通道沿线绿化面貌，促进全省生态建设再上新台阶。辽宁省启动实施“青山工程”，规划造林绿化50万余公顷，全面加强生态治理。

三、城乡绿化稳步推进

国土绿化的深入推进，为人居环境逐步改善发挥了有力的推动作用。通过旧城改造增绿、庭院拆墙透绿、中心城区添绿、新区规划建绿、城郊造林扩绿等多种形式，推动城市绿化快速发展。按照高标准大力开展城市绿化，已成为各地改善城市生态的重大举措。2011年全国城市建成区绿化覆盖面积161.2万公顷，比上年增长11.8万公顷；城市人均拥有公园绿地面积11.18平方米，比上年增加0.52平方米。全国城市建成区绿化覆盖率、绿地率已分别达到38.62%和34.47%，有183个城市被命名为国家园林城市，31个城市被命名为国家森林城市。北京、辽宁、吉林、黑龙江、浙江、福建、湖南、广东、广西、新疆等省区市继续深入开展“创绿色家园、建富裕新村”活动，不断加大四旁植树和农村庭院绿化美化力度，积极发展特色林果业，一批乡村被各地命名为森林乡村、绿化示范村等，乡村面貌逐步改善，呈现出生产、生态、观光、休闲于一体的田园风光。

四、部门绿化不断深入

中央直属机关、中央国家机关积极参加首都城乡手拉手、共建新农村义务植树活动，扎实推进山区义务植树基地和机关庭院绿化美化工作。中直机关全年完成山区义务植树13.5万株，新建庭院绿地面积12万多平方米，改建庭院绿地面积10万多平方米，节日摆花25万余盆。中央国家机关义务植树10万株，抚育树木约900万株，新增庭院绿化面积6000多平方米，机关办公区基本形成道路林荫化、庭院花园化，三季有花、四季常青。

交通运输系统以建设“资源节约型、环境友好型”公路为目标，通过政府引导、社会联动、多元投入，积极推进公路绿化。2011年，全国新增公路绿化里程10.11万公里，累计实现我国公路绿化204.45万公里，占可绿化里程的59.15%。其中，绿化国道13.35万公里，省道23.29万公里，农村公路（县、乡、村道）164.55万公里，各类专用公路3.27万公里。

铁道系统以巩固成果、提高质量为重点，着力做好铁路沿线和站区造林绿化工作，改善沿线生态环境。全年种植乔木1178.3万株、灌木2421.4万株。截至目前，在全国4.8万公里宜林线路上，已绿化达标3.5万公里。

水利系统进一步加大湖泊、库区、河渠绿化力度，提高水利工程区植被覆盖度，净化了水质，有效改善生态景观。全年完成湖泊、库区绿化面积3955公顷，河渠沿岸绿化5400公里。累计完成湖泊、库区绿化面积10.70万公顷，江河沿岸绿化5.61万公里，实施水土流失综合治理近110万平方公里。

教育系统始终把校园绿化摆在重要位置，坚持生态文明教育与绿色实践相结合，积极发动广大师生参与造林绿化，涌现出一批绿化模范单位和园林式学校。全国各级各类学校绿化率已近 30%。

农垦系统普遍推行农场领导干部任期绿化目标责任制，造林绿化任务落实到地块，责任落实到人。各垦区积极完善农田防护林体系，保障农业综合生产能力不断增强，全年绿化垦区农田林网5.7万公顷，新增垦区道路绿化7123.2公里、垦区江河沿岸绿化2285.2公里。

中国人民解放军和武装警察部队积极组织开展营区绿化美化和森林管护活动，已创建绿色营区和生态营区1000余个，营区绿地率和军事管理区森林管护水平有较大提高。与此同时，积极出动兵力、车辆，组织官兵义务植树，支援驻地造林绿化和生态建设。

全国各级共青团组织在广大青少年中广泛开展生态意识宣传教育，传播绿色理念，培养青少年绿色队伍，开展“保护母亲河”植树造林活动，全年共组织300多万人次青少年参加植树。 自1999年实施保护母亲河行动以来，共青团系统共组织青少年5.1亿多人次参加造林绿化活动。

全国妇联继续以“三八绿化工程”活动为载体，紧紧围绕农村经济发展和生态建设实际，组织发动妇女开展造林绿化活动。青海省妇联提出保护三江源倡议书，倡导全省妇女积极主动参与植树活动。云南省妇联帮助引导山区妇女栽种核桃林，绿化荒山，促进山区群众脱贫致富。全年创建全国“三八绿色工程”示范基地39个，目前总数已达421个。

中国石油以打造绿色、国际、可持续的中石油为目标，加大资金投入力度，实施一批矿区绿化项目，不断改善矿区生态环境。全年矿区新增各类绿地1230公顷，矿区绿化覆盖率达33.17%。中国石化以改善生态环境、促进可持续发展、提高职工生活质量为目标，坚持以人为本、生态优先的经营理念，加强管理，推动绿化美化工作深入发展。

冶金行业将推进造林绿化和改善环境作为企业实现可持续发展的重要任务，实施了一系列绿化美化和矿山复垦造林的绿化工程，深入推进矿区绿化，不断提升企业绿化美化的品味和质量。全年新增绿化面积380公顷，矿山企业绿化面积已达2.8万公顷，绿化覆盖率达35%以上。

五、森林经营得到加强

各级林业部门坚持把森林经营作为现代林业建设的永恒主题，摆到突出位置，加强组织领导。国家林业局和各省区市都成立了森林抚育经营工作领导小组，明确了部门职责，层层签订目标责任制，强化目标管理和绩效考核，形成合力推进森林经营工作的新格局。森林抚育补贴试点管理工作全面加强，已建立县级自查、省级核查验收、国家抽查的质量控制体系以及资金拨付、调查设计、公开公示、技术培训、合同管理、监督指导、检查验收、成效监测、考核奖惩等一系列规章制度。

各地围绕提高森林质量、促进林农职工就业增收，纷纷采取措施，加强森林抚育经营。北京、浙江、福建、湖北等省相继出台政策，加大地方财政对森林抚育、低产低效林改造的支持力度，拓展森林经营的资金渠道。黑龙江省组织技术工作队，手把手地指导林场职工和林农开展抚育经营生产活动。辽宁、河北、浙江等省修订了森林经营技术标准。吉林、贵州等省积极探索实用抚育技术措施，多种抚育技术组合配套，扩大森林抚育经营的成效。陕西省坚持结合现场检查进行作业设计审批。湖南对验收结果实行通报、发整改通知、约谈等方法，强化检查验收的作用。江西、广东、云南等省和内蒙古森工集团依据验收结果进行考核奖惩。

2011年全国完成森林抚育800.2万公顷。根据国家林业局、财政部组织对河北等29个省、141个单位进行抽查结果，森林抚育面积核实率达99.5%，抚育质量合格率达96.6%。

六、草原建设成效明显

草原建设遵循“生产、生态有机结合，生态优先”的基本方针，着力落实各项草原牧区发展扶持政策，积极推进草原生态保护建设，推动草原生态、牧业生产和牧民生活持续协调发展。国务院制定出台指导我国牧区发展的纲领性文件《关于促进牧区又好又快发展的若干意见》，召开了全国牧区工作会议，批准农业部等部门提出的完善退牧还草政策的意见，提出加强草原生态保护建设、发展现代草原畜牧业的重要政策措施。2011年起中央财政每年安排专项资金，在草原牧区实施生态保护补助奖励政策。按照“权属明确、管理规范、承包到户”的要求积极稳妥地推进草原承包经营。目前，全国已累计承包草原2.43亿公顷，占可利用草原面积的73%，初步实现了“草定性、地定权、人定心”。继续实施退牧还草、京津风沙源草地治理和西南岩溶地区草地治理试点等草原保护建设工程，与非工程区相比，工程区草原植被盖度平均提高10个百分点，高度平均提高42.8%。全年完成种草改良面积1046.67万公顷，建设草原围栏700万公顷。全国草原生态加速恶化的势头得到初步遏制，局部地区明显改善。

七、防沙治沙、自然保护区和湿地建设取得新成绩

防沙治沙取得重要进展。国家林业局编制印发《全国防沙治沙综合示范区建设规划（2011-2020年）》。指导新疆自治区启动了新疆防沙治沙工程规划编制工作，批准了新疆塔里木盆地周边、石羊河流域等区域性防沙治沙工程规划。组织开展了省级政府防沙治沙目标责任期末综合考核，有力促进了地方政府问责制的建立和完善。我国顺利通过第四次荒漠化履约评审。2011年荒漠化日期间联合国秘书长潘基文专门发来贺信，充分肯定我国荒漠化防治取得的成效。全年完成沙化土地治理152.8万公顷。

自然保护区建设和野生动植物保护得到加强。全国新建自然保护区91处，国务院批准晋升国家级自然保护区14处。目前，我国林业系统已建立各种类型、不同级别的自然保护区2126个，总面积122.69万平方公里。自然保护区条件改善、数量增加、面积扩大，一些生物多样性丰富、自然资源好、保护价值高的区域得到有效保护。中央加大投入，用于北京百花山等45个国家级自然保护区的基础设施改善和北京松山等101个国家级自然保护区的能力建设。编制印发《全国极小种群野生植物拯救保护工程规划（2011—2015年）》，启动拯救保护工作试点。加强大熊猫、朱鹮、金丝猴、扬子鳄等濒危野生动物保护，实施蟒蛇、黄腹角雉放归自然。组织第二次全国陆生野生动物、重点保护野生植物资源调查和第四次全国大熊猫调查工作。推进华盖木等重点野生植物示范性回归。

湿地建设扎实推进。发布《中国国际重要湿地生态状况公报》，举办第二届中国湿地文化节暨亚洲湿地论坛，产生《无锡宣言》。制定《中央财政湿地生态系统健康价值功能评价指标体系》和《湿地保护补助资金管理暂行办法》，建立稳定的湿地保护补助资金投入渠道。实施全国湿地保护工程项目42个，新增湿地保护面积33万公顷，恢复湿地2.3万公顷。全年新增国家湿地公园（试点）68处、国际重要湿地4处，国家湿地公园总数达到213处。

八、森林、草原保护进一步加强

森林、草原有害生物防控全面加强。出台《全国林业有害生物防治建设规划（2011—2020年）》。召开全国林业有害生物防治工作会议，与31个省区市人民政府签订重大林业有害生物防治目标责任书。开展松材线虫病防治目标责任检查，实现发生面积、病株数和县级疫点“三下降”。实施美国白蛾联防联治，未发生严重灾害。建立重大、危险和突发林业生物灾害应急“周报告”制度。加快国家网络森林医院服务平台建设，已有天津、江苏、湖北等26个省市建成地方网络森林医院分院，聘用各级服务专家4800多人，基本形成了国家、省、市、县4级网院专家服务体系。野生动物疫源疫病监测防控稳步推进，加强驯养繁殖场所监测防控，启用监测网络直报系统，开展边境联防联控试点和非洲猪瘟等外来疫病防控工作。全国共防治草原鼠害703万公顷，草原虫害534万公顷，鼠虫害防治面积较去年增加6%，草原鼠虫害生物防治分别超过80%和50%，遏制草原害虫蔓延的趋势。

森林、草原火灾扑救能力进一步提升。由多种卫星组成的卫星林火监测系统、国家森林防火指挥中心升级更新并投入运行，全国近600个森林火险监测站并网使用，预警响应速度得到较大提升。中俄第二次边境地区森林防火工作联防会议成功举行，中蒙、中缅、中哈联防取得进展，森林防火国际合作更加深入。强化军事管理区森林火灾防控。快速扑灭河北抚宁“4.12”、山东济南“4.18”等9起重大森林火灾，避免发生特大火灾。全国森林火灾、受害森林面积和伤亡人数，同比分别下降28.1%、41.2%和15.7%。通过加强草原防火应急响应和火情监测预警，大力开展草原防火宣传培训和应急演练，继续加强草原防火基础建设，草原火灾防控成效显著。与“十一五”时期的平均水平相比，草原火灾发生次数下降63.7%，受害草原面积下降11.4%，草原火灾发生次数和火灾损失均处于历史低位。

森林、草原管理力度明显加大。制定《森林增长指标考核评价实施方案》。首次在80个县开展保护发展森林资源目标责任制建立和执行情况检查。基本完成省级林地保护利用规划编制，稳步推进县级林地保护利用规划编制和林地落界工作，积极构建全国林地“一张图”，第一次实现全国统一标准的高分辨率遥感影像全覆盖。修订《林木和林地权属登记管理办法》，印发《占用征收林地定额管理办法》，出台《商品林采伐限额结转管理办法》。颁布全国木材检查站“十二五”建设规划，开展木材运输检查执法监督年活动。完成西藏等6省（区）森林资源清查和联合国粮农组织遥感样地监测。启动县级单位森林可持续经营管理试点和乡镇林业工作站编制简易森林经营方案试点。加强草原保护建设系列规划的编制与实施，落实草原管护制度，依法推进基本草原划定，推行禁牧、休牧、轮牧和草畜平衡制度，牧区已划定基本草原6200万公顷，禁牧草原面积9507万公顷，推行草畜平衡面积1.44亿公顷。

森林、草原执法力度加大。“亮剑行动”、“清网行动”等相继开展，有效打击各类破坏森林资源违法行为，全年收缴林木木材50万余立方米，野生动物89万余头（只），收回林地8万余公顷，挽回经济损失40亿余元。深入组织开展草原禁牧和草畜平衡落实情况的专项执法检查，加大对各类草原违法案件的查处力度，全年结案1.61万起，结案率为97.6%。

九、造林绿化政策机制更加完善

集体林权制度改革取得重大进展。明晰产权任务基本完成，全国确权集体林地 1.73 亿公顷，占集体林地总面积的 95%。发证面积 1.51亿公顷，占确权林地总面积的87%，8379万农户拿到林权证。配套改革逐步深入，26个省区市林权抵押贷款456亿元，21个省区市森林保险投保面积2600万公顷、保费4.3亿元。确定了200个农民林业专业合作社示范县，合作经济组织达10万多个。全国县级以上林权管理服务机构达980多家，林权交易逐步规范，林权纠纷仲裁和农民权益保护工作得到加强。召开了全国林下经济现场会，总结推广100多个典型县的做法和经验，林下经济快速发展。

造林绿化政策支持继续加强。森林覆盖率、森林蓄积量纳入国家约束性指标考核，天然林保护二期工程、退耕还林（还草）、防护林体系建设等十余项造林绿化和生态建设重点工程列入国家“十二五”规划纲要。全国绿化委员会、国家林业局发布《全国造林绿化规划纲要（2011-2020年）》，国家林业局发布《林业发展“十二五”规划》。林木良种、造林、森林抚育补贴试点范围扩大；18种林机具纳入补贴范围。天保二期工程取消20%的地方配套资金，森林管护等补助标准提高2倍多。中央财政木本油料造林补助标准由每亩160元提高到200元，整合资金支持木本油料产业发展的资金超过40亿元，林下经济、竹产业首次纳入农业综合开发扶持范围。企业营造生物柴油原料林经国家组织验收合格，中央财政按每亩200元给予补助。珍贵树种培育示范建设投资力度加大，珍贵树种造林比重逐年增加，国家林业局将浙江省建德市和海南省东方市作为国家珍贵树种培育示范市。森林抚育补贴试点资金突破50亿元，抚育规模达到306.93万公顷，覆盖全国2525个县（森工局、国有林场等）。以农林剩余物为原料的综合利用产品增值税即征即退政策将长期执行，退税比例为80%，其中，林业成型燃料、生物质发电退税比例达100%。全年中央林业投资达到1220.3亿元，比2010年增加260多亿元。涉林贷款余额达1216亿元，同比增长20.7%，其中财政贴息贷款余额381亿元。2011年中央财政投入136亿元，在内蒙古、新疆、西藏、青海、四川、甘肃、宁夏和云南等8个主要草原牧区省区和新疆生产建设兵团，全面建立了草原生态保护补助奖励机制。对生存环境非常恶劣、草场严重退化、不宜放牧的草原，实行禁牧封育，中央财政按每亩每年6元补助禁牧牧民；对禁牧区域以外的可利用草原，在核定合理载畜量的基础上，中央财政对未超载的牧民按每亩每年1.5元给予草畜平衡奖励；从畜牧良种补贴、牧草良种补贴方面支持草原生产方式转变，对每户牧民给予500元的生产资料综合补贴。

各地造林绿化保障措施进一步增强。“生态立省”、“生态立市”、“生态立县”，“既要金山银山，更要绿水青山”，已成为地方各级党委政府转变经济发展方式、实现科学发展的重要执政理念。辽宁省政府将造林绿化纳入政府绩效考评体系，层层签订责任状，落实奖惩措施，有力地推动了造林绿化事业，全年投入造林绿化资金340亿元，是2010年的2倍，超过“十一五”期间造林绿化投入的总和。湖北省创新机制，积极培植营造林企业、林业专业合作组织和造林大户“三大主体”，拉动社会投资造林28.3亿元，占全省造林总投入的74.87%。重庆、湖南、广西等省区市发挥财政资金的引导和扶持作用，采用政府“投”、项目“筹”、社会“建”、银行“贷”等多种方式广筹造林绿化资金。内蒙古自治区推行各级领导联系包点制度和行政、技术双责任制，完善相关政策措施，加大资金投入，推动造林绿化进程。

2011年国土绿化取得了显著成绩，但仍然存在一些困难和问题。突出表现在：城乡之间、地区之间绿化发展不平衡，城乡绿地总量不足、质量不高，林地、草地生产力低，生态系统整体功能仍然十分脆弱；现有宜林地立地条件差，造林绿化成本高，推进造林绿化和生态建设向纵深发展的难度加大，生态建设进入攻坚阶段；造林绿化资金投入总量不足、标准偏低，作业道路、水利灌溉等配套设施建设滞后；森林、草原有害生物防治和防火形势依然严峻，乱砍滥伐、非法侵占林地、绿地、草原案件居高不下。巩固造林绿化成果任务艰巨，国土绿化工作任重道远。

2012年是落实林业“双增”目标，全面实施全国造林绿化十年规划的关键之年，做好国土绿化工作意义重大。要深入贯彻党中央、国务院对造林绿化和生态建设的战略部署，紧紧围绕“十二五”时期国土绿化的发展目标，加强组织领导，广泛宣传动员，突出建设重点，提升质量效益，统筹协调推进，圆满完成2012年各项造林绿化任务，为建设生态文明做出新的更大贡献，以优异成绩迎接党的十八大胜利召开！

备注：公报中涉及的全国性统计数据，均未包括香港特别行政区、澳门特别行政区和台湾省。

中德关于建立电动汽车战略伙伴关系的联合声明

2011年6月28日，中华人民共和国国务院总理温家宝和德意志联邦共和国总理安格拉•默克尔在柏林共同主持首轮中德政府磋商。两国总理就中德在替代动力、电动交通以及相关并网技术方面的合作进行了深入交流，双方认为：

一、中德两国政府高度重视替代动力、电动交通和并网技术对经济可持续发展的重要意义。

中国政府已将新能源汽车纳入战略性新兴产业，制定了相关技术的研究开发计划和新能源汽车发展规划，旨在加快结构调整，推动产业升级，更好地应对气候变化和实现节能减排。已实施的新能源汽车“十城千辆”计划、２００８年北京奥运和２０１０年上海世博大规模示范应用获得了全社会的认可和支持。

德国政府制定了国家电动汽车发展战略，旨在构建气候友好型的交通体系，将可再生能源融入供电系统，通过建立国家电动汽车平台，汇聚各重要利益相关方的资源。今年5月出台了政府电动汽车计划，更从国家政策层面上进一步聚焦电动交通发展。

两国在相关科技、生产和市场方面各有优势，全面加强相关领域合作符合两国和两国人民的利益。

2010年7月，中德《关于全面推进战略伙伴关系的联合公报》中指出，支持设立“中德替代动力平台”，加强电动汽车领域合作。这为双方合作奠定了基础。

二、电动汽车领域合作涉及双方多个部门。中国工业和信息化部、科学技术部、国家发展和改革委员会、财政部、国家质量监督检验检疫总局同德国联邦经济和技术部，联邦交通、建设与城市发展部，联邦教育和研究部，联邦环境、自然保护和核安全部在各自主管领域开展了卓有成效的合作。为进一步统筹协调并发挥各自资源和优势，有序、高效开展相关产业和技术的全面合作，协调当前和今后政府间双边合作项目，中德建立电动汽车战略伙伴关系。

三、双方每年至少召开一次由上述部门参加的司级以上联席会议，会议轮流在中国和德国举行。需要时，双方均可吸收其他机构参加。双方将各指定一名电动汽车战略伙伴关系协调人，负责两国政府间合作的联络事宜。

四、鼓励双方企业、研究机构建立合作伙伴关系。

五、鼓励两国地方政府和企业参与合作，如共同在示范项目、商业运营和电动汽车推广方面开展合作。

六、双方愿继续就发展战略和政策法规加强交流，进一步完善相关合作机制，推动先进电动汽车在全球更广泛的应用，为解决气候、环境和交通问题作贡献。双方在国际标准方面的交流与合作，也将为推动这一合作作出重要贡献。

七、中德电动汽车战略伙伴关系不排斥双方分别或共同与其他国家或地区开展的电动汽车各类合作。

本联合声明用中、德两种文字书就，一式两份，具有同等效力。

二〇一一年六月二十八日，柏林

>>>

政策文件

国务院政策文件

国民经济和社会发展十二五规划纲要（节录）

第二章　指导思想

高举中国特色社会主义伟大旗帜，以邓小平理论和“三个代表”重要思想为指导，深入贯彻落实科学发展观，适应国内外形势新变化，顺应各族人民过上更好生活新期待，以科学发展为主题，以加快转变经济发展方式为主线，深化改革开放，保障和改善民生，巩固和扩大应对国际金融危机冲击成果，促进经济长期平稳较快发展和社会和谐稳定，为全面建成小康社会打下具有决定性意义的基础。

以科学发展为主题，是时代的要求，关系改革开放和现代化建设全局。我国仍处于并将长期处于社会主义初级阶段，发展仍是解决我国所有问题的关键。坚持发展是硬道理的本质要求，就是坚持科学发展。以加快转变经济发展方式为主线，是推动科学发展的必由之路，是我国经济社会领域的一场深刻变革，是综合性、系统性、战略性的转变，必须贯穿经济社会发展全过程和各领域，在发展中促转变，在转变中谋发展。今后五年，要确保科学发展取得新的显著进步，确保转变经济发展方式取得实质性进展。基本要求是：

——坚持把经济结构战略性调整作为加快转变经济发展方式的主攻方向——坚持把科技进步和创新作为加快转变经济发展方式的重要支撑。

——坚持把保障和改善民生作为加快转变经济发展方式的根本出发点和落脚点。

——坚持把建设资源节约型、环境友好型社会作为加快转变经济发展方式的重要着力点。深入贯彻节约资源和保护环境基本国策，节约能源，降低温室气体排放强度，发展循环经济，推广低碳技术，积极应对全球气候变化，促进经济社会发展与人口资源环境相协调，走可持续发展之路。

——坚持把改革开放作为加快转变经济发展方式的强大动力。

第三章　主要目标

——资源节约环境保护成效显著。耕地保有量保持在18.18亿亩。单位工业增加值用水量降低30%，农业灌溉用水有效利用系数提高到0.53。非化石能源占一次能源消费比重达到11.4%。单位国内生产总值能源消耗降低16%，单位国内生产总值二氧化碳排放降低17%。主要污染物排放总量显著减少，化学需氧量、二氧化硫排放分别减少8%，氨氮、氮氧化物排放分别减少10%。森林覆盖率提高到21.66%，森林蓄积量增加6亿立方米。

第六篇　绿色发展建设资源节约型、环境友好型社会

面对日趋强化的资源环境约束，必须增强危机意识，树立绿色、低碳发展理念，以节能减排为重点，健全激励与约束机制，加快构建资源节约、环境友好的生产方式和消费模式，增强可持续发展能力，提高生态文明水平。

第二十一章　积极应对全球气候变化

坚持减缓和适应气候变化并重，充分发挥技术进步的作用，完善体制机制和政策体系，提高应对气候变化能力。

第一节 控制温室气体排放

综合运用调整产业结构和能源结构、节约能源和提高能效、增加森林碳汇等多种手段，大幅度降低能源消耗强度和二氧化碳排放强度，有效控制温室气体排放。合理控制能源消费总量，严格用能管理，加快制定能源发展规划，明确总量控制目标和分解落实机制。推进植树造林，新增森林面积1250万公顷。加快低碳技术研发应用，控制工业、建筑、交通和农业等领域温室气体排放。探索建立低碳产品标准、标识和认证制度，建立完善温室气体排放统计核算制度，逐步建立碳排放交易市场。推进低碳试点示范。

第二节 增强适应气候变化能力

制定国家适应气候变化总体战略，加强气候变化科学研究、观测和影响评估。在生产力布局、基础设施、重大项目规划设计和建设中，充分考虑气候变化因素。加强适应气候变化特别是应对极端气候事件能力建设，加快适应技术研发推广，提高农业、林业、水资源等重点领域和沿海、生态脆弱地区适应气候变化水平。加强对极端天气和

气候事件的监测、预警和预防，提高防御和减轻自然灾害的能力。

第三节 广泛开展国际合作

坚持共同但有区别的责任原则，积极参与国际谈判，推动建立公平合理的应对气候变化国际制度。加强气候变化领域国际交流和战略政策对话，在科学研究、技术研发和能力建设等方面开展务实合作，推动建立资金、技术转让国际合作平台和管理制度。为发展中国家应对气候变化提供支持和帮助。

第二十二章 加强资源节约和管理

落实节约优先战略，全面实行资源利用总量控制、供需双向调节、差别化管理，大幅度提高能源资源利用效率，提升各类资源保障程度。

第一节 大力推进节能降耗

抑制高耗能产业过快增长，突出抓好工业、建筑、交通、公共机构等领域节能，加强重点用能单位节能管理。强化节能目标责任考核，健全奖惩制度。完善节能法规和标准，制订完善并严格执行主要耗能产品能耗限额和产品能效标准，加强固定资产投资项目节能评估和审查。健全节能市场化机制，加快推行合同能源管理和电力需求侧管理，完善能效标识、节能产品认证和节能产品政府强制采购制度。推广先进节能技术和产品。加强节能能力建设。开展万家企业节能低碳行动，深入推进节能减排全民行动。

第二节 加强水资源节约

实行最严格的水资源管理制度，加强用水总量控制与定额管理，严格水资源保护，加快制定江河流域水量分配方案，加强水权制度建设，建设节水型社会。强化水资源有偿使用，严格水资源费的征收、使用和管理。推进农业节水增效，推广普及管道输水、膜下滴灌等高效节水灌溉技术，新增5000万亩高效节水灌溉面积，支持旱作农业示范基地建设。在保障灌溉面积、灌溉保证率和农民利益的前提下，建立健全工农业用水水权转换机制。加强城市节约用水，提高工业用水效率，促进重点用水行业节水技术改造和居民生活节水。加强水量水质监测能力建设。实施地下水监测工程，严格控制地下水开采。大力推进再生水、矿井水、海水淡化和苦咸水利用。

第三节 节约集约利用土地

坚持最严格的耕地保护制度，划定永久基本农田，建立保护补偿机制，从严控制各类建设占用耕地，落实耕地占补平衡，实行先补后占，确保耕地保有量不减少。实行最严格的节约用地制度，从严控制建设用地总规模。按照节约集约和总量控制的原则，合理确定新增建设用地规模、结构、时序。提高土地保有成本，盘活存量建设用地，加大闲置土地清理处置力度，鼓励深度开发利用地上地下空间。强化土地利用总体规划和年度计划管控，严格用途管制，健全节约土地标准，加强用地节地责任和考核。单位国内生产总值建设用地下降30%。

第四节 加强矿产资源勘查、保护和合理开发

实施地质找矿战略工程，加大勘查力度，实现地质找矿重大突破，形成一批重要矿产资源的战略接续区。建立重要矿产资源储备体系。加强重要优势矿产保护和开采管理，完善矿产资源有偿使用制度，严格执行矿产资源规划分区管理制度，促进矿业权合理设置和勘查开发布局优化。实行矿山最低开采规模标准，推进规模化开采。发展绿色矿业，强化矿产资源节约与综合利用，提高矿产资源开采回采率、选矿回收率和综合利用率。推进矿山地质环境恢复治理和矿区土地复垦，完善矿山环境恢复治理保证金制度。加强矿产资源和地质环境保护执法监察，坚决制止乱挖滥采。

第二十三章 大力发展循环经济

按照减量化、再利用、资源化的原则，减量化优先，以提高资源产出效率为目标，推进生产、流通、消费各环节循环经济发展，加快构建覆盖全社会的资源循环利用体系。

第一节 推行循环型生产方式

加快推行清洁生产，在农业、工业、建筑、商贸服务等重点领域推进清洁生产示范，从源头和全过程控制污染物产生和排放，降低资源消耗。加强共伴生矿产及尾矿综合利用，提高资源综合利用水平。推进大宗工业固体废物和建筑、道路废弃物以及农林废物资源化利用，工业固体废物综合利用率达到72%。按照循环经济要求规划、建设和改造各类产业园区，实现土地集约利用、废物交换利用、能量梯级利用、废水循环利用和污染物集中处理。推动产业循环式组合，构筑链接循环的产业体系。资源产出率提高15%。

第二节 健全资源循环利用回收体系

完善再生资源回收体系，加快建设城市社区和乡村回收站点、分拣中心、集散市场“三位一体”的回收网络，

推进再生资源规模化利用。加快完善再制造旧件回收体系，推进再制造产业发展。建立健全垃圾分类回收制度，完善分类回收、密闭运输、集中处理体系，推进餐厨废弃物等垃圾资源化利用和无害化处理。

第三节 推广绿色消费模式

倡导文明、节约、绿色、低碳消费理念，推动形成与我国国情相适应的绿色生活方式和消费模式。鼓励消费者购买使用节能节水产品、节能环保型汽车和节能省地型住宅，减少使用一次性用品，限制过度包装，抑制不合理消费。推行政府绿色采购，逐步提高节能节水产品和再生利用产品比重。

第四节 强化政策和技术支撑

加强规划指导、财税金融等政策支持，完善法律法规和标准，实行生产者责任延伸制度，制订循环经济技术和产品名录，建立再生产品标识制度，建立完善循环经济统计评价制度。开发应用源头减量、循环利用、再制造、零排放和产业链接技术，推广循环经济典型模式。深入推进国家循环经济示范，组织实施循环经济“十百千示范”行动。推进甘肃省和青海柴达木循环经济示范区等循环经济示范试点、山西资源型经济转型综合配套改革试验区建设。

第二十四章　加大环境保护力度

以解决饮用水不安全和空气、土壤污染等损害群众健康的突出环境问题为重点，加强综合治理，明显改善环境质量。

第一节 强化污染物减排和治理

实施主要污染物排放总量控制。实行严格的饮用水水源地保护制度，提高集中式饮用水水源地水质达标率。加强造纸、印染、化工、制革、规模化畜禽养殖等行业污染治理，继续推进重点流域和区域水污染防治，加强重点湖库及河流环境保护和生态治理，加大重点跨界河流环境管理和污染防治力度，加强地下水污染防治。推进火电、钢铁、有色、化工、建材等行业二氧化硫和氮氧化物治理，强化脱硫脱硝设施稳定运行，加大机动车尾气治理力度。深化颗粒物污染防治。加强恶臭污染物治理。建立健全区域大气污染联防联控机制，控制区域复合型大气污染。地级以上城市空气质量达到二级标准以上的比例达到80%。有效控制城市噪声污染。提高城镇生活污水和垃圾处理能力，城市污水处理率和生活垃圾无害化处理率分别达到85%和80%。

第二节 防范环境风险

加强重金属污染综合治理，以湘江流域为重点，开展重金属污染治理与修复试点示范。加大持久性有机物、危险废物、危险化学品污染防治力度，开展受污染场地、土壤、水体等污染治理与修复试点示范。强化核与辐射监管能力，确保核与辐射安全。推进历史遗留的重大环境隐患治理。加强对重大环境风险源的动态监测与风险预警及控制，提高环境与健康风险评估能力。

第三节 加强环境监管

健全环境保护法律法规和标准体系，完善环境保护科技和经济政策，加强环境监测、预警和应急能力建设。加大环境执法力度，实行严格的环保准入，依法开展环境影响评价，强化产业转移承接的环境监管。严格落实环境保护目标责任制，强化总量控制指标考核，健全重大环境事件和污染事故责任追究制度，建立环保社会监督机制。

第二十五章　促进生态保护和修复

坚持保护优先和自然修复为主，加大生态保护和建设力度，从源头上扭转生态环境恶化趋势。

第一节 构建生态安全屏障

加强重点生态功能区保护和管理，增强涵养水源、保持水土、防风固沙能力，保护生物多样性，构建以青藏高原生态屏障、黄土高原—川滇生态屏障、东北森林带、北方防沙带和南方丘陵山地带以及大江大河重要水系为骨架，以其他国家重点生态功能区为重要支撑，以点状分布的国家禁止开发区域为重要组成的生态安全战略格局。

第二节 强化生态保护与治理

继续实施天然林资源保护工程，巩固和扩大退耕还林还草、退牧还草等成果，推进荒漠化、石漠化和水土流失综合治理，保护好林草植被和河湖、湿地。搞好森林草原管护，加强森林草原防火和病虫害防治，实施草原生态保护补偿奖励机制。强化自然保护区建设监管，提高管护水平。加强生物安全管理，加大生物物种资源保护和管理力度，有效防范物种资源丧失与流失，积极防治外来物种入侵。

第三节 建立生态补偿机制

按照谁开发谁保护、谁受益谁补偿的原则，加快建立生态补偿机制。加大对重点生态功能区的均衡性转移支付力度，研究设立国家生态补偿专项资金。推行资源型企业可持续发展准备金制度。鼓励、引导和探索实施下游地区对上游地区、开发地区对保护地区、生态受益地区对生态保护地区的生态补偿。积极探索市场化生态补偿机制。加快制定实施生态补偿条例。

第二十六章　加强水利和防灾减灾体系建设

加强水利基础设施建设，在继续推进大江大河治理基础上，积极开展重要支流、湖泊和中小河流治理，增强城乡供水和防洪能力。健全防灾减灾体系，增强抵御自然灾害能力。

第一节 提高供水保障能力

完善南北调配、东西互济、河库联调的水资源调配体系，建设一批跨流域调水和骨干水源工程，统筹推进中小微型水源工程建设，增加水资源供给和储备能力。推动解决西南等地区工程性缺水和西北等地区资源性缺水问题。新增年供水能力400亿立方米。加强雨洪资源和云水资源利用。推进水文水资源管理基础设施和重大水利工程调度管理系统建设。

第二节 增强防洪能力

继续加强淮河、长江、黄河、洞庭湖、鄱阳湖等大江大河大湖治理和重要蓄滞洪区建设，建成一批控制性枢纽工程，提高重点防洪保护区的防洪能力。加大中小河流堤防建设和河道整治力度，基本完成流域面积200平方公里以上有防洪任务的重点中小河流治理。加快病险水库和水闸除险加固，消除安全隐患，增强防洪能力。加强海堤达标建设和重要河口综合治理。搞好跨界河流国土防护治理。

第三节 加强山洪地质气象地震灾害防治

提高山洪、地质灾害防治能力，加快建立灾害调查评价体系、监测预警体系、防治体系、应急体系，加快实施搬迁避让和重点治理。加强重点时段、重点地区山洪地质灾害防治，对滑坡、泥石流等重点突发性地质灾害隐患实施监测预警和综合治理示范，开展重要城市和地区地面沉降、地裂缝等缓变性地质灾害的综合治理。加强气象灾害监测预警预报和信息发布系统建设。提高地震监测分析与震灾防御能力。

国务院关于印发《十二五”节能减排综合性工作方案》的通知

国发〔2011〕26号

各省、自治区、直辖市人民政府，国务院各部委、各直属机构：

现将《“十二五”节能减排综合性工作方案》印发给你们，请结合本地区、本部门实际，认真贯彻执行。

一、“十一五”时期，各地区、各部门认真贯彻落实党中央、国务院的决策部署，把节能减排作为调整经济结构、转变经济发展方式、推动科学发展的重要抓手和突破口，取得了显著成效。全国单位国内生产总值能耗降低19.1%，二氧化硫、化学需氧量排放总量分别下降14.29%和12.45%，基本实现了“十一五”规划纲要确定的约束性目标，扭转了“十五”后期单位国内生产总值能耗和主要污染物排放总量大幅上升的趋势，为保持经济平稳较快发展提供了有力支撑，为应对全球气候变化作出了重要贡献，也为实现“十二五”节能减排目标奠定了坚实基础。

二、充分认识做好“十二五”节能减排工作的重要性、紧迫性和艰巨性。“十二五”时期，我国发展仍处于可以大有作为的重要战略机遇期。随着工业化、城镇化进程加快和消费结构持续升级，我国能源需求呈刚性增长，受国内资源保障能力和环境容量制约以及全球性能源安全和应对气候变化影响，资源环境约束日趋强化，“十二五”时期节能减排形势仍然十分严峻，任务十分艰巨。特别是我国节能减排工作还存在责任落实不到位、推进难度增大、激励约束机制不健全、基础工作薄弱、能力建设滞后、监管不力等问题。这种状况如不及时改变，不但“十二五”节能减排目标难以实现，还将严重影响经济结构调整和经济发展方式转变。

各地区、各部门要真正把思想和行动统一到中央的决策部署上来，切实增强全局意识、危机意识和责任意识，树立绿色、低碳发展理念，进一步把节能减排作为落实科学发展观、加快转变经济发展方式的重要抓手，作为检验经济是否实现又好又快发展的重要标准，下更大决心，用更大气力，采取更加有力的政策措施，大力推进节能减排，加快形成资源节约、环境友好的生产方式和消费模式，增强可持续发展能力。

三、严格落实节能减排目标责任，进一步形成政府为主导、企业为主体、市场有效驱动、全社会共同参与的推进节能减排工作格局。要切实发挥政府主导作用，综合运用经济、法律、技术和必要的行政手段，加强节能减排统计、监测和考核体系建设，着力健全激励和约束机制，进一步落实地方各级人民政府对本行政区域节能减排负总责、政府主要领导是第一责任人的工作要求。要进一步明确企业的节能减排主体责任，严格执行节能环保法律法规和标准，细化和完善管理措施，落实目标任务。要进一步发挥市场机制作用，加大节能减排市场化机制推广力度，真正把节能减排转化为企业和各类社会主体的内在要求。要进一步增强全体公民的资源节约和环境保护意识，深入推进节能减排全民行动，形成全社会共同参与、共同促进节能减排的良好氛围。

四、要全面加强对节能减排工作的组织领导，狠抓监督检查，严格考核问责。发展改革委负责承担国务院节能减排工作领导小组的具体工作，切实加强节能减排工作的综合协调，组织推动节能降耗工作；环境保护部为主承担污染减排方面的工作；统计局负责加强能源统计和监测工作；其他各有关部门要切实履行职责，密切协调配合。各省级人民政府要立即部署本地区“十二五”节能减排工作，进一步明确相关部门责任、分工和进度要求。

各地区、各部门和中央企业要按照本通知的要求，结合实际抓紧制定具体实施方案，明确目标责任，狠抓贯彻落实，坚决防止出现节能减排工作前松后紧的问题，确保实现“十二五”节能减排目标。

国务院

二〇一一年八月三十一日

“十二五”节能减排综合性工作方案

一、节能减排总体要求和主要目标

（一）总体要求。以邓小平理论和“三个代表”重要思想为指导，深入贯彻落实科学发展观，坚持降低能源消耗强度、减少主要污染物排放总量、合理控制能源消费总量相结合，形成加快转变经济发展方式的倒逼机制；坚持强化责任、健全法制、完善政策、加强监管相结合，建立健全激励和约束机制；坚持优化产业结构、推动技术进步、强化工程措施、加强管理引导相结合，大幅度提高能源利用效率，显著减少污染物排放；进一步形成政府为主导、企业为主体、市场有效驱动、全社会共同参与的推进节能减排工作格局，确保实现“十二五”节能减排约束性目标，加快建设资源节约型、环境友好型社会。

（二）主要目标。到2015年，全国万元国内生产总值能耗下降到0.869吨标准煤（按2005年价格计算），比2010年的1.034吨标准煤下降16%，比2005年的1.276吨标准煤下降32%；“十二五”期间，实现节约能源6.7亿吨标准煤。2015年，全国化学需氧量和二氧化硫排放总量分别控制在2347.6万吨、2086.4万吨，比2010年的2551.7万吨、2267.8万吨分别下降8%；全国氨氮和氮氧化物排放总量分别控制在238.0万吨、2046.2万吨，比2010年的264.4万吨、2273.6万吨分别下降10%。

二、强化节能减排目标责任

（三）合理分解节能减排指标。综合考虑经济发展水平、产业结构、节能潜力、环境容量及国家产业布局等因素，将全国节能减排目标合理分解到各地区、各行业。各地区要将国家下达的节能减排指标层层分解落实，明确下一级政府、有关部门、重点用能单位和重点排污单位的责任。

（四）健全节能减排统计、监测和考核体系。加强能源生产、流通、消费统计，建立和完善建筑、交通运输、公共机构能耗统计制度以及分地区单位国内生产总值能耗指标季度统计制度，完善统计核算与监测方法，提高能源统计的准确性和及时性。修订完善减排统计监测和核查核算办法，统一标准和分析方法，实现监测数据共享。加强氨氮、氮氧化物排放统计监测，建立农业源和机动车排放统计监测指标体系。完善节能减排考核办法，继续做好全国和各地区单位国内生产总值能耗、主要污染物排放指标公报工作。

（五）加强目标责任评价考核。把地区目标考核与行业目标评价相结合，把落实五年目标与完成年度目标相结合，把年度目标考核与进度跟踪相结合。省级人民政府每年要向国务院报告节能减排目标完成情况。有关部门每年要向国务院报告节能减排措施落实情况。国务院每年组织开展省级人民政府节能减排目标责任评价考核，考核结果向社会公告。强化考核结果运用，将节能减排目标完成情况和政策措施落实情况作为领导班子和领导干部综合考核评价的重要内容，纳入政府绩效和国有企业业绩管理，实行问责制和“一票否决”制，并对成绩突出的地区、单位和个人给予表彰奖励。

三、调整优化产业结构

（六）抑制高耗能、高排放行业过快增长。严格控制高耗能、高排放和产能过剩行业新上项目，进一步提高行业准入门槛，强化节能、环保、土地、安全等指标约束，依法严格节能评估审查、环境影响评价、建设用地审查，严格贷款审批。建立健全项目审批、核准、备案责任制，严肃查处越权审批、分拆审批、未批先建、边批边建等行为，依法追究有关人员责任。严格控制高耗能、高排放产品出口。中西部地区承接产业转移必须坚持高标准，严禁污染产业和落后生产能力转入。

（七）加快淘汰落后产能。抓紧制定重点行业“十二五”淘汰落后产能实施方案，将任务按年度分解落实到各地区。完善落后产能退出机制，指导、督促淘汰落后产能企业做好职工安置工作。地方各级人民政府要积极安排资金，支持淘汰落后产能工作。中央财政统筹支持各地区淘汰落后产能工作，对经济欠发达地区通过增加转移支付加大支持和奖励力度。完善淘汰落后产能公告制度，对未按期完成淘汰任务的地区，严格控制国家安排的投资项目，暂停对该地区重点行业建设项目办理核准、审批和备案手续；对未按期淘汰的企业，依法吊销排污许可证、生产许可证和安全生产许可证；对虚假淘汰行为，依法追究企业负责人和地方政府有关人员的责任。

（八）推动传统产业改造升级。严格落实《产业结构调整指导目录》。加快运用高新技术和先进适用技术改造提升传统产业，促进信息化和工业化深度融合，重点支持对产业升级带动作用大的重点项目和重污染企业搬迁改造。调整《加工贸易禁止类商品目录》，提高加工贸易准入门槛，促进加工贸易转型升级。合理引导企业兼并重组，提高产业集中度。

（九）调整能源结构。在做好生态保护和移民安置的基础上发展水电，在确保安全的基础上发展核电，加快发展天然气，因地制宜大力发展风能、太阳能、生物质能、地热能等可再生能源。到2015年，非化石能源占一次能源消费总量比重达到11.4%。

（十）提高服务业和战略性新兴产业在国民经济中的比重。到2015年，服务业增加值和战略性新兴产业增加值占国内生产总值比重分别达到47%和8%左右。

四、实施节能减排重点工程

（十一）实施节能重点工程。实施锅炉窑炉改造、电机系统节能、能量系统优化、余热余压利用、节约替代石油、建筑节能、绿色照明等节能改造工程，以及节能技术产业化示范工程、节能产品惠民工程、合同能源管理推广工程和节能能力建设工程。到2015年，工业锅炉、窑炉平均运行效率比2010年分别提高5个和2个百分点，电机系统运行效率提高2～3个百分点，新增余热余压发电能力2000万千瓦，北方采暖地区既有居住建筑供热计量和节能改造4亿平方米以上，夏热冬冷地区既有居住建筑节能改造5000万平方米，公共建筑节能改造6000万平方米，高效节能产品市场份额大幅度提高。“十二五”时期，形成3亿吨标准煤的节能能力。

（十二）实施污染物减排重点工程。推进城镇污水处理设施及配套管网建设，改造提升现有设施，强化脱氮除磷，大力推进污泥处理处置，加强重点流域区域污染综合治理。到2015年，基本实现所有县和重点建制镇具备污水处理能力，全国新增污水日处理能力4200万吨，新建配套管网约16万公里，城市污水处理率达到85%，形成化学需氧量和氨氮削减能力280万吨、30万吨。实施规模化畜禽养殖场污染治理工程，形成化学需氧量和氨氮削减能力140万吨、10万吨。实施脱硫脱硝工程，推动燃煤电厂、钢铁行业烧结机脱硫，形成二氧化硫削减能力277万吨；推动燃煤电厂、水泥等行业脱硝，形成氮氧化物削减能力358万吨。

（十三）实施循环经济重点工程。实施资源综合利用、废旧商品回收体系、“城市矿产”示范基地、再制造产业化、餐厨废弃物资源化、产业园区循环化改造、资源循环利用技术示范推广等循环经济重点工程，建设100个资源综合利用示范基地、80个废旧商品回收体系示范城市、50个“城市矿产”示范基地、5个再制造产业集聚区、100个城市餐厨废弃物资源化利用和无害化处理示范工程。

（十四）多渠道筹措节能减排资金。节能减排重点工程所需资金主要由项目实施主体通过自有资金、金融机构贷款、社会资金解决，各级人民政府应安排一定的资金予以支持和引导。地方各级人民政府要切实承担城镇污水处理设施和配套管网建设的主体责任，严格城镇污水处理费征收和管理，国家对重点建设项目给予适当支持。

五、加强节能减排管理

（十五）合理控制能源消费总量。建立能源消费总量控制目标分解落实机制，制订实施方案，把总量控制目标分解落实到地方政府，实行目标责任管理，加大考核和监督力度。将固定资产投资项目节能评估审查作为控制地区能源消费增量和总量的重要措施。建立能源消费总量预测预警机制，跟踪监测各地区能源消费总量和高耗能行业用电量等指标，对能源消费总量增长过快的地区及时预警调控。在工业、建筑、交通运输、公共机构以及城乡建设和消费领域全面加强用能管理，切实改变敞开口子供应能源、无节制使用能源的现象。在大气联防联控重点区域开展煤炭消费总量控制试点。

（十六）强化重点用能单位节能管理。依法加强年耗能万吨标准煤以上用能单位节能管理，开展万家企业节能低碳行动，实现节能2.5亿吨标准煤。落实目标责任，实行能源审计制度，开展能效水平对标活动，建立健全企业能源管理体系，扩大能源管理师试点；实行能源利用状况报告制度，加快实施节能改造，提高能源管理水平。地方节能主管部门每年组织对进入万家企业节能低碳行动的企业节能目标完成情况进行考核，公告考核结果。对未完成年度节能任务的企业，强制进行能源审计，限期整改。中央企业要接受所在地区节能主管部门的监管，争当行业节能减排的排头兵。

（十七）加强工业节能减排。重点推进电力、煤炭、钢铁、有色金属、石油石化、化工、建材、造纸、纺织、印染、食品加工等行业节能减排，明确目标任务，加强行业指导，推动技术进步，强化监督管理。发展热电联产，推广分布式能源。开展智能电网试点。推广煤炭清洁利用，提高原煤入洗比例，加快煤层气开发利用。实施工业和信息产业能效提升计划。推动信息数据中心、通信机房和基站节能改造。实行电力、钢铁、造纸、印染等行业主要污染物排放总量控制。新建燃煤机组全部安装脱硫脱硝设施，现役燃煤机组必须安装脱硫设施，不能稳定达标排放的要进行更新改造，烟气脱硫设施要按照规定取消烟气旁路。单机容量30万千瓦及以上燃煤机组全部加装脱硝设施。钢铁行业全面实施烧结机烟气脱硫，新建烧结机配套安装脱硫脱硝设施。石油石化、有色金属、建材等重点行业实施脱硫改造。新型干法水泥窑实施低氮燃烧技术改造，配套建设脱硝设施。加强重点区域、重点行业和重点企业重金属污染防治，以湘江流域为重点开展重金属污染治理与修复试点示范。

（十八）推动建筑节能。制定并实施绿色建筑行动方案，从规划、法规、技术、标准、设计等方面全面推进建筑节能。新建建筑严格执行建筑节能标准，提高标准执行率。推进北方采暖地区既有建筑供热计量和节能改造，实施“节能暖房”工程，改造供热老旧管网，实行供热计量收费和能耗定额管理。做好夏热冬冷地区建筑节能改造。推动可再生能源与建筑一体化应用，推广使用新型节能建材和再生建材，继续推广散装水泥。加强公共建筑节能监管体系建设，完善能源审计、能效公示，推动节能改造与运行管理。研究建立建筑使用全寿命周期管理制度，严格建筑拆除管理。加强城市照明管理，严格防止和纠正过度装饰和亮化。

（十九）推进交通运输节能减排。加快构建综合交通运输体系，优化交通运输结构。积极发展城市公共交通，科学合理配置城市各种交通资源，有序推进城市轨道交通建设。提高铁路电气化比重。实施低碳交通运输体系建设城市试点，深入开展“车船路港”千家企业低碳交通运输专项行动，推广公路甩挂运输，全面推行不停车收费系统，实施内河船型标准化，优化航路航线，推进航空、远洋运输业节能减排。开展机场、码头、车站节能改造。加速淘汰老旧汽车、机车、船舶，基本淘汰2005年以前注册运营的“黄标车”，加快提升车用燃油品质。实施第四阶段机动车排放标准，在有条件的重点城市和地区逐步实施第五阶段排放标准。全面推行机动车环保标志管理，探索城市调控机动车保有总量，积极推广节能与新能源汽车。

（二十）促进农业和农村节能减排。加快淘汰老旧农用机具，推广农用节能机械、设备和渔船。推进节能型住宅建设，推动省柴节煤灶更新换代，开展农村水电增效扩容改造。发展户用沼气和大中型沼气，加强运行管理和维护服务。治理农业面源污染，加强农村环境综合整治，实施农村清洁工程，规模化养殖场和养殖小区配套建设废弃物处理设施的比例达到50%以上，鼓励污染物统一收集、集中处理。因地制宜推进农村分布式、低成本、易维护的污水处理设施建设。推广测土配方施肥，鼓励使用高效、安全、低毒农药，推动有机农业发展。

（二十一）推动商业和民用节能。在零售业等商贸服务和旅游业开展节能减排行动，加快设施节能改造，严格用能管理，引导消费行为。宾馆、商厦、写字楼、机场、车站等要严格执行夏季、冬季空调温度设置标准。在居民中推广使用高效节能家电、照明产品，鼓励购买节能环保型汽车，支持乘用公共交通，提倡绿色出行。减少一次性用品使用，限制过度包装，抑制不合理消费。

（二十二）加强公共机构节能减排。公共机构新建建筑实行更加严格的建筑节能标准。加快公共机构办公区节能改造，完成办公建筑节能改造6000万平方米。国家机关供热实行按热量收费。开展节约型公共机构示范单位创建活动，创建2000家示范单位。推进公务用车制度改革，严格用车油耗定额管理，提高节能与新能源汽车比例。建立完善公共机构能源审计、能效公示和能耗定额管理制度，加强能耗监测平台和节能监管体系建设。支持军队重点用能设施设备节能改造。

六、大力发展循环经济

（二十三）加强对发展循环经济的宏观指导。研究提出进一步加快发展循环经济的意见。编制全国循环经济发展规划和重点领域专项规划，指导各地做好规划编制和实施工作。研究制定循环经济发展的指导目录。制定循环经济专项资金使用管理办法及实施方案。深化循环经济示范试点，推广循环经济典型模式。建立完善循环经济统计评价制度。

（二十四）全面推行清洁生产。编制清洁生产推行规划，制（修）订清洁生产评价指标体系，发布重点行业清洁生产推行方案。重点围绕主要污染物减排和重金属污染治理，全面推进农业、工业、建筑、商贸服务等领域清洁生产示范，从源头和全过程控制污染物产生和排放，降低资源消耗。发布清洁生产审核方案，公布清洁生产强制审核企业名单。实施清洁生产示范工程，推广应用清洁生产技术。

（二十五）推进资源综合利用。加强共伴生矿产资源及尾矿综合利用，建设绿色矿山。推动煤矸石、粉煤灰、工业副产石膏、冶炼和化工废渣、建筑和道路废弃物以及农作物秸秆综合利用、农林废物资源化利用，大力发展利废新型建筑材料。废弃物实现就地消化，减少转移。到2015年，工业固体废物综合利用率达到72%以上。

（二十六）加快资源再生利用产业化。加快“城市矿产”示范基地建设，推进再生资源规模化利用。培育一批汽车零部件、工程机械、矿山机械、办公用品等再制造示范企业，发布再制造产品目录，完善再制造旧件回收体系和再制造产品标准体系，推动再制造的规模化、产业化发展。加快建设城市社区和乡村回收站点、分拣中心、集散市场“三位一体”的再生资源回收体系。

（二十七）促进垃圾资源化利用。健全城市生活垃圾分类回收制度，完善分类回收、密闭运输、集中处理体系。鼓励开展垃圾焚烧发电和供热、填埋气体发电、餐厨废弃物资源化利用。鼓励在工业生产过程中协同处理城市生活垃圾和污泥。

（二十八）推进节水型社会建设。确立用水效率控制红线，实施用水总量控制和定额管理，制定区域、行业和产品用水效率指标体系。推广普及高效节水灌溉技术。加快重点用水行业节水技术改造，提高工业用水循环利用率。加强城乡生活节水，推广应用节水器具。推进再生水、矿井水、海水等非传统水资源利用。建设海水淡化及综合利用示范工程，创建示范城市。到2015年，实现单位工业增加值用水量下降30%。

七、加快节能减排技术开发和推广应用

（二十九）加快节能减排共性和关键技术研发。在国家、部门和地方相关科技计划和专项中，加大对节能减排科技研发的支持力度，完善技术创新体系。继续推进节能减排科技专项行动，组织高效节能、废物资源化以及小型分散污水处理、农业面源污染治理等共性、关键和前沿技术攻关。组建一批国家级节能减排工程实验室及专家队伍。推动组建节能减排技术与装备产业联盟，继续通过国家工程（技术）研究中心加大节能减排科技研发力度。加强资源环境高技术领域创新团队和研发基地建设。

（三十）加大节能减排技术产业化示范。实施节能减排重大技术与装备产业化工程，重点支持稀土永磁无铁芯电机、半导体照明、低品位余热利用、地热和浅层地温能应用、生物脱氮除磷、烧结机烟气脱硫脱硝一体化、高浓度有机废水处理、污泥和垃圾渗滤液处理处置、废弃电器电子产品资源化、金属无害化处理等关键技术与设备产业化，加快产业化基地建设。

（三十一）加快节能减排技术推广应用。编制节能减排技术政策大纲。继续发布国家重点节能技术推广目录、国家鼓励发展的重大环保技术装备目录，建立节能减排技术遴选、评定及推广机制。重点推广能量梯级利用、低温余热发电、先进煤气化、高压变频调速、干熄焦、蓄热式加热炉、吸收式热泵供暖、冰蓄冷、高效换热器，以及干法和半干法烟气脱硫、膜生物反应器、选择性催化还原氮氧化物控制等节能减排技术。加强与有关国际组织、政府在节能环保领域的交流与合作，积极引进、消化、吸收国外先进节能环保技术，加大推广力度。

八、完善节能减排经济政策

（三十二）推进价格和环保收费改革。深化资源性产品价格改革，理顺煤、电、油、气、水、矿产等资源性产品价格关系。推行居民用电、用水阶梯价格。完善电力峰谷分时电价政策。深化供热体制改革，全面推行供热计量收费。对能源消耗超过国家和地区规定的单位产品能耗（电耗）限额标准的企业和产品，实行惩罚性电价。各地可在国家规定基础上，按程序加大差别电价、惩罚性电价实施力度。严格落实脱硫电价，研究制定燃煤电厂烟气脱硝电价政策。进一步完善污水处理费政策，研究将污泥处理费用逐步纳入污水处理成本问题。改革垃圾处理收费方式，加大征收力度，降低征收成本。

（三十三）完善财政激励政策。加大中央预算内投资和中央财政节能减排专项资金的投入力度，加快节能减排重点工程实施和能力建设。深化“以奖代补”、“以奖促治”以及采用财政补贴方式推广高效节能家用电器、照明产品、节能汽车、高效电机产品等支持机制，强化财政资金的引导作用。国有资本经营预算要继续支持企业实施节能减排项目。地方各级人民政府要加大对节能减排的投入。推行政府绿色采购，完善强制采购和优先采购制度，逐步提高节能环保产品比重，研究实行节能环保服务政府采购。

（三十四）健全税收支持政策。落实国家支持节能减排所得税、增值税等优惠政策。积极推进资源税费改革，将原油、天然气和煤炭资源税计征办法由从量征收改为从价征收并适当提高税负水平，依法清理取消涉及矿产资源的不合理收费基金项目。积极推进环境税费改革，选择防治任务重、技术标准成熟的税目开征环境保护税，逐步扩大征收范围。完善和落实资源综合利用和可再生能源发展的税收优惠政策。调整进出口税收政策，遏制高耗能、高排放产品出口。对用于制造大型环保及资源综合利用设备确有必要进口的关键零部件及原材料，抓紧研究制定税收优惠政策。

（三十五）强化金融支持力度。加大各类金融机构对节能减排项目的信贷支持力度，鼓励金融机构创新适合节能减排项目特点的信贷管理模式。引导各类创业投资企业、股权投资企业、社会捐赠资金和国际援助资金增加对节能减排领域的投入。提高高耗能、高排放行业贷款门槛，将企业环境违法信息纳入人民银行企业征信系统和银监会信息披露系统，与企业信用等级评定、贷款及证券融资联动。推行环境污染责任保险，重点区域涉重金属企业应当购买环境污染责任保险。建立银行绿色评级制度，将绿色信贷成效与银行机构高管人员履职评价、机构准入、业务发展相挂钩。

九、强化节能减排监督检查

（三十六）健全节能环保法律法规。推进环境保护法、大气污染防治法、清洁生产促进法、建设项目环境保护管理条例的修订工作，加快制定城镇排水与污水处理条例、排污许可证管理条例、畜禽养殖污染防治条例、机动车污染防治条例等行政法规。修订重点用能单位节能管理办法、能效标识管理办法、节能产品认证管理办法等部门规章。

（三十七）严格节能评估审查和环境影响评价制度。把污染物排放总量指标作为环评审批的前置条件，对年度减排目标未完成、重点减排项目未按目标责任书落实的地区和企业，实行阶段性环评限批。对未通过能评、环评审查的投资项目，有关部门不得审批、核准、批准开工建设，不得发放生产许可证、安全生产许可证、排污许可证，金融机构不得发放贷款，有关单位不得供水、供电。加强能评和环评审查的监督管理，严肃查处各种违规审批行为。能评费用由节能审查机关同级财政部门安排。

（三十八）加强重点污染源和治理设施运行监管。严格排污许可证管理。强化重点流域、重点地区、重点行业污染源监管，适时发布主要污染物超标严重的国家重点环境监控企业名单。列入国家重点环境监控范围的电力、钢铁、造纸、印染等重点行业的企业，要安装运行管理监控平台和污染物排放自动监控系统，定期报告运行情况及污染物排放信息，推动污染源自动监控数据联网共享。加强城市污水处理厂监控平台建设，提高污水收集率，做好运行和污染物削减评估考核，考核结果作为核拨污水处理费的重要依据。对城市污水处理设施建设严重滞后、收费政策不落实、污水处理厂建成后一年内实际处理水量达不到设计能力60%，以及已建成污水处理设施但无故不运行的地区，暂缓审批该城市项目环评，暂缓下达有关项目的国家建设资金。

（三十九）加强节能减排执法监督。各级人民政府要组织开展节能减排专项检查，督促各项措施落实，严肃查处违法违规行为。加大对重点用能单位和重点污染源的执法检查力度，加大对高耗能特种设备节能标准和建筑施工阶段标准执行情况、国家机关办公建筑和大型公共建筑节能监管体系建设情况，以及节能环保产品质量和能效标识的监督检查力度。对严重违反节能环保法律法规，未按要求淘汰落后产能、违规使用明令淘汰用能设备、虚标产品能效标识、减排设施未按要求运行等行为，公开通报或挂牌督办，限期整改，对有关责任人进行严肃处理。实行节能减排执法责任制，对行政不作为、执法不严等行为，严肃追究有关主管部门和执法机构负责人的责任。

十、推广节能减排市场化机制

（四十）加大能效标识和节能环保产品认证实施力度。扩大终端用能产品能效标识实施范围，加强宣传和政策激励，引导消费者购买高效节能产品。继续推进节能产品、环境标志产品、环保装备认证，规范认证行为，扩展认证范围，建立有效的国际协调互认机制。加强标识、认证质量的监管。

（四十一）建立“领跑者”标准制度。研究确定高耗能产品和终端用能产品的能效先进水平，制定“领跑者”能效标准，明确实施时限。将“领跑者”能效标准与新上项目能评审查、节能产品推广应用相结合，推动企业技术进步，加快标准的更新换代，促进能效水平快速提升。

（四十二）加强节能发电调度和电力需求侧管理。改革发电调度方式，电网企业要按照节能、经济的原则，优先调度水电、风电、太阳能发电、核电以及余热余压、煤层气、填埋气、煤矸石和垃圾等发电上网，优先安排节能、环保、高效火电机组发电上网。研究推行发电权交易。电网企业要及时、真实、准确、完整地公布节能发电调度信息，电力监管部门要加强对节能发电调度工作的监督。落实电力需求侧管理办法，制定配套政策，规范有序用电。以建设技术支撑平台为基础，开展城市综合试点，推广能效电厂。

（四十三）加快推行合同能源管理。落实财政、税收和金融等扶持政策，引导专业化节能服务公司采用合同能源管理方式为用能单位实施节能改造，扶持壮大节能服务产业。研究建立合同能源管理项目节能量审核和交易制度，培育第三方审核评估机构。鼓励大型重点用能单位利用自身技术优势和管理经验，组建专业化节能服务公司。引导和支持各类融资担保机构提供风险分担服务。

（四十四）推进排污权和碳排放权交易试点。完善主要污染物排污权有偿使用和交易试点，建立健全排污权交易市场，研究制定排污权有偿使用和交易试点的指导意见。开展碳排放交易试点，建立自愿减排机制，推进碳排放权交易市场建设。

（四十五）推行污染治理设施建设运行特许经营。总结燃煤电厂烟气脱硫特许经营试点经验，完善相关政策措施。鼓励采用多种建设运营模式开展城镇污水垃圾处理、工业园区污染物集中治理，确保处理设施稳定高效运行。实行环保设施运营资质许可制度，推进环保设施的专业化、社会化运营服务。完善市场准入机制，规范市场行为，打破地方保护，为企业创造公平竞争的市场环境。

十一、加强节能减排基础工作和能力建设

（四十六）加快节能环保标准体系建设。加快制（修）订重点行业单位产品能耗限额、产品能效和污染物排放等强制性国家标准，以及建筑节能标准和设计规范，提高准入门槛。制定和完善环保产品及装备标准。完善机动车燃油消耗量限值标准、低速汽车排放标准。制（修）订轻型汽车第五阶段排放标准，颁布实施第四、第五阶段车用燃油国家标准。建立满足氨氮、氮氧化物控制目标要求的排放标准。鼓励地方依法制定更加严格的节能环保地方标准。

（四十七）强化节能减排管理能力建设。建立健全节能管理、监察、服务“三位一体”的节能管理体系，加强政府节能管理能力建设，完善机构，充实人员。加强节能监察机构能力建设，配备监测和检测设备，加强人员培训，提高执法能力，完善覆盖全国的省、市、县三级节能监察体系。继续推进能源统计能力建设。推动重点用能单位按要求配备计量器具，推行能源计量数据在线采集、实时监测。开展城市能源计量建设示范。加强减排监管能力建设，推进环境监管机构标准化，提高污染源监测、机动车污染监控、农业源污染检测和减排管理能力，建立健全国家、省、市三级减排监控体系，加强人员培训和队伍建设。

十二、动员全社会参与节能减排

（四十八）加强节能减排宣传教育。把节能减排纳入社会主义核心价值观宣传教育体系以及基础教育、高等教育、职业教育体系。组织好全国节能宣传周、世界环境日等主题宣传活动，加强日常性节能减排宣传教育。新闻媒体要积极宣传节能减排的重要性、紧迫性以及国家采取的政策措施和取得的成效，宣传先进典型，普及节能减排知识和方法，加强舆论监督和对外宣传，积极为节能减排营造良好的国内和国际环境。

（四十九）深入开展节能减排全民行动。抓好家庭社区、青少年、企业、学校、军营、农村、政府机构、科技、科普和媒体等十个节能减排专项行动，通过典型示范、专题活动、展览展示、岗位创建、合理化建议等多种形式，广泛动员全社会参与节能减排，发挥职工节能减排义务监督员队伍作用，倡导文明、节约、绿色、低碳的生产方式、消费模式和生活习惯。

（五十）政府机关带头节能减排。各级人民政府机关要将节能减排作为机关工作的一项重要任务来抓，健全规章制度，落实岗位责任，细化管理措施，树立节约意识，践行节约行动，作节能减排的表率。

附件：1.“十二五”各地区节能目标

2.“十二五”各地区化学需氧量排放总量控制计划

3.“十二五”各地区氨氮排放总量控制计划

4.“十二五”各地区二氧化硫排放总量控制计划

5.“十二五”各地区氮氧化物排放总量控制计划

附件1：

“十二五”各地区节能目标

地区	单位国内生产总值能耗降低率（%）		
	“十一五”时期	“十二五”时期	2006-2015年累计
全国	19.06	16	32.01
北京	26.59	17	39.07
天津	21.00	18	35.22
河北	20.11	17	33.69
山西	22.66	16	35.03
内蒙古	22.62	15	34.23
辽宁	20.01	17	33.61
吉林	22.04	16	34.51
黑龙江	20.79	16	33.46
上海	20.00	18	34.40
江苏	20.45	18	34.77
浙江	20.01	18	34.41
安徽	20.36	16	33.10
福建	16.45	16	29.82
江西	20.04	16	32.83
山东	22.09	17	35.33
河南	20.12	16	32.90
湖北	21.67	16	34.20
湖南	20.43	16	33.16
广东	16.42	18	31.46
广西	15.22	15	27.94
海南	12.14	10	20.93
重庆	20.95	16	33.60
四川	20.31	16	33.06
贵州	20.06	15	32.05
云南	17.41	15	29.80
西藏	12.00	10	20.80
陕西	20.25	16	33.01
甘肃	20.26	15	32.22
青海	17.04	10	25.34
宁夏	20.09	15	32.08
新疆	8.91	10	18.02

备注：“十一五”各地区单位国内生产总值能耗降低率除新疆外均为国家统计局最终公布数据，新疆为初步核实数据。

附件2：

“十二五”各地区化学需氧量排放总量控制计划

单位：万吨

地区	2010年		2015年		2015年比2010年(%)	
	排放量	其中：工业和生活	控制量	其中：工业和生活	增加或减少	其中：工业和生活
北京	20.0	10.9	18.3	9.8	-8.7	-9.8
天津	23.8	12.3	21.8	11.2	-8.6	-9.2
河北	142.2	45.6	128.3	40.7	-9.8	-10.8
山西	50.7	31.2	45.8	27.9	-9.6	-10.6
内蒙古	92.1	27.5	85.9	25.4	-6.7	-7.5
辽宁	137.3	47.0	124.7	42.1	-9.2	-10.4
吉林	83.4	28.8	76.1	26.1	-8.8	-9.4
黑龙江	161.2	47.8	147.3	43.4	-8.6	-9.3
上海	26.6	22.5	23.9	20.1	-10.0	-10.5
江苏	128.0	86.3	112.8	75.3	-11.9	-12.8
浙江	84.2	61.4	74.6	53.7	-11.4	-12.5
安徽	97.3	55.6	90.3	52.0	-7.2	-6.5
福建	69.6	45.8	65.2	43.1	-6.3	-6.0
江西	77.7	51.9	73.2	48.3	-5.8	-7.0
山东	201.6	62.7	177.4	54.6	-12.0	-12.9
河南	148.2	62.0	133.5	55.8	-9.9	-10.0
湖北	112.4	62.1	104.1	59.0	-7.4	-5.0
湖南	134.1	71.8	124.4	66.8	-7.2	-7.0
广东	193.3	130.6	170.1	113.8	-12.0	-12.9
广西	80.7	58.1	74.6	53.6	-7.6	-7.8
海南	20.4	9.2	20.4	9.2	0	0
重庆	42.6	29.4	39.5	27.5	-7.2	-6.5
四川	132.4	75.0	123.1	71.3	-7.0	-5.0
贵州	34.8	28.1	32.7	26.4	-6.0	-6.1
云南	56.4	48.0	52.9	45.0	-6.2	-6.2
西藏	2.7	2.3	2.7	2.3	0	0
陕西	57.0	36.4	52.7	33.5	-7.6	-7.9
甘肃	40.2	25.5	37.6	23.7	-6.4	-6.9
青海	10.4	8.1	12.3	9.6	18.0	18.0
宁夏	24.0	13.3	22.6	12.5	-6.0	-6.3
新疆	56.9	26.2	56.9	26.2	0	0
新疆生产建设兵团	9.5	4.7	9.5	4.7	0	0
合计	2551.7	1328.1	2335.2	1214.6	-8.5	-8.5

备注：全国化学需氧量排放量削减8%的总量控制目标为2347.6万吨（其中工业和生活1221.9万吨），实际分配给各地区2335.2万吨（其中工业和生活1214.6万吨），国家预留12.4万吨，用于化学需氧量排污权有偿分配和交易试点工作。

附件3：

“十二五”各地区氨氮排放总量控制计划

单位：万吨

地区	2010年		2015年		2015年比2010年(%)	
	排放量	其中：工业和生活	控制量	其中：工业和生活	增加或减少	其中：工业和生活
北京	2.20	1.64	1.98	1.47	-10.1	-10.2
天津	2.79	2.18	2.50	1.95	-10.5	-10.4
河北	11.61	6.98	10.14	6.10	-12.7	-12.6
山西	5.93	4.66	5.21	4.08	-12.2	-12.4
内蒙古	5.45	4.19	4.92	3.79	-9.7	-9.5
辽宁	11.25	7.56	10.01	6.69	-11.0	-11.5
吉林	5.87	3.92	5.25	3.49	-10.5	-10.9
黑龙江	9.45	6.14	8.47	5.49	-10.4	-10.6
上海	5.21	4.83	4.54	4.21	-12.9	-12.9
江苏	16.12	11.98	14.04	10.40	-12.9	-13.2
浙江	11.84	8.96	10.36	7.84	-12.5	-12.5
安徽	11.20	7.07	10.09	6.38	-9.9	-9.8
福建	9.72	6.16	8.90	5.67	-8.4	-8.0
江西	9.45	6.18	8.52	5.57	-9.8	-9.8
山东	17.64	10.06	15.29	8.70	-13.3	-13.5
河南	15.57	8.80	13.61	7.66	-12.6	-12.9
湖北	13.29	8.25	12.00	7.43	-9.7	-9.9
湖南	16.95	10.15	15.29	9.16	-9.8	-9.8
广东	23.52	17.53	20.39	15.16	-13.3	-13.5
广西	8.45	5.63	7.71	5.13	-8.7	-8.9
海南	2.29	1.36	2.29	1.37	0	1.0
重庆	5.59	4.19	5.10	3.81	-8.8	-9.0
四川	14.56	8.50	13.31	7.78	-8.6	-8.5
贵州	4.03	3.19	3.72	2.94	-7.7	-7.8
云南	6.00	4.66	5.51	4.29	-8.1	-8.0
西藏	0.33	0.28	0.33	0.28	0	0
陕西	6.44	4.80	5.81	4.34	-9.8	-9.6
甘肃	4.33	3.70	3.94	3.38	-8.9	-8.7
青海	0.96	0.87	1.10	1.00	15.0	15.0
宁夏	1.82	1.60	1.67	1.47	-8.0	-8.0
新疆	4.06	3.08	4.06	3.08	0	0
新疆生产建设兵团	0.51	0.25	0.51	0.25	0	0
合计	264.4	179.4	236.6	160.4	-10.5	-10.6

备注：全国氨氮排放量削减10%的总量控制目标为238.0万吨（其中工业和生活161.5万吨），实际分配给各地区236.6万吨（其中工业和生活160.4万吨），国家预留1.4万吨，用于氨氮排污权有偿分配和交易试点工作。

附件4：

“十二五”各地区二氧化硫排放总量控制计划

单位：万吨

地区	2010年排放量	2015年控制量	2015年比2010年（%）
北京	10.4	9.0	-13.4
天津	23.8	21.6	-9.4
河北	143.8	125.5	-12.7
山西	143.8	127.6	-11.3
内蒙古	139.7	134.4	-3.8
辽宁	117.2	104.7	-10.7
吉林	41.7	40.6	-2.7
黑龙江	51.3	50.3	-2.0
上海	25.5	22.0	-13.7
江苏	108.6	92.5	-14.8
浙江	68.4	59.3	-13.3
安徽	53.8	50.5	-6.1
福建	39.3	36.5	-7.0
江西	59.4	54.9	-7.5
山东	188.1	160.1	-14.9
河南	144.0	126.9	-11.9
湖北	69.5	63.7	-8.3
湖南	71.0	65.1	-8.3
广东	83.9	71.5	-14.8
广西	57.2	52.7	-7.9
海南	3.1	4.2	34.9
重庆	60.9	56.6	-7.1
四川	92.7	84.4	-9.0
贵州	116.2	106.2	-8.6
云南	70.4	67.6	-4.0
西藏	0.4	0.4	0
陕西	94.8	87.3	-7.9
甘肃	62.2	63.4	2.0
青海	15.7	18.3	16.7
宁夏	38.3	36.9	-3.6
新疆	63.1	63.1	0
新疆生产建设兵团	9.6	9.6	0
合计	2267.8	2067.4	-8.8

备注：全国二氧化硫排放量削减8%的总量控制目标为2086.4万吨，实际分配给各地区2067.4万吨，国家预留19.0万吨，用于二氧化硫排污权有偿分配和交易试点工作。

附件5：

“十二五”各地区氮氧化物排放总量控制计划

单位：万吨

地区	2010年排放量	2015年控制量	2015年比2010年（%）
北京	19.8	17.4	-12.3
天津	34.0	28.8	-15.2
河北	171.3	147.5	-13.9
山西	124.1	106.9	-13.9
内蒙古	131.4	123.8	-5.8
辽宁	102.0	88.0	-13.7
吉林	58.2	54.2	-6.9
黑龙江	75.3	73.0	-3.1
上海	44.3	36.5	-17.5
江苏	147.2	121.4	-17.5
浙江	85.3	69.9	-18.0
安徽	90.9	82.0	-9.8
福建	44.8	40.9	-8.6
江西	58.2	54.2	-6.9
山东	174.0	146.0	-16.1
河南	159.0	135.6	-14.7
湖北	63.1	58.6	-7.2
湖南	60.4	55.0	-9.0
广东	132.3	109.9	-16.9
广西	45.1	41.1	-8.8
海南	8.0	9.8	22.3
重庆	38.2	35.6	-6.9
四川	62.0	57.7	-6.9
贵州	49.3	44.5	-9.8
云南	52.0	49.0	-5.8
西藏	3.8	3.8	0
陕西	76.6	69.0	-9.9
甘肃	42.0	40.7	-3.1
青海	11.6	13.4	15.3
宁夏	41.8	39.8	-4.9
新疆	58.8	58.8	0
新疆生产建设兵团	8.8	8.8	0
合计	2273.6	2021.6	-11.1

备注：全国氮氧化物排放量削减10%的总量控制目标为2046.2万吨，实际分配给各地区2021.6万吨，国家预留24.6万吨，用于氮氧化物排污权有偿分配和交易试点工作。

国务院关于对“十一五”节能减排工作成绩突出的省级人民政府给予表扬的通报

国发〔2011〕31号

各省、自治区、直辖市人民政府，国务院各部委、各直属机构：

节约资源和保护环境是我们的基本国策。“十一五”时期，各地区、各部门认真贯彻落实党中央、国务院的决策部署，把节能减排工作作为调整经济结构、转变经济发展方式、推动科学发展的重要抓手和突破口，积极采取有效措施，节能减排工作取得了显著成效。经过各方面的共同努力，全国单位国内生产总值能耗下降19.1%，二氧化硫、化学需氧量排放总量分别下降14.29%和12.45%，基本实现了“十一五”规划纲要确定的节能减排目标，为保持经济平稳较快发展提供了有力支撑，为实现“十二五”节能减排目标奠定了坚实基础，为应对全球气候变化作出了重要贡献。

省级人民政府是本地区开展节能减排工作的责任主体。为表扬先进，进一步推进节能减排工作，国务院决定，对“十一五”期间在节能工作中成绩突出的北京、天津、山西、内蒙古、吉林、江苏、山东、湖北等8省（区、市）人民政府，在减排工作中成绩突出的山东、江苏、广东、河南、浙江、辽宁、上海、陕西等8省（市）人民政府，予以通报表扬。希望受到表扬的地区以此为起点，珍惜荣誉，再接再厉，作出新的更大贡献。

各地区、各部门要按照国务院关于“十二五”节能减排工作的总体部署，深入贯彻落实科学发展观，不断增强全局意识、危机意识和责任意识，树立绿色、低碳发展理念，把建设资源节约型、环境友好型社会作为加快转变经济发展方式的重要着力点，进一步加大工作力度，确保实现“十二五”节能减排目标。

国务院

二〇一一年九月二十六日

国务院批转住房城乡建设部等部门关于进一步加强城市生活垃圾处理工作意见的通知

国发〔2011〕9号

各省、自治区、直辖市人民政府，国务院各部委、各直属机构：

国务院同意住房城乡建设部、环境保护部、发展改革委、教育部、科技部、工业和信息化部、监察部、财政部、人力资源社会保障部、国土资源部、农业部、商务部、卫生部、税务总局、广电总局、中央宣传部《关于进一步加强城市生活垃圾处理工作的意见》，现转发给你们，请认真贯彻执行。

国务院

二〇一一年四月十九日

关于进一步加强城市生活垃圾处理工作的意见

住房城乡建设部　环境保护部　发展改革委　教育部
科技部　工业和信息化部　监察部　财政部
人力资源社会保障部　国土资源部　农业部　商务部
卫生部　税务总局　广电总局　中央宣传部

为切实加大城市生活垃圾处理工作力度，提高城市生活垃圾处理减量化、资源化和无害化水平，改善城市人居环境，现提出以下意见：

一、深刻认识城市生活垃圾处理工作的重要意义

城市生活垃圾处理是城市管理和环境保护的重要内容，是社会文明程度的重要标志,关系人民群众的切身利益。近年来，我国城市生活垃圾收运网络日趋完善，垃圾处理能力不断提高，城市环境总体上有了较大改善。但也要看到，由于城镇化快速发展，城市生活垃圾激增，垃圾处理能力相对不足，一些城市面临“垃圾围城”的困境，严重影响城市环境和社会稳定。各地区、各有关部门要充分认识加强城市生活垃圾处理的重要性和紧迫性，进一步统一思想，提高认识，全面落实各项政策措施，推进城市生活垃圾处理工作，创造良好的人居环境，促进城市可持续发展。

二、指导思想、基本原则和发展目标

（一）指导思想。以科学发展观为指导，按照全面建设小康社会和构建社会主义和谐社会的总体要求，把城市生活垃圾处理作为维护群众利益的重要工作和城市管理的重要内容，作为政府公共服务的一项重要职责，切实加强全过程控制和管理，突出重点工作环节，综合运用法律、行政、经济和技术等手段，不断提高城市生活垃圾处理水平。

（二）基本原则。全民动员，科学引导。在切实提高生活垃圾无害化处理能力的基础上，加强产品生产和流通过程管理，减少过度包装，倡导节约和低碳的消费模式，从源头控制生活垃圾产生。

综合利用，变废为宝。坚持发展循环经济，推动生活垃圾分类工作，提高生活垃圾中废纸、废塑料、废金属等材料回收利用率，提高生活垃圾中有机成分和热能的利用水平，全面提升生活垃圾资源化利用工作。

统筹规划，合理布局。城市生活垃圾处理要与经济社会发展水平相协调，注重城乡统筹、区域规划、设施共享，集中处理与分散处理相结合，提高设施利用效率，扩大服务覆盖面。要科学制定标准，注重技术创新，因地制宜地选择先进适用的生活垃圾处理技术。

政府主导，社会参与。明确城市人民政府责任，在加大公共财政对城市生活垃圾处理投入的同时，采取有效的支持政策，引入市场机制，充分调动社会资金参与城市生活垃圾处理设施建设和运营的积极性。

（三）发展目标。到2015年，全国城市生活垃圾无害化处理率达到80%以上，直辖市、省会城市和计划单列市生活垃圾全部实现无害化处理。每个省（区）建成一个以上生活垃圾分类示范城市。50%的设区城市初步实现餐厨垃圾分类收运处理。城市生活垃圾资源化利用比例达到30%，直辖市、省会城市和计划单列市达到50%。建立完善的城市生活垃圾处理监管体制机制。到2030年，全国城市生活垃圾基本实现无害化处理，全面实行生活垃圾分类收集、处置。城市生活垃圾处理设施和服务向小城镇和乡村延伸，城乡生活垃圾处理接近发达国家平均水平。

三、切实控制城市生活垃圾产生

（四）促进源头减量。通过使用清洁能源和原料、开展资源综合利用等措施，在产品生产、流通和使用等全生命周期促进生活垃圾减量。限制包装材料过度使用，减少包装性废物产生，探索建立包装物强制回收制度，促进包装物回收再利用。组织净菜和洁净农副产品进城，推广使用菜篮子、布袋子。有计划地改进燃料结构，推广使用城市燃气、太阳能等清洁能源，减少灰渣产生。在宾馆、餐饮等服务性行业，推广使用可循环利用物品，限制使用一次性用品。

（五）推进垃圾分类。城市人民政府要根据当地的生活垃圾特性、处理方式和管理水平，科学制定生活垃圾分类办法，明确工作目标、实施步骤和政策措施，动员社区及家庭积极参与，逐步推行垃圾分类。当前重点要稳步推进废弃含汞荧光灯、废温度计等有害垃圾单独收运和处理工作，鼓励居民分开盛放和投放厨余垃圾，建立高水分有机生活垃圾收运系统，实现厨余垃圾单独收集循环利用。进一步加强餐饮业和单位餐厨垃圾分类收集管理，建立餐厨垃圾排放登记制度。

（六）加强资源利用。全面推广废旧商品回收利用、焚烧发电、生物处理等生活垃圾资源化利用方式。加强可降解有机垃圾资源化利用工作，组织开展城市餐厨垃圾资源化利用试点，统筹餐厨垃圾、园林垃圾、粪便等无害化处理和资源化利用，确保工业油脂、生物柴油、肥料等资源化利用产品的质量和使用安全。加快生物质能源回收利用工作，提高生活垃圾焚烧发电和填埋气体发电的能源利用效率。

四、全面提高城市生活垃圾处理能力和水平

（七）强化规划引导。要抓紧编制全国和各省（区、市）“十二五”生活垃圾处理设施建设规划，推进城市生活垃圾处理设施一体化建设和网络化发展，基本实现县县建有生活垃圾处理设施。各城市要编制生活垃圾处理设施规划，统筹安排城市生活垃圾收集、处置设施的布局、用地和规模，并纳入土地利用总体规划、城市总体规划和近期建设规划。编制城市生活垃圾处理设施规划，应当广泛征求公众意见，健全设施周边居民诉求表达机制。生活垃圾处理设施用地纳入城市黄线保护范围，禁止擅自占用或者改变用途，同时要严格控制设施周边的开发建设活动。

（八）完善收运网络。建立与垃圾分类、资源化利用以及无害化处理相衔接的生活垃圾收运网络，加大生活垃圾收集力度，扩大收集覆盖面。推广密闭、环保、高效的生活垃圾收集、中转和运输系统，逐步淘汰敞开式收运方式。要对现有生活垃圾收运设施实施升级改造，推广压缩式收运设备，解决垃圾收集、中转和运输过程中的脏、臭、噪声和遗洒等问题。研究运用物联网技术，探索线路优化、成本合理、高效环保的收运新模式。

（九）选择适用技术。建立生活垃圾处理技术评估制度，新的生活垃圾处理技术经评估后方可推广使用。城市人民政府要按照生活垃圾处理技术指南，因地制宜地选择先进适用、符合节约集约用地要求的无害化生活垃圾处理技术。土地资源紧缺、人口密度高的城市要优先采用焚烧处理技术，生活垃圾管理水平较高的城市可采用生物处理技术，土地资源和污染控制条件较好的城市可采用填埋处理技术。鼓励有条件的城市集成多种处理技术，统筹解决生活垃圾处理问题。

（十）加快设施建设。城市人民政府要把生活垃圾处理设施作为基础设施建设的重点，切实加大组织协调力度，确保有关设施建设顺利进行。要简化程序，加快生活垃圾处理设施立项、建设用地、环境影响评价、可行性研究、初步设计等环节的审批速度。已经开工建设的项目要抓紧施工，保证进度，争取早日发挥效用。要进一步加强监管，切实落实项目法人制、招投标制、质量监督制、合同管理制、工程监理制、工程竣工验收制等管理制度，确保工程质量安全。

（十一）提高运行水平。生活垃圾处理设施运营单位要严格执行各项工程技术规范和操作规程，切实提高设施运行水平。填埋设施运营单位要制定作业计划和方案，实行分区域逐层填埋作业，缩小作业面，控制设施周边的垃圾异味，防止废液渗漏和填埋气体无序排放。焚烧设施运营单位要足额使用石灰、活性炭等辅助材料，去除烟气中的酸性物质、重金属离子、二噁英等污染物，保证达标排放。新建生活垃圾焚烧设施，应安装排放自动监测系统和超标报警装置。运营单位要制定应急预案，有效应对设施故障、事故、进场垃圾量剧增等突发事件。切实加大人力财力物力的投入，解决设施设备长期超负荷运行问题，确保安全、高质量运行。建立污染物排放日常监测制度，按月向所在地住房城乡建设（市容环卫）和环境保护主管部门报告监测结果。

（十二）加快存量治理。各省（区、市）要开展非正规生活垃圾堆放点和不达标生活垃圾处理设施排查和环境风险评估，并制定治理计划。要优先开展水源地等重点区域生活垃圾堆放场所的生态修复工作，加快对城乡结合部等卫生死角长期积存生活垃圾的清理，限期改造不达标生活垃圾处理设施。

五、强化监督管理

（十三）完善法规标准。研究修订《城市市容和环境卫生管理条例》，加强生活垃圾全过程管理。建立健全生活垃圾处理标准规范体系，制定和完善生活垃圾分类、回收利用、工程验收、污染防治和评价等标准。进一步完善生活垃圾分类标识，使群众易于识别、便于投放。改进城市生活垃圾处理统计指标体系，做好与废旧商品回收利用指标体系的衔接。

（十四）严格准入制度。加强市场准入管理，严格设定城市生活垃圾处理企业资金、技术、人员、业绩等准入条件，建立和完善市场退出机制，进一步规范城市生活垃圾处理特许经营权招标投标管理。具体办法由住房城乡建设部会同有关部门制定。

（十五）建立评价制度。加强对全国已建成运行的生活垃圾处理设施运营状况和处理效果的监管，开展年度考核评价，公开评价结果，接受社会监督。对未通过考核评价的生活垃圾处理设施，要责成运营单位限期整改。要加快信用体系建设，建立城市生活垃圾处理运营单位失信惩戒机制和黑名单制度，坚决将不能合格运营以及不能履行特许经营合同的企业清出市场。

（十六）加大监管力度。切实加强各级住房城乡建设（市容环卫）和环境保护部门生活垃圾处理监管队伍建设。研究建立城市生活垃圾处理工作督察巡视制度，加强对地方政府生活垃圾处理工作以及设施建设和运营的监管。建立城市生活垃圾处理节能减排量化指标，落实节能减排目标责任。探索引入第三方专业机构实施监管，提高监管的科学水平。完善全国生活垃圾处理设施建设和运营监控系统，定期开展生活垃圾处理设施排放物监测，常规污染物排放情况每季度至少监测一次，二噁英排放情况每年至少监测一次，必要时加密监测，主要监测数据和结果向社会公示。

六、加大政策支持力度

（十七）拓宽投入渠道。城市生活垃圾处理投入以地方为主，中央以适当方式给予支持。地方政府要加大投入力度，加快生活垃圾分类体系、处理设施和监管能力建设。鼓励社会资金参与生活垃圾处理设施建设和运营。开展生活垃圾管理示范城市和生活垃圾处理设施示范项目活动，支持北京等城市先行先试。改善工作环境，完善环卫用工制度和保险救助制度，落实环卫职工的工资和福利待遇，保障职工合法权益。

（十八）建立激励机制。严格执行并不断完善城市生活垃圾处理税收优惠政策。研究制定生活垃圾分类收集和减量激励政策，建立利益导向机制，引导群众分类盛放和投放生活垃圾，鼓励对生活垃圾实行就地、就近充分回收和合理利用。研究建立有机垃圾资源化处理推进机制和废品回收补贴机制。

（十九）健全收费制度。按照“谁产生、谁付费”的原则，推行城市生活垃圾处理收费制度。产生生活垃圾的单位和个人应当按规定缴纳垃圾处理费，具体收费标准由城市人民政府根据城市生活垃圾处理成本和居民收入水平等因素合理确定。探索改进城市生活垃圾处理收费方式，降低收费成本。城市生活垃圾处理费应当用于城市生活垃圾处理，不得挪作他用。

（二十）保障设施建设。在城市新区建设和旧城区改造中要优先配套建设生活垃圾处理设施，确保建设用地供应，并纳入土地利用年度计划和建设用地供应计划。符合《划拨用地目录》的项目，应当以划拨方式供应建设用地。城市生活垃圾处理设施建设前要严格执行建设项目环境影响评价制度。

（二十一）提高创新能力。加大对生活垃圾处理技术研发的支持力度，加快国家级和区域性生活垃圾处理技术研究中心建设，加强生活垃圾处理基础性技术研究，重点突破清洁焚烧、二噁英控制、飞灰无害化处置、填埋气收集利用、渗沥液处理、臭气控制、非正规生活垃圾堆放点治理等关键性技术，鼓励地方采用低碳技术处理生活垃圾。重点支持生活垃圾生物质燃气利用成套技术装备和大型生活垃圾焚烧设备研发，努力实现生活垃圾处理装备自主化。开展城市生活垃圾处理技术应用示范工程和资源化利用产业基地建设，带动市场需求，促进先进适用技术推广应用和装备自主化。

（二十二）实施人才计划。在高校设立城市生活垃圾处理相关专业，大力发展职业教育，建立从业人员职业资格制度，加强岗前和岗中职业培训，提高从业人员的文化水平和专业技能。

七、加强组织领导

（二十三）落实地方责任。城市生活垃圾处理工作实行省（区、市）人民政府负总责、城市人民政府抓落实的工作责任制。省（区、市）人民政府要对所属城市人民政府实行目标责任制管理，加强监督指导。城市人民政府要把城市生活垃圾处理纳入重要议事日程，加强领导，切实抓好各项工作。住房城乡建设部、发展改革委、环境保护部、监察部等部门要对省（区、市）人民政府的相关工作加强指导和监督检查。对推进生活垃圾处理工作不力，影响社会发展和稳定的，要追究责任。

（二十四）明确部门分工。住房城乡建设部负责城市生活垃圾处理行业管理，牵头建立城市生活垃圾处理部际联席会议制度，协调解决工作中的重大问题，健全监管考核指标体系，并纳入节能减排考核工作。环境保护部负责生活垃圾处理设施环境影响评价，制定污染控制标准，监管污染物排放和有害垃圾处理处置。发展改革委会同住房城乡建设部、环境保护部编制全国性规划，协调综合性政策。科技部会同有关部门负责生活垃圾处理技术创新工作。工业和信息化部负责生活垃圾处理装备自主化工作。财政部负责研究支持城市生活垃圾处理的财税政策。国土资源部负责制定生活垃圾处理设施用地标准，保障建设用地供应。农业部负责生活垃圾肥料资源化处理利用标准制定和肥料登记工作。商务部负责生活垃圾中可再生资源回收管理工作。

（二十五）加强宣传教育。要开展多种形式的主题宣传活动，倡导绿色健康的生活方式，促进垃圾源头减量和回收利用。要将生活垃圾处理知识纳入中小学教材和课外读物，引导全民树立“垃圾减量和垃圾管理从我做起、人人有责”的观念。新闻媒体要加强正面引导，大力宣传城市生活垃圾处理的各项政策措施及其成效，全面客观报道有关信息，形成有利于推进城市生活垃圾处理工作的舆论氛围。

各省（区、市）人民政府要在2011年8月底前将落实本意见情况报国务院，同时抄送住房城乡建设部。

国务院关于加强环境保护重点工作的意见（节录）

国发〔2011〕35号

各省、自治区、直辖市人民政府，国务院各部委、各直属机构：

多年来，我国积极实施可持续发展战略，将环境保护放在重要的战略位置，不断加大解决环境问题的力度，取得了明显成效。但由于产业结构和布局仍不尽合理，污染防治水平仍然较低，环境监管制度尚不完善等原因，环境保护形势依然十分严峻。为深入贯彻落实科学发展观，加快推动经济发展方式转变，提高生态文明建设水平，现就加强环境保护重点工作提出如下意见：

一、全面提高环境保护监督管理水平

（一）严格执行环境影响评价制度。凡依法应当进行环境影响评价的重点流域、区域开发和行业发展规划以及建设项目，必须严格履行环境影响评价程序，并把主要污染物排放总量控制指标作为新改扩建项目环境影响评价审批的前置条件。环境影响评价过程要公开透明，充分征求社会公众意见。建立健全规划环境影响评价和建设项目环境影响评价的联动机制。对环境影响评价文件未经批准即擅自开工建设、建设过程中擅自作出重大变更、未经环境保护验收即擅自投产等违法行为，要依法追究管理部门、相关企业和人员的责任。

（二）继续加强主要污染物总量减排。完善减排统计、监测和考核体系，鼓励各地区实施特征污染物排放总量控制。对造纸、印染和化工行业实行化学需氧量和氨氮排放总量控制。加强污水处理设施、污泥处理处置设施、污水再生利用设施和垃圾渗滤液处理设施建设。对现有污水处理厂进行升级改造。完善城镇污水收集管网，推进雨、污分流改造。强化城镇污水、垃圾处理设施运行监管。对电力行业实行二氧化硫和氮氧化物排放总量控制，继续加强燃煤电厂脱硫，全面推行燃煤电厂脱硝，新建燃煤机组应同步建设脱硫脱硝设施。对钢铁行业实行二氧化硫排放总量控制，强化水泥、石化、煤化工等行业二氧化硫和氮氧化物治理。在大气污染联防联控重点区域开展煤炭消费总量控制试点。开展机动车船尾气氮氧化物治理。提高重点行业环境准入和排放标准。促进农业和农村污染减排，着力抓好规模化畜禽养殖污染防治。

（三）强化环境执法监管。抓紧推动制定和修订相关法律法规，为环境保护提供更加完备、有效的法制保障。健全执法程序，规范执法行为，建立执法责任制。加强环境保护日常监管和执法检查。继续开展整治违法排污企业保障群众健康环保专项行动，对环境法律法规执行和环境问题整改情况进行后督察。建立建设项目全过程环境监管制度以及农村和生态环境监察制度。完善跨行政区域环境执法合作机制和部门联动执法机制。依法处置环境污染和生态破坏事件。执行流域、区域、行业限批和挂牌督办等督查制度。对未完成环保目标任务或发生重特大突发环境事件负有责任的地方政府领导进行约谈，落实整改措施。推行生产者责任延伸制度。深化企业环境监督员制度，实行资格化管理。建立健全环境保护举报制度，广泛实行信息公开，加强环境保护的社会监督。

（四）有效防范环境风险和妥善处置突发环境事件。完善以预防为主的环境风险管理制度，实行环境应急分级、动态和全过程管理，依法科学妥善处置突发环境事件。建设更加高效的环境风险管理和应急救援体系，提高环境应急监测处置能力。制定切实可行的环境应急预案，配备必要的应急救援物资和装备，加强环境应急管理、技术支撑和处置救援队伍建设，定期组织培训和演练。开展重点流域、区域环境与健康调查研究。全力做好污染事件应急处置工作，及时准确发布信息，减少人民群众生命财产损失和生态环境损害。健全责任追究制度，严格落实企业环境安全主体责任，强化地方政府环境安全监管责任。

二、着力解决影响科学发展和损害群众健康的突出环境问题

（五）切实加强重金属污染防治。对重点防控的重金属污染地区、行业和企业进行集中治理。合理调整涉重金属企业布局，严格落实卫生防护距离，坚决禁止在重点防控区域新改扩建增加重金属污染物排放总量的项目。加强重金属相关企业的环境监管，确保达标排放。对造成污染的重金属污染企业，加大处罚力度，采取限期整治措施，仍然达不到要求的，依法关停取缔。规范废弃电器电子产品的回收处理活动，建设废旧物品回收体系和集中加工处

理园区。积极妥善处理重金属污染历史遗留问题。

（八）深化重点领域污染综合防治。严格饮用水水源保护区划分与管理，定期开展水质全分析，实施水源地环境整治、恢复和建设工程，提高水质达标率。开展地下水污染状况调查、风险评估、修复示范。继续推进重点流域水污染防治，完善考核机制。加强鄱阳湖、洞庭湖、洪泽湖等湖泊污染治理。加大对水质良好或生态脆弱湖泊的保护力度。禁止在可能造成生态严重失衡的地方进行围填海活动，加强入海河流污染治理与入海排污口监督管理，重点改善渤海和长江、黄河、珠江等河口海域环境质量。修订环境空气质量标准，增加大气污染物监测指标，改进环境质量评价方法。健全重点区域大气污染联防联控机制，实施多种污染物协同控制，严格控制挥发性有机污染物排放。加强恶臭、噪声和餐饮油烟污染控制。加大城市生活垃圾无害化处理力度。加强工业固体废物污染防治，强化危险废物和医疗废物管理。被污染场地再次进行开发利用的，应进行环境评估和无害化治理。推行重点企业强制性清洁生产审核。推进污染企业环境绩效评估，严格上市企业环保核查。深入开展城市环境综合整治和环境保护模范城市创建活动。

（九）大力发展环保产业。加大政策扶持力度，扩大环保产业市场需求。鼓励多渠道建立环保产业发展基金，拓宽环保产业发展融资渠道。实施环保先进适用技术研发应用、重大环保技术装备及产品产业化示范工程。着重发展环保设施社会化运营、环境咨询、环境监理、工程技术设计、认证评估等环境服务业。鼓励使用环境标志、环保认证和绿色印刷产品。开展污染减排技术攻关，实施水体污染控制与治理等科技重大专项。制定环保产业统计标准。加强环境基准研究，推进国家环境保护重点实验室、工程技术中心建设。加强高等院校环境学科和专业建设。

（十）加快推进农村环境保护。实行农村环境综合整治目标责任制。深化“以奖促治”和“以奖代补”政策，扩大连片整治范围，集中整治存在突出环境问题的村庄和集镇，重点治理农村土壤和饮用水水源地污染。继续开展土壤环境调查，进行土壤污染治理与修复试点示范。推动环境保护基础设施和服务向农村延伸，加强农村生活垃圾和污水处理设施建设。发展生态农业和有机农业，科学使用化肥、农药和农膜，切实减少面源污染。严格农作物秸秆禁烧管理，推进农业生产废弃物资源化利用。加强农村人畜粪便和农药包装无害化处理。加大农村地区工矿企业污染防治力度，防止污染向农村转移。开展农业和农村环境统计。

（十一）加大生态保护力度。国家编制环境功能区划，在重要生态功能区、陆地和海洋生态环境敏感区、脆弱区等区域划定生态红线，对各类主体功能区分别制定相应的环境标准和环境政策。加强青藏高原生态屏障、黄土高原—川滇生态屏障、东北森林带、北方防沙带和南方丘陵山地带以及大江大河重要水系的生态环境保护。推进生态修复，让江河湖泊等重要生态系统休养生息。强化生物多样性保护，建立生物多样性监测、评估与预警体系以及生物遗传资源获取与惠益共享制度，有效防范物种资源丧失和流失。加强自然保护区综合管理。开展生态系统状况评估。加强矿产、水电、旅游资源开发和交通基础设施建设中的生态保护。推进生态文明建设试点，进一步开展生态示范创建活动。

三、改革创新环境保护体制机制

（十二）继续推进环境保护历史性转变。坚持在发展中保护，在保护中发展，不断强化并综合运用法律、经济、技术和必要的行政手段，以改革创新为动力，积极探索代价小、效益好、排放低、可持续的环境保护新道路，建立与我国国情相适应的环境保护宏观战略体系、全面高效的污染防治体系、健全的环境质量评价体系、完善的环境保护法规政策和科技标准体系、完备的环境管理和执法监督体系、全民参与的社会行动体系。

（十三）实施有利于环境保护的经济政策。把环境保护列入各级财政年度预算并逐步增加投入。适时增加同级环保能力建设经费安排。加大对重点流域水污染防治的投入力度，完善重点流域水污染防治专项资金管理办法。完善中央财政转移支付制度，加大对中西部地区、民族自治地方和重点生态功能区环境保护的转移支付力度。加快建立生态补偿机制和国家生态补偿专项资金，扩大生态补偿范围。积极推进环境税费改革，研究开征环境保护税。对生产符合下一阶段标准车用燃油的企业，在消费税政策上予以优惠。制定和完善环境保护综合名录。对“高污染、高环境风险”产品，研究调整进出口关税政策。支持符合条件的企业发行债券用于环境保护项目。加大对符合环保要求和信贷原则的企业和项目的信贷支持。建立企业环境行为信用评价制度。健全环境污染责任保险制度，开展环境污染强制责任保险试点。严格落实燃煤电厂烟气脱硫电价政策，制定脱硝电价政策。对可再生能源发电、余热发电和垃圾焚烧发电实行优先上网等政策支持。对高耗能、高污染行业实行差别电价，对污水处理、污泥无害化处理设施、非电力行业脱硫脱硝和垃圾处理设施等鼓励类企业实行政策优惠。按照污泥、垃圾和医疗废物无害化处置的要求，完善收费标准，推进征收方式改革。推行排污许可证制度，开展排污权有偿使用和交易试点，建立国家排污权交易中心，发展排污权交易市场。

（十四）不断增强环境保护能力。全面推进监测、监察、宣教、信息等环境保护能力标准化建设。完善地级以上城市空气质量、重点流域、地下水、农产品产地国家重点监控点位和自动监测网络，扩大监测范围，建设国家环境监测网。推进环境专用卫星建设及其应用，提高遥感监测能力。加强污染源自动监控系统建设、监督管理和运行维护。开展全民环境宣传教育行动计划，培育壮大环保志愿者队伍，引导和支持公众及社会组织开展环保活动。增强环境信息基础能力、统计能力和业务应用能力。建设环境信息资源中心，加强物联网在污染源自动监控、环境质量实时监测、危险化学品运输等领域的研发应用，推动信息资源共享。

（十五）健全环境管理体制和工作机制。构建环境保护工作综合决策机制。完善环境监测和督查体制机制，加强国家环境监察职能。继续实行环境保护部门领导干部双重管理体制。鼓励有条件的地区开展环境保护体制综合改革试点。结合地方人民政府机构改革和乡镇机构改革，探索实行设区城市环境保护派出机构监管模式，完善基层环境管理体制。加强核与辐射安全监管职能和队伍建设。实施生态环境保护人才发展中长期规划。

（十六）强化对环境保护工作的领导和考核。地方各级人民政府要切实把环境保护放在全局工作的突出位置，列入重要议事日程，明确目标任务，完善政策措施，组织实施国家重点环保工程。制定生态文明建设的目标指标体系，纳入地方各级人民政府绩效考核，考核结果作为领导班子和领导干部综合考核评价的重要内容，作为干部选拔任用、管理监督的重要依据，实行环境保护一票否决制。对未完成目标任务考核的地方实施区域限批，暂停审批该地区除民生工程、节能减排、生态环境保护和基础设施建设以外的项目，并追究有关领导责任。

各地区、各部门要加强协调配合，明确责任、分工和进度要求，认真落实本意见。环境保护部要会同有关部门加强对本意见落实情况的监督检查，重大情况向国务院报告。

国务院
二〇一一年十月十七日

国务院办公厅关于建立完整的先进的废旧商品回收体系的意见

国办发 〔2011〕49号

各省、自治区、直辖市人民政府，国务院各部委、各直属机构：

随着我国工业化、城镇化进程加速和人民生活水平不断提高，产品更新换代周期缩短，废旧商品数量增长加快。由于我国废旧商品回收体系很不完善，不仅影响废物利用，而且极易造成环境污染，建立完整的先进的回收、运输、处理、利用废旧商品回收体系已刻不容缓。经国务院同意，现提出如下意见：

一、指导思想、基本原则和主要目标

（一）指导思想。贯彻落实科学发展观，以节约资源、保护环境为目的，充分发挥市场机制作用，完善法规和政策配套措施，推广应用先进适用技术，健全废旧商品回收网络，提高废旧商品回收率，加快建设完整的先进的回收、运输、处理、利用废旧商品回收体系。

（二）基本原则。坚持市场主导与政府引导相结合，逐步形成政府推动、市场调节、企业运作、社会参与的废旧商品回收机制；坚持循环发展与科技创新相结合，提高废旧商品回收产业整体技术水平；坚持多渠道回收与集中分拣处理相结合，提高废旧商品回收率；坚持全面推进与因地制宜相结合，有重点、有步骤地推进废旧商品回收体系建设。

（三）主要目标。到2015年，初步建立起网络完善、技术先进、分拣处理良好、管理规范的现代废旧商品回收体系，各主要品种废旧商品回收率达到70%。

二、重点任务

（四）抓好重点废旧商品回收。充分发挥市场机制作用，提高废金属、废纸、废塑料、报废汽车及废旧机电设备、废轮胎、废弃电器电子产品、废玻璃、废铅酸电池、废弃节能灯等主要废旧商品的回收率。加强政策引导和支持力度，进一步明确生产者、销售者、消费者责任，通过垃圾分类回收等途径，切实做好重点废旧商品的有效回收。加强报废汽车回收拆解管理，加快回收拆解企业升级改造，提高回收拆解水平。

（五）提高分拣水平。加快废旧商品分拣处理企业技术升级改造，鼓励采用现代分拣分选设备，提升废旧商品分拣处理能力。建设符合环保要求的专业分拣中心，实现精细化分拣处理。不断完善废旧商品集散市场的分拣和集散功能，提高专业分拣能力，促进产需有效衔接，促进废旧商品回收加工一体化发展。

（六）强化科技支撑。在国家相关科技计划中进一步加大对废旧商品回收分拣处理技术研发的支持力度。建立健全产、学、研衔接互动机制，加强废旧商品回收分拣处理技术攻关，集中力量开发大宗废弃物、易污染环境的重点废旧商品回收分拣处理技术。鼓励研发先进的废旧商品回收分拣处理设备，提高回收分拣处理企业的技术装备水平。通过推广应用新技术、新工艺、新设备，加快提高废旧商品回收的现代化水平。加强国际合作与交流，借鉴国外废旧商品回收分拣处理的管理经验，积极引进国外先进技术设备，提高消化、吸收和创新能力。

（七）发挥大型企业带动作用。加大政策引导和支持力度，鼓励废旧商品回收企业联合、重组，做大做强，逐步培育形成一批组织规模大、经济效益好、研发能力强、技术装备先进的大型企业。充分发挥大型企业的示范和带动效应，提高废旧商品回收企业的组织化和规模化程度。鼓励外资参与废旧商品回收体系建设。

（八）推进废旧商品回收分拣集约化、规模化发展。按照布局合理、产业集聚、土地集约、生态环保的原则，在基础较好、需求迫切的地区先行试点，建设分拣技术先进、环保处理设施完备、劳动保护措施健全的废旧商品回收分拣集聚区，促进回收分拣集聚区与国家“城市矿产”示范基地等规模化利用基地的有效衔接。通过配套建设物流、信息、技术、环保设施等公共服务平台，吸引企业集群式发展，促进大企业和中小企业合作，形成企业间分工协作的完整产业链条。

（九）完善回收处理网络。鼓励各类投资主体积极参与建设、改造标准化居民固定或流动式废旧商品回收网点，发挥中小企业的优势，整合提升传统回收网络，对拾荒人员实行规范化管理。结合城市生活垃圾收运体系建设，加快建立居民废旧商品分类收集制度。畅通生产企业间直接回收大宗废旧商品和边角余料的渠道。鼓励生产企业、流通企业积极参与废旧商品回收，逐步实行生产者、销售者责任延伸制。明确生产企业回收废旧商品的责任，督促企业在设计和制造环节充分考虑产品废旧回收时的便利性和可回收率。鼓励党政机关、企事业单位以及居民社区与回收企业建立废旧商品定点定期回收机制。支持利用多种方式开展预约回收和交易，鼓励尝试押金回收、以旧换新、设置自动有偿回收机等灵活多样的回收方式，实现回收途径多元化。进一步做好废旧商品回收体系建设试点工作。

（十）加强行业监管。加强对回收企业站点、回收加工经营行为和市场秩序的监督管理，进一步健全行业管理制度和监督机制，营造统一规范、竞争有序的市场环境，建立和维护良好的废旧商品回收秩序。完善废旧商品回收经营者登记管理相关制度，加强对废旧商品交易市场经营行为的监管。强化对回收站点的治安管理，依法查处收购国家禁止收购物品、收赃销赃等违法犯罪行为。严厉打击利用废旧商品制假、造假行为，规范市场秩序。保护废旧商品回收和加工劳动者的合法权益，严格落实国家关于劳动保障的有关法规和制度。落实国家固体废物进口管理有关规定，加大预防和打击废物非法进口力度，加强对进口固体废物和旧商品的监管，鼓励进口再利用价值高、对原生资源替代性强、可直接用作原料的固体废物。

（十一）加强环境保护。强化废旧商品回收各环节的污染防治工作，完善污染防治设施，对废水、废气和固体废物实行严格收集和处理，严禁产生二次污染。制定和完善相应的环保法规、标准，加强回收、运输、处理、利用各环节的环境监管，加大环保执法力度，依法查处污染环境的企业并向社会公布。建立以环保指标为主要依据之一的市场准入和退出机制。积极推动企业开展质量管理体系和环境管理体系认证及清洁生产审核。对未达到质量和环保要求的废旧商品回收、运输、处理、利用企业，要切实加强督查、限期整改。

三、保障措施

（十二）加大财税金融支持力度。进一步研究完善支持废旧商品回收体系建设的财政政策。建立废弃电器电子产品处理基金，用于废弃电器电子产品回收处理费用补贴。通过国家科技计划（基金）等渠道，加强废旧商品回收处理有关技术设备的研发与示范。研究制定并完善促进废旧商品回收体系建设的税收政策。创新金融产品和服务方式，加大金融机构支持废旧商品回收体系建设的服务力度。鼓励并引导社会资金参与废旧商品回收体系建设。地方各级人民政府要相应加大财政投入，同时抓紧清理废旧商品回收领域存在的不合法、不合理收费项目。

（十三）完善土地支持政策。在提高土地节约集约利用水平的基础上，加大对废旧商品回收体系项目的土地政策支持。对列入各地废旧商品回收体系建设规划的重点项目，在符合土地利用总体规划前提下布局和选址，需要进行土地征收和农用地转用的，在土地利用年度计划内优先安排。积极支持利用工业企业存量土地建设废旧商品回收体系项目。

（十四）修订完善相关制度和标准。加快废旧商品回收法规建设，将废旧商品回收处理纳入法制化轨道，明确相关主体责任。完善促进和规范废旧商品回收的相关制度，建立废旧商品回收统计体系，加强考核和评价。加快废旧商品回收行业标准和规范的制修订工作，制定相关技术规范和重点废旧商品回收目录。修订《报废汽车回收管理办法》。编制“十二五”废旧商品回收体系建设规划并纳入国家“十二五”发展规划和循环经济发展规划。各地区在编制和调整城市规划、土地利用总体规划、基础设施规划、村镇规划时，应充分考虑废旧商品回收体系建设的需要，合理布局回收网点、分拣中心和区域性回收分拣基地。

四、组织协调

（十五）建立统筹协调指导机制。成立由商务部牵头、有关部门参与的废旧商品回收体系建设部际协调机制，指导废旧商品回收体系建设工作，协调解决工作中的重大问题，研究提出政策建议和工作思路，促进废旧商品回收体系建设工作制度化。有关部门按照职能分工，加强协调，密切配合，共同推进。各地要将废旧商品回收体系建设纳入当地政府工作目标和考核内容，并建立相应的工作协调机制。充分发挥行业协会作用，强化企业与政府沟通，提高行业自律和组织水平。

（十六）深入开展宣传教育。利用多种形式，广泛进行废旧商品回收利用宣传教育，积极倡导环保健康、循环利用的生产生活方式，在全社会推动形成加强环境保护、注重资源回收的良好氛围，树立全民节约环保意识。在中小学教育和职业技能培训中，加强勤俭节约品德和废旧商品回收知识普及教育。

国务院办公厅

二〇一一年十月三十一日

国务院关于印发《“十二五”控制温室气体排放工作方案》的通知

国发〔2011〕41号

各省、自治区、直辖市人民政府，国务院各部委、各直属机构：

现将《“十二五”控制温室气体排放工作方案》（以下简称《方案》）印发给你们，请认真贯彻执行。

控制温室气体排放是我国积极应对全球气候变化的重要任务，对于加快转变经济发展方式、促进经济社会可持续发展、推进新的产业革命具有重要意义。要围绕到2015年全国单位国内生产总值二氧化碳排放比2010年下降17%的目标，大力开展节能降耗，优化能源结构，努力增加碳汇，加快形成以低碳为特征的产业体系和生活方式。

各地区、各部门要充分认识控制温室气体排放工作的重要性、紧迫性和艰巨性，将其纳入本地区、本部门总体工作布局，将各项工作任务分解落实到基层，并制定年度具体实施办法，进一步加强组织领导，健全管理体制，明确工作责任，完善政策法规，加大资金投入。地方各级人民政府对本行政区域内控制温室气体排放工作负总责，政府主要领导是第一责任人。有关部门要在各自职责范围内做好控制温室气体排放工作。要充分发挥市场机制作用，增强企业和社会各界控制温室气体排放的意识和自觉性，形成以政府为主导、企业为主体、全社会广泛参与的控制温室气体排放工作格局，确保完成“十二五”控制温室气体排放目标。

中华人民共和国国务院

二〇一一年十二月一日

“十二五”控制温室气体排放工作方案

一、总体要求和主要目标

（一）总体要求。坚持以科学发展为主题，以加快转变经济发展方式为主线，牢固树立绿色、低碳发展理念，统筹国际国内两个大局，把积极应对气候变化作为经济社会发展的重大战略、作为加快转变经济发展方式、调整经济结构和推进新的产业革命的重大机遇，坚持走新型工业化道路，合理控制能源消费总量，综合运用优化产业结构和能源结构、节约能源和提高能效、增加碳汇等多种手段，开展低碳试验试点，完善体制机制和政策体系，健全激励和约束机制，更多地发挥市场机制作用，加强低碳技术研发和推广应用，加快建立以低碳为特征的工业、能源、建筑、交通等产业体系和消费模式，有效控制温室气体排放，提高应对气候变化能力，促进经济社会可持续发展，为应对全球气候变化作出积极贡献。

（二）主要目标。大幅度降低单位国内生产总值二氧化碳排放，到2015年全国单位国内生产总值二氧化碳排放比2010年下降17%。控制非能源活动二氧化碳排放和甲烷、氧化亚氮、氢氟碳化物、全氟化碳、六氟化硫等温室气体排放取得成效。应对气候变化政策体系、体制机制进一步完善，温室气体排放统计核算体系基本建立，碳排放交易市场逐步形成。通过低碳试验试点，形成一批各具特色的低碳省区和城市，建成一批具有典型示范意义的低碳园区和低碳社区，推广一批具有良好减排效果的低碳技术和产品，控制温室气体排放能力得到全面提升。

二、综合运用多种控制措施

（三）加快调整产业结构。抑制高耗能产业过快增长，进一步提高高耗能、高排放和产能过剩行业准入门槛，健全项目审批、核准和备案制度，严格控制新建项目。加快淘汰落后产能，完善落后产能退出机制，制定并落实重点行业“十二五”淘汰落后产能实施方案和年度计划，加大淘汰落后产能工作力度。严格落实《产业结构调整指导目录》，加快运用高新技术和先进实用技术改造提升传统产业，促进信息化和工业化深度融合。大力发展服务业和战略性新兴产业，到2015年服务业增加值和战略性新兴产业增加值占国内生产总值比例提高到47%和8%左右。

（四）大力推进节能降耗。完善节能法规和标准，强化节能目标责任考核，加强固定资产投资项目节能评估和审查。实施节能重点工程，加强重点用能单位节能管理，突出抓好工业、建筑、交通、公共机构等领域节能，加快节能技术开发和推广应用。健全节能市场化机制，完善能效标识、节能产品认证和节能产品政府强制采购制度，加快节能服务业发展。大力发展循环经济，加强节能能力建设。到2015年，形成3亿吨标准煤的节能能力，单位国内生产总值能耗比2010年下降16%。

（五）积极发展低碳能源。调整和优化能源结构，推进煤炭清洁利用，鼓励开发利用煤层气和天然气，在确保安全的基础上发展核电，在做好生态保护和移民安置的前提下积极发展水电，因地制宜大力发展风电、太阳能、生物质能、地热能等非化石能源。促进分布式能源系统的推广应用。到2015年，非化石能源占一次能源消费比例达到11.4%。

（六）努力增加碳汇。加快植树造林，继续实施生态建设重点工程，巩固和扩大退耕还林成果，开展碳汇造林项目。深入开展城市绿化，抓好铁路、公路等通道绿化。加强森林抚育经营和可持续管理，强化现有森林资源保护，改造低产低效林，提高森林生长率和蓄积量。完善生态补偿机制。“十二五”时期，新增森林面积1250万公顷，森林覆盖率提高到21.66%，森林蓄积量增加6亿立方米。积极增加农田、草地等生态系统碳汇。加强滨海湿地修复恢复，结合海洋经济发展和海岸带保护，积极探索利用藻类、贝类、珊瑚等海洋生物进行固碳，根据自然条件开展试点项目。在火电、煤化工、水泥和钢铁行业中开展碳捕集试验项目，建设二氧化碳捕集、驱油、封存一体化示范工程。

（七）控制非能源活动温室气体排放。控制工业生产过程温室气体排放，继续推广利用电石渣、造纸污泥、脱硫石膏、粉煤灰、矿渣等固体工业废渣和火山灰等非碳酸盐原料生产水泥，加快发展新型低碳水泥，鼓励使用散装水泥、预拌混凝土和预拌沙浆；鼓励采用废钢电炉炼钢—热轧短流程生产工艺；推广有色金属冶炼短流程生产工艺技术；减少石灰土窑数量；通过改进生产工艺，减少电石、制冷剂、己二酸、硝酸等行业工业生产过程温室气体排放。通过改良作物品种、改进种植技术，努力控制农业领域温室气体排放；加强畜牧业和城市废弃物处理和综合利用，控制甲烷等温室气体排放增长。积极研发并推广应用控制氢氟碳化物、全氟化碳和六氟化硫等温室气体排放技术，提高排放控制水平。

（八）加强高排放产品节约与替代。加强需求引导，强化工程技术标准，通过广泛应用高强度、高韧性建筑用钢材和高性能混凝土，提高建设工程质量，延长使用寿命。实施水泥、钢铁、石灰、电石等高耗能、高排放产品替代工程。鼓励开发和使用高性能、低成本、低消耗的新型材料替代传统钢材。鼓励使用缓释肥、有机肥等替代传统化肥，减少化肥使用量和温室气体排放量。选择具有重要推广价值的替代产品或工艺，进行推广示范。

三、开展低碳发展试验试点

（九）扎实推进低碳省区和城市试点。各试点地区要编制低碳发展规划，积极探索具有本地区特色的低碳发展模式，率先形成有利于低碳发展的政策体系和体制机制，加快建立以低碳为特征的工业、建筑、交通体系，践行低碳消费理念，成为低碳发展的先导示范区。逐步扩大试点范围，鼓励国家资源节约型和环境友好型社会建设综合配套改革试验区等开展低碳试点。各省（区、市）可结合实际，开展低碳试点工作。

（十）开展低碳产业试验园区试点。依托现有高新技术开发区、经济技术开发区等产业园区，建设以低碳、清洁、循环为特征，以低碳能源、物流、建筑为支撑的低碳园区，采用合理用能技术、能源资源梯级利用技术、可再生能源技术和资源综合利用技术，优化产业链和生产组织模式，加快改造传统产业，集聚低碳型战略性新兴产业，培育低碳产业集群。

（十一）开展低碳社区试点。结合国家保障性住房建设和城市房地产开发，按照绿色、便捷、节能、低碳的要求，开展低碳社区建设。在社区规划设计、建材选择、供暖供冷供电供热水系统、照明、交通、建筑施工等方面，实现绿色低碳化。大力发展节能低碳建材，推广绿色低碳建筑，加快建筑节能低碳整装配套技术、低碳建造和施工关键技术及节能低碳建材成套应用技术研发应用，鼓励建立节能低碳、可再生能源利用最大化的社区能源与交通保障系统，积极利用地热地温、工业余热，积极探索土地节约利用、水资源和本地资源综合利用的方式，推进雨水收集和综合利用。开展低碳家庭创建活动，制定节电节水、垃圾分类等低碳行为规范，引导社区居民普遍接受绿色低碳的生活方式和消费模式。

（十二）开展低碳商业、低碳产品试点。针对商场、宾馆、餐饮机构、旅游景区等商业设施，通过改进营销理念和模式，加强节能、可再生能源等新技术和产品应用，加强资源节约和综合利用，加强运营管理，加强对顾客消费行为引导，显著减少试点商业机构二氧化碳排放。研究产品“碳足迹”计算方法，建立低碳产品标准、标识和认证制度，制定低碳产品认证和标识管理办法，开展相应试点，引导低碳消费。

（十三）加大对试验试点工作的支持力度。加强对试验试点工作的统筹协调和指导，建立部门协作机制，研究制定支持试点的财税、金融、投资、价格、产业等方面的配套政策，形成支持试验试点的整体合力。研究提出低碳城市、园区、社区和商业等试点建设规范和评价标准。加快出台试验试点评价考核办法，对试验试点目标任务完成情况进行跟踪评估。开展试验试点经验交流，推进相关国际合作。

四、加快建立温室气体排放统计核算体系

（十四）建立温室气体排放基础统计制度。将温室气体排放基础统计指标纳入政府统计指标体系，建立健全涵盖能源活动、工业生产过程、农业、土地利用变化与林业、废弃物处理等领域，适应温室气体排放核算的统计体系。根据温室气体排放统计需要，扩大能源统计调查范围，细化能源统计分类标准。重点排放单位要健全温室气体排放和能源消费的台账记录。

（十五）加强温室气体排放核算工作。制定地方温室气体排放清单编制指南，规范清单编制方法和数据来源。研究制定重点行业、企业温室气体排放核算指南。建立温室气体排放数据信息系统。定期编制国家和省级温室气体排放清单。加强对温室气体排放核算工作的指导，做好年度核算工作。加强温室气体计量工作，做好排放因子测算和数据质量监测，确保数据真实准确。构建国家、地方、企业三级温室气体排放基础统计和核算工作体系，加强能力建设，建立负责温室气体排放统计核算的专职工作队伍和基础统计队伍。实行重点企业直接报送能源和温室气体排放数据制度。

五、探索建立碳排放交易市场

（十六）建立自愿减排交易机制。制定温室气体自愿减排交易管理办法，确立自愿减排交易机制的基本管理框架、交易流程和监管办法，建立交易登记注册系统和信息发布制度，开展自愿减排交易活动。

（十七）开展碳排放权交易试点。根据形势发展并结合合理控制能源消费总量的要求，建立碳排放总量控制制度，开展碳排放权交易试点，制定相应法规和管理办法，研究提出温室气体排放权分配方案，逐步形成区域碳排放权交易体系。

（十八）加强碳排放交易支撑体系建设。制定我国碳排放交易市场建设总体方案。研究制定减排量核算方法，制定相关工作规范和认证规则。加强碳排放交易机构和第三方核查认证机构资质审核，严格审批条件和程序，加强监督管理和能力建设。在试点地区建立碳排放权交易登记注册系统、交易平台和监管核证制度。充实管理机构，培养专业人才。逐步建立统一的登记注册和监督管理系统。

六、大力推动全社会低碳行动

（十九）发挥公共机构示范作用。各级国家机关、事业单位、团体组织等公共机构要率先垂范，加快设施低碳化改造，推进低碳理念进机关、校园、场馆和军营。逐步建立低碳产品政府采购制度，将低碳认证产品列入政府采购清单，完善强制采购和优先采购制度，逐步提高低碳产品比重。

（二十）推动行业开展减碳行动。钢铁、建材、电力、煤炭、石油、化工、有色、纺织、食品、造纸、交通、铁路、建筑等行业要制定控制温室气体排放行动方案，按照先进企业的排放标准对重点企业要提出温室气体排放控制要求，研究确定重点行业单位产品（服务量）温室气体排放标准。选择重点企业试行“碳披露”和“碳盘查”，开展“低碳标兵活动”。

（二十一）提高公众参与意识。利用多种形式和手段，全方位、多层次加强宣传引导，研究设立“全国低碳日”，大力倡导绿色低碳、健康文明的生活方式和消费模式，宣传低碳生活典型，弘扬以低碳为荣的社会新风尚，树立绿色低碳的价值观、生活观和消费观，使低碳理念广泛深入人心，成为全社会的共识和自觉行动，营造良好的舆论氛围和社会环境。

七、广泛开展国际合作

（二十二）加强履约工作。按照《联合国气候变化框架公约》及其《京都议定书》的要求，及时编制和提交国家履约信息通报，继续推动清洁发展机制项目实施。广泛宣传我国控制温室气体排放的政策、行动与成效。坚持“共同但有区别的责任”原则和公平原则，建设性参与气候变化国际谈判进程，推动公约和议定书的全面、有效、持续实施。

（二十三）强化务实合作。加强气候变化领域国际交流和对话，积极开展多渠道项目合作。在科学研究、技术研发和能力建设等方面开展务实合作，积极引进并消化吸收国外先进技术，学习借鉴国际成功经验。积极支持小岛屿国家、最不发达国家和非洲国家加强应对气候变化能力建设，结合实施“走出去”战略，促进与其他发展中国家开展低碳项目合作。

八、强化科技与人才支撑

（二十四）强化科技支撑。加强控制温室气体排放基础研究。统筹技术研发和项目建设，在重点行业和重点领域实施低碳技术创新及产业化示范工程，重点发展经济适用的低碳建材、低碳交通、绿色照明、煤炭清洁高效利用等低碳技术；开发高性价比太阳能光伏电池技术、太阳能建筑一体化技术、大功率风能发电、天然气分布式能源、地热发电、海洋能发电、智能及绿色电网、新能源汽车和储电技术等关键低碳技术；研究具有自主知识产权的碳捕集、利用和封存等新技术。推进低碳技术国家重点实验室和国家工程中心建设。编制低碳技术推广目录，实施低碳技术产业化示范项目。完善低碳技术成果转化机制，依托科研院所、高校和企业建立低碳技术孵化器、中介服务机构。

（二十五）加强人才队伍建设。加强应对气候变化教育培训，将其纳入国民教育和培训体系，完善相关学科体系。积极开展应对气候变化科学普及，加强应对气候变化基础研究和科技研发队伍、战略与政策专家队伍、国际谈判专业队伍和低碳发展市场服务人才队伍建设。

九、保障工作落实

（二十六）加强组织领导和评价考核。各省（区、市）要将大幅度降低二氧化碳排放强度纳入本地区经济社会发展规划和年度计划，明确任务，落实责任，确保完成本地区目标任务。要将二氧化碳排放强度下降指标完成情况纳入各地区（行业）经济社会发展综合评价体系和干部政绩考核体系，完善工作机制。有关部门要根据职责分工，按照相关专项规划和工作方案，切实抓好落实。各省级人民政府和相关部门要对本地区、本部门控制温室气体排放工作负总责。加强对各省（区、市）“十二五”二氧化碳排放强度下降目标完成情况的评估、考核。对控制温室气体排放工作实行问责和奖惩。对作出突出贡献的单位和个人按国家有关规定给予表彰奖励。

（二十七）健全管理体制。加强应对气候变化工作机构建设，逐步健全国家温室气体排放控制监管体制。推动建立应对气候变化领域的相关服务、咨询机构。强化应对气候变化工作与优化产业结构和能源结构、节能提高能效、生态保护等工作的协同作用，完善部门间的沟通协调机制，深化相关领域改革，加强财税、金融、价格、产业等政策的协调配合。

（二十八）落实资金保障。各地区、有关部门要围绕实现“十二五”控制温室气体排放目标，切实加大资金投入，确保各项工作落实。从节能减排和可再生能源发展等财政资金中安排资金，支持应对气候变化相关工作。充分利用中国清洁发展机制基金资金，拓宽多元化投融资渠道，积极引导社会资金、外资投入低碳技术研发、低碳产业发展和控制温室气体排放重点工程。调整和优化信贷结构,积极做好控制温室气体排放、促进低碳产业发展的金融支持和配套服务工作。在利用国际金融组织和外国政府优惠贷款安排中，加大对控制温室气体排放项目的支持力度。

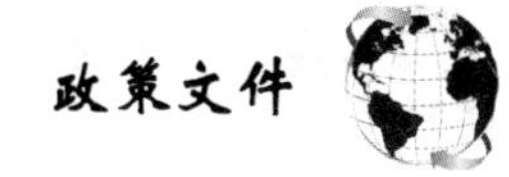

附件：

"十二五"各地区单位国内生产总值二氧化碳排放下降指标

地区	单位国内生产总值二氧化碳排放下降(%)	备注：单位国内生产总值能源消耗下降(%)
北京	18	17
天津	19	18
河北	18	17
山西	17	16
内蒙古	16	15
辽宁	18	17
吉林	17	16
黑龙江	16	16
上海	19	18
江苏	19	18
浙江	19	18
安徽	17	16
福建	17.5	16
江西	17	16
山东	18	17
河南	17	16
湖北	17	16
湖南	17	16
广东	19.5	18
广西	16	15
海南	11	10
重庆	17	16
四川	17.5	16
贵州	16	15
云南	16.5	15
西藏	10	10
陕西	17	16
甘肃	16	15
青海	10	10
宁夏	16	15
新疆	11	10

国务院关于印发节能减排“十二五”规划的通知

国发〔2012〕40号

各省、自治区、直辖市人民政府，国务院各部委、各直属机构：

现将《节能减排“十二五”规划》印发给你们，请认真贯彻执行。

国务院

二〇一二年八月六日

节能减排“十二五”规划

为确保实现“十二五”节能减排约束性目标，缓解资源环境约束，应对全球气候变化，促进经济发展方式转变，建设资源节约型、环境友好型社会，增强可持续发展能力，根据《中华人民共和国国民经济和社会发展第十二个五年规划纲要》，制定本规划。

一、现状与形势

（一）“十一五”节能减排取得显著成效。

“十一五”时期，国家把能源消耗强度降低和主要污染物排放总量减少确定为国民经济和社会发展的约束性指标，把节能减排作为调整经济结构、加快转变经济发展方式的重要抓手和突破口。各地区、各部门认真贯彻落实党中央、国务院的决策部署，采取有效措施，切实加大工作力度，基本实现了“十一五”规划纲要确定的节能减排约束性目标，节能减排工作取得了显著成效。

——为保持经济平稳较快发展提供了有力支撑。“十一五”期间，我国以能源消费年均6.6%的增速支撑了国民经济年均11.2%的增长，能源消费弹性系数由“十五”时期的1.04下降到0.59，节约能源6.3亿吨标准煤。

——扭转了我国工业化、城镇化快速发展阶段能源消耗强度和主要污染物排放量上升的趋势。“十一五”期间，我国单位国内生产总值能耗由“十五”后三年上升9.8%转为下降19.1%；二氧化硫和化学需氧量排放总量分别由“十五”后三年上升32.3%、3.5%转为下降14.29%、12.45%。

——促进了产业结构优化升级。2010年与2005年相比，电力行业300兆瓦以上火电机组占火电装机容量比重由50%上升到73%，钢铁行业1000立方米以上大型高炉产能比重由48%上升到61%，建材行业新型干法水泥熟料产量比重由39%上升到81%。

——推动了技术进步。2010年与2005年相比，钢铁行业干熄焦技术普及率由不足30%提高到80%以上，水泥行业低温余热回收发电技术普及率由开始起步提高到55%，烧碱行业离子膜法烧碱技术普及率由29%提高到84%。

——节能减排能力明显增强。“十一五”时期，通过实施节能减排重点工程，形成节能能力3.4亿吨标准煤；新增城镇污水日处理能力6500万吨，城市污水处理率达到77%；燃煤电厂投产运行脱硫机组容量达5.78亿千瓦，占全部火电机组容量的82.6%。

——能效水平大幅度提高。2010年与2005年相比，火电供电煤耗由370克标准煤/千瓦时降到333克标准煤/千瓦时，下降10.0%；吨钢综合能耗由688千克标准煤降到605千克标准煤，下降12.1%；水泥综合能耗下降28.6%；乙烯综合能耗下降11.3%；合成氨综合能耗下降14.3%。

——环境质量有所改善。2010年与2005年相比，环保重点城市二氧化硫年均浓度下降26.3%，地表水国控断面劣五类水质比例由27.4%下降到20.8%，七大水系国控断面好于三类水质比例由41%上升到59.9%。

——为应对全球气候变化作出了重要贡献。“十一五”期间，我国通过节能降耗减少二氧化碳排放14.6亿吨，得到国际社会的广泛赞誉，展示了我负责任大国的良好形象。

“十一五”时期，我国节能法规标准体系、政策支持体系、技术支撑体系、监督管理体系初步形成，重点污染源在线监控与环保执法监察相结合的减排监督管理体系初步建立，全社会节能环保意识进一步增强。

（二）存在的主要问题。

一是一些地方对节能减排的紧迫性和艰巨性认识不足，片面追求经济增长，对调结构、转方式重视不够，不能正确处理经济发展与节能减排的关系，节能减排工作还存在思想认识不深入、政策措施不落实、监督检查不力、激励约束不强等问题。

二是产业结构调整进展缓慢。“十一五”期间，第三产业增加值占国内生产总值的比重低于预期目标，重工业占工业总产值比重由68.1%上升到70.9%，高耗能、高排放产业增长过快，结构节能目标没有实现。

三是能源利用效率总体偏低。我国国内生产总值约占世界的8.6%，但能源消耗占世界的19.3%，单位国内生产总值能耗仍是世界平均水平的2倍以上。2010年全国钢铁、建材、化工等行业单位产品能耗比国际先进水平高出10%-20%。

四是政策机制不完善。有利于节能减排的价格、财税、金融等经济政策还不完善，基于市场的激励和约束机制不健全，创新驱动不足，企业缺乏节能减排内生动力。

五是基础工作薄弱。节能减排标准不完善，能源消费和污染物排放计量、统计体系建设滞后，监测、监察能力亟待加强，节能减排管理能力还不能适应工作需要。

（三）面临的形势。

“十二五”时期如未能采取更加有效的应对措施，我国面临的资源环境约束将日益强化。从国内看，随着工业化、城镇化进程加快和消费结构升级，我国能源需求呈刚性增长，受国内资源保障能力和环境容量制约，我国经济社会发展面临的资源环境瓶颈约束更加突出，节能减排工作难度不断加大。从国际看，围绕能源安全和气候变化的博弈更加激烈。一方面，贸易保护主义抬头，部分发达国家凭借技术优势开征碳税并计划实施碳关税，绿色贸易壁垒日益突出。另一方面，全球范围内绿色经济、低碳技术正在兴起，不少发达国家大幅增加投入，支持节能环保、新能源和低碳技术等领域创新发展，抢占未来发展制高点的竞争日趋激烈。

虽然我国节能减排面临巨大挑战，但也面临难得的历史机遇。科学发展观深入人心，全民节能环保意识不断提高，各方面对节能减排的重视程度明显增强，产业结构调整力度不断加大，科技创新能力不断提升，节能减排激励约束机制不断完善，这些都为“十二五”推进节能减排创造了有利条件。要充分认识节能减排的极端重要性和紧迫性，增强忧患意识和危机意识，抓住机遇，大力推进节能减排，促进经济社会发展与资源环境相协调，切实增强可持续发展能力。

二、指导思想、基本原则和主要目标

（一）指导思想。

以邓小平理论和“三个代表”重要思想为指导，深入贯彻落实科学发展观，坚持大幅降低能源消耗强度、显著减少主要污染物排放总量、合理控制能源消费总量相结合，形成加快转变经济发展方式的倒逼机制；坚持强化责任、健全法制、完善政策、加强监管相结合，建立健全有效的激励和约束机制；坚持优化产业结构、推动技术进步、强化工程措施、加强管理引导相结合，大幅度提高能源利用效率，显著减少污染物排放；加快构建政府为主导、企业为主体、市场有效驱动、全社会共同参与的推进节能减排工作格局，确保实现“十二五”节能减排约束性目标，加快建设资源节约型、环境友好型社会。

（二）基本原则。

强化约束，推动转型。通过逐级分解目标任务，加强评价考核，强化节能减排目标的约束性作用，加快转变经济发展方式，调整优化产业结构，增强可持续发展能力。

控制增量，优化存量。进一步完善和落实相关产业政策，提高产业准入门槛，严格能评、环评审查，抑制高耗能、高排放行业过快增长，合理控制能源消费总量和污染物排放增量。加快淘汰落后产能，实施节能减排重点工程，改造提升传统产业。

完善机制，创新驱动。健全节能环保法律、法规和标准，完善有利于节能减排的价格、财税、金融等经济政策，充分发挥市场配置资源的基础性作用，形成有效的激励和约束机制，增强用能、排污单位和公民自觉节能减排的内生动力。加快节能减排技术创新、管理创新和制度创新，建立长效机制，实现节能减排效益最大化。

分类指导，突出重点。根据各地区、各有关行业特点，实施有针对性的政策措施。突出抓好工业、建筑、交通、公共机构等重点领域和重点用能单位节能，大幅提高能源利用效率。加强环境基础设施建设，推动重点行业、重点流域、农业源和机动车污染防治，有效减少主要污染物排放总量。

（三）总体目标。

到2015年，全国万元国内生产总值能耗下降到0.869吨标准煤（按2005年价格计算），比2010年的1.034吨标准煤下降16%（比2005年的1.276吨标准煤下降32%）。“十二五”期间，实现节约能源6.7亿吨标准煤。

2015年，全国化学需氧量和二氧化硫排放总量分别控制在2347.6万吨、2086.4万吨，比2010年的2551.7万吨、2267.8万吨各减少8%，分别新增削减能力601万吨、654万吨；全国氨氮和氮氧化物排放总量分别控制在238万吨、2046.2万吨，比2010年的264.4万吨、2273.6万吨各减少10%，分别新增削减能力69万吨、794万吨。

（四）具体目标。

到2015年，单位工业增加值（规模以上）能耗比2010年下降21%左右，建筑、交通运输、公共机构等重点领域能耗增幅得到有效控制，主要产品（工作量）单位能耗指标达到先进节能标准的比例大幅提高，部分行业和大中型企业节能指标达到世界先进水平（见表1）。风机、水泵、空压机、变压器等新增主要耗能设备能效指标达到国内或国际先进水平，空调、电冰箱、洗衣机等国产家用电器和一些类型的电动机能效指标达到国际领先水平。工业重点行业、农业主要污染物排放总量大幅降低（见表2）。

表1　“十二五”时期主要节能指标

指标	单位	2010年	2015年	变化幅度/变化率
工业				
单位工业增加值（规模以上）能耗	%			[-21%左右]
火电供电煤耗	克标准煤/千瓦时	333	325	-8
火电厂厂用电率	%	6.33	6.2	-0.13
电网综合线损率	%	6.53	6.3	-0.23
吨钢综合能耗	千克标准煤	605	580	-25
铝锭综合交流电耗	千瓦时/吨	14013	13300	-713
铜冶炼综合能耗	千克标准煤/吨	350	300	-50
原油加工综合能耗	千克标准煤/吨	99	86	-13
乙烯综合能耗	千克标准煤/吨	886	857	-29
合成氨综合能耗	千克标准煤/吨	1402	1350	-52
烧碱（离子膜）综合能耗	千克标准煤/吨	351	330	-21
水泥熟料综合能耗	千克标准煤/吨	115	112	-3
平板玻璃综合能耗	千克标准煤/重量箱	17	15	-2
纸及纸板综合能耗	千克标准煤/吨	680	530	-150
纸浆综合能耗	千克标准煤/吨	450	370	-80
日用陶瓷综合能耗	千克标准煤/吨	1190	1110	-80
建筑				
北方采暖地区既有居住建筑改造面积	亿平方米	1.8	5.8	4
城镇新建绿色建筑标准执行率	%	1	15	14
交通运输				
铁路单位运输工作量综合能耗	吨标准煤/百万换算吨公里	5.01	4.76	[-5%]
营运车辆单位运输周转量能耗	千克标准煤/百吨公里	7.9	7.5	[-5%]
营运船舶单位运输周转量能耗	千克标准煤/千吨公里	6.99	6.29	[-10%]
民航业单位运输周转量能耗	千克标准煤/吨公里	0.450	0.428	[-5%]
公共机构				

公共机构单位建筑面积能耗	千克标准煤/平方米	23.9	21	[-12%]
公共机构人均能耗	千克标准煤/人	447.4	380	[15%]
终端用能设备能效				
燃煤工业锅炉（运行）	%	65	70～75	5～10
三相异步电动机（设计）	%	90	92～94	2～4
容积式空气压缩机输入比功率	千瓦/（立方米·分-1）	10.7	8.5～9.3	-1.4～-2.2
电力变压器损耗	千瓦	空载：43 负载：170	空载：30～33 负载：151～153	-10～-13 -17～-19
汽车（乘用车）平均油耗	升/百公里	8	6.9	-1.1
房间空调器（能效比）	-	3.3	3.5～4.5	0.2～1.2
电冰箱（能效指数）	%	49	40～46	-3～-9
家用燃气热水器（热效率）	%	87～90	93～97	3～10

注：[ ] 内为变化率。

表2 “十二五”时期主要减排指标

指标	单位	2010年	2015年	变化幅度/变化率
工业				
工业化学需氧量排放量	万吨	355	319	[-10%]
工业二氧化硫排放量	万吨	2073	1866	[-10%]
工业氨氮排放量	万吨	28.5	24.2	[-15%]
工业氮氧化物排放量	万吨	1637	1391	[-15%]
火电行业二氧化硫排放量	万吨	956	800	[-16%]
火电行业氮氧化物排放量	万吨	1055	750	[-29%]
钢铁行业二氧化硫排放量	万吨	248	180	[-27%]
水泥行业氮氧化物排放量	万吨	170	150	[-12%]
造纸行业化学需氧量排放量	万吨	72	64.8	[-10%]
造纸行业氨氮排放量	万吨	2.14	1.93	[-10%]
纺织印染行业化学需氧量排放量	万吨	29.9	26.9	[-10%]
纺织印染行业氨氮排放量	万吨	1.99	1.75	[-12%]
农业				
农业化学需氧量排放量	万吨	1204	1108	[-8%]
农业氨氮排放量	万吨	82.9	74.6	[-10%]
城市				
城市污水处理率	%	77	85	8

注：[ ] 内为变化率。

三、主要任务

（一）调整优化产业结构。

——抑制高耗能、高排放行业过快增长。合理控制固定资产投资增速和火电、钢铁、水泥、造纸、印染等重点行业发展规模，提高新建项目节能、环保、土地、安全等准入门槛，严格固定资产投资项目节能评估审查、环境影响评价和建设项目用地预审，完善新开工项目管理部门联动机制和项目审批问责制。对违规在建的高耗能、高排放项目，有关部门要责令停止建设，金融机构一律不得发放贷款。对违规建成的项目，要责令停止生产，金融机构一律不得发放流动资金贷款，有关部门要停止供电供水。严格控制高耗能、高排放和资源性产品出口。把能源消费总量、污染物排放总量作为能评和环评审批的重要依据，对电力、钢铁、造纸、印染行业实行主要污染物排放总量控制，对新建、扩建项目实施排污量等量或减量置换。优化电力、钢铁、水泥、玻璃、陶瓷、造纸等重点行业区域空间布局。中西部地区承接产业转移必须坚持高标准，严禁高污染产业和落后生产能力转入。

——淘汰落后产能。严格落实《产业结构调整指导目录（2011年本）》和《部分工业行业淘汰落后生产工艺装备和产品指导目录（2010年本）》，重点淘汰小火电2000万千瓦、炼铁产能4800万吨、炼钢产能4800万吨、水泥产能3.7亿吨、焦炭产能4200万吨、造纸产能1500万吨等（见表3）。制定年度淘汰计划，并逐级分解落实。对稀土行业实施更严格的节能环保准入标准，加快淘汰落后生产工艺和生产线，推进形成合理开发、有序生产、高效利用、技术先进、集约发展的稀土行业持续健康发展格局。完善落后产能退出机制，对未完成淘汰任务的地区和企业，依法落实惩罚措施。鼓励各地区制定更严格的能耗和排放标准，加大淘汰落后产能力度。

表3 “十二五”时期淘汰落后产能一览表

行业	主要内容	单位	产能
电力	大电网覆盖范围内，单机容量在10万千瓦及以下的常规燃煤火电机组，单机容量在5万千瓦及以下的常规小火电机组，以发电为主的燃油锅炉及发电机组（5万千瓦及以下）；大电网覆盖范围内，设计寿命期满的单机容量在20万千瓦及以下的常规燃煤火电机组	万千瓦	2000
炼铁	400立方米及以下炼铁高炉等	万吨	4800
炼钢	30吨及以下转炉、电炉等	万吨	4800
铁合金	6300千伏安以下铁合金矿热电炉，3000千伏安以下铁合金半封闭直流电炉、铁合金精炼电炉等	万吨	740
电石	单台炉容量小于12500千伏安电石炉及开放式电石炉	万吨	380
铜（含再生铜）冶炼	鼓风炉、电炉、反射炉炼铜工艺及设备等	万吨	80
电解铝	100千安及以下预焙槽等	万吨	90
铅（含再生铅）冶炼	采用烧结锅、烧结盘、简易高炉等落后方式炼铅工艺及设备，未配套建设制酸及尾气吸收系统的烧结机炼铅工艺等	万吨	130
锌（含再生锌）冶炼	采用马弗炉、马槽炉、横罐、小竖罐等进行焙烧、简易冷凝设施进行收尘等落后方式炼锌或生产氧化锌工艺装备等	万吨	65
焦炭	土法炼焦（含改良焦炉），单炉产能7.5万吨/年以下的半焦（兰炭）生产装置，炭化室高度小于4.3米焦炉（3.8米及以上捣固焦炉除外）	万吨	4200
水泥（含熟料及磨机）	立窑，干法中空窑，直径3米以下水泥粉磨设备等	万吨	37000
平板玻璃	平拉工艺平板玻璃生产线（含格法）	万重量箱	9000
造纸	无碱回收的碱法（硫酸盐法）制浆生产线，单条产能小于3.4万吨的非木浆生产线，单条产能小于1万吨的废纸浆生产线，年生产能力5.1万吨以下的化学木浆生产线等	万吨	1500
化纤	2万吨/年及以下粘胶常规短纤维生产线，湿法氨纶工艺生产线，二甲基酰胺溶剂法氨纶及腈纶工艺生产线，硝酸法腈纶常规纤维生产线等	万吨	59
印染	未经改造的74型染整生产线，使用年限超过15年的国产和使用年限超过20年的进口前处理设备、拉幅和定形设备、圆网和平网印花机、连续染色机，使用年限超过15年的浴比大于1：10的棉及化纤间歇式染色设备等	亿米	55.8
制革	年加工生皮能力5万标张牛皮、年加工蓝湿皮能力3万标张牛皮以下的制革生产线	万标张	1100
酒精	3万吨/年以下酒精生产线（废糖蜜制酒精除外）	万吨	100
味精	3万吨/年以下味精生产线	万吨	18.2
柠檬酸	2万吨/年及以下柠檬酸生产线	万吨	4.75
铅蓄电池（含极板及组装）	开口式普通铅蓄电池生产线，含镉高于0.002%的铅蓄电池生产线，20万千伏安时/年规模以下的铅蓄电池生产线	万千伏安时	746
白炽灯	60瓦以上普通照明用白炽灯	亿只	6

——促进传统产业优化升级。运用高新技术和先进适用技术改造提升传统产业，促进信息化和工业化深度融合。加大企业技术改造力度，重点支持对产业升级带动作用大的重点项目和重污染企业搬迁改造。调整加工贸易禁止类商品目录，提高加工贸易准入门槛。提升产品节能环保性能，打造绿色低碳品牌。合理引导企业兼并重组，提高产业集中度，培育具有自主创新能力和核心竞争力的企业。

——调整能源消费结构。促进天然气产量快速增长，推进煤层气、页岩气等非常规油气资源开发利用，加强油气战略进口通道、国内主干管网、城市配网和储备库建设。结合产业布局调整，有序引导高耗能企业向能源产地适度集中，减少长距离输煤输电。在做好生态保护和移民安置的前提下积极发展水电，在确保安全的基础上有序发展核电。加快风能、太阳能、地热能、生物质能、煤层气等清洁能源商业化利用，加快分布式能源发展，提高电网对非化石能源和清洁能源发电的接纳能力。到2015年，非化石能源消费总量占一次能源消费比重达到11.4%。

——推动服务业和战略性新兴产业发展。加快发展生产性服务业和生活性服务业，推进规模化、品牌化、网络化经营。到2015年，服务业增加值占国内生产总值比重比2010年提高4个百分点。推动节能环保、新一代信息技术、生物、高端装备制造、新能源、新材料、新能源汽车等战略性新兴产业发展。到2015年，战略性新兴产业增加值占国内生产总值比重达到8%左右。

（二）推动能效水平提高。

——加强工业节能。坚持走新型工业化道路，通过明确目标任务、加强行业指导、推动技术进步、强化监督管理，推进工业重点行业节能。

电力。鼓励建设高效燃气-蒸汽联合循环电站，加强示范整体煤气化联合循环技术（IGCC）和以煤气化为龙头的多联产技术。发展热电联产，加快智能电网建设。加快现役机组和电网技术改造，降低厂用电率和输配电线损。

煤炭。推广年产400万吨选煤系统成套技术与装备，到2015年原煤入洗率达到60%以上，鼓励高硫、高灰动力煤入洗，灰分大于25%的商品煤就近销售。积极发展动力配煤，合理选择具有区位和市场优势的矿区、港口等煤炭集散地建设煤炭储配基地。发展煤炭地下气化、脱硫、水煤浆、型煤等洁净煤技术。实施煤矿节能技术改造。加强煤矸石综合利用。

钢铁。优化高炉炼铁炉料结构，降低铁钢比。推广连铸坯热送热装和直接轧制技术。推动干熄焦、高炉煤气、转炉煤气和焦炉煤气等二次能源高效回收利用，鼓励烧结机余热发电，到2015年重点大中型企业余热余压利用率达到50%以上。支持大中型钢铁企业建设能源管理中心。

有色金属。重点推广新型阴极结构铝电解槽、低温高效铝电解等先进节能生产工艺技术。推进氧气底吹熔炼技术、闪速技术等广泛应用。加快短流程连续炼铅冶金技术、连续铸轧短流程有色金属深加工工艺、液态铅渣直接还原炼铅工艺与装备产业化技术开发和推广应用。加强有色金属资源回收利用。提高能源管理信息化水平。

石油石化。原油开采行业要全面实施抽油机驱动电机节能改造，推广不加热集油技术和油田采出水余热回收利用技术，提高油田伴生气回收水平。鼓励符合条件的新建炼油项目发展炼化一体化。原油加工行业重点推广高效换热器并优化换热流程、优化中段回流取热比例、降低汽化率、塔顶循环回流换热等节能技术。

化工。合成氨行业重点推广先进煤气化技术、节能高效脱硫脱碳、低位能余热吸收制冷等技术，实施综合节能改造。烧碱行业提高离子膜法烧碱比例，加快零极距、氧阴极等先进节能技术的开发应用。纯碱行业重点推广蒸汽多级利用、变换气制碱、新型盐析结晶器及高效节能循环泵等节能技术。电石行业加快采用密闭式电石炉，全面推行电石炉炉气综合利用，积极推进新型电石生产技术研发和应用。

建材。推广大型新型干法水泥生产线。普及纯低温余热发电技术，到2015年水泥纯低温余热发电比例提高到70%以上。推进水泥粉磨、熟料生产等节能改造。推进玻璃生产线余热发电，到2015年余热发电比例提高到30%以上。加快开发推广高效阻燃保温材料、低辐射节能玻璃等新型节能产品。推进墙体材料革新，城市城区限制使用粘土制品，县城禁止使用实心粘土砖。加快新型墙体材料发展，到2015年新型墙体材料比重达到65%以上。

——强化建筑节能。开展绿色建筑行动，从规划、法规、技术、标准、设计等方面全面推进建筑节能，提高建筑能效水平。

强化新建建筑节能。严把设计关口，加强施工图审查，城镇建筑设计阶段100%达到节能标准要求。加强施工阶段监管和稽查，施工阶段节能标准执行率达到95%以上。严格建筑节能专项验收，对达不到节能标准要求的不得通过竣工验收。鼓励有条件的地区适当提高建筑节能标准。加强新区绿色规划，重点推动各级机关、学校和医院建筑，以及影剧院、博物馆、科技馆、体育馆等执行绿色建筑标准；在商业房地产、工业厂房中推广绿色建筑。

加大既有建筑节能改造力度。以围护结构、供热计量、管网热平衡改造为重点，大力推进北方采暖地区既有居住建筑供热计量及节能改造，加快实施“节能暖房”工程。开展大型公共建筑采暖、空调、通风、照明等节能改造，推行用电分项计量。以建筑门窗、外遮阳、自然通风等为重点，在夏热冬冷地区和夏热冬暖地区开展居住建筑节能改造试点。在具备条件的情况下，鼓励在旧城区综合改造、城市市容整治、既有建筑抗震加固中，采用加层、扩容等方式开展节能改造。

——推进交通运输节能。加快构建便捷、安全、高效的综合交通运输体系，不断优化运输结构，推进科技和管理创新，进一步提升运输工具能源效率。

铁路运输。大力发展电气化铁路，进一步提高铁路运输能力。加强运输组织管理。加快淘汰老旧机车机型，推广铁路机车节油、节电技术，对铁路运输设备实施节能改造。积极推进货运重载化。推进客运站节能优化设计，加强大型客运站能耗综合管理。

公路运输。全面实施营运车辆燃料消耗量限值标准。建立物流公共信息平台，优化货运组织。推行高速公路不停车收费，继续开展公路甩挂运输试点。实施城乡道路客运一体化试点。推广节能驾驶和绿色维修。

水路运输。建设以国家高等级航道网为主体的内河航道网，推进航电枢纽建设，优化港口布局。推进船舶大型化、专业化，淘汰老旧船舶，加快实施内河船型标准化。发展大宗散货专业化运输和多式联运等现代运输组织方式。推进港口码头节能设计和改造。加快港口物流信息平台建设。

航空运输。优化航线网络和运力配备，改善机队结构，加强联盟合作，提高运输效率。优化空域结构，提高空域资源配置使用效率。开发应用航空器飞行及地面运行节油相关实用技术，推进航空生物燃油研发与应用。加强机场建设和运营中的节能管理，推进高耗能设施、设备的节油节电改造。

城市交通。合理规划城市布局，优化配置交通资源，建立以公共交通为重点的城市交通发展模式。优先发展公共交通，有序推进轨道交通建设，加快发展快速公交。探索城市调控机动车保有总量。开展低碳交通运输体系建设城市试点。推行节能驾驶，倡导绿色出行。积极推广节能与新能源汽车，加快加气站、充电站等配套设施规划和建设。抓好城市步行、自行车交通系统建设。发展智能交通，建立公众出行信息服务系统，加大交通疏堵力度。

——推进农业和农村节能。完善农业机械节能标准体系。依法加强大型农机年检、年审，加快老旧农业机械和渔船淘汰更新。鼓励农民购买高效节能农业机械。推广节能新产品、新技术，加快农业机电设备节能改造，加强用能设备定期维修保养。推进节能型农宅建设，结合农村危房改造加大建筑节能示范力度。推动省柴节煤灶更新换代。开展农村水电增效扩容改造。推进农业节水增效，推广高效节水灌溉技术。因地制宜、多能互补发展小水电、风能、太阳能和秸秆综合利用。科学规划农村沼气建设布局，完善服务机制，加强沼气设施的运行管理和维护。

——强化商用和民用节能。开展零售业等流通领域节能减排行动。商业、旅游业、餐饮等行业建立并完善能源管理制度，开展能源审计，加快用能设施节能改造。宾馆、商厦、写字楼、机场、车站严格执行公共建筑空调温度控制标准，优化空调运行管理。鼓励消费者购买节能环保型汽车和节能型住宅，推广高效节能家用电器、办公设备和高效照明产品。减少待机能耗，减少使用一次性用品，严格执行限制商品过度包装和超薄塑料购物袋生产、销售和使用的相关规定。

——实施公共机构节能。新建公共建筑严格实施建筑节能标准。实施供热计量改造，国家机关率先实行按热量收费。推进公共机构办公区节能改造，推广应用可再生能源。全面推进公务用车制度改革，严格油耗定额管理，推广节能和新能源汽车。在各级机关和教科文卫体等系统开展节约型公共机构示范单位建设，创建2000家节约型公共机构。健全公共机构能源管理、统计监测考核和培训体系，建立完善公共机构能源审计、能效公示、能源计量和能耗定额管理制度，加强能耗监测平台和节能监管体系建设。

（三）强化主要污染物减排。

——加强城镇生活污水处理设施建设。加强城镇环境基础设施建设，以城镇污水处理设施及配套管网建设、现有设施升级改造、污泥处理处置设施建设为重点，提升脱氮除磷能力。到2015年，城市污水处理率和污泥无害化处置率分别达到85%和70%，县城污水处理率达到70%，基本实现每个县和重点建制镇建成污水集中处理设施，全国城镇污水处理厂再生水利用率达到15%以上。

——加强重点行业污染物减排。

加强重点行业污染预防。以钢铁、水泥、氮肥、造纸、印染行业为重点，大力推行清洁生产，加快重大、共性技术的示范和推广，完善清洁生产评价指标体系，开展工业产品生态设计、农业和服务业清洁生产试点。以汞、铬、铅等重金属污染防治为重点，在重点行业实施技术改造。示范和推广一批无毒无害或低毒低害原料（产品），对高耗能、高排放企业及排放有毒有害废物的重点企业开展强制性清洁生产审核。

加大工业废水治理力度。以制浆造纸、印染、食品加工、农副产品加工等行业为重点，继续加大水污染深度治理和工艺技术改造。制浆造纸企业加快建设碱回收装置；纺织印染行业推行废水集中处理和实施综合治理，大中型造纸企业、有脱墨的废纸造纸企业和采用碱减量工艺的化纤布印染企业实施废水三级深度处理；发酵行业推广高浓度废液综合利用技术、废醪液制备生物有机肥及液态肥技术；制糖行业推广闭合循环用水技术；氮肥行业推广稀氨水浓缩回收利用技术、尿素工艺冷凝液深度水解技术，加大生化处理设施建设力度；农药行业推广清污分流和高浓度废水预处理技术。

推进电力行业脱硫脱硝。新建燃煤机组全面实施脱硫脱硝，实现达标排放。尚未安装脱硫设施的现役燃煤机组要配套建设烟气脱硫设施，不能稳定达标排放的燃煤机组要实施脱硫改造。加快燃煤机组低氮燃烧技术改造和烟气脱硝设施建设，对单机容量30万千瓦及以上的燃煤机组、东部地区和其他省会城市单机容量20万千瓦及以上的燃煤机组，均要实行脱硝改造，综合脱硝效率达到75%以上。

加强非电行业脱硫脱硝。实施钢铁烧结机烟气脱硫，到2015年，所有烧结机和位于城市建成区的球团生产设备烟气脱硫效率达到95%以上。有色金属行业冶炼烟气中二氧化硫含量大于3.5%的冶炼设施，要安装硫回收装置。石油炼制行业新建催化裂化装置要配套建设烟气脱硫设施，现有硫磺回收装置硫回收率达到99%。建材行业建筑陶瓷规模大于70万平方米/年且燃料含硫率大于0.5%的窑炉，应安装脱硫设施或改用清洁能源，浮法玻璃生产线要实施烟气脱硫或改用天然气。焦化行业炼焦炉荒煤气硫化氢脱除效率达到95%。水泥行业实施新型干法窑降氮脱硝，新建、改扩建水泥生产线综合脱硝效率不低于60%。燃煤锅炉蒸汽量大于35吨/小时且二氧化硫超标排放的，要实施烟气脱硫改造，改造后脱硫效率应达到70%以上。

——开展农业源污染防治。

加强农村污染治理。推进农村生态示范建设标准化、规范化、制度化。因地制宜建设农村生活污水处理设施，分散居住地区采用低能耗小型分散式污水处理方式，人口密集、污水排放相对集中地区采用集中处理方式。实施农村清洁工程，开展农村环境综合整治，推行农业清洁生产，鼓励生活垃圾分类收集和就地减量无害化处理。选择经济、适用、安全的处理处置技术，提高垃圾无害化处理水平，城镇周边和环境敏感区的农村逐步推广城乡一体化垃圾处理模式。推广测土配方施肥，发展有机肥采集利用技术，减少不合理的化肥施用。

推进畜禽清洁养殖。结合土地消纳能力，推进畜禽养殖适度规模化，合理优化养殖布局，鼓励采取种养结合养殖方式。以规模化养殖场和养殖小区为重点，因地制宜推行干清粪收集方法，养殖场区实施雨污分流，发展废物循环利用，鼓励粪污、沼渣等废弃物发酵生产有机肥料。在散养密集区推行粪污集中处理。

推行水产健康养殖。规范水产养殖行为，优化水产养殖区域布局，国家重点流域以及各地确定的重点保护水体要合理减少网箱、围网养殖规模。加快养殖池塘改造和循环水设施配套建设，推广水质调控技术与环保设备。鼓励发展人工生态环境、多品种立体、开放式流水或微流水、全封闭循环水工厂化、水产品与农作物共生互利等水产生态养殖方式。

——控制机动车污染物排放。提高机动车污染物排放准入门槛。加强机动车排放对环境影响的评估审查。加快淘汰老旧车辆，基本淘汰2005年以前注册的用于运营的“黄标车”。推进报废农用车换购载货汽车工作。全面推行机动车环保标志管理，严格实施机动车一致性检查制度，不符合国家机动车排放标准的车辆禁止生产、销售和注册登记。实施第四阶段机动车排放标准，在有条件的重点城市和地区逐步推动实施第五阶段排放标准。“十二五”末实现低速车与载货汽车实施同一排放标准。全面提升车用燃油品质。研究制定国家第四、第五阶段车用燃油标准，推动落实标准实施条件，强化车用燃油监管。全面供应符合国家第四阶段标准的车用燃油，部分重点城市供应国家第五阶段标准车用燃油。大型炼化项目应以国家第五阶段车用燃油标准作为设计目标，加快成品油生产技术改造。

——推进大气中细颗粒污染物（PM2.5）治理。促进煤炭清洁利用，建设低硫、低灰配煤场，提高煤炭洗选比例，重点区域淘汰低效燃煤锅炉。推广使用天然气、煤制气、生物质成型燃料等清洁能源。加大工业烟粉尘污染防治力度，对火电、钢铁、水泥等高排放行业以及燃煤工业锅炉实施高效除尘改造。大力削减石油石化、化工等行业挥发性有机物的排放。推动柴油车尿素加注基础设施建设。实施大气联防联控重点区域城区内重污染企业搬迁改造。加强建设施工、植被破坏等因素造成的扬尘污染防治。

四、节能减排重点工程

（一）节能改造工程。

——锅炉（窑炉）改造和热电联产。实施燃煤锅炉和锅炉房系统节能改造，提高锅炉热效率和运行管理水平；在部分地区开展锅炉专用煤集中加工，提高锅炉燃煤质量；推动老旧供热管网、换热站改造。推广四通道喷煤燃烧、并流蓄热石灰窑煅烧等高效窑炉节能技术。到2015年工业锅炉、窑炉平均运行效率分别比2010年提高5个和2个百分点。东北、华北、西北地区大城市居民采暖除有条件采用可再生能源外基本实行集中供热，中小城市因地制宜发展背压式热电或集中供热改造，提高热电联产在集中供热中的比重。“十二五”时期形成7500万吨标准煤的节能能力。

——电机系统节能。采用高效节能电动机、风机、水泵、变压器等更新淘汰落后耗电设备。对电机系统实施变频调速、永磁调速、无功补偿等节能改造，优化系统运行和控制，提高系统整体运行效率。开展大型水利排灌设备、电机总容量10万千瓦以上电机系统示范改造。2015年电机系统运行效率比2010年提高2－3个百分点，“十二五”时期形成800亿千瓦时的节电能力。

——能量系统优化。加强电力、钢铁、有色金属、合成氨、炼油、乙烯等行业企业能量梯级利用和能源系统整体优化改造，开展发电机组通流改造、冷却塔循环水系统优化、冷凝水回收利用等，优化蒸汽、热水等载能介质的管网配置，实施输配电设备节能改造，深入挖掘系统节能潜力，大幅度提升系统能源效率。“十二五”时期形成4600万吨标准煤的节能能力。

——余热余压利用。能源行业实施煤矿低浓度瓦斯、油田伴生气回收利用；钢铁行业推广干熄焦、干式炉顶压差发电、高炉和转炉煤气回收发电、烧结机余热发电；有色金属行业推广冶金炉窑余热回收；建材行业推行新型干法水泥纯低温余热发电、玻璃熔窑余热发电；化工行业推行炭黑余热利用、硫酸生产低品位热能利用；积极利用工业低品位余热作为城市供热热源。到2015年新增余热余压发电能力2000万千瓦，“十二五”时期形成5700万吨标准煤的节能能力。

——节约和替代石油。推广燃煤机组无油和微油点火、内燃机系统节能、玻璃窑炉全氧燃烧和富氧燃烧、炼油含氢尾气膜法回收等技术。开展交通运输节油技术改造，鼓励以洁净煤、石油焦、天然气替代燃料油。在有条件的城市公交客车、出租车、城际客货运输车辆等推广使用天然气和煤层气。因地制宜推广醇醚燃料、生物柴油等车用替代燃料。实施乘用车制造企业平均油耗管理制度。“十二五”时期节约和替代石油800万吨，相当于1120万吨标准煤。

——建筑节能。到2015年，累计完成北方采暖地区既有居住建筑供热计量和节能改造4亿平方米以上，夏热冬冷地区既有居住建筑节能改造5000万平方米，公共建筑节能改造6000万平方米，公共机构办公建筑节能改造6000万平方米。“十二五”时期形成600万吨标准煤的节能能力。

——交通运输节能。铁路运输实施内燃机车、电力机车和空调发电车节油节电、动态无功补偿以及谐波负序治理等技术改造；公路运输实施电子不停车收费技术改造；水运推广港口轮胎式集装箱门式起重机油改电、靠港船舶使用岸电、港区运输车辆和装卸机械节能改造、油码头油气回收等；民航实施机场和地面服务设备节能改造，推广地面电源系统代替辅助动力装置等措施；加快信息技术在城市交通中的应用。深入开展“车船路港”千家企业低碳交通运输专项行动。“十二五”时期形成100万吨标准煤的节能能力。

——绿色照明。实施“中国逐步淘汰白炽灯路线图”，分阶段淘汰普通照明用白炽灯等低效照明产品。推动白炽灯生产企业转型改造，支持荧光灯生产企业实施低汞、固汞技术改造。积极发展半导体照明节能产业，加快半导体照明关键设备、核心材料和共性关键技术研发，支持技术成熟的半导体通用照明产品在宾馆、商厦、道路、隧道、机场等领域的应用。推动标准检测平台建设。加快城市道路照明系统改造，控制过度装饰和亮化。“十二五”时期形成2100万吨标准煤的节能能力。

（二）节能产品惠民工程。

加大高效节能产品推广力度。民用领域重点推广高效照明产品、节能家用电器、节能与新能源汽车等，商用领域重点推广单元式空调器等，工业领域重点推广高效电动机等，产品能效水平提高10%以上，市场占有率提高到50%以上。完善节能产品惠民工程实施机制，扩大实施范围，健全组织管理体系，强化监督检查。“十二五”时期形成1000亿千瓦时的节电能力。

（三）合同能源管理推广工程。

扎实推进《国务院办公厅转发发展改革委等部门关于加快推行合同能源管理促进节能服务产业发展意见的通

知》（国办发〔2010〕25号）的贯彻落实，引导节能服务公司加强技术研发、服务创新、人才培养和品牌建设，提高融资能力，不断探索和完善商业模式。鼓励大型重点用能单位利用自身技术优势和管理经验，组建专业化节能服务公司。支持重点用能单位采用合同能源管理方式实施节能改造。公共机构实施节能改造要优先采用合同能源管理方式。加强对合同能源管理项目的融资扶持，鼓励银行等金融机构为合同能源管理项目提供灵活多样的金融服务。积极培育第三方认证、评估机构。到2015年，建立比较完善的节能服务体系，节能服务公司发展到2000多家，其中龙头骨干企业达到20家；节能服务产业总产值达到3000亿元，从业人员达到50万人。“十二五”时期形成6000万吨标准煤的节能能力。

（四）节能技术产业化示范工程。

示范推广低品位余能利用、高效环保煤粉工业锅炉、稀土永磁电机、新能源汽车、半导体照明、太阳能光伏发电、零排放和产业链接等一批重大、关键节能技术。建立节能技术评价认定体系，形成节能技术分类遴选、示范和推广的动态管理机制。对节能效果好、应用前景广阔的关键产品或核心部件组织规模化生产，提高研发、制造、系统集成和产业化能力。“十二五”时期产业化推广30项以上重大节能技术，培育一批拥有自主知识产权和自主品牌、具有核心竞争力、世界领先的节能产品制造企业，形成1500万吨标准煤的节能能力。

（五）城镇生活污水处理设施建设工程。

加大城镇污水处理设施和配套管网建设力度。“十二五”时期新建配套管网16万公里，新增污水日处理能力4200万吨，升级改造污水日处理能力2600万吨，新增再生水利用能力2700万吨/日。加快城镇生活垃圾处理处置设施建设，强化垃圾渗滤液处置。“十二五”时期分别新增化学需氧量和氨氮削减能力280万吨、30万吨。

（六）重点流域水污染防治工程。

加强“三河三湖”、松花江、三峡库区及上游、丹江口库区及上游、黄河中上游等重点流域和城镇饮用水水源地的综合治理，加大长江中下游和珠江流域水污染防治力度，加强湖泊生态环境保护，推进渤海等重点海域综合治理。实施一批水污染综合治理项目。推动受污染场地、土壤及其周边地下水污染治理，重点推进湘江流域重金属污染治理。大力推进重点行业污水处理设施建设，“十二五”时期造纸、纺织、食品加工、农副产品加工、化工、石化等行业分别新增污水日处理能力300万吨、60万吨、60万吨、600万吨、200万吨、300万吨。

（七）脱硫脱硝工程。

完成5056万千瓦现役燃煤机组脱硫设施配套建设，对已安装脱硫设施但不能稳定达标的4267万千瓦燃煤机组实施脱硫改造；完成4亿千瓦现役燃煤机组脱硝设施建设，对7000万千瓦燃煤机组实施低氮燃烧技术改造。到2015年燃煤机组脱硫效率达到95%，脱硝效率达到75%以上。钢铁烧结机、有色金属窑炉、建材新型干法水泥窑、石化催化裂化装置、焦化炼焦炉配套实施低氮燃烧改造或安装脱硫脱硝设施，高速公路沿线逐步建设柴油车脱硝尿素加注站。“十二五”时期新增二氧化硫和氮氧化物削减能力277万吨、358万吨。

（八）规模化畜禽养殖污染防治工程。

以规模化养殖场和养殖小区为重点，鼓励废弃物统一收集，集中治理。建设雨污分离污水收集系统和厌氧发酵处理设施，配套建设分布式粪污贮存及处理设施。加强规模化养殖场沼气预处理设施、发酵装置、沼气和沼肥利用设施建设,实现畜禽养殖场废弃物的资源化利用。到2015年，50%以上规模化养殖场和养殖小区配套建设废弃物处理设施，分别新增化学需氧量和氨氮削减能力140万吨、10万吨。

（九）循环经济示范推广工程。

开展资源综合利用、废旧商品回收体系示范、“城市矿产”示范基地、再制造产业化、餐厨废弃物资源化、产业园区循环化改造、资源循环利用技术示范推广等循环经济重点工程建设，实现减量化、再利用、资源化。在农业、工业、建筑、商贸服务等重点领域，以及重点行业、重点流域、中西部产业承接园区实施清洁生产示范工程，加大清洁生产技术改造实施力度。加快共性、关键清洁生产技术示范和推广，培育一批清洁生产企业和工业园区。

（十）节能减排能力建设工程。

推进节能监测平台建设，建立能源消耗数据库和数据交换系统，强化数据收集、数据分类汇总、预测预警和信息交流能力。开展重点用能单位能源消耗在线监测体系建设试点和城市能源计量示范建设。建设县级污染源监控中心，加强污染源监督性监测，完善区域污染源在线监控网络，建立减排监测数据库并实现数据共享。加强氨氮、氮氧化物统计监测，提高农业源污染监测和机动车污染监控能力。推进节能减排监管机构标准化和执法能力建设，加强省、市、县节能减排监测取证设备、能耗和污染物排放测试分析仪器配备。

初步测算，“十二五”时期实施节能减排重点工程需投资约23660亿元，可形成节能能力3亿吨标准煤，新增化学需氧量、二氧化硫、氨氮、氮氧化物削减能力分别为420万吨、277万吨、40万吨、358万吨（见表4）。

表4 “十二五”节能减排规划投资需求

工程名称	投资需求（亿元）	节能减排能力（万吨）
节能重点工程	9820	30000（标准煤）
减排重点工程	8160	420（化学需氧量）、277（二氧化硫）、40（氨氮）、358（氮氧化物）
循环经济重点工程	5680	支撑实现上述节能减排能力
总计	23660	

五、保障措施

（一）坚持绿色低碳发展。

深入贯彻节约资源和保护环境基本国策，坚持绿色发展和低碳发展。坚持把节能减排作为落实科学发展观、加快转变经济发展方式的重要着力点，加快构建资源节约、环境友好的生产方式和消费模式，增强可持续发展能力。在制定实施国家有关发展战略、专项规划、产业政策以及财政、税收、金融、价格和土地等政策过程中，要体现节能减排要求，发展目标要与节能减排约束性指标衔接，政策措施要有利于推进节能减排。

（二）强化目标责任评价考核。

综合考虑经济发展水平、产业结构、节能潜力、环境容量及国家产业布局等因素，合理确定各地区、各行业节能减排目标。进一步完善节能减排统计、监测、考核体系，健全节能减排预警机制，建立健全行业节能减排工作评价制度。各地区要将国家下达的节能减排目标分解落实到下一级政府、有关部门和重点单位。国务院每年组织开展省级人民政府节能减排目标责任评价考核，考核结果作为领导班子和领导干部综合考核评价的重要内容，纳入政府绩效管理，实行问责制，并按照有关规定对作出突出成绩的地区、单位和个人给予表彰奖励。地方各级人民政府要切实抓好本地区节能减排目标责任评价考核。

（三）加强用能节能管理。

明确总量控制目标和分解落实机制，实行目标责任管理。建立能源消费总量预测预警机制，对能源消费总量增长过快的地区及时预警调控。在工业、建筑、交通运输、公共机构以及城乡建设和消费领域全面加强用能管理，切实改变敞开供应能源、无约束使用能源的现象。依法加强年耗能万吨标准煤以上用能单位节能管理，开展万家企业节能低碳行动，落实目标责任，实行能源审计，开展能效水平对标活动，建立能源管理师制度，提高企业能源管理水平。在大气联防联控重点区域开展煤炭消费总量控制试点，从严控制京津唐、长三角、珠三角地区新建燃煤火电机组。

（四）健全节能环保法律、法规和标准。

完善节能环保法律、法规和标准体系。推动加快制修订大气污染防治法、排污许可证管理条例、畜禽养殖污染防治条例、重点用能单位节能管理办法、节能产品认证管理办法等。加快节能环保标准体系建设，扩大标准覆盖面，提高准入门槛。组织制修订粗钢、铁合金、焦炭、多晶硅、纯碱等50余项高耗能产品强制性能耗限额标准，高压三相异步电动机、平板电视机等40余项终端用能产品强制性能效标准，制定钢铁、水泥等行业能源管理体系标准等。健全节能和环保产品及装备标准。完善环境质量标准。加快重点行业污染物排放标准的制修订工作，根据氨氮、氮氧化物控制目标要求制定实施排放标准，加强标准实施的后评估工作。

（五）完善节能减排投入机制。

加大中央预算内投资和中央节能减排专项资金对节能减排重点工程和能力建设的支持力度，继续安排国有资本经营预算支出支持企业实施节能减排项目。完善“以奖代补”、“以奖促治”以及采用财政补贴方式推广高效节能产品和合同能源管理等支持机制，强化财政资金的引导作用。支持军队重点用能设施设备节能改造。地方各级人民政府要进一步加大对节能减排的投入，创新投入机制，发挥多层次资本市场融资功能，多渠道引导企业、社会资金积极投入节能减排。完善财政补贴方式和资金管理办法，强化财政资金的安全性和有效性，提高财政资金使用效率。

（六）完善促进节能减排的经济政策。

深化资源性产品价格改革，理顺煤、电、油、气、水、矿产等资源类产品价格关系，建立充分反映市场供求、资源稀缺程度以及环境损害成本的价格形成机制。完善差别电价、峰谷电价、惩罚性电价，尽快出台鼓励余热余压发电和煤层气发电的上网政策，全面推行居民用电阶梯价格。严格落实脱硫电价，研究完善燃煤电厂烟气脱硝电价政策。完善矿业权有偿取得制度。加快供热体制改革，全面实施热计量收费制度。完善污水处理费政策。改革垃圾处理收费方式，提高收缴率，降低征收成本。完善节能产品政府采购制度。扩大环境标志产品政府采购范围，完善促进节能环保服务的政府采购政策。落实国家支持节能减排的税收优惠政策，改革资源税，加快推进环境保护税立法工作，调整进出口税收政策，合理调整消费税范围和税率结构。推进金融产品和服务方式创新，积极改进和完善节能环保领域的金融服务，建立企业节能环保水平与企业信用等级评定、贷款联动机制，探索建立绿色银行评级制度。推行重点区域涉重金属企业环境污染责任保险。

（七）推广节能减排市场化机制。

加大能效标识和节能环保产品认证实施力度，扩大能效标识和节能产品认证实施范围。建立高耗能产品（工序）和主要终端用能产品能效“领跑者”制度，明确实施时限。推进节能发电调度。强化电力需求侧管理，开展城市综合试点。加快建立电能管理服务平台，充分运用电力负荷管理系统，完善鼓励电网企业积极参与电力需求侧管理的考核与奖惩机制。加强政策落实和引导，鼓励采用合同能源管理实施节能改造，推动城镇污水、垃圾处理以及企业污染治理等环保设施社会化、专业化运营。深化排污权有偿使用和交易制度改革，建立完善排污权有偿使用和交易政策体系，研究制定排污权交易初始价格和交易价格政策。开展碳排放交易试点。推进资源型经济转型改革试验。健全污染者付费制度，完善矿产资源补偿制度，加快建立生态补偿机制。

（八）推动节能减排技术创新和推广应用。

深入实施节能减排科技专项行动，通过国家科技重大专项和国家科技计划（专项）等对节能减排相关科研工作给予支持。完善节能环保技术创新体系，加强基础性、前沿性和共性技术研发，在节能环保关键技术领域取得突破。加强政府指导，推动建立以企业为主体、市场为导向、多种形式的产学研战略联盟，鼓励企业加大研发投入。重点支持成熟的节能减排关键、共性技术与装备产业化示范和应用，加快产业化基地建设。发布节能环保技术推广目录，加快推广先进、成熟的新技术、新工艺、新设备和新材料。加强节能环保领域国际交流合作，加快国外先进适用节能减排技术的引进吸收和推广应用。

（九）强化节能减排监督检查和能力建设。

加强节能减排执法监督，依法从严惩处各类违反节能减排法律法规的行为，实行执法责任制。强化重点用能单位、重点污染源和治理设施运行监管，推动污染源自动监控数据联网共享。完善工业能源消费统计，建立建筑、交通运输、公共机构能源消费统计制度、地区单位生产总值能耗指标季度统计制度，强化统计核算与监测。健全节能管理、监察、服务“三位一体”节能管理体系，形成覆盖全国的省、市、县三级节能监察体系。突出抓好重点用能单位能源利用状况报告、能源计量管理、能耗限额标准执行情况等监督检查。

（十）开展节能减排全民行动。

深入开展节能减排全民行动，抓好家庭社区、青少年、企业、学校、军营、农村、政府机构、科技、科普和媒体等十个专项行动。把节能减排纳入社会主义核心价值观宣传教育以及基础教育、文化教育、职业教育体系，增强危机意识。充分发挥广播影视、文化教育等部门以及新闻媒体和相关社会团体的作用，组织好节能宣传周、世界环境日等主题宣传活动。加强日常宣传和舆论监督，宣传先进、曝光落后、普及知识，崇尚勤俭节约、反对奢侈浪费，推动节能、节水、节地、节材、节粮，倡导与我国国情相适应的文明、节约、绿色、低碳生产方式和消费模式，积极营造良好的节能减排社会氛围。

六、规划实施

节约资源和保护环境是我国的基本国策，推进节能减排工作，加快建设资源节约型、环境友好型社会是我国经济社会发展的重大战略任务。各级人民政府和有关部门要切实履行职责，扎实工作，进一步强化目标责任评价考核，加强监督检查，保障规划目标和任务的完成。地方各级人民政府要对本地区节能减排工作负总责，切实加强组织领导和统筹协调，做好本地区节能减排规划与本规划主要目标、重点任务的协调，特别要加强约束性指标的衔接，抓好各项目标任务的分解落实，强化政策统筹协调，做好相关规划实施的跟踪分析。发展改革委、环境保护部要会同有关部门加强对本规划执行的支持和指导，认真做好规划实施的监督评估，重视研究新情况，解决新问题，总结新经验，重大问题及时向国务院报告。

国家发展改革委政策文件

关于2010年1-9月可再生能源电价补贴和配额交易方案的通知

（发改价格[2011]122号）

各省、自治区、直辖市发展改革委、物价局、电监办，各区域电监局，国家电网公司、南方电网公司、内蒙古电力公司：

根据《可再生能源发电价格和费用分摊管理试行办法》（发改价格[2006]7号）和《可再生能源电价附加收入调配暂行办法》（发改价格[2007]44号），现就2010年1-9月可再生能源电价附加调配、补贴等有关事项通知如下：

一、电价附加补贴的项目和金额

可再生能源电价附加资金补贴范围为2010年1-9月可再生能源发电项目上网电价高于当地脱硫燃煤机组标杆上网电价的部分、公共可再生能源独立电力系统运行维护费用、可再生能源发电项目接网费用。对纳入补贴范围内的秸秆直燃发电项目1-6月份继续按上网电量给予临时电价补贴，补贴标准为每千瓦时0.1元。

具体补贴项目和金额见附件一、二、三、四。

二、配额交易与电费结算

（一）继续通过配额交易方式实现可再生能源电价附加资金调配，不足部分通过2010年全年征收的附加资金中预支，具体配额交易方案及预支资金见附件五、六。配额卖方向买方出售配额证，配额买方应在收到配额证后10个工作日内，按额度将款项汇入卖方账户，完成交易。

（二）可再生能源发电项目上网电价在当地脱硫燃煤机组标杆上网电价以内的部分，由当地省级电网负担；高出部分，通过本次电价附加补贴解决。本次补贴方案使用2009年11月20日调整后的当地脱硫燃煤机组标杆上网电价，作为由当地省级电网负担的标准。

（三）2010年1-9月电价附加有结余的省级电网企业，应在本通知下发之日起10个工作日内，对可再生能源发电项目结清2010年1-9月电费（含接网费用补贴）。2010年1-9月电价附加存在资金缺口的内蒙古、黑龙江等电网企业，应在配额交易完成10个工作日内，对可再生能源发电项目结清2010年1-9月电费（含接网费用补贴）。

（四）对2010年1-9月公共可再生能源独立电力系统的电价附加补贴，按本通知附件三所列的项目和金额，由所在省（区）的价格主管部门会同省级电网企业负责组织实施。

三、有关要求

各省（区、市）政府价格主管部门、电力监管机构和各区域电力监管机构要加强对可再生能源电价附加征收、配额交易、电费和补贴结算行为的监管，坚决纠正和查处违反本通知规定的电费结算行为，确保可再生能源电价附加补贴按时足额到位。

附件：一、2010年1-9月可再生能源发电项目补贴表（略）

二、2010年1-6月秸秆直燃项目临时电价补贴表（略）

三、2010年1-9月公共可再生能源独立电力系统补贴表（略）

四、2010年1-9月可再生能源发电接网工程补贴表（略）

五、2010年1-9月可再生能源电价附加配额交易方案（略）

六、2010年1-9月可再生能源电价附加资金预支表（略）

国家发展改革委

国家电监会

二〇一一年一月二十一日

“节能产品惠民工程”高效电机推广目录（第二批）公告

2011年第4号

根据《财政部 国家发展改革委关于开展“节能产品惠民工程”的通知》（财建〔2009〕213号）和《财政部 国家发展改革委关于印发“节能产品惠民工程”高效电机推广实施细则的通知》（财建〔2010〕232号）的要求，国家发展改革委、财政部组织对各地上报的高效电机推广申请报告及相关材料进行了审核。现将“节能产品惠民工程”高效电机推广目录（第二批）予以公告，推广目录在国家发展改革委网站（www.sdpc.gov.cn）和财政部网站（www.mof.gov.cn）上发布，请有关部门、单位及企业到上述网站查阅、下载。

附件：一、“节能产品惠民工程”高效电机推广目录（第二批）入围企业（略）

二、“节能产品惠民工程”高效电机推广目录（第二批（（略）

国家发展改革委 财政部

二〇一一年三月八日

关于2011年全国节能宣传周活动安排意见的通知

发改环资[2011]911号

各省、自治区、直辖市及计划单列市、副省级省会城市、新疆生产建设兵团发展改革委、教育厅（教委、教育局）、科技厅（科委）、工业和信息化主管部门、环保厅（局）、住房和城乡建设厅（建委、建设交通委、建设局）、交通运输厅（局）、农业厅（委、办、局）、商务主管部门、国资委、广播影视局、机关事务管理部门、总工会、团委，国务院有关部门，解放军总后勤部：

今年是“十二五”开局之年，要充分总结和宣传“十一五”节能减排成就，为“十二五”节能减排工作营造良好社会氛围，加快构建资源节约、环境友好的生产方式和消费模式，增强可持续发展能力。经研究，定于今年6月11至17日，由国家发展改革委等14部门联合举办2011年全国节能宣传周活动。现将有关事项通知如下：

一、今年全国节能宣传周活动的主题是“节能我行动 低碳新生活”。

二、各地区、各部门要认真贯彻落实党的十七届五中全会、中央经济工作会议和十一届全国人大四次会议审议通过的“十二五”规划《纲要》精神，坚持以科学发展为主题，以加快转变经济发展方式为主线，坚持把建设资源节约型、环境友好型社会作为加快转变经济发展方式的重要着力点，大力推进节能减排工作。节能宣传周期间，企业、机关、学校、农村、社区、军营等要把倡导节能低碳的生产方式、消费模式和生活习惯作为宣传重点，发挥广播、电视、报刊等传统媒体优势，积极运用手机、网络等新兴媒体，在全社会强化能源资源国情宣传教育，普及合理用能、提高能效、减少浪费的节能理念，进一步提高全民节能意识。

三、各地区节能主管部门要会同联合主办单位抓好本地区的节能宣传周活动，加强组织协调，制定社会影响力大、预期效果较好的实施方案，安排节能宣传专项经费。国家节能中心、中国节能协会、中国质量认证中心、各级节能监察机构和节能技术服务中心等单位要积极配合开展宣传活动，持续推动节能减排全民行动。要通过举办展览展示会、技术交流会、现场体验活动，建立节能科普基地，印制宣传海报、宣传手册，深入开展能源资源和生态环境国情宣传教育，倡导全社会进一步把节能理念转化为全民行动。要会同有关部门积极倡导低碳消费，组织好节能产品惠民工程，利用宣传周大力推广高效照明产品、节能空调、节能汽车、高效电机等。

四、各部门要围绕“节能我行动 低碳新生活”举办政府行动、企业行动、农村行动、社区行动等针对不同群体的宣传活动。节能宣传周期间，各级发展改革、节能主管部门要大张旗鼓的宣传“十一五”节能减排的成果和经验，广泛宣传限制使用塑料购物袋、资源循环利用、“禁实”等方面工作成效，积极推广绿色、低碳发展理念；

要结合夏季用电高峰形势，加强有序用电，鼓励节约用电，倡导绿色消费，践行节约行动。各级机关事务管理部门要继续组织公共机构能源紧缺体验、使用环保再生纸和抵制商品过度包装等专项活动，积极推进公共机构厉行节约工作，发挥示范带头作用。各级教育行政部门要在各类学校广泛开展能源资源国情教育，通过实地体验等多种方式强化学生的资源忧患意识和节约意识，培养学生珍惜资源、合理用能的行为习惯。各级科技部门要积极宣传节能新技术，运用多种方式在全社会推广普及节能、低碳技术。各级工业和信息化管理部门要组织工业企业总结和推广节能增效的经验和成效，继续开展“我为节能减排献一策”等活动，组织电信运营商发送倡议节能减排的公益短信。各级环保部门要通过典型案例宣传资源节约和环境保护的必要性和重要性，强化全民环保意识。各级住房城乡建设部门要大力宣传绿色建筑行动和北方采暖地区集中供热计量收费改革成效等。各级交通运输部门要积极宣传交通节能成效，推行节能驾驶和操作，倡导公众绿色出行。各级农业部门要继续深入开展节能减排农村行活动，大力宣传推广农业和农村节能减排技术与产品。各级商务部门要加强绿色饭店、绿色宾馆建设，倡导公众减少一次性用品使用。各级国资委要组织国有大中型企业开展企业节能成效展，倡导企业优化产业结构，普及节能技术，降低能耗、提高能效，调动相关行业协会积极配合开展节能宣传活动。各级广播影视部门要组织电视台、广播电台等媒体以新闻、专题等多种形式集中宣传节能成就，播出倡导节能生活的公益广告等。各级工会要继续深入开展“我为节能减排做贡献”活动，加强职工节能减排义务监督员队伍建设，动员和组织职工为节能减排献计献策。各级共青团组织要积极开展以“四个一”（节约一滴水、节约一度电、节约一张纸、节约一粒米）为主要内容的主体实践和宣传活动，引导青少年增强资源节约意识，强化青少年节能减排实践。

活动结束后，国务院有关部门、各省级节能主管部门要会同联合主办单位对节能宣传周活动情况进行认真总结，表扬奖励先进，并对今后的活动提出意见，并于7月31日前将书面总结材料报送国家发展改革委（环资司），抄送其他主办单位。

国家发展改革委 教育部 科技部 工业和信息化部
环境保护部 住房城乡建设部 交通运输部 农业部
商务部 国资委 国家广电总局 国务院机关事务管理局
中华全国总工会 共青团中央
二〇一一年五月三日

“十一五”各地区节能目标完成情况表

国家发改委2011年第9号公告

“十一五”时期，各地区、各部门认真落实党中央、国务院的决策部署，把节能作为调整经济结构、转变发展方式的重要抓手和突破口，放在更加突出的位置，采取了一系列强有力政策措施，取得了显著成效，全国单位国内生产总值能耗降低19.1%，完成了“十一五”规划《纲要》确定的约束性目标。五年来，我国以能源消费年均6.6%的增速支持了国民经济年均11.2%的增速，能源消费弹性系数由“十五”时期的1.04下降到0.59，扭转了我国工业化、城镇化加快发展阶段能源消耗强度大幅上升的势头，为保持经济平稳较快发展提供了有力支撑，为应对全球气候变化做出了重要贡献。

除对新疆另行考核外，全国其他地区均完成了“十一五”国家下达的节能目标任务，有28个地区超额完成了“十一五”节能目标任务，超额完成目标较多的十个地区分别为：北京（超额32.95%，下同）、天津（5%）、山西（3%）、内蒙古（2.82%）、黑龙江（3.95%）、福建（2.81%）、湖北（8.35%）、广东（2.63%）、重庆（4.75%）、云南（2.41%），其中北京、湖北、天津分别超出目标6.59、1.67、1个百分点。

附件：“十一五”各地区节能目标完成情况表

国家发展改革委 国家统计局
二〇一一年六月七日

附件：

“十一五”各地区节能目标完成情况表

地区	2005年		2010年	
	单位GDP能耗(吨标准煤/万元)	“十一五”时期计划降低（%）	单位GDP能耗(吨标准煤/万元)	比2005年降低（%）
北京	0.792	-20.00	0.582	-26.59
天津	1.046	-20.00	0.826	-21.00
河北	1.981	-20.00	1.583	-20.11
山西	2.890	-22.00	2.235	-22.66
内蒙古	2.475	-22.00	1.915	-22.62
辽宁	1.726	-20.00	1.380	-20.01
吉林	1.468	-22.00	1.145	-22.04
黑龙江	1.460	-20.00	1.156	-20.79
上海	0.889	-20.00	0.712	-20.00
江苏	0.920	-20.00	0.734	-20.45
浙江	0.897	-20.00	0.717	-20.01
安徽	1.216	-20.00	0.969	-20.36
福建	0.937	-16.00	0.783	-16.45
江西	1.057	-20.00	0.845	-20.04
山东	1.316	-22.00	1.025	-22.09
河南	1.396	-20.00	1.115	-20.12
湖北	1.510	-20.00	1.183	-21.67
湖南	1.472	-20.00	1.170	-20.43
广东	0.794	-16.00	0.664	-16.42
广西	1.222	-15.00	1.036	-15.22
海南	0.920	-12.00	0.808	-12.14
重庆	1.425	-20.00	1.127	-20.95
四川	1.600	-20.00	1.275	-20.31
贵州	2.813	-20.00	2.248	-20.06
云南	1.740	-17.00	1.438	-17.41
西藏	1.450	-12.00	1.276	-12.00
陕西	1.416	-20.00	1.129	-20.25
甘肃	2.260	-20.00	1.801	-20.26
青海	3.074	-17.00	2.550	-17.04
宁夏	4.140	-20.00	3.308	-20.09
新疆	另行考核			

注：西藏自治区数据由西藏自治区政府提供。

关于组织申报2011年节能技术改造财政奖励备选项目的通知

发改办环资[2011]1668号

各省、自治区、直辖市及计划单列市、新疆生产建设兵团、黑龙江农垦总局发展改革委、经贸委（经委、经信委）、财政厅(局)、财务局：

根据《节能技术改造财政奖励资金管理办法》（财建[2011]367号）的有关规定，现就2011年节能技术改造财政奖励备选项目申报组织有关事项通知如下：

一、选项范围和条件

主要支持燃煤锅炉（窑炉）改造、余热余压利用、节约和替代石油（仅包括节约石油改造项目）、电机系统节能、能量系统优化等节能技术改造项目。项目承担企业具备完善的能源计量、统计和管理体系。项目符合国家产业政策，能够在2012年底前全部完工，实施后年可实现节能量在5000吨标准煤（含）以上。

（一）燃煤锅炉（窑炉）改造项目主要包括：老旧锅炉更新改造；集中供热改造，包括以大锅炉替代小锅炉、以高效节能锅炉替代低效锅炉、供热管网改造（不含新建管网）；工业锅炉、窑炉综合节能改造等。

（二）余热余压利用项目主要包括：钢铁行业干法熄焦、炉顶压差发电、烧结机余热发电、燃气-蒸汽联合循环发电改造等；有色行业烟气废热发电、窑炉烟气辐射预热器和废气热交换器改造；建材行业余热发电、富氧（全氧）燃烧改造；化工行业余热（尾气）利用、密闭式电石炉、余热发电改造；纺织、轻工及其他行业供热管道冷凝水回收、供热锅炉压差发电改造；油田伴生气回收利用；工业生产有机废弃物沼气利用等。其中，干法水泥生产线纯低温余热发电项目2013年以后不再支持。

（三）节约和替代石油项目（仅包括节约石油改造项目）主要包括：电力行业等离子无油点火、气化小油枪以及利用洁净煤替代燃油发电技术改造；石化行业放空天然气回收、可燃气代油等技术改造；建材行业以天然气、水煤浆等替代重油改造；化工行业以煤炭气化替代燃料油和原料油改造等。

（四）电机系统节能项目主要包括：采用高效节能电机、风机、水泵、变压器等更新淘汰低效落后耗电设备；对电机系统实施变频调速、永磁调速、无功补偿等节能改造；采用高新技术改造拖动装置，优化电机系统的运行和控制；输电、配电设备和系统节能改造等。

（五）能量系统优化项目主要包括：钢铁、有色、合成氨、炼油、乙烯、化工等行业企业的生产工艺系统优化、能量梯级利用及高效换热、优化蒸汽、热水等载能介质的管网配置、能源系统整合改造；发电机组通流改造；新型阴极结构铝电解槽改造；采用高效节能水动风机（水轮机）冷却塔技术、循环水系统优化技术等对冷却塔循环水系统进行节能改造等。

属以下情形之一的项目不予支持：

（一）项目承担企业经营状况和经济效益较差。

（二）项目依附或改造的主体不符合国家产业政策，或已列入国家产业政策明令淘汰目录（《产业结构调整指导目录（2011年版本）》中第三类“淘汰类”执行），如：容积小于450立方米的高炉，小于180平米的烧结机，矿热炉容量东部地区小于25000千伏安、中西部小于12500千伏安的铁合金项目，改良焦炉。

（三）项目以扩大产能为主，或者属于节能产品（设备）制造、节能技术研发、管理节能等。

（四）项目属于新能源开发利用，如：利用太阳能、煤层气以及水源、地源热泵等，但工业生产有机废弃物沼气利用除外。

（五）项目属于利用优质能源（如：天然气、煤气等）、劣质能源（如：煤泥、煤矸石等）以及生物质能源（如：秸杆、稻壳和其他废弃物）替代燃煤或掺烧。

（六）项目属于应与主体工程同步配套建设，如：2007年1月1日以后建成的新型干法水泥生产线同步配套建设纯低温余热发电，1000立方米及以上高炉同步配套建设炉顶压差发电等。

（七）项目能源购入、输出和消耗的台帐不规范，能源统计报表、财务帐表及各种原始凭证缺失，节能量无法测算（监测）。

（八）项目改造属于利用外购或外供的余热、余能、余气等。

（九）项目在2011年6月30日前已经建成，或主体工程已完工。

（十）项目已获得（或已申报）国家发展改革委或其他部门支持，或者企业已获得国家支持的节能项目尚未完工，再次申报新的项目。

二、申报要求

（一）申报组织

2011年节能技术改造财政奖励备选项目申报工作，由各地节能主管部门和财政部门按照要求组织遴选，经严格初审并委托第三方审核机构对初审通过项目进行现场审核后，将符合条件的项目资金申请报告和现场审核报告汇总后上报国家发展改革委、财政部。不同法人企业的项目不能打包上报。中央企业下属公司全部通过项目所在地地方上报。

“十一五”期间安排的项目已完工且稳定运行的，需同时提交资金清算申请报告，2008年（含）以前国家已安排的项目尚未完工的将收回财政奖励资金,已经收回奖励资金的项目不得再次申报。

同一企业已获得支持的项目与新上报的项目内容不得重复，且已获支持的项目应已完工，并随同上报已获支持项目的竣工验收资料。

（二）申报材料及相关要求

1、企业财政节能奖励资金申请报告正文。包括：项目申报承诺表；企业基本情况表和项目基本情况表；企业能源管理情况；项目实施前用能状况；项目拟采用的节能技术措施；项目节能量测算和监测方法；其他需要说明的事项。附件包括：项目可行性研究报告（编制单位应具有国家相关部门颁发的甲级资质）；项目的备案、核准或审批文件；相应级别环保部门对项目环境影响报告书（表）的批复；企业能源管理制度、程序等文件；项目改造前后用能设备和能源计量设备清单等（申请报告提纲见附件一）。

2、通过节能技术改造项目资金管理系统生成的电子文档（下载网址为www.jjrjw.com）。

3、项目现场审核报告（格式按《办法》要求）。各地应严格把关，组织专家对企业上报的资金（清算）申请报告严格初审，委托第三方审核机构对项目进行现场审核，并针对项目的节能量、真实性等相关情况出具现场审核报告，汇总后一并上报。

4、本地区项目申请汇总表（格式见附件二）。汇总表中应注明项目建设内容、总投资、节能量、备案（核准或审批）文号、环评批复文号以及项目依托或改造主体的情况。项目建设内容应包括：项目名称、项目依托或改造主体的生产能力或规格型号、本次改造的主要内容及节能效果，要求文字精练，不超过200字。

（三）申报程序

各地应严格按照本通知的要求报送申报材料，一式二份（同时提供全部电子版光盘,电子版大小原则上不超过200M），要求装订整齐，按燃煤锅炉（窑炉）改造、余热余压利用、节约和替代石油（仅包括节约石油改造项目）、电机系统节能、能量系统优化等节能工程分类，逐级审核汇总，联合上报国家发展改革委和财政部（分送发展改革委环资司和财政部经建司各1份）。

（四）报送时间

请于2011年8月31日前，将项目申报材料按上述要求送达，逾期不予受理。

附件：一、企业财政节能奖励资金申请报告编制提纲（略）

二、2011年度节能技术改造财政奖励资金申请汇总表（略）

国家发展改革委办公厅

财政部办公厅

二〇一一年七月十一日

关于进一步加强合同能源管理项目监督检查工作的通知

发改办环资[2011]1755号

各省、自治区、直辖市及计划单列市、新疆生产建设兵团发展改革委、经信委（经贸委、工信委、工信厅）、财政厅（局）：

我们对各地报来的2010年财政奖励合同能源管理项目情况进行了初步书面审查。现就审查中发现的问题和加强合同能源管理项目监督检查有关事项通知如下：

一、存在的主要问题

从审查情况看，财政奖励的合同能源管理项目主要存在以下问题：

（一）节能量计算不正确，部分项目节能量明显偏大，个别项目节能量严重失实。

（二）节能量不符合要求。个别项目节能量在100吨标准煤以下，或1万吨标准煤以上。

（三）合同签订时间不符合要求。个别项目合同签订时间为2010年6月1日以前。

（四）改造内容不属于支持范围。部分项目如煤炭储运扬尘覆盖技术、搬迁改造、瓦斯发电、太阳能热利用等不属于支持范围。

（五）项目未在项目实施地申报，而是在节能服务公司所在地申报。

（六）部分项目节能服务公司投资比例不足70%。

（七）财政奖励资金占项目总投资的比例偏高，部分项目财政奖励资金甚至高于项目总投资。

（八）项目技术经济指标明显不合理。个别项目每节约一吨标准煤投资达3.5万元，有的甚至达6万元，与一般节能改造2000～5000元/吨标准煤的投资强度相比，明显偏高，节能服务公司根本无法收回投资。

（九）项目信息不全。有的项目没有填报项目名称、改造内容、节能量等。

（十）部分项目与中央财政节能技改项目重复。

二、有关要求

（一）请各地节能主管部门会同财政部门立即组织对本地区已支持的合同能源管理项目进行自查，严格按照财政部印发的《合同能源管理财政奖励资金管理暂行办法》（财建[2010]249号）、《国家发展改革委办公厅、财政部办公厅关于财政奖励合同能源管理项目有关事项的补充通知》（发改办[2010]2528号）等文件的相关要求，对项目的真实性、节能量、技术经济指标、合同签订时间、项目改造内容等进行认真审查和现场核查。各地节能主管部门、财政部门要对审核工作承担责任，节能服务公司和第三方审核机构要对上报信息的真实性承担责任。自查后，对不符合支持条件的项目要及时收回奖励资金，节能量偏大的项目要如实核减节能量和奖励资金。自查结束后，请各地节能主管部门会同财政部门结合奖励项目及资金调整情况，将本地区已支持的合同能源管理项目清算汇总表和每个项目的基本情况表（见附表）、合同复印件以及第三方节能量审核报告（第三方节能量审核报告需详细列明节能量计算方法和过程）复印件于7月31日前报送国家发展改革委（环资司）、财政部（经建司）。

（二）各地自查工作结束后，国家发展改革委会同财政部将对各地区已支持的合同能源管理项目进行认真审查，并组织第三方审核机构对部分合同能源管理项目进行现场抽查。根据审查和抽查结果，视情况进行相应处理。

（三）请各地节能主管部门、财政部门严格按照《合同能源管理财政奖励资金管理暂行办法》（财建[2010]249号）的要求，于每季度结束10日内，将本地区合同能源管理财政奖励资金安排使用情况季度统计表、新安排项目的基本情况表、合同复印件以及第三方节能量审核报告复印件及时报送财政部、国家发展改革委。

附件：财政奖励合同能源管理项目基本情况表（略）

国家发展改革委办公厅

财政部办公厅

二○一一年七月二十日

关于完善太阳能光伏发电上网电价政策的通知

发改价格[2011]1594号

各省、自治区、直辖市发展改革委、物价局：

为规范太阳能光伏发电价格管理，促进太阳能光伏发电产业健康持续发展，决定完善太阳能光伏发电价格政策。现将有关事项通知如下：

一、制定全国统一的太阳能光伏发电标杆上网电价。按照社会平均投资和运营成本，参考太阳能光伏电站招标价格，以及我国太阳能资源状况，对非招标太阳能光伏发电项目实行全国统一的标杆上网电价。

（一）2011年7月1日以前核准建设、2011年12月31日建成投产、我委尚未核定价格的太阳能光伏发电项目，上网电价统一核定为每千瓦时1.15元（含税，下同）。

（二）2011年7月1日及以后核准的太阳能光伏发电项目，以及2011年7月1日之前核准但截至2011年12月31日仍未建成投产的太阳能光伏发电项目，除西藏仍执行每千瓦时1.15元的上网电价外，其余省（区、市）上网电价均按每千瓦时1元执行。今后，我委将根据投资成本变化、技术进步情况等因素适时调整。

二、通过特许权招标确定业主的太阳能光伏发电项目，其上网电价按中标价格执行，中标价格不得高于太阳能光伏发电标杆电价。

三、对享受中央财政资金补贴的太阳能光伏发电项目，其上网电量按当地脱硫燃煤机组标杆上网电价执行。

四、太阳能光伏发电项目上网电价高于当地脱硫燃煤机组标杆上网电价的部分，仍按《可再生能源发电价格和费用分摊管理试行办法》（发改价格[2006]7号）有关规定，通过全国征收的可再生能源电价附加解决。

国家发展改革委

二〇一一年七月二十四日

“节能产品惠民工程”高效电机推广目录（第三批）公告

2011年第16号

根据《财政部国家发展改革委关于开展“节能产品惠民工程”的通知》（财建[2009]213号）和《财政部 国家发展改革委关于印发“节能产品惠民工程”高效电机推广实施细则的通知》（财建[2010]232号）的要求，国家发展改革委、财政部组织对各地上报的高效电机推广申请报告及相关材料进行了审核。现将“节能产品惠民工程”高效电机推广目录（第三批）予以公告，推广目录在国家发展改革委网站（www.sdpc.gov.cn）和财政部网站（www.mof.gov.cn）上发布，请有关部门、单位及企业到上述网站查阅、下载。

附件：一、“节能产品惠民工程”高效电机推广目录（第三批）入围企业（略）

二、“节能产品惠民工程”高效电机推广目录（第三批）（略）

国家发展改革委 财政部

二〇一一年七月二十六日

清洁发展机制项目运行管理办法（修订）

国家发展改革委　科技部　外交部　财政部

（二〇一一年八月三日）

第一章　总则

第一条　为促进和规范清洁发展机制项目的有效有序运行，履行《联合国气候变化框架公约》（以下简称《公约》）、《京都议定书》（以下简称《议定书》）以及缔约方会议的有关决定，根据《中华人民共和国行政许可法》等有关规定，制定本办法。

第二条　清洁发展机制是发达国家缔约方为实现其温室气体减排义务与发展中国家缔约方进行项目合作的机制，通过项目合作，促进《公约》最终目标的实现，并协助发展中国家缔约方实现可持续发展，协助发达国家缔约方实现其量化限制和减少温室气体排放的承诺。

第三条　在中国开展清洁发展机制项目应符合中国的法律法规，符合《公约》、《议定书》及缔约方会议的有关决定，符合中国可持续发展战略、政策，以及国民经济和社会发展的总体要求。

第四条　清洁发展机制项目合作应促进环境友好技术转让，在中国开展合作的重点领域为节约能源和提高能源效率、开发利用新能源和可再生能源、回收利用甲烷。

第五条 清洁发展机制项目的实施应保证透明、高效，明确各项目参与方的责任与义务。

第六条 在开展清洁发展机制项目合作过程中，中国政府和企业不承担《公约》和《议定书》规定之外的任何义务。

第七条　清洁发展机制项目国外合作方用于购买清洁发展机制项目减排量的资金，应额外于现有的官方发展援助资金和其在《公约》下承担的资金义务。

第二章　管理体制

第八条　国家设立清洁发展机制项目审核理事会（以下简称项目审核理事会）。项目审核理事会组长单位为国家发展改革委和科学技术部，副组长单位为外交部，成员单位为财政部、环境保护部、农业部和中国气象局。

第九条　国家发展改革委是中国清洁发展机制项目合作的主管机构，在中国开展清洁发展机制合作项目须经国家发展改革委批准。

第十条 中国境内的中资、中资控股企业作为项目实施机构，可以依法对外开展清洁发展机制项目合作。

第十一条 项目审核理事会主要履行以下职责：

（一）对申报的清洁发展机制项目进行审核，提出审核意见；

（二）向国家应对气候变化领导小组报告清洁发展机制项目执行情况和实施过程中的问题及建议，提出涉及国家清洁发展机制项目运行规则的建议。

第十二条 国家发展改革委主要履行以下职责：

（一）组织受理清洁发展机制项目的申请；

（二）依据项目审核理事会的审核意见，会同科学技术部和外交部批准清洁发展机制项目；

（三）出具清洁发展机制项目批准函；

（四）组织对清洁发展机制项目实施监督管理；

（五）处理其他相关事务。

第十三条 项目实施机构主要履行以下义务：

（一）承担清洁发展机制项目减排量交易的对外谈判，并签订购买协议。

（二）负责清洁发展机制项目的工程建设。

（三）按照《公约》、《议定书》和有关缔约方会议的决定，以及与国外合作方签订购买协议的要求，实施清洁发展机制项目，履行相关义务，并接受国家发展改革委及项目所在地发展改革委的监督。

（四）按照国际规则接受对项目合格性和项目减排量的核实，提供必要的资料和监测记录。在接受核实和提供信息过程中依法保护国家秘密和商业秘密。

（五）向国家发展改革委报告清洁发展机制项目温室气体减排量的转让情况；（六）协助国家发展改革委及项目所在地发展改革委就有关问题开展调查，并接受质询。

（七）企业资质发生变更后主动申报。

（八）根据本办法第三十六条规定的比例，按时足额缴纳减排量转让交易额。

（九）承担依法应由其履行的其他义务。

第三章　申请和实施程序

第十四条　附件所列中央企业直接向国家发展改革委提出清洁发展机制合作项目的申请，其余项目实施机构向项目所在地省级发展改革委提出清洁发展机制项目申请。有关部门和地方政府可以组织企业提出清洁发展机制项目申请。国家发展改革委可根据实际需要适时对附件所列中央企业名单进行调整。

第十五条　项目实施机构向国家发展改革委或项目所在地省级发展改革委提出清洁发展机制项目申请时必须提交以下材料：

（一）清洁发展机制项目申请表；

（二）企业资质状况证明文件复印件；

（三）工程项目可行性研究报告批复（或核准文件，或备案证明）复印件；

（四）环境影响评价报告（或登记表）批复复印件；

（五）项目设计文件；

（六）工程项目概况和筹资情况说明；

（七）国家发展改革委认为有必要提供的其他材料。

第十六条　如果项目在申报时尚未确定国外买方，项目实施机构在填报项目申请表时必须注明该清洁发展机制合作项目为单边项目。获国家批准后，项目产生的减排量将转入中国国家账户，经国家发展改革委批准后方可将这些减排量从中国国家账户中转出。

第十七条　国家发展改革委在接到附件所列中央企业申请后，对申请材料不齐全或不符合法定形式的申请，应当场或在五日内一次告知申请人需要补正的全部内容。

第十八条　项目所在地省级发展改革委在受理除附件所列中央企业外的项目实施机构申请后二十个工作日内，将全部项目申请材料及初审意见报送国家发展改革委，且不得以任何理由对项目实施机构的申请作出否定决定。对申请材料不齐全或不符合法定形式的申请，项目所在地省级发展改革委应当场或在五日内一次告知申请人需要补正的全部内容。

第十九条 国家发展改革委在受理本办法附件所列中央企业提交的项目申请，或项目所在地省级发展改革委转报的项目申请后，组织专家对申请项目进行评审，评审时间不超过三十日。项目经专家评审后，由国家发展改革委提交项目审核理事会审核。

第二十条　项目审核理事会召开会议对国家发展改革委提交的项目进行审核，提出审核意见。项目审核理事会审核的内容主要包括：

（一）项目参与方的参与资格；

（二）本办法第十五条规定提交的相关批复；

（三）方法学应用；

（四）温室气体减排量计算；

（五）可转让温室气体减排量的价格；

（六）减排量购买资金的额外性；

（七）技术转让情况；

（八）预计减排量的转让期限；

（九）监测计划；

（十）预计促进可持续发展的效果。

第二十一条　国家发展改革委根据项目审核理事会的意见，会同科学技术部和外交部作出是否出具批准函的决定。对项目审核理事会审核同意批准的项目，从项目受理之日起二十个工作日内（不含专家评审的时间）办理批准手续；对项目审核理事会审核同意批准，但需要修改完善的项目，在接到项目实施机构提交的修改完善材料后会同科学技术部和外交部办理批准手续；对项目审核理事会审核不同意批准的项目，不予办理批准手续。

第二十二条 项目经国家发展改革委批准后，由经营实体提交清洁发展机制执行理事会申请注册。

第二十三条 国家发展改革委负责对清洁发展机制项目的实施进行监督。项目实施机构在清洁发展机制项目成功注册后十个工作日内向国家发展改革委报告注册状况，在项目每次减排量签发和转让后十个工作日内向国家发展改革委报告签发和转让有关情况。

第二十四条 工程建设项目的审批程序和审批权限，按国家有关规定办理。

第四章 法律责任

第二十五条 本办法涉及的行政机关及其工作人员，在清洁发展机制项目申请过程中，对符合法定条件的项目申请不予受理，或当项目实施机构提交的申请材料不齐全、不符合法定形式时，不一次告知项目实施机构必须补正的全部内容的，由其上级行政机关或者监察机关责令改正；情节严重的，对直接负责的主管人员和其他直接责任人员依法给予行政处分。

第二十六条 本办法涉及的行政机关及其工作人员，在接收、受理、审批项目申请，以及对项目实施监督检查过程中，索取或者收受他人财物或者谋取其他利益，构成犯罪的，依法追究刑事责任；尚不构成犯罪的，依法给予行政处分。

第二十七条 本办法涉及的行政机关及其工作人员，对不符合法定条件的项目申请予以批准，或者超越法定职权作出批准决定的，由其上级行政机关或者监察机关责令改正，对直接负责的主管人员和其他直接责任人员依法给予行政处分；构成犯罪的，依法追究刑事责任。

第二十八条 项目实施机构在清洁发展机制项目申请及实施过程中，如隐瞒有关情况或者提供虚假材料的，国家发展改革委可不予受理或者不予行政许可，并给予警告。

第二十九条 项目实施机构以欺骗、贿赂等不正当手段取得批准函的，国家发展改革委依法处以与项目减排量转让收入相当的罚款，罚款收入按照《行政处罚法》等有关规定，就地上缴中央国库。构成犯罪的，依法追究刑事责任。

第三十条 项目实施机构在取得国家发展改革委出具的批准函后，企业股权变更为外资或外资控股的，自动丧失清洁发展机制项目实施资格，股权变更后取得的项目减排量转让收入归国家所有。

第三十一条 项目实施机构在减排量交易完成后，未按照相关规定向国家按时足额缴纳减排量交易额分成的，国家发展改革委依法对项目实施机构给予行政处罚。

第三十二条 项目实施机构伪造、涂改批准函，或在接受监督检查时隐瞒有关情况、提供虚假材料或拒绝提供相关材料的，国家发展改革委依法给予行政处罚；构成犯罪的，依法追究刑事责任。

第五章 附则

第三十三条 本办法中的发达国家缔约方是指《公约》附件一中所列的国家。

第三十四条 本办法中的清洁发展机制执行理事会是指《议定书》下为实施清洁发展机制项目而专门设置的管理机构。

第三十五条 本办法中的经营实体是指由清洁发展机制执行理事会指定的审定和核证机构。

第三十六条 清洁发展机制项目因转让温室气体减排量所获得的收益归国家和项目实施机构所有，其他机构和个人不得参与减排量转让交易额的分成。国家与项目实施机构减排量转让交易额分配比例如下：

（一）氢氟碳化物（HFC）类项目，国家收取温室气体减排量转让交易额的65%；

（二）己二酸生产中的氧化亚氮（NO）项目，国家收取温室气体减排量转让交易额的30%；

（三）硝酸等生产中的氧化亚氮（NO）项目，国家收取温室气体减排量转让交易额的10%；

（四）全氟碳化物（PFC）类项目，国家收取温室气体减排量转让交易额的5%；

（五）其他类型项目，国家收取温室气体减排量转让交易额的2%。

国家从清洁发展机制项目减排量转让交易额收取的资金，用于支持与应对气候变化相关的活动，由中国清洁发展机制基金管理中心根据《中国清洁发展机制基金管理办法》收取。

第三十七条 国家发展改革委已批准项目2012年后产生的减排量，须经国家发展改革委同意后才可转让，项目实施按照本办法管理。

第三十八条 本办法由国家发展改革委商科学技术部、外交部、财政部解释。

第三十九条 本办法自发布之日起施行。2005年10月12日起实施的《清洁发展机制项目运行管理办法》即行废止。

关于完善退牧还草政策的意见

国家发展改革委　农业部　财政部

二〇一一年八月二十二日

实施退牧还草是党中央、国务院为保护草原生态环境、改善民生作出的重大决策。工程自2003年实施以来，取得了显著成效，但也出现了一些新情况、新问题。为进一步完善退牧还草政策，巩固和扩大退牧还草成果，深入推进退牧还草工程，现提出以下意见：

一、适当调整建设内容，强化配套措施合理布局草原围栏。实行禁牧封育的草原，原则上不再实施围栏建设，可根据实际情况酌情安排。今后重点安排划区轮牧和季节性休牧围栏建设，并与推行草畜平衡挂钩。按照围栏建设任务的30%安排重度退化草原补播改良任务。逐步扩大岩溶地区草地治理试点范围。

配套建设舍饲棚圈和人工饲草地。在具有发展舍饲圈养潜力的工程区，对缺乏棚圈的退牧户，按照每户80平米的标准，配套实施舍饲棚圈建设，推动传统畜牧业向现代牧业转变。在具备稳定地表水水源的工程区，配套实施人工饲草地建设，解决退牧后农牧户饲养牲畜的饲料短缺问题。

继续安排退牧还草任务。经国务院同意的《全国草原保护建设利用总体规划》提出，279个退牧还草工程实施县(旗、团场)共需治理退化草原23.76亿亩，目前尚有约16亿亩退化草原需要治理。“十二五”时期，继续安排退牧还草围栏建设任务5亿亩，配套实施退化草原补播改良任务1.5亿亩，根据各地实际情况配套建设一定规模的人工饲草地和舍饲棚圈。

二、完善补助政策，巩固退牧还草成果从2011年起，适当提高中央投资补助比例和标准。围栏建设中央投资补助比例由现行的70%提高到80%，地方配套由30%调整为20%，取消县及县以下资金配套。青藏高原地区围栏建设每亩中央投资补助由17.5元提高到20元，其他地区由14元提高到16元。补播草种费每亩中央投资补助由10元提高到20元。人工饲草地建设每亩中央投资补助160元，主要用于草种购置、草地整理、机械设备购置及贮草设施建设等。舍饲棚圈建设每户中央投资补助3000元，主要用于建筑材料购置等。按照围栏建设、补播草种费、人工饲草地和舍饲棚圈建设中央投资总额的2%安排退牧还草工程前期工作费。

从2011年起，不再安排饲料粮补助，在工程区内全面实施草原生态保护补助奖励机制。对实行禁牧封育的草原，中央财政按照每亩每年补助6元的测算标准对牧民给予禁牧补助，5年为一个补助周期；对禁牧区域以外实行休牧、轮牧的草原，中央财政对未超载的牧民，按照每亩每年1.5元的测算标准给予草畜平衡奖励。

三、加强组织领导，保证工程顺利实施加强组织协调。有关部门要抓紧研究制定退牧还草工程“十二五”规划，完善工程管理办法，形成分工明确、相互配合的工作机制。在国家统一政策指导下，退牧还草工程实行“目标、任务、资金、责任”四到省。省级人民政府对退牧还草工程负总责，逐级落实责任制，按照本意见要求抓紧制定实施方案。工程区所在地县级人民政府要将退牧还草工程纳入改善民生、保护生态、发展现代农牧业中统筹考虑，把退牧还草各项措施落到实处。

加强项目管理。要健全实施方案、作业设计、工程建设审批制度，严格工程招标制度。要落实项目实施合同制，工程县应与农牧户签订禁牧、休牧、轮牧合同书，明确权利、义务和责任。要完善检查验收制度，落实工程县级自查和省级核查。要加强工程档案管理，做到户有卡、村有账、乡有册、县有档。要完善工程进度信息汇总报送制度。要抓紧建立完善草原生态监测预警体系，依法查处违法放牧、违法开垦和破坏工程设施的行为。

加强资金使用监督。工程区所在地县级人民政府要强化内部控制和制度建设，加大对工程建设资金和禁牧补助、草畜平衡奖励资金使用的监管力度，严禁虚报冒领、截留抵扣、挤占挪用等违法行为。在遵守各专项资金使用管理规定的前提下，整合使用退牧还草、扶贫开发、水土保持、生态移民(易地扶贫搬迁)、牧民定居等不同渠道资金，统筹解决草原生态保护、改善牧区民生等问题，发挥各渠道资金的综合效益。

关于发展天然气分布式能源的指导意见

发改能源[2011]2196号

各省、自治区、直辖市及计划单列市、副省级省会城市，新疆生产建设兵团发展改革委、能源局、财政厅（局）、住房城乡建设厅（局），国务院有关部门、直属机构，有关中央企业：

为提高能源利用效率，促进结构调整和节能减排，推动天然气分布式能源有序发展，现提出如下指导意见：

一、发展天然气分布式能源的重要意义

二、指导思想和目标

（一）指导思想。

以提高能源综合利用效率为首要目标，以实现节能减排任务为工作抓手，重点在能源负荷中心建设区域分布式能源系统和楼宇分布式能源系统。包括城市工业园区、旅游集中服务区、生态园区、大型商业设施等，在条件具备的地方结合太阳能、风能、地源热泵等可再生能源进行综合利用。

（二）基本原则。

一是统筹兼顾，科学发展。

二是因地制宜，规范发展。

三是先行试点，逐步推广。

四是体制创新，科技支撑。

（三）主要任务和目标。

主要任务：“十二五”初期启动一批天然气分布式能源示范项目，“十二五”期间建设1000个左右天然气分布式能源项目，并拟建设10个左右各类典型特征的分布式能源示范区域。未来5～10年内在分布式能源装备核心能力和产品研制应用方面取得实质性突破。初步形成具有自主知识产权的分布式能源装备产业体系。

目标：2015年前完成天然气分布式能源主要装备研制。通过示范工程应用，当装机规模达到500万千瓦，解决分布式能源系统集成，装备自主化率达到60%；当装机规模达到1000万千瓦，基本解决中小型、微型燃气轮机等核心装备自主制造，装备自主化率达到90%。到2020年，在全国规模以上城市推广使用分布式能源系统，装机规模达到5000万千瓦，初步实现分布式能源装备产业化。

三、主要政策措施

（一）加强规划指导。

国家发展改革委、能源局根据能源总体规划及相关专项规划，会同住房城乡建设部等有关部门研究制定天然气分布式能源专项规划。各省、区、市和重点城市发改委和能源主管部门会同住房城乡建设主管部门同时制定本地区天然气分布式能源专项规划，并与城镇燃气、供热发展规划统筹协调，确定合理供应结构，统筹安排项目建设。

（二）健全财税扶持政策。

中央财政将对天然气分布式能源发展给予适当支持，各省、区、市和重点城市可结合当地实际情况研究出台具体支持政策，给予天然气分布式能源项目一定的投资奖励或贴息。通过合同能源管理实施且符合《关于促进节能服务产业发展增值税、营业税和企业所得税政策问题的通知》（财税[2010]110号）要求的天然气分布式能源项目，可享受相关税收优惠政策。在确定分布式能源气价时要体现天然气分布式能源削峰填谷的特点，给予价格折让。

（三）完善并网及上网运行管理体系。

各地和电网企业应加强配电网建设，电网公司将天然气分布式能源纳入区域电网规划范畴，解决天然气分布式能源并网和上网问题。国家发改委、能源局会同有关部门、电网企业及单位研究制定天然气分布式能源电网接入、并网运行、设计等技术标准和规范；价格主管部门会同相关部门研究天然气分布式能源上网电价形成机制及运行机制等体制问题。

（四）充分发挥示范项目带动作用，坚持自主创新。

国家能源局要会同住房城乡建设部推进和指导天然气分布式能源示范项目的实施。加大国家对示范项目的支持力

度，依托示范项目推动天然气分布式能源装备自主化，加大示范项目自主化考核，引导推动分布式能源装备产业化。进一步推动产、学、研、用相结合发展创新，建立有效的研制和发展机制，加强核心技术研究与验证，促进成果转化，加大分布式能源基础研究和应用研究投入，紧密跟踪世界前沿技术发展，加强交流合作，提升技术创新能力。

（五）鼓励专业化公司发展，加强科技创新和人才培养。

鼓励和引导技术咨询和工程设计单位进行技术创新，提高系统集成水平。鼓励专业化公司从事天然气分布式能源的开发、建设、经营和管理，探索适合天然气分布式能源发展的商业运作模式。加强专业化人员培训和国际交流。

国家发展改革委
财政部
住房城乡建设部
国家能源局
二〇一一年十月九日

“节能产品惠民工程”节能汽车推广目录（第七批）

2011年第26号公告

根据《财政部国家发展改革委关于开展“节能产品惠民工程”的通知》（财建[2009]213号）和《财政部国家发展改革委工业和信息化部关于印发“节能产品惠民工程”节能汽车（1.6升及以下乘用车）推广实施细则的通知》（财建[2010]219号）以及《财政部国家发展改革委工业和信息化部关于调整节能汽车推广补贴政策的通知》（财建[2011]754号）的要求，国家发展改革委、工业和信息化部、财政部组织对各地上报的节能汽车推广申请报告及相关材料进行了审核。现将“节能产品惠民工程”节能汽车推广目录（第七批）予以公告，自10月1日起开始实施，同时前六批目录予以废止。所有入选车型自公告之日起2个月内要开始批量生产并保证供应，6个月内不得停产，对不按要求生产的车型将予以撤销。

附表：“节能产品惠民工程”节能汽车推广目录（第七批）（略）

国家发展改革委
工业和信息化部
财政部
二〇一一年十月十七日

关于开展碳排放权交易试点工作的通知

北京市、天津市、上海市、重庆市、广东省、湖北省、深圳市发展改革委：

根据党中央、国务院关于应对气候变化工作的总体部署，为落实“十二五”规划关于逐步建立国内碳排放交易市场的要求，推动运用市场机制以较低成本实现2020年我国控制温室气体排放行动目标，加快经济发展方式转变和产业结构升级，经综合考虑并结合有关地区申报情况和工作基础，我委同意北京市、天津市、上海市、重庆市、湖北省、广东省及深圳市开展碳排放权交易试点。

请各试点地区高度重视碳排放权交易试点工作，切实加强组织领导，建立专职工作队伍，安排试点工作专项资金，抓紧组织编制碳排放权交易试点实施方案，明确总体思路、工作目标、主要任务、保障措施及进度安排，报我委审核后实施。同时，各试点地区要着手研究制定碳排放权交易试点管理办法，明确试点的基本规则，测算并确定本地区温室气体排放总量控制目标，研究制定温室气体排放指标分配方案，建立本地区碳排放权交易监管体系和登记注册系统，培育和建设交易平台，做好碳排放权交易试点支撑体系建设，保障试点工作的顺利进行。

特此通知。

国家发展改革委办公厅

二〇一一年十月二十九日

2011 中国区域电网基准线排放因子

2011 Baseline Emission Factors for Regional Power Grids in China

为了更准确、更方便地开发符合国际 CDM规则以及中国清洁发展机制重点 领域的CDM项目，国家发展和改革委员会应对气候变化司研究确定了中国区域 电网的基准线排放因子，并征询了相关部门和部分指定经营实体（DOE）的意见。上述机构一致认为排放因子数据真实、计算合理、结果可信。现将计算过程及结 果公布如下，可供 CDM项目业主、开发商、DOE等在编写和审定项目文件和计算减排量时参考引用。

一、 区域电网划分

为了便于中国CDM发电项目确定基准线排放因子，现将电网边界统一划分为东北、华北、华东、华中、西北和南方区域电网，不包括西藏自治区、香港特别行政区、澳门特别行政区和台湾省。上述电网边界包括的地理范围如下表所示：

	$EF_{grid,OM,y}$ (tCO_2/MWh)	$EF_{grid,BM,y}$ (tCO_2/MWh)
华北区域电网	0.9803	0.6426
东北区域电网	1.0852	0.5987
华东区域电网	0.8367	0.6622
华中区域电网	1.0297	0.4191
西北区域电网	1.0001	0.5851
南方区域电网	0.9489	0.3157

注：1）表中 OM 为 2007-2009 年电量边际排放因子的加权平均值；BM 为截至 2009 年的容量边际排放因子；2）本结果以公开的上网电厂的汇总数据为基础计算得出；3）海南省电网于 2009 年并入南方区域电网，不再是独立电网。

二、 排放因子计算方法

根据“电力系统排放因子计算工具”（02.2 版），计算电量边际排放因子（OM）采用步骤3(a)“简单OM”方法中选项 B，即根据电力系统中所有电厂的总净上网电量、燃料类型及燃料总消耗量计算。公式如下：

式中:

$$EF_{grid,OMsimple,y} = \frac{\sum_i (FC_{i,y} \times NCV_{i,y} \times EF_{CO2,i,y})}{EG_y} \quad (1)$$

EFgrid,OMsimple,y 是第y 年简单电量边际CO2 排放因子 (tCO2/MWh)；

FCi,y 是第y 年项目所在电力系统燃料i 的消耗量(质量或体积单位)；

NCV i,y 是第y 年燃料i 的净热值 (能源含量，GJ/质量或体积单位)；

EFCO2,i,y　是第y 年燃料i 的CO2 排放因子(tCO2/GJ)；
EGy　是电力系统第y 年向电网提供的电量(MWh)，不包括低成本 / 必须运行电厂 / 机组；
i　是第y 年电力系统消耗的所有化石燃料种类；
y　是提交PDD 时可获得数据的最近三年（事先计算）。

另外，在电网存在净调入的情况下，采用调出电力电网的简单电量边际排放因子（步骤4(a) ）。

OM计算中供电量和燃料消耗量的数据选取遵循了保守原则，计算过程详见附件1。

根据“电力系统排放因子计算工具”（02.2 版），BM 可按m 个样本机组排放因子的发电量加权平均求得，公式如下：

$$EF_{grid,BM,y}=\frac{\sum_{m} EG_{m,y}\times EF_{EL,m,y}}{\sum_{m} EG_{m,y}} \qquad (2)$$

式中：

EFgrid,BM,y　是第y 年的BM 排放因子（tCO2 /MWh ）；
EFEL,m,y　是第m 个样本机组在第y 年的排放因子（tCO2 /MWh ）；
EGm,y　是第m 个样本机组在第y 年向电网提供的电量（MWh），也即上网电量；
m　是样本机组；
y　是能够获得发电历史数据的最近年份。

其中第m 个机组的排放因子EFEL,m,y 根据“电力系统排放因子计算工具”（02.2版）的步骤3(a) “简单 OM”中的选项B2计算。

“电力系统排放因子计算工具”（02.2 版）提供了计算BM 的两种选择：1）

在第一个计入期，基于 PDD 提交时可得的最新数据事前计算；在第二个计入期，基于计入期更新时可得的最新数据更新；第三个计入期沿用第二个计入期的排放因子；2）在第一计入期内按项目活动注册年或注册年可得的最新信息逐年事后更新BM；在第二个计入期内按选择1）的方法事前计算BM，第三个计入期沿用第二个计入期的排放因子。

本次公布的排放因子BM 的结果是基于选择1）的事前计算，不需要事后的监测和更新。

由于数据可得性的原因，本计算仍然沿用了CDM EB同意的变通办法，即首先计算新增装机容量及其中各种发电技术的组成，然后计算各种发电技术的新增装机权重，最后利用各种发电技术商业化的最优效率水平计算排放因子。

由于现有统计数据中无法从火电中分离出燃煤、燃油和燃气的各种发电技术的容量，本计算过程中采用如下方法：首先，利用最近一年的可得能源平衡表数据，计算出发电用固体、液体和气体燃料对应的CO2 排放量在总排放量中的比重；其次，以此比重为权重，以商业化最优效率技术水平对应的排放因子为基础，计算出各电网的火电排放因子；最后，用此火电排放因子乘以火电在该电网新增的20% 容量中的比重，结果即为该电网的 BM 排放因子。此 BM 排放因子近似　计算过程是遵循了保守原则。

具体步骤和公式如下：

步骤1，计算发电用固体、液体和气体燃料对应的 CO2 排放量在总排放量中的比重。

$$\lambda_{Coal,y}=\frac{\sum_{i\in COAL,j} F_{i,j,y}\times NCV_{i,y}\times EF_{CO_2,i,j,y}}{\sum_{i,j} F_{i,j,y}\times NCV_{i,y}\times EF_{CO_2,i,j,y}} \qquad (3)$$

$$\lambda_{Oil,y}=\frac{\sum_{i\in OIL,j} F_{i,j,y}\times NCV_{i,y}\times EF_{CO_2,i,j,y}}{\sum_{i,j} F_{i,j,y}\times NCV_{i,y}\times EF_{CO_2,i,j,y}} \qquad (4)$$

$$\lambda_{Gas,y}=\frac{\sum_{i\in GAS,j} F_{i,j,y}\times NCV_{i,y}\times EF_{CO_2,i,j,y}}{\sum_{i,j} F_{i,j,y}\times NCV_{i,y}\times EF_{CO_2,i,j,y}} \qquad (5)$$

式中：

Fi,j,y　是第j 个省份在第 y 年的燃料 i 消耗量（质量或体积单位，其中固体和液体燃料为吨，气体燃料为立方米）； NCV i,y 是燃料i 在第y 年的净热值（固体和液体燃料为GJ/t，气体燃料为GJ/m3）；

EFCO2,i,j,y 是燃料i 的排放因子（tCO2/GJ ）。

COAL、OIL 和GAS 分别为固体燃料、液体燃料和气体燃料的脚标集合。

步骤2：计算对应的火电排放因子。

$$EF_{Thermal,y} = \lambda_{Coal,y} \times EF_{Coal,Adv,y} + \lambda_{Oil,y} \times EF_{Oil,Adv,y} + \lambda_{Gas,y} \times EF_{Gas,Adv,y} \quad (6)$$

其中EFCoal,Adv,,y，EFOil,Adv,,y 和EFGas,Adv,,y分别是商业化最优效率的燃煤、燃油和燃气发电技术所对应的排放因子，具体参数及计算过程详见附件2。

步骤3：计算电网的BM

$$EF_{grid,BM,y} = \frac{CAP_{Thermal,y}}{CAP_{Total,y}} \times EF_{Thermal,y} \quad (7)$$

其中，CAP Total,y 为超过现有容量20% 的新增总容量，CAP Thermal,y为新增火电容量。

三、数据来源

计算OM 和BM 所需的发电量、装机容量和厂用电率等数据来源为　2008-2010 年《中国电力年鉴》；发电燃料消耗以及发电燃料的低位发热值等数据来源为2008-2010 年《中国能源统计年鉴》；电网间电量交换的数据来源为《2007、2008年、2009年电力工业统计资料汇编》；分燃料品种的潜在排放因子和碳氧化率来源为“2006 IPCC Guidelines for Nationa l Greenhouse Gas Inventories ” Vo l u m e 2 Energy，第一章1.21-1.24 页的表1.3和表1.4。分燃料品种的潜在排放因子采用了上述表1.4中的95% 置信区间下限值。

四、 排放因子数值

	$EF_{grid,OM,y}$ (tCO_2/MWh)	$EF_{grid,BM,y}$ (tCO_2/MWh)
华北区域电网	0.9803	0.6426
东北区域电网	1.0852	0.5987
华东区域电网	0.8367	0.6622
华中区域电网	1.0297	0.4191
西北区域电网	1.0001	0.5851
南方区域电网	0.9489	0.3157

注：1）表中 OM 为 2007-2009 年电量边际排放因子的加权平均值；BM 为截至 2009 年的容量边际排放因子；2）本结果以公开的上网电厂的汇总数据为基础计算得出；3）海南省电网于 2009 年并入南方区域电网，不再是独立电网。

国家发展改革委气候司
二〇一一年十月二十日

中国逐步淘汰白炽灯路线图公告

2011年第28号公告

为了提高能效，保护环境，积极应对全球气候变化，依据《中华人民共和国节约能源法》，决定从2012年10月1日起逐步禁止进口（含从海关特殊监管区域和保税监管场所进口）和销售普通照明白炽灯。现就有关事项公告如下：

一、淘汰产品

淘汰产品为普通照明白炽灯：

（一）设计用于家庭和类似场合普通照明；

（二）电源电压：200～250伏（含200伏、250伏）。

二、淘汰步骤

第一阶段：2011年11月1日至2012年9月30日为过渡期，有关进口商、销售商应当按照本公告要求，做好淘汰前准备工作。

第二阶段：2012年10月1日起，禁止进口和销售100瓦及以上普通照明白炽灯。

第三阶段：2014年10月1日起，禁止进口和销售60瓦及以上普通照明白炽灯。

第四阶段：2015年10月1日至2016年9月30日为中期评估期，对前期政策进行评估，调整后续政策。

第五阶段：2016年10月1日起，禁止进口和销售15瓦及以上普通照明白炽灯，或视中期评估结果进行调整。

三、豁免产品

豁免产品为反射型白炽灯和特殊用途白炽灯。其中，特殊用途白炽灯是指专门用于科研医疗、火车船舶航空器、机动车辆、家用电器等的白炽灯。

四、各级发展改革、经贸（经信）、商务、海关、工商、质检等行政管理部门要按照《中华人民共和国节约能源法》等有关规定，加强对普通照明白炽灯进口和销售的监督管理，严肃查处违法违规行为。各进口商、销售商应当在规定时间内停止进口、销售普通照明白炽灯。

附件：中国逐步淘汰白炽灯路线图

国家发展改革委 商务部
海关总署 工商总局
质检总局
二〇一一年十一月一日

附：

中国逐步淘汰白炽灯路线图

一、中国逐步淘汰白炽灯的重要意义

中国是白炽灯的生产和消费大国，2010 年白炽灯产量和国内销量分别为38.5 亿只和10.7 亿只。据测算，中国照明用电约占全社会用电量的12%左右，如果把在用白炽灯全部替换为节能灯，年可节电480 亿千瓦时，相当于减少二氧化碳排放4800 万吨，节能减排潜力巨大。逐步淘汰白炽灯，对于促进照明电器行业结构优化升级、推动实现“十二五”节能减排目标、积极应对全球气候变化具有重要作用。

二、中国逐步淘汰白炽灯的可行性

为提高能效、保护环境、应对全球气候变化，近年来一些主要国家和地区陆续出台淘汰白炽灯路线图，加快淘汰低效照明产品。

中国自1996 年实施绿色照明工程以来，支持白炽灯生产企业转型、扩大高效照明产品推广应用的政策体系初步形成，照明电器行业迅速发展，全社会节能减排意识显著提高，为淘汰白炽灯创造了较好的政策环境、行业基础和社会氛围，为淘汰白炽灯路线图的发布实施奠定了基础。

（一）政策环境

“十一五”期间，中国提出了单位国内生产总值能耗降低20%左右的约束性目标，通过一系列强有力的政策措施推动节能减排。

目前，中国已经建立了较完善的高耗能产品淘汰和节能产品推广政2策体系，包括发布高耗能产品淘汰目录，实施能效标准标识管理，推行政府强制采购，开展政府财政补贴等。“十二五”时期，中国政府进一步确定了单位国内生产总值能耗降低16%、二氧化碳排放强度下降17%的目标，这为促进白炽灯企业转型升级、推动照明电器行业健康发展提供了良好的政策环境。

（二）行业基础

2010 年，中国白炽灯总产量38.5 亿只，年产量1 亿只以上大型企业约10 家，占全行业总产量的70%以上。近年来，在国家相关政策的支持下，这些大型白炽灯生产企业先后开始转产高效照明产品。2010 年，中国节能灯总产量42.6 亿只，约占全球总产量的80%；其中，年产量5000 万只以上规模企业约20 家，占全行业总产量的82%。经过多年努力，中国节能灯产品质量水平日益提高，一些企业产品质量和工艺水平已达到世界领先水平。近年来，半导体照明技术发展迅速，在家庭照明、商业照明、道路照明等领域逐步得到应用。因此，高效照明产品及技术的日益成熟为逐步淘汰白炽灯提供了重要保障。

（三）社会意识

随着节能减排工作的深入开展，全社会照明节电意识普遍增强，“绿色照明”理念深入人心，高效照明产品市场占有率逐年提高，淘汰低效照明产品、选用高效照明产品已逐渐成为社会共识。三、世界主要国家和地区淘汰白炽灯情况自2007 年初澳大利亚政府率先宣布以立法形式全面淘汰白炽灯开始，先后有十几个国家和地区陆续发布了淘汰白炽灯计划。这些国家和地区淘汰白炽灯计划主要有以下几个特点：一是淘汰时间，大多数国家的起始时间集中在2010-2012 年。二是淘汰范围，重点是普通照明白炽灯，特殊用途白炽灯不在淘汰范围之内。三是淘汰方式，按功率大小、光效高低分阶段进行淘汰。四是中期评估，在淘汰过程中设置实施效果评估环节，根据评估情况来调整后续政策。

四、中国淘汰白炽灯方案

（一）指导思想

全面落实科学发展观，大力推进节能减排，制定并实施科学合理、符合中国国情的淘汰白炽灯路线图，促进照明电器行业结构优化，提升照明产品能效水平，为实现“十二五”节能减排目标、加快转变经济发展方式和应对全球气候变化作出贡献。

（二）基本原则

坚持顺应国际潮流与推动中国行业发展相结合；坚持加强政策引导与发挥市场机制相结合；坚持实施分阶段淘汰与发展替代产品相结合。

（三）法律依据

《中华人民共和国节约能源法》等有关规定。

（四）淘汰产品

淘汰产品为普通照明白炽灯：

1. 设计用于家庭和类似场合普通照明；

2. 电源电压：200～250 伏（含200 伏、250 伏）。

（五）淘汰步骤

中国逐步淘汰白炽灯路线图分为五个阶段，自2012 年10 月1日起分阶段逐步禁止进口（含从海关特殊监管区域和保税监管场所进口）和销售普通照明白炽灯。

第一阶段：2011 年11 月1 日至2012 年9 月30 日为过渡期，有关进口商、销售商应当按照本公告要求，做好淘汰前准备工作。

第二阶段：2012 年10 月1 日起，禁止进口和销售100 瓦及以上普通照明白炽灯。

第三阶段：2014年10月1日起，禁止进口和销售60瓦及以上普通照明白炽灯。

第四阶段：2015年10月1日至2016年9月30日为中期评估期，对前期政策进行评估，调整后续政策。

第五阶段：2016年10月1日起，禁止进口和销售15瓦及以上普通照明白炽灯，或视中期评估结果进行调整。

中国逐步淘汰白炽灯时间表

阶段	实施期限	目标	产品额定功率	实施范围与方式	备注
1	2011.11.1-2012.9.30	过渡期			发布公告及路线图
2	2012.10.1起	普通照明白炽灯	≥100瓦	禁止进口、销售	
3	2014.10.1起	普通照明白炽灯	≥60瓦	禁止进口、销售	
4	2015.10.1-2016.9.30	进行中期评估，调整后续政策			
5	2016.10.1起	普通照明白炽灯	≥15瓦	禁止进口、销售	最终禁止的目标产品和时间，以及是否禁止生产视中期评估结果而定

（六）豁免产品

豁免产品为反射型白炽灯和特殊用途白炽灯。其中，特殊用途白炽灯是指专门用于科研医疗、火车船舶航空器、机动车辆、家用电器等的白炽灯。

五、实施效果预测

通过淘汰白炽灯，将有力促进高效照明产业发展，取得良好的节能减排效果，预计新增照明电器行业产值约80亿元、新增就业岗位约1.5万个，形成年节电480亿千瓦时、年减少二氧化碳排放4800万吨的能力。

关于印发《电网企业实施电力需求侧管理目标责任考核方案(试行)》的通知

发改运行[2011]2407号

各省、自治区、直辖市发展改革委、经信委（工信委、工信厅、经委、经贸委）、物价局，国家电网公司、中国南方电网有限责任公司：

为贯彻落实《电力需求侧管理办法》，推动电网企业充分发挥自身优势，广泛深入开展电力需求侧管理工作，我委制定了《电网企业实施电力需求侧管理目标责任考核方案（试行）》，现印发给你们，请按照执行。

附件：电网企业实施电力需求侧管理目标责任考核方案（试行）

国家发展改革委

二〇一一年十一月九日

附件：

电网企业实施电力需求侧管理目标责任考核方案（试行）

一、总体思路

按照目标明确、责任落实，统一组织、分级实施，定量与定性考核相结合的要求，建立健全电网企业电力需求侧管理目标责任评价和考核制度，确保实现《电力需求侧管理办法原则上不低于经营区域内上年售电量的0.3%、最大用电负荷的0.3%。

（三）考核方法。采用量化办法，相应设置电力电量节约指标和电力需求侧管理措施落实指标，满分为100分。电力电量节约指标为定量考核指标，根据目标完成率进行评分，满分为60分，超额完成指标的适当加分；电力需求侧管理措施落实指标为定性考核指标，是对电网企业落实电力需求侧管理措施情况进行评分，满分为40分。

（四）考核结果。分为优秀（90分及以上）、良好（80～89分）、合格（70～79分）、不合格（70分以下）四个等级。

未完成电力电量节约指标的，均为不合格等级。具体考核计分方法见附件。

三、考核程序

（一）每年3月底前，省级电网企业提出年度电力电量节约指标和电力需求侧管理措施的建议，报省级电力运行主管部门。省级电力运行主管部门征求有关部门意见后，于4月底前核定并下达。

（二）每年2月底前，各省级电网企业将上年度电力电量节约指标完成情况和电力需求侧管理措施落实情况报告报省级电力运行主管部门。省级电力运行主管部门会同有关部门，进行评价考核和监督核查，并于3月底前将评价报告报送国家发展改革委。每年3月底前，国网公司、南网公司将上年度电力电量节约指标完成情况和电力需求侧管理措施落实情况总结报告报国家发展改革委及有关部门。国家发展改革委会同有关部门，进行评价考核和监督核查，于6月底前形成综合评价考核报告，并向社会公告。

（三）蒙东电网由内蒙古自治区电力运行主管部门组织考核；京津唐电网按照属地原则分别由有关省级电力运行主管部门组织考核。

（四）地方电网企业、趸售电网企业的考核工作，由相关省级电力运行主管部门参照本方案执行。

四、保障和奖惩措施

（一）各省级政府相关部门应尽快出台电力需求侧管理专项资金、完善峰谷电价制度等配套政策，为电网企业开展工作提供好的条件和环境。

（二）电网企业应制定电力需求侧管理工作制度和计划，为保证顺利完成工作目标提供必要的人力和资金投入。

（三）国家发展改革委会同有关部门，根据综合评价考核报告，对评价考核结果为优秀的电网企业予以表彰，对评价考核结果为不合格的予以通报批评。

（四）符合相关条件的电力需求侧管理项目，可申请适用有关节能减排优惠政策。

附件：节约电力电量的统计、计算与上报（略）

“十一五”期间千家企业节能目标完成情况表

2011年第31号公告

根据《国务院批转节能减排统计监测及考核实施方案和办法的通知》（国发[2007]36号）要求，各省、自治区、直辖市及新疆生产建设兵团节能主管部门对本辖区内千家企业“十一五”节能目标完成情况和节能措施落实情况进行了评价考核。现将有关情况公告如下：

截至2010年底，纳入考核的千家企业共881家。2009年考核的901家千家企业中，24家由于兼并、破产、关停等原因没有参加2010年考核。2006-2009年停产的企业中，4家企业恢复生产，纳入2010年考核。纳入考核的881家企业“十一五”期间共实现节能量16549万吨标准煤。其中866家企业完成了“十一五”节能目标；15家企业未完成“十一五”节能目标。

附件：一、“十一五”期间千家企业节能目标完成情况表（略）

二、2010年关停并转千家企业名单（略）

国家发展改革委

二〇一一年十二月二日

关于印发万家企业节能低碳行动实施方案的通知

发改环资[2011]2873号

各省、自治区、直辖市及计划单列市、新疆生产建设兵团发展改革委、经贸委（经信委、经委、工信委、工信厅）、教育厅（局）、财政厅（局）、住房城乡建设厅（建委）、交通运输厅（局）、商务厅（局）、国资委、质量技术监督局、统计局、银监会、能源局：

为贯彻落实“十二五”规划《纲要》，推动重点用能单位加强节能工作，强化节能管理，提高能源利用效率，根据《国务院关于印发“十二五”节能减排综合性工作方案的通知》（国发〔2011〕26号）要求，国家发展改革委、教育部、工业和信息化部、财政部、住房和城乡建设部、交通运输部、商务部、国务院国资委、国家质检总局、国家统计局、银监会、国家能源局制定了《万家企业节能低碳行动实施方案》（见附件一，以下简称《方案》），现印发给你们，请认真组织实施。并就有关事项通知如下：

一、各地区、各部门及各单位要从全面贯彻落实科学发展观，加快转变经济发展方式，建设资源节约型、环境友好型社会，增强可持续发展能力的战略高度，充分认识开展万家企业节能低碳行动的重要性，加强组织领导，制定切实可行的具体方案，狠抓落实，确保万家企业节能低碳行动取得实效。

二、请各地节能主管部门会同统计等相关部门按照《方案》规定的万家企业范围，审核提出本地区纳入万家企业节能低碳行动的企业（单位）名单，并根据本地区万家企业节能量目标（见附件二）和各企业的具体情况分解确定每个企业“十二五”节能目标。按照附件三的格式将本地区万家企业（单位）名单和“十二五”节能目标于2011年12月30前报送国家发展改革委（环资司），国家发展改革委汇总后对外公布。

三、请各地节能主管部门确定1名万家企业节能低碳行动联系人，将联系人姓名、职务、联系方式一并报国家发展改革委（环资司）。

附件：一、《万家企业节能低碳行动实施方案》
二、各地区“十二五”万家企业节能量目标
三、万家企业（单位）情况汇总表（略）

国家发展改革委 教育部
工业和信息化部 财政部
住房城乡建设部 交通运输部
商务部 国务院国资委
国家质检总局 国家统计局
银监会 国家能源局
二○一一年十二月七日

附件一：

万家企业节能低碳行动实施方案

万家企业是指年综合能源消费量1万吨标准煤以上以及有关部门指定的年综合能源消费量5000吨标准煤以上的重点用能单位。初步统计，2010年全国共有17000家左右。万家企业能源消费量占全国能源消费总量的60%以上，是节能工作的重点对象。抓好万家企业节能管理工作，是实现“十二五”单位GDP能耗降低16%、单位GDP二氧化碳排放降低17%约束性指标的重要支撑和保证。根据《中华人民共和国国民经济和社会发展第十二个五年规划纲要》和《“十二五”节能减排综合性工作方案》，国家组织开展万家企业节能低碳行动，特制定本实施方案。

一、万家企业范围

纳入万家企业节能低碳行动的企业均为独立核算的重点用能单位，包括：（一）2010年综合能源消费量1万吨标准煤及以上的工业企业；（二）2010年综合能源消费量1万吨标准煤及以上的客运、货运企业和沿海、内河港口企业；或拥有600辆及以上车辆的客运、货运企业，货物吞吐量5千万吨以上的沿海、内河港口企业；（三）2010年综合能源消费量5千吨标准煤及以上的宾馆、饭店、商贸企业、学校，或营业面积8万平方米及以上的宾馆饭店、5万平方米及以上的商贸企业、在校生人数1万人及以上的学校。

万家企业具体名单由各地区节能主管部门会同有关部门根据以上条件确定并上报国家发展改革委，国家发展改革委汇总后对外公布。为保持万家企业节能低碳行动的连续性，原则上“十二五”期间不对万家企业名单做大的调整。万家企业破产、兼并、改组改制以及生产规模变化和能源消耗发生较大变化，或按照产业政策需要关闭的，由各地省级节能主管部门自行调整并报国家发展改革委备案。“十二五”期间新增重点用能单位要按照本实施方案的要求开展相关工作。

二、指导思想、基本原则和主要目标

（一）指导思想以科学发展观为指导，依法强化政府对重点用能单位的节能监管，推动万家企业加强节能管理，建立健全节能激励约束机制，加快节能技术改造和结构调整，大幅度提高能源利用效率，为实现“十二五”节能目标做出重要贡献。

（二）基本原则

1、企业为主，政府引导。万家企业节能低碳行动以企业为主体，政府相关部门通过指导、扶持、激励、监管等措施，组织实施。

2、统筹协调，属地管理。国家发展改革委负责万家企业节能行动的指导协调，相关部门共同参与，协同推进。地方节能主管部门会同有关部门，做好万家企业节能低碳行动的实施工作。中央企业接受所在地区节能主管部门和有关部门的监管，严格执行有关规定。

3、多措并举，务求实效。综合运用经济、法律、技术和必要的行政手段，强化责任考核，落实奖惩机制，推动万家企业采取有效措施，切实加强节能管理，推广先进节能技术，不断提高能源利用效率，确保取得实实在在的节能效果。

（三）主要目标万家企业节能管理水平显著提升，长效节能机制基本形成，能源利用效率大幅度提高，主要产品（工作量）单位能耗达到国内同行业先进水平，部分企业达到国际先进水平。“十二五”期间，万家企业实现节约能源2.5亿吨标准煤。

三、万家企业节能工作要求

（一）加强节能工作组织领导。万家企业要成立由企业主要负责人挂帅的节能工作领导小组，建立健全节能管理机构。设立专门的能源管理岗位，明确工作职责和任务，加强3对能源管理负责人和相关人员的培训。开展能源管理师试点地区企业的能源管理负责人须具有节能主管部门认可的能源管理师资格。

（二）强化节能目标责任制。万家企业要建立和强化节能目标责任制，将本企业的节能目标和任务，层层分解，落实到具体的车间、班组和岗位。要将节能目标的完成情况纳入员工业绩考核范畴，加强监督，一级抓一级，逐级考核，落实奖惩。万家企业“十二五”年度节能目标完成进度不得低于时间进度。

（三）建立能源管理体系。万家企业要按照《能源管理体系要求》（GB/T 23331），建立健全能源管理体系，逐步形成自觉贯彻节能法律法规与政策标准，主动采用先进节能管理方法与技术，实施能源利用全过程管理，注重节能文化建设的企业节能管理机制，做到工作持续改进、管理持续优化、能效持续提高。

（四）加强能源计量统计工作。万家企业要按照《用能单位能源计量器具配备和管理通则》（GB 17167）的要求，配备合理的能源计量器具，努力实现能源计量数据在线采集、实时监测。要创造条件建立能源管控中心，采用自动化、信息化技术和集约化管理模式，对企业的能源生产、输送、分配、使用各环节进行集中监控管理。建立健全能源消费原始记录和统计台帐，定期开展能耗数据分析。要按照节能主管部门的要求，安排专人负责填报并按时上报能源利用状况报告。（五）开展能源审计和编制节能规划。万家企业要按照《企业能源审计技术通则》（GB/T 17166）的要求，开展能源审计，分析现状，查找问题，挖掘节能潜力，提出切实可行的节能措施。在能源审计的基础上，编制企业“十二五”节能规划并认真组织实施。各企业要在本实施方案下发的半年内，将能源审计报告报送地方节能主管部门审核，审核未通过的，应在告知后的3个月内进行修改或补充，并重新提交。（六）加大节能技术改造力度。万家企业每年都要安排专门资金用于节能技术进步等工作。要加强节能新技术的研发和推广应用，积极采用国家重点节能技术推广目录中推荐的技术、产品和工艺，促进企业生产工艺优化和产品结构升级。要加快实施能量系统优化、余热余压利用、电机系统节能、燃煤锅炉（窑炉）改造、高效换热器、节约替代石油等重点节能工程。要积极开展与专业化节能服务公司的合作，采用合同能源管理模式实施节能改造。

（七）加快淘汰落后用能设备和生产工艺。万家企业要依照法律法规、产业政策和政府规划要求，按期淘汰落后产能，不得使用国家明令淘汰的用能设备和生产工艺。要加快老旧电机更新改造，积极使用国家重点推广的高效节能电机。交通运输企业要加快淘汰老旧汽车、船舶和黄标车，调整运力结构。

（八）开展能效达标对标工作。万家企业主要工业产品单耗应达到国家限额标准，有地方能耗限额标准的，要达到地方标准。客货运输企业要严格执行营运车辆燃料消耗量限值标准。要学习同行业能效水平先进单位的节能管理经验和做法，积极开展能效对标活动，制定详细的能效对标方案，认真组织实施，充分挖掘企业节能潜力，促进企业节能工作上水平、上台阶。集团企业要组织各下属企业开展能效竞赛活动。（九）建立健全节能激励约束机制。万家企业要建立和完善节能奖惩制度，将节能任务完成情况与干部职工工作绩效相挂钩，并作为企业内部评先评优的重要指标。安排一定的节能奖励资金，对在节能管理、节能发明创造、节能挖潜降耗等工作中取得优秀成绩的集体和个人给予奖励，对浪费能源或完不成节能目标的集体和个人给予惩罚。（十）开展节能宣传与培训。万家企业要提高资源忧患意识和节约意识，积极参与节能减排全民行动，加强节约型文化建设，增强员工节能的社会责任感。要组织开展经常性的节能宣传与培训，定期对能源计量、统计、管理和设备操作人员、车船驾驶人员等开展节能培训，主要耗能设备操作人员未经培训不得上岗。宾馆饭店、商贸企业要加强对消费者的节能宣传，学校要把节能教育、环境教育纳入素质教育体系，积极开展内容丰富、形式多样的节能教育、环境教育宣传活动。

四、相关部门工作职责

（一）国家发展改革委加强统筹协调，综合考虑万家企业区域分布、能源消费量、节能潜力等因素，将万家企业节能目标分解落实到各省、自治区、直辖市。会同有关部门指导、监督各地区开展万家企业节能低碳行动，将万家企业节能目标完成情况和节能措施落实情况纳入省级政府节能目标责任考核评价体系。每年汇总并公布各地区万家企业节能目标考核结果，主要公告各省、自治区、直辖市万家企业节能目标考核总体情况，中央企业节能目标完成情况、未完成年度节能目标的企业名单，并将考核结果抄送国资委、银监会等有关部门。推动建立万家企业能源利用状况在线监测系统，会同国家统计局，编制发布万家企业能源利用状况报告。研究建立万家企业节能量交易制度，开展相关试点工作。

（二）各省、自治区、直辖市节能主管部门负责组织指导和统筹推进本地区万家企业节能低碳行动。会同相关部门将国家下达的本地区万家企业节能目标分解落实到企业，做好监督、考核工作。督促万家企业建立健全能源管理体系、落实能源审计和能源利用状况报告制度，强化对万家企业的节能监察。每年3月底之前，完成本地区万家企业节能目标7责任考核，公告考核结果，并于4月底前将考核结果上报国家发展改革委。

（三）工业和信息化、教育、交通运输、住房和城乡建设、商务、能源主管部门要按照各自职责，加强行业指导，强化行业监管，督促行动方案各项措施落到实处。发展改革、财政部门要加大预算内投资和节能专项资金、减排专项资金对万家企业节能工作的支持力度，强化财政资金的引导作用。质检部门要依据《能源计量监督管理办法》《用能单位、能源计量器具配备和管理通则》《高耗能特种设备节能监督、管理办法》和相关节能技术规范等要求，加强对万家企业能源计量器具及高耗能特种设备的配备、使用情况的监督检查和节能监管。统计部门要做好万家企业节能统计工作，及时向节能主管部门通报企业相关数据。国务院国资委要将中央企业节能目标完成情况纳入企业业绩考核范围，作为企业领导班子和领导干部综合评价考核的重要内容，建立完善问责制度，对成绩突出的单位和个人给予表彰奖励。地方国资委要相应加强对地方国有企业的节能考核，落实奖惩机制。银监会要督促银行业金融机构按照风险可控，商业可持续的原则，加大对万家企业节能项目的信贷支持，在企业信用评级、信贷准入和退出管理中充分考虑企业节能目标完成情况，对节能严重不达标且整改不力的企业，严格控制贷款投放。

（四）各级节能监察机构要加大节能监察力度，依法对万家企业节能管理制度落实情况、固定资产投资项目节能评估与审查情况、能耗限额标准执行情况、淘汰落后设备情况、节能规划落实情况等开展专项监察，依法查处违法用能行为。

（五）节能中心等服务机构要配合节能主管部门，落实实施方案。传播推广先进节能技术，组织开展节能培训，指导万家企业定期填报能源利用状况报告、完善节能管理制度、开展能源审计、编制节能规划。

（六）有关行业协会要跟踪研究国内、国际先进能效水平和节能技术，指导企业开展能效对标工作，为企业节能管理、技术开发和节能改造提供咨询和培训。

五、保障措施

（一）健全节能法规和标准体系。修订重点用能单位节能管理办法、能效标识管理办法、节能产品认证管理办法以及建筑节能标准和设计规范等部门规章。加快制（修）订高耗能行业单位产品能耗限额、产品能效等强制性国家标准，提高准入门槛。完善机动车燃油消耗量限值标准。鼓励地方依法制定更加严格的节能地方标准。

（二）加强节能监督检查。组织对万家企业执行节能法律法规和节能标准情况进行监督检查，严肃查处违法违规行为。对未按要求淘汰落后产能的企业，依法吊销排污许可证、生产许可证和安全生产许可证；对违规使用明令淘汰用能设备的企业，限期淘汰，未按期淘汰的，依法责令其停产整顿。

对能源消耗超过国家和地区规定的单位产品能耗（电耗）限额标准的企业和产品，实行惩罚性电价，并公开通报，限期整改。对未设立能源管理岗位、聘任能源管理负责人，未按规定报送能源利用状况报告或报告内容不实的单位，按照节能法相关规定对其进行处罚。

（三）加大节能财税金融政策支持。加大中央预算内投资和中央财政节能专项资金的投入力度，加快节能重点工程实施。国有资本经营预算要继续支持企业实施节能项目。落实国家支持节能所得税、增值税等优惠政策，积极推进资源税费改革。加大各类金融机构对节能项目的信贷支持力度，鼓励金融机构创新适合节能项目特点的信贷管理模式。引导各类社会资金、国际援助资金增加对节能领域的投入。建立银行绿色评级制度，将绿色信贷成效与银行机构高管人员履职、机构准入、业务发展相挂钩。

（四）建立健全企业节能目标奖惩机制。探索建立重点耗能企业节能量交易机制。对在节能工作中表现突出的单位和个人进行表彰奖励。对未完成年度节能目标责任的万家企业，由地方节能主管部门对其强制开展能源审计，责令限期整改，并通过新闻媒体进行曝光，金融机构要对其实施限制性贷款政策。对未完成节能目标的中央和地方国有企业，要在经营业绩考核中实行降级降分处理，并与企业负责人薪酬紧密挂钩。

（五）加强节能能力建设。建立健全节能管理、监察、服务“三位一体”的节能管理体系，加强政府节能管理能力建设，完善机构，充实人员。加强节能监察机构能力建设，明确基本条件及要求，建立和完善覆盖全国的省、市、县三级节能监察体系。配备监测和检测设备，加强人员培训，提高执法能力。建立企业能源计量数据在线采集、实时监测系统。

（六）强化新闻宣传和舆论监督。新闻媒体要积极宣传节能的重要性和紧迫性，报道万家企业节能行动的先进典型、先进经验、先进技术，普及节能知识和方法，曝光和揭露浪费能源的反面典型，公布未完成节能目标的万家企业名单，追踪报道节能整改情况。

附件二：

各地区“十二五”万家企业节能量目标

地区	节能量目标（万吨标准煤）
北京	200
天津	486
河北	2175
山西	1385
内蒙古	1160
辽宁	1400
吉林	437
黑龙江	625
上海	685
江苏	2205
浙江	1005
安徽	840
福建	525
江西	435

山东	2530
河南	1582
湖北	744
湖南	619
广东	1530
广西	447
海南	37
重庆	306
四川	1009
贵州	391
云南	496
西藏	3
陕西	670
甘肃	370
青海	83
宁夏	305
新疆	315
总计	25000

关于印发“十二五”资源综合利用指导意见和大宗固体废物综合利用实施方案的通知

发改环资〔2011〕2919号

各省、自治区、直辖市及计划单列市、副省级省会城市、新疆生产建设兵团发展改革委、资源综合利用管理部门：

为贯彻《国民经济和社会发展第十二个五年规划纲要》，落实节约资源和保护环境基本国策，深入推进“十二五”时期的资源综合利用工作，促进循环经济发展，我委组织编制了《“十二五”资源综合利用指导意见》和《大宗固体废物综合利用实施方案》，研究提出了“十二五”资源综合利用工作的指导思想、基本原则、主要目标、重点领域以及政策措施，同时提出了在工业、建筑业和农林业等领域选择产生堆存量大、资源化利用潜力大、环境影响广泛的固体废物编制实施方案。现将两份文件印发你们，请认真贯彻执行。

附件：一、《“十二五”资源综合利用指导意见》
二、《大宗固体废物综合利用实施方案》

国家发展改革委
二〇一一年十二月十日

附件一：

“十二五”资源综合利用指导意见

开展资源综合利用是国民经济和社会发展中一项长远的战略方针，对于贯彻落实节约资源和保护环境基本国策，缓解工业化和城镇化进程中日趋强化的资源环境约束，提高资源利用效率，加快经济发展方式转变，增强可持续发展能力都具有重要意义。根据《国民经济和社会发展第十二个五年规划纲要》关于“提高资源综合利用水平”的总体要求，特提出“十二五”资源综合利用指导意见。

一、资源综合利用现状

"十一五"期间，资源综合利用推进力度不断增强，利用规模日益扩大，技术装备水平不断提升，政策措施逐步完善，实现了经济效益、社会效益和环境效益的有机统一，资源综合利用取得了积极进展。

（一）利用规模不断扩大。全国共伴生金属矿产约70%的品种得到了综合开发，矿产资源总回收率和共伴生矿产综合利用率分别提高到35%和40%，煤层伴生的油母页岩、高岭土等矿产进入大规模利用阶段。工业固体废物综合利用率达69%，超额完成规划目标9个百分点。累计利用粉煤灰超过10亿吨、煤矸石约11亿吨、冶炼渣约5亿吨，回收利用废钢铁、废有色金属、废纸、废塑料等再生资源9亿吨，农作物秸秆综合利用率超过70%，年利用量达5亿吨。

（二）利用水平明显提升。钒钛资源、镍矿伴生资源实现综合开发，稀土等元素得到高效利用，高铝粉煤灰提取氧化铝技术研发成功并逐步产业化，废旧家电的全密闭快速拆解和高效率物料分离等资源化利用技术装备实现国产化，废旧纺织品再生利用技术中试成功。年产5000万平方米全脱硫石膏大型纸面石膏板生产线投产，利用煤矸石、煤泥混烧发电的大型机组装备投入运行，全煤矸石烧结砖技术装备达到国际先进水平。

（三）法规政策日趋完善。《循环经济促进法》、《废弃电器电子产品回收处理管理条例》、《再生资源回收管理办法》等法律法规规章陆续颁布实施。国家发展改革委、国土资源部、财政部等部门发布了《中国资源综合利用技术政策大纲》、《矿产资源节约与综合利用鼓励、限制和淘汰技术目录》、《资源综合利用企业所得税优惠目录（2008年版）》、《关于资源综合利用及其他产品增值税政策的通知》、《新型墙体材料专项基金征收使用管理办法》等政策措施，初步形成了资源综合利用的法规政策体系。

（四）综合效益日益显现。资源综合利用已经成为煤炭、电力、钢铁、建材等资源型行业调整结构、改善环境、创造就业机会的重要途径。2010年，全国煤矸石、煤泥发电装机容量达2100万千瓦，相当于减少原煤开采4000多万吨，综合利用发电企业达400多家，带动就业人数近10万人；从钢渣中提取出约650万吨废钢铁，相当于减少铁矿石开采近2800万吨；通过综合利用各类固体废物累计减少堆存占地约16万亩；资源综合利用产业年产值超过1万亿元，就业人数超过2000万人。

虽然"十一五"期间资源综合利用取得了积极成效，但与加快转变经济发展方式，建设资源节约型、环境友好型社会的要求还有很大差距，存在的问题仍较为突出。一是发展不平衡，资源综合利用往往受到区域经济实力、资源禀赋差异等因素的制约；二是综合利用企业普遍小而散，缺乏具有市场竞争力的大型骨干企业；三是综合利用产品技术含量和应用水平不高，部分共性关键技术亟待突破；四是支撑体系急需完善，资源综合利用管理、培训、标准、信息、技术推广和服务等能力建设有待加强，回收体系亟待规范和完善；五是激励政策有待进一步加强和落实，现有资源综合利用鼓励和扶持政策有待完善。

二、面临的形势

我国自然资源禀赋较差，人均占有量少，45种主要矿产资源中，有19种已出现不同程度的短缺，其中11种国民经济支柱性矿产缺口尤为突出；重要资源自给能力不足，石油、铁矿石、铜等对外依存度逐年提高；主要污染物排放量大大超过环境容量，一些地方生态环境承载能力已近极限。"十二五"时期是我国全面建设小康社会的关键时期，随着人口增加，工业化、城镇化进程加快，经济总量不断扩大，资源环境约束将更加突出，气候变化和能源资源安全等全球性问题加剧。

资源综合利用是解决可持续发展道路中合理利用资源和减轻环境污染两个核心问题的有效途径，既有利于缓解资源匮乏和短缺问题，又有利于减少废物排放。资源综合利用产业作为发展循环经济的重要载体和有效支撑，是战略性新兴产业的重要组成部分，具有广阔的发展前景，有利于加快构建资源节约、环境友好的生产方式和消费模式，增强可持续发展能力。

三、指导思想、基本原则和主要目标

（一）指导思想

以邓小平理论和"三个代表"重要思想为指导，深入贯彻落实科学发展观，坚持节约资源和保护环境基本国策，按照"十二五"规划《纲要》提高资源综合利用水平的总体要求，强化宏观指导，完善政策措施，加快技术创新和制度创新，加强能力建设，以大宗固体废物综合利用为核心，大力实施重点工程，发展资源综合利用产业，大幅度提高资源利用效率，加快资源节约型、环境友好型社会建设。

（二）基本原则

坚持宏观调控与市场机制相结合，发挥市场配置资源的基础性作用，完善政策体系，建立有利于促进资源综合利用的长效机制；坚持技术创新与高效利用相结合，强化科技创新能力建设，重点研发共性关键技术，推动资源综合利用规模化、清洁化、专业化发展；坚持因地制宜与重点推进相结合，根据资源禀赋和产业构成特点，培育综合利用示范基地和骨干企业，形成资源综合利用产业集群。

（三）主要目标

到2015年，矿产资源总回收率与共伴生矿产综合利用率提高到40%和45%；大宗固体废物综合利用率达到50%；工业固体废物综合利用率达到72%；主要再生资源回收利用率提高到70%，再生铜、铝、铅占当年总产量的比例分别达到40%、30%、40%；农作物秸秆综合利用率力争超过80%。资源综合利用政策措施进一步完善，技术装备水平显著提升，综合利用企业竞争力普遍提高，产品市场份额逐步扩大，产业发展长效机制基本形成。

四、重点领域

（一）矿产资源的综合开发利用

1. 能源矿产

（1）煤炭：推进煤层气、矿井瓦斯、煤系油母页岩以及伴生高岭土、残矿的开发利用。

（2）石油天然气：推进油田伴生气、酸性气体等回收利用；逐步推动油砂、油页岩利用产业化；推动高含硫化氢天然气中硫黄的综合利用；开展页岩气、致密砂岩气等综合开发利用。

2. 金属矿产

（3）黑色金属矿产：继续推进多金属钒钛磁铁矿、含稀土型铁矿的深度开发利用；加大中低品位铁矿、弱磁性铁矿、低品位锰矿、硼镁铁矿、锡铁矿等难选资源的综合利用技术研发力度。

（4）有色金属矿产：综合开发利用铝、铜、镍、铅、锌、锡、锑、钽、钛、钼等有色金属共伴生矿产资源，实现有用组分梯级回收。

（5）贵金属矿产：加强铂系金属矿、金矿和银矿等贵金属共伴生矿产资源的综合开发利用。

（6）稀有、稀土金属矿产：开展复杂难处理稀有金属共生矿在选矿和冶炼过程中的综合回收利用，加强稀土金属矿资源综合利用。

3. 非金属矿产

（7）化工非金属矿产：加强磷矿、硫铁矿和硼铁矿的综合利用。

（8）建材非金属矿产：发展石墨、高岭土、膨润土、滑石、硅灰石、石英、萤石、石灰石、花岗石、瓷土矿、珍珠岩等综合利用和深加工。

（二）产业“三废”综合利用

（9）尾矿：大力推进尾矿伴生有用组分高效分离提取和高附加值利用、低成本生产建材以及胶凝回填利用，开展尾矿在农业领域的利用和生态环境治理。

（10）煤矸石：继续扩大煤矸石发电及生产建材、复垦绿化、井下充填等利用规模；鼓励利用煤矸石提取有用矿物元素制造化工产品和有机矿物肥料等新型利用。

（11）工业副产石膏：继续推广工业副产石膏替代天然石膏的资源化利用，重点发展脱硫石膏、磷石膏生产建材制品和化工原料以及在水泥行业的应用，加快化学法处理磷石膏制备相关产品的研究和应用。

（12）粉煤灰：加强大掺量和高附加值产品技术研发和推广应用，继续推进粉煤灰用于建材生产、建筑和道路工程建设、农业应用、有用组分提取等。

（13）赤泥：加快共性关键技术研发，实现赤泥科学、高效利用，重点发展赤泥提取有用组分、生产建材产品、用作脱硫剂等。

（14）冶炼渣：进一步推广高炉渣和钢渣在生产建材、回收有用组分等综合利用，鼓励有色金属冶炼渣资源化利用以及重金属冶炼渣的无害化处理。

（15）化工废渣：鼓励电石渣生产水泥，氨碱废渣用于锅炉烟气湿法脱硫，硫铁矿制酸废渣用于钢铁、水泥生产，合成氨造气炉渣热能的回收利用；鼓励化工废渣与下游建材产业结合，提高综合利用水平。

（16）建筑和道路废物：推广建筑和道路废物生产建材制品、筑路材料和回填利用，建立完善建筑和道路废物回收利用体系。

（17）生活垃圾：推进垃圾分类，重点开展废弃包装物、餐厨垃圾、园林垃圾、粪便无害化处理和资源化利用，鼓励生活垃圾焚烧发电和填埋气体提纯制燃气或发电等多途径利用，鼓励利用水泥窑协同处置城市生活垃圾。

（18）污水处理厂污泥：推进污泥无害化、资源化处理处置，鼓励采用污泥好氧堆肥、厌氧消化等技术，推动污泥处理处置技术装备产业化，鼓励利用水泥窑协同处置污泥。

（19）农林废物：建设秸秆收储运体系，推广秸秆肥料化、饲料化、基料化、原料化、燃料化利用；鼓励林业“三剩物”、次小薪材、制糖蔗渣及其他林业废弃物的资源化利用；推进畜禽养殖废弃物的综合利用。

（20）海洋与水产品加工废物：开展甲壳质、甲壳素等海洋与水产品加工废物的综合利用。

（21）废水（液）：进一步提高工业废水循环利用和城镇污水再生利用水平；继续推进矿井水资源化利用；鼓励重点行业开展废旧机油、采油废水、废植物油、废酸、废碱、废液等回收和资源化利用。

（22）废气：基本实现焦炉、高炉、转炉煤气资源化利用；鼓励电力、石油、化工等行业对废气中有用组分进行回收和综合利用；以工业窑炉余热余压发电和低温废水余热开发利用为重点，实现余热余压的梯级利用。

（三）再生资源回收利用

（23）废旧金属：推广采用机械化手段对废旧汽车、废旧船舶、废旧农业和工程机械的拆解、破碎和处理，提高回收利用水平；提高废旧动力电池和废铅酸电池拆解、破碎、分选以及废液的回收处理水平；推进汽车零部件、工程机械机床等再制造。

（24）废旧电器电子产品：继续推进废旧电器电子产品回收、分拣、拆解、高值利用及无害化处理，推动整机拆解和电路板资源化技术的产业化。

（25）废纸：完善废纸回收、分拣、脱墨、加工回收利用体系，鼓励大型废纸制浆技术及成套设备研发。

（26）废塑料：重点开发废塑料回收、分拣、清洗和分离等预处理技术和设备，鼓励废旧塑料瓶、废旧地膜高值利用，推广废塑料再生造粒和改性以及生产木塑制品。

（27）废旧轮胎：规范废旧轮胎回收利用，加快推进废旧轮胎综合利用技术研发和产业升级，提高旧轮胎翻新率，鼓励胶粉生产改性沥青等直接应用，推广环保型再生胶等清洁生产工艺，提升无害化利用水平。

（28）废旧木材：开展废旧木材及木制品回收再利用，加大共性关键技术装备的研发力度。

（29）废旧纺织品：建立废旧纺织品回收体系，开展废旧纺织品综合利用共性关键技术研发，拓展再生纺织品市场，初步形成回收、分类、加工、利用的产业链。

（30）废玻璃：鼓励建立废玻璃回收体系，推广废玻璃作为原料生产平板玻璃等直接应用及生产建筑保温材料等间接利用。

（31）废陶瓷：加强废陶瓷综合利用技术研发和推广应用，鼓励废陶瓷用于生产陶瓷建材产品以及建筑工程等。

五、政策措施

（一）强化宏观引导和政策扶持

各地区、各部门、各行业要根据实际情况，认真落实本指导意见，组织编制地区和行业资源综合利用专项规划。国家发展改革委将继续会同有关部门发挥并完善资源综合利用工作机制作用，分工负责，形成合力，引导资金、政策、人才、技术等资源向综合利用薄弱地区倾斜，推动资源综合利用工作全面、协调发展。

建立和完善鼓励资源综合利用的投资、价格、财税、信贷、政府采购等激励措施，强化资源综合利用认定管理，落实资源综合利用优惠政策，进一步调动企业综合利用资源的积极性，各级政府要优先采购符合相关要求的综合利用产品，为企业融资拓宽途径，有条件的地区设立资源综合利用专项资金。推进资源税改革，加大自然资源的开发成本，研究对产生量大、难处理的固体废物开征环境税，推动建立资源综合利用的倒逼机制。

（二）加强资源综合利用制度建设

以《循环经济促进法》为核心，逐步建立完善资源综合利用法律法规体系，修订和发布粉煤灰、煤矸石等重点产业废物综合利用管理办法，制定和完善再生资源回收管理的相关规定；推行生产者责任延伸制，落实《废弃电器电子产品回收处理管理条例》，适时调整《废弃电器电子产品处理目录》范围。

推行资源综合利用认定企业管理信息化，逐步建立起资源综合利用数据收集、整理和统计体系，构建废物排放、储存及综合利用数据统计平台，为宏观调控和制定政策提供科学决策依据。

加快推进标准化进程，逐步建立完善矿产资源、产业废物和再生资源综合利用标准体系，重点加强技术标准和管理标准的制修订工作，建立涵盖产生、堆存、检测、原料、生产、使用、产品及应用等多领域的各类标准体系，强化标准宣贯、执行和监督。

（三）实施资源综合利用重点工程

实施资源综合利用“双百”工程，建设共伴生矿产及尾矿、煤矸石、粉煤灰、工业副产石膏、冶炼渣、建筑垃圾、农作物秸秆、废旧轮胎、包装废弃物、废旧纺织品综合利用等重点工程，

增强技术支撑能力，加快构建服务体系，建设示范项目，鼓励产业集聚，培育百个示范基地和百家骨干企业。继续推进共伴生矿产及尾矿资源综合利用示范基地建设；加快培育一批产业废物高附加值综合利用示范基地；开展废旧纺织品、废旧轮胎、包装废弃物等再生资源综合利用试点示范，建设一批废旧商品回收体系示范城市。在煤炭、电力、石油石化、钢铁、有色、化工、建材、轻工等行业中选取利用量大、产值高、技术装备先进、引领示范作用突出的资源综合利用骨干企业，予以重点扶持和培育。

（四）加快技术装备创新和成果转化

加快资源综合利用前沿技术的研发与集成，推动科技成果转化为现实生产力，提高资源综合利用技术装备标准化、系列化、成套化和国产化水平。适时修订完善《中国资源综合利用技术政策大纲》，发布和实施《废物资源化科技工程“十二五”专项规划》，引导关键、共性重点综合利用技术的开发，推进高新技术产业示范，推广应用成熟、先进适用的技术与工艺，淘汰落后的生产工艺和装备。加强资源综合利用领域的国际合作，引进国外先进技术，并组织消化吸收和再创新。

（五）营造全社会参与的良好氛围

资源综合利用是一项涉及多个领域、多个行业、多个环节的综合性系统工程。“十二五”期间，要大力倡导文明、节约、绿色、低碳理念，充分发挥各相关行业协会、中介机构作用，通过各种渠道开展政策宣贯、人才培训和技术推广，提高资源节约和环境保护意识，鼓励使用资源综合利用产品，减少一次性用品生产和消费，限制商品过度包装，推广可持续的生产方式和绿色生活模式，营造全社会共同参与的良好氛围。

附件二：

大宗固体废物综合利用实施方案

为贯彻《国民经济和社会发展第十二个五年规划纲要》，提高资源综合利用水平，根据《“十二五”资源综合利用指导意见》，制定本实施方案。

一、充分认识大宗固体废物综合利用的重要意义

大宗固体废物产生量大、资源化利用前景好，对环境影响广泛。实施大宗固体废物综合利用对推动循环经济发展，促进节能减排，加快构建可持续的生产方式，具有重要意义。“十一五”时期，在各项政策措施推动下，大宗固体废物综合利用取得积极进展，利用规模、水平均有较大提升。

（一）有利于节约和替代原生资源

大宗固体废物综合利用，有利于减少原生资源消耗，实现资源可持续利用。我国煤矸石发电机组装机规模已达2100万千瓦，年可减少原煤开采4000万吨。天然石膏资源虽然丰富，但品质较低且集中在少数几个地区，燃煤电厂排放的脱硫石膏、湿法磷酸中产生的磷石膏如全部得到利用，年可节约天然石膏1亿吨。

（二）有利于缓解突出环境问题

大宗固体废物综合利用，是解决固体废物污染环境、造成安全隐患的有效途径。粉煤灰排放量大、占地多，如果得到合理利用将有效减少由于堆存造成对土壤、大气、水质等环境的影响和对人体健康的危害；农作物秸秆综合利用可以有效解决随意焚烧污染环境，造成交通安全隐患等突出问题；城镇化进程中产生的大量建筑废物的综合利用将减轻“垃圾围城”问题。

（三）有利于促进循环经济发展

大宗固体废物既包括粉煤灰、煤矸石等工业废弃物，也包括秸秆等农林废弃物以及建筑废物，大力推动大宗固体废物综合利用，将在电力、煤炭、矿产、冶炼、建筑、农业等多个行业探索形成“资源—产品—废弃物—再生资源”的发展模式，延伸和拓宽生产链条，促进产业间的共生耦合，推动循环经济形成较大规模。

二、指导思想、基本原则、总体目标

（一）指导思想

深入贯彻科学发展观，认真落实节约资源和保护环境基本国策，以提高综合利用率为核心，以重点工程为着力点，完善政策措施，加强技术研发和推广，推动大宗固体废物由“低效、分散利用”向“高效、规模利用”转变，形成稳定的利废和资源再生能力，发挥资源综合利用对于保障资源安全和防治环境污染的作用，带动资源综合利用水平的全面提升。

（二）基本原则

坚持政府引导原则。发挥政府的宏观引导作用和市场配置资源的基础性作用，使大宗固体废物综合利用成为企业降成本、提效益、持续发展的内生动力。

坚持规模发展原则。鼓励大掺量、规模化利用，扶持大型骨干企业，积极拓展综合利用方式，通过多渠道、多途径利用，力争做到“吃干榨尽”。

坚持因地制宜原则。充分考虑各地区、各行业资源禀赋和综合利用水平的差异，采用切合实际的技术和模式，分类、有序推进。

坚持技术促进原则。加快先进、适用技术工艺装备的推广应用，提高利用效率，从源头减少废物产生，防止二次污染。

（三）总体目标

到2015年，大宗固体废物综合利用率达到50%，其中工业固体废物综合利用率达到72%，通过实施本方案中的重点工程，新增3亿吨的年利废能力。基本形成技术先进、集约高效、链条衔接、布局合理的大宗固体废物综合利用体系。

大宗固体废物综合利用目标（2015年）

大宗固废种类	产生量（亿吨）	利用率（%）
尾矿	13	20
煤矸石	7.76	75
粉煤灰	5.8	70
工业副产石膏	1.65	50
冶炼渣	4	70
建筑废物	8	30*
农作物秸秆	7	80
合计	47.21	50

注：*指大中城市综合利用率

三、实施内容

（一）尾矿

现状

尾矿是目前我国产生量最大的固体废物，主要包括黑色金属尾矿、有色金属尾矿、稀贵金属尾矿和非金属尾矿。2010年，我国尾矿产生量约12.3亿吨，其中主要为铁尾矿和铜尾矿，分别占到40%和20%左右。2010年，尾矿综合利用量为1.72亿吨，利用率约14%，利用途径主要有再选、生产建筑材料、回填、复垦等。受资源品位低、利用成本高、经济效益差、利用技术缺乏等问题制约，目前尾矿仍以堆存为主，尾矿库安全隐患问题突出。

目标

到2015年，尾矿综合利用率提高到20%，通过实施重点工程新增3000万吨的年利用能力。

主要任务

推进绿色矿山建设，提高矿产资源综合利用率。开展铁矿、铜矿、铝土矿、铅锌矿、钨矿、锡矿、锑矿等尾矿再选、生产建材等资源化利用，重点推动有色金属尾矿资源的高效利用技术发展和工程示范。攻克铁尾矿伴生多金属及有色金属尾矿中残余有用组分的高效提取、非金属矿物高值利用、低成本高效胶结填充等一批尾矿综合利用重大共性关键技术，开发成套装备。完善尾矿整体利用技术的系统化、配套化和工程化。在资源枯竭矿区重点鼓励尾矿回填和尾矿库复垦。

重点工程

1. 在重点地区建设10个技术成熟、工艺装备先进的尾矿提取有价元素示范基地；

2. 建设若干尾矿整体开发利用示范基地，支持一批技术创新工程及产业化推广。

（二）煤矸石

现状

煤矸石是煤炭开采和洗选加工过程中产生的固体废弃物，占当年煤炭产量的18%左右。2010年，我国煤矸石产生量约5.94亿吨，综合利用率约61.4%，年利用煤矸石近3.65亿吨，主要利用方式为煤矸石发电、生产建材产品、筑基铺路、土地复垦、塌陷区治理和井下充填换煤等，煤矸石井下充填置换煤技术实现了矸石不升井、不占地。目前，受运输、市场环境、发电装机容量限制等因素影响，部分地区煤矸石综合利用率仍不高，相关优惠政策在个别地区难以得到落实。

目标

到2015年，煤矸石综合利用率提高到75%，通过实施重点工程新增9000万吨的年利用能力。

主要任务

在大中型矿区，稳步推进煤矸石综合利用发电。扩大煤矸石制砖、水泥等新型建材和筑基铺路的利用规模。探索煤矸石生产增白和超细高岭土、膨润土、聚合氧化铝、陶粒、无机复合肥、特种硅铝铁合金等高附加值利用途径。加大煤矸石用于采空区回填、土地复垦、沉陷区治理力度。鼓励引导大型矿业集团研发适合不同地质条件和矿井开拓方式的井下充填置换煤技术并推广应用。

重点工程

1. 在有条件的矿区建设4～5个煤矸石生产铝、硅系精细化工产品，增白和超细高岭土、无机复合肥等示范基地；

2. 建设15～20个煤矸石生产砖、砌块等新型建筑材料示范基地；

3. 在稀缺煤种矿区及资源枯竭矿区，扶持建设一批煤矸石井下充填绿色开采示范工程项目。

（三）粉煤灰

现状

近年来，随着我国燃煤电厂快速发展，粉煤灰产生量逐年增加，2010年产生量达到4.8亿吨，利用量达到3.26亿吨，综合利用率约68%，主要利用方式有生产水泥、混凝土及其他建材产品和筑路回填、提取矿物高值化利用等，高铝粉煤灰提取氧化铝技术研发成功并逐步产业化，涌现出一批专业化粉煤灰综合利用企业，粉煤灰“以用为主”的格局基本形成。但从整体看，东西部发展不平衡的问题较为突出，中西部电力输出省份受市场和技术经济条件等因素限制，粉煤灰综合利用水平偏低。

目标

到2015年，粉煤灰综合利用率提高到70%，通过实施重点工程新增6000万吨的年利用能力。东部地区继续巩固现有成效，中西部地区扩大利用规模和水平。

主要任务

鼓励电厂完善除灰系统，基本实现粉煤灰干排。推广粉煤灰分选和粉磨等精细加工，提高粉煤灰利用附加值，开发大掺量粉煤灰混凝土技术，提升粉煤灰规模化利用能力。继续推进粉煤灰加气混凝土及其制品、陶粒等利废建材生产应用，大幅提高利用量和利用比例。有序推进高铝粉煤灰提取氧化铝及其配套项目建设。推动煤电基地将粉煤灰用于煤矿井下防治煤自燃、防治水患安全工程，鼓励粉煤灰复垦、回填造地和生态利用。

重点工程

1. 建设5～6个粉煤灰大掺量、高附加值综合利用基地，形成若干煤-电-建材梯级利用产业集群；

2. 支持技术先进、经济实力强的大中型企业，建设一批利用粉煤灰生产加气混凝土制品、轻质墙板、陶粒等新型建材项目；

3. 有序推进内蒙古、山西等地高铝粉煤灰综合利用示范项目建设，重点支持3～4条技术先进、副产物处理能力相配套的生产线；

4. 扶持50家粉煤灰专业化综合利用骨干企业。

（四）工业副产石膏

现状

工业副产石膏包括脱硫石膏、磷石膏、氟石膏、钛石膏、盐石膏等，2010年产生量约1.37亿吨，其中脱硫石膏5200多万吨，磷石膏约6000万吨，综合利用率分别为69%和20%左右，主要利用途径是用作水泥缓凝剂和用于生产纸面石膏板、石膏砌块等石膏建材。随着工业副产石膏产生量的逐年增加，品质不稳定、标准体系不完善、关键技术缺乏、地区差异较大等因素成为影响其利用的主要障碍。

目标

到2015年，工业副产石膏综合利用率提高到50%以上，其中脱硫石膏、磷石膏综合利用率分别达到80%和30%，通过实施重点工程新增2000万吨的年利用能力。

主要任务

大力推进大掺量利用工业副产石膏技术产业化，鼓励水泥企业改造现有给料系统，推广脱硫石膏、磷石膏用作水泥缓凝剂以及生产纸面石膏板、石膏砌块、石膏商品砂浆等新型建筑材料。

利用工业副产石膏开发混凝土复合材料，开展化学法处理磷石膏的技术攻关，推进磷石膏制硫酸联产水泥、磷石膏制硫铵、碳酸钙等先进技术产业化。推动工业副产石膏制备高强石膏及相关产品的研发和应用。进一步完善工业副产石膏综合利用标准体系，加快工业副产石膏及相关产品和应用标准的制修订。积极探索农业领域应用，加快利用工业副产石膏改良盐碱地技术研究。

重点工程

1. 在全国建设20～30个脱硫石膏、磷石膏替代天然石膏生产新型建筑材料综合利用基地；

2. 建设一批利用工业副产石膏直接用作水泥缓凝剂示范项目；

3. 在贵州、云南、湖北、四川等磷石膏产生量集中地区建设4～5个磷石膏化学法综合利用基地。

4. 在宁夏、甘肃、云南、吉林等地建设4～5个脱硫石膏、磷石膏改良土壤试点示范项目；

5. 组织工业副产石膏综合利用技术装备研发及产业化示范，形成一批具有自主知识产权的共性关键技术和装备。

（五）冶炼渣

现状

冶炼渣主要包括钢铁冶金渣和有色金属冶金渣两大类。2010年，我国冶炼渣产生量约为3.15亿吨，其中钢渣0.8亿吨、铁渣1.9亿吨、赤泥3000万吨、铜渣850万吨、铅锌渣430万吨。

目前，主要利用途径有再选回收有价元素、生产渣粉用于水泥和混凝土、建筑和道路材料等，综合利用率约55%，利用量约为1.74亿吨，由于资金投入和技术装备滞后等问题，利用率仍然偏低。

目标

到2015年，冶炼渣综合利用率提高到70%，通过实施重点工程新增4000万吨的年利用能力。

主要任务

鼓励钢厂推广应用钢渣“零排放”技术。推动建立技术创新体系，加大钢渣处理、渣钢提纯磁选等先进技术研发力度，突破制约冶炼渣利用的技术瓶颈，重点解决赤泥综合利用等技术难题。大力发展钢渣余热自解稳定化处理，提高金属回收率，推广生产钢铁渣复合粉作水泥和混凝土掺合料，鼓励有色金属冶炼渣在生产建筑、道路材料方面的利用。加快制定冶炼渣综合利用的技术、产品和应用标准，拓宽综合利用产品市场。

重点工程

1. 在重点地区建设10个冶炼渣提取有价元素联产新型建材示范基地；

2. 建设一批钢渣预处理和“零排放”示范项目；

3. 建设10个利用高炉渣、钢渣复合粉生产水泥和混凝土掺合料示范项目；

4. 建设一批赤泥综合利用示范项目。

（六）建筑废物

现状

我国正处于城镇化加速发展阶段，城镇房屋年竣工面积约15亿平方米，城镇改造扩建所产生的建筑废物数量巨大，2010年，建筑废物产生量约为8亿吨。由于技术装备研发推广缓慢、激励政策措施不配套、产品和应用标准缺失等原因，导致资源化利用水平很低，仅有少量用作生产再生建筑骨料制备建材等，基本以填埋和堆放为主，大量占用土地，给周边环境造成很大危害。

目标

到2015年，全国大中城市建筑废物利用率提高到30%，通过实施重点工程新增4000万吨的年利用能力。

主要任务

推进建筑废物生产再生骨料并应用于道路基层、建筑基层，生产路面透水砖、再生混凝土、市政设施制品等建材产品。鼓励先进技术装备研发和工程化应用，重点研发再生骨料强化技术、再生骨料系列建材生产关键技术、再生细粉料活化技术、专用添加剂制备工艺技术等以及建筑废物破碎、分选、分类装备，推动建筑废物收集、清运、分拣、利用、市场推广的回收利用一体化及规模化发展。完善建筑废物及其综合利用产品标准和应用技术规范，扩大在工程建设领域的应用规模。

重点工程

1.在全国大中城市建设5-10个百万吨以上的建筑废物生产再生骨料及资源化产品示范基地；

2.在有条件的地区建设5-10个建筑废物综合利用装备生产线示范项目。

（七）农作物秸秆

现状

我国农作物秸秆数量大、种类多、分布广。2010年秸秆可收集量约为7亿吨，综合利用率70.6%，其中十三个粮食主产区约为5亿吨，约占全国总量的73%。目前已基本形成了秸秆肥料化、饲料化、基料化、原料化、燃料化多元利用的格局，相关利用技术水平已经达到国际先进水平。但秸秆资源化程度低，综合利用企业规模小，缺乏骨干企业带动，产业化发展缓慢。

目标

到2015年，秸秆综合利用率力争超过80%，通过实施重点工程形成6000万吨的年利用能力。

主要任务

进一步扩大机械化秸秆还田和秸秆养畜规模，开展以秸秆综合利用为核心的循环型农业示范，继续推广企业加农户的基料化利用经营模式。科学利用秸秆制浆造纸，积极发展秸秆生产板材、木塑和制作工艺品等代木产品。积极发展秸秆沼气工程、有序发展秸秆固化成型燃料等能源化利用。开发适合农户应用的小型化、简单化装备。加快建立以企业为龙头，专业合作组织为骨干，农户参与，政府推动，市场化运作，多模式互为补充的秸秆收储运体系。

重点工程

1. 在十三个粮食主产省建设千个年利用万吨以上的秸秆循环农业生态工程；

2. 推进秸秆固化成型、秸秆气化等可再生能源发展，加快秸秆纤维乙醇关键技术研发；

3. 建立若干木塑产业示范基地，扶持4～5家秸秆人造板、木塑装备生产企业，100～150家秸秆人造板、木塑生产企业；

4. 在棉花主产区组织开展棉秆综合利用产业化试点建设；

5. 依托现有造纸生产企业，加快推进秸秆清洁制浆项目示范。

四、保障措施

“十二五”期间，国家发展改革委将继续会同有关部门加强宏观指导，从政策、资金、技术、管理等方面多管齐下、多措并举，保障方案的顺利实施。

（一）加强组织实施。各地资源综合利用主管部门要按照《“十二五”资源综合利用指导意见》要求，结合本实施方案的主要任务和重点工程，根据本地区资源禀赋和废物产生情况，选择重点废物，编制专项实施方案，协调有关部门推动落实。

（二）落实激励政策。配合财税部门完善《资源综合利用企业所得税优惠目录》和资源综合利用增值税优惠政策。强化《资源综合利用认定管理办法》和《资源综合利用电厂认定暂行规定》执行，加强认定管理，落实资源综合利用电厂电量上网等相关鼓励政策。鼓励将资源综合利用产品优先纳入政府采购目录。

（三）加大资金支持。国家发展改革委将会同有关部门，结合实施方案，利用中央预算内投资加大对示范基地和骨干企业的支持力度，推动“十二五”期间大宗固体废物综合利用工作。充分利用支持循环经济的投融资政策，积极拓宽资源综合利用融资渠道，鼓励资源综合利用企业上市融资。

（四）推动技术创新。推进粉煤灰提取氧化铝及相关产品，煤矸石制取超细纤维，尾矿、冶炼渣提取有价元素等先进适用技术的研发和产业化；组织对秸秆收储运装备、建筑废物综合利用设备等重大关键共性技术设备进行攻关，增强自主创新能力，提高重大装备的国产化水平。

（五）完善管理体系。适时修订发布《粉煤灰综合利用管理办法》、《煤矸石综合利用管理办法》。探索建立生产者责任延伸制，加快建立相关行业标准和重要产品技术标准体系。积极发挥行业协会和中介组织作用，建立大宗固体废物数据统计平台，及时掌握和分析大宗固体废物综合利用产生和利用趋势。

“十二五”节能减排全民行动实施方案

发改环资[2012]194号

（国家发展改革委 中宣部 教育部 科技部 农业部 国管局 全国总工会 共青团中央 全国妇联 中国科协 总后勤部 全国人大办公厅 全国政协办公厅 财政部 环境保护部 国资委 中直管理局 二〇一二年一月三十一日印发）

为贯彻落实《国务院关于印发“十二五”节能减排综合性工作方案的通知》（国发〔2011〕26号）和温家宝总理在全国节能减排工作电视电话会议上的讲话精神，进一步深化节能减排全民行动，充分调动全社会参与节能减排的积极性，国家发展改革委会同中宣部、教育部、科技部、农业部、国管局、全国总工会、共青团中央、全国妇联、中国科协、解放军总后勤部、全国人大常委会办公厅、全国政协办公厅、财政部、环境保护部、国资委、中直管理局共同制定了节能减排全民行动方案，组织开展家庭社区、青少年、企业、学校、军营、农村、政府机构、科技、科普和媒体等十个节能减排专项行动，通过典型示范、专题活动、展览展示、岗位创建、合理化建议等多种形式，广泛动员全社会参与节能减排，倡导文明、节约、绿色、低碳的生产方式、消费模式和生活习惯。

一、节能减排家庭社区行动

家庭、社区是社会的基础和基层组织形态，是推动社会节能减排的重要依靠力量。宣传节能环保理念，倡导绿色生活，形成节约风尚，改变当前家庭生活中与节能减排不相适应的观念、行为。通过家庭影响社区，通过社区带动全社会参与节能减排。主要活动包括：

（一）树立绿色低碳家庭生活消费新理念。继续在广大妇女和家庭中开展系列低碳活动，大力宣传和普及节能减排和低碳知识。倡导广大家庭践行低能量、低消耗、低开支、低代价的低碳生活方式。在全社会倡导勤俭节约之风，反对食品浪费，减少使用塑料购物袋，减少一次性用品使用，抵制商品过度包装。引导广大家庭成员从自己做起、从家庭做起、从点滴做起，形成节约资源和保护生态环境的生活理念、消费模式。

（二）开展家庭社区节能减排系列主题活动。继续实施“家庭低碳计划十五件事”，在社区和家庭进行普及推广。开展低碳绿色出行活动，倡导妇女和家庭成员步行、骑车、乘公交等方式代替驾驶机动车出行。在广大社区和家庭中开展节能减排小发明竞赛活动，并将设计新颖、效果明显的小发明向全国家庭推广。开展“勤俭节约、文明健康饮食”主题活动，倡导节约粮食、适度消费理念。组织社区居民节能减排经验交流活动，指导社区居民做好垃圾分类回收。

（三）深入开展家庭社区节能减排宣传教育。大力宣传节能减排家庭社区行动，对节能减排先进典型和先进事迹进行广泛宣传。组织相关专家在示范城市、示范社区开展低碳家庭时尚生活巡讲，有针对性地进行辅导、展示和咨询等工作。借助现代女性大讲堂开展低碳生活的相关讲座，介绍节能环保的金点子和小常识。建设完善节能减排社区平台，利用社区、街道宣传栏、黑板报等载体，张贴节能减排、低碳生活的标语、口号、宣传画、条幅等。向社区居民发放宣传资料、低碳科普读物，介绍和宣传日常节能环保知识。借助央视《欢乐一家亲》栏目进行节能减排和低碳生活的宣传。

（四）选树节能环保家庭。把节能减排家庭社区行动中表现突出、作出较大贡献的家庭和个人，选树为“节能环保家庭”。大力宣传节能环保家庭的先进事迹，发挥典型的示范带头作用，树立良好社会风尚。

牵头单位：全国妇联、国家发展改革委

支撑单位：中国妇女报刊协会、国家节能中心、中国节能协会

二、节能减排青少年行动

青少年是现代化建设的生力军，是国家的未来和希望，是当前家庭社会的重要组成。引导青少年参与节能减排，不仅有助于青少年自身成长为节能减排的积极倡导者和坚定践行者，也有助于通过青少年的行为影响其家庭成

员共同参与节能减排。要充分发挥青少年的积极性和创造力，宣传绿色理念，引领节约风尚，积极参与到节能减排工作中来。主要活动包括：

（一）动员青少年积极参与节能减排实践。开展青年文明号节约示范行动和青少年环境友好使者行动等活动。在少年儿童中开展节能环保教育活动，继续开展以节约一滴水、一张纸、一粒米、一度电为主要内容的节约资源活动。继续深化保护母亲河行动。以捐植爱心树、纪念树（林）等方式进行植树造林，保护大江大河生态环境，建设绿色家园。

（二）开展节能减排志愿者活动。开展志愿者节能减排社区示范活动，宣传节能减排知识，传授节能减排技能。开展绿色校园节能志愿活动，指导青年学生主动关闭无人上课和自习教室的长明灯，减少学校能源浪费，引导青年学生从身边的小事做起，人人争做节能卫士。

（三）加强青少年节能减排宣传教育。在共青团、少先队活动阵地设立宣传栏，并利用青少年报刊、中小学生报和共青团、少先队网站，大力宣传节能环保知识。注重借助情感、艺术、时尚等元素，运用互联网、手机、动漫、短视频、移动媒体等青少年喜爱的手段和载体，扩大节能减排宣传力度。创作儿歌、童谣、动漫、故事、舞台剧、戏曲等艺术作品，设计少年儿童喜爱的挂图、海报、文具、玩具等，宣传节能环保知识。引导青少年充分认识节能减排的重要性和紧迫性，强化节能观念，树立环保意识，增强参与节能减排工作的责任感和自觉性。

（四）选树青少年节能减排典型。把在节能减排青少年行动中表现特别突出的个人，纳入团队组织已有表彰体系。做好“母亲河奖”评选表彰活动。发挥雏鹰争章活动的激励作用，引导少先队员争获“环保章”。

牵头单位：共青团中央、国家发展改革委、环境保护部

支撑单位：中国青年报社、中国青年志愿者协会、团中央网络影视中心、中国少年儿童新闻出版总社、环境保护部宣传教育中心

三、节能减排企业行动

企业是最大的能源消耗和污染排放的主体，也是节能减排的主力，职工是节能减排的主力军，企业节能减排的成效，决定了全社会节能减排工作的成败。要动员全体企业职工，从岗位做起，从自身做起，从点滴做起，积极投身节能减排工作。主要活动包括：

（一）继续开展我为节能减排做贡献活动。在职工中广泛开展职工技术创新、岗位练兵、技术比武和技术培训等活动，不断提高职工技术水平和节能减排能力。组织广大职工开展以小革新、小改造、小设计、小建议、小发明等为主要内容的节能减排达标竞赛，促进重点行业的节能减排达标。围绕节能减排主题，大力开发和推广新技术、新工艺、新材料、新设备，开展职工优秀节能减排技术成果评选、表彰和推广，积极推动企业技术进步。

（二）深入推进节能减排义务监督员行动。加强职工义务监督员队伍建设，推动全国所有企业设立义务监督员，力争“十二五”期间达到100万人。加大对义务监督员的培训力度，为其开展工作创造条件，总结交流节能减排义务监督员工作经验，充分发挥其督促企业落实节能减排措施的重要作用，促进企业实现节能减排目标。

（三）积极组织职工参与企业节能减排工作。组织广大职工积极参与企业管理和监督，充分发挥职工民主管理在节能减排中的作用。企业工会要把节能减排作为职代会的重要内容，发挥职工的主动性和创造性，为挖掘节能减排潜力作贡献。

（四）开展中央企业节能表率行动。中央企业要带头履行社会责任，在节能减排工作中发挥表率作用。在中央企业深入开展创建节约型企业活动。继续完善中央企业节能减排组织管理、统计监测和考核奖惩体系，提升中央企业生产运行精细化管理水平，全面深化中央企业能耗水平和污染物排放强度对标工作。加大中央企业节能减排新技术、新工艺研发和推广应用。

（五）开展企业节能减排宣传教育活动。利用各种宣传阵地，宣传国家有关节能减排的法律法规和政策，开展环境危机教育，不断增强职工忧患意识、危机意识和责任意识。以不同形式开展面向企业负责人、企业节能环保人员和生产一线人员的节能减排培训，提高培训质量，确保培训效果。

牵头单位：全国总工会、国资委、国家发展改革委、环境保护部

支撑单位：中国职工技术协会、中国职工科技报、国家节能中心、中国节能协会、环境保护部宣传教育中心等

四、节能减排学校行动

学校是社会的摇篮，是国民教育最重要的组成，对学生树立节能环保理念发挥着不可替代的重要作用。在推动校园节能减排的同时，要积极开展以节能减排、绿色生活为主要内容的课堂主题教育和社会实践活动，营造节能减排校园文化，引导学生形成绿色生活、勤俭节约的意识和行为习惯。主要活动包括：

（一）深化节能环保基础教育。在中小学和中等职业学校相关学科课程中进一步渗透节能环保教育内容。推进节能减排专业教育，加强对高职高专院校、普通本科高校非环境专业学生的节能减排教育。鼓励各地和学校结合实际情况，通过开设富有地域特色的地方课程和学校课程，以及综合实践活动等，传播节能环保、新能源、可持续发展等知识，通过课堂主渠道不断培养学生节能减排意识，树立可持续发展观念。因地制宜开展与节能减排相关的专题讲座、研究性学习、技能竞赛等活动。

（二）建设一批循环经济教育示范基地。推进循环经济教育和科学知识的普及，广泛开展面向青少年学生的循环经济教育和知识普及活动。在全国建设一批技术先进、管理规范、示范作用强、循环经济特征明显的循环经济教育示范基地。结合农村义务教育试行免费教科书制度，在全国范围内制定分科教科书的循环使用方案。

（三）继续开展青少年科学调查体验活动。落实未成年人科学素质行动的任务和要求。继续开展以节粮在我身边、珍爱生命之水、我的低碳生活等为主题，以提高青少年科学素质为目标，以科学调查、科学体验、科学研究为主要方式，结合中小学科学课和综合实践活动要求的青少年科学调查体验活动。活动开展要求主题鲜明，内容丰富、形式多样，有利于培养未成年人创新能力、实践能力，有利于提升未成年人综合素质。

牵头单位：教育部、中国科协、国家发展改革委

支撑单位：清华大学、华中科技大学、江南大学、同济大学、华南理工大学、科协青少年中心、国家节能中心、中国节能协会等

五、节能减排军营行动

军队是社会资源的消费集团，军队资源节约是社会节能减排的重要组成部分。全军和武警部队要着力推进节约型供应保障方式、消费方式、训练模式的规范拓展，着力推进节能新技术新产品的规模化推广，着力推进群众性节约活动的深入开展，基本形成符合时代要求、具有军队特色的节约型军营模式。主要内容包括：

（一）创新发展节约型供应保障方式、消费方式和训练模式。推进基地化训练，开展训练场地资源普查，规范建设 100个可用于统建共享的大型训练场地。优化经费保障和管理，大力压缩行政消耗性开支。推行军需物资油料节约，加大节能环保产品强制采购力度，严禁采购使用国家明令禁止的高耗低效和非环保产品，开展废旧军服回收。完善医疗卫生资源共享与管理。加大军地运力统筹使用，提高运输效益，加强车辆、船舶使用维护管理等。深化现代营房建设管理，统筹规划利用军用土地资源，稳步推进房地产资源整合，逐步建立营区能源消耗统计、监测监管平台。

（二）大力实施重点节能工程。组织开展军队建筑节能工程、办公及生产生活节能工程、军油节能工程、可再生能源利用工程、模拟技术工程、信息技术工程、装备节能工程等一批重点节能工程，提升军队节能减排能力。大力推行合同能源管理，组织实施合同能源管理示范项目。

（三）深化完善相关制度体系。加强制度建设，制定出台军队有关节能配套政策法规，完善军队资源节约法规体系。加强统计考评制度建设，建立总部—大单位—部队互相衔接、齐全配套的资源节约统计指标和统计考评机制，完善统计、考评、通报制度。

（四）开展系列主题活动。深入开展“八节一压”、“反食品浪费”、“红管家、好当家、小行家”等群众性节约活动和各类节约技能竞赛，建立争创节油示范单位、节油标兵和“红旗车分队、红旗车驾驶员”评定活动常态化机制。

（五）深入抓好宣传教育。加强资源节约日常宣传，将资源节约宣传纳入部队经常性教育和经常性管理之中，纳入每年的重大主题宣传活动，建立常态化宣传教育机制。充分利用各种渠道和媒体，广泛深入持久地宣传党中央、国务院和中央军委关于资源节约的方针政策和决策部署，宣传军队资源节约工作取得的成就、经验和做法。建设军队资源节约工作网，并在中国军网和军内网站积极组织网民话题，营造强大舆论宣传声势。

牵头单位：解放军总后勤部、国家发展改革委

支撑单位：解放军后勤学院、后勤科学研究所、解放军报、中国军网、解放军第三二〇九工厂

六、节能减排农村行动

我国是农业大国，推动农业和农村节能减排工作，有利于优化能源结构，缓解国家能源压力；有利于降低农业面源污染，缓解环境压力；有利于转变农业发展方式，加快发展现代农业。要积极引导农民参与节能减排，倡导低碳生产生活方式。主要活动包括：

（一）开展节能减排农村行活动。以普及推广《农业和农村节能减排十大技术》为重点，进村入户，开展技术咨询、宣传培训和生产指导，贯彻落实国家节能减排政策，推广农业和农村节能减排适用技术和产品，帮助农民树立节能减排新理念，使农民真正成为节能减排的主体。

（二）传播农业清洁生产技术。通过促进农村畜禽粪便、农作物秸秆、生产垃圾和污水向肥料、饲料、燃料转化，实现经济、生态和社会效益的统一；通过集成配套推广节水、节肥、节能等实用技术和工程措施，净化水源、净化农田和净化庭院，实现生产发展、生活富裕和生态良好，逐步改变农村脏、乱、差的现状，推动资源节约型和环境友好型新农村建设。

（三）构建农村低碳生活方式。通过推广沼气、生物质能、太阳能、风能等农村可再生能源开发利用技术，开展省柴节煤炉灶炕升级换代，推广高效低排放节能炉灶炕，改善农村室内空气质量，提高农民生活水平。

（四）深入抓好节能减排宣传培训工作。进一步强化节能减排宣传和培训工作，将其纳入“十二五”农业和农村经济重点工作之中。充分利用各种媒体，加大宣传力度，采取多种形式，举办培训班，增强广大农民群众节约资源、保护环境的自觉性，为农业和农村节能减排工作营造良好的社会氛围。

牵头单位：农业部、国家发展改革委、环境保护部

支撑单位：中国农村能源行业协会、中国农业出版社、中央农业广播电视学校、中国农业电影电视中心、环境保护部华南环境科学研究所、国家节能中心等

七、节能减排政府机构行动

政府机构是社会行为和公共道德的示范和标杆，政府机构的行为受到社会广泛关注，政府机构为对节能减排的重视程度将对公众观念产生重要影响。各级政府机构要充分认识节能减排工作的重要意义，通过深入推进节约型机关建设，降低机关能源资源消耗，切实发挥政府机构的表率示范作用，引导和带动全社会做好节能减排工作。主要活动包括：

（一）开展绿色办公活动。倡导用电高峰时段每天少开一小时空调，使用空调时关好门窗。日常办公尽量采用自然光，离开会议室等办公区时随手关灯。在全国政府机构推广使用节能环保铅笔、再生纸等绿色办公用品。开展零待机能耗活动，推广使用节能插座等降低待机能耗的新技术和新产品。征集日常办公中的节能经验、点子，并择优在全国政府机构推广。提倡高层建筑电梯分段运行或隔层停开，上下两层楼不乘电梯，尽量减少电梯不合理使用等。

（二）开展绿色出行活动。根据公务用车的配备标准和编制数量及时更新购车计划，严禁超标准、超编制采购公务用车。提高新增公务车中小排量和清洁能源汽车比例。全国政府机构公务用车按牌号尾数每周少开一天，开展公务自行车试点。机关工作人员每月少开一天车，倡导“135”出行方案，即1公里以内步行，3公里以内骑自行车，5公里乘坐公共交通工具。加快推进公务用车制度改革。

（三）开展资源循环利用活动。推行公务用车厂家回收置换。开展废旧电脑、打印机、电池、灯管、报纸和包装物等回收利用。组织有条件的单位实施餐厨垃圾资源化处理。完善资源循环利用渠道，建立资源循环利用长效机制。

（四）开展政府机构节能宣传教育活动。围绕节约型机关建设，组织开展“能源紧缺体验”、“厉行节约”、“反对食品浪费”等活动。举办知识竞赛、征文、专题讲座等形式多样的宣传和普及节能环保知识，提高政府机构工作人员的节能意识。通过广播、电视、报刊、网络等媒体，广泛宣传政府机构节能减排工作建设和突出成效，充分发挥政府机构的引导和示范作用。开展政府机构能耗信息和能效水平公开试点，在门户网站上公示单位能耗信息和能效水平，并接受社会监督。

牵头单位：国管局、中直管理局、国家发展改革委、全国人大机关事务管理局、全国政协机关事务管理局、解放军总后勤部

支撑单位：中国建筑科学研究院、清华大学建筑节能研究中心、中国节能协会公共机构节能专业委员会、国家节能中心等

八、节能减排科技行动

科学技术是开展节能减排全民行动的重要支撑。节能减排全民科技行动的工作目标，是针对全民节能减排能力建设的共性技术需求，研发全民节能减排能力提升系列工具，推广全民节能减排适用技术成果，开展全民节能减排科技示范。要以科技成果的转化和应用为主线，提高公众的节能减排科技意识和能力，形成全社会依靠科技开展节能减排的良好氛围。主要活动包括：

（一）开发全民节能减排科技工具包。针对公众辨识各项行为节能减排潜力的需求，组织专家测量和核算涵盖公众日常生活主要活动的节能减排潜力数据，开发“全民节能减排潜力基础信息数据库”，建设“全民节能减排科技信息网”。拓展和完善基于互联网的“低碳生活计算器”软件，通过宣传和推广，进一步发挥该软件在定量反映公众节能减排潜力数据；组织专家筛选国内外节能减排的小窍门和小技巧，建立“全民节能减排金点子”数据库；编制全民节能减排科技系列手册。

（二）推广应用节能减排适用技术成果。进一步筛选各类科技计划取得的适用于全民节能减排的技术成果，拓展和完善全民节能减排适用技术成果库；结合一年一度的“科技周”活动和“科技列车行”活动，举办节能减排技术成果推介会，加大对节能减排科技成果的推广力度。

（三）组织开展节能减排综合科技示范。依托国家可持续发展实验区、国家高新技术开发区、国家星火密集区等科技示范平台，选择20个左右的具备良好基础的县、市、区，开展多种形式的全民节能减排综合科技示范活动。

（四）建设节能减排技术服务体系。加强节能减排专家队伍建设，推动节能减排技术公共服务平台的建设与发展；培育节能减排技术服务市场，充分发挥生产能力促进中心、技术中介服务机构等在开展节能减排技术服务方面的作用；鼓励和引导民营资本投资建设公共技术平台和科技合作咨询服务平台，为中小企业提供研发、测试和检测等专业技术服务。

牵头单位：科技部、国家发展改革委、环境保护部、中国科协

支撑单位：中国21世纪议程管理中心、中国可持续发展研究会、中国科学院地理科学与资源研究所、中国科学出版社、中国社会科学文献出版社、中国科普研究所、中国科协科普活动中心、国家节能中心等

九、节能减排科普行动

先进实用的技术成果和知识需要普及到全社会才能真正发挥作用。要面向全社会宣传科技思想、科技知识，介绍节能减排先进实用技术、成果，普及节能减排实践经验、先进典型和节能窍门，提高公众节能减排能力。主要活动包括：

（一）开发集成节能减排科普资源。组织开发以节能减排为主题的展览、挂图、图书、影视、宣传册、网络视频、网络游戏等科普资源。实施繁荣科普创作资助计划，资助优秀的科普创作团队、科普资源建设基地和科技工作者。开发以节能减排为主题的科普展品。推进科技创新成果转化为科普素材、科普影视、科普图书等科普资源。开展优秀科普资源征集推介，集成、整理社会优质科普资源形成科普资源包，向社会广泛推介使用。

（二）举办节能减排科普展览。发挥科技类博物馆、科普教育基地和各类基层科普基础设施的作用，围绕节能减排主题举办形式多样、便于公众参与的展览和教育活动。实施中国流动科技馆项目，在部分大中城市开展节能减排主题内容的科普巡回展览。增强科普大篷车等流动科普中节能减排科普宣传内容设置。

（三）开展系列节能减排科普活动。在全国科普日活动、中国科协年会科普活动中，设立以节能减排为主线的活动区域，向公众宣传建设节约型、环境友好型社会的有关科普知识。组织以节能减排为主线的科技馆活动进校园、科普大篷车进校园等活动，面向青少年开展节能减排科普教育。在社区开展科普大讲堂等形式多样、贴近居民的科普活动。

（四）广泛开展节能减排科普宣传。与电视台、广播电台、报刊、网站等相关媒体合作，开设科普宣传专栏，介绍建设节约型、环境友好型社会的有关科普知识。增加“科普大篷车”电视栏目的节能减排内容。发挥中国数字科技馆的作用，利用互联网向公众提供节能减排数字化科普资源及信息服务。利用社区科普宣传栏，进行节能减排科普宣传。

牵头单位：中国科协、国家发展改革委

支撑单位：中国科协信息中心、中国科普研究所、中国科协科普活动中心、中国科技馆、中国科协农村专业技术服务中心、科学普及出版社、中国互联网协会网络科普联盟、中国节能协会等

十、节能减排媒体行动

节能减排新闻宣传是经济宣传的一项重要内容，要精心谋划，周密部署，组织新闻媒体加大宣传力度，充分反映节能减排工作的措施和成效，为节能减排工作提供有力舆论支持。主要活动包括：

（一）做好节能减排相关法律法规和政策的宣传报道。宣传节能减排的重要性和紧迫性，引导广大干部群众积极参与节能减排工作。

（二）做好节能减排各项工作进展的宣传报道。报道各地着力调整优化产业结构促进节能减排，以科技创新和技术进步推动节能减排的先进经验和做法。宣传报道“十二五”节能减排工作进展情况。及时报道各地各部门节能减排工作成效。

（三）做好重点领域节能减排和节能减排重点工程的宣传报道。报道节能重点工程、污染减排重点工程、循环经济重点工程的实施进展情况。报道各行业合理控制能源消耗总量，工业、建筑、交通运输、农业和农村、商业和民用、公共机构等领域的节能减排情况。

（四）加强节能减排宣传教育。组织好全国节能宣传周、世界环境日等主题宣传活动，加强日常性节能减排宣传教育。

（五）加强和改进舆论监督。配合各部委的监督检查行动，对违规乱上项目、落实节能减排政策措施不力等现象，选取典型案例依法开展舆论监督，倡导文明、节约、绿色、低碳的生产方式、消费模式和生活习惯。

牵头单位：中宣部、国家发展改革委

支撑单位：人民日报、新华社、光明日报、经济日报、中央人民广播电台、中央电视台、国家节能中心、中国节能协会等各地区、各部门要充分认识动员全民参与节能减排的重大意义，增强紧迫感和责任感。各级发展改革、经信部门要会同有关部门和单位加强对本地区全民行动的指导和协调。财政部门要视情况对节能减排全民行动给予适当支持，推动各项活动有序开展。各专项活动牵头部门要根据各自责任分工，会同联合主办部门细化行动计划，做好年度任务部署，充分发挥技术支撑单位作用，带动全社会共同参与节能减排工作，营造良好社会氛围，为确保实现“十二五”节能减排目标做出贡献。

关于印发《温室气体自愿减排交易管理暂行办法》的通知

国务院各部委、直属机构，各省、自治区、直辖市发展改革委：

为实现我国2020年单位国内生产总值二氧化碳排放下降目标，《国民经济和社会发展第十二个五年规划纲要》提出逐步建立碳排放交易市场，发挥市场机制在推动经济发展方式转变和经济结构调整方面的重要作用。目前，国内已经开展了一些基于项目的自愿减排交易活动，对于培育碳减排市场意识、探索和试验碳排放交易程序和规范具有积极意义。为保障自愿减排交易活动有序开展，调动全社会自觉参与碳减排活动的积极性，为逐步建立总量控制下的碳排放权交易市场积累经验，奠定技术和规则基础，我委组织制定了《温室气体自愿减排交易管理暂行办法》（以下简称《暂行办法》)。现印发施行。

温室气体自愿减排交易是一项全新的探索性工作，涉及面广，操作环节多，程序复杂，需要精心组织，严格管理，应确保有关交易活动符合诚信原则和《暂行办法》的程序规则，所交易的减排量应真实可靠。《暂行办法》实施过程中有何问题和意见，请及时反馈我委。

特此通知。

附件：《温室气体自愿减排交易管理暂行办法》

中华人民共和国国家发展和改革委员会
二○一二年六月十三日

附件：

温室气体自愿减排交易管理暂行办法

第一章　总则

第一条 为鼓励基于项目的温室气体自愿减排交易，保障有关交易活动有序开展，制定本暂行办法。

第二条 本暂行办法适用于二氧化碳（CO_2）、甲烷（CH_4）、氧化亚氮（N_2O）、氢氟碳化物（HFCs）、全氟化碳（PFCs）和六氟化硫（SF_6）等六种温室气体的自愿减排量的交易活动。

第三条 温室气体自愿减排交易应遵循公开、公平、公正和诚信的原则，所交易减排量应基于具体项目，并具备真实性、可测量性和额外性。

第四条 国家发展改革委作为温室气体自愿减排交易的国家主管部门，依据本暂行办法对中华人民共和国境内的温室气体自愿减排交易活动进行管理。

第五条 国内外机构、企业、团体和个人均可参与温室气体自愿减排量交易。

第六条 国家对温室气体自愿减排交易采取备案管理。参与自愿减排交易的项目，在国家主管部门备案和登记，项目产生的减排量在国家主管部门备案和登记，并在经国家主管部门备案的交易机构内交易。

中国境内注册的企业法人可依据本暂行办法申请温室气体自愿减排项目及减排量备案。

第七条 国家主管部门建立并管理国家自愿减排交易登记簿（以下简称“国家登记簿”），用于登记经备案的自愿减排项目和减排量，详细记录项目基本信息及减排量备案、交易、注销等有关情况。

第八条 在每个备案完成后的10个工作日内，国家主管部门通过公布相关信息和提供国家登记簿查询，引导参与自愿减排交易的相关各方，对具有公信力的自愿减排量进行交易。

第二章　自愿减排项目管理

第九条 参与温室气体自愿减排交易的项目应采用经国家主管部门备案的方法学并由经国家主管部门备案的审定机构审定。

第十条 方法学是指用于确定项目基准线、论证额外性、计算减排量、制定监测计划等的方法指南。

对已经联合国清洁发展机制执行理事会批准的清洁发展机制项目方法学，由国家主管部门委托专家进行评估，对其中适合于自愿减排交易项目的方法学予以备案。

第十一条 对新开发的方法学，其开发者可向国家主管部门申请备案，并提交该方法学及所依托项目的设计文件。国家主管部门接到新方法学备案申请后，委托专家进行技术评估，评估时间不超过60个工作日。

国家主管部门依据专家评估意见对新开发方法学备案申请进行审查，并于接到备案申请之日起30个工作日内（不含专家评估时间）对具有合理性和可操作性、所依托项目设计文件内容完备、技术描述科学合理的新开发方法学予以备案。

第十二条 申请备案的自愿减排项目在申请前应由经国家主管部门备案的审定机构审定，并出具项目审定报告。项目审定报告主要包括以下内容：

（一） 项目审定程序和步骤；

（二） 项目基准线确定和减排量计算的准确性；

（三） 项目的额外性；

（四） 监测计划的合理性；

（五）项目审定的主要结论。

第十三条 申请备案的自愿减排项目应于2005年2月16日之后开工建设，且属于以下任一类别：

（一） 采用经国家主管部门备案的方法学开发的自愿减排项目；

（二） 获得国家发展改革委批准作为清洁发展机制项目，但未在联合国清洁发展机制执行理事会注册的项目；

（三） 获得国家发展改革委批准作为清洁发展机制项目且在联合国清洁发展机制执行理事会注册前就已经产生减排量的项目；

（四）在联合国清洁发展机制执行理事会注册但减排量未获得签发的项目。

第十四条 国资委管理的中央企业中直接涉及温室气体减排的企业（包括其下属企业、控股企业），直接向国家发展改革委申请自愿减排项目备案。具体名单由国家主管部门制定、调整和发布。

未列入前款名单的企业法人，通过项目所在省、自治区、直辖市发展改革部门提交自愿减排项目备案申请。省、自治区、直辖市发展改革部门就备案申请材料的完整性和真实性提出意见后转报国家主管部门。

第十五条 申请自愿减排项目备案须提交以下材料：

（一）项目备案申请函和申请表；

（二）项目概况说明；

（三）企业的营业执照；

（四）项目可研报告审批文件、项目核准文件或项目备案文件；

（五）项目环评审批文件；

（六）项目节能评估和审查意见；

（七）项目开工时间证明文件；

（八）采用经国家主管部门备案的方法学编制的项目设计文件；

（九）项目审定报告。

第十六条 国家主管部门接到自愿减排项目备案申请材料后，委托专家进行技术评估，评估时间不超过30个工作日。

第十七条 国家主管部门商有关部门依据专家评估意见对自愿减排项目备案申请进行审查，并于接到备案申请之日起30个工作日内（不含专家评估时间）对符合下列条件的项目予以备案，并在国家登记簿登记。

（一）符合国家相关法律法规；

（二）符合本办法规定的项目类别；

（三）备案申请材料符合要求；

（四）方法学应用、基准线确定、温室气体减排量的计算及其监测方法得当；

（五）具有额外性；

（六）审定报告符合要求；

（七）对可持续发展有贡献。

第三章　项目减排量管理

第十八条 经备案的自愿减排项目产生减排量后，作为项目业主的企业在向国家主管部门申请减排量备案前，应由经国家主管部门备案的核证机构核证，并出具减排量核证报告。减排量核证报告主要包括以下内容：

（一）减排量核证的程序和步骤；

（二）监测计划的执行情况；

（三）减排量核证的主要结论。

对年减排量6万吨以上的项目进行过审定的机构，不得再对同一项目的减排量进行核证。

第十九条 申请减排量备案须提交以下材料：

（一）减排量备案申请函；

（二）项目业主或项目业主委托的咨询机构编制的监测报告；

（三）减排量核证报告。

第二十条 国家主管部门接到减排量备案申请材料后，委托专家进行技术评估，评估时间不超过30个工作日。

第二十一条 国家主管部门依据专家评估意见对减排量备案申请进行审查，并于接到备案申请之日起30个工作日内（不含专家评估时间）对符合下列条件的减排量予以备案：

（一）产生减排量的项目已经国家主管部门备案；

（二）减排量监测报告符合要求；

（三）减排量核证报告符合要求。

经备案的减排量称为“核证自愿减排量（CCER）”，单位以“吨二氧化碳当量(tCO_2e)”计。

第二十二条 自愿减排项目减排量经备案后，在国家登记簿登记并在经备案的交易机构内交易。用于抵消碳排放的减排量，应于交易完成后在国家登记簿中予以注销。

第四章　减排量交易

第二十三条 温室气体自愿减排量应在经国家主管部门备案的交易机构内，依据交易机构制定的交易细则进行交易。

经备案的交易机构的交易系统与国家登记簿连接，实时记录减排量变更情况。

第二十四条 交易机构通过其所在省、自治区和直辖市发展改革部门向国家主管部门申请备案，并提交以下材料：

（一）机构的注册资本及股权结构说明；

（二）章程、内部监管制度及有关设施情况报告；

（三）高层管理人员名单及简历；

（四）交易机构的场地、网络、设备、人员等情况说明及相关地方或行业主管部门出具的意见和证明材料；

（五）交易细则。

第二十五条 国家主管部门对交易机构备案申请进行审查，审查时间不超过6个月，并于审查完成后对符合以下条件的交易机构予以备案：

（一）在中国境内注册的中资法人机构，注册资本不低于1亿元人民币；

（二）具有符合要求的营业场所、交易系统、结算系统、业务资料报送系统和与业务有关的其他设施；

（三）拥有具备相关领域专业知识及相关经验的从业人员；

（四）具有严格的监察稽核、风险控制等内部监控制度；

（五）交易细则内容完整、明确，具备可操作性。

第二十六条 对自愿减排交易活动中有违法违规情况的交易机构，情节较轻的，国家主管部门将责令其改正；情节严重的，将公布其违法违规信息，并通告其原备案无效。

第五章　审定与核证管理

第二十七条 从事本暂行办法第二章规定的自愿减排交易项目审定和第三章规定的减排量核证业务的机构，应通过其注册地所在省、自治区和直辖市发展改革部门向国家主管部门申请备案，并提交以下材料：

（一）营业执照；

（二）法定代表人身份证明文件；

（三）在项目审定、减排量核证领域的业绩证明材料；

（四）审核员名单及其审核领域。

第二十八条 国家主管部门接到审定与核证机构备案申请材料后，对审定与核证机构备案申请进行审查，审查时间不超过6个月，并于审查完成后对符合下列条件的审定与核证机构予以备案：

（一）成立及经营符合国家相关法律规定；

（二）具有规范的管理制度；

（三）在审定与核证领域具有良好的业绩；

（四）具有一定数量的审核员，审核员在其审核领域具有丰富的从业经验，未出现任何不良记录；

（五）具备一定的经济偿付能力。

第二十九条 经备案的审定和核证机构，在开展相关业务过程中如出现违法违规情况，情节较轻的，国家主管部门将责令其改正；情节严重的，将公布其违法违规信息，并通告其原备案无效。

第六章　附则

第三十条 本暂行办法由国家发展改革委负责解释。

第三十一条 本暂行办法自印发之日起施行。

附件：可直接向国家发展改革委申请自愿减排项目备案的中央企业名单

附件：

可直接向国家发展改革委申请自愿减排项目备案的中央企业名单

1. 中国核工业集团公司
2. 中国核工业建设集团公司
3. 中国化工集团公司
4. 中国化学工程集团公司
5. 中国轻工集团公司
6. 中国盐业总公司
7. 中国中材集团公司
8. 中国建筑材料集团公司
9. 中国电子科技集团公司
10. 中国有色矿业集团有限公司
11. 中国石油天然气集团公司
12. 中国石油化工集团公司
13. 中国海洋石油总公司
14. 国家电网公司
15. 中国华能集团公司
16. 中国大唐集团公司
17. 中国华电集团公司
18. 中国国电集团公司
19. 中国电力投资集团公司
20. 中国铁路工程总公司
21. 中国铁道建筑总公司
22. 神华集团有限责任公司
23. 中国交通建设集团有限公司
24. 中国农业发展集团总公司
25. 中国林业集团公司
26. 中国铝业公司
27. 中国航空集团公司
28. 中国中化集团公司
29. 中粮集团有限公司
30. 中国五矿集团公司
31. 中国建筑工程总公司
32. 中国水利水电建设集团公司
33. 国家核电技术有限公司
34. 中国节能投资公司
35. 华润（集团）有限公司
36. 中国中煤能源集团公司
37. 中国煤炭科工集团有限公司
38. 中国机械工业集团有限公司
39. 中国中钢集团公司
40. 中国冶金科工集团有限公司
41. 中国钢研科技集团公司
42. 中国广东核电集团
43.中国长江三峡集团公司

科技部政策文件

关于同意开展第二批十城万盏半导体照明应用工程试点示范工作的函

国科函高[2011]69号

北京市、山西省、江苏省、浙江省、安徽省、福建省、山东省、湖南省、广东省、海南省、陕西省人民政府：

为充分发挥科技支撑作用，着力突破制约产业转型升级的关键技术，推动节能减排，有效引导我国半导体照明应用的健康快速发展，扩大半导体照明市场规模，拉动消费需求，促进产业核心技术研发与创新能力的提高，以应用促发展，迅速提升我国半导体照明产业的整体竞争力，经我部研究，在前期试点示范工作的基础上，同意继续在北京市、山西省临汾市、江苏省常州市、浙江省湖州市、安徽省合肥市、安徽省芜湖市、福建省漳州市、福建省平潭综合试验区、山东省青岛市、湖南省郴州市、湖南省湘潭市、广东省广州市、广东省佛山市、广东省中山市、海南省海口市、陕西省宝鸡市等16个城市（地区）开展第二批半导体照明应用工程（以下简称“十城万盏”）试点示范工作。

“十城万盏”试点示范工作的实施主体和责任主体是试点城市（地区）人民政府，希望你们切实加强组织领导，加快产业链建设，着力探索模式创新，抓紧制定试点示范工作方案并认真组织实施，同时将试点示范工作中取得的经验和遇到的问题及时告我部。

二〇一一年五月四日

关于加快发展民生科技的意见（节录）

国科发社〔2011〕279号
（二〇一一年七月十五日）

一、充分认识加快发展民生科技的重要意义民生科技是涉及民生改善的科学技术，是围绕人民群众最关心、最直接、最现实的社发发展重大需求，开展的科学研究、产品开发、成果转化和科技服务。

二、明确加快发展民生科技的思路

“十二五”期间，加快发展民生科技的工作重点：一、二（略）。三是提升环境质量。加强环境污染治理和生态环境保护，加强清洁能源、资源高效勘探与开发利用、清洁生产等技术的开发和示范应用，促进资源节约型、环境友好型社会发展。 四是提高防灾减灾能力。针对突发性灾害天气、农林病虫害、突发重大事故和灾难等，开发重大自然灾害预测预报技术和应急救灾重大装备，加强气候变化和防灾减灾技术研究，全面提高应对能力，保障人民生命财产安全。

三、实施一批重大民生科技工程，着力解决重大民生难点热点问题

3. 实施生态环境科技工程。建立区域大气污染联防联控技术体系，支撑改善区域空气质量，保障民众呼吸清新空气。大力开发饮用水净化技术、生活污水处理与资源化利用技术，保障居民城镇饮用洁净水和农村饮用水安全。开展城镇和农村生活垃圾处理和环境综合治理综合科技示范，消除垃圾污染。推广节能和绿色建筑，加强村镇低成本自助建造技术开发，倡导绿色低碳消费，促进绿色社区建设。开展城镇绿化、园林建设、水环境整治与湿地保护等，建设宜居生态环境。

4. 实施防灾减灾科技工程。研究开发全球气候变化减缓和适应技术，积极应对全球气候变化。

环境保护部政策文件

关于印发《国控污染源排放口污染物排放量计算方法》的通知

环办[2011]8号

各省、自治区、直辖市环境保护厅（局），新疆生产建设兵团环境保护局：

根据《国务院批转节能减排统计监测及考核实施方案和办法的通知》（国发〔2007〕36号）的要求，为了加强污染源自动监测和监督性监测数据在排污收费和总量核定等环境管理方面的应用，进一步规范污染物排放量的计算，我部制定了《国控污染源排放口污染物排放量计算方法》。现印发给你们，请遵照执行。

附件：国控污染源排放口污染物排放量计算方法（略）

二〇一一年一月二十五日

关于进一步加强规划环境影响评价工作的通知

环发[2011]99号

各省、自治区、直辖市及新疆生产建设兵团环境保护厅（局）、发展和改革委员会，辽河保护区管理局：

国民经济和社会发展规划是政府履行经济调节、市场监管、社会管理和公共服务职责的重要依据，也是实施宏观调控的重要手段。加强规划环评工作，避免环境因素考虑不足而导致的生态环境问题，是加强国民经济和社会发展规划编制工作的重要内容，也是促进经济发展方式转变，实现经济社会全面协调可持续发展的必然要求。2009年10月1日起实施的《规划环境影响评价条例》（以下简称《条例》），进一步规范和严格了规划环境影响评价，对于在规划编制和审批决策过程中更加充分考虑环境因素，提高规划的科学性具有重大意义。

为贯彻落实《条例》，现就进一步加强规划环境影响评价工作的要求通知如下：

一、按照《条例》规定，编制区域、流域、海域的建设、开发利用规划等综合性规划，以及工业、农业、畜牧业、林业、能源、水利、交通、城市建设、旅游、自然资源开发等专项规划，应在编制过程中依法开展环境影响评价。应当进行环境影响评价的规划的具体范围，由环境保护部会同国务院有关部门拟定，报国务院批准后执行。

二、规划环境影响评价工作应在规划编制的过程中适时组织进行。规划编制机关在报送审批综合性规划草案和专项规划中的指导性规划草案时，应当将环境影响篇章或者说明作为规划草案的组成部分一并报送规划审批机关。未编写环境影响篇章或者说明的，规划审批机关应当要求其补充；未补充的，规划审批机关不予审批。规划编制机关在报送审批专项规划草案时，应当将环境影响报告书和其审查意见一并附送规划审批机关；未附送环境影响报告书和审查意见的，规划审批机关应当要求其补充；未补充的，规划审批机关不予审批。

三、发展改革部门在审批相关规划时，对于依法应开展环境影响评价而未开展的规划，应当要求规划编制机关补充环境影响评价；未补充的，不予审批其规划草案。在审批专项规划草案时，将环境影响报告书结论和审查意见作为规划审批决策的重要依据。对可能造成重大不良环境影响的规划方案，应根据环境影响评价的建议和结论及时进行优化调整。对规划实施后可能产生的重大不良环境影响，应根据编制机关的报告及时组织论证研究，提出改进的对策措施。

四、环境保护部门应当加强规划环境影响评价的技术指导，依法推进规划环境影响报告书的审查，为规划审批决策提供科学依据。已经开展环境影响评价的规划中包含具体建设项目的，规划环境影响评价结论作为审批项目环境影响评价的重要依据。建设项目环境影响评价的内容可以根据规划环评的分析论证情况适当简化，具体简化的内容应在审查意见中明确。对规划实施过程中产生重大不良环境影响的，应当及时进行核查，并向规划审批机关提出采取改进措施或者修订规划的建议。

五、各级环境保护和发展改革部门应进一步加强沟通和协调，做好规划编制与环评工作的有序衔接。发展改革部门要严格规划编制和审批的把关，环境保护部门要加强对规划环评的指导，共同推进规划与环评的相互配合和相互促进，不断提高规划环评工作的质量、效率和水平。

各级环境保护和发展改革部门要充分认识做好规划环境影响评价工作的重要意义，认真贯彻落实《条例》，不断总结经验，完善和规范规划编制和环评程序，更好地发挥规划环境影响评价在规划编制和审批决策中的重要作用，促进经济社会和环境的全面协调可持续发展。

环境保护部
国家发展和改革委员会
二〇一一年八月十一日

关于印发《污染减排政策落实情况绩效管理试点工作实施方案》的通知

环函[2011]230号

各省、自治区、直辖市环境保护厅（局），新疆生产建设兵团环境保护局，国家电网公司、华能、大唐、华电、国电、中电投集团公司，中国石油化工集团公司，中国石油天然气集团公司：

根据监察部《关于开展政府绩效管理试点工作的意见》精神，环境保护部具体承担污染减排政策落实情况绩效管理试点工作。为有序推进试点工作的开展，我部制定了《污染减排政策落实情况绩效管理试点工作实施方案》，并已报送政府绩效管理工作部际联席会议办公室备案。现将方案印发给你们，请结合实际认真贯彻执行，积极做好配合工作。

附件：污染减排政策落实情况绩效管理试点工作实施方案

二〇一一年八月二十九日

附件：

污染减排政策落实情况绩效管理试点工作实施方案（节录）

污染减排是贯彻落实科学发展观、促进经济社会可持续发展的重大举措。推行污染减排绩效管理制度，是深入推进环保体制机制改革创新的重要抓手，也是政府绩效管理的重要内容。为全面推进污染减排这一国家重大专项工作取得实效，根据《关于开展政府绩效管理试点工作的意见》（以下简称《意见》）的要求，特制定本方案。

一、指导思想和基本原则

（一）指导思想

以邓小平理论、“三个代表”重要思想为指导，深入贯彻落实科学发展观，按照党中央、国务院关于加快推行政府绩效管理制度的总体部署，紧紧围绕“十二五”污染减排规划实施和目标责任制落实，以提高政府部门和中央企业执行力和改进减排工作为重点，运用现代绩效管理的理念和方法，立足实际，大胆实践，有序推进，积极探索污染减排工作绩效管理的有效途径和方式方法，构建科学的污染减排绩效考评体系和考评结果运用机制，促进污染减排约束性目标的实现，为加快转变经济发展方式作出贡献。

二、工作目标

（一）总体目标

通过开展污染减排政策落实情况绩效管理试点工作，使绩效管理的理念和方法在污染减排管理工作中得到有效应用，探索建立污染减排绩效管理制度的基本框架，构建统筹兼顾、重点突出、导向明确的污染减排绩效考评指标体系和考评程序，制定完善一批污染减排绩效管理规章制度，力争到2012年底形成比较规范的污染减排绩效管理模式，为国家重大专项绩效管理积累经验。

（二）阶段性目标

污染减排政策落实情况绩效管理分2011年和2012年两个阶段开展工作。

2011年的工作目标是：通过科学合理分解“十二五”减排目标任务，与各省（区、市）、新疆生产建设兵团以及国家电网、五大电力集团、两大石油集团签订减排目标责任书，明确工作责任，研究制定污染减排绩效考评体系，出台污染减排绩效管理办法，指导各地区、有关部门和中央企业建立相应工作机制，并按计划扎实推进，初步建立起绩效管理制度体系和工作机制。

2012年的工作目标是：在总结2011年绩效管理试点工作经验的基础上，进一步完善污染减排绩效管理考评制度设计，在实际工作中深入实践和运用，形成规范化的绩效管理操作程序和工作要求。

三、考评对象和内容

（一）考评对象

1. 签订了总量减排目标责任书的各省（区、市）、新疆生产建设兵团以及国家电网、五大电力集团、两大石油集团。

2. 在加强调研、广泛征求意见的基础上，商有关部门，探索开展部门减排工作绩效考评。

（二）考评内容

1. 对各地区和中央企业，重点考评内容为国务院《“十二五”节能减排综合性工作方案》中有关减排政策措施是否落实，与环境保护部签订的《“十二五”污染减排目标责任书》要求的内容是否落实，资金投入是否到位，污染减排目标是否完成，污染减排统计监测考核体系建设和执法监管能力是否提高，环境质量是否得到改善。

2. 对有关部门，按照相关职能分工和《“十二五”节能减排综合性工作方案》等有关要求，就保障减排目标实现的重大政策措施的出台和实施开展绩效考评。

四、考评方法和方式

（一）考评方法

紧紧围绕考评内容，采用定性评估与定量评估相结合的办法，与现有污染减排考核工作有机结合，研究制订绩效考评指标体系和管理办法。

1. 对各地区和中央企业，在前期科学合理分解减排任务目标的基础上，以化学需氧量、氨氮、二氧化硫、氮氧化物四项约束性指标削减比例为核心评估指标，进行量化评估，实行一票否决。同时对污染减排工作组织领导、“十二五”减排规划编制和目标分解、政策措施落实、重点减排项目进展、资金投入、能力建设等工作开展情况进行细化分解，建立评估指标体系，赋予不同的权重，并进行综合评价。

2. 对有关部门，根据相关职能分工和《“十二五”节能减排综合性工作方案》部门分工的要求，以定性考核为主、量化考核为辅，对有关部门减排工作部署、政策措施落实等内容建立绩效考评体系，并进行综合评价。

（二）考评方式

采取日常专项检查和总体检查相结合的方式，对政府绩效管理情况进行检查评估。本着加强与现有减排考核工作整合和衔接的原则，绩效考评工作将与现有的减排日常核查督查和每半年一次的定期核查督查工作紧密结合，讲求工作质量，提高工作效率。

日常专项检查，包括年度减排计划审核及督促落实、减排进展季度调度及信息公布、减排工程项目日常督查抽查、环保专项检查等。

总体检查，结合半年一次的定期核查督查，每年组织开展2次对各地污染减排政策措施落实情况、减排目标完成情况和环境质量变化情况的核查评估，全面评价各地污染减排成效情况，并形成书面报告。有关情况向国务院报告，经批准后向社会公布。

五、考评结果运用

考评结果运用是推进绩效考评工作深入开展的关键。在考评结果应用上，按照《意见》的要求，我部将及时把考评结果报送组织人事部门，将减排绩效考评结果作为地方、中央企业领导班子和领导干部综合考核评价、干部选拔任用的重要依据，以激发各级领导干部推动科学发展的积极性和创造性，使得减排绩效考评成为推动科学发展的动力。

同时，积极研究建立绩效考评的奖惩激励机制，对考评等级为好的地方和中央企业，优先加大对该地区和企业污染治理和环保能力建设的支持力度，同时结合全国污染减排表彰活动进行表彰奖励。对考评等级为不合格的地区和中央企业，撤销国家授予该地区和企业的环境保护或污染治理方面的荣誉称号，领导干部不得参加年度评奖、授予荣誉称号等。对在绩效考评工作中瞒报、谎报情况的地区，予以通报批评，对直接责任人员依法追究责任。

六、组织领导机构

环境保护部成立污染减排政策落实情况绩效管理领导小组，周生贤部长任组长，张力军副部长、傅雯娟纪检组长任副组长，办公厅、规财司、政法司、人事司、科技司、总量司、环评司、监测司、污防司、生态司、环监局、宣教司、驻部监察局主要负责同志为成员。

七、工作步骤和时间安排

2011年7月，成立污染减排绩效管理领导机构和办事机构，加强组织领导，落实专门人员；

2011年7月，研究制定《污染减排政策落实情况绩效管理试点工作实施方案》，报绩效管理部际联席会议办公室；

2011年8－12月，研究制订污染减排绩效考评管理办法，并选取重点地区和企业开展过程绩效考评试点；

2012年1－2月，结合2011年度减排核查督查工作，按照绩效考评管理办法的要求，实施2011年度减排政策落实情况绩效评估工作。

2012年3－5月，编制2011年度污染减排政策落实情况绩效管理评估报告，将有关情况及时报送政府绩效管理部际联席会议办公室审定，经批准后，以适当方式进行公布。

2012年5－6月，根据2011年度绩效评估结果，促进各地区、有关部门和中央企业不断改进减排相关工作，并进一步修订完善减排绩效考评管理办法；

2012年7月，结合2012年度上半年减排核查督查工作，开展2012上半年减排绩效考评专项检查工作；

2012年8－11月，通报2012年上半年度绩效考评结果，对目标任务进展滞后、评估结果不理想的地区和企业提出预警，推动相关整改工作落实，并及时进行察访核验；

2012年12月，对污染减排政策落实情况绩效管理进行全面系统总结，形成总结报告，并及时报送绩效管理部际联席会议办公室。

关于进一步强化国家环境保护模范城市示范带头作用的通知（节录）

环办[2011]108号

各省、自治区、直辖市环境保护厅（局），新疆生产建设兵团环境保护局，全军环办，各国家环境保护模范城市人民政府办公厅（室），原国家环境保护模范城市人民政府办公厅（室）：

“十一五”以来，全国创建国家环境保护模范城市（以下简称“创模”）工作取得积极进展。国家环境保护模范城市（以下简称“模范城市”）是全国城市科学发展的杰出代表，是国际社会可持续发展城市的优秀典范，在强化城市环境保护工作、推动经济发展方式转变、构建和谐社会等方面发挥了积极示范作用。为进一步强化模范城市示范带头作用，现就新形势下创模工作有关要求通知如下：

一、严格环境准入，促进城市科学发展。进一步优化产业布局，加大产业结构调整力度，加快推动经济发展方式转变；进一步严格环境准入，在自然资源开发、区域产业发展、城市建设等领域，以及重要产业基地建设过程中，特别对化工石化类项目需依法开展规划环评。严格建设项目环境影响评价审批管理，在城市市域范围内坚决控制“两高一资”、低水平重复建设和产能过剩项目的建设，坚决杜绝未批先建、未验先投的现象；加大工业污染防治力度，严格按照《关于深入推进重点企业清洁生产的通知》（环发[2010]54号）要求，深入推进重点企业清洁生产。各市要按照我部对重污染行业环保核查要求，加强对辖区内稀土、制革、铅蓄电池、柠檬酸、味精、酒精、淀粉和淀粉糖等行业工业企业环境监管。

二、进一步加大投资力度，持续改善城市环境质量。要紧密围绕改善环境质量这一中心，加大投资力度，加强环境监测能力和执法监察能力建设。要客观全面地反映城市空气质量现状，使空气质量评价结果与公众直观感受相一致。加大灰霾研究和防控力度，按照环境保护部规定率先开展PM2.5和《环境空气质量标准》全指标监测。模范城市及创建城市须在1-2个现有空气监测点位中开展PM2.5监测，监测方法采用通过检验的β射线法或微震荡天平法（TEOM）。PM2.5监测工作情况将作为我部开展技术评估、考核验收和复核的前提。切实保障饮用水安全，建立备用水源地和完备的水质安全应急处置体系，每年进行饮用水源地水质全监测全分析。加强城市环境设施建设，特别要扎实做好城市污水收集管网和中水回用管网的配套建设，要确保污水处理厂污泥得到无害化处置、垃圾填埋场（包括已封场的垃圾填埋场）和垃圾焚烧厂渗滤液得到深度处理并达标排放。

三、毫不松懈抓好环境安全保障，着力解决损害群众健康的突出环境问题。要认真贯彻落实国务院关于重金属污染防治指导意见和重金属“十二五”规划有关要求，切实落实我部《关于加强铅蓄电池及再生铅行业污染防治工作的通知》（环发[2011]56号）要求，全面排查全市域内重金属污染物排放企业及其周边区域环境隐患。进一步加强重金属污染物排放企业、危险化学品生产使用企业和危险废物产生、处置企业的环境安全保障工作，坚决杜绝重特大突发环境事件。凡发生重、特大突发环境事件的国家环境保护模范城市，一律立即撤销其国家环境保护模范城市称号，三年内不再受理其申请；已递交考核验收申请的城市，退回其考核验收申请，一年内不予重新受理；已通过考核验收的城市，停止其后续工作程序。

四、强化创模规划编制工作，发挥规划对城市区域经济社会和环境发展的引领性作用。（略）

五、强化组织领导，统筹推进城乡区域创模工作。（略）

二〇一一年八月二十九日

财政部政策文件

关于进一步深入开展北方采暖地区既有居住建筑供热计量及节能改造工作的通知

财建[2011]12号

北京市财政局、建委、市政管委，天津市财政局、建委，河北省、山西省、内蒙古自治区、辽宁省、吉林省、黑龙江省、山东省、河南省、陕西省、甘肃省、青海省、宁夏回族自治区、新疆维吾尔自治区财政厅、住房城乡建设厅，大连市、青岛市财政局、建委，新疆生产建设兵团财政局、建设局：

北方采暖区既有居住建筑供热计量及节能改造（以下简称供热计量及节能改造）实施以来，各地住房城乡建设、财政主管部门积极落实改造项目，多方筹措资金，认真组织实施，圆满地完成了国务院确定的“十一五”改造任务，取得了良好的节能减排效益及经济社会效益，得到了地方政府、有关企业和居民群众的广泛支持和积极参与，形成了良好的工作局面。“十二五”期间，财政部、住房城乡建设部将进一步加大工作力度，完善相关政策，深入开展供热计量及节能改造工作。现就有关事项通知如下。

一、明确“十二五”期间改造工作目标

进一步扩大改造规模，到2020年前基本完成对北方具备改造价值的老旧住宅的供热计量及节能改造。到“十二五”期末，各省（区、市）要至少完成当地具备改造价值的老旧住宅的供热计量及节能改造面积的35%以上，鼓励有条件的省（区、市）提高任务完成比例。地级及以上城市达到节能50%强制性标准的既有建筑基本完成供热计量改造。完成供热计量改造的项目必须同步实行按用热量分户计价收费。住房城乡建设部、财政部将对以上目标按年度分解，逐年考核，并将考核结果上报国务院。

二、尽快落实各省供热计量及节能改造任务并签订改造协议

为进一步健全激励约束机制，鼓励地方加快节能改造工作，中央财政奖励标准在“十二五”前3年将维持2010年标准不变，2014年后将视情况适度调减。各省（区、市）根据“十二五”改造规划，及早确定2011-2013年节能改造目标，并于2011年2月底前上报财政部和住房城乡建设部。为确保改造目标完成，加快工作进度，财政部、住房城乡建设部将按各地上报的改造工作量与各地签订改造协议。对工作积极性高、提出改造申请早、前期完成任务好的地方将优先签订改造协议，优先安排改造任务及中央财政奖励资金。

三、鼓励具备条件的城市尽早完成节能改造任务

为充分调动城市积极性，突出政策效益和改造整体效果，对工作积极性高、前期工作基础好、配套政策落实的市县进一步加大政策激励力度，启动一批供热计量及节能改造重点市县（“节能暖房”工程重点市县，下同）。供热计量及节能改造重点市县要切实加快工作进度，到2013年地级及以上城市要完成当地具备改造价值的老旧住宅的供热计量及节能改造面积40%以上，县级市要完成70%以上，达到节能50%强制性标准的既有建筑基本完成供热计量改造。鼓励用3～5年时间节能改造重点市县全部完成节能改造任务，从而实现重点突破，并形成示范带动效应。对节能改造重点市县，财政部、住房城乡建设部将优先安排节能改造任务及相应补助资金，对经考核如期完成上述改造目标的重点市县，将根据节能效果、供热计量收费进展等因素，给予专门财政资金奖励，用于推进热计量收费改革等相关建设性支出。申请供热计量及节能改造重点市县，要抓紧制定改造方案，提出详细的节能改造目标，保障措施并落实改造项目，由省（区、市）财政、住房城乡建设部门汇总，于2011年2月底前上报财政部和住房城乡建设部。财政部与住房城乡建设部将对节能改造方案进行论证，按照“成熟一批、启动一批”的原则组织实施并下达财政补助资金。

四、建立多元化的资金筹措机制

各地要建立以市场化融资为主体的多元化资金筹措机制。各级财政要把供热计量及节能改造作为节能减排资金安排的重点，建立稳定、持续的财政资金投入机制。要落实好已发布的节能服务机制的优惠政策，积极支持采用合同能源管理方式，开展供热计量及节能改造并进行分户计量收费。要积极引导供热企业、居民、原产权单位及其他

社会资金投资改造项目，进一步拓展节能改造资金来源。

五、积极推广新型建材应用

在供热计量及节能改造中大力推广应用新型节能技术、材料、产品，带动相关产业发展。各省（区、市）要在充分论证的基础上，于2011年2月底前选择上报拟在改造中使用的新型节能技术、材料、产品。住房城乡建设部和财政部将结合各省推荐情况，在全国范围选择确定新型节能建材产品技术目录。各地应从目录中选用相关技术、材料及产品应用于节能改造工程。住房城乡建设部和财政部将根据产品质量、施工质量、节能效果等因素，对目录进行动态调整，择优扶持相关企业。

六、切实加强组织实施

各地要高度重视供热计量及节能改造工作，接此通知后迅速开展方案制定、市县申报等工作，确保按时上报相关材料。要加强组织领导，建立住房城乡建设、财政、物价、供热、房产等主管部门参加的议事协调机制，统一研究部署改造工作中的重大问题。要注重发挥政策和资金整体效益，尤其要将供热计量及节能改造与保障性住房建设、棚户区改造、旧城区综合整治、城市市容整治等工作相衔接，统筹推进，加快“节能暖房”工程建设。绿色重点小城镇试点也要积极推进既有居住建筑供热计量及节能改造，中央财政将安排相应的补助资金。要加强对改造工程全过程的质量安全控制，强化对计量器具、保温材料、门窗等材料产品的质量安全管理，确保将建筑节能改造工程建成精品工程与安全工程。

中华人民共和国财政部

中华人民共和国住房和城乡建设部

二○一一年一月二十一日

关于进一步推进可再生能源建筑应用的通知

财建[2011]61号

各省、自治区、直辖市、计划单列市财政厅（局）、住房城乡建设厅（局、委），新疆生产建设兵团财务局、建设局：

近年来，为贯彻落实党中央、国务院关于推进节能减排与发展新能源的战略部署，财政部、住房城乡建设部大力推动太阳能、浅层地能等可再生能源在建筑领域应用，先后组织实施了项目示范、城市示范及农村地区县级示范，取得明显成效，可再生能源建筑应用规模迅速扩大，应用技术逐渐成熟、产业竞争力稳步提升。为进一步推动可再生能源在建筑领域规模化、高水平应用，促进绿色建筑发展，加快城乡建设发展模式转型升级，“十二五”期间，财政部、住房城乡建设部进一步加大推广力度，并调整完善相关政策，现就有关事项通知如下。

一、明确“十二五”可再生能源建筑应用推广目标

切实提高太阳能、浅层地能、生物质能等可再生能源在建筑用能中的比重，到2020年，实现可再生能源在建筑领域消费比例占建筑能耗的15%以上。“十二五”期间，开展可再生能源建筑应用集中连片推广，进一步丰富可再生能源建筑应用形式，积极拓展应用领域，力争到2015年底，新增可再生能源建筑应用面积25亿平方米以上，形成常规能源替代能力3000万吨标准煤。

二、切实加大推广力度，加快可再生能源建筑领域大规模应用

“十二五”期间，在可再生能源建筑应用城市示范及农村地区县级示范基础上，加快集中连片、整体推进，充分挖掘应用潜力。

（一）集中连片推进可再生能源建筑应用。为进一步放大政策效应，“十二五”期间，财政部、住房城乡建设部将选择在部分可再生能源资源丰富、地方积极性高、配套政策落实的区域，实行集中连片推广，使可再生能源建筑应用率先实现突破，到2015年重点区域内可再生能源消费量占建筑能耗的比例达到10%以上。各省（区、市、兵团）要在充分评估本地区可再生能源资源条件、建筑用能需求的基础上，提出集中连片推广方案，明确集中推广的重点区域、推广目标、实施计划及保障措施，编制可再生能源建筑应用“十二五”规划，并于2011年4月25日前上报。财政部、住房城乡建设部将在充分论证的基础上，选择确定“十二五”可再生能源建筑应用推广重点区域。可再生能源建筑应用城市及县级示范将优先在上述推广重点区域进行。

（二）进一步抓好可再生能源建筑应用城市示范及农村地区县级示范。“十二五”期间，财政部、住房城乡建设部将继续实施可再生能源建筑应用城市示范及农村地区县级示范。各示范市县在落实具体项目时，要做到统筹规划、集中连片。已批准的可再生能源建筑应用示范市县要抓紧组织实施，在确保完成示范任务的前提下要进一步扩大推广应用，并及时制定实施方案，财政部、住房城乡建设部组织论证后，对符合条件的新增推广面积继续给予财政补助，以鼓励示范市县充分挖掘应用潜力。对完成推广任务情况好的示范市县，经财政部、住房城乡建设部验收后将予以表彰并授予示范称号；对工作进度缓慢的，将给予通报批评，直至取消示范资格。2011年度新申请示范市县要按照《财政部住房城乡建设部关于印发可再生能源建筑应用城市示范实施方案的通知》（财建[2009]305号）和《财政部住房城乡建设部关于印发加快推进农村地区可再生能源建筑应用的实施方案的通知》（财建[2009]306号）的规定编写申请文件，并由各省（区、市、兵团）审核后与本省（区、市、兵团）集中连片推广方案于2011年4月25日前一并上报财政部、住房城乡建设部。新增示范市县将优先在集中连片推广的重点区域内安排。支持具备条件的绿色能源县开展可再生能源建筑应用工作。

（三）鼓励地方出台强制性推广政策。鼓励有条件的省（区、市、兵团）通过出台地方法规、政府令等方式，对适合本地区资源条件及建筑利用条件的可再生能源技术进行强制推广，进一步加大推广力度，力争“十二五”期间资源条件较好的地区都要制定出台太阳能等强制推广政策。财政部、住房城乡建设部将综合考虑强制推广程度及范围，在确定“十二五”可再生能源建筑应用重点区域时对出台强制性推广政策的地区予以倾斜。

（四）加大在公益性行业及公共机构的推广力度。在抓好地方推广工作的同时，支持在中央部门及其直属单位建筑领域推广应用可再生能源，并鼓励发挥部门的职能优势及行业带动效应，加快完善技术标准，推进所在行业可再生能源建筑应用工作。加大在公益性行业及城乡基础设施推广应用力度，使太阳能等清洁能源更多地惠及民生。积极在国家机关等公共机构推广应用可再生能源，充分发挥示范带动效应。

三、积极推进可再生能源建筑应用技术进步与产业发展

进一步完善支持政策，努力提高可再生能源建筑应用技术水平，并做大做强相关产业，增强产业核心竞争力。

（一）加快新技术推广应用。在抓好成熟技术规模化推广应用的同时，切实加大对太阳能采暖制冷、城镇生活垃圾及污泥沼气利用、工业余热及深层地热能梯级利用等新技术推广应用，以进一步拓展应用领域，提升技术水平。可再生能源新技术应用，列入各地示范任务，中央财政将加大补助力度。

（二）加大技术研发及产业化支持力度。鼓励科研单位、企业联合成立可再生能源建筑应用工程、技术中心，加大科技攻关力度，加快产学研一体化。中央财政安排的可再生能源建筑应用专项资金，支持可再生能源建筑应用重大共性关键技术、产品、设备的研发及产业化，中央财政按研发及产业化实际投入的一定比例对相关企业及科研单位等予以补助，并支持可再生能源建筑应用产品、设备性能检测机构、建筑应用效果检测评估机构等公共服务平台建设。

（三）逐步提高相关产业技术标准要求。为促进行业合理竞争，提升产业集中度，更好地体现择优扶强，住房城乡建设部、财政部将制定可再生能源建筑应用技术、产品、设备推荐目录，提出相关技术标准要求，严格行业准入门槛。各地应主要从目录中选用相关技术、产品、设备用于可再生能源建筑应用项目。住房城乡建设部、财政部将根据技术进步、产业发展情况，及时对目录进行调整，促进产业结构调整与升级。

（四）积极培育能源管理公司等新型市场主体。可再生能源建筑应用工程原则上都要实行建设、运营一体化模式，并采取合同能源管理、区域能源系统特许经营等市场化推广机制，为能源管理公司发展创造条件。对能源管理公司投资、运营的可再生能源建筑应用项目，可按推广应用面积等直接对能源管理公司予以财政补助。各地要大力培育与可再生能源建筑应用直接相关的资源评估、专业设计、工程咨询、系统集成等配套产业，切实增强产业支撑能力，提高应用水平。

四、以可再生能源建筑应用为抓手，促进绿色建筑发展

各地要充分整合政策资源，发挥资金整体效益，把可再生能源建筑应用与发展绿色建筑相结合，统筹推进。对应用可再生能源并综合利用节能、节地、节水、节材及环境保护技术，达到绿色建筑评价标准的项目，应优先列入示范任务，中央财政将加大补助力度。鼓励在绿色生态城区、绿色重点小城镇建设中，将可再生能源建筑应用比例作为约束指标，积极制定专项规划，集中推广，并按推广应用量相应享受财政补助。

五、切实加强组织实施与政策支持

（一）加强质量控制，建设精品工程。各地要加强可再生能源建筑应用项目资源评估、规划设计、施工验收、运行管理全过程质量管理，应对可再生能源建筑应用部分进行专项施工图审查及竣工验收，并对设备运行情况进行监测。示范市县应委托专门的能效测评机构对可再生能源应用效果进行测评。应切实采取措施对可再生能源项目实行专业化运行管理及系统维护，确保项目稳定高效运行。北方采暖地区示范项目必须安装供热计量装置并实行按用热量计量收费。加强可再生能源建筑应用关键设备、产品的市场监管及工程准入管理。各省（区、市、兵团）住房城乡建设部门要抓紧制定可再生能源建筑应用资源评价方法、设计标准规范、施工工法、图集、运行操作规程等，指导和规范工程建设运行。

（二）完善配套措施，创新推广模式。地方财政部门要加大支持力度，建立稳定、持续的财政资金投入机制。要创新财政资金使用方式，建立多元化的资金筹措机制，放大资金使用效益。地方住房城乡部门建立可再生能源建筑应用技术评审及咨询服务机制，依托大专院校、科研机构、能源服务公司等，对示范市县特别是示范县进行技术咨询。

各地要高度重视可再生能源建筑应用工作，进一步加强组织领导，建立政府牵头，住房城乡建设、财政、发展改革（能源）、国土、房产等主管部门参加的议事协调机制，统一研究部署可再生能源推广工作中的重大问题。接此通知后要迅速开展方案制定、市县申报等工作，确保按时上报相关材料。

中华人民共和国财政部
中华人民共和国住房和城乡建设部
二〇一一年三月八日

关于印发《淘汰落后产能中央财政奖励资金管理办法》的通知

财建[2011]180号

各省、自治区、直辖市、计划单列市财政厅（局）、工业和信息化主管部门、发展改革委（能源局），新疆生产建设兵团财务局、工业和信息化主管部门、能源主管部门：

为加快产业结构调整升级，提高经济增长质量，深入推进节能减排，根据《国务院关于进一步加强淘汰落后产能工作的通知》（国发[2010]7号）、《国务院办公厅转发环境保护部等部门关于加强重金属污染防治工作指导意见的通知》（国办发[2010]61号）以及国务院制订的钢铁、有色金属、纺织行业等产业调整和振兴规划等文件要求，“十二五”期间，中央财政将继续采取专项转移支付方式对经济欠发达地区淘汰落后产能工作给予奖励。为加强财政资金管理，提高资金使用效益，我们制定了《淘汰落后产能中央财政奖励资金管理办法》，现印发给你们，请遵照执行。

附件：淘汰落后产能中央财政奖励资金管理办法

财政部 工业和信息化部 国家能源局
二〇一一年四月二十日

附件：

淘汰落后产能中央财政奖励资金管理办法

第一章　总则

第一条　根据国务院节能减排工作部署和《国务院关于进一步加强淘汰落后产能工作的通知》（国发[2010]7

号）、《国务院办公厅转发环境保护部等部门关于加强重金属污染防治工作指导意见的通知》（国办发[2010]61号）以及国务院制订的钢铁、有色金属、纺织行业等产业调整和振兴规划等文件要求，“十二五”期间，中央财政将继续安排专项资金，对经济欠发达地区淘汰落后产能工作给予奖励（以下简称奖励资金）。为规范奖励资金管理，提高资金使用效益，特制订本办法。

第二条 企业要切实承担起淘汰落后产能的主体责任，严格遵守节能、环保、质量、安全等法律法规，主动淘汰落后产能；地方政府要切实负担起本行政区域内淘汰落后产能工作的职责，依据有关法律、法规和政策组织督促企业淘汰落后产能。

第三条 本办法适用行业为国务院有关文件规定的电力、炼铁、炼钢、焦炭、电石、铁合金、电解铝、水泥、平板玻璃、造纸、酒精、味精、柠檬酸、铜冶炼、铅冶炼、锌冶炼、制革、印染、化纤以及涉及重金属污染的行业。

第二章 奖励条件和标准

第四条 奖励资金支持淘汰的落后产能项目必须具备以下条件：

1. 满足奖励门槛要求。奖励门槛依据国家相关文件、产业政策等确定，并根据国家产业政策、产业结构调整等情况逐步提高，2011年～2013年的奖励门槛详见附1。

2. 相关生产线和设备型号与项目批复等有效证明材料相一致，必须在当年拆除或废毁，不得转移。

3. 近三年处于正常生产状态（根据企业纳税凭证、电费清单、生产许可证等确定），如年均实际产量比项目批复生产能力少20%以上，落后产能按年均实际产量确定。

4. 所属企业相关情况与项目批复、工商营业执照、生产许可证等有效证明材料相一致。

5. 经整改环保不达标，规模较小的重金属污染企业应整体淘汰。

6. 未享受与淘汰落后产能相关的其他财政资金支持。

第五条 中央财政根据年度预算安排、地方当年淘汰落后产能目标任务、上年度目标任务实际完成和资金安排使用情况等因素安排奖励资金。对具体项目的奖励标准和金额由地方根据本办法要求和当地实际情况确定。

第三章 资金安排和使用

第六条 每年3月底前，省级财政会同工业和信息化、能源主管部门根据省级人民政府批准上报的本年度重点行业淘汰落后产能年度目标任务及计划淘汰落后产能企业名单，提出计划淘汰且符合奖励条件的落后产能规模、具体企业名单以及计划淘汰的主要设备等，联合上报财政部、工业和信息化部、国家能源局。中央企业按属地原则上报，同等享受奖励资金支持。

第七条 财政部、工业和信息化部、国家能源局审核下达奖励资金预算。

第八条 各地区要积极安排资金支持淘汰落后产能，与中央奖励资金一并使用。

第九条 省级财政部门会同工业和信息化、能源主管部门，根据中央财政下达的奖励资金预算，制定切实可行的资金使用管理办法和资金分配方案，按规定审核下达和拨付奖励资金。

第十条 奖励资金必须专项用于淘汰落后产能企业职工安置、企业转产、化解债务等淘汰落后产能相关支出，不得用于平衡地方财力。

第十一条 奖励资金由地方统筹安排使用，但必须坚持以下原则：

1. 支持的淘汰落后产能项目须符合本办法第三条和第四条规定。

2. 优先支持淘汰落后产能企业职工安置，妥善安置职工后，剩余资金再用于企业转产、化解债务等相关支出。

3. 优先支持淘汰落后产能任务重、职工安置数量多和困难大的企业，主要是整体淘汰企业。

4. 优先支持通过兼并重组淘汰落后产能的企业。

第四章 监督管理

第十二条 每年12月底前，各地区要按照《关于印发淘汰落后产能工作考核实施方案的通知》（工信部联产业〔2011〕46号）要求，对落后产能实际淘汰情况进行现场检查和验收，出具书面验收意见，并在省级人民政府网站和当地主流媒体上向社会公告本地区已完成淘汰落后产能任务的企业名单。

次年2月底前，省级财政、工业和信息化、能源等部门要将奖励资金安排和使用情况（详见附2）、落后产能实际淘汰情况和书面验收意见等上报财政部、工业和信息化部、国家能源局。同时，要将使用中央财政奖励资金的企业基本情况、录像、图片等相关资料整理成卷，以备检查。

第十三条　工业和信息化部、国家能源局、财政部组织对地方落后产能实际淘汰、奖励资金安排使用等情况进行专项检查。

第十四条　对有下列情形的，各级财政部门应扣回相关奖励资金，情节严重的，按照《财政违法行为处罚处分条例》（国务院令第427号）规定，依法追究有关单位和人员责任。

（一）提供虚假材料，虚报冒领奖励资金的；

（二）转移淘汰设备，违规恢复生产的；

（三）重复申报淘汰落后产能项目的；

（四）出具虚假报告和证明材料的。

第十五条　对未完成淘汰落后产能任务及未按规定安排使用奖励资金的地方，财政部将收回相关奖励资金，情节严重的，将对项目所在市县给予通报批评、暂停中央财政淘汰落后产能奖励资金申请资格等处罚，并依法追究有关单位和人员责任。

第十六条　各级财政部门应结合当地实际情况，可采取先淘汰后奖励、先制定职工安置方案后安排资金、按落后产能淘汰进度拨付资金等方式，加强资金监督管理，确保奖励资金的规范性、安全性和有效性。

第五章　附则

第十七条　本办法由财政部、工业和信息化部、国家能源局负责解释，各省（区、市）要依据本办法和当地实际情况制订实施细则，明确奖励资金安排原则、支持重点、支持标准等，报财政部、工业和信息化部、国家能源局备案。

第十九条　本办法自印发之日起实施，同时《淘汰落后产能中央财政奖励资金管理暂行办法》（财建〔2007〕873号）废止。

附：1. 淘汰落后产能中央财政奖励范围（略）

2. 淘汰落后产能财政奖励资金安排使用情况表（略）

关于进一步推进公共建筑节能工作的通知

财建[2011]207号

各省、自治区、直辖市、计划单列市财政厅（局）、住房城乡建设厅（委），新疆生产建设兵团财务局、建设局：

近年来，按照国务院节能减排综合性工作方案的统一部署，财政部、住房城乡建设部在全国范围内开展国家机关办公建筑和大型公共建筑的能耗统计、能源审计、能效公示工作，在部分省市开展公共建筑能耗动态监测平台建设试点，取得了良好效果，为节能量审核、制定能耗定额、建立能效交易机制提供有力支撑，充分激发了节能改造市场需求。但当前还存在大型公共建筑能耗水平高、增长势头猛、节能改造进展缓慢等突出问题。为切实加大组织实施力度，充分挖掘公共建筑节能潜力，促进能效交易、合同能源管理等节能服务机制在建筑节能领域应用，财政部、住房城乡建设部将进一步开展公共建筑节能工作，现就有关事项通知如下。

一、明确“十二五”期间公共建筑节能工作目标

建立健全针对公共建筑特别是大型公共建筑的节能监管体系建设，通过能耗统计、能源审计及能耗动态监测等手段，实现公共建筑能耗的可计量、可监测。确定各类型公共建筑的能耗基线，识别重点用能建筑和高能耗建筑，并逐步推进高能耗公共建筑的节能改造，争取在“十二五”期间，实现公共建筑单位面积能耗下降10%，其中大型公共建筑能耗降低15%。

二、加强新建公共建筑节能管理

（一）严格执行节能标准。新建公共建筑应按照节能省地及绿色生态的要求指导工程建设全过程，要严格执行工程建设节能强制性标准，把能耗标准作为建筑项目核准和备案的强制性门槛，遏制高耗能建筑的建设。新建公共建筑要大力推广绿色设计、绿色施工，广泛采用自然通风、遮阳等被动节能技术。

（二）实行建筑能耗指标控制。要强化公共建筑特别是大型公共建筑建设过程的能耗指标控制，应根据建筑形式、规模及使用功能，在规划、设计阶段引入分项能耗指标，约束建筑体型系数、采暖空调、通风、照明、生活热水等用能系统的设计参数及系统配置，避免建筑外形片面追求“新、奇、特”，用能系统设计指标过大，造成浪费。新建大型公共建筑建成后必须经建筑能效专项测评，凡达不到工程建设节能强制性标准的，有关部门不得办理竣工验收备案手续。

三、深入开展公共建筑节能监管体系建设

各省（区、市）应以大型公共建筑为重点，深入推进公共建筑节能监管体系建设。

（一）推进能耗统计、审计及公示工作。各省（区、市）应对本地区地级及以上城市大型公共建筑进行全口径统计，将单位面积能耗高于平均水平和年总能耗高于1000吨标煤的建筑确定为重点用能建筑，并对50%以上的重点用能建筑进行能源审计。应对单位面积能耗排名在前50%的高能耗建筑，以及具有标杆作用的低能耗建筑进行能效公示。

（二）加强节能监管体系建设。中央财政支持有条件的地方建设公共建筑能耗监测平台，对重点建筑实行分项计量与动态监测，并建立能耗限额标准，强化公共建筑节能运行管理，争取用3年左右完成覆盖不同气候区、不同类型公共建筑的能耗监测系统。要重点加强高校节能监管，提高节能监管体系管理水平。示范省市及高校节能监管体系补助按照《财政部关于印发国家机关办公建筑和大型公共建筑节能专项资金管理暂行办法的通知》（财建[2007]558号）的有关规定执行。2011年度补助资金申请截止时间为6月20日。

（三）实施能耗限额管理。各省（区、市）应在能耗统计、能源审计、能耗动态监测工作基础上，研究制定各类型公共建筑的能耗限额标准，并对公共建筑实行用能限额管理，对超限额用能建筑，采取增加用能成本或强制改造措施。

四、积极推动公共建筑节能改造工作

“十二五”期间，财政部、住房城乡建设部将切实加大支持力度，积极推动重点用能建筑节能改造工作，有效改变公共建筑能耗较高的局面。

（一）实施重点城市公共建筑节能改造。各地应高度重视公共建筑的节能改造工作。为突出改造效果及政策整体效益，财政部、住房城乡建设部将选择在公共建筑节能监管体系建立健全、节能改造任务明确的地区，启动一批公共建筑节能改造重点城市。到2015年，重点城市公共建筑单位面积能耗下降20%以上，其中大型公共建筑单位建筑面积能耗下降30%以上。改造重点城市在批准后两年内应完成改造建筑面积不少于400万平方米。对改造重点城市，中央财政将给予财政资金补助，补助标准原则上为20元/平方米，并综合考虑节能改造工作量、改造内容及节能效果等因素确定。重点城市节能改造补助额度，根据补助标准与节能改造面积核定，当年拨付补助资金总额的60%，待完成竣工验收，财政部、住房城乡建设部对实际工作量及节能效果审核确认后，拨付后续补助资金。财建[2007]558号文件规定的建筑节能改造贴息政策停止执行。申请公共建筑节能改造重点城市，要制定实施方案（编制大纲见附件1）与资金申请表（附件2）。2011年申报截止日期为6月20日。

（二）推动高校等重点公共建筑节能改造。要充分发挥高校技术、人才、管理优势，积极推动高等学校节能改造示范，高校建筑节能改造示范应不低于20万平方米，单位面积能耗应下降20%以上。申请高校建筑节能改造示范，要编制实施方案（附件3）与资金申请表（附件4），由财政部、住房城乡建设部组织论证后确定。补助标准及资金拨付，按照上述重点城市公共建筑节能改造办法执行。2011年申报截止日期为6月20日。

（三）积极推进中央本级办公建筑节能改造。财政部、住房城乡建设部将会同国务院机关事务管理局等部门共同组织中央本级办公建筑节能改造工作，并给予资金补助，具体补助标准根据改造工作量、节能效果、改造成本等因素核定。

五、大力推进能效交易、合同能源管理等节能机制创新

公共建筑节能工作要充分利用市场机制，大力推进体制机制创新，形成政府推动、社会力量广泛参与的工作局面。

（一）积极发展能耗限额下的能效交易机制。各地应建立基于能耗限额的用能约束机制，同时搭建公共建筑节能量交易平台，使公共建筑特别是重点用能建筑通过节能改造或购买节能量的方式实现能耗降低目标，将能耗控制在限额内，从而激发节能改造需求，培育发展节能服务市场。对能效交易机制已经建立和完善的城市，财政部、住房城乡建设部将在确定公共建筑节能改造重点城市时，向实行能效交易的地区倾斜。

（二）加强建筑节能服务能力建设。各地要在公共建筑节能改造中大力推广运用合同能源管理的方式，要加强第三方的节能量审核评价及建筑能效测评机构能力建设，充分运用现有的节能监管及建筑能效测评体系，客观审核与评估节能量。要加强建筑节能服务市场监管，制定建筑节能服务市场监督管理办法、服务质量评价标准以及公共建筑合同能源管理合同范本。要将重点城市节能改造补助与合同能源管理机制相结合，对投资回收期较长的基础改造及难以有效实现节能收益分享的领域，主要通过财政资金补助的方式推进改造工作。在节能改造效果明显的领域，鼓励采用合同能源管理的方式进行节能改造，并按照《财政部国家发展改革委关于印发合同能源管理项目财政奖励资金管理暂行办法的通知》（财建[2010]249号）的规定执行。

六、加强公共建筑节能组织管理

各地要加强对公共建筑节能工作的组织领导，建立住房城乡建设、财政、发展改革、商务、教育、机关事务等主管部门（机构）参加的议事协调机制，统一研究部署节能工作中的重大问题。省级住房城乡建设部门要抓紧制定公共建筑节能运行管理、节能改造等方面的技术标准、导则。各地应在公共建筑节能改造中大力推广应用新型节能技术、材料、产品，带动相关产业发展。要加强对公共建筑节能监管体系建设及节能改造全过程的质量安全监管，在用电分项计量改造、用能设备改造、围护结构节能改造工程中，加强安全控制，强化对计量器具、关键设备、保温材料、门窗等关键材料产品的质量管理，确保工程质量。

附件：1. 公共建筑节能改造重点城市实施方案大纲（略）

2. 公共建筑节能改造重点城市资金申请表（略）

3. 建筑节能改造示范高校实施方案大纲（略）

4. 建筑节能改造示范高校节能改造申请表（略）

财政部

住房和城乡建设部

二〇一一年五月四日

关于明确废弃动植物油生产纯生物柴油免征消费税适用范围的通知

财税[2011]46号

各省、自治区、直辖市、计划单列市财政厅（局）、国家税务局，新疆生产建设兵团财务局，财政部驻各省、自治区、直辖市、计划单列市监察专员办事处：

为方便税收征管，现将《财政部国家税务总局关于对利用废弃的动植物油生产纯生物柴油免征消费税的通知》（财税[2010]118号）所称“废弃的动物油和植物油”的范围明确如下：

一、餐饮、食品加工单位及家庭产生的不允许食用的动植物油脂。主要包括泔水油、煎炸废弃油、地沟油和抽油烟机凝析油等。

二、利用动物屠宰分割和皮革加工修削的废弃物处理提炼的油脂，以及肉类加工过程中产生的非食用油脂。

三、食用油脂精炼加工过程中产生的脂肪酸、甘油酯及含少量杂质的混合物。主要包括酸化油、脂肪酸、棕榈酸化油、棕榈油脂肪酸、白土油及脱臭馏出物等。

四、油料加工或油脂储存过程中产生的不符合食用标准的油脂。

特此通知，请遵照执行。

财政部 国家税务总局

二〇一一年六月十五日

关于印发《交通运输节能减排专项资金管理暂行办法》的通知

财建〔2011〕374号

各省、自治区、直辖市、计划单列市财政厅（局）、交通运输厅（局），天津市市政公路管理局、上海市城乡建设和交通委员会：

经国务院批准，“十二五”期间中央财政从一般预算资金和车辆购置税交通专项资金中安排适当资金用于支持公路水路交通运输节能减排。为规范资金管理，提高资金使用效益，根据《中华人民共和国节约能源法》和国家现行财政财务法规制度，结合交通运输节能减排工作实际，特制定《交通运输节能减排专项资金管理暂行办法》。现印发给你们，请遵照执行。

财政部
交通运输部
二〇一一年六月二十日

附件：

交通运输节能减排专项资金管理暂行办法

第一章 总 则

第一条 据《中华人民共和国节约能源法》和国家现行财政财务法规制度，结合交通运输节能减排工作实际，制定本办法。

第二条 本办法所称交通运输节能减排专项资金（以下简称：专项资金），是指中央财政从一般预算资金（含车辆购置税交通专项资金）中安排用于支持公路水路交通运输节能减排项目实施的资金。

第三条 专项资金的使用和管理应坚持以下原则：

（一）科学定位。发挥市场对资源配置的基础性作用，专项资金主要用于初期投资效益不明显，但社会效益明显、公益性较强或国家发展战略重点支持的节能减排项目；

（二）统筹安排。按照国务院统一部署和公路水路交通运输节能减排专项规划的总体要求，循序渐进，突出重点，确保实效，逐步有序推进项目的实施；

（三）合理使用。符合公开、公平、公正的办事程序，保证专款专用，资金使用情况和效果以适当形式予以公开，接受国家有关部门和社会监督。

第四条 专项资金纳入财政预算管理。

第二章 专项资金支持范围和方式

第五条 专项资金支持的对象是开展公路水路交通运输节能减排工作的企事业单位，重点是国务院文件和公路水路交通运输节能减排专项规划确定的重点项目实施单位和参加“车、船、路、港”千家企业低碳交通运输专项行动的企事业单位。

第六条 专项资金重点用于支持公路水路交通运输行业推广应用节能减排新机制、新技术、新工艺、新产品的开发和应用，确保完成国家公路水路交通运输节能减排规划安排的重点任务和重点工程。

第七条 专项资金的使用原则上采取以奖代补方式，由财政部、交通运输部根据项目性质、投资总额、实际节能减排量以及产生的社会效益等综合测算确定补助额度。

（一）对节能减排量可以量化的项目，奖励资金原则上与节能减排量挂钩，对完成节能减排量目标的项目承担单位给予一次性奖励。根据年节能量按每吨标准煤不超过600元或采用替代燃料的按被替代燃料每吨标准油不超过2000元给予奖励，对单个项目的补助原则上不超过1000万元。

节能减排量的核定采取单位报告、经第三方机构审核、交通运输部、财政部核定的方式。

（二）对于节能减排量难以量化的项目，可按投资额的一定比例核定补助额度，补助比例原则上不超过设备购置费或项目建筑安装费的20%；对单个项目的补助额度原则上不超过1000万元；

第八条 对已享受中央财政其他节能减排资金支持的项目，专项资金原则上不再安排补助。

第九条 交通运输部所需的工作经费从专项资金中安排，用于有关的项目评审、审核备案、监督检查等工作，工作经费不超过当年专项资金总额的1%，列入交通运输部部门预算。

第三章 专项资金的申请、审核与拨付

第十条 交通运输部、财政部根据国务院统一部署和公路水路交通运输节能减排专项规划确定的重点任务、重点工程以及交通运输部年度节能减排重点工作，发布年度节能减排重点支持项目申请指南。

第十一条 专项资金的申请条件：

（一）申请单位应具有独立法人资格；

（二）申请单位管理规范，具有健全的财务管理制度；

（三）申请单位能源管理机构健全，具有完善的能源计量、统计和管理体系；

（四）申请项目符合年度节能减排重点支持项目申请指南明确的支持范围；

（五）项目实施完成后，具有明显的节能减排效果或对交通运输节能减排有明显的促进作用；

（六）申请项目符合国家有关规定。

第十二条 节能减排量作为专项资金安排的重要依据，须经第三方机构进行节能减排量审核。由交通运输部根据国家有关要求制定第三方机构认定办法并依据办法规定公布机构名单，项目承担单位在公布的第三方机构名单中选择审核机构。

第十三条 符合申请条件的项目，项目承担单位按照项目指南的有关要求填报材料，连同第三方机构出具的项目节能减排量审核意见，报所在省（自治区、直辖市、计划单列市）[以下简称：省（市）]交通运输主管部门进行初审。各省（市）交通运输部门审核汇总后，会同同级财政主管部门报交通运输部、财政部。

第十四条 交通运输部对申请材料进行审核，提出专项资金支持项目建议，报财政部审核。

第十五条 财政部对专项资金项目进行审核后，将专项资金下达有关省（市）财政主管部门，同时抄送交通运输部。各省（市）财政主管部门应及时将专项资金拨付到项目承担单位，具体资金支付按照财政国库管理制度有关规定执行。

第四章 专项资金的监督管理

第十六条 各级财政、交通运输部门要切实加强对专项资金使用的监督管理，建立健全专项资金绩效评价制度，并将绩效评价结果作为专项资金安排的重要依据。

第十七条 第三方机构对出具的节能减排量审核报告负责，对出具虚假节能减排量审核报告的第三方机构，将取消其审核资格，情节严重的将依法追究法律责任。

第十八条 对专项资金的使用情况，由财政部、交通运输部组织重点抽查，对违反规定截留、挪用、骗取资金的，将严格按照《中华人民共和国预算法》和《财政违法行为处罚处分条例》（国务院令第427号）及相关法规予以处理。

第五章 附则

第十九条 中央直属企业单位资金申请程序参照本办法执行；交通运输部直属事业单位资金申请程序按照部门预算管理规定执行。

第二十条 本办法自发布之日起执行。

第二十一条 本办法由财政部会同交通运输部负责解释。

关于印发《节能技术改造财政奖励资金管理办法》的通知

财建〔2011〕367号

各省、自治区、直辖市、计划单列市财政厅（局）、发展改革委（经委、经贸委、经信委、工信委、工信厅），新疆生产建设兵团财务局、发展改革委，有关中央企业：

为加快推广先进节能技术，提高能源利用效率，实现“十二五”期间单位国内生产总值能耗降低16%的约束性指标，根据《节约能源法》和《国民经济和社会发展第十二个五年规划纲要》，中央财政将继续安排专项资金，采取“以奖代补”方式，对企业实施节能技术改造给予适当支持和奖励。为加强财政资金管理，提高资金使用效率，我们制定了《节能技术改造财政奖励资金管理办法》，请遵照执行。

财政部 国家发展改革委

二〇一一年六月二十一日

附件：

节能技术改造财政奖励资金管理办法

第一章 总则

第一条 根据《中华人民共和国节约能源法》、《中华人民共和国国民经济和社会发展第十二个五年规划纲要》，为加快推广先进节能技术，提高能源利用效率，“十二五”期间，中央财政继续安排专项资金，采取“以奖代补”方式，对节能技术改造项目给予适当支持和奖励（以下简称奖励资金）。为加强财政资金管理，提高资金使用效率，特制定本办法。

第二条 为了保证节能技术改造项目的实际效果，奖励资金与节能量挂钩，对完成预期目标的项目承担单位给予奖励。

第三条 奖励资金实行公开、透明原则，接受社会各方面监督。

第二章 奖励对象和条件

第四条 奖励资金支持对象是对现有生产工艺和设备实施节能技术改造的项目。

第五条 申请奖励资金支持的节能技术改造项目必须符合下述条件：

（一）按照有关规定完成审批、核准或备案；

（二）改造主体符合国家产业政策，且运行时间3年以上；

（三）节能量在5000吨（含）标准煤以上；

（四）项目单位改造前年综合能源消费量在2万吨标准煤以上；

（五）项目单位具有完善的能源计量、统计和管理措施，项目形成的节能量可监测、可核实。

第三章 奖励标准

第六条 东部地区节能技术改造项目根据项目完工后实现的年节能量按240元/吨标准煤给予一次性奖励，中西部地区按300元/吨标准煤给予一次性奖励。

第七条 省级财政部门要安排一定经费，主要用于支付第三方机构审核费用等。

第四章 奖励资金的申报和下达

第八条 符合条件的节能技术改造项目，由项目单位（包括中央直属企业）提出奖励资金申请报告（具体要求见附1），并经法人代表签字后，报项目所在地节能主管部门和财政部门。省级节能主管部门、财政部门组织专家对项目资金申请报告进行初审；省级财政部门、节能主管部门委托第三方机构（必须在财政部、国家发展改革委公布的第三方机构名单内）对初审通过的项目进行现场审核，由第三方机构针对项目的节能量、真实性等相关情况出具审核报告（格式见附2）。

第九条 省级节能主管部门、财政部门根据第三方机构审核结果，将符合条件的项目资金申请报告和审核报告汇总后上报国家发展改革委、财政部（格式见附3）。

第十条　国家发展改革委、财政部组织专家对地方上报的资金申请报告和审核报告进行复审，国家发展改革委根据复审结果下达项目实施计划，财政部根据项目实施计划按照奖励金额的60%下达预算。

第十一条 各级财政部门按照国库管理制度有关规定将资金及时拨付到项目单位。

第十二条 地方节能主管部门会同财政部门加强项目监管，督促项目按时完工。

第十三条　项目完工后，项目单位及时向所在地财政部门和节能主管部门提出清算申请，省级财政部门会同节能主管部门组织第三方机构对项目进行现场审核，并依据第三方机构出具的审核报告（格式见附2），审核汇总后向财政部、国家发展改革委申请清算奖励资金（格式见附3）。

第十四条　财政部会同国家发展改革委委托第三方机构对项目实际节能效果进行抽查，根据各地资金清算申请和第三方机构抽查结果与省级财政部门进行清算，由省级财政部门负责拨付或扣回企业奖励资金。

第五章　审核机构管理

第十五条 财政部会同国家发展改革委对第三方机构实行审查备案、动态管理，并向社会公布第三方机构名单。

第十六条　列入财政部、国家发展改革委备案名单的第三方机构接受各地方委托，独立开展现场审查工作，并对现场审查过程和出具的核查报告承担全部责任。同时接受社会各方监督。

第十七条 委托核查费用由地方参考财政性投资评审费用及委托代理业务补助费付费管理等有关规定支付。

第十八条 地方委托第三方机构必须坚持以下原则：

（一）第三方机构及其审核人员近三年内不得为项目单位提供过咨询服务。

（二）项目实施前、后的节能量审核工作原则上委托不同的第三方机构。

（三）优先选用实力强、审核项目经验丰富的第三方机构。

第六章　监督管理

第十九条　地方节能主管部门和财政部门要加大项目申报的初审核查力度，并对项目的真实性负审查责任。对存在项目弄虚作假、重复上报等骗取、套取国家资金的地区，取消项目所在地节能财政奖励申报资格。同时，按照《财政违法行为处罚处分条例》（国务院令第427号）规定，依法追究有关单位和人员责任。

第二十条　地方节能主管部门和财政部门要加强对项目实施的监督检查，对因工作不力造成项目整体实施进度较慢或未实现预期节能效果的地区，国家发展改革、财政部将给予通报批评。

第二十一条　项目申报单位须如实提供项目材料，并按计划建成达产。对有下列情形的项目单位，国家将扣回奖励资金，取消“十二五”期间中央预算内和节能财政奖励申报资格，并将追究相关人员的法律责任。

（一）提供虚假材料，虚报冒领财政奖励资金的；

（二）无特殊原因，未按计划实施项目的；

（三）项目实施完成后，长期不能实现节能效果的；

（四）同一项目多渠道重复申请财政资金的。

第二十二条　财政部会同国家发展改革委对第三方机构的审核工作进行监管，对核查报告失真的第三方机构给予通报批评，情节严重的，取消该机构的审核工作资格，并追究相关人员的法律责任。

第七章　附则

第二十三条　本办法由财政部会同国家发展改革委负责解释。

第二十四条　本办法自印发之日起实施，原《节能技术改造财政奖励资金管理暂行办法》（财建〔2007〕371号）废止。

附：1、企业财政节能奖励资金申请报告的主要内容（略）

2、××××单位××项目现场审核报告（略）

3、_____年度节能技术改造财政奖励资金申请汇总表（略）

关于开展节能减排财政政策综合示范工作的通知

北京市、吉林省、浙江省、江西省、湖南省、深圳市、重庆市、贵州省财政厅（局）、发展改革委：

根据《国民经济和社会发展第十二个五年规划纲要》，为进一步推动节能减排工作，促进经济结构调整和经济发展方式转变，"十二五"期间，财政部、国家发展改革委决定在部分城市开展节能减排财政政策综合示范，通过整合财政政策，加大资金投入力度，力争取得节能减排工作新突破。为做好相关工作，我们选定了北京市、深圳市、重庆市、浙江省杭州市、湖南省长沙市、贵州省贵阳市、吉林省吉林市、江西省新余市等8个第一批示范城市，并研究制定了《节能减排财政政策综合示范指导意见》，现印发给你们。请你们加强组织领导，按指导意见要求抓紧制定具体实施方案，上报财政部和国家发展改革委。

附件：节能减排财政政策综合示范指导意见

财政部 国家发展改革委

二〇一一年六月二十二日

附件：

节能减排财政政策综合示范指导意见

一、指导思想和基本原则

（一）指导思想。

以邓小平理论和"三个代表"重要思想为指导，深入贯彻落实科学发展观，以城市为平台，以整合财政政策为手段，以加快体制机制创新为动力，从产业低碳化、交通清洁化、建筑绿色化、服务集约化、主要污染物减量化、可再生能源利用规模化等方面全面开展城市节能减排综合示范，发挥示范带动作用，促进发展方式转变，推动"十二五"节能减排目标实现，加快建设资源节约型、环境友好型社会。

（二）基本原则。

一是坚持节能减排与发展经济相结合。以节能减排为抓手，大力淘汰落后产能，严控高耗能、高排放行业过快增长，推广先进节能环保技术产品，改造提升传统产业，发展现代服务业和战略性新兴产业，促进产业结构优化升级和人居环境改善，增强可持续发展能力。

二是坚持政府推动与机制创新相结合。加强政府对节能减排工作的组织领导，创新工作体制，充分发挥财政资金的引领带动作用；完善有利于节能减排的市场机制，吸引社会资金加大节能减排投入，加快构建节能减排长效机制。

三是坚持重点突破与整体推进相结合。优先选择节能减排潜力大、投入少、见效快的重点行业、重点企业进行突破，同时要统筹规划，全面推进工业、建筑、交通运输和全社会的节能减排工作。

四是坚持政策激励与目标约束相结合。加强对试点城市的财政支持，积极引导试点城市深入推进节能减排工作；同时要强化责任目标考核，加强监督检查，促进试点城市为完成全国节能减排目标多做贡献。

二、总体目标和主要任务

（一）总体目标。

在示范城市树立绿色、循环、低碳发展理念，加快构建政府为主导、企业为主体、市场有效驱动、全社会共同参与的推进节能减排工作格局，实现工业、建筑、交通运输等领域能效水平大幅提高、低碳技术广泛推广、可再生能源规模化应用、主要污染物排放量显著减少、服务业加快发展、合同能源管理等市场化机制逐步健全，使试点城市节能减排工作走在全社会前列，可持续发展能力显著增强。

（二）主要任务。

围绕产业低碳化加大产业结构调整力度。坚决淘汰落后产能和设备，支持重点企业实施节能技术改造，大力推广应用先进节能环保技术和设备，提高重点行业产业集中度和先进生产能力比重。提高高耗能、高排放行业准入门槛和主要耗能产品能耗限额水平，强化节能、环保、土地、安全等指标约束。加快发展战略性新兴产业和服务业，提升优化产业结构。

围绕交通清洁化改造城市交通体系。在城市公共服务领域大力推广使用节能与新能源汽车，鼓励私人购买低排放和新能源汽车，配套建设新能源汽车充电站等基础设施。大力发展公共交通运输体系，倡导绿色出行，鼓励公交优先和各种公交便利化。

围绕建筑绿色化推动建筑节能。积极发展绿色建筑，政府办公建筑、学校、医院、大型公共建筑、保障性住房、棚户区改造等逐步强制执行绿色建筑标准。新建建筑严格执行节能强制性标准。北方采暖区城市全面推进既有居住建筑供热计量及节能改造，实施"节能暖房"工程；推动夏热冬冷、夏热冬暖地区既有居住建筑，以及公共建筑节能改造。达到节能50%强制性标准的既有建筑基本完成供热计量改造，并同步实行按用热量计价收费。推进公共建筑节能，加强节能监管体系建设，深入推进建筑能耗统计、能源审计、能效公示及能耗监测。

围绕集约化加快发展服务业。支持现代物流以及金融、科技、咨询、信息、服务外包等高端生产性服务业发展，着力打造服务业聚集圈（带）或聚集园区，促进现代服务业功能聚集，形成辐射广、功能强的现代服务业空间布局，实现规模化、产业化发展。围绕居民消费结构升级以及城镇化要求，大力发展社区服务、家政服务、再生资源回收利用等面向民生的服务业；规范提升传统服务业，拓展传统服务业的发展空间和专业门类。

围绕主要污染物减量化促进城市环境质量改善。建设完善的城镇污水处理设施配套管网，改造污水治理设施，提高污水收集率、处理率和回用率。科学制定生活垃圾分类办法，建设完善的垃圾收运处理体系，全面实现生活垃圾无害化处理。大力推进电力、钢铁、水泥等行业的脱硫脱硝。大力发展循环经济，引导和支持生产、流通和消费等领域废弃物减量化、资源化和再利用，形成循环经济的生产生活模式。

围绕可再生能源利用规模化优化城市能源结构。采取综合配套措施，推进太阳能、风能、生物质能、地热能等可再生能源的综合应用示范。充分利用公共建筑和开发区、工业园区屋顶，集中建设太阳能发电系统；大力推广太阳能热水、地热能在建筑上规模化应用，积极推进光电建筑一体化应用。有条件的区域建设以智能电网为载体、"发输用"一体化、可再生能源为主的分布式电力系统。

三、组织实施和政策保障

（一）组织实施。

1．示范城市政府要高度重视，加强领导，成立专门领导机构。示范城市财政部门、节能减排主管部门要明确职责，密切配合，及时跟踪掌握试点情况，扎实推进相关工作。

2．示范城市要按照指导意见的要求，在深入调研、科学论证的基础上，编制执行期为三年的综合示范总体实施方案和产业低碳化、交通清洁化、建筑绿色化、服务集约化、主要污染物减量化和资源化、可再生能源利用规模化六个方面的具体实施方案。总体实施方案应包括示范城市经济社会发展基本情况、能源消费和主要污染物排放情况、节能减排总体及分阶段量化目标（单位GDP能耗、碳排放强度和主要污染物减排等）、主要措施、管理体系、资金概算和政策保障等内容。具体实施方案的编制提纲详见附1-6。

3．示范城市要将实施方案及相关材料报送财政部和国家发展改革委，财政部、国家发展改革委会同有关部门组织专家进行评审后批复实施。

4．财政部、国家发展改革委与示范城市所在省（自治区、直辖市）政府、示范城市政府签署示范协议，明确目标，落实责任。

5．示范城市根据实施方案将年度实施项目报财政部、国家发展改革委等相关部门备案，国家发展改革委等相关部门根据现有制度办法对项目进行审核。财政部根据批复的实施方案、项目审核情况、工作进展情况，分类、分批、分次拨付资金。

6．示范期结束后，财政部、国家发展改革委等部门组织对试点效果进行评估和验收。

（二）政策保障。

1．现有支持节能减排和可再生能源发展的各项政策优先向试点城市倾斜，对符合条件并列入实施方案的项目按现有政策给予支持。

2．对列入实施方案但现有政策没有覆盖的项目，中央财政根据项目投资、地方投入和节能减排效果等情况给予综合奖励。已经享受政策支持的项目，综合奖励不再重复安排。

3．示范城市所在省级政府和本级政府要安排一定资金，专项用于城市节能减排综合示范。

附：1．产业低碳化实施方案编写提纲（略）
2．交通清洁化实施方案编写提纲（略）
3．建筑绿色化实施方案编写提纲（略）
4．服务业集约化实施方案编写提纲（略）
5．主要污染物减量化实施方案编写提纲（略）
6．可再生能源和新能源利用规模化实施方案编写提纲（略）

关于调整公布第八期环境标志产品政府采购清单的通知

财库〔2011〕108号

党中央有关部委，国务院各部委、各直属机构，全国人大常委会办公厅，全国政协办公厅，高法院，高检院，有关人民团体，各省、自治区、直辖市、计划单列市财政厅（局）、环保局（厅），新疆生产建设兵团财务局、环保局：

为加大环境标志产品政府采购工作力度，我们对已发布的“环境标志产品政府采购清单”（以下简称环保清单）进行了调整。现将调整后的第八期环保清单印发你们，并将有关事项通知如下：

一、采购人购买的产品属于政府强制采购节能产品范围的，应当按照《国务院办公厅关于建立政府强制采购节能产品制度的通知》（国办发[2007]51号）和财政部、发展改革委公布的第十期“节能产品政府采购清单”，在强制采购节能产品范围内购买。对于同时列入环保清单和“节能产品政府采购清单”的产品，应当优先于只获得其中一项认证的产品。

二、相关企业应当保证环保清单所列型号的产品在本期环保清单有效期内稳定供货，凡发生制造商及其代理商不接受参加政府采购活动邀请、列入环保清单的产品无法正常供货以及其他违反《承诺书》内容情形的，采购人及其他相关当事人应当及时将有关情况向财政部反映，财政部经核实，根据具体违规情形，对制造商做出列入不良供应商行为记录、暂停列入环保清单三个月至两年的处理，并在中华人民共和国财政部网站（http://www.mof.gov.cn）、中国政府采购网（http://www.ccgp.gov.cn/）、中华人民共和国环境保护部网站（http://www.zhb.gov.cn）、中国绿色采购网（http://www.lscg.org.cn/）上公告。

三、第八期环保清单自发布之日起执行。在此之后开展的政府采购活动，应当执行第八期环保清单，不再执行此前公布的环保清单。未列入本期环保清单的产品不属于政府优先采购的环境标志产品范围。凡违反上述规定的，财政部门将依照有关规定予以处理。

四、政府采购工程项目应当严格执行环境标志产品政府优先采购制度。在确定工程总包单位时，采购人及其委托的采购代理机构应当明确落实环境标志产品政府采购政策要求。

五、环保清单在中华人民共和国财政部网站、中国政府采购网、中华人民共和国环境保护部网站、中国绿色采购网上发布，请各采购当事人到上述网站查阅、下载。

六、环保清单中产品的相关销售渠道和联系方式将在上述网站公布。

七、环保清单将于2012年1月再次调整并公布，财政部将会同环境保护部对2011年11月30日前取得环境标志认证证书的产品进行审核和公示。

请遵照执行。

附件：环境标志产品政府采购清单（第八期）（略）

二〇一一年七月二十八日

关于调整公布第九期节能产品政府采购清单的通知

党中央有关部门，国务院各部委、各直属机构，全国人大常委会办公厅，全国政协办公厅，高法院，高检院，有关人民团体，各省、自治区、直辖市、计划单列市财政厅（局）、发展改革委（计委）、经贸委（经委），新疆生产建设兵团财务局、发展改革委、经委：

为了加大节能产品政府采购工作力度，根据《国务院办公厅关于建立政府强制采购节能产品制度的通知》（国办发[2007]51号）和财政部、发展改革委发布的《节能产品政府采购实施意见》（财库[2004]185号）的规定，我们对已发布的“节能产品政府采购清单”（以下简称节能清单）进行了调整。现将调整后的第九期节能清单印发给你们，并将有关事项通知如下：

一、第九期节能清单中的空调机、照明产品、电视机、电热水器、计算机、打印机、显示器、便器、水嘴等九类产品为政府强制采购节能产品（以“★”标注）。

二、节能清单将于2011年7月再次调整并公布，财政部将会同国家发展改革委对2011年5月底前获得节能认证的产品进行审核和公示。

三、相关企业应当保证节能清单所列型号/系列的产品在本期节能清单有效期内稳定供货，凡发生制造商及其代理商不接受参加政府采购活动邀请、列入节能清单的产品无法正常供货以及其他违反《承诺书》内容情形的，采购人及其他相关当事人应当及时将有关情况向财政部反映，财政部经核实，根据具体违规情形，对制造商做出列入不良供应商行为记录、暂停列入节能清单三个月至两年的处理，并在中华人民共和国财政部网站（http://www.mof.gov.cn）、中国政府采购网（http://www.ccgp.gov.cn/）、国家发展改革委网站（http://hzs.ndrc.gov.cn/）和中国质量认证中心网站（http://www.cqc.com.cn/）上公告。

四、各级政府机构和采购代理机构在执行优先采购和强制采购节能产品制度时，应当以本期节能清单中所列产品为准，不再执行此前公布的节能清单。未列入本期节能清单的产品不属于政府优先采购和强制采购的范围。凡违反上述规定的，财政部门将依照有关规定予以处理。

五、已经确定实施的政府集中采购协议供货产品涉及节能清单产品类别的，集中采购机构应当按照本期节能清单重新组织协议供货活动或进行调整。

六、政府采购工程项目应当严格执行节能产品政府优先采购和强制采购制度。在确定工程总包单位时，采购人及其委托的采购代理机构应当明确落实节能产品政府采购政策要求。

七、节能清单在中华人民共和国财政部网站、中国政府采购网、国家发展改革委网站和中国质量认证中心网站上发布，请各采购当事人到上述网站查阅、下载。

八、节能清单中产品的相关销售渠道和联系方式将在上述网站公布。

请遵照执行。

附件：节能产品政府采购清单（第九期）（略）

财政部

国家发展改革委

二〇一一年一月三十日

关于调整公布第十期节能产品政府采购清单的通知

财库〔2011〕109号

党中央有关部门，国务院各部委、各直属机构，全国人大常委会办公厅，全国政协办公厅，高法院，高检院，有关人民团体，各省、自治区、直辖市、计划单列市财政厅（局）、发展改革委（计委）、经贸委（经委），新疆生产

建设兵团财务局、发展改革委、经委：

为了加大节能产品政府采购工作力度，根据《国务院办公厅关于建立政府强制采购节能产品制度的通知》（国办发[2007]51号）和财政部、发展改革委发布的《节能产品政府采购实施意见》（财库[2004]185号）的规定，我们对已发布的“节能产品政府采购清单”（以下简称节能清单）进行了调整。现将调整后的第十期节能清单印发给你们，并将有关事项通知如下：

一、第十期节能清单中的空调机、照明产品、电视机、电热水器、计算机、打印机、显示器、便器、水嘴等九类产品为政府强制采购节能产品（以“★”标注）。

二、相关企业应当保证节能清单所列型号/系列的产品在本期节能清单有效期内稳定供货，凡发生制造商及其代理商不接受参加政府采购活动邀请、列入节能清单的产品无法正常供货以及其他违反《承诺书》内容情形的，采购人及其他相关当事人应当及时将有关情况向财政部反映，财政部经核实，根据具体违规情形，对制造商做出列入不良供应商行为记录、暂停列入节能清单三个月至两年的处理，并在中华人民共和国财政部网站（http://www.mof.gov.cn）、中国政府采购网（http://www.ccgp.gov.cn/）、国家发展改革委网站（http://hzs.ndrc.gov.cn/）和中国质量认证中心网站（http://www.cqc.com.cn/）上公告。

三、第十期节能清单自发布之日起执行。在此之后开展的政府采购活动，应当执行第十期节能清单，不再执行此前公布的节能清单。未列入本期节能清单的产品不属于政府优先采购和强制采购的范围。凡违反上述规定的，财政部门将依照有关规定予以处理。

四、已经确定实施的政府集中采购协议供货产品涉及节能清单产品类别的，集中采购机构应当按照本期节能清单重新组织协议供货活动或进行调整。

五、政府采购工程项目应当严格执行节能产品政府优先采购和强制采购制度。在确定工程总包单位时，采购人及其委托的采购代理机构应当明确落实节能产品政府采购政策要求。

六、节能清单在中华人民共和国财政部网站、中国政府采购网、国家发展改革委网站和中国质量认证中心网站上发布，请各采购当事人到上述网站查阅、下载。

七、节能清单中产品的相关销售渠道和联系方式将在上述网站公布。

八、节能清单将于2012年1月再次调整并公布，财政部将会同国家发展改革委对2011年11月30日前取得节能认证证书的产品进行审核和公示。

请遵照执行。

附件：节能产品政府采购清单（第十期）（略）

财政部 发展改革委
二〇一一年七月二十九日

发出关于调整节能汽车推广补贴政策的通知

财建[2011]754号

各省、自治区、直辖市、计划单列市财政厅（局）、发展改革委、工业和信息化主管部门，有关企业：

自2010年6月1日财政部、国家发展改革委、工业和信息化部启动节能汽车推广工作以来，我国节能汽车市场占有率大幅提升，节能汽车技术进步明显加快。为继续引导和鼓励汽车生产企业加大节能技术研发投入，促进产品结构优化升级，逐步降低油耗水平，根据行业节能技术进步、油耗标准推进等情况，财政部、国家发展改革委、工业和信息化部报经国务院批准同意，决定对现行节能汽车推广补贴政策进行调整。现将调整有关事项通知如下：

补贴政策执行到2011年9月30日。推广企业要认真总结2010年6月1日—2011年9月30日推广情况，编制补贴资金清算报告，于2011年10月31日前由省级财政部门会同发展改革委、工业和信息化主管部门审核后上报财政部。财政

部、国家发展改革委、工业和信息化部将组织专项核查并根据核查情况对补贴资金进行清算。

二、从2011年10月1日起实施新的节能汽车推广补贴政策。

（一）推广车辆要达到产品综合燃料消耗量标准，具体限值如下：

整车整备质量（CM）kg	具有两排及以下座椅且装有手动挡变速器的车辆 L/100km	具有三排或三排以上座椅或装有非手动挡变速器的车辆 L/100km
CM≤750	4.8	5.2
750<CM≤865	5.1	5.4
865<CM≤980	5.3	5.7
980<CM≤1090	5.6	6.0
1090<CM≤1205	6.0	6.3
1205<CM≤1320	6.3	6.6
CM>1320	6.7	6.9

（二）推广补贴标准不变，即对消费者购买节能汽车继续给予一次性3000元定额补助，由生产企业在销售时兑付给购买者。

（三）其他有关事项按《“节能产品惠民工程”节能汽车（1.6升及以下乘用车）推广实施细则》（财建[2010]219号）执行。有关核查工作暂按《“节能产品惠民工程”节能汽车（1.6升及以下乘用车）推广专项核查办法》（工信部联装[2010]566号）执行。

请各地和有关推广企业认真做好节能汽车推广补贴政策调整的宣传、解释和执行工作，确保推广工作顺利进行。

财政部

国家发展改革委

工业和信息化部

二〇一一年九月七日

关于进一步做好节能与新能源汽车示范推广试点工作的通知

财办建【2011】149号

有关省、自治区、直辖市、计划单列市财政厅（局）、科技厅（科委、局）、工业和信息化主管部门、发展改革委：

节能与新能源汽车示范推广试点启动以来，各项工作进展顺利，有效促进了我国节能与新能源汽车技术和产业发展。为进一步做好试点工作，现提出如下要求：

一、对试点城市的工作要求

试点城市政府是节能与新能源汽车示范推广试点工作的责任主体和实施主体，要认真落实《财政部 科技部关于开展节能与新能源汽车示范推广试点工作的通知》（财建【2009】6号）、《财政部 科技部 工业和信息化部 国家发展改革委关于扩大公共服务领域节能与新能源汽车示范推广有关工作的通知》（财建【2010】227号）、《财政部 科技部 工业和信息化部 国家发展改革委关于增加公共服务领域节能与新能源汽车示范推广试点城市的通知》（财建【2010】434号）、《财政部 科技部 工业和信息化部 国家发展改革委关于开展私人购买新能源汽车补贴试点的通知》（财建【2010】230号）等文件要求，加快研究制定相关配套政策措施，切实做好试点组织工作。

（一）建立健全试点工作组织机构。试点工作要由政府主要领导同志负责，建立责任制，由专人负责日常组织管理和协调工作。

（二）按照示范推广实施方案和年度工作计划，加大自主创新产品示范推广力度，确保实现年度车辆推广目标。

（三）建立健全示范运行安全监督管理机制，落实各环节安全责任主体，定期进行安全检查，相关情况及时上报。

（四）研究制定新能源汽车示范推广鼓励政策。在落实好中央试点政策的同时，要积极研究针对新能源汽车落实免除车牌拍卖、摇号、限行等限制措施，并出台停车费、电价、道路通行费等扶持政策，广泛调动政府、企事业单位和个人购买、使用节能与新能源汽车的积极性。

（五）大力推进基础设施建设。制定充电基础设施建设规划，为个人新能源汽车用户在其住宅小区停车位或工作场所停车位配套建设充电桩，该类充电桩与新能源车辆的配比不得低于1：1；对购买新能源汽车的用户提供充电设施建设的服务；此外，在政府机关和商场、医院等公共设施及社会公共停车场，适当设置专用停车位并配套充电桩；同时，城市要调配资源建设少而精且覆盖示范运行区域的快速充电网络。

（六）严格执行国家和行业标准。汽车企业、关键零部件企业、充电基础设施企业要严格执行充电接口、通信协议等相关国家和行业标准，并按照国家和行业最新颁布标准及时调整。

（七）建立公平竞争的市场秩序。2011年年底前各试点城市要主动清理已有的相关地方性政策法规，涉及外地产品在招投标、享受地方优惠政策等环节的歧视性政策要予以废止。试点城市要公开发布示范运行产品需求信息，采用招标方式，促进生产企业发挥技术、质量、价格、服务优势，有序参与市场竞争。要支持建立行业协会、各类企事业和社会中介服务等多方面力量组成的新能源汽车推广联盟开展工作。

（八）加强示范运行的监控和评价。对示范运行车辆、动力电池和配套基础设施日常运行状态进行监控，采集、统计和分析运行数据，规范数据档案管理，定期进行技术状态和运行效果评估。

（九）加强中央财政补助资金的使用管理，做好中央财政预拨付资金申请及年度清算工作。各试点城市要及时对车辆生产企业或用户兑付补助资金，不得延误。积极落实地方财政相关配套资金，优化资金投向，重点支持充电设施和使用等环境建设。

（十）按时上报四部委试点工作进展情况。在月末结束5日内上报上个月示范运行相关数据；在季度结束5日内上报试点工作进展及问题建议；年度结束15日内上报年度试点工作总结。

二、对示范产品生产企业的要求

整车和关键零部件企业要抓住试点有利时机，加快产品研发和技术改进，增强上下游配套能力，完善售后服务，努力提高产品水平和市场份额，尽快降低生产成本，加快产业化和市场化。

（一）整车企业要按照《新能源汽车生产企业及产品准入管理规则》（工产业【2009】第44号公告）的要求，组织新能源汽车产品的申报和生产。示范推广的节能与新能源汽车必须纳入《节能与新能源汽车示范推广应用工程推荐车型目录》。

（二）整车及零部件和充电设施生产等相关企业，要向社会公开相关产品的性能参数和使用信息，如纯电动汽车和插电式混合动力汽车的一次充电续驶里程、混合动力汽车的节油率、动力电池的充电方式、时间、寿命等，以及上述产品的保修、保换条款，确保用户全面了解和正确使用相关产品。

（三）整车企业要保证上市销售产品技术参数、配置和性能指标等与主管部门批准发布的产品状态相一致。

（四）整车及零部件和充电设施生产等相关企业，要建立完善的售后服务保障体系，加强相关技术人员培训，合理布局服务网络，信守产品保修等售后服务承诺。

（五）整车或电池租赁企业要建立动力电池回收处理体系，落实动力电池回收责任，制定相关的回收服务承诺，建立相应的处理能力。

（六）整车及动力电池和充电设施生产等相关企业，要建立健全示范运行产品技术跟踪体系，建立产品运行数据库，掌握产品技术状态，及时做好技术改进工作。企业要加强产品标准的研究制定,要加强相关试验、研究能力建设。

三、试点工作的评估与考核

节能与新能源汽车示范推广已进入新阶段，切实规范和加强对试点工作的管理，提高示范的水平和质量，是今后试点组织工作的重中之重。

（一）加强对试点工作的监督和动态评估管理。定期对试点城市工作成效、年度计划执行、鼓励政策制定、基础设施建设、标准执行、市场开放、示范跟踪评价、科技创新以及财政资金使用管理等进行检查评估。年度末，对各试点城市工作进展情况进行年度考评总结。对未能通过年终考评的试点城市，或未按照有关要求开展工作的城市，取消其试点城市资格。

（二）加强对示范产品和企业的动态管理。严格执行新能源汽车企业及产品准入管理制度。对《节能与新能源汽车示范推广应用工程推荐车型目录》实行动态管理，对进入目录的产品，定期进行市场销售量核查，对一年内未销售的产品，取消该目录。要对目录产品在试点城市的实际运行状态进行抽样测试，凡产品配置、技术状态与目录严重不

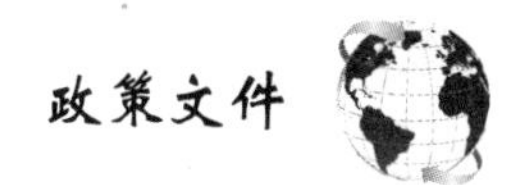

符的，取消该产品目录。对进入目录的企业，如清退目录产品达到50%以上的，取消该企业参与试点的资格。

（三）成立试点工作咨询督导专家组，负责对各试点城市示范推广工作进行咨询和检查督导。由科技部电动汽车重大项目管理办公室，协助四部委和咨询督导专家组开展日常工作。

（四）试点工作推进过程中，四部委将依据各自职能分工，进一步加强试点工作协调联动机制，细化和完善相关政策，加强对试点工作指导、督查和服务。加强试点城市经验交流，组织试点城市与企业间供需见面交流活动，积极推进自主创新产品示范推广。

附件：试点城市年度评估表（略）

财政部办公厅 科技部办公厅
工业和信息化部办公厅 发展改革委办公厅
二〇一一年十月十四日

关于印发《可再生能源发展基金征收使用管理暂行办法》的通知

财综[2011]115号

各省、自治区、直辖市财政厅（局）、发展改革委、能源局、物价局，财政部驻各省、自治区、直辖市财政监察专员办事处，国家电网公司、中国南方电网有限责任公司、内蒙古自治区电力有限责任公司：

为了促进可再生能源的开发利用，根据《中华人民共和国可再生能源法》有关规定，财政部会同国家发展改革委、国家能源局共同制定了《可再生能源发展基金征收使用管理暂行办法》，现印发给你们，请遵照执行。

附件：可再生能源发展基金征收使用管理暂行办法

财政部
国家发展改革委
国家能源局
二〇一一年十一月二十九日

附件：

可再生能源发展基金征收使用管理暂行办法

第一章　总则

第一条 为了促进可再生能源的开发利用，根据《中华人民共和国可再生能源法》的有关规定，制定本办法。

第二条 可再生能源发展基金的资金筹集、使用管理和监督检查等适用本办法。

第二章 资金筹集

第三条 可再生能源发展基金包括国家财政公共预算安排的专项资金（以下简称可再生能源发展专项资金）和依法向电力用户征收的可再生能源电价附加收入等。

第四条 可再生能源发展专项资金由中央财政从年度公共预算中予以安排（不含国务院投资主管部门安排的中央预算内基本建设专项资金）。

第五条 可再生能源电价附加在除西藏自治区以外的全国范围内，对各省、自治区、直辖市扣除农业生产用电（含农业排灌用电）后的销售电量征收。

第六条 各省、自治区、直辖市纳入可再生能源电价附加征收范围的销售电量包括：

（一）省级电网企业（含各级子公司）销售给电力用户的电量；

（二）省级电网企业扣除合理线损后的趸售电量（即实际销售给转供单位的电量，不含趸售给各级子公司的电量）；

（三）省级电网企业对境外销售电量；

（四）企业自备电厂自发自用电量；

（五）地方独立电网（含地方供电企业，下同）销售电量（不含省级电网企业销售给地方独立电网的电量）；直接交易的电量。

省（自治区、直辖市）际间交易电量，计入受电省份的销售电量征收可再生能源电价附加。

第七条 可再生能源电价附加征收标准为8厘/千瓦时。根据可再生能源开发利用中长期总量目标和开发利用规划，以及可再生能源电价附加收支情况，征收标准可以适时调整。

第八条 可再生能源电价附加由财政部驻各省、自治区、直辖市财政监察专员办事处（以下简称专员办）按月向电网企业征收，实行直接缴库，收入全额上缴中央国库。

电力用户应缴纳的可再生能源电价附加，按照下列方式由电网企业代征：

（一）大用户与发电企业直接交易电量的可再生能源电价附加，由代为输送电量的电网企业代征；

（二）地方独立电网销售电量的可再生能源电价附加，由地方电网企业在向电力用户收取电费时一并代征；

（三）企业自备电厂自发自用电量应缴纳的可再生能源电价附加，由所在地电网企业代征；

（四）其他社会销售电量的可再生能源电价附加，由省级电网企业在向电力用户收取电费时一并代征。

第九条 可再生能源电价附加收入填列政府收支分类科目第103类01款68项“可再生能源电价附加收入”。

第十条 省级电网企业和地方独立电网企业，应于每月10日前向驻当地专员办申报上月实际销售电量（含自备电厂自发自用电量，下同）和应缴纳的可再生能源电价附加。专员办应于每月12日前完成对企业申报的审核，确定可再生能源电价附加征收额，并向申报企业开具《非税收入一般缴款书》。省级电网企业和地方独立电网企业，应于每月15日前，按照专员办开具《非税收入一般缴款书》所规定的缴款额，足额上缴可再生能源电价附加。

第十一条 专员办根据省级电网企业和地方独立电网企业全年实际销售电量，在次年3月底前完成对相关企业全年应缴可再生能源电价附加的汇算清缴工作。

专员办开展汇算清缴工作时，应对电力用户欠缴电费、电网企业核销坏账损失的电量情况进行审核，经确认后不计入相关企业全年实际销售电量。

第十二条 中央财政按照可再生能源附加实际代征额的2‰付给相关电网企业代征手续费，代征手续费从可再生能源发展基金支出预算中安排，具体支付方式按照财政部的有关规定执行。代征电网企业不得从代征收入中直接提留代征手续费。

第十三条 对可再生能源电价附加征收增值税而减少的收入，由财政预算安排相应资金予以弥补，并计入“可再生能源电价附加收入”科目核算。

第三章 资金使用

第十四条 可再生能源发展基金用于支持可再生能源发电和开发利用活动：

（一）可再生能源发展专项资金主要用于支持以下可再生能源开发利用活动：

1.可再生能源开发利用的科学技术研究、标准制定和示范工程；

2.农村、牧区生活用能的可再生能源利用项目；

3.偏远地区和海岛可再生能源独立电力系统建设；

4.可再生能源的资源勘查、评价和相关信息系统建设；

5.促进可再生能源开发利用设备的本地化生产；

6.《中华人民共和国可再生能源法》规定的其他相关事项。

（二）可再生能源电价附加收入用于以下补助：

1、电网企业按照国务院价格主管部门确定的上网电价，或者根据《中华人民共和国可再生能源法》有关规定通过招标等竞争性方式确定的上网电价，收购可再生能源电量所发生的费用，高于按照常规能源发电平均上网电价计算所发生费用之间的差额；

2、执行当地分类销售电价，且由国家投资或者补贴建设的公共可再生能源独立电力系统，其合理的运行和管理费用超出销售电价的部分；

3.电网企业为收购可再生能源电量而支付的合理的接网费用以及其他合理的相关费用，不能通过销售电价回收的部分。

第十五条 相关企业申请可再生能源发展专项资金补助的具体办法，按照《财政部关于印发〈可再生能源发展专项资金管理暂行办法〉的通知》（财建[2006]237号）等有关文件的规定执行。

可再生能源发展专项资金用于固定资产投资的，还应按照中央政府投资管理的有关规定执行。

第十六条 电网企业应按照《可再生能源法》相关规定，全额收购其电网覆盖范围内符合并网技术标准的可再生能源并网发电项目的上网电量。

第十七条 可再生能源电价附加补助资金的申报、审核、拨付等具体办法，由财政部会同国家发展改革委、国家能源局另行制定。

第十八条 可再生能源发展专项资金支出填列政府收支分类科目中第211类12款01项“可再生能源”；可再生能源电价附加支出填列政府收支分类科目中第211类15款01项“可再生能源电价附加收入安排的支出”（新增）。

第四章 监督检查

第十九条 财政、价格、能源、审计部门按照职责分工，对可再生能源电价附加的征收、拨付、使用和管理情况进行监督检查。

第二十条 省级电网企业和地方独立电网企业，应及时足额上缴可再生能源电价附加，不得拖延缴纳。

第二十一条 未经批准，多征、减征、缓征、停征或截留、挤占、挪用可再生能源电价附加收入的单位及责任人，由财政、价格、能源、审计等相关部门依照《中华人民共和国价格法》、《财政违法行为处罚处分条例》、《价格违法行为行政处罚规定》等法律法规追究法律责任。

第五章 附则

第二十二条 本办法由财政部会同国家发展改革委、国家能源局解释。

第二十三条 本办法自2012年1月1日起施行。

关于促进战略性新兴产业国际化发展的指导意见（节录）

商产发[2011]310号

加快培育和发展战略性新兴产业是党中央、国务院面向未来，为推动我国经济发展方式转变和产业结构升级作出的重大战略决策，国际化是培育和发展战略性新兴产业的必然选择。根据《国务院关于加快培育和发展战略性新兴产业的决定》（国发〔2010〕32号），现就促进战略性新兴产业国际化发展提出如下指导意见：

（四）国际化推进重点。

1、节能环保产业

培育节能环保产业国际化基地，鼓励节能环保产品开拓国际市场，提高出口产品附加值，推动出口产品由以单机出口为主向以成套供货为主转变；建立进口再生资源监管区，鼓励有条件的再生资源回收利用企业实施“走出去”战略，开展对外工程承包和劳务输出，促进国际大循环；鼓励符合条件的企业到境外为我国投资项目和技术援助项目提供配套的环境技术服务；加强节能环保领域国际合作，推动国际环境合作项目国内配套资金的落实，加强国际环境技术转让，加大对我国参与环境服务贸易领域国际谈判的支持力度。

2、新能源产业

鼓励新能源产业关键技术的研发及引进消化吸收再创新，提升核心技术竞争力和新能源开发能力；加强太阳能产业的国际合作与交流，支持新型太阳能热利用项目和产品开拓国际市场，优化出口产品结构，鼓励企业海外承建电厂工程；鼓励有生物质能研发优势的境外企业和机构以技术投资参股，促进国内商业模式创新。

7、新能源汽车产业

推动传统汽车制造企业向新能源汽车领域发展，培育本土龙头企业和新能源汽车跨国公司；鼓励境外申请专利；鼓励参与国际标准制定，逐步与国际标准接轨；建立产业联盟和行业中介组织，规范市场秩序；鼓励新能源汽车零部件企业“走出去”，在海外投资建厂。

四、创新利用外资方式，促进对外投资发展

“引进来”与“走出去”相结合，切实提高国际投融资合作的质量和水平，促进战略性新兴产业在国际分工新格局中占据有利地位。

（二十）鼓励建立海外生产体系。鼓励新能源、航空航天、新能源汽车、高端装备制造等行业符合条件的企业在国外投资建厂。鼓励生物育种业在海外设立生产示范园区，加强海外推广。支持符合条件的环保企业加强国际合作。

（二十一）鼓励设立海外研发中心。鼓励符合条件的企业通过并购、合资、合作、参股等多种方式在海外设立研发中心，重点扶持风能、太阳能、新型平板显示和高性能集成电路、新能源汽车、生物育种等行业与国外研究机构、产业集群建立战略合作关系。

（二十二）鼓励建立海外营销网络体系。针对不同国际市场，支持符合条件的企业采取自建、与渠道商合作等方式建立境外营销中心、维修服务网点等海外营销体系。支持企业通过境外注册商标、境外收购等方式，培育国际化品牌。

商务部 国家发展改革委
科技部 工业和信息化部
财政部 环境保护部
海关总署 税务总局
质检总局 知识产权局
二〇一一年九月八日

国土资源部政策文件

关于贯彻落实全国矿产资源规划发展绿色矿业建设绿色矿山工作的指导意见

各省、自治区、直辖市国土资源厅（国土环境资源厅、国土资源局、国土资源和房屋管理局、规划和国土资源管理局），部机关各司局、各有关单位：

《全国矿产资源规划（2008～2015年）》提出了发展绿色矿业的明确要求，并确定了2020年基本建立绿色矿山格局的战略目标，为全面落实规划目标任务，现就发展绿色矿业、建设绿色矿山提出以下指导意见。

一、发展绿色矿业建设绿色矿山的重要意义

（一）是贯彻落实科学发展观，推动经济发展方式转变的必然选择。当前我国正处于工业化城镇化加快发展的关键阶段，资源需求刚性上升，资源环境压力日益增大。促进资源开发与经济社会全面协调可持续发展，必须将资源开发与保护放到经济社会发展的战略高度，按照国家转变经济发展方式的战略要求，通过开源节流、高效利用、创新体制机制，改变矿业发展方式，推动矿业经济发展向主要依靠提高资源利用效率带动转变。发展绿色矿业、建设绿色矿山，既是立足国内提高能源资源保障能力的现实选择，也是转变发展方式、建设“两型”社会的必然要求，对我国经济社会发展全局具有十分重要的现实意义和深远的战略意义。

（二）是加快转变矿业发展方式的现实途径。发展绿色矿业、建设绿色矿山，以资源合理利用、节能减排、保护生态环境和促进矿地和谐为主要目标，以开采方式科学化、资源利用高效化、企业管理规范化、生产工艺环保化、矿山环境生态化为基本要求，将绿色矿业理念贯穿于矿产资源开发利用全过程，推行循环经济发展模式，实现资源开发的经济效益、生态效益和社会效益协调统一，为转变单纯以消耗资源、破坏生态为代价的开发利用方式提供了现实途径。

（三）是落实企业责任加强行业自律，保证矿业健康发展的重要手段。发展绿色矿业、建设绿色矿山，关键在于充分调动矿山企业的积极性，加强行业自律，促进矿山企业依法办矿，规范管理，加强科技创新，建设企业文化，使矿山企业将高效利用资源、保护环境、促进矿地和谐的外在要求转化为企业发展的内在动力，自觉承担起节约集约利用资源、节能减排、环境重建、土地复垦、带动地方经济社会发展的企业责任。建设绿色矿山，是矿山企业经营管理方式的一次变革，对于完善矿产资源管理共同责任机制，全面规范矿产资源开发秩序，加快构建保障和促进科学发展新机制具有重要意义。

二、推进绿色矿山建设的思路、原则与目标

（四）总体思路。深入贯彻落实科学发展观，按照国家转变经济增长方式的战略要求，将发展绿色矿业、建设绿色矿山作为保障矿业健康可持续发展的重要抓手，认真落实全国矿产资源规划提出的目标任务和部署要求，坚持规划统筹、政策配套，试点先行、整体推进，通过绿色矿山建设促进矿业发展方式的转变，努力构建规范矿产资源开发利用秩序的长效机制。

（五）基本原则。一是坚持政府引导。强化政策激励，积极引导，组织做好试点示范，建立健全绿色矿山建设标准体系，有序推进。二是落实企业责任。鼓励矿山企业树立科学发展理念、严格规范管理、推进科技创新、加强文化建设，落实节约资源、节能减排、保护环境、促进矿区和谐等社会责任。三是加强行业自律。充分发挥行业协会桥梁和纽带作用，密切联系矿山企业，加强宣传，扩大共识，加强行业自律。四是搞好政策配套。充分运用经济、行政等多种手段，制定有利于促进资源合理利用、环境保护等方面的政策措施，建立完善制度，推动绿色矿山建设。

（六）建设目标。力争1～3年完成一批示范试点矿山建设工作，建立完善的绿色矿山标准体系和管理制度，研究形成配套绿色矿山建设的激励政策。到2020年，全国绿色矿山格局基本形成，大中型矿山基本达到绿色矿山标准，小型矿山企业按照绿色矿山条件严格规范管理。资源集约节约利用水平显著提高，矿山环境得到有效保护，矿区土地复垦水平全面提升，矿山企业与地方和谐发展。

三、统筹规划绿色矿山建设工作

（七）认真落实矿产资源规划的目标任务和部署要求。各级国土资源管理部门要加大矿产资源规划实施力度，将各级规划提出的绿色矿山建设的目标任务和具体要求予以落实，结合规划确定的矿山结构布局优化调整、资源高效利用和矿山地质环境治理恢复等要求，切实统筹好新建和生产矿山、大中小型矿山，以及各行业绿色矿山建设，采取有效措施，有序推进绿色矿山建设工作。各地可结合实际情况，制定专项规划和具体措施，加快推进绿色矿山建设工作。

（八）指导矿山企业制定绿色矿山建设的发展规划。指导矿山企业按照绿色矿山建设要求和条件，结合自身发展目标和进程，因地制宜编制绿色矿山建设发展规划，从提高资源利用水平、节能减排、保护耕地和矿山地质环境、创建和谐社区等角度出发，明确具体工作任务、安排、进度和措施等，按照规划积极推进各项工作，实现绿色矿山建设目标。

四、开展国家级绿色矿山建设试点示范

（九）试点工作坚持政府指导支持、协会支撑、矿山主体的原则。以大中型矿山企业为主体，兼顾不同地区、不同行业及小型矿山企业，按照矿山企业自愿、协会推荐组织、试点矿山制定规划和开展建设，通过评估考核、达标公布的步骤进行，探索绿色矿山建设的有效途径。

（十）中国矿业联合会要切实做好组织和有关业务支撑工作。加快研究完善绿色矿山建设具体标准和办法，会同有关行业协会组织做好国家级试点矿山的推荐和评估工作，加强政府和企业之间的沟通配合，积极搭建绿色矿山建设交流与合作平台，为试点矿山提供经验交流和技术咨询等服务，切实承担起全面推进绿色矿山建设的业务支撑工作。

（十一）各级国土资源管理部门要做好绿色矿山建设试点示范的指导工作。各级国土资源部门要切实发挥职能作用，结合地方实际情况和矿业发展特点，通过加强对绿色矿山建设工作的指导，落实鼓励和支持政策，引导企业按照绿色矿山发展模式建设和经营矿山，协调解决试点过程中遇到的问题，通过不断完善管理制度和加强监督，促进试点矿山达到建设要求，努力使企业的发展和地方经济发展协调一致。

（十二）试点矿山要按照规划积极开展建设工作。具备条件的矿山，要按照绿色矿山建设的基本要求编制建设规划，明确建设目标、具体内容和发展模式，有效推进绿色矿山建设各项工作，力争尽快达到绿色矿山条件和标准，主动地为保护资源、保护环境、促进地方经济发展和维护群众利益做出贡献。

五、稳步推进全国绿色矿山建设

（十三）加强试点经验总结和推广。全面总结推广不同类型绿色矿山建设的经验与模式，逐步完善分地域、分规模、分类型的绿色矿山建设标准和相关管理办法，研究探索有利于资源合理利用、节能减排、环境保护的政策措施和管理制度，为全面推进绿色矿山建设奠定基础。通过试点示范企业树立先进样板，发挥试点示范作用，带动更多矿山企业开展绿色矿山建设活动，积极履行绿色矿山建设的各项责任和义务，促进绿色矿业的全面发展。

（十四）依据绿色矿山建设标准和条件严格矿山准入管理。各级国土资源管理部门要把发展绿色矿业、建设绿色矿山的要求贯彻于矿产资源管理的始终，用绿色矿山建设标准规范矿产资源勘查、开发利用与保护的各项活动，加强对新建矿山开发利用、环境保护、土地复垦等方案的审查，严禁采用国家限制和淘汰的采选技术、工艺和设备，确保新建矿山实现合理开发、资源节约、环境保护、安全生产和社区和谐。全面落实矿产资源规划确定的最低开采规模制度和准入条件，优化资源勘查开发布局和矿业结构，逐步构建集约、高效、协调的矿山开发格局。

（十五）加强对生产矿山监督管理。用绿色矿山建设标准规范矿产资源勘查、开发利用与保护的各项活动，督促矿山企业自觉按照绿色矿山建设标准不断改进开发利用方式，提高开发利用水平，促进节能减排，落实企业社会责任，实现合理开发、节约资源、保护环境、安全生产和社区和谐，为绿色矿山建设工作营造良好环境。

六、营造良好的政策环境

（十六）加大财政专项资金的支持力度。加大危机矿山接替资源勘查、矿山地质环境恢复治理、矿产资源节约与综合利用等财政专项资金向绿色矿山企业的倾斜和支持力度，鼓励和支持矿山企业开展做好资源合理利用、环境保护等相关工作，不断提高发展水平。

（十七）研究制定有利于绿色矿山建设的资源配置制度。在资源配置和矿业用地等方面向达到绿色矿山条件的企业实行政策倾斜，依法优先配置资源和提供用地，鼓励企业做大做强，积极为繁荣地方经济做出贡献，建设和谐矿区。

（十八）逐步完善税费等经济政策。全面落实资源综合利用、矿山环境保护、节能减排等已有相关优惠政策，通过资源税费改革和税费减免，形成矿山企业资源消耗的自我约束机制。积极协调相关部门，建立和完善资源综合利用等税费减免制度，逐步形成与法律制度相衔接，向绿色矿山企业倾斜的经济政策体系。

（十九）加强技术政策引导。鼓励矿山企业加大科技投入和技术攻关，研究制定矿产资源节约与综合利用鼓励、限制、淘汰技术目录，通过技术改造采用先进技术、工艺和装备，逐步淘汰落后产能，提高资源开发利用、节能减排和环境保护的水平，满足绿色矿山建设的要求。

七、加强组织协调

（二十）各级国土资源管理部门要切实加强组织领导和监督检查。高度重视绿色矿山建设工作，作为一项重要任务纳入工作计划进行部署，加强领导，落实责任，精心部署，完善制度，抓好落实，认真做好绿色矿山建设工作的指导、协调和监督检查，加强对绿色矿山建设工作的总结、宣传和推广，有序推进绿色矿山建设工作。

（二十一）中国矿业联合会要全面推进行业自律。通过积极推进矿业领域循环经济发展和资源节约与综合利用，积极倡导和鼓励企业发展绿色矿业，提高依法办矿的意识，促使企业履行社会责任和规范化管理，不断加强行业自律和和社会监督。

（二十二）矿山企业要认真履行社会责任全面开展绿色矿山建设。矿山企业是绿色矿山建设主体，要积极加入并自觉遵守《绿色矿业公约》，按照绿色矿山建设的有关条件和循环经济的发展模式，不断加强规范管理，切实履行社会责任，加大投入，改进生产工艺、优化生产布局，加强环境保护，促进资源开发、环境保护与矿区和谐的协调发展。

附件：国家级绿色矿山基本条件（略）

二〇一〇年八月十三日

国家林业局政策文件

林业应对气候变化“十二五”行动要点

国家林业局

（二〇一一年十二月三十一日）

气候变化是全球面临的重大危机和严峻挑战，事关人类生存和经济社会全面协调可持续发展，已成为世界各国共同关注的热点和焦点。林业是减缓和适应气候变化的有效途径和重要手段，在应对气候变化中的特殊地位得到了国际社会的充分肯定。以坎昆气候大会通过的关于“减少毁林和森林退化以及加强造林和森林管理”（REDD+）和“土地利用、土地利用变化和林业”（LULUCF）两个林业议题决定为契机，紧紧围绕《中华人民共和国国民经济和社会发展第十二个五年规划纲要》和《“十二五”控制温室气体排放工作方案》赋予林业的重大使命，采取更加积极有效措施，加强林业应对气候变化工作，对于建设现代林业、推动低碳发展、缓解减排压力、促进绿色增长、拓展发展空间具有重要意义。为进一步推进“十二五”期间林业应对气候变化工作，特制定本行动要点。

一、指导思想

坚持以科学发展为主题，以发展现代林业为宗旨，以实现林业“双增”目标为核心任务，以落实《应对气候变化林业行动计划》为总要求，全面实施《林业发展“十二五”规划》，继续推进造林绿化，扩大森林面积，着力加强森林经营，提高森林质量，努力防控森林灾害，切实强化森林、湿地、荒漠生态系统和生物多样性保护，不断增加林业碳储量，提高林业减缓和适应气候变化能力，为促进经济社会可持续发展做出积极贡献。

二、基本原则

（一）坚持林业应对气候变化和国家自主控制温室气体排放行动目标相结合。

（二）坚持林业减缓和适应气候变化相结合。

（三）坚持扩大森林面积、增加碳储量和提高森林质量、增强碳汇能力相结合。

（四）坚持增加森林碳吸收和控制森林碳排放相结合。

（五）坚持政府主导和社会参与相结合。

三、主要目标

根据应对气候变化国家战略总体要求，结合林业发展“十二五”规划，紧紧围绕实现林业“双增”奋斗目标，“十二五”期间，全国完成造林任务3000万公顷、森林抚育经营任务3500万公顷，到2015年森林覆盖率达21.66%，森林蓄积量达143亿立方米以上，森林植被总碳储量达到84亿吨。新增沙化土地治理面积1000万公顷以上。湿地面积达到4248万公顷，自然湿地保护率达到55%以上。林业自然保护区面积占国土面积比例稳定在13%左右，90%以上国家重点保护野生动物和80%以上极小种群野生植物种类得到有效保护。森林火灾受害率稳定控制在1‰以下。林业有害生物成灾率控制在4.5‰以下。初步建成全国林业碳汇计量监测体系。

四、重点领域和主要行动

（一）减缓领域

1.加快推进造林绿化。实施《全国造林绿化规划纲要（2011-2020年）》，继续推进林业重点工程建设，加大荒山造林力度，大力开展全民义务植树，统筹城乡绿化，推动身边增绿，加快构建十大生态安全屏障。大力培育特色经济林、竹林、速生丰产用材林、珍贵树种用材林等，加快木材及其他原料林基地建设。努力扩大森林面积，增加森林碳储量。

2.全面开展森林抚育经营。建立健全森林抚育经营调查规划、设计施工、技术标准、检查验收、成效评价管理体系，研究建立森林抚育经营管理新机制。完善森林抚育补贴制度，逐步扩大补贴规模，增加建设内容。积极推进低产林改造，提高森林质量，增强森林碳汇能力。

3.加强森林资源管理。实施《全国林地保护利用规划纲要（2010-2020年）》，分级编制省、县林地保护利用规划纲要。完善林地保护利用制度和政策，修订《林木和林地权属登记管理办法》、《占用征收征用林地审核审批管理办法》。严格执行“十二五”森林采伐限额制度。规范木材运输和经营加工管理，严厉打击木材非法采伐及相关贸易等违法犯罪行为。

4.强化森林灾害防控。全面落实《全国森林防火中长期发展规划（2009-2015年）》，强化森林火灾预防、扑救、保障体系建设。落实《森林防火条例》，加强法制建设，推进依法治火。落实《全国林业有害生物防治建设规划（2011-2020年）》，加强林业有害生物检疫御灾、监测预警、应急防控、服务保障体系建设，加强松材线虫病、美国白蛾等重大林业有害生物灾害治理。大力推进实施以生物防治为主的林业有害生物无公害防治措施。依法开展林业执法专项整治行动，遏制毁林行为，加强森林火灾病虫害防控，减少森林碳排放。

5.培育新兴林业产业。落实《林业产业政策要点》，加快林业产业结构调整，积极推进木材工业“节能、降耗、减排”和木材资源高效循环利用，开发木材防腐、改性等技术，延长木材使用寿命，增加木材及林产品储碳能力。编制实施《林业生物质能源发展规划》，加快能源林示范基地建设，推进林业剩余物能源化利用，开发林业生物质能高效转化技术，培育林油、林热、林电一体化产业，优化能源结构，提高林业生物质能源占可再生能源比例，实现对化石能源的部分替代。

（二）适应领域

6.科学培育健康优质森林。加强主要造林树种种质资源调查和保护，加大林木良种选育和应用力度，加强林木良种基地建设和良种苗木培育，提高人工林良种使用率。坚持适地适树原则，合理选择造林树种，增加乡土树种造林比例，科学配置林种，优化造林模式，提高造林质量，构建适应性好、抗逆性强的人工林生态系统。调整、优化森林结构，改善森林健康状况，增强森林抵御气候灾害能力。加强防护林体系建设，提高海岸堤带、沙化地区和农田生态系统适应气候变化能力。

7.加强自然保护区建设和生物多样性保护。优化森林、湿地、荒漠生态系统自然保护区布局，加强重点地区自然保护区、自然保护小区和保护点建设。加强野生动物、野生植物类型自然保护区建设，加大重点物种保护力度，加强生物多样性保护，提高野生动物疫源疫病监测预警能力。加大生态区位重要、生态状况脆弱地区植被保护力度，增强森林生态系统适应气候变化能力。

8.大力保护湿地生态系统。建立和完善湿地保护管理体系，加强泥炭湿地自然保护区建设，加快湿地公园发展。推进国家湿地立法工作，开展湿地可持续利用示范，加强湿地保护管理，维护湿地生态系统碳平衡，增强湿地储碳能力。

9.强化荒漠和沙化土地治理。继续实施京津风沙源治理工程，加强林草植被保护，巩固工程建设成果。加大岩溶地区石漠化综合治理力度，有效控制石漠化扩展趋势。在西北干旱区和部分半干旱区规划建设国家级沙化土地封禁保护区，增强荒漠生态系统适应气候变化能力。

（三）能力建设

10.加强机构和法制建设。建立健全林业应对气候变化协调工作机制，充分发挥我局作为国家应对气候变化工作领导小组协调联络办公室副主任单位的职能，加强与相关部门的协调、联络；充分发挥局气候办的组织、协调、联络、督办职责作用，统筹推进林业应对气候变化工作。加快推进《森林法》修改，积极配合有关部门推进国家应对气候变化立法进程，确立林业在应对气候变化中的特殊地位和重要作用，将林业应对气候变化管理工作纳入法制化轨道。

11.建立碳汇计量监测体系。加快推进全国林业碳汇计量监测体系建设，开展区域林业碳汇计量监测试点。组建各区域林业碳汇计量监测中心，加强技术培训，建立健全碳汇计量监测机构、队伍和管理体系。加快建立林业碳汇计量监测技术标准体系，结合碳汇造林和森林经营试点，同步推进碳汇计量监测工作。开展木质林产品碳储存、林业生物质能源替代化石能源的碳计量技术研究。开展湿地碳汇计量监测指标体系研究。启动湿地生态系统固碳能力调查评估试点。

12.探索开展试点示范。继续开展国内碳汇造林试点，积极推进清洁发展机制（简称CDM）碳汇造林活动。探索开展林业低碳经济综合试点。结合国家控制温室气体排放和碳排放权交易试点，开展林业碳汇试点示范。开展林业碳汇产权、碳汇交易等相关政策研究和试点。

13.开展相关科学研究。积极开展既与国际接轨又符合我国林情的林业碳汇计量监测基础课题研究。重点研究森林碳汇的增汇、计量、监测以及森林对气候变化的适应等关键技术，评估林业固碳及生物质利用储碳能力，构建碳汇林业建设与管理技术体系。跟踪国际气候变化林业议题谈判，针对利用“参考水平”核算森林管理活动碳源/汇、湿地管理活动和木质林产品碳源/汇核算、森林火灾和病虫害导致的碳排放核算等焦点问题，开展前瞻性研究，支撑林业议题谈判。

14.积极推进国际合作。积极开展《联合国气候变化框架公约》和《京都议定书》涉林议题对案研究、谈判及履约工作，主动参与相关国际规则制定，推进双边和多边林业应对气候变化务实合作。切实加强气候谈判队伍建设，建立稳定的谈判梯队，强化谈判力量。进一步加强与联合国相关机构和相关国际组织联系，推进林业应对气候变化国际合作。进一步发挥亚太森林恢复与可持续管理网络的作用，加强亚太地区的林业交流合作。

15.加强宣传引导。积极配合有关部门做好中国林业对外宣传工作，广泛深入宣传中国林业在应对全球气候变化中的特殊地位和重要贡献，增强我国林业国际影响力和话语权。积极推广应用现代信息技术，减少办公纸张物质资源和能源消耗，建设节能机关。倡导低碳生活和低碳消费，鼓励公众积极参加造林增汇，消除碳足迹。引导公众关注气候变化，增强保护气候意识。

关于印发能源林及小桐子原料林可持续培育指南的通知

林造发[2011]33号

各省、自治区、直辖市林业厅（局），内蒙古、吉林、龙江、大兴安岭森工（林业）集团公司，新疆生产建设兵团林业局：

林业生物质能源是可再生能源的重要组成部分。实现能源林的可持续培育是确保林业生物质能源产业健康发展的基础。为加强对能源林建设工作的指导，实施科学培育，实现能源林的可持续健康发展，我司组织编制了《能源林可持续培育指南》（见附件1），并在《能源林可持续培育指南》框架下，制定了重要能源林树种——小桐子的可持续培育指南（见附件2）。现印发你们，请认真参照执行，执行中有什么问题及建议，请及时反馈我局造林绿化司。

今后，我局还将根据各有关能源林树种培育技术成熟情况，陆续编写培育技术指南，以促进能源林栽培技术水平的不断提高。

附件：一、能源林可持续培育指南
　　　二、小桐子原料林可持续培育指南（略）

二〇一一年二月十七日

附件一：

能源林可持续培育指南

第一章 总则

第一条 为指导和规范能源林培育和开发利用，实现既保障林业生物质能源原料产品品质及可持续供应，又兼顾生态环境和社会环境建设，确保林业生物质能源产业持续健康发展，特制定本指南。

第二条 能源林是指以生产固体、液体、气体燃料等生物能源为主要目的的林分。包括油料能源林、木质能源林和淀粉能源林。

可持续培育是指通过采取科学、合理的培育方式，使能源林的现在和将来都具备生物多样性、林地生产力及活力，实现生态、经济和社会效益共赢。

第三条 本指南适用于指导和规范各级林业主管部门开展能源林培育活动的全过程，也适用于评估各类能源林培育、开发活动。企业、林场、个体农户等造林实体在开展能源林培育活动中也应参照执行。

第四条 开展能源林培育应遵循的基本原则：

1、遵循与本地区社会经济、林业发展规划相协调的原则。能源林培育活动应密切结合本地区实际，符合本地区社会经济、林业等相关发展规划要求，保障土地所有者及劳动者的各项权益，实现互利互惠，促进当地经济和社

区发展的目标。

2、遵循合理利用土地原则。能源林培育所使用的土地应符合当地土地利用规划，充分利用荒山（沙）荒地及边际性土地，做到“不与人争粮、不与粮争地”。

3、遵循规模化培育原则。能源林培育应相对集中连片，达到一定的规模，便于集约经营和实现机械化作业，实现促进形成培育、收获、加工利用产业链的要求。

4、遵循生态先行原则。开展能源林培育活动，应充分利用现有林业资源，重视节约使用水资源和节省耗能，重视保护生物多样性，重视发挥森林的生态效益。应避免在生物多样性丰富地区连片开展人工造林。

5、遵循坚持科技创新原则。加快现有技术成果的应用，加强技术培训。通过科技力量优化整合，强化科技研发和技术瓶颈攻关，提高林业自主创新、科技成果转化的能力。

6、遵循行政管理和市场调节相结合原则。各级林业主管部门应加强指导，结合本地实际情况，因地制宜发展能源林，积极协调和解决能源林培育过程中出现的问题和困难，支持、鼓励企业、社团等社会各界力量的积极参与，发挥市场调节作用，推进能源林建设。

第二章 规划设计

第五条 省级林业主管部门应结合本地区实际，在对本地区现有林业能源资源、基本情况开展调查摸底的基础上，编制能源林发展规划。规划应包括目标、建设布局、建设内容、重点工程及保障措施等主要内容。

第六条 任何单位（企业、林业局、林场及个体等）在区域内开展能源林培育活动，均应遵循本地区的能源林发展规划，根据规划编制能源林培育实施方案，报省级林业主管部门备案。能源林培育实施方案应包括以下内容：自然概况、社会经济状况、能源林培育目标、总体布局、营林措施、基础设施建设、环境影响评价及环境保护措施、能源林综合利用措施、效益分析、经济可行性分析和风险评估等。

第七条 在开展能源林培育活动前，应根据能源林培育实施方案制定作业设计，严格按作业设计开展整地、造林、经营管理和采收等活动。

第三章 种苗生产

第八条 各级林业部门和造林单位应突出做好优良品种的引进、试验及良种选育工作，针对不同能源树种及不同地区的气候条件、立地条件等不断开展良种优选，积极推广产量高、抗逆性、适应性强的优良品种。拟从省（区、市）外调入生产性穗条和苗木的，应在引种试验或专家论证的基础上，由省级种苗管理部门统一组织调入。

第九条 为保证种苗的纯度和丰产优质性能，鼓励优先选用本地的优良种源和良种基地生产的种子，种子的质量要达到GB7908标准或相应地方标准规定的合格种子的标准；苗木应品种优良、根系发达、生长发育良好、植株健壮，裸根苗达到GB6000规定的I、II级苗木标准，容器苗应严格执行LY1000的有关规定。

第十条 能源林种苗生产应严格实行生产经营许可证制度，即由获得省级林业主管部门核发良种生产经营许可证的单位进行定点采穗，定点育苗，定单生产，定向供应，保障品种清楚，种源清楚，确保能源林的优质高产。在种苗生产过程中，应严格执行森林植物检疫制度、种苗质量检验制度，并接受有关部门监督。

第十一条 应建立健全能源林种苗档案，做到每一批穗条和苗木来源清楚、品种清楚，繁殖及栽植地点清楚，生产过程清楚，能源林产量清楚，实现有据可查，有据可依。

第四章 选址与整地

第十二条 能源林造林地选择应根据能源林树种的生物生态学特性要求，充分考虑气候条件，海拔、坡向、坡位等地形条件和立地条件。在气候条件适宜的情况下，选择土层适宜、光照充足、坡度比较平缓(30度以下)等立地条件好，面积相对集中连片，交通方便的宜林荒山荒（沙）地、采伐迹地、火烧迹地、疏林地、灌木林地、退耕地及边际性土地。

第十三条，造林前宜采用块状或带状形状开展林地清理，时间上可与整地同时进行。块状清理以种植穴为中心清除四周的灌丛和杂草；带状清理是沿等高线清除带内的灌木和杂草，灌木和杂草要尽可能的堆放在穴、带边缘。穴与穴、带与带之间及山脚和山顶均应注意保留一定宽度的原生植被带。

第十四条 整地应在造林前一个月进行。整地时，宜施底肥，表土回填，并根据造林地土壤肥力状况和酸碱性确定施肥量，合理搭配肥料种类。应多使用有机肥等长效肥料，鼓励采用测土配方施肥，补充林木所需微量元素。

第十五条 为避免引起水土流失，应根据造林地的具体情况采取不同的整地方式。主要包括穴状整地和带状整地。25度以上的应采用穴状整地，25度以下的可采用穴状整地或带状整地。带状整地要沿等高线进行，带长根据地形确定，带宽依据造林株行距设定，带面应建成外高内低形状，逐步形成标准的坡改梯。

第十六条 为实现能源林生长快、产量高、品种优及便于收获季节的采摘、收获及运输等，应配套加强道路、作业道、灌溉设施等基础设施建设，确保原料的可持续供应。

第五章 造林

第十七条 能源林造林一般采用植苗造林。

第十八条 能源林造林应依据立地条件、目标等因素，因地制宜地选择合理的造林密度。其中利用果实的油料能源林、淀粉能源林提倡修枝整形、矮化栽植，实现丰产丰收；木质能源林造林密度应以实现生物量最大化为宜。

第十九条 栽植前对苗木根部进行适当修理，并采用浸水、蘸泥浆或浸蘸ABT生根粉等方式方法，干旱地区宜采用保水剂。栽植时必须做到栽正、舒根、栽紧、不吊空、不窝根等，栽植后须及时浇水覆土。

第二十条 为提高林地的生产力，在开展能源林培育同时，提倡实行间作。

第二十一条 能源林造林，分别不同地区，春季、秋季或雨季均可进行。

第六章 经营管理

第二十二条 造林后，前3年应加强幼树管理。适时进行松土除草（可与扶苗、除蔓等措施结合进行）。松土时应做到里浅外深，不伤害苗木根系，深度一般为5～10cm，干旱地区应深些。采用穴状整地的可结合松土除草实施逐年扩穴，增加营养面积。对穴外影响幼树生长的高密杂草，要及时割除，清除的杂草应铺于穴面并盖土。实行林农间作的地区，可结合间作作业进行幼树管理。造林后第一年冬季应对幼林采取覆土、盖草等防寒（旱）措施。有冻害的地区，第一年的幼林管理应以除草为主，减少松土次数。

第二十三条 能源林生长过程中，应适时施肥，根据土壤肥力状况、树种及植株生长需求等因素确定施肥量和施肥时间。提倡开展测土配方，使用专用肥。

第二十四条 对油料能源林、淀粉能源林应适时进行定干，采取修枝、整形等树体管理措施；对灌木木质能源林应适时进行平茬复壮。

第二十五条 对新造林地、未成林地要加强管护，除了有计划的割草和开展未成林地抚育外，避免人、畜随意进入，必要时可配套建设封禁设施。

第二十六条 森林病虫害防治应纳入能源林培育的全过程。建立健全监测预报体系，预防为主，实现早发现，早防治。在防治过程中，应重视保护森林生物多样性，重视保护和提高森林自身的抗病虫能力。

第二十七条 重视加强森林防火工作，制定护林防火公约，树立护林防火标牌，建立健全各项防火制度，强化防火意识。按照地形、地貌及林地面积，规范建设防火道等防火设施，消除火灾隐患。

第二十八条 应合理安排和确定能源林采收时间和采收方式，确保采收不影响林木生长，并最大限度地减少对土地、水及其他林木资源的干扰，实现可持续经营。

第七章 能源林基地

第二十九条 能源林基地是指具有一定规模，通过集约经营的方式为生物质能源的工业化利用提供稳定、可持续的原料，实现产量及经济效益的最大化的能源林。能源林基地应在造林树种的适生区选择立地条件较好、交通便利的宜林荒山荒（沙）地或边际性土地。

第三十条 能源林基地宜集中连片，满足规模经营、机械化作业的要求。在一个县域范围内，油料能源林和淀粉能源林基地应达到1万亩以上；木质能源林基地应达到3万亩以上。

第三十一条 能源林基地建设应采用高效高产的集约化经营模式，有相对配套的基础设施，全部使用良种，形成从育苗、整地、栽培、水肥管理、土壤管理、树形管理、到灾害管理的全部标准化生产过程。鼓励生产机械化。

第三十二条 鼓励企业、单位、社团、个人参与能源林基地建设；鼓励与林权所有者通过租赁、承包等多种形式开展合作，取得林权证或林地租赁承包合同等合法证明，形成规模化、标准化经营的能源林基地，实现互惠互利。

第八章 生态保护

第三十三条 在野生动物活动频繁或其他重要生态区位区开展能源林培育活动时，应根据具体情况划出高保护价值区域，重视保护野生动植物物种栖息地以及典型的森林生态系统类型。在保护区域周边留出一定的缓冲区。在高保护价值区域及缓冲区内，不应开展能源林培育活动。

第三十四条 在开展能源林建设过程中，应重视保护规划区域内现有林木和林木景观，根据造林地的实际情况，提倡开展片状混交，避免形成连片、大面积纯林，保护生物多样性，减少病虫害的发生和传播，防止破坏自然生态

系统情况的发生。

第三十五条 在开展能源林培育各项活动中，应重视采取多种措施，保护水资源，维护林地的自然特性，避免地力衰退。在溪河岸边，应建立足够宽的缓冲区，以保持水土。

第三十六条 能源林培育过程中，要重视加强检疫检测，建立健全监测预警体系，防止外来有害生物入侵。在开展病虫害防治过程中，应重视采取生物防治措施，保护环境，保护森林生物多样性。

第三十七条 应按照能源林培育主体，建立相应的监测制度和资源培育档案，按照监测制度，对能源林进行定期监测，内容应包括能源林培育状况及其对环境与社会的影响等内容。同时应对不同时期的监测结果进行比较和评估，以此为依据，及时修订能源林培育实施方案和作业设计。建立健全资源培育档案，为提高能源林培育水平奠定基础。

第九章 社区发展

第三十八条 能源林培育活动中，经营者应建立与当地社区的协商机制，积极与当地居民协商，明确双方的经济收益，保证通过培育活动及土地的合理开发利用，使当地居民获益，促进社区发展。协商应建立在透明、公开、参与的基础上，协商结果应通过签订协议或合同的方式保存下来，依法保障土地所有者及当地民的各项权益。

第三十九条 能源林经营者应重视了解与尊重当地的习俗，保障能源林培育活动所涉及区域内居民的土地、林木和其他资源所享有的法定权利不受到侵犯。尤其是在多民族聚居区，要保障能源林培育活动不对当地的文化、生态、经济造成不利影响。

第四十条 能源林经营者应鼓励居民参与能源林培育活动，尽可能为居民提供就业、培训及其他社会服务的机会，并保障劳动者合法权益。

林业生物能源原料基地检查验收办法

（国家林业局二〇一一年五月四日印发）

第一章 总 则

第一条 为加强林业生物能源原料基地管理，规范检查验收工作，促进林业生物能源原料基地建设质量不断提高，依据《财政部、国家发展改革委、农业部、国家税务总局、国家林业局关于发展生物能源和生物化工财税扶持政策的实施意见》(财建〔2006〕702号)、财政部《生物能源和生物化工原料基地补助资金管理暂行办法》(财建〔2007〕435号)、国家林业局《全国营造林实绩综合核查办法》及有关技术规程，特制定本办法。

第二条 林业生物能源原料基地检查验收实行建设单位自查、省级核查验收和国家抽查的方式开展。省级核查验收采取抽查检查方式。基地建成后，由国家林业局负责组织竣工验收。

第三条 建设单位自查由项目建设单位自行组织或委托具有相应资质的单位开展，自查成果作为申报项目依据;省级核查验收由省级林业主管部门组织专业技术人员进行抽查检查;国家林业局结合日常工作、营造林实绩核查等进行不定期抽查。

第四条 林业生物能源原料基地检查验收应遵循公共道德准则，实事求是，讲求诚信，坚决杜绝弄虚作假。

第二章 基地认定标准

第五条 林业生物能源原料基地是指为企业生产生物能源产品提供原料的林业基地。基地建设要充分开发利用宜林荒山荒地、沙荒地和边际性土地，确保不与粮争地，有利于生态保护，相对集中连片。

第六条 企业是林业生物能源原料基地主体。同时具备以下条件：1.基地面积不少于30万亩，并持有林权证、林地租赁承包合同等权属证明;2.有种苗繁育基地，不少于500亩;3.已根据本地林业发展规划编制林业生物能源原料基地建设实施方案，经省级林业主管部门审核通过并报财政部、国家林业局备案。

第七条 造林树种应具有结实早、果实含油率较高、结实量大、适应性强、利用周期长、生物柴油转化技术相对成熟等特点。根据此原则暂定小桐子、文冠果、黄连木、光皮树、油桐、乌桕、无患子等7个树种为林业生物能源原料树种。

第八条 造林密度标准

各树种定植后株数不少于下述规定标准：小桐子64株/亩、文冠果54株/亩、黄连木56株/亩、光皮树64株/亩、油桐64株/亩、乌桕64株/亩、无患子42株/亩，并应分布均匀。

第九条 造林合格标准

造林成活率≥95%为合格，94%～51%为待补植，≤50%为失败。

第十条 林业生物能源原料基地应采取人工植苗造林。经核准的现有低产林改培，并符合下述条件的，可以同样认定为造林面积：1. 立地条件较好，增产潜力较大；2. 通过实施补植、间伐、施肥、修枝整形、深翻扩穴、高接换优、病虫害防治等技术措施，能够有效提高单位面积产量和质量；3. 符合造林密度标准要求。

第三章 建设单位自查

第十一条 自查内容

自查应当在造林一年以后进行。建设单位对原料基地进行全面自查，自查内容包括：

(一)是否按照林业生物能源原料基地建设实施方案和作业设计完成年度造林任务。

(二)造林作业面积、造林成活率合格面积、待补植面积、失败面积等。

(三)整地方式及规格、树种选择及配置、栽植密度、株行距、种苗质量、栽植时间、施肥、病虫害防治等情况。

(四)造林地的抚育管护、档案建立等情况。

第十二条 自查方式

核实面积的自查应采用1∶5万地形图或GPS现地逐个小班调绘和实测、量算小班面积。小班均需留存实测的GPS控制点位的坐标或调绘的1∶5万地形图。

采用样行或样地(样园)调查法调查株数成活率。

样行或样地(样园)调查的面积比例：当小班(地块)面积在100亩以下时，样行或样地面积应占小班(地块)面积5%;100～450亩应占3%;450亩以上不少于2%。

样行或样地(样园)应根据小班苗木定植情况，均匀布设在有代表的地段。

样行调查样地设置为带状，带宽5米，机械布设，样行数按小班应调查的样地面积确定，每个小班不少于3行。

样园调查应选择具有代表性的调查点位，设置半径为3.26米的样园。样园调查个数要求：小班50亩以下的不少于3个，小班面积50亩至100亩的不少于5个，小班面积100～150亩的不少于6个，小班面积150亩以上的不少于7个。

在样行或样地(样园)内计数总的人工造林株数(包括死苗、缺苗)以及成活株数。

穴状整地造林中，当每穴造林株数或成活株数多于1株时，按1株计算。

省级核查验收前1个月内及核查工作开展后补植的苗木不计入成活株数。

自查后的结果应按统一格式填写造林小班(地块)卡片，分小班(地块)、行政村(林班)、乡镇(林场)逐级统计、汇总至县级单位;各项因子调查结果应当制表，一并录入计算机，建立数据库。小班(地块)面积应按比例标绘在1∶5万地形图上，并标注小班(地块)号，建立地理信息数据库。

第十三条 自查报告

自查结束后，建设单位应将自查情况及时上报省级林业主管部门，并申请省级核查验收。申请省级核查验收面积应为成活率合格面积。自查报告应包括以下内容：

(一)原料基地实施基本情况。包括造林完成情况、造林质量、实施单位管理情况等。

(二)自查工作概况。

(三)自查结果。明确造林作业面积、成活率合格面积、待补植面积、失败面积等。

(四)分析总结和评价原料基地建设过程中，建设的基本措施和经验，实施中存在的问题、对策及建议等。

(五)图表资料：《____年度林业生物能源原料基地造林小班(地块)一览表》(见附表1)和造林小班(地块)布局图。

(六)林业生物能源原料基地造林小班(地块)地理信息数据库。

第十四条 自查档案管理

将林业生物能源原料基地造林实施方案，项目造林作业设计及图表，年度资金使用报告及报表，项目自查验收报告，外业调查图、表(含面积量算记录)、小班调查卡、统计汇总表等有关资料按技术档案管理规定正卷归档。

第四章 省级核查验收

第十五条 核查验收内容

在建设单位自查上报数据的基础上进行省级核查验收。省级核查验收内容同自查。

第十六条 核查验收工作量

省级林业主管部门对建设单位的林业生物能源原料基地造林进行核查，核查面积不少于上报总面积的10%。

第十七条 核查验收样本抽取

(一)省级核查验收抽检县(市、区)数量原则上不少于2个，少于2个的全部检查。

(二)省级核查验收乡(镇)样本、小班的确定。

1.核查的乡(镇)、行政村、小班由外业检查人员到达抽检县后进行抽取。

2.各抽检县检查乡(镇)数量原则上不少于2个。

3.按抽检县各乡(镇)基地建设保存率合格面积，从小到大依次排列，形成一个闭合环，按照规定的起始号和间隔号(起始号和间隔号由省级林业主管部门事先确定)抽取核查乡(镇)，直至抽中乡(镇)的累计面积大于该县应核查面积的90%。如抽取的核查累计面积大于应当核查面积的，最后一个被抽取的核查乡(镇)应当调换到累计核查面积最接近应当核查面积的乡(镇)。如果没有累计核查面积在90%-120%的乡(镇)可以调换，将原抽中的最后一个乡(镇)的各行政村造林面积(不落实到村时以造林小班为单位)按照从大到小排序，按规定的起始号和间隔号，依次抽取行政村(小班)，使累计面积最接近该县应查面积。

4.如正常抽取未达到2个乡(镇)即因超过应查面积需要调换乡镇时，按照顺序抽足2个乡(镇)，按照这2个乡(镇)行政村造林成活率合格面积(造林面积不落实到村时以造林小班为单位)从小到大排序，形成一个闭合环，按规定的起始号和间隔号直接抽取行政村或小班，使累计面积最接近该县(市)应查面积，如抽中的全部为同一乡镇的行政村或小班时也不再补抽乡(镇)。

5.抽取乡(镇)、行政村或小班时，当重复抽取的轮次中再次抽到已抽中的乡(镇)、行政村或小班时，顺延抽取下一个单位。

6.乡(镇)或行政村合格面积相同时，依次按照乡(镇)或行政村第一字、第二字笔画由小到大排序;小班按照县(市)自查小班号顺序由小到大排序。

7.如按照上述方法不能正常抽取核查乡(镇)或行政村(小班)时，核查人员应当将抽检县建设单位自查情况，向核查验收工作组织单位报告，以确定核查样本。

8.乡(镇)、行政村或小班一旦确定，不得随意改动，如遇重大灾情或特殊情况需要改动时，应得到核查验收工作组织单位的批准。

9.受检的建设单位应当事先提供《年度林业生物能源原料基地造林小班(地块)一览表》，核查人员再按照起始号和间隔号抽取检查样本。如提供的材料与上报的自查材料不一致时，建设单位需加盖公章确认，然后核查人员再抽取检查样本。

第十八条 核查验收方式

(一)核查验收采取现地检查、听取汇报、查阅材料和座谈交流等多种形式相结合的方式。

(二)对抽中的行政村或小班全部进行现场检查。

(三)核查的行政村或小班原则上需勾绘到1：5万地形图上，利用GPS定位技术，现地核对行政村(小班)位置、形状和范围，重新求算行政村(小班)面积。当检查核实面积与上报面积相差在±5%范围内时，认可原上报面积，否则以核实面积为准。

行政村(小班)采用GPS控制点与地形图调绘相结合的方法求算面积。每个行政村(小班)均需留存GPS控制点位的坐标。

(四)采用样行或样地(样园)调查法调查成活率。

(五)填写《____年度林业生物能源原料基地造林小班(地块)核(抽)查一览表》(见附表2)和《____年度林业生物能源原料基地造林核(抽)查汇总表》(见附表3)。

第十九条 核查验收成果

(一)省级核查验收后，及时汇总核查结果，形成核查验收报告，并提交核查验收标准数据库文件，提交成果包括以下内容：

1.核查统计汇总表。

2.核查成果报告。

(二)省级核查成果报告除应当对核查结果做出说明外，还应当着重对核查结果进行深入分析，并反映核查中所发现的问题。报告内容包括：

1.核查工作开展情况、任务量、核查单位数、工作时间，参加人员等。

2.核查结果：用文字和表格分别表述受检单位林业生物能源原料基地造林完成情况、质量状况。

3.成绩与经验：建设单位林业生物能源原料基地建设中采取的主要措施，取得的主要成效和经验。

4.问题：对在核查中发现的上报面积与核查结果相差较大的情况，要进行说明和分析。突出、有代表性问题要落实到行政村(小班)。

5.建议：包括基地建设合作单位的意见建议和核查验收人员在核查验收中发现问题的改进意见建议等。

第二十条 核查验收档案管理

省级核查验收后，应当将核查验收报告，外业调查图、卡片，数据库、统计汇总表等有关资料按技术档案管理规定立卷归档，并抄送省级财政部门。

第五章 国家抽查及竣工验收

第二十一条 国家抽查在省级核查验收的基础上进行。抽查内容与自查相同。抽查面积不少于建设单位申请省级核查验收面积的3%。抽查时样本的抽取、抽查方式、抽查成果的报告及抽查档案管理均与省级核查验收相同。

第二十二条 基地建成后的竣工验收在历次省级核查验收的基础上进行，采取抽查检查的方式，内容与自查相同。抽查检查面积不少于建设单位“林业生物能源原料基地建设实施方案”中设计的基地建设面积的2%。抽查检查时样本抽取、抽查检查方式及档案管理均与省级核查验收相同，但不填写附表3。

第二十三条 抽查检查后，及时汇总抽查检查成果，提交《林业生物能源原料基地竣工验收汇总表》(见附表4)和基地验收标准数据库文件及竣工验收报告(内容与省级核查验收相同)，并抄送财政部。

第六章 计算方法与统计汇总

第二十四条 计算方法

造林成活率、面积核实率、面积核实合格率、造林作业设计率、管护抚育率、档案建立率。

(一) 造林成活率(%)=小班标准地内成活株数/小班标准地内造林总株数×100%。

1.初植密度达到设计造林密度

成活率=(成活株数/初植株(穴)数)×100%。

2.初植密度达不到设计造林密度

成活率=(成活株数/设计造林密度)×100%。

3.初植密度超过设计造林密度，且死亡苗木均匀分布的成活率=(成活株数/设计造林密度)×100%计。超过100%的，按照100%计。

4.初植密度超过设计造林密度，但死亡苗木呈块状分布的：

成活率=(按设计的株行距调查的成活株树/设计造林密度)×100%

(二)面积核实率。

面积核实率(%)=(∑小班核实面积/∑小班上报面积)×100%

(三)面积核实合格率。

上报面积合格率(%)=(∑合格小班面积/∑小班上报面积)×100%

面积核实合格率(%)=(∑合格小班面积/∑小班核实面积)×100%

(四) 管理指标。

1.造林作业设计率(%)=(∑作业设计合格小班核实面积/∑小班核实面积)×100%

2.管护抚育率(%)=(∑有抚育管护小班核实面积/∑小班核实面积)×100%

3.档案建立率(%)=(∑有建档小班核实面积/∑小班核实面积)×100%

第二十五条 省级核查验收结果推算出上报合格面积总数。

第二十六条 省级核查验收与建设单位自查结果误差允许范围。行政村或小班面积检查允许误差为±5%;行政村或小班造林成活率调查允许误差为±2%，超过允许误差时，以省级核查验收结果为准。

第二十七条 所有面积均以水平面积计，以亩为单位，保留整数。造林成活率的百分数均取整数，其他各率的百分数均保留1位小数。造林成活率、面积核实率、面积核实合格率、管理指标等不大于100%。

第七章 其他规定

第二十八条 本办法由国家林业局负责解释。

第二十九条 本办法自印发之日起执行。

国家审计署政策文件

20个省有关企业节能减排审计调查整改结果

（二〇一一年十月十日公告）

根据《中华人民共和国审计法》的规定，2009年10月至2010年9月，审计署对河北、山西、内蒙古、辽宁、吉林、黑龙江、江苏、浙江、安徽、福建、山东、河南、湖北、湖南、广东、广西、重庆、四川、贵州、陕西等20个省、自治区、直辖市（以下简称20个省）电力、钢铁和水泥等行业2007年至2009年节能减排情况进行了审计调查，并于5月13日向社会公告了审计调查结果。近日，我署对相关地方和企业的整改情况进行了跟踪调查，现将有关情况公告如下：

一、及时追回资金，加快项目建设

至2011年7月底，20个省地方政府主管部门已督促11户企业将挤占、挪用的0.57亿元资金全部归还原渠道；将26户企业套取、多得的1.44亿元资金全部收回；5个省专户存储差别电价收入3.69亿元，4个省扣除发电企业多得脱硫电价款1.67亿元，并按规定使符合标准的发电企业享受脱硫电价款21.2亿元。同时，根据审计发现的问题，四川、吉林等14个省有关部门督促企业建成未按期完工的节能技术改造工程项目298个，共实现节能量726万吨标准煤，如内蒙古自治区督促46个节能项目完工，节约标准煤145万吨；辽宁、黑龙江等7个省有关部门督促173个污水处理厂和146套火电企业脱硫设施运行达标，新增化学需氧量减排量29.2万吨，新增二氧化硫减排量28.6万吨，如辽宁省督促64套火电企业脱硫设施达标运行，实现减排二氧化硫15.76万吨；河南、浙江等8个省有关部门督促18户钢铁企业安装烧结机脱硫设施30套，形成年二氧化硫减排量4.43万吨；吉林、黑龙江、河南3省有关部门督促相关企业按标准和规范处置污泥量67.23万吨。

二、切实规范管理，加大执法问责力度

针对审计调查发现的问题，20个省的纪检监察、发展改革、财政、环保和物价等部门注重加强监督检查，促进严格管理、规范推进，并依法追究有关企业和个人的责任。截至2011年7月底，有关地方已督促49户企业完善或正在完善939万千瓦装机容量火电项目的审批手续，关停或拆除小火电机组49.25万千瓦；督促182户企业采取等量淘汰、完善审批手续等方式，纠正违规建设炼铁产能5086.05万吨、炼钢产能6138.77万吨、轧钢产能437万吨，淘汰落后炼铁产能1673.9万吨、炼钢产能1415.2万吨；督促85户企业停止建设、停产整顿或完善审批手续，涉及水泥产能3905万吨，淘汰或列入计划准备淘汰落后水泥产能772.15万吨；湖北、山东等9个省已依法处理处罚105名责任人员，如河南省人民政府针对林州优创热电有限责任公司虚假关停小火电机组的问题，分别给予了安阳市主管工业副市长、林州市常务副市长等6名相关责任人行政记大过等处分。

三、坚持标本兼治，完善规章制度

发展改革委、财政部、工业和信息化部、环境保护部、住房城乡建设部、国土资源部、农业部和国家能源局等部门十分重视此次节能减排的审计调查结果，对审计调查揭示的问题从体制、机制、制度层面进行了深入分析，健全和完善了加强城镇污水处理厂污泥污染防治、支持生物柴油发展、淘汰落后产能等相关政策法规。同时，组织力量联合开展了对淘汰落后产能、电价执行、节能工程建设项目进度、小火电机组关停、钢铁违规建设项目、皮革企业废弃污染物等情况的监督检查，督促各地落实节能减排政策，加快节能减排项目的建设进度，全面推进节能减排工作的顺利开展。相关地方政府注重加强制度建设，从源头上杜绝违法违规或违反国家节能减排政策等问题的发生。截至2011年7月底，黑龙江、广西等8个省取消了高耗能、高污染企业的土地、税费和电价等优惠政策；浙江、重庆等12个省政府及有关部门根据审计建议制定和颁布了57项节能减排的相关管理规定，其中仅浙江省一个地方就出台了7项办法或制度。

中国气象局政策文件

中国气象局2011年气候变化重点工作计划

（二〇一一年四月二十八日）

2011年中国气象局气候变化工作的总体要求是：贯彻落实党的十七届五中全会精神以及国民经济和社会发展“十二五”规划纲要任务，落实好中央领导同志对气象工作的重要指示精神，全面完成所承担的《国务院关于落实政府工作报告重点工作部门分工情况》中的任务和2011年全国气象局长会议确定的重点工作，努力在适应气候变化特别是应对极端气候事件能力建设上有新突破。

一、着力提高气候变化监测能力

1. 加强和完善气候观测能力。完成国家基准气候站站点遴选工作，确定国家基准气候站布局。加强和改善气候敏感区和影响关键区观测能力，完成国家气候观象台试点；进一步弥补和提升南海海洋气象监测能力，建设30个海岛/平台/船舶自动气象站；在增产千亿斤粮食规划的重点县加强农业气象干旱和土壤墒情监测能力；落实中小河流治理和中小水库除险加固、山洪地质灾害防治和易灾区生态环境综合治理总体规划，加密布设一批自动气象站和自动雨量站，启动局地天气雷达和移动雷达建设，重点增强灾害易发区降水监测、预警和服务能力。完善7个GCOS探空站高空观测业务，进一步提高观测数据质量和应用水平。

2. 增强温室气体浓度监测能力。发挥好WMO温室气体监测数据标校中心的作用。完成温室气体监测分析系统一期项目建设。组织申报温室气体监测分析系统二期项目，重点增强京津冀、长三角、珠三角地区及5省8市国家低碳试点地区温室气体浓度监测能力。制定大气成分观测规范和业务规章制度，推进大气成分观测业务化。完成FY-3号后续卫星星载温室气体监测仪器研制年度任务，启动二氧化碳科学实验卫星地面系统建设，定期发布FY-3A、B星大气成分监测业务产品。

3. 加强极端天气气候事件与重要气候过程监测。完善气候基本要素监测，增强对我国极端事件和重要气候异常过程的监测能力，增加和填补陆地和冰雪圈层的气候异常的监测，开展欧亚区域基于卫星产品的植被、积雪的监测。重点加强极端天气气候事件监测，完善极端天气气候事件监测指标体系和极端天气气候事件数据集，开发完善极端天气气候事件监测系统2.0版，增加区域极端气候事件监测功能。

二、着力提高气候变化预测预估能力

4. 提升气候预测业务能力。贯彻落实《现代气候业务发展指导意见》，组织现代气候业务试点建设。根据服务需要及时开展旱涝、冷暖等气候趋势预测会商和服务。加强气候预测模式系统建设，实现第二代月动力延伸模式的准业务化运行。强化历史资料应用，研发动力与统计客观集成预测技术。加强国内外气候预测模式产品的综合应用，发展多模式超级集合预测方法。探索、发展月内重要过程气候预测和流域气候预测业务。建设气候预测检验和综合气候业务平台。

5. 增强气候变化预估能力。加大气候系统模式研发力度，提高空间分辨率，重点改进大气、海洋和陆地分量模式的关键耦合过程。发展适用于东亚地区的高分辨率区域气候模式，提高温室气体新排放情景下未来全球和区域气候变化预估能力，特别是提高对极端天气气候事件的变化及其灾害性影响的预估能力。

三、着力提高气候变化评估能力

6. 加强气候变化影响评估和气候可行性论证工作。继续开展全国八个区域和11个重点流域气候变化评估工作，提高气候变化影响及脆弱性的定量评估、分析和预估能力。开展气象灾害影响预评估、定量评估和气象灾害风险评估业务试点，加快推进气象灾害风险管理业务化。组织24个粮食主产省（区）开展主要粮食作物精细化农业气候区划和农业气象灾害风险区划。推进重大工程建设、区域经济开发等项目和城市规划中的气候可行性论证工作，完善气候可行性论证技术指南。

7. 合理开发和科学利用气候资源。加强气候区划技术方法研究，制定现代气候区划指标体系。科学开发利用空中云水资源，启动全国空中云水资源调查评估以及作业效果评估业务化试验。完成第四次风能资源详查和评价工作，发布详查成果，推进风能资源监测、评估和预报成果的深层次应用。启动全国太阳能资源详查工作。加强风电场、太阳能光伏电站运行气象保障，开展风能太阳能预报服务试点建设，发展基于BJ-RUC的风电功率预报系统，在内蒙古等地试运行并为电力调度部门和风电场运行提供实时服务。

四、着力提高气候变化科技支撑能力

8. 深入开展气候变化科学和影响评估研究。组织申报2011年度全球变化研究国家重大科学研究计划项目，实施好一批在研国家科技计划重点项目、公益类行业（气象）科研专项、局气候变化专项，认真凝练2012年度国家重大科技计划项目指南。全面开展气候变化影响评估和关键技术研发，有效开展适应对策研究。增强参加IPCC模式比对能力，按计划完成面向IPCC第五次评估的气候系统模式模拟试验。

9. 切实推进气候变化数据库建设。重点推进气候变化基础数据信息系统建设，开展全球及中国地区关键气候要素均一化观测资料集的研制工作，指导各省开展基础气候要素均一化数据集的研制工作，完成长时间序列的云量和气溶胶含量等卫星观测数据集建设的年度任务。提高区域气候变化评估能力，更新完成气候变化预估数据集3.0版。

10. 组建技术过硬的科技创新团队。在中国气象局气候变化中心组建气候变化监测、预测、影响评估与适应对策、决策服务专业团队，在科学研究、业务服务、技术指导中切实发挥国家队引领作用。各省级气象部门要在优势领域增强研发能力，组建1～2支气候变化科技创新团队，开展专业研发和业务服务。

五、着力提高国家应对气候变化支持保障能力

11. 在国家系列行动部署中发挥重要作用。积极参与国家气候变化领导小组、协调联络办公室工作并继续发挥重要作用。积极参加国家应对气候变化专项规划、适应气候变化战略编制和国家气候变化立法等工作。完成气候变化国家评估报告编制和宣传工作。加强全球气候观测系统(GCOS)中国委员会工作，修订完善中国气候观测系统实施方案。进一步发挥好中国气象局气候变化工作领导小组办公室的作用，完善中国气象局气候变化中心运行机制。编制中国气象局气候变化专项规划，启动制定《气象灾害防御法》前期准备工作，继续做好《气候资源条例》立法工作，组建全国气候与气候变化标准化技术委员会。省级气象部门要科学规划省级气候变化工作，主动参加地方应对气候变化机构组建、政策制定，参与地方应对气候变化方案实施和低碳试点工作。

12. 认真做好国家气候变化专家委员会办公室工作。进一步理顺国家气候变化专家委员会工作机制和流程，继续发挥国家气候变化专家委员会在国家层面的战略咨询作用。协助专家委员会组织气候变化综合研讨会，就气候变化科学最新进展、“十二五”国内应对战略以及德班气候变化大会谈判形势等重大问题组织专题研讨，形成专家委员会咨询报告。

13. 强化气候变化决策服务能力。加快推进气候变化应对决策支撑系统工程建设。着手构建中国气候服务框架（CFCS），加强面向农业、水资源、卫生及防灾减灾等部门的气候服务，将气候服务信息融入各部门决策和工作部署中，提高气候风险管理能力和适应气候变化能力。编制“中国气候变化监测公报”。针对气候变化与粮食安全、气候变化与灾害管理等国家应对气候变化热点问题提供高质量的决策咨询服务。省级气象部门要不断开拓服务领域，结合自身优势，为地方防灾减灾、经济建设、节能减排、产业结构调整等提供有力科技支撑。

六、努力推进气候变化国际合作和科普宣传

14. 做好IPCC及公约有关工作。发挥IPCC牵头组织作用，联合各部门，多渠道组织并支持中国作者完成AR5 编制任务。多部门合作完成《可再生能源与减缓气候变化》和《管理极端事件和灾害风险，推进气候变化适应》两个特别报告的政府评审。积极参加IPCC管理机制改革，组织好IPCC第33、34次全会及各工作组全会中国代表团参会工作。推进坎昆会议关于适应有关成果的分析和落实工作，结合长期目标等关键科学问题进展，做好德班气候变化大会的科学支持及谈判工作。

15. 加强国际合作与交流。结合气候变化对外工作总体需求，开展面向发展中国家的援助和培训项目，推进气候变化双边和多边合作。完成好局领导参与全球可持续性高级别小组有关支持工作，积极参与建立全球气候服务框架（GFCS），加强北京气候中心能力建设。

16. 广泛开展教育培训与科普宣传工作。

国家电监局政策文件

2011年风电安全监管报告（节录）

（国家电监局2011年12月2日发布）

一、 风电发展现状

（一）风能资源。我国风能资源丰富，可开发的风能潜力巨大。风能资源与煤炭资源的地理分布具有较高的重合度，与电力负荷则呈逆向分布。

（二）风电装机容量 。截至2011年8月底，全国并网运行的风电场486个，装机容量3924万千瓦。

（三）风力发电量。2010年，全国风力发电量494亿千瓦时，同比增长 78.9%，占全国发电量的1.17%。2011年1至6月，全国风力发电量达到429 亿千瓦时，同比增长81.1%。

（四）风电接入。我国风电主要接入110千伏和 220千伏电压等级电网，与区域主网相联。“三北”地区风电场以大规模集中接入为主，电力输送方向与火电主送方向趋同。华东、华中、南方区域接入110千伏及以下等级电网，接入相对分散。

二、 风电事故情况

（一）风电机组脱网事故。2011年1~8月份，全国发生193起风电机组脱网事故，其中，一次损失风电出力10~50万千瓦的脱网事故54起，一次损失风电出力50万千瓦以上的脱网事故12起。

（二）风电机组设备故障。根据风电企业 机组故障统计分析，2010年以来，风电机组故障频发，且呈上升趋势。故障主要集中在风电机组变桨系统、变频系统、电气系统、控制系统、齿轮箱、发电机、偏航系统等部位。

三、 风电安全监管工作

（一）切实加强风电隐患排查治理。对2011年4起大规模风电机组脱网事故进行调查处理，印发《关于切实加强风电场安全监督管理遏制大规模风电机组脱网事故的通知》（办安全〔2011〕26号），明确风电机组低电压穿越能力改造，加强风电场无功补偿装置管理、电力二次系统管理、电缆终端隐患排查治理和风电调度管理等五项反事故措施。电力企业按照要求开展风电安全专项检查，排查治理风电安全隐患。截至2011年9月，共排查风电机组设备、风电场设计、建设施工、安全管理、并网运行等方面隐患1700余项，53%完成了整改。

（二）全面开展风电安全大检查。8月份，电监会组织开展了全国风电安全检查。电力企业共对360个并网运行风电场、80个在建风电场以及风电接入系统和调度运行情况进行了自查。电监会组织6个督查组对全国39个风电场和20个省级电网企业及电力调度机构进行了重点督查。受检风电场装机容量占全国风电装机容量的70%以上。电监会督查组共检查出问题和安全隐患430项，已经完成整改360项，整改率85%。

（三）加强风电场并网安全监管。印发了《风电场并网安全条件及评价规范》（办安全〔2011〕79号），对已投运风电场和新建风电场开展并网安全性评价。明确将风电场通过安全性评价作为发电业务许可的前置条件，对不符合安全条件、问题严重、整改不力、影响电力系统安全的风电场责令其停产整改。

（四）督促风电企业和风电设备制造企业加快设备技术性能改造。印发《关于风电机组大规模脱网事故中机组低电压脱网情况和无功补偿装置动作情况的通报》（办安全〔2011〕48 号），通报了2011年4 起典型大规模风电机组脱网事故所涉及的 28个风电场、7个风机机组制造企业和 8个无功补偿装置制造企业，督促风电场积极联系风电设备制造企业加快机组低电压穿越能力和无功装置自动投切性能改造。

近年来，电力企业认真贯彻落实国家能源发展战略，认真执行安全生产法律法规，坚持“安全第一，预防为主，综合治理”方针，不断提高对风电安全工作的认识，建立健全安全生产保证体系和监督体系，强化安全生产主体责任落实，积极开展安全生产隐患排查治理，不断规范风电调度运行管理，强化人员技术培训和安全教育，风电安全管理水平逐步提升。

（一）安全生产组织体系逐步健全。（二）安全生产制度体系逐步完善。（三）风电机组技术性能改造工作逐步推进。（四）风电并网运行管理逐步规范（五）风电安全教育培训逐步强化。

>>>

规划方案

国家环境保护“十二五”规划（节录）

（国务院二〇一一年十二月十五日印发）

二、指导思想、基本原则和主要目标

（三）主要目标。

到2015年，主要污染物排放总量显著减少；城乡饮用水水源地环境安全得到有效保障，水质大幅提高；重金属污染得到有效控制，持久性有机污染物、危险化学品、危险废物等污染防治成效明显；城镇环境基础设施建设和运行水平得到提升；生态环境恶化趋势得到扭转；核与辐射安全监管能力明显增强，核与辐射安全水平进一步提高；环境监管体系得到健全。

专栏1：“十二五”环境保护主要指标

序号	指标	2010年	2015年	2015年比2010年增长
1	化学需氧量排放总量（万吨）	2551.7	2347.6	-8%
2	氨氮排放总量（万吨）	264.4	238.0	-10%
3	二氧化硫排放总量（万吨）	2267.8	2086.4	-8%
4	氮氧化物排放总量（万吨）	2273.6	2046.2	-10%
5	地表水国控断面劣Ⅴ类水质的比例（%）	17.7	<15	-2.7个百分点
	七大水系国控断面水质好于Ⅲ类的比例（%）	55	>60	5个百分点
6	地级以上城市空气质量达到二级标准以上的比例（%）	72	≥80	8个百分点

注：①化学需氧量和氨氮排放总量包括工业、城镇生活和农业源排放总量，依据2010年污染源普查动态更新结果核定。

②“十二五”期间，地表水国控断面个数由759个增加到970个，其中七大水系国控断面个数由419个增加到574个；同时，将评价因子由12项增加到21项。据此测算，2010年全国地表水国控断面劣Ⅴ类水质比例为17.7%，七大水系国控断面好于Ⅲ类水质的比例为55%。

③“十二五”期间，空气环境质量评价范围由113个重点城市增加到333个全国地级以上城市，按照可吸入颗粒物、二氧化硫、二氧化氮的年均值测算，2010年地级以上城市空气质量达到二级标准以上的比例为72%。

三、推进主要污染物减排

（一）加大结构调整力度。

加快淘汰落后产能。严格执行《产业结构调整指导目录》、《部分工业行业淘汰落后生产工艺装备和产品指导目录》。加大钢铁、有色、建材、化工、电力、煤炭、造纸、印染、制革等行业落后产能淘汰力度。制定年度实施方案，将任务分解落实到地方、企业，并向社会公告淘汰落后产能企业名单。建立新建项目与污染减排、淘汰落后产能相衔接的审批机制，落实产能等量或减量置换制度。重点行业新建、扩建项目环境影响审批要将主要污染物排放总量指标作为前置条件。

着力减少新增污染物排放量。合理控制能源消费总量，促进非化石能源发展，到2015年，非化石能源占一次能源消费比重达到11.4%。提高煤炭洗选加工水平。增加天然气、煤层气供给，降低煤炭在一次能源消费中的比重。在大气联防联控重点区域开展煤炭消费总量控制试点。进一步提高高耗能、高排放和产能过剩行业准入门槛。探索建立单位产品污染物产生强度评价制度。积极培育节能环保、新能源等战略性新兴产业，鼓励发展节能环保型交通运输方式。

大力推行清洁生产和发展循环经济。提高造纸、印染、化工、冶金、建材、有色、制革等行业污染物排放标准和清洁生产评价指标，鼓励各地制定更加严格的污染物排放标准。全面推行排污许可证制度。推进农业、工业、建筑、商贸服务等领域清洁生产示范。深化循环经济示范试点，加快资源再生利用产业化，推进生产、流通、消费各环节循环经济发展，构建覆盖全社会的资源循环利用体系。

（二）着力削减化学需氧量和氨氮排放量。

加大重点地区、行业水污染物减排力度。在已富营养化的湖泊水库和东海、渤海等易发生赤潮的沿海地区实施总氮或总磷排放总量控制。在重金属污染综合防治重点区域实施重点重金属污染物排放总量控制。推进造纸、印染和化工等行业化学需氧量和氨氮排放总量控制，削减比例较2010年不低于10%。严格控制长三角、珠三角等区域的造纸、印染、制革、农药、氮肥等行业新建单纯扩大产能项目。禁止在重点流域江河源头新建有色、造纸、印染、化工、制革等项目。

提升城镇污水处理水平。加大污水管网建设力度，推进雨、污分流改造，加快县城和重点建制镇污水处理厂建设，到2015年，全国新增城镇污水管网约16万公里，新增污水日处理能力4200万吨，基本实现所有县和重点建制镇具备污水处理能力，污水处理设施负荷率提高到80%以上，城市污水处理率达到85%。推进污泥无害化处理处置和污水再生利用。加强污水处理设施运行和污染物削减评估考核，推进城市污水处理厂监控平台建设。滇池、巢湖、太湖等重点流域和沿海地区城镇污水处理厂要提高脱氮除磷水平。

推动规模化畜禽养殖污染防治。优化养殖场布局，合理确定养殖规模，改进养殖方式，推行清洁养殖，推进养殖废弃物资源化利用。严格执行畜禽养殖业污染物排放标准，对养殖小区、散养密集区污染物实行统一收集和治理。到2015年，全国规模化畜禽养殖场和养殖小区配套建设固体废物和污水贮存处理设施的比例达到50%以上。

（三）加大二氧化硫和氮氧化物减排力度。

持续推进电力行业污染减排。新建燃煤机组要同步建设脱硫脱硝设施，未安装脱硫设施的现役燃煤机组要加快淘汰或建设脱硫设施，烟气脱硫设施要按照规定取消烟气旁路。加快燃煤机组低氮燃烧技术改造和烟气脱硝设施建设，单机容量30万千瓦以上（含）的燃煤机组要全部加装脱硝设施。加强对脱硫脱硝设施运行的监管，对不能稳定达标排放的，要限期进行改造。

加快其他行业脱硫脱硝步伐。推进钢铁行业二氧化硫排放总量控制，全面实施烧结机烟气脱硫，新建烧结机应配套建设脱硫脱硝设施。加强水泥、石油石化、煤化工等行业二氧化硫和氮氧化物治理。石油石化、有色、建材等行业的工业窑炉要进行脱硫改造。新型干法水泥窑要进行低氮燃烧技术改造，新建水泥生产线要安装效率不低于60%的脱硝设施。因地制宜开展燃煤锅炉烟气治理，新建燃煤锅炉要安装脱硫脱硝设施，现有燃煤锅炉要实施烟气脱硫，东部地区的现有燃煤锅炉还应安装低氮燃烧装置。

开展机动车船氮氧化物控制。实施机动车环境保护标志管理。加速淘汰老旧汽车、机车、船舶，到2015年，基本淘汰2005年以前注册运营的“黄标车”。提高机动车环境准入要求，加强生产一致性检查，禁止不符合排放标准的车辆生产、销售和注册登记。鼓励使用新能源车。全面实施国家第四阶段机动车排放标准，在有条件的地区实施更严格的排放标准。提升车用燃油品质，鼓励使用新型清洁燃料，在全国范围供应符合国家第四阶段标准的车用燃油。积极发展城市公共交通，探索调控特大型和大型城市机动车保有总量。

四、切实解决突出环境问题

（一）改善水环境质量。

（二）实施多种大气污染物综合控制。

深化颗粒物污染控制。加强工业烟粉尘控制，推进燃煤电厂、水泥厂除尘设施改造，钢铁行业现役烧结（球团）设备要全部采用高效除尘器，加强工艺过程除尘设施建设。20蒸吨（含）以上的燃煤锅炉要安装高效除尘器，鼓励其他中小型燃煤工业锅炉使用低灰分煤或清洁能源。加强施工工地、渣土运输及道路等扬尘控制。

加强挥发性有机污染物和有毒废气控制。加强石化行业生产、输送和存储过程挥发性有机污染物排放控制。鼓励使用水性、低毒或低挥发性的有机溶剂，推进精细化工行业有机废气污染治理，加强有机废气回收利用。实施加油站、油库和油罐车的油气回收综合治理工程。开展挥发性有机污染物和有毒废气监测，完善重点行业污染物排放标准。严格污染源监管，减少含汞、铅和二口恶英等有毒有害废气排放。

推进城市大气污染防治。在大气污染联防联控重点区域，建立区域空气环境质量评价体系，开展多种污染物协同控制，实施区域大气污染物特别排放限值，对火电、钢铁、有色、石化、建材、化工等行业进行重点防控。在京津冀、长三角和珠三角等区域开展臭氧、细颗粒物（PM2.5）等污染物监测，开展区域联合执法检查，到2015年，上述区域复合型大气污染得到控制，所有城市空气环境质量达到或好于国家二级标准，酸雨、灰霾和光化学烟雾污染明显减少。实施城市清洁空气行动，加强乌鲁木齐等城市大气污染防治。实行城市空气质量分级管理，尚未达到标准的城市要制定并实施达标方案。加强餐饮油烟污染控制和恶臭污染治理。

加强城乡声环境质量管理。加大交通、施工、工业、社会生活等领域噪声污染防治力度。划定或调整声环境功能区，强化城市声环境达标管理，扩大达标功能区面积。做好重点噪声源控制，解决噪声扰民问题。强化噪声监管能力建设。

（三）加强土壤环境保护。

（四）强化生态保护和监管。

七、实施重大环保工程

为把“十二五”环境保护目标和任务落到实处，要积极实施各项环境保护工程（全社会环保投资需求约3.4万亿元），其中，优先实施8项环境保护重点工程，开展一批环境基础调查与试点示范，投资需求约1.5万亿元。要充分利用市场机制，形成多元化的投入格局，确保工程投资到位。工程投入以企业和地方各级人民政府为主，中央政府区别不同情况给予支持。要定期开展工程项目绩效评价，提高投资效益。

专栏2：“十二五”环境保护重点工程

专栏2：“十二五”环境保护重点工程
主要污染物减排工程。包括城镇生活污水处理设施及配套管网、污泥处理处置、工业水污染防治、畜禽养殖污染防治等水污染物减排工程，电力行业脱硫脱硝、钢铁烧结机脱硫脱硝、其他非电力重点行业脱硫、水泥行业与工业锅炉脱硝等大气污染物减排工程。
改善民生环境保障工程。包括重点流域水污染防治及水生态修复、地下水污染防治、重点区域大气污染联防联控、受污染场地和土壤污染治理与修复等工程。
农村环保惠民工程。包括农村环境综合整治、农业面源污染防治等工程。
生态环境保护工程。包括重点生态功能区和自然保护区建设、生物多样性保护等工程。
重点领域环境风险防范工程。包括重金属污染防治、持久性有机污染物和危险化学品污染防治、危险废物和医疗废物无害化处置等工程。
核与辐射安全保障工程。
环境基础设施公共服务工程。
环境监管能力基础保障及人才队伍建设工程。

工业转型升级规划（2011—2015年）（节录）

（国务院二〇一一年十二月三十日印发）

第一章　“十一五”工业发展回顾和“十二五”形势分析

第一节　“十一五”工业发展取得的主要成绩（略）

第二节　“十二五”工业转型升级面临的形势

——全球化生产方式变革不断加快。

——城镇化进程和居民消费结构升级为工业转型升级提供了广阔空间。

——信息化、市场化与国际化持续深入发展为工业转型升级提供了重要契机。

——能源资源和生态环境约束更趋强化对工业转型升级提出了紧迫要求。随着资源节约型、环境友好型社会加快推进，绿色发展的体制机制将进一步完善，为工业节能减排、淘汰落后产能等创造良好环境，也将促进节能环保、新能源等新兴产业加速发展。同时，由于长期粗放式发展，我国工业能源资源消耗强度大，能源消耗和二氧化硫排放量分别占全社会能源消耗、二氧化硫排放总量的70%以上，钢铁、炼油、乙烯、合成氨、电石等单位产品能耗较国际先进水平高出10%～20%；矿产资源对外依存度不断提高，原油、铁矿石、铝土矿、铜矿等重要能源资源进口依存度超过50%。随着能源资源刚性需求持续上升，生态环境约束进一步加剧，对加快转变工业发展方式形成了“倒逼机制”。

总体上看，“十二五”时期是我国工业转型升级的攻坚时期。转型升级如能加快推进，就能推动我国经济社会进入良性发展轨道；如果行动迟缓，不仅资源环境难以承载，而且会错失重要的战略机遇期。必须积极创造有利条件，着力解决突出矛盾和问题，促进工业结构整体优化升级，加快实现由传统工业化向新型工业化道路的转变。

第二章　总体思路和主要目标

第一节　指导思想和基本要求

“十二五”工业转型升级，要坚持走中国特色新型工业化道路，按照构建现代产业体系的本质要求，以科学发展为主题，以加快转变经济发展方式为主线，以改革开放为动力，着力提升自主创新能力；推进信息化与工业化深度融合，改造提升传统产业，培育壮大战略性新兴产业，加快发展生产性服务业，全面优化技术结构、组织结构、布局结构和行业结构；把工业发展建立在创新驱动、集约高效、环境友好、惠及民生、内生增长的基础上，不断增强工业核心竞争力和可持续发展能力，为建设工业强国和全面建成小康社会打下更加坚实的基础。

——坚持把发展资源节约型、环境友好型工业作为转型升级的重要着力点。健全激励与约束机制，推广应用先进节能减排技术，推进清洁生产。大力发展循环经济，加强资源节约和综合利用，积极应对气候变化。强化安全生产保障能力建设，加快推动资源利用方式向绿色低碳、清洁安全转变。

第二节　主要目标

——产业结构进一步优化。战略性新兴产业规模显著扩大，实现增加值占工业增加值的15%左右；面向工业生产的相关服务业发展水平明显提升。规模经济行业产业集中度明显提高，培育发展一批具有国际竞争力的企业集团。中小企业发展活力进一步增强。中西部地区工业增加值占比进一步提高。

——资源节约、环境保护和安全生产水平显著提升。单位工业增加值能耗较“十一五”末降低21%左右，单位工业增加值用水量降低30%，单位工业增加值二氧化碳排放量减少21%以上；工业化学需氧量和二氧化硫排放总量分别减少10%，工业氨氮和氮氧化物排放总量减少15%；主要耗能行业单位产品能耗持续下降，重点行业清洁生产水平明显提升。安全生产保障能力进一步提升。

资源节约和环境保护规模以上企业单位工业增加值能耗下降（%）21

单位工业增加值二氧化碳排放量下降（%）>21

单位工业增加值用水量下降（%）30

化学需氧量、二氧化硫排放量下降（%）10

氨氮、氮氧化物排放量下降（%）15

工业固体废物综合利用率（%）69723

传统产业升级改造。围绕品种质量、节能降耗、安全生产、“两化”融合、军民结合等重点领域，创新研发设计，改造工艺流程，改善产品检验检测手段，开发新产品，提高产品质量，创建知名品牌，提高传统产业先进产能比重。

智能及清洁安全示范。深化信息技术在企业研发设计、生产流通、经营管理等各环节的应用。推进数字化研发设计工具的普及应用，推动生产装备的数字化和生产过程的智能化。支持重点节能、节水、节材技术和设备的推广应用。支持重点行业污染治理设施设备升级改造。支持高耗能、高污染企业建立环境和污染源监控信息系统。加大化工、有色、民爆等行业安全生产改造力度。

第四节　促进工业绿色低碳发展

按照建设资源节约型、环境友好型社会的要求，以推进设计开发生态化、生产过程清洁化、资源利用高效化、环境影响最小化为目标，立足节约、清洁、低碳、安全发展，合理控制能源消费总量，健全激励和约束机制，增强工业的可持续发展能力。

大力推进工业节能降耗。围绕工业生产源头、过程和产品三个重点，实施工业能效提升计划，推动重点节能技术、设备和产品的推广和应用，提高企业能源利用效率，鼓励工业企业建立能源管理体系。完善主要耗能产品能耗限额和产品能效标准，严格能耗、物耗等准入门槛。深入开展重点用能企业对标达标、能源审计和能源清洁度检测活动。健全节能市场化机制，加快推行合同能源管理和电力需求侧管理。健全高耗水行业用水限定指标和新建企业（项目）用水准入条件；组织实施重点行业节水技术改造，加快节水技术和产品的推广使用，推进污废水再生利用，提高工业用水效率。推广节材技术工艺，发展木基复合材料、生物材料、再生循环和节材型包装。加强政策引导，促进金属材料、石油等原材料的节约代用。

促进工业清洁生产和污染治理。以污染物排放强度高的行业为重点，加强清洁生产审核，组织编制清洁生产推行方案、实施方案和评价指标体系，推动企业清洁生产技术改造，提高新建项目清洁生产水平。研究建立生态设计产品标识制度，发布工业企业生态评价设计实施指南。加强造纸、印染、制革、化工、农副产品加工等行业的水污染治理，削减化学需氧量及氨氮排放量。推进钢铁、石油化工、有色、建材等行业二氧化硫、氮氧化物、烟粉尘和挥发性有机污染物减排，逐步削减大气污染物排放总量。切实加强有色金属矿产采选、有色金属冶炼、铅蓄电池、基础化工等行业的铅、汞、镉、铬等重金属和类金属砷污染防治，推动工业行业化学品环境风险防控。稳步推进电子电气产品污染控制合格评定体系的建立，控制和减少废弃电子电气产品对环境的污染。

发展循环经济和再制造产业。开发应用源头减量、循环利用、再制造、零排放和产业链接技术。以工业园区、工业集聚区等为重点，通过上下游产业优化整合，实现土地集约利用、废物交换利用、能量梯级利用、废水循环利用和污染物集中处理，构筑链接循环的工业产业体系。加强废旧金属、废塑料、废纸、废旧纺织品、废旧铅酸电池及锂离子电池、废弃电子电器产品、废旧合成材料等回收利用，发展资源循环利用产业。加强共性关键技术研发及推广，推进大宗工业固体废物规模化增值利用。以汽车零部件、工程机械、机床等为重点，组织实施机电产品再制造试点，开展再制造产品认定，培育一批示范企业，有序促进再制造产业规模化发展。

专栏5：工业节能降耗减排专项

工业节能。组织开展工业企业能效对标达标活动和企业能效“领跑者”行动，加强钢铁、有色、石化、建材等重点用能行业节能改造，推进能源管理体系建设，实施百项重点节能技术、节能产品（设备）推广应用工程，吨钢能耗、吨铝综合交流电耗、吨乙烯平均能耗、吨水泥综合能耗分别由2010年的615公斤标准煤、14250千瓦时、910公斤标准煤、100千瓦时下降到2015年的590公斤标准煤、13800千瓦时、880公斤标准煤、92千瓦时。

工业节水。对高用水行业实施节水技术改造。实施干法除尘、工业废水处理回用、矿井水资源化利用等节水工程。组织工业废水处理回用成套装置攻关，加强工业废水资源化利用，提高工业用水重复利用率。

工业节材。组织开展机电产品包装节材代木试点，推动节材代木包装产品的研究开发和扩大应用，开展包装物周转使用示范。组织开展贵重金属节材试点。

清洁生产和污染防治。在重点行业开展共性、关键清洁生产技术应用示范，推动实施一批重大清洁生产技术改造项目。实施重点行业挥发性有机物治理、钢铁烧结机脱硫、水泥厂脱硝、石化行业催化裂化烟气脱硫、造纸及印染行业废水深度治理、二口恶英减排等工作方案。加快推行电子电气产品污染控制自愿性认证。

资源综合利用及循环经济。推动大宗工业固体废弃物规模化高值利用。推进工业固废综合利用示范基地建设。组织开展有色金属再生利用示范工程，建设废旧汽车、家电、电子产品拆解加工利用示范基地及机电产品再制造示范基地。

“两型”企业创建。推进电力、钢铁、有色、化工、建材等重点行业资源节约型、环境友好型企业创建试点，培育一批示范企业。

积极推广低碳技术。加强低碳技术研发及产业化，推动重大低碳技术的示范应用，积极开发轻质材料、节能家电等低碳产品，控制工业领域的温室气体排放。建立企业、园区、行业等不同层次低碳评价指标体系，开展低碳工业园区试点，探索低碳产业发展模式。研究编制重点行业低碳技术推广应用目录，研究建立低碳产品评价标准、标识和认证制度，探索基于行业碳排放的经济政策和碳交易措施。

加快淘汰落后产能。充分发挥市场机制作用，综合运用法律、经济及必要的行政手段，加快形成有利于落后产能退出的市场环境和长效机制。强化安全、环保、能耗、质量、土地等指标约束作用，完善落后产能界定标准，严格市场准入条件，防止新增落后产能。加快资源性产品价格形成机制改革，实施差别电价等政策，促进落后产能加快淘汰；采取综合性调控措施，抑制高消耗、高排放产品的市场需求。严格执行环境保护、能源资源节约、清洁生产、安全生产、产品质量、职业健康等方面法律法规和技术标准，依法淘汰落后产能。

专栏6：主要行业淘汰落后产能的重点

钢铁。重点淘汰90平方米以下烧结机、8平方米以下球团竖炉、400立方米及以下高炉、30吨及以下电炉、转炉。

焦炭。重点淘汰炭化室4.3米（捣固焦炉3.8米）以下常规机焦炉、未达到焦化行业准入条件要求的热回收焦炉等产能。

铁合金。重点淘汰6300kVA及以下普通铁合金矿热炉等产能。

有色金属。铜冶炼重点淘汰密闭鼓风炉、电炉、反射炉等落后产能。电解铝重点淘汰100千安及以下小预焙槽等产能。铅冶炼重点淘汰采用烧结机、烧结锅、烧结盘、简易高炉等工艺设备。淘汰落后的再生铜、再生铝、再生铅生产工艺及设备。

电石。重点淘汰开放式电石炉，单台炉变压器容量小于12500千伏安的电石炉等落后设备。逐步淘汰高汞触媒电石法聚氯乙烯生产工艺。

水泥。重点淘汰3.0米以下水泥机械化立窑，小型水泥回转窑，水泥粉磨站直径3.0米以下的球磨机等产能，淘汰落后生产能力2.5亿吨。

平板玻璃。全部淘汰平拉（含格法）普通玻璃生产线。

造纸。重点淘汰单条年生产能力3.4万吨以下的非木浆生产线，年生产能力5.1万吨以下的化学木浆生产线，年生产能力1万吨以下的废纸制浆生产线等产能。

制革。重点淘汰年加工生皮能力5万标张牛皮以下的生产线，年加工蓝湿皮能力3万标张牛皮以下的生产线等产能。

印染。重点淘汰74型染整设备、浴比大于1∶10的棉及化纤间歇式染色设备等落后设备。化纤。重点淘汰湿法氨纶生产工艺，硝酸法腈纶常规纤维生产工艺，年产2万吨以下常规粘胶短纤维生产线等产能。

注：落后产能淘汰重点将根据国家产业政策和有关规定进行动态调整。

第四章　重点领域发展导向

按照走中国特色新型工业化道路的要求，促进传统产业与战略性新兴产业、先进制造业与面向工业生产的相关服务业、民用工业和军事工业协调发展，为加快构建结构优化、技术先进、清洁安全、附加值高、吸纳就业能力强的现代产业体系夯实基础。

第一节　发展先进装备制造业

节能和新能源汽车。坚持节能汽车与新能源汽车并举，进一步提高传统能源汽车节能环保和安全水平，加快纯电动汽车、插电式混合动力汽车等新能源汽车发展。组织实施节能与新能源汽车创新发展工程，通过国家科技计划（专项）有关研发工作，掌握先进内燃机、高效变速器、轻量化材料等关键技术，突破动力电池、驱动电机及管理系统等核心技术，逐步建立和完善标准体系；持续跟踪研究燃料电池汽车技术，因地制宜、适度发展替代燃料汽车。加快传统汽车升级换代，提高污染物排放标准，减少污染物排放；稳步推进节能和新能源汽车试点示范，加快充、换电设施建设，积极探索市场推广模式。完善新能源汽车准入管理，健全汽车节能管理制度。大力推动自主品牌发展，鼓励优势企业实施兼并重组，形成3～5家具有核心竞争力的大型汽车企业集团，前10强企业产业集中度达到90%。到2015年，节能型乘用车新车平均油耗降至5.9升/百公里；新能源汽车累计产销量达到50万辆。

节能环保和安全生产装备。紧紧围绕资源节约型、环境友好型社会建设需要，依托国家节能减排重点工程和节能环保产业重点工程，加快发展节能环保和资源循环利用技术和装备。大力发展高效节能锅炉窑炉、电机及拖动设备、余热余压利用和节能监测等节能装备。重点发展大气污染防治、水污染防治、重金属污染防治、垃圾和危险废弃物处理、环境监测仪器仪表、小城镇分散型污水处理、畜禽养殖污染物资源化利用、污水处理设施运行仪器仪表等环保设备，推进重大环保装备应用示范。加快发展生活垃圾分选、填埋、焚烧发电、生物处理和垃圾资源综合利用装备。围绕“城市矿产”工程，发展高效智能拆解和分拣装置及设备。推广应用表面工程、快速熔覆成形等再制造装备。发展先进、高效、可靠的检测监控、安全避险、安全保护、个人防护、灾害监控、特种安全设施及应急救援等安全装备，发展安全、便捷的应急净水等救灾设备。

煤层气（煤矿瓦斯）开发利用“十二五”规划（节录）

（国家发展和改革委员会二〇一一年十一月二十六日印发 ）

前言

煤层气（煤矿瓦斯）是优质清洁能源。我国埋深2000米以浅煤层气地质资源量约36.81万亿立方米，居世界第三位。国家高度重视煤层气开发利用和煤矿瓦斯防治工作，“十一五”期间煤层气开发初步实现商业化、规模化，煤矿瓦斯防治工作取得显著成效。

根据《中华人民共和国国民经济和社会发展第十二个五年规划纲要》，国家发展和改革委员会、国家能源局组织有关单位在充分调研、广泛吸取各方面意见和建议的基础上，编制了《煤层气（煤矿瓦斯）开发利用“十二五”规划》（以下简称《规划》）。

《规划》分析了煤层气（煤矿瓦斯）开发利用现状和面临的形势，提出了未来五年我国煤层气（煤矿瓦斯）开发利用的指导思想、基本原则、发展目标、重点任务和保障措施。

《规划》提出，要以邓小平理论、“三个代表”重要思想为指导，深入贯彻落实科学发展观，坚持市场引导，强化政策扶持，加大科技攻关，统筹布局，合理开发，加快沁水盆地和鄂尔多斯盆地东缘煤层气产业化基地建设，推进重点矿区煤矿瓦斯规模化抽采利用，保障煤矿安全生产，增加清洁能源供应，保护生态环境。

《规划》是指导我国煤层气（煤矿瓦斯）开发利用、引导社会资源配置、决策重大项目、安排政府投资的重要依据。

第一章　发展现状

一、“十一五”期间的主要成就

“十一五”期间，国家制定了一系列政策措施，强力推进煤层气（煤矿瓦斯）开发利用，煤层气地面开发实现历史性突破，煤矿瓦斯抽采利用规模逐年快速增长，煤矿瓦斯防治能力明显提高，奠定了进一步加快发展的基础。

（一）煤层气实现规模化开发利用。

（二）煤矿瓦斯抽采利用取得重大进展

（三）煤矿瓦斯防治形势稳步好转

（四）煤层气开发利用技术水平进一步提高

（五）煤层气开发利用政策框架初步形成

（六）煤层气开发利用节能减排效益开始显现

（七）煤矿瓦斯防治组织领导体系逐步完善

第三章　指导思想、基本原则和发展目标

三、发展目标

2015年，煤矿瓦斯事故起数和死亡人数比2010年下降40%以上；煤层气（煤矿瓦斯）产量达到300亿立方米，其中地面开发160亿立方米，基本全部利用，煤矿瓦斯抽采140亿立方米，利用率60%以上；瓦斯发电装机容量超过285万千瓦，民用超过320万户。“十二五”期间，新增煤层气探明地质储量1万亿立方米，建成沁水盆地、鄂尔多斯盆地东缘两大煤层气产业化基地。

第四章　规划布局和主要任务

一、煤层气勘探

以沁水盆地和鄂尔多斯盆地东缘为重点，加快实施山西柿庄南、柳林、陕西韩城等勘探项目，为产业化基地建设提供资源保障。推进安徽、河南、四川、贵州、甘肃、新疆等省区勘探，实施宿州、焦作、织金、准噶尔等勘探项目，力争在新疆等西北地区低阶煤煤层气勘探取得突破，探索滇东黔西高应力区煤层气资源勘探有效途径。到2015年，新增煤层气探明地质储量1万亿立方米。

二、煤层气（煤矿瓦斯）开发

（一）地面开发

“十二五”期间，重点开发沁水盆地和鄂尔多斯盆地东缘，建成煤层气产业化基地，已有产区稳产增产，新建产区增加储量、扩大产能，配套完善基础设施，实现产量快速增长。继续做好煤矿区煤层气地面开发。开展安徽、河南、四川、贵州、甘肃、新疆等省区煤层气开发试验，力争取得突破。到2015年，煤层气产量达到160亿立方米。

1、沁水盆地煤层气产业化基地建设

沁水盆地位于山西省东南部，含煤面积2.4万平方千米，埋深2000米以浅煤层气资源量3.7万亿立方米，探明地质储量1834亿立方米，已建成产能25亿立方米，初步形成勘探、开发、生产、输送、销售和利用等一体化产业基地。“十二五”期间，建成寺河、潘河、成庄、潘庄、赵庄项目，加快建设大宁、郑庄、柿庄南等项目，新建马必、寿阳、和顺等项目。项目总投资378亿元，到2015年形成产能130亿立方米，产量104亿立方米。

2、鄂尔多斯盆地东缘煤层气产业化基地建设

鄂尔多斯盆地东缘地跨山西、陕西、内蒙古三省区，含煤面积2.5万平方千米，埋深1500米以浅煤层气资源量4.7万亿立方米，探明地质储量818亿立方米，已建成产能6亿立方米。“十二五”期间，建成柳林、韩城-合阳项目，加快建设三交、大宁-吉县、韩城-宜川、保德-河曲等项目，新建临兴、延川南等项目。项目总投资203亿元，到2015年，形成产能57亿立方米，产量50亿立方米。

3、其他地区煤层气开发

加快辽宁阜新、铁法矿区煤层气开发，推进河南焦作、平顶山、贵州织金-安顺等项目开发试验。项目总投资23亿元，到2015年，形成产能9亿立方米，产量6亿立方米。

（二）井下抽采

“十二五”期间，全面推进煤矿瓦斯先抽后采、抽采达标，重点实施煤矿瓦斯抽采利用规模化矿区和瓦斯治理示范矿井建设，保障煤矿安全生产。2015年，煤矿瓦斯抽采量达到140亿立方米。

1、重点矿区规模化抽采

在山西、辽宁、安徽、河南、重庆、四川、贵州等省市33个煤矿企业、8个产煤市（区），开展煤矿瓦斯规模化抽采利用重点矿区建设。重点落实区域综合防突措施，新建、改扩建抽采系统，增加抽采管道、专用抽采巷道和钻孔工程量，配套建设瓦斯利用工程。到2015年，建成36个年抽采量超过1亿立方米的煤矿瓦斯抽采利用规模化矿区，工程总投资562亿元。

2、煤矿瓦斯治理示范矿井建设

建成黑龙江峻德矿、安徽潘一矿等瓦斯治理示范矿井。分区域选择瓦斯灾害严重、有一定发展潜力的煤矿，再建设一批瓦斯治理示范矿井，推进瓦斯防治理念、技术、管理、装备集成创新，探索形成不同地质条件下瓦斯防治模式，发挥区域示范引导作用。

三、煤层气（煤矿瓦斯）输送与利用

（一）煤层气输送与利用煤层气以管道输送为主，就近利用，余气外输。依据资源分布和市场需求，统筹建设以区域性中压管道为主体的煤层气输送管网，适度发展煤层气压缩和液化。开展煤层气分布式能源示范项目建设。优先用于居民用气、公共服务设施、汽车燃料等，鼓励用于建材、冶金等工业燃料。在沁水盆地、鄂尔多斯盆地东缘及豫北地区建设13条输气管道，总长度2054千米，设计年输气能力120亿立方米。

（二）煤矿瓦斯输送与利用

煤矿瓦斯以就地发电和民用为主，高浓度瓦斯力争全部利用，推广低浓度瓦斯发电，加快实施风排瓦斯利用示范项目和瓦斯分布式能源示范项目，适度发展瓦斯浓缩、液化。鼓励大型矿区瓦斯输配系统区域联网，集中规模化利用；鼓励中小煤矿建设分散式小型发电站或联合建设集配管网、集中发电，提高利用率。到2015年，瓦斯利用量84亿立方米，利用率60%以上；民用超过320万户，发电装机容量超过285万千瓦。

四、煤层气（煤矿瓦斯）科技攻关

（一）加强重大基础理论研究重点开展煤层气成藏规律、高渗富集规律研究及有利区块预测评价，低阶煤煤层气资源赋存规律研究，煤与瓦斯突出机理研究等。

（二）加强关键技术装备研发

开展构造煤煤层气勘探、低阶煤测试、空气雾化钻进、煤层气模块化专用钻机、多分支水平井钻完井、水平井随钻测量与地质导向、连续油管成套装备、清洁压裂液、氮气泡沫压裂、水平井压裂、高效低耗排采、低压集输等地面开发技术与重大装备研发。研究地面钻井煤层预抽、采动卸压抽采、采空区抽采一井多用技术，研发煤与瓦斯

突出预警和监控、瓦斯参数快速测定、深部煤层和低透气性煤层瓦斯安全高效抽采、低浓度瓦斯和风排瓦斯安全高效利用等关键技术及装备，示范区域性井上下联合抽采技术，推广低浓度瓦斯安全输送技术及装备。

林业发展“十二五”规划（摘录）

（国家林业局二〇一一年七月）

第一章　“十一五”林业发展简要回顾

第一节 我国林业建设进入科学发展新阶段

“十一五”时期是我国经济社会发展极不平凡的五年，是我国林业由传统林业向现代林业转变、全面实施以生态建设为主林业发展战略具有里程碑意义的重要时期。我国林业建设全面贯彻落实科学发展观，准确把握世情、国情和林情，遵循自然规律和经济发展规律，采取综合措施促进了林业又好又快发展。

第二节 林业建设取得的主要成就

林业“十一五”规划顺利实施，各项任务和指标顺利完成，主要发展目标提前实现。

“十一五”期间，全国共完成造林面积2529万公顷，其中，林业重点工程完成造林面积1699万公顷。全民义务植树运动不断深入，全国参加义务植树人数达27.7亿人次，植树118亿株。林业投入大幅度增加，国家对林业投入2979亿元，其中，中央基本建设投资479亿元，中央财政专项资金2500亿元；地方政府投入林业资金达到1900亿元。林业利用外资总规模为39.13亿美元，林产品对外贸易总额3549亿美元。

专栏1　林业“十一五”规划主要指标实现情况

指标	2005年	“十一五”目标	2010年
森林覆盖率（%）	18.21	20	20.36
森林蓄积量（亿立方米）	125	132	137
新增沙化土地治理面积（万公顷）		750	1081
自然湿地保护率（%）	40	50	50
林业自然保护区面积占国土面积（%）	12.36	13	13
国家级公益林保护面积（万公顷）		5700	7000
林业产业总产值（万亿元）	0.85	1.2	2.28

第二章　新时期经济社会发展对林业的需求

一、实现科学发展迫切需要加快林业发展

二、建设生态文明迫切要求林业加快构筑国土生态安全屏障

加强生态保护，提高生态文明水平，是加快转变经济发展方式、实现科学发展的重要着力点，也是提高人民群众生活质量的必然要求。我国生态状况依然十分脆弱，生态文明建设与可持续发展面临着严峻挑战。一是生存发展空间不容乐观。全国沙化土地面积174万平方公里，占国土面积的18.1%，还有石漠化土地面积12.96万平方公里，并且以年均2%左右的速度扩展。二是土地质量严重下降。全国水土流失面积达356万平方公里，占国土总面积的37.1%，每年流失土壤45亿多吨。我国中西部地区现有坡耕地3亿多亩，每年造成的水土流失占全国的30%以上。三是生物多样性面临严重威胁。全国已有233种脊椎动物濒临灭绝，36种野生植物的种群数量仅存1000株以下。四是天然湿地急剧减少，蓄水调洪能力和净水贮碳功能下降。生态问题已成为我国经济社会可持续发展最大的障碍之一，生态产品已成为我国最短缺的产品之一，生态差距已成为我国与发达国家的最大差距之一。林业作为生态建设的主体，解决生态问题迫切需要加强林业建设，加快构筑国土生态安全屏障。

四、应对气候变化迫切需要增加森林碳汇、提升减缓气候变化的能力

应对气候变化，不仅是人类社会共同面临的严峻挑战，也是我国实现科学发展必须着力解决的重大问题。森

林固碳减排，具有投资少、综合效益大等优点，是赢得国家排放空间和发展时间、抢占经济竞争优势的巨大潜力所在。胡锦涛总书记在联合国气候变化峰会上向国际社会作出了“大力增加森林碳汇，到2020年森林面积比2005年增加4000万公顷，森林蓄积量比2005年增加13亿立方米”的“双增”目标承诺。大力植树造林，加强森林保护，强化森林经营，已成为我国增加森林碳汇总量、提高应对气候变化能力的必然选择。

五、经济结构战略性调整迫切需要发挥林业维护资源和粮油安全功能

三是森林就其能源当量而言，是仅次于煤、石油、天然气的第四大能源，而且具有清洁安全、可再生、可降解、不与农争地、不与人争粮等优点，为维护国家能源安全，迫切需要将林业生物质能源作为我国新能源开发的重点。

六、推动文化大发展迫切需要繁荣生态文化

第二节 林业面临的挑战和发展潜力

一、面临的挑战

我国林业建设虽然取得了举世瞩目的成就，但与国民经济和社会发展的总体要求还很不适应，各种结构性、深层次矛盾和问题也进一步凸显，特别是短期问题与长期矛盾交织在一起使新时期林业发展面临巨大挑战。

总体上看，生态建设与社会发展不协调，生态承载力与经济增长需求不适应，主要林产品供需矛盾突出，“十二五”时期林业改革、发展、保护任务依然艰巨。

二、发展潜力

林业是循环经济、绿色经济和低碳经济的复合体，在建设生态文明、促进可持续发展的新形势下，积极稳妥地化解制约林业发展的各种不利因素，充分挖掘和释放林业潜力，努力增加林业生态、物质和文化产品的有效供给，对于切实增强经济社会可持续发展能力具有重要意义。

一是林地利用率和生产力提升空间很大。

二是物种资源开发利用潜力巨大。

三是林产品市场需求潜力巨大。

四是林业解决劳动力就业优势明显。

第三章　“十二五”林业发展基本思路

第一节 指导思想

“十二五”林业发展的指导思想是：高举中国特色社会主义伟大旗帜，以邓小平理论和“三个代表”重要思想为指导，深入贯彻落实科学发展观，全面实施以生态建设为主的林业发展战略，以发展现代林业、建设生态文明、推动科学发展为主题，以加快转变林业发展方式、提升林业质量效益为主线，以实现兴林富民为目标，坚持依靠人民群众，坚持依靠科技进步，坚持依靠深化改革，加大生态建设保护力度，加强森林经营，加快培育主导产业，加快繁荣生态文化，更好地完善林业三大体系，更好地凸显林业四大地位，更好地履行林业四大使命，更好地发挥林业五大功能，努力构建现代林业发展的基本框架，奠定生态文明建设的牢固基础，创建科学发展的良好环境，为全面建设小康社会做出新贡献。

> 三大体系→指现代林业建设的三大目标，即，构建完善的林业生态体系、发达的林业产业体系、繁荣的生态文化体系。
> 四大地位→温家宝总理在中央林业工作会议上指出，“在贯彻可持续发展战略中林业具有重要地位，在生态建设中林业具有首要地位，在西部大开发中林业具有基础地位，在应对气候变化中林业具有特殊地位”。
> 四大使命→回良玉副总理在中央林业工作会议上指出，“实现科学发展必须把发展林业作为重大举措，建设生态文明必须把发展林业作为首要任务，应对气候变化必须把发展林业作为战略选择，解决‘三农’问题必须把发展林业作为重要途径”。
> 五大功能→中央林业工作会议明确赋予林业五大功能，即生态、经济、社会、碳汇和文化功能。

“十二五”时期，以发展现代林业、建设生态文明、推动科学发展为主题，就是要更加突出林业在生态建设中

的主体作用，更加突出林业在人口资源环境协调发展中的关键作用，更加突出林业在惠农富民中的重要作用，更加突出林业在应对气候变化、增强碳汇能力中的特殊作用。通过实施五大战略，不断开发林业的多种功能，满足经济社会发展对林业的多样化需求。

实施国土生态安全屏障战略，构筑国土生态安全体系。以保护和建设森林生态系统、治理和修复荒漠生态系统、保护和恢复湿地生态系统、维护生物多样性为核心，以重点工程为带动，以山洪泥石流等地质灾害易灾区为重点，加强森林资源保护与经营，大力开展植树造林，深入开展全民义务植树。强化野生动植物和湿地保护，加强自然保护区建设，构筑绿色生态屏障，形成维护国土生态安全的保障体系。

实施固碳减排战略，提升应对气候变化能力。通过加强林地保护、严格控制林木采伐和湿地占用、强化森林防火、有害生物防治和森林执法，减少毁林排放，防止森林退化。通过木材防腐、改性等措施延长木材寿命，维护自然生态系统固碳总量，增强森林固碳能力；开展造林绿化，扩大森林面积，加强森林经营，提高森林质量，增加森林碳汇，抵减工业排放，提升应对气候变化能力。

实施繁荣生态文化战略，促进生态文明建设。积极构建繁荣的生态文化体系，弘扬人与自然和谐相处的生态价值观，让生态融入生活、用文化凝聚力量，形成尊重自然、保护自然、合理利用自然的生产生活方式，建立一批自然保护区、森林公园、森林人家、湿地公园、博物馆等具有特色的生态文明教育基地，加强宣传教育，增强生态意识，加大生态文化作品创作和挖掘力度，加快生态文明建设进程。

第二节 基本原则

——坚持把加快转变发展方式作为林业发展的重要途径。

——坚持把应对气候变化作为林业发展的重要内容。“十二五”时期，必须采取更加有效的措施，提高林业应对气候变化的能力。积极发展碳汇林业，积极参与气候变化林业议题国际谈判。增强林业在应对气候变化国家战略中的作用，努力构建具有我国林业特色又适应国际规则的全国林业碳汇计量与监测体系。

第三节 主要目标和总体布局

一、主要目标

根据经济社会发展的客观要求，为确保实现2020年奋斗目标奠定坚实基础，“十二五”林业发展目标是：5年完成新造林3000万公顷、森林抚育经营（含低效林改造）3500万公顷，全民义务植树120亿株。到2015年，森林覆盖率达到21.66%，森林蓄积量达到143亿立方米以上，森林植被总碳储量力争达到84亿吨，重点区域生态治理取得显著成效，国土生态安全屏障初步形成，林业产业总产值达到3.5万亿元，特色产业和新兴产业在林业产业中的比重大幅度提高，产业结构和生产力布局更趋合理；生态文化体系初步构成，生态文明观念广泛传播。到2015年林业发展主要指标如下：

- ◆ 林地保有量达到3.09亿公顷；
- ◆ 国家级公益林保护面积达到1.13亿公顷；
- ◆ 新增沙化土地治理面积达到1000万公顷以上；
- ◆ 湿地面积达到4248万公顷，自然湿地保护率达到55%以上；
- ◆ 林业自然保护区面积占国土面积比例稳定在13%左右，林业系统国家级自然保护区面积达到7200万公顷以上；
- ◆ 90%以上国家重点保护野生动物和80%以上极小种群野生植物种类得到有效保护；
- ◆ 义务植树尽责率达到65%，城市建成区绿化覆盖率达到39%，人均公园绿地面积达到11.2平方米，村屯建成区绿化覆盖率达到25%；
- ◆ 商品材年产量达到1亿立方米左右，人工林商品材供应率达到70%左右；
- ◆ 主要经济林产品总产量达到2亿吨，产值7000亿元；
- ◆ 林业生物质能源占我国可再生能源比例达到2%；
- ◆ 主要造林树种种子全部实现基地供种，良种使用率达到65%；
- ◆ 森林火灾受害率稳定控制在1‰以下；
- ◆ 林业有害生物成灾率控制在4.5‰以下；
- ◆ 科技进步贡献率达到50%；
- ◆ 集体林地确权率和林权证发放率达到90%以上；
- ◆ 林业生产累计直接提供就业机会100亿个工日；

◆ 森林公园总数达到3000个，面积达到1800万公顷，森林旅游累计接待游客18亿人次，产值7000亿元。

专栏2 林业“十二五”时期发展的主要指标

指标	2015年	属性
森林覆盖率（%）	21.66	约束性
森林蓄积量（亿立方米）	143以上	约束性
新增沙化土地治理面积（万公顷）	1000	约束性
自然湿地保护率（%）	55	约束性
林业自然保护区面积占国土面积（%）	13	约束性
国家级公益林保护面积（亿公顷）	1.13	约束性
林地保有量（亿公顷）	3.09	预期性
义务植树尽责率（%）	65	预期性
科技进步贡献率（%）	50	预期性
良种使用率（%）	65	预期性
林业产业总产值（万亿元）	3.5	预期性

二、总体布局

综合考虑《全国主体功能区规划》、《中国可持续发展林业战略研究》和《全国林业发展区划》成果，继续按照“西治、东扩、北休、南用”优化配置林业生产力布局，充分挖掘林业五大功能，紧密结合现代林业三大体系建设，重点突出“十大生态屏障、十大主导产业、重点生态文化基地”。

（一）构筑十大国土生态安全屏障

按照国家推进形成主体功能区的要求，以重点工程为依托，加快在东北森林区、西北风沙区、沿海区、西部高原区、长江、黄河、珠江、中小河流及库区、平原农区、城市区等构筑十大生态屏障，形成维护国土生态安全的保障体系。

第四章　加快建设国土生态安全体系

充分发挥林业在生态保护与建设中的主体功能，以保护建设森林、湿地、荒漠生态系统和维护生物多样性为核心，以林业重点生态工程为依托，以防范和减轻风沙、山洪、泥石流等灾害为重点，加快实施国土生态安全屏障战略。

第一节 加强林业生态保护与建设

一、保护和建设森林生态系统

实施林业重点生态工程，全面加快国土绿化步伐。加强森林资源管护，切实保护天然林和原始森林。大力开展植树造林，巩固和扩大退耕还林成果，建设“三北”、长江和沿海等重点防护林体系，推进全民义务植树，促进森林生态系统的自然恢复和人工修复，努力建设以林草植被为主、布局合理、结构稳定、功能完善的绿色生态屏障。

二、保护和恢复湿地生态系统

实施湿地保护工程，全面加强对湿地的抢救性保护和对自然湿地的保护监管，对退化或面临威胁的重要湿地进行生态补水、污染治理、限养限用、保育结合等综合治理，重点建设国际和国家重要湿地、各级湿地保护区、国家湿地公园以及滨海湿地、高原湿地、鸟类迁飞网络和跨流域、跨地区湿地，有效保护和恢复湿地功能。

三、治理和修复荒漠生态系统

坚持科学防治、综合防治、依法防治的方针，统筹规划全国防沙治沙工作，加大《防沙治沙法》宣传和执法力度，全面落实防沙治沙目标责任制，启动实施沙化土地封禁保护区建设，建设重点地区防沙治沙工程和全国防沙治沙综合示范区，恢复林草植被，构建以林为主、林草结合的防风固沙体系。

四、维护和发展生物多样性

第二节 加快推进林业重点生态工程

一、天然林资源保护二期工程

（一）长江上游、黄河上中游地区天然林资源保护工程区。实施范围包括长江上游地区（以三峡库区为界）的云南、四川、贵州、重庆、湖北、西藏6省（自治区、直辖市）和黄河上中游地区的陕西、甘肃、青海、宁

夏、内蒙古、山西、河南7省（自治区）的750个县（市、区）、61个国有林业企事业单位，共811个实施单位。“十二五”期间主要任务是继续停止天然林商品性采伐，加强森林管护、中幼林抚育和公益林建设等。

（二）东北内蒙古等重点国有林区天然林资源保护工程区。实施范围包括内蒙古、吉林、黑龙江（含大兴安岭）、海南、新疆（含新疆生产建设兵团）共5个省（自治区）境内的84个国有重点森工企业、16个地方森工企业、3个国有林管理局、3个旗（市）及27个县级林业局（场）。“十二五”期间主要任务是进一步调减木材产量，加强森林管护、中幼林抚育和后备资源培育等。

二、退耕还林工程

实施范围包括重点水源涵养区、黄土高原水土流失区、严重岩溶石漠化地区和重点风沙区等4个类型区，建设重点为西南岩溶石漠化地区、三峡库区、南水北调中线工程水源涵养区、黄土高原丘陵沟壑区、地震和特大泥石流重灾区等重点生态脆弱区和重要生态区位。“十二五”期间主要任务是巩固已有退耕还林成果，并开展一定规模的退耕地造林、宜林荒山荒地人工造林和封山育林等。

三、三北防护林体系建设五期工程

实施范围包括北京、天津、河北、山西、内蒙古、辽宁、吉林、黑龙江、陕西、甘肃、宁夏、青海、新疆等13个省区市和新疆生产建设兵团。在风沙区构建乔灌草相结合的防风固沙防护林体系，在西北荒漠区构建以沙生灌木为主的荒漠绿洲防护林体系，在黄土高原丘陵沟壑区构建生态经济型防护林体系，在东北华北平原农区构建高效农业防护林体系。同时，在科尔沁沙地、毛乌素沙地、呼伦贝尔沙地、晋西北、河西走廊、柴达木盆地、天山北坡谷地、塔里木盆地周边、准噶尔盆地南缘、阿拉善地区、晋陕峡谷、陇东丘陵、渭河流域、湟水河流域、三江平原、松辽平原、长白山、海河流域、乌兰布和沙漠周边等区域内，组织实施一批重点建设项目。“十二五”期间主要任务是开展人工造林、封山育林和飞播造林等。

四、全国沿海防护林体系建设工程

实施范围包括辽宁、河北、天津、山东、江苏、上海、浙江、福建、广东、广西、海南等沿海11省区市和大连、青岛、宁波、深圳、厦门5个计划单列市中受海洋性灾害严重危害的261个县（市、市辖区）。从浅海水域向内陆地区延伸建设以红树林为主的消浪林带、海岸基干林带和沿海纵深防护林。“十二五”期间主要任务是开展人工造林、封山封滩育林、低效防护林改造（基干林带修复）等。

五、长江流域防护林体系建设三期工程

实施范围包括青海、西藏、甘肃、四川、云南、贵州、重庆、陕西、湖北、湖南、河南、安徽、江西、江苏、山东、浙江、福建、上海等18个省区市。管理培育好现有3000万公顷防护林，加强中幼龄林抚育，改造低效林；加大水源涵养林、水土保持林、护岸林建设力度，完善防护林体系基本骨架，提高整体防护功能。“十二五”期间主要任务是开展人工造林、封山育林、中幼林抚育和低效林改造等。

六、珠江流域防护林体系建设三期工程

实施范围包括江西、湖南、云南、贵州、广西和广东6个省区。依据珠江干流各河段及一级支流集水区范围，在南、北盘江流域、左、右江流域、红水河流域、珠江中下游流域和东、北江流域开展水源涵养林建设和水土流失及石漠化治理。“十二五”期间主要任务是开展人工造林、封山育林和低效林改造等。

七、太行山绿化三期工程

实施范围包括河北、山西、河南、北京4省市。在桑干河、大清河、滹沱河、滏阳河、漳河、卫河、沁河等7个流域营造水源涵养林和水土保持林，并加强五台山周围、桑干河中上游、滹沱河上游、西柏坡周围、大清河上中游、滏阳河上中游、沁河中游、太岳山山地、漳河上游、卫河上游等重点区域治理。“十二五”期间主要任务开展人工造林、封山育林和低效林改造等。

八、平原绿化三期工程

实施范围包括北京、天津、河北、山西、内蒙古、辽宁、吉林、黑龙江、上海、江苏、浙江、安徽、福建、江西、山东、河南、湖北、湖南、广东、广西、海南、四川、陕西、甘肃、宁夏、新疆等26个省区市和新疆生产建设兵团。以全国粮食主产省和粮食主产县为重点区域，以农田防护林带建设为重点内容“十二五”期间主要任务是开展人工造林、现有林网改造等高标准农田林网建设。

九、京津风沙源治理二期工程

实施范围将在一期的北京、天津、河北、内蒙古、山西5个省区市75个县（市、区、旗）的基础上，适当科学合理地调整扩大。巩固一期工程建设成果，在总体推进的同时，强化治理区域和植被恢复方式的针对性。“十二五”期间主要任务是开展退耕还林（均为一期规划剩余任务）、人工造林、封山育林和飞播造林等。

十、国家级沙化土地封禁保护区建设

建设范围包括内蒙古、西藏、青海、甘肃、宁夏、陕西和新疆等7个省区。在主要沙尘源和沙尘暴主要路径区的西北干旱区和部分半干旱区依法划建一批国家级沙化土地封禁保护区，封禁保护面积近30万平方公里，通过对封禁保护区农牧民转产安置、加强封禁保护区管护设施建设和封禁及监管能力建设，促进区内植被的自然恢复，减轻沙尘暴危害。

十一、野生动植物保护及自然保护区建设工程

十二、全国湿地保护工程

根据《全国湿地保护工程规划（2002—2030年）》的总体部署，实施《全国湿地保护工程实施规划（2011—2015年）》，全面加强对湿地的抢救性保护和对自然湿地的保护监管。重点建设国际和国家重要湿地、各级湿地保护区、国家湿地公园以及相关的流域湿地生态系统，并对滨海湿地、高原湿地、鸟类迁飞网络和跨流域、跨地区湿地给予优先考虑，形成国家层次示范效果。加强对一些生态退化严重湿地采取水资源调配与管理、污染治理、生态恢复与修复、有害生物防治等综合治理。加强湿地资源监测、管理等支撑体系建设。

十三、岩溶地区石漠化综合治理工程

实施范围包括贵州、云南、广西、湖南、湖北、四川、重庆、广东8个省区市的451个县（市、区），在“十一五”试点的基础上全面启动实施。一是对南方石漠化土地通过封山育林（草）、退耕还林（草）、人工造林种草等措施进行综合治理，逐步恢复林草植被；二是加强石漠化地区基本农田建设和农村能源以及人畜饮水工程建设，并在石漠化危害极其严重地区有计划、有步骤地开展生态移民；三是在不破坏生态的前提下，积极发展经济林、中药材等生态经济型特色产业和岩溶地区生态旅游，增加农民收入。“十二五”期间林业主要任务是开展人工造林、封山育林育草等。

第五章　加快发展林业产业体系

以《林业产业政策要点》和《林业产业振兴规划（2010—2012年）》为指导，加快发展绿色富民产业，大力提升传统产业，积极扶持战略性新兴产业，推动我国由林业产业大国向林业产业强国转变。

第一节 加快发展绿色富民产业

三、加快发展森林旅游业

按照“严格保护、科学规划、统一管理、合理利用、协调发展”的原则，积极发展以国家森林公园为主、国家级自然保护区和湿地公园、沙漠为辅的森林旅游产业基地。加快现有国家森林公园基础设施建设，大力发展适应区域性需求的不同层次的森林公园，引导扶持森林公园、森林人家建设，树立森林旅游品牌。积极推进精品景区、森林旅游示范县、示范村建设，鼓励发展特色森林旅游产品，形成品牌，提高市场竞争力；支持各地举办森林旅游节庆活动，培育良好的森林旅游市场，将森林旅游业培育成为林业第三产业中的龙头。积极发展滨海森林湿地生态游、山地森林生态游、沙漠游、冰雪度假游、温泉度假游、城郊森林休闲健身游等特色森林旅游形式；大力打造休闲度假、登山、漂流、滑雪、科考探险、养生、科普教育、民俗体验等特色森林旅游产品，增强森林旅游在旅游市场的竞争力和知名度。建立国家森林旅游试验示范区，探索生态保护与旅游开发良性互动的产业发展模式。

四、大力培育竹产业

五、加快培育花卉苗木产业

七、大力发展沙产业

在保护生态的前提下，以多用光、少用水、高科技为原则，以市场为导向，以资源培育为基础，以精深加工为途径，开拓沙产业的内涵和外延，提高沙区资源利用率，努力发展循环经济和低碳绿色环保产业。突出抓好应用高新技术开展的新兴产业及现代种植业、养殖业和加工业；积极推进名特优新干鲜果、特有药材和食用植物基地建设；大力开发果品、药品、保健品及藻类等系列产品，实现产业化、规模化经营；努力推广、引进节水新技术和新设备，提高沙区水资源利用率和太阳能利用；积极开展灌木资源的综合利用，大力推进以灌木为主的生物质能源和饲料林等产业的发展，形成区域优势突出、资源配置合理、品牌特色明显、综合效益显著的沙产业发展新格局，增加沙区农民收入，促进沙区经济社会可持续发展。

第四节 发展林业战略性新兴产业

一、加快生物质能源林基地建设

通过加强林业生物质能源林的定向培育、基地化建设及产业示范，提高林地生产力和林业剩余物利用率，形成稳定的原料供应渠道，为生物质能源持续发展提供资源保障。强化科技研发与创新，积极开展能源树种良种选育的科研攻关和推广应用，大力推广容器苗和实用造林技术，探索早产丰产的栽培管理模式，促进基地尽快产生经济收益。强化生物质能源林基地建设的社会化服务体系建设，积极争取国家专项资金扶持能源林示范基地建设；合理布局，完善和延长林业生物质能源产业链，提高林业生物质能源发展综合效益；鼓励、支持和培育大型龙头企业或集团公司参与林业生物质能源产业，推动能源林基地建设规模化持续发展。

二、积极培育林业生物产业、新能源产业和新材料产业

加强林业生物产业高效转化和综合利用。生物产品重点推进抗逆、抗虫、高产和优质基因的林木、竹藤品种等产业化；推进高品质的重要酶制剂的工业生产和应用，发展适用于林木的生物农药、生物肥料、植物生长调节剂等制剂产业，培育林业生物制品大型企业集团。生物制造重点是大力发展生物基产品，实现对化石原料的部分替代，加快用生物技术改造传统产业的生产工艺。加快森林药材的种植和林下资源培育，建立一批林药一体的生物制药产业示范基地。加强林业新能源产业发展。重点推动高热值、高含油且环境适应性强的能源树种新品种培育和产业化，以麻风树、无患子、黄连木、文冠果、光皮树等树种为主，在西北、西南、中原、华北地区发展林油、林热一体化产业。在薪材、灌木和林木剩余物资源集中区发展林电一体化产业。在林区、沙区和偏远农区进行物质成型燃料炉具应用试点和分散式生物质能生产生活利用示范。加强林业新材料产业发展。通过关键技术突破和产业化示范，以松脂、木本油脂、木本纤维素等林木生物质为原料，建立一批生物基高分子新材料和绿色化学品、糖工程产品和新型炭质吸附材料规模化示范企业。

专栏4　林业产业重点

1	油茶产业发展工程→建设油茶基地，保障国家食用油安全，提高国民膳食健康水平。建设油茶基地217万公顷，其中，新造56万公顷、更新改造122万公顷、嫁接改造2万公顷、抚育改造37万公顷。
2	林业生物质能源→开发麻风树、无患子、黄连木、文冠果、光皮树等生物质能源树种，建设林业生物质能源原料林基地，开发生物质高效能转化供热技术、发电技术、定向热解气化技术和液化油提炼技术，建设一批林木质电站。
3	特色经济林→调整农村，产业结构，促进农民增收。走区域化布局、良种化建园、规范化生产、市场化引导、集约化经营、标准化管理、集群化发展道路，根据比较优势，建设特色经济林产业带700万公顷，其中，新建200万公顷，低产林改造500万公顷。
4	木材生产基地建设→建设短周期浆纸和人造板原料林基地，建设各类珍贵树种基地，适量发展周期较长的热带和南亚热带特有珍贵用材树种，兼顾大径级用材林基地建设，提高基地木材产出率。

第六章　加快推进生态文化体系建设

实施繁荣生态文化战略，大力推进生态文明和生态文化教育示范基地建设，加快城乡绿化美化步伐，加强生态文化创作与宣传，引导全社会牢固树立生态道德观、生态价值观、生态政绩观、生态消费观等生态文明观念。

第一节 加强生态文明和生态文化教育示范基地建设

坚持严格保护、科学规划、统一管理、合理利用、协调发展，充分发挥森林公园在森林生态保护和观光休闲、健身疗养等方面的作用，大力发展城市型、城郊型森林公园，鼓励集体林建设成森林公园，形成布局合理、类型齐全、功能完备的森林公园体系。在有效整合现有国家森林公园的基础上，选择资源条件好、发展潜力大的200处重点国家森林公园，加强总体规划编制，打造一流景区。选择一批典型性、代表性、教育基础设施较好且交通便利的森林公园、湿地公园、自然保护区和生态文明教育深入扎实的学校、义务植树基地等命名为国家生态文明或生态文化教育示范基地；以国家级森林公园为重点，建设150处"全国生态文化教育示范基地"；在全国命名10处"全国生态文化示范基地"，50家"全国生态文化示范企业"和500个"全国生态文化村"。

第二节 推进城乡绿化美化一体化建设

在推进荒山造林、城市绿化和通道绿化的同时，按照城区园林化、郊区森林化、道路林荫化、农民庭院花果化要求，大力发展城市和乡村绿化。大力开展环城林、环镇林、环村林、单位庭院绿地、居住区绿地建设，推进立体绿化、屋顶绿化、绿荫停车场建设，为城乡群众提供游憩和林荫空间。结合新农村建设，开展村屯道路、庭院、

房前屋后绿化，广泛种植珍贵树种、经济林果，将农村居住环境改善与农民增收相结合。开展创建“国家森林城市”、“全国绿化模范单位（城市、区、县、单位）”等活动，不断推进森林城市、森林乡镇、森林村庄等建设，让城乡居民享受更多更好的生态产品。到2015年，城市建成区绿化22.5万公顷、乡镇建成区绿化30万公顷、村屯建成区绿化92.2万公顷。

第十四章　扩大林业对外开放

积极参与联合国防治荒漠化公约、湿地公约、濒危野生动植物种国际贸易公约和气候变化框架公约、生物多样性公约、植物新品种保护公约、植物保护公约等国际公约的履约、谈判，以及联合国森林论坛、蒙特利尔进程、森林执法与治理等进程和相关国际规则的制定，建立国际森林文书履约和国际森林问题谈判机制，进一步提升林业国际谈判能力，有效应对木材非法采伐及相关贸易、敏感物种、林业应对气候变化等国际林业热点问题，维护我国权益。

气象发展规划（2011—2015年）（摘录）

（中国气象局二〇一一年十二月印发）

三、指导思想和发展目标

（三）发展目标

到2015年，基本建立满足国家需求、结构完善、布局合理、功能齐备的公共气象服务系统、气象预报预测系统、综合气象观测系统，建成较完善的气象科技创新体系和充满活力的气象人才体系，显著提升气象现代化水平，进一步优化气象法制、文化、管理等发展环境，为实现国务院3号文件确定的2020年奋斗目标奠定坚实的基础。

气象防灾减灾能力明显增强。气象灾害监测预警、预报服务、应对准备、应急处置能力显著增强，“政府主导、部门联动、社会参与”的气象防灾减灾机制进一步完善，气象灾害造成的经济损失占国内生产总值的比例逐步降低。

应对气候变化能力不断提高。气候变化科学研究水平进一步提升，适应气候变化的对策更加科学，气候变化影响评估和气候资源开发利用取得显著进展，为国家应对气候变化内政外交问题的科技支撑能力明显提高。

气象现代化体系更加完善。公共气象服务业务能力明显增强，气象预报预测水平进一步提高，综合气象观测系统更加完善，气象资料应用和信息支撑能力显著提升，科技创新和人才队伍支撑能力进一步增强，公共气象服务质量和效益更加显现。

公共服务和社会管理职能进一步强化。气象法律法规及标准体系建设符合气象发展要求，气象依法行政能力和标准化整体水平明显提升。初步实现基本公共气象服务均等化，显著推进气象服务社会化进程，气象信息产业得到进一步发展。

“十二五”时期气象发展主要指标

气象信息公众覆盖率达到95%以上，公众气象服务满意度保持在85%以上。 灾害性天气预警信息提前15～30分钟发出。 人工增雨（雪）作业效率提高10%。 24小时晴雨和暴雨预报准确率分别保持在85%和22% 以上，温度24小时预报准确率达到70%以上，台风路径24小时预报误差减小到100公里以内。 短期气候预测水平在本世纪前10年基础上提高3%～5%。 实现单颗静止气象卫星每15分钟获取一次云图，卫星全球资料获取时效提高到2小时以内。天气雷达观测覆盖率提高10%左右。自动气象站乡镇覆盖率达到95%。 国家级高性能计算机运算能力达千万亿次，卫星、雷达资料占同化资料总量的85%以上。

四、强化公共服务，提高经济社会发展气象保障水平

围绕全面建设小康社会、加快转变经济发展方式对气象服务的需求，把提升公共气象服务能力作为重点任务，着力加强气象防灾减灾、应对气候变化、气候资源开发利用、气象为农服务、气象为城市运行服务以及江河流域、海洋、交通等重点领域的气象服务，不断提升公共气象服务水平。

（一）加强气象防灾减灾

强化气象灾害监测预报预警。加强关键性、转折性、灾害性天气和极端气候事件预报预警和实时监测分析，做好旱涝、冷暖等气候趋势预测，重点加强台风、暴雨（雪）、大雾、沙尘暴等气象灾害的中短期精细化预报服务和雷电、龙卷风、冰雹等强对流天气的短时临近预报服务。建立和完善跨地区跨部门联动、区域流域联防的气象灾害监测预防体系，重点做好大中城市、人口密集地区、重点保护部位和边远山区等气象灾害易发或防御薄弱区域的监测预警。

加强气象灾害预报预警信息发布。完善气象灾害预报预警信息发布制度。充分利用已有资源，完善预报预警信息发布手段，积极拓宽预报预警信息传播渠道，加快推进预报预警信息发布系统建设，形成国家、省、地、县四级相互衔接、规范统一的预报预警信息发布体系，提高预报预警信息的覆盖面、有效性和时效性。加强预报预警信息发布规范管理。

加强气象灾害风险管理。深入推进气象灾害风险普查，重点加强公共场所、人群密集场所等高风险区的气象灾害隐患排查，完善气象灾害风险管理数据库，开展气象灾害和极端天气气候事件风险评估和区划，提高全社会气象灾害风险管理水平。

强化气候可行性论证工作。建立气象灾害风险评估制度和气候可行性论证制度，面向城乡规划编制、重大区域性经济开发、农（牧）业结构调整、重大工程建设等开展气候可行性论证，充分考虑气候变化因素，努力减轻气象灾害影响。

加强气象灾害防范应对。推动各级政府编制和实施气象灾害防御规划，完善气象灾害应急预案体系和气象灾害防御信息共享平台，健全气象灾害防御社会动员机制。加强气象灾害防御基层队伍建设。强化军地和部门联防互动的应急联动机制。加大气象防灾减灾科普宣传力度，深入推进气象防灾减灾知识进农村、进学校、进企业、进社区、进厂矿、进工地，提高全社会气象防灾减灾意识和公众自救互救能力。

（二）积极应对气候变化

强化应对气候变化服务。积极落实国家适应气候变化总体战略，加强气候变化影响评估尤其是重点区域和行业风险评估。推动提高国家适应气候变化能力。发挥国家气候变化专家委员会的作用。针对粮食安全、能源安全、生态安全、水资源安全、灾害风险管理等国家应对气候变化热点问题，提供高质量的咨询服务。加强面向政府部门、专业人员和广大公众的应对气候变化知识培训和素质教育，提高全民应对气候变化意识。

加强气候变化科技支撑。加强气候变化监测服务，稳定获取并提供具有代表性、准确性和均一性的气候资料。加强温室气体的网络化观测，为温室气体排放源和吸收汇监测评估提供依据。探索气候变化和极端气候事件发生规律，研究人类活动、自然变化对全球气候变化影响，研发气候系统模式关键技术，完善高分辨率气候系统资料数据集和极端气候事件数据库，推进中国气候观测系统数据共享和气候资料质量控制标准化，提高气候模拟和气候变化预估水平。

加强气候资源开发利用服务。发展现代气候资源调查评估技术，开展空中云水资源、风能、太阳能资源和农业、林业、山地、海洋等气候资源调查评估，完成第三次全国气候区划。发展风能、太阳能预报技术，完善风能、太阳能资源专业观测网，为风电场、太阳能电站选址、建设、运行和电网调度提供气象服务。加强农业、海洋、旅游等气候资源开发利用服务，为能源结构调整提供科技支撑。

加强应对气候变化国际合作。加强科学研究、技术开发和能力建设等方面的务实合作。加强对政府间气候变化专门委员会开展科学评估及国内工作的组织协调，科学分析和应用评估结果，积极参与气候变化领域国际谈判并提供有力的科技支持。积极参与制定国际适应气候变化的相关制度。推进南南合作，为发展中国家提供应对气候变化的技术支持。

（三）强化气象为农服务

形成气象为农服务整体合力。发挥政府对气象为农服务的主导作用，将气象为农服务纳入农村公共服务体系，推动建立政府统一领导、综合协调，相关部门各负其责、有效联动的气象为农服务组织体系。探索气象为农服务的提供方式，充分利用各种农村公共服务机制和社会资源，拓展气象为农服务领域，努力形成气象为农服务的社会整体合力，提升气象为农服务的整体效益。

健全农业气象服务体系。提高农业气象观测自动化水平，加强农业气象观测和试验，强化农业气象监测预报，提高干旱、低温冷害、高温热害等重大农业气象灾害的预测预报能力。开展精细化农业气候区划，加强气候变化对我国农业生产力布局、种植结构、农业生态环境和农业气候资源的影响评估。加强粮食产量动态监测、预报和综合评估，发展与我国粮食进出口有关的国外主要粮食作物产量预报业务。大力发展气象兴农网。积极推进农村气象信息服务站建设。

健全农村气象灾害防御体系。完善农村气象灾害监测预报预警体系和农村气象灾害防御组织体系。健全以预防为主的农村气象灾害风险管理机制，开展农业气象灾害风险区划。积极推动农村气象灾害应急准备认证。强化涉农部门气象灾害信息交换共享机制。

（四）深化城市气象服务

强化城市气象灾害监测预警和应急防御。完善适应城市精细化、网络化管理的气象灾害监测预警体系，加强突发强降水、高温、雾霾、内涝等城市气象灾害监测预报预警服务，推进城市社区气象灾害应急准备认证。加快构建国家重点城市群的气象灾害监测防御体系。

加强城市生命线运行保障气象服务。加强城市高影响天气的气象预报预警服务，完善与交通、市政公用、电力、水务等部门的气象灾害响应联动机制，为有关部门的调度、指挥、联动提供优质气象服务，保障城市安全有序运行。

加强城市公众气象服务。优化城市气象观测布局，加强适应城市居民生活多样化需求的精细化气象服务，完善多种手段互补的城市气象信息发布体系，及时发布城市空气质量气象等级预报和紫外线辐射、花粉、人体舒适度等影响城市居民生活的各类气象信息。

加强重大活动气象保障。推广应用北京奥运会、新中国成立60周年庆祝活动、上海世博会、广州亚运会等重大活动气象服务经验和技术成果，推进重大活动气象服务体系的常态化建设，不断完善重大活动气象服务管理运行机制和业务服务体系，为重大活动提供优质气象服务保障。

（五）加强重点领域气象服务

加强江河流域和山洪地质灾害气象服务。强化江河流域和山洪地质灾害气象预警服务，提升覆盖江河流域和山洪地质灾害多发重发区域的综合气象观测能力和预警信息发布能力。加强水文气象业务服务，着力提高灾害易发区的强降水精细化监测分析和短时临近预报、定量降水估测和预报、降水落区预报、流域面雨量预报和强降水洪涝气象灾害风险评估能力。

加强海洋气象服务。加强海洋气象监测服务，推进海上大风、海雾和台风等海洋气象灾害预警预报技术研发，提高海洋气象灾害影响区域和强度的预警预报水平。加强面向港口作业、海洋油气生产、海上旅游、海洋渔业、海盐和盐化工业等领域的海洋经济气象服务。

加强交通气象服务。加强对能见度、强风、积雪、强降雨、路面结冰等高影响气象条件监测分析和交通气象灾害预警预报服务。建立完善交通沿路多种手段互补的预报预警信息发布系统。加强对机场、铁路、公路、港口等交通工程建设的气象影响评估。开展远洋运输、海上搜救等气象服务。

加强电力气象服务。联合电力部门和电网企业加强电力气象监测服务，发展电力设施覆冰监测预警技术，开展气象灾害对电网安全运行影响评估。提升保障电网安全运行的气象灾害监测预警水平和信息共享能力。加强输电线路工程设计、电力生产基地选址气候论证。加强电力生产调度专业气象服务。

加强生态气象服务。加强森林、草原、荒漠、湿地等典型生态系统的气候监测。发展生态气象灾害监测预警、重大生态环境问题和典型生态系统监测评估、生态气候适应性评价等生态气象业务服务，为保护生态环境、建设生态文明提供科学依据。

加强旅游气象服务。联合相关部门加快推进旅游气象服务试点，完善旅游景区气象观测系统，开展旅游景区特殊气象景观和旅游气象指数预报，开展旅游气候资源普查和重点旅游景区气象灾害风险评估，发展中国旅游天气网，完善节假日旅游安全气象服务联动机制。

（六）强化人工影响天气能力

优化人工影响天气业务布局。完善“政府主导、部门合作、社会参与”的工作机制，充分发挥国家人工影响天气协调会议制度的作用。依托气象基本业务系统，优化国家、区域、省、地、县各级人工影响天气业务布局，加快国家级人工影响天气中心建设，初步建立东北等5个区域人工影响天气中心，完善跨区域作业调度运行决策机制，建设全国统一协调、上下联动、区域联防、逐级指导的业务技术体系。

增强人工影响天气作业能力。完善各级人工影响天气业务技术系统，优化以雷达、卫星、飞机等多种探测手段构成的作业监测网，更新火箭、高炮等地面作业催化系统，建立作业效果检验区。提升人工增雨抗旱、防雹减灾、水库和河流增水、生态环境建设与保护、森林草原防火、机场和公路消雾、重大社会活动保障以及应对严重空气污染、城市高温天气等事件的作业能力。

提高人工影响天气科技支撑能力。加强国家级人工影响天气科研能力建设，强化对地方人工影响天气工作的科技支撑和技术示范。开展国家级重大科学实验，加强人工影响天气基础研究和新技术开发应用研究，加快科研成果业务转化，提高我国人工影响天气技术自主创新能力。

（七）大力发展气象信息产业

广泛吸引全社会积极参与气象信息产业市场的培育与开拓。引导和集聚社会有关创新主体、创新要素从事气象装备研发，重点发展气象技术装备高科技产业，提高装备制造国产化能力。调动各种社会资源发展壮大气象信息与工程技术服务，发展气象敏感行业和领域的气候风险咨询服务、专业化和个性化的气象信息增值服务。提高气象业务系统运行保障的社会化水平。

五、加强业务体系能力建设，提升气象现代化水平

（一）提升公共气象服务能力

（二）提高气象预报预测水平

（三）强化综合气象观测能力

（四）增强资料应用和信息支撑能力

六、积极推进重点工程建设

围绕“十二五”期间的发展目标、战略任务，按照统筹集约、突出重点、有序衔接、持续发展的原则，统筹协调中央、地方建设需求和投资能力，积极推进国家级重点工程项目，带动实施一批地方重点工程项目。

（一）气象卫星系统工程

为确保气象卫星系列化发展、业务化运行，稳步进行更新换代，继续实施风云二号03批卫星、风云四号试验和业务卫星、风云三号02批卫星和风云三号降水测量雷达试验卫星工程建设，显著提高遥感仪器定量探测精度。完善卫星地面应用技术设施，建设覆盖国家、省、地、县四级的遥感应用业务体系，提高卫星资料应用水平和效益。

（二）天气雷达工程

以进一步提高对气象服务重点区域和突发性气象灾害频发地区的覆盖率、显著提升雷达应用水平为目标，完成《新一代天气雷达建设增补站点布局方案》的建设任务及已建雷达技术升级和保障、培训体系建设，强化雷达网运行监控、质量控制、资料应用能力建设，推动雷达建设带动地县级预警服务能力提高。完善常规天气雷达布局，开展新型天气雷达试点建设。

（三）气象监测与灾害预警工程

完善农业、林业、城市、江河流域、交通、电力、旅游等重点领域气象灾害应急监测预警服务系统，推进雷电监测网和农村中小学校雷电防御系统建设，加快推进气象观测自动化和技术装备保障系统建设，建立国家级综合气象观测试验基地、气象专用技术装备质量检验测试中心和应急物资储备库。带动实施各省（区、市）气象监测预报预警等相关气象工程。

（四）气候变化应对决策支撑系统工程

以提升我国应对气候变化的科技支撑能力为目标，强化气候系统监测能力，发展气候系统模式，建设气候资料共享平台，完善应对气候变化影响评估、预测服务等决策支持系统，建设太阳能资源观测网，建设风能、太阳能开发利用气象保障业务系统。带动实施各省（区、市）应对气候变化及气候资源开发利用等相关气象工程。

（五）山洪地质灾害防治气象保障工程

建成山洪地质灾害防御气象监测预报预警服务体系，在山地和沟谷等易灾区建设自动雨量站、乡镇自动站、移动气象观测站、天气雷达、风廓线雷达、雷电探测仪和生态环境气象观测站，升级改造部分天气雷达和自动气象站，提高观测系统自动化水平，基本消除气象监测盲区。建设和改进易灾区的气象信息传输与管理、技术装备保障、资料档案、信息安全保障系统，建设强降水的精细化监测分析、质量控制与评估、定量降水估测和预报以及短时临近预报系统，建设和改进气象监测预警信息发布系统。带动各省（区、市）和新疆生产建设兵团实施地方山洪地质灾害防治气象保障工程。

（六）新增千亿斤粮食生产能力气象保障工程

在800个产粮大县和三大种子繁育基地建立省、地、县三级人工影响天气业务系统和农业气象观测、技术装备保障、信息传输及预报预警服务系统，建成上下协调、分级服务、快速响应的粮食生产气象保障服务业务。带动地方实施粮食增产气象保障工程。

（七）突发事件预警信息发布系统工程

广泛利用社会资源，充分利用现代媒体技术，完善国家突发事件预警信息发布手段，扩大预警信息发布范围，提高预警信息发布时效。带动实施各省（区、市）突发事件预警信息发布系统工程。

（八）人工影响天气工程

以提升人工影响天气技术开发与业务指导能力为目标，依托现有气象业务布局，加快国家和区域人工影响天气中心建设，建立国家人工影响天气业务系统和综合试验基地，完善人工影响天气作业监测网、作业指挥系统、作业和探测平台、效果评估平台、国家技术支撑平台、业务运行保障平台。带动未纳入新增千亿斤粮食生产能力气象保障工程的新疆、西藏、青海、甘肃、北京、天津、福建、海南、广东等地区的人工影响天气工程项目建设。

（九）海洋气象综合监测预报预警工程

针对我国海洋交通航线、责任海区气象观测服务薄弱环节，结合国家海洋经济发展试点，充分利用已有海洋气象业务建设成果，建设近海海洋气象观测网及其配套技术装备保障系统，发展海-气耦合数值预报模式系统、海洋气象灾害监测分析和预警预报系统，建立海洋气象灾害预警平台及海洋气象预警信息发布系统。加快推进《南海海洋气象业务发展专项规划》及相关工程项目的实施。带动渤海、黄海、东海、南海沿海各省（区、市）实施海洋气象监测预报预警工程。

（十）国家气象业务应急备份系统工程

以提高应对重大自然灾害和其他重大突发事件的气象业务服务能力和行业支撑能力为目标，积极推进国家气象业务异地应急备份系统建设，实现实时业务技术支撑系统的连续运行。

（十一）数值预报和高性能计算机系统工程

进一步发展全球/区域同化数值天气预报系统，研发新一代短期气候预测模式系统。加强国家级、区域中心和省级高性能计算机能力建设，建立基础数据与专题数据管理和服务系统，推进多种气象资料的管理、共享、备份等综合应用。带动实施区域和省级数值预报和高性能计算机系统工程。

（十二）基层气象台站能力建设工程

按照建设“一流台站”要求，以提高基层气象台站业务保障水平和改善工作生活条件为出发点，加强基层气象台站业务服务能力建设，改善台站探测环境，优化配套设施环境，营造气象文化氛围。加强西部和艰苦地区基层台站基础设施及值班公寓等设施建设。带动各省（区、市）实施气象台站综合改善配套工程。

（十三）区域和省级重点工程

充分发挥中央和地方的积极性，加快提升各地气象灾害防御能力、应对气候变化能力和气象为地方经济建设和社会发展的服务水平，按照地方投入为主的原则，结合地方需求，在气象灾害防御、应对气候变化、突发事件预警信息发布、气象为农服务、城市气象服务、人工影响天气、海洋气象保障、基层台站能力建设等重点领域，协调推进区域和省级重点工程建设（具体项目见附表）。支持西藏、新疆及四川云南甘肃青海等四省藏区跨越式发展的气象保障工程建设。支持新一轮西部大开发、东北地区等老工业基地全面振兴、中部地区崛起、东部地区率先发展等国家区域发展总体战略的配套气象工程建设。

七、保障措施（略）

北京市“十二五”时期节能降耗及应对气候变化规划（节录）

二〇一一年八月十一日

二、面临形势

未来五年，是本市全力实施“人文北京、科技北京、绿色北京”发展战略，推动北京向中国特色世界城市迈出坚实步伐的关键时期。加快转变发展方式的要求更加迫切，应对气候变化国际形势更加严峻，本市节能降耗和应对气候变化工作面临更高的发展要求。

第二章　推动未来五年领先发展

一、指导思想

“十二五”时期，本市节能降耗与应对气候变化工作的指导思想是：全面贯彻科学发展观，按照实施“人文北京、科技北京、绿色北京”战略和建设中国特色世界城市的总体要求，统筹兼顾经济社会发展与节能减碳关系，以提高能源利用效率为核心，强化倒逼机制，变压力为动力，强化顶层设计、合力推进，以降耗促发展，加快形成“内涵促降、系统促降”的绿色发展新格局，推动本市节能降耗和应对气候变化工作继续走在全国前列。

在规划实施中，突出“创新驱动、标准引领、制度引导、市场培育、整体推进”，更加注重五个方面的转变：

———坚持创新驱动，在依靠结构调整促降的同时，更加注重依靠技术进步。

———坚持标准引领，在挖掘存量节能潜力的同时，更加注重增量准入约束。

———坚持制度引导，在夯实各项基础工作的同时，更加注重合力推进。

———坚持市场培育，在强化政府主导作用的同时，更加注重发挥市场机制作用。

———坚持整体推进，在强化生产用能管理的同时，更加注重生活用能管理。

二、发展目标

（一）总体目标。

到2015年，能效水平显著提升，碳排放强度进一步下降，主要行业能源利用效率接近或达到世界先进水平，能源消费总量得到合理控制，节能减碳长效工作机制进一步完善，适应气候变化能力显著增强，进一步激发全社会共同参与的内生动力，初步形成绿色低碳发展方式，使北京成为节能低碳技术“创新源”、先进标准创制“引领者”、市场服务资源“集聚地”和节能低碳发展配套政策改革“试验区”。

（二）具体指标。

———能耗强度保持全国领先。万元地区生产总值能耗比2012年下降17%。

———碳排放强度实现显著下降。万元地区生产总值二氧化碳排放比2010年下降18%。

———能源结构实现低碳化调整。优质能源消费比重达到80%以上，其中天然气比重超过20%；新能源和可再生能源占能源消费的比重力争达到6%左右。

———控制工业碳排放总量。工业生产过程二氧化碳排放控制在2010年水平。

———林业碳汇能力进一步增强。森林覆盖率达到40%，林木绿化率达到57%，碳储量增加100万吨。

第三章　着力提升内涵促降能力

一、突出科技创新驱动，强化技术支撑

充分发挥科技创新的支撑引领作用，完善节能低碳科技创新机制，统筹规划，全面部署，调动市场主体积极参与，构筑以企业为主体、市场为导向、产学研用相结合的节能低碳科技创新体系，增强节能低碳发展自主创新能力，把完成节能减碳的工作压力转变为促进低碳绿色发展的新动力。

（一）提升节能低碳技术创新能力。

充分发挥首都创新资源优势，结合中关村国家自主创新示范区建设，促进节能低碳共性关键技术研发创新。加强节能低碳领域科技平台建设，推动已有各类科技条件资源开放共享。支持产学研用合作，建成一批国家级、市级节能低碳工程研究中心和工程实验室，加大专业人才培养力度。围绕提高建筑能效、降低交通能耗、推行清洁生产等本市节能低碳发展中的重点领域，组织开展相关产业技术路线图研究。结合战略性新兴产业培育，加大城市生活垃圾处理、新能源汽车、太阳能建筑一体化等领域的技术攻关力度，促进节能环保产业发展。

（二）加大节能低碳技术产品推广力度。

继续制定发布北京市节能节水环保产品技术推广目录，加大重点用能领域的新技术、新产品推介力度。通过组织技术论坛、召开产品推介会、编制项目案例等方式，大力推广一批先进适用的节能低碳技术。继续推广高效节能电机、节能变压器等工业节能设备和节能汽车等节能型交通运输工具。大力推广绿色高效照明产品，基本淘汰白炽灯。

（三）加强节能低碳创新示范引导。

试点推进延庆等低碳绿色发展示范区建设。系统规划通州新城、未来科技城、丽泽金融商务区、新首钢高端产业综合服务区等低碳示范区建设。支持一批重大节能低碳技术试验示范项目，积极推进新能源和节能技术产业化、规模化发展。

（四）搭建节能低碳创新服务平台。

以系统提升节能低碳技术发展水平为宗旨，整合本市技术、资金、机构等各类资源，搭建节能低碳发展创新服务平台。以平台为载体，加强对节能低碳各个环节的统筹协调和顶层设计，并系统推动落实。大力推进政产学研用协同创新，打造集需求调研、技术研发和应用推广为一体的全链条服务体系。

二、突出先进标准引领，强化能耗约束

围绕产业发展、产品能效、居民消费等多个领域，研究建立重点产品、公共机构能耗定额管理制度，制定完善工业、建筑、交通等领域节能标准，综合健全区域节能标准体系，全方位推动各领域能效水平提高，努力使本市节能低碳标准走在全国最前列。

（一）完善产业能耗标准体系。

以标准为手段引导产业发展，注重产业标准与国际水平的对接，实施更加严格的用水、用能等产业准入标准。贯彻执行国家关于重点工业设备和生产工序能耗限额标准，修订工业用能用水指导指标，严格控制“两高一资”项目和落后生产工艺、设备准入。以建筑业、交通运输业、通讯业、批发零售及宾馆饭店业等为重点，研究制定行业合理用能指南。推进建立重点行业领域能源消费总量控制制度。探索推行行业“领跑者”计划，塑造一批能效水平领先的先进企业。

（二）综合提升建筑节能标准。

修订完善建筑节能标准，力争使本市成为同等气候条件地区单位建筑面积采暖能耗较低的城市。提高建筑节能标准，新建居住建筑实施75%节能设计标准，加快修订完善新建公共建筑节能设计标准，细化相关设计指标。研究制定学校、医院等不同类型建筑能耗定额标准、用能设备节能运行管理规程等技术标准，进一步完善建筑节能标准体系。全面加强建筑节能运行管理，加大重点建筑项目的设计审查、建设施工、竣工验收等环节的节能监察力度，鼓励使用节能环保型建筑材料。

（三）强化能效标识引导。

建立完善生活消费品能效对标体系，试点推进纺织、食品、汽车等行业能效对标工作，针对重点技术、重点工序、重点设备和重点产品，挖掘节能潜力，提高行业整体能效水平。建立完善各类电子电气产品能耗定额，在批发零售企业强制推行产品能效标识，着力推进能效二级及以上节能产品的普及。加大“中国能效标识”宣传力度，鼓励和引导消费者选购节能产品。加强能效标识市场管理，强化对不达标和虚标产品的监管。积极探索低碳标识的应用推广。

（四）健全节能低碳管理标准。

积极落实《能源管理体系要求》国家标准，鼓励执行ISO50001全球自愿能源管理体系，研究制定地方能源管理标准体系，推进企业能源管理标准化。健全节能监测标准体系，修订完善综合监测、单项用能设备监测、用能系统监测、供能质量监测等各类监测标准。研究制订功能区、行业、单位等不同层面的低碳发展指导指标。

三、突出市场服务机制，强化市场作用

有效发挥市场在资源配置中的基础作用，大力完善和推广合同能源管理机制，充分发挥价格杠杆作用，积极落实节能低碳相关领域财政税收和金融政策，培育和扶持一批具有核心竞争力的节能低碳市场服务机构，探索建立节能量交易与碳交易机制，促进节能服务业规范健康发展。

（一）大力推行合同能源管理机制。

出台促进节能服务业发展指导意见，加强对节能服务机构发展规范引导，培育壮大一批综合性节能服务公司。落实合同能源管理财政奖励政策，在公共机构、工业、民用建筑等领域大力推广实施合同能源管理项目。研究完善地方支持合同能源管理发展的综合配套政策，探索加强对节能效益分享、节能量保证、能源费用托管等多种模式项目的支持。培育节能量第三方审核认证机构，完善资质管理。

（二）试点推行节能量交易和碳交易机制。

结合能源消费总量控制机制，推进区域间、重点用能单位之间开展节能量交易。落实国家《自愿碳排放市场管理暂行办法》，鼓励企业积极参与自愿减排交易。

实施温室气体排放报告制度，研究制定重点企业温室气体排放总量控制目标，制定《碳交易试点实施方案》，试点开展碳排放权交易。统筹节能量交易与碳排放交易关系，完善交易市场建设，培育节能量和碳排放第三方核证机构。

（三）强化价格杠杆调控作用。

充分发挥能源价格对节能降耗行为的市场调控作用，根据国家相关政策，适时合理调整优化能源价格，理顺天然气、供热、电力价格形成机制。落实国家促进风力发电、垃圾发电、太阳能发电的电价政策，完善地方新能源发电价格补贴机制。加大本市差别电价、峰谷电价等的实施力度，探索实施居民阶梯电价。落实国家对“万家企业”的属地节能管理要求，根据能源消费定额标准以及碳排放总量要求，研究设定重点用能企业年度能耗指标，探索对超出指标部分实施累进加价制度。健全污染者付费制度，研究完善城市垃圾、污水处理等收费制度。

（四）积极完善财税金融政策。

落实促进节能服务企业税收优惠政策，持续完善合同能源管理项目的财政补贴、贴息贷款等政策。鼓励金融机构引入能源节约与温室气体减排评价要素，开展绿色金融，提供节能减碳项目融资、保理等金融服务。鼓励银行建立绿色信贷机制，设立绿色信贷专营机构，开展能效融资项目合作。扩大社会资本投入，鼓励企业通过市场化融资渠道、国际组织援助、发行债券等方式广泛融资，支持节能环保企业上市融资。

支持设立节能低碳和新能源基金、碳基金等各类绿色产业发展投资基金。

第四章　深度挖掘结构促降潜力

一、深入推进产业升级，强化节能低碳发展

坚持高端、高效、高辐射产业发展方向，坚决淘汰退出劣势产能，积极培育新能源和节能环保产业等新经济增长点，全面打造节能低碳的现代产业体系，努力实现经济发展和节能减碳的双赢局面。

（一）积极培育现代产业体系。

坚持服务经济、总部经济、知识经济和绿色经济的发展定位，巩固和强化首都经济特征。加快落实中关村“1＋6”政策，进一步优化中关村创新创业环境。大力发展知识密集型产业，优先发展服务主导型、创新驱动型、生态友好型的低能耗服务产业，促进金融服务、信息服务、科技服务等生产性服务业加快发展。制定落实关于加快培育和发展战略性新兴产业的相关政策，加快构建以战略性新兴产业为引领、高技术制造业为支撑、现代制造业协同发展的现代产业体系。培育壮大节能环保和低碳服务

业，着力打造节能低碳领域的“北京创造”、“北京服务”品牌。

（二）继续推进落后生产能力退出。

进一步推动水泥行业落后产能淘汰，“十二五”期末水泥年生产能力控制在700万吨以内。落实《北京市关于进一步加强淘汰落后产能工作的实施意见》，加快推进小化工、小铸造、电镀等高污染、高耗能、高耗水行业企业退出，继续加大工业企业落后工序和设备淘汰力度。做好工业闲置资源再利用，加快发展高端替代产业。

（三）大力发展循环经济。

提倡文明、节约消费理念，鼓励减量消费，创建绿色消费城市。加强再生资源回收，探索建立地区生产者责任延伸制度，建立专业机构回收与企业逆向物流回收相结合的再生资源回收体系。研究探索资源再生产品市场推广机制，完善政府采购政策，培育扩大再生资源产品市场。推进一批高端再制造项目建设，打造“城市矿产”示范基地。

（四）全面推行清洁生产。

加强清洁生产工作统筹管理和协调推进，修订完善本市促进清洁生产的有关政策。深入推进工业领域清洁生产，完成重点污染源企业清洁生产审核，引导具备条件的企业实施中高费项目。扩大审核范围，研究制定服务业清

洁生产相关标准规范，积极推进农业、建筑等行业清洁生产。鼓励企业建立健全从项目建设到产品开发设计、生产经营、销售服务的全过程绿色管理体系，引导企业开展绿色标志认证工作，塑造一批清洁生产典范企业。加强审核中介服务机构管理，探索开展清洁生产后评价。

二、优化能源供应结构，持续提升优质能源比重

按照“适度超前、优质高效”的原则，加快推动能源结构优化，构建安全、稳定、多元化的低碳能源供应体系，大幅削减煤炭终端消费，减排二氧化碳等温室气体，强化能源的高效经济利用。

（一）实施煤炭消费总量控制。

全面压缩发电、工业及民用燃煤总量，加快中心城燃煤热电厂、大型燃煤锅炉清洁能源改造，建成四大燃气热电中心，整合供热资源，构建安全高效清洁的“‘１＋４＋Ｎ’＋Ｘ”供热体系。继续推进非文保区平房、简易楼小煤炉清洁能源改造，基本实现五环路内无煤化。严格控制新城新建燃煤设施，在具备条件地区，逐步推动燃煤锅炉的清洁能源改造。到2015年，煤炭消费量控制在2000万吨以内。

（二）提高天然气消费比重。

加快建设“安全、高效、智能”天然气管网系统，提升天然气供应能力，扩展应用空间和领域。到2015年，实现天然气消费量达180亿立方米，占能源消费总量比重达20%以上。

（三）打造智能电力系统。

加快本地电厂清洁低碳改造力度，积极推进新能源发电并网，逐步提高绿色电力比重，提升电力生产环节发电效率。建设电网智能监测与调度系统，优先安排节能、环保、高效发电机组上网，改造升级老旧线路及设备，降低电力输送环节能耗。出台电力需求侧管理实施细则，完善需求侧管理工作体系，支持能效电厂工程建设，鼓励实施蓄能、分布式能源项目，探索建立电力需求响应机制和系统工程，提升终端用电效率。

（四）大力发展可再生能源。

开展可再生能源调查评估工作，重点推进太阳能、地热能、生物质能、风能的开发利用，到2015年，实现太阳能光伏发电装机容量达到25万千瓦，太阳能集热器面积达到900万平方米，生物质发电装机容量达到20万千瓦，地热能利用规模力争达到5000万平方米。

三、优化城市功能布局，降低城市运行系统能耗

统筹规划城市空间布局，优化公共资源配置，突出功能分区特色，完善绿色出行系统，降低城市运行系统能耗水平。

（一）加强城市人流物流与能流的统筹规划。

加强城市发展的规划管理，统筹城市功能布局，把资源能源节约纳入城市空间开发的重要评价因素，引导人口有序流动和合理分布。组织开展城市系统运行与能耗的关系研究，找准影响城市运行系统能耗的关键环节，制定配套解决措施。把系统节能作为城市空间开发利用的重要因素和城乡规划部门、项目审批部门决策的重要依据，切实强化城市功能配置、空间布局与能源利用等资源环境配套设施的统筹衔接。

（二）着力推进城市服务与产业功能融合布局。

以集聚集群发展为导向，加强对就业、公共服务、商业休闲等资源的合理配置引导，鼓励就近就业，形成与空间结构、产业发展和人口分布相协调的公共资源配套体系。着力推进旧城功能疏解、重点新城和功能区生态化建设，形成与空间结构、产业发展和人口分布相协调的医疗卫生、交通、教育等公共资源设施配套体系，实现城市服务与产业功能协调发展，以城市功能布局优化推动能源利用方式优化和能源利用效率提升，降低城市经济社会活动的系统能耗。

第五章　系统提升重点领域能效

一、深化工业领域节能，进一步降低碳排放通过实施适度超前的行业准入制度、更加严格的淘汰退出机制、更大力度的技术改造措施、更为精细的节能管理手段，进一步提高工业发展能效水平，减少工业生产过程温室气体排放，工业领域节能工作持续保持全国先进水平。

（一）深入推进工业企业节能改造。

充分发挥能源审计对企业能效提高的提升作用，扩大能源审计实施范围，对年综合能耗５０００吨标准煤以上的重点用能单位开展能源审计，鼓励和支持用能单位开展节能综合改造。制定百家企业节能行动方案，组织企业开展能源审计，深度挖掘节能潜力。加强对能源审计与节能改造效果的后评价，推动重点企业持续改进。

（二）引导企业加强能源利用管理。

将节能低碳理念贯穿到新建工业项目设计、施工、生产全过程，加强对新建工业项目的能效管理，鼓励企业从产品生态设计、工艺改造、生产过程和废物回收利用等全流程加强碳排放控制。在汽车、家电等行业试点推行“能效领跑者”制度，推进生产企业开展能效对标工作。加强企业内部能源运行动态监控，鼓励运用物联网、云计算等信息化技术和手段，加强生产过程能源消耗的监测和精细化管理。强化能源管理队伍建设，逐步完善企业能源及节能管理机构。

（三）加快建设生态工业示范园区。

加强企业用能、用水管理，推动企业向专业园区集聚，促进企业能源设施共享，降低园区整体运行能耗。鼓励有条件的园区和企业发展热电联产和冷热电联供分布式能源，提高能源利用效率。鼓励园区加大新能源和可再生能源利用。

二、大力发展低碳建筑，系统推进运行节能

全面推进既有建筑的节能改造，切实发挥公共机构示范作用，实现单位建筑面积能耗水平逐步降低。加快可再生能源应用，大力推进绿色建筑与住宅产业化契合发展，减缓温室气体排放。

（一）继续推进既有建筑节能改造。

强化各企事业单位既有建筑节能改造实施主体责任，加快推动既有建筑节能改造，完成6000万平方米既有建筑节能改造和20万户农宅节能工程。统筹加强建筑设施设备节能改造，建筑抗震加固、改建扩建要与既有建筑节能改造同步实施。鼓励采用市场化融资和组织模式实施改造项目，大力推广节能建筑门窗、节能电器等节能产品。全面推动建筑供热计量改革，到2015年，实现公共机构、符合50％节能标准的既有居住建筑和公共建筑基本完成供热计量改造，实行热计量收费。

（二）突出发挥公共机构示范作用。

制定公共机构用能定额标准，组织开展公共机构用能调查测评，推动政府办公楼、市属高校等重点单位开展能源审计。完成2000家公共机构节能改造，政府机构率先全部完成。全面加强政府机关用能管理，严格公务车油耗定额管理和日常办公耗能管理。积极推动公共机构能源费用支出制度改革。发挥公共机构节能减碳表率作用，创建50个节约型公共机构。

（三）推广绿色建筑与住宅产业化发展模式。

推行绿色建筑标准，制定绿色建筑管理办法，政府投资项目和重点产业园区的新建建筑原则上全部采用绿色建筑标准。出台绿色建筑行动方案，推动绿色建筑由单体向园区集群扩展，绿色建筑规模力争达到3500万平方米。持续改进建筑生产组织方式，扩大住宅产业化试点规模，到2015年实现产业化住宅占当年新建住宅面积的比例达到30％。

三、深入推动绿色交通，综合促进交通节能

加快完善公交网络，建立起以轨道交通为骨干、步行和自行车等多种交通方式协 调运转的立体化交通网络，居民出行结构进一步优化，全行业能耗水平进一步降低。

（一）优化居民出行结构。

坚持公共交通优先战略，引导居民绿色出行，到2015年，中心城公共交通出行比例力争达到50％。加快轨道交通新线建设，2015年建成运营里程达到660公里。依托轨道交通站点和公交枢纽，加强自行车租赁服务网络，设置1000个左右自行车租赁点，形成5万辆以上租赁规模，建成一批自行车、步行交通示范街区。建成完善的微循环交通网络，优化轨道交通与其他交通对接系统，破解“最后一公里”交通难题。

（二）建成新一代智能交通系统。

建设完善智能化交通运行协调和应急指挥系统，加强交通运行管理和调度协调。建设区域交通信号控制系统、智能化交通应急指挥系统、实时交通信息服务与诱导系统，为市民出行提供更为实时、便捷的交通信息服务。拓展动态交通服务网络，基本覆盖全市域范围。全面推行甩挂运输和不停车收费，动态导航终端应用达到100万台，ETC标签应用达到60万张。

（三）积极推广新能源汽车。

鼓励使用轻型或燃烧效率高的节能环保型汽车，大力推广应用混合动力、纯电动等新能源汽车，配套完善电动汽车充电设施和输配电网络，到2015年新能源汽车规模达到4万辆以上，力争淘汰老旧机动车40万辆。

（四）提升交通设施运行的综合能效水平。充分挖掘交通场站节能潜力，实施综合改造。加强对交通运输工具的能耗管理，

力争2012年起实施国家第五阶段机动车污染物排放标准。构建“物流信息平台”，提升物流运输效率。引导减少重型柴油卡车使用，鼓励使用轻型或燃烧效率高的车辆，优化货运车辆结构。组建5万辆规模的“绿色车队”。

第六章　提升其它领域减碳能力

一、开展农业减源增汇能力建设

（一）大力发展低碳农业。

遵循减源增汇原则，加快发展都市型生态农业和设施农业，重点发展高效优质种植业、绿色低碳养殖业、生态观光休闲产业和低碳、循环农业示范园区。加强冬春季农田生物覆盖，治理裸露农田。推广建设新型节能日光温室大棚，推动建设一批低碳生态农业示范园区。积极推广农业生产节能设施设备，推广节能型农业机械，提高低耗高效农业设施比例。

（二）积极推进农业废弃物资源化综合利用。

因地制宜开展秸秆、畜禽粪便等农业废弃物的生物能转化和资源化利用，实现农业的减源增汇。推广复式机械联合作业、保护性耕作与节水农业技术、测土配方施肥技术。发展绿色畜禽业，培育高产优良畜禽品种，采用生物处理，厌氧发酵等技术做好粪污治理与资源化利用。

二、强化废弃物处理领域温室气体控制

（一）促进生活垃圾源头减量。

积极推广居民生活垃圾分类投放，优先推进厨余垃圾分类回收，逐步推广垃圾分类收运。推动实施垃圾分类收集容器、车辆、密闭式垃圾清洁站、转运站等配套设备设施的购置、更新、升级改造。继续推进垃圾分类回收试点社区、街道建设，探索适合不同区域特点的多样化的生活垃圾分类收集模式。

（二）提高废弃物处置能力和水平。

合理规划建设一批先进生活垃圾处理设施，实现全市生活垃圾处理能力达到3万吨／日。推广餐厨垃圾资源化处理，力争2015年全市餐厨垃圾处理能力达到2900吨／日。推进园林废弃物就近处理设施建设，推动资源化利用。加强处理设施污染防控，治理非正规垃圾填埋场，鼓励填埋场开展垃圾填埋气回收项目。继续建设和升级改造一批污水处理厂，规划建设一批污泥处理设施，有效减少废弃物处置领域温室气体排放。

三、增强园林绿化系统碳汇能力

到2015年，形成功能较为完善的“山区绿屏、平原绿网、城市绿景”三大体系，全市碳储量增加100万吨。

（一）提升山区森林碳汇能力。

大力推进山区生态建设和森林健康经营，着力增强森林生态系统的综合服务功能。稳步推进岩石裸露地区植被恢复，完成40万亩宜林荒山绿化、5.5万亩关停废弃矿山生态修复和150万亩山区低质生态公益林升级改造以及300万亩中幼林抚育工程。继续积极开展义务植树，鼓励开展森林碳汇项目和相关的服务体系建设，提升森林碳汇能力。

（二）构筑平原绿色生态网络。

沿主干道路、大中河道及部分铁路线，新改建12万亩通道绿化带，基本实现大中河道、主干交通线、铁路线两侧全部绿化。改造提升16.7万亩防护林，建成11个新城滨河森林公园、南中轴森林公园、南海子郊野公园等一批城市公园，积极推动未来科技城等重点功能区绿化建设。综合治理平原沙坑、荒滩、零星沙地和残次林，完善平原防护林网。完善一批绿色生态景观走廊，提高平原绿网骨架水平。加强野鸭湖、汉石桥等湿地公园建设与保护，充分发挥湿地固碳作用。

（三）加快城市绿色景观体系建设。

拓展城市绿化空间，建设百余处精品休闲绿地，2015年实现中心城80％居住区出行500米到达公共绿地的目标。加强中心城立体绿化，大力实施公共建筑屋顶绿化、建筑墙体垂直绿化、立交桥和停车场绿化等多层次、立体化绿化工程，完成2000公顷代征绿地绿化和100万平方米立体绿化。

第七章　提高适应气候变化能力

一、提升城市基础设施适应气候变化能力

推进城市空间布局气候可行性论证研究工作，探索开展重大项目气候可行性论证。组织开展气候变化对城市安全运行的影响评估，科学系统制定适应性方案和措施。进一步完善供气、供电、供热调度系统的协调联供机制，

实现城市能源供应系统的统筹管理，提高城市生命线基础设施的建设标准和抗灾等级，有效应对极端气候事件。加快完善科学的城市防洪排涝系统，立足基本市情，提高城市防洪排涝标准，科学规划，提高设施的系统性，狠抓集雨工程规划建设，提高雨水收集利用水平。优化城市绿地和水体布局，有效控制城市热岛效应。加强园林绿化系统应对气候变化措施的研究和实施，增强园林绿化系统抗旱、防病、防火能力。实施最严格的水资源管理制度，强化水资源统一管理和调度，进一步加强与河北、山西等周边省市的水资源合作，加快推进海水淡化研究，做好项目储备，提高干旱气候应对能力。

二、提高极端气候事件应急能力

制定市区两级抗御不同类型气象灾害应急预案，健全覆盖全市的气象等监测和自然灾害预警系统。研究分析极端气候事件的发生规律，进行不同区域气象灾害风险及损失预评估，优化配置各类减灾资源。提高气象灾害的防灾减灾能力，加强人工影响天气的能力建设和山洪泥石流易发区的治理力度，完善应对各种重大灾害的应急避难设施。全面加强消防、防洪、防震等设施能力和救援队伍建设，开展定期培训和交流。

三、增强医疗与公共卫生体系适应气候变化能力

加强气候变化情境下可能发展蔓延的疾病流行规律及防治研究，逐步完善监测监控网络，提高突发公共卫生事件的快速反应与应急处置能力。开展气候变化对人体健康影响的知识普及教育，强化对老年人、儿童、病人、残疾人等容易受极端气候事件影响人群的医疗服务保障。完善社区公共体育配套设施，推动各类公共体育场馆资源向社会公众共享开放，推进体育设施的便民化和可及性，为群众增强体质提供方便经济的健身活动条件。

第八章　夯实节能减碳基础工作

一、完善能源与碳排放统计计量体系

（一）加强能耗基础统计计量。

加强对地区能源流动消费的全过程统计，完善建筑、交通、公共机构能耗以及可再生能源利用统计制度，为开展节能目标分解和考核提供支撑。科学细化能源计量体系、统计指标，落实国家《用能单位能源计量器具配备和管理通则》、《能源计量监督管理办法》，加强用能单位节能计量器具规范化、标准化配置管理，提高计量工作有效性。

（二）建立碳排放统计体系。

逐步建立温室气体排放清单报告制度，整合现有能源、水资源、园林绿化、林业碳汇等统计信息资源，逐步建立全市统一的温室气体排放数据统计核算体系。

二、健全能源与碳排放监测平台

（一）完善节能监测服务系统。

统筹现有各类节能在线监测系统，建立数据定期反馈和沟通机制。建成“１＋４＋Ｎ”节能监测服务平台，提高适时监测水平和系统性，统筹健全现场实地监测与在线数据监测的协同工作机制。继续推动国家办公建筑和大型公共建筑用电动态监测。加快区县节能监察队伍建设，力争2012年底前所有区县完成专业节能监察执法队伍组建。加强节能与环保、工商、质监、统计等领域联合执法。

（二）初步建立碳排放监测体系。

探索建立全市主要能源行业、高碳排放行业的温室气体统计、监管、监测体系。逐步完善二氧化碳排放监测制度，逐步建立碳排放因子定期测量机制，完善碳排放监测方法和系统。

三、健全用能单位能源管理体系

（一）规范节能评估和审查制度。

修订固定资产投资项目节能评估和审查管理办法，完善配套制度，开发建设节能评估和审查信息平台系统。在新上项目投资审批过程中严格执行固定资产投资项目节能评估与审查，从源头实现节能增效。

（二）完善能源管理岗位备案和能源管理师制度。

推动重点用能单位建立完善的能源管理体系，鼓励有条件的企业建设能源管理中心，统筹管理企业全过程、全系统节能。实施重点用能单位能源管理岗位备案与能源利用状况报告制度，定期向节能主管部门报送相关情况。推行能源管理师制度，在电力、大型公建、交通等重点领域以及节能服务机构先行试点。加强能源管理岗位资格培训。

四、加强多方交流合作

（一）探索建立国际合作机制。

加大节能降耗及应对气候变化领域重大问题的研究力度，积极开展节能减碳与经济发展的协同关系、国际碳税对本市经济发展的影响等重大战略研究。积极参与国际气候变化合作项目，充分利用国际气候变化相关援助资金，支持节能降耗、可再生能源利用、林业碳汇等项目开展。加强与气候变化领域国际组织、非政府组织之间的联系交流，积极开展节能低碳技术指标体系、气候友好技术、国际对标等方面的合作。

（二）广泛开展国内交流互动。

加强与国内低碳试点省市的经验交流与合作，推进京津冀都市圈在资源能源与产业发展方面的多方位合作。组建市级低碳政策研究中心，成立北京市节能减碳专家委员会，提升温室气体排放清单编制、专业人才培养等基础能力，为全市相关工作开展提供决策支持和技术指导。

第九章　强化规划实施综合保障

一、落实目标责任

（一）完善目标分解和考核机制。

（二）做好规划任务分解落实。

二、加强统筹调控

（一）加强组织领导。

市应对气候变化及节能减排工作领导小组统一领导本市节能减碳工作，研究、审议、决策重大问题。发展改革部门作为牵头单位，负责总体设计、组织协调、系统推进和预警调控；各相关主管部门按照职责分工，细化专项方案，抓好分管工作落实。各区县、各部门要进一步强化对节能降耗与应对气候变化工作的组织领导，明确主要领导和主要负责人为第一责任人。

（二）建立节能形势分析会商机制。

（三）强化重大项目联合调度。

充分发挥市应对气候变化及节能减排工作领导小组统筹协调作用，强化节能减碳重大项目统筹管理，建立责任明确、协调有力、管理规范、运作高效的项目联合调度机制。加强项目科学论证，规划储备实施一批对节能减碳成效显著的项目。

三、动员社会参与

（一）深入开展宣传培训活动。

（二）动员全社会自觉参与。

陕西省应对气候变化“十二五”规划（节录）

二〇一一年十二月十六日

三、主要目标

总体目标：到2015年，控制温室气体排放取得明显成效，适应气候变化的能力显著提高，与气候变化相关的科技创新取得重大进展，公众应对气候变化意识明显增强，应对气候变化的体制和机制进一步完善。

根据上述总体目标，把大幅降低能源消耗强度和二氧化碳排放强度作为约束性指标，从而有效控制温室气体排放。到2015年，努力实现以下主要目标：

——加快转变经济发展方式，合理控制能源消费总量，提高能源利用效率，使单位国内生产总值能源消耗和二氧化碳排放大幅下降。到2015年，实现单位生产总值能源消耗比2010年降低16%，单位生产总值二氧化碳排放比2010年降低17%左右。

——大力优化能源消费结构，形成能源多元化发展、多功能互补的新格局。到2015年，非化石能源占一次性能源消费比重达到10%左右。

——大力实施植树造林、退耕还林，增强森林碳汇能力。到2015年，营林造林2300万亩，森林蓄积量达到4.7亿

立方米，森林覆盖率提高到43%，森林碳汇达到11.77亿吨，年均吸收二氧化碳2354万吨。

——加强农田水利基本建设，选育抗逆品种，改进栽培技术，提高农业适应气候变化能力。五年治理水土流失面积3.25万平方公里，农业灌溉有效面积达到2000万亩，灌溉水利用系数提高到0.55以上。

——合理开发和优化配置水资源，加快生态保护重点工程建设，构建生态安全屏障，增强生态系统适应气候变化的能力。到2015年，力争建成一批重要水源工程，新增供水能力18亿立方米；强化节水管理，单位工业增加值用水量降低20%。

——加强气候变化领域的基础研究，加快低碳技术的研究开发和推广应用。到2015年，力争在若干气候变化研究领域达到世界先进水平，在新能源、节能和清洁能源技术创新方面取得重大进展。

——加强气候变化的宣传、教育和培训，提高社会公众积极应对气候变化的意识，动员和组织全社会广泛参与到防灾减灾活动中来。到2015年，力争基本普及气候变化相关知识，营造应对气候变化的良好社会氛围。

——加大体制、机制创新力度，完善节能法规和标准，健全节能市场化机制和对企业的激励与约束，建立多部门参与的决策协调机制。到2015年，基本形成低碳发展的地方法规和标准体系框架，以节能减排为重点的目标责任考核和激励、约束机制进一步强化。

第四章　缓解气候变化的重点领域与主要任务

面对未来气候变化的多方面挑战，必须增强危机意识和忧患意识，树立绿色、低碳发展理念，把积极应对气候变化作为转变经济发展方式的一个重要环节，加大重点领域的工作力度，努力建设资源节约型、环境友好型社会，提高减缓与适应气候变化的能力，为我国的可持续发展和保护全球气候做出新的贡献。

一、控制温室气体排放的重点领域

（一）加强产业结构调整升级，发展以低碳排放为特征的现代产业体系

我省正处在工业化、城镇化快速发展阶段，实现有效控制温室气体排放，必须走结构调整升级之路。逐步使以高碳排放为特征的传统产业体系向以低碳排放为特征的现代产业体系过渡，推动国民经济又好又快发展。

——加快发展服务业特别是现代服务业，使三次产业在低碳引领中趋于协调发展。针对我省服务业发展滞后的突出矛盾，大力发展低能耗、低排放、低污染特点的服务业。依托科教优势和人才优势，加快发展生产性服务业，尤其是金融、保险、物流、商务、会展、研发、服务外包等生产性服务业。加快设立西安陆港型综合保税区、西安浐灞金融商务区和以西安为中心的会展经济圈，打造具有国际一流水平的服务外包基地和全国创意产业示范基地。适应消费扩张和升级趋势，加快发展生活性服务业，提升餐饮、零售、住宿、旅游等传统行业的层次，扩大音乐、健身、新媒体、心理咨询等新行业的规模。发挥文化资源丰富的优势，大力发展文化创意、出版发行、影视、演艺娱乐、动漫等文化产业，促进社会主义文化大发展、大繁荣。到2015年，服务业增加值在全省国内生产总值的比重由39%提高到42%，带动单位国内生产总值能源消耗和二氧化碳排放大幅下降，促进三次产业在低碳发展中趋于协调，形成一、二、三产业协同带动经济增长的新格局。

——加快工业内部结构调整升级，逐步把以高排放为特征的资源依赖型发展模式转变到以低碳为特征的技术创新模式上来。顺应国内省内消费需求趋旺的形势，大力振兴能耗较低的食品、纺织服装和一般日用品工业，努力在研发、设计、市场营销、品牌塑造等高增加值环节上实现突破，扩大产业规模，改变工业结构偏重的格局，提高本省产品在省内市场的覆盖率，大幅度降低物流能耗和物流成本。依托较为雄厚的工业基础，加快发展低能耗的先进装备制造业和高新技术产业，尤其是优先发展信息、新材料、生物医药、节能环保、新能源和智能电网等低碳战略性新兴产业，努力通过提高自主创新，特别是原始创新能力，增强核心竞争力，壮大产业规模，到2015年战略性新兴产业增加值占生产总值比重达到15%以上。发挥综合科技优势，加快能源化工、有色金属等重化工业的技术创新和技术升级步伐，努力通过高端化、精细化延长产业链，从初级产品为主，向精深加工为主转变，走出一条高碳产业低碳发展的新路径。

——加快淘汰落后产能，遏制高耗能高排放产业发展。根据资源环境承载能力，综合运用法律、经济、行政手段，限制高耗能、高污染和资源性的“两高一资”行业产能扩张、限制“两高一资”型产品出口，推动该行业全面转型升级。建立健全淘汰落后产能机制，严格市场准入、强化经济、法律约束，加大执法和处罚力度，禁止落后产能进入市场，压缩落后产能市场空间，限期淘汰落后产能，有序降低高耗能、高排放产业在国民经济中的比重。

（二）调整优化能源结构，增加清洁可再生能源比重

按照构筑稳定、经济、清洁、安全能源供应与服务体系的要求，强化清洁、低碳能源开发和利用的鼓励政策，

大力发展可再生能源，推进煤的清洁高效开发利用，通过能源结构优化，减缓由能源生产和转换过程产生的温室气体排放。

——加快发展水电。在保护生态基础上，依托丰富的水电资源，加大开发力度，把水电作为我省能源结构向清洁低碳化发展的重要途径。按照大中小并举的方针，加快推进汉江流域水电梯度开发，建成一批大型水电站；在有条件的地方，充分利用水能资源大力发展小水电。全面启动嘉陵江流域、黄河北干流水电开发利用，推进古贤水电站前期工作。到2015年，新增水电装机138万千瓦，总装机规模达到394万千瓦。

——大力发展风电。充分利用陕北、渭北风能资源丰富的条件，抓住国家建设“陆上风电三峡”的机遇，加快风电场规模化开发，重点建设靖边、定边等风电场重大项目，形成一批百万千瓦级大型风电基地。到2015年，投产及开工风电装机达到200万千瓦。

——着力推进太阳能发电和热利用。以陕北和渭北为重点实施“金太阳”示范工程，建设国电5兆瓦、华电5兆瓦以及国华靖边20兆瓦大型荒漠太阳能并网光伏发电项目。在偏远地区推广户用光伏发电系统，建设离网小型光伏电站。在资源丰富的大中城市推进光伏屋顶发电、光伏幕墙等光电一体化工程。同时，在城市推广太阳能集中供热水系统、太阳能采暖和太阳能制冷工程，在农村和小城市推广太阳能热水器、太阳屋和太阳灶。2015年，太阳能发电装机容量力争达到100万千瓦，建成一批以太阳能应用为主的新能源示范城市，全省太阳能热水器系统集热面积达到1000万平方米。

——积极开发利用生物质能源和地热能。以生物质发电、沼气、地热为重点，拓展可再生能源的开发领域。根据关中资源和运输情况，在生物质资源丰富的县区，适度布局建设生物质发电和小火电燃煤机组改生物质发电项目。在条件具备的大型垃圾填埋场建设高环保标准的垃圾发电项目和沼气利用工程。陕北地区利用沙生灌木平茬和退耕还林生物质资源，有序发展生物质发电项目。陕南地区利用秦巴山区丰富的等含油或含淀粉植物资源，推进非粮生物质液体燃料项目建设，适度发展生物柴油和燃料乙醇。到2015年，生物质发电装机容量达到50万千瓦，生物质液体燃料年利用量达到120万吨，生物质固体成型燃料年利用量达到220万吨。积极推广集中养殖场沼气工程以及生物质气化项目，普及户用沼气，农户沼气池普及率达到30%以上。充分利用关中良好的地下热水的储水条件，重点在西安、咸阳、渭南、商洛和杨凌示范区等地热资源丰富地区，在满足环保和水资源保护要求的前提下，扩大地热供暖规模、推广地源热泵技术等地热能高效利用技术。到2015年地热能供暖面积达到600万平方米，地热能供热水300万吨。

——加快开发天然气、煤层气等清洁能源。充分利用天然气、煤层气储量丰富的资源优势，加大勘探开发力度，形成更大规模的产业化优势。在天然气采区，适度发展天然气化工。进一步扩大天然气向县城管道输送的覆盖面，推进城镇燃气化。优先利用煤层气发电，加快韩城、吴堡矿区煤层气勘探、开发、利用进度，建设彬长、韩城、铜川矿区矿井瓦斯综合利用基地，在渭北重点煤矿建设一批瓦斯发电站，同时，积极发展以煤层气为燃料的“分布式”电源。到2015年底完成“气化陕西”二期工程，实现30%的重点镇气化，市级以上城市气化率达到85%，县区级以上城市气化率平均达到60%，重点乡镇气化率平均达到40%，总气化人口1500万人，占城镇人口的68%。

——大力度推广利用清洁煤发电技术。瞄准世界清洁煤利用的前沿技术，加快科技创新和管理创新，大力发展大容量、高参数、低能耗火电机组和热电联产机组。进一步实施“上大压小”政策，加快促进小火电全面退役。统一调配和集中使用关停容量，2015年，建设单机60万千瓦以上的大机组达到60%以上，提高发电效率；新建热电全部采用单机30万千瓦以上热电机组，逐步替代供热小锅炉。加快发展新型清洁煤发电技术，推进整体煤气化联合循环电站（IGCC）、大容量循环流化床电站（CFBC）等示范项目建设，建设一批具有西部特色的绿色电站。2015年，全省原煤入洗率平均达到70%以上，煤矸石、煤泥综合利用率达到100%。

（三）全面推进能源节约，提高能源利用效率

节约能源，是应对气候变化，实现节能减排的现实选择。要以提高能源效率为核心，以技术进步为根本，以能源体制、机制改革为保障，构建节约能源的发展方式和消费方式，大力推进重点节能工程，努力使重点行业、重点领域节能取得长足进步，有效降低碳排放强度。到2015年，全省单位工业增加值能耗降低21%，主要工业产品单位能耗达到国内先进水平。

——推进钢铁、有色金属行业节能。运用低碳技术全面淘汰落后工艺和装备，钢铁业采用精料入炉、高氧喷煤等先进工艺技术和设备，电解铝、钛、钼业等采用国际先进水平和国内一流水平的新工艺技术，提高资源综合利用

水平，降低能耗和二氧化碳排放。引导企业进行节能和环保技术改造，推广应用余热余压利用技术、废渣综合利用技术，实现烟气余热回收—余热发电，冶炼渣100%综合利用。

——推进能源化工、建材行业节能。大力推广应用能源绿色开采和高效利用技术，减少开采、加工过程中的物料使用量和温室气体排放量。加快石油伴生气的回收利用，逐步解决“火炬放空”现象。着力建设低碳化的煤化工、油化工、盐化工工业园区，实施工业园区热电联产。积极推广水泥高效节能粉磨设备和水泥窑余热发电技术，对现有大中型回转窑、磨机、烘干机进行节能改造。引导玻璃产业发展先进的浮法工艺，鼓励建筑陶瓷产业推广应用辊道窑技术，提高产品质量，降低能源消耗。

——推进交通运输行业节能。严格执行老旧机动车淘汰制度，加速淘汰高耗能、高排放的老旧汽车，限制超标高耗能交通运行。引导运输经营者采用柴油车、大吨位车、集装箱等专业运输车辆，鼓励家庭购买使用节能小排量汽车。在大城市规划建设电动汽车充换电站，逐步推广电动汽车使用。实行“公交优先”战略，率先在公交系统普及推广新能源、清洁燃料为动力的低碳交通工具，为全社会树立典范。引入物联网技术，大力发展智能化交通网络，推进客运“零乘换”、货运“无缝衔接”综合枢纽建设；合理布局城市道路，提高通行速度，缓解交通堵塞现象。加快发展西安都市圈城市地铁、轻轨网络，完善地铁、公共汽车等公共交通的对接功能，提高公众出行效率。倡导低碳出行，有序建设“以免费自行车服务网络”为代表的慢行交通体系。

——推进建筑行业节能。按照国家和省的建筑节能标准，对新建建筑从规划、设计、施工到验收实行全过程监督管理，对达不到65%节能标准的建筑项目不予立项，达不到节能标准的建筑不予验收合格。大力推行建筑长寿命的设计，按照百年使用期设计主要城市的建筑，延长建筑物使用年限。鼓励施工企业采用绿色施工技术与装备，对新建居住建筑采用保温、隔热、静音性能好的新型节能墙体材料。大力推广集中式太阳能热水系统、热泵热水系统、太阳能并网光伏发电等可再生能源在建筑中的应用。提高空调系统自动化控制水平，推广主机房模糊变频的控制技术、新风换气技术的应用。组织推广绿色建筑设计、施工和节能建筑示范工程，实施绿色建筑评价标识制度。加快对非节能居住建筑、大型公共建筑和党政机关办公建筑进行节能改造。“十二五”期间，实施既有建筑节能改造200万平方米，可再生能源建筑规模化应用500万平方米。

——推进全社会综合节能。加快实施燃煤工业锅炉改造、区域热电联产、余热余压利用、节约和替代石油、电机系统节能、能量系统优化、建筑节能、绿色照明、政府机构节能、节能检测和技术服务体系建设等十大重点节能工程，搞好20个节能示范工程和200户年耗万吨标煤以上企业的节能工作。在工业生产领域，着力推广天然气锅炉、高效节能风机、变频调速电机和生产过程自动化控制、先进检测系统等技术；在商业和民用领域，着力推广高效节能家用电器和办公电器，积极推进居民家庭用能分户计量；在城市街道和建筑领域，着力普及照明自动控制和太阳能路灯、风光互补路灯等新能源产品；在党政机关，带头使用节能空调、照明系统和办公自动化系统，完善优先采购节能产品的制度。加强节能中介机构及技术服务体系建设，增强为各类市场主体提供节能诊断、设计、融资、改造、运行、管理“一条龙”服务的能力。到2015年，全省公共机构建筑单位面积平均电耗下降20%。

（四）大力推进植树造林，增强森林碳汇能力

森林是陆地生态系统的主体，可以将排放到大气中的二氧化碳以生物量形式固定下来，通过植树造林增强森林的这种碳汇功能，能够在控制温室气体排放中发挥重大作用。要把植树造林作为应对气候变化“有生命的重要基础设施”，加快生态省建设，扩大城乡森林覆盖率。

——加大植树造林力度，扩大森林面积。完善各级政府造林绿化目标管理责任制和部门绿化责任制，充分利用我省土地辽阔的条件，推动全民义务植树活动有序开展，推动退耕还林深入发展。陕南、关中地区结合荒山荒坡治理，大力发展生态公益林、速生丰产林、高效经济林；陕北结合荒漠化、石漠化治理，大力推进植树种草，恢复和增加植被。生态环境脆弱地区，实行飞播造林，结合人工造林，实现草、灌、乔结合。建设黄河、渭河、洛河、无定河流域绿化带。搞好大中城市绿化建设，发展城市森林，推进屋顶绿化工程。加快绿色通道、绿色城镇、绿色家园建设，搞好农田防护林网、河流护岸林建设，全面提高森林固碳能力。

——抓好林业重点生态工程建设。进一步推进天然林资源保护、长江防护林和“三北”防护林体系建设，构建生态安全屏障。继续实施国家级森林公园、野生动物保护区及自然保护区建设等林业重点工程，全面加强生态综合治理。

——加强森林管理，提高现有林分质量。加大对森林土壤保护力度，减少森林土壤流失，增强土壤贮碳能力。加强对森林水分、火灾和病虫害的管理与控制，实施林分抚育管理，通过增加森林生物量密度提高森林质量，增强

森林生态系统整体碳汇功能。

——加强林权制度和国有林场改革。以生态效益和经济效益“双赢”为目标，改革林权制度，调整林地结构，加强林地、林木流转制度建设，依法规范森林资源资产的评估和流转行为，建立健全经营主体多元化，权责利相统一的林业经营制度，调动农民和其它社会主体造林、育林、护林的积极性。

（五）大力发展循环经济

按照减量化、再利用、资源化原则和新型工业化道路的要求，推进生产、流通、消费各环节循环经济发展，把传统的“资源—产品—废弃物排放”的线性物流模式改造成为现代的“资源—产品—废弃物再生资源”的物质循环模式，加大废弃物的回收利用，实现变废为宝。

——完善循环经济发展机制。综合运用法律、经济、行政手段，建立健全循环经济的激励约束制度。引导从源头上节约发展、清洁发展，尽可能减少对高耗能产品的使用量，最大限度地减少这些产品在生产和使用过程中的温室气体排放。鼓励企业根据产品内在联系聚集发展，共享资源和互换副产品。实行生产者责任延伸制度，形成生产者回收利用和处理自己产品的市场规则。鼓励生产者在产品设计环节就将方便回收和循环利用纳入生产经营体系，拉长资源利用链条，提高资源利用率。

——推进资源再生利用产业化。加快资源循环利用产业发展，重点做好废金属、废纸、废塑料、废旧轮胎、废弃电子电器产品、废旧机电产品、废弃包装物等再生资源回收和循环利用体制建设。完善垃圾分类回收制度，规范垃圾产生者和处理者的行为。利用先进技术建设垃圾焚烧发电项目，积极发展垃圾填埋气回收利用技术项目和堆肥技术项目。鼓励有条件的企业建设和使用填埋气体收集利用系统，促进垃圾处理产业化发展。

——加快产业的生态化改造。依托国家级和省级工业园区，引导企业围绕核心资源发展相关产业，建立生态工业网络体系，形成资源循环利用的产业链。推广能量梯级利用技术，回收处理技术，绿色再制造技术，促进上下游产品有机衔接。开发应用源头减量，循环利用、零排放和产业链接术，推广循环经济典型模式。

二、适应气候变化的重点领域

面对已经发生的气候变化，必须采取综合对策与措施，加强适应气候变化能力，特别是应对极端气候事件能力建设，保障经济社会平稳较快可持续发展。

（一）全面加强农业适应气候变化能力，确保粮食安全

农业及生态系统是适应气候变化的优先领域。针对气候变化影响农作物产量的突出问题，把保障粮食安全作为首要目标，加大对农业的投资力度，以巩固提升农业基础设施为中心，提高应对气候变化能力。

——加强以水利为重点的农业基础设施建设，提高农业综合生产能力和抗风险能力。加快大中型灌区配套改造，积极推进大中小型病险水库除险加固，完善农村小微型水利设施，提高抗旱水源保证率，尤其是缺水地区要大力实施雨水集蓄利用工程，建立和完善农业高效灌溉体系。严格保护耕地，按照成片开发，整体推进的原则，加快农村土地整理复垦，加快改造中低产田，大规模建设旱涝保收、高产稳产的高标准农田。

——优选抗逆品种，推进农业结构和种植制度调整。实施“种子工程”，大力培育和推广抗旱、抗涝、抗高温、抗病虫等抗逆品种，积极开发增产潜力大、适应性广的优良新品种，扩大种植规模。优化农业区域布局，促进优势农产品向优势产业区集中，形成优势农产品产业带，提高农业生产能力。有序调整种植制度，发展多熟制，提高复种指数。

——推进农业科技创新，提高农业应用新技术的能力。依托杨凌农业高新技术产业示范区，加快建立农业科技创新体系，提高自主创新能力，着力抓好应对气候变化的技术创新和技术推广，力争在干旱、半干旱地区节水农业技术创新方面取得重大突破，推动旱作农作物品种和旱作节水灌溉技术进入现代农业发展过程中去。

（二）增强自然生态系统适应气候变化能力，确保生态安全

自然生态系统是适应气候变化的重点领域。针对一些区域出现植被退化、土地沙化、湿地萎缩、湖泊干涸等生态功能衰退状况，加大对自然生态系统的保护，提高自然生态系统适应气候变化能力，从源头上扭转生态环境恶化趋势。

——构建生态功能保护区，强化对生物多样性和自然生态系统的有效保护。加快建设黄土高原水土保持生态功能区，全面加强植被保护和水土流失防治，通过退耕还林、植树造林、封山育林以及淤地坝建设、小流域综合治理、坡耕地水土流失综合整治，形成黄河中游地区生态安全屏障。加快建设秦巴山生物多样性生态功能区，通过实施丹江口库区及上游水保综合防治、生态修复等，加大维护森林生态系统力度，提高森林覆盖率和水源涵养能力；

加强对濒危物种及其赖以生存的生态系统保护，维护生物多样性，构建我国南北地理分界带的生态安全屏障。尤其要精心保护大熊猫、金丝猴、羚牛、朱鹮等珍稀动物，确保种群生存繁衍。扩大自然保护区面积，提高自然保护区质量，建立保护区走廊。对影响生态全局安全的重点生态安全区，实行限制大规模、高强度的工业化城镇化开发；对依法设立的各级各类自然文化资源保护区，实行禁止开发，防止生态环境破坏和生态功能退化。

——实施重大生态修复工程，促进生态系统依靠自我调节功能和自我组织功能向良性循环方向演化。推进长城沿线防风固沙林带建设，开展以防护林营造、植被恢复、退牧还草为主要内容的生态治理，构建陕北生态安全带。推进渭河生态景观带建设，重点开展河道治理、河堤建设、护岸林营建、滩涂绿化等生态治理，构建八百里秦川绿色走廊。推进汉丹江生态修复工程，重点开展沿江绿化、防汛减灾，防止水土流失等综合治理，构建南水北调水源区绿色生态走廊。大力实施湿地保护工程，加大对沿黄河湿地、沿汉丹江湿地和陕北红碱淖湖泊的保护力度，有效减少人为开发干扰，遏制湿地面积下滑趋势。

——加快建立生态补偿机制。加大对重点生态功能区、自然保护区的财政投入和转移支付力度，完善和实施好《陕西省煤炭石油天然气资源开采水土流失补偿费征收使用管理办法》，促进保持水土、涵养水源、防风固沙、保护生物多样性工作开展。按照谁开发谁保护，谁受益谁补偿的原则，推进矿产资源开发的生态补偿，全面落实矿山环境治理和生态恢复责任。

（三）加强水资源的开发保护与优化配置，确保用水安全

水是经济社会发展的生命线。针对我省人均水资源占有率低、时空分布不均匀，水旱灾害频繁的特点，统筹解决用水安全问题，按照人与自然和谐共处的治水思路，坚持开发与保护结合，开源与节流并重，防洪与抗旱并举，努力减少水资源系统对气候变化的脆弱性，提高经济社会应对干旱、洪涝灾害和水资源突发事件的能力。

——加强水利基础设施建设，提高供水保障能力和防御洪水能力。以兴利除害为目标，加快推进省内南水北调工程和大江大河治理，通过实施引红济石、引汉济渭和黄河引水等重点调水工程，规划和尽快实施泾河东庄水库、黄河古贤水利枢纽工程，实现全省水资源优化配置，有效缓解关中和陕北水资源短缺问题；通过兴建主要江河堤防和控制性工程，以防洪薄弱地区和山洪地质灾害易发地区为重点，大力实施中小河流整治、病险水库除险加固、山洪灾害治理等工程，构建完善的防洪保安体系，保障江河安澜和人民生命财产安全。

——加强水资源管理，促进河流生态化修复。以流域为单元实行水资源统一管理，统一规划，统一调度。对生态严重恶化的河流，采取积极措施予以修复，尽快恢复水体功能。加强水资源的节约和保护，以水权制度和水市场建设为重点，建立节水机制。逐步建立健全总量控制与定额管理的用水管理制度和排污缴费、超标预警、过量惩罚的水资源保护制度。鼓励企业实现污水资源化。

——大力开发和推广综合节水技术，建设节水型社会。重点研究开发大气水、地表水、地下水的转化机制和优化配置技术，加快开发人工增雨技术，污水、雨洪资源化技术，高效节水技术，智能化农业用水管理技术及设备，积极开发生活节水技术及器具。加大节水技术推广力度，促进节水型社会建设。

——加强防灾减灾体系建设，努力减轻气候变化对经济社会发展的负面影响。全面增强对各类极端天气和气候事件的监测、预测和预警能力建设，提高预报、预警水平，减少灾害损失。加快建立地质灾害易发区调查评价体系、监测预警体系、防治体系、应急体系，完善应急预案。加强部门联动，建立应对自然灾害的快速反应机制。推行自然灾害风险评估，科学安排危险区域生产生活设施的合理避让。

第五章 积极应对气候变化的保障措施

积极应对气候变化，是加快转变经济发展方式，实现可持续发展的内在要求，是抢占未来竞争制高点，提高国际竞争力的必然选择，是推动经济又好又快发展，建设西部强省的一项重大战略。全省各级政府和各个部门，一定要充分认识积极应对气候变化的重要性与紧迫性，把思想统一到党的十七届五中全会精神上来，采取综合措施，走出一条具有西部特色的低碳发展之路。

一、完善应对气候变化的相关法律法规和政策

——认真贯彻节约资源和保护环境的基本国策，全面实施国家已经制定并颁布的节约能源、发展再生能源、保护农业和森林生态等一系列法律法规及政策。根据国家法律法规，结合陕西省情实际，加快制定地方性法规或实施细则，依法建立监管机制，确保落实到位。

——立足当前，着眼长远，研究制定以经济手段为主的应对气候变化方面的法规政策，基本形成低碳发展的地方法规和标准体系框架，综合运用宏观调控手段，限制碳排放，促进低碳经济发展。

——认真落实资源税改革政策，健全真实反映市场供求关系、资源稀缺程度、环境损害成本的价格形成机制，促进全社会加快建立资源节约、环境友好的生产方式和消费模式。

二、加快应对气候变化的科技进步和技术创新

——加强温室气体监测、评估能力建设，加大科技资源整合力度，完善相关工作在各地各行业的布局，增强自主创新实力。依托科教资源优势，加强应对气候变化的基础科学和前沿技术研究，建立低碳技术研发平台，建设一批低碳产业发展的工程研发中心、技术中心、国家和省级重点实验室，形成一批产学研相结合的创新基地，充分发挥科学技术在应对和解决气候变化方面的基础和支撑作用。

——大力推进减缓温室气体排放方面的技术创新，结合全省产业结构调整升级，重点研究研发新能源技术、清洁能源技术、节能环保技术、资源综合利用技术、高效交通运输技术、新型建筑材料技术，生物固碳技术及固碳工程技术等，努力突破瓶颈制约，掌握核心技术，形成战略性新兴产业的发展优势，大幅度提高我省控制温室气体排放的能力。

——加快推进适应气候变化方面的技术创新，适应我国西部干旱、半干旱地区发展节水农业、建设节水型社会的急需，重点研究开发喷灌、滴灌节水农业技术、农业生物技术、育种技术、新型肥料与农作物病虫害防治技术、林业湿地等自然生态系统恢复重建技术，灾害监测与预警技术、工业水资源节约与循环利用技术、工业与生活废水处理技术等，努力掌握关键技术，显著提高我省适应气候变化的能力。

——加大气候变化相关科技工作的资金投入。发挥政府投资的导向作用，设立低碳技术发展专项资金，重点支持低碳技术研发产业化公共服务平台建设，促进基础性和共性技术研究开发。多渠道筹措资金，吸引社会各界资金投入气候变化的科技创新工作，将科技风险投资引入气候变化领域。充分发挥企业技术创新主体作用，支持企业对气候变化领域的新兴产业化项目研发加大投入。积极利用境外相关机构的资金。

三、提高公众应对气候变化意识，营造低碳发展的良好社会氛围

——各级政府要把提高公众意识作为应对气候变化的一项重要工作抓好。充分发挥新闻媒体的舆论导向和监督作用，大力开展应对气候变化与低碳经济发展的宣传活动，客观如实介绍气候变化对经济社会发展的影响，广泛宣传国家和省发展低碳经济各项方针政策，倡导绿色、低碳消费理念，提高全社会应对气候变化、发展低碳经济的重要性和紧迫性的认识。

——发挥高等院校、科研院所的知识传播作用，开展减缓和适应气候变化的培训活动。在基础教育、职业教育、成人教育和高等教育引入应对气候变化、发展低碳经济知识普及的内容，使气候变化教育成为素质教育的一部分；举办高层次的“低碳发展”论坛和领导干部讲座，组织有关气候变化的科普学术研讨会。通过各种形式的教育、培训，促进社会公众把低碳生活方式和消费模式作为自觉行为，形成低碳经济发展的良好社会环境。

——鼓励社会公众参与应对气候变化、发展低碳经济。健全专家论证、咨询、评估和社会公众听证制度，增强应对气候变化，发展低碳经济决策的透明度和公众参与度。推动低碳城市、低碳社区、低碳园区、低碳企业创建活动，充分调动社会各界、各方面的积极性与创造性。积极发挥民间社会团体和非政府组织的作用，深度促进社会各界参加到应对气候变化、发展低碳经济的行动中来。

四、加强国际交流与合作，增强我省应对气候变化的能力

——扩大国际技术合作与交流。积极引进多晶硅闭环式生产技术、高效储能技术、高效环保技术等国际先进低碳技术，提高我省低碳技术水平。积极参与国际低碳项目的合作与开发，增加清洁机制项目交易额，扩大在国际上的影响力。加强清洁发展机制合作项目的能力建设，提高CDM项目开发水平，推动企业参与清洁发展机制的国际互惠交易活动。加强我省与国际相关研发机构在应对气候变化基础性技术研究方面的合作与交流，了解和掌握世界气候变化研究的最新动态。积极向其他发展中国家提供应对气候变化的相关技术和科研资料。

——扩大国际经济合作与交流。把低碳产业发展纳入我省招商引资的优先领域，大力引进技术先进的低碳产业项目。积极支持符合条件的低碳产业项目申请使用国际金融组织和国外政府优惠贷款，争取利用国际组织、外国政府等多边、双边基金，促进低碳产业快速发展。

——积极参与国际应对气候变化的人员培训，开展减缓和适应气候变化的政策分析、信息化建设等方面的国际交流，吸收有益经验，调整和完善我省应对气候变化的对策与方案，不断提高应对气候变化的能力。

五、建立积极应对气候变化的管理体制，加强组织领导

——积极应对气候变化涉及经济社会各个领域，必须加强组织领导。充分发挥陕西省应对气候变化领导小组的

作用，定期研究应对气候变化的形势，研究确定应对战略、方针和政策，组织协调全省减缓气候变化和适应气候变化的各项工作，督促有关部门认真履行职责，密切配合，形成应对气候变化的合力。

——按照国家和省政府的要求，各市政府要建立应对气候变化管理机构，认真贯彻中央、国务院积极应对气候变化的各项方针政策。因地制宜地制定本地区应对气候变化的相关政策措施，组织实施应对气候变化的各项工作，促进应对气候变化深入开展。

——建立控制温室气体排放目标和低碳发展目标责任考核制度，把大幅降低能源消耗强度和二氧化碳排放强度目标任务分解落实到各市各行业。编制全省温室气体排放清单，建立完善温室气体排放和节能减排统计监测制度，及时跟踪和适时考评，推进动态管理。

广东省应对气候变化方案（节录）

（广东省人民政府二〇一一年一月七日印发）

气候变化是人类社会可持续发展面临的重大挑战。为贯彻落实党中央、国务院积极应对气候变化和推动低碳发展的决策部署，全面加强应对气候变化能力建设，努力当好推动科学发展、促进社会和谐的排头兵，制定本方案。

一、总体形势

（四）应对气候变化面临的挑战。

1. 在减缓气候变化方面，我省仍处于经济社会快速发展的阶段，温室气体排放仍将继续增加。

——能源资源缺乏，粗放式经济发展方式尚未得到根本转变。我省经济发展仍然是主要依靠生产要素和资源投入的粗放式发展，造成了能源资源大量消耗。2009年全省一次能源消费量为1.97亿吨标煤，比2005年增长50.4%；其中原煤、原油、电力、天然气的比重分别为45.4∶26.9∶20.1∶7.6，化石能源依然占主体。

——区域发展不平衡，改善民生和发展经济的任务依然艰巨。2009年，占全省土地面积30.4%的珠江三角洲地区GDP占全省比重达79.5%，而占全省面积69.6%的粤东西北地区GDP占全省比重仅为21.5%，珠江三角洲地区的人均GDP约为粤东西北地区的4倍。

——节能空间有限，成本压力加大。“十一五”时期，我省已经关停淘汰了大部分钢铁、水泥、小火电等落后产能，再通过“上大压小”、淘汰落后产能实现节能，空间十分有限。目前，广东单位GDP能耗仅次于以城市经济为主的北京市，继续下降的难度非常大。“十二五”时期，预计我省节能降耗将由主要依靠淘汰落后产能、技术改造转向依靠产业结构调整、技术创新与应用。但随着我省经济发展适度重型化，技术创新与应用的成本将进一步增加。

2. 在适应气候变化方面，我省属于自然生态约束较大和气象灾害频发的省份，缓解气候变化不利影响的难度大。

——自然生态约束成为经济快速发展的瓶颈。增强自然界对温室气体的吸收能力是适应气候变化的重要方面，但经济的快速发展不可避免地带来对自然生态的破坏。我省植树造林、退耕还林和湿地恢复等保护培育自然生态工作的力度有待加强。

——对农业生产提出更高的要求。我省人均耕地少，对农业的质量效益要求更高。气候变化要求农业发展必须合理调整生产布局和结构，改善生产条件，才能有效减少病虫害流行，防止潜在荒漠化趋势，确保生产持续稳定。

——气象防灾减灾难度不断加大。我省易受台风等气象灾害影响，气候变化又增加了极端气候事件发生的频率。我省沿海防护海潮工程建设标准较低，抵御海洋气象灾害能力较弱，对气象灾害的应急响应能力有待提高，必须进一步增强应对极端天气和气象灾害的综合监测、预警、防灾和减灾能力。

二、指导思想、基本原则与总体目标

（一）指导思想。

全面贯彻落实科学发展观，按照《珠江三角洲地区改革发展规划纲要（2008—2020年）》和《中国应对气候变化国家方案》的要求，把应对气候变化与实施可持续发展战略、发展绿色经济结合起来，以转变经济发展方式为核心，以优化能源结构、提高能源利用效率、增加森林碳汇为突破口，以制度创新和科技创新为动力，积极控制温室气体排放，务实推动低碳发展，增强适应气候变化的能力，减缓气候变化的不利影响，促进经济发展与人口、资源、环境相协调，为国家顺利实现控制温室气体排放行动目标发挥应有的作用，为我省科学发展提供保障。

（二）基本原则。

1．可持续发展原则。以科学发展观统领全省应对气候变化工作，逐步转变传统的生产模式和消费方式，推动经济社会全面转入可持续发展的轨道。

2．减缓与适应并重原则。既要努力控制温室气体排放，又要采取有效措施缓解气候变化对生产、生活带来的不利影响，切实提高适应气候变化的能力。

3．统筹协调原则。加强与我省国民经济和社会发展总体规划、各专项规划和行业规划的衔接，统筹考虑、协调推进应对气候变化工作。

4．科技支撑原则。大力发展和积极引进低碳技术，充分发挥企业作为低碳技术创新主体的积极性，积极运用高新技术改造传统产业。

（三）总体目标。

控制温室气体排放取得明显成效，适应气候变化的能力不断增强，经济发展方式向低碳发展转型取得一定成效，生态环境得到明显改善，应对气候变化的体制机制得到不断完善。到2015年，力争单位GDP二氧化碳排放比2005年下降35%左右；到2020年，力争单位GDP二氧化碳排放比2005年下降45%以上。

三、重点任务

（一）减缓温室气体排放方面。

1．加快转变经济发展方式。

——建设现代产业体系。优先发展金融、物流、信息服务、科技服务、外包服务、总部经济、商务会展、文化创意以及旅游等现代服务业，加快发展装备、汽车、石化、钢铁、船舶等先进制造业，改造提升家用电器、食品、造纸、纺织服装、建材、有色金属及制品、家具等优势传统产业，积极发展现代农业。重点发展高端新型电子信息、半导体照明、电动汽车、太阳能光伏、核电装备、风电、生物医药、新材料、节能环保、航空航天、海洋等战略性新兴产业。加快推进现代产业500强项目建设。到2015年，全省服务业增加值占GDP比重超过50%，现代服务业、先进制造业、战略性新兴产业增加值占GDP比重分别达到30%、22%、10%。

——加快淘汰落后生产能力。按照国家和省关于淘汰落后产能的工作部署和要求，对列入淘汰范围的落后产能，综合运用土地、环保、安全生产、市场准入等多种手段，促使其加快退出步伐。对电力、钢铁、水泥等行业积极实施“上大压小”等政策，完善财政补贴和差别电价政策。

——严格控制工农业生产温室气体排放量。尽量减少生产过程中产生大量温室气体的水泥、石灰、钢材、电石等产品的使用量，鼓励采用可再生替代材料，加快研究制定相关技术标准，提升替代材料质量。进一步推广散装水泥，加快新型墙体材料的技术改造和新产品开发。进一步推动硝酸、己二酸等生产企业开展技术改造，实现有机肥与化肥配合施用，减少氧化亚氮排放。培育和推广甲烷排放量低且高产的水稻品种，推广有效抑制农业生产甲烷排放的先进技术。

——加强废弃物处理。加快制修订废弃物处理标准，进一步完善废弃物分类、收集和处理体系，严格执行废弃物强制回收制度，推动废弃物循环利用，提高工业废渣、废水、废气的综合利用率。鼓励发展符合国家政策的资源综合利用项目，推动垃圾发电、余热利用发电等工程建设，着力推进污泥资源化项目的产业化运作。加快污水处理配套管网的建设和改造，合理规划建设危险废物处理处置设施和城镇生活垃圾无害化处理设施。

2．大力推进节能工作。

——加强节能制度创新和机制建设。不断完善节能目标责任评价考核制度和能耗信息发布制度，制定和实施长期性节能预警调控机制，推动地方政府和企业加强节能工作。推行合同能源管理，促进节能服务产业化，为企业实施节能改造提供诊断、设计、融资、改造、运行、管理一条龙服务。完善节能标准体系，大力推动节能产品认证和能效标识管理制度的实施。运用市场机制，大力推广新型节能产品、材料和技术。科学规划电力工业布局，统筹各类电源及电网规划建设，提高电网输、供电效率。继续做好节能发电调度试点工作。加强能源管理与能效分析研究，开发辅助能效监测、能效优化的数据库和仿真系统。

——抓好重点领域节能。在工业领域，实施重点耗能企业“双千节能行动”，落实企业节能目标责任制，突出抓好冶金、建材、石化、制浆和造纸等重点耗能行业和企业节能工作。在建筑领域，继续推广节能省地型建筑、绿色建筑和低能耗建筑，强化新建建筑执行建筑节能标准全过程的监督管理，积极推进可再生能源在建筑中的广泛应用，加强机关办公建筑和大型公共建筑的用能管理，逐步推进既有建筑节能改造。在交通运输领域，优先发展城市公共交通，加快推进珠江三角洲地区城际轨道交通网建设和内河联运，大力推广节能环保型汽车和新能源汽车。继续实施十大节能重点工程，发挥政府机构在节能中的表率作用。

3．积极优化能源结构。

——规模化发展核电。加快推进岭澳核电二期工程（2×100万千瓦）、阳江核电（6×108万千瓦）、台山核电一期工程（2×175万千瓦）建设，确保2010—2011年建成投产岭澳核电二期工程，2017年前建成阳江核电、台山核电一期工程。积极推进陆丰核电、韶关核电、台山核电二期项目建设前期工作，争取在“十二五”开工建设。有序推进惠来乌屿核电等后续核电项目前期准备工作。

——大力发展风电。近期重点发展沿海陆上风电，“十二五”期间基本完成省内陆上风能资源丰富地区的风电开发；加快推进海上风电开发建设。

——积极开发利用太阳能。加快推广光伏发电应用，实施太阳能屋顶计划，在条件较好的大中城市推进太阳能屋顶、光伏幕墙等光电建筑一体化工程。在农村及偏远地区逐步推广光伏、风光互补、水光互补发电。扩大太阳能热水器在医院、学校、宾馆、工厂宿舍等城镇集体用户的应用比例，提高农村地区太阳能热水器普及率。逐步推广太阳能光热系统在工业、农业等生产领域的应用。

——适度发展生物质能。结合畜禽养殖场、城市污水处理和工业有机废水处理，建设沼气利用工程，合理布局建设一批高环保标准的垃圾发电项目，在具备条件的大中型垃圾填埋场建设沼气利用工程和发电装置。在生物质燃料比较丰富的粤西、粤北地区，建设规模适度的生物质发电项目。加强海洋生物质能的研发利用。在湛江、肇庆建设利用当地木薯、甘蔗等资源为原料的生物燃料乙醇试点项目。在部分具备条件的粤东西北地区村镇建设小型生物质气化发电示范工程。

——因地制宜发展农村新能源。在具备条件的地区积极发展沼气、小水电等可再生能源，完善农村新能源技术服务体系，推进农村能源清洁化和现代化。在农村推广使用太阳灶、生物质能炉具等清洁能源设施。扶持山区种植生物质能源作物，培育生物柴油原料基地，推进我省生物质液体燃料加工产业化发展。在具备条件的地区，开展绿色能源县、绿色能源乡建设。

——培育发展其他新兴能源。因地制宜，合理推广地源热泵技术，研究开发利用浅层地热资源供热、制冷，在地热资源条件较好的地区建设小型中低温地热发电站试验工程。加快开发利用海洋能，开展关键技术研究，在海洋能资源丰富地区建设海洋能大型并网电力系统示范项目。加强对我省周边海域天然气水合物资源勘查，推进深海天然气水合物利用关键技术研究开发，力争早日实现规模化开采和商业利用。推进氢能开发利用研究。

——优化发展火电。继续实施“上大压小”政策，规划新建燃煤火电厂原则上采用大容量、高参数、低能耗发电机组。统筹推进全省热电冷联产和包括整体煤气化联合循环发电（IGCC）在内的清洁煤发电项目建设，除上述两类项目外，珠江三角洲地区不再规划布点新建燃煤燃油电厂。

4．大力增加自然界的碳汇能力。

——加大植树造林力度。不断增加森林面积，大力保护、培育和合理利用森林资源，进一步完善现代林业产权制度。加快建设水源涵养林及水土保护林、沿海防护林及红树林、农田林网、城市林业及森林公园，推进森林生态监测及科技创新示范。

——大力发展海洋牧场模式的海洋碳汇经济。继续在沿海建设人工鱼礁，修复海洋生态环境，增加区域内浮游植物含量，为海洋生物繁殖、生长、栖息提供良好条件，有效增加海洋固碳能力。开展海洋生态固碳机理研究，建设重点海域固碳示范区。

5．务实开展国家低碳省试点。

按照国家发展改革委关于开国家低碳省区试点工作的要求，紧紧围绕加快转变经济发展方式这一主线，不断完善控制温室气体排放的体制机制，加快形成以低碳产业为核心，以低碳技术为支撑，以低碳能源、低碳交通、低碳建筑和低碳生活为基础的低碳发展新格局，为全国低碳发展探索经验并发挥示范作用。

（二）适应气候变化方面。

1．发展高效现代农业。

——适时调整农作物布局。加强适应气候变化的农业发展战略研究，根据气候变化趋势，提出农业生产布局和结构调整方案。针对未来气候变化对农业的可能影响，有计划地培育和选用具备抗旱、抗涝、抗高温等特性的农作物新品种，保障高产、优质、高效、生态、安全的农业产出。

——改善农业基础设施和条件。加强农业排灌工程设施更新改造，继续推进中小型灌区试点工作，大力发展节水农业。强化综合防治自然灾害工程设施建设，加强农田水利建设。建立健全现代农业生产综合保障体系，加快发展具有竞争优势和岭南特色的生态型效益农业。结合海洋能利用、防灾减灾体系建设，加快标准渔港建设。

2．加强生态保护和建设。

——保护重要生态系统。保护森林、海洋、湿地三大典型生态系统，重点加强珊瑚礁、海草床等海洋生态系统和红树林湿地生态系统的保护和修复。加强重点湿地的资源调查，编制重点湿地保护规划和重点湿地名录。加强自然保护区建设。加强南海伏季休渔，积极开展放生节活动。

——积极推进绿道网建设。遵循生态化的要求，充分利用生态自然条件和要素，建设集生态、环保、教育和休闲等多种功能于一体的绿道网。在珠三角地区率先建成区域绿道，并将绿道网向省内东西北地区延伸，促进宜居城乡建设。

3．优化和合理利用水资源。

——加强水资源保护。做好水土保持工作，预防和治理水土流失。制订水源地建设和保护规划，保护西江、北江、东江和韩江干流及其出海水道，保护大中型水库等重点水源地。强化水污染防治，严格控制工业污染源和农业面源污染。

——大力建设节水型社会。实行用水总量控制，制订主要江河水量分配方案，综合利用地表水、地下水、空中云水和再生水，优化水资源的流域、区域及行业配置。实行用水定额管理，确定各行政区、行业、部门和单位用水量指标。发展节水型农业、工业，推动公共建筑、生活小区、住宅节水和再生水利用设施建设。全面推进水价改革，加快推进超计划、超定额用水累进加价机制。

——提高水资源利用效率。加强节水技术的研发与推广力度，挖掘节水潜力。加快发展海水利用产业，积极构建海水利用的技术支撑体系，实施一批产学研示范工程，建设省海水利用工程综合示范区和国家级海水利用产业化南方基地。

4．加强气象防灾减灾体系建设。

——提高气象灾害监测、预报、预警和防御能力。完善极端气象灾害的应急预案以及多灾种早期协调预警机制，完善部门联合、上下联动、区域联防的防灾机制，提高应对极端气象灾害的综合监测预警能力和抵御能力。进一步发展天气雷达、精细化数值预报以及地基自动观测的融合技术，建立各类气象灾害的中短期无缝预警和预报系统。加快建设极端气候事件预警信息发布系统，扩大公共预警信息服务覆盖面。建立完善海洋灾害风险评估系统、海洋环境立体观测网络和现代化海洋环境数值预报业务系统，做好海洋灾害区划工作。

——加强气象防灾减灾基础设施建设。大力推进城市防洪、江海堤围达标和大中型水库除险加固等城乡水利防灾减灾工程建设。以提高城市和主要江河堤围防洪标准为重点，加快完善地级以上市城区、县城城区防洪排涝工程。重新核定我省沿海风暴潮防潮警戒潮位，修订现行海堤标准，逐步加固加高海堤，加强对现有海堤的管理与保护。建设近岸水下挡水坝、防冲丁坝、潜坝等工程，固滩保堤，防止海潮冲蚀海岸。在城市地面沉降地区建立高标准防洪、防潮墙和堤岸，完善城市排污系统，提高排水口高程。

5．降低气候变化对人体健康的危害。

——完善气候变化与人体健康联动的监测系统。加强高温、低温、灰霾和酸雨等与人体健康相关的天气变化和极端气候事件的监测、预警，实时、详细、系统地预报其对人体健康的危害。及时分析、研究气候变化对人体健康的影响和危害，加强对气候变化引起的呼吸道疾病、肿瘤等疾病的监测工作。

——完善气候变化导致的突发卫生事件的应急处置。开展气候变化对人体健康的风险评估，制定气候变化对人体健康影响的风险级别。建立健全气候变化对人体健康危害的应急预案，提高抵御风险和应急处置突发卫生事件的能力。

三、保障措施

（一）加强组织领导，完善体制机制。

充分发挥省应对气候变化工作领导小组的统筹协调作用，明确部门分工和工作责任，形成工作合力。把应对气候变化工作纳入省国民经济和社会发展“十二五”规划，并将控制温室气体排放目标列为我省“十二五”时期约束性指标。编制产业发展、生态建设、水利、海洋经济、防灾减灾等专项规划要充分考虑气候变化的不利影响，提出有效应对措施。探索建立政府推动与市场运作相结合的控制温室气体排放体制机制，争取国家支持开展碳排放权交易试点，研究建立温室气体排放的统计、监测、考核体系和低碳产品标识、认证制度。

（二）加大资金投入，提高政策实施效果。

逐步加大各级财政对应对气候变化的资金投入，建立健全稳定增长的资金投入机制，支持建立和完善应对气候变化的管理工作体系，加强相关基础性研究，加强气候变化观测、预报、预警和能力建设；支持低碳技术研发和产业化公共服务平台建设；支持低碳城市、社区、园区和企业等不同层次的示范项目建设。积极拓宽融资渠道，创新金融制度和金融工具，引导社会资金加大对应对气候变化领域的投资力度。

（三）强化科技支撑，推动低碳技术研发和产业化。

加快技术创新步伐，重点支持节能和提高能效、新能源、储能、新能源汽车、轨道交通、天然气高效利用、煤清洁利用、碳捕捉与封存利用等低碳关键技术的研发与产业化。开展产学研合作，建设一批工程研究中心、技术中心、工程实验室、重点实验室。加强应对气候变化能力建设，不断完善气候观测系统以及农业、水资源、海平面和生态系统观测网络等科技基础设施，积极开展气候变化综合影响评估、观测事实分析和完善低碳发展体制机制的基础性研究。加强应对气候变化科研资源的整合与共享，建立应对气候变化战略和政策研究平台，推进各地和行业应对气候变化技术服务网络建设。

（四）加强高端人才培养引进，提供强大智力支持。

（五）加强对外交流，拓展合作领域。

（六）加强宣传教育，营造良好氛围。

天津市低碳城市试点工作实施方案（节录）

二〇一二年三月十九日

二、总体要求

（一）指导思想。深入贯彻落实科学发展观，以科学发展为主题，以加快转变经济发展方式为主线，以调整优化经济结构为主攻方向，加快体制机制创新和科技创新，节约能源，提高能效，优化能源结构，增加森林碳汇，倡导绿色消费模式和低碳生活方式，努力探索特大型城市低碳发展道路。

（二）基本原则。坚持规划先行、重点推动、循序渐进；坚持科技引领、大胆创新、勇于实践；坚持政府推动、市场导向、公众参与；坚持立足市情、统筹兼顾、务实求效。

（三）行动目标。到2015年，万元生产总值能耗比2010年降低18%；单位生产总值二氧化碳排放比2010年降低19%；服务业增加值占天津市地区生产总值的比重达到50%；非化石能源占一次能源消费比重提高2个百分点；林木覆盖率达到23%。低碳城市理念纳入各级政府的决策和规划；温室气体数据统计和管理体系初步建立，政府引导和市场运作相结合的促进低碳发展体制机制初步形成；以低碳排放为特征的产业体系和能源体系建设取得初步进展；低碳消费理念和行为方式得到全社会认同；建设一批低碳示范试点；以低碳城市试点为契机推动城市综合竞争力提升的作用初步显现。

远期到2020年，单位生产总值二氧化碳排放强度在2005年基础上降低45%以上。促进低碳发展的体制机制基本完善，经济发展方式进一步转变，低碳消费理念和行为方式成为城市文化的一部分，低碳城市格局初步形成。

三、主要任务

（一）建立以低碳为特征的产业体系和消费模式。将低碳发展纳入天津市产业发展总体战略，加快产业空间布局和结构优化调整，大力发展战略性新兴产业，延伸高端产业链条；加快淘汰落后产能，以先进适用技术带动冶金、电力、石化等传统产业低碳化升级改造；努力培育知识产业、生产性服务业等高附加值、低能耗、低污染产业，加速发展现代服务业。增强居民低碳意识，合理引导居民选择绿色出行方式、低碳生活方式，全面推动居民低碳消费模式的建立。

（二）推进能源结构优化和节能降耗。以培育新能源产业、优化能源结构为出发点，大力发展太阳能和地热利用，积极支持和引导光伏发电、风力发电和生物质能发电，加快开展新能源的科技研发和产业化应用，壮大新能源产业；拓展天然气气源和应用领域，优化火电项目，提高热电联产比例，推进煤炭清洁化利用，继续实施燃煤锅炉改燃或拆除并网；继续推进节能降耗，提高工业能效水平，推广绿色节能建筑，构建绿色低碳交通体系，进一步挖掘节能空间。

（三）构建促进低碳发展的能力支撑体系。开展产业、能源、建筑、交通、技术等重点领域和园区、社区、小城镇低碳示范建设，研究制定实施方案，为全市低碳发展提供典范和经验；研究建立具有天津特色的低碳城市评价指标体系，引领低碳城市建设；加快制定促进低碳发展的地方技术规范和标准，研究并推广低碳产品标识和认证；研究设立天津市低碳城市建设专项资金，加大对重点项目、低碳技术研发和能力建设的支持力度；组建促进低碳发展的科技创新机构和平台，增强自主创新能力。

（四）提高城市碳汇能力。继续搞好“三北”防护林、沿海防护林建设和京津风沙源治理工程；大力开展植树造林，因地制宜营造成片林地；加快实施道路、河流两侧绿色通道建设，提高林木覆盖率，增加林业碳汇总量。加强对现有林地的管护，改造低效林和灌木林，培育适宜的林木种苗，增强林业碳汇能力。

（五）建立完善温室气体统计、核算、考核体系。根据《“十二五”控制温室气体排放工作方案》（国发〔2011〕41号）要求，逐步建立温室气体基础统计制度和核算体系，及时掌握气候变化动态及影响情况；编制完成天津市2005年和2010年温室气体清单；推动完成各区县温室气体清单编制工作，逐步建立区县碳排放控制指标分解和考核体系，分解落实碳排放控制目标。

（六）创新政府引导和市场运作相结合的体制机制。

创新政府引导体制机制。将应对气候变化和促进低碳发展纳入国民经济和社会发展“十二五”规划纲要，作为经济社会发展的重大战略；编制实施天津市应对气候变化与低碳经济发展“十二五”规划，细化低碳发展目标任务；鼓励区县及产业功能区编制低碳发展规划，落实责任；成立低碳发展协调机制和专门机构，组织落实试点工作；完善促进低碳发展的政策法规体系，逐步建立实施效果跟踪评价机制；研究建立低碳发展绩效评估考核机制，建立健全社会共同参与和监督机制。探索建立市场运作机制。开展碳排放权交易试点，制定试点实施方案，建立自愿碳减排交易体系，形成符合天津实际的碳交易市场体系；鼓励专业化公司参与低碳示范试点的建设和运营；创新能源产品价格机制，促进非化石能源开发利用和化石能源的清洁高效利用。

四、重点行动和工作分工

（一）推动产业低碳化发展。

1．大力发展战略性新兴产业。

2．促进传统产业低碳化升级改造。

3．优先发展现代服务业。

4．积极发展低碳农业。

5．优化产业空间布局。

（二）优化能源结构。

1．优先发展非化石能源。

2．提高天然气利用比例。

3．调整优化火电项目。

4．推进燃煤锅炉改燃或拆除并网工程。

（三）提高能源利用效率。

1．提高工业能效水平。

2．大力推广绿色节能建筑。

3．构建低碳交通体系。

（四）培育低碳生活方式。

1．引导绿色出行方式。

2．培养低碳消费习惯。

（五）开展低碳示范建设。

1．低碳产业示范。以天津经济技术开发区新材料和新能源低碳产业试验区为依托，重点开展风力发电设备、绿色电池、太阳能电池、电动汽车、发光二极管（LED）等新能源新材料产业示范项目。（牵头单位：市开发区管委会，协作单位：市发展改革委、滨海新区人民政府）

2．低碳能源示范。充分发挥空港经济区太阳能、地热能和非常规水源热能应用经验丰富的优势，在公共建筑推广光伏发电技术，扩展地（水）源热泵、地热井等地热资源利用方式，提高利用效率，扩大使用规模，构建以太阳能、地热能和非常规水源热能利用为特色的低碳型能源利用体系。（牵头单位：保税区管委会，协作单位：市建设交通委、滨海新区人民政府、市电力公司）

3．低碳建筑示范。

（1）低碳楼宇建设示范：以绿色建筑设计为基础，以“零碳排放”为目标，采用先进的低碳技术，在天津经济技术开发区建设低碳大楼示范工程。（牵头单位：市开发区管委会，协作单位：市建设交通委、滨海新区人民政府）

（2）绿色建筑认证示范：推进空港经济区办公区A地块和研发区B地块开展美国绿色建筑评估体系（LEED）认证工作，推广认证经验，鼓励其他园区或企业参与LEED认证，提升天津市绿色建筑水平。（牵头单位：保税区管委会，协作单位：市建设交通委、滨海新区人民政府）

4．低碳交通示范。在中新天津生态城构建以公共交通和非机动化交通为主导的绿色智能交通体系，建设人性化的绿色交通设施和环境，制定完善的交通管理政策，建立智能化交通管理系统，引导绿色出行，减少个体机动化交通。（牵头单位：中新天津生态城管委会，协作单位：市建设交通委、滨海新区人民政府）

5．低碳技术示范。

（1）碳捕获与封存（CCS）技术示范：联合临港经济区、南港工业区绿色煤电IGCC项目和大港油田，开展碳捕获与封存技术研发和示范。（牵头单位：临港经济区管委会、市开发区管委会，协作单位：滨海新区人民政府）

（2）智能电网示范：以中新天津生态城智能电网综合配套工程为示范，探索研究区域智能电网构建技术，提高配电网对供需信息变化的反应能力和消纳可再生能源发电量的能力。（牵头单位：市电力公司，协作单位：中新天津生态城管委会、滨海新区人民政府）

6．低碳园区示范。

（1）天津经济技术开发区：以国家级低碳产业综合试验区建设为重点，以天津泰达低碳经济促进中心为平台，组织开展低碳技术推广；利用滨海新区先行先试的政策优势，开展低碳发展政策、体制、机制创新。（牵头单位：市开发区管委会，协作单位：滨海新区人民政府、市发展改革委、市科委、市财政局、市金融办）

（2）中新天津生态城：以低碳型宜居示范新城建设为重点，发展文化创意、科技研发、现代服务等低碳产业；优先发展可再生能源，构建智能电网，建设无燃煤区；永久性建筑全部达到绿色建筑标准；倡导绿色出行方式。（牵头单位：中新天津生态城管委会，协作单位：滨海新区人民政府）

（3）于家堡中心商务区：以低碳示范城镇建设为重点，以绿色建筑优化设计及低碳先进适用技术集成为支撑，通过低碳理念的城市环境规划和绿色建筑设计，实现综合体内的全面低碳排放，建设局部区域“零碳排放”试点。（牵头单位：滨海新区中心商务区管委会，协作单位：滨海新区人民政府）

（4）滨海高新区：以国家级生态工业示范园区建设为基础，建立以新能源和环保产业为主的节能低碳产业体系，积极开展地热能、太阳能等可再生能源开发利用，鼓励引导低碳节能关键技术攻关，充分发挥滨海高新区科技创新辐射作用。（牵头单位：滨海高新区管委会，协作单位：滨海新区人民政府）

（5）空港经济区：以打造低碳经济先进区域为目标，大力引导低碳发展，建立低碳型能源利用体系，建设分布式能源站；推广合同能源管理，培养低碳示范企业；优化能源管理制度，开展能源信息化管理，组建低碳节能联盟。

7．低碳社区示范。以低碳理念为指导，以低碳技术为基础，分别在天津经济技术开发区西区和南港生活区建设低碳社区示范项目，以点带面，促进城市居民价值观念和生活、消费方式的变革。

8．低碳小城镇示范。以太阳能、地热能、浅层地能、工业余热等能源利用和建筑节能为重点，在静海县大邱庄镇开展低碳小城镇示范建设，实现新城镇可再生能源建筑应用比例达到60%以上，安置区新建建筑100%为绿色建筑。

五、实施步骤

（一）起步阶段（2011年至2012年6月）。正式启动低碳城市试点建设工作，建立组织领导机构和长效工作机制，明确工作重点和责任分工，加大宣传力度，营造良好的低碳发展氛围。重点工作包括：成立低碳城市试点工作领导小组，制定出台天津市应对气候变化与低碳经济发展“十二五”规划，编制完成天津市2005年和2010年温室气体清单，启动碳排放权交易试点和低碳示范建设，组建低碳城市发展专家咨询委员会和天津市低碳发展研究中心，研究设立天津市低碳城市建设专项资金等。

（二）攻坚阶段（2012年7月至2014年）。深入推进低碳城市试点建设的各项主要任务和重点行动，加强各部门的协调沟通，不断总结实施成效和经验，并根据实际情况和工作需要，及时调整部署，不断完善低碳城市试点建设的工作举措和政策措施，及时解决试点过程中出现的问题，力争取得实质性进展。重点工作包括：建立温室气体排放数据统计、核算、考核体系，编制各区县温室气体清单，建立区县碳排放控制指标分解体系；制定完善一系列促进低碳发展相关政策法规，制定政策法规实施效果跟踪评价机制；全面开展碳排放权交易试点，建立自愿碳减排交易体系；建立低碳发展标准与评价制度和低碳服务体系；全面开展低碳示范建设；增强低碳发展自主创新能力，加强对外交流合作等。

（三）总结阶段（2015年）。继续推进低碳城市试点工作建设进度，对试点工作进行总结与评价。重点工作包括：建立低碳发展绩效评估考核机制，建立区县碳排放控制指标考核体系，总结评估碳排放权交易试点和低碳示范建设成果和经验，根据国家要求和天津市发展实际，研究制定“十三五”低碳城市建设实施方案等。

云南省低碳发展规划纲要（2011—2020年）（节录）

（云南省人民政府2011年4月19日印发）

二、指导思想、基本原则、目标

（三）发展目标

1. 总体目标

温室气体排放得到有效控制，二氧化碳排放强度大幅度降低，到2020年单位国内生产总值的二氧化碳排放比2005年降低45%以上；低碳发展意识深入人心，有利于低碳发展的体制机制框架基本建立，以低碳排放为特征的产业体系基本形成；可再生能源发展保持全国领先水平，成为全国重要的可再生能源基地，非化石能源占一次能源消费比重达到35%。低碳社会建设全面推进，低碳生活方式和消费模式逐步建立；森林碳汇能力进一步增强，森林面积比2005年增加267万公顷，森林蓄积量达到18.3亿立方米；低碳试点建设取得明显成效，成为全国低碳发展的先进省份。

2. 阶段目标

近期发展目标（2011年—2015年）：单位国内生产总值二氧化碳排放比2005年降低35%，比2010年降低20%（国家下达我省目标为17%）；可再生能源发展保持全国领先水平，成为全国重要的可再生能源基地；非化石能源占一次能源消费比重从2010年25.5%的提高到30%；产业结构进一步优化，低碳产业比重明显增加；能源利用效率进一步提高，单位GDP能耗控制在1.22吨标煤/万元以内；低碳发展观念在全省范围内广为接受，低碳发展的政策支持体系、技术支撑体系基本建立；低碳生活方式和消费模式逐步建立，低碳试点建设稳步推进；森林碳汇能力进一步增强，全省森林覆盖率达到55%（按2003年前标准计算），森林蓄积量达到17亿立方米。

专栏3　我国控制温室气体排放的目标

到2020年，我国单位国内生产总值二氧化碳排放比2005年下降40%~45%，作为约束性指标纳入国民经济和社会发展中长期规划，并制定相应的国内统计、监测、考核办法。大力发展可再生能源、积极推进核电建设等行动，到2020年我国非化石能源占一次能源消费的比重达到15%左右；通过植树造林和加强森林管理，森林面积比2005年增加4000万公顷，森林蓄积量比2005年增加13亿立方米。

远期发展目标（2016年—2020年）：单位国内生产总值二氧化碳排放比2005年降低45%以上；非化石能源占一次能源消费比重达到35%以上；以低碳排放为特征的产业体系基本形成；能源利用效率大幅提高；低碳发展的法规

标准体系、政策支持体系、技术支撑体系进一步完善；低碳生活方式成为公众的行为特征；森林蓄积量和碳汇量继续保持全国前列，森林面积比2005年增加267 万公顷，森林覆盖率达到58%（按2003年前标准计算），森林蓄积量达到18.3 亿立方米；低碳试点建设取得明显成效，成为全国低碳发展的先进省份。

三、主要任务

（一）优化能源结构，大力发展无碳和低碳能源

充分发挥云南省可再生能源优势，在保护生态的基础上加快开发水电，大力发展风电、太阳能、生物质能等新能源，把云南建成国家重要的低碳能源基地。

1. 加快开发水电能源

加快建设以水电为主的电力基地，进一步强化水电清洁能源在低碳能源产业发展中的重要地位。加大金沙江中游、金沙江下游、澜沧江上、中下游水电开发力度。以“以电代柴”、“以电代燃料”为导向，统筹协调中小水电开发，推进农村用能结构变革。到2015年全省水电装机容量接近6000万千瓦，水电与火电装机及新能源装机比例调整到72∶23∶5；到2020年，全省水电装机容量达到8000万千瓦。

2. 大力推进风能的开发

在大理州西部及与楚雄州相交处、玉溪南部至红河州中南部、曲靖市东部3个风能开发最佳区域优先布局。“十二五”期间将续建和新建罗平山、朗目山、马英山等一批风电场，2015年底累计装机300万～400万千瓦。2016～2020年进一步加大开发，到2020年底累计装机达到800 万千瓦以上。

3. 稳步推进太阳能的开发利用

大力发展太阳能光热、光伏利用，推进与建筑结合的太阳能利用。2015年前，完成石林大型光伏发电示范工程（16.6 万千瓦）建设，在永仁、宾川、弥渡、元谋、华坪、玉龙、南涧、隆阳、大姚、洱源和姚安等12个一类资源县（区）发展光伏发电，试验光热发电，到2015年太阳能光伏发电总规模超过30万千瓦。

继续在偏远山区采用户用光伏系统或集中供电系统，解决农户的通电问题。鼓励城市房地产开发中使用太阳能光伏发电系统、太阳能空调、太阳能热水器等技术。到2015年累计推广太阳能热水器1050万平方米，太阳能热利用与建筑一体化使用面积累计达150 万平方米；到2020年累计推广应用太阳能热水器1500万平方米。开拓太阳能热利用在工农业的应用，鼓励发展太阳能空调制冷、太阳能干燥、太阳能烤烟房、太阳能温室等太阳能热利用项目，推进太阳能—沼气综合利用小型工程建设，实现以太阳能利用为主的多能互补。建设一批太阳能利用示范村、示范乡、示范县和示范市。

4. 加强生物质能开发

积极发展生物柴油原料种植业，推进生物柴油加工和基地建设。到2015年，小桐子规模化种植原料林基地发展到20万公顷，割胶橡胶林达到20万公顷，相应小桐子、橡胶籽生物柴油产量达到30万～35万吨/年。在全省重点城市布局7 个地沟油生产生物柴油项目，产量达到10万～15万吨。继续推进燃料乙醇生产能力建设，到 2015年，建成 66 万公顷以上木薯为主的乙醇原料基地，形成30万～35万吨燃料乙醇生产能力。开发生物质固体成型燃料及生物质发电。在滇中的姚安及陆良等农业为主的坝区发展秸秆发电，发展农林废弃物气化供热、供气，供民用炊事、农产品烘干或发电等；在滇西、滇西南蔗糖主产区进行示范糖厂补充秸秆发电；在昆明、曲靖、昭通、楚雄等畜牧业规模化发展区域发展沼气发电。到2015年生物质能发电装机容量达到20万千瓦，到 2020年达到50万千瓦。推进农村户用沼气建设，2015年，全省农村沼气用户达到350 万户，到2020年全省农村沼气用户达到400 万户。

5. 拓展天然气的利用

2015年前完成中缅天然气管道建设（输送能力100 亿立方/年），一期输送量42亿立方/年，争取一半以上留云南。优先发展城市燃气，进一步发展天然气化工，在昆明、大理、楚雄选择性布局天然气调峰电厂。

6. 加大煤层气开发利用

实施一批煤矿瓦斯抽放回收利用项目，发展瓦斯发电，开展煤层气综合利用，利用煤层气生产甲醇、化肥等化工产品。到2015年，全省煤矿瓦斯利用总量1.72 亿立方米以上，瓦斯发电的装机容量达到12.4 万千瓦。到 2020年，全省煤矿瓦斯利用总量1.89 亿立方米以上，建成煤矿瓦斯发电20万千瓦以上。

（二）强化节能降耗，提高能源利用效率

以工业、建筑、交通为重点，全面推进节能工作，突出抓好重点行业和重点企业节能降耗，提高能源利用效率。

1. 强化工业企业的节能降耗，促进能源节约和高效利用强化重点行业节能。重点抓好钢铁、煤炭、建材、化

工、有色金属、电力等重点行业和年综合耗能万吨标煤以上重点企业的节能工作。把节能评估审查作为固定资产投资项目审批的前置条件，强化项目审批问责制，确保固定资产投资项目能耗水平达到能耗限额标准及相关要求。

积极淘汰落后产能。加大对电解铝、铁合金、电石、烧碱、水泥、钢铁、黄磷、锌冶炼等高耗能行业执行差别电价政策的力度，促进产业结构优化升级。加快淘汰钢铁、铁合金、铅锌、焦炭、黄磷、建材、电石、化肥等行业的落后生产能力。运用高新技术和先进适用技术对落后产能进行改造。

推行能耗限额管理。对全省规模以上和重点用能单位开展节能监察，对单位产品能耗过高的行业和企业采取更加严格的能源消费总量控制和产品生产总量控制“双控”措施。对单位产品能耗超过国家能耗限额标准的用能企业，实行惩罚性收费政策，并限期整改；整改不合格的，给予关停。

开展能效对标管理。建立完善重点耗能行业主要工业产品单位能耗指标体系，修订《云南省主要工业产品能耗限额》。在年综合能耗5000吨标准煤及以上的重点用能企业开展能效对标管理，督促企业通过采用先进的节能技术和工艺，强化节能管理，逐步降低产品单位能耗。加强能源审计，提高用能单位的能源管理水平。

2. 强化重点行业节能技术的开发和推广

钢铁工业。大型钢铁企业焦炉必须建设干熄焦装置、大型高炉配套炉顶压差发电装置（TRT），采用燃气—蒸气联合循环发电技术、转炉负能炼钢技术、蓄热式燃烧技术;强化高炉富氧喷煤；回收烧结环冷机、转炉余热蒸汽；充分利用高炉煤气、焦炉煤气和转炉煤气等可燃气体和各类蒸汽，以自备电站为主要集成手段，推动钢铁企业节能降耗。

煤炭工业。积极引进煤液化以及煤气化、煤化工等转化技术、以煤气化为基础的多联产系统技术；推广煤层气综合利用技术;采用新型高效通风机、节能排水泵，对设备及系统进行节能改造；推广干法熄焦技术，回收排空焦炉煤气用于发电；发展煤电结合的坑口电站，变运煤为输电。充分利用煤矸石等低热值燃料用于发电、生产水泥和其它新型建材。

建材工业。水泥行业要发展新型干法窑外分解技术，提高新型干法水泥熟料比重，积极推广节能粉磨设备和水泥窑低温余热发电技术，对现有大中型回转窑、磨机、烘干机进行节能改造，逐步淘汰机立窑、湿法窑、干法中空窑及其它落后的水泥生产工艺。

化学工业。大型合成氨装置要采用先进节能工艺、新型催化剂和高效节能设备，提高转化效率，加强余热回收利用。中小型合成氨采用节能设备和变压吸附回收技术，降低能源消耗。煤造气采用水煤浆或先进粉煤气化技术替代传统的固定床造气技术；黄磷工业推广炉气回收利用技术；推广节能型烧碱生产技术；密闭式电石炉推广工艺系统流程泵变频调速及自动化控制，矿热炉低压动态无功补偿及谐波治理节能技术。 有色金属工业。主要推广高效节能电动机、高效风机、泵、压缩机；高效传动系统；推广变频调速、永磁调速技术；推广软启动装置、无功补偿装置、计算机自动控制系统等，通过过程控制合理配置能量，实现系统经济运行。矿山广泛采用大型、高效节能的采掘、选矿、冶炼、压延加工工艺、技术和设备，铜熔炼采用先进的富氧闪速及富氧熔池熔炼工艺，电解铝生产采用大型预焙电解槽，铅熔炼生产采用氧气底吹炼铅新工艺及其他氧气直接炼铅技术，锌冶炼生产发展新型湿法工艺。

电力工业。大力发展60万千瓦及以上超（超）临界机组、大型联合循环机组；以高效、洁净发电技术改造在运火电机组，提高机组发电效率；推广无功就地补偿和集中补偿技术，通过全网无功优化，降低电网网损，以减少输电过程中的能耗。采用先进的输、变、配电技术和设备，优化电源布局，适当发展以煤层气和其他工业废气为燃料的小型分散电源，加强电力安全；减少电厂自用电。积极发展智能电网和超高压电网，逐步淘汰和更换低压输配电电网，减少线损，节约能源，降低碳排放。

3. 加强建筑节能，发展低碳建筑 强化新建建筑的节能监管。着力抓好新建建筑施工阶段执行标准的监管和稽查，严格执行《建筑节能工程施工质量验收规范》，并纳入建筑工程全过程监管。重点抓好民用建筑信息公示制度及政府办公建筑和大型公共建筑能效测评标识制度，加快建设民用建筑能效测评机构。城镇新建建筑执行建筑节能强制性标准设计阶段达到100%，施工阶段达到98%。

积极推进可再生能源在建设领域的推广应用。组织实施太阳能光电建筑应用示范项目、太阳能采暖工程示范、农村建筑太阳能光热利用示范等工程。到2015年，新增太阳能光热建筑一体化应用面积超过50万平方米、太阳能采暖示范建筑面积超过100万平方米、太阳能光热与地源热泵结合系统应用示范建筑面积超过500 万平方米，新增农村建筑太阳能光热利用示范建筑面积超过100 万平方米；到2020年，新增太阳能光热建筑一体化应用面积超过100 万平方米、太阳能采暖示范建筑面积超过200 万平方米、农村建筑太阳能光热利用示范建筑面积超过200 万平方米。

加强既有建筑的节能改造。开展国家机关办公建筑和大型公共建筑能耗监测平台建设，建立和完善能耗动态监测系统，扩大监测范围，抓紧研究制定能耗定额和超定额加价制度，积极推行合同能源管理试点示范。采取有力措施，对非节能居住建筑、大型公共建筑和党政机关办公楼，进行环保节能改造。

加大建筑节能新型材料的推广力度。积极推广应用新型墙体材料以及优质环保节能的绝热隔音材料、防水材料和密封材料，提高高性能混凝土的应用比重。扶植新型墙材及节能材料、产品的产业化发展，建设新型墙体及节能材料、产品产业化基地，组织编制并发布推广应用和限制、禁止使用技术公告。到2015年节能建材产品在新建建筑的使用比例达到50% 以上，到2020年节能建材产品在新建建筑的使用比例达到80% 以上。

4. 推进交通节能，发展低碳交通

改进物流运输结构。我省物流运输以公路为主，占全省货物运输总量的91.6% ，占旅客运输量的92.5% 。以公路为主的交通运输机构不仅成本高，而且单位能耗大。因此要大力发展综合交通运输体系，大幅度增加铁路及航运的营运里程，提高铁路及航运运输量占全省运输总量的比重。积极推进城市轨道交通和城际高速铁路建设，加快昆明市轻轨交通建设，在滇中城市群实现城际快速轨道交通网络。

加快淘汰老旧、高耗能、高排放的汽车、船舶，升级节能运输工具，淘汰落后耗能设备。到2015年，营运车辆、船舶全部达到燃料消耗量、排放量限值标准。在公交、出租等公共服务领域推广新能源汽车，尤其是电动汽车。组织实施好昆明市节能与新能源汽车示范推广的试点工作，到2012年发展千辆新能源车，其中公交客车占75%。结合中缅天然气管道建设，积极推行公交车、出租车“油改气”工作。

大力发展城市公共交通，率先在昆明市建成快速公交系统。改善步行和自行车交通环境，鼓励和支持昆明等大中城市发展自行车租赁业。

大力推进智能交通管理系统和现代物流信息系统建设，提高交通运输组织管理的现代化、智能化、科学化水平，促进各种运输方式之间相互协调，逐步实现客运“零距离换乘”和货运“无缝隙衔接”，降低运输工具空驶率。

（三）推进森林云南建设，增加森林碳汇功能

以建设“森林云南”为目标，切实加强林业生态建设，进一步增强森林碳汇能力。

1. 加强林业生态建设，增强森林碳汇功能 继续实施退耕还林工程、天然林保护工程，防护林体系建设工程，加大荒山荒地造林和封山育林力度，扩大森林面积，增强森林碳汇能力。加快推进中低产林改造、积极开展森林抚育，有效提高林分质量，提升森林的固碳能力。开展森林灾后生态修复重建工程，恢复因灾受损的森林。到2015年，完成荒山荒地造林133 万公顷、封山育林67万公顷、中低产林改造133 万公顷、中幼林抚育67万公顷、雨雪冰冻灾后森林恢复133 万公顷、特大干旱灾后森林恢复180 万公顷，森林覆盖率达到55% （按2003年前标准计算），森林蓄积量达到17亿立方米；到2020年，全面完成荒山绿化任务，累计完成中低产林改造400 万公顷、中幼林抚育400 万公顷，森林覆盖率达到58% （按2003年前标准计算），森林蓄积量达到18.3 亿立方米。

2. 推进城市园林绿化，增加城市碳汇

以创建生态园林城市和森林城市为重点，进一步完善城市绿地系统，大力推进城市中心公园、道路和住宅区绿地建设，大力开展城郊环城森林带和森林公园建设，实行城区园林化、城郊森林化、道路绿荫化、庭院花园化，不断提高城市园林绿化水平，增加城市碳汇能力。到2015年，全省城市建成区绿化覆盖率超过35% ；到2020年，全省城市建成区绿化用地超过35% ，绿化覆盖率超过40% 。

3. 开展碳汇造林，发展碳汇经济

云南作为全国重点林区，具有发展碳汇造林的良好条件。根据碳汇造林项目要求，对全省的无林地进行分析，筛选出适合实施碳汇造林项目的土地，统筹规划，分阶段、分层次逐步推进林业碳汇项目。同时对全省现有森林植被的碳汇量进行科学估算、评估可用于碳汇造林的宜林地资源，为今后开展新的碳汇造林项目打下坚实的基础，争取使云南在这一领域走在全国前列。

开展林业碳汇知识的宣传和普及，促进企业、个人积极参与以积累碳汇为目的的造林和森林经营活动。

（四）加快产业结构调整，建立以低碳排放为特征的产业体系

加大产业结构调整力度，积极培育发展战略性新兴产业，利用先进适用技术和高新技术改造传统产业，逐步形成以低碳排放为特征的产业体系。

1. 调整产业结构

调整三次产业结构。推进产业发展从主要依靠规模扩张，转变为规模扩张与质量提升并重转变；从主要依靠传统产业发展，向为培育战略性新兴产业与加快运用新技术改造提升传统产业并重转变；从主要依靠资源消耗向主

要依靠科技进步、劳动者素质提高和管理创新转变。发展现代农业调优一产，推进农业结构战略性调整，实现种、养、加、贸一体化发展。加快云南特色新型工业化调强二产，努力推进工业由资源型、原料型、低附加值向精深加工、延伸产业链、高附加值方向发展和转型。推动服务业发展调快三产，加快发展以现代物流和旅游业为重点的服务业，大力发展文化产业，提升服务业增加值规模，加快向市场化、产业化、社会化转变。

2. 积极培育壮大低碳产业

以现代服务业、旅游文化产业、现代生物、光电子、节能环保等为重点，加快低碳产业的培育发展。

3. 推动传统产业的低碳化发展

应用低碳技术改造提升传统产业，促进传统产业的低碳化发展。

推进重点行业的低碳化改造。加大清洁生产审核力度，重点推进冶金、建材、火电、化工、煤炭等高耗能、高污染行业的清洁生产，降低单位产品能耗、物耗和污染物排放。到2020年全省规模以上工业企业基本实现清洁生产，主要产品能耗、物耗及水耗水平基本达到国家清洁生产标准要求。在有条件的大中型企业，引进关键链接技术，以采矿、冶金（含有色）、煤炭、电力、化工等行业为重点，选择100 家企业进行低碳生态工业技术改造，开展能源、废物循环利用和碳捕捉及回收利用，创建一批二氧化碳 “ 近零排放”的企业。

创建低碳工业园。加快工业园区低碳化改造，完善环境基础设施，促进产业集聚，优化产业链，形成资源高效循环利用的产业链。制定严格的资源、能源利用、污染物排放标准，广泛采用清洁能源与系统节能技术，对符合热电联产建设条件的工业园区，要采用热电联产对锅炉进行改造，推进太阳能光热利用、太阳能发电技术的应用，促进园区产业向低碳化发展。在条件较好的昆明进出口加工园区、昆明高新技术开发区等5 个工业园区开展低碳生态工业园区创建工作。

发展低碳农业。加强有机食品、绿色食品和无公害食品基地的建设，推广节肥、节药、节水技术，大幅减少化肥和农药施用量，降低农业生产对化石能源的依赖。积极开展秸秆综合利用，发展以秸秆为原料的加工业和以秸秆为原料的生物质能源。继续推广以农村沼气池为基础的生态农业开发模式，加快建设生态农业示范园区。推广保护性耕作、轮作施肥、秸秆还田、施用有机肥等技术，增加农田土壤有机质和固碳潜力。加大利用畜禽粪便生产沼气的示范和推广力度，积极开展禽畜减排量的碳汇交易，构建种植业、养殖业、碳汇交易之间的产业循环。

（五）加强能力建设，构建低碳发展的技术支撑体系

建立温室气体排放统计核算和管理体系，加强低碳技术的研发推广和人才培养，提升低碳发展的科技支撑能力。

1. 建立温室气体排放统计核算和管理体系

2. 抓紧制定低碳发展的相关技术政策及标准

3. 加大低碳技术的引进及推广力度

可再生能源技术。重点推行环境友好的绿色水电建设、运行技术，推广适宜三江干流生态环境的水电建设新技术；引进和改进适合云南高海拔的风机；推广太阳能光热同步发电技术、太阳能建筑一体化技术，高性价比太阳光伏电池及利用技术；推广太阳能锅炉预热、太阳能干燥等技术，加快太阳能制冷空调研发和太阳能采暖通风综合利用；推广空气源水源热泵技术。推广秸秆固化、气化、炭化等技术，发展秸秆、蔗渣燃烧发电技术；推广生物质能高产优质原料品种选育、规模化高效种植技术。

农业控制温室气体排放技术。重点推广农业废弃物综合利用技术和生态农业技术，推广低排放的高产水稻品种和水稻间歇灌溉技术，减少水稻田甲烷排放；推广秸秆青贮氨化技术，减少反刍动物甲烷排放；继续大力推广测土配方施肥技术，开发生物农药，积极推广生物防治技术，推广农作物秸秆机械化还田技术。

4. 搭建低碳技术研发创新平台

加大低碳技术的研发力度。重点研发低成本规模化可再生能源开发利用技术与设备，高原地区条件下使用的风电技术，水、风、光协调运行技术，新材料技术，高效低污染燃煤发电技术，煤层气综合利用技术，化工、冶金、建材等重点行业节能增效技术，建筑节能技术、新型建筑材料技术、城镇废弃物和污泥处理技术、新能源汽车技术、高效碳汇林定向培育技术等。

将低碳技术创新研发优先列入省重大科技创新项目等各类科技计划，鼓励低碳关键技术的自主创新。加强产学研合作，搭建多种低碳科研平台，建设一批带动性强的国家级、省级低碳研发中心、重点实验室和研发基地。整合相关研究力量，建立低碳发展战略和政策研究平台。加快低碳技术成果的推广应用，建设低碳技术成果转化平台。

建立低碳信息服务平台。

5. 加强人才引进和培养

（六）积极先行先试，推进云南特色的低碳示范建设

围绕我省低碳发展的优势领域，积极推进太阳能综合利用、低碳旅游、碳汇交易及补偿等方面的先行先试，探索云南特色的低碳发展途径。

1. 推进太阳能综合利用示范区建设

选择太阳能资源优势突出及开发利用基础较好的县市，开展以太阳能为主的可再生能源综合利用示范建设。大力推动太阳能的综合利用及产业化，包括太阳能热水器的普及（普及率达到50% 以上），光伏光热发电、太阳能与建筑一体化、太阳能空调制冷、太阳能灶、太阳能干燥、太阳能烤烟房等的示范建设。

2. 开展低碳旅游示范区建设

选择条件适宜的景区开展低碳旅游示范区建设，把低碳的理念贯彻到景区的规划、开发建设及经营管理整个过程，通过多种手段降低旅游行为中的“碳排放”。在旅游规划开发建设中，广泛采用节能和低碳技术，不建设高耗能、高排放的旅游接待设施，对现有的基础设施进行低碳化改造；积极推进太阳能、风能、生物质能等可再生能源在景区的有效利用，示范区可再生能源的利用率超过50% 以上；实行合同能源管理,对景区照明实施节能照明改造；减少甚至取消一次性用品在景区的投放和使用；限制私家车进入景区，在景区使用电动车、自行车等低碳交通方式；在旅游方式上，推行低碳旅行方式，包括自行车骑行、步行、露营等活动，为游客精心设计相关线路，方便游客选择低碳旅游方式；采用互联网等低碳宣传的方式进行旅游信息传播，尽量减少宣传印刷纸制品的消耗；推行碳补偿活动，倡导游客在旅游的同时对生态环境进行补偿，通过植树造林或认养一定面积的森林等方式以抵消旅行中排放的二氧化碳。

3. 开展碳汇交易和碳汇补偿试点工作研究

加强森林碳汇交易研究，提出碳汇交易试点方案，探索建立适合云南的森林碳汇交易规则和运行机制，建立与国际接轨、与国家衔接、符合省情的碳汇计量、监测体系和标准。积极开展碳汇补偿试点工作研究，探索适合云南省情的碳汇生态补偿的标准及补偿方案，取得成功经验后，在全省进行推广。积极呼吁推动建立国家层面的碳汇补偿机制，争取国家更多的支持。

4. 推动低碳产品认证

积极推进低碳产品认证的相关研究和试点，出台相关政策，引导和鼓励企业开发低碳产品技术，支持符合条件的企业开展低碳产品的认证，对通过低碳产品认证的产品生产商和经销商进行鼓励，对低碳产品给予税收优惠等，并将通过认证的低碳产品列入政府采购目录，政府采购时必须优先采购低碳产品。同时开展我省特色和优势产品低碳标准的研究

工作，积极参与到国家组织的相关低碳产品标准的制定工作，提高我省低碳产品的竞争力。

通过开展低碳产品认证，加强政府对产品和服务所排放的温室气体的监管，有效地在全社会引导和建立低碳生产和低碳消费模式，促进生产体系和消费体系协调互动。

5. 建立碳信用储备体系

积极开发具有控制温室气体排放潜力的项目，估算这些项目减少二氧化碳和其它温室气体排放的潜力以及可能的碳交易收益，建立省级碳信用储备项目库，为我省今后的国际国内碳信用交易储备项目。研究建立我省碳信用储备平台信息库，为政府机构及企业提供国际碳信用市场需求情况和相关碳信用交易信息，推进我省碳信用交易。

专栏5　碳信用

碳信用（Carbon Credit)：又称碳权，指在经过联合国或联合国认可的减排组织认证的条件下，国家或企业以增加能源使用效率、减少污染或减少开发等方式减少碳排放，因此得到可以进入碳交易市场的碳排放计量单位。

专栏4　低碳产品认证

低碳产品认证，是以产品为链条，吸引整个社会在生产和消费环节参与到应对气候变化。通过向产品授予低碳标志，从而向社会推进一个以顾客为导向的低碳产品采购和消费模式。以公众的消费选择引导和鼓励企业开发低碳产品技术，向低碳生产模式转变，最终达到减少全球温室气体的效果。目前，已经有德国、英国、日本、韩国等十几个国家开展低碳产品认证。

（七）培养低碳理念，倡导低碳生活，促进低碳消费

把低碳理念融入公众的日常生活中，推行低碳生活方式，促进低碳消费。

1. 倡导低碳生活方式

大力开展宣传教育普及活动，倡导低碳生活方式。编制和发放低碳生活方式指南，倡导公众在日常生活的衣、食、住、行、用等方面，从传统的高碳模式向低碳模式转变，减少二氧化碳排放。倡导生活简单、简约化，尽量减少“面子消费、奢侈消费”。

提倡有节制地使用私家车，鼓励公众尽量选择公共交通、自行车、步行等绿色低碳出行方式。实行住房节能装修，科学合理使用家用电器；大力提倡使用布袋、菜篮子，减少一次性用品的使用；

大力推广普及节能产品和器具，继续推进“节能减排进家庭、进社区、进学校”的活动，开展“低碳家庭”、“低碳社区”、“低碳学校”的创建活动和“消除碳足迹”等与低碳生活相关的系列环保公益活动。

2. 推进低碳办公

发挥政府在低碳消费中的引领、示范和表率作用，开展以节约、节能为主题的“低碳办公”活动，建设节约型政府。

3. 营造有利于低碳消费的环境

加强价格调控的引导功能，对水、电等的消费使用采取价格累进制，对居民消费进行合理引导；鼓励和引导消费者购买低碳节能产品，促进企业产品结构升级；加强对住房、汽车、装修等高档消费的政策引导，抑制高碳消费；全面推进禁塑工作，尽快研究出台相应的管理办法，限制一次性物品的使用。

增加低碳产品和服务的供给，推进公共型低碳消费。推进城市建设的节约化、低碳化，倡导城市景观建设的生态化和低碳化，限建高耗能的人工瀑布、喷泉等；在交通、供水、热、污水和垃圾处理等方面广泛采用节能低碳新技术，提高城市电炊及天然气普及率。继续推进绿色商场、绿色饭店的创建工作；提高城市公交的数量和运行效率，在全省有条件的城市推广免费公交换乘和自行车租赁业务，提高公共交通出行方式的分担率和低碳出行比例。

实施城市绿色照明工程。在城市道路、公共设施、公共建筑、公共机构、宾馆、商厦、写字楼等商贸流通和现代服务业及社区中大力推广高效节能照明系统，减少普通白炽灯使用比例，逐步淘汰高压汞灯，提高高效节能荧光灯等产品的使用比例。到2015年全省公共设施、公共机构、宾馆、饭店、写字楼、大型商场等的高效照明产品应用率要达到90% 以上，到2020年达到100%。

四、十大重点工程

以示范、创新和能力建设为重点，组织实施十大重点工程。“十二五”低碳发展重点工程总投资1038.61亿元，云南省低碳发展“十三五”重点工程在“十二五”重点工程的基础上滚动实施，具体项目和投资在编制“十三五”规划时确定，“十三五”工程项目总投资将在“十二五”基础上有所增长。

（一）低碳能源建设工程

1. 风能开发工程

新建罗平山、大海草山、大风丫口、莲花山、大莫古风、黄草坡等一批风电场，新增装机约320 万千瓦。总投资220 亿元。

2. 太阳能开发工程

光伏发电工程：在永仁、宾川、弥渡等12个一类资源县发展光伏发电，总规模超过30万千瓦。总投资100 亿元。

太阳能热水器推广工程：在全省推广太阳能热水器300 万平方米（包括农村地区），总投资40亿元。

3. 生物质能工程

城市生活垃圾发电工程：在昆明、曲靖、楚雄建设城市生活垃圾发电工程，装机容量为14.1 万千瓦。总投资14.1 亿元。

秸秆发电工程：建设秸秆、糖厂蔗渣发电工程，装机容量18万千瓦。总投资18亿元。

生物柴油工程：在全省重点城市布局地沟油生产生物柴油项目，产量达到15万吨。投资5 亿元。

4. 沼气工程

户用沼气工程：新建“一池三改”农村户用沼气池60万户。总投资9 亿元。大中型沼气工程：在规模化养殖区域新建大中型沼气工程100 项，每口沼气发酵池300 立方米以上，用于发电和集中供气。总投资1 亿元。

5. 天然气工程

完成中缅天然气管道沿线德宏州、保山市、大理州、丽江市、楚雄州、昆明市、玉溪市、曲靖市州市府所在地天然气管网建设。总投资235 亿元。

6. 煤层气开发利用工程

在全省建设一批煤层气发电站，装机容量达到12.4 万千瓦。

总投资 8亿元。

（二）工业节能增效工程

1. 余热余压利用工程

每年实施10项余热余压工程，年节能量10万吨标煤。总 投资5 亿元。

2. 电机系统节能工程

每年实施100 台高、低压电机变频改造，年节能量6 万吨标煤。总投资2 亿元。

3. 燃煤工业锅炉改造

每年完成50台工业锅炉节能改造，采用分层燃烧等技术对燃煤锅炉进行改造，采取新型循环流化床锅炉、燃气（油）锅炉替代燃煤锅炉，年节能量达到10万吨标煤。总投资2 亿元。

（三）低碳建筑工程

1. 太阳能光热建筑一体化应用工程

在全省推广太阳能光热建筑一体化面积50万平方米，总投资15亿元。

2. 太阳能采暖工程

在昆明、丽江等地推广太阳能采暖空调工程建筑示范面积100 万平方米，总投资2 亿元。

3. 太阳能光电建筑一体化工程

在昆明、楚雄的6 个县区开展太阳能光电建筑一体化工程，到2015年底太阳能光电装机容量合计7.8万千瓦。总投资34.5亿元。

（四）低碳交通工程

1. 公路隧道节能技术改造工程

对全省212 座公路隧道进行节能技术改造，包括照明LED灯具技术改造、隧道太阳能供电技术改造、隧道供配电系统稳压、滤波、补偿技术改造等。总投资3.4亿元。

2. 公路自动收费系统（ETC）改造工程

在全省高速公路建设自动收费系统（ETC ），实现高速公路联网收费、电子不停车收费。总投资3 亿元。

3. 昆明市智能公交建设工程

在昆明市主城区、呈贡新区、空港新区设立两级管理平台，安装GPS 调度终端和信息采取器，建设智能查询系统。总投资1亿元。

4. 电动汽车充电站建设工程

结合电动汽车的推广，在全省建设20个电动汽车充电站及1000个充电桩。总投资40亿元。

（五）森林碳汇工程

1. 荒山造林工程

实施荒山荒地造林133 万公顷，总投资40亿元。

2. 封山育林工程

完成封山育林67万公顷，总投资10亿元。

3. 中低产林改造工程

实施以森林抚育为主的中低产林改造133 万公顷，总投资40亿元。

4. 重大森林灾后恢复重建工程

完成雨雪冰冻灾后森林恢复133 万公顷；特大干旱灾后森林恢复180 万公顷，总投资47.3 亿元。

5. 城市碳汇工程

完成0.4万公顷城市园林绿化建设，总投资46.7 亿元。

（六）工业园区及企业低碳化改造工程

1. 低碳工业园区建设工程

在全省选择2 家产业关联度高的工业园区和高新技术产业园区，开展低碳工业园区改造建设。总投资10亿元。

2. 企业低碳化改造工程

在采矿、冶金（含有色）、煤炭、电力、化工、建材等高耗能行业，选取50家企业开展，应用低碳技术对企业进行改造。

总投资5 亿元。

（七）能力建设及科技支撑工程

1. 温室气体排放数据统计和管理体系建设工程研究制定温室气体排放的指标体系，建立完整的温室气体数据收集和核算系统，编制我省温室气体排放清单，建立温室气体统计、核算及考核体系等。总投资0.25 亿元。

2. 能力建设工程

包括机构能力建设，低碳领域的相关培训和宣传教育；碳汇计量、核算、统计体系的建立，低碳及应对气候变化技术的研发与示范，低碳技术成果的推广应用，低碳研发机构及基地的培育建设，低碳信息服务平台的建设，低碳教育和科普基地建设、低碳队伍建设及人才培养，对外交流合作等。总投资1.5亿元。

（八）政策规划及体制创新工程

包括低碳发展规划及应对气候变化规划的编制、 低碳发展标准体系的建设，低碳发展目标分解及考核体系建设，低碳发展相关政策措施和法律法规的研究制定等。总投资0.1亿元。

（九）先行先试示范工程

1. 太阳能综合利用示范工程

在滇中、滇西选择条件适宜的1～2个县市，开展太阳能综合示范建设，推进太阳能在生活、生产领域的综合利用示范。总投资2 亿元。

2. 低碳旅游景区示范工程

在全省选择5 个景区开展低碳景区示范建设，景区建设和运营广泛采用低碳技术及可再生能源，推行低碳旅行方式，开展碳补偿活动。总投资2.5亿元。

3. 碳汇交易及碳汇补偿示范工程

碳汇交易示范工程：开展碳汇交易方面的研究，开展碳汇交易试点，建立碳汇交易平台。总投资0.1亿元。

碳汇补偿示范工程：开展碳汇补偿的相关研究，选择碳汇贡献较大的州市开展碳汇补偿试点，探索我省碳汇补偿标准及补偿方式。总投资1 亿元。

4. 低碳产品认证示范工程

选择我省2～5个特色优势行业，率先开展低碳认证示范，分析低碳认证政策和技术需求，开展低碳认证标准研究，引导企业开发低碳产品和进行低碳产品认证工作，通过试点研究对政策及技术标准逐步加以完善，为制定我省及国家低碳认证管理制度及相关产品的低碳标准提供依据。总投资0.1亿元。

5. 碳信用储备平台建设工程

积极开发我省在温室气体控制及森林碳汇方面的项目，建立碳信用储备项目库，建立碳信用储备平台信息库。总投资0.1亿元。

（十）低碳生活推进工程

1. 低碳生活推进工程

开展多种形式的低碳生活宣传活动，编制发放低碳生活指南，鼓励低碳消费，贯彻落实“禁塑令”，开展“低碳家庭”、“低碳学校”的创建活动等。总投资0.1亿元。

2. 绿色照明工程

城市绿色照明工程：对全省10万盏城市路灯节能改造，对全省公共广场的照明系统进行改造，推广LED 节能灯、新能源照明系统等3 万套。总投资20.36亿元。

大型公园景观照明改造工程：对全省部分大型公园的照明系统进行节能改造，推广节能灯2 万套。总投资0.5亿元。

节能灯推广工程：在全省公共机构、中型商厦、宾馆、酒店、餐饮企业及社区继续推广节能灯1000万只，逐步取代白炽灯和其他低效照明产品。总投资1 亿元。

3. 低碳社区创建工程

结合房地产开发、城中村改造等形式，开展5 个低碳社区建设。通过能源、资源、交通、用地、建筑等综合手段，来减少社区规划建设和使用管理过程中的温室气体排放。全面推广低碳建筑模式，使用低碳节能建材，推广应用太阳能建筑一体化、节能照明等节能技术和产品，推广中水回用、垃圾分类、太阳能利用与节能管理，加强社区绿化等。总投资50亿元。

4. 绿色饭店创建工程

开展国家绿色饭店标准推广及绿色饭店创建活动，依据国家标准创建200 家绿色饭店。总投资2 亿元。

五、保障措施

（一）加强组织体系建设，明确任务职责

（二）建立完善支持低碳产业发展的配套政策

加快研究制定促进低碳发展的产业政策、财税政策、金融政策和消费政策。研究制定促进低碳产业发展的扶持政策。把低碳项目列为招商引资工作的重点，优先保证低碳项目的建设用地。

在政府采购、城市建设等方面，优先考虑本地化的低碳产品。在强化新建项目节能评估审查和环境影响评价制度的基础上，逐步探索建立新建项目碳排放准入机制。制定财税政策，对低碳发展的重大项目和科技、产业化示范项目采取优先贷款或税收减免等方式给予支持，扶持重要的低碳技术、低碳产品和进行相关研发及技术推广。积极推行合同能源管理，制定实施合同能源管理项目扶持办法，促进节能服务产业化。强化促进可再生能源发展的政策机制。尽快制定实施《促进云南省太阳能产业发展的意见》，推动我省太阳能产业的发展。进一步完善能源价格政策，理顺能源价格形成机制。充分与国家沟通，积极争取成为国家能源价格改革试点区域。根据我省水电为主的特性，研究包括上网电价和用电电价的丰枯、峰谷电价机制，争取在全国率先实现水火电“同网同质同价”的改革。率先试点实行节点电价制，逐步在全省全面实行丰、枯和峰、谷电价制，并适当提高丰枯、峰谷差价。吸引和引导载能工业大量利用汛期电能。落实对新能源开发的补贴制度、新能源发电上网强制配额制度。

（三）加大资金投入，拓宽融资渠道

（四）加大宣传力度，营造有利于低碳发展的社会氛围

（五）积极开展交流合作

安徽省农业科技应对气候变化方案（节录）

二〇一一年一月二十七日

一、农业科技应对气候变化的重要意义（略）

二、农业科技应对气候变化的基本思路和发展目标

2、发展目标

到2015年，农作物秸秆综合利用率提高到80%，农业灌溉用水有效利用系数提高到0.50，肥料、农药等资源利用率分别提高3个百分点，创制农作物抗逆性品种5～10 个，研制少（免）耕保护性耕作栽培技术体系3-5套，节粮型畜牧业的比重由现在的17%提高到30%；形成运转有序的农业防灾减灾应急技术体系，显著提升科学防范和抵御农业气象及其衍生灾害的能力。

三、农业科技应对气候变化的主要任务

1、适应气候变化

（1）研究农业结构布局调整优化技术。进一步研究农业区域布局优化技术，促进优势农产品向优势产区集中，形成优势农产品产业带。充分利用生长期延长的趋势，开展耕作制度调整和种植业结构、作物品种布局的优化配置技术研究，构建复合型经营体系和多熟制技术体系，提高复种指数。

（2）开展抗逆高产品种选育。加强气候变化背景下农作物种植气候适应性分析，选育具有抗逆特性的农作物优良品种，加大抗高温、抗干旱高产优质新品种的选育力度；培育抗逆性强、高产优质的农作物新品种，适应气候变化。

（3）开发节水农业技术。开发灌溉节水、旱作节水与生物节水综合配套技术，重点突破精量灌溉技术、智能化农业用水管理技术及设备，节约提灌用能；提高水资源的利用效率。加强稻田水分管理，推广稻田间歇灌溉和湿润灌溉技术，实现节水和减少甲烷排放。因地制宜推广耐旱节水高产作物，优化和建立节水高效的种植结构。

（4）开展农业适应气候变化基础研究。研究气候变化对我省农业的总体影响特征及区域差异，明确气候变化对我省农业影响的关键产业、关键区域和关键因子，开展气候变化的趋势性影响与极端性天气/气候变化事件的灾害性影响，以及对农业生态系统生物区系和生物多样性、病虫害发生和扩展、水分～养分有效供应的影响机理研究。

2、减轻农业灾害

（1）研究农业减轻自然灾害综合技术。结合暴雨、洪水、干旱等重大自然灾害的预测、预防、监测、预警等技术，开展农业灾后应急处置、综合减灾等技术研究，加强气候变化、农业生态、农业资源与环境、农业作物和动物生产等多个学科和领域技术的研究与集成应用，发挥多技术的综合配套和互补作用，提高减轻气候变化的综合能力。

（2）研究农业减轻生物灾害综合技术。开展病虫害监测预警、动物疫病防控技术研究，加大生物防治等绿色防控技术的推广，构建综合防控体系建设，推进统防统治，做好区域性重大病虫、重大疫情的应急防控工作。

3、减缓温室气体排放

（1）研发农作物废弃物综合利用技术。发展秸秆沼气（气化）集中供气和生物质发电等技术。开展秸秆粉碎还田的肥料化技术，青贮氨化的饲料化技术，气化与液化作为生物油或乙醇燃料、固化成型燃料和秸秆气化等能源化技术，减少温室气体排放。

（2）研制农业机械节能技术及装备。以提高主要农作物的机械化水平和实施保护性技术为重点，全面提升农机化生产性能。采用先进柴油机节油技术，降低柴油机燃油消耗；加强节油、节电、节煤等节能型农业机械研发与推广，提高农机装备和作业水平。

（3）开发可再生清洁能源利用技术。开展水能、风能、太阳能等可再生能源技术及其在农业机械和农业生产上的应用。按照因地制宜、多能互补的原则，推广使用太阳能热水器、太阳灶、太阳房等清洁能源。

（4）研究节能减排型农作技术。开展符合低碳技术需求的耕作制度研究，选育低排放的高产水稻品种，研制和推广少（免）耕栽培、水稻半旱式栽培、先进机械化农艺、科学灌溉等节能减排型农作丰产技术，尽量减少破坏土壤耕作层，防止或减少二氧化碳排出，实现节本节能。

（5）研究新型肥料与施用技术。研究开发环保型肥料和专用复（混）型缓释、控释肥料及施肥技术与相关设备，减少氧化亚氮排放。开展不同轮作制度下水肥管理措施对二氧化碳、甲烷、氧化亚氮等温室气体排放的影响研究，研发减排技术，减少农业温室气体排放。

（6）优化动物饲养技术。开展主要动物生产的饲草品质改良和饲料创新、场舍环境设施革新、病虫防治等饲养经营应对技术，加速规模养殖和畜禽养殖小区建设，集成示范发酵床养殖等成本低、效果好的先进适用技术，改善动物饲养方式，推广秸秆青贮、氨化和微贮等技术，提高秸秆消化率，减少反刍动物甲烷排放。

4、增加农林碳汇

（1）研究土壤碳汇技术。开展秸秆还田快速腐殖化和土壤碳的捕获技术研究，以提高土壤碳汇容量。开展冬季农业开发技术研究和应用，实现冬闲田生物覆盖。加强草地管理和保护，增加草地覆被度，提高土壤中的有机物含量，固存大量碳，减少大气中的温室气体，增加土壤碳汇容量和草地碳汇能力。

（2）研究森林碳汇技术。应用林业基因技术和混合栽培技术，改良树种遗传品质，定向培育能适应不同气候和环境、具有较高二氧化碳吸收率的速生短轮伐期新品种。提高木材利用率，有效控制森林灾害，合理搭配树种，提高森林生态系统稳定性和吸收二氧化碳能力。

（3）研发碳替代技术。以耐用木质林产品替代能源密集型材料，增加陆地碳储存，减少能源密集型材料生产过程中的温室气体排放。

四、农业科技应对气候变化的保障措施（略）

›››

综合编

科技应对气候变化和低碳发展

科学技术部社会发展科技司

科学技术技高度重视气候变化和低碳发展工作，在“十二五”规划的开局之年，按照《国民经济和社会发展第十二个五年规划纲要》及《国家“十二五”科学和技术发展规划》，紧密结合《国家中长期科学和技术发展规划纲要》、《中国应对气候变化国家方案》和《中国应对气候变化科技专项行动》等相关政策部署，加强应对气候变化的科技战略、基础科学研究、减缓和适应技术研发、工程示范和产业化、国际合作和科普宣传等方面工作，努力实现气候变化领域的科技进步和创新，并取得显著的成效。

一、2011年应对气候变化领域和低碳发展开展的相关科技工作

（一）应对气候变化科技发展战略规划研究

——编制完成《“十二五”国家应对气候变化科技发展专项规划》（以下简称《专项规划》）。根据2009年8月国务院常务会议关于“制定应对气候变化的科技发展战略与规划”的要求，2010年科技部联合1相关部门开始了《专项规划》的编制工作，2011年组织专家数次修改完善《专项规划》，并征求了各相关部门、地方、行业协会意见，目前进入发布程序。

——编制完成第二次《气候变化国家评估报告》。2008年12月科技部联合中国气象局、中国科学院等相关部门启动第二次《气候变化国家评估报告》编制工作，经过多次专家评审和部门评审，先后五易其稿，最终形成了第二次《气候变化国家评估报告》和决策者摘要，并于2011年11月5日出版发布。报告对我国气候变化研究的关键问题进行了系统梳理，全面、准确、客观、平衡地反映我国科学界在气候变化领域最新、最重要的研究进展和成果，将为我国应对气候变化工作提供重要的理论与实践参考。

——完成中国适应气候变化国家战略研究。本项研究系统评估中国适应气候变化现状与需求的工作，提出了主要脆弱领域和不同区域适应气候变化的重大问题、重点任务和行动方案，以及国家适应综合行动方案及能力建设的建议，为国家适应气候变化战略的制订提供技术支持。《中国适应气候变化国家战略研究》报告于2011年8月由科学出版社出版发行。该报告的形成凝结了气候变化领域众多专家学者的智慧和心血，具有较强的参考价值和实践意义。

——积极推动“应对气候变化科技专项”的研究工作。科技部和国家发展改革委等部门于2010年3月启动的“应对气候变化科技专项”，形成了每两周召开一次会议的专家会商机制，2011年产出了支撑联合国气候变化德班谈判会议的“关于参加联合国气候变化谈判南非德班会议的思路与策略建议”等战略研究报告，为国家气候变化谈判和国内应对气候变化工作提供决策支持。

（二）应对气候变化科技研发

2011年科技部在国家科技支撑计划、国家高技术研究与发展计划（863计划）、国家基础研究发展计划（973计划）有序部署实施应对气候变化科技项目，支撑我国应对气候变化任务的开展和完成。

——加强气候变化基础科学研究。通过全球变化研究国家重大科学研究计划，围绕全球变化关键科学问题，在全球变化基本规律、人类活动与全球变化相互作用、人类活动对全球变化的影响研究、气候变化的影响及适应研究、综合观测和数据集成研究等方面继续支持了全球气候变化研究领域的基础研究工作。启动实施了全球变化研究国家重大科学研究计划2011年项目“大尺度土地利用/覆盖变化对区域气候影响的研究”，投入经费约0.3亿元；今年还重点部署了“东亚季风区年际-年代际气候变率机理与预测研究”等13项全球变化研究国家重大科学研究计划项目，投入经费达3.5亿元,该批项目将于2012年启动。

——积极推动新能源技术研发。在能源技术领域积极推动智能电网、洁净煤、太阳能发电和风力发电等4个重点专项的部署，以及节能与储能技术、洁净煤技术、可再生能源技术、氢能燃料电池与分布式供能技术、先进核能及核安全技术和新型电力电子关键技术等6个优先主题的设计工作。在生物质能方面，启动了生物燃气科技工程、生物液体燃料科技工程、微藻生物能源等国家科技支撑计划项目，以推动生物质能相关技术研发。在风力发电领域，大功率风电机组研制与示范项目，以整机为龙头，形成了整机、叶片、齿轮箱、发动机、控制和变流系统等全产业链的研发基础，已初步具备设计制造5兆瓦级风电机组能力，并研制成功应用于低速风区的1.5兆瓦风力发电机组，为低风速地区风电场建设提供了支撑。在核电领域，今年6月中国实验快堆成功并网运行，标志着我国成为全球为数不多的掌握快堆技术的国家之一，为我国第四代核电的发展打下了扎实的技术基础。

——积极推进碳捕集、封存与利用技术研发。在减缓气候变化技术研发方面，启动了30万吨煤制油工程高浓度二氧化碳捕集与地质封存技术开发及示范、高炉炼铁CO_2减排与利用关键技术开发及35MW富氧燃烧碳捕获关键技术、装备研发及工程示范等项目；并在2011年“十二五”支撑计划中部署了大规模燃煤电厂烟气CO_2捕集、驱油及封存技术开发及应用示范项目，将于2012年启动实施。

——大力加强适应气候变化技术研发。在“十二五”科技支撑计划中部署了重点领域气候变化影响与风险评估技术、沿海地区适应气候变化技术、全球中期数值预报技术、天山山区人工增雨雪关键技术等技术研发与应用项目，拟于2012年启动实施。

——加大农业应对气候变化技术研发。在农业适应气候变化领域，开展农业领域温室气体排放和碳计量、农业领域减少温室气体排放和增加碳汇等方面研究，在“十二五”国家科技支撑计划首批启动项目中设置了农业应对气候变化专题，部署了“大兴安岭森林资源恢复与利用关键技术研究及产业化示范”、“东北森林碳增汇关键技术研究与示范”等项目，为国家林业减排增汇决策提供科技支撑；在农林生态环境建设方面，启动了“林业生态科技工程”、“草业及草原可持续发展关键技术研究与集成示范”等项目，为农林适应气候变化提供科技支撑。

（三）应对气候变化科技示范与产业化

科技部继续联合相关部门积极稳步推进“十城千辆”、“十城万盏”和“金太阳”等节能和新能源示范工程，为新能源、新材料、新能源汽车、节能环保等战略性新兴产业发展提供科技支撑。

“十城千辆”工程计划在十余个城市的公共交通领域规模化地推广应用混合动力、纯电动和燃料电池汽车，预计到2012年推广应用6万辆节能与新能源汽车，带动中国新能源汽车产业的发展，目前“十城千辆”节能与新能源汽车示范推广试点已经增至25个。

“十城万盏”计划试点城市已达37个，通过在通用照明领域推广应用半导体照明产品，以应用促发展，到2015年，半导体照明将进入30%的通用照明市场，年节电预计超过1000亿千瓦时。

“金太阳”示范工程顺利推进。截至目前，由财政部、科技部、国家能源局等部门联合支持的金太阳示范工程项目已累计支持荒漠并网、建筑一体化、园区集中连片式光伏发电项目343个，总装机容量约1300MW，国拨支持经费超过60亿元。已建成国内最大的20兆瓦荒漠并网光伏电站，500kW并网逆变器、微网适用的250kVA逆变器等关键设备成功实现国产化，自主研发成功聚光倍数达1090倍、电池效率40%左右、组件效率达28%的高倍聚光太阳电池并建立若干MW级高倍聚光光伏电站，1MW塔式太阳能热发电电站年底即将建成发电。

（四）应对气候变化相关国际合作

2011年科技部积极参与应对气候变化国际谈判，加强国际合作与交流。继续有效利用和深入拓展国际资源，积极组织和推动包括碳捕集与封存、气候变化适应以及清洁发展机制等领域的一系列国际合作，各项工作进展顺利并在国内外产生积极的影响。

——积极参与气候变化国际谈判。2011年，科技部多次派员参加联合国气候变化谈判工作，积极参与技术开发与转让、适应议题的谈判工作，牵头并协调我国参与联合国气候变化公约下科学附属机构的谈判工作。2011年德班谈判大会上通过了关于技术执行委员会（TEC）的模式和程序、长期合作行动特设工作组（LCA）下技术开发与转让议题对气候技术中心网络（CTCN）及气候技术执行评估选择标准的决定。

——积极开展二氧化碳捕集与封存技术（CCS）方面的国际合作。与澳大利亚地球科学局签署的二氧化碳地质封存合作项目，推动并促成与澳大利亚的第二期合作；组织推动了中美碳捕集、封存与利用的合作项目。9月，科技部与发改委联合在京举办“碳收集领导人论坛（CSLF）第四届部长级会议”。万钢部长、解振华副主任及CSLF成员国部长级高官、政府官员、国际组织、国内外企业、大学、研究机构和其他利益攸关方代表近500人与会，规模创历史之最，受到国内外广泛关注。同期还举办了CCUS技术开发及示范展览和现场参观。会议通过了《公报》即修改延长《宪章》的决定，宣布启动能力建设倡议并资助9个项目，中方有3个项目入选。这些都对开展我国CCS领域的能力建设和示范工程的建设有积极的促进作用。

——大力推动与发达国家的气候变化科技合作。2011年1月，在胡锦涛主席访美期间科技部、国家能源局与美国能源部正式启动了中美清洁能源联合研究中心，并于9月召开了中心指导委员会会议并签署三个领域技术管理计划批准函，启动了官方网站。在中美清洁能源联合研究中心框架下，双方在洁净煤技术、建筑节能技术以及电动汽车等领域开展了富有成效的联合研究。由科技部和美国能源部联合召开的中美化石能合作议定书2011年协调会于9月在北京成功举行。自2000年双方签署中美化石能合作议定书以来，双方在电力系统、清洁燃料、石油与天然气、能源与环境技术、气候科学以及煤基先进能源系统技术等领域开展了积极的合作，在培训、信息共享、合作研究等方面取得了积极的成果。

——积极推动与欧盟的科技合作。与欧盟共同设计了燃煤发电近零排放合作项目第二阶段的合作。为落实温家宝总理在第八届亚欧首脑会议上的倡议，8月在湖南长沙揭牌成立“亚欧水资源研究和利用中心”。根据第13次中欧领导人会晤联合声明及科技部与欧盟委员会签署的关于特别鼓励中欧中小企业开展能源科研创新合作的联合声明，科技部会同财政部共同设立了“中欧中小企业节能减排科研合作资金”。6月在温家宝总理与德国总理在柏林主持召开首届中德政府磋商期间确定建立电动汽车战略伙伴关系，扩大在新能源、节能环保、能效领域合作，万钢部长与德国交通部签署可持续交通合作协议。科技部还与奥地利推动在南昌创建“中奥绿色技术创新中心”，与丹麦筹建“中丹风能及智能电网创新中心”，并在10月举办的第二届中日韩产业技术合作论坛上，正式提出筹备建立中日韩可再生能源产学研创新联盟。

——稳步开展与发展中国家的气候变化国家科技合作。气候变化、清洁能源、环境已经成为我国与印度、南非、巴西、阿根廷等国的优先合作领域。2011年度支持了13个面向发展中国家的、与应对气候变化直接相关的国际培训班，涉及生物质、太阳能、沼气、荒漠化防治、节水高效农业、草原生态建设、热带生物多样性、燃煤电厂烟气净化、非木质林产品开发等领域。还重点支持了南太岛国可再生能源利用与海洋灾害预警研究及能力建设、LED照明产品开发推广应用、秸秆综合利用技术示范、风光互补发电系统研究推广利用、灌溉滴水肥高效利用技术试验示范等一批援外项目，帮助发展中国家提高应对气候变化的适应能力。2011年6月，与阿根廷蒙多萨省签署建立中阿可再生能源中心的谅解备忘录，加深了中阿两国在可再生能源技术创新领域的合作。

——积极参与多边气候变化科技合作。2011年4月，科技部与上海市、国际能源署（IEA）共同在上海举办“2011国际电动汽车示范城市及产业发展论坛”，万钢部长与上海市韩正市长、国际能源署署长为中国（上海）电动汽车国际示范城市揭牌。会议通过了《电动汽车国际示范城市上海宣言》，并建立了示范城市伙伴组织。该项目已成为北京奥运会、上海世博会后规模最大、具有广泛国际参与的电动汽车示范行动，多家中外车企电动已入驻，在国内外引起广泛关注。2011年度科技部批准国内科研机构新加入3个国际能源署研发合作实施协议，迄今我国已加入15个实施协议。

科技部与联合国环境规划署（UNEP）及其他国际组织及非洲国家启动了“中国—联合国—非洲水资源科技行动”6个项目，涉及水资源规划、水资源利用技术、流域水资源生态保护技术、干旱预警机制及适应技术、节水农业技术、沙漠化防治技术等领域。10月，科技部与联合国开发计划署、教科文组织、环境规划署、南方中心、第三世界网络、联合国气候变化框架公约秘书处等在京联合召开“科技应对气候变化南南合作国际研讨会”，来自40多个国际组织和国家的160多名代表与会，会议通过了《北京宣言》。11月，万钢部长与UNEP署长重签合作谅解备忘录，双方还将合作支持崇明生态岛建设。

在亚太经合组织（APEC）框架下，10月在南京举办了“APEC低碳技术与产业合作论坛”，通过《南京倡议书》并建立了“APEC低碳技术合作及转移技术中心”。积极参加于2010年成立、我国作为发起国之一的智能电网国际网络行动计划（ISGAN），加强了与美国、日本、韩国、欧盟等在智能电网领域的技术交流与信息沟通，为借鉴国外智能电网技术发展与示范应用创造了良好的平台。另外，委托上海同济大学积极参加我国作为发起国之一的氢能经济国际合作伙伴计划（IPHE），加强了与成员国之间在氢能研发、示范应用及标准制定等方面的沟通和合作。

（五）节能减排和应对气候变化工作的科普宣传

编制应对气候变化科技宣传材料并出版。根据2010年主办的“绿色发展与科技创新”高层论坛出席会议领导和专家的讲话、发言材料编制“绿色发展与科技创新”论文集并出版；组织编制《中国碳捕集、利用与封存科技进展报告》并出版；组织编制“十一五”应对气候变化科技宣传手册。组织专家编制《中国碳收集、利用与封存技术发展路线图研究报告》，并在碳收集领导人论坛上发布，受到碳收集领导人论坛成员国家的关注。在11月德班谈判大会上举办了“绿色技术与适应气候变化”主题边会和展览，积极参与中国角的宣传活动，推动南南科技合作应对气候变化。会议期间发布万钢部长作序的《南南科技合作应对气候变化适用技术手册》（第二版），并开通“应对气候变化国际科技合作平台网络”，受到广大发展中国家和国际组织的热烈欢迎。

这些宣传工作很好的调动全社会参与节能减排和应对气候变化的积极性，提高全民的科技意识，受到媒体和公众的广泛关注与积极评价，成效十分显著。

（撰稿：马 欣，科技部社会发展科技司综合与气候变化处）

环保领域应对气候变化和低碳发展

环境保护部科技标准司

努力做好环境保护工作是减缓和适应气候变化的重要途径，对加快转变经济发展方式、促进绿色低碳可持续发展具有重要意义。环境保护部一贯高度重视应对气候变化工作，2011年以来，充分发挥在监测、统计、监管、宣教、环评和履约等方面的特色优势，重点推动污染物和温室气体协同控制，积极探索气候友好型的环境管理试点示范，前瞻性地开展气候变化新形势下环境保护战略研究，积极推动中国环保领域有利于应对气候变化的各项政策与行动。

一、以关键基础能力建设为抓手不断提高环保应对气候变化综合水平

（一）高度重视应对气候变化的体制机制建设

2011年以来，环境保护部进一步加强应对气候变化领域的机构能力建设，先后在环境保护部环境发展中心和环境保护部南京环境科学研究所分别组建成立了环境与气候变化中心和生态保护与气候变化响应研究中心，开展有利于应对气候变化的环境保护科研、管理、应用等方面的工作，为环保部门和国家应对气候变化工作提供有力的技术与决策支撑。

（二）深入推进温室气体排放监测试点工作

环保部门在编制完善《中国温室气体浓度和排放监测体系建设规划》和《污染源温室气体监测试点方案》的基础上，积极开展城市和背景地区温室气体浓度及重点行业温室气体排放的监测试点工作。2011年以来，基于全国31个省会城市源区温室气体浓度监测点和3个大气背景监测站（山东长岛、青海门源、内蒙古呼伦贝尔），开展了温室气体监测试点，基本形成了二氧化碳、甲烷和氧化亚氮三类温室气体实时上传小时浓度均值的自动在线监测网络系统，初步完成了2011年度中国温室气体监测报告。针对火电、水泥、硝酸等重点行业开展了温室气体排放监测试点，积极探索温室气体的卫星监测相关工作。

（三）不断完善温室气体核算相关的环境统计指标体系

基于第一次全国污染源普查开展了非二氧化碳类温室气体排放核算工作，初步掌握了2007年全国非二氧化碳温室气体排放源的空间分布信息，加强了“自下而上”的温室气体排放核算能力。结合“十二五”环境统计指标体系研究成果和火电、水泥、钢铁等重点行业二氧化碳核算的情况，在“十二五”环境统计指标体系中纳入了重点行业二氧化碳核算相关指标，并对2011年全国重点行业二氧化碳排放量进行了初步核算。

（四）进一步加强以环境标志产品认证为基础的低碳产品认证

中国环境标志是社会选择绿色产品的重要依据。环保部门进一步加强环境标志体系下的环境标志低碳产品标准的制修订工作，不断完善低碳认证体系建设。2011年以来，先后编制颁布了照明光源、水泥、扫描仪等7项低碳环境标志标准。截至2012年6月，中国环境标志低碳标准已达12项，共有17家企业生产的5类785种规格型号的产品通过认证。同时开展了产品碳足迹研究，编制了产品碳足迹评价管理技术手册及评价实施规则；针对电子信息、造纸和印刷行业的6类典型产品，起草了产品碳足迹评价种类规则标准草案。

（五）积极开展温室气体标准样品研制和供应技术服务

在成功研制二氧化碳、甲烷、氯代烷等温室气体标准样品的基础上，积极开展氧化亚氮、氢氟碳化物、全氟化碳、六氟化硫等多种类温室气体标准样品研制工作，为温室气体监测和计量提供标准样品方面的技术支持。为配合做好全国温室气体试点监测工作，积极有序开展温室气体标准样品制备和供应技术服务，2011年以来，共成功制备提供149瓶甲烷和59瓶二氧化碳标准气体样品，为提高温室气体监测数据的准确性和可比性提供了相应的技术保障。

（六）积极参与废弃物温室气体清单编制工作

完成了2005年和2008年国家废弃物温室气体排放清单编制工作，初步掌握了我国废弃物领域温室气体排放的现状；对开展省级清单试点的“六省一市”进行了废弃物温室气体排放清单编写培训，并指导全国其它省份开展清单编制相关工作。开展了垃圾填埋场甲烷和氧化亚氮监测及排放因子实验分析，为我国废弃物领域控制温室气体排放

提供了技术支持和行动保障。

二、以国家温室气体强度控制目标为核心努力减缓气候变化

（一）大力推进常规污染物与二氧化碳协同控制

开展了钢铁、水泥、交通等重点行业大气污染物与温室气体排放协同控制政策与示范研究，基于成本效益原则和协同效应程度，针对炼钢的不同工艺流程，提出了钢铁行业协同控制的技术政策优化组合；针对水泥生产的不同环节阶段，提出了水泥行业的协同控制方案和中国环境标志低碳水泥产品标准草案；在交通领域，研究提出了淘汰黄标车、推广新能源汽车和重型车污染物排放标准升级等方面的协同控制政策框架建议。目前正在积极推动乌鲁木齐城市协同控制试点及典型企业协同控制示范相关工作。

（二）通过清洁发展机制切实减少温室气体排放

在相关部门的支持下，环保部门积极开展清洁发展机制（CDM）相关工作，推动国内企业有效利用国际资金减排温室气体。截至2012年6月，环保部门累计参与了150多个CDM项目活动的开发、审定与核查工作，完成经联合国清洁发展机制执行理事会批准签发的核证减排量约1.5亿吨二氧化碳当量，约占中国所获签发总量的25%和世界签发总量的15%，为应对全球气候变化做出了实质性贡献。此外，环保部门还合作参与国际自愿减排工作，先后采用黄金标准、自愿碳标准、世界大坝委员会标准等，在国内外开展了40余个自愿减排项目的审定与核查工作。

（三）努力推动臭氧层保护与应对气候变化的协同增效

在蒙特利尔议定书履约过程中，高度关注淘汰消耗臭氧层物质与控制温室气体排放之间协同增效，在含氢氯氟烃（HCFC）淘汰进程设计中，鼓励采用低全球变暖潜势值的替代技术，加强相关淘汰政策法规建设，严格控制新、改、扩建HCFC生产设施，从源头上减少了氢氟碳化物类温室气体的排放，努力实现保护臭氧层与应对气候变化的双赢。截至2012年6月，我国第一阶段（2011-2015年）含氢氯氟烃淘汰总体计划、6个消费行业计划和1个履约能力建设规划获得批准。根据测算，完成2013年HCFC冻结目标相当于削减约2亿吨二氧化碳当量的温室气体，到2015年预计实现约7亿吨二氧化碳当量的累计减排量。

（四）积极探索以环境影响评价制度促进重点行业温室气体减排

在充分借鉴国内外污染物减排经验的基础上，针对温室气体特点和重点行业温室气体排放源特征，开展了基于温室气体控制的环境影响评价试点，积极探索将温室气体控制纳入环境影响评价管理体系；研究提出了建设项目和规划环评的温室气体排放估算方法，重点从指标选取、评价基准确定、控制措施及可行性分析等方面，初步提出了基于温室气体控制的环境影响评价技术指南；从二氧化碳地质封存与利用项目入手，初步确定了以环境风险评价为主的环境影响评价框架。上述工作为进一步深入探索以环境影响评价制度促进温室气体控制提供了坚实基础。

三、以生态保护为切入点积极适应气候变化

（一）推动生物多样性适应气候变化的政策制定

大力开展气候变化背景下我国生物多样性保护优先区脆弱性评估与保护对策研究。在完成编写《中国履行生物多样性公约第四次国家报告》和《中国生物多样性保护战略与行动计划(2011-2030年)》中有关气候变化影响内容的基础上，积极开展生物多样性保护优先区适应气候变化研究，初步建立了全国鸟类多样性示范监测网络，在武夷山区建立了气候变化对生物多样性影响的监测样地，为我国生物多样性领域适应气候变化相关政策的制定提供了科学基础。

（二）加强重要生态功能区适应气候变化的科学研究

积极推进生态功能区适应气候变化的研究，尤其是对气候变化特别敏感的生态系统和物种的响应研究，开展了气候变化对国家级自然保护区的影响及适应调查，初步构建了生物多样性适应气候变化的预警评估框架。开展了生物质能源植物种植对气候变化和生物多样性的影响评估，研究提出了青藏高原生态退化的气候变化响应机制，加强了极端气候与人类活动对物种和生态系统叠加影响的研究，系统评估了高寒农牧区传统能源替代工程的增汇减排效益，提出了增加生态系统碳汇的对策措施。此外，还开展了气候变化对湖泊富营养化和水环境质量影响的评估与对策研究，为加强中国在水环境管理领域适应气候变化的能力提供了有益参考。

四、以环保宣传教育为平台全面提升公众应对气候变化意识

（一）利用各种媒体开展宣传教育活动

2011年以来，制作《应对气候变化，就在开关之间》、《应对气候变化，始于足下》等4部环保公益广告片，并在电视台、公交移动电视、户外大屏幕和主流网站循环播放，倡导公众践行绿色出行、节约用电等日常低碳环保行为；设计制作了20000余套公众应对气候变化宣传挂图，在机关、学校、社区等多个场所张贴宣传；在《中国环境报》、《环境保护》、《环境与可持续发展》、《世界环境》、《环境经济》等报刊和杂志刊发大量气候变化相关文章。

（二）积极举办各类培训研讨活动

2011年以来，针对各级党政领导、科研人员、高等院校师生、企业和社会组织代表等，多次举办气候变化国内外形势讲座与培训；举办了生物多样性与气候变化国际研讨会，以及以“生物多样性与气候变化”为主题的中挪环境能力建设项目生物多样性保护第二期培训班；举办了8期“千名青年环境友好使者行动”培训活动，向1200多名青年环境友好使者讲授气候变化科学知识，介绍国家节能减排政策措施，带动青年环境友好使者通过社区宣讲、校园活动、农村支教、短剧演出等环保志愿活动，向公众传播低碳生活理念、倡导绿色消费行动。上述活动有效提高了公众对气候变化问题的认识与应对能力。

（三）积极引导社会组织应对气候变化工作

组织青年环境友好使者作为中国青年代表赴南非德班参加《联合国气候变化框架公约》第17次缔约方大会，举办中国青年环境友好使者应对气候变化行动展览，并在大会设立的中国角演出了独幕剧《同舟共济新解》，向全世界青年发出倡议，呼吁全世界同舟共济，积极行动起来共同应对气候变化；与此同时，在德班会议举行期间还在国内组织2000余名青年环境友好使者开展携手百万公众电脑节能竞赛活动，用实际行动支持德班气候变化碳中和计划。此外，与美国环保协会合作开展“酷中国—全民低碳行动计划”项目，组织2012年度“优秀低碳小管家”夏令营活动，在辽宁、北京、天津、杭州等15个省、市开展低碳公众宣传教育巡展活动，行程累计超1万公里，参与人次近4万，影响人群达10万余人。

五、以气候变化国际谈判为契机广泛参与国际交流与合作

（一）积极开展务实国际合作

2011年以来，与日本、意大利、挪威、澳大利亚、德国等国在减缓、适应、基础能力建设和公众意识提高等方面开展了一批务实的双多边合作项目，具体包括中日污染减排与协同效应研究示范、中澳水环境领域适应气候变化能力建设延展项目、中挪生物多样性与气候变化项目、全球环境基金节能房间空调器推进项目、中澳二氧化碳地质封存环境影响与风险研究等，为我国环境保护领域的应对气候变化工作提供了重要经验参考。此外，还与日本地球环境战略研究机构签定了CDM合作协议，与世界保护监测中心合作开展了碳密度图绘制等相关工作。

（二）积极参与应对气候变化国际谈判

2011年以来，积极参与《联合国气候变化框架公约》（UNFCCC）、《京都议定书》和政府间气候变化专门委员会（IPCC）的相关会议，积极参与蒙特利尔议定书、生物多样性公约下有关气候变化方面的议题磋商，在氢氟碳化物类温室气体、资金机制、能力建设等议题谈判中发挥了重要作用；积极组织有关专家参加UNFCCC有关国家温室气体清单质量的评审、IPCC第五次评估报告编审和IPCC优良做法指南修订等相关工作，为中国参与国际应对气候变化合作进程做出了积极贡献。

（撰稿：於俊杰，环境保护部科技标准司应对气候变化处）

水利应对气候变化促进节能减排

水利部农村水电及电气化发展局

资源节约和环境保护是我国的基本国策。坚持不懈推进节能减排既是调整经济结构、转变经济发展方式的重要抓手，也是破解资源环境约束、促进可持续发展的必由之路，既是坚持以人为本，维护人民群众权益和社会和谐稳定的重要举措，也是积极应对气候变化和国际金融危机、占领未来竞争制高点的必然要求。“十一五”期间，水利节能减排工作全面推进，超额完成了规划确定的万元GDP用水量降低20%和万元工业增加值用水量降低30%的目标，农业灌溉用水有效利用系数从0.45提高到0.50，新增农村水电装机容量规划目标提前完成，全社会用水效率和效益明显提高，水环境和水生态状况得到有效改善，有力地保障了经济社会可持续发展。

水利节能减排工作虽然取得了明显成效，但与深入贯彻落实科学发展观、加快转变经济发展方式对水利的要求相比，还有不小差距。

一是水资源利用效率仍然不高，现状全国单方水GDP产出仅为世界平均水平的1/3，万元工业增加值用水量是发达国家的4～6倍；农业用水占总用水量的比重为62%，农业灌溉水有效利用系数与发达国家相比仍明显偏低。

二是河湖水体质量总体恶化趋势尚未根本扭转，重点流域主要污染物入河量仍然超过水功能区纳污能力，主要江河二级水功能区水质达标率和城市主要供水水源地水质达标率与规划目标尚有较大差距。

三是水生态建设任务仍然艰巨，全国1/3以上国土面积存在水土流失问题，3.6亿亩坡耕地和44.2万条侵蚀沟治理滞后；一些河流发生间歇性断流或常年断流，部分河段功能基本消失。四是农村水电开发亟待加强。全国农村水能资源开发率只有46%，与发达国家平均70%以上的开发率相比还有较大差距；全国有5700多座农村水电站需要进行增效扩容改造；小水电代燃料建设规模还不大，受益范围还很有限。

我们要按照今年中央1号文件和中央水利工作会议的决策部署，按照水利“十二五”规划确定的目标任务，在巩固已有成果的基础上，继续加大工作力度，进一步强化薄弱环节建设，切实解决制约水利科学发展的突出问题，全面扭转水资源过度开发、粗放利用、污染严重的状况。

一是加快落实最严格的水资源管理制度。实行最严格水资源管理制度，是中央为确保水资源可持续利用所作出的重大决策，是促进全社会科学用水、合理用水、节约用水的根本途径，也是做好水利节能减排工作的重要抓手。要着力抓好实施最严格水资源管理制度试点建设，通过抓试点、解难点、集中突破、以点带面，建立和完善加强水资源管理的各项指标体系，探索有效落实“三条红线”的方法和途径，为全面实施最严格水资源管理制度提供支持和保证。要尽快分解确认用水总量控制指标，抓紧制定主要江河流域水量分配方案，建立覆盖流域和省、市、县三级行政区的取用水总量控制指标体系，严格实施水资源论证和取水许可制度，严格控制水资源短缺地区、生态脆弱地区发展高耗水项目、盲目扩大灌溉面积，做到以水定需、量水而行、因水制宜。要确立用水效率控制红线，制定区域、行业和产品用水效率指标体系，强化用水定额和计划管理，确保实现“十二五”万元工业增加值用水量下降30%的目标。要尽快出台《全国重要江河湖泊水功能区划》，进一步强化水功能区管理，从严核定水域纳污容量，严格控制入河排污总量，强化入河排污口监

2011年10月19日，水利部、财政部在京召开农村水电增效扩容改造试点启动视频会，水利部部长陈雷强调，实施农村水电增效扩容改造使命光荣，任务艰巨，责任重大，一定要高度重视，精心组织，强化管理，切实把这一利国惠民的好事办实、实事办好。财政部副部长张少春、水利部副部长胡四一分别与重庆、浙江等6省（区、市）人民政府签署农村水电增效扩容改造试点责任书

浙江武义县上坊电站是上坊村集体经济的主要来源，设备设施老化严重，无力改造。通过增效扩容改造，壮大了村集体经济。村民潘章贤老人高兴地对水利部党组成员、中纪委驻部纪检组组长董力说："电站增容了，农民增钱了！"

督管理，加强省界和重要控制断面的水质监测，对排污量超出水功能区限制排污总量的地区，限制审批新增取水和入河湖排污口，逐步建立和完善水功能区水质达标评价体系和监测预警监督制度。要抓紧制定出台实行最严格水资源管理制度考核办法，逐级建立水资源管理考核指标的统计体系、监测体系和考核体系，把水资源管理目标任务和考核指标层层分解到各级行政区，落实到责任人，做到能操作、可检查、易考核。

二是进一步加大节水型社会建设力度。要牢固树立节水就是减排的理念，把节水工作贯穿于经济社会发展和生产生活全过程，积极总结和推广节水型社会建设试点地区的成功经验，促进全社会形成节水型经济结构、生产方式和消费模式。要把发展节水灌溉作为节水型社会建设的重中之重，在继续加强大中型灌区续建配套与节水改造的同时，大力推广管道灌溉、喷灌、微灌等技术成熟、效益明显、农民喜爱的节水灌溉方式，加大节水灌溉示范项目建设力度，优先在水资源短缺地区、生态脆弱地区和粮食主产区发展农业高效节水，形成规模化效应。要充分挖掘工业节水潜力，加快重点行业节水技术改造，鼓励企业加强污水综合治理回用，提高工业用水循环利用率。要加强和规范服务业用水管理，全力抓好高耗水服务业用水专项检查行动，严厉查处一批影响恶劣的违法案件，遏制高耗水服务业违法取水和浪费用水行为。要加强城乡生活节水，着力降低城镇供水管网漏损率，普及高效实用的节水器具，加大再生水、矿井水、海水等非常规水资源利用。要建立健全节约用水的利益调节机制，合理调整水资源费征收标准，扩大征收范围，严格使用管理，对工业和服务业用水逐步实行超定额累进加价，城市居民生活用水逐步实行阶梯式水价，高耗水行业实行差别水价，农民用水探索实行定额内享受优惠水价、超定额累进加价，促进农业、工业、生活各领域进一步加大节水力度，全方位提高用水效率。

三是搞好水土流失防治和水生态环境保护。着力抓好长江上游、黄河上中游、东北黑土区、西南石漠化区、丹江口库区及其上游等重点区域的水土流失治理和黄土高原淤地坝建设，对西北黄土高原区、南方红壤丘陵区、西南土石山区等地区坡耕地实施综合整治，扎实推进生态清洁型小流域建设。要研究建立生态用水及河流生态评价指标体系，继续推进生态脆弱河流和地区水生态修复，加强重要生态保护区、水源涵养区、江河源头区、湿地的保护，从源头上扭转水生态环境恶化趋势。要综合采取清淤疏浚、生态治理、科学调度等措施，不断加大城乡河湖水环境整治力度，实现河畅其流、水复其动、湖还其清，促进河湖生态环境明显改善。

四是要加快实施农村水电增效扩容改造。我国农村水电资源丰富，发展潜力巨大，并且主要分布在经济发展相对落后的老、少、边、穷地区。发展农村水电不仅可以促进当地农村经济社会发展和农民增收，而且还有利于防洪、灌溉、供水等公益事业，是农村发展的重要保障之一。长期以来各级财政部门一直十分重视和支持农村水电发展，出台了投资补助、增值税和所得税优惠等政策，积极支持农村水电发展，取得了明显效果。目前我国1995年前建成、具有增效扩容改造潜力的国有和集体农村水电站还有5700多座、总装机容量近800万千瓦。通过全面实施农村水电增效扩容改造，不仅可以巩固现有220亿千瓦时的水力发电能力，而且现在发电机组设备技术先进，综合效率高，通过改造可扩大电站装机容量25%，新增发电105亿千瓦时，相当于年节约1100万吨标准煤，这对促进农村水电可持续发展，完成"十二五"节能减排和可再生能源发展目标具有十分重要的作用。同时可进一步提高水能资源利用效率，保障农村用电需求，有效保护山区生态环境，实现"以水发电、以电护林、以林涵水、改善生态"的良性循环。2011年7月，财政部、水利部联合出台《农村水电增效扩容改造财政补助资金管理暂行办法》（财建[2011]504号），在浙江、重庆开展农村水电增效扩容改造全面试点，在湖北、湖南、广西和陕西开展部分试点。2011年9月，水利部下发《关于开展农村水电增效扩容改造前期工作的通知》（水电[2011]489），在全国部署开展农村水电增效扩容改造前期工作。各地高度重视，及时部署落实，取得了积极进展。

五是加强组织领导。要把节能减排作为促进水利科学发展的硬任务，转变水利发展方式的硬举措，衡量领导干

水利部总工程师汪洪率领工作组对湖南、陕西两省农村水电增效扩容改造试点情况进行调研和督查

重庆、浙江等6省农村水电增效扩容改造试点项目完成后，将大幅提高老旧电站能效，巩固和新增发电量41亿千瓦时，替代燃煤发电每年可节约150多万吨标准煤，减排二氧化碳380万吨，为增加可再生能源供应、促进节能减排做出贡献

部业绩的硬指标，抓紧分解落实各项目标任务，结合实际制订具体详实的工作方案，不断完善统计、监测、考核体系，细化责任目标，明确岗位分工，加强监督检查，确保各项举措不折不扣落到实处。要认真做好部机关内部的节能减排工作，加快既有建筑节能改造，严格控制办公楼内空调、照明、电梯、电开水炉运行时间，严禁长流水和跑冒滴漏现象；以公务用车专项治理为契机，优先选用节能环保型车辆，科学调度机关工作用车，大力推动公务用车节能减排；积极推广应用节能节水设备，切实抓好节电、节水、节油工作和办公家具、办公用品、办公用纸等资源的循环利用。要全面加强节能减排的宣传工作和舆论引导，在全行业深入开展节能减排全民行动，教育引导广大水利干部职工从身边一点一滴做起，争当节能减排的模范。充分调动各方面的积极性、主动性和创造性，使节能减排成为每个部门、每个单位、每个职工的自觉行动，营造有利于节能减排的良好氛围。

（撰稿：樊新中，水利部农村水电及电气化发展局农电处）

切实发挥应对气候变化基础性科技作用 扎实推进气象部门适应气候变化能力建设

中国气象局科技与气候变化司

2011年以来，中国气象局认真贯彻落实党的十七届五中全会精神以及国民经济和社会发展“十二五”规划纲要任务，按照中央领导有关指示和政府工作报告要求，以气候变化影响评估和适应为重点，加强统筹规划和能力建设，积极参与国家行动,扎实推进应对气候变化工作。

一、开展关键科学问题研究，切实提高基础科技水平

气候系统观测能力得到不断提升。2011年，中国气象局大力落实《综合气象观测系统发展规划（2010—2015）》，稳步开展观测系统现代化建设。编制了国家基准气候站布局方案，完成了国家气候观象台试点工作，完成现有134个国家基准气候站站点评估和遴选，以及浙江、宁波、福建、广东、广西、海南共计30个海岛/平台/船舶自动气象站的站址勘查工作。完成“千亿斤粮食规划气象保障工程”中农业气象观测布局设计。联合有关部委，完成中小河流治理和中小水库除险加固、山洪地质灾害防治和易灾区生态环境综合治理总体规划中气象部分规划和2011年一期实施方案编制。完成风云三号B星在轨测试并投入业务运行，风云二号C星10分钟高频次区域观测试验取得成功。完成了温室气体监测系统一期工程建设，初步形成了由5个大气本底站组成的温室气体在线监测网，温室气体观测不足状况得到明显改善。

气候变化科技水平得到有效提高。启动了《中国气象局“十二五”应对气候变化专项规划》编制工作，提出了“十二五”期间气象部门气候变化工作重点领域和任务。联合科技部、中科院发布《第二次气候变化国家评估报告》。加强气候变化中心能力建设，发布《中国气候变化监测公报2010》；发布气候变化对我国华东、华南2个区域和长江三峡、塔里木河、鄱阳湖等8个流域影响的综合评估报告；完成气候变化对东北、华中粮食生产及新疆、陕西特色产业影响的专项评估。以极端天气气候事件分析评估、气象灾害风险区划及基础数据库建设为重点，完成2012年气候变化专项项目部署，并组织实施。发布《气象部门应对气候变化技术指导手册3.0版》，启动气象灾害风险评估技术指南编制工作。完成IPCC第五次评估报告CMIP5模式比对试验任务。围绕适应战略、地方低碳发展、清洁能源利用等，争取国家和地方经费支持4000多万元。

二、加强极端天气气候事件应对，提高适应气候变化能力

完善极端气候事件监测预警体系。制订连阴雨等监测指标，研发区域性极端事件监测指标；极端气候事件监测系统已升级至2.0版本，在全国气象系统推广应用。加强气候预测业务新技术的应用，组织月内重要过程预测、多模式超级集合预测方法和基于历史资料分析的动力与统计客观集成预测方法的业务化应用开发。完成了区域性干旱、强降水、高温、低温事件识别的参数确定，建立了各事件历史库。完成国内外气候区划指标和方法的调研，提出了初步的气候图集方案。气象灾害监测早期预警系统建设进一步加强；强对流等灾害性天气实时监测、预报预警水平得到进一步提高，覆盖城乡的灾害预警信息发布网络得到进一步完善，已在应对极端气候灾害工作中发挥着重要作用。

推进气象灾害风险管理业务。暴雨引发的中小流域洪水、山洪地质灾害风险调查、评估和区划工作已全面展开。完成暴雨洪涝气象灾害风险评估业务试点，建立了暴雨洪涝风险评估系统，制定了暴雨洪涝风险评估业务规范。完成干旱影响定量化评估业务试点，建立评估业务系统，制定干旱定量化评估业务规范和流程。

三、加强气候资源的开发利用，规范气候可行性论证业务发展

初步建立风能太阳能预报服务业务。完成BJ-RUC中尺度数值预报系统改进并实时提供覆盖全国(9km×9km)和华北区域(3km×3km)、间隔15分钟的数值预报场。建立了功能齐全，符合电网、风电场特殊需求风电功率预报系统，已为18个风电场开展了风电功率预报服务。发展了百米级精细化的风能资源评估技术和微观选址技术，水平分辨率达200米，为分散式接入风电风能评估提供技术支撑。建立了光伏发电预报系统，实现光伏电站未来3天逐小时辐射量和发电量预报功能，并在湖北、青海、内蒙古、宁夏等地11个太阳能电站试用。

规范气候可行性论证业务发展。制订火电空冷设施、风电场选址、太阳能电站选址、居住小区等10余项气候可行论证技术指南。举办气候可行性论证技术培训班和专题讲座，提高气候可行性论证技术水平。2011年全国各地开

展385项气候可行性论证，较2010年增长35%。

精细化农业气候资源区划工作不断深入。农业气象服务体系和农村气象灾害防御体系建设日趋完善，在13个粮食主产省开展了精细化农业气候区划和农业气象灾害风险区划工作。与国家发展和改革委员会共同推进东北区域人工增雨（雪）示范区建设，东北区域人影示范工程可行性研究报告已完成评估，制定下发了《国家及人工影响天气东北区域中心组建方案》，成立国家人影中心东北区域中心。组织开展多次飞机人工增雨（雪）作业，地面人影作业，在抗旱保丰收等重大服务保障中做出应有的贡献。

四、围绕国家需求，做好应对气候变化决策支持

支持国家气候变化专家委员会围绕气候变化科学与适应、能源消费总量控制、排放峰值、德班谈判策略等重大问题开展工作，组织11次专家委员会会议，初步搭建委员会工作信息数据平台，发布7期工作通讯，完成6份咨询报告，得到温家宝总理、李克强副总理等国家领导人批示。联合社科院发布《气候变化绿皮书：应对气候变化报告（2011）》。推荐专家，牵头编写国家应对气候变化专项规划适应部分内容，参与2011年国家应对气候变化白皮书、国家适应气候变化战略等编写工作；参与国家适应气候变化立法工作等。出版《气候变化研究进展》10期（英文版5期），编发《气候变化动态》45期。

五、发挥IPCC国内牵头部门功能，积极参与应对气候变化国际合作

完成IPCC“可再生能源与减缓气候变化”和“管理极端事件和灾害风险，推进气候变化适应”特别报告两轮政府评审及后续解读分析。组织3次IPCC第五次评估报告中国主要作者会，强化作者队伍与政府部门的联系。完成IPCC第33、34次全会和各工作组会议参会任务，参与IPCC管理制度和评估流程改革。组织推荐26位中国专家参加IPCC国家温室气体清单湿地方法学指南编写，10位入选成为作者或编审。完成《联合国气候变化框架公约》工作组谈判任务，组织完成多语种《应对气候变化——中国在行动2011》电视外宣片及画册，编发《德班回声》18期。

六、省级应对气候变化工作全面铺开

山西、陕西等省开展温室气体监测和省级温室气体清单编制工作，14个省（市）局参加“十二五”气候变化相关规划的编写，山西牵头编写的省级应对气候变化管理办法由省政府正式发布。继续推进省级机构联建，上海筹备成立应对气候变化研究中心，牵头上海市6项节能减排和应对气候变化重点工作；湖北、江西牵头组建了省级气候变化专家委员会，为地方政府提供决策咨询。31个省（区、市）气象局共向地方政府报送决策服务材料92份，28份获批示。

七、积极组织科普宣传，提高各界应对气候变化意识

中国气象局联合国家外国专家局、世界气象组织、南京区域培训中心、国家自然科学基金委以及全球变化分析研究和培训影响系统（START）举办了第八届“气候系统与气候变化国际讲习班”，140位国内外学员接受了为期两周的培训，提高了中国和发展中国家在气候系统与气候变化领域的科研业务水平，促进了气候变化工作的交流。华风集团和北京科学教育电影制片厂联合摄制完成的气候变化大型科普电影《变暖的地球》获第28届中国电影金鸡奖最佳科教片奖。联合中央电视台完成大型纪录片《环球同此凉热——气候文明之旅》摄制工作。组织“气候变化中国行走进江西”、“气候变化中国行走进甘肃”两次大型考察活动，出版《气候变化的故事》、《寻找绿色低碳建筑》两本科普读物，将气候变化知识以故事和漫画形式向公众普及。利用3.23世界气象日、5.12防灾减灾日等活动积极开展气候变化科普宣传。

（撰 稿：任颖，中国气象局科技与气候变化司气候处）

2011年电力行业低碳发展

中国电力企业联合会

一、2011年促进电力行业低碳发展相关法规政策

2011年，电力行业贯彻落实科学发展观、坚持转变发展方式，继续向着清洁、高效、可持续的方向发展。全年国家主要部委及相关部门制定出台的涉及电力行业低碳发展和循环发展相关主要法规政策如下。

（一）宏观法规政策引导，促进循环经济发展

（1）《国务院关于印发“十二五”节能减排综合性工作方案的通知》（国发〔2011〕42号），明确了“十二五”节能减排的总体要求和主要目标，强调要强化节能减排目标责任。其中，涉及电力相关要求包括：发展热电联产，推广分布式能源；开展智能电网试点；实行电力等行业主要污染物排放总量控制；加强节能发电调度和电力需求侧管理；改革发电调度方式，电网企业要按照节能、经济的原则，优先调度水电、风电、太阳能发电、核电以及余热余压、煤层气、填埋气、煤矸石和垃圾等发电上网，优先安排节能、环保、高效火电机组发电上网；落实电力需求侧管理办法，制定配套政策，规范有序用电；加快推行合同能源管理等。

（2）《产业结构调整指导目录（2011年修正本）》（国家发展和改革委员会令第9号）。2011年3月27日公布，自2011年6月1日起施行。《目录》中重点列出了电力行业淘汰类清单，如大电网覆盖范围内，单机容量在10万千瓦以下的常规燃煤火电机组；单机容量5万千瓦及以下的常规小火电机组；以发电为主的燃油锅炉及发电机组（5万千瓦及以下）；大电网覆盖范围内，设计寿命期满的单机容量20万千瓦以下的常规燃煤火电机组。

（二）加快清洁能源发展，减少化石能源消耗

（3）2011年7月24日，国家发展改革委发布《关于完善太阳能光伏发电上网电价政策的通知》（发改价格[2011]1594号），规定并明确了不同情况下全国太阳能光伏发电标杆上网电价，以规范太阳能光伏发电价格管理，促进太阳能光伏发电产业健康持续发展，完善太阳能光伏发电价格政策。

（三）提升节能用能管理，实现资源高效利用

（4）2011年4月21日，国家发展改革委印发《有序用电管理办法》。根据《办法》，有序用电，是指在电力供应不足、突发事件等情况下，通过行政措施、经济手段、技术方法，依法控制部分用电需求，维护供用电秩序平稳的管理工作。

（四）协调电力下游市场，加强废物综合利用

（5）2011年12月10日，国家发展改革委印发《“十二五”资源综合利用指导意见和大宗固体废物综合利用实施方案》，以深入推进“十二五”时期的资源综合利用工作，促进循环经济发展。针对电力行业，

（6）2011年12月29日，国家发展改革委组织编制了《“十二五”资源综合利用指导意见》和《大宗固体废物综合利用实施方案》，研究提出了“十二五”资源综合利用工作的指导思想、基本原则、主要目标、重点领域以及政策措施，同时提出了在工业、建筑业和农林业等领域选择产生堆存量大、资源化利用潜力大、环境影响广泛的固体废物编制实施方案。

二、2011年电力行业循环经济和低碳发展主要成效

（一）减量化方面成效

（1）节煤

2011年，全国6000千瓦及以上火电机组供电标准煤耗329克/千瓦时，比上年降低4克/千瓦时，继续保持世界先进水平。

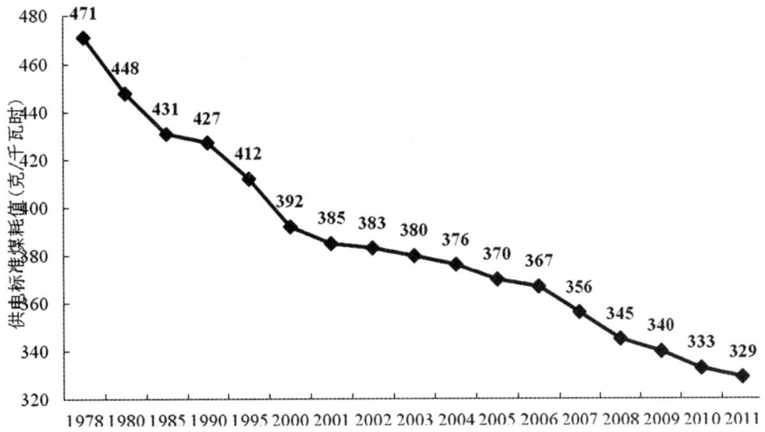

图12 1978–2011年我国火电机组平均供电标准煤耗变化情况

（2）节电

1）厂用电率

2011年，全国发电厂用电率5.56%，比上年上升0.13个百分点。其中，水电0.37%，比上年上升0.04个百分点；火电6.22%，比上年下降0.11个百分点。

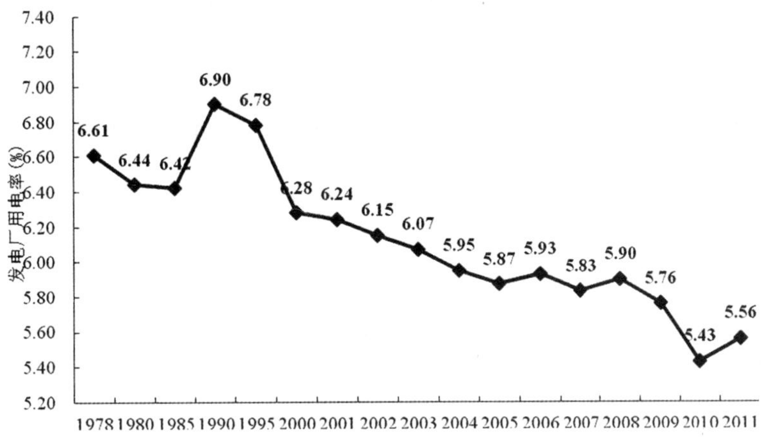

图14 1978–2011年发电厂用电率变化情况

2）线路损失

2011年，全国线路损失率为6.37%，比上年下降0.16个百分点，居同等供电负荷密度条件国家的先进水平。

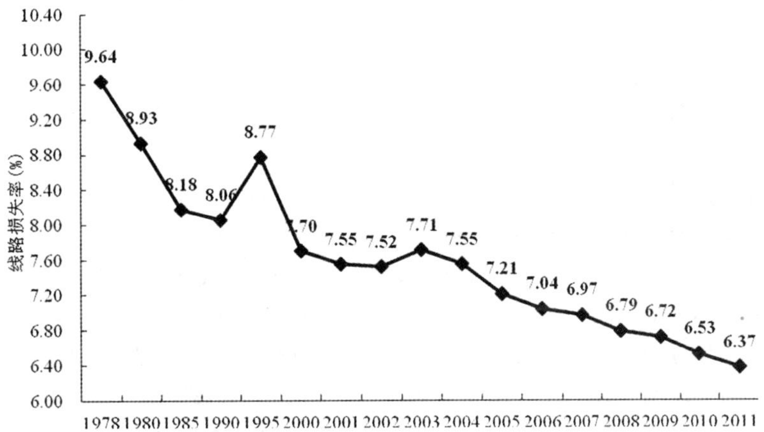

图15 1978–2009年全国电网线路损失变化情况

（3）减碳

2011年，全国水电、核电、太阳能发电等非化石能源发电装机占全部发电装机比重27.68%，比上年增加1.11个百分点；非化石燃料发电量8303亿千瓦时，比上年增加2.35%。

以2010年为基准年，2011年，电力行业通过发展非化石能源发电相当于节约标准煤498万吨，相应减排二氧化碳约1385万吨；供电煤耗降低相当于节约标准煤1560万吨，相应减排二氧化碳约4337万吨；线损率下降低相当于节约标准煤169万吨，相应减排二氧化碳约469万吨。

（二）综合利用方面成效

（1）粉煤灰

2011年，全国燃煤电厂发电及供热消耗原煤约19.8亿吨，产生粉煤灰约5.4亿吨，比上年增加12.50%，是2005年的1.8倍；综合利用率约为68.00%，与上年持平，相当于比2005年多利用1.7亿吨。

（2）脱硫副产品

2011年年产生脱硫石膏6770万吨，比上年增长29.44%，综合利用率约71%，比上年增加2个百分点。

三、2011年电力行业低碳发展大事

（一）加强输变电工程建设，促进可再生能源发展

2011年3月1日，目前世界电压等级最高的智能变电站——750千伏陕西延安变电投入运行。这一变电站的建成投产，标志着中国高电压等级智能变电站试点工程建设目标全面实现。

2011年3月5日，在国务院总理温家宝向十一届全国人大四次会议所作的政府工作报告中指出，要加强智能电网建设，大力发展清洁能源。这是继2010年后，在国务院向全国人代会所做的政府工作报告又一次要求加强智能电网建设。

2011年7月25日，亚洲首条柔性直流输电示范工程——上海南汇风电场柔性直流输电工程投入试运行。该工程是我国首条拥有完全自主知识产权、具有世界一流水平的柔性直流输电线路，也是我国在大功率电力电子领域取得的又一重大创新成果。

2011年9月19日，国际上目前覆盖区域最广、功能最齐全的智能电网示范区——中新天津生态城智能电网综合示范工程成功投运。

（二）收严火电排放标准，扶持清洁能源发展

2011年7月29日，环境保护部与国家质量监督检验检疫总局联合发布新修订的《火电厂大气污染物排放标准》（GB13223-2011）。新标准大幅提高了火电厂大气污染物排入限值，这将使连年亏损的火电企业面临更大的经营压力。

2011年8月1日，国家发展改革委发布《关于完善太阳能光伏发电上网电价政策的通知》，决定按照社会平均投资和运营成本，参考太阳能光伏电站招标价格，以及我国太阳能资源善，对非招标太阳能光伏发电项目实行全国统一的标杆上网电价。

（三）加快技术攻关，推进清洁能源应用

2011年1月15日，由青岛哈工太阳能股份有限公司建设的200千瓦高倍聚光太阳能示范电站并网发电。这是国内首个投入商业运营的高倍聚光太阳能电站，也是目前国内转换效率最高的并网太阳能发电站，标志着我国第三代太阳能发电技术产业化发展获得重大突破。

2011年7月21日，我国第一个由快中子引起的核裂变反应的中国实验快堆成功并网发电，我国核电自主科技创新取得重要进展。

2011年11月14日，湛江生物质发电项目2号机组顺利通过72+24小时满负荷试运行，标志着世界单机容量及总装机容量（2X5万千瓦）最大的生物质电厂全面正式投入商业运营。

2011年12月2日，目前世界上规模最大，集风电、光伏发电、储能、智能输电于一体的新能源综合利用平台——国家风光储输示范工程在河北省张北县建成投产。该工作由国家电网公司自主设计、建造，通过风光互补、储能调节、智能调度，实现了新能源发电的稳定、可控，可有效破解新能源并网的技术难题。

2011年12月15日，我国首台70万千瓦蒸发冷却机组——三峡地下电站28号机组完成72小时试运行。该机组是我国首台、世界单机容量最大的巨型蒸发冷却机组，也是目前三峡国产化程度最高的机组。

2011年12月31日，世界上首个百万千瓦级光伏电站群——柴达木光伏电站群100.3万千伏光伏发电容量成功接入

青海电网。

（四）提升常规火电技术水平，促进节能减排

4月25日，华电宁夏灵武发电有限公司二期工程4号机组投产。至此，该公司两台百万千瓦超超临界空冷机组全部建成投产，成为全国最大的空冷发电基地。

6月24日，国家能源局组织召开了国家700℃超超临界燃烧发技术创新联盟第一次理事会和技术委员会会议，标志着我国700℃超超临界燃烧发技术研发计划正式启动。

（五）加强资源多元化开发，提升资源利用效率

3月21日，世界首个煤制芳烃示范项目——陕西华电榆横煤制芳烃示范项目正式形式建设。

（撰稿：杨帆，中国电力企业联合会电力环保与应对气候变化中心）

2011年石油和化工行业低碳发展

中国石油化工联合会产业发展部

2011年，中国石油和化工行业大力推进发展方式转变和产业、产品结构调整，行业经济呈现快速平稳增长、整体效益显著提高、经济质量进一步提升的良好态势。但是，受新项目接连上马等因素影响，石油和化工行业能源消费提速，能耗结构改善缓慢，行业低碳工作进展放缓。根据国家统计局数据，2011年石油和化工行业单位工业增加值能耗下降率为1.8%，低于年初确定的3.89%分解目标，部分重点产品单耗出现反弹，未来四年工业低碳发展任务加重。

一、行业发展概况

（一）行业整体运行态势快速平稳，固定资产投资稳步增长

2011年，石油和化工行业经济总量再上新台阶。截至2011年底，全行业规模以上企业26832家（主营业务收入2000万元以上企业）总产值历史性突破11万亿元（当年价，下同），达到11.28万亿元，比2010年增长31.5%，占全国规模工业总产值的13.2%；行业增加值达到2.41万亿元，同期增长10.1%。

全年行业经济增长总体快速平稳，前三季度工业产值同比增长35%左右；但进入第四季度后，行业经济回调显著加快，下行压力骤增，第四季度工业产值同比增长23.4%，比前三季度降低约12个百分点。

2011年石油和化工行业投资仍具强大吸引力，固定资产投资额继续增长，全年固定资产投资额为1.52万亿元，同比增长20.63%。

（二）主要产品产量总体保持较快增长，市场需求强劲

2011年行业主要石油和化工产品总量达到4.18亿吨，比上年增长12.9%，增幅较上年提高1.6个百分点。其中，原油加工量为4.48亿吨，比上年增长5.9%，增幅较上年明显回落；乙烯产量达到1527.5万吨，同比增长7.47%，增幅同样大幅回落；合成氨产量5252.7万吨，年增速为5.78%，增幅较上年上涨；烧碱和纯碱产量分别达到2473.52万吨和2094.03万吨，年增速都在10%以上，但烧碱增幅较上年出现回落；电石产量为1737.7万吨，年增速为2.22%，增幅较上年减少约10%。

受国内消费市场的强劲拉动，行业主要产品消费量增长态势明显，市场实现供需基本平稳。2011年，中国主要石油和化工产品表观消费总量比去年增长10.1%，增幅高于上年约4个百分点。在产销两旺拉动下，部分行业装置开工率有所上升，2011年烧碱和纯碱装置开工率分别达到74%和77%，较上年小幅上涨。

2011年行业产品进出口总额再攀高峰，达到6071.46亿美元，比2010年增长32.3%，占全国进出口贸易总额的16.7%，贸易逆差2624.64亿美元，比上年扩大38%。

（三）子行业经济效益差别显著，高附加值产品成主要利润增长点

2011年，石油和化工行业利润、主营业务收入等都实现了较快增长，行业经济效益进一步改善，运行质量进一步提高。全行业利润总额为8234.34亿元，同比增长19.0%，占同期全国规模以上工业利润总额的15.1%。

分行业看，各子行业经济效益差别显著。其中，石油和天然气开采业增长较快，效益较好，2011年前11个月油气开采业利润总额为3768.87亿元，同比增长35.4%，占全行业利润总额的51.23%。化学工业（包括化学原料及化学制品制造业、化学纤维制造业以及橡胶制品业）利润增长同样快速，2011年前11个月利润总额达到3576.74亿元，同比增长35.7%，占全行业利润总额的48.62%，综合实力进一步增强。石油和天然气开采业和化学工业两个子行业利润占全行业利润的99.85%。石油加工炼焦及核燃料加工业整体出现亏损，2011年前11个月累计亏损117.28亿元。

在化工行业，高附加值产品成为主要利润增长点。其中，专用化学品、合成材料、有机化学原料不仅在经济规模上占据化学工业大半壁江山，产值占比56.3%，而且对行业效益的增长中举足轻重。随着产业结构调整和发展方式转变，专用化学产品、合成材料等高技术高附加值产品在化学工业利润增长中的比重不断攀升，是提高行业经济增长质量的主要动力。2011年，专用化学品利润占化学工业利润总额的比重约达31.5%，较2010年上升约1个百分点；合成材料占比14.1%，比2009年高1.6个百分点，总体上升的趋势没有改变；有机化学原料占比12.7%，与上年基本持平。化肥、橡胶制品等传统化学品在利润增长中的比重总体上呈下降的趋势。2011年，专用化学品、合成材

料、有机化学原料三大领域在化学工业产值增长中的贡献率达到59.0%，利润增长的贡献率超过52%。

（四）产业结构升级步伐加快，部分产能过剩行业仍继续扩张

2011年行业经济增长结构进一步优化。专用化学品、合成材料、有机化学原料的产值占据了化学工业的大半壁江山。同时，这三大领域也是提高行业经济增长质量的主要动力，在化学工业产值增长中的贡献率达到59.0%。产业结构优化的同时，带动了出口结构继续优化，2011年，中国橡胶制品在进出口总额中的比重继续下降，有机、专用化学品、合成材料等产品出口保持上升趋势。此外，化学产品在质量和创新方面都取得了长足进步，产品技术加快向高端领域延伸，其中有机化学品、合成材料等技术含量较高产品在国内市场占有率稳步扩大。

近年来，石油和化工行业加大了淘汰落后产能工作力度，但是仍有一些领域存在不顾市场条件、资源条件或技术条件等，盲目扩张产能，进一步加剧了产能过剩局面 。从装置开工率看，2011年甲醇、电石、聚氯乙烯、尿素等行业开工率仍然不高；“两碱”开工率虽然有所回升，但也面临产能进一步释放的巨大压力。此外，甲醇、电石、尿素等产能扩张仍未停止，煤化工发展仍在加快。

二、行业低碳工作进展

（一）石油和化工行业节能与低碳发展情况

2011年是“十二五”的开局之年，随着新项目不断上马，石油和化工行业能源消耗总量明显上升。2011年，石油和化工行业能源消费总量约为4.45亿吨标准煤，占同年工业能耗总量的16.7%，能耗同比增长7.5%。

中国石油和化工行业能源消费总量的增加，直接导致行业节能进展有所滞后。2011年石油和化工行业万元工业增加值能耗为1.85吨标准煤，同比下降1.80%，未完成当年万元工业增加值能耗同比下降3.89%的规划分解目标。2011年行业万家增加值能耗降幅也创下了自“十一五”以来的新低，行业节能工作阻力加大。

主要耗能产品单位产品能耗较2010年呈不同程度变化。其中，原油加工单位产品综合能耗67.26kgoe/t，同比下降0.60%；乙烯生产综合能耗850.75kgce/t，同比下降3.26%；合成氨生产综合能耗1371.91kgce/t，同比下降0.40%；烧碱生产综合能耗433.51kgce/t，同比下降4.70%，纯碱生产综合能耗300.58kgce/t，同比下降2.00%。但部分重点产品单位综合能耗不降反升，如单位电石生产综合能耗1051.58kgce/t，同比上升1.05%；烧碱生产综合能耗(离子膜法30%)337.88kgce/t，同比上升0.52%。

（二）行业主要节能与碳减排措施

根据中国石油和化学工业联合会发布的《石油和化学工业“十二五”发展指南》，石化和化工行业碳减排目标是“十二五”期间单位工业增加值碳排放强度累计下降15%。为了实现这一目标，2011年，石油和化工行业采取了一系列节能和碳减排措施。

1、行业内结构调整

“十二五”期间，中国石油和化工行业进入调整产业结构的发展攻坚时期。推进行业内结构调整，继续开展淘汰落后产能的工作是促进行业节能减排的关键环节。行业以实现总量平衡和行业布局的合理调整为目标，对于三酸两碱、电石等高耗能、大宗基础化学品，继续控制好总量，淘汰或改造其中部分能耗高、污染严重的落后产能和装置，同时加强重点产品能耗限额和清洁生产标准实施的督查力度，淘汰能耗超限额、污染超指标的产能，促使先进产能替代落后产能。

2011年6月1日实施的《产业结构调整指导目录（2011年本）》抬高了石油和化工行业许多生产装置的准入门槛。如限制新建1000万吨/年以下常减压、150万吨/年以下催化裂化、100万吨/年以下连续重整、150万吨/年以下加氢裂化生产装置，淘汰200万吨/年及以下的常减压装置等。

针对部分地区仍在盲目发展煤化工、煤炭供需矛盾紧张的现状，2011年3月23日，国家发展和改革委员会发布了《规范煤化工产业有序发展的通知》，要求在国家相关规划出台之前，暂停审批单纯扩大产能的焦炭、电石项目；禁止建设不符合准入条件的焦炭、电石项目，加快淘汰焦炭、电石落后产能；对合成氨和甲醇实施上大压小、产能置换等方式，提高竞争力。在新的核准目录出台之前，禁止建设年产50万吨及以下煤经甲醇制烯烃项目，年产100万吨及以下煤制甲醇项目，年产100万吨及以下煤制二甲醚项目，年产100万吨及以下煤制油项目，年产20亿立方米及以下煤制天然气项目，年产20万吨及以下煤制乙二醇项目。这些措施将进一步提高煤化工行业门槛。

2、试行“能效领跑者”发布制度

为形成一套行之有效的长效机制，石油和化工行业响应节能管理工作要求，研究建立重点耗能产品“能效领跑者”发布制度。能效领跑者发布制度是把生产某一产品能耗最低的企业确定为标杆，引领其他企业努力达到标杆企

业的水平，从而提高全行业的能效水平。重点耗能企业都应当开展能效对标工作，通过采取自身“纵向”对标与企业间“横向”对标相结合的方式，查找差距，分析原因，完善措施，持续改进。为了推动此项工作，行业试行重点耗能产品能效领跑者发布制度于2011年底启动，确定了10个产品的能效领跑者发布名单和相关能耗指标，促进石油和化工行业节能工作深入开展。

2012年6月20日，工业与信息化部与中国石油和化学工业联合会在京联合发布石油和化工行业重点能耗产品2011年度能效领跑者名单，合成氨、甲醇、磷酸二铵、硫酸、电石、烧碱、聚氯乙烯、纯碱、黄磷和轮胎10个重点产品领域的41家企业成为领跑者。这是石油和化工行业发布的首批能效领跑者名单，标志着行业能效领跑者发布制度建立。

3、应用节能减碳新技术

2011年，石油和化工行业加快了先进节能技术的推广应用，在油气开采行业重点推广油田采油污水余热综合利用技术、油田伴生气回收技术；在原油加工行业重点推广优化换热流程、优化中段回流取热比、降低汽化率，增加塔顶循环回流换热等方面的节能技术；在乙烯行业继续推广裂解炉空气预热、扭曲片强化传热、瓦斯回收等节能技术；在氮肥行业重点推广高效清洁的先进煤气化技术、节能型水溶液全循环尿素生产技术、高效脱硫脱碳技术、氮肥生产无水零排放技术；在氯碱行业重点研发和推广氧阴极低槽电压离子膜电解技术、膜极距离子膜电解槽、氯化氢合成余热利用技术、低汞触媒技术；在电石行业加快采用大型密闭式电石炉，重点推广电石炉尾气利用、空心电极等节能技术；在硫酸行业重点推广硫磺制酸装置低温位热能回收技术，加快研发硫铁矿制酸、冶炼烟气制酸中低温位热能回收技术；在黄磷行业重点推广黄磷尾气深度净化及利用技术；在橡胶行业重点推广炭黑生产过程余热利用和尾气发电（供热）技术。

4、建设企业能源管控中心建设

从2010年开始，工信部和财政部组织了针对石化企业的能源管控中心示范项目。截至2011年底，中国化工、湖北兴发、新疆中泰等26家企业的能源管控中心项目共获得了1.86亿元的财政补助资金，大大促进了行业企业能源管控中心的建设工作。相关部门还组织召开了企业能源管控中心示范项目建设交流现场会，总结和推广了湖北兴发能源管控中心项目的建设经验，取得了良好效果。在此基础上，行业协会组织编制了石化、氯碱、纯碱等3个行业的企业能源管控中心建设实施方案，用来指导这三个行业“十二五”期间能源管控中心建设工作。

三、重点企业节能低碳工作进展

（一）中国石油天然气集团公司

中石油集团高度重视气候变化和低碳发展工作，把应对气候变化作为关系经济社会发展和公司可持续发展的重大议题，积极支持中国政府应对气候变化的政策与行动，主动采取措施减碳、固碳，为减缓全球气候变化做贡献。2011年8月，中石油集团在第二届“低碳发展•低碳生活”公益影像展上被评为“中国低碳榜样”。2011年中石油集团在节能和低碳发展方面开展了大量工作。

1、开发清洁能源

开发利用清洁能源替代石油、煤炭是缓解气候变化的最有效途径之一，也是中石油发展战略的重要组成部分。2011年中石油集团继续大力推动常规和非常规天然气、生物质能源开发利用，积极从源头控制温室气体排放。2011年，中石油集团天然气总产量756亿立方米，大力实施“引进来”战略，从国外进口LNG，已经和正在江苏、大连、唐山和深圳建设四个天然气接收站，有序发展煤层气和页岩气等非常规能源和生物质能，实现绿色发展。

2、控制生产过程中碳排放

中石油集团积极推进地热能、风能、太阳能评价和开发利用，在西藏那曲地区、新疆油田、辽河油田、华北油田等地，投资建设了光伏发电、风力发电、地热资源开发利用等示范项目。特别在华北油田开展地热能综合利用先导试验，利用地热能发电、采暖和输油伴热获得显著效果。塔里木油田积极开展太阳能利用工程， 2011年完成10座试验井站改造。规模化推广后，可减少柴油消耗1200吨/年，减少二氧化碳排放5000吨/年，节约燃料费1000多万元。

3、研发低碳技术

中石油集团充分发挥科学技术在温室气体控制、应对气候变化方面的支撑作用，加大应对气候变化的科技投入力度。2011年，中石油继续支持低碳技术创新，发展了二氧化碳驱油技术和页岩气水平井勘探开发等重要低碳技术，降低自身生产运营中的碳排放。2011年，中石油召开“中国石油低碳关键技术研究”重大科技专项开题论证

会，全面启动实施低碳技术重大科技专项。该专项以节能与提效、碳减排与废物资源化、战略与标准三大领域为重点，以攻克9项核心技术为目标，集成11项核心配套技术，形成3套评价指标体系和3大标准规范体系，解决11项关键技术问题，力争使公司低碳技术总体达到国际先进水平，为公司“绿色发展行动计划”的实施提供强有力的科技支撑。

4、推动全社会碳减排

2011年，中石油集团控股的天津排放权交易所联合国际济丰纸业集团、荷兰CVTD咨询公司与英国标准协会签署碳中和交易合同，购买2万多吨来自甘肃黄河柴家峡水电项目的自愿碳减排量，成为我国内地首笔基于PAS2060碳中和标准的企业自愿碳减排交易。2011年，中石油和国家林业局发起的“中国绿色碳汇基金会”与华东林业产权交易所，在浙江义乌启动中国首个林业碳汇交易试点；实施于2001年的新疆油田规模植树造林固碳工程，截至2011年底已在荒漠上造林8.5万亩，累计植树5013万株，区域环境气候得到明显改善。

（二）中国石油化工集团公司

2011 年8 月，中国石化正式将绿色低碳引入公司发展战略，通过转变发展方式，优化能源结构，加强低碳能源开发利用，推进节能降耗，加快二氧化碳回收利用工业试验研究，努力减少温室气体排放，提升应对气候变化的能力。

1、调整产业结构，提高能源资源利用效率

中国石化通过新建、扩能改造、技术改造等手段实现装置大型化、一体化。2011 年，长岭油品质量升级改扩建工程建成投产，千万吨炼厂达11个，大型乙烯生产基地达10个。中国石化还通过淘汰小型低效落后产能，实现平均规模大幅提升，大幅降低能耗物耗。2006-2011 年间，中石化关停和淘汰落后炼油能力1,620 万吨/ 年，关停几十套小炼油、小化工装置及小型燃油锅炉，优化调减油库500 多座，进一步精干了主业，降低了综合能耗。通过上述“上大压小”等措施，从2006 年到2011 年，中国石化炼厂平均规模提高了25.7%，乙烯装置平均规模提高了13.2%。

2、大力节约能源资源，减少二氧化碳排放

中国石化通过加强管理、应用节能新技术和设备、强化过程节能等手段，在生产经营规模不断扩大的前提下，节能降耗工作仍取得了良好成效。2011 年，万元产值综合能耗下降1.54%，炼油综合能耗下降2.0%，乙烯综合能耗下降4.3%，当年公司节约136 万吨标准煤，相当于减排二氧化碳335 万吨，相当于植树3,000 万棵（一棵生长30 年的冷杉吸收111kg 的CO_2）。2011 年，中国石化持续推进节水减排工作，将主要指标纳入年度经济责任制进行考核；落实查漏堵漏、凝结水回收、低温位余热利用、污水回用等措施，节水减排水平进一步提高。与上年同比，工业取水量下降1.95%，加工吨原油取水量降低7.69%。全年共节水1995 万吨，相当于1.4个西湖（西湖库容1429万立方米）。

3、发展低碳能源，优化能源结构

中国石化积极开发低碳能源，优化和完善能源结构，已基本形成包括技术开发、工业生产和产品销售在内的较为完整的低碳能源业务产业链。计划到2020 年，低碳能源形成规模化产业，成为主营业务的有益补充，为公司的长远可持续发展做出贡献。中国石化努力提高天然气产量，积极组织LNG 进口。2011 年，境内外天然气产量达156亿立方米；新签署430 万吨/ 年LNG 资源采购协议，开工建设山东LNG 工程，同时启动广西、天津、温州、连云港、黄茅岛等LNG 工程前期工作。2011年，中石化页岩气相关工作取得初步成效，煤层气落实了产能建设阵地。此外，中国石化还推广使用生物燃料乙醇。2011年，使用变性燃料乙醇约90 万吨，销售乙醇汽油895 万吨。

4、加大研发力度，增强应对气候变化的能力

中国石化通过加强中长期低碳战略技术储备，增强未来低碳发展能力。中国石化重点研究开发的减缓温室气体排放技术包括：节能和提高能效技术，可再生能源和新能源技术，二氧化碳和甲烷等温室气体的排放控制与处置利用技术，生物与工程固碳技术，煤炭、石油和天然气清洁、高效开发和利用技术，二氧化碳捕集与封存技术，二氧化碳驱油技术，高纯度二氧化碳化工综合利用技术，利用微藻吸收二氧化碳制油技术等。

5、转变生产方式、生活方式和消费方式

中国石化一直把推进全民义务植树活动和绿化美化工作、保护和改善生态环境作为企业的重要社会责任，作为改善职工生产和生活环境的重要内容。中国石化以建设生态园林式石油石化企业为目标，动员广大干部职工积极参与义务植树、绿化美化绿色文明公益活动，为营造“青山、秀水、绿地、蓝天”的生态环境做出了应有的贡献。据

不完全统计，2011 年，中国石化有52 万人次参加了全民义务植树活动，植树约156 万株，义务植树尽责率达90%。

（三）中国海洋石油总公司

2011年中国海油在实现高效高速发展的同时，始终把节能降耗、减少污染物排放、保护环境作为企业不可推卸的重要社会责任。中国海油积极应对全球气候变化挑战，大力推进低碳发展，率先在中央企业中发布《中国海油应对气候变化政策》之后，公司又积极实施了《中国海油应对气候变化行动方案》。公司全面履行“调整产业结构、开发低碳能源，注重国际合作、满足法规要求，优化资源配置、践行节能减排，规范测量统计、倡导碳汇行动，加强意识培养，提高认知能力”的承诺。

中国海油紧紧围绕建设国际一流能源公司的战略目标，把节能减排作为转变发展方式和提高核心竞争力的重要抓手，认真贯彻落实国家有关资源节约和环境保护的法律法规和方针政策，通过不断完善管理体系、强化目标责任考核、加强监督管理和大力实施技术改造等措施，把节能减排工作落到实处。中国海油全面推进节能工作的体系化和精细化管理，建立较完善的节能组织体系和制度体系，稳步开展节能工作标准化和信息化建设。根据政府主管部门下达的“十二五”期间氨氮、氮氧化物减排要求，细化落实相关工作。公司在2011年上半年已经开展了相关的调研，汇编了氮氧化物与氨氮的消减技术，并考察了多个脱硝处理工程实例。

2011年，中国海油继续加大节能减排资金投入，切实依靠技术改造来实现节能减排目标。全年共投入资金近4亿元，实施了198个节能减排项目。全年实现万元产值综合能耗0.3226吨标准煤（以2010年可比价），实现节能量48.9万吨标准煤，化学需氧量（COD）、二氧化硫（SO2）排放量分别为1702吨和13059吨。因节能减排业绩突出，公司荣获国务院国资委授予的“‘十一五'中央企业节能减排优秀企业”称号。所属中海石油化学股份有限公司、中海沥青股份有限公司2家单位荣获国家工业和信息化部、财政部和科技部“资源节约型、环境友好型”创建试点企业。

公司编制发布《节能减排内控制度体系》，夯实节能减排的基础管理；编制《炼油企业能审计规范》、《海上油气田能源审计规范》、《海上油气田节能评价指标与计算方法》和《海上油气田能源统计与分析方法》等4项标准，进一步完善节能标准体系。公司积极落实国家“十二五”氨氮、氮氧化物减排要求，完成调研，计划2012年编制《氨氮、氮氧化物减排技术指南》，指导生产设施的技术改造工作。

2011年中国海油公司组织专家对节能减排管理信息系统和温室气体排放盘查项目进行了完工验收，并成为国内首家按照国际温室气体排放标准完成温室气体盘查工作的中央企业；委托节能减排监测中心对54家所属企业开展了节能监测、能源审计、环境监测和清洁生产审核等工作，帮助所属企业挖掘节能减排潜力。

（撰稿：李永亮，中国石油化工联合会产业发展部）

》》》

低碳工业编

〉〉〉

主编单位：工业和信息化部节能与综合利用司

主　　编：杨铁生　工业和信息化部节能与综合利用司副司长

副 主 编：王文远　工业和信息化部节能与综合利用司节能处处长

领导言论

在全国工业和信息化工作会议上的报告（节录）

苗 圩

一、2011年工业和信息化工作

（一）全力促进工业通信业平稳较快发展

（二）稳步推进传统产业改造提升

我们坚决贯彻中央关于加快转变经济发展方式的各项部署，加强技术改造、淘汰落后、节能减排、质量品牌建设，着力提高工业发展的协调性和可持续性。（1）狠抓技术改造，完善管理办法，突出支持重点，技改工作的针对性、有效性和影响力明显提升。联合有关部门全年安排专项资金135亿元，带动投资2791亿元。（2）积极履行淘汰落后产能牵头部门职责，推动出台工作考核、资金管理等制度，工作机制进一步完善，落实奖励资金40.3亿元，加强检查考核与核查督办。公告的2255家企业落后生产线已基本关停，预计今年任务能够顺利完成。（3）扎实开展工业节能减排。前三季度，规模以上工业企业单位工业增加值能耗同比下降2.56%，40项重点产品（工序）单位能耗指标实现同比下降。安排8.3亿元支持清洁生产和企业能源管控中心建设，开展了资源节约型、环境友好型“两型”企业创建试点，加强了节能减排技术推广应用。制定了轮胎翻新、废旧铅酸蓄电池等综合利用行业准入条件。重型商用车油耗管理顺利推进。（4）推动产业转移有序、有效开展，编制了产业转移指导目录，组织开展了新疆、河南产业转移对接活动。部省互动合作进一步拓展。新型工业化产业示范基地建设和中国软件名城创建深入推进，企业兼并重组工作得到加强。（5）深入开展质量品牌建设，大力推广先进质量管理方法，推进了工业企业品牌培育试点。会同有关部门开展了食品药品安全整顿工作，29个省区市启动了食品工业企业诚信体系建设。安全生产指导和民爆行业监管得到加强。（6）行业管理工作进一步强化，行业立法、产业政策制修订、市场准入管理全面推进。突出抓了稀土行业专项整治，会同稀有金属部际协调机制成员单位，组织开展了重点稀土产区联合检查，实施稀土行业指令性生产计划，起草了稀有金属管理条例、指令性生产计划管理暂行办法和产品收购资质管理办法，矿山无序开采得到遏制，生产秩序、出口秩序初步好转。烟草行业各项工作取得新成果。

（三）大力培育发展战略性新兴产业。

我们找准切入点和突破口，加强组织领导和衔接协调，建立健全工作机制，各项工作有序推进。（1）组织编制了高端装备制造、新材料、新一代信息技术、节能与新能源汽车4个重点领域专项规划。制订战略性新兴产业要素分解指南和产业地图，建立了重点企业库，部省项目对接稳步推进。18个省市出台了推动战略性新兴产业发展的指导意见，6个省市制定了行动计划和方案，9个省市设立了专项资金。（2）统筹用好科技重大专项、电子发展基金等资金和手段，对战略性新兴产业进行了支持。实施了智能制造装备、新型显示、云计算等重大产业创新发展和应用示范工程。新能源汽车推广试点全面展开。两条8.5代液晶显示生产线建成投产。组织举办了首届新材料产业博览会和第15届中国软件博览会。（3）科技重大专项实施成效显著。65～45纳米集成电路制造工艺实现量产，国产CPU基础软件研发和应用推广加快，大型立式五轴联动加工中心研制成功，6400吨大型快速高效全自动冲压生产线实现与国际同步开发，C919大型客机正式转入详细设计阶段，TD-LTE规模技术试验全面展开。（4）推进企业自主创新能力建设，认定首批55家国家技术创新示范企业，发布了产业关键共性技术发展指南，安排13亿元资金支持了169个重大科技成果转化项目。（5）完善标准化工作机制，加快了产业急需标准制修订。启动了电动汽车充电设施、物联网等重点领域标准化工作，全年发布行业标准2275项。TD-LTE-A成为4G国际标准，DTMB成为数字电视国际标准。此外，推进工业设计等生产性服务业发展的工作体系基本形成。

二、2012年重点工作任务

明年工作主要预期目标是，规模以上工业增加值增长11%左右，电信业、软件和信息技术服务业收入增长6%与28%左右。八项重点工作任务包括：（一）努力保持工业经济平稳较快发展。（二）大力推动传统产业优化升级。（三）积极培育发展战略性新兴产业。（四）下更大力气抓好工业节能减排。（五）进一步改善中小企业发展环境。（六）扎实抓好国防重点科研生产任务和军民融合式发展。（七）加快推进通信业转型发展。（八）扎实推进信息化发展和维护网络信息安全。

（苗圩：工业和信息化部部长，2011 年12月27日）

坚持绿色低碳发展　促进工业转型升级（节录）

苗 圩

中国将坚持走科技含量高、经济效益好、资源消耗低、环境污染少、人力资源优势得到充分发挥的新型绿色工业化道路。为实现这一目标，中国将主要从加快工业化进程、坚持工业绿色发展和大力推进节能减排三个方面做出努力。

加快工业化进程仍将是中国未来相当长时期内一项战略任务。中国将根据工业化进程和消费结构升级的要求，调整工业结构，优化工业布局，引导地区间产业有序转移，改善产业组织结构，推动协调发展。在此基础上，中国将主要从规模扩张、过度消耗能源资源的粗放发展向注重效率、质量和效益的可持续发展转变。

过去 5 年，中国工业实现了年均11.6%的增长，单位工业增加值能耗累计下降26%，实现节能7.5亿吨标准煤。但中国工业能源消耗仍占全国70%左右，工业绿色低碳发展任务异常艰巨。中国愿与各国进一步加强合作与交流，为应对开幕式上作了题为“坚持绿色低碳发展 促进工业转型升级 ”的主旨发言全球气候变化和促进全球可持续发展继续做出努力。

（苗圩：工业和信息化部部长，2011年6月21日在维也纳联合国能源和绿色工业部长级会议开幕式上的主旨发言）

在全国工业系统节能减排工作电视电话会议的讲话（节录）

苗 圩

“十一五”期间，全国工业系统认真贯彻落实科学发展观，紧紧围绕国家节能减排目标任务，狠抓节能降耗，全面推行清洁生产，积极推进资源综合利用，大力发展循环经济，全国规模以上工业增加值能耗从2005年的2.59吨标准煤下降到2010年的1.91吨标准煤，累计下降26%；主要耗能产品单位能耗大幅度降低，实现节能量6.3亿吨标准煤；以年均8.1%的能耗增长速度，支撑了工业年均14.9%的增长；与此同时，工业领域实现COD排放总量削减21.63%，二氧化硫总量削减14.02%，万元工业增加值用水量累计下降36.7%，工业固废综合利用量超过15亿吨，工业领域节能减排工作取得了显著成绩。

“十二五”我国仍处于工业化加速发展的重要阶段，能源资源和环境约束更趋强化，工业转型升级和绿色发展的任务十分繁重。工业节能减排面临的形势十分严峻：一是加快转变发展方式对工业节能减排提出了更高要求；二是抓好工业节能减排是实现工业转型升级的重要任务；三是应对全球气候变化，提升产业竞争力，工业节能减排面临更大压力；四是完成全国节能目标，工业节能任务比“十一五”更重。

根据“十二五”国家节能减排的目标任务，推进工业节能减排的重点：按照“十二五”规划纲要和国家节能减排指标要求，结合工业发展实际，工业领域“十二五”主要节能减排奋斗目标是：2015年单位工业增加值能耗、二氧化碳排放量和用水量分别比“十一五”末降低20%左右、20%以上和30%，工业COD、二氧化硫排放总量减少

10%，工业氨氮、氮氧化物排放总量减少15%，工业固废综合利用率提高到72%左右。

针对“十二五”的艰巨任务和当前的严峻形势，“十二五”工业节能减排需扎实推进的十项重点工作：

——严格控制“两高”和产能过剩行业新上项目。提高“两高”行业在能耗、环保、资源综合利用等方面准入门槛，切实加强工业投资项目节能评估和审查，把好能耗准入关。严格控制“两高”行业产品出口，加快制定战略性新兴产业节能环保标准、准入条件。

——坚决完成淘汰落后产能各项任务。研究提出把强制性能耗物耗和清洁生产标准作为落后产能界定的主要依据的具体操作办法，根据污染防治工作需要逐步增加落后产能淘汰的行业。抓紧制定“十二五”重点行业淘汰落后产能目标，发布下达年度淘汰落后产能计划。

——切实加强节能降耗技术改造。实施好工业转型升级规划、工业节能、清洁生产和综合利用规划确定的9大重点节能工程、10项综合利用工程和8项清洁生产工程。

切实加强节能减排共性关键技术开发、示范和推广应用。

——全面提升企业节能管理。对年耗能1万吨标准煤以上的重点用能企业，各地区工业和信息化系统要在配合发展改革委抓好万家企业节能低碳行动的同时，进一步强化节能管理，加强宏观指导，完善节能目标责任考核机制，开展能源管理绩效评价，加强能源管控中心、能源管理体系建设，完善能源管理负责人、管理师岗位配备。

——积极推进清洁生产和重金属污染防治。继续制定和发布重点行业清洁生产推行方案，制定重大清洁生产技术推广应用计划，利用中央财政资金支持，开展清洁生产关键工艺技术示范和应用推广，加强铬盐等涉重金属行业清洁生产专项改造；要加强企业清洁生产水平评价，公布清洁生产先进企业名单，创建一批示范企业。

——大力发展节能环保产业。加强高效节能、节水产品（设备）认定认证，扩大节能、节水、环保产品（设备）政府采购范围。组织开展工业节能、节水、资源综合利用、环保、废水循环回用等关键成套设备和装备产业化示范。

——加快推进“数字能源”和绿色ICT战略。加快组织实施“数字能源”计划，继续利用中央财政专项资金支持，全面实施水泥、有色金属、化工等行业企业能源管控中心建设；加快推进绿色ICT发展战略，推进ICT技术在企业节能减排中的运用；统筹优化数据中心布局建设，努力推进绿色数据中心、绿色基站、节能空调、绿色电源建设和改造。

——加强工业固体废物资源综合利用和循环经济发展。切实抓好第一批12个国家工业固体废物综合利用基地建设试点、8个领域35家机电产品再制造企业试点和8个行业121家“两型”企业创建试点。加快推进和组织实施循环经济重大技术示范工程，稀贵金属、有色金属再生利用示范工程，内燃机、电机再制造示范工程、水泥协同处理废物示范工程、低碳技术示范工程等。

——大力推进工业节约用水。完善高耗水行业现有企业用水先进指标、用水限额指标和取水定额指标，加强重点用水企业监管。建立缺水地区重点用水项目用水效率评估审查等节约用水约束机制，强化新上项目尤其是高耗水项目用水约束。加强重点节水技术、工艺和装备推广应用，对钢铁、石化、造纸等10个高用水行业实施节水技术改造。

——完善工业节能减排政策机制。强化财政、税收政策和金融信贷政策引导作用，完善节能自愿协议实施办法，广泛推进通信、烟草等行业企业自愿节能。坚持多元化节能环保投入机制改革方向，创新投融资机制，尽快建立工业节能减排产业基金，开展产业基金投融资模式试点，解决节能减排投入不足而金融资本又难以进入的瓶颈制约。

为确保目标完成，使各项重点工作落到实处，各级工业和信息化主管部门做到：

一、抓好规划实施。按照“十二五”工业节能、大宗固体废物综合利用、清洁生产、环保装备专项规划具体要求和部署。各地区工业和信息化部门、各行业协会、有关企业，要结合本地区、本行业、本企业发展实际，认真抓好落实工作。

二、明确目标责任。按照《国务院节能减排综合性工作方案》确定的目标任务和分工方案，把节能减排作为工业发展的重要任务，切实把工业节能降耗、减排治污各项目标任务落实好分解到具体承担单位和个人，明确责任。

三、切实抓好落实。各级工业和信息化部门要主动向地方政府主要领导汇报工业节能减排工作进展情况，积极争取支持。要将本地区单位工业增加值能耗下降目标与重点行业、重点企业节能降耗目标进行衔接，切实落实到行业和企业。

四、做好监测预警。切实做到早部署、早落实，开好局、起好步，防止出现为完成节能任务而拉闸限电，影响正常生产生活的情况。各地区、各行业、各企业要按照国务院的部署和要求，按照本地区、本行业、本企业确定的奋斗目标，及早做好规划，加强监测预警体系建设，及时对节能减排进展及成效进行预警调控，对未完成任务进度的，及时提醒、督促。

五、加强组织领导。各级工业和信息化部门、各企业、各单位主要领导同志要切实负起责任，加强组织领导，建立健全工作责任制机制，进一步加强组织机构和人员队伍建设。行业协会要充分发挥贴近企业、熟悉行业的优势，加强对企业节能减排工作的指导。

（苗圩：工业和信息化部部长, 2011年11月10日）

全面推进工业节能与综合利用 加快工业发展方式转变

苏 波

一、“十一五”工业节能与综合利用取得显著成绩

“十一五”以来，为贯彻落实科学发展观，加快推进节能减排，国务院成立了以温家宝总理为组长的节能减排工作领导小组，制定和发布了加强节能工作的决定、节能减排综合性工作方案等一系列政策性文件，多次召开会议研究部署节能减排工作。全国工业系统认真贯彻落实党中央、国务院的工作部署，紧紧围绕国家“十一五”节能减排目标任务，在国家发改委、财政部、环保部、科技部等有关部委的大力支持下，努力工作，开拓创新，狠抓工业节能降耗，全面推行清洁生产，积极推进资源综合利用，大力发展循环经济，工业节能减排各项工作取得显著成绩。

（一）工业节能为实现国家节能目标做出重要贡献

工业是我国能源消耗和污染物排放的主要领域，节能减排重点在工业，难点也在工业。“十一五”以来，全系统紧紧围绕国家节能减排约束性目标，制定并实施了加快淘汰落后产能、加强重点用能企业节能管理、严控“两高”和产能过剩行业新上项目、实施工业投资项目节能评估、推进能效对标达标、加强节能降耗技术改造、强化节能减排监测预警和应急调控等一系列措施。在各地区、各部门和企业的共同努力下，工业节能与综合利用工作取得显著成绩。全国规模以上工业单位增加值能耗从2005年的2.59吨标准煤下降到2010年的1.92吨标准煤，5年累计下降26.01%；实现节能量7.5亿吨标准煤，以年均6.98%的能耗增长支撑了年均11.57%的工业增长，为确保完成国家“十一五”节能减排目标任务、促进工业科学发展作出了重要贡献。

2005年到2009年，钢铁、有色、石化、建材等主要用能行业增加值能耗分别下降23.2%，24.9%，13.5%，44.9%。钢铁行业万元工业增加值能耗由4.27吨标煤下降到3.28吨；有色行业由3.72吨下降到3.12吨；石化行业由4.22吨下降到3.65吨；建材行业由6.48吨下降到3.49吨。

国家统计局重点统计的53项产品（工序）单位综合能耗指标都有明显下降。吨钢综合能耗由2005年的656千克标煤下降到2010年的577千克标煤；水泥综合能耗由119千克标煤/吨下降到85千克标煤/吨；合成氨综合能耗由1565千克标煤/吨下降到1356千克标煤/吨；电解铝综合能耗由1971千克标煤/吨下降到1734千克标煤/吨；铜冶炼综合能耗由608千克标准煤/吨下降到390千克标准煤/吨。电解铝单位产品电耗、燃煤机组供电煤耗指标已达到或接近国际先进水平。钢铁、铜冶炼、水泥等主要工业产品综合能耗指标与国外差距逐步缩小。

（二）资源综合利用水平得到进一步提升

过去5年，工业领域资源综合利用、循环经济工作得到加强。在有关部门的支持下，通过制定和发布规划、技术目录、管理办法，推进矿产资源、尾矿综合利用；针对赤泥、工业副产石膏、高铝粉煤灰等大宗工业固体废物，研究提出综合利用指导意见，组织全国工信系统开展资源综合利用基地建设试点，确定了第一批12个示范基地。编制和发布了《再生有色金属利用产业推进计划》，开展机电产品再制造试点，探索实施再制造产品认定，推动废弃

电器电子产品、废旧轮胎、废旧铅蓄电池等综合利用，大力推进资源再生和再制造产业发展。在国家循环经济试点的引领下，各地区积极探索，树立了一批工业园区、重点行业循环经济试点，推进工业园区、重化工集聚区和重点企业按照循环经济理念布局、规划和改造。

“十一五”以来，我国资源综合利用能力不断增强，领域不断拓展，工业固废综合利用水平有了很大提高。高铝粉煤灰提取氧化铝、磷石膏生产硫酸联产水泥、煤矸石和煤泥混烧发电、钢渣高温熔渣快速粒化、尾矿生产加气混凝土、尾矿生产微晶玻璃等一批用量大、成本低、经济效益好的综合利用技术与装备得到了较快发展，一批独具特色的循环经济发展模式和关键技术逐步成形。工业固废综合利用量从2005年的7.7亿吨增加到2010年的15.2亿吨左右，综合利用率由55.8%增加到69%，超额完成“十一五”规划提出的综合利用率60%的目标。工业固废综合利用为节约资源、保护环境发挥了积极作用。

（三）清洁生产的污染预防作用更加突出

清洁生产促进法实施以来，国家有关部门、地方工业主管部门、协会、中央企业集团等共同努力，围绕钢铁、有色、石化、化工、建材等重点行业，加大清洁生产工作力度，实施了一批重点清洁生产项目，降低了能耗和污染物排放，有力地促进了工业重点行业污染物减排。

工信部成立以来，高度重视清洁生产在企业污染预防、转变发展方式中的突出作用，加强与有关部门的沟通和协调，积极落实职能，召开全系统工作会议，安排部署工业领域清洁生产工作；在财政部的支持下，安排中央财政清洁生产专项资金支持实施清洁生产技术示范工程；发布重点行业清洁生产推行方案，研究提出一批清洁生产标准，加强对清洁生产审核指导。通过这几年的工作，电子信息产品污染控制工作进一步加强，电石法聚氯乙烯低汞生产、电解锰清洁工艺等一批清洁生产关键技术在行业中得到了示范和推广，极大地提升了行业清洁生产和污染预防水平。

几年的工作充分表明，推行清洁生产是促进环境保护从被动治理向污染预防转变的根本途径，通过从源头抓起，实行生产全过程控制，不仅能够最大限度地利用资源，在生产过程中减少污染物产生，减轻末端治理的难度和压力，而且使得企业能源、原材料消耗减少，生产成本降低，经济效益提高，有利于企业找到经济与环境“双赢”的结合点，调动企业防治污染的积极性。

（四）淘汰落后产能促进了工业结构优化升级

工信部成立后，坚决贯彻落实国务院工作部署，迎难而上，向社会公布了18个行业落后产能企业名单，要求限期关停。各地工业主管部门按照国务院和省委、省政府要求，采取了经济、法律、技术和必要的行政手段等一系列综合措施，大力推进落后产能淘汰工作。

5年间，全国累计淘汰落后炼铁产能1.1亿吨、炼钢产能6860万吨、水泥产能3.3亿吨、焦炭1亿吨、造纸1030万吨，占全部落后产能的50%左右。落后产能淘汰工作不仅有力地促进了节能减排，而且大力推进了工业结构优化升级。钢铁行业1000立方米以上大型高炉比重上升到34%，电解铝行业大型预焙槽产量比重增加到90%，建材行业新型干法水泥熟料产量比重超过72%。

二、“十二五”工业节能与综合利用工作面临的形势和任务

“十二五”规划纲要明确提出，“十二五”期间经济社会发展必须以科学发展为主题，以转变经济发展方式为主线，强调把建设资源节约型、环境友好型社会作为加快转变经济发展方式的重要着力点，提出了资源能源节约、环境保护约束性指标，并对应对全球气候变化、加强资源节约和管理、发展循环经济、保护生态环境等方面做出了具体部署。工业作为国民经济的主体，作为能源资源消耗和污染物排放的重点领域，如何在工业化过程中实现节能减排，为实现约束性指标做出新的贡献，面临着一系列挑战。

一是积极应对气候变化对工业节能与综合利用提出了新要求。

二是加快转变工业发展方式对工业节能与综合利用提出了新的更高要求。

三是加速推进新型工业化对工业节能与综合利用提出了新的更高要求。

四是提升产业国际竞争力对工业节能与综合利用提出新的更高要求。

面对新形势、新挑战，“十二五”期间，工业节能与综合利用工作，要深入贯彻落实科学发展观，紧紧围绕国家约束性指标，以科技创新为支撑，以政策法规为保障，综合运用经济、法律和行政手段，构建资源节约型、环境友好型的产业结构和生产方式，提高工业节能减排和综合利用水平，实现节约发展、清洁发展、绿色发展，推动工业发展方式转变。

（一）坚决完成国家节能减排各项目标任务

“十二五”规划纲要明确把单位国内生产总值能耗指标、单位工业增加值用水量、主要污染物排放总量作为约束性指标，同时增加单位国内生产总值二氧化碳排放指标；主要污染物排放总量指标中增加氮氧化物和氨氮指标。正在组织编制的工业转型升级规划也初步确定“十二五”时期拟采用单位工业增加值能耗、用水量、二氧化碳排放强度及工业二氧化硫、化学需氧量、氮氧化物和氨氮排放量等约束性指标，这也是衡量工业发展方式转变成效的关键指标。根据“十二五”规划纲要要求，初步确定，2015年单位工业增加值能耗、二氧化碳排放量和用水量分别比“十一五”末降低18%、18%以上和30%，工业固废综合利用率提高到72%左右。

围绕国家节能减排各项目标任务，一是要继续抓好产业结构的优化调整。在落后产能淘汰方面，完善落后产能退出机制，综合运用法律、经济、技术及必要的行政手段，依法淘汰落后产能，尤其要强化能耗、物耗、环保等标准的作用，研究提出落后产能淘汰标准和目标任务，分解落实到各地区，加强对年度计划执行情况的督促检查和考核。在抑制“两高”行业产能增长方面，要尽快印发和实施工业投资项目节能评估和审查办法，明确具体的操作原则、实施细则。同时坚决执行更为严格的节能环保准入标准，尤其是发挥高能耗行业产品能耗限额强制性标准、超前性标准、取水定额标准、污染物排放标准和清洁生产标准作用，把好项目能耗排放准入关。在传统产业升级方面，进一步加大企业节能减排技术改造力度，结合“两化”融合和绿色低碳发展要求，进一步强化传统产业低碳化改造，加强信息通讯技术在企业节能减排中的运用。大力推进战略性新兴产业和生产性服务业发展。

二是狠抓企业和行业技术进步。首先，要找准制约产业发展的关键技术瓶颈，筛选出一批能有效促进节能减排和减少碳排放的重大技术，继续抓好一批关键技术的产业化示范。其次，要围绕行业节能减排指导意见，组织实施一批对行业有重大影响和突出效果的关键技术推广应用工程，全面提升重点行业节能降耗水平。　第三，要切实推进落后用能设备、产品和装备的更新淘汰。针对企业仍在大量使用应淘汰的落后用能设备现状，积极支持对量大面广的电机系统（含风机、泵）、变压器、压缩机、内燃机、工业锅炉、电石炉、机床等进行更新改造，逐步提升节能环保设备、装备水平。

三是狠抓企业的节能降耗管理。一方面，要把加强企业能效水平对标达标作为一项常态化的重要工作，抓紧抓好。逐步完善能效标杆指标体系，把对标达标作为管好存量的重要措施，推广到各行业。通过对标达标活动，动员所有企业，全体职工投身到岗位节约活动中来。另一方面，在重点行业实施能效“领跑者”制度。组织行业协会定期审定和发布标杆企业及先进标杆值，制定和发布超前性能耗限额标准，继续组织开展能耗限额标准执行情况专项督查。完善不达标企业的处罚机制，逐步把限额标准与淘汰落后产能相结合，不断推进企业提升能效水平。此外，还要切实加强重点耗能企业管理。制定节能降耗目标，狠抓企业能源管理制度建设，积极支持重点用能企业建设能源管理中心、开展能源管理体系试点、完善能源管理人员队伍。

（二）切实推进资源节约型、环境友好型工业建设

党的十七大明确要求，必须把建设资源节约型和环境友好型社会放在工业化、现代化发展战略的突出位置，落实到每个单位、每个家庭。《纲要》明确提出把建设“两型”社会作为转变经济发展方式的重要着力点。落实这一要求，对工业领域来说，就是要通过建设“两型”工业，推动节能减排，促进工业发展方式的转变。

建设“两型”工业，必须以推动资源节约和环境友好为目标，以节能降耗减排治污为抓手，逐步构建产业结构优化、产业链完备、科技含量高、资源消耗小、污染排放少、可持续发展的“两型”工业体系。

一是坚持用“两型”工业理念和标准指导工业发展。在制定工业发展规划、实施重大工程、推动产业升级、加

强科技开发工作中，都要突出体现资源节约、环境友好的要求，用更先进、更严格的资源节约、环境保护标准、技术等促进存量能力升级和先进生产能力建设。

二是大力推进“两型”企业创建。把“两型”企业创建作为建设“两型”工业的重要抓手。选择钢铁、有色金属等若干重点行业开展“两型”企业创建试点，形成一批示范企业，探索总结试点经验，逐步在行业中推广。围绕试点，研究提出“两型”企业认定标准，研究建立“两型”企业建设的激励政策机制。

三是积极建立清洁、节约、循环、低碳的生产方式。把加强节能环保作为企业技术革新、装备升级、产品研发的基本要求，从资源投入和使用、产品设计开发、生产制造、后端治理等环节，全过程、全方位建立节约、清洁、低碳、循环的生产方式。狠抓企业节能节水节地节材,促进企业节约生产；以清洁生产审核和推行清洁工艺技术为突破口，切实加强企业清洁生产；以资源综合和循环利用为重点，大力建设全社会资源循环利用体系；充分利用国际环境变化和产业升级形成的倒逼机制，加强传统产业低碳化技术改造。

四是要积极推进工业园区的“两型”化发展。把资源节约和环境友好作为我部推进的新型工业化产业示范基地建设的基本要求。推进工业园区清洁生产和循环经济的发展，通过园区企业内部推行清洁生产、上下游产业联合、优化整合，实现区域内物质循环利用、综合利用。组织推进现有工业园区“零”排放示范区的建设。

（三）大力发展节能环保低碳产业

在国际金融危机的冲击下，全球产业发展呈现新趋势，节能环保、低碳发展成为世界潮流和趋势，许多发达国家凭借资金、技术优势加快发展节能环保低碳产业，并将其作为未来产业核心竞争力加以培育。顺应国际产业发展潮流，我们必须按照党中央、国务院的战略部署，大力发展节能环保低碳产业。这是工业领域推动节能减排的一项重要任务。一方面工业是发展节能环保低碳产业的主体，要为全社会节能减排和低碳发展提供技术装备和产品；另一方面，工业转型升级，实现绿色低碳发展也必须发展节能环保低碳产业。因此，从产业发展层面推动节能减排是“十二五”工业节能减排的重要内容。

大力发展节能环保低碳产业，要以经济结构战略性调整为契机，以建设资源节约型、环境友好型工业为目标，以工业节能降耗、清洁生产、综合利用、循环经济、再制造和资源再生产业发展以及传统产业低碳技术改造为支撑，全面推进技术、装备、产品、服务发展，培育节能环保和低碳技术市场，增强国内企业竞争力。

一是要紧紧围绕“十二五”期间国家节能减排、环境治理和绿色低碳发展的目标和任务，加强规划研究和指导，完善技术装备和产品标准体系；以技术为主线，发展一批需要研发、应用和推广的技术装备。

二是围绕钢铁、建材、有色、石化化工、装备等重点行业需求，选择一批技术成熟、减排潜力大的节能环保和低碳技术，实施一批技术产业化示范工程。

三是要支持发展形成一批具有自主品牌、核心技术能力强、市场占有率高的龙头企业和配套能力强的服务企业。

四是要加快促进产业集聚，在有条件的领域和地区形成若干区位优势突出、集中度高的节能环保低碳园区和产业基地。

三、做好“十二五”工作的几点要求

“十二五”期间，工业节能与综合利用工作任务十分繁重。今年是“十二五”的开局之年，开好局、定好位、举好旗对整个五年工作的开展至关重要。全系统面对新的形势和任务，要振奋精神，坚定信心，勇于创新，埋头苦干，扎实推进各项工作。

一是要认真抓好规划编制工作。规划是将国家发展战略和目标任务进行细化、落实和部署的直接体现，一定要加强节能和综合利用规划的研究和编制，充分发挥规划对工作的指导作用。各地区要结合“十二五”规划纲要和工业转型升级规划要求，认真做好节能与综合利用规划编制工作。我部正在组织编制工业节能、大宗固体废物综合利用、清洁生产、环保装备四个“十二五”专项规划。此外，还要启动工业节水专项规划的编制工作，完善“两型”工业发展思路研究，加快“两型”工业发展指导意见的起草工作。

二是要认真抓好目标任务的完成和考核。国家“十二五”发展目标已经确定，重要的是抓好落实。工信系统要积极推动工业行业的节能减排工作，加强对地方和企业单位工业增加值能耗、用水量、二氧化碳排放强度等约束性目标完成情况的检查和指导，督促地方建立任务明确、责任落实、科学管理、行之有效的工作机制。各地区要按照党中央、国务院部署和要求，明确本地区的工作目标，落实到方案，细化到措施；把目标任务落实到企业。同时要进一步完善考核和奖惩机制，根据节能减排工作情况和实际成效，强化问责，奖优罚劣。

三是要努力转变职能、转变作风。“十二五”的工作，对全系统提出了新的更高的要求，关键在于抓好落实。各地区工信部门要认真学习和领会习近平同志在《求是》杂志上发表的《关键在于落实》文章精神，切实转变观念、转变职能、转变作风，狠抓落实、善抓落实。要加强重大问题和重大政策的调查研究，拓宽工作思路，创新管理方式，发挥政策的导向作用；要积极转变职能，按照有所为有所不为的原则，突出工作重点，加强部门间协同配合，切实履行好各项工作职责。要加快作风转变，真抓实干，注重落实，发挥知难而进、锲而不舍、能打硬仗的优良作风，务必使节能降耗取得实实在在的效果。

四是要继续加强队伍建设。“十一五”期间的工作成绩充分表明，全国工业与综合利用工作系统这支队伍是有战斗力的。这轮机构改革后，目前仍有14个地区经信委（工信委）承担全社会节能减排管理职责；山西、贵州、云南、甘肃、山东、厦门等省市机构没有弱化，有的地方还得到加强，设立了2个甚至3个处室，这充分体现了地方党委、政府对节能减排工作的重视。全系统要进一步加强队伍建设，加强与相关研究机构、行业协会等各方面支撑机构的联系。建设一支工业系统为主体，与各行业协会、研究机构密切配合的工业节能与综合利用队伍。

（苏波：工业和信息化部副部长，2011年3月28日）

促进绿色低碳发展 推动工业转型升级（节录）

苏 波

“十一五”期间，按照国务院的统一部署，我国工业系统认真贯彻落实科学发展观，积极推动节能减排，取得明显成效。全国规模以上工业增加值能耗从2005年的2.59吨标准煤下降到2010年的1.92吨标准煤，年均下降5.85%、累计下降26%，实现节能量6.3亿吨标准煤，以年均8.1%的能耗增长支撑了年均14.9%的工业增长，为确保完成国家“十一五”节能减排目标任务、促进工业科学发展做出了重要贡献。

“十二五”是推进我国工业转型升级的关键时期。工业和信息化部牵头编制的《工业转型升级规划》提出“十二五”期间单位工业增加值能耗、二氧化碳排放量、用水量分别下降20%左右、20%以上和30%，工业化学需氧量、二氧化硫排放量下降10%，氨氮、氮氧化物排放量下降15%。工业绿色发展必须坚持走中国特色新型工业化道路，按照建设资源节约型、环境友好型社会的要求，以设计开发生态化、生产过程清洁化、资源利用高效化、环境影响最小化为目标，坚持节约、清洁、低碳、安全发展，健全激励和约束机制，大力增强工业的可持续发展能力。重点做好四个方面的工作：

一是加快构建资源节约型、环境友好型工业体系。按照淘汰落后生产能力、改造升级传统产业、加快发展战略性新兴产业的思路，充分利用现有工业基础，坚持调整优化存量与积极有效发展增量相结合、应对当前发展与培育未来产业竞争力相结合，加快构建产业结构优化、产业链完备、科技含量高、资源消耗低、污染排放少、可持续发展的工业体系，从主要依靠规模扩张、过度消耗能源资源的粗放发展向注重效率、注重发展质量和效益的可持续发展转变。针对节能降耗、环境保护等薄弱环节，继续加大企业技术改造力度。在钢铁、化工、有色、建材等重点行业组织开展“两型”企业和工业园区建设试点工作，探索重点行业资源节约型、环境友好型发展模式。

二是积极推进产业结构调整优化。进一步提高重化工业在能耗、环保、资源综合利用等方面准入门槛，严格实施工业投资项目节能评估和审查制度，加强对产能过剩行业建设项目的管理；严格控制钢铁、水泥、平板玻璃等产能过剩行业的新增能力，遏制传统煤化工等高耗能、高污染行业的盲目发展。抓紧建立完善淘汰落后产能退出机制，采取经济、法律、技术和必要的行政等一系列综合措施，加快淘汰落后生产能力。积极开展跨地区兼并重组，加快用先进生产能力取代落后生产能力，调整优化产品结构和产业结构。积极培育一批技术先进、资源利用水平高、产品竞争力强的示范企业，带动行业绿色发展。

三是努力推进形成节约、清洁、循环、低碳的生产方式。更加注重从资源投入和使用、产品设计开发、生产制造、后端治理等环节，全过程、全方位建立节约、清洁、循环、低碳的新型生产方式。以节能降耗、清洁生产、循环经济、低碳技术为核心，推进企业生产方式转变。推动企业节能、节水、节约原材料，健全企业能源资源管理制度，强化主要行业单位产品能耗对标管理。推进生态设计开发，开展清洁生产重大技术示范和重点企业清洁生产审核。推动资源再生和机电产品再制造产业发展，加强企业废物综合利用，建设全社会资源循环利用体系。积极发展低碳技术和低碳产业，加快低碳技术研究开发，抓好传统行业低碳技术示范和推广应用。

四是大力培育战略性新兴产业。积极跟踪世界科技创新的最新成果，调整优化原材料工业，做强装备制造业，改造提升消费品工业，提高信息产业核心竞争力。着重从核心技术突破、产业链完善、商业模式创新、市场培育等多方面下功夫，大力发展节能环保、新一代信息技术、新材料、高端装备制造、新能源汽车等战略性新兴产业。切实把节能减排约束性指标转化成对节能环保低碳产业的市场需求拉动力量，全面推进节能环保低碳技术、装备、产品、服务发展，促进节能环保低碳产业发展。

中国国际绿色创新技术产品展以“绿色创新 低碳发展”为主题，旨在促进国内外绿色低碳先进技术和产品的发展，为绿色低碳企业创造新的贸易、投资和融资机会。展览由发展改革委、科技部、工业和信息化部、环境保护部、住房和城乡建设部、商务部、国资委七个部委及广东、江苏、浙江、安徽、福建、山东、上海七省（直辖市）人民政府共同支持，中国对外贸易中心、中国机电产品进出口商会主办，于每年的11月9-11日在广州举行。

（苏波：工业和信息化部副部长，2011年11月9日在首届中国国际绿色创新技术产品展上的讲话）

综 述

2011年中国工业领域应对气候变化和低碳发展

工业和信息化部节能与综合利用司

工业能源消费量占全社会能源消费总量70%以上，是控制温室气体排放、应对气候变化和低碳发展的重要领域。2011年是“十二五”的开局之年，工业和信息化部积极推进应对气候变化工作，着力低碳发展，规模以上工业单位增加值能耗同比下降3.49%，主要工业产品单位综合能耗有不同程度的降低。国家统计局数据表明，烧碱、水泥、粗钢、粗铜和电解铝等部分产品单位综合能耗达到国内先进值，“十二五”节能减碳工作实现良好开局。

一、加快产业结构调整

（一）推动工业转型升级

国务院印发的《国务院关于印发工业转型升级规划（2011-2015年）的通知》（国发〔2011〕47号）提出，以加快转变经济发展方式为主线，着力提升自主创新能力，推进信息化与工业化深度融合，改造提升传统产业，培育壮大战略性新兴产业，推动工业绿色低碳发展。为此，工业和信息化部出台了配套规划，编制了钢铁、有色、建材、石化和化工、节能与新能源汽车、工业节能、大宗固废、清洁生产等“十二五”规划，推动工业转型升级。加强对“两高”和产能过剩行业新上项目的审批、核准工作，强化工业固定资产投资项目节能评估和审查，严把“能评”关。加强以产业结构政策为核心，产业组织政策、布局政策和技术政策协同作用的政策体系建设，促进企业兼并重组，推动产业转移和集聚发展。发布印染、粘胶纤维、铅蓄电池、岩棉等行业准入条件，提高行业准入门槛，加快转变发展方式，着力构建资源节约型、环境友好型工业体系。

（二）加快淘汰落后产能

为贯彻落实《国务院关于进一步加强淘汰落后产能工作的通知》，工业和信息化部会同淘汰落后部际协调小组联合印发了《淘汰落后产能工作考核实施方案》（工信部联产业〔2011〕46号），明确了淘汰落后产能工作考核要求、考核内容、工作程序和奖惩措施。编制完成高耗能落后机电设备（产品）淘汰目录，指导淘汰落后工作。同时，根据《国务院关于印发“十二五”节能减排综合性工作方案的通知》（国发〔2011〕26号）,工业和信息化部制定了《产业转移指导目录（2012年本）》，并向各省级人民政府下达了2012年19个工业行业淘汰落后产能目标任务（工信部产业〔2012〕159号），公布了落后产能企业名单、淘汰落后生产线（设备）及产能，督促各地完成落后产能淘汰任务。

据初步统计，2011年共淘汰炼铁落后产能约3100万吨、炼钢2800万吨、焦炭2000万吨、铁合金210万吨、电石150万吨、电解铝60万吨、铜（含再生铜）冶炼40万吨、铅（含再生铅）冶炼60万吨、锌（含再生锌）冶炼30万吨、水泥（熟料及磨机）1.5亿吨、平板玻璃3000万重量箱、造纸830万吨、酒精40万吨、味精8万吨、柠檬酸3万吨、制革480万标张、印染18亿米、化纤30万吨，共涉及4000多家企业。

（三）推动节能与新能源汽车产业化进程

实施节能产品惠民工程节能汽车推广政策，扩大1.6升及以下排量节能汽车车型，至2011年底，推广完成400多万辆节能汽车，实现年节油7.5亿升以上，年减排二氧化碳220万吨以上。依据《中华人民共和国车船税法》及《中华人民共和国车船税法实施条例》，对节约能源、使用新能源的汽车可以减征或免征车船税政策。联合有关部门发布了两批《关于节约能源 使用新能源车辆减免车船税的车型目录》和两批《关于不属于车船税征收范围的纯电动燃料电池乘用车车型目录》公告，共有114个节能型乘用车车型可以享受减半征收车船税优惠政策，有180个新能源车型可以享受免征车船税优惠政策，有52个纯电动、燃料电池乘用车车型不属于车船税征收范围。

二、加强工业和通信业节能工作

（一）大力推进节能技术进步

编制完成钢铁、石化、有色、建材等11个重点行业节能减排先进适用技术目录、应用案例和技术指南；编制完成节能机电设备（产品）推荐目录；编制完成先进煤气化、密闭电石炉等节能技术实施方案；组织召开“螺杆膨胀机低温余热发电技术现场交流会”和“化工企业能源管理中心示范项目建设经验交流会”，继续推进工业企业能源管理中心建设，推广节能新技术，促进节能产业发展。组织制订电机能效提升计划，提出低能效电机淘汰路线图，制订和发布高效、超高效电机系列标准，推进电机再制造。

（二）推进节能标准制修订

组织开展铜、铅、锌、镁冶炼企业单位产品，铜、铜合金管材单位产品，粗钢生产主要工序，合成氨，烧碱，醋酸、聚甲醛、磷酸一铵、磷酸二铵、炭黑、纯碱单位产品等重点行业、重点产品强制性能耗限额标准以及内燃机等工业通用设备能效标准制修订工作；配合国标委积极推动稀土冶炼企业、铜及铜合金线材、铝及铝合金热挤压棒材等能耗限额标准以及中小型三相异步电动机、离心鼓风机等能效标准出台；组织《炭素材料煅后无烟煤能源消耗限额》、《钽铌精矿单位产品能耗限额》、《钢铁企业能源管理系统技术规范》等22项行业标准立项，复审209项节能标准；按照《关于开展2011年度重点用能行业单位产品能耗限额标准执行情况和高耗能落后机电设备（产品）淘汰情况监督检查的通知》，对重点用能行业单位产品能耗限额标准执行情况和高耗能落后机电设备（产品）淘汰情况进行现场抽查。

（三）加大通信业节能力度

加快推进“数字能源”和绿色ICT战略。积极推进通信网络结构性和系统性节能创新，新建通信网络全面引入节能技术和设备，推动老旧设备退网，加快传统交换设备和高耗能设备的升级改造。积极推进在线仿真技术用于重点行业节能，实施工厂能耗数字化、可视化；加快建设工业节能减排监测预警信息系统，推进ICT技术在企业节能减排中的运用，统筹优化绿色数据中心布局建设。国内各大电信运营商积极推广新能源基站，中国电信采用新能源的基站数量已超过1800个；中国移动大力推广新能源应用，累计建设太阳能、风能等新能源基站8000多座，其中在世界屋脊青藏高原建设太阳能基站2300多座，成为全球规模最大的太阳能基站群；中国联通加大室外一体化基站的建设力度，选用温度适应范围广的室外型通信设备，同时在西部省份建设太阳能基站，采用适合高原自然环境下基站运行的控压型太阳能控制器。

（四）推进工业领域节能新机制应用

组织编制《工业和信息化部节能自愿协议管理办法（试行）》；委托中国节能协会和中国通信企业协会运维专委会对中国移动节能自愿协议的实施情况进行中期评估，进一步引导和规范相关企业节能工作；继续与通信行业龙头企业进行沟通，听取节能减排工作开展情况，组织有关协会和专家指导两家企业开展节能自愿协议活动。组织开展了第二批节能服务公司筛选推荐工作，向工业企业推荐了七十家节能服务公司。组织中国机械节能环保协会完成了节能服务产业的课题研究，形成了《节能服务产业的研究报告》。

（五）不断加大节能宣传力度

积极利用全国节能宣传周有利契机，通过发送节能公益短信、举办绿色驾驶知识讲座等形式，积极开展节能宣传。会同全国总工会开展“我为节能减排献一策活动”，表彰获得“五一”劳动奖章企业和个人。借助国际循环经济博览会、节能减排大学联盟会议以及2011年工业节能减排电视电话会等会议，大力宣传“十一五”工业节能减排取得成效、“十二五”工业节能减排思路及措施，并取得积极成效。

三、大力推行清洁生产，强化污染防治

大力推行清洁生产，联合有关部门印发《工业清洁生产推行“十二五”规划》，指导工业领域全面推行清洁生产；组织编制了铜冶炼、铬盐等10个重点行业清洁生产技术推行方案，印发了《电池行业清洁生产实施方案》和《铬盐行业清洁生产实施计划》，加强先进清洁生产技术推广应用；开展清洁生产技术示范，会同财政部加大对行业关键共性清洁生产技术示范的资金支持力度，加快行业重大清洁生产技术的产业化步伐；印发《关于组织申报当前国家鼓励开发使用的有毒有害（产品）替代品的通知》，围绕工业生产所需的原材料及有关最终产品，开展有毒有害原料（产品）减量化与替代工作。

四、积极推进资源综合利用，加快发展循环经济

大力推进资源综合利用工作，与有关部门联合印发《金属尾矿综合利用先进适用技术目录》。在河北承德、山西朔州等十二个地区开展工业固体废物综合利用基地建设工作，编制基地建设实施方案。发布《旧轮胎翻新行业准入条件》、《废轮胎综合利用行业准入条件》，与有关部门发布《废弃电器电子产品回收处理目录（第一批）》、《废弃电器电子产品拆解处理企业资质指南》、《废弃电器电子产品回收处理规划指南》、《废弃电器电子产品回收》、《废弃电器电子产品处理基金征收与使用管理办法》等文件。

加快发展循环经济，会同有关部门正式批复了第一批80家“资源节约型、环境友好型”企业试点创建实施方案；会同有关部门研究制定高耗能行业用水先进指标、用水限额指标和取水定额指标等相关标准，起草《关于深入推进节水型企业建设工作的通知》；落实《再生有色金属利用产业发展推进计划》，组织申报和筛选23项工业循环经济重大示范工程；积极推进再制造试点工作，组织开展再制造产品认定，发布《再制造产品目录》。

五、积极推动工业低碳发展

以推动工业低碳发展为目标，推进工业领域应对气候变化工作，落实国务院《“十二五”控制温室气体排放工作方案》，制订并印发了《工业和信息化部贯彻落实“十二五”控制温室气体排放工作方案任务分工》。编制完成《工业领域应对气候变化行动方案（2012-2020）》，提出了工业领域应对气候变化的目标、任务、整体思路和政策保障。启动并组织实施“十二五”国家科技支撑计划“高炉炼铁二氧化碳减排与煤气高效利用关键技术开发”项目，项目重点解决钢铁行业富氧焦炉高炉煤气喷吹、高炉炉顶煤气循环利用和高炉煤气资源化制取甲醇等一系列关键技术与装备，提高高炉生产效率，降低燃料比和二氧化碳排放。开展工业产品碳标识、低碳认证、碳排放标准研究，组织实施低碳工业园区建设试点，探索工业行业减缓温室气体排放的技术路线和政策措施。

政策文件

关于组织推荐工业循环经济重大技术示范工程的通知

工信厅节函［2011］1号

各省、自治区、直辖市及计划单列市、新疆生产建设兵团经（工）信委（厅），有关中央企业：

为加快推动工业企业和园区树立循环经济发展理念，推进循环经济重大关键技术推广应用，形成资源循环利用产业模式，促进工业节约清洁和高效循环发展，我部决定组织实施一批循环经济重大技术示范工程。为充分发挥技术示范和典型带动作用，请各地区、有关中央企业，结合实际情况，做好示范工程的组织推荐工作。现将有关要求通知如下：

一、基本条件和推荐原则

（一）企业和投资项目符合国家产业政策相关要求；

（二）示范工程核心技术成熟可靠，工艺路线清晰，经济上可行，已进行产业化生产，产品得到市场认可；

（三）示范工程或项目资源产出率、单位产品资源消耗（能耗、水耗、主要原材料消耗）、资源综合利用、废物循环利用等方面的指标达到国际或国内先进水平；

（四）示范工程循环经济产业链建设具有标志性目标和突出的实际效果；形成循环经济产业链关键链接技术获得突破或者有创新性发展应用；

（五）在相关行业和重点领域有重大示范、推广作用，有助于提高该行业、领域循环经济整体技术水平。

二、主要领域和内容

（一）钢铁、石化、化工、建材、有色金属、能源等相关行业企业间或企业集团内部实现资源共享、废物互为利用。

（二）工业园区通过上下游产业联合、优化整合，实现区域内物质循环利用、废物综合利用，形成循环经济典型产业链。

（三）利用钢铁、水泥等企业高炉、焦炉高温冶炼环境条件，对工业废物、社会废弃产品、生活垃圾、污泥、污水等进行规模化处理，实现废物资源化利用和无害化消纳。

三、相关要求

（一）示范工程申报单位认真组织编写循环经济重大技术示范工程申报材料（相关要求见附件1），按照隶属关系，相关材料（一式三份）报所在地省级工业和信息化主管部门或中央企业（集团）。

（二）各省级工业和信息化主管部门和中央企业（集团）对申报材料进行评审汇总后提出推荐意见（见附件2），报送工业和信息化部（节能与综合利用司）。

（三）工业和信息化部组织专家对申报资料和推荐意见进行审核，评选出一批重大技术示范工程。

（四）请各省级工业和信息化主管部门于2011年2月28日前，将申报资料和推荐意见报送工业和信息化部（节能与综合利用司），同时提供相应材料的电子版文件。

附件：1. 循环经济重大技术示范工程申报材料要求（略）

2. 循环经济重大技术示范工程推荐表（略）

二〇一一年一月十四日

关于印发《淘汰落后产能工作考核实施方案》的通知

工信部联产业[2011]46号

各省、自治区、直辖市人民政府，新疆生产建设兵团：

工业和信息化部、发展改革委、监察部、财政部、人力资源社会保障部、国土资源部、环境保护部、农业部、商务部、人民银行、国资委、税务总局、工商总局、质总局、安全监管总局、银监会、电监会、能源局联合制定的《淘汰落后产能工作考核实施方案》（以下简称《实施方案》）已经国务院同意，现印发给你们，请认真贯彻执行。

淘汰落后产能工作检查考核，是确保完成淘汰落后产能目标任务的重要措施。各地区、各有关部门要站在深入贯彻落实科学发展观，加快转变经济发展方式、促进国民经济又好又快发展的高度，充分认识淘汰落后产能工作的重要意义，切实按照国家有关政策规定和《实施方案》要求，认真制订和落实淘汰落后产能目标任务，落实完善相关政策措施，加强监督检查和考核。2011年2月底前，各地区要将本地区2011年度淘汰落后产能目标任务和计划淘汰落后产能的企业名单（申请中央财政奖励资金企业必须为列入该计划名单的企业），一并报工业和信息化部、财政部、能源局。2011年3月底前，各地区要按照《实施方案》的要求，完成本地区2010年淘汰落后产能企业的检查验收和完成任务企业名单公告工作，并将2010年淘汰落后产能目标任务完成情况报工业和信息化部、能源局。2011年4月底前，淘汰落后产能工作部际协调小组将完成对各地2010年淘汰落后产能工作情况的检查考核。

工业和信息化部 国家发展和改革委员会
监察部 财政部
人力资源和社会保障部 国土资源部
环 境 保 护 部 农业部
商务部 中国人民银行
国务院国有资产监督管理委员会 国 家 税 务 总 局
国家工商行政管理总局 国家质量监督检验检疫总局
国家安全生产监督管理总局 中国银行业监督管理委员会
国家电力监管委员会 国家能源局
二〇一一年一月二十六日

附件：

淘汰落后产能工作考核实施方案

为贯彻落实《国务院关于进一步加强淘汰落后产能工作的通知》（国发〔2010〕7号）精神，认真做好淘汰落后产能检查考核工作，特制订本方案。

一、总体思路

淘汰落后产能是转变发展方式、调整经济结构、推进节能减排的重要方面，要充分发挥市场机制的作用，综合运用多种手段推进淘汰落后产能。同时，要按照目标清晰、组织健全、责任到位、措施到位、监管到位、逐级考核的总体要求，建立健全淘汰落后产能工作目标责任评价、考核和奖惩制度，落实地方各级人民政府和企业责任，确保顺利完成淘汰落后产能目标任务。

二、考核对象、内容

（一）考核对象。各省、自治区、直辖市人民政府和新疆生产建设兵团（以下简称省级人民政府）。

（二）考核内容。主要包括落实相关政策措施、完成淘汰落后产能目标任务等情况。（具体考核内容及要求见

附件1）

三、工作程序

（一）每年2月底前，各省级人民政府按照国家确定的重点行业淘汰落后产能标准及要求，提出本地区重点行业淘汰落后产能年度目标任务和计划淘汰落后产能的企业名单，与企业落后产能情况一并报工业和信息化部、能源局。

（二）3月底前，工业和信息化部、能源局商有关部门向各省级人民政府审核下达淘汰落后产能年度目标任务。

（三）4月底前，各省级人民政府将工业和信息化部、能源局下达的目标任务分解到市、县，落实到企业，并在省级人民政府门户网站以及当地主流媒体向社会公告相关企业名单，同时报工业和信息化部、能源局。（公告格式见附件2）

（四）12月底前，列入各地区本年度淘汰计划的落后产能全部拆除主体设备、生产线，使其不能恢复生产；各省级人民政府组织完成对所有淘汰落后产能企业的现场检查和验收，出具书面验收意见（意见格式见附件3）；在省级人民政府门户网站以及当地主流媒体向社会公告本地区已完成淘汰落后产能任务企业名单。

（五）次年1月底前，各省级人民政府将上年度淘汰落后产能工作进展情况和年度目标任务完成情况自查报告报工业和信息化部、能源局。

（六）次年3月底前，工业和信息化部、能源局会同发展改革委、监察部、财政部、人力资源社会保障部、国土资源部、环境保护部、农业部、商务部、人民银行、国资委、税务总局、工商总局、质检总局、安全监管总局、银监会、电监会组成考核工作组，通过现场核查和重点抽查等方式，对各地区上年度淘汰落后产能工作情况进行检查考核。

（七）工业和信息化部、能源局向社会公告各地区淘汰落后产能年度目标任务完成情况。

四、奖惩措施

（一）对未完成淘汰落后产能目标任务的省（区、市），省级人民政府应在公告后一个月内，向工业和信息化部、能源局书面提出整改措施，限期整改。整改措施落实到位前，发展改革委、工业和信息化部、环境保护部、能源局等部门严格控制该地区的国家投资项目，暂停对该地区项目的核准和审批。

（二）对完成淘汰落后产能任务的企业，在符合国家土地管理政策的前提下，国土资源管理部门会同相关部门对其土地开发利用优先予以支持；相关部门对企业技术改造、新建项目、生产许可、资产处置、职工安置等方面优先予以支持。

（三）对未按期淘汰落后产能的企业，环境保护行政主管部门要暂停该企业新增主要污染物排放建设项目的环评审批并吊销排污许可证，银行业金融机构要暂停提供任何形式的新增授信支持并采取措施依法保护金融债权安全，投资管理部门不予审批、核准和备案新的投资项目，国土资源管理部门不予批准新增用地，相关管理部门和监督机构不予办理生产许可证、安全生产许可证，已颁发生产许可证、安全生产许可证的要依法撤回。对未按规定淘汰落后产能、被地方政府责令关闭或撤销的企业，当地政府要及时通告工商行政管理部门，限期办理工商注销登记，或依法吊销工商营业执照。必要时，由当地政府或其授权部门对有关企业做出停电决定，电力监管机构监督供电企业依法停止对有关企业供电。

（四）对将本地区已经淘汰的落后产能作为本年度计划淘汰任务上报，或虚报落后产能数量，以及未将应淘汰的落后产能列入淘汰计划的，均视为瞒报、谎报行为。对存在瞒报、谎报行为，以及未完成淘汰落后产能年度目标任务且未按期整改到位的地区实行问责，由监察机关依法依纪追究有关责任人员的责任。

附件：1.考核内容及要求

2.××省（区、市）××年度计划淘汰落后产能企业名单（公告格式）

3. 企业淘汰落后产能验收意见表

附件1

考核内容及要求

考核内容	考核要求
淘汰落后产能目标任务完成情况	完成淘汰落后产能任务要求：按国家下达的年度重点行业淘汰落后产能目标任务，当年12月底前落后产能全部拆除主体设备、生产线，使其不能恢复生产。
领导组织协调情况	制订建立健全政府及有关部门协调机制、明确职责分工的文件，加强部门间协调配合、定期召开会议、研究有关工作。
分解落实目标任务情况	按规定于2月底前报送年度计划任务，4月底前将目标任务分解到市县、落实到企业，并在省级人民政府门户网站和当地主流媒体向社会公告本地区年度重点行业淘汰落后产能企业名单、落后产能生产线（设备）型号、数量和产能等。
严格市场准入情况	本年度淘汰落后产能重点行业新建（扩建）项目立项、节能评估审查、环评、土地审批、安全生产审批等项目审批、核准、备案符合相关政策规定。
限制落后产能生产政策措施落实情况	建立环境保护监督性监测制度，开展专项检查、抽查，对有关企业进行抽查核实。
	建立能耗限额标准监督检查制度，开展专项检查、抽查，对有关企业执行能耗限额标准进行抽查核实。
	制定完善相关地方产品质量标准、安全生产法规规章，开展产品质量、安全生产专项检查。
	省级人民政府及有关部门制订完善执行差别电价指导性文件和实施意见，并对相关企业执行差别电价和惩罚性电价。
	对未按期淘汰落后产能的企业，执行排污许可、信贷管理、项目审批、土地审批、生产许可、工商登记、电力供应等限制措施。
支持企业淘汰落后产能政策措施情况	按规定安排使用中央财政淘汰落后产能奖励资金，省级财政安排配套资金，制订资金使用管理办法，并对使用情况组织监督检查。
	在安排年度技术改造资金、节能减排资金、投资项目核准备案、土地开发利用等方面，支持企业淘汰落后产能。
淘汰落后产能企业职工安置情况	落实国家淘汰落后产能企业职工安置政策，完善本地区妥善安置淘汰落后产能企业职工政策措施。
检查考核目标任务完成情况	省级人民政府按规定于12月底前组织对企业淘汰落后产能情况进行现场检查验收，出具书面验收意见，在省级人民政府门户网站和当地主流媒体公告已完成本年度淘汰落后产能任务的企业名单。次年1月底前报送本地区淘汰落后产能目标任务完成情况。
实施并完成标准更高、范围更宽的淘汰落后产能目标任务情况	针对本地区落后产能比较集中的行业，制订比国家标准更高的淘汰落后产能标准，或将淘汰落后产能行业范围扩大到国家规定的重点行业之外，并将淘汰任务落实到企业、进行公告和检查验收。

附件2

工业和信息化部公告2011年工业行业淘汰落后产能企业名单

按照《国务院关于进一步加强淘汰落后产能工作的通知》（国发[2010]7号）和《关于下达2011年工业行业淘汰落后产能目标任务的通知》（工信部产业[2011]161号）要求，各省（区、市）已将2011年18个工业行业淘汰落后产能目标任务分解落实到企业，并将淘汰落后产能企业名单在当地政府网站和媒体上进行了公告。工业和信息化部在各地公告的基础上对全国2011年18个工业行业淘汰落后产能企业名单、淘汰落后生产线（设备）及产能进行了公告（2011年第17号，见附件），接受社会监督，并要求各地采取有效措施确保列入公告名单的企业落后产能在2011年底前被彻底淘汰，并做好检查验收和完成目标任务情况公告工作。

2011年18个工业行业淘汰落后产能共涉及2255家企业。其中淘汰落后产能炼铁3122万吨、涉及96家企业，炼钢2794万吨、涉及58家企业，焦炭1975万吨、涉及87家企业，铁合金211万吨、涉及171家企业，电石152.9万吨、涉及48家企业，电解铝61.9万吨、涉及22家企业，铜冶炼42.5万吨、涉及24家企业，铅冶炼66.1万吨、涉及38家企业，锌冶炼33.8万吨、涉及32家企业，水泥15327万吨、涉及782家企业，平板玻璃2940.7万重量箱、涉及45家企业，造纸819.6万吨、涉及599家企业，酒精48.7万吨、涉及31家企业，味精8.38万吨、涉及4家企业，柠檬酸3.55万吨、涉及3家企业，制革487.9万张、涉及58家企业，印染19.9亿米、涉及144家企业，化纤34.98万吨、涉及13家企业。

从各地分解落实情况看，淘汰落后产能涉及企业较多的省份有：河北291家、湖南226家、山西173家、河南151家、四川131家、广东114家、江西112家、山东102家。其中，河北、山西、山东、河南等省炼铁、炼钢、焦炭、造纸行业淘汰落后产能任务较重，湖南、内蒙古、贵州等省（区）铁合金行业淘汰落后产能任务较重，河北、辽宁、四川、山西等省水泥行业淘汰落后产能任务较重，湖北、山东、河南、浙江等省印染行业淘汰落后产能任务较重。

关于建立工业节能减排信息监测系统的通知

工信部节［2011］237号

各省、自治区、直辖市及计划单列市、新疆生产建设兵团工业和信息化主管部门：

为及时跟踪了解工业节能减排进展情况，准确把握和分析发展趋势，提供基础数据支撑，经研究，我部决定组织工业和信息化系统建设工业节能减排信息监测系统（以下简称监测系统）。现将有关事项通知如下：

一、建设监测系统的主要目的和总体目标

通过组织协调各方力量和资源，建设面向各地区、相关重点监测样本企业的工业节能减排监测信息系统，应用信息网络技术汇总监测相关数据，服务于国家及各省市工业节能与综合利用领域政策拟订、规划编制、标准制定、行业研究、形势分析等相关工作。

建设监测系统的总体目标是：通过建设涵盖全国范围内重点用能、综合利用工业企业的监测系统，不断完善和丰富系统各项功能，逐步建立起面向工业企业的节能减排数据采集和信息监测体系，为工业节能、节水、资源综合利用、清洁生产以及循环经济等工作提供基础信息数据。

二、监测系统的主要功能

监测系统的研发和建设遵循信息平台统一、监测口径一致、功能模块全面、数据填报简洁的原则。主要监测对象是能源消耗量较大和资源利用成效显著的工业企业，由各地工业主管部门根据本地企业实际和工作要求，研究提出监测企业名单建议，由我部统筹确定后作为重点监测样本企业。监测内容是重点监测样本企业的能源消耗和资源综合利用等有关情况，具体监测数据包括样本企业填报的节能、节水、资源综合利用等信息。

监测系统主要实现对相关企业节能与综合利用数据信息进行及时汇总分析，以监测全国工业节能减排动态状况。监测系统可为各地工业主管部门提供本地区节能减排监测开放式平台，为相关企业开展对标达标提供条件。同时，通过进一步增加相应功能模块，监测系统可逐步成为全国工业节能与综合利用系统的信息交流平台，实现各地区工业能耗、用水、清洁生产、节能环保产业等综合信息监测和交流。

监测系统功能模块包括用户权限管理、基础信息收录以及动态信息监测、处理、分析等，可面向不同用户群体，进行功能灵活组合。监测系统报表构成、指标设置、用户层级、报送方式等可根据工作需要实现动态扩展或调整。

监测系统主要应用对象分为三个层级：

重点监测样本企业。样本企业根据初始化时设定的企业属性及监测重点，定期填报相关报表。目前，需企业完成两类报表报送：一是能源利用状况监测报表，二是大宗固体废物综合利用监测报表。样本企业可根据自身信息化管理基础情况，通过统一接口，实现企业现有能源利用管理系统与监测系统的数据共享。基于本监测系统，样本企业完成监测数据填报后，年终可自动生成能源利用状况报告；结合监测系统生成的行业能耗等指标，分析本企业节能减排潜力。

地方工业主管部门。利用监测系统相应功能模块审核本地区重点监测样本企业填报的数据；对本地区节能减排情况进行汇总分析；根据后续要求，填报本地区节能、节水总体情况，以及清洁生产、环保装备发展等工作推进相关信息。

工业和信息化部。利用监测系统进行数据汇总和分析，监测分析和跟踪全国工业节能减排动态情况，加强全国工业节能减排形势分析，及时发现苗头性、倾向性问题，提出相关政策措施建议。

三、有关要求

（一）提出重点监测样本企业建议名单，确定工作联系人。请各地区结合本地区产业结构特点、用能及资源综合利用企业分布、现有监测工作基础等情况，参照以下原则填报重点监测样本企业建议名单（样式见附件1）：

1.节能。体现本地区产业特征、年综合能源消费量较大的重点用能企业20家以上（节能工作及监测手段基础较好的地区，可适当扩大范围）。提出的重点监测样本企业应具有典型性，能够反映本地区能源消耗总量较大行业用能基本情况，并涵盖当地主要高耗能行业。

2.资源综合利用。主要是通过资源综合利用认定的企业。

请各地区工业主管部门根据重点监测样本企业建议名单，汇总联系人汇总表（附件2），并填报工业节能减排信息监测工作联系人登记表（附件3）。请于6月10日前将上述材料（附件1－3）用印后报送我部（节能与综合利用司）。

组织完成初始化工作。请地方工业主管部门节能减排信息监测工作联系人利用用户名及密码（另行提供），通过工业和信息化部网站或部节能与综合利用司子站（www.miit.gov.cn或jns.miit.gov.cn）登录监测系统，将上述材料（附件1－3）信息录入监测系统，完成初始化工作。各地初始化工作应于6月20日前完成。

（三）组织重点监测样本企业进行数据填报。初始化工作完成后，我部将对各地提出的建议名单进行统筹核定，确定工业节能减排重点监测样本企业名单并通知各地工业主管部门。纳入监测名单内的节能类企业实行月报制度，应于每月10日前，完成上月"企业用能监测报表"的填报。包括：企业能源消费监测表、企业用水量监测报表、主要产品单耗监测报表。资源综合利用类企业实行季报制度，应于每季度首月15日前完成上季度大宗固废综合利用监测报表。系统暂以2010年作为基准期，企业初次填报时需补充填报2010年1月－12月对应数据，在填报2011年当期数值时，系统将以2010年相应月份为基期进行测算比较。

（四）监测系统简介及填报教程等相关材料，可在登录系统后下载。我部将结合各地及重点监测样本企业相关信息填报情况和需求适时组织对相关人员进行培训。

（五）各地区工业和信息化主管部门要认真组织做好监测系统相关工作，加强与样本企业的沟通，督促、指导、协调重点监测样本企业按照要求及时填报有关信息，并在相关政策方面加大对样本企业的支持力度。结合工作进展和各地产业发展情况，重点监测样本企业名单定期更新。

四、联系方式

（一）工业和信息化部节能与综合利用司

（二） 工业节能减排监测信息系统运行维护小组

附件：1.工业节能减排重点监测样本企业建议名单

2.工业节能减排重点监测样本企业联系人汇总表

3.工业节能减排监测工作联系人登记表

二〇一一年五月十八日

关于开展2011年度重点用能行业单位产品能耗限额标准执行情况和高耗能落后机电设备（产品）淘汰情况监督检查的通知

工信部节[2011]310号

各省、自治区、直辖市及计划单列市、新疆生产建设兵团工业和信息化主管部门，有关行业协会：

为贯彻落实《节约能源法》及国务院有关文件精神，严格控制重点用能行业能源消耗过快增长，加快推进淘汰落后产能，确保“十二五”工业节能开好局、起好步，按照工业和信息化部等部门《关于印发淘汰落后产能工作考核实施方案的通知》（工信部联产业〔2011〕46号）要求，我部决定开展2011年度重点用能行业单位产品能耗限额标准执行情况和高耗能落后机电设备（产品）淘汰情况监督检查工作。现将有关事项通知如下：

一、检查对象

主要产品列入国家22项能耗限额标准目录的重点用能企业（以下简称重点用能企业）和仍在使用落后机电设备（产品）的所有工业企业。

二、检查依据

22项单位产品能耗限额强制性国家标准、《高耗能落后机电设备（产品）淘汰目录（第一批）》及《部分工业行业淘汰落后生产工艺装备和产品指导目录》等。

三、检查内容

（一）单位产品能耗限额标准执行情况

对辖区内涉及22项标准的重点用能企业进行一次全面检查，列出超能耗限额标准限定值企业名单及具体情况；超能耗限额标准限定值的企业整改情况；对改造无望或经过改造仍不达标的应将其列入淘汰名单；2010年度专项监督检查中发现的问题整改落实情况，是否会同有关部门落实节能技改、差别电价、节能设备推广等改造措施，效果如何，存在的问题和建议等。

（二）高耗能落后机电设备（产品）淘汰情况

对辖区内各工业企业高耗能落后机电设备（产品）情况进行一次全面检查，列出仍在使用的高耗能落后机电设备（产品）明细表及企业名单，是否采取限期整改或淘汰等政策措施；2010年度专项监督检查中发现的问题整改落实情况。

四、检查安排

监督检查工作分为企业自查、地方监察、国家抽查三个阶段进行。

（一）企业自查阶段（2011年7月）。各企业应认真对照国家能耗限额标准和淘汰落后有关法律法规政策要求进行自查，并于7月底前将自查情况报当地工业和信息化主管部门。

（二）地方监察阶段（2011年8月至9月）。根据企业自查情况，各省级工业和信息化主管部门会同有关部门组织实施对企业进行现场核查，填写《单位产品能耗超限额企业情况表》（附件1）、《高耗能落后机电设备（产品）在用情况表》（附件2）并形成监督检查报告。上述材料需于9月30日前报我部（节能与综合利用司）。

（三）国家督查阶段（2011年10月）。工业和信息化部组织相关行业协会和专家组成督查组，对各地执行产品能耗限额标准情况和高耗能落后机电设备（产品）淘汰情况进行现场督查。督查工作采取听取汇报和实地抽查相结合的方式，每个省（区、市）实地抽查3-4家重点用能企业、1-2家高耗能落后机电设备（产品）使用企业。

五、工作要求

（一）加强组织领导。各地工业和信息化主管部门要充分认识做好单位产品能耗限额标准执行情况和高耗能落后机电设备（产品）淘汰情况监督检查的重要性，认真组织落实，发挥节能监察机构、行业协会的积极作用，切实加强领导，精心安排部署，明确目标任务，落实责任分工，及时调度指导，确保按时保质高效完成各项检查任务。

（二）积极协同配合。本次监督检查工作时间紧、任务重，各地工业和信息化主管部门要树立大局观念，互相协调配合，形成整体合力，扎实有序推进。各省、自治区、直辖市工业和信息化主管部门要抽调1-2名有经验的节能监察人员参加我部组织的督查工作，并于9月30日前将参加督查人员名单报我部（节能与综合利用司）。

（三）扎实做好整改。各地工业和信息化主管部门要认真总结监督检查中发现的问题和薄弱环节，深刻分析原因，制定并实施针对性强、效果突出的政策措施，扎实做好整改落实工作。对2010年度专项督查中发现的问题及整改情况进行分析，尚未落实的要说明理由和计划采取的措施。

（四）注重机制建设。各地工业和信息化主管部门要把监督检查工作与制度建设结合起来，以查促改、以查促建，不断完善能耗限额标准监督检查制度和机制。对于发现的问题要进行深层次研究，建立长效机制，研究提出有针对性和可操作性强的解决措施，不断强化源头治理和事先防范，推动工业节能工作深入发展。

附件：1.单位产品能耗超限额企业情况表（略）

2.高耗能落后机电设备（产品）在用情况表（略）

二〇一一年六月二十九日

节能机电设备（产品）推荐目录(第三批)公告

2011年　第42号

为贯彻落实国务院《“十二五”节能减排综合性工作方案》以及2011年国务院节能减排电视电话会议精神，促进高效节能机电设备（产品）的推广应用，结合工业、通信业节能减排工作实际，经各地工业主管部门和相关行业协会推荐、专家评审及公示，评选产生《节能机电设备（产品）推荐目录(第三批)》。现予以公告。

附件：节能机电设备（产品）推荐目录(第三批)（略）

二〇一一年十二月八日

工信部第二批节能服务公司推荐名单公告

2011年　第44号

为加快推进节能环保产业发展，促进工业和通信业领域开展合同能源管理等节能新机制，我部组织了主要服务于工业和通信业领域合同能源管理公司的推荐评审工作，并对结果进行了公示。现将工业和信息化部第二批节能服务公司推荐名单予以公告。

附件：工业和信息化部第二批节能服务公司推荐名单（略）

二〇一一年十二月十七日

规划方案

关于印发《工业领域应对气候变化行动方案（2012-2020年）》的通知

工信部联节[2012]621号

各省、自治区、直辖市及计划单列市、新疆生产建设兵团工业和信息化、发展改革、科技、财政主管部门，有关行业协会，相关单位：

为贯彻落实《中华人民共和国国民经济和社会发展第十二个五年规划纲要》、国务院《工业转型升级规划（2011-2015年）》和《“十二五”控制温室气体排放工作方案》，明确工业领域应对气候变化目标和任务，全面提升应对气候变化能力，推动工业低碳发展，工业和信息化部、发展改革委、科技部、财政部制定了《工业领域应对气候变化行动方案（2012－2020年）》。各相关部门应按照《国务院关于印发“十二五”控制温室气体排放工作方案的通知》和《国务院办公厅关于印发“十二五”控制温室气体排放工作方案工作部门分工的通知》确定的工作职责积极推进相关工作。现将《工业领域应对气候变化行动方案（2012－2020年）》印发你们，请结合实际，认真贯彻落实。

工业和信息化部 国家发展和改革委员会 科技部 财政部

二〇一二年 年十二月三十一日

工业领域应对气候变化行动方案（2012－2020年）

前 言

应对气候变化是当今人类社会面临的严峻挑战。中国作为一个负责任的发展中国家，高度重视气候变化问题，把应对气候变化作为国家经济社会发展的重大战略，提出了到2020年我国单位国内生产总值二氧化碳排放比2005年下降40%－45%，并作为约束性指标纳入国民经济和社会发展中长期规划。工业作为应对气候变化的重要领域，为贯彻落实《国民经济和社会发展第十二个五年规划纲要》、国务院《“十二五”工业转型规划》和《“十二五”控制温室气体排放工作方案》，统筹协调工业领域应对气候变化工作，明确应对气候变化的思路、目标和任务，全面提升应对气候变化能力，推动工业低碳发展，促进发展方式转变，特制订《工业领域应对气候变化行动方案（2012－2020年）》。

一、现状与形势

（一）现状

“十一五”以来，我国工业快速发展，2010年工业增加值占国内生产总值40%，工业是国民经济的重要组成部分，是推动经济增长的主要动力。工业也是我国能源消耗及温室气体排放主要领域，2010年，工业能源消耗达到21亿吨标准煤，占全社会总能源消耗的65%，占全国化石能源燃烧排放二氧化碳的65%左右。重化工业是工业能源消耗和温室气体排放的重点领域，钢铁、有色金属、建材、石化、化工和电力六大高耗能行业占工业化石能源燃烧二氧化碳的71%左右。工业温室气体排放除了能源相关的排放之外，工业生产过程温室气体排放也占一定比例，工业生产过程二氧化碳、氧化亚氮、含氟气体等温室气体排放占全国非化石能源燃烧温室气体排放的60%以上，工业生产过程二氧化碳排放占全国二氧化碳排放的10%左右。

“十一五”期间，工业领域把应对气候变化与转变工业发展方式相结合，采取多种措施，大力推进节能减排，减少温室气体排放成效显著。

产业结构不断优化。“十一五”期间，大力推进淘汰落后产能，累计淘汰炼铁、炼钢、焦炭、水泥和造纸等落后产能分别为12000万吨、7200万吨、10700万吨、34000万吨和1130万吨。六大高耗能行业增加值占全部工业增加值的比重由2005 年的32.7%下降至2010 年的30.3%，产业结构不断改善。重点产业生产力布局趋于优化，钢铁、汽车、船舶、水泥等行业集中度明显提高。

工业节能成效显著。“十一五”期间，全国规模以上万元工业增加值能源消耗累计下降超过26%，实现节能量6.3亿吨标准煤，减少二氧化碳排放14.6亿吨。钢铁、有色金属、石化和化工、建材等重点用能行业增加值能源消耗分别下降23.4%、15.1%、35.8%、52%，吨钢、水泥熟料、乙烯、合成氨综合能源消耗分别下降了12.8%、12%、11.6%、14.3%，部分产品单位能耗达到国际先进水平，重点行业先进产能比重明显提高。

资源综合利用和清洁生产水平不断提高。“十一五”期间，单位工业增加值用水量下降36.7%，工业固体废物综合利用率由56%增加到69%。据统计，通过实施清洁生产，2003年至2010年累计消减二氧化硫产生量93.9万吨、化学需氧量245.6万吨，节能约5614 万吨标准煤，减少二氧化碳排放1.3亿吨。

节能产品推广应用取得明显成效。“十一五”期间，高效照明产品、节能家用电器、节能汽车、高效电机和新型节能墙材等节能设备和产品得到大力推广。高效节能空调的市场占有率从5%上升到70%以上，行业整体能效水平提高24%，达到世界先进水平。

但仍存在一些突出问题：一是产业结构调整缓慢，工业能源消耗和二氧化碳排放增速过快；二是工业技术装备水平参差不齐，先进与落后并存，能效水平整体上与国外存在较大差距；三是工业应对气候变化管理体制和机制不够健全，政策不够完善；四是工业企业应对气候变化的意识、管理和能力薄弱，企业主体作用和市场机制作用没有充分发挥。

（二）形势

气候变化是当今人类社会面临的重大问题，积极应对气候变化，走低碳发展道路，已经成为国际社会的广泛共识。我国是温室气体排放大国，工业是应对气候变化的重要领域，控制工业领域温室气体排放，发展绿色低碳工业，既是我国应对气候变化的必然要求，也是中国工业可持续发展的必然选择。

从国际看，控制全球温室气体排放总量是大势所趋，全球温室气体排放空间已成为稀缺资源，世界各国在国际谈判中围绕发展权和排放空间的争夺日趋激烈，我们面临严峻的减排压力。同时，绿色低碳发展已成为全球大潮流、大趋势，各主要国家加紧制定和实施绿色低碳发展战略，加快在新能源、新材料、信息、节能环保、生命科学等新兴科技和产业领域的前瞻布局，力图抢占未来产业发展的战略制高点。在全球应对气候变化的背景下，各国围绕市场、资源和技术等方面的竞争更趋激烈，将对我国工业未来发展产生重要影响。

从国内看，一方面，我国正处于工业化、城镇化快速发展阶段。由于城镇化快速发展，基础设施建设、住房建设等对原材料的需求增加，导致高耗能行业仍呈增长趋势，工业能源消耗和温室气体排放必然增加。另一方面，我国能源结构以煤炭和石油等化石能源为主，特别是煤炭消费占能源的比重达70%左右。资源禀赋和能源结构决定了我国工业领域的能源消费也以煤炭为主，单位工业产品的二氧化碳排放量较高，这种状况短期内难以改变。因此，控制工业领域温室气体排放面临巨大挑战。

从工业自身发展来看，我国工业发展方式粗放，过于依赖物质资源和能源的大量投入，污染物排放增长过快，支撑发展付出的资源、环境代价过大。我国虽然是世界第一制造业大国，但制造业总体上处于全球产业价值链中低端，产品资源能源消耗高、附加值低，应对国际市场冲击的能力弱，出口面临巨大压力。我国工业要实现绿色和可持续发展，突破资源能源的瓶颈制约，必须加快转变工业发展方式，走低碳发展道路。

面对当前国内外发展的新形势，我们必须从战略和全局的高度，抓住机遇，积极探索中国特色的工业低碳发展道路，把应对气候变化、推动低碳发展落实到节能减排、提高能源效率上，落实到改造和提升传统产业上，落实到调整和升级产业结构上，落实到提高工业产品的国际竞争力上，努力建设以低碳排放为特征的工业体系，促进工业低碳转型，实现我国工业持续发展和应对气候变化双赢。

二、指导思想、基本原则和主要目标

（一）指导思想

全面贯彻落实科学发展观，牢固树立绿色低碳发展理念，把积极应对气候变化作为推动工业发展方式转变的重要途径，以提高能源资源利用效率、控制工业温室气体排放为目标，以产业结构调整和优化升级为主线，以科技创新和技术进步为支撑，以体制机制创新为保障，强化重点行业、重点企业应对气候变化行动，大力推动低碳技术改造传统产业，发展战略性新兴产业，开展低碳试点示范，加强能力建设，形成政府引导、市场驱动、企业主体的与国情相适应的工业低碳发展机制，为我国应对气候变化战略目标的实现做出贡献。

（二）基本原则

坚持把应对气候变化作为实现工业转型升级的重要着力点。推动产业结构调整和工业转型升级是落实科学发展观的根本要求，要把应对气候变化作为推动工业转型升级的历史机遇和倒逼机制，适应全球低碳发展的趋势与要求，加快淘汰落后产能，发展战略性新兴产业，改造传统产业，着力提升工业整体素质和国际竞争力，促使产业结构向低消耗、高效益方向转变，构建以低碳排放为特征的工业体系。

坚持把提高能源利用效率作为应对气候变化的中心任务。工业领域温室气体排放主要源自化石能源消耗，控制温室气体排放的重点在节能，潜力和成本优势也在节能。工业领域应对气候变化要以提高能效为核心，优化用能结构，大力提升工业能效水平，降低工业能源强度和温室气体排放强度。

坚持把技术进步作为应对气候变化的重要支撑。低碳技术创新和推广应用是工业应对气候变化和产业转型升级的重要手段。要着力推动低碳技术创新，提高核心技术和关键技术水平，加强先进适用低碳技术的推广应用，引导企业把低碳技术改造同产品升级结合起来，利用新技术、新工艺、新设备、新材料改造提升传统产业，提升工业整体技术水平。

坚持把体制机制创新作为应对气候变化的重要保障。体制机制创新是我国工业低碳发展的关键保障因素，要制定和落实控制温室气体排放的目标机制，完善政策体系，健全激励和约束机制，充分发挥企业主体作用和市场机制作用，引导和激励企业走低碳发展道路。

（三）主要目标

到2015年，全面落实国家温室气体排放控制目标，单位工业增加值二氧化碳排放量比2010年下降21%以上，钢铁、有色金属、石化、化工、建材、机械、轻工、纺织、电子信息等重点行业单位工业增加值二氧化碳排放量分别比2010 年下降18%、18%、18%、17%、18%、22%、20%、20%、18%以上，主要工业品单位二氧化碳排放量稳步下降，工业碳生产力大幅提高。工业过程二氧化碳和氧化亚氮、氢氟碳化物、全氟化碳、六氟化硫等温室气体排放得到有效控制。产业结构进一步优化，战略性新兴产业快速发展，建设一批低碳产业示范园区和低碳工业示范企业，推广一批具有重大减排潜力的低碳技术和产品。重点用能企业温室气体排放计量监测体系基本建立，工业应对气候变化的体制机制与政策进一步完善。

到2020年，单位工业增加值二氧化碳排放量比2005年下降50%左右，基本形成以低碳排放为特征的工业体系。

三、主要任务

（一）积极构建以低碳排放为特征的工业体系

以提高碳生产率为目标，调整优化产业结构和用能结构，强化从生产源头、生产过程到产品的碳排放管理，形成低能耗、低污染、低排放的工业体系，促进工业低碳发展。

加快调整优化产业结构，严格控制高耗能产业过快增长。加强能耗、环保等指标约束作用，探索利用强制性物耗标准、清洁生产水平作为落后产能界定依据，加大淘汰落后产能力度。进一步提高高耗能、高排放行业准入门槛。促进信息化和工业化深度融合，大力培育发展高端装备制造、新一代信息技术、节能环保、新能源汽车等战略性新兴产业，大力发展生产性服务业。积极推动以产业链为纽带、产业资源要素集聚的产业集群建设，提高产业集中度。

大力发展循环经济，推进工业清洁生产。以工业园区、产业集聚区为重点，开发应用源头减量、循环利用、再制造、零排放技术，通过上下游产业优化整合，实现资源集约利用、废物交换利用、废水循环利用、能量梯级利用，构筑链接循环的产业链条。以高能耗、高排放、污染重和资源消耗型行业为重点，集中力量开发一批重大关键共性清洁生产工艺技术和绿色环保原材料（产品），加快建立清洁生产方式，推动工业转型升级。

（二）大力提升工业能效水平

围绕工业生产源头、过程和产品三个重点，实施工业能效提升计划，推动重点节能技术、设备和产品的推广和应用，提高工业能效利用水平。以钢铁、建材、石化和化工、有色等高耗能行业为重点，加强对行业节能减碳的政策指导和规划引导，加快工业节能标准制定，强化重点用能企业节能管理，鼓励工业企业建立能源管理体系，鼓励重化工业延伸产业链，降低单位工业增加值能源消耗。

组织实施工业锅炉窑炉节能改造、内燃机系统节能、电机系统节能改造、余热余压回收利用、热电联产、工业副产煤气回收利用、企业能源管控中心建设、两化融合促进节能减排、节能产业培育等9大重点节能工程，提高企业能源利用效率。健全节能市场化机制，完善能效标识、节能产品认证和节能产品政府强制采购制度，加快节能服务业发展，加快推行合同能源管理和电力需求侧管理。

（三）控制工业过程温室气体排放

通过原料替代、改善生产工艺、改进设备使用等措施减少工业过程温室气体排放。推广利用电石渣、造纸污泥、脱硫石膏、粉煤灰、矿渣等固体工业废渣和火山灰等非碳酸盐原料生产水泥，加快发展新型低碳水泥，鼓励采用电炉炼钢—热轧短流程生产工艺，推广有色金属冶炼短流程生产工艺技术，改进电石、石灰生产工艺，减少生产过程二氧化碳排放。改进化肥、已二酸、硝酸、己内酰胺等行业的生产工艺，采用控排技术，减少工业生产过程氧化亚氮的排放。实施高温室效应潜能值气体替代，通过采用合理防护性气体、创新操作工艺、开展替代品研发、改进设备使用等措施，大幅度降低工业生产过程含氟气体排放。

（四）加快工业低碳技术开发和推广应用

以先进适用技术和关键共性技术为重点，制定重大低碳技术推广实施方案，促进先进适用低碳新技术、新工艺、新设备和新材料的推广应用，带动重点行业碳排放强度大幅度下降。加快推动新一代核能、太阳能、风能、生物质能等能源装备技术的研发与制造，增加工业生产中可再生能源的利用，改善工业用能结构。加快传统生产设备的大型化、数字化、智能化、网络化改造，推进以低碳技术为核心的企业技术改造。推动建立以企业为主体、产学研相结合的技术创新体系，推动建立以市场为导向、多种形式相结合的低碳技术与装备产业联盟。

鼓励重点行业推广应用低碳技术，包括：钢铁工业的煤粉催化强化燃烧、余热、余能等二次能源回收利用等减排关键技术；有色金属工业的高效节能采选设备、冶炼过程中节能降耗的控制与优化技术等；石油与化工工业中的二氧化碳回收与利用技术、新型化工过程强化技术、工业排放气高效利用技术等；建材工业中碳排放减缓技术和装备、低碳排放的凝胶材料等；先进制造工业的低能耗低排放制造工艺及装备技术、制造系统的资源循环利用关键技术等。

（五）促进低碳工业产品生产和消费

完善主要耗能产品能耗限额和产品能效标准，加大高效节能家电、汽车、电机、照明产品等推广力度。推动实施低碳产品标准、标识和认证制度，加快低碳工业标识标准体系建设，优先选择使用量大、普及面广的终端消费产品开展低碳产品标识试点，促进企业开发低碳产品，加快向低碳生产模式转变。采取综合性调控措施，抑制高消耗、高排放产品市场需求，鼓励企业采购绿色低碳产品，刺激低碳产品需求，提高低碳产品社会认知度，倡导低碳消费。

四、重点工程

以实施六大重点工程为抓手，提高工业单位碳排放生产效率，提升碳管理水平，有效控制工业温室气体排放。

（一）工业重大低碳技术示范工程

在钢铁、建材、有色、石化和化工等重点行业，选择一批减排潜力大、成熟度高、先进适用的重大低碳技术示范推广，推进传统产业的工艺和装备改进，带动工业行业碳排放强度大幅度下降。以新能源装备制造、新能源汽车等高端装备制造业为重点，选择一批市场前景广阔、对产业发展具有深远影响的关键与核心技术试点示范，培育战略性新兴产业发展。

（二）工业过程温室气体排放控制示范工程

以控制工业过程二氧化碳、氧化亚氮、氢氟碳化物、全氟化碳、六氟化硫等温室气体排放为目标，以水泥、钢铁、石灰、电石、己二酸、硝酸、化肥、制冷剂生产等为重点，推广示范一批原料替代、生产工艺改善、设备使用改进等温室气体排放控制技术，提高排放控制水平。

（三）高排放工业产品替代示范工程

在水泥、钢铁、化肥、石灰、电石等高排放产品中，选择具有重要推广价值的替代产品或工艺进行推广示范，引导使用新型低碳水泥替代传统水泥、新型钢铁材料或可再生材料替代传统钢材、有机肥或缓释肥产品替代传统化肥，减少高排放产品消费，减少温室气体排放量。

（四）工业碳捕集、利用与封存示范工程

在化工、水泥、钢铁等行业中实施碳捕集、利用与封存一体化示范工程，加快推进拥有自主知识产权的碳捕集与封存技术的示范应用，研发二氧化碳资源化利用的技术和方法，探索适合我国国情的碳捕集、利用与封存技术路线图，不断加强工业碳捕集、利用与封存能力建设。

（五）低碳产业园区建设试点示范工程

选择一批基础好、有特色、代表性强、依法设立的工业产业园区，纳入国家低碳产业试验园区试点，开展工业领域低碳产业园区试点示范。通过低碳产业园区试点建设，加快钢铁、建材、有色、石化和化工等重点用能行业低碳化改造，积聚一批低碳型战略性新兴产业，推广一批适合我国国情的产业园区低碳管理模式，试点园区碳排放强度达到国内行业先进水平，引导和带动工业低碳发展。“十二五”期间，在工业领域力争培育和形成80个国家低碳产业示范园区。

（六）低碳企业试点示范工程

在钢铁、有色、建材、石化和化工、装备制造等重点行业，选择一批在本行业技术领先、有较大影响、减排潜力大的工业企业开展低碳企业试点示范工程。通过低碳工业企业试点示范，培育行业低碳标杆企业，建立低碳企业评价标准、指标体系和激励约束机制，引导工业企业自愿减排。“十二五”期间培育500家示范企业。

五、保障措施

（一）建立健全工业应对气候变化管理体制

各级工业和信息化主管部门，应加强应对气候变化的组织领导，制定工业应对气候变化工作方案，建立有效的工作管理机制。把应对气候变化、推动工业低碳发展作为编制工业行业发展规划、专项规划、区域规划的重要内容，将碳排放下降指标纳入各类规划计划中。加强应对气候变化工作与工业节能、资源综合利用、清洁生产等工作的协调配合，发挥协同效应。

（二）完善工业应对气候变化政策法规

把控制工业温室气体排放和促进工业低碳发展作为制定产业政策的重要目标和主要内容，健全促进低碳发展相关产业政策落实的保障措施。对高消耗、高污染行业制定更为严格的节能低碳准入标准，制订高能耗工业产品能耗限额强制性、超前性国家行业标准。加强财税、金融等政策支持，加大财政资金支持力度，积极探索绿色信贷融资等新模式，引导企业进行设备引进、改造升级以及产业链整合。积极应对低碳贸易障碍，进一步调整进出口贸易政策，鼓励低碳工业产品出口。

（三）建立工业温室气体排放监测体系

完善现有工业企业能源统计报表制度，明确不同用途 能源消费量，建立温室气体排放数据信息系统，加强工业企业温室气体排放管理。建立重点用能企业温室气体排放定期报告制度，重点用能企业在编制能源利用状况报告基础上，加强收集、整理、汇总温室气体排放数据，分析温室气体排放状况。建立工业温室气体排放监测体系，分步推进国家、省、市（县）三级工业温室气体排放监测体系建设。

（四）建立工业碳排放评价标准体系

充分借鉴国际研究成果，加快研究建立符合我国工业发展水平的碳排放测算体系，构建工业产品碳排放评价数据库。研究制订粗钢、水泥、烧碱、铝等高耗能产品的碳排放强制性标准，加紧制订重点用能企业碳排放评价通则，指导和规范企业降低排放。研究制订低碳工业产品标准，推动实施低碳工业产品认证和碳标识。

（五）建立健全促进工业低碳发展的市场机制

以政府为主导，以企业为主体，完善工业应对气候变化的市场机制，发挥碳价格的市场信号和激励作用，降低控制温室气体排放成本。探索建立碳排放自愿协议制度，在钢铁、建材等行业开展减碳自愿协议试点工作，制定减碳自愿协议管理办法和奖励措施，推动企业开展自愿减排行动。推动实施《温室气体自愿减排交易管理暂行办法》，鼓励工业企业参与自愿减排交易，支持钢铁、水泥、石化、化工等行业重点企业开展碳排放交易试点，为建立全国碳交易市场打好基础。

（六）加强工业应对气候变化宣传培训和国际合作

利用多种形式和手段，进行应对气候变化科学知识的普及和宣传，倡导低碳生产方式和消费模式。积极开展工业领域应对气候变化专题培训，加强人才培养，增强企业低碳发展的意识和能力。积极拓展应对气候变化国际合作渠道，建立资金、技术转让和人才引进等机制，构建国际合作平台，有效消化、吸收国外先进的低碳技术，增强工业应对气候变化能力。

关于印发《环保装备“十二五”发展规划》的通知

工信部联规[2011]622号

各省、自治区、直辖市及计划单列市、新疆生产建设兵团工业和信息化主管部门、财政部门，有关行业协会，有关中央企业：

为贯彻落实《国国民经济和社会发展第十二个五年规划纲要》和《工业转型升级规划（2011-2015年）》，全面提升环保装备产业水平，为建设资源节约型、环境友好型社会提供有效支撑和保障，工业和信息化部、财政部制定了《环保装备“十二五”发展规划》。现印发你们，请结合本地区、本部门实际，认真贯彻落实。

附件：环保装备“十二五”发展规划

中华人民共和国工业和信息化部　中华人民共和国财政部

二〇一一年十二月二十八日

附件：

环保装备“十二五”发展规划

二、指导思想、基本原则和主要目标

（一）指导思想

深入贯彻落实科学发展观，紧紧围绕“十二五”期间国家环境治理和资源综合利用的任务和目标，以需求为导向，以企业为主体，以重大环保技术装备的研发应用为重点，强化供需对接，完善政策标准体系，创新投融资机制，全面提升环保装备产业供给能力和水平，为建设资源节约型、环境友好型社会提供有效支撑和保障。

（二）基本原则

坚持政策引导与市场驱动相结合。充分发挥市场配置资源的基础性作用，引入和扩大各类市场主体参与环保装备研发、制造、应用和投入。加强政策引导，强化监督管理，优化环保装备产业发展的外部环境。

坚持自主研发与引进技术相结合。立足国内，推动环保技术装备的本地化、自主化，提升产业整体竞争力。改进和加强关键、薄弱环节的技术引进和消化吸收再创新，提高核心、关键环保技术装备和零部件的技术水平。

坚持装备制造与延伸服务相结合。以发展先进适用环保装备制造为重点，向上下游延伸产业链。注重发展工程设计、中介服务、运营保障和工程总承包等一体化服务，全面提升环保装备的运行效果和管理水平。

坚持大企业带动与中小企业专业化发展相结合。充分发挥大企业的龙头作用，打造环保装备制造、工程总承包领域的旗舰型企业。突出中小企业的专、精、特、新发展，鼓励多种形式的联合与重组，形成以大企业为骨干、中小企业为支撑的产业发展格局。

（三）主要目标

“十二五”期间，环保装备发展要按照技术先进、运行可靠、经济高效、保障有力的要求，在基本满足国家环境保护对技术装备需求的基础上，重点发展具有全局性、普遍性、危害人民群众健康的重大环境问题急需的技术装备。具体目标是：

——基本满足环境保护重点领域的技术装备需求。研究开发和应用推广一批具有自主知识产权的关键、共性环保技术装备，基本满足实现国家环境保护约束性指标及铅、汞、镉、铬和类金属砷等重金属污染物治理的需求。

——提升产业技术水平。培育一批国家级和省级企业技术研发中心；建立一批集科研院所、企业组成的产业技术创新联盟。促进一批重大环保技术装备实现标准化、国产化、自主化，自主知识产权装备所占比重大幅度增加，应用信息技术的装备比例大幅度提升。

——扩大产业规模，优化产业结构。“十二五”期间环保装备产业总产值年均增长20%，2015年达到5000亿元。环保装备出口额年均增长30%以上，2015年突破100亿元。形成10个以上区位优势突出、集中度高的环保装备产业基地，10～20个在行业具有领军作用的大型龙头环保装备企业集团，培育一批拥有著名品牌的优势环保装备企业。

三、发展重点

根据“十二五”期间环境污染治理的总体任务和目标，全面推进解决全局性、普遍性环境问题需要的环保技术装备的推广应用；重点围绕化学需氧量、氨氮、二氧化硫和氮氧化物等主要污染物总量减排，铅、汞、镉、铬和类金属砷等重金属以及持久性有机污染物等重点污染物治理，研究开发和推广应用一批先进适用的技术装备。

（一）大气污染治理装备

重点针对火电、钢铁、水泥、石化、有色等行业，加快脱硫脱硝、工业烟粉尘、挥发性有机物、有毒废气等的污染控制。

研究开发燃煤电厂、工业窑炉脱硫脱硝一体化设备，烟气复合污染物协同处理设备，机动车尾气高效净化设备，水泥行业脱硝设备，智能化移动极板静电除尘设备，袋式除尘器用高压无膜脉冲阀，工业有机废气处理设备，有毒和恶臭污染物排放控制设备等先进适用装备。推广应用烧结烟气复合污染物脱除设备，完善改进后的石灰石-石膏法湿法烟气脱硫技术装备，非电行业燃煤锅炉烟气脱硫设备、低氮燃烧器，高温高压大流量电除尘器，大流量高温长袋脉冲袋式除尘设备，大型燃煤电站用袋式、电袋复合式除尘器，低浓度挥发性有机物处理设备等。

（二）水污染治理装备

以造纸、纺织印染、化工、制革等工业行业水污染物治理和城镇污水处理为重点，全面提升化学需氧量、氨氮等污染物处理技术装备水平。

加快研发高浓度难降解工业有机废水处理设备，垃圾渗滤液处理设备，大型臭氧发生器，节能高效曝气设备，新型反硝化反应器，达到国家一级A排放标准的城市生活污水脱氮除磷处理设备，蓝藻清除及资源化利用设备。推广应用小城镇污水处理一体化装置，真空精密过滤机，高浊度污水电絮凝处理设备，地埋式竖向污水处理反应器，农村分散式污水处理成套设备等。

（三）固体废物处理装备

重点针对二恶英、铬渣等危险废物及生活垃圾、污泥处置等领域，加快研发二恶英控制脱除技术设备，重金属污染土壤修复技术设备，铬渣等重金属废渣无害化处理技术设备，大型城市生活垃圾减量化成套设备，生活垃圾热解气化燃烧成套技术装备，填埋气体焚烧设备，高效低能耗污泥浓缩脱水设备，城市污水处理厂污泥半干法、炭化及焚烧成套设备，疏浚污泥处理与资源化设备，油田钻井废弃物处理处置技术与成套装备，农药污染场地的快速、异位生物修复设备。推进垃圾智能分选装备，生活垃圾焚烧飞灰稳定化处理设备，餐厨垃圾预处理成套设备，鼓泡流化床污泥焚烧炉，粪便无害化、资源化处理成套设备，农村有机废弃物处理成套设备，废旧线路板处理装置等的应用推广。

（四）噪声与振动控制装备

（五）资源综合利用装备

针对铅酸蓄电池、废矿物油等危险废物、大宗工业固体废物、电子废物及机电产品再制造等重点领域，大力研发废旧铅蓄电池资源化利用设备，废油再生基础油成套设备，工业副产石膏综合利用设备，赤泥脱碱综合利用成套设备，废弃电子产品回收利用成套设备。推广应用废塑料复合材料、废旧轮胎回收处理设备，建筑垃圾、道路沥青再利用设备，汽车拆解大型成套设备，纳米颗粒复合电刷镀、高速电弧喷涂等离子融覆技术设备，农村畜禽养殖废弃物综合利用技术设备等。

（六）环境监测专用仪器仪表

大力促进污染治理设备设施与专用测控技术装备一体化发展，推动信息技术在重点行业的应用。鼓励开发烟气中重金属在线监测仪器，水中氨氮、重金属、持久性有机污染物等传感技术和在线监测仪器，水中挥发性有机物、氰化物及生物毒性等传感技术和在线监测仪器，污染治理工程管控一体化及远程诊断与运维服务体系，城际环境参数监测网络，有限空间环境参数实时监测及预警系统，突发性污染事故应急监测仪器仪表。

（七）环境污染治理配套材料和药剂

（八）环境应急装备

>>>

低碳交通编

〉〉〉

主编单位：交通运输部政策法规司

主　　编：何建中　交通运输部政策法规司司长

副 主 编：柯林春　交通运输部政策法规司副司长

李树栋　交通运输部政策法规司节能减排处处长

执行副主编：高建刚　交通运输部政策法规司节能减排处副调研员

张婧嫄　交通运输部政策法规司节能减排处

领导言论

努力开创交通运输 低碳发展新局面（节录）

李盛霖

构建低碳交通运输体系，既是交通运输行业妥善应对气候变化的重要举措，也是加快转变交通运输发展方式、加快发展现代交通运输业的难得契机。

交通运输行业是全国节能减排的重点行业之一，随着资源环境对交通运输建设和发展的约束日益强化，走低碳、绿色、可持续发展之路刻不容缓。构建低碳交通运输体系，既是交通运输行业妥善应对气候变化的重要举措，也是加快转变交通运输发展方式、加快发展现代交通运输业的难得契机。

“十二五”时期，交通运输行业将深入贯彻落实科学发展观，全面落实节约资源和保护环境基本国策，以提高能源利用效率、降低二氧化碳排放强度为核心，提升节能减排理念，调整优化交通运输结构，完善法规标准，创新体制机制，加强监督管理，强化科技进步，加快构建资源节约型、环境友好型交通运输生产方式和消费模式，打造绿色、低碳交通运输体系，加快发展现代交通运输业，努力开创交通运输低碳发展新局面。

交通运输行业“十二五”节能减排工作的总体目标是：到2015年，交通运输行业能源利用效率明显提高，二氧化碳排放强度明显降低，绿色、低碳交通运输体系建设取得明显进展。一是结构性节能减排取得明显进展。基础设施网络体系更加完善，内河航运承运比重以及城市公共交通出行分担率明显提高，节能型综合交通运输体系初步形成；运输车辆、船舶、港口机械与施工设备的大型化、专业化和现代化水平明显提高，交通运输装备结构更加优化；替代能源和可再生能源比重有所提高，交通运输能源消费结构明显改善。二是节能减排科技创新与服务体系基本健全。科技成果转化与节能技术产品推广水平明显提高；培育壮大一批专业化的技术服务主体，节能减排服务产业化水平明显提高。三是节能减排监管能力显著提升。运输组织化程度和生产效率进一步提高，全行业节能减排理念与素质明显提升，基本形成与社会主义市场经济体制相适应的比较完善的交通运输节能减排战略规划体系、法规标准体系、政策支持体系、监管组织体系和统计监测考核体系。

在此基础上，交通运输部确定了交通运输行业“十二五”节能减排工作的主要指标，即：到2015年，在能源强度指标方面，与2005年相比，营运车辆单位运输周转量能耗下降10%左右，其中营运客车、营运货车分别下降6%和12%左右；营运船舶单位运输周转量能耗下降15%左右；港口生产单位吞吐量综合能耗下降8%左右。在二氧化碳排放强度指标方面，与2005年相比，营运车辆单位运输周转量二氧化碳排放下降11%左右，其中营运客车、营运货车分别下降7%和13%左右；营运船舶单位运输周转量二氧化碳排放下降16%左右，其中海洋和内河船舶分别下降17%和15%左右；港口生产单位吞吐量二氧化碳排放下降10%左右。

今年是“十二五”开局之年，今年节能减排工作的成效对完成交通运输行业节能减排“十二五”规划目标影响甚大。交通运输行业将继续深化“车、船、路、港”千家企业低碳交通运输专项行动，并在天津、重庆、深圳、厦门、杭州、南昌、贵阳、保定、武汉、无锡等10个城市开展低碳交通运输体系城市试点工作。进一步完善节能减排管理机制，逐步建立健全交通运输行业节能减排监管体系。进一步发挥科技对节能减排的重要支撑作用，加强节能减排科技攻关和信息化建设。大力推进智能交通技术、现代物流技术、现代信息技术、物联网技术的开发和应用。为全面建设低碳交通运输体系开好头，起好步。

（李盛霖：时任交通运输部部长、部节能减排工作领导小组组长，2011年4月《经济日报》）

主持召开部节能减排工作领导小组会议讲话（节录）

李盛霖

要进一步提高思想认识，增强紧迫感，突出重点，务实推进“十二五”交通运输节能减排工作。

作为国务院确定的三大领域之一，交通运输节能减排势在必行。交通运输节能减排工作是贯彻落实科学发展观的重要体现，是加快转变交通运输发展方式的重要措施，是推进现代交通运输业发展的重要内容，是实现交通运输可持续发展的重要保证。当前，各司局要认真组织贯彻落实《国务院“十二五”节能减排综合性工作方案》，按照职责分工分解任务，把责任落实到处室和岗位，实行督察机制，切实做到事事有人盯、件件有落实。

下一步的节能减排工作，一是全行业要充分认识节能减排工作的重要性、紧迫性和艰巨性，做好节能减排工作是有效推进交通运输基础设施和运力结构调整的重要途径，是落实行业“十二五”发展了战略部署的重要抓手，对于实现行业“十二五”发展目标具有重要意义，要不断提高和深化对节能减排工作的认识；二是认真学习《国务院“十二五”节能减排综合性工作方案》，切实落实我部的实施意见，确保实施意见中的各项任务在“十二五”期间得到贯彻落实；三是充分发挥交通运输节能减排专项资金对行业节能减排工作的引导作用；四是继续组织做好低碳交通运输体系建设城市试点。

（李盛霖：时任交通运输部部长、部节能减排工作领导小组组长，2011年8月22日）

把握目标突出特色
稳步推进低碳交通运输体系建设城市试点（节录）

高宏峰

一、关于前一阶段试点工作开展情况

2011年2月底，部在江苏无锡召开了低碳交通运输体系建设城市试点启动会，到今天过去了五个月的时间。根据《建设低碳交通运输体系指导意见》的精神，按照《建设低碳交通运输体系试点工作方案》的要求，十个试点城市的交通运输主管部门，在地方政府的领导下，在部相关司局的指导下，在省级交通运输主管部门的支持下，加上技术支撑单位的配合，克服了时间紧、任务重的困难，在较短的时间内，基本完成了试点实施方案，其中9个城市（除深圳外）的实施方案通过了部政法司组织的专家评审，迈出了试点工作的第一步，为后续工作的顺利开展奠定了良好的基础。

总结前一阶段的试点工作，有几个方面的经验和好的做法值得我们进一步发扬。

第一，十个城市高度重视试点工作，这是确保试点工作取得预期成果的重要保障。试点城市的重视，主要体现在以下三个方面。一是，建立了试点工作领导机构，为试点工作的顺利开展提供了组织保障。大部分城市成立了以交通运输主管部门一把手为组长的试点工作领导小组，个别城市还由市政府主管领导亲自挂帅，将发展改革、工业和信息化、财政、规划等与低碳交通运输体系建设密切相关的其他政府部门纳入到试点工作领导小组中，加大了对试点工作的领导和协调力度。二是，试点城市的交通运输系统迅速、全面动员起来，公路、港航、道路运输、水路运输、城市客运等主管部门，以及交通科技、法规、信息等职能部门，都积极参与到试点工作中，在试点工作领导小组的直接领导下，分析现状，挖掘潜力，积极谋划本地区交通运输低碳发展的方向和模式，为做好试点实施方案做出了实际贡献。三是，在短时间内拿出了较高质量的试点实施方案。试点工作从2月底启动，到7月份部组织评审实施方案，只给试点城市留出了4个月的时间来编制实施方案。对于编制一个城市的低碳交通运输体系建设的试点实施方案来说，4个月的时间还是比较短的。但是，形势逼人，部里也不可能给大家更长的时间，来做前期的工作。令人高兴的是，试点城市克服一切困难，基本按期完成了实施方案，目前9个实施方案已经通过了部组织的专家评审。取得这样的工作成绩，与试点城市对试点工作的高度重视、科学组织、周密部署以及辛勤付出是密不可分的。

第二，省级交通运输主管部门对试点城市的支持与指导，是做好试点工作的必要条件。一是，试点城市的低碳交通运输体系，是全省低碳交通运输体系的有机组成部分。试点城市所开展的试点工作，不是单纯地、孤立地仅仅为了试点城市自身的低碳交通运输发展，而是全省低碳交通运输体系建设总体工作的探索与尝试，理应纳入全省交通运输低碳发展的大思路之中，这就需要省级交通运输主管部门给予试点城市具体的指导，确保试点城市与全省在低碳交通运输体系建设方面思想统一，方向一致，步调协调，形成合力。二是，建设低碳交通运输体系，只靠交通运输主管部门一家是远远不够的，还会涉及到规划、建设、财政、金融、经贸、科技、工业和信息化、国土资源、环境保护等等其他多个行业主管部门。除了试点城市的交通运输主管部门需要通过市政府协调本市其他职能部门外，可能还需要省级交通运输主管部门在省政府的层面，协调其他行业，大力支持我们的低碳交通运输体系建设，这也是省级交通运输主管部门对试点工作实际支持的方式之一。三是，试点城市的试点工作，无论是低碳的交通基础设施建设，还是低碳的运输组织方式，都会对周边地市形成一定的辐射作用。试点工作以试点城市为主体，但也要注意发挥试点城市对周边地市的影响和带动。不能等三年试点结束了，再来考虑其他地市的低碳交通运输体系建设。这就需要省级交通运输主管部门经常性地跟踪、了解、掌握试点工作进展及效果，根据实际情况，发挥试点城市的示范、引领作用，带动周边其他地市，按照全省低碳交通运输体系建设总体规划，形成梯队，促进全省交通运输的低碳发展。

第三，低碳交通运输体系建设是一项复杂的、实践性很强的系统工程，试点工作离不开行业内外节能减排领域专家的支持。低碳交通运输体系有其自身的发生、发展内在规律，只有探索并掌握了这些规律，才能在建设低碳交通运输体系的过程中，由自发跨越到自觉，获得把握交通运输科学发展方向和途径的钥匙。因此说，低碳交通运输体系建设是一项系统工程。这项工程具有许多显著的特点，比较突出的，一是其复杂性，这是由交通运输行业节能减排工作的多领域、多系统、多层面、外部性等特性决定的，二是其实践性，无论提出多么完美的理论，构建多么周密的体系，开发多少产品和技术，只要不产生实际的节能减排效果，或者没有为节能减排创造促进性的外部环境，都是不会被接受的。要想实施好这样一项复杂的、实践性很强的系统工程，是离不开细致认真并且艰苦的科研开发工作的，这项工作主要就落在了节能减排领域的专家肩上。此前，行业内外许多专家对低碳交通运输体系建设这项工作给予了有力的支持，今天还有3位专家参加这次会议，对试点工作提出了宝贵的建议。在此，我真诚地邀请行业内外节能减排领域的专家，今后继续参与到低碳交通运输体系建设的方方面面，一如既往地支持我们做好这项工作。

在总结经验的时候，也要注意到目前在试点工作中存在的问题：一是，还有相当一部分同志对低碳交通运输体系建设的认识还停留在表象上、表面上、甚至理论上，对这项工作的重视程度离中央的要求、离我们所面临的形势和任务的要求还是有差距的。二是，部分实施方案所反映的本地区交通运输低碳发展的思路还不是很清晰。三是，部分实施方案还没有突出本地区低碳交通运输体系建设的特点、亮点和重点。四是，试点城市还没有建立并落实试点工作情况上报机制。希望试点城市根据实施方案评审会上专家所提出的意见和建议，结合这次会议的交流和讨论，认真修改实施方案，尽快组织实施。

二、把握目标，不断深化试点工作主题和特色

大家知道，加快转变交通运输发展方式是当前阶段交通运输发展的主线，节能减排、建设以低碳为特征的交通运输体系是实现行业发展方式转变的重要抓手。去年2月，部党组理论学习中心组组织专题学习，主题就是“加快转变发展方式、推进现代交通运输业发展”。在这个学习班上，李盛霖部长提出，要组织专门力量深入开展对低碳交通运输体系的内涵、要求和相关政策措施的研究，把低碳发展的理念落实到交通运输生产、生活、出行方式的各个环节中。同期召开的部节能减排工作领导小组会议，进一步提出要认真组织开展以低碳为特征的交通运输体系的研究，指出大力发展低碳经济是顺应世界发展趋势的客观要求，也是交通运输业加快发展方式转变、实现可持续发展的内在需要。从那个时候起，对“什么是低碳交通运输体系”、“如何建设低碳交通运输体系”等一系列问题的探索，作为部党组的一项重大课题，摆上了议事日程。

为了理清这些问题，部党组在去年启动了“低碳交通运输体系研究”工作。经过紧张而细致的前期准备，部政法司与课题研究单位在去年4月向部节能减排工作领导小组汇报了关于建设低碳交通运输体系课题研究的相关情况。会议审议并原则通过了《建设低碳交通运输体系研究大纲》，正式启动了研究工作，要求研究工作要提出建设低碳交通运输体系的总体框架和战略思路，测算出我国交通运输行业（包括公路、水路、城市客运）的“碳足迹”、“碳预算”及减碳路径，提出交通运输低碳发展的主要技术和政策，研究提出交通运输能耗和排放的建设指标。同时要求，研究工作要以加快建立我国低碳交通运输体系为目标，抓紧研究并提出推进低碳交通运输体系建设的指导意见和专项行动方案，2010年要出研究成果，2011年要开展考核评价并组织试点，随后要扩大试点并逐步转入常态机制。我们现在所做的十个城市的试点工作，就是在那个时候决定的。

经过课题组近一年的努力，在去年年底拿出了阶段性的研究成果，主要是编制完成了《建设低碳交通运输体系指导意见》、《建设低碳交通运输体系试点工作方案》和《交通运输行业应对气候变化行动方案》。今年2月，部已经印发了前两个文件，并选择天津、重庆、深圳、厦门、杭州、南昌、贵阳、保定、武汉、无锡十个城市，正式启动了低碳交通运输体系建设试点工作。

今年上半年，国家“十二五”规划纲要、《交通运输“十二五”发展规划》、《公路水路交通运输节能减排“十二五”规划》陆续发布。从这些规划的指导思想和具体要求来看，我们所开展的这项试点工作非常及时，其必要性和对交通运输行业未来发展的引领、促进作用日益显著。

交通运输行业对未来的节能减排工作也设定了发展目标。《公路水路交通运输节能减排“十二五”规划》提出，到2015年，在能源强度指标方面，与2005年相比，营运车辆单位运输周转量能耗下降10%，营运船舶单位运输周转量能耗下降15%，港口生产单位吞吐量综合能耗下降8%；在二氧化碳排放强度指标方面，与2005年相比，营运车辆单位运输周转量二氧化碳排放下降11%，营运船舶单位运输周转量二氧化碳排放下降16%，港口生产单位吞吐量二氧化碳排放下降10%。这些目标，如果不经过很大的努力，是不可能达到的。

作出了承诺，就要兑现。要实现国家和行业的“十二五”节能减排目标，加快建设低碳交通运输体系是必由之路，试点工作在其中将发挥重要的示范和引领作用，试点城市的交通运输系统一定要成为节能减排工作的排头兵，要成为全行业为实现节能减排目标而努力的方向和标杆，试点项目不能搞花架子，不能搞表面工程，不能简单重复和罗列，一定要在建设低碳交通运输体系这个总体框架内，相互协调，整体推进，并取得实际的节能减排效果。压力虽大，但使命光荣。希望试点城市的交通运输主管部门和试点项目实施单位要做好付出艰苦努力的思想准备。

就目前阶段而言，努力的方向主要是两个，一是深化试点工作的主题，二是突出试点工作的特点、亮点和重点。

试点工作必须牢牢抓住并不断深化“科学发展”这个主题，按照交通运输行业又好又快可持续发展的总体要求，精心筹划，周密部署，狠抓落实，切实推进低碳交通运输体系建设。在前面介绍试点工作背景的时候，可以看出，试点工作与建设低碳交通运输体系、建设“两型”交通运输行业、加快转变交通运输发展方式，以及与建设“两型”社会、加快转变经济发展方式、促进我国经济社会科学发展，在思想上是一脉相承的。同样，对于试点城市来讲，试点工作也要和本地区交通运输的低碳发展，与本地区经济社会的低碳发展，在思想上是统一的。从目前来看，有些试点城市的实施方案比较好地反映了当地交通运输未来的低碳发展愿景，有些则还不十分清晰。我想，这是由许多原因造成的，例如有的地区低碳发展起步较早，基础较好，已经有了相对成熟的总体规划。在这里，主要是要强调，试点城市的交通运输主管部门，在制定试点实施方案、组织实施试点项目的时候，心中要有大目标，眼中要有大格局，头脑中要有大规划，不能舍本逐末，仅仅为了做项目而进行试点，忽略了“科学发展”这个主题。简单地讲，大目标是指本地区未来低碳交通运输体系的总体架构；大格局是指本地区低碳交通运输体系在全省、全国低碳交通运输体系建设过程中，在本地区低碳城市建设过程中的角色和作用；大规划是指要以试点工作为契机，勾勒出本地区未来更长时间内的交通运输低碳发展的脉络，使试点工作成为建设本地区低碳交通运输体系的新的起点。总之，在把握并深化“科学发展”这个主题的问题上，试点城市要多下功夫。

在把握主题的前提下，要注重突出试点工作的特点、亮点和重点。首先说说“特点”。一个试点城市的实施方案，应该有不同于其他试点城市实施方案的特点。这并不是由于谁的喜好而有这样的要求，而是根源于每一个试点城市本身就具有区别于其他试点城市的特点，同时这个试点城市的交通运输系统也相应地继承了城市的特点。具有不同特点的交通运输系统，其低碳发展之路及实施方案也必然会牢牢打上带有不同特点的烙印。实施方案的特点，主要基于试点城市的经济社会发展水平、自然地理环境、气候条件、区域发展战略规划、外部发展环境等等。比如说无锡，2010年全市实现地区生产总值5758亿元，人均生产总值超过9万元。这在全国是一个什么水平呢？对比一下，2010年北京的人均生产总值是7万元，上海是7.3万元。无锡站在这样一个经济社会发展水平较高的平台上，对其城市自身的未来发展自然会有与其他城市不同的理解和认识，对其交通运输系统的未来发展同样会有与其他城市不同的希望和要求。这一点就造就了无锡的实施方案必然具有其他试点城市所不具备的特点。再比如，九省通衢的武汉，涵盖公路、铁路、水运、航空多种交通运输方式的全国性综合交通枢纽，又是全国资源节约型和环境友好型社会建设综合配套改革试验区——武汉城市圈的核心，他所面临的交通运输低碳发展的压力、难题及出路，自然与其他试点城市不同。武汉的实施方案一定是围绕“两型”社会建设这个主题，朝着综合交通运输体系这个方向来展开的，这就是武汉的这份实施方案的特点的来源。其他的试点城市也是一样，一定会有与众不同的特点。如果你的试点方案缺少特点，那是因为你还没有真正抓住你的城市的特点，还没有完全理解你的城市对其交通运输系统低碳发展的实际需求。所以，要求实施方案要有特点，实质上就是要求试点城市的交通运输主管部门真正把握城市未来发展的脉络，将低碳交通运输体系建设试点工作纳入城市整体发展规划之中，不要孤立地去搞试点，不要单纯地去做项目。

其次说说“亮点”。亮点就是做同样的工作，要做的更出色。对于低碳交通运输体系建设试点工作来讲，亮点主要通过三个方面来体现。一是，试点工作的创新性。建设低碳交通运输体系对于我们来讲，是一项新的战略任务。开展试点工作是为了探索建设低碳建设运输体系的规律，并在实践中进行检验，一定会遇到新情况、新问题和新困难，需要利用新思路、新手段和新办法来解决。创新是试点工作的灵魂，是开辟交通运输低碳发展之路的利器，简单复制以往做法是满足不了试点工作的要求的。当然，试点工作不是另起炉灶，是要在以往工作的基础上进一步开拓进取。所以，试点工作实施方案要有亮点，首先要在创新性上下功夫。二是，试点工作的集成性。我们要建设的低碳交通运输体系，是一个系统。既然是系统，就不仅要考虑系统内的组成部分，还要考虑组成部分之间的相互关系。组成部分之间，关系协调，相互支撑，就能够使系统效能高于各组成部分效能之和，充分发挥系统优势；反之，组成部分各自为政，互不沟通，甚至相互抵消对方的效能，这就是一个失败的系统。因此，在试点过程中，要努力解决不同运输方式之间的衔接与配合，形成系统合力，产生新的更大的节能减排效果。试点城市要在这方面下更大的力气，通过不同交通运输方式的系统集成，突出试点工作的亮点。当然，在推进系统集成的时候，也要实事求是，因地制宜，把提高转运效率放在首位。三是，试点工作的实效性。这里讲的实效，指的是节能减排的实际成效。建设低碳交通运输体系，最直接的目标就是逐步提高交通运输行业的能源利用效率，优化能源消费结构，降低二氧化碳排放强度。与之相对应，考核低碳交通运输体系建设成效的最直接的指标就是节能量、替代燃料量和减排量。即便是节能减排管理能力建设，最终也要通过这三项指标来间接地反映能力建设的成绩。试点城市要高度重视试点工作的成效，要通过试点项目检验和验证已有节能减排技术和管理方法的实际效果，要通过试点项目尝试新的节能减排技术和管理方法，并在实践中考察这些方法的节能量、替代燃料量和减排量。通过开展试点工作，试点城市要表现出明显高于其他城市的节能减排的能力和效果，要能够成为其他同类城市学习和借鉴的楷模，要能够引领低碳交通运输体系建设的方向。当然，节能减排成效的统计要科学，数据要真实，不能弄虚作假，搞“数字工程”。所以说，试点城市的实施方案要有亮点，就是要求试点工作要创新，不要简单重复；要集成，不要各自为政；要实效，不要只走过场。

最后说说“重点”。实施方案要突出重点，试点工作要有所为有所不为。我们搞低碳交通运输体系建设，不是白手起家，平地盖楼。交通运输行业一直以来十分重视节能减排工作，特别是在“十一五”期间，在组织保障、制度建设、专项行动、科技研发、示范推广、宣传交流等方面开展了大量工作，取得了显著的成效。当然，我们对目前制约交通运输节能减排工作的一些问题也有清醒的认识，比如说，交通运输结构性矛盾尚未根本解决，交通运输节能减排技术创新与服务体系还不完善，交通运输节能减排监管能力还有待提升等。成绩与问题并存，这就构成了低碳交通运输体系建设的起点，或者说是基础。这个基础有一个显著的特点，就是不平衡性，也就是说，有些领域的节能减排工作走得比较靠前，比较先进，有些则相对滞后；有些交通运输方式之间衔接、配合地较好，有些则离“零距离换乘”和“无缝衔接”的要求还有一定差距。具体到某一个试点城市，他的节能减排基础的不平衡性，在具体表现形式上，与全国的情况、与其他城市的情况，也是不一样的。因此，在试点过程中，试点城市首先要总结自己的经验，分析自己的问题，挖掘自己的潜力，充分认识本地区交通运输节能减排基础的不平衡性，针对影响低碳交通运输体系建设的关键环节，突出重点，对症下药，利用政策、经济、技术综合手段，集中精力解决瓶颈问题。这才符合我们组织开展试点工作的目的，也就是要探索建立健全符合低碳交通运输体系建设规律的节能减排管理体制机制，来很好地回答部党组提出的“如何建设低碳交通运输体系”这个问题。因此，实施方案要有重点，要突出解决那些严重制约本地区低碳交通运输体系建设的关键性问题，要克服两种倾向，一要克服畏难情绪，要做好为解决关键性问题花费很大心思、付出很大努力、克服很大困难的思想准备，二要克服贪多求快的思想，不能将一些枝节问题与关键性问题混在一起，不加区分，同等重视，甚至将一些不是问题的问题也纳入到实施方案中，分散了注意力，消耗了精力，得不偿失。

三、强化措施，切实抓好第二阶段试点工作

按照《建设低碳交通运输体系试点工作方案》的要求，从这个月开始就进入到试点的第二阶段，也就是组织实施阶段。下面对第二阶段的试点工作提几点要求。

第一，试点城市要不断提高对低碳交通运输体系建设规律的认识。我们搞低碳交通运输体系建设，可以说是刚刚入门。我们对交通运输低碳发展规律的认识，还比较初步。虽然部里印发了《建设低碳交通运输体系指导意见》，但并不表明我们对“如何建设低碳交通运输体系”这个问题已经给出了圆满的答案，否则，也就不用搞试点了。开展试点工作，就是要通过实践检验我们对交通运输低碳发展之路的初步认识，并在实践中产生新的更加准确、更加深入的认识。认识水平的提高，不是坐等可得的。这就要求试点城市的交通运输主管部门，在组织实施阶段，要经常性地了解掌握试点项目的实施情况，评估试点项目的实施效果，分析取得进展和受到阻碍的原因，探索扩大成绩和消除瓶颈的体制机制，形成一定的工作经验，这样才能真正做到，通过试点，不断提高我们对低碳交通运输体系建设规律的认识。

第二，要充分发挥政策叠加优势，为试点项目的实施提供强大推动力。这次低碳交通运输体系建设试点，选择天津、重庆、深圳、厦门、杭州、南昌、贵阳、保定、无锡、武汉十个城市，部里是有统筹考虑的，除了各地方的工作基础和试点布局的代表性因素外，一个重要的理由就是要发挥政策叠加优势。去年7月，国家发展改革委发出了《关于开展低碳省区和低碳城市试点工作的通知》，也就是我们熟悉的五省八市低碳试点。我们在选择低碳交通运输体系建设试点城市的时候，完全覆盖了这8个低碳试点城市，并在低碳试点省区之一的湖北，选择了武汉市。今年6月，财政部和国家发展改革委联合发出《关于开展节能减排财政政策综合示范工作的通知》，选定了8个城市作为第一批示范城市，其中深圳、重庆、杭州、贵阳4个城市既是五省八市低碳试点中的城市，也是低碳交通运输体系建设试点城市。此外，十城千辆节能与新能源汽车示范推广试点城市、十城万盏半导体照明应用工程试点示范城市等，与低碳交通运输体系建设试点城市也有一定程度的重合。国家为试点城市营造了良好的政策环境，提供了必要的引导和支持，形成了一波接一波的推动作用。试点城市要充分用好、用足相关政策，把来自不同方向的推动力整合成推进本地区低碳发展、特别是推进本地区交通运输低碳发展的合力，来推动本地区低碳交通运输体系建设工作。

部在今年的《交通运输节能减排专项资金申请指南》中，将低碳交通运输体系建设试点城市的实施项目列为优先支持领域，这是部对试点工作的大力支持，今后还将继续加大支持力度。希望试点城市用好专项资金，发挥好专项资金对本地区节能减排工作的导向作用。同时，积极争取中央和地方其他资金支持，进一步加大对试点项目的支持力度。

第三，试点工作要紧紧依靠地方政府，试点城市要建立健全保障试点工作顺利进行的领导组织机构，试点实施方案要与低碳城市建设的实施方案目标统一，内容衔接，步调一致。前面我已经多次讲过，低碳交通运输体系建设试点工作，将会涉及到本地区多个行业，多个政府职能部门。如果试点工作的领导小组里面，只有交通运输主管部门一家，那么在项目实施阶段，这个领导小组就会遇到很大的困难，或者这个地区试点项目的实施效果就会打个折扣。更进一步讲，缺少了本地区其他政府职能部门对试点工作的理解、配合和支持，交通运输主管部门通过试点所获得的经验，对自己来讲，缺少可持续性，对其他城市来讲，缺少可借鉴性。低碳交通运输体系建设试点工作的领导组织机构，应由与本地区交通运输低碳发展密切相关的若干政府职能部门组成，由交通运输主管部门牵头组织。如果有市里领导亲自挂帅，试点工作领导小组的组织协调力度就会大大提高。同时，还要建立健全领导小组的工作机制，不能空有其名，一要经常性地向领导小组成员单位通报试点工作进展，使其了解掌握试点项目实施情况，二要将试点过程中遇到的问题和困难提交领导小组解决，明确相关政府职能部门的责任和任务，将试点工作与其他部门相关工作结合起来，从政府的层面推进试点工作的顺利进行，三要发挥领导小组成员单位的主动性和积极性，欢迎他们为低碳交通运输体系建设试点工作，为未来的交通运输低碳发展建言献策，提出批评和建议。

实际上，我们的低碳交通运输体系建设试点城市，绝大多数都是国家发展改革委试点的低碳城市，或者是低碳省区内的城市。要把低碳交通运输体系建设试点工作，作为低碳城市和低碳省区试点工作的有机组成部分，充分利用好低碳城市和低碳省区试点工作所提供的难得的发展契机，在这样一个大环境下，动员相关行业和社会的力量，全面推进本地区交通运输的低碳发展。我们的低碳交通运输体系建设试点工作实施方案，务必要与低碳城市和低碳省区的发展规划，做到目标统一，内容衔接，步调一致。要达到这个目的，仅靠交通运输主管部门一家来搞低碳交通运输体系建设试点，恐怕困难是很大的。因此，依靠政府推动试点，将我们的试点实施方案纳入低碳城市和低碳省区的发展规划，应该成为我们做好低碳交通运输体系建设试点工作的一条好的经验。

第四，做好试点项目能源消耗和碳排放统计监测工作。我们一直强调，试点工作要取得实效。试点工作的效果到底如何，试点项目的节能量、替代燃料量和减排量到底是多少，不能靠拍脑袋，而要依靠科学、合理、可行的能源消耗和碳排放统计监测制度。我们行业在这方面做了许多工作，但还有大量的管理和技术问题需要解决。为此，在《公路水路交通运输节能减排“十二五”规划》提出的“十大重点工程”中，有一项就是“节能减排监管能力建设工程”，其中提出，要完善节能减排统计监测考核体系。在这方面，试点城市要在以往行业节能减排统计监测工作的基础上，继续进行探索和应用，一方面为最终考核试点项目提供科学依据，另一方面也为加快完善行业节能减排统计监测体系做出实际贡献。在《建设低碳交通运输体系试点工作方案》中，专门将“建立交通运输碳排放统计体系，完善交通运输节能减排及碳排放监测考核体系”列为六大试点内容之一，这项工作可以成为实施方案的一个“亮点”，希望试点城市给予足够的重视。

第五，试点工作要加强交流和宣传。从某种意义上讲，试点就是要给人看、与人比、被人评的，很少有试点工作是闷着头、静悄悄去做的。交流，是为了互通有无，增长经验，取人之长，补己之短；宣传，是为了扩大影响，推动进步，带领行业，引领风尚。加强交流和宣传，是试点城市义不容辞的责任。

试点城市的交流工作，可以从以下几个方面来开展。一是，试点城市之间的交流。试点城市有共同的任务和目标，就会产生很多相同的关注点。不同的试点城市，会有不同的解决思路和办法。他山之石，可以攻玉。通过交流，学习和借鉴其他试点城市更好的办法，对于做好自己城市的试点工作是有益的。二是，试点城市与其他城市之间的交流。做试点，就是为了总结推广，特别是向同类型的其他城市的经验推广。试点城市要积极主动地向其他城市宣传交通运输低碳发展的理念，介绍建设低碳交通运输体系的经验，既包括成功的经验，也包括不成功的经验。三是，试点城市与省级交通运输主管部门、部相关司局的交流。据我了解，在上半年编制实施方案的过程中，部分试点城市能够积极主动向部相关司局汇报试点工作进展，但个别试点城市一直没有反馈，部里也无法掌握工作的进展程度。今后，试点城市要建立并落实制度化的情况上报机制，定期向省级交通运输主管部门和部相关司局汇报试点工作的进展、成效、困难和要求，大家共同努力来推动试点工作。

试点城市的宣传工作，要朝着这样几个方向努力。一是，面向本行业的宣传。能够参与到试点过程中，承担试点项目的企业，毕竟还是少数。试点城市要在本区域的交通运输系统内，借助试点工作的东风，将节能减排、低碳发展的理念灌输到更多的交通运输企业中，将试点项目承担单位的经验和技术传播给其他的企业，加快本地区低碳交通运输体系建设的步伐。二是，面向其他行业的宣传。限于目前的体制原因，我们的低碳交通运输体系建设还局限于公路、水路交通运输及城市客运。体制上的原因，造成了综合交通运输体系节能减排效果大打折扣。在这里，希望试点城市的交通运输主管部门加强与铁路、民航、城市规划等主管部门的沟通与联系，从城市低碳发展的角度出发，共同促进不同交通运输方式之间的有效衔接。此外，开展试点工作，还会与其他的行业主管部门打交道，也希望试点城市交通运输主管部门加强向他们的宣传工作，加大协调力度，为试点工作创造良好外部环境。三是，面向社会的宣传。低碳交通运输体系建设离不开社会参与，通过大力宣传试点工作，特别是与社会公众日常生活密切相关的试点项目，传播科学发展理念，营造绿色消费环境，推广低碳出行方式，扩大试点工作的社会影响，为试点

工作创造良好舆论氛围。

第六，试点项目的实施要与部“低碳交通运输体系研究”工作密切配合，相互支撑。前面已经讲过，“低碳交通运输体系研究”是2010年启动的部重大课题，为期三年，今年是攻坚之年。这项研究工作的出发点和落脚点，就是要初步解决“如何建设低碳交通运输体系”的问题，这与城市试点的目标是相同的。试点城市要关注研究工作的进展和成果，要从研究成果中汲取适合本地区交通运输低碳发展需要的理念、思路和方法，要将研究成果中的管理体系和技术方法灵活地运用于本地区的低碳交通运输体系建设中。同时，试点城市还要通过试点工作，验证和检验研究成果的科学性、合理性和可行性，并将发现的问题及时反馈。协助你们编制试点实施方案的部规划院、交科院、公路院、水运院等部属科研单位，同时也是“低碳交通运输体系研究”的项目承担单位。试点城市与研究单位的沟通，应该是比较通畅的。在这里，也希望部属科研单位在协助试点城市完成第一阶段工作后，不能松懈，要继续为试点城市提供后续的技术支持和服务，帮助试点城市解决在组织实施阶段将会遇到的各种管理和技术问题，更重要的是，要在试点工作中收集数据，积累经验，验证理论，修正研究工作，确保明年按期完成“低碳交通运输体系研究”工作，向部党组递交一份满意的阶段性的答卷。

第七，试点城市省级交通运输主管部门要继续做好对试点城市的指导、支持和督促工作。省级交通运输主管部门在试点城市与部之间发挥着承上启下的桥梁作用，起到不可替代的纽带作用，主要做好以下三个方面的工作：一是，根据全省交通运输节能减排、低碳发展的总体规划，给予试点城市宏观指导，确保试点工作成为全省低碳交通运输体系建设工作的有机组成部分。二是，帮助试点城市做好与其他行业主管部门的协调工作，积极为试点项目争取政策和资金，为试点工作的顺利开展提供切实的支持。三是，主动跟踪试点工作进展，了解试点项目进度，督促试点城市按照实施方案确定的工作计划，落实工作内容。

(高宏峰：交通运输部副部长2011年7月29日在低碳交通运输体系建设城市试点推进会上的讲话)

加快转变发展方式 建设低碳交通运输体系

高宏峰

加快构建两型社会、进一步转变发展方式，实现经济社会科学发展，是党中央、国务院的重大战略部署，是“十二五”时期一项重要战略任务。交通运输作为国民经济和社会发展的基础性、先导性产业，同时又是我国节能减排重点领域之一。因此，加快转变发展方式，建设低碳交通运输体系，促进交通运输科学发展，为国民经济平稳、快速发展提供有力保障，是我们义不容辞的责任和义务。

一、建设低碳交通运输体系是交通运输科学发展的必由之路，要进一步提高认识，增强建设低碳交通运输体系的使命感和紧迫感。

（一）建设低碳交通运输体系是应对气候变化、能源问题的迫切需求。

当前，应对全球气候变化，减少温室气体排放，是国际社会共同的责任和义务，走低碳发展之路大势所趋、势在必行，低碳发展水平将成为影响各国竞争力的重要因素。2010年，我国能源消费总量已达32.5亿吨标准煤，已成为温室气体排放大国，面临着巨大压力。温家宝总理在哥本哈根全球气候大会上向世界承诺到2020年单位国内生产总值二氧化碳排放比2005年下降40%～45%，减排任务十分艰巨。

交通运输行业全年耗能量占全社会耗能量的7%～8%，年石油消费量约占全社会的36%。无论是从减少温室气体排放，还是从降低对石油资源的过度依赖、保障国家能源安全来说，交通运输行业都应该承担相应的节能减排责任，实施绿色、低碳发展战略，这也是践行部党组提出的“做负责任政府部门和负责任行业”要求的具体体现。

当前，有关国际组织和国家利用温室气体减排与环保问题，提出了征收碳排放税、船舶能效设计指数（EEDI）

等技术经济措施，我国交通运输业面临着巨大压力与挑战。我们必须积极应对，加快绿色、低碳交通运输体系建设步伐。

（二）建设低碳交通运输体系是落实科学发展观、转变发展方式的重要着力点。

胡锦涛总书记在“七一”讲话中提出：“我们要以科学发展为主题，以加快转变经济发展方式为主线，更加注重以人为本，更加注重全面协调可持续发展”。

“十二五”时期是交通运输业发展的重要战略机遇期，也是转型发展的关键时期。部党组认真贯彻落实中央的决策部署，确定了以转变发展方式、加快发展现代交通运输业的发展主线；在发展视野上，坚持以“四个审视”谋划交通运输发展，不断增强贯彻落实科学发展观的自觉性和坚定性；在发展战略上，坚持推进现代交通运输业发展，不断探索做好“五个努力”的途径；在发展方式上，着力推进“三个转变”，不断提高发展的全面性、协调性和可持续性。其中重要内容就是要努力建设资源节约型、环境友好型行业，并作为转变发展方式的重要着力点，加快建立以低碳为特征的交通运输体系。当前，资源环境等对交通运输建设和发展的约束进一步强化，走低碳、绿色、可持续发展之路刻不容缓。低碳交通运输体系建设既是“两型”行业建设的重要途径和载体，又是判断“两型”行业建设成效与质量的重要标志。

（三）建设低碳交通运输体系是发展现代交通运输业的本质要求。

近年来，党中央、国务院多次强调要以工业、建筑、交通运输为重点，打好节能减排攻坚战和持久战，加快建立以低碳排放为特征的工业、建筑、交通运输体系。国家应对气候变化的行动目标和工作部署以及近期通过的《“十二五”国家节能减排综合性工作方案》，赋予了发展现代交通运输业新的内涵，提出了更新、更高要求。

综观世界交通运输业发展历程，交通运输发展必然经历一个大规模基础设施集中建设的阶段，经历由单一运输方式向综合运输体系协调发展、由数量扩张型到质量效益型提升、由外延粗放向内涵集约的发展过程。随着经济社会的不断进步和人民群众的新期待，现代交通运输发展更加注重科技进步与创新，更加注重质量效益的提升，更加注重综合运输体系的网络效应、规模效应和集约效应的提高，更加注重与资源环境相协调。其中，加快建设低碳交通运输体系，是当前和今后一个时期交通运输发展的重大战略任务，是发展现代交通运输业的本质要求。

面对新形势、新要求，交通运输行业必须加快低碳交通运输体系建设，深入推进交通运输行业节能减排工作，进一步改善能源消费结构，加大新能源使用比例，提高用能效率，降低能源消耗和二氧化碳排放强度。

（四）建设低碳交通运输体系是充分发挥水运比较优势的新机遇、新起点。

水运是综合运输体系的重要组成部分，具有运量大、能耗低、污染轻等比较优势，是一种低碳、绿色的运输方式，加快水运发展是贯彻落实科学发展观、建设资源节约型和环境友好型社会的一项重要举措，对优化交通运输体系结构、建设低碳交通运输体系具有重要的战略意义。今年年初，国务院出台了《关于加快长江等内河水运发展的意见》，标志着水运发展已上升为国家发展战略，水运迎来了大建设、大发展的战略机遇期。

近年来，水运行业积极行动，在节能减排方面做了大量卓有成效的工作，取得了阶段性成果。但与建设低碳交通运输体系的新要求相比，水运行业节能减排工作任务还依然艰巨。我们要站在新的发展起点，进一步提高认识，抢抓机遇，加快转变水运发展方式，以结构调整为主攻方向，全面深入推进“港、航、船”等各领域的节能减排工作，充分发挥水运比较优势，加快绿色水运发展，积极促进综合运输体系和低碳交通运输体系建设。

二、建设低碳交通运输体系是“产学研政”共同的责任和任务，要进一步凝心聚力，增强建设低碳交通运输体系的自觉性和主动性。

低碳交通运输的特征是低能耗、低排放、低污染，其核心是提高用能效率、改善用能结构、降低二氧化碳排放强度。

建设低碳交通运输体系的总体思路是：深入贯彻落实科学发展观，全面落实资源节约和保护环境的基本国策，以提高能源利用率和应对气候变化为核心，以增强可持续发展能力为目标，以加快构建低碳交通运输体系为战略任务，强化技术创新和政策引导，加强监督管理，创新体制机制，加快发展现代交通运输业。

建设低碳交通运输体系的重点任务是：

一是不断提高运输系统效率。加快完善综合运输网络，着力发展高效运输方式、优化运力结构，积极推进运输信息化和智能化进程。

二是大力研发、推广低碳交通运输技术。加强交通运输基础设施、装备和运营等领域节能减排技术的研发，强化成果转化和推广应用。加强替代能源技术的应用研究，鼓励应用清洁能源。

三是促进社会低碳交通选择。推进发展低碳型运输服务、推广节能操作技术、加强城市交通供求管理、倡导公众低碳出行方式。

四是加强能效和碳排放管理。探索基于市场的节能减排新机制，实施营运车船燃料消耗量与碳排放限制，强化行业碳排放监测、统计与考核工作。

建设低碳交通运输体系涉及方方面面，为完成上述任务，实现规划目标，产学研政责无旁贷，需要齐心协力、密切配合，形成政府引导、市场调节、企业主体、全社会参与的工作格局。

各级交通运输主管部门要充当好引领者、倡导者和监督者，着重加强组织领导和宏观指导，制定和完善相关政策、法规、标准及规划，加强宣传，建立健全目标责任制和考核机制。

交通运输企业是用能主体，要增强节能减排和低碳发展意识，主动承担社会责任，严格遵守国家、行业相关法律法规和产业政策，制定切实可行的工作计划，建立健全组织管理体系，开展技术创新与应用，提高核心竞争力。

大专院校、科研院所要紧密结合行业发展需要，做好人才培养、科技攻关、技术咨询与服务，着力破解行业难题，充分发挥科技教育对低碳交通运输发展的引领和支撑作用。

实践证明：只有充分发挥好交通运输行业“产学研政”各方面的优势，增强自觉性和主动性，各自承担起应负的责任，凝心聚力，团结协作，形成强大合力，才能够推动建设低碳交通运输体系的建设和发展。

三、建设低碳交通运输体系必须依靠创新发展，要进一步加大创新力度，不断破解影响和制约交通运输科学发展的难题。

“创新是一个民族进步的灵魂，是国家兴旺发达的不竭动力”。建设低碳交通运输体系是一项长期、艰巨的系统工程，需要我们始终坚持理念、政策、体制机制和技术的全面创新，不断解决影响和制约建设低碳交通运输体系的突出问题。

一是要坚持理念创新，要求我们以科学发展观为指导，落实节约优先战略，增强大局意识、责任意识、危机意识，在发展中促转变，在转变中谋发展，不断创新绿色、低碳和可持续发展理念与发展模式，为建设低碳交通运输体系提供思想保障。

二是要坚持政策创新，要求我们紧跟国际、国内发展新形势，掌握国家应对气候变化和节能减排工作的要求，及时研究新情况，解决新问题，不断创新产业、技术、人才、财税等激励约束政策，为建设低碳交通运输体系提供政策保障。

三是要坚持体制机制创新，要求我们进一步转变政府职能，创新建立权责明确、机构健全、运行有效的管理体制机制，充分发挥市场资源配置的基础性作用和企业的主体作用，创新低碳交通监测、统计和考核长效机制，为建设低碳交通运输体系提供制度保障。

四是要坚持技术创新，要求我们强化科技对低碳交通运输体系发展的支撑和引领作用，加大资金和智力支持力度，加强新技术、新产品、新工艺和新材料的研究和成果转化，完善标准体系，为建设低碳交通运输体系提供技术保障。

四、建设低碳交通运输体系的关键是务实推动，要进一步真抓实干，努力提高建设低碳交通运输体系的实效性。

“十一五”期间低碳交通运输体系建设工作取得了一定成绩，但与国外先进水平相比，与国家和发展现代交通运输业的要求相比，还存在一定的差距与不足：交通运输结构性矛盾尚未根本解决，综合运输组合效率尚未充分显现，替代能源、可再生能源比重亟待提高；交通运输节能减排技术创新与服务体系仍需健全，节能减排科技研发投入不足，现代信息技术应用推广还比较滞后，节能减排技术产品和服务市场还有待进一步规范；交通运输节能减排监管能力还有待提升，节能减排体制机制性障碍尚未根本消除，长效机制尚未形成，政策法规和标准规范体系还不完善。建设低碳交通运输体系任务繁重、任重道远。必须从现实出发，着眼未来，扎实推进，务求实效。在此，我着重强调两点：

一要强化组织领导，落实目标责任。切实加强建设低碳交通运输体系工作的组织领导，综合利用法律、技术、经济、市场和行政手段，有计划、有步骤地深入推进，要落实管理机构，细化方案，科学组织，周密部署，充分发挥产学研政各方面的积极性和创造性。要与结构调整、强化行业监管、加大创新和完善政策法规相结合。把认识和理念转化为实际行动，把实际行动转化为工作实效，确保各项工作落到实处。坚决杜绝走形式、走过场和做表面文章。要建立目标责任制和问责制，积极探索建立低碳交通行业绩效评价机制，发挥绩效评估的导向作用和激励约束作用。

二要加大资金投入，强化政策保障。经国务院批准，“十二五”期间中央财政从一般预算资金和车辆购置税资金中安排专项资金用于支持公路水路交通运输节能减排，充分体现了国家对建设低碳交通运输体系的重视。各地交通运输主管部门也要积极取得政府和有关部门的支持，争取税收优惠扶持和财政补贴政策，发挥财政税收政策对社会资金的引导作用。交通运输企业作为主体，更应该主动作为、加大投入。

近期，财政部、交通运输部联合发布了《交通运输节能减排专项资金管理暂行办法》。我们一定要认真贯彻执行，严格资金监管，规范资金使用，确保资金安全，提高资金使用效益。

（高宏峰：交通运输部副部长，2011年8月16日在“低碳交通运输——水运发展峰会”上的讲话）

综 述

交通运输行业应对气候变化和低碳发展

交通运输部政策法规司

2011年2月24日，交通运输部副部长、部节能减排工作领导小组副组长高宏峰与江苏省副省长史和平共同为揭无锡市低碳交通运输体系建设试点揭牌，标志着涵盖公路、水路交通运输和城市客运的低碳交通运输体系建设碳行动正式在天津、重庆、深圳、厦门、杭州、南昌、贵阳、保定、无锡、武汉等10个城市启动。

一、2011年交通运输行业节能减排

2011年是“十二五”开局之年。《中华人民共和国国民经济和社会发展第十二个五年规划纲要》明确提出，与2010年相比，2015年单位国内生产总值能源消耗应降低16%，单位国内生产总值二氧化碳排放应降低17%。交通运输行业深入贯彻落实科学发展观，全面贯彻落实国务院节能减排工作战略部署，坚持理论创新与行业实践相结合，坚持示范试点与推广应用相结合，坚持政府引导与企业自主相结合，科学规划，统筹安排，突出重点，明确责任，扎实推进，为实现国家和行业“十二五”节能减排目标奠定了良好基础。

（一）加强领导，精心组织，落实工作部署。

2011年，李盛霖部长主持召开了两次部节能减排工作领导小组会议，传达国务院节能减排工作部署，安排行业节能减排重点工作，研究讨论相关重大问题。部印发了《2010年交通运输行业节能减排工作总结和2011年工作要点》，提出了在2011年重点推进的工作内容及相关要求。组织传达学习了国务院全国节能减排工作电视电话会议精神，印发了《关于公路水路交通运输行业落实<国务院“十二五”节能减排综合性工作方案>的实施意见》，将国务院节能减排工作部署与行业实际相结合，明确分工，落实责任，确保取得实际成效。印发了《公路水路交通运输节能减排“十二五”规划》和《“十二五”水运节能减排总体推进实施方案》，对进一步拓展和深化交通运输节能减排工作发挥了基础性指导作用。全国各级交通运输主管部门认真贯彻落实部节能减排工作安排，结合各地实际，提高思想认识，强化组织领导，发挥引导功能，推进低碳发展，初步形成领导重视、互相配合、上下联动、左右互动的良好工作局面。

（二）创新理论，指导实践，开展低碳试点。

继续推进部重大课题“建设低碳交通运输体系研究”，组织完成了项目验收，总结并提升了低碳交通运输体系建设理论经验。在研究成果的基础上，部印发了《建设低碳交通运输体系指导意见》和《建设低碳交通运输体系试点工作方案》，选择确定天津、重庆、深圳、厦门、杭州、南昌、贵阳、保定、武汉、无锡10个城市开展试点。组织召开了低碳交通运输体系建设城市试点启动会和推进会，组织评审并批复了试点城市实施方案，组织开展了试点城市实地调研，协调推进，具体指导，不断深化试点工作，标志着试点工作由试点启动阶段进入组织实施阶段。

（三）积极引导，确保公平，用好专项资金。

在财政部的支持下，2011年中央财政安排交通运输节能减排专项资金2.5亿元用于支持公路水路交通运输节能

减排工作。在“公平、公正、公开”的原则下，部组织开展了年度专项资金项目申请和审核工作，成立了交通运输节能减排项目管理中心，与财政部联合印发了《交通运输节能减排专项资金管理暂行办法》和《交通运输节能减排专项资金申请指南（2011年度）》，组织相关科研单位研究制定了专项资金申请项目节能减排量核算方法，编制了《交通运输节能减排专项资金项目评审程序》，初步建立起专项资金项目管理制度体系。从交通运输行业节能减排专家库中遴选项目评审专家，经过项目专家评审会、部节能减排与应对气候变化工作办公室审议、在部政府网站公示、对部分申请项目进行现场核查和暗访、部节能减排工作领导小组审议等程序，对122个申报项目给予了补助。经核算，2011年度补助项目，除无法准确计算节能减排量的交通运输管理与服务能力建设类项目外，形成的节能量为31.5万吨标准煤，替代燃料量为22.4万吨标准油，减少二氧化碳排放113.8万吨。

（四）政府引领，企业参与，深化千企行动。

继续深入组织开展“车、船、路、港”千家企业低碳交通运输专项行动，召开了专项行动总结会，对专项行动进行了阶段性总结和再部署，表彰了专项行动优秀组织单位、先进企业和先进个人。2011年，“车、船、路、港”千家企业低碳交通运输专项行动得到继续深化：“车”：积极推进甩挂运输；发布了交通运输行业标准《汽车驾驶节能操作规范》；举办了机动车安全节能驾驶竞赛；试点推进绿色汽车维修技术；推广车辆智能化运营管理系统。“船”：组织实施长江干线船型标准化工作，经沿江省级交通运输部门审核批准列入拆解计划的船舶已达3742艘，拆改完工船舶3105艘，核准使用中央补贴资金3.85亿元；推广内河船舶免停靠报港信息服务系统、推进船用岸电技术的应用；在江苏、安徽开展天然气船示范项目；组织开展了建立绿色航运发展长效机制试点工作；进行试点企业及船舶的能效考核和认证。“路”：加快推进电子不停车收费系统，修订发布了《高速公路电子不停车收费技术要求》，指导各地加快ETC基础设施和服务网络建设，协调京津冀和长三角区域ETC联网运营，截至2011年底，全国已经开通ETC的省份达20个，建成ETC专用车道3200条，ETC用户突破200万；开展高速公路运营节能技术应用与示范工程，推进路面材料再生利用技术的应用。“港”：继续推广应用靠港船舶使用岸电技术和港口轮胎式集装箱门式起重机“油改电”；推广港口机械节能运行控制技术；开展了成品油码头油气回收利用技术研究。

（五）周密部署，狠抓落实，推进重点工作。

贯彻落实国务院确定的交通运输节能减排重点工作，务实推进，取得了实际成效。继续严格实行营运车辆燃料消耗量准入制度，印发了《关于进一步做好道路运输车辆燃料消耗量检测和监督管理工作的通知》。自2011年3月1日起废止了《道路运输车辆燃料消耗量过渡期车型表》，所有申办营运资格的新购车辆（含进口车辆）必须符合燃料消耗量限值标准要求，不符合标准的车型不得投入营运。截至2011年11月，部已累计审查、公布了17批《道路运输车辆燃料消耗量达标车型表》，共发布达标车型22492个，其中客车车型占15.4%。新进入运输市场的达标车型共计251.8万辆，节约燃油142.5万吨，减少二氧化碳排放460.2万吨。继续严格实行客运运力调控政策，对于年平均实载率低于70%的县际以上客运班线，一律不得新增运力，并从严控制新增座位数。对一类客运班线、与高速铁路和城际轨道交通平行的客运班线，原则上不再审批新增运力。对与现有班线重复里程在70%以上的二类以上客运班线，严格控制新增班线和运力。加强客运包车运力的调控，努力做到运力供需平衡。启动了甩挂运输首批试点工作，与国家发展改革委联合印发了《关于确定甩挂运输首批试点项目（单位）的通知》，确定了26个项目为甩挂运输首批试点项目，发布了第一批甩挂运输推荐车型（10个半挂牵引车车型和6个半挂车车型）。编制了《甩挂运输“十二五”发展规划》，确立了“十二五”期甩挂运输试点工作的范围、总体规模及实施安排。

继续深入组织开展“车、船、路、港”千家企业低碳交通运输专项行动

（六）组织评选，总结推广，发挥示范

作用。

经组织项目申报、专家评审、项目公示、部节能减排工作领导小组审定等程序，确定并公布了20个交通运输行业第四批节能减排示范项目。目前，已累计公布四批共80个交通运输节能减排示范项目，对总结节能减排经验、推广节能减排技术、促进节能减排工作发挥了积极作用。通过节能产品（技术）生产或经销单位自愿申请、省级交通运输主管部门推荐、节能产品（技术）检测承担机构检验、专家评审论证、公示等环节，确定并公布了30项“十二五”期第一批全国重点推广公路水路交通运输节能产品（技术），为交通运输企业选择节能产品（技术）提供了指导，对促进企业节能降耗发挥了推进作用。配合国家发展改革委，继续做好隧道半导体照明产品应用示范工程的指导和监督，组织开展了示范工程实地调研，组织相关机构开展示范工程应用效果检测，稳步推进半导体照明产品在交通运输领域的应用。

公路甩挂运输加快进行试点示范。图为福建物流公路甩挂运输作业区

（七）科研攻关，完善标准，强化科技支撑。

组织开展了“交通运输行业碳排放统计监测及低碳政策研究”，启动实施了“黄金水道通过能力提升技术研究”、“公路甩挂运输关键技术与示范”等部重大科技专项；继续推进“公路运输节能减排标准体系及系列标准研究”、“营运船舶燃料消耗量限值与CO_2排放指数研究”、“公路工程温室气体排放评价体系与方法研究”、“内河宽浅船舶节能减排实用技术研究”等科研项目。进一步推进科技成果转化，组织开展了“高速公路运营节能技术综合应用研究及示范”、“轻型电动轮胎式龙门起重机推广应用”、“中远之星客滚船太阳能光伏系统示范应用”等科技成果推广应用；深入实施山西忻阜高速公路等科技示范工程，推广了一批潜力大、应用广的节能减排技术和产品。组织开展了科技成果推广目录发布工作，“内河船舶电力推进系统”、“太阳能一体化航标灯”等节能减排类科技成果被列入2011年科技成果推广目录。在标准制定方面：批准发布了《汽车驾驶节能操作规范》等5项行业标准；完成了“营运船舶燃料消耗量限值及验证方法”等2项行业标准的审查和“道路运输车辆燃料消耗量监测评价方法”等3项国家标准的报批；下达了“道路运输行业节能评价方法”等4项标准计划项目；开展了“港口流动机械节能系列标准研究”、“公路隧道照明节能技术标准化研究”等6项标准的立项研究。

（八）深入研究，积极应对，参与气候谈判。

部6次组团参加了《联合国气候变化框架公约》（UNFCCC）和国际海事组织（IMO）框架下的谈判，出席UNFCCC德班会议和IMO第62届海上环境保护委员会会议。组织开展专题研究，向IMO提交了4份政策和技术提案；会同外交部、国家发展改革委和工信部报请国务院批准了坎昆会议后国际海运温室气体减排谈判对策，有效维护了我国整体利益和行业发展利益。部组织中远、中海、河北远洋等12家远洋公司开展了船舶能效水平调研，初步掌握了我国远洋船舶的能耗总量、单位能耗及能效管理水平等基础数据，并与国际具有代表性的船舶能效水平进行了比对。

（九）重视宣传，开展培训，营造良好氛围。

部与国家发展改革委等14个部门联合印发了《关于2011年全国节能宣传周活动安排意见的通知》，部印发了《关于组织开展交通运输行业2011年节能宣传周活动的通知》和《关于开展2011年部机关及部属各单位公共机构节能宣传周活动安排的通知》，组织全国交通运输行业积极参加节能宣传周活动，大力宣传交通运输节能减排成效，并要求各级机关带头开展节能减排。部机关组织了图片展、低碳体验日、公益讲座、环保纪录片等宣传活动。各级交通运输主管部门紧密围绕节能宣传周主题，因地制宜，开展节能宣传和实践活动，取得了良好的宣传效果。在多

建设低碳港口

双边领域加大行业节能减排对外宣传力度，利用多双边会议和各种交流活动，为学习交流国外先进经验、推动我国具有比较优势的企业“走出去”和技术出口创造条件。举办了建设低碳交通运输体系培训班，还在全国交通局长培训班、部支持西部地区干部培训项目、名师讲师团项目中安排了节能减排相关课程。举办了“2011中国节能与低碳发展论坛”交通节能分论坛。宣传“安全驾驶、绿色驾驶、人文驾驶”理念，举办了第二届机动车驾驶员节能技能竞赛活动，推广先进节能技术和经验，提高了机动车驾驶员的节能意识和水平。

（十）公共机构，率先垂范，做好机关节能。

通过成立部机关公共机构节能减排领导小组，明确了职责分工，建立健全岗位责任制。印发了《交通运输部机关节能工作实施方案》、《关于进一步做好部属公共机构能源资源消耗统计工作的通知》、《关于进一步做好节电工作的通知》等，进一步完善了公共机构节能减排工作制度。定期召开部机关节油、节电、节水工作专题会议，采取切实可行的节能措施，2011年部机关用油量与去年持平，用水量同比去年下降1.28%，部机关办公楼扣除因通信中心、海事、救捞、公安机房等用电设备增加带来的新增用电量后，用电量同比下降5.49%，顺利完成了国管局确定的2011年度节能目标；部机关被国管局和北京市水务局评为“北京市节水型单位”。优先购买经国家认证的节能型设备和产品，逐步淘汰高耗能办公设备。印发了《关于进一步做好2011年部直属和所属派驻地方单位公共机构节能工作的通知》，分解落实节能减排目标，加强对部属各单位公共机构节能的监督、指导和能耗统计工作。

二、2012年交通运输行业节能减排工作要点

2012年是贯彻落实国务院节能减排工作战略部署和完成“十二五”期节能减排工作任务的关键一年。交通运输行业节能减排工作要克服困难，不断拓展，务实推进，着力打造交通运输节能减排“十百千”工程（十个低碳交通运输体系建设城市试点，一百个交通运输行业节能减排示范项目，一千家“车、船、路、港”千家企业低碳交通运输专项行动参与企业），确保取得实效。各级交通运输主管部门要认真学习领会国家和行业节能减排工作精神，巩固提高对节能减排工作重要性、长期性和艰巨性的思想认识，下更大决心，花更大气力，贯彻落实国家和行业各项节能减排政策措施，依据《公路水路交通运输节能减排“十二五”规划》，结合各地实际，立足于低碳交通运输体系建设，组织开展节能减排项目实施、示范推广、监督检查、宣传培训等工作，切实推进交通运输节能减排持续深入，为实现国家和行业“十二五”节能减排目标奠定基础。

（一）贯彻落实国务院“十二五”节能减排与应对气候变化工作部署。

贯彻落实国务院《“十二五”节能减排综合性工作方案》和《“十二五”控制温室气体排放工作方案》对交通运输行业的具体要求，组织落实部发布的《关于公路水路交通运输行业落实国务院“十二五”节能减排综合性工作方案的实施意见》及部门分工方案，抓紧抓好年度重点工作任务的实施，加强组织领导和业务指导，强化目标责任制，加大监督检查力度，确保国家和行业节能减排与应对气候变化工作部署落到实处。继续深入组织开展交通运输行业应对气候变化研究工作，适时发布《交通运输行业应对气候变化行动方案》。

（二）深入推进低碳交通运输体系建设，扩大试点城市范围。

在“建设低碳交通运输体系研究”课题的基础上，完成“交通运输行业碳排放统计监测及低碳政策研究”，进一步深化研究内容，丰富研究成果，充实低碳交通运输体系建设理论经验。继续组织做好低碳交通运输体系建设城市试点，加快研究并出台促进低碳交通运输体系建设的相关政策，加大对试点城市的支持力度，宣传推广试点城市先进成熟经验。扩大试点范围，公布第二批低碳交通运输体系建设试点城市，提高试点工作的代表性。指导第二批试点城市编制试点实施方案并组织审查，督促试点城市落实试点项目，确保试点工作取得预期成效。试点城市所在省级交通运输主管部门要切实加强对试点工作的支持、指导和监督，将试点工作与全省交通运输低碳发展紧密结合，带动其他城市加快低碳交通运输体系建设步伐。试点城市交通运输主管部门要落实部批复的试点实施方案，跟踪项目实施过程，及时解决困难，总结经验，争取地方政府支持，加强与地方政府其他相关部门的沟通与协调，定期向所在省级交通运输主管部门和部节能减排与应对气候变化工作办公室报送试点信息。

（三）继续深入开展“车、船、路、港”千家企业低碳交通运输专项行动，组织做好万家企业节能低碳行动。

切实发挥“车、船、路、港”千家企业低碳交通运输专项行动参与企业对交通运输节能减排工作的示范作用，加强对专项行动参与企业的支持与引导，逐步建立有利于发挥专项行动示范作用的长效工作机制。2012年专项行动的重点是：“车”——严格实行营运车辆燃料消耗量准入制度；组织实施甩挂运输试点工作；在道路运输和港区推广使用天然气车辆；推广节能驾驶技术。“船”——研究提出内河船型标准化工作总体思路和实施方案；发布营运船舶燃料消耗量限值标准；在内河运输试点应用天然气船舶；推广内河船舶免停靠报港信息服务系统；推进靠港船舶使用岸电技术的应用。“路”——进一步推进ETC联网工程；开展高速公路运营节能技术应用与示范工程；配合国家发展改革委组织做好隧道半导体照明应用示范工程；推进路面材料循环利用技术和可再生能源的应用。“港”——推进为靠港船舶提供岸电技术的应用；推广轮胎式集装箱门式起重机“油改电”技术的应用；推广带式输送机系统及其他港口机械节能运行控制技术。配合国家发展改革委开展万家企业节能低碳行动，加强行业指导，强化行业监督，督促行动方案各项措施落到实处。

（四）完善交通运输节能减排专项资金激励机制。

组织开展交通运输节能减排专项资金激励机制研究，探索建立专项资金绩效评价制度，组织实施专项资金绩效调查工作，充分发挥专项资金“以奖代补”政策对交通运输节能减排的引导作用。根据《交通运输节能减排专项资金申请指南（2012年度）》，指导交通运输企事业单位申报2012年度交通运输节能减排专项资金，确保项目审核过程的“公平、公正、公开”。进一步完善专项资金申请项目节能减排量核算办法，做到标准统一，核算科学，保证项目申请与审核工作顺利进行。组织开展专项资金申请项目第三方审核试点，研究建立第三方审核程序，组织实施对2012年度部分申请项目节能减排量的第三方审核。进一步加强交通运输节能减排项目管理制度化、规范化和信息化建设，建立健全项目管理规章制度，推进专项资金申请项目网上申报系统的建设和运行。

（五）创新交通运输节能减排专项资金项目管理模式。

组织开展交通运输节能减排专项资金项目区域性管理和主题性管理试点工作，为逐步形成具体项目管理与区域性管理、主题性管理相结合的管理模式积累经验。选定武汉、南昌、厦门和无锡市为专项资金项目区域性管理试点城市，指导试点城市交通运输主管部门编制区域性交通运输节能减排实施方案；选定港口RTG“油改电”技术应用进行主题性管理试点，集中时间、加大力度，在1~2年内基本完成港口RTG“油改电”技术应用项目的实施；选定天津港、青岛港、连云港港和蛇口集装箱码头有限公司开展“低碳港口建设”主题性管理试点，指导试点港口编制节能减排综合性实施方案。探索建立“立项评审、资金使用、过程跟踪、项目验收”的项目管理模式，切实推进试点低碳交通运输体系建设持续深入。

（六）加强并完善交通运输节能减排统计监测考核体系，推进能源利用在线监测工作。

组织开展交通运输能源利用统计监测研究，突出顶层设计，健全指标体系，依靠科技创新，扩充监测手段。继续完善交通运输能耗统计监测报表制度，巩固并适度扩大监测范围，不断提高监测数据质量。继续组织做好港口、远洋船舶、营运客车等能源利用状况监测

太阳能一体化航标灯

工作。针对目前交通运输节能减排统计监测体系薄弱环节，组织开展普通营运货车、内河船舶能源利用状况远程监测试点工作，深入开展前期政策研究，做好在线监测系统的设计。结合国家发展改革委等部门推进重点用能单位能源利用在线监测系统建设的要求，开发、建设在线监测信息管理平台，加快推进相关监测设备的研发和应用。力争通过一年的试点，在2013年正式启动普通营运货车、内河船舶能源利用状况远程监测，逐步科学准确地掌握全行业各领域的能源利用状况，不断提高能源利用监测水平。进一步研究完善交通运输节能减排考核体系方案。发布年度《中国交通运输节能减排与低碳发展报告》。

（七）组织开展交通运输节能减排示范活动。

在总结前四批交通运输行业节能减排示范项目推选过程的基础上，不断提高推选过程的规范化和科学化水平，突出示范项目的示范性和引领性。2012年6月前完成交通运输行业第五批节能减排示范项目的推选工作，提高交通运输企事业单位开展节能减排工作的积极性，扩大示范项目对行业节能减排工作的影响力。形成覆盖公路水路交通运输全领域、反映全行业节能减排先进水平、体现交通运输节能减排引领方向的百个示范项目，并组织开展集中宣传和经验交流活动。从政策、资金等方面加大对交通运输节能减排示范项目的支持力度，研究并建立支持示范项目开展的长效机制。与国家发展改革委等部门继续组织做好隧道半导体照明产品应用示范工程，加强监督指导、过程跟踪和效果评价，确保示范工程按计划完成。

（八）继续推进交通运输节能减排重点工作。

一是继续实施营运车辆燃料消耗量限值标准，研究修订行业标准《营运客车燃料消耗量限值及测量方法》和《营运货车燃料消耗量限值及测量方法》，并积极推进标准升级。开展达标车型统计推优，遴选一批低能耗、高品质车型。进一步加强燃料消耗量检测机构管理规范化建设，对检测试验过程进行实时监控。二是继续执行对客车实载率低于70%的线路不投放新运力，发布道路客运实载率调查与测算技术规范，严格执行客运实载率两个“70%”的规定，提高客车实载率和能源利用效率。三是继续推行公路甩挂运输，深入组织实施甩挂运输试点工程，完善相关法律、政策和标准规范，评选并发布甩挂运输推荐车型，制定出台公路甩挂运输试点专项资金管理办法。四是因地制宜推进天然气汽车在道路运输、城市公交、出租汽车及港口中的应用，建立健全相关标准规范，促进天然气汽车技术升级和天然气供应及配套设施建设，继续给予必要的政策支持和资金引导。五是深入开展绿色汽车维修工程，组织编制绿色汽车维修指导意见和绿色维修作业指导书，开展绿色汽车维修技术交流和绿色汽车维修企业评选。六是在出租汽车行业开展电话预约服务模式（“电招”）试点。七是从政策、资金等方面加大对天然气船舶试点工作的支持力度，研究制定天然气船舶及相关加气设施的技术标准。八是制定并发布靠港船舶使用岸电技术相关标准，研究制定促进靠港船舶使用岸电技术推广应用的相关政策。

（九）组织实施节能减排科技专项行动。

依据《公路水路交通运输节能减排“十二五”规划》和《公路水路交通运输“十二五”科技发展规划》，组织实施节能减排科技专项行动，促进交通运输节能减排科技研发、成果转化和标准化工作。大力推进“黄金水道通过能力提升技术”、“公路甩挂运输关键技术与示范”等部重大科技专项的组织实施，组织开展“交通运输节能减排专项资金激励机制研究”、“公路交通运输节能减排法律法规制度体系研究”和“交通运输业推广使用新能源和清洁燃料汽车的问题与对策”等软科学研究。开展节能减排科技成果推广应用，启动“温拌沥青技术在寒区公路建设中的推广应用”、“低碳环保技术在农村公路建设中的推广应用”等科技成果推广项目，深入推进京珠复线长沙至湘潭高速公路资源节约型和环境友好型科技示范工程、江西庐山西海高速公路安全绿色交通科技示范工程、云南昆龙高速公路运营节能科技示范工程等的组织实施，组织实施城市智能交通和长三角航道网及京杭运河水系智能航运服务国家物联网应用示范工程。组织开展2012年度交通运输建设科技成果推广目录发布工作，为推广节能减排技术搭建有效平台。继续推进节能减排国家和行业标准的制修订工作，组织开展“营运车辆油耗检测设备技术要求研究”和“天然气汽车替代燃料量评价方法研究”等标准的项目研究。

（十）继续做好气候变化谈判和对外交流合作工作。

继续深入开展国际海运温室气体减排特别是市场机制措施方案的专题研究，为我对外谈判和对内决策提供技术支持。继续积极参与UNFCCC和IMO框架下的谈判，参加多哈会议和第63届、第64届海上环境保护委员会会议，主动开展外交工作，发挥建设性作用，维护国家气候变化谈判的整体利益，为我行业的发展创造良好外部环境。深入开展船舶能效履约研究，建立健全船舶节能减排监督管理制度，研究完善船舶排放统计监测体系，为实施国际公约做好准备。继续利用多双边渠道，扩大对外宣传，推动行业“走出去”，学习借鉴国外先进节能减排理念、技术和管理方法，促进行业科学发展。

（十一）积极开展交通运输节能减排宣传培训。

多渠道、多种形式大力宣传交通运输节能减排政策措施、先进经验和社会贡献，坚定全行业做好交通运输节能减排工作的决心和信心，加强交通运输节能减排先进产品技术和管理经验的推广与交流，为做好交通运输节能减排工作营造良好的舆论氛围。按照节能宣传周主题要求，组织做好2012年交通运输行业节能宣传周活动，大力推广交通运输节能低碳发展理念，促进公众节能低碳出行生活习惯和方式的养成，形成低碳出行、节能光荣的社会新风尚。组织开展交通运输节能减排培训，结合年度节能减排工作重点，采取专家讲座、集体讨论、实地参观等多种形式，提供相互交流学习的平台。深入开展机动车驾驶员素质教育工程，加大节能驾驶操作规范的宣传力度和营运车辆驾驶员继续教育中的绿色驾驶培训力度，逐步普及机动车绿色驾驶技术。开展出租车节能驾驶交流与竞赛。

（十二）继续做好公共机构节能工作。

继续落实完善部公共机构节能减排工作制度，采取切实可行措施，努力完成国管局制定的2012年度节电、节水和节油目标。召开部公共机构节能减排工作会议，部署2012年度公共机构节能减排重点工作。组织开展对部属各单位公共机构能耗统计工作的培训，加强对部属各单位公共机构节能工作落实情况、统计台账和统计数据的监督检查，抽查数量不少于10%。进一步做好高效照明产品推广使用工作。研究建立公共机构建设项目节能评审制度的可行性，对部属各单位新建和维修改造公共机构项目进行节能评审。加强公共机构节能减排宣传，组织做好2012年度公共机构“节能宣传周”活动，进一步提高机关职工节能意识。

政策文件

关于印发《建设低碳交通运输体系指导意见》和《建设低碳交通运输体系试点工作方案》的通知

交政法发〔2011〕53号

各省、自治区、直辖市、新疆生产建设兵团交通运输厅（局、委），天津市市政公路管理局，天津市、上海市交通运输和港口管理局，部属各单位，部内各单位，部管各社团，有关交通运输企业：

为贯彻落实国家应对气候变化的工作部署，加快建设以低碳排放为特征的交通运输体系，现将《建设低碳交通运输体系指导意见》和《建设低碳交通运输体系试点工作方案》印发给你们，请结合本地区、本单位实际，认真贯彻落实。

交通运输部

二〇一一年二月二十一日

附件一：

建设低碳交通运输体系指导意见

为深入贯彻落实科学发展观，认真落实国家关于应对气候变化的战略部署，加快发展现代交通运输业，切实推进行业结构调整、转变发展方式，促进交通运输行业为全社会节能减排作贡献，就建设低碳交通运输体系提出如下意见：

一、建设低碳交通运输体系的必要性

（一）建设低碳交通运输体系是我国实施应对气候变化国家战略的迫切要求。全球气候变化是当前人类社会可持续发展面临的重大挑战。我国正处于全面建设小康社会的关键时期和工业化、城镇化加快发展的重要阶段，经济发展和改善民生的任务十分繁重，能源需求还将继续增长，实现碳排放控制目标压力巨大。我国已经确定了积极应对气候变化的战略部署，提出了到2020年单位国内生产总值二氧化碳排放比2005年下降40%～45%的目标。交通运输业是国家应对气候变化工作部署中确定的以低碳排放为特征的三大产业体系之一，建立低碳交通运输体系对于我国应对气候变化、实现碳减排目标具有重要作用。

（二）建设低碳交通运输体系是加快推进现代交通运输业发展的重要主题。“十二五”时期是我国加快转变发展方式的重要时期，也是交通运输业转型发展的关键时期。交通运输部确定了“一条主线、五个努力”的战略思路，即以转变发展方式、加快发展现代交通运输业为主线，切实做到“五个努力”，其中之一就是要努力建设资源节约型、环境友好型行业，加快建立以低碳为特征的交通运输体系。低碳交通运输体系建设既是“两型”行业建设的重要途径和载体，又是判断“两型”行业建设成效与质量的重要标志。在“两型”行业建设中需要统筹考虑低碳转型发展，使低碳交通运输体系的建设成为“两型”行业建设的新亮点和新突破。

（三）建设低碳交通运输体系是深化交通运输行业节能减排工作的战略任务。“十一五”期间，我国交通运输行业节能减排工作取得了很大成绩，但交通运输业能源利用效率不高、发展方式粗放的格局尚未根本转变，能源消耗和碳排放仍然持续快速增长。国家应对气候变化的行动目标和工作部署赋予了节能减排新的内涵，对节能减排工作提出了更高要求。交通运输部门作为国家中长期节能降耗和温室气体减排的战略性重点领域，必须改善能源消费结构，加大新能源使用比例，提高行业总体用能效率，使交通运输行业逐步改变对化石能源的过度依赖。加快低碳交通运输体系建设，不仅是传统节能减排工作的继续和扩展，更是新形势下进一步深化节能减排工作的新起点。

二、指导思想、基本原则与目标

（一）指导思想。

深入贯彻落实科学发展观，始终坚持节约资源和保护环境的基本国策，全面落实国家应对气候变化工作部署，以增强可持续发展能力为目标，以加快构建低碳交通运输体系为战略任务，以节能增效为重点环节，不断优化交通运输用能结构，着力强化技术创新和政策引导，将应对气候变化的新任务、新要求纳入到交通运输行业节能减排工作的整体部署中统筹推进，把低碳发展作为现代交通运输业发展的重要抓手，努力提高交通运输行业低碳转型的综合能力，为实现资源节约型、环境友好型行业建设目标作出贡献。

（二）基本原则。

坚持立足行业、统筹发展。正确认识交通运输业对温室气体排放的影响，统筹国内与国际、国家与行业应对气候变化的形势和要求，积极主动应对；统筹当前与长远、满足刚性需求与建设“两型”行业的关系，推进低碳转型。

坚持科技支撑、政策保障。充分发挥科技进步在低碳发展中的基础性和先导性作用，推广使用新能源、可再生能源利用技术和节能减排新技术，促进理念、政策、体制机制和技术的全面创新，为加快建设低碳交通运输体系提供科技支撑和政策保障。

坚持实事求是、循序渐进。立足于我国交通运输业发展的现实基础和阶段性特征，结合国家建设以低碳排放为特征的产业体系的战略部署，科学合理地确定交通运输低碳发展的目标和路径，积极稳妥推进低碳化进程。

坚持政府引导、社会参与。充分发挥政府在促进交通运输低碳转型中的政策引导作用，广泛调动企业低碳发展的主动性和积极性，鼓励社会中介组织的低碳交通推进行动，引导社会公众广泛参与，促进低碳型交通消费模式和出行方式。

（三）目标。

到2015年，交通运输行业降低温室气体排放强度的行动成效更为明显。行业节能减排意识进一步增强，低碳交通运输理念更加深入人心，交通运输生产、运营、消费的各个环节碳排放强度逐步降低。行业应对气候变化的综合能力显著增强，低碳交通运输技术创新体系、政策法规体系建设全面有效开展，碳排放统计、监测、考核体系基本建立。交通运输低碳排放的特征初步显现，成为现代交通运输业发展的重要支撑。力争到2020年，基本建立起符合国家应对气候变化工作要求、以低碳排放为特征的交通运输体系。

公路、水路交通运输及城市客运的能耗及二氧化碳排放强度目标分别为：

公路运输

——能源强度指标：到2015年和2020年，营运车辆单位运输周转量能耗比2005年分别下降10%和16%，其中，营运客车分别下降6%和8%，营运货车分别下降12%和18%。

——CO_2排放强度指标：到2015年和2020年，营运车辆单位运输周转量CO_2排放比2005年分别下降11%和18%，其中，营运客车分别下降7%和9%，营运货车分别下降13%和20%。

水路运输

——能源强度指标：到2015年和2020年，营运船舶单位运输周转量能耗比2005年分别下降15%和20%，其中，内河船舶分别下降14%和20%，海洋船舶分别下降16%和20%。港口生产单位吞吐量综合能耗分别下降8%和10%。

——CO_2排放强度指标：到2015年和2020年，营运船舶单位运输周转量CO_2排放比2005年分别下降16%和22%，其中，内河船舶分别下降15%和23%，海洋船舶分别下降17%和21%。港口生产单位吞吐量CO_2排放比2005年分别下降10%和12%。

城市客运

——能源强度指标：到2015年和2020年，城市客运单位人次能耗比2005年分别下降18%和26%，其中，城市公交单位人次能耗分别下降14%和22%，出租汽车单位人次能耗分别下降23%和30%。

——CO_2排放强度指标：到2015年和2020年，城市客运单位人次CO_2排放比2005年分别下降20%和30%，其中，城市公交单位人次CO_2排放分别下降17%和27%，出租汽车单位人次CO_2排放分别下降26%和37%。

三、重点任务

（一）不断提高运输系统效率。

加快完善综合运输网络。加强交通基础设施网络化建设，优化综合运输网络布局，加强全国性和区域性重要运输通道的统筹规划，强化资源的优化配置。加快形成主干线高速化、次干线快速化、支线加密化的路网结构，稳步提升路网技术等级和路面等级。优化公路客货运站场布局，建设衔接顺畅、高效便捷的公路站场服务体系。加强综合客运枢纽和物流集聚地区的货运站场建设，大力促进城乡客运一体化进程，促进客货运“零换乘”和“无缝衔接”。加快形成以高等级航道为主体的内河航道网。推进港口结构调整，发展大型化、专业化港口。优化城市路网功能结构，推进自行车专用道和行人步道网络建设，建立以公共交通为主体，出租汽车、私人汽车、自行车和步行等多种交通出行方式相互补充、协调运转的城市客运体系。

着力发展高效运输方式。加快发展道路甩挂运输、滚装运输、驮背运输、江海直达运输等高效运输方式。提高运输组织化程度，积极推进多式联运加快发展，加快培育规模化、网络化运作的运输企业，加快综合运输管理和公共信息服务平台建设。推广出租车差别化运营方式，加快建立以电话预约方式为主、巡弋出租和专用候车点出租为辅的出租汽车服务体系。

优化运力结构。严格执行营运车辆燃料消耗量限值标准，加快淘汰老旧车辆。加快发展适合高等级公路的大吨位多轴重型车辆、汽车列车，以及短途集散用的轻型低耗货车。鼓励发展低能耗、低排放的大中型高档客车，大力发展适合农村客运的安全、实用、经济型客车。大力发展大容量的城市公共交通工具。加快淘汰挂桨机船等能耗高、污染大的老旧船舶与落后船型；优化船队吨位结构，推动海运船舶向大型化、专业化方向发展，全面推进内河航运船型标准化，扩大顶推船队规模，发展与航道技术标准相适应的大型化、标准化船舶。

积极推进运输的信息化和智能化进程。加快现代信息技术在运输领域的研发应用，逐步实现智能化、数字化管理。加快物联网技术在道路运输领域的推广应用，推广无线射频识别（RFID）、智能标签、智能化分拣、条形码技术等，提高运输生产的智能化程度。推广高速公路不停车收费（ETC）系统、智能城市公交调度系统、出租车智能调度信息服务平台、自动化大型化码头、集装箱码头集卡全场智能调度系统、内河船舶免停靠报港信息服务系统、内河智能导航系统等，完善公众出行信息服务系统，促进客货运输市场的电子化、网络化，实现信息共享和运输效率提高。

（二）加快替代能源的推广应用。

鼓励替代能源技术在营运车船中的应用。积极使用和推广混合动力、天然气动力、生物质能和电能等节能环保型城市公交车，开展新能源出租汽车试点工作。在有条件的地区鼓励道路运输企业使用天然气、混合动力等燃料类型的营运车辆，鼓励在干线公路沿线建设天然气加气站等替代燃料分配设施。推进船舶混合动力技术及太阳能、风能、天然气、热泵等船舶生活用能技术的研发和应用。

加强替代能源技术在交通基础设施建设和运营中的应用。促进太阳能、风能等新能源在公路工程配套设施中的应用，加快发展隧道、服务区、收费站等公路辅助设施太阳能照明及监控技术等新能源技术的应用。在有条件的港口逐步推广液化天然气（LNG）、电力驱动集卡应用技术及太阳能、潮汐能、风能、地源、海水源、空气源热泵等新能源利用技术。积极推广太阳能一体化航标灯。

（三）大力推广节能减排技术。

强化交通基础设施节能减排技术研发和推广。推广温拌沥青、沥青冷再生等低碳铺路技术，大力改进和推广隧道通风照明控制技术，推行隧道“绿色节能通风照明工程”。推广港区电网动态无功补偿及谐波治理技术。

加快运输装卸设备节能减排技术应用。加快港口机械技术改造，大力推进轮胎式集装箱门式起重机（RTG）“油改电”工作，加快发展采用市电供电的龙门起重机等高能效港口装卸设备和工具，引导轻型、高效、电能驱动和变频控制的港口装卸设备的发展，提高能源使用效率。研发推广电能回馈、储能回用等新工艺、新技术。积极推进靠港船舶使用岸电，力争新建码头和船舶配套建设靠港船舶使用岸电的设备设施，在国际邮轮码头、主要客运码头、内河主要港口以及30%大型集装箱码头和散货码头实现靠港船舶使用岸电。加强研究船用热泵技术、低表面能涂料、余热回收技术及气膜减阻技术在内河船舶上的应用。因地制宜，稳步推进城市公交和出租车辆的“油改气”工作。

（四）促进社会低碳交通选择。

推进低碳型运输服务加快发展。进一步增强水路货运能力，鼓励运输企业更多选择水路运输，推进大宗货物运输向水运转移。实施公交优先发展战略，加快建设公交专用道、城市轨道交通，优化城市轨道交通与道路交通换乘系统。大力发展城市快速公交，鼓励具备条件的特大城市适度超前发展轨道交通。

推广交通运输装备节能操作技术。宣传节能低碳的驾驶技术，在驾培机构开设培养良好驾驶习惯的课程和教

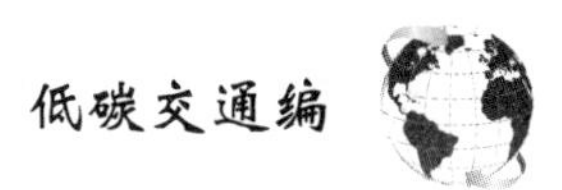

育，推广使用模拟器教学。在道路运输企业加强节能驾驶培训，推广操作经验，宣传引导良好驾驶习惯。加快推广带式输送机逆向启动等港口装备的节能操作技术，推广船舶节能驾驶技术。

加强城市交通供求管理。探索实行针对城市交通堵塞易发地区行驶车辆的拥堵费措施。加强停车管理，对城市停车实施差额收费，在重要拥堵路段和密集的商业中心周围提高停车费用，在客流量较少的地区适当降低停车收费标准。

倡导公众低碳出行方式。倡导低碳出行理念，通过建立交通信息平台等方式，提供低碳车辆和燃料的专业信息，帮助公众制定出行计划和提供多样化出行方式的选择。鼓励共乘交通，扶持和鼓励提供班车、校车服务。发展慢行交通，完善公共自行车低价或免费租赁等相关制度，布局规划和建设公共自行车停放设施，加快完善异地租车还车网络。建立完善出租车电话呼叫服务系统、出租车智能调度信息平台、出租车统一停靠点等配套设施。鼓励公众购买小排量汽车和新能源车辆，倡导“少开一天车”、“绿色出行”等形式的低碳出行推广活动。鼓励加快发展物流配送服务，倡导网络购物等替代选择，减少公众机动车出行。

（五）逐步提高运输装备燃料效率。

实施运输装备燃料消耗与碳排放限制。在现有营运车辆燃料消耗量限值标准基础上，制定营运车辆及公交车碳排放限值标准，建立完善准入机制，和超过限值标准车辆的退出机制、配套经济补偿机制。制定营运船舶燃料消耗量限值及排放限值标准，完善营运船舶的市场准入机制及高耗能船舶的市场退出制度。

加快节能型运输装备的推广应用。进一步推进营运车辆的柴油化进程，鼓励和引导运输经营者购买和使用柴油汽车，提高柴油在车用燃油消耗中的比重。推广应用自重轻、载重量大的运输装备。鼓励节能高效的车辆发动机技术研发及应用，引导运输企业使用节能型车辆，推广双尾船等节能环保型营运船舶。

（六）加强交通运输碳排放管理。

强化行业碳排放监测与统计。在行业现有能耗统计制度基础上，建立和完善行业节能减排统计监测制度。探索碳排放监测的相关技术，建立行业温室气体排放核算制度及排放清单数据库。

推进行业节能减排标准规范制定。研究制定内河船舶节能标准规范，探索建立国内船的船舶能效设计指数（EEDI）、船舶能效营运指数（EEOI）指标计算数据库。探索建立营运船舶的能效管理体系认证制度及船舶绿色航行认证制度，推进认证规范和标准的制定。

完善行业节能减排管理制度建设。建立健全公路、水路、城市客运节能减排目标责任评价考核制度。强化各级交通运输主管部门和企业的节能减排责任，分解落实行业节能减排目标，形成对地方行业主管部门和重点企业的综合考核办法及相应奖惩措施。建立行业低碳评估与核算制度，完善行业固定资产投资项目节能评估及审查制度，推进公路、港口等建设项目节能评估与审查的开展，探索建立道路运输及港口企业节能减排评价审计认证制度。

探索基于市场的节能减排新机制。进一步推行合同能源管理，推进交通运输节能服务产业的发展。鼓励交通运输企业建立自愿减排协议，开展自愿执行能源效益运营指标的活动，以及相关自愿改进业务和技术的活动。研究建立营运车船能效及碳排放认证制度。积极探索建设包含交通运输企业及社会公众交通活动的碳排放交易系统，鼓励企业参与碳排放交易。在城市快速公交系统（BRT）、节能与新能源车辆、港口作业机械“油改电”、船舶靠港使用岸电等领域积极探索清洁发展机制（CDM）项目开发。

四、保障措施

（一）加强组织领导，建立协作机制。

加强领导与协调，共同推动行业建设低碳交通运输体系工作的组织和落实，大力加强行业建设低碳交通运输体系的规划、管理、资金、政策引导与扶持。在部节能减排工作领导小组的指导下，在国家及地方各级交通运输“十二五”规划中体现建设低碳交通运输体系的要求及目标。与发展改革等部门加强联系，建立服务于低碳交通运输体系建设的跨部门协调机制。

（二）强化政策扶持，完善资金保障。

建立完善行业应对气候变化的政策保障机制，明确低碳技术应用及推广的管理机构、管理办法和激励措施，建立行业低碳技术信息共享机制。加快形成推广低碳交通运输技术长期稳定的资金投入渠道，积极争取国家财政对交通节能减排工作的支持，按照国家有关部门规定对交通运输节能减排项目给予补助。积极争取地方各级政府节能减排专项资金对建设低碳交通运输体系工作的支持。

（三）依托科技创新，加快生产转型。

依托能源生产、运输装备制造等行业在节能减排技术方面的科研成果，推动交通运输行业生产服务转型。增强交通运输行业节能减排科研基础力量及条件平台，定期发布行业推荐低碳技术清单。对处于研发初级阶段、具有较大发展潜力的重要技术，强化政府主导的科研投入。鼓励企业按照市场规则参与关键技术的研发和推广应用。加强交通节能减排科研工作人才队伍建设，提高行业应对气候变化的科研可持续发展能力。

（四）开展试点示范，引领低碳发展。

建立低碳交通重大关键技术开发和示范的长效机制，以城市为主体开展低碳交通运输体系建设试点工作。从试点工程中遴选示范工程，总结示范技术和方法，加大对低碳交通科研成果的应用力度和示范技术的推广力度，及时将示范技术与方法上升为行业（推荐）实用技术与方法。鼓励实用技术的产业化、规模化发展和跨区域的应用与合作，引导鼓励企业加大相关科技推广投入。开展低碳交通消费模式的引导活动。

（五）加强技术引进，借鉴先进经验。

积极开展交通节能减排领域的国际合作，密切关注和跟踪交通运输节能减排、新能源利用等领域技术发展的国际动向，加快交通运输替代能源、运输组织优化等低碳技术的引进和研发合作。学习借鉴国外低碳交通运输发展战略、政策等方面的先进经验，加强在行业应对气候变化战略、碳税、碳排放交易等方面的国际交流与合作。

附件二：

建设低碳交通运输体系试点工作方案

为深入贯彻落实我国应对气候变化的总体战略和行动目标，加快建设以低碳排放为特征的交通运输体系，根据《中国应对气候变化国家方案》、交通运输部《建设低碳交通运输体系指导意见》和深化交通运输节能减排有关工作部署，结合国家发展改革委《关于开展低碳省区和低碳城市试点工作的通知》，决定开展建设低碳交通运输体系试点工作，特制定本方案。

一、指导思想

以科学发展观为指导，以加快交通运输发展方式转变、促进行业可持续发展为目标，以建立健全低碳交通运输管理制度、加快低碳技术研发与应用、优化交通运输能源消费结构、倡导公众低碳出行等为重点，通过政府主导、企业示范、社会参与，在基础设施建设、能源利用、运输组织、交通信息化、社会出行模式、管理体制等领域开展低碳发展试点，带动试点地区交通运输节能减排和应对气候变化工作取得新成效，促进以低碳排放为特征的交通运输产业体系建设，为实现国家和行业节能减排与应对气候变化行动目标作贡献。

二、工作原则

（一）统筹规划，精心组织。

低碳交通运输体系建设试点要与国家发展改革委低碳省区和低碳城市试点、有关省（区、市）低碳经济试点有机结合，统筹规划、协同推进。地方交通运输主管部门要将低碳交通运输体系建设的目标和任务作为本地区交通运输“十二五”期间的重点工作，并研究制定本地区低碳交通运输发展战略。要认真做好试点实施方案、项目遴选、过程管理和总结推广等工作，确保试点取得实际成效。

（二）政府主导，各方参与。

在交通运输部和地方政府统一领导下，试点地区交通运输主管部门要积极主动协调有关部门，争取多方政策支持，吸纳各方面力量参与。充分发挥政策引导作用，在公路、水路运输、城市客运、基础设施建设与运营等方面，广泛开展低碳技术应用项目试点，通过典型企业示范、社会宣传推广、公众参与等多种方式，积极探索加快低碳交通运输体系建设的有效模式。

（三）分类指导，因地制宜。

试点地区交通运输主管部门要对各类试点项目的不同情况，有针对性地采取措施，制定试点工作实施方案及相应扶持政策，加强对试点项目的指导与支持。试点地区应结合地方发展实际和相关要求，结合试点项目条件，充分发挥主观能动性，体现技术创新性，使试点工作稳步有序推进，发挥良好的试点示范效应。

三、试点范围

低碳交通运输体系建设试点以公路、水路交通运输和城市客运为主。选定天津、重庆、深圳、厦门、杭州、南昌、贵阳、保定、无锡、武汉10个城市开展首批试点，并在首批试点的基础上逐步扩大试点范围。

四、工作目标

形成低碳型交通基础设施建设理念和方法。支持一批具有示范效应的交通基础建设项目，在项目的设计、选材、施工、运营全过程中贯彻低碳理念，探索总结有关的设计理念、标准规范、建造技术、材料设备、管理方法并积极推广。支持具备条件的现有交通运输基础设施开展低碳化改造。

提高替代燃料在营运车船中的应用程度。支持地方交通运输主管部门和一批公路、水路运输企业开展营运车、船的更新改造，提高替代燃料在运输装备中的使用比例，引导相关配套设施建设，推进行业的能源结构调整。

探索建立低碳运输组织及操作模式。支持地方交通运输主管部门通过实施多种措施，提高各种运输方式的有效衔接，提高运输系统整体效率。鼓励具备条件的客货运输企业积极创新低碳运输的组织管理和经营模式，降低运输单位的碳排放强度。

推进交通运输智能化进程。支持地方交通运输主管部门及运输企业推进智能交通技术在道路运输、城市公共交通等领域的应用，提高交通运输生产、运营的智能化程度。

探索公众低碳出行引导方法。支持地方政府和交通运输主管部门为公众提供更便捷、更优质的低碳交通出行方式，通过宣传引导和信息服务提高公众低碳出行意识和理性消费观念。

提升节能减排管理能力。根据节能减排的实际需要，支持地方交通运输主管部门完善节能减排相关制度建设，形成相对健全的交通运输碳排放统计、监测、考核体系。

五、试点内容

（一）建设低碳交通基础设施。

——公路基础设施：在每个试点城市选择3～5个高速公路建设项目，开展温拌沥青等低碳铺路技术、废旧路面材料再生利用技术。选择2～3个高速公路服务区，开展服务区太阳能、风能等能源自给的“低碳试点服务区”建设工程。在部分隧道施工项目中推广智能通风照明控制技术，推行隧道“绿色照明工程”。

——水运基础设施：试点城市选择重点港口建设项目，开展靠港船舶使用岸电改造试点工程，推广靠港船舶使用岸电技术。在有条件的港口实施太阳能、地源及海水源能、潮汐能、风能等新能源利用项目。

（二）推广应用低碳型交通运输装备。

——营运客货车辆：在气源相对丰富的试点城市，选择大型道路客运企业和4A级及以上物流运输企业，推广天然气及混合动力营运车辆，力争在试点期末，试点城市所有二类及以上客运班线天然气及混合动力车辆使用比例达到5%以上，试点物流运输企业的天然气及混合动力车辆使用比例达到10%以上。

——城市客运车辆：在试点城市推广使用天然气动力的城市公交车，力争到试点期末，试点城市的使用天然气动力的城市公交车的比例在现有基础上提高10%以上，其他新能源公交车和出租车有实际投放。

——营运船舶：在试点城市推进内河船型标准化，对享受政府补贴的更新船舶，加装热泵、余热回收、减阻、废气处理等节能减排技术装备，同时鼓励双尾船等节能环保型营运船舶的推广。

——港口装卸设备：试点城市可选择重点港口建设项目，推进轮胎式集装箱门式起重机（RTG）“油改电”，争取在试点期末，试点港口完成60%以上RTG“油改电”。推广应用港口机械节能技术和操作方法。

（三）优化交通运输组织模式及操作方法。

——物流组织模式优化工程：鼓励企业的网络化和运输组织模式优化，全面提升运输组织效率。结合国家甩挂运输试点工作，开展甩挂运输试点工程。在有条件的试点城市，以集装箱码头为依托，着手开展海—铁、水—水等集装箱多式联运试点工程，优化物流运输系统，提升整体运输效率。

——客运组织模式优化工程：结合交通运输部“百城百站”建设，在试点城市的所有二级及以上客运站建立道路客运市场信息统计上报体系，以票务统计分析信息为基础，合理优化客运线路网络，提高班线客运实载率。同时，在二级及以上客运站加快构建道路运输联网售票系统，为旅客提供网上售票、电话订票等服务。

——城市公共交通优先工程：结合城市发展实际，推进落实城市公共交通优先发展政策，研究建立规范的公交企业补贴补偿机制，优化城市公交网络和公交调度，推进智能化城市公共交通与运营管理，开展公共交通优质服务行动，提高城市公交的服务能力和服务效率。

——交通拥堵缓解工程：在试点城市选取重点拥堵区域，科学调节车流的时空分布，建立智能停车管理系统，降低动态交通和静态交通之间的相互干扰，研究有关政策，缓解交通拥堵，降低温室气体排放。

——节能驾驶（操作）培训工程：在试点城市组织道路运输、城市客运、港口生产行业节能操作技能竞赛专项活动，提升低碳驾驶（操作）的意识和技能。试点城市所有一类驾培机构将节能驾驶培训纳入教材。推广应用驾驶员培训模拟器和多媒体教学，力争试点期末，试点城市参加驾驶培训的学员中接受模拟器教学的比例在现有基础上提高20%以上。

（四）建设智能交通工程。

——公路水路运输物联网应用工程：在试点城市各选取2～4家具备一定规模的公路水路运输企业，开展物联网技术应用试点，综合应用无线射频识别（RFID）、智能标签、智能化分拣、条形码技术等，提高运输生产的智能化程度。

——港口装卸设备智能化工程：在试点城市各选取2～3个集装箱码头，推广港口车辆和装卸机械智能化调度系统和无纸化作业。

——城市智能化公共交通与运营管理工程：在试点城市建立统一的城市智能化公共交通的综合信息平台，实现对城市公交的全程实时监控，合理调整公交发车频次，并向公众发布实时交通信息，建立充分的信息资源共享机制，提高城市公交运营效率和服务能力。

（五）提供低碳交通公众信息服务。

在试点城市现有交通公众信息服务平台中，增加低碳交通信息服务功能，通过提供汽车和燃料的专业信息，及对各种运输方式和公共交通相关信息的汇集，帮助公众制定出行计划和提供多样化出行方式的选择，引导公众更多选择低碳出行方式。

（六）建立健全交通运输碳排放管理体系。

——建立交通运输碳排放统计体系：在现有的行业能耗统计制度基础上，在试点城市交通运输主管部门建立交通运输碳排放统计体系，碳排放统计指标及相应统计、核算制度，开展交通运输碳排放现状调查，编制温室气体排放清单。

——完善交通运输节能减排及碳排放监测考核体系：结合试点城市现有的交通运输行业节能减排目标责任制，进一步完善公路、水路和城市客运领域节能减排目标责任评价、考核指标体系和考核制度，分解落实试点城市交通运输主管部门和运输企业的节能减排责任和目标，形成对各级交通运输主管部门和重点企业的综合考核办法及相应奖惩措施。建立交通运输行业低碳评估与核算制度，针对试点项目开展评估核算。

六、保障措施

（一）组织保障。

建立“交通运输部——省级交通运输主管部门——试点城市交通运输主管部门——试点项目实施主体”四级低碳交通运输体系建设试点工作机制，按照“统一领导、分级负责”的原则，协调推进低碳交通运输体系建设试点工作。

交通运输部负责低碳交通运输体系建设试点工作的总体领导，协调有关部委，制定相关政策，指导并督促试点工作开展。

省级交通运输主管部门按照交通运输部试点工作的有关部署，负责指导、支持和督促试点城市低碳交通运输体系建设工作的开展。

各试点城市交通运输主管部门负责本市低碳交通运输体系建设试点工作的组织、协调与推进。

各试点项目的实施主体负责具体试点项目的组织和实施。

（二）制度保障。

加强试点城市交通运输行业节能减排管理制度建设，建立试点评估制度，为试点工作的推进提供有力的制度保障。

一是按照交通运输部的总体部署，将建设低碳交通运输体系的试点工作作为试点城市交通运输“十二五”期间的重要任务，尽快研究制定试点城市低碳交通运输发展战略和试点工作方案，并纳入交通运输年度重点工作计划，分解落实目标责任，建立相应的考核、评价制度，制定相应的监管措施。

二是建立健全交通运输节能减排管理制度，推进行业固定资产投资项目节能评估和审查制度的实施，探索建立营运车辆碳排放准入制度等。

三是建立试点评估制度，对试点工作的组织实施情况及减碳效果进行测评。

（三）政策保障。

按照“突出重点、统筹推进”的原则，根据国家有关部门规定，对符合要求的低碳交通运输体系建设试点工程给予节能减排专项资金的奖励。各试点城市应结合地方实际，积极争取相应配套资金，重点用于试点项目。

（四）技术保障。

一是组建试点技术支持团队，为试点工作提供技术指导、咨询与培训服务。委托部属科研机构具体承担试点工作的技术服务工作，指导各试点城市制定具体试点方案，遴选试点项目，协助解决重大专业技术问题，并负责试点工作的跟踪、运行分析及最终的总结评估。

二是加大对交通运输行业低碳技术研究和政策支持，增强科研基础力量和人才队伍建设。

三是鼓励企业按照市场规则参与关键技术的研发和推广应用，加强行业应对气候变化科研工作人才队伍的建设。

七、时间安排

（一）试点启动阶段（2011年2月～6月）。各试点城市制订本地试点实施方案，提出并上报试点项目。

（二）组织实施阶段（2011年7月～2013年10月）。按照批准的试点方案的要求，认真组织推进试点工作。

（三）试点评估阶段（2013年11月～12月）。在首批试点城市对试点工作成效与经验进行评估总结的基础上，交通运输部组织对试点工作进行全面评估总结。

（四）扩大试点阶段（2014年1月～2015年12月）。交通运输部在全面总结首批试点城市经验的基础上，把试点经验和实用低碳交通技术向全行业推广，并扩大试点工作的城市和地域范围。

八、工作要求

（一）各试点城市交通运输主管部门要提高思想认识，高度重视试点工作。要建立试点工作协调机制，健全相关工作制度，加强对本地区试点工作的组织领导和监督指导。要在低碳交通基础设施建设及改造、低碳运输装备购置及改造、低碳交通运输组织模式优化、低碳交通信息系统建设及相关技术改造等方面给予试点项目企业必要的政策扶持。要建立与试点项目的联系机制，及时掌握试点工作进展情况，积极协调解决试点过程中遇到的问题。遇到重大问题，及时向地方政府和交通运输部汇报，共同研究解决。

（二）科学制订试点实施方案。试点城市交通运输主管部门要认真遴选试点项目，编制具体的实施方案和项目可行性研究报告，在充分论证的基础上，确定试点项目。部组织技术支持单位及有关专家做好试点实施方案和试点项目技术方案的审查、实施监督、验收和奖励等工作。

（三）各试点城市交通运输主管部门要按照各自的实施方案与计划安排，积极争取国家和各级地方政府对试点工作的重视和支持，扎实有效推进试点工作，加强对国家及地方相关奖励补助资金的监管。各试点项目实施主体要合理安排使用奖励补助资金，并自觉接受政府有关部门的监管。

（四）各试点城市交通运输主管部门要切实加强对试点工作的指导，组织安排各试点项目实施主体认真及时进行总结，并积极协助交通运输部做好试点工作的全面总结、完善有关政策，密切关注试点过程中出现的新情况、新问题，研究解决办法。技术支持单位要切实加强对试点工作的技术指导，积极稳妥推进低碳交通运输体系建设工作。

2011年交通运输行业节能减排工作要点

（交通运输部 二〇一一年二月二十二日印发）

2011年是“十二五”的开局之年，是实现国家“十二五”期节能减排目标的起步之年。“十二五”时期，节能减排任务依然十分艰巨，仍需全行业的共同努力，务实推进。各级交通运输主管部门要进一步提高重视程度，加大工作力度，在行业管理和各项工作中体现节能减排的理念和要求，把节能减排当作一项“硬任务”，把节能减排任务细化、分解到各项具体工作中，狠抓落实，确保完成今年节能减排各项重点工作，为“十二五”期交通运输行业节能减排工作布好局、开好头。

（一）明确节能减排五年工作目标，形成建设低碳交通运输体系战略思路。

发布《公路水路交通运输节能减排“十二五”规划》，明确“十二五”期交通运输节能减排工作的目标、任务和重点工程。确定阶段性节能减排目标任务，统筹安排好“十二五”期交通运输节能减排工作。

继续深化建设低碳交通运输体系研究，形成建设低碳交通运输体系战略思路。发布《建设低碳交通运输体系指导意见》、《建设低碳交通运输体系试点工作方案》，完善并适时发布《交通运输行业应对气候变化行动方案》，明确低碳交通运输体系建设和应对气候变化的目标、任务，指导行业开展相关工作。

（二）继续做好国务院确定的交通运输节能减排重点工作及公共机构节能工作。

1．严格执行营运车辆燃料消耗量限值标准。继续开展达标车型受理、审查、公示和发布工作；加强营运车辆燃料消耗量技术核查工作流程的信息化程度；建立道路运输管理机构与车辆综合性能检测机构间有关核查数据的统计、汇总等方面有效的信息沟通。加强对检测工作的监督和服务。

2．继续执行道路客运实载率低于70%的线路不投放新运力。完善并强化100个重点城市的103个汽车客运站的监测工作，统一道路客运班线实载率统计方法，以统计数据为依据继续严控新运力投放。

3．推行公路甩挂运输工作。做好公路甩挂运输试点项目的组织实施工作；发布《道路甩挂运输车辆标示条件》、《道路甩挂运输标准化导则》、《货运挂车系列型谱》等国家、行业标准；做好部重点研发项目“公路甩挂运输关键技术与示范”的启动实施工作；研究并协调《交通强制保险条例》的修订。

4．加强公共机构节能工作。在继续做好部机关节能工作的同时，按照国务院机关事务管理局要求，由部机关服务局负责做好部直属和所属派驻地方各单位的节能监督和能耗统计工作。

（三）启动低碳交通运输体系城市试点工作。

以天津、重庆、深圳、厦门、杭州、南昌、贵阳、保定、无锡和武汉为试点城市，启动低碳交通运输体系城市试点工作。以建立健全低碳交通运输管理制度、加快低碳技术研发与应用、优化交通运输能源消费结构、倡导公众低碳出行等为重点，通过政府引导、企业示范、社会参与，在基础设施建设、能源利用、运输组织、交通信息化、社会出行模式、管理体制等领域开展低碳发展试点。形成低碳型交通基础设施规划设计和建设的理念、方法，探索建立低碳运输组织及操作模式，推进交通运输智能化进程，建立城市低碳交通重大关键技术的开发和示范的长效机制，提升交通运输行业节能减排能力和水平。以试点城市交通运输节能减排和应对气候变化工作取得的新成效，带动并促进以低碳排放为特征的交通运输体系建设。

（四）深化“车、船、路、港”千家企业低碳交通运输专项行动。

进一步调动各级交通运输主管部门和参与企业的积极性，扩大参加专项行动的企业范围，形成“车、船、路、港”千家企业低碳交通运输专项行动常态化的工作机制。今年重点做好：“车”——组织实施甩挂运输试点工作，继续推广节能驾驶技术，组织开展出租车节能驾驶竞赛，在有条件的部分地区推广城际道路运输、港区内天然汽车，推广车辆智能化运营管理系统（G-BOS）；“船”——组织实施长江干线船型标准化工作，推广内河船舶免停靠报港信息服务系统，推进船用岸电技术的应用；“路”——进一步推进ETC联网工程，开展高速公路运营节能技术应用与示范工程，完成《公路隧道通风照明设计细则》修订工作，推广公路隧道节能照明技术，配合国家发展改革委组织做好隧道半导体照明应用示范工程，推进路面材料再生利用技术的应用；“港”——继续推广应用靠港船舶使用岸电技术和港口轮胎式集装箱门式起重机“油改电”，推广带式输送机系统及其他港口机械节能运行控制技术，试点应用成品油码头油气回收利用技术。

（五）建立交通运输行业节能减排资金激励机制。

中央财政已安排专项资金用于支持交通运输节能减排项目的实施。各地要积极争取地方财政的资金支持，设立不同层次的交通运输节能减排专项资金，逐步形成以国家和地方政府资金为引导、企业资金为主体的交通运输节能减排投入机制，拓宽交通运输节能减排融资渠道。部将制定颁布节能减排专项资金管理办法，明确项目申报渠道，加强资金使用监管。为做好专项资金对节能减排项目的“以奖代补”工作，加快交通运输行业节能减排检测、审核等第三方服务机构和研究机构建设，公布交通运输节能减排第三方服务机构的名单并加强指导和监督管理。研究推进交通运输行业能源审计、合同能源管理等工作，推进交通运输行业节能减排成果的审定、评价与奖励工作。

（六）加强并完善能耗统计，做好监测考核工作。

在巩固已有重点能耗监测对象的基础上，围绕行业节能减排的重点工作，推进实施交通运输能耗统计监测报表制度，优化统计监测机制，进一步做好交通运输行业能耗统计监测工作。在山东省交通运输行业试点工作的基础上，研究完善在全行业开展节能减排考核体系方案。加强节能减排监管能力建设，逐步建立健全交通运输行业节能减排的监管体系，形成权责明确、协调顺畅、运行高效、保障有力的交通运输节能减排监管网络。建立发布《交通运输节能减排低碳发展报告》制度。

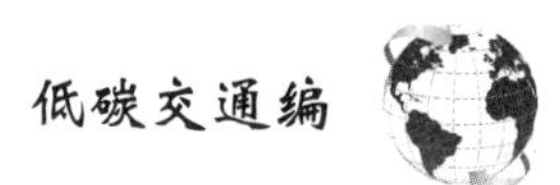

（七）推进科技攻关和交通运输信息服务平台建设。

统筹协调行业科技力量，积极争取国家科技项目支持，开展节能减排科技攻关。研究制订营运船舶燃料消耗量限值和二氧化碳排放指数标准的实施方案，建立新造船舶能效设计指数（EEDI）和船舶能效运营指数（EEOI）数据库，推动国际航运船舶能效自愿认证工作，研究制定船舶能效规范。推动科研成果的转化与应用，大力推进智能交通技术、现代物流技术、现代信息技术的开发和应用。以物流信息平台推广工程、公众出行信息服务系统工程为重点，加强行业信用信息系统建设，改造和提升传统交通运输产业，逐步形成现代交通运输信息网络，提高城市公共交通平均出行分担率，提高公路水路运输效率，降低空载率和运输工具能耗，实现节能减排。

（八）开展交通运输行业节能减排示范活动。

全面总结前三批节能减排示范项目推选及推广工作，做好交通运输行业第四批节能减排示范项目推选工作。各级交通运输主管部门应在本地区、本部门积极开展形式多样的节能减排示范活动，充分调动交通运输企业的积极性，建立健全节能减排技术推广组织和机构，完善推广网络，强化推广服务体系建设，大力推广节能减排示范项目的先进经验。公布“十二五”第一批全国重点推广公路水路交通运输节能产品（技术）目录。

（九）继续做好国际海运温室气体谈判和对外交流与合作工作。

继续推动有关的专题研究，会同相关部委根据工作进展提出我国参与国际海运温室气体谈判的不同阶段对案。继续加大参加国际谈判的工作力度，积极组团参加国际海事组织第62届海上环境保护委员会会议及其大会、理事会相关谈判，协调参加联合国气候变化框架公约（UNFCCC）下的多边磋商会议，做好在南非德班市召开的UNFCCC第17届缔约方大会相关工作。从多边框架为气候变化谈判大局服务，从双边合作推动节能减排技术交流，为推进“两型”交通发展创造良好的外部条件。

（十）做好节能减排宣传培训等相关工作。

关于进一步做好道路运输车辆燃料消耗量检测和监督管理工作的通知

交运发〔2011〕68号

各省、自治区、直辖市、新疆生产建设兵团交通运输厅（局、委），天津、上海市交通运输和港口管理局：

《道路运输车辆燃料消耗量检测和监督管理办法》（2009年第11号部令）实施一年多来，各地交通运输主管部门及运管机构高度重视，精心组织实施，层层抓落实，道路运输行业节能减排工作取得了阶段性成效。

根据《道路运输车辆燃料消耗量达标车型车辆参数及配置核查工作规范》（厅运字〔2010〕33号，以下简称《核查工作规范》）规定，自2011年3月1日起，《道路运输车辆燃料消耗量过渡期车型表》（以下简称《过渡期车型表》）废止，车辆燃料消耗量达标车型核查工作将进入新阶段。为进一步做好车辆燃料消耗量检测和监督管理工作，现将有关事项通知如下：

一、切实加强车辆燃料消耗量监督管理工作的组织领导

《道路运输车辆燃料消耗量检测和监督管理办法》的颁布实施，是交通运输部门贯彻落实《节约能源法》的重要举措，是加快转变道路运输发展方式、做好道路运输节能减排工作的重要抓手，对促进道路运输车辆技术进步及运力结构调整具有重要意义。各地交通运输部门及运管机构要进一步提高思想认识，加强组织领导，深入开展好车辆燃料消耗量检测和监督管理工作。

各省级运管机构要按照《核查工作规范》要求，在今年4月30日前将本辖区一年来开展达标车型核查工作的情况报部，特别是将《道路运输车辆燃料消耗量达标车型表》（以下简称《达标车型表》）中经核查不符合达标条件车辆的车辆型号及相关生产企业汇总上报。

二、严格实施达标车型车辆参数及配置的核查工作

各地运管机构要按照《核查工作规范》要求，进一步做好达标车型车辆参数及配置核查工作，把好营运车辆准入关。自今年3月1日起，《过渡期车型表》废止。所有新购车辆（含国外进口车辆）申办营运资格的，运管机构要依据申请人提供的《机动车行驶证》上登记的车辆型号，检索部公告的《达标车型表》。对车辆型号未纳入《达标车型表》的车辆，终止车辆核查，不予办理营运手续。在用的非营运车辆申办营运资格的，按照新购车辆有关程序核查、办理。在用的营运车辆申请转籍的，暂不对车辆作燃料消耗量达标车型参数及配置核查，仍按《道路运输证》原发放程序办理。

三、广泛开展车辆燃料消耗量限值标准实施的宣传工作

各地交通运输主管部门及运管机构要充分利用当地报纸、广播、电视及行业管理信息平台、手机短信等有效途径，进一步开展形式多样、内容丰富的宣传活动，加大对车辆燃料消耗量限值制度进入新阶段的宣传，务必使广大车辆生产厂家和运输业户了解，自今年3月1日起所有新购车辆必须达到车辆燃料消耗量限值标准的要求。要进一步强化服务意识，提醒运输业户在购车前通过《道路运输车辆燃料消耗量检测和监督管理信息服务网》查询或到运管部门咨询，了解拟购车型的燃料消耗量达标情况，避免出现新购车辆不符合燃料消耗量限值标准的情况。

四、严格开展达标车型燃料消耗量检测工作

道路运输车辆达标车型的燃料消耗量检测是实施好车辆燃料消耗量限值制度、把好道路运输车辆节能减排的第一关。各达标车型燃料消耗量检测机构要严格依据部令及有关标准，进一步认真、公平、公正地做好达标车型燃料消耗量检测工作，为车辆生产厂家提供全面、科学、高效的检测服务。要主动做好行业自律，自觉接受部汽车运输节能技术服务中心和车辆生产厂家的监督，坚决杜绝各种弄虚作假和违规操作行为发生。

五、深入做好达标车型受理、审查的技术支持及服务工作

部节能服务中心要不断总结经验，进一步做好达标车型申报、审查的技术支持和服务工作。要继续按照2009年11号部令及相关文件要求，认真、及时做好达标车型申报受理及技术审查工作。要强化服务意识，完善达标车型网上申报、查询平台建设及服务流程，提高工作效率，更好地为车辆厂家提供申报车型审查进度查询等服务。要督促国内外有关车辆生产厂家及进口厂商，积极有序地做好新车型的达标车型申报和过渡期车型向达标车型转化等工作，满足道路运输市场的需求。

中华人民共和国交通运输部
二〇一一年二月二十三日

关于开展建设低碳交通运输体系城市试点工作的通知

厅政法字〔2011〕58号

广东、福建、浙江、江西、贵州、重庆、河北、湖北、江苏省（市）交通运输厅（委），天津市交通运输和港口管理局：

根据部《关于印发〈建设低碳交通运输体系指导意见〉和〈建设低碳交通运输体系试点工作方案〉的通知》（交政法发〔2011〕53号）要求，部决定在天津等10个城市开展建设低碳交通运输体系城市试点工作。现将有关事项通知如下：

一、目的意义加快建设以低碳排放为特征的交通运输体系是我国积极应对全球气候变化一项新的战略任务。通过试点，旨在积极探索交通运输低碳发展的各种可行模式和合理路径，在试点基础上总结经验，并予以体系化推广，形成加快建立以低碳排放为特征的交通运输体系的有效推进机制。城市是人类生产和生活的中心，也是交通要素集聚地和运输网络枢纽点。目前，中国的城市化率已经达到47%左右，且以每年1个百分点左右的速度增长。城市一般拥有较密集的交通基础设施，同时也是交通供需矛盾较为突出的地域。选择以城市为主体开展低碳交通运输体系建设试点，以达到以点带面、重点突破、整合资源、积累经验的目的。

二、试点范围和期限首批选定天津、重庆、深圳、厦门、杭州、南昌、贵阳、保定、无锡、武汉10个城市开展建设低碳交通运输体系试点工作。试点期限原则定为2011年2月-2013年。

三、试点内容和要求试点内容原则上应涵盖城市辖域内公路、水路交通运输以及城市客运等方面，并结合城市特点，围绕以下具体项目有选择地开展试点：建设低碳型交通基础设施。选择具有较好基础条件的公路、港口、场站枢纽建设项目，切实提升低碳建设理念，实施低碳优化设计，强化低碳施工组织和运营管理，合理使用低碳建设和运营管理技术、设施、设备、材料、工艺等。推广应用低碳型交通运输装备。加大城市公交车辆、出租汽车以及营运客货车辆、运输船舶的结构调整力度，合理提升清洁能源和新能源车辆的拥有比例，强化营运车辆燃料消耗量限值准入工作，推广天然气及混合动力车船，加快淘汰老旧、高耗能车船，稳步推进运营车船的标准化改造，推广使用港口、站场设施装备和运营车船的节能减排技术。优化交通运输组织模式及操作方法。积极发展集约高效的物流运输组织模式，重点探索甩挂运输、多式联运的合理路径，推进大宗货物和集装箱水铁联运。优化城市公交、客运班线的线网布局和站场布局，加快推进城乡客运一体化进程，稳步发展道路客运联网售票系统。切实落实城市公交优先发展战略，因地制宜采取各种有效措施缓解城市交通拥堵，有效引导公众低碳出行。实施节能驾驶培训工程，积极推广节能操作经验。建设智能交通工程。大力发展智能交通技术，积极引导交通运输企业强化运营管理的信息化建设。加快物联网技术在公路、水路运输领域的推广应用，推广港口车辆和装卸机械智能化调度系统和无纸化作业、城市智能化公共交通与运营管理工程等，提高运输生产的智能化程度。完善交通公众信息服务。在试点城市现有交通公众信息服务平台中，增加低碳交通信息服务功能，努力建设和完善公众出行信息服务系统。建立健全交通运输碳排放管理体系。积极探索建立健全交通运输行业节能减排统计、监测和考核体系，完善节能减排和应对气候变化的管理制度和运行机制。此外，可结合试点城市的特点，开展有利于促进交通运输节能减排低碳发展的政策、措施研究及实施。各试点城市交通运输主管部门要在充分论证基础上，合理制订实施方案和选择具体试点项目，经部组织审定后实施。

四、试点支持政策部将从节能减排专项资金中列出部分资金，用以支持建设低碳交通运输体系城市试点工作。专项资金采取以奖代补方式，对实际节能减排效果可量化的试点项目给予适当奖励，对节能减排统计监测考核体系、监管体系、信息服务系统等能力建设项目给予一定比例的资金补助。试点城市所在的省、市级交通运输主管部门应加强对重点试点项目的技术改造、设备更新以及其他建设和管理工作的支持，并积极争取同级财政资金支持。

五、试点工作组织建立“部——省级交通运输主管部门——试点城市交通运输主管部门——试点项目实施主体”四级试点工作机制。各级职责如下：交通运输部：负责拟订试点工作方案，审定试点城市的实施方案，制定并落实有关试点支持政策，指导和监督试点工作开展，组织试点绩效评估，协调与国务院其他部委的相关工作。省级交通运输主管部门：贯彻落实部试点工作的有关部署，负责试点城市实施方案的初审并报部审定，具体指导和监督试点工作开展，组织试点运行动态监测，制定并落实配套支持政策，协调与省级政府其他部门的相关工作。试点城市交通运输主管部门：贯彻落实上级交通运输主管部门有关试点工作的部署和安排，组织拟订具体的实施方案并报省级交通运输主管部门初审，建立试点统计、监测、考核体系及相关工作制度，认真组织好试点的各项具体工作，负责试点工作总结并配合做好试点绩效评估，协调与本级政府其他部门的相关工作。试点项目实施主体：按照试点城市交通运输主管部门的实施方案要求，制定试点项目实施工作计划，具体组织好试点项目的建设和管理，接受市级交通运输主管部门的指导和监督，加强自身试点运行监测，按规定上报运行数据。

六、时间进度安排

第一阶段：前期工作阶段（2011年2月-2011年6月） 2011年2月下旬，部启动并全面部署试点工作； 2011年3月-5月，试点城市交通运输主管部门组织编制试点实施方案（具体要求见附件），可依托研究院所等单位开展相应技术工作； 2011年6月：省级交通运输主管部门对城市试点实施方案进行初审并报部；部组织审定并批复城市试点实施方案。

第二阶段：试点实施阶段（2011年7月-2013年10月）试点城市按部批准的试点实施方案，提出详细的工作计划，全面推进各项试点工作。期间，试点项目完成后，实际节能减排量达到规定要求的项目，经部认可的第三方审核机构审核，按标准给予奖励。

第三阶段：总结评估阶段（2013年11月-2013年12月）部组织相关技术支持单位对试点工作进行全面总结评估，完成各个试点项目的绩效评估，形成试点总结评估报告，为今后继续开展低碳交通运输体系建设工作提供借鉴。

附件：建设低碳交通运输体系城市试点实施方案编写内容参考提纲（略）

二〇一一年三月十五日

关于发布交通运输行业标准汽车驾驶节能操作规范的公告

中华人民共和国交通运输部公告　2011年第27号

交通运输行业标准《汽车驾驶节能操作规范》业经审查通过，现予发布，自2011年6月15日起实施。

该标准的编号和名称是：

JT / T 807—2011 汽车驾驶节能操作规范

该标准为推荐性标准，由人民交通出版社出版，并在《交通标准化》刊物上公告，同时在中华人民共和国交通运输部网站上公告。

中华人民共和国交通运输部

二〇一一年五月二十日

关于开展集装箱铁水联运示范项目的通知

交水发（2011）527号

各省、自治区、直辖市交通运输厅（委），各铁路局，天津、上海市交通运输和港口管理局，主要港口所在地港口行政管理部门，各大型港口，航运集团公司，中铁集装箱运输公司、中铁联集公司：

为贯彻落实交通运输部、铁道部签署的《关于共同推进铁水联运发展合作协议》，两部决定开展集装箱铁水联运示范项目。现将有关事项通知如下：

一、总体目标

创新集装箱铁水联运运营管理模式，提高集装箱铁水联运运输

效率和效益，提升集装箱运输“门到门”服务质量，促进集箱铁水联运全面快速发展。

二、示范线路

综合考虑班列开行、货源货流、进出口运量、内外贸运输、基础设施等影响因素，优先选择运量较大（开行周期为0.5对/日以上）、货源稳定、双向均衡、进出口运输或过境运输特点明显、配套设施齐全的运输通道开展示范，鼓励其他运输通道积极发展。

根据目前实际情况，首批选定以下6条集装箱铁水联运通道开展示范项目：

1. 大连——东北地区；
2. 天津——华北、西北地区；
3. 青岛——郑州及陇海线沿线地区；
4. 连云港——阿拉山口沿线地区；
5. 宁波——华北地区；
6. 深圳——华南、西南地区。

三、示范内容

（一）形成铁水联运合作机制。

在交通运输部水运局与铁道部运输局主管领导组成的铁水联运领导小组具体指导下，建立由铁路、港口、航运、货代、多式联运经营人、口岸部门等组成的联合办公机制，制定定期联席会议制度，及时通报运输生产信息、反映联运过程中存在的问题、研究促进铁水联运发展的对策。

(二）完善基础设施规划与建设。

加强铁水联运的集装箱专业化泊位管理，提高集装箱通过能力；增加智能化装卸设备和堆场，加强装卸搬运管理，提高换装能力及后方堆场能力。加强港口区域铁路集装箱场站、集装箱码头铁路装卸线建设，达到整列到发、整列装卸的要求，条件受限的港站争取两线组成整列，创造“港站一体化”、无缝对接的运营环境。

（三）加大铁路运力保障力度。

保障班列开行的稳定性，提高运输快捷性和准时性，提升运输服务水平，积极开发铁水联运新产品，在货源充足、双向均衡的通道上增开集装箱班列，在距离较短、时效性要求较高的通道开行小编组、客车化的优质价集装箱班列。

（三）实现铁水联运信息共享。

结合铁路货运电子商务平台、港航EDI中心及港口物流公共信息平台的建设，探索整合港口既有信息系统和铁路生产相关系统，建立具有业务咨询、网上受理、实时查询、全程追踪、物流方案制定、个性化服务、电子支付等开放式、一体化的铁水联运信息平台。加强集装箱运输信息标准的制修订和实施工作，建立相互认证、准入管理和电子数据交换管理制度，实现航班、班列、汽运、货流、单证、箱号等数据交换和共享，促进业务信息的跨平台传输与运作，稳步推进业务单证的无纸化。

（四）培育和发展铁水联运市场主体。

深化集装箱铁水联运班列市场化经营机制，组建港口、铁路、航运、货代等企业参与的国有控股多式联运经营人，经营集装箱铁水联运全程项目，办理铁路、航运、港口、公路接驳签约企业的具体业务。同时，加快培育一批具有一定实力和规模的铁水联运市场经营主体，引进市场机制，逐步形成专业化经营铁水联运业务公司。

（五）争取地方政府扶持政策。

积极争取地方政府的大力支持，对铁水联运相关铁路线路、港口码头、集装箱场站等基础设施建设给予土地优惠政策，对铁水联运硬件基础设施和信息系统开发给予融资支持，对构建铁水联运揽货体系和相关技术开发和升级给予专项资金支持。在发展初期，对港口集团和铁路部门进行财政补贴，对铁水联运市场主体给予适当的税收优惠。

（六）实现操作流程和相关技术标准化。

优化港口作业流程，加强港口换装短驳管理，实现港口与铁路班列衔接作业流程标准化。探索在联运单证、箱型规格、装载方案、装箱工艺、危险品运输、适箱货物品类、施封、箱管机制等方面技术标准的统一化，为形成系统规范的铁水联运标准体系奠定基础。

四、保障措施

（一）加强指导，统筹协调。

交通运输部水运局和铁道部运输局要加强指导，统一协调，积极支持，制定相关政策，充分发挥示范项目作用。

（二）定期会商，明确责任。

各示范通道协调机构要加强组织领导，认真研究制定示范项目工作方案，明确责任分工，定期沟通协调，积极稳步推进。

（三）加强科研，保障运行。

两部加大对铁水联运科技攻关、专题研究和信息平台建设的支持。由中国铁道科学研究院、交通运输部水运科学研究院等研究单位为示范项目提供技术支持，共同承担基础性、前瞻性课题研究和专题研究任务。

（四）加强宣传，营造氛围。

向有关方面做好宣传，充分调动各方面积极性，为示范项目的实施创造良好的氛围和条件。

交通运输部办公厅

2011年9月26日印发

关于加快铁水联运发展的指导意见

（交水发〔2011〕544号）

各省、自治区、直辖市交通运输厅（委），天津市、上海市交通运输和港口管理局，各铁路局，长江、珠江航务管理局，上海组合港办公室，各直属海事局，各有关港航企业，中铁集装箱公司：

为贯彻落实中华人民共和国国民经济和社会发展第十二个五年规划纲要、交通运输发展规划、铁路发展规划和《交通运输部铁道部关于共同推进铁水联运发展合作协议》，进一步发挥铁水联运的优势和潜力，促进综合运输体系建设和现代物流发展，现就加快铁水联运发展提出以下意见：

一、充分认识加快铁水联运发展的重要意义

（一）加快铁水联运发展有利于促进综合运输体系建设。铁路运输和水路运输是综合运输体系的重要组成部分。加快发展铁水联运，有利于转变交通运输发展方式，优化运输通道布局和运输结构，完善综合运输体系，加强水陆口岸功能衔接、实现货物运输无缝衔接，更好地发挥铁路、水路运输对国民经济和对外贸易的支撑保障作用。

（二）加快铁水联运发展有利于促进现代物流发展。铁路运输和水路运输是现代物流的主要载体。加快发展铁水联运，有利于充分发挥铁路和水路运输的比较优势和组合效应，提高能源、原材料等大宗货物和集装箱运输效率，降低物流成本，更好地满足经济发展对提升现代物流水平的要求。

（三）加快铁水联运发展有利于促进区域经济协调发展。深入实施东部率先、中部崛起、西部大开发和东北振兴战略，促进资源开发和产业梯度转移，对密切内陆与沿海、沿江地区的交通联系提出了更高要求。加快发展铁水联运，有利于增强运输保障能力，扩大区域经济交流合作，更好地服务内陆地区外向型经济发展。

（四）加快铁水联运发展有利于促进节能减排。加快发展铁水联运，有利于降低能源、资源消耗，减少污染物排放，符合建设资源节约型、环境友好型社会的总体要求，对于加快转变运输发展方式具有重要意义。

二、指导思想、主要原则和发展目标

（五）指导思想。深入贯彻落实科学发展观，转变交通运输发展方式，把发展铁水联运作为综合运输体系建设的重点任务，坚持深化改革、开拓创新、统筹规划、科学管理，加大投入和建设力度，强化组织协调，推进运输结构调整，切实提升铁水联运服务能力和水平，促进区域经济协调发展，保障国民经济平稳运行。

（六）主要原则。坚持统筹发展，以市场为导向，突出重点，有序推进，充分发挥铁水联运组合效应；坚持同步发展，在着力加强铁水联运硬件设施建设的同时，不断增强铁水联运软件能力和服务水平；坚持创新发展，加大铁水联运关键技术研发和推广力度；坚持合力发展，建立和完善部门合作机制，充分调动各有关单位发展铁水联运的积极性，加强沟通协调，形成齐抓共管、协调发展的良好发展氛围，加快建设覆盖主要联运通道的铁水联运体系。

（七）发展目标。统一的铁水联运标准化体系基本形成，铁水联运信息化建设取得突破性进展，科技创新能力进一步提升；主要联运通道铁水联运运行机制基本建立，铁水联运枢纽港站换装能力明显增强；培育一批能够提供综合性一体化服务、具有较强竞争力的铁水联运企业，铁水联运服务能力和水平显著提高。到2015年，集装箱铁水联运量年均增长20%以上，港口煤炭、矿石、粮食、化肥等大宗散货铁路集疏运比重比2010年提高10个百分点。

三、主要工作和任务

（八）合理布局联运通道和网络。贯彻落实交通运输“十二五”发展规划和铁路“十二五”发展规划，做好铁路与港口的规划衔接，以沿海和沿江主要港口为铁水联运枢纽、经济腹地铁路干线为骨架、沿线主要货运站场为节点，科学布局铁水联运通道，完善区域性铁水联运网络。

（九）加强铁水联运基础设施和运输装备建设。加快推进主要港口、铁路和货运站场及运输装备等联运设施设备建设，大力推进铁路装卸线向港口码头延伸，推进“港站一体化”，实现铁路货运站场与港区无缝衔接。

（十）完善铁水联运相关标准、制度。加快铁水联运标准化建设，统一铁水联运集装箱规格、货种限制（含危险货物）、装载技术等相关标准和要求，制定铁水联运数据信息传输、交换的相关标准。建立健全铁水联运统计和考核制度，完善统计调查方法和指标体系。推进铁水联运统一单证、优化流程、责任交接和全程联保制度的建设。

（十一）加强先进技术的研发和推广。鼓励企业在铁水联运运输、装卸、配送等环节采用先进技术和标准化专用装备。通过研究开发和示范应用，促进电子数据交换（EDI）、无线射频识别（RFID）、供应链管理（SCM）等先进技术在铁水联运领域的推广应用，全面提升铁水联运技术水平。

（十二）推进铁水联运信息化建设。加快铁水联运信息化建设步伐，在信息开放、数据交换等方面取得重大突破，充分利用港航、铁路、口岸管理等部门的信息资源，支持各铁水联运通道建立公共信息共享平台，逐步提供班轮/班列运行时刻、运价、联运货物动态、订舱/请车、港口/车站业务、口岸监管等数据查询、业务办理等信息服务。

（十三）积极引导铁水联运市场发展。充分发挥市场配置资源的作用，推动铁水联运多元化、市场化。在大力发展中长途铁水联运的同时，完善价格机制和政策，加快拓展短途铁水联运市场。充分发挥铁路集装箱场站和内陆无水港的作用，进一步加快集装箱铁水联运市场发展。优化铁水联运运输组织，合理设计运输方案，提高往返重载运输比重，减少车船排空，提高运输效率。鼓励货运枢纽拓展仓储、分拨配送、流通加工、保税等功能，促进货运枢纽站场加快发展现代综合物流。

（十四）大力培育铁水联运市场主体。引导和规范铁水联运代理等中介服务机构的发展，鼓励大型航运、港口、铁路运输企业积极发展铁水联运业务，完善铁水联运功能，拓展经营网络,延伸服务范围，扩大铁水联运规模。支持企业按照市场机制整合资源，构建面向国际国内贸易的铁水联运服务网络。

（十五）实施铁水联运示范工程。积极开展铁水联运示范工程建设，根据铁水联运市场需求和有关联运通道的软硬件条件，选择一批铁水联运示范项目，加快组织实施。在总结示范经验的基础上，逐步推广示范成果，带动我国铁水联运整体水平的提升。

四、保障措施

（十六）加强和完善铁水联运发展规划。把加快铁水联运发展作为贯彻落实交通运输、铁路“十二五”发展规划，推进综合运输体系建设的一项重要任务，做好铁水联运规划编制工作，加强统筹协调，完善铁水联运通道和网络。

（十七）加大铁水联运资金投入。对纳入铁水联运示范项目的重点铁水联运信息平台建设予以适当资金支持。积极引导社会资本投入铁水联运基础设施建设领域。积极争取地方政府对铁水联运基础设施建设资金、土地及税收等方面的支持。

（十八）健全铁水联运政策法规。抓紧制定铁水联运相关规章，加强铁水联运标准、规范建设，统一和规范铁水联运市场。进一步完善有利于铁水联运发展的价格体系和扶持政策。

（十九）完善铁水联运协调机制。交通运输部、铁道部联合成立推进铁水联运发展领导机构和工作机构，各有关部门和单位根据各自职能分工，加强协调配合，切实做好规划编制、项目审批、资金支持、体制创新、配套政策制定等各项工作。各地交通运输（港口）管理部门、铁路部门要会同有关企业建立相应的合作机制，做好铁水联运工作的落实，同时加强指导监督，加大宣传力度，及时研究新情况，协调解决相关问题，并强化与海关、检验检疫等口岸部门的沟通、协调，形成快速、优质的口岸环境，共同推进铁水联运又好又快发展。

交通运输部　铁道部

二〇一一年九月二十九日

关于公布促进老旧运输船舶和单壳油轮报废更新政策第二批定点船舶拆解企业名单的通知

厅水字〔2011〕235号

各有关省、自治区、直辖市交通运输厅（委），天津市、上海市交通运输和港口管理局，部各直属海事局：

根据交通运输部、财政部、工业和信息化部、国家发展改革委联合发布的《关于印发促进老旧运输船舶和单壳油轮报废更新实施方案的通知》（交水发〔2010〕273号）和《关于印发〈老旧运输船舶和单壳油轮报废更新补助专项资金管理办法〉的通知》（财建〔2011〕4号）有关精神，经商有关部（委）同意，现将第二批定点船舶拆解企业名单予以公布。

附件：老旧运输船舶和单壳油轮定点拆解船厂名录表（第二批）

中华人民共和国交通运输部办公厅
二○一一年十一月一日

序号	省份	企业名称	企业地址	工商登记号	联系电话
1	江苏	江阴市夏港长江拆船厂	江阴市夏港镇	320281000012756	136018527318
2		泰州市伟业拆船轧钢有限公司	泰州市高港区	321203000029023	13515150908
3		南京海月船舶制造有限公司	南京市栖霞区八卦洲街道光明村	320113000028793	15905143017
4		连云港锦豪船业有限公司	连云港市灌云县临港产业区燕尾港新闸东侧	320723000018158	13776592999
5		无锡市大通物流有限责任公司大通船厂	无锡市山北徐港39号	320200000152255	13951566816
6	重庆	重庆长航东风船舶工业公司	重庆市江北区唐家沱东风一村一号	500105100005844-1-2-1	023-67781007
7	广东	江门市中新拆船钢铁有限公司	江门市新会区古井镇长乐村	440782000016953	13902583131
8		江门市新会双水拆船钢铁有限公司	江门市新会区双水镇工业开发区	440782000023997	13902584378
9		江门市银湖拆船有限公司	江门市新会区沙堆镇红关拆船厂旧址	440782000017122	13702233280
10		江门市新会区苍山拆船有限公司	江门市新会区崖门镇崖西苍山路	440782000056994	13902584843

“十二五”时期第一批全国重点推广公路水路交通运输节能产品（技术）目录

（交通运输部办公厅二○一一年六月二十四日公布）

地源热泵技术在高速公路服务站区的应用；
废旧沥青面层材料再生利用综合技术；
高速公路改扩建工程废旧道路材料再生利用技术；
郑新黄河大桥配电照明节能工程；
G-BOS智慧运营系统的应用；
营运车辆燃油消耗量及排放量动态监测与统计系统；
液化天然气（LNG）在道路运输车辆上的应用；
中原绿色客运新干线项目——CNG汽车的应用；
常州市快速公交系统；

纯电动公交车示范运行项目；
利用节能车型开展长途甩挂运输项目；
振华物流——LG工厂物流优化项目；
港口集装箱双重运输；
乌北物流平台系统在节能减排的应用；
LNG在运输船舶上的应用；
船用冷热全效热泵技术应用；
滑阀式喷油器在船舶减速航行节能中的应用；
零空闲变速操作法；
连云港新苏港30万吨级矿石码头节能减排技术综合应用；
青岛港集装箱码头装卸工艺优化系统。

关于公路水路交通运输行业落实国务院“十二五”节能减排综合性工作方案的实施意见

交政法发（2011）636号

各省、自治区、直辖市、新疆生产建设兵团及计划单列市、经济特区交通运输厅（局、委），天津市市政公路管理局，天津市、上海市交通运输和港口管理局，部属各单位，部属各单位，部内各单位，部管各社团，有关交通运输企业：

2011年8月，国务院印发《“十二五”节能减排综合性工作方案》（国发（2011）26号）。其中对交通运输行业节能减排提出了具体要求。一是加快构建综合交通运输体系，优化交通运输结构，深入挖掘结构性节能减排潜力。二是实施低碳交通运输体系建设城市试点，深入开展“车、船、路、港”千家企业低碳交通运输专项行动，探索并积累交通运输低碳发展的途径和经验。三是开展码头、车站节能改造，全面推行不停车收费系统，进一步推进公路水路交通基础设施建设与运营过程的节能减排。四是推广公路甩挂运输，积极推广节能与新能源汽车，加速淘汰老旧汽车、船舶，基本淘汰2005年以前注册运营的“黄标车”，实施内河船型标准化，推进远洋运输业节能减排，不断提高公路水路运输装备能源利用效率，减缓温室气体排放。五是积极发展城市公共交通，科学合理配置城市各种交通资源，有序推进城市轨道交通建设，倡导“低碳交通、绿色出行”理念。六是全面加强交通运输领域用能管理，建立和完善交通运输能耗统计制度，完善统计核算与监测方法，提高能源统计的准确性和及时性。

为贯彻落实国务院《“十二五”节能减排综合性工作方案》，进一步推进交通运输行业节能减排工作，提高行业能源利用效率，降低二氧化碳排放强度，合理控制能源消费总量，实现国家和行业节能减排“十二五”规划目标，结合行业实际，提出以下实施意见。

一、总体要求

交通运输行业要真正把思想和行动统一到党中央国务院的决策和部署上来，切实增强全局意识、危机意识和责任意识、树立低碳发展观、加快转变经济发展方式的重要抓手，加快形成资源节约、环境有好的生产方式和消费模式，增强可持续发展能力。各单位要按照国务院《“十二五”节能减排综合性工作方案》的要求，认真落实交通运输部《公路水路交通运输节能减排“十二五”规划》。部内有关司法局和各级交通运输主管部门要进一步加强对交通运输部“十二五”节能减排规划提出的目标任务进行分解、落实到各个相关单位和责任人，并有针对性进行检查指导，推动节能减排各项工作取得实效。

二、工作目标

（一）总体目标：到2015年，交通运输行业结构性节能减排取得明显进展，节能减排科技创新与服务体系基本健全，节能减排监管能力显著提升，交通运输能源利用效率明显提高，二氧化碳排放强度明显降低，绿色、低碳交通运输体系建设取得明显成效。

（二）主要指标：到2015年，在能源强度指标方面，与2005年相比，营运车辆单位运输周转量能耗下降10%左右，其中营运客车、营运客车、营运货车分别下降6%和12%左右；营运船舶单位运输周转量能耗下降15%左右，其中海洋和内河船舶分别下降16%和14%左右；港口生产单位运输周转量二氧化碳排放下降11%左右，其中营运客车、营运货分别下降7%和13%左右；营运船舶单位运输周转量二氧化碳排放下降16%左右，其中海洋和内河船舶分别下降17%和15%左右；港口生产吞吐量二氧化碳排放下降10%左右。

三、主要任务

（一）推进低碳交通运输体系建设及低碳交通运输体系城市试点工作。继续深入开展交通运输部重大科研课题“建设低碳交通运输体系研究”。加快构建综合交通运输体系，优化交通云运输结构。根据交通运输《建设低碳交通运输体系指导意见》和《建设低碳交通运输体系试点工作方案》，有序推进天津、重庆等10个试点城市开展低碳交通运输体系建设城市试点，适时扩大试点范围。重点做好：建设低碳型交通基础设施，推广应用低碳型交通运输装备，提供低碳交通运输组织模式及操作方法，建设智能交通工程，完善交通公众信息服务，建立健全交通运输低碳排放管理体系。此外，结合试点城市的特点，研究实施有利促进交通运输节能减排的政策、措施.

（二）继续深入开展“车、船、路、港”千家企业低碳交通运输专项行动。重点是：“车”—组织实施甩挂运输试点工作，推广节能驾驶和绿色汽车维修技术，推广使用节能和新能源汽车，加快淘汰高耗能和老旧汽车，基本淘汰2005年以前注册运营的“黄标车”和老旧汽车，基本淘汰2005年以前注册运营的“黄标车”，加快提高车用燃油品质；“船”－实施内河船舶停靠报港信息服务系统。研究推进船用岸电技术的应用，推广使用清洁燃料船舶；“路”—全面推行ETC联网工程，开展高速公路运营节能应用与示范工程。推进陆面材料循环利用技术的应用；“港”—继续推广应用靠港船舶使用岸电技术和轮胎式集装箱门式起重机“油改电”推广应用港口节能产品和技术，试点应用成品油码头油气回收利用技术。

（三）继续积极组织节能减排示范工作，采取多种形式推广节能减排示范项目。在组织申报、专家评审、项目公示的基础上，争取在“十二五”期间推出4批交通运输行业节能减排示范项目。做好全国重点推广公路水路交通运输节能产品（技术）的推选工作，在节能产品（技术）生产或经销单位自愿申请，经省级交通运输主管等部门推荐的基础上，在“十二五”期间公布2批全国重点推广公路水路交通运输节能产品（技术）目录。进一步完善交通运输节能减排专项资金激励机制，充分发挥财政资金“以奖代补”政策对交通运输节能减排的引导作用。组织年综合能源消费量1万吨标准煤以上以及部分年综合能源消费量500吨标准煤以上的重点交通运输企业参与全国“万家企业节能低碳行动”。

（四）继续深入开展道路运输节能减排。严格执行营运车辆燃料耗量限值标准，继续开展达标车型受理、审查、公示和发布工作，达不到燃油消耗量限值标准的车辆不准进入道路运输市场。继续执行道路客运实载率低于70%的线路不投放新运力，完善并强化100个重点城市的103个汽车客运站的监测工作，统一道路客运班线实载率统计方法。做好“公路甩挂运输关键技术与示范”等重大科技专项和公路甩挂运输试点项目的组织实施工作，制定相关技术标准，为甩挂运输的推广与发展提供技术支持。

（五）继续推进水路运输节能减排。实施《“十二五”水运节能减排总体推进实施方案》，建立健全水运节能减排标准体系，提高设计与管理水平，完善水运节能减排标准规范，制定《集装箱堆场装卸设备供电设施技术规范》、《水运工程建设项目节能评价规范》、《港口设备能耗标识及能耗与排放限值标准》和《干散货码头粉尘控制规范》。修订《船舶污染物排放标准》；制定溢油应急处理产品和装备、设备的标准等。

（六）积极发展城市公共交通。落实国家确定的城市公交优先发展战略，科学合理配置城市各种交通资源，完善城市公共交通运营设施，有序推进城市轨道交通建设。健全城市公交政策法规和标准规范体系，全面提升城市公共交通运营服务水平，不断提高城市公交分担率。 优化交通运输结构，坚持“公交优先、城乡一体”发展理念，推进城乡道路客运一体化发展，组织实施“公交都市”建设示范工程，努力改善城市居民出行条件，倡导“低碳交通、绿色出行”理念。

（七）继续推广节能技术改造。推进公路运输站场、港口码头节能技术改造。积极开展隧道节能照明试点、示范工作，制（修）订公路隧道照明相关技术规范。在高速公路服务区和收费站推广实施节能照明改造。推进太阳能、风能、地热能等可再生能源在交通建设和运营中的应用。开展干散货码头防风抑尘设施升级改造工作。

（八）加强节能减排研究与技术开发。加强交通运输节能标准化战略研究，形成节能标准体系框架和标准体系表；加强节能环保标准制修（订），制定“公路工程节能规范”和“港口船舶岸电供电”等技术标准；完善机动车燃油消耗量限值标准，制定“城市公共汽车燃油消耗量限值及测量方法”标准。开展长江和西江干线标准船型及设计关键技术研究。开展《完善新投入营运船舶燃料消耗量及CO_2排放限值标准》和《制订在役船舶退出营运市场燃料消耗量及CO_2排放限值标准》等研究。研究和编制《绿色内河船舶入级规范及指南》、《绿色海船入级规范及指南》、《营运船舶能效管理和环境分级规范标准》等；开展船舶柴油机氮氧化物排放TierIII的技术和标准研究。

（九）进一步健全节能减排统计、监测、考核体系。加强与国家统计局等部门的协调，建立和完善交通运输能耗统计制度，完善能耗统计核算与监测方法，加强船舶氮氧化物排放的统计监测，进一步建立健全交通运输节能减排统计监测考核体系。建立年度《交通运输节能减排低碳发展报告》发布制度。结合交通运输行业实际，积极推广合同能源管理，实行能源审计制度，开展能将水平对标活动，建立健全能源管理体系，实行能源利用状况报告制度。

（十）加强公共机构节能工作。继续按照国管局印发的《公共机构能源资源消耗统计制度》要求，按月度、季度、年度统计部机关及部属单位的能耗数据，做好分析，按期上报国管局，并将用能情况及时反馈给各用能单位。强化政府节能采购，严格执行政府优先和强制采购节能产品制度。重点加强公共机构节电、节水、节油工作。加快公共机构办公区节能改造。建立建设项目节能评审制度，部机关及部属各单位新建和维修改造项目必须通过节能评审。推进公务用车制度改革，按照国务院有关公务用车管理的文件要求，严格控制部机关公务用车编制和规模，加强车辆用油定额管理和考核，提高新购公务用车中自主品牌、节能和新能源汽车的比例。组织好全国节能宣传周活动，加强日常性节能宣传教育，深入开展节能减排全民行动。

交通运输部办公厅
二〇一一年十一月九日

规划方案

交通运输“十二五”发展规划（节录）

交通运输部

（二〇一一年四月）

第一章　指导思想和发展目标

四、落实建设“两型”社会发展战略，加快构建绿色交通运输体系

建设资源节约型、环境友好型社会是我国一项长期的战略任务，交通运输行业是能源资源消费和温室气体排放的重点领域之一，根据国家对节能减排的总要求，交通运输业节能减排的任务非常艰巨；交通运输发展面临的土地、岸线等资源紧缺的刚性约束将进一步强化，环境和生态保护任务更加繁重，推进资源节约和环境保护，促进经济发展模式向高能效、低能耗、低排放模式转型，对交通运输绿色发展提出了更加迫切的要求。因此，必须树立绿色、低碳发展理念，以节能减排为重点，加快形成资源节约、环境友好的交通发展方式和消费模式，构建绿色交通运输体系，实现交通运输发展与资源环境的和谐统一。

第二节 指导思想和基本原则

一、指导思想

高举中国特色社会主义伟大旗帜，以邓小平理论和“三个代表”重要思想为指导，深入贯彻落实科学发展观，围绕全面建设小康社会宏伟目标，坚持以科学发展为主题，以转变发展方式、发展现代交通运输业为主线，着力调整交通结构、拓展服务功能、提高发展质量、提升服务水平，努力推进综合运输体系建设、促进现代物流发展、提升科技进步和信息化水平、建设资源节约型环境友好型行业、提高安全监管和应急处置能力，按照“适度超前”的原则，构建便捷、安全、经济、高效的综合运输体系，为国民经济和社会发展提供强有力的支撑和保障。

二、基本原则

——把可持续发展作为基本要求，促进绿色发展。树立绿色、低碳的发展理念，继续推进资源节约型、环境友好型交通行业建设，加快建立以低碳为特征的交通运输体系，强化节能减排，集约节约利用资源，促进资源循环利用，加强生态和环境保护，实现交通运输绿色发展。

第三节 发展目标

一、总体目标

到2015年，基础设施网络更趋完善，结构更加合理，交通运输供给能力明显增强，运输装备进一步改善，运输组织不断优化，运输效率和服务水平明显提升，创新能力不断增强，科技进步和信息化水平不断提高，行业监管能力明显加强，以低碳为特征的交通运输体系建设取得成效，资源节约型、环境友好型行业建设取得明显进展，交通安全监管体系逐步完善，应急反应能力进一步加强，安全保障能力明显提高。便捷、安全、经济、高效的综合运输体系初步形成，基本适应国民经济和社会发展的需要。

二、具体目标

（四）绿色交通

——环境保护力度进一步加强，重大交通工程生态修复取得明显进展，主要污染物排放强度进一步降低，力争行业总悬浮颗粒物（TSP）和化学需氧量（COD）等主要污染物排放强度比“十一五”末降低20%。

——节能减排取得明显成效。与2005年相比，营运车辆单位运输周转量的能耗和二氧碳排放分别下降10%和11%，营运船舶单位运输周转量的能耗和二氧化碳排放分别下降15%和16%。与2010年相比，民航运输吨公里的能耗和二氧化碳排放均下降3%以上。

——资源集约利用程度进一步提高。国省道单位行驶量用地面积下降5%，沿海港口单位长度码头岸线通过能力提高5%。

——港口、公路服务区等生产、生活污水的循环利用水平，路面废弃材料等资源的再生利用水平显著提高。

三、主要指标

按照初步形成便捷、安全、经济、高效的综合运输体系的总体目标要求，以提高交通运输保障能力和服务水平为核心任务，围绕加快交通基础设施网络建设、提高运输服务水平、强化交通科技进步和信息化建设、构建绿色交通体系、提高安全与应急保障能力等主要方面，提出“十二五”时期交通运输发展主要指标如下：

“十二五”交通运输发展主要指标表

	指标	2010年	2015年
绿色交通	营运车辆单位运输周转量能耗和二氧化碳排放下降率（%，基年：2005）	10、11	
	营运船舶单位运输周转量能耗和二氧化碳排放下降率（%，基年：2005）	15、16	
	民航运输吨公里能耗和二氧化碳排放下降率（%，基年：2010）	>3	
	国省道单位行驶量用地面积下降率（%，基年：2010）	5	
	沿海港口单位长度码头岸线通过能力提高率（%，基年：2010）	5	
	总悬浮颗粒物（TSP）和化学需氧量（COD）等主要污染物排放强度（吨/亿吨公里）下降率（%，基年：2010）	20	

第八章　绿色交通

交通运输行业要以节能减排为重点，建立以低碳为特征的交通发展模式，提高资源利用效率，加强生态保护和污染治理，构建绿色交通运输体系，走资源节约、环境友好的发展道路。

第一节 强化节能减排

一、结构性节能减排

充分发挥各种运输方式比较优势，优化交通运输资源配置，发挥综合运输的整体优势和组合效率，降低能源消耗强度；加快发展城市公共交通、水运等低能耗运输方式，倡导低碳型交通消费模式和出行方式。

大力优化公路网结构，提高路网通行能力和效率，提升公路技术等级和路面等级，调整公路运输运力结构；推进港口结构调整，发展大型化、专业化港口；提升航道技术等级，加快形成以高等级航道为主体的内河航道网。推进交通能源消费结构优化，鼓励替代能源在营运车船中的应用。

二、技术性节能减排

积极采用混合动力汽车、替代燃料车等节能环保型营运车辆以及双尾船、新能源动力船等节能环保型营运船舶，推广应用自重轻、载重量大的运输装备。对营运车船设置能耗和排放限制标准，提高准入门槛，淘汰低标准及老旧车船。鼓励使用天然气动力和电动车等节能环保型城市公交车，开展混合动力、电能出租汽车试点工作。与2005年相比，力争“十二五”末营运客车、货车单位运输周转量能耗分别下降6%和12%，海洋和内河营运船舶单位运输周转量能耗分别下降16%和14%。

大力研发推广隧道智能通风照明控制技术，推行隧道“绿色照明工程”。加快发展高能效电力驱动港口装卸设备，研发推广电能回馈、储能回用等新工艺新技术，基本完成轮胎式集装箱门式起重机“油改电”技术改造，推进船舶靠泊使用岸电技术改造。逐步推广港口太阳能、地源及海水源能、潮汐能、风能等新能源利用技术。与2005年相比，力争“十二五”末港口生产单位吞吐量综合能耗下降8%。

推广高速公路不停车收费（ETC）系统，推广内河船舶免停靠报港信息服务系统，完善公众出行信息服务系统，促进客货运输市场的电子化、网络化，实现信息共享，提高运输效率，降低能源消耗，实现节能减排。

三、管理性节能减排

发展先进公路运输组织方式，加强货运组织和运力调配，利用回程运力，降低车辆空驶率。鼓励厢式运输、集装箱运输等专业化运输方式，发挥甩挂运输效率高和减排效果好的优势。合理安排客运线路，完善道路客运信息监测、分析和发布制度，提高客车实载率。推动建立绿色汽车维修体制机制，建立较完善的驾培行业节能减排体系。加强水路运输组织管理，鼓励航运企业联合经营，发挥规模优势，提高运输组织化程度。发展大宗散货专业化运输、多式联运等现代运输组织方式，全面提升船舶营运组织效率和节能减排水平。优化港口机械作业和港内运输组织管理。鼓励道路运输企业及港口企业完善能源管理体系，推广能源合同管理。

发挥港口、公路枢纽站场在物流发展中的节点作用，引导运输企业向依托港口、公路货运枢纽的物流园区集聚，提高不同运输方式间货物换装效率，促进节能减排。

加强民航业节能减排，以航空公司、机场、空管为主体，政府主导与市场调节相结合，加强监督检查和综合协调，控制航空排放。

专栏15　“十二五”交通运输节能减排示范推广工程

营运车船燃料消耗量准入与退出工程：实施营运车辆燃料消耗量限值标准，加快淘汰高能耗、高污染的运输车辆和船舶。

节能与新能源车辆示范推广工程：促进混合动力、纯电动、天然气等新能源和清洁燃料车辆在公共汽车和出租车领域的示范推广应用，在城际客货运输和城市物流配送车辆中试点推广新能源和天然气车辆。

绿色驾驶与维修工程：大力推广绿色节能驾驶技术，组织实施绿色维修工程。

智能交通节能减排工程：推广电子不停车收费技术、内河船舶免停靠报港信息服务系统，建设物流公共信息平台、公众出行信息服务系统。

公路建设和运营节能减排技术推广工程：推广应用温拌沥青铺路技术、交通建设材料循环利用技术，实施公路隧道通风照明智能控制、高速公路服务区、收费站等节能减排技术改造，大力推进太阳能、风能等可再生能源利用，建设低碳服务区等一批试点工程。

绿色港航建设工程：加快港口集装箱码头轮胎式集装箱起重机“油改电”和船舶靠港使用岸电技术改造，积极推广太阳能、地热能等再生能源利用。

合同能源管理推广工程：逐步使合同能源管理成为交通运输行业节能技术服务市场的重要机制。

船舶能效管理体系与数据库建设工程：参照国际上在船舶能效改进方面的先进做法和经验，积极推动航运企业将船舶能效纳入体系管理。

第二节　节约集约利用资源

一、节约土地和岸线资源

统筹利用综合运输通道线位资源和运输枢纽资源，协调通道内各种运输方式的线位走向和技术标准，促进各种运输方式在枢纽节点的有效整合，提高枢纽建设对土地资源的利用率。

大力推广节地技术，优化公路工程建设方案，高效利用线位资源，合理确定建设规模和技术标准。鼓励利用旧路改扩建，因地制宜的控制公路建设永久用地和临时用地，提高土地资源综合利用效率。加强对施工临时用地的恢复管理，严格执行工程建设中采取改地、造地、复垦等措施要求，集约节约利用土地资源。

完善港口岸线使用管理，坚持统筹规划、深水深用、合理开发，保障港口岸线资源合理、有序开发利用。鼓励通过提高等级、改进工艺、更新设备、扩大陆域、完善配套等方式，加强老港区技术改造工作，提高老港区生产能力和技术水平，发展集约化、专业化、现代化港区，提高港区岸线资源利用效率。

二、循环利用资源

积极探索交通运输资源循环利用的发展模式，完善相关标准规范和评价指标体系。推广使用交通废弃物（废水）循环利用的新材料、新工艺、新设备，倡导标准化设计及工厂化预制，提高资源再利用水平。

加强港口、公路等的生产、生活污水循环利用，大力开展路面材料、施工废料、弃渣、港口疏浚土等资源的再生和综合利用，建设资源循环利用试点工程。以工程应用急需的高性能材料、工艺和装备为重点，积极推广废旧路面材料冷再生、热再生等循环利用技术和施工工艺。推广航空水资源综合再生利用技术，促进航空垃圾资源化利用。

第三节　加强生态保护和污染治理

一、加强工程建设生态保护力度

研究制订生态型公路、港口、航道等工程的技术指南，逐步建立交通基础设施建设的生态保护激励机制。

继续加强公路生态保护。优化公路建设路线，合理避绕生态敏感区。公路建设尽量拟合原地形，减少高填深挖，采取水土保持、动物通道设置、植物和湿地保护等有效措施，减少公路建设对生态环境的影响，对生态敏感区域路段，注重生态修复建设，有效改善公路路域生态环境功能。

强化港口航道工程的生态保护。港口和航道建设过程中尽量避免或减少对水生动植物生存环境的改变、湿地破坏、海岸非正常侵蚀等生态问题，注重湿地保护、生态护岸、生态缓冲带建设以及重大港口工程的生态修复等工作。

二、加强污染治理

加强公路、港口、机场等施工和运营过程中的污染治理，确保污染物达标排放。

控制并逐步减少公路施工期污染。提升高速公路服务区污水处理效果，因地制宜的推广生态型污水处理技术。对营运期超标的高速公路路段，实施声屏障、隔声窗等噪声治理工程。推广应用公路营运期固体废弃物分类收集、处理等环保技术。

推进港口污水回用系统建设，在部分客运量较大的港口、内河水上服务区及京杭运河全线，建设船舶生活污水接收处理设施。加强煤炭、矿石码头的粉尘防治。加强对运量较大、周边居民密集的集装箱作业区的噪声治理。加强远离市区的分散小型港点的垃圾处理。

强化对营运车船定期监督、检查和维修，严格控制和减少营运车船的污染排放。全面实施船舶污染治理，对营运船舶强制要求安装污水处理（或储纳）设施和垃圾回收设施。

第四节 加强节能环保监管

一、强化工程全过程节能环保监管

强化对交通运输工程规划、建设和运营的全过程节能环保监管。制定监督与责任追究制度。严格执行交通建设项目节能评估、交通规划和建设项目环境影响评价、竣工环保验收等监管制度。全面开展工程节能环保设计，对已运营的工程逐步实施节能环保后评估。

二、建立交通节能环保统计及考核机制

建设部省两级交通运输节能环保统计机制和平台，建立标准统一的行业节能环保统计数据库和网络传输系统，开发统计数据分析系统。建立完善的交通运输节能环保统计数据核查制度和节能环保公报制度。

建立统一、科学的交通运输行业和重点交通能耗企业的单位能耗核算制度，加紧研究交通运输行业节能环保评价和考核体系，定期开展行业能源消耗、污染排放和生态保护等评估工作。建立节能环保的目标责任制，研究制订交通运输行业污染损害赔偿制度。

三、建设交通运输节能环保监测网络

依托现有的信息网络基础，建设交通运输部节能环保数据中心和省级交通运输节能环保监测中心站；选择生态环境敏感或具备一定工作基础的区域重点开始建设公路和港口的监测站点，结合部分社会监测力量和资源，初步形成布局科学、层次合理的行业节能环保监测网络，全面开展交通运输节能和环保监测工作。

重点建设国家高速公路网沿线公路交通环境监测网络，三峡库区、环渤海、长江口、珠江口等敏感水域的水运交通环境监测网络。大力加强机场噪声监测能力，试点推广船舶污染物在线监测系统。针对行业能耗较大的重点运输企业开展节能监测。

附表 交通运输“十二五”发展指标汇总

	指标	2010年
绿色交通	营运车辆单位运输周转量能耗和二氧化碳排放下降率（%，基年：2005）	10、11
	营运船舶单位运输周转量能耗和二氧化碳排放下降率（%，基年：2005）	15、16
	营运客、货车单位运输周转量能耗下降率（%，基年：2005）	6、12
	海洋和内河货运船舶单位运输周转量能耗下降率（%，基年：2005）	16、14
	港口生产单位吞吐量综合能耗下降率（%，基年：2005）	8
	民航运输吨公里能耗和二氧化碳排放下降率（%，基年：2010）	＞3
	国省道单位行驶量用地面积下降率（%，基年：2010）	5
	沿海港口单位长度码头岸线通过能力提高率（%，基年：2010）	5
	总悬浮颗粒物（TSP）和化学需氧量（COD）等主要污染物排放强度（吨/亿吨公里）下降率（%，基年：2010）	20

公路水路交通运输节能减排“十二五”规划（节录）

（交通运输部二〇一一年六月二十七日印发）

前言

为深入贯彻落实科学发展观，全面贯彻落实资源节约和环境保护基本国策，深化资源节约型、环境友好型交通运输行业建设，提高能源利用效率，优化能源消费结构，降低二氧化碳排放强度，根据《交通运输“十二五”发展规划》、《公路水路交通节能中长期规划纲要》等，编制本规划。

本规划阐明了“十二五”时期交通运输行业节能减排工作的指导思想和基本原则，明确了总体目标和主要指标，提出了重点任务和保障措施，是交通运输“十二五”规划体系的重要组成部分，是“十二五”时期交通运输行业节能减排工作的纲领性文件。本规划的制定与实施，将为进一步深化交通运输行业节能减排工作，积极发展低碳交通运输体系，加快转变交通运输发展方式发挥重要的基础性指导作用。

一、现状与评价（略）

二、形势与要求

“十二五”时期，是加快转变交通运输发展方式、发展现代交通运输业的关键时期，交通运输节能减排工作进入新阶段，面临新形势、新要求。

（一）应对全球气候变化迫切要求交通运输实施绿色、低碳发展战略。

（二）建设资源节约型、环境友好型社会，迫切要求交通运输加快转变发展方式，强化节能减排。

（三）加快发展现代交通运输业、建设低碳交通运输体系，迫切要求全面推进交通运输节能减排。

（四）提高交通运输企业核心竞争力和可持续发展能力迫切要求提升交通运输节能减排水平。

三、思路与目标

（一）指导思想。

深入贯彻科学发展观，全面落实节约资源和保护环境基本国策，以提高能源利用效率、降低二氧化碳排放强度为核心，提升节能减排理念，调整优化交通运输结构，强化科技进步，完善法规标准，创新体制机制，加强监督管理，加快构建资源节约型、环境友好型的交通运输生产方式和消费模式，打造绿色、低碳交通运输体系，加快发展现代交通运输业。

（二）基本原则。

坚持统筹节能减排与交通运输发展相协调，将节能减排作为加快交通运输发展方式转变的主要途径和重要抓手；坚持政府主导、市场调节、企业主体与公众参与相结合，建立交通运输节能减排长效机制；坚持科技创新与制度创新相结合，通过全面推进行业创新为交通运输节能减排提供根本动力；坚持突出重点与全面推进相结合，有力有序推动交通运输行业节能减排工作向纵深发展。

（三）总体目标。

到2015年，交通运输行业能源利用效率明显提高，二氧化碳排放强度明显降低，绿色、低碳交通运输体系建设取得明显进展。

——结构性节能减排取得明显进展。基础设施网络体系更加完善，内河航运承运比重以及城市公共交通出行分担率明显提高，节能型综合交通运输体系初步形成；运输车辆、船舶、港口机械与施工设备的大型化、专业化和现代化水平明显提高，交通运输装备结构更加优化；替代能源和可再生能源比重有所提高，交通运输能源消费结构明显改善。

——节能减排科技创新与服务体系基本健全。节能减排科技创新体系进一步健全，成果转化与产品推广水平明显提高；节能减排技术服务体系进一步完善，培育壮大一批专业化的技术服务主体，节能减排服务产业化水平明显提高。

——节能减排监管能力显著提升。运输组织化程度和生产效率进一步提高，全行业节能减排理念与素质明显提升，基本形成与社会主义市场经济体制相适应的比较完善的交通运输节能减排战略规划体系、法规标准体系、政策

支持体系、监管组织体系和统计监测考核体系。

（四）主要指标。

——能源强度指标：与2005年相比，营运车辆单位运输周转量能耗下降10%，其中营运客车、营运货车分别下降6%和12%；营运船舶单位运输周转量能耗下降15%，其中海洋和内河船舶分别下降16%和14%；港口生产单位吞吐量综合能耗下降8%。

——二氧化碳排放强度指标：与2005年相比，营运车辆单位运输周转量二氧化碳排放下降11%，其中营运客车、营运货车分别下降7%和13%；营运船舶单位运输周转量二氧化碳排放下降16%，其中海洋和内河船舶分别下降17%和15%；港口生产单位吞吐量二氧化碳排放下降10%。

四、主要任务与重点工作

“十二五”时期交通运输行业节能减排工作的主要任务是：立足于交通基础设施、交通运输装备和运输组织方式体系建设，进一步发挥综合性节能减排效益；完善节能减排法规标准规划体系，健全节能减排统计监测考核体系，进一步提高行业节能减排管理效能；强化节能减排科技研发能力，培养节能减排科研工作人员，促进节能减排科技成果转化，进一步增强科技创新对节能减排的支撑作用；不断深化“车、船、路、港”千家企业低碳交通运输专项行动，深入推进低碳交通运输体系建设研究工作，组织做好低碳交通运输体系建设城市试点，继续开展节能减排示范工程和节能产品（技术）评选推广活动，进一步促进企业在节能减排工作中发挥主体作用；提升交通运输领域合同能源管理服务水平，推广绿色驾驶技术和车船驾驶培训模拟教学，积极宣传节能减排成效，进一步提高节能减排工作的社会参与水平。

为保障节能减排目标的顺利实现，“十二五”时期交通运输行业应重点加快构建“三大体系”，组织开展“两项专项行动”，着力推进“十大重点工程”。

（一）三大体系建设。

1.节能型交通基础设施网络体系建设。

积极促进现代综合交通运输体系建设，优化交通布局，加强运输大通道和综合交通枢纽建设，实现客运的“零换乘”和货运的“无缝衔接”。进一步完善公路网络结构，着力提升国省干线公路技术等级，提高路面铺装率，强化连接线、断头路、拥挤路段等薄弱环节，加强养护管理，使路网更畅通更高效。加快形成以高等级航道网为主体的干支直达、通江达海、结构合理的内河航道网，加强航道养护管理，开展碍航闸坝、桥梁专项整治工作，充分发挥内河航运的比较优势。建设布局合理、功能完善、专业化和高效率的港口体系，加大老码头更新改造力度，提高港口码头专业化、现代化水平。实施城市交通疏堵技术改造工程，开展公交示范城市建设，加快建设轨道交通和快速公交系统（BRT），加快公共交通场站和换乘枢纽建设，促进公交优先战略的全面落实。大力加强加气、充电等配套设施的规划与建设，为节能和新能源汽车推广应用提供有力支撑。在交通基础设施建设养护过程中，大力推进节能评估与审查，强化节能设计与绿色施工管理，努力降低能源消耗和排放水平，加强生态防护、植被恢复与绿化建设，增加碳汇能力。加大公路隧道、服务区、收费站、港口、航标等交通基础设施的节能技术改造力度，强化运营管理，提升运营效率和服务水平。通过不断提升交通基础设施的专业化、网络化水平和高效服务能力，加快形成节能型交通基础设施网络体系，为交通运输工具安全、畅通、高效营运创造良好交通条件，促进交通运输系统能耗与排放水平的降低。

2.节能环保型交通运输装备体系建设。

运输车辆、船舶、港口机械、交通工程机械等交通运输装备是交通运输行业的用能主体。要大力调整优化车船运力结构，大力推广应用节能环保型运输车船，积极发展汽车列车、新型顶推船队，加快淘汰高能耗、低效率的老旧车船，引导营运车船向大型化、专业化、标准化、低碳化方向发展。大力推进港口RTG“油改电”工作，加快淘汰高耗能、低效率的老旧设备，引导轻型、高效、电能驱动和变频控制的港口装卸设备发展。加快淘汰高能耗、高排放、老旧工程机械、工程船舶等。大力加强各类交通运输装备的检测和维修保养，保持良好技术状况。加快形成高能效、低碳化、环保型的交通运输装备体系，为交通运输行业节能减排奠定坚实的技术基础，最大限度地降低能耗和排放水平。

3.节能高效运输组织体系建设。

优化货运组织管理，引导货运企业规模化发展，加快发展第三方物流，培育一流的全球物流经营人。有效整合社会零散运力，实现货运的网络化、集约化、有序化和高效化，提高货运实载率。发展甩挂运输、多式联运等现代运输组织方式，推进江海直达运输。优化航运组织管理，提高船舶载重量利用率。强化港口生产运营管理，提高货物集疏运效率、装卸设备利用率和港口生产作业效率。

加强公路客运运力调控，严格执行实载率低于70%的客运线路不得新增运力的政策。大力推行公交优先战略，建立以公共交通为骨干的绿色出行系统，降低出租汽车空驶率。研究实施交通拥堵收费政策和技术，提升城市交通运行效率。加强交通流管理，提高道路通行效率。通过加快构建节能高效运输组织体系，全面提升交通运输系统运行效率和能源利用效率。

（二）两项专项行动。

1.节能减排科技专项行动。

全面落实国家《应对气候变化科技专项行动》、《节能减排科技全民行动》，组织开展交通运输节能减排科技专项行动。加强交通运输节能减排与低碳交通实验室、技术研发中心、技术服务中心等技术创新和服务体系建设，强化节能减排专业人才队伍建设。组织实施一批重点科研项目，积极开展节能减排与应对气候变化重大战略与政策研究；加强基于物联网的智能交通技术研发与应用；大力推进交通运输节能减排重大关键技术、先进适用技术与产品的研发与推广，积极采用新技术、新材料、新装备、新工艺。制定并公布交通运输节能减排技术、产品的推广目录，建立交通运输行业能效与低碳标志、节能低碳产品认证制度。大力推进节能减排标准化与计量检测体系建设。组织实施节能减排科技示范项目和重点工程，推广一批潜力大、应用面广的节能减排技术和产品，促进成果市场化、产业化。密切配合国家节能产品惠民工程的实施，重点开展节能与新能源汽车、半导体照明产品、节能环保船型等示范推广。大力推进替代能源和可再生能源在交通基础设施建设与运营、运输生产等领域中的应用。积极开展节能减排与低碳科普行动，实施节能减排专项教育培训、国际科技合作计划。通过节能减排科技专项行动的实施，全面提升行业节能减排科技发展水平和保障能力。

2.重点企业节能减排专项行动。

在“车、船、路、港”千家企业低碳交通运输专项行动的基础上继续扩大范围，按照能耗量确定重点企业名单，深入开展交通运输行业重点企业节能减排示范活动，充分调动道路客货运输、水路客货运输、物流、港口、城市公交、出租客运、地铁、交通建设等各类交通运输企业的积极性。积极引导重点交通运输用能企业制定并实施节能减排规划和计划，建立严格的节能减排管理制度和有效的激励机制，完善节能减排管理组织体系，改进用能管理，开展节能减排技术创新与应用。各级交通运输主管部门要依法加大对所辖重点用能企业的指导、监督和考核力度。通过强化对重点用能企业的节能减排监管，充分发挥重点用能企业节能减排的示范效应，促进交通运输企业节能减排管理的规范化、常态化，推动交通运输行业节能减排向纵深发展。

（三）十大重点工程。

1.营运车船燃料消耗量准入与退出工程。

营运车船燃料消耗量准入与退出。全面实施营运车辆燃料消耗量限值标准，在相关财税政策的支持配合下，试点开展老旧车辆提前退出运输市场。建立健全营运车船燃料消耗检测体系，加强检测监督管理，促进汽车生产企业和修造船厂切实强化节能减排技术进步与创新，加强对高能耗运输车船进入市场运营的源头控制。探索建立市场退出机制和配套经济补偿机制，积极争取加大国家汽车“以旧换新”补贴政策对大吨位载货汽车、公交车和农村客车的补贴力度，加快淘汰高能耗、高污染的运输车辆。

内河船型标准化。加紧完善并实施内河船型标准化的经济激励政策和相关法律、行政配套措施。加大资金投入，继续加强标准船型研发、现有船型比选以及落后船型淘汰等工作，加快推进长江、西江等船型标准化工作。进一步争取国家发展改革委、财政部等相关部委的支持，在《长江干线船型标准化补贴资金管理办法》的基础上，进一步扩大财政补贴的适用范围，由长江干线拓展到长江、西江等主要通航流域，加大补贴力度，引导内河船舶运力结构优化，提升内河航运竞争力，充分发挥内河航运节能环保的比较优势。

2.节能与新能源车辆示范推广工程。

推广使用节能与新能源车辆。进一步促进混合动力、纯电动等节能与新能源车辆的推广应用，重点针对新能源车辆在城市公共汽车和出租车示范推广过程中的安全、便捷使用和维修问题，加强相关设施建设和人员培训，减少车辆运行中安全、故障等问题，降低车辆运行费用。

推广使用天然气车辆。逐步提高城市公交、出租汽车中天然气车辆的比重，在城市物流配送、城际客货运输车辆中积极开展试点推广工作，以新购置天然气车辆代替淘汰的老旧车辆。

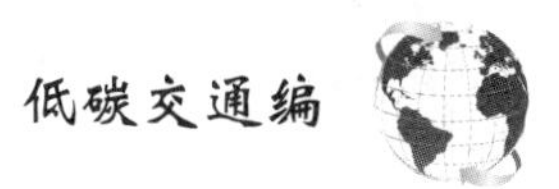

3.甩挂运输节能减排推广工程。

将加快发展甩挂运输作为转变道路运输发展方式、调整公路运力结构、提高货运实载率的突破口。认真落实《关于促进甩挂运输发展的通知》、《甩挂运输试点工作实施方案》精神，在全国范围内筛选典型区域和典型公路运输企业在适当地区和线路上组织开展甩挂运输节能减排试点工作。在试点的基础上，进一步完善促进甩挂运输发展的相关政策、法规和标准，带动和推进甩挂运输在全国范围内的快速发展，构建甩挂运输发展长效机制，提高公路货物运输生产效率和能源利用效率，降低能耗和排放水平。

4.绿色驾驶与维修工程。

大力推广绿色驾驶。总结和推广汽车和船舶绿色驾驶操作与管理经验、技术，组织编写汽车驾驶员和船员绿色驾驶操作手册和培训教材，将节能减排意识和技能作为机动车驾驶培训教练员、汽车驾驶员、船员从业资格资质考核认定的重要内容和依据。开展汽车驾驶员绿色驾驶技能培训与竞赛，加强船员航行操作与管理节能减排培训，逐步建立一支节能减排意识强、驾驶技能好、业务素质高的汽车驾驶员和船员队伍。

大力推广车船驾驶培训模拟装置。出台机动车和船舶驾驶模拟器资金补助管理办法，加快建设全国驾培管理平台，实现驾培模拟器教学与IC卡计时联网。力争到“十二五”末，基本建成较完善的驾培行业节能减排体系，使全国使用模拟器教学的驾培机构覆盖面达到75%以上。

组织实施绿色维修工程。针对目前我国机动车维修业的环保状况，从机动车维修业的废物分类、管理要求、维修作业和废弃物处理等方面加强机动车维修的节能减排，重点加强对废水、废气、废机油、废旧蓄电池、废旧轮胎等废弃物的处置和污染治理。

5.智能交通节能减排工程。

以高速公路不停车收费、物流公共信息平台、公众出行信息服务系统为重点，大力推进智能交通技术、现代物流技术、现代信息技术等的开发和应用，改造和提升传统交通运输产业，提高运输组织效率，降低能耗和排放水平。

电子不停车收费技术推广。大力推进高速公路不停车收费，提高行车效率。有条件的区域，积极推进相邻省区市甚至更大范围的高速公路联网不停车收费，减少收费过程中由于车辆低速、怠速行驶造成的能源浪费和排放。

物流公共信息平台建设。重点加大对全国内河与长江干线综合物流信息平台、全国或长三角等重点区域物流公共信息平台的研发与推广，整合物流市场供需、货源、运力等信息并向社会提供，引导传统货运产业向现代物流转型，促进货运实载率和节能减排水平的提高。

内河船舶免停靠报港信息服务系统推广。进一步扩展系统功能，实现船舶在起运港和目的港的免停靠报港。加紧制定相关行业标准和管理规定，大力促进该系统的推广应用，提高管理效能。

公众出行信息服务系统建设。整合交通出行信息资源，建立统一的公众出行信息服务平台，采用多种信息发布方式向公众提供各种交通信息，从而提升行业服务水平、提高交通运营管理的效率，引导公众高效、便捷、舒适地出行，优化出行路线，引导交通参与者转变出行方式和消费观念，缩短出行人员在途距离和时间，最大限度降低能耗和排放水平。

6.公路建设和运营节能减排技术推广工程。

在公路基础设施建设和运营领域，积极组织开展先进适用节能减排技术的推广应用工作，降低能耗与排放水平。

温拌沥青铺路技术应用。选择部分省市开展温拌沥青技术的试点推广应用，研究解决关键技术难题，建立温拌沥青技术规范体系。

交通建设材料循环利用技术应用。开展交通运输循环经济示范活动，大力推进沥青和水泥混凝土路面材料再生利用；废旧轮胎胶粉改性沥青筑路应用；粉煤灰、矿渣、煤矸石等工业废料在交通建设工程中应用。

公路隧道节能减排技术改造与应用。积极开展隧道节能照明试点工作，系统总结试点工程实施经验，编制《公路隧道通风照明设计细则》，修改完善公路隧道照明相关技术规范，鼓励在新建隧道中采用技术成熟、功能可靠的公路隧道照明相关技术规范和产品。对在用隧道，根据现照明灯具的使用寿命，制定分期分批更换节能灯具方案，推行隧道绿色照明工程，推广应用寿命长、功能可靠的发光二极管（LED）等节能灯具。组织开展隧道通风照明控制技术、隧道群和毗邻隧道的智能联动控制技术和联网控制系统等的示范和推广。大力推进太阳能、风能等可再生能源应用。

高速公路服务区和公路收费站节能减排技术改造。对全国100个高速公路服务区、1600个收费站实施节能照明改造，并试点开展太阳能风光互补方式供电改造，建设低碳服务区。

7.绿色港航建设工程。

开展绿色港口创建活动。大力推进港口码头节能设计，优化装卸工艺、设备选型、配套工程等的设计，推广港口机械和车辆调度运营系统，将港口打造成为交通运输行业绿色低碳发展的窗口。

水铁联运节能减排示范。在主要港口深入开展水铁联运示范工程，从法规、政策、标准、单证和运营制度、信息化等方面入手，优化水铁联运发展环境，促进综合运输体系建设和现代物流发展。

港口装卸机械“油改电”。推广集装箱码头RTG“油改电”，对具有改造价值的1600台RTG实施“油改电”技术改造。积极推进件杂货码头轮胎吊和汽车吊“油改电”技术改造。

推广靠港船舶使用岸电。鼓励新建码头和船舶配套建设靠港船舶使用岸电的设备设施，鼓励既有码头开展靠港船舶使用岸电技术改造，以及船舶使用岸电的技术改造。在国际邮轮码头、主要客运码头以及有条件的大型集装箱和散货码头实现靠港船舶使用岸电。

推广应用可再生能源。充分利用港口地区风能、太阳能、水能、地热能、海洋能等可再生能源丰富的优势，提高港口可再生能源使用比例。探索风能、太阳能、核能等在运输船舶中的应用。

8.合同能源管理推广工程。

加快培育专业节能服务公司，积极引导大型交通运输企业、科研咨询机构、行业协会等组建专业节能减排服务公司，为企业实施节能减排改造提供诊断、设计、融资、改造、运行、管理等“一条龙”服务。认定一批省级、国家级节能服务公司。研究出台交通运输领域推广合同能源管理、促进节能减排服务产业化发展的指导意见，培育节能减排技术服务市场。重点在公路隧道节能改造、城市轨道交通节能改造、港口照明与RTG“油改电”、营运车船先进成熟节能产品（技术）应用、靠港船舶使用岸电、公共机构大型建筑等领域组织启动一批合同能源管理的示范项目，带动全行业发展，使合同能源管理成为交通运输行业节能技术服务市场的重要机制。

9.船舶能效管理体系与数据库建设工程。

船舶能效管理体系建设。参照国际上在船舶能效改进方面的先进做法和经验，研究制定具有行业特点、满足国际国内相关要求的船舶能效管理体系标准和认证规范，积极推动航运企业将船舶能效纳入体系管理，建立统一的、可测量、可监控、可验证的船舶能效指标。开展重点航运企业的能效管理认证试点，为全面推广实施船舶能效管理体系做好准备工作。

船舶能效数据库建设。研究制定船舶能效数据的报告、核查制度，建立覆盖全面、数据统一、分类科学的船舶能效设计指数和营运指数数据库，为水运节能减排相关政策法规、市场机制、奖惩机制、财税优惠政策的制定与实施提供全面、可靠的基础数据支持。

10.节能减排监管能力建设工程。

制定并实施行业节能减排监管能力建设规划，围绕节能减排战略规划体系、法规标准体系、统计监测考核体系、监管组织体系等四大体系建设，着力提升行业节能减排监管能力。

完善节能减排战略规划体系。研究制定交通运输领域应对气候变化、低碳交通运输发展等重大战略。研究制定行业和企业节能减排规划编制指南，强化各类节能减排规划编制，建立分层级、分类别、分方式的规划体系。建立规划审批与报备制度，建立健全规划定期评估考核、通报和及时制修订机制。

完善节能减排法规标准体系。积极研究制定《交通运输节约能源条例》等法规，建立健全相关配套规章、标准和制度体系。重点加紧完善营运车船燃料消耗和碳排放的市场准入和退出、重点企业节能减排监管、交通固定资产投资节能评估和审查等制度；研究出台建设低碳交通运输体系的相关指导意见和具体实施方案；研究制定节能减排标准体系建设专项行动计划，抓紧制定营运船舶、港口装卸机械、交通施工机械等燃料消耗和碳排放限值标准，完善公路桥梁工程节能设计、绿色施工等技术规范，提高交通运输节能减排管理的法制化、规范化和标准化水平。

完善节能减排统计监测考核体系。加快完善并组织实施交通运输行业能源与碳排放统计分析制度，完善公路运输、水路运输、港口生产、城市客运等节能减排统计指标体系、方法体系和采集体系，纳入国家统计制度，强化各项指标的统计调查、分析、预测和发布工作，按照布局科学、数据准确、传输及时的要求，建立与交通运输行业节能减排统计分析、评价考核相适应、覆盖全行业的监测网络。加紧研究建立交通运输行业节能减排评价和考核体系，定期开展评估工作。提高统计监测考核的自动化和信息化水平。

完善节能减排监管组织体系。建立健全交通运输行业节能减排监督管理体制，明确专职管理机构与岗位，加强节能减排管理队伍建设，形成权责明确、协调顺畅、运行高效、保障有力的交通运输节能减排监管网络。

五、保障措施

（一）强化组织领导。

加强组织领导与综合协调。

建立健全节能减排目标责任制和问责制。

（二）完善激励政策。

制定和实施促进节能减排的交通运输产业政策。

建立健全节能减排激励政策。

（三）深化交流合作。

加强国际国内技术交流与合作。

（四）加强宣传引导。

强化节能减排宣传培训。

发挥公共机构节能减排的示范带动作用。

“十二五”水运节能减排总体推进实施方案（节录）

交水发〔2011〕474号

（交通运输部二〇一一年八月三十一日印发）

《“十二五”水运节能减排总体推进实施方案》是交通运输部针对“十二五”期水运行业节能减排面临的实际，为落实《公路水路交通运输节能减排“十二五”规划》确定的水运节能减排总体目标、主要指标和各项任务编制而成。《“十二五”水运节能减排总体推进实施方案》明确了“十二五”期推进水运行业节能减排工作的指导思想、原则和目标，以政策法规、标准规范、示范推广、重点技术攻关四个方面为重点，提出了10项重点工作、35项具体工作任务及实施计划，明确了各项目工作的单位、完成时间和成效要求，并提出了保障措施。

指导思想

深入贯彻落实科学发展观，全面落实节约资源和保护环境基本国策，以提高能源利用效率、降低能源消耗强度和二氧化碳排放强度为核心，把节能减排作为水运行业转变发展方式和产业结构调整的主要抓手，树立绿色水运发展理念，围绕《公路水路交通运输节能减排“十二五”规划》，强化政策和制度，完善标准和规范，提升创新能力，加大推广应用力度，加强监督与管理，全面推进水运节能减排工作，加快建设绿色水运步伐，促进水运的全面、协调、可持续发展。

推进原则

（一）节能减排与促进发展相结合。

坚持把促进水运行业发展作为水运节能减排工作的根本目的，把节能减排作为促进发展的重要途径和手段，在发展中促转变，在转变中谋发展，促进水运行业转变发展方式，调整产业结构，不断提高水运行业服务经济社会的能力、质量和水平。

（二）政府引导、市场调节、企业主体与公众参与相结合。

坚持把建立长效机制作为水运节能减排工作的根本任务，充分发挥政府的引导作用、市场资源配置的基础性作用、港航企业的主体作用和社会公众的广泛参与监督作用，强化综合治理，调动各个方面在节能减排工作中的主动性和积极性。

（三）理念、政策、体制机制和技术创新相结合。

坚持将创新作为水运节能减排工作的主要动力，不断强化节能减排理念，完善节能减排政策法规，健全节能减排体制机制，提升节能减排研发能力，充分发挥科技创新在水运节能减排工作中的重要支撑和引领作用。

（四）存量挖潜与源头控制相结合。

坚持把标本兼治作为水运节能减排的重要手段，通过加强管理、技术改造等方式降低现有设施的能源消耗强度和二氧化碳排放强度，改善用能结构；通过提高标准、推广应用先进技术等方式加强源头控制，从根本上提高节能减排水平。

（五）重点突破与全面推进相结合。

坚持把立足全面、分类指导、突出重点、分步实施、有序推进作为水运节能减排工作的基本方式，着力破解制约和影响水运节能减排的突出问题，以点带面，全面推进水运节能减排工作。

推进目标

（一）总体目标。

到2015年，水运行业节能减排意识进一步增强，能源利用效率明显提高，二氧化碳排放强度明显降低，管理与运行机制基本建立，政策法规体系、标准规范体系、技术支撑体系和统计监测考核体系基本形成；水运行业用能结构得到有效改善，运输船舶和港口装备大型化、专业化和现代化水平显著提高，节能减排技术得到广泛推广应用；水运行业节能减排能力明显增强，全面完成《公路水路交通运输节能减排“十二五”规划》确定的水运节能减排目标，绿色水运体系基本形成。

（二）主要指标。

到2015年，与2005年相比较，港口生产单位吞吐量综合能耗下降8%以上；营运船舶单位运输周转量能耗下降15%以上，其中海洋和内河船舶分别下降16%和14%以上。港口生产单位吞吐量二氧化碳排放下降10%以上；营运船舶单位运输周转量二氧化碳排放下降16%以上，其中海洋船舶和内河船舶分别下降17%和15%以上。

主要任务

（一）制定完善水运节能减排政策法规，加强和规范行业管理。

制定完善水运节能减排政策法规，规范水运节能减排管理工作，将节能减排工作逐步纳入法制轨道；制定实施水运行业节能减排工作指导意见，引导水运行业有序开展节能减排工作。

（二）建立健全水运节能减排标准体系，提高设计与管理水平。

完善水运节能减排标准规范，规范和管理行业节能减排工作；制定营运船舶节能减排标准规范，为实施营运船舶准入和退出机制创造条件；编制水运节能减排技术指南和规程，指导水运工程建设和营运过程中采取节能减排措施。

（三）示范推广节能减排技术与经验，提高行业节能减排成效。

开展示范推广节能减排技术与经验的基础性工作，建立试点和推广机制；开展重点技术的试点工作，为进一步推广应用成熟技术奠定基础；开展实用技术和典型经验的推广应用工作，提高全行业节能减排成效。

（四）研究开发节能减排技术与设备，增强科技创新及支撑能力。

加强节能减排技术基础性研究工作，提升科技创新能力和研发水平；组织开展节能减排专项技术攻关，突破关键技术，开发节能减排先进技术和设备，发挥科技创新在节能减排工作中的支撑和引领作用。

重点工作

（一）制定水运节能减排政策法规。

1.制定营运船舶节能减排准入与退出管理办法。

落实《节约能源法》赋予交通运输主管部门的职责，通过严格的行政管理，禁止不符合节能减排标准或者要求的船舶用于运输；综合应用行政、经济等手段，促使已经用于运输的、不符合能耗排放限值标准要求的船舶退出运输领域。

2.制定港口装备节能减排准入与退出管理办法。

通过严格的行政管理，禁止不符合节能减排标准或者要求的港口装备用于港口生产；综合运用行政、经济等手段，促使已经用于港口生产的、不符合节能减排标准或者要求的港口装备退出港口生产领域。

3.开展鼓励靠港船舶使用岸电相关政策研究。

研究促进靠港船舶使用岸电的政策，鼓励靠港船舶使用岸电，减少港区排放，提高港区环境质量。

4.开展鼓励使用有利于节能减排的能源的政策研究。

主要包括鼓励使用非化石能源、液化天然气（LNG）、低硫燃油和燃油添加剂等方面。研究鼓励港航业使用有利于节能减排能源的政策，促进水运业朝着节能减排方向发展。

（二）制定水运行业节能减排工作指导意见。

1.补充完善港口节能减排指导意见。

根据原交通部《关于港口节能减排工作的指导意见》（交水发〔2007〕747号）实施情况和经验，分析港口节能减排技术发展现状和趋势，修改完善指导意见，全面指导港口开展节能减排工作。

2.制定船舶运输节能减排指导意见。

提出切实可行的船舶运输节能减排措施，有效指导船舶运输开展节能减排工作。

3.制定全国内河船型标准化工作总体思路和工作方案。

明确全国内河船舶船型标准化的实施目标、原则和分阶段行动计划，落实配套保障措施。

（三）完善水运节能减排标准规范。

1.制定水运节能减排标准规范体系。

全面梳理水运业现行标准规范，适应节能减排要求，提出需要制修订的标准规范内容，建立包括水运工程建设、设施设备运行和维护管理、船舶建造及营运管理等在内的水运节能减排标准规范体系，提高水运节能减排标准推进工作的系统性。

2.补充、完善水运工程节能减排有关设计规范。

梳理现有水运工程标准规范中的相关内容，增加建设期和运营期的减排内容，修订完善节能和环保设计规范，修订评价标准，推进节能减排技术在水运工程上的应用。

3.制定《集装箱堆场装卸设备供电设施技术规范》。

规范集装箱堆场轨道式或电动轮胎式集装箱门式起重机的供电设施设计和配置要求。

4.制定《水运工程建设项目节能评价规范》。

结合水运工程的特点，制定水运工程节能评价规范，规范和指导水运工程节能评价工作。

5.制定《港口设备能耗标志及能耗与排放限值标准》。

制定港口主要用能设备能耗标志与排放限值标准，为淘汰落后设备创造条件。

6.制定《干散货码头粉尘控制规范》。

根据粉尘控制方法应用效果要求，对目前使用的各种粉尘控制方法的设计和应用提出规范性要求，为干散货码头有效控制粉尘奠定基础。

（四）制定营运船舶节能减排设计规范。

1.制定内河绿色船舶规范。

将提高能效、增加有利于节能减排能源利用及资源回收利用等要求纳入规范，先以附加标志形式进行引导，逐渐进行过渡应用，促使船舶设计充分考虑节能减排要求。

2.完善新投入营运船舶燃料消耗量及二氧化碳排放限值标准。

完善新投入营运船舶燃料消耗量及二氧化碳排放限值标准，为禁止不符合标准的船舶投入营运奠定基础。

3.制定在役船舶退出营运市场燃料消耗量及二氧化碳排放限值标准。

制定在役船舶退出营运市场燃料消耗量及二氧化碳排放限值标准，为逐步淘汰在役的不符合标准的营运船舶创造条件。

（五）编制水运节能减排技术指南和规程。

1.制定水运建设项目节能验收评价规程。

制定水运建设项目节能验收评价规程，促使水运工程建设单位落实节能要求，不符合强制性节能标准的项目，不得投入生产、使用。

2.编制重点设施设备、运输工具节能运行、调度和操作指南。

适应节能减排要求，考虑先进技术手段应用对于运行、调度和操作的影响，编制重点设施设备、运输工具节能运行、调度和操作指南并汇集出版，供企业对使用人员或运行、调度和操作人员培训时参考。

（六）开展示范推广节能减排技术与经验的基础性工作。

1.建立水运节能减排实用技术与典型经验成果目录。

根据节能减排技术进步和经验积累对成果目录进行动态维护，及时发布和推介节能减排新技术和新经验。

2.确定示范和推广项目。

根据全国节能减排工作的总体部署，选择水铁联运、港口装卸机械“油改电”等技术先进、实用性强、适用范围广的成果进行示范和推广，并制定相应工作方案；省级交通运输主管部门可根据上述原则、结合本省（区、市）实际情况和特点开展有关工作。

（七）开展重点技术试点工作。

“十二五”时期，将根据节能减排技术发展和研发情况，逐步增加新节能减排技术的应用试点，持续不断开展技术试点工作，根据试点应用经验，确定推广应用项目，推动水运节能减排技术的应用。

1.试点应用靠港邮轮、旅游船使用岸电技术。

2.试点应用LNG驱动、电力驱动水平运输车辆技术。

3.试点应用内河柴油和LNG混合动力船舶技术。

4.试点应用集装箱码头全电力装卸工艺技术。

5.试点应用油码头油气回收再利用技术。

（八）开展重点技术和典型经验推广应用工作。

“十二五”时期，将根据节能减排技术试点和管理经验积累情况，逐步增加重点技术和典型经验的推广应用，持续不断开展推广应用工作。对于应用范围广、推广难度大的项目，编制实施指南。

1.推广应用轮胎式集装箱门式起重机（RTG）“油改电”技术。

2.推广应用靠港集装箱船和散货船使用岸电技术。

3.推广应用起重机、带式输送机系统等港口机械节能运行控制技术。

（九）加强节能减排技术基础性研究工作。

1.研究制定水运行业二氧化碳排放检测方法。

针对不同类型船舶和港口设备，研究水运行业二氧化碳排放检测方法，为制定检测标准和进行二氧化碳排放检测准备条件。

2.开展绿色水运发展长效机制研究。

研究建立绿色水运发展长效机制的方式和方法，为推动绿色水运建设提供政策和措施建议。

研究建立绿色水运统计体系。研究建立绿色水运统计体系，收集整理绿色水运统计信息，掌握绿色水运建设工作动态，为制定相关政策措施提供决策依据。

研究建立绿色水运考核体系。研究建立绿色水运考核体系，以统计、监测和检测为手段，提出考核的目标、范围、指标、机制和考核的对象、内容方法等。

研究建立绿色水运企业认证体系。研究绿色水运企业星级认证的指标、标准，绿色水运企业星级认证管理办法，绿色水运企业星级认证指南，绿色水运企业星级认证的范围、开展认证单位的资质、认证结果的运用范围等。

3.组织开展水运节能减排基础性研究后续工作。

根据需求和计划，组织开展水运节能减排基础性研究后续工作。

（十）组织开展节能减排专项技术攻关。

1.组织开展集装箱码头节能减排成套技术研究开发。

内容涵盖平面布置、装卸工艺与装备、供电系统、运作管理以及指标体系等方面，开发应用有利于节能减排的新技术设备和管理手段，形成相对完整的集装箱码头节能减排技术体系，促进集装箱码头的节能减排。

2.组织开展干散货码头节能减排成套技术研究开发。

内容涵盖平面布置、装卸工艺与装备、供电系统、运作管理以及指标体系等方面，开发应用有利于节能减排的新技术设备和管理手段，形成相对完整的干散货码头节能减排技术体系，促进干散货码头的节能减排。

3.组织开展杂货码头节能减排成套技术研究开发。

内容涵盖平面布置、装卸工艺与装备、供电系统、运作管理以及指标体系等方面，开发应用有利于节能减排的新技术设备和管理手段，形成相对完整的杂货码头节能减排技术体系，促进杂货码头的节能减排。

4.组织开展内河船舶节能减排成套技术研究开发。

内容涵盖船舶性型优化、轮机设计、新材料应用、清洁能源和可再生能源利用等方面，开发应用有利于内河船舶节能减排的技术。

低碳建筑编

>>>

主编单位：住房城乡建设部建筑节能与科技司

主　　编：韩爱兴　住房和城乡建设部建筑节能与科技司副司长

副 主 编：仝贵婵　住房和城乡建设部建筑节能与科技司处长

执行副主编：侯文俊

领导言论

在全国住房城乡建设工作会议上的工作报告（节录）

姜伟新

2011年保障性安居工程建设规模之大、任务之重，是史无前例的。在党中央、国务院的坚强领导下，在各地方、各部门的共同努力下，今年提前、超额完成了开工建设保障性住房和棚户区改造住房1000万套的任务。今年以来，各地区、各部门加大了落实中央房地产市场调控政策的力度，多数地区涨幅回落，房地产市场总体运行平稳，调控成效已经显现。

今年城乡规划和建设管理工作进一步推进。城乡规划督察员派驻城市总数达到89个，督察员总数达到102名。全国各地积极采取措施加强城市管理。预计今年全国城市生活垃圾无害化处理率超过78%，全国城市污水处理率有望达到80%，均比去年增加。农村危房改造265万户。住房公积金管理工作得到加强，资金总体安全。

今年进一步加强了建筑市场监管，全系统组织开展了建设工程质量安全、建筑市场和轨道交通工程执法检查。启动北方采暖地区既有居住建筑供热计量及节能改造1.7亿平方米，相当于“十一五”期间的改造任务总量。严寒、寒冷地区已全面执行新的节能设计标准。

根据中央经济工作会议精神，明年重点要抓好8个方面工作：

三是推进城市规划、建设和管理工作。着力提高城市总体规划、省域城镇体系规划等编制质量，增强规划科学性。继续扩大部派城乡规划督察员派驻城市范围，基本实现国务院审批总体规划城市的全覆盖。要加强城市综合管理，进一步加强城市地下管线综合管理。明年，各地要开展城市地下管线普查。各城市要积极探索创新地下管线管理方式，创造和积累管理经验。强化城市地下管线工程等城建档案管理，推动数字化城市管理平台功能向地下管线、城市安全等领域拓展和延伸。继续加强供水、供热、供气、城市桥梁等市政公用设施的安全监管，采取有效措施防治城市内涝。加快城市污水垃圾处理设施建设，强化市政公用设施安全监管，改善城市人居环境。编制和实施好城市综合交通体系规划，加快城市轨道交通建设和步行、自行车交通系统建设，大力提倡采用绿色交通方式出行，缓解城市交通拥堵。

四是更加突出地抓好建筑节能工作。要提高认识，把建筑节能工作摆在更加突出的位置抓实抓好。明年启动北方采暖地区既有居住建筑供热计量及节能改造1.9亿平方米。进一步强化新建建筑节能监管。大力发展绿色建筑。推进住宅产业化，推广商品住房全装修。

五是加快完善住房公积金制度。配合有关部门，加快修订《住房公积金管理条例》。进一步推进住房公积金运行监管系统建设，力争2012年末覆盖到全国100个城市。加强和改进服务，确保住房公积金资金安全和有效使用。

六是加大村镇建设力度。加快推进农村危房改造，明年中央将提高补助标准。加强村镇规划编制实施工作，扩大绿色低碳重点小城镇试点范围，强化传统村落保护。

（姜伟新：住房和城乡建设部部长 2011年12月23日）

绿色建筑让城市生活更低碳、更美好

仇保兴

一、发展绿色建筑是解决我国资源能源问题的重要战略

我国正处在城镇化的初中级阶段，每提高1%城市化率，新增能耗6000万吨标准煤；每提高1% 的城镇化率，新增建筑用地1000多平方公里；从材料上看，每增加一个百分点城镇化率，新增钢材、水泥、砖木等建材总重量6亿吨。大家可以想象，城镇化就是一个推土机，是一个把资源、能源、生态进行消灭的、进行破坏的大型推土机。但是城镇化也是造福机器，如果城镇化通过绿色建筑、绿色产业、绿色交通、绿色的城市来推动的话，那么城镇化就能为子孙后代留下可持续发展的资源。所以未来怎么样取决于我们今天在座所有人的所作所为。

从另一个角度看，我们国家既有建筑改建成绿色建筑的潜力是巨大的。全国既有建筑共400亿平方米，在这400亿平方米中，人均电梯使用量仅为世界平均水平的1/2，是发达国家的1/10，所以我们在电梯上还有很大的进展。北方地区单位建筑面积的采暖能耗与气候条件相近的发达国家相比，我们高出2-3倍。例如北京一平方米建筑在冬季采暖所需要的煤20公斤，节约的幅度是巨大的。从2005至2009年，空调使用量增加了210%，小汽车增加223%。使用家用电器是老百姓希望生活条件改善的愿望，但是电器如果不是绿色、节能的，或者在房间里使用根本不能保持温度的话，其所造成的危害和浪费将是巨大的。

从前几年已经获得星级绿色建筑的项目分析，我们四节成效非常巨大。综合来看，这些项目的社区绿色率大于38%，平均节能率达到58%，节水率大于15.2%，可循环材料大于7.7%，二氧化碳减排达到每平方米28.2公斤。前几年我们国家绿色建筑是迅猛发展的，但是跟我们国家现在巨大的城市化的推力相比，还有巨大的潜力可挖。只要维持每年新增100个绿色建筑项目，“十二五”期间将节能8.5亿千瓦时，将近30万吨标准煤，减排二氧化碳气体76.6万吨，节约水资源0.3亿吨，可循环的材料1.1亿吨，数量是巨大的。大家知道，100个绿色建筑项目对我们国家巨大的建筑市场来讲只是沧海一粟，是我们现在就能够达到的水平。所以温家宝总理最近指出，发展绿色建筑、最大限度的节能、节水、节地、节材，减少污染，保护环境，改善居住舒适性、健康性和安全性，不仅能够解决转变建筑业发展方式和城乡建设模式的重大问题，而且关系到群众的直接利益和国家的长远利益。

目前我们国家正处在推进工业化、城镇化和新农村建设的关键时期，所以城乡发展绿色建筑面临着极好的机遇，要抓住机遇，从规划、法规、技术、标准、设计等方面全面推进，绿色建筑行动千万不要丧失机遇。总理反复指出，我们要抓住机遇，我们不能拆分的考虑建筑的节能、节水、节地、节材。如果某个建筑，今天是节能的建筑，明天又改造成节水建筑，后天又改造成节材的建筑，再改造成室内环境良好的建筑……这样我们就费工、费钱、费能、费材。而绿色建筑是一次性解决建筑的舒适度、解决建筑的节能、节水、节材、节地的全面方案，是综合性最节约的方案。

二、加快绿色建筑发展的条件已经成熟

今年绿色建筑大会已经举办第七届了，从多个方面来看，中国绿色建筑行动已经准备好了。

第一，不断提高的城市新建建筑的节能比率，证明我国全社会建筑节能的意识已经形成。从2005年设计阶段节能建筑只能达到53%，而实施阶段还不到21%，仅仅五年时间，我们已经提高到设计阶段99%，施工阶段95.4%，一般性的节能建筑已经达到了极限。

第二，从今后几年大规模建设的保障性住房将成为绿色建筑大发展的契机，保障性住房是政府强制性进行建设的住房项目，从前面五年时间一共建了1100万套，今后五年要建3600万套，3600万套意味着一半的建筑市场将由保障房来提供，这时候政府重点工作就要使保障房成为绿色建筑。现在机会已经成熟了，所以我们一定要强调把价格低廉的保障房变成节能、节水、节地、节材的绿色建筑。深圳市就在这方面做出了样板。

第三，大规模的推广可再生能源在建筑的应用，助推绿色建筑的发展，因为建筑变成产能场所，从前几年来看太阳能光电在建筑的一体化应用已经迅猛发展。从太阳能光热在建筑的应用来看，我们建筑屋顶的应用量已经达到全世界的70%，全世界的70%的太阳能光热在中国。

第四，1/5以上城市已经开始各种类型的生态城市的规划建设。为绿色建筑的发展奠定了基础，正像刚才联合国

官员所展示的，单个建筑的节能效果并不明显，如果把这些建筑串联起来，使这些建筑与社区、与城市的可持续发展进行紧密的匹配，就会发展出多种效应的低碳减排的项目。

第五，我国许多城市都已经开始了既有城市改造与绿色建筑相结合、新建城市与绿色建筑相结合，以及小区的改造与绿色建筑相结合。所以绿色建筑已经成为生态城市、绿色城市发展的先头兵和基础。在这种情况下，我们看到全国各地纷纷成立绿色建筑的设计研发机构和绿色建筑联盟，以缓解人才压力。每年一届的绿色建筑盛会为全球的绿色建筑工作者提供了这个平台，大家相互交流，相互学习，共同促进绿色建筑的发展。全国大多数省已经建立了绿色建筑研发设计中心，十多个研究机构已经获得绿色建筑认证资格，20多个省有绿色建筑委员会，使绿色建筑从理论走向实践奠定了基础。

第六，我们看到发展绿色建筑并不是昂贵的，它的成本是可以承担的。我们对九个最典型的绿色建筑进行了调查，蓝色部分是开发商报的成本。通过我们调查，绿色部分是核定的成本，从核定成本来看，普遍低于开发商报的成本。经过核算，每个项目的节能和能源的经济利益利用非常好，通过这些项目平均化的推算，节电成本的静态回报期3-5年，节水成本的静态回报率为2-7年，绿色建筑在能效、节水、节材、控制二氧化碳气体排放方面都是最高效的。

三、加快我国绿色建筑发展基本策略

首先，加快我国绿色建筑发展的基本策略在“十二五”期间应该是怎么样呢？应该经历以下三个阶段：

第一个阶段过去的五年采取自愿申报的办法，使得绿色建筑从零起步获得每年100以上的标识标志。第二阶段，在未来的几年，每年获得标识标志的建筑应该达到三百个，甚至每年五百个，必须把工业性和区域性的强制与商业性的自愿相结合。第三阶段，到“十三五”时期，要进一步使绿色建筑覆盖所有建筑类型，所以还要增强商业性经济激励政策，使得绿色建筑基本上在我国推广。

其次，目前第一个五年计划我们已经完成，正向大规模发展绿色建筑的“十二五”迈进，我们将面临巨大的使命感和工作量，我们还要面临生态城市大规模的建设。

所有的生态城市，我们分成以下三类：第一类，既有的城市改造升级为生态城市。我们要求新建的建筑50-60%必须达到绿色建筑的标准，像光明新区，可以做到100%，中新生态城也可以做到100%，既有建筑有20%改造成绿色建筑，这就是一个刚性的标志。第二类是新建生态城，有80%以上的新建建筑为绿色建筑，而且我们要求达到100%。第三类，由城市的某一个社区改造成生态社区，既有建筑应该达到50%以上改造成绿色建筑，80%以上新建建筑为绿色建筑，因为绿色建筑就是建设生态城市的基础中间的基础，没有任何一个城市可以避开绿色建筑说自己是生态城市的，那是不可想象的。

第三个策略，我们要依托可再生能源建筑应用项目与示范城市对绿色建筑强制性的推广。对获得可再生能源建筑应用项目、享受国家补贴的项目以及示范城市享受国家补贴的可再生能源应用示范城市来说，要求80%以上正在应用的项目应该是绿色建筑，并且要尽快过渡到100%。达不到绿色建筑内部体系要求的，不能进入绿色建筑认证标准的可再生能源利用项目应该终止。可再生城市30%新建建筑应为绿色建筑，启动既有建筑改造为绿色建筑在“十二五”可达到20%。改造成绿色建筑，既改善了舒适性，又提高了空气质量，同时大大降低了能源的消耗和材料的消耗。

第四，依托绿色小城镇推广农村的绿色建筑。我国现有两万个小城镇，对于新建建筑达到绿色建筑标准30%以上的小城镇，我们要命名为绿色小城镇或者生态小城镇，并给予一千万到两千万的补助。同时，我们要设立乡土绿色建筑创新奖。在我国各地的乡土建筑都是传统文化留给我们的智慧，都是先民们应对自然变化，以最省力、最省能的方式创造出来的节能建筑，这些是古老的绿色建筑，我们应该尊重它、改善它、延续它。

第五，全面推行绿色建筑“以奖代补”的经济激励政策，我们认为对三星级高等级绿色建筑以奖代补的金额应该大于1/3的增加成本，平均来算是每平方米补助75元，由地方政府和中央政府一起对这些高等级的绿色建筑进行奖励。而一星级成本更低，准备在物业税先试的城市中间减半或者减少对绿色建筑的征收。土地招拍挂前置条件，就是非绿色建筑不得获得土地，或者大面积的开发绿色建筑的比例要大幅度上升。在北京等等城市已经尝试对已建成绿色建筑奖励5%的容积率。在需求端，购买绿色建筑就购买了对地球的保证数，为下一代可持续发展的保证数。

第六个措施，全面推行住宅的全装修与装配化，促进绿色建筑的发展。我们国家与发达国家差距最大的是在建筑全装修方面，我们的全装修的比例还不到20%，还有巨大的潜力可以挖，我们将在全国要设立20-50个示范基地，这里的潜力超越了我们的想象力。

四、加快绿色建筑关键技术和政策的研发

加快绿色建筑，关键技术研发和政策尤为重要。首先，我国气候区异常复杂，至少有四个气候区，不同气候区和建筑种类都要编制相应的绿色建筑的标准和实施规范，这些标准和实施规范应该向古老的乡土建筑学习，不能采取不尊重传统的做法。

第二，开发绿色建筑设计和检测软件，绿色建筑同时要考虑到舒适性、减排性、节材、节水，这也使得设计软件的复杂性大大增加，要求我们技术上一定要攻关的。有了设计就有了检测的软件，这些软件都必须要通过研发，使得它成熟起来，而且广泛的推广应用。

第三，设立20个以上国家级工程技术中心和绿色建筑产业化基地，构建产、学、研、政、企广泛联盟和产业化的推广平台。绿色建筑绝对不是一个简单的科学研究，而应该成为一种全体市民的共同行动。

第四，中美能源合同项目，涉及到节能的汽车、涉及到碳的固定的捕捉、涉及到绿色建筑，这三个方面最有潜力的还是绿色建筑。碳捕捉有三个方式：一个通过化学的办法捕捉碳，那需要造成污染；一个通过物理的办法捕捉碳，我们就要消耗大量的能源，但是如果自然的方法，通过木材、通过植物捕捉碳，把它变成建材，那就是非常自然的方法，最小的环境干扰办法，把碳固定住。绿色建筑就是这么一种建筑。

第五，全面培训绿色建筑的设计、施工、安装、评估、物业管理、能源服务等等方面的人才，因为我们过去的建筑设计师从来没有在课堂里边学过绿色建筑，我们需要再学习、再培训、再教育。

第六，积极推进绿色建筑的单项技术的创新，这些单项技术包括各类可再生能源与建筑的一体化应用，包括雨水收集和中水循环利用与建筑的一体化；包括垃圾的分类，包括餐厨垃圾、湿垃圾与有计划处理，包括绿色照明与光导照明与建筑的一体化，包括分布式能源与绿色小区和低碳生态城的建设，是综合性的共生技术的集成等等，都是需要攻关的。

第七，加快绿色建筑社区的整体设计和技术的创新，因为绿色建筑不能等单体建筑成熟了再搞系统，必须把单体建筑的成熟与系统同时进行考虑，这样才能够发挥节能减排和降低二氧化碳气体排放的综合效应。

第八，开发和推广绿色建筑碳排放和“四节”性能检测与评估体系，只有科学的、严格的、计量的“四节”效能和二氧化碳排放的评估，才能把绿色建筑纳入健康顺利发展的渠道。

未来的五年，我国绿色建筑的发展将从启蒙阶段迈向快速发展阶段，这场建筑界的革命既有可能助推我国走向绿色低碳发展之路，同时也给城市规划和建筑界带来巨大的挑战与机遇，贵在从规划、法规、技术、标准、设计等方面扎实工作和扎实的行动，推动我国绿色建筑上一个新的台阶。

（仇保兴：住房和城乡建设部副部长，2011年3月28日在第七届国际绿色建筑与建筑节能大会上的主题报告）

大型公共建筑节能的挑战与机遇

仇保兴

建筑节能要先行，必须从公共建筑的节能来起步。

一、大型公共建筑节能的挑战与机遇

我们所遇到的机遇与挑战，挑战之一就是食洋不化和水土不服，以上海浦东干部学院的建筑为例，这个建筑是气候非常温和的法国的建筑师设计的，这些建筑师基本上没有考虑上海本地的特殊气侯，冬天非常冷，夏天非常热，所以他们所设计的所有建筑，朝北是落地窗，朝南也是落地窗，主要办公楼是一个封闭的玻璃结构，像玻璃盒子一样，这里的校长告诉我，这里夏天像蒸笼一样，冬天却冷的发抖，每年的耗电量要比常规的建筑高一倍，我告诉大家一个数据，浦东干部学院住的学员有400名，每年要支付的电费耗电量是6000万，再以某市南站为例，它造型非常奇特，也非常新颖，像飞碟一样，这是北欧一个建筑师设计的，北欧冬天非常冷，夏天非常的凉快，夏天温度在当地只有20度，他们把建筑原形基本上不动的搬到了我国南方的一个地区，结果造成了这里到夏天时候要用3倍的空调温度还降不下温来，所以人家开玩笑说这个建筑就像一个蒸小笼包子的蒸笼。

挑战之二：盲目拷贝，追求怪异，北京有个鸟巢，现在全国都鸟巢化，连一个县里面建的文化馆也是鸟巢；世博会有卡通式建筑，全国现在就拷贝了很多卡通式的建筑，根本不符合建筑功能的表达。所以，建筑首先一定要实用、经济、美观，大型建筑更要贯彻实用、经济、美观的原则，我们的建筑不实用、不经济、也不美观。

挑战之三：形式单一和土地浪费，模式是这样的，一个高层办公楼，然后拥有一个大广场，两翼对称、庄严，这样一种建筑，它实际上占地面积非常大，能耗又非常的高，影响了我们绿色建筑和大型公共建筑节能技术的推广。

挑战之四：集中能源系统和高大门庭。我们的设计者就喜欢一个大型建筑或者一片大型建筑全部用一个能源供应系统，建筑里面只要有一个人能源系统也要开，没有人也要开，因为系统要连续工作，不能频繁启动，再加上中国三星级宾馆门庭要比欧美五星级宾馆的门庭还要大，这么巨大的门庭非常耗能，也非常的浪费，而且这种趋势已经从高等级的宾馆蔓延到一般的公共建筑、飞机场等建筑，所以中国任何一个新建的大型公共建筑，空间都无比的高大，已经成为一个通病，气派，但是不节能，跟我们现在要求的节能减排、能源危机、降低二氧化碳气体的排放这些要求都是相背离的。

挑战之五：伪劣保温和管理混乱。举一个大家知道的例子，中央电视台大楼新址所用的保温材料是劣质的产品，一个小小的鞭炮就把整个大楼的保温层全部燃烧干净，而且这种保温材料导致了燃烧过程中出现了火焰下挂，像瀑布那样挂下来，同时散发出剧毒的气体，这两件事情使得我们的消防队员面临着生命危险。所以在外墙的保温上，必须立即杜绝那种一旦燃烧就会出现下挂趋势的外保温材料，必须立即取缔燃烧过程中散发剧毒的保温材料，在这个问题上已经有了很多次教训，但是我们的外墙保温设计仍然采用伪劣产品。

这些挑战就导致了我们在大型公共建筑节能方面有两个差距：第一个差距，与一般民用建筑的节能差距日益扩大，从5倍有的地方甚至已经扩大到10倍，与发达国家水平的差距也在日益扩大，对上海的九栋质量比较高的商业楼进行全年能耗调查测试表明，这九栋商业楼全年一次性能耗超过日本相应建筑能耗标准的43.3%，上海还是一个建筑节能管理效率比较高的一个城市，所以我们可以预见，我们所面临的任务是多么的紧迫。

面临挑战的同时我们也有机遇，机遇之一，中央政府节能补贴大幅度增加，可再生能源建筑补贴面将更大，太阳能、地源热泵、风能，只要有可再生能源的将会采取成本全覆盖，这是一种趋势，绿色校园、绿色饭店、绿色机关、绿色社区正在蜂拥而至，只要确定绿色校园，国家给一定的补助。

机遇之二，绿色在中国已经星火燎原，从2008年零的突破，到2009年、2010年，今年会比2010年再翻一番，每年以翻一番以上的速度发展。温家宝总理批示，推行绿色建筑是促进节能减排、改善人民生活环境的重大举措，也是要必须抓住的一个重大机遇，不能丧失这样重大的机遇。

机遇之三，地方政府对绿色建筑的优惠政策日益明确，地方政府比较容易掌控的，凡是绿色建筑一星容积率返还1%，二星返还2%，三星返还3%，非常容易操作，在一个建设系统就能够就地解决问题，不用跟任何其它系统打交道，已经明确，现在各地又有大量生态城的建设，最重要的标志就是所有生态城内部建设原则上应该是100%的建筑都应该达到绿色建筑的标准，如果说每个生态城市人口都是30万到50万，中国近几年要建50个生态城市，远期上百个，这些生态城市作为绿色建筑的摇篮和基地将会发挥巨大的地区性示范作用，从质和量上可以保证绿色建筑整体有飞跃性的发展。国家正在研究对高等级绿色建筑直接进行按星级补贴，中国的三星级绿色建筑的标准如果一旦执行，一是可以享受地方政府的优惠，二是可以享受中央财政补贴，三是将来一旦出现物业税可以减免物业税，从现在开始，大型公共建筑就应该走上这条道路。

机遇之四，适用的关键技术正在快速的涌现，比如光伏幕墙，幕墙的透光率可以从20%达到90%，无限的进行调节，这种幕墙技术早就已经非常成熟了，比如自保温墙体，用轻型材料加上发泡陶粒砖做成，再比如可再生能源电梯，节能率达到50%以上，下降时可以发电，中水回用和节水的卫生器具，从原来7升降到1.7升，施工过程中间，直接用空心砖，然后再加地源热泵已经成为建筑在实际施工过程中必须要完成的步骤，而且空心砖技术非常成熟，小型风力和立体农庄技术都已经非常成熟，已经有了成熟的规范。小型风机，结合中国丰富的稀土资源，直接可以用磁悬浮制造屋顶上的风机，而且这些风机随着建筑高度的上升，每升高10米，都可以使我们的风力发电量增加一倍，凡是高层的建筑，利用小型风机投入产出比是最高的。

机遇之五，国际合作正在蓬勃发展，几乎每一个发达的国家都已经跟我们提出了要公建绿色建筑示范，特别是前段时间美国能源部部长朱棣文访问中国，两次到住建部来，我们已经有非常愉快而且长期的合作，中美的能源合作设立了三个项目：第一个项目建筑节能，第二个项目新能源汽车，第三个项目碳封存，每年每个国家5000万美金，而且我预计这个项目合作所产生的示范效应很快就会展现，中国和加拿大利用木材进行碳封存，中国建筑是土木建筑，一般封存一百年没有问题，这是自然的固碳之道，应对气候变化和绿色建筑这个领域，已经成为国际的科技合作扩大我们国家开放的最主要的领域之一。在这个领域里，我自己感觉一路绿灯，但是我们的规划师、建筑师、设计师们并没有直接的或者踊跃的加入到扩大开放的行列中间来。

二、大型公共建筑节能主要策略

讲了那么多机遇与挑战，我们国家的大型公共建筑节能的主要策略是什么？一共有七项：

第一项，单项节能技术与系统集成应用，在任何大型公共建筑设计中，我们必须要考虑用低品质能源，也就是说直接利用浅层地热、阳光、通风进行建筑的整体性或者基础性的温度调节，高品质的不可再生能源进行局部性或者精细性的温度调节，这应该成为我们最重要的通则，应该把最基础的能耗用可再生能源来替代，这是每一个建筑师要过的第一关，如果没有这样一个思想，就不是现代的建筑设计师。

第二项，建筑的单功能与混合功能必须加以考虑。在苏州的工业园区有一栋大型的商业建筑，我看了以后说你们可以进行混合功能设计，在一个小区里推广平面的复合，也就是把居住、工作、商务、教育在一个平面上进行复合，但是一个大型公共建筑考虑到立体的复合功能，工作场所和居住场所空间距离非常接近，造就了白天、黑夜的利用率非常高，许多城市功能分区过分强调以后，一到晚上整个城市中心就是死城，GDP没了，CBD、城市中心区、商务中心区没有一个人，我们有开发区，到了晚上成了鬼城，我们也有许多大楼，晚上成了鬼楼，这些都是一种物质的浪费，要通过功能的复合来节约大量能源、大量材料、大量空间，城市空间是最宝贵的资源。

第三项，单幢建筑节能与建筑群整体节能加以一并考虑。过去非常注重一个单体建筑节能，单体建筑要利用高质量的空调等，这些有没有错？没有错，但是建筑之间合理的排列，高低错落，使得通风、日照都可以兼顾，这已经成为我们老祖宗留下来的智慧；再比方说我们现在用红外照相跟实时照相，对任何一个住宅区进行对比就可以看出来，建筑与建筑之间能源是交换的，建筑与周边的绿化、空地的能源也是交换的，如果利用绿化，利用建筑之间的相互遮阳，就可以产生非常好的低能源消耗，凡是有遮阳的地方，在红外照片上就显示出很低的温度，凡是被日光直接照耀的地方，就体现出不可避免的热导效应，如果正面临周边热导效应，空调要加倍，这就是能源的浪费，整体上来研究公共建筑之间能源的相互流动和交流应该成为我们建筑师一个新的必须要开拓的和掌握的技术。

第四项，能源、资源分散循环与集中循环利用。我们的建筑师们一考虑问题就是大型、集中、中央，这种模式其实是很浪费的，在中国建筑能耗上有两个数据是非常值得我们深思的：一个数据就是我们的公共建筑的能耗每平方要比一般的民用建筑能耗高5倍，甚至有的更高，为什么？大型公建基本都采取集中空调，老百姓全部用分体空调，中国南方分体空调建筑的每平方米耗能量只有发达国家同等建筑的三分之一，老百姓一个家庭七个房间，我们睡觉时候只用一个房间或者两个房间，只把这两个房间的分体空调开着，其余五个房间根本不开空调，冬天也一样，中国南方由于分体空调的普及大大减少了能源的消耗和二氧化碳气体的排放。第二北方地区凡是冬季供热的，单位建筑面积能耗是发达国家2-3倍，北方地区广泛使用集中式的供热，每平方米冬季供热需要20公斤标准煤，在发达国家只有三分之一就可以了，为什么？我们所有冬季供热都是按面积来收费，用户是不可调的，调了以后没有任何利益关系，这样一来就导致北方地区反常的出现我们单位能耗比发达国家高2-3倍，大家都知道，同样的建筑质量，一个低2-3倍，一个高2-3倍，一个核心的问题就是南方地区分体式空调，北方地区大集中空调，公共建筑也是大集中空调，我们也可以尝试每个房间独立进行调试，包括中水会回用，包括垃圾处理，包括污水的处理和水的循环利用，都应该考虑就地、就近循环，只要这样想了、这样做了，整个城市的碳排放就会大幅度下降，我们要抛弃大工业时代那种求大、求集中、求中央式控制这种大工业时代给我们带来的错误观念。我们必须考虑分散、小型、就地、就近。

第五项，被动式节能与主动式节能。第一从被动式角度来讲，我们的围护结构是不够的；第二我们的热回收做的也不够；第三我们在空气的循环方面对灰尘的隔断没有认真考虑，如果我们有一个绿色健康的公共建筑，我们就应该对这些气体进行过滤，同时在排出废气的时候把热回收，这就成为大型空调被动式设计中间的一个核心的环节，南方的建筑外遮阳，北方的建筑直接利用太阳能，在被动式设计方面我们必须非常认真的考虑这些问题，再加上中国是一个四季分明的国家，到了冬天、秋天时候必须也应该让建筑直接能够通风，可以大幅度的下降建筑能耗，现在很多大型宾馆的建筑基本打不开，这就是非常麻烦的事情，有两个季节处在高能耗过程中，只消耗一半的用自然通风所带来的建筑能耗下降的机会。中国地质结构中，大量的是岩石，可以进行储能，把冬天的供暖和夏天的制冷能源在地底下进行储存和交换，绿色地带、粉红色地带都是非常适用于地源热泵的，浅蓝色地带也可以，深蓝色或者深红色不适应地源热泵，夏季的制冷和冬天的供暖与地能这三者不能平衡。

第六项，节能的硬件设计与智能化。整个建筑或者整个楼群多用信息，少用能源已经成为每一个建筑师应该学会的基本的设计方法。比方说我们可以通过智能手机的控制，平常把房间里的取暖关掉，下班之前一按某个键，供暖启动，手机是整个通讯行业中最简单的技术，没有任何商业秘密，直接就可以用，但是我们所有的建筑师基本上很少研究这些问题，我们只把智能化用在我们的保安系统，与时代是不相符的，我们国家现在流行的用传感器做成的新一代物联网，物联网的出现，第一代的物联网必将在我们的大型的公共建筑中间和一个节能设计中间涌现，因为通过传感器配上微型处理器然后跟中央处理系统一并合成物联网，这种物联网首先用来大幅度的降低能源的消耗和提高建筑的舒适度，是非常直接的，多用信息，少用能源，而且物联网设计的原则给了我们所有建筑师一个启示，物联网的设计，该中心的中心化，该就地处理的就就地处理，把一个信息的单元循环处理与中央处理量方面结合，这已经成为物联网设计的一个通则，一个房间里边，你要进行温度、湿度控制，房间里必须有传感器，而且这个传感器跟房间控制器、微处理器能够自动进行调节，不需要送到云处理再回来，自动处理，但是又有一个集中的处理系统，可以监视和计算每一个房间的湿度、温度、二氧化碳排放、灰尘量或者累计的二氧化碳排放，这是物联网中通用的原则，在我们能源设计过程中没有直接应用，这是一种仿生学，我们每一个身体的细胞都能够自动的相对独立的运转，整个机体又是跟我们的心脏、大脑集中处理相结合的，把分散与集中相结合，中间用信息进行连接，用能源进行连接，这已经成为一个通用的设计原理，过去我们没有信息这个环节，现在我们在设计过程中有无限的发展潜力。

第七项，节能建筑的政府监管与节能物业管理已经成为发展最快的两大任务。中央财政三年前就确定对大型城市给予补贴，建立公共建筑节能监管的示范市，只要列入名单的给三千万，甚至到五千万的一次性财政补助，对所有大型公共建筑进行在线检测，每平方米瞬时耗能以及每年累计耗能，瞬时二氧化碳气体排放和累计的二氧化碳气体排放就出来了。每年对能耗最低的十个建筑进行强制性节能改造，对最高的十个建筑进行表扬，而且带领设计师们去看。我们有一个城市在这个过程中发现了有一个大型的公共建筑的能耗比一般建筑高出3倍以上，运行了5年找不到原因，通过这个检测系统以后发现有一个管道接错了，白白浪费了70%的能源，问题就解决了。再加上我们的节能服务公司、节能物业管理已经成为我们国家发展最快的两个建筑系统服务商，服务业的发展在建筑领域来讲是方兴未艾。没有良好的、合格的绿色建筑的物业管理，优良的设计就变成伪劣的使用，用户不满意，低碳的设计不能产生低碳的效益。

公共建筑的节能，应该首先着眼于建筑的全生命周期进行技术创新和精心设计，第一，每一个设计师都要着眼于建筑的全生命周期，而且尽可能延长生命周期，这将成为公共建筑节能的基本原则；第二，公共建筑的节能，应该具有当地气候的适应性、当地人文历史的适应性和当地建筑材料的适应性，这将成为公共建筑绿色设计的通则；第三，在大型公共建筑节能技术的推广方面，适用的理念，老百姓可以接受，适用的技术，系统能够推广；适用的成本，可持续、可复制，应该成为大型公共建筑示范推广的基本条件；第四，启动建筑市场绿色需求，包括领导、业主特别是业主绿色意识，启发建筑师们的绿色创新，将成为公共建筑节能的行动纲领。

通过挑战、机遇以及我们必须要采取的七项对策，应该对大型公共建筑节能领域及其突破口应该有一个比较清晰的认识，在这个基础上，在座各位都应该发挥创造性和积极性，积极投身到大型公共建筑的节能改造、节能设计、绿色创新的行列中来，只有这样，我们大型公建的绿色设计和能效才能走在一般民用建筑的前列，我们才能说政府号召老百姓做的、大企业率领小企业做所的我们都做到了，每一个大型的企业业主、每一个城市的政府都应该承担起这样的职责来。

（仇保兴：住房和城乡建设部副部长 在2011年11月8日在中国大型公共建筑绿色节能减排高峰论坛上的讲话）

综　述

2011年以来中国住房城乡建设领域应对气候变化和绿色低碳发展

住房城乡建设部建筑节能与科技司

2011年以来，住房城乡建设领域继续推进建筑节能以及可再生能源建筑应用，大力发展绿色建筑，积极推动低碳生态城市规划建设，加强城市基础设施建设与管理，改善人居环境，积极开展国际合作，进一步加强完善应对气候变化相关的政策法规制订与实施。住房城乡建设领域应对气候变化的政策与行动和绿色低碳发展取得了良好成效。

一、应对气候变化的政策和法规进一步完善

按照《国务院关于印发“十二五”节能减排综合性工作方案的通知》（国发[2011]26号）确定的总体目标和工作任务，住房城乡建设部研究制定了《住房城乡建设部关于落实<国务院关于印发“十二五”节能减排综合性工作方案的通知>的实施方案》，明确了“十二五”住房城乡建设领域节能减排工作目标和重点任务。

2012年，住房城乡建设部制订印发了《“十二五”建筑节能专项规划》，认真总结了建筑节能工作取得的成就和经验，深入分析了当前和今后一个时期建筑节能和绿色建筑工作面临的形势和任务，为“十二五”建筑节能工作提供规划和指导。

2012年，住房城乡建设部会同财政部印发了《关于加快推动我国绿色建筑发展的实施意见》，提出了到2014年政府投资的公益性建筑和直辖市、计划单列市及省会城市的保障性住房全面执行绿色建筑标准，力争到2015年新增绿色建筑面积10亿平方米以上，到2020年，绿色建筑占新建建筑比重超过30%的发展目标。“十二五”期间，将加强相关政策激励、标准规范、技术进步、产业支撑、认证评估等方面能力建设，建立有利于绿色建筑发展的体制机制，实现绿色建筑的快速发展。并建立了高星级绿色建筑财政政策激励机制，引导更高水平绿色建筑建设。组织编制了《绿色超高层建筑评价技术细则》，规范绿色超高层建筑评价标识，推动我国超高层建筑的可持续发展。

2011年以来，住房城乡建设部会同财政部印发了《关于进一步深入开展北方采暖地区既有居住建筑供热计量及节能改造工作的通知》、《关于推进夏热冬冷地区既有居住建筑节能改造的实施意见》，编制印发了《既有居住建筑节能改造指南》，继续大力推进北方采暖地区既有居住建筑供热计量改革及节能改造工作，同时推动夏热冬冷地区既有建筑节能改造工作。

为进一步推进公共建筑节能工作，住房和城乡建设部会同财政部于2011年印发了《关于进一步推进公共建筑节能工作的通知》，明确“十二五”期间公共建筑节能工作的目标和重点任务，确定了居住建筑和中小型公共建筑能耗统计城市，加强能耗统计工作的开展。发布《国家机关办公建筑和大型公共建筑能耗监测系统数据上报规范》，为能耗监测工作提供了制度保障。

为进一步做好民用建筑能耗和节能信息统计调查工作，住房城乡建设部于2012年修订了《民用建筑能耗和节能信息统计报表制度》，要求各级住房城乡建设行政主管部门要加强对统计调查工作的组织管理。

为加强可再生能源建筑应用工作，2011年，财政部、住房和城乡建设部印发了《关于进一步推进可再生能源建筑应用的通知》，提出“十二五”时期可再生能源建筑应用推广目标，继续抓好可再生能源建筑应用城市示范及农村地区县级示范，并将开展集中连片推进可再生能源建筑应用。

为逐渐推进绿色小城镇和低碳生态城市的试点示范工作，财政部、住房城乡建设部印发了《关于绿色重点小城镇试点示范的实施意见》，住房城乡建设部印发了《住房和城乡建设部低碳生态试点城（镇）申报管理暂行办法》，规范引导各地开展低碳生态城市建设。

为加强城镇污水处理厂污泥处理处置，2011年，住房城乡建设部会同国家发展改革委联合发布了《城镇污水处理厂污泥处理处置技术指南》，指导各地按照“无害化、资源化、节能低碳”原则加强污泥处理处置设施规划、建设、运行、管理等各个环节的工作。2012年，住房城乡建设部编制印发了《全国城镇供水设施改造与建设

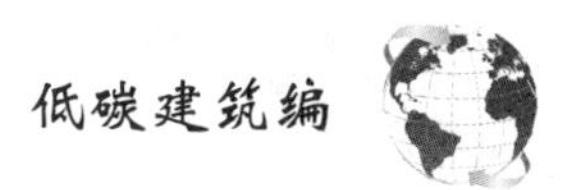

“十二五”规划及2020年远景目标》，

2011年国务院批转了《住房和城乡建设部等部门关于进一步加强城市生活垃圾处理工作意见的通知》，重点加强城市生活垃圾处理工作。住房和城乡建设部会同国家发展改革委、环境保护部联合发布了《生活垃圾处理技术指南》，指导各地通过规范填埋、清洁焚烧减少温室气体排放。

2012年，住房城乡建设部编制印发了《全国城镇燃气发展“十二五”规划》，提出到“十二五”期末，城镇燃气供气总量约1782亿立方米，城市的燃气普及率达到94%以上，县城及小城镇的燃气普及率达到65%以上，通过促进天然气使用，减少标煤消耗量和二氧化碳排放量。制定印发了《“十二五”城市绿色照明规划纲要》，提出了到“十二五”期末，城市照明节电率相比2010年底达到15%的发展目标。

二、建筑节能工作获得明显进展

（一）新建建筑执行节能强制性标准效果显著

2011年全国城镇新建建筑设计阶段执行节能50%强制性标准基本达到100%，施工阶段的执行比例为95.5%，新增节能建筑面积13.9亿平方米，可形成1300万吨标准煤的节能能力。全国城镇节能建筑占既有建筑面积的比例为24.6%，北京、天津、河北、吉林、上海、宁夏、新疆等省（区、市）的比例已超过40%。

（二）北方采暖地区既有居住建筑供热计量及节能改造

截至2011年底，北方15个省（区、市）共完成节能改造面积3.2亿m2。节能改造后的居住建筑室内热环境明显改善，舒适性大幅度提高。部分地区将节能改造与保障性住房建设、旧城区综合整治等民生工程统筹进行，综合效益突出。

住房城乡建设部分别于2011年9月和2012年8月召开了北方采暖地区供热计量改革工作会议，仇保兴副部长都出席并作了重要讲话，总结工作成果和经验，部署下一步工作任务，继续推进北方采暖地区供热计量改革工作。

（三）国家机关办公建筑和大型公共建筑节能监管体系建设继续深入

截至2011年底，全国共完成国家机关办公建筑和大型公共建筑能耗统计34000栋，能源审计5300栋，能耗公示6700栋建筑，对2100余栋建筑进行了能耗动态监测。确定了黑龙江、山东、广西和青岛、厦门5个省市作为第四批能耗动态监测平台建设试点，确定天津、重庆、深圳3个城市为第一批公共建筑节能改造重点城市。确定了南开大学等42所高等院校作为节约型校园建设试点，浙江大学等4所高校作为节能改造示范。

三、继续推进可再生能源建筑规模应用

截至2011年底，全国城镇太阳能光热应用面积21.5亿平方米，浅层地能应用面积2.4亿平方米，已建成及正在建设的光电建筑应用装机容量达1271.5兆瓦。

四、绿色建筑与绿色生态城区建设稳步推进

截至2011年底，全国共有353个项目获得了绿色建筑评价标识，建筑面积3488万平方米，其中2011年当年有241个项目获得绿色建筑评价标识，建筑面积达到2500万平方米。天津市滨海新区、深圳市光明新区、唐山市曹妃甸新区、江苏省苏州市工业园区、无锡太湖新城等绿色生态城区建设实践已经取得初步成效。

由住房和城乡建设部等部委主办的“第八届国际绿色建筑与建筑节能大会暨新技术与产品博览会”于2012年3月在京隆重召开，对深入研讨绿色建筑理念、推动绿色建筑的发展起到了重要作用。

为积极推动城市节能减排、应对气候变化工作，2011年，住房和城乡建设部专门成立了低碳生态城市建设领导小组，负责研究制定并组织实施全国低碳生态城市建设的规划及重要政策措施，组织开展低碳生态城市技术研究与推广和试点示范工作，引导国内低碳生态城市的健康发展。天津市滨海新区、深圳市光明新区、河北省唐山市唐山湾新区、江苏省苏州市工业园区、湖南长株潭和湖北武汉资源节约环境友好配套改革试验区等正在进行低碳生态城区建设实践，对引导我国城市建设走绿色生态可持续发展道路具有重要意义，并在国内外产生了积极影响。

五、大力推进市政公用行业节能减排

截至2012年6月底，全国设市城市、县（下称“城镇”）累计建成城镇污水处理厂3243座，处理能力达到1.39亿立方米/日。目前，全国正在建设的城镇污水处理项目约1300个，处理能力近2600万立方米/日。在657个设市城市中，已有640个城市建有污水处理厂，占设市城市总数的97.4%；累计建成污水处理厂1903座，形成处理能力1.15亿立方米/日。

2011年，住房城乡建设部先后印发了《关于加强城市内涝防治及开展2012年城市防汛检查工作的通知》，要求各地切实提升城市应对暴雨灾害等极端天气能力，加强城市排水设施养护和内涝防治工作。

2011年以来，住房城乡建设部印发了印发了《关于组织开展“十二五”水专项“城市水环境改善和饮用水安全保障”技术难题研究任务申报工作的通知》，继续组织开展水专项工作。联合国家发展改革委印发了《关于进一步加强污泥处理处置工作组织实施示范项目的通知》，并通过对已投入运行并具有一定规模的厌氧消化、好氧发酵、协同焚烧、热水解、污泥制建材等方向的污泥处理处置项目进行了考察和评审，确定了第一批城镇污水处理厂污泥处理处置示范项目。

住房城乡建设部配合国家发展改革委组织开展了城市餐厨废弃物资源化利用和无害化处理试点工作，先后发布了《关于组织开展城市餐厨废弃物资源化利用和无害化处理试点工作的通知》和《关于印发城市餐厨废弃物资源化利用和无害化处理试点城市（区）初选名单及编报实施方案的通知》，初步确定了北京市朝阳区等33个试点城市（区）开展城市餐厨废弃物资源化利用和无害化处理工作。

住房城乡建设部组织开展了2011年中国城市无车日活动，以“绿色交通·城市未来”为主题，通过开展宣传并组织与主题相关的丰富多彩的活动，鼓励人们更多关注和选择低能耗、低污染和低排放的绿色出行方式，并传递政府应对资源环境约束，发展绿色城市交通的决心。截止到2011年，承诺开展无车日活动的城市达到143个。

六、加速城市园林绿地建设

开展国家园林城市创建活动，推动园林绿化建设，形成城市碳汇。2012年，住房城乡建设部印发了《关于组织开展园林城市创建20周年系列宣传活动的通知》，要求各地开展多层面的总结宣传活动，宣传城市园林绿化改善人居环境、应对气候变化等方面的贡献，并通过总结工作，促进城市园林绿化进一步发展，增加城市碳汇。

2011年命名了30个国家园林城市、31个国家园林县城、7个国家园林城镇，全国城市园林绿化建设和管理水平得到很大提升。截至2011年底，园林绿地面积达到147.1万公顷、绿地率达34.7%，人均公园绿地面积11.74平方米。生态型、节约型园林绿化建设深入开展，城市绿地系统持续完善，城市自然生态及绿地资源得到有效保护。

七、国际合作进一步加强

2011年，住房和城乡建设部与美国能源部签署《建筑与社区节能领域合作谅解备忘录之关于促进生态城市发展的附件》。2012年，住房和城乡建设部与英国商务、创新和技能部签署《关于促进绿色建筑和生态城市发展合作备忘录》，与加拿大联邦政府自然资源部签署《关于生态城市建设技术的合作谅解备忘录》。2012年7月，在胡锦涛主席访问丹麦期间，住房城乡建设部与与丹麦王国气候、能源和建设部签署《关于建筑节能合作谅解备忘录》，促进双方建筑节能的合作。

2011年，正式启动了三个国家国际科技合作专项项目“中美清洁能源联合研究中心建筑节能合作项目”、“住房和城乡建设应对气候变化的低碳技术研发与应用合作研究”和“国际能源署研究框架协议之终端用能：建筑与社区节能”，项目研究工作进展顺利。

当前，正在组织实施的重大多边、双边国际合作项目有：与世界银行/全球环境基金开展的“中国供热改革与建筑节能”项目，与亚洲开发银行开展的“城市雨洪管理及内涝灾害防治政策研究项目”，中美合作“中美清洁能源联合研究中心建筑节能合作项目”，中德技术合作“中国城市可持续发展项目”、“公共建筑（中小学校、医院）节能改造项目”、“中国被动式—低能耗建筑技术与示范项目”、“中国新建建筑领域的碳市场项目”、“中国北方既有居住建筑采暖能耗基准线研究项目”等。

政策文件

关于成立住房和城乡建设部低碳生态城市建设领导小组的通知

建科函[2011]16号

各省、自治区住房和城乡建设厅，直辖市建委（建设交通委），新疆生产建设兵团建设局，部机关各司局、直属各单位，有关学会、协会、研究会：

为贯彻落实中央加快转变经济发展方式，建设资源节约型、环境友好型社会的战略部署，积极稳妥推进城镇化，引导国内低碳生态城市的健康发展，经研究，决定成立住房和城乡建设部低碳生态城市建设领导小组。现通知如下：

一、住房和城乡建设部低碳生态城市建设领导小组

组　长：仇保兴　住房和城乡建设部副部长

副组长：唐凯住　房和城乡建设部总规划师

成　员：陈宜明　住房和城乡建设部建筑节能与科技司司长

孙安军　住房和城乡建设部城乡规划司司长

陆克华　住房和城乡建设部城市建设司司长

张学勤　住房和城乡建设部住房保障司副司长

张　勤　住房和城乡建设部城乡规划司副司长

田国民　住房和城乡建设部标准定额司副司长

陈蓁蓁　住房和城乡建设部城市建设司副司长

赵　晖　住房和城乡建设部村镇建设司副司长

王树平　住房和城乡建设部工程质量安全监管司副司长

李晓江　中国城市规划设计研究院院长

李　迅　中国城市科学研究会秘书长

韩爱兴　住房和城乡建设部建筑节能与科技司副司长

住房和城乡建设部低碳生态城市建设领导小组主要工作是：组织研究、审议全国低碳生态城市建设的规划及重要政策，审议、决定相关的重要工作和重大项目，协调解决工作中的重大问题，与国务院有关部门进行沟通和协调。

二、住房和城乡建设部低碳生态城市建设领导小组办公室（略）

住房和城乡建设部低碳生态城市建设领导小组办公室主要工作是：在有关业务司的指导下，组织研究提出低碳生态城市发展规划和政策建议；组织研究提出低碳生态城市指标体系；组织开展低碳生态城市示范和技术推广；落实领导小组的决议；完成领导小组交办的工作。

中华人民共和国住房和城乡建设部

二〇一一年一月十四日

住房和城乡建设部城市建设司2011年工作要点

二〇一一年二月二十三日

按照部党组的部署和全国住房和城乡建设工作会议要求，城市建设司2011年工作的总体思路是：以科学发展观为指导，以保障和改善民生为目标，以创先争优活动为契机，全力落实节能减排任务，努力提升市政公用事业服务质量和安全运行水平，加强城市管理工作，着力研究预防和治理“城市病”，推动城市建设事业健康发展。重点要抓好以下几方面工作：

一、全力抓好节能减排工作

（一）全面推进城市生活垃圾处理工作

认真贯彻落实国务院拟印发的《关于进一步加强城市生活垃圾处理工作的意见》，分解任务，落实责任，配套政策，并对各地落实情况进行监督检查。组织做好《全国城镇生活垃圾无害化处理设施建设“十二五”规划》编制和实施工作，推动各地加快城市生活垃圾处理能力建设，2011年全国生活垃圾无害化处理率力争达到74%。强化对垃圾处理设施建设运行的监管，进一步完善城镇生活垃圾处理管理信息系统，会同标准定额司研究制定《生活垃圾卫生填埋场运行监管标准》和《生活垃圾焚烧厂运行监管标准》，继续开展生活垃圾填埋场等级评定并启动垃圾焚烧厂等级评定工作。会同有关部门组织开展生活垃圾处理示范工程项目工作，推动各地提高生活垃圾处理设施建设管理水平。组织开展现有生活垃圾堆放点普查，指导各地做好生活垃圾填埋场封场和堆放点治理改造。推动生活垃圾分类工作。组织开展建筑垃圾调研。配合有关部门做好餐厨垃圾无害化处理和资源化利用试点工作。

（二）加强对城镇污水处理设施建设和运行的监督指导

组织编制实施《全国城镇污水处理和再生利用设施建设“十二五”规划》，指导各地重点加强污水处理厂配套管网建设和管网雨污分流系统改造，加强污泥处理处置和再生水利用设施建设，提高污水处理能力和水平。完善“全国城镇污水处理管理信息系统”和城镇污水处理工作考核办法，进一步加强对污水处理设施建设和运行的监督指导。配合发展改革委、财政部做好2011年度中央预算内投资城镇污水处理设施建设安排和“以奖代补”资金支持城镇污水管网建设等工作。

（三）大力推进供热计量改革工作

贯彻落实四部委《关于进一步推进供热计量改革工作的意见》，召开北方采暖地区供热计量改革工作会议。加大新建建筑供热按计量收费的监管力度，督促指导各地完成既有建筑供热计量改造工作。研究建立供热能耗统计平台试点工作，加强对供热能耗的监测。组织开展供热计量宣传培训。

积极推进城市照明节能工作

组织编制《“十二五”城市绿色照明规划纲要》，推进城市照明系统节能。大力推广高效节能照明灯具，促进可再生能源在城市照明方面的应用。研究制定城市照明管理与节能考核指标，建立城市照明能耗考核制度。严格控制景观过度照明。继续抓好城市道路半导体照明试点示范工程，对项目的实施、跟踪检测、项目后评估进行全程指导。

二、加强市政公用事业运行管理(略)

三、积极推动城镇人居生态环境改善(略)

四、加强城建行业法规制度建设和改革研究(略)

关于2011年度第一批绿色建筑评价标识项目的公告

第954号

根据《绿色建筑评价标识管理办法》（建科[2007]206号）、《绿色建筑评价标准》（GB/T50378-2006）、《绿色建筑评价技术细则》（建科[2007]205号）、《绿色建筑评价技术细则补充说明（规划设计部分）》（建科

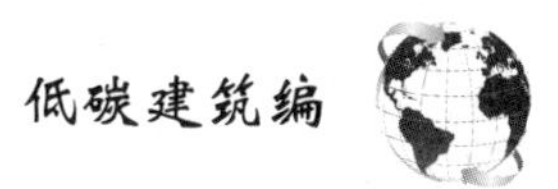

[2008]113号）和《绿色建筑评价技术细则补充说明（运行使用部分）》（建科函[2009]235号），我部组织开展了2011年度第一批绿色建筑评价标识目评价工作。经审定，“裕丰·英伦”等7个项目获得绿色建筑评价标识。

现予公布。

附件：2011年度第一批绿色建筑评价标识项目（略）

中华人民共和国住房和城乡建设部
二〇一一年二月二十八日

关于2010年中国人居环境奖获奖名单的通报

建城[2011]29号

各省、自治区住房和城乡建设厅，直辖市建委（建交委），计划单列市建委，北京市市政市容委、园林绿化局、水务局，天津市市容园林委、水务局，上海市水务局，重庆市市政委、园林事业管理局，海南省水务厅，新疆生产建设兵团建设局，有关城市人民政府：

根据《关于印发〈中国人居环境奖评价指标体系〉（试行）和<中国人居环境范例奖评选主题及内容>》（建城〔2010〕120号）及《关于做好2010年中国人居环境奖、中国人居环境范例奖组织申报和复查工作的通知》（建办城[2010]23号），经有关省、自治区、直辖市建设主管部门推荐、专家考查评审和公示，并报中国人居环境奖工作领导小组研究批准，决定授予银川市、无锡市、黄山市、吴江市、寿光市2010年“中国人居环境奖”；授予“北京市通州区大运河公园建设项目”等35个项目2010年“中国人居环境范例奖”。

希望获奖城市和单位认真贯彻落实党的十七大、十七届五中全会精神，再接再厉，争取在人居环境建设方面取得更大成绩。各地要以获奖城市、单位为榜样，坚持以科学发展观为指导，加大工作力度，大力开展中国人居环境奖创建工作，不断推动人居环境改善，努力构建资源节约、环境友好的社会主义和谐社会，为实现全面建设小康社会做出新的贡献。

附件：2010年中国人居环境奖获奖名单

中华人民共和国住房和城乡建设部
二〇一一年三月一日

2010年中国人居环境奖获奖名单

中国人居环境奖

宁夏回族自治区银川市
江苏省无锡市
安徽省黄山市
江苏省吴江市
山东省寿光市

中国人居环境范例奖（略）

关于发布2011年度第一批民用建筑能效测评标识项目的公告

第955号

根据《民用建筑能效测评标识管理暂行办法》（建科[2008]80号），我部组织开展了2011年度第一批民用建筑能效测评标识项目的评定工作。经评审，核定北京市昌平区中关村国际商城一期等37个项目民用建筑能效测评标识等级（理论值）。现予公布。

附件：2011年度第一批民用建筑能效测评标识项目（略）

中华人民共和国住房和城乡建设部
二〇一一年三月八日

关于2010年城市照明节能工作专项监督检查情况的通报

建办城[2011]23号

各省、自治区、直辖市住房城乡建设厅（市政市容委、市容园林委、城乡建设交通委、市政管委）、发展改革委（经贸委、经信委），新疆生产建设兵团建设局、发展改革委：

按照《国务院关于进一步加大工作力度确保实现“十一五”节能减排目标的通知》（国发[2010]12号）的要求，2010年12月，住房城乡建设部、国家发展改革委联合对全国30个直辖市、省会城市、计划单列市和20个其他城市的城市照明节能工作进行了专项监督检查。现通报如下：

一、检查的基本情况

本次检查中，实地抽检了50个城市280个照明项目（道路照明项目146个，景观照明项目134个），对其中27个道路照明项目和32个景观照明项目进行了现场检测。总体上看，城市照明超标准、高能耗的现象得到了有效控制，基本完成了“十一五”节能减排目标确定的东中部地区和有条件的西部地区城市道路照明淘汰低效照明产品的任务。

（一）城市道路照明节电取得了明显效果

根据受检城市对2005年至2010年的装灯量、用电量和装灯总功率进行的统计，城市道路照明单位功率耗电量逐年下降，“十一五”期间，年均下降3%，累计节电14.6%。受检城市“十一五”期间累计节电25%的城市有：日照市、柳州市、遵义市、本溪市和长春市。

（二）支路以上城市道路照明基本淘汰了低效照明产品

城市支路以上道路照明已基本淘汰了低效照明产品。基本实现了“十一五”期间节能减排下达的目标任务。

（三）城市照明设施节能的运行管理水平不断提高

大多数城市能按照《城市道路照明设计标准》规定和适用节约的原则，运用路灯监控系统采取“半夜灯”模式等，通过分时分级控制实现节能。昆明市和济南市进行了路灯单灯控制系统的改造，天津市、昆明市、青岛市、三亚市、武汉市、南昌市、合肥市还建立了城市景观照明的集中控制系统。

二、检查发现的问题

（一）城市照明专项规划工作有待加强

检查中发现，乌鲁木齐、哈尔滨、长春、沈阳、呼和浩特、南昌、郑州等7个省会城市和佳木斯、本溪、乌兰察布、长治、萍乡、十堰、新乡等7个其他城市没有编制城市照明专项规划；济南市、通化市和日照市的城市照明专项规划中缺少照明节能的要求和措施。

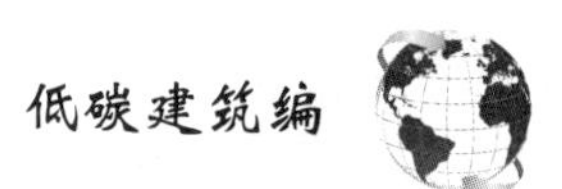

（二）高能耗照明设施仍然存在

检查中发现，三亚市、哈尔滨市、广州市的景观照明中还在使用强力探照灯和大功率投光灯。天津、石家庄、大连、沈阳、长春、哈尔滨、呼和浩特、福州、贵阳、银川、遵义、通化、佳木斯、乌兰察布、宝鸡、新乡等16个城市在城区机动车道上，未淘汰大面积多光源无控光器的低效照明灯具。上海市支路以上城市道路照明存在6000多盏低效照明产品汞灯，中山市支路以下道路照明中仍存在60多盏低效照明产品汞灯，佳木斯市支路以下道路照明中仍存在白炽灯。

（三）城市照明工程建设缺乏有效监管

检查中发现，部分城市的城市照明工程项目设计方案未进行专业论证，把关不严；有些项目在施工阶段随意变更设计，影响了节能标准的执行；部分城市对照明工程不按规定进行专门验收即交付管理部门运行管理，部分项目需要进行二次改造才能达到照明节能的要求，造成了浪费。有些城市监管不力，照明项目的亮度（照度）值或单位面积上的照明安装功率不符合现有标准规范的规定，如：西安市北大街道路照明项目、鼓楼景观照明项目和三亚市临春桥道路照明项目等。

各地要按照国家节能减排的总体部署，切实履行责任，加强城市照明节能的管理工作。省级住房城乡建设行政主管部门要对检查中通报的问题，会同同级节能行政主管部门提出整改意见，督促有关城市限期整改，并按照《城市照明管理规定》等有关规定予以处理。住房城乡建设部将在2011年住房城乡建设领域节能减排专项监督检查中进行复查。

各受检城市完成2010年城市照明节能工作检查结果见附件1、2。

附件：1．30个直辖市、省会城市、计划单列市2010年城市照明节能工作检查结果（略）

2．20个其他城市2010年城市照明节能工作检查结果（略）

中华人民共和国住房和城乡建设部办公厅

国家发展和改革委员会办公厅

二〇一一年三月十四日

关于做好2011年全国城市节约用水宣传周工作的通知

建办城函[2011]190号

各省、自治区住房城乡建设厅，海南省水务厅，北京市、天津市、上海市水务局，重庆市市政管委，新疆生产建设兵团建设局：

为进一步加强城市节约用水宣传，推动城市节水和节水型城市创建工作，现就做好2011年全国城市节约用水宣传周工作通知如下：

一、2011年全国城市节约用水宣传周时间和主题

2011年全国城市节约用水宣传周（第20个）活动时间为5月15日至21日，主题是：建设节水型城市，改善城市水生态。

二、充分认识新时期加强城市节水工作的重大意义

近年来，在科学发展观的指导下，城市节水工作理念逐步实现了从过去“解决水资源短缺危机”到新时期“实现城市可持续发展”的重大转变，“节水减排，科学发展”已成为普遍共识。城市节水理念的转变，有力地提升了城市节水工作地位。城市节水和节水型城市创建工作已成为各地开展节能减排、创造人水和谐水环境的重要途径和立足点。

三、总结节水型城市创建工作经验，加大城市节水宣传力度

各地要以本次城市节水宣传周为契机，认真总结“十一五”以来城市节水工作特别是节水型城市创建工作经验，大力宣传推广城市节水典型范例和项目，以典型促发展，全面提升城市节水工作水平。同时，要围绕今年节水宣传周的主题，全面部署，精心组织，开展广泛、深入的集中宣传活动，倡导健康文明的生产和生活方式，引导企业改进工艺和科学用水，营造全社会自觉节水的良好氛围。

四、组织领导及安排部署

住房城乡建设部负责指导全国各地城市节水宣传活动。各省级住房和城乡建设（城市节水）主管部门负责组织各城市和有关单位围绕主题，有计划、有步骤地开展形式多样、内容丰富的宣传活动。

请各省级住房和城乡建设（城市节水）主管部门按本通知要求，抓紧部署节水宣传周的相关工作，并推荐1-2个节水型城市或城市节水工作突出的城市，将其经验总结材料（不超过2000字）于4月20日前报我部城建司（含电子版）。集中宣传活动结束后，请将本地区宣传周活动总结及今年城市节水工作安排于2011年5月30日前报我部城建司。

附件：2011年全国城市节约用水宣传周宣传口号（略）

中华人民共和国住房和城乡建设部办公厅
二〇一一年三月二十五日

关于发布国家标准《节能建筑评价标准》的公告

第970号

现批准《节能建筑评价标准》为国家标准，编号为GB/T50668-2011，自2012年5月1日起实施。

本标准由我部标准定额研究所组织中国建筑工业出版社出版发行。

中华人民共和国住房和城乡建设部
二〇一一年四月二日

关于公布2011年全国绿色建筑创新奖获奖项目的通报

建科[2011]45号

根据《全国绿色建筑创新奖管理办法》、《全国绿色建筑创新奖实施细则》和《全国绿色建筑创新奖评审标准》，我部组织完成了2011年全国绿色建筑创新奖申报项目的评审和公示。经审定，“深圳市建科大厦”等16个项目获得2011年全国绿色建筑创新奖。

现予公布。

附件：2011年全国绿色建筑创新奖获奖项目名单（三等奖略）

附件：

序号	项目名称	主要完成单位	获奖等级
1	深圳市建科大楼	深圳市建筑科学研究院有限公司、深圳市科源建设集团有限公司	一等奖

序号	项目名称	主要完成单位	获奖等级
2	2010年世博会城市最佳实践区“沪上•生态家”	上海市城乡建设和交通委员会、上海市建筑科学研究院（集团）有限公司、上海市现代建筑设计集团有限公司	一等奖
3	南市电厂主厂房和烟囱改建工程	上海世博土地控股有限公司、上海市建筑科学研究院（集团）有限公司	一等奖
4	华侨城体育中心扩建工程	深圳华侨城房地产有限公司、清华大学建筑学院	一等奖
5	上海世博演艺中心	上海世博演艺中心有限公司、华东建筑设计研究院有限公司、上海市建筑科学研究院（集团）有限公司、上海第四建筑有限公司	二等奖
6	莘庄综合楼	上海市建筑科学研究院（集团）有限公司	二等奖
7	世博中心	上海世博（集团）有限公司、华东建筑设计研究院有限公司	二等奖
8	绿地卢湾滨江CBD项目商业金融B、商业E·137A-4地块绿地（集团）总部大楼	上海绿地(集团)有限公司、中国建筑科学研究院上海分院	二等奖
9	苏州工业园区档案管理综合大厦	住房和城乡建设部科技发展促进中心、清华大学建筑学院、中国建筑科学研究院、苏州工业园区设计院有限公司、依柯尔绿色建筑研究中心	二等奖
10	杭州市综合办公楼节能改造项目	杭州市市级机关事务管理局、浙江大学城市学院、杭州市城乡绿色建筑促进中心	二等奖

中华人民共和国住房和城乡建设部

二〇一一年四月六日

关于2010年全国住房城乡建设领域节能减排专项监督检查建筑节能检查情况通报

建办科[2011]25号

各省、自治区住房和城乡建设厅，直辖市、计划单列市建委（建设局），新疆生产建设兵团建设局：

为贯彻落实《节约能源法》、《民用建筑节能条例》和《国务院关于印发节能减排综合性工作方案的通知》（国发[2007]15号）、《国务院关于进一步加大工作力度确保实现“十一五”节能减排目标的通知》（国发[2010]12号）要求，进一步推进住房城乡建设领域节能减排工作，2010年12月12日至28日，我部组织对全国建筑节能工作进行了检查。检查范围涵盖了全国除江苏、浙江、甘肃、青海及西藏外的22个省、自治区、4个直辖市，共对5个计划单列市、22个省会（自治区首府）城市、22个地级城市以及22个县（县级市）进行了检查，抽查了385个工程建设项目的施工图设计文件和391个在建工程施工现场。对检查中发现的问题，下发了63个执法建议书。现将检查主要情况通报如下。

一、建筑节能主要成效

2010年是完成“十一五”节能规划目标的收官之年。各地围绕国务院明确的工作目标和重点，进一步加大工作力度，加强监督管理，强化体制机制创新，建筑节能各项工作取得明显成效。

（一）新建建筑执行节能强制性标准成效显著。根据各地上报的数据汇总，到2010年底，全国城镇新建建筑设计阶段执行节能强制性标准的比例为99.5%，施工阶段执行节能强制性标准的比例为95.4%，分别比2005年提高了42个百分点和71个百分点，完成了国务院提出的“新建建筑施工阶段执行节能强制性标准的比例达到95%以上”的工作目标。2010年新增节能建筑面积12.2亿平方米，可形成1150万吨标准煤的节能能力。“十一五”期间累计建成节能建筑面积48.57亿平方米，共形成4600万吨标准煤的节能能力。全国城镇节能建筑占既有建筑面积的比例为23.1%，比例超过30%的省市有北京、天津、上海、重庆、河北、吉林、辽宁、江苏、宁夏、青海、新疆等省（区、市）。

（二）北方采暖地区既有居住建筑供热计量及节能改造任务超额完成。截至2010年底，北方采暖地区15省市共完成改造面积1.82亿平方米，其中2010年完成改造面积8623万平方米，超额完成了国务院确定的1.5亿平方米改造任务。河北、吉林、山东、内蒙古、新疆、新疆兵团、北京等省（区、市）超额完成任务10%以上。据测算，完成节能改造的项目可形成年节约200万吨标准煤的能力，减排二氧化碳520万吨，减排二氧化硫40万吨。改造后同步实行按用热量计量收费，平均节省采暖费用10%以上，室内热舒适度明显提高，并有效解决老旧房屋渗水、噪音等问题。部分地区将节能改造与保障性住房建设、旧城区综合整治等民生工程统筹进行，综合效益突出。

（三）国家机关办公建筑和大型公共建筑节能监管体系建设继续深入。能耗统计、能源审计、能效公示工作全面开展，截至2010年底，全国共完成国家机关办公建筑和大型公共建筑能耗统计33000栋，完成能源审计4850栋，公示了近6000栋建筑的能耗状况，已对1500余栋建筑的能耗进行了动态监测。在北京、天津、深圳、江苏、重庆、内蒙古、上海、浙江、贵州等9省市开展能耗动态监测平台建设试点工作。共启动了72所节约型校园建设试点。通过节能监管体系建设，全面掌握了公共建筑的能耗水平及耗能特点，带动了节能运行与改造的积极性，有力地促进了节能潜力向现实节能的转化。

（四）可再生能源建筑应用呈现快速发展的良好态势。截至2010年底，财政部会同住房城乡建设部共实施了371个可再生能源建筑应用示范项目、210个太阳能光电建筑应用示范项目、47个可再生能源建筑应用城市、98个示范县。山东、江苏、海南等省已经开始强制推广太阳能热水系统。全国太阳能光热应用面积14.8亿平方米，浅层地能应用面积2.27亿平方米，分别比2009年增长25.5%、63.3%，光电建筑应用已建成及正在建设的装机容量达850.6兆瓦，实现突破性增长，形成年替代传统能源2000万吨标准煤能力。

（五）绿色建筑与绿色生态城区建设稳步推进。各地把推广绿色建筑、推进绿色生态城区建设作为促进城乡建设模式转变的重要抓手，加大绿色建筑示范工程和绿色建筑评价标识推进力度，截至2010年底，全国有112个项目获得了绿色建筑评价标识，建筑面积超过1300万平方米，上海、苏州、深圳、杭州、北京、天津等市获得标识项目较多。全国实施了217个绿色建筑示范工程，建筑面积超过4000万平方米。天津市滨海新区、深圳市光明新区、河北省唐山市曹妃甸新区、江苏省苏州市工业园区、湖南长株谭和湖北武汉资源节约环境友好配套改革试验区等正在进行绿色生态城区建设实践，对引导我国城市建设走绿色生态可持续方向发展道路，具有重要意义。

（六）农村建筑节能工作有所突破。部分省市对农村地区建筑节能工作进行了探索，北京市在“十一五”期间组织农民新建抗震节能住宅13829户，实施既有住宅节能改造39900户，建成400余座农村太阳能集中浴室，实现节能10万吨以上，显著改善农村居住和生活条件。哈尔滨市结合农村泥草房改造，引导农民采用新墙材建造节能房。陕西、甘肃等省以新型墙体材料推广、秸秆等生物质能应用为突破口，对农村地区节能住宅建设及农村地区新能源应用进行了有益探索。

（七）墙体材料革新工作取得积极成效。据不完全统计，2010年全国新型墙体材料产量超过4000亿块标砖，占墙体材料总产量的60%左右，新型墙体材料应用量3500亿块标砖，占墙体材料总应用量的70%左右，全面完成国务院确定的墙材革新发展目标。各地根据自身气候条件及资源特点，不断推动新型墙体材料技术与产业升级转型，丰富产品形式，提高产品质量安全性能，保温结构一体化新型建筑节能体系、轻型结构建筑体系等一批建筑节能新材料、产品得到推广。

“十一五”期间，天津、北京、山东、吉林、山西、内蒙古、宁夏、黑龙江、青海、河北、河南、上海、重庆、江苏、浙江、安徽、湖北、四川、广西、福建、海南等省（区、市），以及深圳、青岛、宁波、厦门、太原、哈尔滨、银川、沈阳、乌鲁木齐、石家庄、西宁、南京、武汉、合肥、成都、长沙、南宁、广州等城市建筑节能目标明确，责任落实，政策完善，管理到位，工作成效比较突出，给予表扬。

二、主要做法和经验

（一）加强领导，健全机构，增强建筑节能管理能力。一是加强建筑节能组织领导，各省（区、市）住房城乡建设主管部门均成立了主要领导或分管领导任组长的建筑节能领导小组，北京、天津、上海、山西、内蒙古、黑龙江、吉林、江苏、浙江、广东、广西等省（区、市）成立了政府分管领导任组长，相关部门参加的建筑节能工作领导小组，形成了各部门联动、齐抓共管的局面。二是建筑节能管理机构能力进一步加强。部分省市住房城乡建设部门借机构改革契机，设置建筑节能专门处室，加强了职能，充实了管理力量。山西省省、市两级都建立了建筑节能监管机构，专职管理人员146人。全国有20个省（区，市）墙体材料革新工作和建筑节能工作统一由住房城乡建设主管部门负责，以墙改为抓手推进建筑节能，效果明显。

（二）完善法规，强化激励，建立建筑节能规范与引导机制。一是法律法规方面。各地积极制定本地区的节能行政法规，河北、陕西、山西、湖北、湖南、上海、重庆、青岛、深圳、武汉、乌鲁木齐等地出台了建筑节能条例。有15个省（区、市）出台了资源节约及墙体材料革新等相关法规，24个省（区、市）出台了相关政府令，建筑节能法律体系初步建立。二是经济政策方面。“十一五”期间，中央财政共计安排资金152亿元，用于支持北方采暖地区既有居住建筑供热计量及节能改造、可再生能源建筑应用、国家机关办公建筑和大型公共建筑节能监管体系建设等方面。北京、上海、内蒙古、山西、江苏、深圳等地对建筑节能的财政支持力度较大，安排了专项资金。据不完全统计，“十一五”期间，省级财政共安排69亿元建筑节能专项资金，地级及以上城市市级财政安排65亿元建筑节能专项资金工作，为建筑节能提供了良好的政策环境和财力保障。

（三）健全标准，科技支撑，提升建筑节能技术水平。一是在技术标准方面，建筑节能标准体系不断完善，基本涵盖了设计、施工、验收、运行管理等各个环节。各地结合地区实际，对国家标准进行了细化，部分地区执行了更高水平的标准。及时把先进成熟的技术产品编入工程技术标准和标准图，通过标准引导技术进步。上海、天津、重庆、广西、深圳等地制定了绿色生态示范城区及绿色建筑等具有前瞻性的评价标准，发挥了标准的引导和规范作用。二是在科研开发方面，“十一五”期间，国家科技支撑计划把建筑节能、绿色建筑、可再生能源建筑应用等作为重大项目，对一批共性关键技术进行研究攻关，取得了明显成效。各地围绕建筑节能工作发展需要，结合地区实际，积极筹措资金，安排科研项目，为建筑节能深入发展做好科技储备。三是在示范推广方面，各地以建筑节能示范工程为载体，一方面积极申报国家级的示范项目，另一方面结合本地实际，不断丰富示范类型，提高示范水平。通过示范既推广了建筑节能技术和产品，又引导地区建筑节能的发展方向。

（四）加强监管，强化考核，落实建筑节能各项目标任务。一是质量监管方面，各地充分利用现有法律法规确定的许可和制度，建立建筑节能专项设计审查、节能工程施工质量监督、建筑节能专项验收、建筑能效测评标识、建筑节能信息公示等制度，实现了从设计、施工图审查、施工、竣工验收备案到销售和使用的全过程监管机制，效果明显。各省市都组织开展了建筑节能专项检查，对违反建筑节能有关法律法规及强制性标准的行为进行了处罚。二是目标考核方面，各省市强化建筑节能目标责任考核，对新建建筑执行建筑节能标准、既有建筑节能改造、可再生能源建筑推广等工作，采取签订目标协议等方式，逐级进行分解，按年度进行考核，确保建筑节能各项目标得到落实。

（五）广泛宣传，深入培训，提高建筑节能意识及执行能力。各地以宣传贯彻《节约能源法》、《民用建筑节能条例》为契机，以节能宣传周、无车日、节能减排全民行动、绿色建筑国际博览会等活动为载体，利用各种媒体，采取组织专题节目、设置专栏以及宣贯会、推介会、现场展示、发放宣传册等方式，广泛宣传建筑节能的重要意义和推进建筑节能的相关政策、管理措施等，提高了全社会的节能意识。各级住房城乡建设主管部门不断加大建筑节能培训力度，组织相关单位的管理和技术人员，对建筑节能相关法律法规、技术标准进行培训，有效提升了建筑节能管理、设计、施工、科研等相关人员对建筑节能的理解和执行能力。

三、存在的问题

（一）部分地方政府对建筑节能工作的认识不到位。一是对建筑节能的考核没有纳入政府层面，部分省（区、市）对建筑节能的考核评价仍局限在住房城乡建设系统内部，没有纳入本地区单位GDP能耗下降目标考核体系，使相关部门难以形成合力，相应的政策、资金难以落实。二是对建筑节能能力建设重视不够，部分省级住房城乡建设主管部门建筑节能管理人员只有1～2人，没有专门的管理和执行机构，各项政策制度的落实大打折扣。

（二）建筑节能法规与经济支持政策仍需完善。一是落实《节约能源法》、《民用建筑节能管理条例》各项法律制度所需的部门规章、地方行政法规的制定工作仍然滞后。二是各地对建筑节能的经济支持力度远远不够，尤其是中央财政大力投入的北方采暖地区既有居住建筑供热计量及节能改造、可再生能源建筑应用、公共建筑节能监管体系建设等方面，大部分地区没有落实配套资金，影响了中央财政支持政策的落实效果。

（三）新建建筑执行节能标准水平仍不平衡。总的来说，执行建筑节能标准，施工阶段比设计阶段差，中小城市比大城市差，经济欠发达地区比经济发达地区差。建筑节能工程施工过程中，外墙、门窗等保温工程施工工艺不过关，管理不规范,存在质量与火险隐患。各地尤其是地级以下城市普遍缺乏建筑节能材料、产品、部品的节能性能检测能力，造成政府监管缺位。

（四）北方地区既有建筑节能改造工作任重道远。一是改造任务重。2000年以前我国建成的建筑大多为非节能建筑，占城镇建筑面积的80%，民用建筑外墙平均保温水平仅为欧洲同纬度发达国家的1/3，建筑能耗高出2-3倍，北方地区有超过20亿平米的既有建筑急需节能改造。二是改造资金筹措压力大。节能改造成本在200元/平方米以上，再考虑热源改造，资金投入需求更大。但北方多数地区经济欠发达，地方政府财力投入有限，市场融资能力较弱。三是供热计量改革滞后。热计量收费是运用市场机制促进行为节能最有效手段，但这项改革一直进展缓慢，目前北方地区130多个地级市，出台供热计量收费办法地级市仅有40余个，制约了节能效果与企业居民投资改造的积极性。

（五）可再生能源建筑应用推广任务依然繁重。我国在建筑领域推广应用可再生能源总体上仍处于起步阶段，据测算，目前可再生能源消费占建筑用能比重在2%左右，这与我国丰富的资源禀赋相比、与快速增长的建筑用能需求相比、与调整用能结构的迫切要求相比都有很大的差距。可再生能源建筑应用相关技术标准体系还不完善，产业支撑能力不足，核心技术仍不掌握，系统集成、工程咨询、运行管理等配套产业能力不强。

（六）农村建筑节能工作尚未正式启动。目前，我国广大农村地区的建筑节能工作尚未开展。随着农村生活水平的不断改善，使用商品能源和用能水平将不断提高，需采取措施，引导其科学发展。

四、下一步工作思路

（一）加强建筑节能体制机制建设。一是继续完善建筑节能法规体系。落实《节约能源法》、《民用建筑节能条例》确定的基本法律制度，研究制定配套的部门规章和政策措施。二是制定建筑节能“十二五”专项规划，明确建筑节能工作目标、思路、重点工作任务及保障措施。指导各地编制本地区建筑节能“十二五”专项规划。三是继续完善建筑节能标准体系。指导有条件地区制定并实施绿色建筑强制性标准。四是研究完善经济制度，在发展绿色建筑、既有建筑节能改造、可再生能源建筑应用等方面，制定出台财税政策。五是继续推动建筑节能科技进步，以国家科技支撑计划项目为依托，努力实现建筑节能关键技术的突破，并通过发布技术、产品推广限制禁止目录等方式，加快科技成果转化。

（二）继续抓好新建建筑节能。继续强化新建建筑执行节能标准的监管力度，着力抓好施工阶段等薄弱环节以及中小城市等薄弱地区执行标准的监管力度，做好北方采暖地区以及夏热冬冷地区新颁布建筑节能标准的贯彻实施工作。全面推行民用建筑能效测评标识、绿色建筑评价标识、民用建筑节能信息公示等制度。进一步加强建筑节能材料、产品、设备在生产、流通和使用环节的质量监管，严格工程准入。

（三）大力推动绿色建筑发展。制定绿色建筑发展专项规划。继续完善绿色建筑标准体系，加大绿色建筑评价标识实施力度。推动有条件地区开展强制性推广绿色建筑试点。加快绿色建筑相关共性关键技术研究开发及推广力度。研究支持绿色建筑发展的财税政策。启动绿色建筑区域推广示范。

（四）加大北方采暖地区既有居住建筑供热计量及节能改造力度。贯彻落实《关于进一步深入开展北方采暖地区既有居住建筑供热计量及节能改造工作的通知》（财建[2011]12号），尽快与各地签订“十二五”既有居住建筑供热计量及节能改造协议，明确改造目标。在重点市县推动实施“节能暖房工程”。总结天津、吉林、内蒙古、唐山等地的改造经验，指导各地因地制宜确定改造模式，多渠道筹措改造资金，全面推进供热计量改革，力争2015年北方地区完成具备改造价值的老旧住宅的供热计量及节能改造面积的35%以上。做好“十一五”改造工作收尾工作，指导各地按照《北方采暖地区既有居住建筑供热计量及节能改造项目验收办法》，对已完成的改造项目进行验收，确保改造项目实现预期的节能环保效果。

（五）加强国家机关办公建筑和大型公共建筑节能管理。深入开展针对公共建筑，特别是国家机关办公建筑及大型公共建筑的能耗统计、能源审计及能效公示工作，进一步扩大能耗动态监测平台试点范围，力争将所有重点建筑纳入监测范围，基本建成部、省、市三级构架的能耗传输及分析平台。在公共建筑节能监管体系已经建立、具备节能量核查手段的城市，开展公共建筑节能改造示范。指导各地制定本地区公共建筑能耗限额标准，引导和约束用

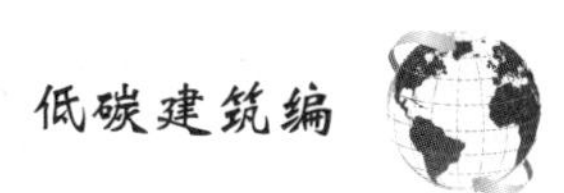

能单位的用能行为。继续抓好“节约型高等学校”建设工作。

（六）抓好可再生能源建筑一体化成规模应用。一是推进可再生能源建筑应用示范深入发展，继续组织可再生能源建筑应用城市示范和农村地区县级示范，实施“太阳能屋顶计划”。二是适时开展新建建筑强制性应用可再生能源试点，在可再生能源资源条件好、技术成熟度和社会接受程度比较高、法规政策比较配套的地区，开展强制性应用可再生能源试点。三是进一步完善修订现有标准，同时加快研究制定不同类型可再生能源建筑应用技术在设计、施工、能效检测等各环节的国家和地方标准规范。四是加大对太阳能采暖制冷、太阳能与浅层地能耦合利用、城镇生活垃圾、污泥沼气利用技术、工业余热、污水热泵技术、深层地热能梯级利用等新技术的推广力度，拓展应用领域。五是支持可再生能源建筑应用产品、设备性能检测机构、建筑应用效果检测评估机构等公共服务平台建设。

（七）促进建筑节能相关产业发展。一是做好新型建筑节能材料的推广应用。编制新型建筑节能技术、材料、产品推广目录，引导产业发展。支持建筑垃圾等建筑废弃物的再生利用。推广高强钢和高性能混凝土等高性能、低材耗建筑材料的利用。二是大力培育建筑节能服务产业，在北方地区既有居住建筑供热计量及节能改造、公共建筑节能改造、可再生能源建筑应用等工作中，鼓励采用合同能源管理、能效交易、建设运行一体化、区域能源系统特许经营等市场化推进方式。大力培育与建筑节能直接相关的专业设计施工、工程咨询、系统集成、节能评估等配套产业，切实增强产业支撑能力。

（八）建立健全建筑节能统计、监测及考核评价体系。一是切实履行在建筑节能领域政府的公共管理职责，促成各地人民政府把建筑节能纳入本地单位GDP能耗下降的总体目标，明确任务，建立目标责任制，完善配套措施，落实经济激励政策，进行考核评价。二是各级住房城乡建设主管部门要按照相关的法律制度和强制性节能标准，组织开展建筑节能检查，对节能目标落实情况、贯彻管理制度和执行节能强制性标准等，进行考核评价，落实节能目标责任制和问责制。

中华人民共和国住房和城乡建设部办公厅
二〇一一年四月十三日

关于2010年国家园林城市（区）复查情况的通报

建城函[2011]113号

各省、自治区住房和城乡建设厅，北京市园林绿化局，上海市绿化和市容管理局，重庆市园林事业管理局，天津市市容和园林管理委员会，新疆生产建设兵团建设局：

2010年，各地按照《关于开展国家园林城市（区）复查工作的通知》（建办城函[2010]177号）要求，组织完成了2008年获得命名的42个国家园林城市的复查工作（天津市塘沽区因行政区划调整暂未复查）。我部根据各地复查情况，对部分城市进行了重点抽查，并对2009年复查要求整改的2个国家园林城市进行了跟踪检查。综合各地复查和抽查结果，义乌市等41个城市通过复查，大连市、永安市、长沙市需限期整改。现将有关情况通报如下：

一、各城市获得命名后取得的成绩

复查结果表明，绝大多数城市高度重视园林绿化工作，将巩固和提升国家园林城市创建成果作为全面落实科学发展观、构建和谐社会的重要行动，作为城市经济社会健康、快速发展的基础工作，坚持“政府主导、全民参与”，加强领导，加大投入，强化管理，取得了突出成绩。

（一）绿地总量不断增加，增幅明显高于全国平均水平

截至2009年底，42个国家园林城市建成区绿化覆盖率平均达到40.66%，绿地率平均达到37.56%，人均公园绿地面积平均达到11.66平方米，比2006年分别提高2.65个百分点、3.63个百分点和2.41平方米，比全国平均水平分别高出2.44个百分点、3.39个百分点和1平方米。

（二）绿地系统规划编制实施情况良好，绿地功能不断完善

42个城市完成了城市绿地系统规划编制（修编），已制定城市绿线管理办法；大部分城市完成了绿地系统防灾避险现状调查和能力评估，17个城市完成了城市绿地系统防灾避险规划，并制定了实施方案。

（三）专业化管理进一步加强，养护更精细、监管更严格

各城市坚持“建管并重，管养并重”，注重绿量增长的同时更加注重绿地品质的提升和功能的完善，逐年加大园林绿化管养的资金投入，不断提高精细化养护管理标准，完善园林绿化监管手段和技术，进一步巩固和提升了国家园林城市创建成果。

（四）生态型、节约型园林绿化持续深入开展，成效显著

按照《关于建设节约型城市园林绿化的意见》要求，各城市广泛深入开展节约型、生态型城市园林绿化建设，立体绿化、生态停车场、林荫路建设全面开展，土地利用效率大大提高；乡土植物应用、乔灌草（地被）立体配植更加普遍；节水、节能技术全面推广应用；园林植物枯枝落叶的资源化利用技术日益成熟。

（五）市政基础设施建设投入加大，人居环境质量明显改善

各城市进一步加大市政基础设施建设投入，城市污水、垃圾处理设施运行能力不断提升。2009年底，42个城市的污水处理率和生活垃圾无害化处理率平均值分别达到78.64%、84.28%，比2006年分别提高41%、22.5%，高出全国城市平均水平3.39个百分点和12.97个百分点。北方采暖地区城市积极推进供热计量改革，节能减排取得良好效果。各城市加大城市棚户区、危旧房改造及保障性住房建设力度，使低收入家庭住房条件得到明显改善，促进了城市人居环境质量的全面提升。

二、复查发现的问题

复查中也发现部分城市在城市园林绿化建设和管理中存在一些问题，亟需纠正。

（一）城市园林绿化投入不足

部分城市将园林绿化简单等同于植树造林，缺乏从规划设计、施工建设到养护管理全过程的专业化管理与指导、服务；有些城市忽视了园林绿化的公益性质，资金投入不足，城市绿地总量不足、品质不高，不能适应改善人居生态环境的需求。

（二）城市园林绿化管理不力

部分城市对城市绿线管制不严格、不到位，对城市绿地系统规划的强制性认识不足，园林绿化执法不严，园林绿化规划用地指标被挤占、规划绿地性质被改变及现状绿地被侵占的现象时有发生。

（三）节约型、生态型园林绿化建设有待加强

有的城市将节约型园林绿化错误地理解为最大限度地降低城市园林绿化人、财、物方面的投入，甚至以“节地”为名改变绿地或侵占绿地，导致绿量不足，人居环境质量下降；有的城市大量移植大树、古树，盲目引种所谓珍稀、名贵树种等不良倾向，不仅破坏了大树、古树原生地的生态环境，还因为“水土不服”导致大量树木死亡，造成巨大的资金浪费；有的城市片面强调绿地的景观效果，盲目追求大模纹大色块、整齐修剪，或用雕塑、建筑等给绿地加贴文化标签，既影响城市绿地生态效益、节能减排、游憩服务等功能发挥，又大大增加了建成后的养护管理成本；部分城市在实施城市水体综合治理或湿地保护建设中，盲目追求低投入或规整气派，对河湖水系实施截弯取直，甚至改变河流自然走向，大量采用硬质驳岸、堤坝等水利工程措施，严重破坏了水体、湿地生境，导致原有水生生物消失和水体自我净化能力的丧失。

（四）城市园林绿化以人为本、为民服务的公益性被忽视

一些城市绿地分布不均衡，老旧城区、中心城区、商业区等绿地不足，与“市民出门300-500米见绿”的要求仍然差距较大；有些城市忽视城市动物园的社会公益性，将动物园搬迁到郊外，或通过承包、租赁、买断等形式进行商业经营，无法实现动物园在科普教育、生物多样性保护、野生动物迁地保护研究等方面的功能。

三、下一步工作要求

国家园林城市创建只有起点没有终点。各地城市要进一步提高认识，从保障城市生态安全、建设生态文明的高度出发，把城市园林绿化作为改善人居环境质量和提高人民生活品质的民心工程、民生工程，切实抓好以下工作，促进城市园林绿化事业再上新台阶。

（一）进一步健全法制管理，严格绿线管制，加强执法监督

要切实抓好城市绿地系统规划的实施，严格实行绿线管制制度，加大园林绿化保护力度，严格控制大树、古树

的移植和砍伐，对临时占用绿地等严格把关，加大社会监督。

（二）深入贯彻实施《城市园林绿化评价标准》，全面提升城市园林绿化水平要认真研究《城市园林绿化评价标准》（GB/T50563-2010）中公园绿地服务半径覆盖率、各城区人均公园绿地最低值、林荫路推广率等各项指标，逐项落实；加大投入，加强专业化管理；坚持以人为本，把绿地建在老百姓身边，通过不断完善城市绿地系统休闲游憩、文化传承、科普教育、防灾避险等综合功能，提高绿地建设养护管理水平，提高绿地品质等，切实满足改善人居环境的需求和保障城市生态系统安全的需要。

（三）进一步推进节约型、生态型园林绿化建设，加大自然资源与生态环境保护力度

高度重视城市生物多样性本底调查、湿地保护能力建设等基础性工作，加大自然植被、河道、湖泊、湿地等自然资源和生态敏感地带的保护和恢复建设力度，积极探索立体绿化、雨水收集回用、绿道网建设等低能耗、高效益、可持续的园林绿化发展模式，大力推进生态文明建设。

（四）加大宣传教育，不断提高城市园林绿化的社会认知度和参与度

要通过开展形式多样的宣传教育活动，营造全民“建绿、爱绿、护绿”的社会氛围，不断提高园林绿化行业的社会认知度、参与度和影响力，真正实现“政府主导，全民参与，全社会监督”。

附件：2010年国家园林城市复查结果（略）

中华人民共和国住房和城乡建设部
二〇一一年五月十一日

关于命名第五批(2010年度)国家节水型城市的通报

建城[2011]72号

各省、自治区、直辖市住房城乡建设厅（水务厅、水务局、市政管委）、发展改革委（经信委、经信厅），新疆生产建设兵团建设局、发展改革委，有关城市人民政府：

按照《节水型城市申报与考核办法》和《节水型城市考核标准》（建城〔2006〕140号）的规定，在有关省、自治区住房城乡建设厅、发展改革委（经信委、经信厅）初步考核的基础上，经住房城乡建设部和国家发展改革委组织专家预审、现场考核、综合评审及公示，决定命名深圳、昆明等17个城市为第五批（2010年度）国家节水型城市，现予通报。

希望获得命名的城市继续加强城市节水工作，巩固和发展节水成果，切实发挥示范作用；其他城市要以国家节水型城市为榜样，对照《节水型城市考核标准》，积极开展节水型城市的创建工作，促进城市节水减排，提高城市合理用水水平，增强市民节水意识。各地要深入学习实践科学发展观，着眼于建设资源节约型、环境友好型社会，全面推进节水型城市建设，进一步改善城市水环境，努力实现水资源的可持续利用和经济社会可持续发展。

附件：第五批（2010年度）国家节水型城市名单

住房城乡建设部
国家发展改革委
二〇一一年五月二十六日

附件：

第五批（2010年度）国家节水型城市名单

江苏省苏州市	江苏省镇江市	江苏省江阴市	江苏省常熟市	江苏省太仓市
浙江省嘉兴市	浙江省舟山市	山东省泰安市	山东省龙口市	山东省文登市
河南省济源市	湖北省黄石市	湖南省常德市	广东省深圳市	贵州省贵阳市
云南省昆明市	新疆维吾尔自治区乌鲁木齐市			

低碳生态试点城（镇）申报管理暂行办法

（二○一一年六月四日）

为规范住房和城乡建设部低碳生态试点城（镇）申报工作，特制定本办法。

申报住房和城乡建设部低碳生态试点城（镇）的对象，应是新建的城（镇）和既有城市的新区。

申报低碳生态试点城（镇），由所在地城市人民政府提出申请，经省、自治

区、直辖市住房城乡建设行政主管部门同意，报住房和城乡建设部。

经住房和城乡建设部低碳生态城市领导小组办公室组织专家审查同意后，由住房和城乡建设部低碳生态城市领导小组批准。

第四条申报低碳生态试点城（镇）应具备下列基本条件：

（一）新建城镇（新区）规划建设控制范围原则上应在3平方公里以上，不占用或少占用耕地。

（二）与中心城区距离不宜大于30公里，在100公里范围内应有可依托的大城市。

（三）靠近高速公路、铁路（或轨道交通站点）、已有或者已规划建设便捷的对外交通。

（四）如已建有道路系统，其路网建设基本符合“绿色交通”的原则。

（五）有健全的工作机制。包括：成立权责相符的领导与组织协调机构，并给予资金与制度方面的支持和保障；制定了低碳生态试点城（镇）规划纲要和建设实施方案。

第五条申报新建低碳生态试点城（镇）应提供以下材料：

（一）所在地的资源环境现状评估和经济社会发展条件分析报告。包括土地、水资源、能源利用的状况，生态环境状况，对外交通条件，经济社会发展的现状和发展目标。

（二）低碳生态试点城（镇）规划纲要。纲要应体现资源节约和环境友好的发展理念，明确试点城（镇）的功能定位和主导产业，明确提出交通、市政基础设施、建筑节能、生态环境保护等方面的发展目标、发展策略和控制指标。纲要确定的总体和人均碳排放量应低于同一区域同等规模城市的平均水平。

（三）低碳生态试点城（镇）建设实施方案。包括低碳生态城（镇）产业发展、绿色建筑推广、交通和市政基础设施建设、环境治理和生态保护等方面的行动计划和创新示范工程。

第六条曾获得国家园林城市、中国人居环境奖、生态园林试点城市等相关荣誉或称号的城（镇）优先考虑。

关于印发《农村危房改造试点建筑节能示范工作省级年度考核评价指标（试行）》的通知

建村[2011]106号

河北、山西、内蒙古、辽宁、吉林、黑龙江、西藏、陕西、甘肃、宁夏、新疆、青海省（自治区）住房和城乡建设厅，新疆生产建设兵团建设局：

为切实做好农村危房改造试点建筑节能示范工作，根据《关于做好2011年扩大农村危房改造试点工作的通知》（建村[2011]62号）要求，我部制定了《农村危房改造试点建筑节能示范工作省级年度考核评价指标（试行）》（以下称考核评价指标），现印发你们。我部将于每年年底按照考核评价指标组织开展建筑节能示范工作绩效评估，评估结果将作为下一年度农村危房改造建筑节能示范任务的主要依据。试行过程中有何问题和建议，请及时反馈部村镇建设司。

附件：农村危房改造试点建筑节能示范工作省级年度考核评价指标（试行）

中华人民共和国住房和城乡建设部

二〇一一年七月十八日

关于成立高强钢筋推广应用协调组的通知

[2011]419号

各省、自治区、直辖市住房和城乡建设厅（委）、工业和信息化主管部门，新疆生产建设兵团建设局、工业和信息化主管部门，有关单位：

为落实国家节能减排和钢铁产业结构调整的有关政策，加快高强钢筋推广应用，促进建筑业和钢铁业产业升级，经研究，决定成立住房和城乡建设部、工业和信息化部高强钢筋推广应用协调组。现通知如下：

一、高强钢筋推广应用协调组组成人员

组长：

陈大卫　住房和城乡建设部副部长

苏　波　工业和信息化部副部长

成员：（略）

二、高强钢筋推广应用协调组主要职责

（一）加强住房城乡建设、工业信息化部门协作，落实国家节能减排政策和有关产业发展规划，加快在建筑行业推广应用高强钢筋有关工作，完成“十二五”期间工作目标。

（二）研究制定加快推广应用高强钢筋的政策和措施，开展产品标准和工程建设标准规范的制修订工作。

（三）制定加快推广应用高强钢筋工作计划，并组织实施。加强与国家相关部门联系，督导地方有关管理部门（机构）工作。

（四）组织开展高强钢筋推广应用试点工作和示范项目。加强推广应用建筑用高强钢筋政策宣传和技术人员培训。

（五）加强有关政府、协会、企业等单位在高强钢筋推广应用工作中协调配合、技术交流和信息沟通。

（六）组织开展高强钢筋生产与应用重点课题的研究，与国外相关部门和单位在推广应用高强钢筋领域开展交流和合作。

协调组下设办公室，设在住房和城乡建设部标准定额司，负责日常工作联络。

中华人民共和国住房和城乡建设部办公厅
中华人民共和国工业和信息化部办公厅
二〇一一年七月二十二日

农村住房建设技术政策(试行)（节录）

中华人民共和国住房和城乡建设部
2011年9月

四、建筑节能

19. 农村住房建筑节能宜根据各地区条件执行《严寒和寒冷地区居住建筑节能设计标准》、《夏热冬冷地区居住建筑节能设计标准》、《夏热冬暖地区居住建筑节能设计标准》,并根据能源消费状况，抓住节能重点，优化能源结构，改善居住环境，降低能源消耗，为居民提供节能、经济、环境友好、舒适健康的居住环境，实现人与自然的和谐发展。

20、农村住房建筑一般宜采用两户式或多户并联式；住房体型宜简单、规整，降低建筑体型系数。

21. 各地区应根据本地区资源、气候条件、经济发展水平和能源消费特点，因地制宜地确定建筑节能的重点任务。严寒和寒冷地区宜以降低冬季采暖能耗为重点，夏热冬冷地区宜抑制冬季采暖能耗和夏季能耗过快增长；夏热冬暖地区宜重视降低日常生活能耗，抑制商品能消耗的过快增长。这三个地区均面临推广应用新型能源、提高能源利用效率、改善能源结构的繁重任务。

22. 严寒和寒冷地区应按照《严寒和寒冷地区农村住房节能技术导则》的要求，采取必要的技术措施：外墙设置保温结构或采取相应的保温措施；提高门窗的密封性和保温性能；采用改良火炕、吊炕、火墙、燃池等燃用生物燃料的采暖措施，合理利用太阳能等采暖方式，提高能源利用效率，改善室内外环境，有效降低冬季采暖能耗。

23、夏热冬冷和夏热冬暖地区均应重视住房建筑的遮阳与通风，降低夏季能耗。住房建筑的东、南、西墙和屋顶宜设置遮阳板、反射板或其他遮阳设施，减少阳光辐射，同时合理组织室内通风，创造良好的室内热环境。

24. 各地区均宜以生物质能的高效清洁利用为主，结合太阳能、风能、浅层地能等可再生能源的利用，优化能源结构，逐步降低商品能源的需求和对煤炭的依赖。

生物质能利用应本着因地制宜、合理利用的原则，逐步开发和应用农林固体剩余物致密成型燃料技术、高效低排放户用生物质半气化炉具、沼气技术、生物质气化技术等高效清洁利用技术。利用生物质材料宜就近收集、就近利用。除生物质资源非常丰富和集中的地区外，一般不经技术经济论证不宜将生物质资源远距离运输、存储和集中利用(如发电)。

25. 发展沼气技术是生物质能清洁利用的有效途径。农村沼气的利用形式宜根据生物质能的资源条件、气候地理条件、经济发展水平采取分散式或大型沼气工程集中供气的方式。在北方地区，宜将温室大棚、猪圈与沼气池建在一起，避免温度低导致发酵困难的情况出现。同时在严寒地区由于冷暖温差大，不宜建砖混结构的小型沼气池。南方地区宜根据具体条件推广生活用能与生产用肥相结合的“猪-沼-果”、“猪-沼-稻”等沼气利用的生态模式。

26. 应在保证安全可靠和经济合理的前提下，通过建造被动式太阳房、太阳能热水系统和太阳能供热采暖系统等途径充分利用太阳能。

建设被动式太阳房应根据当地气候条件选择适宜的形式，即直接受益式、附加阳光间式和集热蓄热墙式或不同组合的形式。农村住房宜选择家用太阳能热水器或集中式太阳能热水系统。集中式太阳能热水系统应与住房建设同步设计、同步施工，努力实现与建筑一体化。太阳能供热采暖系统应安全可靠，根据不同地区条件采取防冻、防过热、抗风、抗压、抗震等技术措施，并应与住房同步设计、同步施工。

27．应用热泵技术，必须坚持因地制宜的原则，重视解决工程实践中提出的生态环境和技术问题。应用热泵技术要进行可行性论证，聘请专业人员设计、建造和管理，以达到预期能效，避免推广应用的盲目性。

28．对农村既有住房要在不断总结危房改造试点节能示范经验的基础上根据村民意愿逐步进行节能改造。在节能改造前对围护结构的热工性能、室内环境状况等进行现场调查，并对拟改造建筑的能耗状况及节能潜力做出评估，作为节能改造的依据。既有住房改造宜统筹考虑围护结构保温改造和采暖、通风、照明及炊事设施等的节能改造措施。

关于2011年度第十一批绿色建筑评价标识项目的公告

第1145号

根据《绿色建筑评价标识管理办法》（建科[2007]206号）、《绿色建筑评价标准》（GB/T50378-2006）、《绿色建筑评价技术细则》（建科[2007]205号）和《绿色建筑评价技术细则补充说明（规划设计部分）》（建科[2008]113号），我部组织开展了2011年度第十一批绿色建筑评价标识项目评价工作。经审定，长沙绿地中央广场·新里卢浮公馆（1、3、8、9、10号楼）等5个项目获得绿色建筑评价标识。

现予公布。

附件：2011年度第十一批绿色建筑评价标识项目（略）

华人民共和国住房和城乡建设部

二〇一一年九月七日

“十二五”城市绿色照明规划纲要

（住房和城乡建设部 二〇一一年十一月四日印发）

根据《中华人民共和国国民经济和社会发展第十二个五年规划纲要》、《“十二五”节能减排综合性工作方案》和住房城乡建设事业“十二五”规划的有关要求，为推进全国城市绿色照明工作，提高城市照明节能管理水平，编制《“十二五”城市绿色照明规划纲要》。本纲要主要阐明城市绿色照明的指导思想、基本原则、发展目标和重点工作以及保障措施，是各地“十二五”期间实施城市绿色照明的依据。

一、“十一五”城市绿色照明发展回顾

城市绿色照明是指通过科学的照明规划与设计，采用节能、环保、安全和性能稳定的照明产品，实施高效的运行维护与管理，提升城市的品质，创造安全、舒适、经济、健康夜环境，体现现代文明的照明。

按照国务院关于节能减排的总体要求，“十一五”期间，各地积极推广城市绿色照明，强化节能管理，各项工作都取得了明显进展。城市照明设施迅速发展，2010年末，全国657个城市共有道路照明灯约1774万盏，“十一五”期间净增道路照明灯567万盏；城市照明管理技术水平明显提高；城市照明节能任务基本完成，道路照明节能取得明显效果，实现节电14.6%；支路以上道路照明基本淘汰了低效照明产品，景观照明中超标准、超能耗的现象得到了有效控制；《城市照明管理规定》、《城市夜景照明设计规范》颁布实施，城市照明节能管理制度和标准规范逐步完善；各地扎实稳妥地开展了城市照明节能新产品、新技术、新方法的应用示范；2010年底，住房城乡建设部会同国家发展改革委开展了城市照明节能的专项监督检查。经过努力，初步建立了城市照明节能监督检查制度，全社会的城市照明节能意识明显提升。

从总体上看，城市绿色照明工作尚处于起步阶段，城市绿色照明发展的体制机制还不完善，存在薄弱环节，发展不平衡。“十一五”期间有40%的城市没有完成城市照明规划的编制或规划没有节能篇章或未按规划执行；城市照明管理方式还比较粗放，缺少精细化管理；公共服务水平还比较低，有路无灯现象仍然存在；对城市照明质量和节能缺乏有效监管，不能适应节能减排形势的要求。

“十二五”时期是全面建设小康社会的关键时期，是加快转变经济发展方式的攻坚时期。要充分认识城镇化快速发展和转变经济发展方式对城市照明发展提出的新要求，紧紧围绕城市社会生活和经济发展的需要，把推进城市绿色照明，促进城市照明节能，提升城市照明品质作为城市照明工作的核心。优先发展城市功能照明，合理设置景观照明，稳步提高照明能效水平，努力推进城市绿色照明的发展。

二、指导思想和基本原则

（一）指导思想

以构建绿色生态与健康文明的城市照明光环境为目标，以保障和改善民生作为加快转变城市照明发展方式的基本出发点，倡导绿色照明消费方式，在满足城市照明基本功能的前提下降低照明的单位能耗，提高城市照明的质量和节能水平，实现城市照明发展方式的转变。

（二）基本原则

1．科学规划，合理设计。发展城市照明要与城市经济社会发展水平相适应，注重高效、节能、环保，科学编制城市照明规划。城市照明设计应符合城市照明规划的要求，充分体现城市人文和风貌特色，并严格执行相关法律法规及标准规范。

2．完善法规，加强监管。完善城市照明法规体系，科学制定标准规范；强化城市照明设计、施工、验收与维护管理等重点环节的监管，全面提高城市照明管理水平。

3．以人为本，功能优先。优先发展和保障城市功能照明，消灭无灯区，做到路通灯亮，适度发展景观照明。注重城市照明质量的提高，不断提高城市照明的安全性和舒适性。

4．节能降耗，控制污染。积极应用高效照明节能产品及技术，加快城市绿色照明节能改造步伐。严格控制光污染，加强对照明产品的回收利用，降低有毒有害物质对环境的影响。

5．政府主导，社会参与。完善政策，加大投入，确保城市照明的公共服务功能。创新工作机制，鼓励和引导社会资源参与城市绿色照明建设、改造和管理。

三、发展目标

（一）总体目标

发展城市绿色照明，建立有利于城市照明节能、城市照明品质提升的管理体制和运行维护机制；完善城市照明法规、标准和规章制度；建立和落实城市照明能耗管理考核制度；积极使用节能环保产品和技术，提高城市照明系统的节能水平。

（二）具体目标

1．完成节能任务。以2010年底为基数，到“十二五”期末，城市照明节电率达到15%。

2．完成城市照明规划编制。2015年前，全国地级及以上城市和东中部地区县级城市，要按照国家有关规划编制要求，完成城市照明规划的编制或修编工作，并按法定程序批准实施。

3．完善城市绿色照明标准体系。完成《城市照明规划规范》、《城市照明节能评价标准》编制；修订《城市道路照明设计标准》等相关标准规范；研究制订城市绿色照明评价方法和标准。

4．提高城市照明设施建设和维护水平。完善城市功能照明，消灭无灯区；新建、改建和扩建的城市道路装灯率应达到100%；道路照明主干道的亮灯率应达到98%，次干道、支路的亮灯率应达到96%；道路照明设施的完好率应达到95%，景观照明设施的完好率应达到90%。

5．提高城市道路照明质量和节能水平。城市道路路面亮度或照度、均匀度、眩光限制值、环境比及照明功率密度值（LPD）应符合《城市道路照明设计标准》（CJJ45）的规定。照明质量达标率不小于85%；新建道路照明节能评价达标率应达到100%，既有道路照明节能评价达标率不小于70%。

6．实行景观照明规范化管理。景观照明应严格按城市照明规划实施，控制范围和规模，加强设计方案的论证和审查，并应满足《城市夜景照明设计规范》（JGJ/T163）等相关标准规范的规定。逐步实行统一管理，建立和落实运行维护的长效管理机制。

7．推进高效照明节能产品的应用。城市照明高光效、长寿命光源的应用率不低于90%。在满足配光要求的前提下，高压钠灯和金属卤化物灯光源的道路照明灯具的效率不低于75%，半导体路灯灯具的系统效能不低于90lm/W。高压钠灯、金属卤化物灯等光源及配套镇流器的能效指标应满足相关标准能效限定值的要求，优先采用节能型电感镇流器、电子镇流器。照明线路的功率因数不应低于0.85。严禁在新建项目中使用高耗、低效照明设施和产品，用两年时间全面淘汰城市照明低效、高耗产品。

四、重点工作

（一）抓好城市照明规划的编制和实施

城市照明主管部门应会同城市规划等相关部门，组织具有城市规划编制资质的单位编制城市照明规划，对不符合城市发展、不满足节能环保要求的城市照明规划应及时修编。城市照明规划的内容应包括功能照明和景观照明，符合国家相关城市照明规划的要求，并有独立的节能篇章。省级城市照明主管部门应加强对本地区的城市照明规划编制、实施的监督和指导，确保规划编制质量和实施效果。

（二）推进城市照明信息化平台建设

“十二五”期间，积极推进城市照明信息化平台建设，建立城市照明信息监管系统，统计城市照明设施的基本信息和能耗情况，进一步提高城市照明管理工作信息化水平。各级城市照明主管部门通过建立城市照明信息统计制度，及时掌握城市照明的建设运营情况，加强对城市照明指导工作的针对性和科学性。

（三）加强城市照明能耗管理的监督考核

建立健全城市绿色照明节能评价体系，重点考核城市照明质量和节能减排水平，开展绿色照明示范城市创建活动，形成长效监督检查机制，逐步将城市照明考核纳入到政府工作考核体系中，明确责任，采取有效的奖惩措施，进一步推进节能减排工作。

（四）落实城市照明建设全过程管理

加强城市照明建设全过程监管，严格按照建设程序规范管理，提高城市照明建设水平。严格以城市照明规划为依据，做好城市照明的年度项目计划工作，照明设计纳入施工图审查，施工与监理必须严格按照审批的设计方案实施，把好城市照明工程竣工验收关，保证照明设施安全稳定运行。

（五）推广高效照明产品，加快城市照明节能改造

制订高效照明产品的技术规范和应用导则，制定高效照明产品推广实施方案和鼓励政策。以保证照明质量为前提，积极应用各种节能技术措施，优先选择国家认证的高效节能产品，推进城市照明节能改造。严格控制公用设施和大型建筑等景观照明能耗，严禁建设亮度、能耗超标的景观照明工程。加快淘汰高耗低效照明产品，在道路照明中禁止使用多光源无控光器的低效灯具，在景观照明中严禁使用强力探照灯和大功率泛光灯等产品。

（六）积极开展城市照明新产品、新技术、新方法试点示范

根据本地情况和实际需要，加快开展半导体照明、可再生能源等新产品新技术的示范推广工作，研究制订相关应用技术条件或导则，条件成熟时，适时逐步扩大应用。建立应用新产品新技术的科学机制，积极探索合同能源管理在城市照明行业的应用。鼓励有资质的专业性节能公司，在保证城市照明质量的前提下，参与城市照明的节能改造。

（七）开展城市绿色照明宣传教育

各级城市照明主管部门要认真组织业务培训，加强城市绿色照明政策法规和标准规范的宣传教育，提高从业人员的理论水平和技能素养。开展形式多样的主题宣传活动，倡导低碳节约的生产方式和绿色健康的生活方式，促进城市绿色照明健康有序发展。采取多种形式加强对全社会的宣传教育，引导全民树立城市绿色照明的观念。大力宣传城市绿色照明的各项政策措施和取得的工作成效，营造有利于推进城市绿色照明工作的舆论氛围。

五、保障措施

（一）加强组织领导，完善管理机制

深化城市照明管理体制改革，按照“有利管理、集中高效”原则，建立完善的协调机制，努力实现城市功能照明和景观照明的集中管理。明确管理权限和责任，提高城市照明管理的整体性和高效性。坚持“建管并重、管养分开”的原则，完善管理机制，制定合理的管理流程，科学组织城市照明的规划、设计、建设、验收及运营维护等环节，使各参与主体协调配合，相关部门积极联动。

（二）健全法规标准，加强行政执法

积极开展城市照明管理立法的基础性研究。督促地方结合本地实际制定相应的城市照明管理办法和城市照明节

能规定，为管理和执法工作提供法律依据。不断完善城市照明标准规范建设，为城市照明建设提供技术保障。坚持依法行政，依法管理，严格执行强制性条文，依法查处违反城市照明各项管理规定的违法违规行为。

（三）落实目标责任，强化监督管理

各级城市照明主管部门要围绕城市绿色照明工作的总体目标和要求，将城市照明节能工作纳入住房和城乡建设领域节能减排考核体系，严格实行目标责任制。要以照明节能为抓手，以信息系统为依托，定期开展城市绿色照明检查和通报，做好城市照明全方位、全过程的监管工作。

（四）加大资金投入，提高保障能力

地方人民政府城市照明主管部门要会同有关部门研究制定支持城市绿色照明发展的经济政策，加大公共财政投入，保障城市绿色照明工作的经费，解决城市照明规划编制经费和节能改造经费。积极拓宽资金来源渠道，加大对照明技术研发的支持力度，加快照明新技术、新产品的应用研究，提高城市绿色照明技术和管理的科技创新能力。

关于落实《国务院关于印发“十二五”节能减排综合性工作方案的通知》的实施方案

（二〇一一年十二月一日）

根据《国务院关于印发“十二五”节能减排综合性工作方案的通知》（国发[2011]26号）确定的工作目标和任务，制定本实施方案。

一、工作目标和总体要求

（一）节能目标。到“十二五”期末，建筑节能形成1.16亿吨标准煤节能能力。其中：发展绿色建筑，加强新建建筑节能工作，形成4500万吨标准煤节能能力；深化供热体制改革，全面推行供热计量收费，推进北方采暖地区既有建筑供热计量及节能改造，城镇居住建筑单位面积采暖能耗下降15%以上，形成2700万吨标准煤节能能力；加强公共建筑节能监管体系建设，推动节能改造与运行管理，力争公共建筑单位面积能耗下降10%以上，形成 1400万吨标准煤节能能力。推动可再生能源与建筑一体化应用，形成常规能源替代能力3000万吨标准煤。

（二）减排目标。到“十二五”期末，基本实现所有县和重点建制镇具备污水处理能力，全国新增污水日处理能力4200万吨，新建配套管网约16万公里，城市污水处理率达到85%，形成化学需氧量削减能力280万吨、氨氮削减能力30万吨。城市生活垃圾无害化处理率达到80%以上。

（三）总体要求。以邓小平理论和“三个代表”重要思想为指导，全面落实科学发展观，把节能减排作为转变城乡建设发展方式的重要抓手，突出抓好发展绿色建筑、建筑节能、城镇污水和垃圾处理等重点工作，进一步健全法规制度，加强经济激励，完善技术标准，强化科技支撑，落实目标责任，扎实做好住房城乡建设领域节能减排工作，确保完成约束性指标，推动城镇发展模式转变，实现城乡可持续发展。

二、调整优化建设领域发展方式

（一）坚决抑制高耗能、高排放行业过快增长。在城乡规划编制中应体现符合当地可持续发展要求，将资源和环境保护要求作为强制性内容。要认真贯彻落实《民用建筑节能条例》、《国务院办公厅关于加强和规范新开工项目管理的通知》（国办发[2007]64号），会同发展改革、国土资源、环境保护等部门，严格规范投资项目新开工条件，对不符合节能减排有关法律法规和强制性标准的工程建设项目，不予发放建设工程规划许可证和通过施工图审查，不得发放施工许可证。建立行政审批责任制和问责制，按照“谁审批、谁监督、谁负责”的原则，对不按规定予以审批的，依法追究有关人员责任。

（二）积极推进建设领域能源结构调整。按照《财政部 住房城乡建设部关于进一步推进可再生能源建筑应用的通知》（财建[2011]61号）要求，因地制宜大力推进可再生能源建筑一体化应用，力争“十二五”期间新增可再生能源建筑应用面积25亿平方米以上。一是推进可再生能源建筑应用区域示范、城市及县级示范、太阳能屋顶计划等各类示范深入实施。选择可再生能源资源丰富、地方配套政策落实的重点地区，实行集中连片推广。二是有条件的省（自治区、直辖市）应及时对符合地区资源条件与建筑利用条件的可再生能源利用技术进行强制性推广。三是加快研究制定不同类型可再生能源建筑应用技术在设计、施工、能效检测等各环节的工程建设标准。四是加大对太阳能采暖制冷、太阳能与浅层地能耦合利用、污泥沼气利用技术、工业余热利用等新技术的推广力度。五是支持可再生能源建筑应用产品、设备性能检测机构、建筑应用效果检测评估机构等公共服务平台建设。

三、实施建筑节能重点工程

（一）全面推进绿色建筑发展。一是明确“十二五”期间绿色建筑发展目标、重点工作和保障措施等。二是研究出台促进绿色建筑发展的政策。三是继续完善绿色建筑标准体系，制（修）订绿色建筑相关工程建设和产品标准，研究制定绿色建筑工程定额。编制绿色建筑区域规划建设指标体系、技术导则和标准体系。鼓励地方制定更加严格的绿色建筑标准。四是开展绿色建筑相关示范。“十二五”期间，依托城镇新区建设、旧城更新、棚户区改造等，启动和实施绿色建筑集中示范区。积极开展高星级绿色建筑示范。五是加快绿色建筑相关共性关键技术研究开发及推广力度。依托高等院校、科研机构等，按照我国主要气候分区，加快国家建筑节能与绿色建筑工程技术中心及产业化基地建设。

（二）推动北方采暖地区既有居住建筑供热计量及节能改造。“十二五”期间完成北方采暖地区既有居住建筑供热计量及节能改造面积4亿平方米以上。一是各地要认真贯彻落实《关于进一步深入开展北方采暖地区既有居住建筑供热计量及节能改造工作的通知》（财建[2011]12号），尽快分解改造任务指标，落实改造项目，并抓紧实施。二是财政部、住房城乡建设部确定的“节能暖房工程”重点市县要切实加快工作进度，力争在两年内，重点市完成具备改造价值老旧住宅供热计量及节能改造面积的40%以上，重点县完成70%以上。三是全面推进供热计量改革，北方采暖地区的新建建筑及完成节能改造的既有建筑应全部实行供热计量收费。四是开展供热能耗统计和供热能耗定额管理试点工作。

（三）启动夏热冬冷地区既有建筑节能改造。“十二五”期间启动和实施夏热冬冷地区既有建筑节能改造面积5000万平方米。一是会同财政部研究制定推进夏热冬冷地区既有建筑节能改造的实施意见及财政资金奖励办法。二是会同财政部在综合考虑各省市经济发展水平、建筑能耗水平、技术支撑能力等因素的基础上，对改造任务进行分解落实。各省级住房城乡建设主管部门要在2012年5月31日之前将改造目标进一步分解到各城市（区），并将分解结果报住房城乡建设部。三是各地住房城乡建设主管部门应对本地区既有建筑进行建筑状况调查、能耗统计，确定改造重点内容和项目、制定改造规划和实施计划，并积极与同级有关部门协调配合，研究适合本地实际的经济和技术政策，做好组织协调工作，确保改造目标的实现。

（四）实施公共建筑节能改造。“十二五”期间完成公共建筑节能改造面积6000万平方米。一是按照《关于进一步推进公共建筑节能工作的通知》（财建[2011]207号）要求，进一步加强公共建筑节能监管体系建设，“十二五”期间，全国地级及以上城市应完成对大型公共建筑能耗的全口径统计，将单位面积能耗高于平均水平和年总能耗高于1000吨标煤的建筑确定为重点用能建筑，进行重点监管，对50%以上的重点用能建筑进行能源审计。二是在20个以上省（自治区、直辖市），建立公共建筑能耗动态监测平台，对5000栋以上公共建筑的能耗情况进行动态监测，实现公共建筑能耗可监测、可计量。三是在公共建筑节能监管体系建立健全、节能改造任务明确的地区，启动和实施10个以上公共建筑节能改造重点城市。三是会同财政部、教育部，积极推动“节约型高等学校”建设及高等学校校园建筑节能改造示范。

（五）实施农村危房节能改造。“十二五”期间，支持25万农户结合农村危房改造开展建筑节能示范，改善农房保温效果。一是在农村危房改造中，对实施建筑节能示范的农户给予中央补助，引导更多农户建造节能房。二是编制技术导则，明确建筑节能示范农房的技术要求，编制农房节能改造的案例与图集，对设计、施工及管理等关键环节进行指导。三是加强现场技术指导和监督检查，督促地方保质保量完成建筑节能示范任务。

（六）推进城镇污水处理设施及配套管网建设。一是加强规划引导，会同有关部门，抓紧编制《全国城镇污水处理及再生利用设施建设“十二五”规划》和《重点流域“十二五”水污染防治规划》。二是指导各地合理确定规模与工艺，严格项目审查，加快城镇污水处理设施建设与升级改造。会同有关部门开展污泥处理处置项目示范，推进污泥的无害化处理处置和资源化利用。三是积极争取中央资金支持，配合有关部门，落实中央预算内资金和污水处理设施配套管网“以奖代补”资金，支持城镇污水处理设施配套管网建设。

四、加强节能减排管理

（一）严格建筑节能管理。一是加快省市县三位一体的建筑节能管理体制建设，形成统一标准、上下联动、监管有效的运行机制，将建筑节能监管重心下移，加强市县的监管能力和执行法律法规及标准规范的能力。二是继续强化新建建筑执行节能标准的监管，着力抓好对施工阶段等薄弱环节以及中小城市等薄弱地区执行标准的监管，确保新建建筑施工阶段执行节能强制性标准的比例在95%以上。做好北方采暖地区以及夏热冬冷地区新颁布建筑节能标准的贯彻实施工作。三是全面推行民用建筑节能信息公示制度，城镇民用建筑项目必须在施工现场主要入口显著位置对所建工程项目建筑节能信息进行公示，房地产开发企业应当向购买人明示所售商品房的能源消耗指标、节能措施和保温要求、保温工程保修期等信息，并在商品房买卖合同、住宅质量保证书、住宅使用说明书中予以载明。四是强化新建公共建筑节能管理，引导新建公共建筑大力推广绿色设计、绿色施工，广泛采用自然通风、遮阳等被动节能技术，应根据公共建筑形式、规模及使用功能，在规划、设计阶段引入分项能耗指标，约束建筑体型系数、采暖空调、通风、照明、生活热水等用能系统的设计参数及系统配置。五是严格执行公共建筑室内温度控制制度，宾馆、商厦、写字楼、机场、车站等夏季空调温度不得低于26度，冬季采暖温度不得高于20度。五是进一步加强建筑节能材料、产品、设备在生产、流通和使用环节的质量监管，严格工程准入。

（二）强化城市交通领域节能减排管理。一是强化城市综合交通体系规划的指导作用。组织专家对有关城市的城市综合交通体系规划的编制进行现场指导，提高规划编制水平；各省级住房城乡建设主管部门应按照《城市综合交通体系规划编制办法》，加强对城市综合交通体系规划的审查。二是加强城市公共交通基础设施建设。制定出台加强城市轨道交通规划建设有关政策措施，加强城市轨道交通近期建设规划的审查工作，指导各地加快城市轨道交通建设；落实公交优先战略的政策措施，强调加强公交基础设施建设，提高公交基础设施水平。三是加强步行、自行车交通系统建设。继续开展“城市步行和自行车交通系统示范项目”工作；继续开展“中国城市无车日”活动，倡导绿色交通；研究制定有关政策措施，指导地方加强城市步行、自行车交通系统建设。

（三）积极推进城市照明节能。一是组织编制《“十二五”城市绿色照明规划纲要》，推进城市照明系统节能。二是大力推广高效节能照明灯具，推进城市照明节能改造，促进可再生能源在城市照明方面的应用。三是建立健全城市绿色照明节能评价体系，形成定期的监督检查机制。四是严格控制景观过度照明。继续抓好城市道路半导体照明试点示范工程，开展“绿色照明示范城市”创建工作。

（四）促进农村节能减排。一是会同财政部、国家发展改革委等部门组织实施绿色低碳重点小城镇试点示范。二是指导村镇人居环境治理。推动重点流域重点镇污水处理设施配套管网建设，组织编制《村庄污水处理优秀案例集》及《不同类型小城镇污水处理及配套管网建设及时指南》，开展县域村镇污水治理试点示范，组织编制《村镇生活垃圾收集运输技术规程》。起草《关于加强农村生活垃圾管理工作的意见》，开展县域村镇垃圾治理全覆盖统计公布工作。

五、实施循环经济重点工程

（一）推进资源综合利用。一是全面推进墙体材料革新，进一步提高新型墙体材料和节能、利废建材生产及应用比例。二是会同财政、发展改革等部门，组织实施新型墙体材料及节能建材产业化基地建设示范。三是各地住房城乡建设主管部门应结合本地实际和贯彻实施国家禁止使用实心粘土砖的工作，积极开发和推广适合本地应用的新型墙体材料。四是配合有关部门修订发布新型墙体材料目录和专项基金管理办法。各地负责墙体材料革新工作的住房城乡建设主管部门应加强对墙改基金的征收和管理，充分发挥墙改基金的引导和调控作用，推动绿色建筑和建筑节能。五是配合国家发展改革委继续推进禁止使用实心粘土砖工作。六是会同工业和信息化部加快高强钢筋的推广应用。

（二）促进垃圾资源化利用。一是认真贯彻落实国务院批转住房城乡建设部等部门《关于进一步加强城市生活垃圾处理工作的意见》（国发[2011]9号），分解任务，落实责任，配套政策，对各地落实情况进行监督检查。二是组织做好《全国城镇生活垃圾无害化处理设施建设“十二五”规划》编制和实施工作，推动各地加快城市生活垃圾处理能力建设，“十二五”期末，全国生活垃圾无害化处理率达到80%以上。三是会同有关部门组织开展生活垃圾处理示范工程项目工作，推动各地提高生活垃圾处理设施建设管理水平。组织开展现有生活垃圾堆放点普查，指导各地做好生活垃圾填埋场封场和堆放点治理改造。四是推动生活垃圾分类工作。总结生活垃圾分类收集试点城市情况，扩大试点城市范围，“十二五”期间在每个省（自治区、直辖市）设立一个试点城市。修订《城市生活垃圾分类及其评价标准》。五是配合有关部门做好餐厨垃圾资源化利用和无害化处理示范项目工作，指导北京市朝阳区等33个试点城市（区）尽快建成示范项目。加大对餐厨垃圾处理项目的建设投入，力争“十二五”期间完成100座餐厨垃圾处理示范工程建设。

（三）推进节水型城市建设。一是研究制定城市规划、建设和市政公用事业方面的节水制度、办法和具体标准。指导各地组织编制城市节水专项规划。二是以节水型城市创建工作为抓手，推动城镇节水工作，会同国家发展改革委修订和完善《节水型城市考核标准》，强化中长期规划指导、用水节水统计管理、公共供水和自备水的计划用水与定额管理。做好节水型城市的申报和考核工作。三是加快再生水利用设施建设，推进污水处理再生利用，在城市水系治理及生态修复方面发挥再生水功能。四是配合国家质检总局等有关部门做好节水产品强制性标准及认证工作。

六、加快节能减排技术开发和推广

（一）加快节能减排技术研发。一是“十二五”期间，在国家科技支撑计划项目中，开展对绿色建筑、建筑节能的技术研究，实现绿色建筑设计、建造、评价和改造的一条龙技术服务支撑，建设综合性技术服务平台，建立以实际建筑能耗数据为导向的建筑节能技术支撑体系。二是开展城市生活垃圾处理利用技术研究，形成城市生活垃圾处置利用关键技术与设备，增强垃圾收运处置能力，提高资源化水平。三是在“水体污染控制与治理”科技重大专项中，以节能减排为目标导向，开展城市水污染控制和饮用水安全保障领域技术研究与关键设备研发，重点突破城镇排水系统优化运行、污水处理提标改造与节能减耗、污泥处置与资源化利用、非传统水源利用、饮用水深度净化等关键技术，并在重点流域内示范应用。

（二）加快节能减排技术推广应用。一是根据“十二五”期间行业发展需求灵活制定节能减排技术公告，引导行业健康发展。二是依据技术公告制定专项的技术推广、限制、淘汰目录，鼓励企业技术进步，提高产品质量。三是通过示范工程建设，加快技术成果转化。

（三）加强节能减排国际交流合作。一是广泛开展节能减排国际科技合作，积极引进国外先进节能环保技术和管理经验，更有效地组织实施好现有国际合作项目。二是积极筹备召开国际智能、绿色建筑与建筑节能大会暨新技术与产品博览会。三是继续积极研究、多渠道筹集争取配套资金，鼓励有关单位参与国际合作项目的策划和申请，扩大合作对象，拓展合作领域。在清洁发展机制（CDM）合作等方面，提出相应的工作思路，开展相应的工作。

七、完善节能减排经济政策

（一）推进价格和环保收费改革。一是配合国家发展改革委研究修订《城市供水价格管理办法》，指导各地加快推进居民用水户表改造，并逐步推行居民生活用水阶梯式水价制度。二是研究制定城镇污水处理收费管理办法。三是配合国家发展改革委推行城市生活垃圾处理收费制度。探索改进城市生活垃圾处理收费方式，降低收费成本。四是全面推进供热计量收费，贯彻落实住房城乡建设部、国家发展改革委、财政部、国家质检总局《关于进一步推进供热计量改革工作的意见》（建城[2010]14号），指导和督促地方尽快制定“两部制”热价。

（二）完善财政税收政策。配合财政部、国家税务总局研究制定鼓励节能省地环保型建筑、既有建筑节能改造、可再生能源建筑中应用、节能减排设备、资源综合利用产品等方面的财政、税收优惠政策。

（三）推行污染治理设施建设运行特许经营。一是开展市政公用事业改革情况调研，对城镇排水与污水处理行业特许经营制度实施情况，进行分析总结，进一步完善特许经营制度。二是制定城市生活垃圾处理特许经营权招标投标管理办法，完善准入条件。继续开展生活垃圾处理设施等级评定工作，建立退出机制和黑名单制度。

八、强化节能减排监督检查

（一）健全法律法规。积极配合国务院法制办加快出台城镇排水与污水处理条例，研究制定《民用建筑能耗与节能信息统计管理办法》。

（二）完善节能和环保标准。一是要加快完善建筑节能标准体系，针对住宅、农村建筑、公共建筑、工业建筑等不同类型建筑，分别制修订相关工程建设节能标准，在设计、施工、运行管理等环节落实建筑节能要求。二是重点制修订《居住建筑节能设计标准》、《建筑节能气象参数标准》、《既有居住建筑节能改造技术规程》、《夏热冬暖地区居住建筑节能设计标准》。三是制定修订一批建筑节能相关产品标准，为推进建筑节能工程提供相关产品技术支撑。四是进一步完善污水处理、生活垃圾处理等标准。

（三）加强城镇污水处理厂和生活垃圾处理设施运行管理和监督。一是完善“全国城镇污水处理管理信息系统”和城镇污水处理工作考核办法，进一步加强对污水处理设施建设和运行的监督指导。二是建立数据共享机制，配合发展改革、财政等部门，对设施运行负荷率达不到要求或无故不运行地区项目资金下达予以限制。三是加强监督，指导各地加强项目审查，合理确定城镇污水处理设施规模和工艺。督促地方严格落实工程管理相关制度，确保项目建成后及时投入运行发挥效能。严格落实排水许可制度，强化对排入下水道的水质监管，确保城镇污水处理厂达标排放。四是强化对垃圾处理设施建设运行的监管，进一步完善城镇生活垃圾处理管理信息系统，研究制定相关监管标准，继续开展生活垃圾填埋场等级评定并启动垃圾焚烧厂等级评定工作。

（四）加强节能减排执法检查。各省级住房城乡建设主管部门要研究建立建设领域节能减排统计、监测和考核体系，严格落实节能减排目标责任制和问责制，组织开展节能减排专项检查督察，对本地区住房城乡建设主管部门落实国务院节能减排综合性工作方案的情况进行督察，及时向住房城乡建设部报告。住房城乡建设部每年组织开展建筑节能、供热体制改革、城镇污水处理厂和生活垃圾处理设施运行管理的专项检查行动，严肃查处各类违法违规行为和事件。

九、推广节能减排市场化机制

（一）加快推进民用建筑能效测评标识工作。一是根据试点经验，组织对《民用建筑能效测评标识管理暂行办法》、《民用建筑能效测评机构管理暂行办法》进行修订。二是加大民用建筑能效测评标识推进力度，各地要严格贯彻《民用建筑节能条例》规定，对新建国家机关办公建筑和大型公共建筑进行能效测评标识。指导和督促地方将能效测评作为验证建筑工程节能效果的基本手段以及获得示范资格和资金奖励的必要条件。三是加大民用建筑能效测评机构能力建设力度，完成国家及省两级能效测评机构体系建设。

（二）加大绿色建筑评价标识实施力度。一是完善绿色建筑评价标准体系，制定针对不同地区、不同建筑类型的绿色建筑评价标识细则，科学地开展评价标识工作。二是鼓励地方制定适合本地区的绿色建筑评价标识指南。三是规范和引导科研院所、相关行业协会和中介服务机构开展绿色建筑技术研发、前期咨询、后期检测等各方面的专业服务，推进绿色建筑健康发展。

（三）加强建筑节能服务体系建设。一是立足建筑节能目前发展阶段和现有资源，以国家机关办公建筑和大型公共建筑的节能运行管理与改造、建设节约型校园和宾馆饭店为突破口，拉动需求、激活市场、培育市场主体服务能力。二是加快推行合同能源管理，规范能源服务行为，利用国家资金重点支持专业化节能服务公司为用户提供节能诊断、设计、融资、改造、运行管理一条龙服务，为国家机关办公楼、大型公共建筑、公共设施和学校实施节能改造。三是推进建筑能效交易试点。

十、加强节能减排能力建设与宣传教育

（一）强化节能减排管理能力建设。各地住房城乡建设主管部门应加强节能减排管理能力建设，完善机构，充实人员。加强建筑节能统计、监测能力建设。充分发挥行业协会、学会在节能标准制定和实施、新技术（产品）推广、信息咨询、宣传培训等方面的作用。

（二）加强节能减排宣传教育。各地住房城乡建设主管部门要配合有关部门做好“节能减排全民行动”，组织开展系列宣传活动，制定专门宣传方案，广泛宣传建设领域节能减排的重要性。做好每年一度的全国节能宣传周、全国城市节约用水宣传周、中国城市公共交通周及无车日等宣传活动。各级住房城乡建设主管部门应制定节能减排先进单位和个人的表彰奖励办法，对在节能降耗和污染减排工作中做出突出贡献的单位和个人予以表彰和奖励。

低碳农业编

>>>

主编单位：农业部科技教育司

主　　编：王衍亮　农业部科技教育司巡视员

副 主 编：李　波　农业部科技教育司资源环境处处长

方　放　农业部科技教育司资源环境处副处长

执行副主编：曹子祎 李晓华 于秀娟 王晓斌 黎光华 黄辉 李文星 王国占

领导言论

在农业部常务会议上的讲话（摘要）

韩长赋

推进农业农村节能减排是优化能源结构、缓解国家能源压力的有效途径，是降低农业面源污染、减轻生态环境压力的迫切要求，各级农业部门要按照温家宝总理重要讲话要求，站在全局和可持续发展的高度，充分认识农业农村节能减排的重要性、紧迫性，按照建设资源节约型、环境友好型社会的总体要求，扎实推进农业农村节能减排工作，确保实现农业农村节能减排目标。

“十一五”期间，农业部门积极推进农村生产生活节能、农村可再生能源开发和农业面源污染防治等工作，农业农村节能减排工作取得明显成效。但农业面源污染问题仍然比较严重，必须予以高度重视。国家“十二五”规划中把节能减排领域从工业扩大到农村，农业面源污染已成为重点工作，并制订了农业源污染物减排约束性指标。各级农业部门要切实加强指导，系统研究相关政策法规和考核办法，明确地方职责任务，充分发挥系统和行业的作用，分解任务，加强督查，确保全面完成农业节能减排目标。

推进农业农村节能减排，关系农业可持续发展，关系民生，关系农产品质量安全。各级农业部门要立足当前，着眼长远，以提高能源利用效率、推进废弃物能源转化、减少污染物排放为重点，切实抓好农业农村节能减排重点工作。要大力推广节约型农业技术，切实降低农业面源污染；大力推进农业废弃物资源化利用，积极发展农村沼气等可再生能源；大力优化农业生产力布局，促进农业农村可持续发展。重点在四个方面加大工作力度，力争取得突破。一是抓好化肥科学利用，深入推进测土配方施肥，提高化肥利用效率；二是抓好畜禽粪便综合利用，加快发展大中型沼气池建设，减少养殖排放污染；三是抓好废弃地膜回收，完善资源化利用机制，保护耕地质量和生态环境；四是抓好秸秆综合利用，推进秸秆还田、气化、发电和饲料化，解决秸秆废弃和焚烧带来的环境问题。同时要深入推进旱作节水农业发展。要抓紧制订规划，完善工作体系，积极谋划政策，切实抓好落实，每项工作都要明确牵头司局、明确责任分工、明确任务期限，确保每件事都有人抓，一抓到底、抓出成效。

（韩长赋：农业部部长，2011年10月9日部常务会议上的讲话）

在全国农村能源工作会议上的讲话

张桃林

加快发展农村能源是加强农村基础设施建设的重要内容，是改善农民生活水平的重要方面，也是促进生态保护、发展循环经济、建设现代农业的重要途径。近年来，各级农业部门根据农村和农业发展的实际，把农村能源建设与农民生活、农业生产、生态环境保护和农民增收紧密结合起来，通过科技创新、试点示范和效益吸引，引导广大农民开展以沼气、太阳能技术应用等为重点的农村能源建设，创造了多种能源生态建设模式。

2000年以来，中央累计投入248亿元支持发展农村沼气。在中央投资带动和各方面共同努力下，农村沼气实现了跨越式发展。目前，全国沼气用户已达4000万户，各类沼气工程7.27万处，生活污水净化沼气工程19.16万处，受益人口1.55亿人。沼气年产气量140亿立方米，折合2500多万吨标准煤，可减排二氧化碳5000多万吨。已经形成了户用沼气，小型沼气、大中型沼气、生活污水净化沼气工程共同发展的新格局。同时，推广省柴节煤炉灶炕1.8亿台，太阳能热水器5498万平方米，太阳灶162万台，太阳房2060万平方米；同时开展了秸秆沼气集中供气、秸秆气化和秸秆固化成型示范建设。农村能源建设取得了巨大的经济、环境和社会效益。

一是有效改善了农民生活条件。农民使用太阳能热水器，解决了“洗澡难”的问题；农民使用沼气灶，厨房像城市一样清洁卫生。新型农村能源的应用，以农民看得见、摸得着、用得起的方式，有效提高了农村生活用能效率和用能品位，改变了农村脏乱差的生活环境，减轻了农村妇女劳动强度，改善了室内空气质量，摆脱了烟熏火燎的状况，引导了农民从传统生活方式向现代文明生活方式的转变。

二是有效推动了循环农业发展。农村沼气池上连养殖，下连种植，开展综合利用，形成了植物生产—动物转化—微生物还原—植物生产的循环农业模式。以沼气为纽带的北方“四位一体“模式，推动了北方地区设施农业发展。秸秆能源化利用实现了农业废弃物变废为宝，推进了农业生产的良性循环。推进农村能源产业健康发展，不仅能够促进农业结构调整和优化，而且还可促进加工、转化与增值，延长产业链条，发展立体循环农业。

三是有效促进了农业和农村节能减排。农村能源开发与节能技术的推广，在推进农业农村节能减排和保护生态环境方面发挥了重要作用，成为全球参与人口最多、成效最为显著、独具中国特色的节能减排行动。目前，农村能源建设年节能能力相当于1亿吨标准煤，可减排二氧化碳2.3亿吨。推进农村能源健康发展，有利于实现国家节能减排的目标，保障国家能源安全，发展低碳经济。

经过多年努力和建设，目前在全国已经形成了国家、省、市、县四级比较健全和完善的农村能源管理和技术推广服务体系，形成了一套行之有效的项目组织、管理办法，培养了一支管理能力强、业务素质高的人才队伍，并制定了相应的法规、标准和管理制度。

搞好农村能源建设要注重四个方面工作：一是加强协调配合，推进多能互补。农村能源建设是一项跨系统、跨行业、跨学科的系统工程。发展农村能源必须有一个多部门组成的协调工作机制，加强沟通与协调，增强共识、凝聚工作合力，确保各项政策、措施落到实处，使农村能源的建设和运行有一个良好的社会环境。二是加强科技创新，推动产业发展。以项目为抓手，加强科技创新，大力实施技术标准化、技工专业化和操作规范化。支持优势科研、教学单位和龙头企业开展技术创新。重点开展大中型沼气工程沼气高值化利用、沼肥综合利用、省柴节煤炉灶炕升级换代、生物质固化和气化技术研发。引导企业、科研机构、行业协会、合作社、个体经营户进入农村能源建设领域，参与技术研发、工程设计与咨询、施工安装、物业管理服务、终端产品经营等，不断完善和壮大农村能源产业体系。三是狠抓管理服务，提高发展水平。因地制宜，创新机制，推广农村沼气全托管和建管用一条龙等服务模式，及时排查解决问题，巩固建设成果。四是加强技术培训，壮大人才队伍。通过农村能源职业技能开发、新型农民培训“阳光工程”、创业经纪人培训、农技人员知识更新培训等，培训一批沼气生产工、太阳能利用工、农村节能员、生物质能利用工等一线技术人员，建立一支技术高超的施工队伍、科学规范的设计队伍和保障有力的管理队伍。同时，培训一批农村能源建设与服务队伍的创业者，增添新鲜血液。要结合项目建设，留住骨干技术人员，壮大技术队伍，永保农村能源建设的生机和活力。

（张桃林：农业部副部长，2011年7月9日）

扎实推进农业和农村节能减排（节录）

张桃林

“十一五”以来，按照《节能减排综合性工作方案》的部署和要求，我部积极完善相关政策，大力推广先进适用的农业和农村节能减排技术，稳步推进农村生产生活节能、农村可再生能源开发、农业面源污染防治等工作，取得了显著成效。

一是制定与完善了相关政策措施。为做好农业和农村节能减排工作，专门成立了农业部应对气候变化及节能减排领导小组，负责统筹协调农业和农村节能减排工作。印发了《农业部关于加强农业和农村节能减排工作的意见》，发布了《农业和农村节能减排十大技术》。同时，成立了农业部重点流域农业面源防治联席会议制度，负责协调指导农业面源污染防治工作，下发了《关于进一步加强重点流域农业面源污染防治工作的意见》。组织编制和修订农业和农村节能减排相关标准105项，其中已经颁布实施的标准有77项。

二是农业面源污染防治进展顺利。“十一五”期间，中央累计投入资金212亿元，发展户用沼气、小型沼气和大中型沼气。到目前为止，全国沼气用户达到4000万户，建成沼气工程7.2万处，生活污水净化沼气工程19万处。测土配方施肥项目县（场）达到2498个，技术推广面积达到11亿亩以上，累计减少不合理施肥580万吨。严格限制高毒、高残留农药的使用，大力推广高毒农药替代技术。全面禁止甲胺磷等5种高毒农药在农业上使用。中央累计投入资金112亿元，对生猪、奶牛规模养殖场（小区）进行标准化改造。启动畜禽养殖标准化示范创建活动，带动养殖场对包括粪污处理设施在内的基础设施进行标准化改造。在全国17个省（区、市）建成1200多处农村清洁工程示范点，开发出了一系列较为成熟的生活垃圾、污水、人畜粪便处理工艺与配套设备。

三是农村生产生活节能成效显著。推进老旧农业机械报废更新，发布了拖拉机、联合收割机报废与禁用标准，专门下发了《农业部办公厅关于做好农机节能减排工作的通知》，发布了《农机维修节能减排十项技术》，严格限制高能耗、高污染产品进入《国家支持推广的农业机械产品目录》。筛选并推广渔船节能技术与节能产品，开展水产节能减排技术示范。全国累计推广应用省柴节煤炉灶炕1.8亿户，形成年节约7000万吨标准煤的节能能力。

这些措施不仅有效促进了农业和农村节能减排，改善了农村生产生活条件，而且促进了农业增效、农民增收，受到了当地政府和群众的普遍欢迎。

“十二五”期间，农业和农村节能减排工作要按照建设资源节约型、环境友好型社会的总体要求，在保证粮食安全和主要农产品有效供给的同时，把农业和农村节能减排作为转变农业生产与农民生活方式的重要抓手，以提高农业资源利用率为关键环节，以节肥、节药、节水、节能和农村废弃物资源化利用技术推广为工作重点，通过减量化、再利用、资源化等手段，建立清洁的生产生活方式，生产、生活、生态一体推进，大力发展生态农业、循环农业，资源化利用农村废弃物，降低能源消耗，减少污染排放，提升农业可持续发展能力，实现农业和农村经济又好又快发展。

力争到2015年，我国农业源化学需氧量排放总量比2010年降低8%，氨氮排放总量比2010年降低10%；测土配方施肥覆盖率达到60%，化肥利用率提高3个百分点；大力推进病虫害专业化统防统治，力争主要粮食作物病虫害统防统治率达到30%；推进病虫害绿色防控，淘汰一批高毒、高残留农药；推广节能减排型种植制度，减少高耗能低效率的种植环节；50%以上的规模化畜禽养殖场配套建设废弃物处理利用设施；农村沼气用户达到5500万户，年产沼气216亿立方米，形成年开发3400万吨标准煤的能力；淘汰一批高能耗高污染的老旧农机和渔船，对乡镇企业进行节能改造，农村生产用能效率得到提高。

“十二五”期间，农业和农村节能减排工作将主要从三个方面入手：

一是深入开展农村生产生活节能。推进农业机械和渔船节能，加强节能农业机械和农产品加工设备的推广应用，加快落后农业机械和渔船及其装备的更新换代，研究淘汰高耗能、高排放农机、渔船的经济补偿方式。推广应用复式联合作业农业机械，减少作业环节和次数，推进农机标准化、规模化作业，降低农业机械单位能耗。推进种植制度高产节能，加强农作物高产种植措施的集成配套，减少高能耗、低效率的种植环节，建立节能型高产种植制度。推进乡镇企业节能，加强乡镇企业能源消耗管理和节能设备更新改造，推广立窑水泥节能节电技术，炼焦清洁型回收余热发电、炉门密封技术，新型铸造熔炼技术，空心砖、新型节能型转窑、窑炉密封制砖技术等。在中西部地区重点推广太阳能果蔬干燥技术。推进农村生活节能，加快省柴灶、节能炕升级换代，在农村地区推广应用太阳能、风能、微水电等可再生能源和产品，推广应用保温、省地、隔热新型建筑材料，引导农民建设节能型住房。

二是积极防治农业面源污染。围绕建设“高产、优质、高效、生态、安全”的现代农业目标，推广节肥节药节水技术，大力发展生态农业、循环农业和精准农业。推广测土配方施肥、减排种植制度和节水农业技术，实施保护性耕作，鼓励农民增施有机肥、种植绿肥，科学施用化肥，提高肥料利用率。科学合理使用高效、低毒、低残留农药和先进施药机械，建立多元化、社会化病虫害防治专业服务组织，实行综合防治和统防统治。大力发展滴灌、喷灌等节水灌溉技术，推广水肥一体化技术。推广畜禽生态养殖技术，加快畜牧业生产方式转变，推行农牧结合和生态养殖模式。推广集约、高效、生态畜禽养殖技术，发展草食畜牧业，大力推进秸秆养畜。积极推进畜禽适度规模养殖，加强畜禽养殖排泄物治理，推广雨污分流、干湿分离和设施化处理技术。推广水产健康养殖技术，合理调整养殖布局，科学确定养殖密度，优化养殖生产结构。加快推进养殖池塘标准化改造，加强标准化水产示范场（区）建设，积极发展生态健康养殖。推广应用节水、节能、减排型水产养殖技术和模式。

三是大力推进农村废弃物资源化利用。大力发展农村沼气，在适宜地区加大户用沼气建设力度，推广“四位一体”和“猪－沼－果”等能源生态模式，在集约化养殖场和养殖小区以及秸秆资源丰富的地区，建设大中型沼气集中供气工程。推进农村清洁工程建设，扩大规模和范围，资源化利用人畜粪便、生活垃圾、污水。推进秸秆综合利用，实现秸秆肥料化、能源化、饲料化、基料化利用。推进废旧地膜回收利用，严格限制使用超薄地膜，鼓励和引导农民回收利用地膜，逐步建立地膜使用、回收、再利用等相互衔接的废旧地膜回收利用机制。

（张桃林：农业部副部长，2011年12月14日《农民日报》）

综 述

2011年农业低碳发展

农业部科技教育司

2011年，农业部深入推进农业发展方式转变，大力推动农业节能减排，加强农村可再生能源开发，推广实施测土配方施肥、畜禽养殖废弃物综合利用、渔业节能减排、保护性耕作等农业清洁生产技术，农业低碳发展成效明显。

一、促进农村可再生能源发展

发展农村可再生能源，推动废弃物综合利用，是促进农业农村节能减排、低碳发展的重要途径。2011年，农业部继续推进农村沼气建设，加强秸秆综合利用，取得了显著成效。

（一）农村沼气建设成效显著

2011年，中央安排资金43亿元，建设户用沼气140多万户、大中型沼气570多处、小型沼气4200多处、服务网点近1.3万处。在中央投资带动下，2011年新增沼气用户300万户、大中型沼气工程1000多处。截至目前，全国沼气用户将达到4000多万户，占全国适宜农户的35%，受益人口将达到1.6亿，沼气年产量可达150亿立方米，可实现CO_2年减排6000多万吨，生产有机沼肥4亿吨。同时，东、中、西部地区农村户用沼气中央补助标准分别提高到1300元、1600元、2000元。目前，农村沼气不仅为农民提供高品位的生活能源，推进节能减排，而且越来越和农业生产、农民生产有机结合起来，功能不断拓展和延伸，带动当地无公害农产品、绿色食品和有机食品生产，有效改善了农村卫生条件，得到农民的普遍欢迎。

（二）农作物秸秆综合利用进展顺利

2011年，国家发展改革委、农业部牵头成立了由相关部门参加的秸秆综合利用统筹协调机制，进一步明确了部门分工和工作任务。国家发展改革委、农业部和财政部专门制定了《“十二五”农作物秸秆综合利用的实施方案》，指导各地开展秸秆综合利用，争取到2015年秸秆综合利用率达到80%以上。国家发展改革委、农业部等相关部门积极推广秸秆综合利用技术，取得了很好成效。不断加大秸秆养畜示范项目实施力度，着力推动秸秆资源化利用。2011年，中央财政用于支持秸秆养畜项目建设的资金达到1.4亿元，立项建设示范项目136个。在项目的带动下，全国秸秆饲用迅速发展，全国饲用秸秆总量达到2.1亿吨，其中青贮秸秆饲料1.71亿吨（折合干秸秆0.57亿吨）。截至2011年底，全国保护性耕作面积570万公顷，秸秆还田面积近320万公顷。同时，还开展了土壤有机质提升行动，覆盖全国540多个县（场），推广应用面积3000万亩，项目区秸秆还田率达到95%以上。此外，农业部还积极开展了秸秆气化、固化、炭化等综合利用技术示范，取得了显著成效。

二、推广测土配方施肥技术

2011年，中央财政安排补贴资金8亿元，支持2489个项目县（场、单位）开展测土配方施肥。各地按照农业部和财政部的统一部署，免费为1.7亿农户提供了测土配方施肥技术服务，技术推广面积12亿亩以上，为粮食“八连增”

2011年11月4日，以“技术共享、合作共赢”为主题展的中德沼气合作战略研讨会在北京召开。农业部副部长张桃林和德国联邦食品、农业和消费者保护部副部长穆勒在开幕式上致辞

做出了积极贡献，深受广大农民群众欢迎。

（一）实施测土配方施肥主要成效

1.基本摸清了耕地土壤养分状况。通过取土化验，初步摸清了1857个项目县（场）14亿亩耕地土壤养分状况，基本掌握了土壤有机质、全氮、碱解氮、有效磷、速效钾、全磷、全钾的有效含量，发现了土壤酸化、耕层变浅、磷素养分富集和耕地养分失衡等重大共性问题。

2.促进了增产增收。与农民习惯施肥相比，小麦、水稻、玉米等粮食作物测土配方施肥示范区亩均增产6%左右，亩均节本增收30元以上。果树、蔬菜等经济园艺作物亩均节本增收80元以上。

3.促进了节能减排。测土配方施肥示范区一般每亩减少不合理施肥量1-2公斤（折纯）。其中小麦为1.8公斤、水稻1.8公斤、玉米1.7公斤。据专家测算，2011年全国减少不合理施肥120万吨，相当于节约燃煤310万吨、减少CO_2排放量约810万吨，节能减排效果明显。

4.提高了肥料利用率。综合各地试验示范数据测算，测土配方施肥与农户习惯施肥相比，肥料利用率明显提高，小麦氮、磷、钾肥利用率分别提高7.7、5.3和4.6个百分点，水稻氮、磷、钾肥利用率分别提高7.8、5.1和1.3个百分点，玉米氮、磷、钾肥利用率分别提高9.4、7.6和8.1个百分点，油菜氮、磷、钾肥利用率分别提高6.8、3.3和1.1个百分点。

（二）实施测土配方施肥行动主要做法

在财政部大力支持下，2011年农业部继续将测土配方施肥列入为农民办实事之一，深入开展测土配方施肥普及行动。

1.加强监督管理。农业部会同财政部制定印发了《2011年测土配方施肥补贴项目实施指导意见》，明确目标任务、工作重点和资金使用要求等，指导各地组织实施。农业部制定印发了《2011年全国测土配方施肥工作方案》，强化工作推进和任务落实。组织开展项目监督检查，督促各地全面开展自查，强化项目管理，规范项目实施。加强工作调度和年终绩效考评，建立项目奖惩机制。组织开展化验室化验质量考核，对100个项目县（场）化验室进行了抽查考核。各省（区、市）与项目县（场、单位）签订项目合同书，明确测土配方施肥补贴项目的目标任务、技术指标、质量标准、资金管理以及奖惩办法等。项目县建立健全规章制度，项目资金实行专账管理，专款专用，自觉接受审计部门监督。

2.开展“整建制”推进试点。通过强化行政推动，统筹各方力量，突出关键环节，因地制宜把成熟的技术服务模式、工作机制和组织方式，由点到面扩展，逐步实现整村、整乡、整县等整建制推进，将测土配方施肥技术落实到作物、落实到地块、落实到农户，服务范围逐步覆盖到主要土壤类型、主要作物和绝大多数农户。以推进农民“按方施肥”和“施用配方肥”为路径，探索示范了“政府主导合力推进、合作社带动、配方肥直供、定点供销、统测统配统供、现场混配供肥”等六大典型模式，201个项目县（场）开展了测土配方施肥整建制推进试点。

3.强化指导服务。农业部在全国范围内组织开展测土配方施肥普及行动，强化技术进村入户、施肥方案上墙、示范片到村、培训班进田、配方肥下地。组织修订了《测土配方施肥技术规范（2011年修订版）》，重点细化了蔬菜、果树测土配方施肥技术内容，增加了肥料利用率田间试验、配方肥料供应等内容。各级农业部门在春耕、夏播、秋冬种等关键农时季节，制定发布主要作物科学施肥指导意见，因地制宜指导农民科学施肥。组织专家和农技人员采取包村包片的形式，落实测土配方施肥任务，普及科学施肥知识，帮助农民解决技术问题。选派江苏、山

截至目前，全国沼气用户将达到4000多万户

2011年，中央财政安排补贴资金8亿元，支持2489个项目县（场、单位）开展测土配方施肥

东、湖北、广东、四川、重庆等六省市10名专家赴西藏开展测土配方施肥技术援藏工作。

4.狠抓配方肥推广。在指导农民按方选肥、按方配肥和按方施肥的同时，积极探索配方肥产销用相衔接的有效机制。各地及时公布本区域肥料配方信息，引导企业调整产品结构，按照配方生产供应配方肥。强化农企对接，引导肥料企业生产供应配方肥。通过探索“大配方、小调整”的模式，方便企业生产供应配方肥。通过连锁配送、订单直供等营销模式，方便农民选购配方肥。通过引导乡村智能化配肥供肥服务网点建设，满足农民个性化、小批量施用配方肥的需求。

2011年，中央安排136亿元财政资金在内蒙古、新疆、甘肃、青海、宁夏、西藏、云南、四川及新疆生产建设兵团实施草原生态保护补助奖励机制政策

实践证明，测土配方施肥对促进粮食增产、农业增效、农民增收和节能减排发挥了重要作用，是发展现代农业、转变农业发展方式、提高肥料资源利用效率的重大举措。

三、开展畜禽养殖废弃物综合利用

畜禽养殖污染是农业面源污染的重要来源，我部高度重视畜禽养殖污染防治工作，通过制定完善法律法规，大力促进畜禽标准化规模养殖，积极推广畜禽粪污治理技术，积极推动解决畜禽养殖污染问题。

（一）配合制定《畜禽养殖污染防治条例》。积极配合环保部等有关部门制定《畜禽养殖污染防治条例》（送审稿），推动畜禽养殖污染防治工作的法制化和规范化，为畜禽养殖污染防治提供法律依据。

（二）加大畜禽养殖废弃物综合利用的投入力度。2011年，中央继续实施生猪、奶牛标准化规模养殖场（小区）建设项目，启动实施扶持“菜篮子”产品生产项目，投入资金36亿元，支持规模养殖场的标准化改造，重点加大畜禽贮粪池、排粪污管网等的建设力度，废弃物利用设施建设是重点建设的内容之一。

（三）推广应用畜禽养殖废弃物综合利用技术。2011年，我部继续开展畜禽养殖标准化示范创建活动，并把粪污无害化作为示范创建的重要内容来抓，组织验收了554个畜禽标准化示范场，带动周边养殖场（户）开展标准化生产。出版《百例畜禽标准化示范场》，总结各示范场在畜禽养殖废弃物综合利用方面的有效模式和成功做法，实行农牧结合，促进畜禽养殖废弃物的无害化处理和资源化利用。

四、推进草原生态保护建设

2011年，全国草原保护建设成效显著。截至2011年底，全国草原承包面积达2.43亿公顷。全国累计种草保留面积1044.7万公顷，其中改良草地面积306.1万公顷。全国草原围栏面积701.1万公顷，禁牧草原面积0.95亿公顷，推行草畜平衡面积1.44亿公顷。

（一）实施草原生态保护补助奖励机制政策。2011年，中央安排136亿元财政资金在内蒙古、新疆、甘肃、青海、宁夏、西藏、云南、四川及新疆生产建设兵团实施草原生态保护补助奖励机制政策。按照目标、任务、责任、资金“四到省”和任务落实、补助发放、服务指导、监督管理、建档立卡“五到户”的基本原则，对牧民实行草原禁牧补助、草畜平衡奖励、牧民生产资料补贴等政策措施。截至2011年底，中央财政补奖资金已全部拨付到省，各地经过核查与村级公示等规定程序后正在陆续向牧户发放，享受到补奖政策的农牧民达到1056.74万户。

（二）实施草原保护建设工程。2011年，在内蒙古、四川、甘肃、宁夏、西藏、青海、新疆、贵州、云南及新疆生产建设兵团实施退牧还草工程，中央财政投入20亿元资金，建设草原围栏450.4万公顷，对严重退化草原实施补播145.9万公顷，建植人工饲草地4.7万公顷，建设舍饲棚圈6.2万户。在北京、内蒙古、山西、河北实施京津风沙源草地治理工程，中央投资2.56亿元资金，治理草原9.1万公顷，建设牲畜棚圈116万平方米，为农牧民配置饲草料加工机械8330台套。在内蒙古、四川、西藏、云南、甘肃、青海、新疆及新疆生产建设兵团实施游牧民定居工程，中央投入17亿元资金，帮助6.8万户牧民实现定居。在湖北、湖南、广西、重庆、四川、云南、贵州实施岩溶地区石漠化综合治理试点工程，治理草原1.86万公顷，建设棚圈38.8万平方米，建设青贮窖9.6万立方米，配置饲草料机械4010台套。

（三）加强草原执法监督。2011年，全国各类草原违法案件发案17245起，立案16508起，立案率为95.7%；结案16111起，结案率为97.6%；提起行政复议或行政诉讼的案件5起，移送司法机关处理的案件96起。全年草原违法案件共破坏草原12117.1公顷，买卖或者非法流转草原4842.3公顷。与上年相比，草原违法案件发案数减少3217起，下降15.7%；立案数减少2969起，立案率提高0.5个百分点；结案数减少3011起，结案率下降0.6个百分点；破坏草原面积减少3449.6公顷，下降22.2%。

（四）强化草原防灾减灾能力建设。2011年，全国共发生草原火灾83起，其中一般草原火灾81起，较大草原火灾1起，重大草原火灾1起。受害草原面积为17473.5公顷，无人员伤亡和牲畜损失。与上年相比，草原火灾次数减少26起，受害草原面积增加12315.1公顷。与“十一五”时期的平均水平相比，火灾发生次数下降63.7%，受害草原面积下降11.4%。2011年，全国草原鼠害危害面积为3872.4万公顷,约占全国草原总面积的10%，与上年基本持平。全国草原虫害危害面积为1765.8万公顷，占全国草原总面积的4.4%，危害面积较上年减少2.3%。

2011年全国草原植被总体长势属偏好年份。全国天然草原鲜草总产量达100248.26万吨，较上年增加2.68%；折合干草约31322.01万吨，载畜能力约为24619.93万羊单位，均较上年增加2.53%。全国23个重点省（区、市）鲜草总产量达93043.29万吨，占全国总产量的92.81%，折合干草约29105.10万吨，载畜能力约为22877.38万羊单位。通过各项草原保护建设制度和工程项目的实施，草原植被恢复状况明显好转，草原生态效益逐步显现。监测结果表明，工程治理区比非工程区的草原植被盖度平均提高10个百分点，高度平均提高42.8%，鲜草产量平均提高49.9%，可食鲜草产量平均提高54.3%；全国草原综合植被盖度达51%。

五、推动渔业节能减排

2011年，农业部加强了对渔业节能减排工作的指导，组织有关科研、教学、推广、船检等单位，通过开展调研、试点示范、强化宣传等措施，继续推进渔业节能减排工作。

（一）提出指导意见，全面指导渔业节能减排工作。根据国家对节能减排工作的总体部署，充分发挥节能减排在调整渔业产业结构、转变渔业发展方式、促进渔业可持续发展中的重要作用，结合渔业耗能与节能减排现状，起草并下发了《农业部关于推进渔业节能减排工作的指导意见》，明确了“十二五”及今后一段时期渔业节能减排工作的指导思想、基本原则、主要目标、重点领域、保障措施等。同时加快了渔业节能减排标准体系建设，发布了《海洋渔业船舶柴油机油耗》和《渔业船舶柴油机选型技术要求》2项行业标准。

（二）开展调研，积极推进渔船标准化改造。针对我国渔船老化、能耗高、标准化水平低的问题，组织调研组，赴山东、江苏、上海、浙江、广东等地开展渔船标准化改造情况调研，起草了关于推进渔船标准化改造有关问题的调研报告。报告分析了渔船节能减排现状，提出了以实现“安全、节能、经济、环保、适居”为目标，推进渔船标准化改造的工作措施和政策建议。

（三）试点示范，积极开展渔船节能工作。在辽宁、山东、浙江等省开展渔船节能试点示范，试点推广标准化节能船型、机型和船用节能装置和玻璃钢渔船。示范建造了15艘玻璃钢渔船，推广应用了311台节能型渔用柴油机，实现节油5000吨。开展海洋渔船船型筛选工作，从46个海洋渔船船型中筛选出22个有代表性的节能船型。继续实施“渔业节能关键技术研究与重大装备开发”公益性农业行业科研项目，完成第一艘“36.5m电力推进拖网渔船”研究设计与建造任务。

（四）完善技术，积极推进养殖节能减排。在福建、广东等省开展养殖节能减排试点示范，完善并推广了循环水养殖技术、鳗鲡节水可控生态养殖技术，启动高位虾池循环水养殖减排试点工作，推广了节电、节水、减排养殖新技术、新设备。通过试点，建立了示范基地，实现节水90%、节电50%，产量比起传统养殖提高20%，效果十分显著，同时，还摸索出适合不同地区、不同品种的节能减排养殖模式，形成一些技术规范。

（五）强化宣传，普及渔业节能减排知识。在《中国水产》专门开设了“节能减排”专栏，对养殖节能减排理念和相关技术进行了宣传。组织编印了8期《渔业节能减排通讯》，发送渔业有关管理、科研、教学、推广、船检等单位学习和参考。在中国渔业装备与工程科技信息网上开设“节能减排专栏”，发布有关政策法规和国内外动态信息。举办了多期渔业节能减排培训班，编印并发放了《玻璃钢渔船与渔船节能减排技术》和《渔船渔机节能减技术知识手册》。

六、实施保护性耕作

保护性耕作是在地表有作物秸秆或根茬覆盖情况下，通过免耕或少耕方式播种的一项先进农业技术。从2002年到2011年，中央财政连续安排专项资金，开展保护性耕作技术示范推广，2010年启动《保护性耕作工程建设规划（2009～2015年）》，累计投入8.77亿元。截至2011年底，在黄土高原一年一熟区、西北干旱绿洲农业区、华北一年两熟区、东北垄作区、内蒙古农牧交错区、南方水稻种植区，共建设保护性耕作技术推广和工程建设项目县（团、场）662个。我国保护性耕作技术由一年一熟区推广到一年两熟区，由北方地区推广到西南季节性旱作区，由小麦/玉米轮作区逐步推广到稻（油）/麦轮作区，由主要粮食作物推广到其他经济作物和牧草的种植等。目前，我国保护性耕作面积达到8500多万亩。

2011年，投入中央资金3.17亿元，建设保护性耕作技术推广和工程建设项目县（团、场）165个。

a.保护性耕作区域

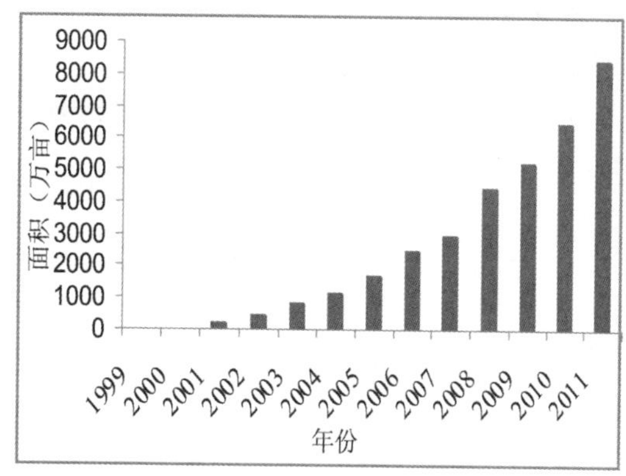

b.保护性耕作面积变化

图示 保护性耕作基本情况

各地保护性耕作试验及其效果监测表明，保护性耕作具有显著的节本增效、减少土壤侵蚀、保护农田、缓解沙尘天气危害、改善生态环境等多种效果。

（一）减少了作业工序，进而通过减少燃油消耗实现废气排放减少。平均常规作业亩耗油11.3kg，保护性耕作可以减少油耗10%～20%。8500万亩保护性耕作，每年可节省燃油9.6～19.2万吨。

（二）减少风蚀、水蚀，保护耕地。保护性耕作使农田扬尘降低50%以上，减少水蚀80%左右，是最有效的农田防护治理技术措施。根据试验，每亩保护性耕作可减少风蚀量500公斤。8500万亩保护性耕作地，估算可以减少农田风蚀4250万吨，减少扬尘1020万吨以上。

（三）减少CO_2排放。保护性耕作与传统耕作相比，农田土壤含碳量可增加20%，每年减少CO_2等温室气体排放量达0.61～1.27吨/公顷。8500万亩实施保护性耕作的农田可减少排放345.7～719.8万吨。

七、推进农村清洁工程

为从根本上解决农村生活垃圾、污水、农作物秸秆和人畜粪便造成的农村环境污染问题，2005年农业部组织在湖南、四川、重庆、河北等省市启动了农村清洁工程建设试点。建设规模和范围不断扩大，目前已在全国25个省（自治区、直辖市），建成农村清洁工程示范村1500多个，开发了一系列较为成熟的生活垃圾、污水、人畜粪便处理工艺与配套设备，制定了《农村清洁工程建设技术规范》，取得了良好成效。示范村的生活垃圾、污水、农作物秸秆、人畜粪便处理利用率一般达到90%以上，化肥、农药减施20%以上，有效改善了农村生产生活环境。农村清洁工程建设实现了家园清洁、田园清洁和水源清洁，推动了农业生产方式、农村生活方式和农村社会服务方式的转变，带动了无公害农产品、绿色食品生产和乡村旅游发展，改变了农村脏乱差面貌，受到各级领导的高度重视和广大农村居民的热烈欢迎。

截至2011年底，全国草原承包面积达2.43亿公顷。全国累计种草保留面积1044.7万公顷。图为退牧还草工程

农业部大力推进低碳渔业，这是我国第一艘36.5米的电力推进拖网渔船

政策文件

农村沼气建设和使用考核评价办法

农办科[2011]20号

（农业部办公厅二〇一一年五月十六日印发）

为进一步完善农村沼气项目管理方式，提高项目综合效益，促进农村沼气事业持续健康发展，特制定本办法。

一、考核对象

承担中央预算内农村沼气项目建设任务的县（市、区）农村能源行政主管部门。

二、考核内容

主要对上一年度中央预算内农村沼气项目的完成情况、投资支出情况、运行使用情况进行全面考核和量化评分，确定评价等级。下半年下达投资计划的项目，原则上列入下一年度考核内容。考核评价要尽量与项目竣工验收统筹考虑和安排，避免重复工作。

三、考核指标

（一）户用沼气

1、沼气池完工率：用于考核户用沼气项目建池任务完成情况。沼气池完工率＝（实际建成沼气池户数÷批复建池户数）×100%。

2、“三改”或“两改”配套率：用于考核户用沼气项目配套改厨、改厕、改圈的完成情况，庭院内不养殖或以秸秆为主要原料的户用沼气，只考核改厨、改厕的完成情况。“三改”或“两改”配套率＝（被抽查建池户中“三改”或“两改”完成户数÷被抽查建池户数）×100%。

3、中央补助投资和地方配套投资支出率：用于考核户用沼气项目中央补助投资和地方配套投资支出情况。中央补助投资支出率＝（实际支出中央补助投资总额÷批复中央补助投资总额）×100%；地方配套投资支出率＝（实际支出地方配套投资总额÷批复地方配套投资总额）×100%。

4、沼气正常使用率：用于考核所建户用沼气池的使用情况。沼气池使用率＝（被抽查建池户中正常使用沼气的户数÷被抽查建池户数）×100%。

本办法中的“正常使用”是指南方地区每年使用8个月或北方及高海拔地区每年使用6个月。

5、沼渣沼液综合利用率：用于考核所建户用沼气池的沼渣沼液综合利用情况。沼渣沼液综合利用率＝（被抽查建池户中沼渣沼液综合利用的户数÷被抽查建池户数）×100%。

（二）养殖小区和联户沼气

1、项目完工率：用于考核养殖小区和联户沼气项目任务完成情况。工程完工率＝（实际建成工程数÷批复工程数）×100%。

2、中央补助投资和地方配套投资支出率：用于考核养殖小区和联户沼气项目中央补助投资和地方配套投资支出情况。中央补助投资支出率＝（实际支出中央补助投资总额÷批复中央补助投资总额）×100%；地方配套投资支出率＝（实际支出地方配套投资总额÷批复地方配套投资总额）×100%。

3、项目供气率和供气月数：用于考核所建养殖小区和联户沼气项目的供气情况。项目供气率＝（实际供气户数÷批复供气户数）×100%；供气月数指项目实际供气农户全年平均的供气月数。

4、沼渣沼液综合利用率：用于考核所建养殖小区和联户沼气项目的沼渣沼液综合利用情况。沼渣沼液综合利用率＝（被抽查工程中沼渣沼液综合利用的工程数÷被抽查工程数）×100%。

（三）大中型沼气

1、工程完工率：用于考核所建大中型沼气工程任务完工情况。工程完工率＝（工程验收合格数÷批复工程数）×100%。各省大中型沼气工程验收程序和办法，由各省根据本省实际和国家有关规定自行制定。

2、中央补助投资、地方配套投资和业主自筹资金支出率：用于考核所建大中型沼气工程中央补助投资、地方配套投资和业主自筹资金的支出情况。中央补助投资支出率＝（实际支出中央补助投资总额÷批复中央补助投资总额）×100%；地方配套投资支出率＝（实际支出地方配套投资总额÷批复地方配套投资总额）×100%；业主自筹资金支出率＝（实际支出业主自筹资金总额÷批复业主自筹资金总额）×100%。

3、工程平均池容产气率：用于考核所建大中型沼气工程的产气效率。考核期内工程平均池容产气率＝考核期间实际产气量÷（设计发酵装置容积×考核记录天数）。

“考核期间”统一确定为工程验收合格3个月后，连续记录30天；每个省大中型沼气工程考核时间由各省根据本省建设进度和气温情况自定。

4、工程集中供气率、沼气发电率、沼气自用率：用于考核所建大中型沼气工程生产沼气的集中供气、发电或自用情况等。集中供气率＝（实际集中供气户数÷批复集中供气户数）×100%；沼气发电率＝（用于发电的沼气量÷沼气生产总量）×100%；沼气自用率=（用于烧锅炉或炊事等的沼气量÷沼气生产总量）×100%。

5、沼渣沼液综合利用率：用于考核所建大中型沼气工程生产沼渣沼液的综合利用情况。沼渣沼液综合利用率＝（所建工程沼渣沼液实际利用量÷沼渣沼液产生量）×100%。

（四）沼气服务网点

1、网点完工率：用于考核所建沼气服务网点项目任务完成情况。网点完工率＝（实际建成服务网点数÷批复服务网点数）×100%。

2、中央补助投资和地方配套投资支出率：用于考核所建服务网点项目中央补助投资和地方配套投资支出情况。中央补助投资支出率＝（实际支出中央补助投资总额÷批复中央补助投资总额）×100%；地方配套投资支出率＝（实际支出地方配套投资总额÷批复地方配套投资总额）×100%。

3、网点服务面和服务区域内沼气正常使用率：用于考核所建服务网点的服务覆盖面和服务区域内沼气使用情况。网点服务面=（被抽查网点实际服务的户数÷被抽查网点服务区域内沼气用户数）×100%；沼气正常使用率＝（被抽查网点服务区域内沼气正常使用户数÷被抽查网点服务区域内沼气用户数）×100%。

4、用户签约率和满意率：用于考核所建服务网点与所服务沼气用户的签约情况和签约用户的满意程度。沼气用户签约率＝（被抽查网点服务区域内实际签约沼气用户数÷服务区域内沼气用户数）×100%；沼气用户满意率＝（被抽查的沼气用户中满意的户数÷被抽查沼气用户总数）×100%。

四、考核评价

（一）量化评分。考核以县为单位进行，先分别对户用沼气、养殖小区和联户沼气、大中型沼气和沼气服务网点等四个项目进行单项考核，在单项考核的基础上再对所考核项目县进行总体评价，项目县最终得分=户用沼气得分×户用沼气中央投资/中央投资总额+养殖小区和联户沼气得分×养殖小区和联户沼气中央投资/中央投资总额+大中型沼气得分×大中型沼气中央投资/中央投资总额+沼气服务网点得分×沼气服务网点中央投资/中央投资总额，具体考核评价评分标准见附表1-4，考核评价汇总表见附表5-9。

户用沼气、养殖小区和联户沼气、大中型沼气、服务网点项目在考核年度内出现举报投诉的，经上级部门核查查实后，酌情扣减当年项目县总分，扣减分值不超过15分。

（二）等级评价。根据考核评分结果，按优秀（≥90分）、良好（80分≤X＜90分）、合格（60分≤X＜80分）、不合格（＜60分）四个等级，分别对所考核项目县进行评价。

五、考核方法

通过县级自查、省级抽查和国家核查三个步骤，对所考核项目县沼气建设和使用情况进行最终评价。

（一）县级自查。各项目县对上一年度中央预算内农村沼气项目建设和使用情况进行自查，并将自查报告和考核评价汇总表（见附表5-9）上报省农村能源行政主管部门，同时将该汇总表进行软件填报（具体填报方法另行规定）。县级自查时间由省农村能源行政主管部门统一安排，每年10月15日前完成自查工作，其中户用沼气、养殖小区和联户沼气、沼气服务网点项目自查数不低于中央实际安排项目数的40%，大中型沼气工程项目自查数为100%。县级农村能源行政主管部门会同相关部门汇总各项考核指标并经县（市、区）政府审核后上报。

（二）省级抽查。收到项目县自查报告后，省农村能源行政主管部门或委托项目县所在市（地、州）农村能源行政主管部门，通过随机抽查的方式对各项目县自查过的项目进行复查，抽查县数不低于辖区内项目总县数的30%。户用沼气以项目村为单位进行逐一入户复查，每县随机抽查3个项目村；养殖小区和联户沼气项目抽查数不低于全县该类项目总数的30%；大中型沼气工程全县抽查数100%；沼气服务网点项目全县抽查数不低于30%。每年11月底前，各省形成综合考核评价报告上报农业部，逾期不报的按考核不及格对待。

（三）国家核查。按照每省复核3～5个县、每县复核3～5个村的原则，农业部组织人员对各省调查过的项目进行随机抽样复核，形成全国农村沼气建设和使用年度评价报告，作为安排下一年度各省农村沼气项目的重要依据。

六、考核奖惩

（一）奖励

对考核等级优秀的项目县进行通报表扬，并在安排下一年度项目时给予一定规模的项目奖励，奖励规模原则上不超过该县考核年度农村沼气中央补助投资实际下达规模的10%。省级农村能源行政主管部门每年根据考核评价结果提出本省项目县奖励规模和类型结构意见，与省级发改部门协商后在申报农村沼气项目投资计划时，按照基本建设程序联合上报农业部和国家发展改革委。对考核优秀的省，农业部将在农村能源综合建设项目立项时给予倾斜。

对考核等级良好的项目县和省，优先安排农村沼气申报项目。

（二）惩罚

对考核等级不合格或在考核工作中弄虚作假的项目县给予通报批评，并视情况1-3年内不安排农村沼气项目。受到通报批评的项目县农村能源行政主管部门在一个月内，向省农村能源行政主管部门提交整改报告，限期完成整改。对在国家抽查中违规现象较多、存在问题严重，以及媒体曝光经核查基本属实的项目省，农业部与国家发改委协商后将酌情扣减下一年度农村沼气中央补助投资规模，扣减额度不低于本省当年中央补助投资实际下达规模的20%。

七、组织保障

（一）提高认识，加强领导

开展农村沼气建设和使用考核评价，是适应农村沼气发展进入新阶段需要，实现由以建为主向改善服务、提高使用率转变的重要措施，是优化项目布局、提高沼气项目投资效益的新探索。各级农村能源行政主管部门要高度重视，切实将考核评价工作摆上重要位置。农村沼气建设和使用考核评价工作由农业部统一组织实施，各省、市、县要成立由农村能源行政主管部门主要领导为组长，计划、财务、纪检监察、审计、农村能源管理部门等相关单位为成员的考核评价领导小组，统一领导，协同工作，明确分工，层层负责，确保考核评价各项任务落到实处。

（二）落实经费，务求实效

各级农村能源行政主管部门要积极争取当地财政部门支持，确保落实考核评价工作经费，保证工作圆满完成，经费落实情况也将作为对各省考核评价的参考因素之一。要正确把握考核内容、考核标准与考核方法，扎实推进考核工作，确保政策、组织、责任、人员和措施到位，务求取得实效。

（三）总结经验，加强宣传

各地要及时总结农村沼气建设和使用考核评价中的有效做法和典型经验，认真研究新情况、新问题，确保考核评价效果。要通过广播、电视、报刊、互联网等新闻媒体，加强对农村沼气建设和使用考核评价的宣传力度，努力营造良好的工作氛围。

本办法由农业部科技教育司负责解释并组织实施。

附表：（略）

二〇一一年四月十三日

关于2011年草原生态保护补助奖励机制政策实施的指导意见

农财发[2011]85号

有关省（自治区）农牧（农业、畜牧）厅（局）、财政厅（局），新疆生产建设兵团畜牧兽医局、财务局：

国务院第128次常务会议决定，从2011年起，国家在内蒙古、新疆、西藏、青海、四川、甘肃、宁夏和云南8个

主要草原牧区省（区）及新疆生产建设兵团，全面建立草原生态保护补助奖励机制。为切实做好贯彻落实工作，农业部、财政部共同指定了《2011年草原生态保护补助奖励机制政策实施指导意见》。现印发给你们，请遵照执行。

附件：2011年草原生态保护补助奖励机制政策实施指导意见

农业部　财政部
二〇一一年六月十三日

附件：

2011年草原生态保护补助奖励机制政策实施指导意见

国务院第128次常务会议决定，从2011年起，国家在内蒙古、新疆、西藏、青海、四川、甘肃、宁夏和云南 8个主要草原牧区省（区）及新疆生产建设兵团（以下简称有关省区），全面建立草原生态保护补助奖励机制。为切实做好贯彻落实工作，现提出如下指导意见：

一、深刻认识建立草原生态保护补助奖励机制的重要意义草原在我国生态环境保护和经济社会发展中具有重要战略地位。加强草原生态保护，促进牧民增收，对于保障国家生态安全，加快牧区经济社会发展，促进构建和谐社会具有重大意义。党中央、国务院高度重视草原生态环境保护和牧民增收工作，不断加大政策支持力度，促进草原生态加快恢复和牧民持续增收。在有关省区全面建立草原生态保护补助奖励机制，是党中央、国务院统筹我国经济社会发展全局做出的重大决策；是深入贯彻落实科学发展观，促进城乡区域协调的具体体现；是加快草原保护，建设草原生态文明的重要举措。各地要从加快构建国家生态安全屏障、全面建设小康社会、维护民族团结和边疆稳定的战略高度出发，深刻认识实施草原生态保护补助奖励机制的必要性和紧迫性，精心组织、周密部署，把实施草原生态保护补助奖励机制作为稳当前、保长远的紧迫而重要的任务抓实抓好。

二、指导思想和基本原则

（一）指导思想

以科学发展观为指导，坚持生态优先、以人为本和统筹兼顾。在开展草原生态保护建设中，稳步提高牧民收入，保障和改善牧区民生。在实现草原科学利用中，推动转变畜牧业发展方式，增强畜牧产品生产和供给能力。在落实草原生态保护补助奖励政策中，推进生态效益、经济效益和社会效益的协调统一，不断促进牧区经济社会又好又快发展，努力建设生态良好、生活富裕、经济发展、民族团结、社会稳定的新牧区。

（二）基本原则

1.保护生态，协调发展。树立生产生态有机结合、生态优先的理念，统筹草原生态、牧业生产和牧民生计，以落实草原承包经营制度为基础，以推行草畜平衡、转变畜牧业发展方式为核心，以保护草原生态安全、保障畜产品供给和促进牧业增效、牧民增收为目标，构建“草原增绿、牧业增效、牧民增收”的共赢局面。

2.公开透明，补奖到户。充分尊重牧民意愿，发挥牧民主体作用，保证政策落实公平、公正。增加政策实施的透明度，让牧民群众充分了解补奖内容、权利责任，切实做到任务落实到户、补助发放到户、服务指导到户、监督管理到户、建档立卡到户，让积极投身于草原保护建设事业的广大牧民能够直接受益，使这一政策的实施成为社会认同、群众满意的德政工程、民心工程。

3.权责到省，分级落实。草原生态保护补助奖励机制实行资金、责任、任务、目标“四到省”。有关省区要逐级建立目标责任制，分解任务指标，建立完善绩效考核制度，确保各项工作落实到位。

4.因地制宜，稳步实施。各地要尊重客观实际，因地制宜制定实施方案，宜禁则禁，宜减则减。加强对不同草原类型和畜牧业生产特点地区的分类指导，本着实事求是的精神积极稳妥地开展工作，加强监管督查，扎实推进政策落实。

三、政策目标和主要内容

（一）政策目标

草原禁牧休牧轮牧和草畜平衡制度全面推行，全国草原生态总体恶化的趋势得到遏制。牧区畜牧业发展方式加快转变，牧区经济可持续发展能力稳步增强。牧民增收渠道不断拓宽，牧民收入水平稳定提高。草原生态安全屏障初步建立，牧区人与自然和谐发展的局面基本形成。

（二）政策内容

1.对生存环境非常恶劣、退化严重、不宜放牧以及位于大江大河水源涵养区的草原实行禁牧封育，中央财政按照每年每亩6元的测算标准给予禁牧补助。5年为一个补助周期，禁牧期满后，根据草场生态功能恢复情况，继续实施禁牧或者转入草畜平衡管理，开展合理利用。

2.对禁牧区域以外的可利用草原根据草原载畜能力核定合理的载畜量，实施草畜平衡管理，中央财政对履行超载牲畜减畜计划的牧民按照每年每亩1.5元的测算标准给予草畜平衡奖励。牧民在草畜平衡的基础上实施季节性休牧和划区轮牧，形成草原合理利用的长效机制。

3.实行畜牧品种改良补贴。在中央财政对肉牛和绵羊进行良种补贴的基础上，进一步扩大覆盖范围，将牦牛和山羊纳入补贴范围。

4.实行牧草良种补贴。鼓励牧区有条件的地方开展人工种草，增强饲草补充供应能力，中央财政按照每年每亩10元的标准给予牧草良种补贴。

5.实行牧民生产资料综合补贴。中央财政按照每年每户500元的标准，对牧民给予生产资料综合补助。

6.中央财政每年安排绩效考核奖励资金，对工作突出、成效显著的省区给予资金奖励，由地方政府统筹用于草原生态保护工作。

四、工作措施和组织管理

（一）工作措施

1.科学确定禁牧区域。各地要根据本地区草原生态实际状况，科学合理确定禁牧区域，实行禁牧封育。对禁牧区域以外的可利用草原，按照“稳步推进，三年到位”的原则实行超载减畜，落实草畜平衡制度。

2.制定完善实施方案。各地要结合2011年中央财政资金下达情况，抓紧制定完成具体实施方案，明确草原禁牧及草畜平衡面积、享受政策的牧民牧户数量、补助奖励标准、资金规模、减畜数量及减畜计划等基本思路和工作安排，经省级政府批准后实施，并报农业部和财政部备案。

3.合理确定补奖标准。各地要根据中央财政禁牧补助和草畜平衡奖励测算标准，在与退牧还草饲料粮补助政策合理衔接的基础上，确定适合本省区实际情况的补助奖励具体标准和发放方式。区域内草原生态资源状况、人口数量、牧民人均收入消费水平差别较大的省区，可以实行对牧民补助奖励额度的“封顶保底”措施，避免出现因补贴额度过高“垒大户”和因补贴太低影响牧民生产生活的现象。

4.推进草原承包到户。各地要在前期工作的基础上，进一步加大落实力度，确保已纳入禁牧补助和草畜平衡奖励政策范围的草原承包到户。要进一步规范承包合同内容，特别要明确承包经营者落实草畜平衡、保护草原生态的义务和责任。实行联户承包的，要尽快在承包合同中确定联户成员的具体权益和责任。

5.严格保护基本草原。实行基本草原保护制度，划定基本草原，设立保护标志，把保护基本草原和保护耕地放在同等重要的位置，实施最严格的保护，确保基本草原用途不改变，数量不减少，质量不下降。

（二）组织管理

1.加强组织领导。各级财政、农牧部门要及时向同级政府汇报，成立领导小组，强化组织领导，落实责任制度。财政、农牧部门要相互协调，密切配合，全力做好草原生态保护补助奖励机制落实的各项工作。各级农牧业部门要不断完善草原载畜量标准和草畜平衡管理办法，健全禁牧管护和草畜平衡核查机制，加强对草畜平衡工作的指导和监督检查。要加大政策宣传力度，引导广大牧民在自愿的基础上积极参加草原保护建设事业。

2.明确发放对象。草原禁牧补助和草畜平衡奖励的发放对象为承包草原并履行禁牧或草畜平衡义务的牧民，按照已承包到户的禁牧或草畜平衡草原面积发放。牧民生产资料综合补贴的发放对象为2009年底统计的已承包草原且目前仍在从事草原畜牧业生产的纯牧户。在有农村金融网点的地方，补助奖励资金采用“一卡通”发放，无网点的地方采取现金方式直接发放。畜牧良种补贴按照两部办公厅印发的专门指导意见执行。牧草良种补贴可以直补种草牧民也可以实行项目管理，有关省区要结合中央财政资金下达情况制定实施方案，报农业部、财政部审批后实施。

3.严格资金管理。财政部、农业部制定草原生态保护补助奖励资金管理办法，规范补助奖励资金的使用管理。有关省区财政部门要按照实施方案会同农牧部门制定资金分配方案，设立草原生态保护补助奖励资金专账，并下设各分项资金明细账户，分别核算，专款专用。政策实施中各项资金如有结余，上报中央财政后可结转下年同科目使

用，不得自行跨科目调剂或挪作他用。补助奖励资金的发放实行村级公示制，接受群众监督。

4.加强监督检查。农业部、财政部制定政策实施情况检查考核办法，并会同有关部门对各地工作进展、草原生态保护效果等情况进行巡查监督，实行绩效考核。对工作突出、成效显著的省份，中央财政每年安排奖励资金给予奖励；对完不成目标任务的省份，不安排奖励资金，并予以通报批评。

5.强化监测监管。要根据草原生态保护补助奖励工作的新要求，完善草原监测体系，定期开展监测工作，及时发布监测信息，为科学评估政策实施效果提供科学依据。加强草原管护，建立健全县、乡、村三级管护联动网络。发挥牧民自我管理、相互监督的作用，适当聘用牧民监督管护员，地方财政安排一定的管护补助，调动牧民参与监管的积极性。各地草原监理机构要加大对草原禁牧休牧制度、草畜平衡制度落实情况的监督检查力度，巡查禁牧区、休牧期的牲畜放牧情况，核查草畜平衡实施区放牧牲畜数量。发现问题及时纠正，确保补助奖励机制平稳有效运行。

关于调整应对气候变化及节能减排领导小组成员的通知

农科教发〔2011〕10号

为全面贯彻落实国务院关于做好节能减排工作和应对气候变化工作的总体要求，2007年我部印发了《农业部关于成立应对气候变化及节能减排领导小组的通知》（农科教发[2007]10号）。因部领导和相关司局领导分工变动，决定对农业部应对气候变化及节能减排领导小组成员进行调整。调整后的领导小组成员如下：

组长： 韩长赋 部长

副组长：张桃林 副部长

成员（略）

领导小组主要职责不变。领导小组下设办公室，挂靠科技教育司，白金明司长兼任农业应对气候变化及节能减排领导小组办公室主任。办公室职责不变。

二〇一一年十一月二十一日

关于印发《绿色能源示范县建设技术管理暂行办法》的通知

农科教发[2011]5号

为提高绿色能源示范县项目建设技术水平，夯实建设基础，推进项目标准化和规范化建设，保障绿色能源示范县顺利实施，我们组织制定了《绿色能源示范县建设技术管理暂行办法》，现印发你们，请遵照执行。

附件：绿色能源示范县建设技术管理暂行办法

农业部 国家能源局 财政部

二〇一一年十一月二十一日

附件：

绿色能源示范县建设技术管理暂行办法

第一章 总则

第一条 为了提高绿色能源示范县（以下简称“示范县”）项目建设技术水平，确保项目建设质量和发挥预期效益，根据“财政部、国家能源局、农业部关于印发《绿色能源示范县建设补助资金管理暂行办法》的通知”（财建[2011]113号）和“国家能源局、财政部、农业部关于印发《绿色能源示范县建设管理办法》（国能新能源[2011]164号）的要求及有关技术标准和规范，特制定本办法。

第二条 本办法适用于示范县内中央财政支持的沼气集中供气工程、生物质气化工程、生物质成型燃料工程、其他可再生能源开发利用工程和农村能源服务体系等项目建设。

第三条 示范县必须严格按照国家和行业有关标准及规定进行规划、设计、施工、监理、检测、验收和运行，推进项目的标准化和规范化建设。

第四条 建设单位应优先从农业部、国家能源局、财政部发布的《绿色能源示范县建设项目设备供应和技术服务企业推荐目录》中选择关键设备供应企业。从《目录》外选择关键设备供应企业的，所选企业须具备相应的资质条件，设备应符合规定的技术要求，并能提供相关检测或鉴定证明。

第五条 示范县建设应遵循“技术先进、工艺可行、设备可靠、优化集成”的方针，在充分调研、科学论证的基础上，制定符合当地实际的技术方案和建设模式，确保项目整体功能的实现。

第二章 技术要求

第六条 示范县各项建设工程必须满足以下技术要求：

1．沼气集中供气工程

（1）主导技术：高浓度畜禽粪污处理沼气集中供气工程的主导工艺宜采用完全混合式厌氧反应器（CSTR）、升流式固体床反应器（USR）、推流式厌氧反应器（PFR）等。秸秆沼气工程的主导工艺宜采用完全混合式厌氧反应器、竖向推流式厌氧反应器、序批式固态厌氧反应器等。反应器的设计应采用中、高温发酵，并能满足多种原料发酵需求。

（2）实施条件：沼气发酵原料充足。畜禽养殖场需达到常年存栏数3000头猪单位的粪便量、或秸秆年供应量不低于360吨、或具有相当规模的多种混合发酵原料。沼渣沼液应优先考虑还田利用，鼓励加工生产有机肥，避免造成二次污染。

（3）技术指标：年均池容产气率不小于$0.8m^3/m^3 \cdot d$；沼气直接入户供气，CH_4含量大于55%，H_2S含量小于$20mg/m^3$；沼气提纯后供气，CH_4含量大于90%。

2．生物质气化工程

（1）主导技术：生物质气化工程气炭或气炭电多联产的主导工艺宜采用干馏热解工艺，气电联产的主导工艺宜采用固定床或流化床气化工艺。

（2）实施条件：农作物秸秆、林业废弃物和农林产品加工剩余物等废弃生物质资源年供应能力不小于400吨。

（3）技术指标：固定床和流化床的气化效率不低于72%，燃气低位热值不小于$4.6MJ/Nm^3$；干馏热解气化工程系统能源转化效率不低于70%，燃气低位热值间接式不小于$14.6MJ/Nm^3$，直接式不小于$8.4MJ/Nm^3$；燃气中CO含量不大于20%，焦油含量不大于$10\ mg/Nm^3$；气化站内必须安装加臭装置和漏气报警装置。

3．生物质成型燃料工程

（1）主导技术：生物质成型燃料工程宜采用环模、平模成型技术。农户炊事采暖采用高效低排放生物质炉灶炕，禁止推广使用炉灶分离的户用秸秆气化炉。

（2）实施条件：秸秆、木屑等农林剩余物资源，年供应能力不小于6000吨；成型设备、生物质锅炉、灶具、节能灶炕等产品，应由有资质的检测单位出具检测合格报告，并通过省级相关管理部门或行业管理机构的鉴定、评议或认定；示范县申报推广的高效低排放生物质炉具或高效预制组装架空炕连灶（节能炕），应达到一定规模。

（3）技术指标：

颗粒燃料成型设备：单机产量大于1000 kg/h，主机能耗不大于60 kWh/t，成型率大于95%；易损件单次使用寿命大于300h；噪音不大于85dB，粉尘浓度不大于$10mg/m^3$；产品直径≤25mm，长度≤直径的4倍，密度不小于$1000\ kg/m^3$，机械耐久性不小于95%。

块状燃料成型设备：单机产量大于1000 kg/h，主机能耗不大于40 kWh/t，成型率大于95%；易损件单次使用寿命大于300h；噪音不大于85dB，粉尘浓度不大于$10mg/m^3$；产品直径或横截面的对角线长度＞25mm，密度不小于$800\ kg/m^3$，机械耐久性不小于95%。

生物质炉灶炕：采暖炉热效率不小于70%，炊事采暖炉热效率不小于60%，烤火炊事炉、藏炉综合热效率不小于75%，省柴灶热效率不小于35%，高效预制组装架空炕连灶综合热效率不小于70%，生物质锅炉热效率不小于75%。

环保指标：烟气中CO平均排放浓度小于0.2%，SO_2平均排放浓度小于30mg/m^3，烟尘排放平均浓度小于50mg/m^3，林格曼烟气黑度小于1级。

第七条 示范县各项工程建设内容详见附1。

第八条 其他有关可再生能源开发利用工程。采用适合当地资源条件的新技术、新产品，开发利用可再生能源工程（水能等传统能源，太阳能、地热能等可再生能源除外）。具体技术要求另行制定。

第九条 县级农业部门应加强农村能源服务体系建设，建立健全覆盖县、乡、村三级和示范县主要建设内容的现代农村能源服务网络，重点开展能源资源评估、技术指导、宣传培训等工作。

第三章 执业资格

第十条 承担示范县项目规划、设计、施工、监理、检测以及设备生产的单位，应具备国家规定的相应资质，在经营范围内承揽项目。

第十一条 示范县项目建设用工应坚持国家职业资格证书制度，对沼气生产工、沼气物管员、生物质能利用工、农村节能员（炉灶炕节能）等行业特有工种和通用工种，实行就业准入。

第十二条 县级农业部门会同能源主管部门负责对从业单位和人员的执业资质与职业资格进行审查。对审查不合格的，不允许承揽示范县建设相关项目。

第四章 技术支持

第十三条 农业部加强技术标准宣贯和培训工作；成立绿色能源示范县专家咨询服务团，对各地示范县建设中的先进技术和典型模式进行总结、鉴定和推广；组织有关科研院所和企业对示范县建设重大技术和关键设备进行攻关。

第十四条 省级农业部门要跟踪了解和及时解决示范县项目实施中出现的技术问题。

第十五条示范县应采用先进适用的农村能源技术模式，鼓励推进技术优化集成，加强对项目的技术指导和服务。

第五章 技术监管

第十六条 农业部会同国家能源局和财政部对示范县建设规划和实施方案的主导技术、实施条件、技术指标等进行技术审查，审查结果作为示范县实施方案批复的重要参考依据。

第十七条 省级农业部门会同能源主管部门、财政部门对示范县建设规划和实施方案中技术工艺可行性进行初步审查。

第十八条 示范县农业部门会同能源主管部门和财政部门加强对项目单位的技术监督检查。

第六章 附则

第十九条 本办法由农业部会同国家能源局、财政部负责解释。

第二十条 本办法自印发之日起实行。

关于进一步加强农业和农村节能减排工作的意见

农科教发〔2011〕12号

为深入贯彻科学发展观，落实《“十二五”节能减排综合性工作方案》，治理农业面源污染，加强农村环境整治，推进农业和农村节能减排，促进农业农村经济又好又快发展。现就农业和农村节能减排工作提出以下意见。

一、进一步明确农业和农村节能减排指导思想和目标任务

（一）指导思想。“十二五”期间，农业和农村节能减排工作要按照建设资源节约型、环境友好型社会的总体要求，在保证粮食安全和主要农产品有效供给的同时，把农业和农村节能减排作为转变农业生产与农民生活方式的重要抓手，大力发展生态农业、循环农业，以提高农业资源利用率为关键环节，以节肥、节药、节水、节能和农村废弃物资源化利用技术推广为工作重点，通过减量化、再利用、资源化等方式，降低能源消耗，减少污染排放，提升农业可持续发展能力，实现农业和农村经济又好又快发展。

（二）目标任务。力争到2015年，农业源化学需氧量排放总量比2010年降低8%，氨氮排放总量比2010年降低10%；测土配方施肥覆盖率达到60%，化肥利用率提高3个百分点；大力推进病虫害专业化统防统治，力争主要粮食作物病虫害统防统治率达到30%；推进病虫害绿色防控，淘汰一批高毒、高残留农药；推广节能减排型种植制度，减少高耗能低效率的种植环节；50%以上的规模化畜禽养殖场配套建设废弃物处理利用设施；农村沼气用户达到5500万户，年用沼气216亿立方米，形成年开发3400万吨标准煤的能力；淘汰一批高能耗高污染的老旧农机和渔船，对乡镇企业进行节能改造，农村生产用能效率得到提高。

二、深入开展农村生产生活节能

（三）推进农业机械和渔船节能。加强节能农业机械和农产品加工设备的推广应用，强化农业机械设备的能耗检测，设计研发节能型渔船，发展玻璃钢渔船，加快落后农业机械和渔船及其装备的更新换代，研究淘汰高耗能、高排放农机、渔船的经济补偿方式。推广节能型船用柴油机和余热利用、燃用重油、柴油机喷油泵校准等节能产品和技术。推广应用复式联合作业农业机械，减少作业环节和次数，推进农机标准化、规模化作业，降低农业机械单位能耗。

（四）推进种植制度高产节能。加强农作物高产种植措施的集成配套，减少高能耗、低效率的种植环节，建立节能型高产种植制度。加强种植模式标准化的研究，建立并推广区域性农作物种植标准模式，促进农艺与农机的配套节能。优化农作物布局，调整种植制度，推进农作物生产区域优势布局和标准化种植，促进农作的增产和节能。

（五）推进乡镇企业节能。加强乡镇企业能源消耗管理和节能设备更新改造，配合有关部门和当地政府，依法关闭高耗、低质，污染严重、不具备安全生产条件的乡镇企业，进一步更新淘汰土焦、小立窑水泥、黏土实心砖、小冲天炉等落后的技术、工艺和设备。引导和督促乡镇企业严格遵守资源利用标准和能源消耗标准，推广立窑水泥节能节电技术，炼焦清洁型回收余热发电、炉门密封技术，新型铸造熔炼技术，空心砖、新型节能型转窑、窑炉密封制砖技术等。在中西部地区重点推广太阳能果蔬干燥技术。

（六）推进农村生活节能。加快省柴灶、节能炕升级换代，推广高效低排省柴节煤炉具（炕）。加强对农村节能炉灶检测，推行民用省柴节煤炉灶、炕和生物质炉技术标准。组织标准化生产，实现省柴节能炉灶商品化生产。在农村地区推广应用太阳能、风能、微水电等可再生能源和产品，鼓励农民使用太阳热水器、太阳灶，因地制宜发展光伏发电。在适宜地区，积极发展利用风能。在微水电资源丰富的山区，大力发展微水电。推广应用保温、省地、隔热新型建筑材料，引导农民建设节能型住房。

三、积极防治农业面源污染

（七）推广节肥节药节水技术。调整优化农业产业结构，大力发展生态农业、循环农业和精准农业，适度发展有机农业。推广测土配方施肥、减排种植制度和节水农业技术，实施保护性耕作，鼓励农民增施有机肥、种植绿肥，科学施用化肥，提高肥料利用率。科学合理使用高效、低毒、低残留农药和先进施药机械，建立多元化、社会化病虫害防治专业服务组织，实行统防统治，大力推广物理防治、生物防治技术，提高综合防治水平。大力发展滴灌、喷灌等节水灌溉技术，推广水肥一体化技术，提高水肥利用率。

（八）推广畜禽生态养殖技术。加快畜牧业生产方式转变，推行农牧结合和生态养殖模式。推广集约、高效、生态畜禽养殖技术，发展草食畜牧业，大力推进秸秆养畜。加快品种改良，提高饲料和能源利用效率。积极推进畜禽适度规模养殖，加强畜禽养殖排泄物治理，在粪污相对集中的规模化养殖场或养殖小区，补贴养殖企业（户）建设粪污处理利用设施，推广雨污分流、干湿分离和设施化处理技术，减少化学需氧量和氮、磷排放。

（九）推广水产健康养殖技术。加强养殖水域滩涂规划和养殖证核发工作，根据环境容量，合理调整养殖布局，科学确定养殖密度，优化养殖生产结构。加快推进养殖池塘标准化改造，改进进排水系统，配备水质净化设备，改善养殖环境和生产条件。加强标准化水产示范场（区）建设，积极发展生态健康养殖。推广应用节水、节能、减排型水产养殖技术和模式，大力发展工厂化循环水养殖，推广高效安全配合饲料，减少养殖污染排放。

四、大力推进农村废弃物资源化利用

（十）大力开展农村沼气建设。充分发挥农村沼气处理利用人畜粪便、生产清洁能源和优质肥料方面的作用，在适宜地区加大户用沼气建设力度，推广“四位一体”和“猪－沼－果”等能源生态模式；在集约化养殖场和养殖小区以及秸秆资源丰富的地区，建设大中型沼气集中供气工程，实现畜禽养殖废弃物资源化利用和环境治理的双重目标。采取沼气提纯罐装、专用燃料、发电上网等方式，实现沼气高值利用。

（十一）大力开展农村清洁工程建设。针对农村生活垃圾、污水、农作物秸秆和人畜粪便造成的污染问题，扩大农村清洁工程建设规模和范围。以村为基本单元，集成配套推广节水、节肥、节能等实用技术，建设农田氮磷生态拦截工程，因地制宜建设秸秆、粪便、生活垃圾、污水等有机废弃物处理利用设施，鼓励农民积造农家肥，建立物业化服务体系，推进人畜粪便、生活垃圾、污水的资源化利用。

（十二）大力开展秸秆综合利用。大力推广秸秆粉碎还田、快速腐熟还田、过腹还田、覆盖免耕等技术，推进秸秆肥料化利用，因地制宜建设一批秸秆沼气集中供气工程、秸秆固化成型和秸秆生物炭生产技术示范点，为农村居民提供生物质商品燃料，推进农作物秸秆能源化利用。发展秸秆青贮、氨化，推进秸秆饲料化利用。发展以秸秆为原料的食用菌产业，推进秸秆基料化利用。

（十三）大力开展废旧地膜回收利用。采取政府引导，企业带动、市场运作的方式，推广应用厚度不低于0.008mm的地膜，严格限制使用超薄地膜。加快废旧地膜捡拾技术装备的推广应用，对农民回收利用废旧地膜进行补贴，鼓励和引导农民回收利用地膜，扶持建设一批废旧地膜回收加工网点，建立健全废旧地膜回收加工网络，逐步建立地膜使用、回收、再利用等环节相互衔接的废旧地膜回收利用机制。同时，争取财政支持，积极会同有关部门建立农药废弃包装物回收、处理机制。

五、强化农业和农村节能减排工作的保障措施

（十四）提高认识，加强领导。各级农业行政主管部门要认真贯彻落实全国节能减排电视电话会议精神，从全局和战略的高度充分认识农业和农村节能减排工作的重要性、紧迫性，把农业和农村节能减排作为转变农业发展方式的重要抓手，加强组织领导，狠抓工作落实。要建立目标责任制，把农业和农村节能减排目标分解到各层级、各单位，确保各项任务落到实处。

（十五）制定完善相关政策法规。加快研究制定农业和农村节能减排的相关政策，建立农业生态补偿机制，进一步完善农业和农村节能减排政策法规体系，修订和完善农业各产业节能规范，制定和完善农业节能减排标准体系。研究制定农业和农村节能减排的统计指标体系、监测体系、考核体系，建立完善农业和农村节能减排监管考核机制。

（十六）加大资金投入力度。继续安排农村沼气、测土配方施肥、土壤有机质提升、养殖场标准化改造、保护性耕作等项目资金，不断增加资金总量，扩大实施范围。争取发改、财政等部门的支持，加大对农业面源污染防治、农村生产生活节能、农村清洁工程、老旧及高耗能农机报废更新等方面资金投入力度，把农业清洁生产列入农业生态环境保护专项资金支持范围，逐步形成农业和农村节能减排稳定的资金来源。

（十七）强化科技支撑。整合优势科技力量，强化农业节能减排高新技术的研究开发与转化，努力攻克节能减排的关键性技术，打破农业和农村节能减排的技术瓶颈。重点在农业面源污染防治、农业清洁生产、农村废弃物资源化利用等方面取得突破，尽快形成一整套适合国情的发展模式和技术体系。

（十八）广泛开展宣传培训。利用广播、电视、报纸、网络等媒体，加大宣传力度，在农村大力倡导节约资源、保护环境的良好风尚，提高农民节约资源、保护环境的自觉性和主动性，为实现农业和农村节能减排的目标创造良好的社会环境。把节能减排技术列入“阳光工程”培训的重要内容，加强对农民的节能减排技术培训。

中华人民共和国农业部

二〇一一年十二月二日

关于加快推进农业清洁生产的意见

农科教发[2011]11号

为贯彻落实《中华人民共和国清洁生产促进法》，进一步推进农业清洁生产，转变农业发展方式，建设现代农业，促进农业农村经济又好又快发展，现就加快推进农业清洁生产有关工作提出以下意见。

一、进一步增强推进农业清洁生产的责任感和紧迫感

长期以来，我国依赖于资源高强度开发、生产要素高度集中的农业生产方式，导致环境污染和资源利用效率不高，制约农业农村经济的持续稳定发展。推进农业清洁生产，转变农业增长方式，不仅是防治农业环境污染和保障农产品质量安全的需要，也是降低农业生产成本、保障农民收入持续增长的迫切任务。

（一）农业清洁生产是建设现代农业的重要保证。我国人口多，资源约束性强，农业农村经济发展方式相对粗放，资源浪费严重、环境污染加剧的问题日益突出，农业农村经济持续健康发展越来越受到资源环境的制约，农业综合生产能力和生产水平登上新台阶的难度加大。农业清洁生产改变以往农业发展过度依赖大量外部物质投入的生产方式，用循环经济的理念发展农业生产，实现资源利用节约化、生产过程清洁化、废物循环再生化，有利于缓解我国农业农村经济发展资源环境约束，是推进现代农业建设的重要途径。

（二）农业清洁生产是农产品质量安全的源头保障。工业“三废”造成的农业环境污染正在由局部向整体蔓延，污水灌溉农田面积不断增加，农村每天产生的生活垃圾、生活污水，大部分随意丢弃和排放，农产品产地环境污染加剧，严重威胁着农产品质量安全。部分地区农业自身造成的面源污染日趋严重，成为水体富营养化的重要原因之一，集约化农区地下水硝酸盐污染也呈上升趋势。农业清洁生产通过源头预防、过程控制和末端治理，严格控制外源污染，减少农业自身污染物排放，对防治农产品产地环境污染、保障农产品质量安全具有重要作用。

（三）农业清洁生产是促进农业增效和农民增收的有效途径。农业清洁生产实行生产过程清洁化，大力推广应用低污染的环境友好型种植养殖技术，合理使用化肥、农药、饲料等投入品，节约了生产成本。通过资源的梯级利用，建立多层次、多功能的综合生产体系，充分挖掘农业内部增值潜力，增加附加值，提高农业的质量和效益，为农业增效、农民增收提供有效途径。

二、加强农产品产地污染源头预防

（四）控制城市和工业“三废”污染。各级农业行政主管部门要配合环境保护行政主管部门，加强对本辖区内农产品产地周边污染源的监管，严禁向农产品产地排放或倾倒废气、废水、废油、固体废物，严禁直接把城镇垃圾、污泥直接用作肥料，严禁在农产品产地堆放、贮存、处理固体废弃物。在农产品产地周边堆放、贮存、处理固体废弃物的，必须采取切实有效措施，防止造成农产品产地污染。引导乡镇企业聚集发展，完善排污综合治理设施。加大对污染企业的整治力度，依法“取缔关停一批、淘汰退出一批、限期治理一批”，严格控制新上污染企业，加强对重金属污染源的监管。

（五）加强农业生产投入品管理。加强对化肥、农药、农膜、饵料、饲料添加剂等农业投入品的监管，健全化肥、农药销售登记备案制度，禁止将有毒、有害废物用于肥料或造田。实施水产苗种生产许可制度，加强水产苗种监督管理，科学投饵，合理用药。加大对违法违禁生产、销售和使用高毒、高残留、有害农业投入品的处罚力度，营造生产、销售和使用安全农业投入品的良好氛围与环境。

三、推进农业生产过程清洁化

（六）推广节肥节药节水技术。深入开展测土配方施肥、精准农业技术，鼓励农民开展秸秆还田、种植绿肥、增施有机肥。优化配置肥料资源，合理调整施肥结构，改进施肥方式，提高肥料利用率。科学合理使用高效、低毒、低残留农药和先进施药机械，配置杀虫灯，建立多元化、社会化病虫害防治专业服务组织，大力推进专业化统防统治，推广绿色植保技术，进行病虫抗药性监测与治理，提高防治效果和农药利用率，减少农药用量。大力推广节水农业技术，不断提高水资源利用率，缓解水资源供给矛盾。

（七）发展畜禽清洁养殖。加快畜牧业生产方式转变，合理布局畜禽养殖场（小区），推行农牧结合和生态养殖模式，实现畜牧业与种植业协调发展。科学配制饲料，规范饲料添加剂使用，提高饲料利用率，减少氮、磷等排放。制定畜禽养殖废弃物综合利用规划，推广雨污分流、干湿分离和设施化处理等先进适用的污染防治技术，以生猪、奶牛等标准化规模养殖场（小区）建设项目和大中型畜禽养殖场沼气工程为重点，加强粪污处理设施建设，推进畜禽废弃物的无害化治理和利用。

（八）推进水产健康养殖。制定和完善水产养殖环境技术标准，加强养殖水域滩涂规划和养殖证核发工作，加强水域环境监测力度，合理调整养殖布局，科学确定养殖密度。加快推进养殖池塘标准化、改造，改善养殖环境和生产条件。建立标准化水产健康养殖示范场（区），普及推广生态健康水产养殖方式。积极推广安全高效人工配合饲料、工厂化循环水产养殖、水质调控技术和环保装备，减少污染排放。

四、加大农业面源污染治理力度

（九）实施农田氮磷拦截。在现有农田排灌渠道基础上，通过生物措施和工程措施相结合，改造修建生态拦截沟，吸附降解农田退水中的营养元素，改善净化水质，促其循环再利用，减少农田氮磷流失。

（十）推进农村废弃物资源化利用。以村为单位，因地制宜建设秸秆、粪便、生活垃圾、污水等废弃物处理利用设施，大力发展农村沼气，推进人畜粪便、生活垃圾、污水、秸秆的资源化利用。制定相关政策措施，加快农膜技术装备的推广应用，鼓励引导农民使用厚度大于0.008mm的地膜，回收利用废旧地膜，解决农田“白色污染”。

五、保障措施

（十一）强化组织领导。各级农业部门要高度重视，由主管领导牵头负责本地区农业清洁生产工作，真正把农业清洁生产工作列入重要议事日程。建立农业清洁生产工作责任制，把目标和工作任务分解到各层级、各单位，强化监督管理和服务，严格绩效考核。

（十二）完善政策法规。要研究制定农业清洁生产的相关政策法规和管理制度，建立完善农业清洁生产标准规范。积极争取资金投入，加大对农业清洁生产重点项目、重大工程、技术推广的支持力度。结合本地实际，把农业清洁生产作为当地制定产业发展规划的重要内容，调整产业结构。

（十三）加强科技支撑。整合优势科技力量，集中开展农业清洁生产关键技术研发，尽快取得一批新成果、新技术、新工艺和新设备。同时，对现有的单项成熟技术进行集成配套，形成适宜于不同地区的技术模式，进一步扩大推广应用规模和范围。大力推进国际交流与合作，引进发达国家的先进技术和成功经验。

（十四）强化宣传培训。利用广播、电视、报纸、网络等新闻媒体，广泛开展农业清洁生产宣传活动，提高广大农民群众的意识。把农业清洁生产作为农民培训的重要内容，加强对农民清洁生产技术培训，逐步使农业清洁生产变成广大农民的自觉行动。

中华人民共和国农业部
二〇一一年十二月二日

关于推进渔业节能减排工作的指导意见

农渔发[2011]34号.CEB

为了深入贯彻科学发展观，落实国务院《关于加强节能工作的决定》、《“十二五”节能减排综合性工作方案》和农业部《全国渔业发展第十二个五年规划》有关要求，充分发挥节能减排在调整渔业产业结构、转变渔业发展方式、促进渔业可持续发展中的重要作用，加快实现资源节约、环境友好型现代渔业建设目标，现就推进渔业节能减排工作提出如下指导意见。

一、推进渔业节能减排工作的重要性和紧迫性

改革开放以来，我国渔业经济实现了快速增长，水产品产量持续增加，连续21年位居世界第一，水产养殖产量已占到全球养殖产量的70%。渔业的快速发展为调整农业经济结构、促进农民增收、丰富农产品市场供应、改善消费者膳食结构做出了重要贡献。但渔业在快速发展的同时，能耗大、排放多、资源利用不合理等问题逐步显现：渔船数量庞大，到2010年末机动渔船达到67.5万艘，作业结构不尽合理，渔船装备水平落后，能源消耗不断增加，柴油消耗占捕捞生产成本已达70%；养殖生产方式落后，水资源利用效率低，池塘老化，净化设施设备配备不足，配合饲料使用率低，投喂冻鲜小杂鱼养殖现象普遍，局部地区养殖排放污染问题突出；水产品加工综合利用水平低，部分加工企业存在用水量大、废弃物多、综合能耗高问题；等等。这些问题已经成为制约渔业可持续发展和渔民持续增收的重要因素，成为建设资源节约、环境友好型现代渔业的主要障碍。推进渔业节能减排是解决这些问题的重要抓手，是实施国家节能减排战略的重要方面，是实现渔业节本增效、增加渔民收入、增强渔业可持续发展能力的现实需要，是推进渔业发展方式转变的有效途径。

近年来，按照国家关于节能减排工作的总体部署，渔业系统在推进节能减排方面开展了一些工作，取得了一定成效，积累了一些经验。但是，从总体上讲，这项工作潜力大、难度也大，面临着重视程度不够、发展不平衡、缺乏必要的政策支持、监督考核机制不健全、科技支撑不足和法规标准体系滞后等问题，渔业节能减排形势严峻，任务相当繁重。渔业系统各有关单位要切实增强推进渔业节能减排工作的责任感和紧迫感，把渔业节能减排作为一项重要的战略任务，放在突出的位置，树立绿色经济、低碳经济、循环经济理念，坚持节约发展、清洁发展、安全发展，采取更加有力的措施全力推进，促进渔业经济又好又快发展。

二、渔业节能减排工作指导思想、基本原则和主要目标

（一）指导思想

当前和今后一个时期，渔业节能减排工作要以科学发展观为指导，围绕建设资源节约、环境友好型现代渔业目标，以渔船节能为重点，逐步推进捕捞、养殖、加工、渔港各领域节能、节水、减排以及循环综合利用，采取政策、经济、技术、管理等措施，提高全行业节能减排意识，建立节能减排管理机制，降低能源消耗，减少污染排放，提高资源利用率，提升渔业可持续发展能力，实现渔业经济又好又快发展。

（二）基本原则

——坚持统筹规划，协调发展。推进渔业节能减排是一项长期的系统工程，涉及渔业生产各个环节，也涉及到管理、企业、生产者和科研推广各个方面，必须科学谋划，积极推进。要统筹规划节能减排与渔业发展各环节之间的关系，做到相互促进、协调发展。

——坚持因地制宜，分类指导。各地区、各单位的耗能与节能减排状况不同，应结合实际，分析潜力，抓住重点，分类指导，典型示范，逐步推进。沿海地区以渔船节能、养殖减排、加工降耗、渔港防污为重点，内陆地区以养殖、加工节能减排为重点。

——坚持注重效果，节本降耗。倡导发展节能减排新模式和新技术，鼓励渔民使用性能好、见效快的渔船、渔机节能产品和高效、安全、环保型饲料及其他养殖投入品。更新淘汰落后的高耗能、高污染、高排放渔船及技术装备，改变粗放型捕捞、养殖和加工生产方式，促进渔业节本增效。

——坚持政府主导，广泛参与。切实发挥政府部门主导作用，综合运用经济、法律、技术和必要的行政手段，推进渔业节能减排。明确生产经营者的节能减排主体责任，严格执行节能环保法规和标准。调动协会和渔民的节能减排积极性，形成渔业各行各业、各类组织共同参与、共同促进节能减排的良好氛围。

（三）主要目标

力争到2015年，渔业单位产值能耗明显下降；更新淘汰一批老旧、高耗能渔船，建造一批节能型、标准化玻璃钢和钢质渔船，渔船节能技术与节能产品得到推广应用，新船综合节能效率达15%以上；循环水养殖技术、生态健康养殖技术日益完善，综合节水达50%以上；水产品加工综合利用水平有所提高；初步建立比较完善的渔业节能减排法规和标准体系、政策保障体系、技术支撑体系、监督管理体系；形成政府主导、市场驱动、科技支撑、协会推动、渔民参与的节能减排工作格局，全行业节能减排意识有较大提升，能源利用水平有较大提高，渔业污染排放得到有效控制。

三、着力抓好重点领域节能减排

（一）加快捕捞业节能技术改造

根据我国渔船作业需求，研发设计系列节能型渔船，优化船机桨匹配，提高渔船综合节能效率。逐步推行渔船标准化改造，研发设计节能环保型渔船，以远洋渔船、外海渔船更新改造和中小型渔船玻璃钢化为重点，加快淘汰高耗能老旧渔船和木质渔船。积极推广节能船型、机型和渔船节能技术与产品，加快太阳能、风能在渔船上的应用，示范推广渔船余热利用装置和电力推进、柴油天然气混燃装置、渔船排污、垃圾回收装置，提高渔船节能减排效果。积极推进捕捞作业结构调整，压减底拖网作业方式，研发并推广节能型渔具渔法。开展渔港防污措施研究，配备渔港油污水回收设施，开展文明渔港创建活动，改善渔港卫生环境。

（二）大力推进养殖业节水减排

科学规划养殖布局，合理控制养殖密度，减少养殖水域富营养化现象发生。全面推进养殖池塘标准化改造，改进进排水设施，配备水质净化和环保设备。研发并推广高效配合饲料，减少鲜活小杂鱼投喂。推进构建精准化养殖技术体系，提高养殖经济效益，减少养殖对环境的影响。发挥渔业碳汇功能，大力发展贝藻类养殖、多营养层次综合养殖和大水面鲢鳙等滤食性鱼类增养殖，改善养殖生态环境。加大增殖放流力度，加快人工鱼礁、海洋牧场建设。大力推广循环水养殖和稻田综合种养技术，应用生态环保先进技术和装备，提高水资源利用效率。完善养殖设施风能、太阳能、地热利用技术，扩大新能源在水产养殖业上的应用。

（三）积极推进水产品加工业节能减排

开展水产品加工综合利用技术研究，提高产品附加值，推进加工副产品、废弃物的资源化利用。加快水产品加工企业节能技术改造，大力推广节电、节水技术，降低冷冻冷藏电耗。研发并推广加工清洁生产技术，减少废气、废水、废渣排放。

四、加快构建渔业节能减排工作机制

（一）发挥管理部门的主导作用。各级渔业行政主管部门要探索建立与船检机构、科研推广单位、协会中介、企业渔民之间相互配合支持、良性互动的工作机制，研究建立渔业节能减排考核评价体系和指标统计体系。要明确本部门的节能减排工作职责，指定管理机构，落实目标和任务，形成任务有人落实、目标有人监管的局面。加强政策法规制定、规划计划编制、科技标准研究、宣传教育培训及指导协调监督，加大政策引导和资金扶持力度，推进本地区渔业节能减排工作的开展。

（二）发挥技术支撑单位的保障作用。科研院校要把渔业节能减排作为科研重点，充分利用现有的科研计划渠道，开展渔业节能减排关键和共性技术研究，对渔船船型、机型、渔机、渔具渔法等进行技术集成创新，开展养殖节能减排、水产品加工综合利用和低碳渔业技术研究。制定并完善渔船节能、养殖废水排放标准，推进渔船船型、网具标准化。研究制定渔业节能技术政策，筛选渔业节能技术和产品，建立节能产品和技术评价体系，编制渔业节能技术与节能产品推广目录。推广单位要组织技术推广体系做好节能减排新技术、新模式示范推广工作。船检单位要发挥船检系统的技术监督优势，积极推进渔船标准化改造、中小型渔船玻璃钢化和新型渔船动力装置示范，研究制定相关的技术法规。

（三）发挥学会协会的推动作用。学会要组织专家开展渔业节能减排研讨、咨询与培训活动，研究提出渔业节能减排技术政策建议，向渔民和企业传播渔业节能减排知识。各类渔业协会和渔民专业合作社要结合实际开展渔业节能减排实用技术培训和技术示范，帮助渔民和企业总结提炼节能减排技术和产品推广示范情况，向管理部门提出政策建议。

（四）发挥渔民和生产经营者的主体作用。渔民和生产经营者作为渔业节能减排主体，要严格执行国家、行业有关节能降耗、减少排放的规定和标准，积极参加各类渔业节能减排培训，应用渔业节能减排技术与节能产品。要不断提高节能减排意识，实现由“要我节能”向“我要节能”转变，使节能减排成为自觉行动。

五、保障措施

（一）提高认识，加强领导。各级渔业主管部门要认真贯彻落实全国节能减排电视电话会议精神，按照《国务院“十二五”节能减排综合性工作方案》要求，客观分析渔业节能减排工作现状，充分认识渔业节能减排工作的重要性、紧迫性，把节能减排作为检验渔业经济是否实现又好又快发展的重要标准，下更大决心，花更大气力，大力推进。要建立目标责任制，在当地政府的统一领导下，科学合理分解渔业节能减排目标，确保各项工作任务落到实处。

（二）研究政策，争取支持。在总结近年来渔业节能减排工作的基础上，推动建立高耗能老旧渔船和木质渔船更新淘汰制度。同时，利用好现有的农机购置补贴政策，鼓励渔民购置适宜的节能渔业机械，惠及广大渔民。研究提出财政、信贷、税收等鼓励和引导性政策建议，积极争取发改、财政、科技部门支持，力争在渔船标准化改造、渔船装备节能升级改造、循环水养殖、水产品加工节能改造、清洁生产、低碳渔业等方面得到支持，实施渔业节能减排示范工程。

（三）突出科技，强化支撑。开展渔业节能减排技术与装备研究，尽快在节能环保型渔船、玻璃钢渔船、节能型网具研究与设计、节能产品和技术评价方法，以及池塘工程化改造技术、高效环保饲料研发与精准投喂技术和水产品加工综合利用技术研究等方面取得突破。加快渔船、渔机、网具、养殖水质及废水排放标准体系建设。通过开展渔业节能减排示范，凝练技术、形成规范、扩大推广。鼓励和支持社会和其他行业的科研单位及企业积极参与渔业节能减排技术研发。

（四）加强宣传，营造氛围。采用广大渔民群众喜闻乐见的方式广泛深入宣传渔业节能减排知识，营造良好的节能减排氛围。通过举办现场展示交流活动，集中宣传节能减排知识和节能新模式、新设备、新技术，不断增强渔民的感性认识，扩大节能技术和节能产品的推广应用范围。利用报纸、杂志、网络等宣传媒体，深入持久地开展节能减排宣传活动，宣传政策，普及知识，为推进渔业节能减排工作营造良好的舆论氛围。

二〇一一年十二月十九日

规划方案

全国农业和农村经济发展第十二个五年规划（节录）

（农业部二〇一一年九月一日印发）

三、发展目标

——农业资源利用与生态环境保护。化肥、农药的利用水平明显提高，农作物秸秆综合利用率力争达到80%以上，适宜农户沼气普及率达到50%以上；草原退化得到有效遏制；水生生物资源养护水平显著提高，累计放流各类水生生物苗种1500亿尾。

第三章　明确任务，推动发展新跨越

二、大幅提升农业科学技术和物质装备水平

（二）加强农业基础设施建设。大规模建设旱涝保收高标准农田，加强农田水利和节水农业设施建设，扩大有效灌溉面积，大力发展旱作农业和高效节水灌溉；推进农田道路、桥涵、防护林网、输变电等配套设施建设；支持农民秸秆还田、种植绿肥、增施有机肥、改良土壤、培肥地力；建立农田设施管护机制，确保各类农田设施长期稳定发挥效益。加快改善养殖业品种改良条件，加强畜禽规模化养殖场（小区）、标准化池塘改造和建设，强化重点省份草原牧区建设。开发建设渤海、黄海、东海、南海四大海区海洋牧场，合理控制海域养殖面积和密度。加强渔政渔港建设。

三、调整优化农业和农村经济结构

（五）培育农业农村新兴产业。加快生物技术产业发展，培育和生产动植物新品种、生物农药、兽药、疫苗、生物肥料和农用材料，扩大应用面积。加快发展以农作物秸秆等农林废弃物为主要原料的生物质能源，开发利用太阳能和风能等可再生能源。大力发展休闲农业，拓展农业功能，挖掘文化内涵，引领新型产业形态和新型消费业态形成。开拓农业农村新兴产业产品市场，引导商业模式创新，建立行业标准和重要产品技术标准体系，完善市场准入制度，营造良好市场环境，促进新兴产业快速健康发展。

七、加强农村生态环境保护

（二）加强草原保护。做好草原划定和功能区划工作，突出草原生态优先理念，加强分类指导和协调，加快重点地区草原生态保护建设。坚持草畜平衡，推行禁牧休牧轮牧和基本草原保护制度，全面落实草原生态保护补助奖励政策。强化草原监督管理，落实草原动态监测和资源调查制度，严格草原征占用管理，依法打击各种破坏草原的违法行为。完善退牧还草政策，加快重度退化草原补播改良。加强牧区畜牧业防灾减灾能力建设，加强草原防火基础设施建设，建设人工饲草料基地和棚圈设施，科学利用草原，转变草原畜牧业生产方式。

（三）强化水资源保护和农业生物资源养护。科学保护和合理利用水资源，进一步提高农业用水效率，保障农业用水需求。大力发展节水农业，建设旱作农业示范基地，推广喷灌、微灌等先进节水技术。继续执行休渔、禁渔制度，扩大水生生物资源增殖放流，建设海洋牧场，加强水生生物自然保护区、水产种质资源保护区和水生生态修复示范区建设。加强养殖水域滩涂管理，稳定渔民水域滩涂养殖使用权。加强畜禽遗传资源保护。加大农业野生植物原生境保护区建设力度。建立农业植物遗传资源权属制度，加强植物新品种保护。建立外来入侵生物风险评估和监测体系，严格防范外来有害物种入侵。

（四）加快推进农业节能减排和农村环境治理。大力推进农业清洁生产，按照减量化、再利用、资源化的循环经济理念，大力推广节地、节水、节种、节肥、节药、节能等节约型农业技术和节能型农业装备，积极引导发展循环农业。强化农业生态保护和农业面源污染治理，加快开发以农作物秸秆为主要原料的肥料、饲料、工业原料和生物质燃料，推进畜禽粪便等农业废弃物无害化处理和资源化利用。开展农村易灾地区生态环境综合治理和山洪地质灾害防治。继续实施农村清洁工程，推进农村有机废弃物处理利用和无机废弃物收集转运。

第五章　加强建设，提升发展新水平

四、加快推动草原等农业生态建设

针对我国草原退化严重、农业生态脆弱和生物资源衰退的问题，坚持重点突破和面上治理相结合，以北方干旱半干旱草原、青藏高原草原等地区为重点，加大天然草原退牧还草工程、京津风沙源草地治理工程、三江源草地建设工程和牧区水利工程实施力度，启动实施沙化草原治理工程、草原自然保护区建设工程、南方草地保护与建设工程。加强草原防灾减灾基础设施建设，加大农业生物资源保护工程建设力度。到2015年，草原牧业和经济结构不断优化，水生生物资源得到有效养护，生态环境逐步改善，承载能力和可持续发展能力不断提高，生态屏障功能不断增强。

专栏10　“十二五”草原建设与农业资源保护工程

1．农业生物资源保护工程

建设农业生物资源保护区和水生生态修复示范区、加强农业生物资源监测和鉴定评价条件建设，强化农业生物资源保护科技支撑。

2．天然草原退牧还草工程

建设草原围栏、棚圈，补播改良退化草地，建植人工饲草料地，加强监理监测能力条件建设。

3．草原自然保护区建设工程

完善管护、办公和生活设施，配备交通、通讯、科研、监测、宣传与教育设备。

4．草原防灾减灾工程

加强草原灾害监测预警体系、防灾物资保障体系及指挥体系等基础设施建设，提高灾害防治应急反应能力。

5．牧区水利工程

建设牧区中小型水库、塘坝、自流引水渠、扬水站等地表水源工程，加强地下水源井建设；加强田间灌溉设施建设，着力改善牧民饮水点及配套设施。

6．沙化草原治理工程

建设草原围栏、小型牧区水利配套设施，推广飞播改良、人工种草、禁牧、休牧等措施。

7．京津风沙源治理工程

建设暖棚，实施草地围栏封育、人工种草、飞播种草，购置饲料机械等设备。

8．南方草地保护与建设工程

开展天然草地改良、人工种草等建设，保护生态环境，提高草地生产力。

9．岩溶地区石漠化草地治理工程

建设草地围栏，实施人工种草、草地改良，提高草地植被覆盖度。

10．三江源草地建设工程

实施退牧还草、已垦草原还草、生态恶化草原治理、草原防火、草地鼠害治理，建设保护管理设施。

11．青海湖流域生态保护与治理工程

治理沙化草地、黑土滩、毒杂草、鼠虫害，封山育草等。

六、积极促进农村废弃物资源化利用

针对秸秆资源浪费和污染严重、农村人居环境差、能源短缺等突出问题，按照“减量化、再利用、资源化”的循环经济理念，因地制宜开展农业废弃物循环利用，重点实施农村沼气工程、农村清洁工程、秸秆能源化利用等工程。到2015年，畜禽粪便、秸秆等农业废弃物资源化利用水平大幅提高；农村沼气、省柴节煤炉灶炕的普及率大幅提升，农村生活用能结构显著优化，促进农村人居环境有效改善。

专栏11 “十二五”农村废弃物资源利用工程

1．农村沼气工程

建设户用沼气、小型沼气工程、大中型沼气工程和沼气服务体系，加大集中供气力度，发展沼气提纯罐装，使50%以上的适宜农户用上沼气。

2．农村清洁工程

推进农村有机废弃物处理利用和无机废弃物收集转运，配套开展村庄硬化绿化。

3．秸秆能源化利用工程

推广高效低排放生物质炉，更新省柴节煤炉灶和高效架空炕，建设秸秆生物气化集中供气站、秸秆热解气化集中供气站、秸秆生物反应堆和秸秆固化成型燃料示范点。

>>>

科技支撑

关于印发《国家十二五科学和技术发展规划》的通知

国科发计〔2011〕270号

各有关单位：

“十二五”是我国全面建设小康社会的关键时期，是提高自主创新能力、建设创新型国家的攻坚阶段。为贯彻党的十七届五中全会精神和《国民经济和社会发展第十二个五年规划纲要》，深入实施中长期科技、教育、人才规划纲要，充分发挥科技进步和创新对加快转变经济发展方式的重要支撑作用，按照国务院的部署要求，科学技术部会同国家发展和改革委员会、财政部、教育部、中国科学院、中国工程院、国家自然科学基金委员会、中国科协、国家国防科技工业局等有关单位，研究制定了《国家“十二五”科学和技术发展规划》，现印发给你们，请认真贯彻落实。

附件：国家“十二五”科学和技术发展规划

科学技术部

二〇一一年七月四日

附件：

国家“十二五”科学和技术发展规划（节录）

三、加快实施国家科技重大专项

6．大型先进压水堆及高温气冷堆核电站

突破先进压水堆和高温气冷堆技术，完善标准体系，搭建技术平台，提升核电产业国际竞争力。依托装机容量为1000兆瓦的先进非能动核电技术（AP1000）核电站建设项目，全面掌握AP1000核电关键设计技术和关键设备材料制造技术，自主完成内陆厂址标准设计。完成中国的装机容量为1400兆瓦的先进非能动核电技术（CAP1400）标准体系设计并建设示范电站，2015年底具备倒送电和主控室部分投运条件。完成高温气冷堆关键技术研究，2013年前后示范电站建成并试运行。加强压水堆及高温气冷堆安全技术支撑和核电站乏燃料后处理科研攻关，保障核电安全。

四、大力培育和发展战略性新兴产业

培育和发展战略性新兴产业对推进产业结构升级、加快经济发展方式转变具有重要意义，必须把突破一批支撑战略性新兴产业发展的关键共性技术作为科技发展的优先任务。在节能环保、新一代信息技术、生物、高端装备制造、新能源、新材料和新能源汽车等产业领域，集中优势力量进行攻关，为增强战略性新兴产业的核心竞争力奠定坚实基础。充分发挥国家科技重大专项的核心引领作用和高新区的辐射带动作用，大力推进创新成果的集成应用和商业模式创新，加快战略性新兴产业成为国民经济的先导性产业和支柱性产业的步伐。

1．节能环保

大力发展高效节能、先进环保和循环应用等关键技术、装备及系统。实施半导体照明、煤炭清洁高效利用、“蓝天”工程、废物资源化等科技产业化工程。加强技术的集成和推广应用，快速提高我国节能环保领域整体技术能力及产业竞争力。

专栏：节能环保产业技术

半导体照明。重点发展白光发光二极管（LED）制备、光源系统集成、器件等自主关键技术，实现大型金属有机化学气相沉积（MOCVD）等设备及关键配套材料的国产化，加强半导体照明应用技术创新，建设标准和检验检测体系。加快“十城万盏”半导体照明试点示范，实现更大规模应用。2015年白光发光二极管的发光效率达到国际同期先进水平，半导体照明占据国内通用照明市场30%以上份额，产值预期达到5000亿元，推动我国半导体照明产业进入世界前三强。

煤炭清洁高效利用。重点突破地下煤气化、煤低温催化气化甲烷化、中温催化气化、高温高压甲烷化、煤制烯烃等化工品、第三代煤催化制天然气、重型燃气轮机整机等核心技术。以煤气化为基础进行多联产工程示范，进一步推进煤气化技术综合集成应用；积极发展更高参数的超超临界洁净煤发电技术，开发燃煤电站二氧化碳的收集、利用、封存技术及污染物控制技术，有序建设煤制燃料升级示范工程。

“蓝天”工程。大力推进工业废气、燃煤烟气、机动车污染物、室内空气等净化技术与装备的研发及产业化，加快大气监测先进技术与仪器研发，积极发展温室气体减排与资源化技术及装备。引导产业发展，改善环境质量。

废物资源化。重点突破无害化、稳定化与资源化技术与装备，研发高附加值再生资源产品、大型垃圾焚烧控制技术与成套设备、垃圾综合处理及有机物厌氧产沼关键技术与设备，有效利用废旧金属、废旧机电与电子产品、大宗包装与纺织产品、大宗工业废物、生活垃圾与污泥等量大面广、附加值高的废弃物。开展工程示范，建设废物资源化技术创新服务平台与产业化基地，提升产业化水平。

4．高端装备制造

重点发展大型先进运输装备及系统、海洋工程装备、高端智能制造与基础制造装备等。实施高速列车、绿色制造、智能制造、服务机器人、高端海洋工程装备、科学仪器设备等科技产业化工程。研发高速列车谱系化和智能化、绿色产品设计、机器人模块化单元产品等重大关键技术，提升我国制造业的国际竞争力。

专栏：高端装备制造产业技术（节录）

高速列车。重点发展高速列车的智能化、谱系化与节能核心关键技术，提升高速列车技术装备、基础设施服役状态检测监测关键技术及高速铁路减振降噪技术，形成我国高速列车智能化安全技术装备和车型系列，构建技术装备及基础设施服役状态检测技术和装备体系。“十二五”高速列车产业总产值预期超过3000亿元。

绿色制造。重点发展先进绿色制造技术与产品，突破制造业绿色产品设计、环保材料、节能环保工艺、绿色回收处理等关键技术。开展绿色制造技术和绿色制造装备的推广应用和产业示范，培育装备再制造、绿色制造咨询与服务、绿色制造软件等新兴产业。

5．新能源

积极发展风电、太阳能光伏、太阳能热利用、新一代生物质能源、海洋能、地热能、氢能、新一代核能、智能电网和储能系统等关键技术、装备及系统。实施风力发电、高效太阳能、生物质能源、智能电网等科技产业化工程。建立健全新能源技术创新体系，加强促进新能源应用的先进适用技术和模式的研发，有效衔接新能源的生产、运输与消费，促进产业持续、快速发展。

专栏：新能源产业技术

风力发电。重点发展5兆瓦以上风电机组整机及关键部件设计、陆上大型风电场和海上风电场设计和运营、核心装备部件制造、并网、电网调度和运维管理等关键技术，形成从风况分析到风电机组、风电场、风电并网技术的系统布局。积极推进100兆瓦级海上示范风场、10000兆瓦级陆上示范风场建设，推动近海和陆上风力发电产业技术达到世界先进水平。

高效太阳能。重点发展大型光伏系统设计集成、高效低成本太阳电池、薄膜太阳电池、太阳能热发电等关键技术、组件和成套设备。掌握太阳能发电全产业链的核心技术、生产工艺与设备。扩大实施“金太阳”等示范工程，加强服务体系建设，实现大规模推广应用。

生物质能源。重点发展沼气生产车用燃料、纤维素基液体燃料、农业废弃物气化裂解液体燃料、生物柴油、非粮作物燃料乙醇、250~500吨/日系列生物质燃气开发利用等关键技术和装备，加强生物燃气、城市与工业垃圾能源化、生物液体燃料、固体成型燃料、能源植物良种选育及定向培育等五个方向的研发部署，在重点区域实施“十城百座”等示范工程。形成10~20条生物质能源生产线和成套装备产品供应系统。

智能电网。重点发展大规模间歇式电源并网与储能、高密度多点分布式电流并网、电动汽车充电设施与电网互动协调运行技术、分布式供能、大电网智能分析与安全稳定控制系统、输变电设备智能化等核心技术。建设百万千瓦级海上风电场送出、大电网智能调度与控制、智能变电站等示范工程，建成若干个智能电网示范园区和集成综合示范区。

7．新能源汽车

全面实施“纯电驱动”技术转型战略。实施新能源汽车科技产业化工程。坚持“三纵三横”的研发布局，建立“三纵三链”产业技术创新战略联盟。全面掌握核心技术，加快整车系统技术成果的产业化和规模示范，形成整车及零部件工业体系，建设新能源汽车基础设施、产业标准体系和检验检测系统，使我国跻身新能源汽车产业先进国家行列。

专栏：新能源汽车产业技术

新能源汽车。重点推进关键零部件技术（电池-电机-电控）、整车集成技术（混合动力-纯电驱动-下一代纯电驱动）和公共平台技术（技术标准法规-基础设施-测试评价技术）的研究与攻关。继续实施“十城千辆”工程，形成一批国际知名、具有自主知识产权的关键零部件与整车企业。到2015年，突破23个重点技术方向，在30个以上城市进行规模化示范推广，5个以上城市进行新型商业化模式试点应用，电动汽车保有量达100万辆，产值预期超过1000亿元。

（四）大力加强民生科技

重点解决人民群众最关心的重大民生科技问题，集成适合不同地区不同层次人们需求的民生改善技术解决方案，以国家可持续发展实验区等为载体强化技术成果的示范和推广，全面提升科技服务民生的能力。

3．强化绿色城镇关键技术创新，促进城市和城镇化可持续发展

加强城镇区域规划与动态监测、城市功能提升与空间节约利用、城市生态居住环境质量保障和城市信息平台等技术研发，大力推动建筑节能与绿色建筑技术研发与示范应用。重点开发绿色建材、可再生能源材料及其与建筑一体化的应用技术，形成我国绿色建造技术体系和管理模式。发展低碳城镇规划、绿色建筑设计、建筑节能等技术。优化绿色施工控制指标体系与标准，开发大型建筑施工过程动态管理与资源配置优化仿真平台。

专栏：民生科技示范重点

绿色建筑技术集成示范。在不同气候区选择一批典型城市（村镇），重点围绕绿色建筑规划与标准、绿色建造与施工技术、绿色建筑室内环境改善和保障技术、绿色建材和资源节约、环境友好集成技术等，开展绿色建筑技术集成的应用与示范，推动绿色建筑与建筑节能发展。

低碳与和谐社区示范。选择典型社区，开展社区低碳消费与节能减排、生活垃圾分类回收、社区养老与互助、社区生态环境建设、社区治安与防灾减灾、社区民主管理等领域的技术应用示范。

（五）建立支撑可持续发展的能源资源环境技术体系

针对能源资源短缺、生态环境恶化、全球气候变化等制约可持续发展的突出问题，围绕建设资源节约型和环境友好型社会的迫切需求，大力加强能源资源勘探开发与清洁高效利用、水资源优化配置与综合利用、污染控制与生态改善、清洁生产与循环经济、气候变化减缓与适应等技术开发与集成应用，提升科技对可持续发展的支撑和引领能力。

1．发展能源勘探开发和清洁高效利用技术，提高能源安全保障能力

以提升传统能源勘探开发技术能力为目标，重点发展复杂油气藏勘探、煤炭和海洋油气安全开采、油气高效安全集输等技术，加强煤层气、页岩气、油页岩、天然气水合物等非常规油气勘探开发技术研究，保障传统能源有效供给。以提升能源的清洁高效利用能力为目标，重点发展煤炭的气化、液化、煤基化工品加工等清洁转化技术，发展超高参数超临界发电、煤气化整体联合发电、节能型循环流化床发电等技术，发展智能电网、先进核能以及风能、太阳能、生物能、海洋能、地热能等新能源利用技术，加强能源利用关键部件和装备研发。

2．发展水资源和矿产资源开发技术，提高资源综合利用效率

以强化水资源优化配置和综合利用技术能力为目标，重点发展数字化流域、水资源合理调配和特大水利工程群联合调度技术，加强南水北调、三峡等重大水利工程建设与安全保障技术研发，强化城市节水与工业节水技术开发，加强海水淡化、雨洪利用、人工增雨、再生水等非常规水资源利用关键技术开发。以提升矿产资源勘探开采与综合利用技术能力为目标，发展深部与复杂条件下矿产资源高效勘查技术，加强三维立体勘查技术集成，扩大矿产资源有效探明储量。发展矿产资源高效开采、绿色选冶、高效利用等重大技术与装备，强化稀贵金属资源开发利用。加强海洋及极地矿产资源综合调查技术、非常规矿产资源勘探技术研究，推动矿产资源绿色可持续开发。

3．发展生态环境保护技术，促进人与自然和谐发展

以提升循环经济和节能减排的技术支撑能力为目标，重点发展重污染行业的清洁生产工艺、大宗废弃物资源化技术、多层次循环经济构建技术。发展烟气治理、机动车尾气净化等技术，饮用水安全保障、污水高效处理与回用等技术，土壤污染治理技术，生活垃圾与危险废物处理处置技术，智能环境检测和监测技术，城市与工业生物质废物集中化燃气利用技术，核放射性污染防护与处置技术。发展近海污染防治技术、地下水污染防治技术、化学品风险控制技术、农村环境综合整治技术，推动减排约束性指标的实现和环境质量的改善。

以提升生态保护和脆弱生态修复技术能力为目标，重点发展典型生态脆弱区生态保护与恢复技术，重大工程建设区生态保护与恢复技术，城市生态保护与建设技术。开发大尺度生态系统监测技术，发展多载体新型生态环境监测与遥感技术，提升退化土地防治技术支撑能力，不断强化生态系统服务功能。开发生物多样性保护、生物安全保障、持久性有机污染物风险控制等技术，提高我国履行国际环境公约能力。

4．加强气候变化科学研究和技术集成，全面提高应对能力

加强全球气候变化规律和观测技术研究，开发多源、多尺度观测数据同化、融合与集成技术，发展全球变化背景下极端天气及气候事件预测技术，建立温室气体排放的监测、统计和核查技术体系。加强不同尺度和相关领域气候变化影响和脆弱性评估研究。强化气候变化适应技术研发、集成与示范应用。发展林草固碳等增汇、土地利用和农业减排温室气体、二氧化碳捕集利用与封存等技术。加强应对气候变化重大战略与政策研究，围绕气候变化领域热点问题深入开展应对措施研究，为国家应对气候变化提供支撑。

专栏：可持续发展科技示范重点

海水淡化与综合利用。重点发展高压反渗透和低温多效蒸馏海水淡化、大型海水循环冷却、浓海水处理与化学资源利用等核心技术与装备，建设若干大型海水淡化与综合利用示范工程，加快海水淡化与综合利用产业发展。

生态保护与修复示范。重点选择“两屏三带”生态屏障、退化生态系统、重大工程建设区生态系统、城市生态系统等，开展生态保护与修复关键技术研发和模式构建，并进行应用示范。

环境污染治理示范。重点选择大型城市群、能源资源基地、老工业基地、重污染行业等区域或企业，开展大气污染治理、土壤修复、重金属污染防治、水污染治理、清洁生产等技术综合应用示范。

可持续发展集成技术应用与示范。以国家可持续发展实验区为载体，以转变发展方式、保障民生为重点，加强资源高效利用、节能减排和低碳发展、保障公共安全和改善人居环境等科技示范。

六、前瞻部署基础研究和前沿技术研究

基础研究和前沿技术研究是提升我国原始创新能力和科技长远发展能力的重要基础，是推动科技进步和创新的源泉，必须依据国家重大战略需求和世界科技发展趋势，予以强化部署。

（一）继续加强基础研究

3．坚持需求导向，着力突破制约经济社会发展的重大科学问题

专栏：需求导向的重大科学问题研究领域和方向

能源科学领域。重点支持油气资源勘探与开发的新理论和新方法研究，煤炭资源精细探测、绿色开采、高效洁净转换、环境污染控制及灾害防治研究，低品位能源高效热功转换的基础研究，节能的新理论与新方法，新能源和可再生能源规模化利用的基础研究，智能电网的基础研究，支撑核能发展的基础研究等方向。

资源环境科学领域。重点支持影响我国的高影响天气发生发展的规律、机制和预测，气候多尺度变化特征及其检测、预测和预估，影响气候的重要过程参数化和模式发展研究，重要成矿带、我国短缺支柱性矿产及优势矿产、海洋矿产成矿规律，地震、火山等地质灾害基础研究，生态与环境演变、环境污染的机理与控制，城市化的资源环境效应，海洋动力过程及其在气候系统中的作用，我国近海环境及生态的关键过程，海陆气相互作用与东亚季风的季度-年际预测理论，中国典型陆地、海洋生态系统-大气碳、氮气体交换规律与调控理论研究。

4．集中优势力量，推进重大科学研究计划实施

加强顶层设计，完善管理机制，推动蛋白质研究、量子调控研究、纳米研究、发育与生殖研究、全球变化研究和干细胞研究六个重大科学研究计划的实施，力争在未来五年内取得重大突破。以参加国际热核聚变实验堆（ITER）装置建设为契机，启动实施核聚变能研究专项。根据国际科学发展前沿和我国科学发展实际需要，力争启动相关研究计划和大科学工程研究专项。

专栏：国家重大科学研究计划

全球变化研究。重点支持全球变暖的基本驱动力及过程与机理，人类活动对全球气候变化的影响及其定量评估，全球变化对社会经济和生态系统的影响机制和定量评估，综合地球观测数据的反演、同化与融合的理论模型和技术构建，地球系统模式研制及全球变化的模拟与预测，地球系统变化的阈值，中国适应气候变化和减排温室气体策略等科学基础研究。

专栏：核聚变能研究专项

核聚变能研究专项。加速开展我国聚变能发展研究，完成国际热核聚变实验堆装置建设中我国承担的国际热核聚变实验堆采购包的设计、认证以及制造技术研发，全面消化吸收国际热核聚变实验堆总体设计以及相关技术，开展我国未来磁约束聚变堆的总体设计研究，加快人才培养，建设我国核聚变能研究创新体系。

（二）强化前沿技术研究

前沿技术是高技术领域中具有前瞻性、先导性和探索性的重大技术，是未来高技术更新换代和新兴产业发展的重要基础。加大对代表世界高技术发展方向、对国家未来新兴产业的形成和发展具有引领作用的前沿技术的前瞻部署和研发力度，积极抢占前沿技术发展的制高点。对有利于重点产业技术更新换代、实现跨越发展的前沿技术，要集中力量予以攻克，力争形成一批重大产品和技术系统。

5．先进能源技术

重点探索面向第四代核能、氢能与燃料电池、海洋能、地热能、二氧化碳捕集、利用与封存等方向的前沿技术。围绕节能减排、能源材料和装备、生物质能、储能等战略必争领域和产业核心竞争力的提升，突破核心关键技术。针对可再生能源、节能技术等重大战略技术方向进行重点部署，开发一批重大战略产品和技术系统。

6．资源环境技术

攻克一批矿产资源与油气资源高效勘探开发与集约化利用核心关键技术与装备，提升重大关键装备的研发能力和行业核心竞争力，大幅提升我国战略性资源勘探与开发利用效率。加强新型污染物治理技术与装备开发，加快推进清洁空气技术与土壤修复技术研发，强化环境事件应急技术与装备开发。大力发展先进环境监测仪器与智能化生态环境监测技术，强化环境污染风险识别与阻断技术开发，提升生态环境监测技术水平。

9．现代交通技术

重点发展大运量高速载运、新能源载运、一体化交通系统安全等技术与装备，实现高效运输服务。重点突破汽车动力系统、重型直升机和船用中速柴油机等制约交通装备发展的重大技术。重点发展交通系统信息化、智能化技术和安全高速的交通运输技术，提高运网协同能力和运输效率。突破交通运输安全保障、资源节约与环境保护、智能化养护等方面的关键技术。

10．地球观测与导航技术

大力开展先进遥感、地理信息系统、导航定位、深空探测等前沿技术研究。重点建立全球二氧化碳监测、遥感感知网、全球空间信息主动服务、导航定位与位置服务等重大技术系统，培育以授时、导航与位置服务为核心的空间信息产业，形成遥感信息、导航定位和移动通信卫星新兴产业增长点。

关于组织推荐重点节能技术的通知

发改办环资[2011]1093号

各省、自治区、直辖市及计划单列市、新疆生产建设兵团发展改革委、经贸委（经委、经信委、工信委、工信厅、工信局），有关行业协会，中央企业：

为贯彻落实《中华人民共和国节约能源法》、《国务院关于加强节能工作的决定》和《国务院关于印发节能减排综合性工作方案的通知》，促进“十二五”期间节能减排目标的实现，引导企业采用先进的节能新工艺、新技术和新设备，大幅度提高能源利用效率，拟于近期开展《国家重点节能技术推广目录（第四批）》的编制工作。为做好此项工作，请你们组织筛选、推荐重点节能技术。现将有关事项通知如下：

一、推荐重点节能技术相关要求

（一）推荐技术范围

煤炭、电力、钢铁、有色金属、石油石化、化工、建材、机械、纺织等工业行业，交通运输、建筑、农业、民用及商用等领域的节能新技术、新工艺。《国家重点节能技术推广目录（第一批）》（国家发展改革委公告2008年第36号）、《国家重点节能技术推广目录（第二批）》（国家发展改革委公告2009年第24号）、《国家重点节能技术推广目录（第三批）》（国家发展改革委公告2010年第33号）已公布或全行业普及率在80%以上的技术不在推荐范围之内。

（二）推荐技术要求推荐技术要求先进适用，能够反映节能技术最新进展；节能潜力大，预期可获得明显的节能效果；应用范围广，在全行业应用前景广阔。

二、上报要求各地发展改革委、经贸委（经委、经信委、工信委、工信厅、工信局）、有关行业协会和中央企业应充分发挥各自优势，认真组织、遴选符合条件的重点节能技术，并按照要求仔细填写重点节能技术推荐表和汇总表（详见附件）。原则上每个单位推荐重点节能技术不超过10项。

请各地发展改革委、经贸委（经委、经信委、工信委、工信厅、工信局）、有关行业协会和中央企业于2011年6月15日前，将推荐材料文字版和电子版（电子版需刻制光盘）各1套上报国家发展改革委（环资司）。

国家发展改革委办公厅
二〇一一年五月十六日

关于印发《国家环境保护“十二五”科技发展规划》的通知

环发[2011]63号

各省、自治区、直辖市环境保护厅（局），新疆生产建设兵团环境保护局，辽河保护区管理局，各直属单位：

为贯彻落实《国家中长期科学和技术发展规划纲要（2006－2020年）》和《中华人民共和国国民经济和社会发展第十二个五年规划纲要》的任务部署，提升环境科技创新能力，为探索中国环保新道路构建强大坚实的科技支撑体系，我部组织编制了《国家环境保护“十二五”科技发展规划》。现印发给你们，请参照执行。

附件：国家环境保护“十二五”科技发展规划

附件：

国家环境保护“十二五”科技发展规划（节录）

环境保护部

二〇一一年六月九日

三、发展目标

（一）总体目标

适应“十二五”以至今后更长时期经济社会可持续发展的环境保护要求，初步阐明区域、流域重大生态与环境问题的发生机制与演化机理，基本建立起基于环境污染和生态退化全防全控的环境科技创新体系和环境技术管理体系。围绕约束性指标取得一批具有自主知识产权的控源减排共性和关键技术；围绕环境质量改善构建适合中国国情的环境管理技术体系；围绕风险防范构建风险管理和风险控制技术体系。调查和掌握重点地区环境污染与人体健康的状况，夯实环境基准、标准制订的科学基础；逐步搭建起国家环境科技基本能力、基础数据信息获取与人才培养平台，为全面完成“十二五”环境保护目标、建设生态文明和环境友好型社会提供强有力的科技支撑。

（二）具体目标

（1）初步构建国家环境科技的理论体系。阐明我国区域/流域性重大环境问题的主要形成机理和机制。提出重点领域和重点行业优控污染物筛查、环境暴露和风险评价优先/关键技术，提出应对危害人体健康的突发环境事件的快速评估方法和缓减措施，为维护生态安全、保障人体健康提供科技支撑。

（2）产出一批污染防治技术成果和示范工程。研发出一批具有核心竞争力的环境污染物控制与生态保护关键技术，提出重点领域和重点行业的绿色经济、循环经济发展模式与关键技术，初步建立适合我国国情的污染防治与生态保护最佳可行技术体系。引导和培育5家以上环保产学研联盟，创新流域、区域污染治理机制，促进产学研用有机结合。

（3）提供满足国家环境管理决策的技术支撑。初步建立以总量削减和源头控制为核心的环境综合管理技术支撑体系及应对生态退化的全防全控科技支撑体系，提出我国重点地区和城市主要污染物排放控制技术对策。初步形成环境应急监测、风险评估、预报预警及环境质量管理等技术体系，为完成“十二五”主要污染物排放总量削减的约束性指标、实现重点地区和城乡环境质量有所改善的目标提供科技支撑。

（4）形成与国家环境科技需求相适应的环境科技创新能力。新建10个国家环境保护重点实验室，进一步完善工程技术中心的布局，启动国家环境保护野外观测研究站的建设，初步建成相对完善的国家环境保护科技创新平台，不断提升环境科技基础数据和信息获取能力、科技成果转化能力和环境管理决策支撑能力。造就一支数量充足、结构合理、适应国家环境保护发展需要的高素质创新型科研人才队伍，培养一批“生态环境杰出人才”，在科研骨干、学科带头人和杰出人才中，中青年科研人才所占比例达到40%以上。

四、重点领域与主要任务

（二）大气污染防治领域

积极促进区域大气污染防治科技专项的开展。阐明重点地区和城市大气污染特征及成因，研发大气常规污染物、有毒和恶臭污染物排放控制技术，建立区域大气环境质量综合调控方法，初步构建复合型大气污染防治技术体系。

1.区域大气复合污染与灰霾综合控制研究

研究典型区域大气颗粒物及其前体物源排放特征的在线/离线观测技术、颗粒物分物种的定量源解析技术。研究典型区域光化学污染与灰霾的成因和控制对策。选择典型城市群区域，针对光化学污染与颗粒物污染，开展区域空气质量监控、预警与污染源管理技术示范。

2.城市空气质量改善综合技术研究与示范

研究城市多污染物复合污染成因解析技术。研究新兴城市群大气污染的来源、成因、控制对策，并进行技术示范。研究城市间污染物相互作用方式、机理、程度及潜在城市群区域大气复合污染区域化程度的诊断与评估技术。研究城市重点污染源综合控制关键技术和优化方案，并选择典型城市开展空气质量达标技术示范。

3.区域大气污染物总量削减技术开发和示范

研发污染物协同控制技术，针对发电锅炉、钢铁窑炉、建材窑炉等，有机组合现有的脱硫、脱硝、除尘技术，开展多种污染物协同控制技术研究与示范。研发具有自主知识产权的火电厂脱硝催化剂生产技术、挥发性有机化合物（VOC）和恶臭气体典型污染源控制技术及其相应的工艺与设备。研发移动源从油品检验到排放控制的一系列整装技术。开展重金属和二噁英等有毒空气污染物排放控制技术研究。

4.环境空气质量管理关键技术研究

研究区域大气污染联防联控制度和机制、大气污染物排放许可制度的支撑技术。针对氮氧化物、细粒子、挥发性有机化合物（VOC）和恶臭气体等关键污染物，研发污染控制技术综合评价指标体系和定量评估方法，筛选出最佳可行大气污染控制技术。研究车用油品综合保障和监管技术及在用车、非道路机械、飞机、船舶大气污染物排放监管技术，研究移动源大气污染排放控制管理技术。

5.室内空气质量改善技术研究

研究室内（车内）空气主要污染物来源、污染特征与控制途径，研发高效、节能的室内空气污染物控制与削减技术、设备和净化材料。

（六）绿色经济、清洁生产和循环经济领域

研究确立我国生态文明建设、低碳经济和绿色经济的发展策略。重点突破环境优化经济的有关理论，研究重点领域和重点行业循环经济、清洁生产和废物资源化关键技术，掌握工业污染预防、过程控制和工业园区生态化管理技术，为国家环境管理和经济社会可持续发展战略提供理论和技术支撑。

1.低碳经济环境评估和绿色经济发展对策研究

研究我国生态文明建设、低碳经济发展与环境保护的关系，构建不同经济类型区生态文明建设、低碳经济环境评估和环境考核指标体系。研究我国绿色经济发展潜力，并选择典型地区和行业开展绿色生产模式示范。研究我国绿色生产和消费模式评价指标及绿色贸易政策。系统研究发展循环经济与实施污染物减排的互动关系。

2.工业污染预防和过程控制技术研究

研究适合于我国国情和不同区域特点的产品生命周期评价方法，企业和产品生态效率评估、生态设计、污染过程控制途径和方法。研究重点行业基于全过程控制的产污强度准入指标，并开展产排污系数后评估及其应用研究。系统研究环境标志认证、清洁生产、节能减排和温室气体控制之间的互动关系。

研究典型工业园区和工业聚集区物质代谢机理、产污途径、削减措施和生态化管理技术。研究重污染行业或地区发展生态工业的关键支撑技术和产业链接技术。研究我国静脉产业园区污染减排源头控制、过程调控和二次污染控制技术。研究工业园区预防和处置突发环境事件的技术与方法，并选择典型地区开展示范。

3.重点行业清洁生产和废物循环利用技术研究

针对有色金属采选和冶炼业、铅蓄电池制造业、皮革及其制品业、化学原料及化学制品制造业等重金属污染行业，开展清洁生产技术研发。开展钢铁、稀土、火电、煤炭、化工、建材、造纸、酿造、发酵、制药、纺织等重点污染行业清洁生产关键新工艺和新技术研发与示范。开发从锰、铅、锌、铜、汞、砷和黄金冶炼企业废气、废水和废渣中回收重金属和贵金属的工艺技术，并开发规模化综合利用废渣的技术和设备，推进其产业化。

（八）环境监管技术领域

开展环境监测预警技术和环境政策法规研究。研发环境监测新方法与新设备。研究工业污染源特征污染物毒性识别和风险管理技术，提出环境优化经济的基本规律、政策和对策，为全面提升我国环境监管能力提供科技支撑。

（十一）全球环境问题研究领域

突破应对全球环境变化和国际履约的关键技术。围绕全球环境变化和国际履约问题，形成一批具有自主知识产权的温室气体排放控制、生物多样性保护、生物安全管理、持久性有机污染物（POPs）污染风险控制等方面技术成果，提升我国履行国际环境公约的能力。

1.应对全球气候变化的环境保护支撑技术研究

研究大气污染物对气候变化的影响与反馈，气候变化对我国生物多样性和人体健康的影响。研究温室气体排放核算和监测方法，污染控制与温室气体减排的协同效应和技术政策，电力、水泥等重点行业温室气体总量控制、减排潜力和成本效益分析方法。研究土地利用变化对温室气体源与汇的影响，研发重大生态恢复工程碳汇功能评估技术。研究基于温室气体排放控制的环境影响评价方法和环境标志产品认证技术。

4.保护臭氧层研究

针对我国安全有效履行《蒙特利尔议定书》的需要，研究评估淘汰氟氯烃（HCFC）替代技术选择的社会经济影响，评估替代技术的环境和健康影响。分析研究我国不同履约对策的经济社会和环境影响，提出我国履约战略建议和产业对策建议。

5.全球持久性有机污染物控制研究

开展典型行业持久性有机污染物（POPs）排放、检测与表征方法学研究。研究我国典型区域持久性有机污染物（POPs）来源、污染浓度、污染特征、迁移规律、削减与控制技术，以及生态风险评价和预警技术。

关于国家重大科学研究计划2012年项目立项的通知

国科发基〔2011〕491号

天津市、山西省、上海市、浙江省、山东省、湖北省、四川省科技厅（委），深圳市科技工贸和信息化委员会，教育部、工业和信息化部、卫生部、人口计生委、中科院、气象局办公厅（室），总后勤部卫生部，各有关单位：

国家重大科学研究计划2011年度项目申报评审工作已经结束。为贯彻落实《国家中长期科学和技术发展规划纲要（2006-2020年）》的部署，加强对纳米研究、量子调控研究、蛋白质研究、发育与生殖研究、干细胞研究和全球变化研究的支持，经研究，决定批准“代谢相关蛋白质修饰在肿瘤发生发展过程中的作用及机制”等70个项目立项（项目清单见附件）。

根据国家科技计划管理的统一安排，这批项目将于2012年初启动实施。请有关单位按照国家重点基础研究发展计划管理办法和经费管理办法的要求，认真做好项目组织实施的相关工作。

附件：国家重大科学研究计划2012年立项项目清单

中华人民共和国科学技术部

二〇一一年九月二十八日

附件：

国家重大科学研究计划2012年立项项目清单（摘录）

项目编号	项目名称	项目首席科学家	项目第一承担单位	项目依托部门
2012CB932800	高比能直接甲醇燃料电池关键纳米材料与纳米结构研究	杨 辉	上海中科高等研究院	中国科学院 上海市科学技术委员会
2012CB933200	高效节能微纳结构材料体系研究	杨振忠	中国科学院化学研究所	中国科学院
2012CB933700	新型铜基化合物薄膜太阳能电池相关材料和器件的关键科学问题研究	肖旭东	中国科学院深圳先进技术研究院	中国科学院 深圳市科技工贸和信息化委员会
2012CB934200	新型微纳结构硅材料及广谱高效太阳能电池研究	李晋闽	中国科学院半导体研究所	中国科学院
2012CB934300	基于纳米材料的太阳能光伏转换应用基础研究	戴 宁	中国科学院上海技术物理研究所	上海市科学技术委员会 中国科学院
2012CB955200	东亚季风区年际-年代际气候变率机理与预测研究	刘征宇	北京大学	教育部

项目编号	项目名称	项目首席科学家	项目第一承担单位	项目依托部门
2012CB955300	全球典型干旱半干旱地区气候变化及其影响	黄建平	兰州大学	教育部
2012CB955400	全球变化与环境风险关系及其适应性范式研究	史培军	北京师范大学	教育部
2012CB955500	气候变化对人类健康的影响与适应机制研究	刘起勇	中国疾病预防控制中心	卫生部
2012CB955600	太平洋印度洋对全球变暖的响应及其对气候变化的调控作用	谢尚平	中国海洋大学	教育部
2012CB955700	气候变化对社会经济系统的影响与适应策略	黄季焜	中国科学院地理科学与资源研究所	中国科学院
2012CB955800	气候变化经济过程的复杂性机制、新型集成评估模型簇与政策模拟平台研发	王 铮	中国科学院科技政策与管理科学研究所	中国科学院
2012CB955900	全球气候变化对气候灾害的影响及区域适应研究	宋连春	国家气候中心	中国气象局
2012CB956000	全球变暖下的海洋响应及其对东亚气候和近海储碳的影响	袁东亮	中国科学院海洋研究所	中国科学院
2012CB956100	湖泊与湿地生态系统对全球变化的响应及生态恢复对策研究	沈 吉	中国科学院南京地理与湖泊研究所	中国科学院
2012CB956200	全球典型干旱半干旱地区年代尺度气候变化机理及其影响研究	马柱国	中国科学院大气物理研究所	中国科学院

能源科技“十二五”规划（2011−2015）（节录）

（国家能源局二〇一一年十二月发布）

二、能源科技的发展形势

（一）世界能源科技发展形势

在煤炭开采和开发方面，矿井建设、露天开采和井工开采技术基本成熟，先未归类制造、自动控制、信息技术在煤炭生产中得到广泛应用。在煤层气开发利用方面，高、中高浓度煤层气利用技术已经成熟，低浓度煤层气利用技术处于研究和示范阶段。

在油气勘探开发方面，复杂极造三维建模等技术得到广泛应用，地震地质数据采集技术向四维方向发展，处理、解释技术向叠前深度域方向发展；测井技术向三维成像测井方向发展，成像测井仪器向小型化、集成化和网络化方向发展；高含水油田共享地模、虚拟表征等技术发展迅速，低渗透油田超前注水压裂技术逐步配套完善，稠油及超稠油热采技术有了系列化发展；滩海和海上油田开发技术向平台一体化、作业智能化、设备高可靠方向发展。

在加工与转化方面，煤气化技术朝着大型化、高适应性、低污染、易净化方向发展。石油加工更加高效、清洁并向化工领域延伸，原油劣质化促进炼油技术进一步向集成化、精细化方向发展；车用燃料向超低硫、低烯烃、低芳烃、高辛烷值方向发展。

在水力发电方面，已投入运行的常规水电机组和抽水蓄能机组最大单机容量分删达到700MW和450MW，水力发电机组正向高效、大容量方向发展，主要坝型建设高度达到200～300m。在水电开发研究中，工程安全、河流的生态环境保护以及工程防洪、供水、灌溉及航运等综合利用都得到了高度重视。

在输配电方面，通过采用新技术对已有电网进行完善和技术升级并利用先进的新型输电和智能化技术，提高能源利用效率和电网安全稳定水平。以能源梯级利用为特征的分布式电源改变了集中式发电和大规模传输的传统模式。超导和灵活输电、大规模储能等技术已成为优先发展方向；智能电网技术发展迅速，为改善电网运营的安全性、可靠性和经济性，提高可再生能源利用率奠定了基础。

在核能发电方面，为了应对特大自然灾害及突发意外情况并提高核电安全性，三代压水反应堆技术向非能动安全以及采取严重事故预防与缓解措施等方向发展。四代核电技术向固有安全和经济性、减少废物量、防止核扩散、提高核燃料循环利用率等方向发展。乏燃料的后处理和利用，以及核废料的处理处置等技术也越来越受到重视。

在风力发电方面，风电机组朝着大型化、高效率的方向发展。已运行的风电机组单机最大容量达到7MW，正在研制10MW以上风电机组；海上风电已解决机组安装、电力传输、机组防腐蚀等技术难题。

在太阳能发电方面，太阳能利用向采集、存储、利用的一体化方向发展。光伏并网逆变器单机最大容量超过1MW，光伏自动向日跟踪装置已大量应用；以光伏发电产生动力的太阳能飞机已成功实现昼夜飞行；太阳能热发电则以大规模吸热和储热作为关键技术。

在生物质能应用方面，生物质发电技术向与高附加值生物质资源利用相结合的多联产方向发展；混烧生物质比例达到20%的600MW 级发电机组已成功应用；生物燃气技术向多元原料共发酵方向发展；直燃热利用向高品质生物燃气产品发展；燃料乙醇技术向原料多元化发展；生物柴油技术向以产油微藻及燃料油植物资源为原料的方向发展。

（二）我国能源科技发展形势

《我国国民经济和社会发展十二五规划纲要》明确提出“十二五”时期是全面建设小康社会的关键时期，是深化改革开放、加快转变经济发展方式的攻坚时期。要坚持把经济结构战略性调整作为加快转变经济发展方式的主攻方向。坚持把科技进步和创新作为加快转变经济发展方式的重要支撑。坚持把建设资源节约型、环境友好型社会作为加快转变经济发展方式的重要着力点。

积极优化能源结构，合理控制能源消费总量，推动能源生产和利用方式变革。因此，未来我国能源发展必将仍偏重保障供给为主，向科学调控能源生产和消费总量转变；仍资源依赖型的发展模式，向科技创新驱动型的发展模式转变；仍严重依赖煤炭资源，向绿色、多元、低碳化能源发展转变；仍各种能源品种独立发展，向多种能源互补与系统的融合协调转变；仍生态环境保护滞后于能源发展，向生态环境保护和能源协调发展转变；仍过度依赖国内能源供应，向立足国内和加强国际合作转变。

改革开放以来，我国积极引进和吸收发达国家比较成熟的先进技术成果，并在此基础上进行了再创新，粂大地推动了我国的科技创新工作，在较短时期内缩短了与发达国家的差距。能源科技装备水平得到了显著提高，在勘探与开采、加工与转化、发电和输配电等方面形成了较为完整的产业体系，装备制造和工程建设能力进一步增强，同时在技术创新、装备国产化和科研成果产业化方面都取得了较大进步。

在煤炭开采和开发方面，4～6m 厚煤层年产600 万吨综采技术与装备和特厚煤层年产800 万吨综放开采技术与装备已实现国产化并成熟应用。煤矿瓦斯治理、灾害防治取得突破，2010 年百万吨死亡率下降到0.749。煤层气规模化开发取得突破，120MW瓦斯发电厂已投产发电。400 万吨/年选煤厂洗选设备已基本实现国产化，重介质选煤等技术得到广泛应用。初步形成了具有自主知识产权的煤炭直接液化技术，年产百万吨直接液化生产线已投入试运行。

在油气勘探和开发方面，已掌握常规油气资源评价、盆地-区带-目标优选、陆相碎屑岩储层特征分析、海上集束勘探、海上高分辨率地震勘探等核心技术。复杂山地、沙漠、黄土塬等地震勘探配套技术、低孔低渗低阻油气层和酸性火成岩测井解释技术、优快钻井技术、超深井钻机装备、地质导向钻井技术，以及高含水油田分层注水及聚合物驱技术、低渗透油田超前注水和开发压裂技术、中深层稠油注蒸汽吞吐及蒸汽辅助重力泄油SAGD技术、高压凝析气田高压循环注气技术等达到国际先进水平。在油气加工与输运方面，炼油工业已形成完整的石油炼制技术创新体系，能够完全依靠自主技术建设千万吨级炼油厂，主要炼油技术达到国际先进水平。在油气储运方面，能够设计、建设和运营大口径、高压力、长距离输气管道，顺序输送4～5个品种的长距离成品油管道，以及冷热油顺序输

送的原油管道；研制成功14.7万立方米LNG运输船，解决了我国进口LNG运输瓶颈问题。

在火力发电方面，随着一批大容量、高参数火电机组的相继建成投产，600℃超超临界机组数居世界首位，机组发电效率超过45%。具有自主知识产权的1000MW 级直接空冷机组已投入运行；300MW 级亚临界参数循环流化床锅炉（CFB）已大批量投入商业运行，600MW 级超临界CFB正在开发建设中。用于分布式热电冷联产的100kW和MW级燃气轮机关键技术已取得部分研究成果；具有自主知识产权气化技术的250MW级IGCC机组开始建设示范项目。燃煤烟气捕集12 万吨/年CO_2示范装置已投入运行。

在水力发电方面，已建成世界最大规模的三峡水电站、世界最高的龙滩碾压混凝土重力坝和水布垭面板堆石坝，正在建设世界最高的锦屏一级混凝土拱坝和双江口心墙堆石坝。掌握了超高坝筑坝、高水头大流量泄洪消能、超大型地下洞室群开挖与支护、高边坡综合治理以及大容量机组制造安装等成套技术。 在输配电方面，大容量近距离输电技术、电网安全保障技术、配电自动化技术和电网升级关键技术等均取得了显著进展。

1000kV 交流试验示范工程和±800kV 直流示范工程均已成功投运。电网自动化水平逐步提高，先进的继电保护装置、变电站综合自动化系统、电网调度自动化系统以及电网安全稳定控制系统得到广泛应用，电网供电可靠性大幅提高。间歇式电源并网和储能技术研究已取得初步成果。

相对发达国家，我国在新能源技术领域起步较晚，近几年政府发挥引导作用，激发了国内巨大的市场需求，通过引进消化吸收和自主研发，核能、风能、太阳能和生物质能的利用都取得了较快发展。

在核能发电方面，已具备自主设计建造300MW、600MW 级和事代改进型1000MW 级压水堆核电站的能力，正在开展三代核电自主化依托工程建设。自主研发了10MW 高温气冷实验堆，正在建设200MW高温气冷堆示范工程。快堆技术的开发也取得重大进展，中国实验快堆（CEFR）已实现临界和并网发电，正在推进商用示范快堆的建设。先进核燃料元件已实现国产化制造。乏燃料后处理中试厂已完成热试。

在风力发电方面，风电机组主要采用变桨、变速技术，并结合国情开发了低温、抗风沙、抗盐雾等技术。3MW海上双馈式风电机组已小批量应用，6MW机组已经下线。

在太阳能发电方面，已形成以晶硅太阳能电池为主的产业集群，生产设备部分实现国产化；薄膜太阳能电池技术已开始产业化。已掌握10MW 级并网光伏发电系统设计集成技术，研制成功500kW 级光伏并网逆变器、光伏自动跟踪装置、数据采集与进程监控系统等关键设备。太阳能热发电技术在塔式、槽式热发电和太阳能低温循环发电等方面取得了重要成果。

在生物质能应用方面，生物质直燃发电和气化发电都已初步实现了产业化，单厂最大规模分删达到25MW 和5MW；以木薯等非粮作物为原料的燃料乙醇技术正在起步应用，已建成年产20万吨燃料乙醇的示范工厂；生物柴油技术已进入产业示范阶段；大中型治气工程工艺技术已日趋成熟。生物质的直接、间接液化生产液体燃料技术准备进行工业示范。

我国能源科技水平有了显著提高，但核心技术仍然落后于世界先进水平。主要关键技术和设备依赖国外，与发达国家相比，在能源安全、高效与清洁开发利用等技术领域存在较大差距。适合我国复杂地质条件的煤层气和页岩油气勘探、开采与利用技术体系尚未形成。大功率高参数超超临界机组尚未形成自主知识产权，高温材料仍未取得技术突破；燃气轮机技术长期落后。智能电网技术刚刚起步，超导输电、灵活交流输电等技术与国际先进水平差距较大。三代核电的关键设备尚未实现国产化、核燃料元件和乏燃料处理技术落后于发达国家。风电的自主创新能力不强，控制系统、叶片设计以及轴承等关键部件依赖进口。太阳能热发电技术与国际先进水平相比仍具有一定差距。造成这些差距的主要原因是我国工业基础大而不强，此外我国能源科技创新体系不完整也是重要因素，主要体现在：政府主导作用不够，高效统一协调的决策与管理机制和代表国家利益的责仸主体作用均不到位，科技资源分散，产学研缺乏有效的组织合作；企业立足长进的自主创新动力不足，大项目建设过度依赖引进技术和装备。能源技术的相对落后和能源创新体系的不健全使得我国能源利用效率不高、新能源利用比例低、环保压力大，不能满足未来能源消费总量控制和能源结构调整的要求。

总的来说，随着经济社会的高速发展，我国经济总量已跃居世界前列。与之相应，能源消耗总量也持续大幅增长，我国已成为能源生产和消费大国。目前，我国经济社会发展呈现新的阶段性特征，传统的粗放型经济发展方式正面临资源消耗的瓶颈，能源利用方面存在效率低、污染严重等问题，节能减排的压力很大。今后20 年是世界能源发展战略调整期，也是我国能源体系的转型期，而“十二五”、“十三五”是完成转型攻坚仸务的关键期。未来十年，我们应抓住能源体系转型和能源科技创新的最佳发展机遇期，准确把握能源科技的发展方向，明确目标，加大在能源科技方面的投入，通过自主创新实现跨越式发展。

三、指导思想和发展目标

（一）指导思想

深入贯彻落实科学发展观，适应未来能源发展形势，以能源科学发展为主题，以转变能源发展方式为主线，围绕“安全、高效、低碳”的要求，以增强自主创新能力为着力点，按照“提效优先”的原则规划能源新技术的研发和应用，通过重大技术研究、重大技术装备、重大示范工程及技术创新平台建设，形成“四位一体”的国家能源科技创新体系，开展战略性科技攻关与科技成果推广应用，为合理控制能源消费总量、优化能源结构、转变能源发展方式，实现我国由能源生产和消费大国向能源科技强国转变提供技术支撑和保障。

（二）发展目标

围绕由能源大国向能源强国转变的总体目标，为能源发展“十二五”规划实施和战略性新兴产业发展提供技术支撑。通过重大能源技术研发、装备研制、示范工程实施以及技术创新平台建设，形成较为完善的能源科技创新体系，突破能源发展的技术瓶颈，提高能源生产和利用效率，在能源勘探与开采、加工与转化、发电与输配电以及新能源领域所需要的关键技术与装备上实现自主化，部分技术和装备达到国际先进水平，提升国际竞争力。

（1）2015年能源科技发展目标

勘探与开采技术领域。完善复杂地质油气资源、煤炭及煤层气资源综合勘探技术，岩性地层油气藏目的层识删厚度小于10m，碳酸盐岩储层地震预测精度小于25m，煤层气产量达到210亿立方米。提升低品位油气资源高效开发技术，高含水油田事类油藏聚驱采收率超过8%，0.3mD油气田动用率超过90%，形成页岩气等非常规天然气勘探开发核心技术体系及配套装备，开发煤炭生产地质保障技术，井下超前探测距离达到200m，完善煤炭开采与安全保障技术，矿井资源回采率大幅提高。

加工与转化技术领域。突破超重和超劣质原油加工关键技术，完成国V标准油品生产技术的开发，实现炼油轻质油回收率达到80%。自主开发煤炭液化、气化、煤基多联产集成技术，以及特殊气质天然气、煤制气以及生物质制气的净化技术。研制用于油气储运的X100和X120高强度管线钢，实现燃压机组、大型球阀、大型天然气液化处理装置国产化。

发电与输配电技术领域。突破700℃超超临界机组、400MW IGCC 机组关键技术，完善燃气轮机研制体系，突破热端部件设计制造技术，实现重型燃气轮机和微小型燃气轮机的国产化，掌握火电机组大容量CO_2捕集技术。攻kill复杂地质条件下超高坝、超大型地下洞室群开挖与支护等关键技术难题，掌握1000MW 级混流式水电机组设计和制造关键技术，实现400MW级抽水蓄能机组和70MW 级灯泡贯流式水电机组的国产化，实现流域梯级水电站群多目标综合最优运行调度。实现大容量、近距离高电压输电关键技术和装备的完全自主化，提高电网输电能力和抵御自然灾害能力，在智能电网、间歇式电源的接入和大规模储能等方面取得技术突破。

新能源技术领域。消化吸收三代核电站技术，形成自主知识产权的堆型及相关设计、制造关键技术，并在高温气冷堆核电站商业运行、大型先进压水堆核电站示范、快堆核电站技术、高性能燃料元件和MOX燃料元件，以及商用后处理关键技术等方面取得突破。掌握6～10MW风电机组整机及关键部件的设计制造技术，实现海基和陆基风电的产业化应用。提高太阳能电池效率，并实现低成本、大规模的产业化应用，发展100MW级具有自主知识产权的多种太阳能集成与并网运行技术。开发储能和多能互补系统的关键技术，实现可再生能源的稳定运行。开发以木质纤维素为原料生产乙醇、丁醇等液体燃料及适应多种非粮原料的先进生物燃料产业化关键技术，实施事代燃料乙醇技术工程示范，开发农业废弃物生物燃气高效制备及其综合利用关键技术，进行日产5000～10000m生物燃气规模化示范应用。

（2）2020年能源科技发展目标

勘探与开采技术领域。煤炭资源勘探与地质保障能力显著增强，煤机装备和自动化水平大幅度提高；陆上成熟盆地油气勘探技术、高含水油田及低渗低丰度油气田开发技术达到国际领先水平，海洋深水勘探开发配套技术实现工业化应用。

加工与转化技术领域。开发加工重质、劣质原油和减少温室气体排放的炼油技术，实现炼油产品清洁化和功能化；开发新型气体加工分离技术和高效天然气吸附、贮氢等新型材料；开发煤炭气化、液化、煤基多联产与煤炭清洁高效转化技术，实现规模化、产业化应用；实现天然气管输干线与支线燃压机组的产业化。

发电与输配电技术领域。掌握700℃超超临界发电机组的设计和制造技术，实现F 级重型燃气轮机的商业化制造和分布式供能微小型燃气轮机的产业化。完成1000MW 级混流式水电机组技术集成并在工程中应用；掌握大型潮汐电站双向灯泡贯流式机组核心关键技术。使我国发电技术整体达到世界领先水平。开展超导输电技术的应用研究，掌握更高一级特高压直流输电技术和电工新材料先进技术以及相应的装备技术；智能电网、间歇式电源的接入和大规模储能等技术得到广泛应用，在智能能源网方面取得技术突破。

新能源技术领域。建成具有自主知识产权的大型先进压水堆示范电站。风电机组整机及关键部件的设计制造技术达到国际先进水平；发展以光伏发电为代表的分布式、间歇式能源系统，光伏发电成本降低到与常规电力相当，发展百七千瓦光伏发电集成及装备技术；开展多塔超临界太阳能热发电技术的研究，实现300MW 超临界太阳能热发电机组的商业应用；实现先进生物燃料技术产业化及高值化综合利用。

四、重点任务

（一）勘探与开采技术领域

2. 煤炭开采

研发大型矿井建设技术与装备，掌握千万吨级矿井快速建井技术；研发千万吨级回采工作面自动化关键技术与装备；研发复杂地质条件下煤与伴生资源的安全高效、资源节约、环境友好型开采技术与装备。

Y02） 煤炭地下气化技术

目标：通过关键技术研发，促进示范工程建设，解决煤气质量、产气规模、环境保护等方面的问题，确定适合我国国情的煤炭地下气化发展路线。

研究内容：有井式煤炭地下气化技术基础理论和工程技术；无井式煤炭地下气化基础理论和工程技术。

起止时间：2011-2015年

Y07） 地面煤层气勘探与开发技术

目标：攻充煤层气钻井完井等工程技术，掌握煤层气水平井地质导向与近距离穿针技术，使水平段有效率达到95%以上；掌握煤层气氮气泡沫压裂泵车技术，使泵注排量达到300m³/min，压力达到70MPa。形成完善的煤层气勘探与开发技术，为煤层气地面开发产量达到90亿立方米提供技术支撑。

研究内容：煤层气欠平衡钻井技术，多分支水平井钻完井技术，压裂增产及排采生产技术；煤层气完井与高效增产技术；煤层气富集规律与有利区块预测评价；煤层气储层工程和动态评价技术；煤层气地球物理勘探关键技术；煤层气排采工艺与数值模拟技术；煤层气净化技术；煤层气田地面集输工艺与监测技术。

起止时间：2011-2015年

Y08） 煤矿区煤层气规模开发技术

目标：掌握中硬煤层长钻孔、松软突出煤层顺层钻进关键技术，形成煤矿区煤层增透、煤层气安全集输及低浓度煤层气浓缩技术体系，使煤矿区矿井煤层气抽采率提高到50%，抽采量达到120亿立方米，利用率达到60%以上。

研究内容：煤矿区煤层气富集区探测、产能预测技术；煤层群卸压煤层气抽采技术；煤矿区煤层气与煤炭协调开发、煤矿区煤层气井上下联合抽采技术；井下大直径水平长钻孔钻进技术；松软煤层顺层长钻孔钻进技术；低透气性煤层井下高效增透技术；易自燃煤层采空区安全高效抽采技术；煤矿井下煤层气净化技术；煤矿区煤层气安全抽采监控技术；煤矿区煤层气安全集输技术；低浓度煤层气浓缩技术。

起止时间：2011-2015年

S02） 煤层气开发利用示范工程

目标：建成煤层气直井、水平井开发和煤层气综合开发利用示范工程，使煤层气探明地质储量新增8900 亿立方米，实现煤矿区煤层气与煤炭的协调开发，使矿井煤层气抽采率达到70%，利用率达到85%。

研究内容：高煤阶煤层气欠平衡钻完井、增产改造和排采集输集成配套技术；地质导向控制技术，水平井、多分支水平井欠平衡钻井技术，多分支水平井综合地层判识技术等的示范和集成配套。采煤采气一体化开发模式优化，井上下联合抽采技术，长钻孔施工技术，软硬复合破碎煤层顺层钻孔成套技术，低浓度煤层气集输与利用等示范与集成配套。

起止时间：2012-2016年

P03） 煤层气开发利用技术研发平台

目标：建设功能完善、设备设施一流的研发平台，培养结构合理、引领领域发展方向的研发团队，使研发平台成为煤矿区煤层气开发领域仍事共性关键技术与装备研发、聚集和培养优秀科技人才的重要基地，引领我国煤矿区煤层气开发技术和装备的发展方向，为提高煤矿区煤层气抽采率和利用率、实现煤层气产业开发提供技术支撑。

建设与研发内容：煤层气赋存分布规律研究；煤矿区煤层气抽采产能预测技术；煤层气精细探查技术；煤层气抽采钻进技术与装备；氮气泡沫压裂增产改造技术；压裂裂缝监测与压后评估技术；煤层气储层数值模拟技术；煤层气生产井自动测控技术；煤层气安全集输技术与装备。

4. 油气资源勘探

研究岩性地层油气藏勘探、碳酸盐岩油气藏勘探、低品位天然气勘探，以及水深超过3000米的深海油气藏勘探配套技术。

Y09） 复杂地质油气资源勘探技术

目标：提高复杂地质油气资源勘探技术，使岩性地层油气藏目的层有效识删和评价厚度达5～10m，储层预测精度提高到85%～90%，圈闭落实成功率提高15%～20%，探明页岩气地质储量1七亿立方米；将碳酸盐岩储层地震预测精度提高到15～25m，目标识删与预测符合率提高到85%～90%，气藏评价符合率提高到85%。

研究内容：岩性地层油气藏勘探技术研究与集成应用，包括高分辨率地震复杂储层预测技术、岩性地层圈闭识删技术和油气检测与目标评价技术；碳酸盐岩油气藏勘探技术与集成应用，包括海相碳酸盐岩精细沉积相分析技术、高分辨率层序地层分析技术、礁滩体及缝洞型储层地震预测技术以及油气层识删与评价技术；页岩气勘探技术与集成应用，包括页岩气资源评价技术、页岩气有利目标优选评价方法、页岩储层地球物理评价技术和页岩气水平井钻完井技术；近海复杂地区勘探技术与应用，包括中国近海富生烃凹陷再评价及勘探、海域叠合盆地成藏模式与资源潜力评价，以及近海大中型油气田地震勘探技术。

起止时间：2011-2015年

5. 油气资源高效开发

研究高含水油田提高采收率技术，中深层稠油超稠油油藏、低/特低渗透油气田、海上稠油和低渗透油田开发技术。

Y10） 低品位油气资源高效开发技术

目标：高含水油田化学复合驱工业化矿场试验采收率比水驱采收率提高18%，事类油藏聚驱采收率达到8%～10%；掌握中深层稠油蒸汽驱和SAGD 技术，事类油层蒸汽驱采收率达到20%；掌握低渗透油田缝网压裂及定位多级压裂高效改造技术，0.3mD 特低渗透储层的动用率达到90%以上，采收率提高5%～15%，油井产量提高30%～50%；掌握低品位天然气藏开发系列技术，碳酸盐岩气藏采收率提高3%～5%，低渗透气藏采收率提高5%～8%，高压及凝析气藏采收率提高3%～5%，火山岩气藏采收率提高5%～10%；掌握海上稠油油田及低渗透油田高效开发新技术。

研究内容：化学复合驱开采技术与集成应用，包括化学复合驱潜力评价，二、三类油层聚合物驱开采技术，化学复合驱开采技术，化学复合驱用驱油剂系列研制以及化学驱配套注采和地面处理工艺；中深层稠油超稠油油藏开发技术与集成应用，包括中深层稠油超稠油双水平井SAGD 开发技术、中深层稠油油藏蒸汽驱优化技术、地下电加热稠油改质技术及注溶剂萃取技术；低/特低渗透油田开发技术集成应用，包括低/特低渗透油田重复压裂、缝网压裂、定位多级压裂和裸眼压裂技术，小井眼采油技术；天然气藏开发技术集成应用，包括高压及凝析气藏高效开发技术，富含酸性气体气藏开发技术，低渗透气藏开发技术，碳酸盐岩气藏开发技术以及火山岩油藏开发技术；海上稠油及低渗透油气田开发技术集成应用，包括多元热流体、氮气泡沫、连续油管侧钻、井下蒸汽发生装备等提高海上稠油采收率技术，稠油开采监测系列工艺技术以及海上低孔、低渗油气田整体压裂配套技术。

起止时间：2011-2015年

S07） CO_2综合利用示范工程

目标：利用燃煤电厂的CO_2驱油提高原油采收率，使CO_2驱油原油采收率提高8%以上；实现含CO_2天然气藏的安全开发，采收率提高5%～10%。

研究内容：百万吨级电厂烟气 CO_2捕集技术；含CO_2天然气藏开发安全钻井和采气工程配套技术；含CO_2天然气藏规模有效开发技术；CO_2 驱油开发优化设计技术；CO_2 驱注采动态监测技术；CO_2驱油深部剖面调整优化决策技术；CO_2 驱防腐技术；含CO_2气地面集输及CO_2 驱地面配套技术；CO_2 驱油矿场试验；利用地下盐穴储存CO_2技术。

起止时间：2011-2017年

（二）加工与转化技术领域

（4）煤制天然气技术

目标：研发具有自主知识产权的甲烷化催化剂及工艺、大型煤制天然气工艺包。

研究内容：高性能甲烷化催化剂；大型甲烷合成反应器设计；合成反应热回收利用技术；适用于煤制天然气的大型煤气化技术；油水高效分离技术；副产品精细加工技术。

起止时间：2011-2017年

（6）中低温煤焦油制清洁燃料及化学品关键技术

目标：针对煤气化焦油、中低温干馏焦油及直接液化油，开发提取化学品及加氢制清洁燃料先进技术，产品收率大于90%。

研究内容：酚类化合物低污染提取和精制技术；煤衍生油加氢催化剂及制燃料油工艺技术；煤衍生油中芳烃分离和提纯技术。

起止时间：2011-2015年

（7）煤焦化系统节能关键技术

目标：开发余热回收等关键技术，提高炼焦过程的能源利用效率。

研究内容：炼焦炉上升管荒煤气的热能回收技术；利用烟道气显热的新型煤调湿技术；炼焦过程能量系统模拟与优化。

起止时间：2011-2015年

Y13） 煤电化热一体化（多联产）技术

目标：建成以煤炭气化为核心的联产动力（蒸汽）、电力、化学品、燃料的一体化系统，提高经济性和安全性。

研究内容：煤化工过程与IGCC 或超临界（超超临界）发电系统的集成技术；高温净化技术；煤化工与电力（热力）联产和负荷的双向调节；适用于复杂系统的高可靠性控制技术；系统经济性评价方法。

起止时间：2011-2018年

Z07） 煤炭深加工关键装备

（1）大型煤气化装置

目标：研发适应煤制清洁燃料及化学品等用途的大型煤气化炉，建设大型粉煤加压气化、新型固定床气化、流化床气化等装置。

研究内容：气化炉的放大规律和结构特点；原煤日处理能力2000～3000t/d 大型气化炉的制造、检验、安装和调试；烧嘴等内极件材料及制造；自动化控制及辅助系统。

起止时间：2011-2015年

S08） 煤电化热一体化示范工程

目标：建设能源利用效率高、资源综合利用程度高、产品附加值高、污染物及 CO_2 排放少的先进大型煤电化热一体化示范工程，并实现“安、稳、长、满、优”运行。

研究内容：千万吨级煤炭处理能力的燃料、化学品、电力和热力一体化示范工程。

起止时间：2011-2015年

S09） 煤制清洁燃料示范工程

目标：建成能源转化效率高、资源综合利用水平高、污染物及 CO_2 排放少的先进大型煤制清洁燃料示范工程，并实现“安、稳、长、满、优”运行。

研究内容：单系列100～180 万吨级煤炭间接液化示范工程；

单系列13～20亿立方米/年煤制天然气示范工程；单系列百万吨级低阶煤提质示范工程。

起止时间：2011-2015年

P07） 煤炭清洁转化利用技术研发平台

目标：建立国际一流的能源与环境科技创新技术平台；掌握煤炭清洁转化的核心技术，成为国家能源科学技术领域的重要研究基地、技术应用与辐射基地，推进新型煤化工产业可持续发展。

建设与研发内容：煤炭直接液化研发平台，包括煤炭直接液化工艺技术工程化开发装置、煤炭液化油加氢工艺及催化剂评价试验装置、煤炭直接液化反应器开发试验台、煤炭直接液化关键设备工程化开发试验台；煤炭间接液化费托合成技术研发平台，包括单管费托合成催化剂微反评价装置、四管费托合成催化剂微反评价装置、费托合成催化剂搅拌釜评价装置；催化剂中试放大制备装置；热电气联产试验平台；1MW 循环流化床热电气三联产试验装置；多种煤炭转化技术的优化集成。

7. 石油高效与清洁转化

研究劣质原油的预处理、重油高效轻质化、轻油清洁化、石油加工过程能量利用高效化、炼油产品功能强化、炼油过程清洁化技术。

Y14） 劣质原油加工技术

目标：使劣质原油能在常规炼厂加工，产品液收率增加3%以上，实现劣质原油加工技术的工业推广应用。

研究内容：高效劣质原油预处理技术（脱盐、脱水、破乳）技术；高效劣质渢油加氢技术、劣质渢油催化裂化技术、溶剂脱沥青技术、焦化技术及其组合优化技术；低成本和大规模（200 万立方米/天）制氢技术；焦化技术和石油焦IGCC技术。

起止日期：2011-2016年

Y15） 车用燃料质量升级技术

（1）清洁汽油成套生产技术

目标：开发满足国IV 排放要求的清洁汽油成套技术，争取满足欧V排放要求。

研究内容：降低催化汽油硫含量的各种有效脱硫技术，包括催化裂化原料加氢脱硫技术，催化裂化过程脱硫技术，减少辛烷值损失的催化裂化汽油加氢脱硫、吸附脱硫、氧化脱硫等技术；降低汽油烯烃并增产轻质烯烃或芳烃的催化裂化技术；生产高辛烷值的汽油组分技术，包括辛烷值收率最大化的催化重整成套技术、C5/C6或C7/C8烷烃异极化成套技术、环境友好的烷基化技术；超低硫汽油调合和储运技术。

起止日期：2011-2016年

（2）清洁柴油生产技术

目标：开发满足国IV 排放要求的清洁柴油成套技术，争取满足欧V排放要求。

研究内容：针对高硫直馏柴油馏分，以及催化裂化柴油、延迟焦化柴油等硫和氮含量都很高的事次加工柴油馏分的超深度加氢脱硫技术；大幅提高柴油十六烷值技术，包括劣质柴油加氢改质技术和提高柴油十六烷值的添加剂技术；进一步降低柴油芳烃含量（包括多环芳烃含量）的技术；灵活多产清洁柴油和化工原料的加氢裂化技术；超低硫柴油的调合和储运技术。

起止时间：2011-2016年

8. 天然气与煤层气加工利用

研究天然气和煤层气的净化、物理液化、化学液化以及制合成气技术。

Y16） 天然气中硫脱除技术

目标：掌握高酸气天然气中有机硫脱除新技术，增强硫脱除能力，降低脱硫能耗。

研究内容：高效配方型脱有机硫溶剂实验室试验研究；高效配方型脱硫剂和相应的添加剂；天然气中硫脱除新技术与工艺。

起止日期：2011-2014年

P09） 天然气加工利用技术研发平台

目标：建设天然气加工与处理技术的创新平台； 集成天然气开发的相关技术，成为天然气开发的人才培养基地。

建设与研发内容：根据天然气中硫化物的含量、形态和天然气的规模，开发相应的脱除硫化物和硫回收技术；开发天然气脱除事氧化碳技术与装备；针对不同的脱水要求，开发分子筛脱水、硅胶脱水和TEG脱水技术与装备；开发天然气液化技术与装置；开发LNG冷能利用技术与装备。

P10） 煤层气加工利用技术研发平台

目标：掌握煤层气加工利用的关键技术与关键工艺，为提高我国矿区煤层气抽采率和利用率提供技术支撑，实现低浓度煤层气加工成非常规天然气的工业化生产，在安全性和经济性得到保障的同时大幅度提高矿区低浓度煤层气的利用率，缓解我国天然气供需不平衡的矛盾。

建设与研发内容：矿区低浓度煤层气利用工程示范；低浓度煤层气安全燃烧技术；矿井乏风瓦斯氧化利用技术；低浓度煤层气深冷液化提纯技术；煤层气发电技术集成；工业规模的低浓度煤层气（含乏风瓦斯）安全输送、除氧、变压吸附浓缩和深冷液化集成的成套技术与装备。

（三）发电与输配电技术领域

我国电力稳定供给主要依靠火力发电、水力发电。电网支撑了电力安全输送、电力电量平衡和用户的可靠使用。先进的发电和输配电技术是保证我国电力工业健康、可持续发展的重要基础。

在发电与输配电技术领域中，确定高效、节能、环保的火力发电技术，先进、生态友好的水力发电技术，大容量、近距离输电技术，间歇式电源并网及储能技术和智能化电网技术等5 个能源应用技术和工程示范重大专项，其中，规划7 项重大技术研究、7项重大技术装备、10项重大示范工程和13个技术创新平台

10. 高效、节能、环保的火力发电

研究开发更高参数的超超临界发电、燃气轮机发电、IGCC 及多联产、空冷和节水、污染物减排及 CO_2捕集、贮存和资源化利用技术。

Y18） 高效清洁火力发电技术

（1）超超临界发电技术

目标：掌握具有自主知识产权的600℃百七千瓦级超超临界发电技术；掌握事次再热技术；掌握700℃超超临界发电机组的关键技术，使火电机组的供电效率达到50%。

研究内容：自主知识产权的600℃百七千瓦级超超临界发电技术；事次再热技术；在汲取国际700℃超超临界发电研究成果的基础上，进一步研究提高蒸汽参数的可行性和技术路线，攻关建设700℃超超临界示范电站需要解决的材料、工艺、设备制造以及主厂房紧凑型布置等关键技术。

起止时间：2011-2017年

（2）燃煤电厂大容量 CO_2捕集与资源化利用技术

目标：掌握燃煤电厂 CO_2 捕集技术以及资源化利用技术，研发新型的 CO_2捕集技术，降低系统能耗和 CO_2减排成本。

研究内容：新型吸收剂、新型 CO_2捕集系统以及低品位热集成系统；燃煤电厂100万吨/年 CO_2脱除与处理系统； CO_2资源化利用技术；CCS技术；利用地下盐穴储存 CO_2技术。

起止时间：2011-2020年

Z11） 超超临界发电技术装备

目标：研发具有自主知识产权的600℃百七千瓦级（单轴）超超临界燃煤发电机组；研制700℃超超临界发电机组锅炉、汽轮机设备、辅机，高温材料和部件开发。

研究内容：具有自主知识产权的600℃百七千瓦级（单轴）超超临界燃煤发电机组锅炉、汽轮机、发电机及其配套主要辅机设备；700℃超超临界发电机组锅炉、汽轮机及其配套主要辅机设备；水冷壁、过热器、高温管道、阀门等重要高温合鳌部件的制造；新型耐热钢加工应用技术；大型锻件和铸件的高质稳定生产技术；低压末级长叶片；焊接转子；汽轮机轴系稳定性；关键辅机及阀门国产化制造技术；600℃和700℃超超临界发电机组用高温材料。

起止时间：2011-2018年

Z12） 微小型燃气轮机

目标：掌握适合分布式供能的MW级微小型燃气轮机发电机组设计、试验、系统集成及配套的关键技术；研制成功具有自主知识产权的高效率、长寿命、低成本微小型燃气轮机发电机组，发电效率不低于32%。

研究内容：先进回热式燃气轮机热力循环方案；高效换热器设计；整体捏拔式单筒燃烧室设计；离心压气机与向心涡轮结构设计；叶片材料与高温涂层技术；关键部件与整机试验；MW级燃气轮机变工伢与联供系统集成技术；微小型燃气轮机关键部件与整机装置；发电系统相关配套设备。

起止时间：2011-2015年

Z13） 重型燃气轮机

目标：开发具有自主知识产权的重型燃气轮机；掌握E级和F级燃气轮机核心部件的制造技术、燃中低热值合成气的F 级汽轮燃机改造设计技术，以及燃中低热值合成气的E级和F级燃气轮机制造技术。

研究内容：自主知识产权的重型燃气轮机关键设计技术和共性先导应用技术的工程化研究和实验验证；E级、F级燃气轮机本体设计、制造和控制技术；高温合金叶片材料；高性能压气机设计技术；燃气轮机叶片冷却技术；燃烧室燃烧组件、干式低

NO_x、燃料喷嘴制造技术；中低热值合成气燃烧技术。

起止时间：2011-2018年

S13） IGCC多联产示范工程

目标：研发大型IGCC 多联产技术和煤炭分级转化技术，自主研发IGCC 电站的设计集成技术，建设400～500MW级IGCC多联产示范工程。

研究内容：自主研发大型IGCC 设计集成和成套技术，大型IGCC 技术气化设备的制造、建设、调试等关键技术；煤炭热解燃烧及分级转化技术、有价元素高效提取和利用技术，以及低 CO_2排放的综合利用技术；高效长寿命的高温除尘技术；高温脱硫净化技术；多联产系统的优化整合；高效发电和化工产品稳定供应的多联产技术；燃烧前 CO_2捕集技术。

起止时间：2013-2017年

S14） IGCC发电技术示范工程

目标：研发中低热值燃气轮机设计、制造技术和整体优化集成技术，建设国产IGCC发电技术示范工程。

研究内容：研究、开发、设计、制造多燃料燃气轮机。建设全容量试验平台，对自主燃机进行热态全负荷验证；研究IGCC动态特性，形成IGCC 设计、调试、运行标准；研究开发整体化升压型空分技术和中低热值燃烧器技术；验证燃气轮机，验证 CO_2减排技术。

起止时间：2014-2018年

S15） 分布式能源燃气轮机发电技术示范工程

目标：开发分布式能源级燃气轮机发电系统，开展工程示范，机组发电效率不低于30%。

研究内容：多级轴流式压气机设计与试验；多级轴流式涡轮设计与试验；高效、低排放环形燃烧室设计与试验；关键部件与整机的疲劳寿命分析与试验；燃气轮机整机起动特性与运行技术；燃气轮机整机与发电系统集成；燃用天然气的发电机组示范。

起止时间：2011-2015年

S16） 700℃超超临界发电技术示范工程

目标：建设700℃超超临界发电技术示范工程，使火电机组的供电效率达到48～50%，为700℃超超临界发电技术的推广积累经验。

研究内容：辅机选型、系统集成优化设计；事次再热和减少高温管道用量的紧凑型布置设计；主厂房紧凑型布置技术；依托示范工程，对700℃超超临界发电技术前期研究成果进行验证。

起止时间：2015-2018年

S17） 高效节能环保节水型燃煤发电示范工程

目标：建设高效节能环保节水的燃煤发电示范工程，使其发电效率、污染物排放、耗水等主要指标达到国际先进水平。

研究内容：大型燃煤电厂综合节能、节水、环保的新技术以及集成应用技术（包括烟气余热利用、凝汽器低背压等节能新技术）；活性焦脱硫、超低NO_x燃烧、废水零排放等环保新技术；主机、辅机空冷等节水新技术；大型超临界空冷机组系统优化技术；中低温单螺杆膨胀机技术；空冷汽轮机内流特性与改造技术；高效空冷岛设计与改造技术；大型吸收式热泵回收冷凝热供热与制冷技术。

起止时间：2011-2015年

S18） 中/低热值燃气蒸汽联合循环发电示范工程

目标：研制出具有自主知识产权的高效率、长寿命、低成本的燃用高炉、焦炉煤气CCPP装置，并进行示范应用，使50MW的CCPP系统发电效率不低于40%，150MW的CCPP系统发电效率不低于46%。

研究内容：中/低热值CCPP总体技术方案；高效组合式煤气压缩机设计；中/低热值燃气轮机优化设计；中/低热值CCPP整机集成及配套关键技术；中/低热值CCPP系统集成与示范应用；高炉、焦炉煤气压力、成分和流量稳定供应技术；高洁净度高温除尘技术。

起止时间：2012-2017年

P13） 燃气轮机技术研发平台

目标：完善重型、工业、微小型燃气轮机研制体系；突破热端部件设计制造技术；建设部件与整机试验验证平台；缩小我国在燃气轮机领域与国际先进水平的差距。

建设与研发内容：100kW 级移动电源用微型燃气轮机；1MW级分布式供能用燃气轮机；5MW 级发电和动力驱动型燃气轮机；10～30MW级燃气轮机压缩机组；300MW级重型燃气轮机发电机组；新一代大功率燃气轮机总体概念设计技术；低排放燃烧室设计技术；新材料涂层技术；高温冷却叶片设计技术；整机发电试验电站和三大部套的全温全压试验平台。

P14） 大型涡轮叶片研发平台

目标：实现百七千瓦核电机组叶片国产化；提升百七千瓦超临界/超超临界火电汽轮机组、燃气轮机组等大型涡轮叶片的自主研发、制造技术等创新能力。

建设与研发内容：叶片锻压成型与控制技术；叶片材料及工艺技术；叶片表面强化及特种工艺；叶片精密切削加工技术；大型先进压水堆核电半速饱和蒸汽轮机末级动叶片研制；超超临界百七千瓦汽轮机末级钛合金长叶片研发；燃压机组压气机/涡轮叶片及盘类锻件研发；涂层技术在燃机压气机叶片上的应用研究。

P15） 大型清洁高效发电设备研发平台

目标：建立国内领先、国际一流的国家能源大型清洁高效发电设备研究开发基地；掌握火电、水电、核电、风电、太阳能及其他新能源领域关键核心技术，促进发电装备向大型化、清洁化和高效化技术升级。

建设与研发内容：民用核电站控制棒驱动机构检测中心；高温、高压材料与焊接实验中心；核电汽轮机焊接转子检测中心；蒸汽透平试验台；风电4MW全功率、全工况试验台；高温部件实验室；燃料电池实验室；新型高效空冷凝汽器研制；大直径轴流风机研制；冷凝器清洗装置选型与试验研究。

P16） 火力发电节能减排与污染控制技术研发平台

目标：建成国际一流的火电节能减排和污染控制技术研发中心；掌握具有自主知识产权的火电节能减排和污染控制及资源化关键技术，降低现役火电厂能耗水平，使火电排放的污染物资源化利用，提高火电厂清洁生产水平，为我国传统火电工业的发展和节能减排目标的实现提供技术支撑。

建设与研发内容：火电厂主辅设备及其系统节能关键技术；大型燃煤电厂 CO_2 捕集与多污染物联合控制及资源化技术；太阳能辅助燃煤发电系统集成技术；用于煤制天然气的3000t/d大型干煤粉加压气化技术开发与示范；百万吨级褐煤干燥、轻度气化提

质与提质废气资源化综合利用一体化技术开发。

11. 先进、生态友好的水力发电

研究复杂地形地质条件下的高坝关键技术、超大型地下洞室群的开挖与支护技术、环境保护与生态修复技术、流域梯级水电站群多目标联合运行与实时优化调度技术；研制高效、大容量水电机组。

Y19） 复杂地质条件下的高坝工程技术

目标：提出先进的高坝工程防洪安全、抗震安全及结构安全评价方法和工程措施，解决复杂地形地质条件下的高坝工程关键技术问题。

研究内容：

西南河流区域构造稳定性及新构造运动特征，主要包括：西南区域新构造运动特征；区域发震构造的分布与活动性；断裂活动与历史地震发生的相关关系；区域构造稳定性分区标准；区域构造稳定性及地震危险性分区。

高坝工程防震抗震技术，主要包括：汶川地震中水电工程震损情况的总结及系统反分析；符合实际的计算理论和方法；高坝工程的极限抗震能力分析；相应的防震抗震措施。

300m 级超高坝筑坝关键技术，主要包括：300m 级高土石坝筑坝材料、设计方法与安全控制技术，深厚覆盖层利用与处理技术；300m 级高拱坝地基可利用岩体与加固技术、高强度等级混凝土材料、大体积混凝土温控防裂技术、大坝整体稳定分析与评价体系；高边坡工程的加固作用机理、稳定分析方法与安全评价体系、安全监测与预警系统。

水电工程环境保护及生态修复技术，主要包括：已建水电工程对环境的影响；水生生态保护、水土保持和植被恢复技术；生态影响补偿措施；水电工程施工节能与环保措施。流域梯级水库群防洪安全技术，主要包括：流域梯

级水库群防洪安全与风险评价；流域梯级水库群联合防洪调度模式与决策支持系统；主要水电开发流域三维地理信息系统。

起止时间：2011-2015年

Y20） 超大型地下洞室群设计与施工关键技术

目标：掌握超大型地下洞室群围岩稳定分析理论与方法，提出围岩稳定控制标准、支护措施和施工方法，建立超大型地下洞室群快速监控反馈分析与评价体系。

研究内容：超大型地下洞室群开挖与支护技术，包括大跨度、高边墙地下洞室群围岩变形稳定分析技术；开挖与支护技术；快速施工技术；监控反馈分析与评价体系。深埋长大隧洞围岩稳定性及地质超前预测预报技术，包括深埋、高地应力、高外水压力长隧洞围岩稳定技术；隧洞的支护结构参数和相应的工程措施；深埋长大隧洞在岩爆、岩裂、塌方和高压大流量地下水条件下的施工技术；施工期地质超前预测预报技术。

起止时间：2011-2015年

Y21） 流域梯级水电站多目标优化调度技术

目标：统筹流域发电、防洪、供水、航运等目标，建立流域梯级水电站群优化调度模型，实现多目标优化调度。

研究内容：流域径流特性；径流预测模型；流域梯级电站发电、防洪、供水、航运等多目标优化调度关系；流域梯级水电站群优化调度模型；实时多目标联合运行及优化调度的成套技术。

起止时间： 2011-2015年

Z14） 大型高效水电机组

目标：掌握1000MW 级混流式水电机组、400MW 级高水头抽水蓄能机组、大型灯泡贯流式水电机组、大型冲击式水电机组核心关键技术，实现高效、大容量水电机组及相关配套设备的自主设计、制造与安装。

研究内容：

1000MW 级混流式水电机组及其配套设备。1000MW 级水轮发电机组的关键技术与系统集成；水轮发电机电磁设计及机网协调、推力轴承、通风冷却技术；附属设备的关键技术和系统集成。

大型灯泡贯流式水电机组。大型灯泡贯流式水电机组水力设计，模型转轮的开发与试验装置；贯流式机组过渡过程；机组大部件结构设计及刚强度优化；低速卧式重载轴承；水轮发电机通风冷却技术。

400MW 级高水头抽水蓄能机组及其配套设备。水泵水轮机水力设计技术及运行稳定性；水泵水轮机组结构、刚强度及可靠性；发电电动机电磁设计及通风冷却技术；高速重载双向推力轴承和导轴承；高电压绝缘绕组；运行工况转换及过渡过程分析；数字式智能化调速系统、励磁系统装置。

大型冲击式水电机组。针对200MW级大型冲击式水轮发电机组进行冲击式水轮机水力设计；水轮机参数及喷嘴、喷针、流道管路结构优化及材料选择；整体转轮制造关键技术；高转速水轮发电机电磁参数研究。

起止时间：2011-2015年

S19） 水电开发生态修复示范工程

目标：修复因引水发电引起的脱水河段的生态和景观，建立示范工程的生态、景观修复指标体系，确保水电工程综合效益正常发挥。

研究内容：针对示范工程所在流域开发特点和环境状况的主要生态环境影响分析；典型生态修复技术；水电工程生态修复方案及指标；生态修复示范工程。

起止时间：2011-2020年

P17） 水能资源与先进水电技术研发平台

目标：开发生态友好的先进水电技术，为水电开发建设与水电站运行管理中的移民安置、环境保护、工程安全、运行安全等问题提供解决方案，引领和支撑我国水电的可持续发展。

建设与研发内容：水能资源及其优化开发利用；河流水沙运动与调控；水电开发移民安置方式；水电开发环境保护与生态修复；高坝工程安全与水电建设共性关键技术；流域梯级水电站多目标优化调度与安全运行技术。

P18） 水力发电设备研发平台

目标：开展与水力发电设备相关的创新性研究；培养具有国际视野和创新能力的高素质优秀人才，建设成为国际一流的水力发电设备研发基地。

建设与研发内容：水力发电设备共性技术和实验测试技术；水力发电设备关键技术，包括推力轴承关键技术、水轮机模型转轮的开发、超高压等级主绝缘技术的研究及应用、水轮发电机冷却技术、结构刚强度分析及优化、机组轴系稳定性、水轮机转轮防裂纹的措施；百七千瓦级大型水电机组关键技术；抽水蓄能机组关键技术；高水头大容量冲击式水轮发电机组关键技术；大型灯泡式水轮发电机组关键技术。

12. 大容量、远距离输电

研究大容量、近距离输电技术，高海拔、高寒、大风、雨雪冰冻等复杂环境下特高压交直流输电技术，紧凑型和同塔多回线路以及电网防灾减灾技术。

Y22） 大容量近距离输电技术

目标：掌握更高电压等级的特高压直流输电技术和提高电网输电能力的新型输电技术，提高电力系统抵御自然灾害的综合能力。

研究内容：±1000kV 级直流输电关键技术；特高压交流线路关键技术，特高压同塔多回线路关键技术，高温超导技术，直流输电成套设计与系统研究的全面自主化开发，特高压交流可控高抗、串联补偿装置等柔性输电技术；高海拔、高寒等复杂环境下特高压交、直流输电技术；日常运行维护和带电吹扫技术；抗大风、雨雪冰冻等电网防灾减灾技术。

起止时间：2011-2015年

Z15） 高性能输变电关键设备

目标：实现特高压设备制造和试验的技术升级和自主化；实现高压/超高压设备制造和试验的技术升级，研制成功更大容量的输变电设备。

研究内容：1000kV大开断容量（63kA及以上）开关设备制造

与试验的关键技术；大容量变压器、高阻抗变压器、可控电抗器及串联补偿装置、交流套管等制造技术；±800kV换流阀、直流场设备、直流套管等国产化；柔性交直流输电关键设备；±1000kV级直流输电设备制造与试验的关键技术。

起止时间：2011-2015年

S20） ±1000kV级直流输电示范工程

目标：结合工程需要建设±1000kV 级直流输电示范工程，为±1000kV级直流输电技术应用积累经验。

研究内容：±1000kV 级直流输电线路及换流站外绝缘、过电压及防护关键技术；±1000kV 级直流输变电电磁环境控制技术和《国家能源科技“十二五”规划（2011-2015）》

直流换流阀、换流变、直流场设备、穿墙套管等关键设备制造技术；工程实施方案。

起止时间：2012-2016年

P19） 特高压直流输变电工程成套设计研发平台

目标：建成特高压直流输电工程成套设计平台，为我国直流输电工程提供技术支持，提高国内直流设备研发、设计和制造水平，促进我国直流工程的国产化，降低直流工程的建设成本。 建设与研发内容：特高压直流工程系统测试支持平台，包括实时数字仿真硬件平台建设、RTDS与直流控制保护设备接口的扩充与开发、特高压直流工程交流场模拟仿真系统的建立和主回路建模；换流站阀厅设计关键技术支持系统；特高压直流工程设计软件支持系统。

P20） 大电网与电力控制保护技术研发平台

目标：掌握大电网核心技术，提高对电网建设与运行技术的自主创新能力；掌握电网正常运行和事故工况的规律，解决特高压电网、交直流混联电网、新能源发电的特殊问题；建成国内领先、国际著名的大电网与电力控制保护技术研发基地。

建设与研发内容：RTDS实时数字仿真系统；复杂环境与复杂条件下大电网安全稳定运行与控制技术；自主化（特）高压直流工程核心技术；交直流电网实时仿真技术；电力集成新技术仿真；电力系统保护与控制设备试验室；电力系统动模仿真试验室；大系统稳定运行技术；交直流混合输电系统协同控制技术；机网协调与无功优化技术；新能源发电并网技术；电力系统保护与控制基础理论和技术。

P21） 输配电设备研发平台

目标：建立国际一流的综合性研发中心，具备输配电设备和智能电网设备关键技术、试验检测技术、产品试验验证技术的研究条件；建成基础研究平台、技术支持平台、试验研究平台、系统研究/工程成套研究平台和行业信息与服务平台；支撑国家智能电网建设，提高能源利用效率，使电网能够吸纳更多的可再生能源电力。

建设与研发内容：特高压关键设备与关键件的关键技术；输配电设备及智能电网设备仿真技术；特高压直流输电工程系统与成套设计；柔性交直流输电成套装备技；特高压、大容量、输变电装备和智能化设备的试验检测技术。

13. 间歇式电源并网及储能

研究各类电源运行控制特性和机网协调技术，提出接纳大规模风力发电、太阳能发电等间歇式电源的电网新技术，掌握适用于大规模间歇式电源并网的输变电和储能技术。

Y23） 大规模间歇式电源并网技术

目标：掌握大规模间歇式电源的集中接入、送出关键技术，掌握多能源互补发电系统的规划、设计、制造、运行控制与能量管理等关键技术，解决间歇式电源并网和输配电的技术瓶颈。

研究内容：大规模间歇式电源集中接入电网的保护与控制技术；间歇式电源集中送出的规划及输电技术，包括大规模间歇式电源的高压直流送出技术、海上风电场直流输电技术、基于随机性的间歇式电源接入规划技术、基于风险评估的间歇式电源可靠性评价技术和多能源互补发电系统并网及联合调度技术；间歇式电源发电功率预测与优化调度技术。

起止时间：2011-2015年

Z16） 大容量快速储能装置

（1）10MW级大规模超临界空气储能装置

目标：研发自主知识产权的大规模超临界空气储能系统和核心部件，完成超大规模超临界空气储能系统集成验证平台建设与系统验证，掌握10MW级超临界空气储能系统的制造技术。

研究内容：系统的总体设计与分析；超临界条件下蓄热（冷）/ 换热器的流动与传热、单螺杆式等超宽负荷压缩机和多级高负荷向心式透平、大规模超临界空气储能系统的集成与验证；大规模储能系统与电网的集成控制技术、储能系统及核心部件制造技术。

起止时间：2011-2015年

（2）MW级飞轮储能系统及飞轮阵列

目标：实现大容量飞轮储能装备核心部件制造和系统集成的国产化，实现100kW 级飞轮储能装置和MW级飞轮储能阵列应用。

研究内容：高速飞轮储能装置核心技术包括高速飞轮转子材料、转子动力学、高速大功率电动/发电机、高速微损耗轴承技术、功率控制调节技术、真空密封技术、飞轮储能装置整机和部件实验台及实验件等；多飞轮储能单元并联运行的飞轮阵列技术；飞轮储能应用于电力系统、可再生能源发电和轨道交通等的协调控制技术。

起止时间：2011-2017年

（3）MW级超级电容器储能装置

目标：实现MW级超级电容器储能装置国产化，实现在智能电网电能质量控制、平抑可再生能源发电输出功率波动等方面规模应用。

研究内容：新型电极材料、电解质材料和新体系超级电容器等；超级电容器模块化技术；超级电容器储能装置与电网间相互影响等系统集成的关键技术。

起止时间：2011-2017年

（4）MW级超导储能系统

目标：研发1～10MW 超导储能系统关键装置，实现并网运行；形成超导储能系列自主知识产权。

研究内容：快速充放电超导磁体系统的优化设计和制造；电力电子系统的设计和制造；快速测量控制和在线检测系统；超导储能系统的集成和并网技术；超导储能系统在风电场的中优化控制策略和分布式超导储能系统在大规模风力发电场中的优化配置等。

起止时间：2011-2018年

（5）MW级钠硫电池储能系统

目标：研发适合规模化核心材料及电池的低成本制造技术，实现大容量储能钠硫电池的国产化。

研究内容：低成本连续化电解质陶瓷制造技术以及批量化电池组合与组装技术；大功率电池模块的热效应与热平衡技术；电池管理系统（BMS）与MW级过程控制系统（PCS）的耦合特性；MW级储能系统稳定可再生能源发电的并网运行策略设计及运行试验。

起止时间：2011-2015年

（6）MW级液流储能电池系统

目标：研制20kW 级液流储能电池模块，集成、制造输出功率为MW级的液流储能电池系统。

研究内容：20kW级电池模块结构设计、过程强化、工程放大与制造技术；MW级电池系统集成技术、运行控制策略和BMS；电池模块及电池系统批量化制造技术；液流储能电池产业化生产装备；液流储能电池系统偶合及控制技术及MW级电池系统在太阳能光伏发电、风力发电、备用电站等领域的应用。

起止时间：2011-2015年

S21） 大规模间歇式电源并网输变电示范工程

目标：建设大规模间歇式电源接入电网的输变电示范工程，为间歇式电源接入电网积累经验。

研究内容：间歇式电源并网的输电技术；电能质量监测与控制技术；系统安全稳定控制技术；优化调度技术；区域控制策略；分频输电技术在工程中应用的可行性；技术先进合理、运行安全可靠的接入系统方案和输变电工程建设方案及其工程应用。

起止时间：2011-2015年

P22） 新能源接入设备研发平台

目标：突破大功率风电变流装置、光电逆变装置、惯性储能系统、新能源发电接入控制和能量管理等关键核心技术，实现技术的工程化和产业化；建成具有国际先进水平的新能源接入研究基地。

建设与研发内容：风力发电变流装置实验平台；太阳能光伏发电系统实验平台；大容量惯性储能系统实验平台；新能源发电接入能量控制与管理技术实验平台；3MW 和00kW 级风力发电接入变流器实验研究系统；全功率型光伏发电逆变器实验研究系统；惯性储能系统充放电试验装置；电工材料电磁性能试验测试装置；MW级高速电动/发电机及能量变换器试验装置。

P23） 大型风电并网系统研发平台

目标：建立完善的风电并网仿真研发平台，为研究大规模风电并网问题提供技术手段；掌握风电机组试验检测和风电场并网检测技术，为开展风电机组型式认证和风电入网检测提供技术支持；建设国家级风电试验基地，满足开展风电机组检测认证的要求。

建设与研发内容：风电基础研究，包括风电仿真研究平台、风能实时监测和风电功率预测研究平台、风电调度决策支持研究平台的建设；移动式风电检测技术，包括风电机组特性检测技术和风电场并网特性检测技术；试验基地建设，重点是风/光/储联合发电试验系统开发、风/光/储系统协调运行、黑启动以及电池储能系统平稳风电机组（集群）输出技术。

14. 智能化电网

研究智能化电网支撑技术，形成面向用户的智能化全新服务功能；开展分布式电源接入、集中/分散式储能等关键技术的研究和应用；研究智能用电关键技术，建设智能化用户管理与双向互动平台。

Y24） 智能化电网技术

目标：掌握智能化输电、配电、用电，以及智能化调度系统关键技术，实现电网安全、有效自愈，以及广域信息优化控制，建立友好开放、灵活接入的灵活接入系统。

研究内容：大规模互联电网智能化调度技术；大规模互联电网安全保障技术；基于广域信息的控制保护一体化技术；智能变电站技术；提高配电网可靠性和供电能力的运行控制技术；分布式电源、储能装置、电动汽车充电站等的接入技术；柔性交直流输电技术；智能化配电网快速仿真技术；智能化配电网统一数据采集融合、海量信息处理及系统应用集成技术；配电网自愈控制及电能质量智能监测技术；改善配电网电能质量的柔性配电技术；智能化用电高级量测体系及双向互动营销运行模式和支撑技术；智能用电安全认证和信息加密技术。

起止时间：2011-2015年

Z17） 智能化输变电设备

目标：实现信息采集、传输、处理、输出、执行过程完全数字化、智能化，一、事次设备间的数字化通信及智能化装置之间的互操作，以及设备状态的全面监测。

研究内容：变压器、开关等一次设备智能化监测与诊断装置及其与一次设备的集成技术；设备的在线状态监测和数据的数字化传输技术；基于纯光学的电子式互感器设备；变电站一次设备、控制保护和自动化系统的状态检修技术及可靠性评估技术；输电线路状态监测装置及数据传输技术；输电线路状态检修及可靠性评估技术。

起止时间：2011-2020年

S22） 智能电网示范工程

目标：在一定区域内建成智能电网，为智能电网的推广积累经验，推动智能化设备技术规范和相应标准的制定。

研究内容：研发分布式能源集群接入智能微电网技术；选择适当区域内的变电站和相关线路作为试点工程，采用先进的智能化调度系统和变电站智能化一、事次设备，实现灵活控制；输电线路使用先进测量传感技术，开展运行状态和覆冰、大风等线路微气象环境的综合监测；建立城市中心区域内的智能化配电网。

起止时间：2012-2016年

P25） 智能电网技术研发平台

目标：掌握智能电网模式、技术路线及智能电网关键技术，促进智能电网技术进步和健康发展；完善和加强智能电网技术研发和试验检测体系，成为国内国际智能电网关键设备和系统试验与检测平台，更好地为行业提供智能电网设备与技术服务。

建设与研发内容：智能用电技术；能效测评技术；定制电力技术；信息安全保障技术；微电网技术；智能输变电技术；柔性输电技术；数字物理智能电网混合动态模拟系统；多能源接入的能源管理控制；用户端智能配电、能源管理及控制系统关键技术及产品；智能电网用户端设备及系统测试技术及认证试验平台。

（四）新能源技术领域

核能具有能量密集、成本低廉、温室气体排放少等优点，风能、太阳能、生物质能和海洋能储量巨大，发展核能发电、风力发电、太阳能发电、生物质能利用和海洋能发电等可再生能源技术，规模化开发新能源，对优化我国能源结构、促进能源可持续发展具有重要意义。

在新能源技术领域中，确定先进核能发电技术、大型风力发电技术、高效大规模太阳能发电技术、大规模多能源互补发电技术和生物质能的高效利用技术等5 个能源应用技术和工程示范重大专项，其中，规划13 项重大技术研究、7 项重大技术装备、12项重大示范工程和11个技术创新平台。

15.先进核能发电

开展三代压水堆核电技术研究，持续提高在运、在建核电站的安全性和经济性；进行实验快堆试验验证、开展快堆技术研究；开展200MW高温气冷堆核电技术研究；开展多用途模块化小型堆以及聚变堆的技术研发；开展核燃料元件、乏燃料后处理、高放废物处理处置等方面技术研究。

Y25） 先进压水堆核电技术

目标：巩固提高在运、在建压水堆技术提高安全性，消化吸收AP1000技术，研发具有自主知识产权的三代压水堆核电技术。

研究内容：反应堆堆芯、非能动安全系统重大改进和优化设计；先进压水堆标准设计；堆芯保护技术；反应堆屏蔽技术；反应堆物理及热工分析技术与软件开发；反应堆安全分析与安全验证技术；数字化仪控系统；高效汽水分离技术；核反应堆流固耦合分析技术；核级设备方法；严重事故预防与缓解技术；严重事故管理导则及严重事故分析；压力容器寿命管理及检测关键技术；非能动堆芯冷却系统、非能动安全壳冷却系统整体性能试验和验证；安全供电、核事故应急处理及环境保护等。

起止时间：2011-2020年

Y26） 高温气冷堆核电技术

目标：实现高温气冷堆示范项目自主设计、自主建造、自主运行，掌握高温气冷堆应用的前沿技术，保持我国在高温气冷堆技术领域的国际领先地位。

研究内容：关键设备的设计与制造技术；安全特性和关键设备性能；分析软件和仿真技术；燃料辐照后检验技术；先进燃料制造技术；超高温气冷堆技术；气体透平发电技术；高温制氢技术等。

起止时间：2011-2015年

Y27） 快堆核电技术

目标：通过研究快堆电站设计、建造、调试和运行的关键技术，为进一步开发大型先进快堆提供技术支撑。

研究内容：相关法规、标准和规范；设计软件开发；堆芯、堆芯组件、非能动停堆系统、数字化仪控系统、放射性钠工艺及钠火防护等关键工艺系统设计和验证；核安全与辐射安全技术，以及建造、调试、运行技术等。

起止时间：2011-2020年

Y28） 模块化小型多用途反应堆技术

目标：掌握模块化小型多用途反应堆关键技术，具备示范工程条件。

研究内容：顶层设计与总体设计技术；软件开发和仿真技术；反应堆关键系统和设备设计分析及试验；棒控堆芯设计分析；主要事故分析；专设安全系统分析及试验；数字化仪控技术；法规标准及安全性分析等。

起止时间：2011-2013年

Y29） 先进核燃料元件技术

目标：掌握压水堆先进燃料组件的自主设计与制造技术，掌握快堆和压水堆MOX燃料元件的关键工艺和设备设计制造技术。

研究内容：燃料棒、燃料组件及其相关组件的性能分析与评价技术；高性能锆合金材料和包壳管制造技术；格架设计与制造技术、上管座可拆装置设计技术；适应深燃耗、长周期要求的大晶粒“柔性”UO_2燃料制备技术；快堆MO_x燃料和压水堆MO_x燃料堆芯设计、元件和组件设计、制造工艺、堆外性能检测、堆内辐照考验和辐照后检验等关键技术等。

起止时间：2011-2020年

Y30） 乏燃料后处理技术

目标：掌握乏燃料后处理工艺、关键设备、自动化控制、工厂设计等关键技术，具备乏燃料后处理厂建设条件。

研究内容：乏燃料安全存储；乏燃料后处理主工艺流程；后处理厂房布置和设备的核临界安全设计计算方法与手段；铀钚共去污工艺；钚纯化、高放废液分离工艺；溶解和尾端工艺技术；工艺流程热实验；干法后处理技术；后处理关键分析监测技术；后处理厂设计技术；乏燃料湿法贮存/干法卸料热室工艺；高放废物地质安全处置技术、分离嬗变技术和长期暂存技术；压水堆回收铀作为重水堆燃料的技术；与大型后处理厂流程相衔接的高放废液分离流程等。

起止时间：2011-2020年

Z18） 压水堆核电关键设备

目标：全面掌握在运、在建核电站设备的制造技术，大型先进压水堆核电站国产化率达到80%。

研究内容：反应堆压力容器、堆内极件、一体化堆顶结构、主泵、主管道、蒸汽发生器、钢制安全壳、爆破阀、半速汽轮机的国产化；核电大锻件、核级管道和板材的国产化；核级泵阀和数字化仪控系统等关键设备和材料的国产化。

起止时间：2011-2019年

Z19） 示范快堆核电关键设备

目标：掌握示范快堆核电站关键设备设计和制造技术，实现关键设备和材料的国产化。

研究内容：堆容器、堆内极件、旋转屏蔽塞、钠循环泵、控制棒驱动机极、换料系统设备、钠—水蒸气发生器、钠—钠热交换器、大型钠阀、大型冷阱、大型电磁泵；快堆亚临界汽轮机组；特殊结构材料和管道的研制；安全相关的仪器仪表等。

起止时间：2011-2020年

Z20） 乏燃料后处理关键设备

目标：掌握乏燃料后处理关键设备的设计和制造技术，具备建设乏燃料后处理厂能力。

研究内容：卧式剪切机；连续溶解器；沉降式离心机；脉冲萃取柱、离心萃取器、泵轮式混合澄清槽；流体输送设备；专用计量泵、专用阀门设备和系统；强放环境下专用检修机器人；乏燃料运输容器；适用于乏燃料运输容器的专用操作设备与工具等。

起止时间：2011-2020年

S23） 自主知识产权先进压水堆核电示范工程

目标：建设具有自主知识产权、更安全的三代压水堆核电站示范工程，具备三代压水堆核电站标准化、批量化的建设能力。

研究内容：完成示范工程设计，安全审查，设备设计选型及成套采购，设备国产化，建造安装施工管理、调试及运行技术等。

起止时间：2013-2017年

S24） 高温气冷堆发电示范工程

目标：自主设计、自主制造、自主建造、自主运营，建成具有自主知识产权的200MW级模块式高温气冷堆核电站。

研究内容：高温气冷堆核电站示范工程的设计、安全审查、设备制造、关键设备验证试验、燃料元件制造、燃料元件辐照考验、建造技术，调试和运行，示范工程运行考验以及运行经验反馈；标准及安全审查技术等。

起止时间：2011-2014年

S25） 快堆发电示范工程

目标：自主设计和建成快堆商业示范电站，拥有自主知识产权，形成推广能力。

研究内容：示范工程的设计、安全审查、设备制造、关键设备验证试验、燃料元件制造、燃料元件辐照考验、安装调试和运行，示范工程的运行考验以及运行经验反馈；标准及安全审查技术等。

起止时间：2011-2020年

S26） 模块化小型堆示范工程

目标：自主设计和建成模块化小型堆示范工程，拥有自主知识产权，形成推广能力。

研究内容：示范工程的设计、安全审查、设备制造、关键设备验证试验、安装调试和运行，示范工程运行考验以及运行经验反馈；标准及安全审查技术等。

起止时间：2011-2018年

S27） 大型核燃料后处理厂示范工程

目标：掌握关键技术和核心技术，建成大型核燃料后处理示范工程。

研究内容：厂址比选；示范工程的设计、安全审查、设备制造、关键设备验证试验、安装调试、示范工程的运行考验以及运行经验反馈；标准及安全审查技术等。

起止时间：2013-2020年

P26） 核电站核级材料与设备研发平台

目标：建成国际一流的核电站核级材料与设备研发机极；完成核级材料与设备的核心技术攻关和关键工艺试验研究，研制出具有完整自主知识产权的、能够满足当前先进的核电站建设需要的核级材料与设备。

建设与研发内容：核电站不可接近设备研发平台；核级设备

试验平台；事代改进型机组的控制棒驱动系统、堆芯和堆外测量系统、大型阻尼器等关键核级设备的研发；三代核电设备研发；在运核电机组维修、在役检查专用工具研发；AP1000核级锆材制造技术及大型铸锻件研制；CAP1400机组大型铸锻件研制；国产新锆合金研制及应用性能研究；核结构材料堆外评价体系；核用锆合金检测体系。

P27） 先进核反应堆技术研发平台

目标：建立国家核能发展战略研究咨询中心，形成中国先进核反应堆技术研发中心和中国示范先进核反应堆电站建设的技术支持中心；掌握先进核反应堆技术，形成中国核电装备制造技术研发基地和国家先进燃料循环体系的技术研发中心。

建设与研发内容：非能动安全系统的试验验证平台；新型反应堆研发设计平台；非放射性试验研究平台；反应堆用材料研究平台；放射性试验研究平台；堆芯组件堆外考验回路改造；钠工艺技术研究设施；堆本体及堆芯余热导出综合实验装置；燃料组件堵流实验装置；运行支持中心和维修技术实验室；大型堆芯零功率模拟实验设施。

P28） 先进核燃料元件研发平台

目标：实现国内在运、在建核电站商用燃料组件自主设计与制造，研制出国际先进水平的燃料组件；完成MOX燃料组件的验证与评价，使其具备商用条件；建立我国钍基燃料应用的研发平台；突破堆芯及燃料设计、工艺和性

能评价等方面的关键核心技术。

建设与研发内容：先进核燃料元件设计研究和开发设计开发系统；燃料组件设计研究的物理-热工-结构-材料-力学综合设计分析平台；燃料微球制备技术；表面涂层改性技术；无损检测技术；辐照考验及评价设施配置及改造技术。

P29） 核电工程建设技术研发平台

目标：建设国际一流的核电工程建设技术集成创新研发平台，形成产、学、研和工程实践相结合的技术研发体制和运作机制；改进在运、在建核电站技术，引进、消化、吸收、再创新“三代”核电技术；建设核电站建设技术研发平台、技术成果转化平台、管理全周期信息与技术交流平台。

建设与研发内容：核电工程建设技术研发实验室，包括人因工程实验室、调试技术研究综合实验室、自动焊实验室、金属实验室、数字化仪控综合验证实验室、数字化核电工程虚拟仿真实验室与协作平台；EPCSM协同技术；全生命周期数字化核电站仿真技术；模块化设计与建造技术；数字化仪控设计及验证技术。

P30） 核电站仪表与仪控系统研发平台

目标：提升我国核电仪表和仪控系统自主化研发能力，提高核电仪控产品及系统的国产化率；消化和吸收国际核电I&C系统的先进技术，掌握核电站全范围数字化仪控技术，突破核安全级数字化仪控技术领域的技术瓶颈；建成国际先进、国内一流的核电仪表与仪控系统研发与试验中心。

建设与研发内容：核电站仪表和控制系统共性技术；核电站仪表关键技术；基准试验、老化试验、抗震试验、事故及事故后环境条件下试验；核级仪表和控制系统的安全软件的验证和确认；核电站仪表和控制系统技术辐射和信息交流平台；百七千瓦级压水堆核电站反应堆控制保护系统工程样机研制；高温汽冷堆核电站反应堆控制保护系统工程样机研制；图形化核安全级软件集成开发环境研制。

P31） 核电站寿命评价与管理技术研发平台

目标：建立适用于我国核电站的寿命评价与管理技术体系，为国家制定核电站寿命管理政策、法规、标准体系提供强有力的支持；突破一批影响核电站寿命的关键技术，掌握关键系统、结构和部件的老化机理、检测方法、寿命评估技术以及缓解措施；成为国际先进的核电站寿命评价与管理技术研发平台、成果转化平台和技术支持平台。

建设与研发内容：电站金属材料寿命评估研发平台；在役检查研发平台；仪控板件老化研发平台；核电站结构安全分析研发平台；核岛主设备设计分析研发平台；材料辐照监督研发平台；辐射环境研发平台；电气绝缘老化研发平台；电站设备制造工艺评定研发平台；反应堆压力容器寿命管理及检测关键技术；核电站重要极筑物老化管理技术；核电站重要电气设备寿命评价与管理关键技术；核电站重大设备更换策略与技术；核电站寿期管理中的环境影响评价技术。

16. 大型风力发电

研发大型风电机组整机及关键部件的自主设计、制造与检测技术，大型风电机组在极端环境条件下的应对技术以及大规模应用海上风电的关键技术与装备。

Y31） 大型风力发电关键技术

目标：研发具有自主知识产权的大型陆上及海上风力发电关键技术。

研究内容：大型陆上与海上风电机组关键控制技术；翼型设计与叶片优化设计技术；大功率中高速比齿轮箱设计技术；大型风力发电机设计与优化技术；大型风电机组整机与关键部件的检测技术；载荷分析与抗疲劳设计技术；大型风电机组在极端情况（台风、强风沙、低温及腐蚀等）下的应对技术；大型风电机组电网适应性控制技术。

起止时间：2011-2015年

Y32） 大型风电场资源评估及监控技术

目标：掌握适合我国国情的大型风电场资源评估技术以及监控技术。

研究内容：适合我国地域及风资源特点的大型风电场资源评估、风能预测及微观选址技术；具有自主知识产权的大型风电场的中央集群监控和异地进程实时监控技术及风电场级的调节控制技术；与现代控制理论相结合的大型风电场机组优化调度技术。

起止时间：2011-2015年

Z21） 大型风电机组

目标：研制出具有自主知识产权的6～10MW陆地（近海）风电机组及关键部件。

研究内容：6～10MW 陆地（近海）变速恒频风电机组（双馈式和直驱式）的整机制造技术；控制系统、变流器、变桨距系统、齿轮箱、叶片、发电机和轴承等关键部件的制造技术；具有自主知识产权的大型风电机组制造的关键技术。

起止时间：2011-2017年

P32） 风电技术及装备研发平台

目标：建立国际一流的风电技术及装备研发机极，研制出全球领先的风电装备，实现规模化生产。攻关超大型风电机组关键技术难题，形成大型风电机组关键部件的制造能力。成为在风电技术研究与制造领域有影响的国际合作科研平台和风电技术研究基地。

建设与研发内容：海上及潮间带风电机组研制；超大功率风电机组及关键部件测试试验技术装备研制及工程应用；海上风电接入技术；海上及潮间带风电机组运输、安装、服务一体化技术装备研发；适合中国风资源特点的风力机专用翼型；反映中国气候与地理特点的风资源评估与风电场优化设计技术；新概念智能叶片；永磁同步风力发电机；双馈风力发电机；MW级低风速直驱式风力发电机产业化关键技术；风力发电机全功率和可靠性试验方法及试验平台。

P33） 风电运营技术研发平台

目标：解决风电运营及保障中的重大技术问题，形成国内领先、国际一流的风电运营技术研发基地。

建设与研发内容：风电场功率预测技术；风电场无功补偿技术；风电场状态监测技术；风电场自然灾害防护技术；风电机组运行性能测试技术；海上风电场运营关键技术；大型风电场群优化运营技术；风电场电网接入自适应技术。

17. 高效大规模太阳能发电

研究低成本、低污染、高效率的太阳能电池技术，发展光伏发电系统规模化应用技术；研究规模化太阳能热发电集热系统，太阳能热发电热电转换材料、核心部件及大规模储热技术。

Y33） 大规模太阳光伏系统技术

目标：掌握不同类型光伏发电系统设计集成、运行控制及保护技术。

研究内容：大型地面光伏系统、光伏建筑一体化系统的设计集成技术；光伏并网发电技术，包括光伏并网逆变技术、低电压耐受技术、有功/无功自动调节技术、适应不同种类光伏组件性能的逆变技术等；光伏电站数据采集与进程监控技术，包括与电力系统监控平台的数据通讯技术，遥测、遥信、遥控技术等；光伏电站安全保护技术，包括孤岛防护、逆功率保护、光伏电站保护与电网保护的协调配合技术；光伏微电网技术，包括微网运行控制技术、微网与公共电网之间的能量交互管理技术等。

起止时间：2011-2015年

Y34） 大规模太阳能热发电技术

目标：掌握基于5MW单塔的多塔并联技术，完成50MW槽式太阳能热发电系统及关键部件的设计与优化。

研究内容：太阳能塔式热发电技术，包括5MW 吸热器、低成本定日镜、600 C大规模低成本储能技术，大规模塔镜场的优化排布技术，多塔集成调控技术，大规模电站的设计集成和调试技术；槽式太阳能热发电技术，包括不同聚光、吸热、蓄热和热功等能量传递及转化系统的集成应用特性，光-热-电转换关键部件设计方法，太阳能热发电系统的运行和测试。

起止时间：2011-2015年

Z22） 太阳能电池及产业链生产设备

目标：掌握效率20%以上的低成本晶体硅太阳能电池及产业化技术，实现先进薄膜太阳能电池的产业化，研制出产业链关键设备。

研究内容：低成本太阳能级硅大规模制备技术，包括低能耗、低污染和高安全性的多晶硅材料提纯与硅锭制备技术及装备，低能耗、薄片化硅片切割与快速分检技术及装备等；高效晶硅电池低成本产业化技术，包括以高效率和低成本为目标的晶体硅电池产业化新工艺与生产设备，新型电池结构和制造工艺，特殊用途的电池结构和制造工艺；薄膜太阳能电池制备及产业化技术，包括以低成本、低污染、高效率和长寿命为目标的硅基薄膜电池、碲化镉薄膜电池、铜铟镓硒薄膜电池、染料敏化电池的规模化生产技术及关键设备。

起止时间：2011-2015年

Z23） 太阳光伏发电系统关键设备

目标：研制出1MW 以上的大功率光伏并网逆变设备，实现具有自主知识产权的光伏系统关键设备的产业化。

研究内容：光伏逆变设备产业化技术与装备，包括1MW 以上光伏并网逆变器和MW级多运行模式光伏逆变器；多种非聚光太阳光伏自动跟踪技术与装备，包括大功率的水平单轴跟踪、倾斜单轴跟踪和双轴跟踪的关键技术及装备；多种聚光光伏技术与装备，包括聚光太阳能电池、平板反射聚光技术、透射式聚光技术和抛物聚光技术及装备。

起止时间：2011-2016年

S28） 大规模并网光伏发电系统示范工程

目标：建设100MW 级与公共电网并网的光伏示范电站、10MW级用户侧并网的光伏示范系统，为我国大规模推广光伏系统提供实践经验。

研究内容：100MW 级集中并网光伏电站示范工程，包括先进的太阳光伏跟踪系统、聚光光伏系统、光伏并网逆变器，掌握平衡部件运行特性、光伏电站整体运行特性以及接入电网的特性；10MW 级用户侧并网光伏发电示范系统，包括光伏与建筑结合系统的设计和安装示范，掌握建筑用光伏组件及其他平衡部件应用特性、用户侧光伏发电特性与管理模式。

起止时间：2011-2015年

S29） 大规模太阳能热发电示范工程

目标：建设300MW 级槽式太阳能与火电互补示范电站和50MW级槽式、100MW多塔并联的太阳能热发电示范电站，解决仍聚光集热到热功转换等一系列关键技术问题。

研究内容：300MW 级槽式太阳能与火电互补示范工程，包括高精度、低成本太阳能集热器及其工艺、太阳能给水加热器，太阳能集热与汽机控制运行特性；50MW 槽式太阳能热发电示范工程，包括高温真空管、高尺寸精度的硼硅玻璃管、高反射率热弯钢化玻璃、耐高温的高效光学选择性吸收涂层等设备生产工艺，槽式电站设计集成技术示范；100MW 多塔并联太阳能热发电示范工程，包括5MW吸热器、定日镜、储热装置的现场实验，大规模塔镜场的优化排布技术，多塔集成调控技术，电站调试与运营技术示范。

起止时间：2012-2017年

P34） 太阳能发电技术研发平台

目标：建成我国权威的太阳能发电研究检测机极，成为世界一流的太阳能发电技术研究中心、太阳能光伏发电系统并网检测中心、太阳能光伏发电产品检测中心、太阳能光伏发电产业技术支持中心和太阳能技术交流中心，促进我国太阳能发电技术进步。

建设与研发内容：太阳能发电技术，建立并网仿真研究平台、运行数据库及数据处理平台和规划设计平台；并网光伏电站椅动检测技术，建立接入380V的小型光伏电站椅动检测平台和接入10kV以上电压等级的大中型光伏电站椅动检测平台；光伏系统并网试验检测技术。

18. 大规模多能源互补发电

研究自治运行的水/光/储互补发电设计集成、新型逆变、储能控制、稳定控制与能量管理技术，以及与公共电网并网的风/光/储互补发电的设计集成和综合利用技术。

Y35） 多能源互补利用的分布式供能技术

目标：攻允多能源互补利用的分布式供能系统关键技术，实现MW级系统集成和试验验证，使系统综合效率达到85%以上，与常规供能系统相比节能20%～30%。

研究内容：建筑、工业等典型分布式能源系统的集成和设计；分布式供能系统能量管理及仿真平台；多能源互补分布式能源系统测评方法；MW级多能源互补的分布式供能实验系统及试验验证。

起止时间：2011-2015年

S30） 与大电网并网的风/光/储互补示范工程

目标：建设100MW级风/光/储互补发电示范工程，掌握新设备和新技术的应用特性，为我国推广风/光/储互补发电系统积累经验。

研究内容：大型风电场与大型光伏电站互补运行特性，包括风电与光电的功率互补特性与能量互补特性、不同跟踪形式光伏电站与大型风电机组的相互影响、大规模储能系统运行特性等；大型风/光/储互补发电系统接入电网特性，包括互补电站输变电系统的实际利用率、对电网动态与静态安全稳定性影响、发电性能统计评价等。

起止时间：2011-2016年

S31） 水/光/储互补发电系统示范工程

目标：建设10MW 级自治运行的水/光/储互补发电系统示范工程，掌握新技术、新装备及系统的实际运行规律，为我国发展水/光/储互补发电系统提供实践经验与技术支持。

研究内容：自治运行的水/光/储互补发电系统关键设备技术；自同步电压源型逆变器、大功率高效储能系统控制器、光伏电站综合自动化系统及能量管理系统等新型设备；10MW 级自治运行的水/光/储互补示范电站；新技术、新装备的实际运行特性；运行模式、控制策略及系统稳定性的现场试验验证与长期运行考核。

起止时间：2011-2016年

P35） 总能系统与分布式能源技术研发平台

目标：解决能源利用中各种形式能量转换的关键技术与系统集成问题，致力于分布式供能系统的开拓创新，实现关键技术的突破，并进行分布式能源行业规范与国家相关政策的研究，引导分布式能源行业的健康有序发展。成为国内领先、国际先进的多能源综合利用研发与实验中心。

建设与研发内容：分布式冷热电联产、多能源互补等新型能源动力系统集成技术；分布式冷热电联产关键设备；系统单元中化学能与物理能综合梯级利用技术；分布式供能系统与集中大电网互补的技术途径；分布式供能系统与风能、太阳能和生物质能等能源的互补技术；建设余热利用技术实验室、储能技术研究实验室、系统集成技术研究实验室、系统测试技术研究实验室和关键动力技术研究实验室；天然气分布式能源系统集成技术。

19. 生物质能的高效利用

以研制及综合利用生物质气体燃料和液体燃料为目标，研发高效的生物质能转化技术，开发多联产技术，提高生物质能转化附加值，降低利用成本。

Y36） 生物燃气高效制备及综合利用技术

目标：实现生物质燃气的高效生产与高值化利用，形成自主知识产权的关键技术。

研究内容：高浓度、混合原料的湿发酵、干发酵技术；大型治气及热电联供技术；高效热解汽化技术；燃气净化及高值化利用技术。

起止时间：2011-2015年

Y37） 生物质制备液体燃料技术

目标：掌握具有自主知识产权的非粮燃料乙醇高效生产技术，以木质纤维素为原料生产乙醇、丁醇等液体燃料的关键技术，以及高效多原料生物柴油、航空生物燃料清洁生产的关键技术。

研究内容：非粮燃料乙醇高效生产关键技术；纤维素乙醇、丁醇等制备技术；生物质气化合成醇醚技术；生物质热解液化技术；生物质直接催化转化制备烃类燃料技术；生物柴油清洁生产技术；过程的废水、废渢处理和综合利用技术。

起止时间：2011-2018年

Z24） 非粮生物质原料专用机械及加工转化成套技术装备

（1）非粮生物质原料专用机械设备

目标：研制符合国情并具有自主知识产权的非粮生物质原料种（养）植、采收、储运及初加工的专用系列机械设备，实现非粮生物质原料专用机械的规模化生产。

研究内容：能源作物边际地种植机械、能源藻类养殖专用系统设备（如光反应器）等；非粮生物质原料收集装备，包括能源作物收获机械、能源林木采收装备、稠秆收获机械和码垛装载机械、能源藻类收集机械等；非粮生物质原料初加工装备，包括纤维素原料预处理技术与专用设备、淀粉质原料（如木薯、菊芋、粉葛等）输送-净化-粉碎设备、糖质原料（如甜高粱茎秆）保鲜储藏及糖汁液提取及预处理技术及专用设备、林木油料种子预处理及油脂提炼技术与专用设备、工程油藻脱水及油脂提取技术与专用设备等。

起止时间：2011-2016年

（2）非粮燃料乙醇加工转化成套技术装备

目标：开发具有自主知识产权的5 万吨级及以上规模纤维素、糖类原料（如甜高粱茎秆）燃料乙醇成套技术装备并实现产业化；实现10 万吨级及以上淀粉质燃料乙醇成套技术装备的工程技术创新。

研究内容：纤维素、半纤维素水解技术装备；适应不同原料的新型生物反应器；燃料乙醇清洁生产技术及装备；高效乙醇分离浓缩技术及设备；高效热交换、热回收技术与设备；污水处理技术与设备；副产物资源化利用技术装备；醇电联产装备。

起止时间：2011-2016年

S32） 纤维素水解制备液体燃料及其综合利用示范工程

目标：建设万吨级纤维素水解制备液体燃料及其醇电联产综合利用示范工程，实现纤维素乙醇、丁醇的清洁生产和能量自给。

研究内容：原料的高效预处理技术和低成本降解技术；水解液发酵制乙醇技术；水解液发酵制丁醇技术；原料全株综合利用与生物炼制技术；水解液重整合成生物液体烷烃技术；废水高效利用能源微藻培养技术；废渢催化转化液体烷烃技术。

起止日期：2011-2016年

S33） 生物质热化学转化制备液体燃料及多联产示范工程

目标：建设拥有完全自主知识产权的万吨级生物质热化学转化制备液体燃料及热、电、化学品等多联产系统示范工程，降低液体燃料的生产成本，提高生物质资源化利用率和附加值。

研究内容：大型生物质气化技术；先进高效净化与组分调变一体化技术；一步法DME合成及分离提纯技术；快速热解生物油生产技术；生物油炼制加工催化剂及相应的反应精馏分离技术；利用生物质直接生产高效内燃机燃料技术；生物油制备合成气生产液体燃料技术。

起止日期：2011-2015年

S34） 农业废弃物制备生物燃气及其综合利用示范工程

目标：建设日产5000～10000m^3农业废弃物制备生物燃气及其综合利用示范工程，制定相关的技术标准。

研究内容：农业废弃物（畜禽粪便、作物秱秆或农业加工废弃物等）高效制备甲烷化生物燃气技术；生物燃气净化提质技术；秱秆热化学转化合成车用燃气技术；生物燃气制备车用燃气研究与示范应用。

起止日期：2011-2015年

P36） 生物液体燃料技术研发平台

目标：建设生物液体燃料研发中心、非粮生物质原料研发中心及生物质醇电联产研发中心，成为生物液体燃料领域技术合作开发平台和科技人才创新基地；形成具有自主知识产权和国际竞争力的纤维素乙醇生产技术，支撑我国生物液体燃料的发展。

建设与研发内容：万吨级纤维素乙醇成套技术工艺包；纤维素乙醇工艺开发及万吨级示范装置；新型工业微生物技术；秱秆收集、储运技术与装备；秱秆预处理技术与装备；纤维素酶制剂及水解技术；纤维素乙醇发酵技术；碳五糖发酵生产乙醇技术；纤维素乙醇废水处理技术；木质素综合利用技术。

国家重点节能技术推广目录

国家发展和改革委 2011年12月30日

序号	节能技术名称	适用范围	主要技术内容	典型项目				单位节能量	目前推广比例（%）	预计2015年		
				适用的技术条件	项目建设规模	投资额（万元）	项目节能量（tce/a）			该技术在行业内的推广比例（%）	总投入*（万元）	节能能力（万tce/a）
1	综采工作面高效机械化矸石充填技术	煤炭行业井工综采开采的矿井	采用自压式矸石充填机，以矸石充填巷道或采空区，替换出“三下”压煤，从而提高煤炭资源回采率和煤矸石的综合利用率，实现节能。	拥有煤矸石充填巷道、采空区及“三下压煤”等区域	年产150万吨的生产矿井单位建立多工作面矸石运输系统，优化矸石辅助运输系统	4076	128000	0.71吨标煤/吨矸石（按以矸换煤）	<1	10	128000	420
2	配电网全网无功优化及协调控制技术	电力行业县级供电企业配电网电压及无功协调控制及综合治理	全网电压无功监测，可以对变电站、线路、配变、客户端电压无功远程实时监测。全网电压无功协调控制，可实现变电站、线路、配变电压无功相邻协调、隔邻协调控制。既可满足本地无功需求，又能减少无功在电网中的流动，最大限度降低网损。	已建设调度自动化系统；建设线路、配变电压无功调控设备监测；建设客户端电压监测；电压无功调控设备具备遥测、遥控功能	一座35kV变电站及两条10kV配电线路改造	50	84（年供电量约2亿kWh）	平均综合线损率降低0.8%	<1	16	50000	24

*注：总投入指2011—2015年期间，推广率达到预计比例时，投入的资金总量。（下同）

国家重点节能技术推广目录（第四批）

序号	节能技术名称	适用范围	主要技术内容	典型项目				单位节能量	目前推广比例（%）	预计2015年		
				适用的技术条件	项目建设规模	投资额（万元）	项目节能量（tce/a）			该技术在行业内的推广比例（%）	总投入*（万元）	节能能力（万tce/a）
3	新型节能导线应用技术	电力行业110kV及以上架空输电线路	1）钢芯高导电率硬铝绞线：通过细晶强化和颗粒强化减少微观缺陷对导电率的影响，提高导电率； 2）铝合金芯铝绞线和全铝合金绞线：通过铝基体的合金化的配方组合，及加工工艺及热处理的控制，使其导电率、强度、延伸率上得到明显提高。	新建或技术改造的架空输电线路工程	新建500kV双回输电线路工程，4×JL/G1A－630/45导线，全长27公里，输送容量2100MW	与普通钢芯铝绞线相比投资额增加390	487.6	18.07tce/（km·a）	<1	20	900000（与普通钢芯铝绞线相比增加的投资额）	36
4	超临界及超超临界发电机组引风机小汽轮机驱动技术	电力行业火电厂	采取将引风机与脱硫增压风机合并的联合风机方式，并采用小汽轮机驱动，替代原有的电动机，可以大幅降低厂用电率。	燃煤发电厂大容量引风机	600MW及1000MW火力发电机组	3350	4829	0.87gce/kWh	<1	20	450000	24
5	非稳态余热回收及饱和蒸汽发电技术	钢铁、有色金属、石化等行业 生产过程中产生的不稳定余热资源回收	非稳态余热经高温除尘后进入余热锅炉，将热量传递给循环工质，循环工质吸收热量后变为蒸汽进入储热器，将非稳态的工况转化为稳态。稳态蒸汽进入机内除湿再热后进入饱和蒸汽汽轮机进行发电。	适用对于电炉或转炉等尾部烟气的流量和温度周期性变化的余热资源的回收	装机4500kW的转炉饱和蒸汽余热电站	3500	11500	–	5	20（仅按在钢铁转炉和铜冶炼行业的应用进行估算）	100000	57

国家重点节能技术推广目录（第四批）

序号	节能技术名称	适用范围	主要技术内容	典型项目				单位节能量	目前推广比例（%）	预计 2015 年		
				适用的技术条件	项目建设规模	投资额（万元）	项目节能量（tce/a）			该技术在行业内的推广比例（%）	总投入*（万元）	节能能力（万tce/a）
6	加热炉黑体技术强化辐射节能技术	钢铁行业各种加热炉	将一定数量高辐射系数（0.95 以上）的黑体元件，安装在轧钢加热炉内炉顶和侧墙，增加辐射面积，增加有效辐射，提高加热质量，降低燃料消耗。	炉膛温度600℃以上的加热炉窑	150 万 t 中厚板轧钢加热炉	350	9817	6.54kgce/t	5	20	90000	80
7	煤气化多联产燃气轮机发电技术	化工行业煤化工领域	回收甲醇生产过程排放的弛放气中的氢气，作为燃气轮机的燃料进行发电，燃烧后排出的高温废气进入余热锅炉产生中低压蒸汽，用于生产工艺，实现节能。	采用燃料为煤气和放空尾气（热值2400 千卡，属于中低热值）进行发电	燃气轮机装机规模76MW	120000	138200	31.9kgce/t 甲醇	<5	20	120000	140
8	新型导电铜瓦把持器电石炉节能技术	电石行业	采用新型导电铜瓦把持器技术，有效保证电石炉高效、安全、低耗能运行。关键技术包括导电铜瓦把持器技术、短网结构设计技术、直燃式回转气烧石灰窑和隧道烘干窑炉气利用技术。	密闭式电石炉改造	2 台 21000kVA，年产 9 万吨电石	12000	32670	113.4kg/t 电石（与国家电石单位产品能耗限定值相比）	1	5	200000	17

国家重点节能技术推广目录（第四批）

序号	节能技术名称	适用范围	主要技术内容	典型项目				单位节能量	目前推广比例（%）	预计 2015 年		
				适用的技术条件	项目建设规模	投资额（万元）	项目节能量（tce/a）			该技术在行业内的推广比例（%）	总投入*（万元）	节能能力（万tce/a）
9	新型吸收式热变换器技术	石化行业	利用石油化工生产过程中产生的低品位废热源作为驱动热源，通过吸收式热变换器技术将一部分热量转化成高品位热源回收加以利用，另一部分热源以更低温位排至大气环境中。	石油化工生产过程中的废热80～200℃	5MW	610	1669	蒸汽 27300t/a	＜5	10	7000	10
10	膨胀玻化微珠保温砂浆制备及应用技术	建材、铸造、陶瓷、石油化工以及农业、林业、交通、国防、军事、航空航天等诸多领域	以玻化微珠为保卫功能组分，配以水泥、可再分散乳胶粉、抗裂纤维及憎水剂等材料制成单组分砂浆，作为建筑物外墙保温材料，具有优异的保温隔热和防火特性。	具有节能保温、防火要求的建筑	9.8 万 m^2 旧有建筑物综合节能改造中的 1600 m^2 外墙保温节能改造	13	18.4	与岩棉相比，膨胀玻化微珠保温砂浆的生产过程节能 14.19 kgce/m^3。使用过程可节能 15%～30%	＜1	10	825000	105

国家重点节能技术推广目录（第四批）

序号	节能技术名称	适用范围	主要技术内容	典型项目				单位节能量	目前推广比例（%）	预计2015年		
				适用的技术条件	项目建设规模	投资额（万元）	项目节能量（tce/a）			该技术在行业内的推广比例（%）	总投入*（万元）	节能能力（万tce/a）
11	高固气比水泥悬浮预热分解技术	建材行业水泥熟料煅烧领域并可拓展应用于粉体的换热与反应工程	1)采用高固气比预热技术，大幅提高气固换热效率，提升余热利用水平；2)采用外循环式高固气比分解炉技术，实现小体积、低温分解炉内碳酸盐的高分解率且炉内热稳定性大幅提高，SO_2和NOx等有害气体的排放量大幅降低。	1)改造现有新型干法水泥烧成系统；2)新建水泥熟料烧成系统	2500t/d水泥熟料生产线	3500	19500	14.3kgce/t.cl	＜1	5	550000	90
12	铅蓄电池高效低能耗极板制造技术	轻工行业启动型、密封式、动力型铅蓄电池以及卷绕式、超级铅蓄电池	采用铅带连铸连轧、扩展式板栅与冲孔（网）式板栅相结合的新型金属冷加工技术，可完全阻断铅蓄电池生产中可能产生的铅烟排放，同时大大地降低能耗和铅耗。	采用铅带连铸连轧/连续冲网。其中摩托车电池铅带宽110mm，汽车电池带宽160mm	摩托车电池生产线25万kVAh和汽车电池生产线50万kVAh	2100	1527	降低单位电池产量能耗0.3kWh/kVAh	2	25	250000	46

国家重点节能技术推广目录（第四批）

序号	节能技术名称	适用范围	主要技术内容	典型项目				单位节能量	目前推广比例（%）	预计2015年		
				适用的技术条件	项目建设规模	投资额（万元）	项目节能量（tce/a）			该技术在行业内的推广比例（%）	总投入*（万元）	节能能力（万tce/a）
13	高红外发射率多孔陶瓷节能燃烧器技术	轻工行业各种燃气灶具和燃烧器领域	使用高红外发射率多孔陶瓷板替代传统的铜等高耗能稀缺金属材料,并采用完全预混无焰燃烧技术，实现了产品制造、使用和废弃全流程的环保节能和低排放。	民用与商用室内室外燃气灶、取暖、烧烤产品、工业加热采暖、干燥烘烤设备等	改造480台民用燃气灶	26.4	61.3	64kgce/台·年	3	城镇推广30%，农村地区推广20%	60000	135
14	高效放电回馈式电池化成技术	轻工行业锂离子电池、镍氢电池、铅酸蓄电池生产过程中的电池极板化成和成品电池的化成充放电和补充电	蓄电池放电电能回馈到局部直流母线，放电电能通过局部母线互连，对其他充电设备提供电能。当蓄电池放电到公用母线的电能大于其他充电设备所需电能时，多余电能通过绿色逆变器对公司内部公用电网逆变，逆变电能以符合国家标准的方式返回电网。	具有一定规模的蓄电池制造企业	日产2万只蓄电池生产线	1286	1500	节电率18%	<1	30	120000	180

国家重点节能技术推广目录（第四批）

序号	节能技术名称	适用范围	主要技术内容	典型项目				单位节能量	目前推广比例（%）	预计2015年		
				适用的技术条件	项目建设规模	投资额（万元）	项目节能量（tce/a）			该技术在行业内的推广比例（%）	总投入*（万元）	节能能力（万tce/a）
15	合成纤维熔纺长丝环吹冷却技术	纺织行业化纤	针对合成纤维熔纺长丝（特别是涤纶超细旦长丝）冷却过程，采用独立的外环吹风方法对丝条进行冷却，替代单侧吹风冷却，减少冷却风量70%以上，显著降低了冷却环节能耗。	单丝纤度为dpf=0.3	年产10000t涤纶长丝POY	1000	1050	105kgce/t丝	10	40	50000	11
16	曲叶型系列离心风机技术	建材（水泥）、电力（火电）、钢铁、有色金属、化工等行业	采用等减速设计方法将叶片设计为等减速曲叶型；改变气流由轴向到径向的气流转折角度，改变进风口端壁线；提高风机效率，节能效果较好。	主要用于干法水泥生产线中的转炉风机、水泥磨风机、收尘风机、煤粉风机等	4500t/d水泥窑生产线使用的窑尾风机、煤粉通风机、水泥磨尾风机	248	968	风机效率提高4.5%	1	20	11000	80

国家重点节能技术推广目录（第四批）

序号	节能技术名称	适用范围	主要技术内容	典型项目				单位节能量	目前推广比例（%）	预计2015年		
				适用的技术条件	项目建设规模	投资额（万元）	项目节能量（tce/a）			该技术在行业内的推广比例（%）	总投入*（万元）	节能能力（万tce/a）
17	自密封旋转式管道补偿节能技术	通用机械工业热网管道	1）利用旋转补偿方式使补偿距离扩大10倍，延长米大大缩短，降低能量损耗；2）高温高压环面与端面的自密封型式及新型端面密封材料，最高动态使用压力可达30MPa，减少了补偿器的使用数量；3）消除管道轴向应力，降低高温高压管道对材质的要求，降低了工程造价；4）可使管道实现无应力连接，提高设备的安全性。	动力蒸汽管道 P≤10MPa、TN≤550℃、长度 L=580米	动力蒸汽管道（9.8 MPa、550℃、长558m、12Cr1MoV、Φ426×36）	140	1350	可降低管道热损5%（与传统管道补偿方式相比）	2	20	240000	140
18	动态冰蓄冷技术	建筑行业各种中央空调系统及工艺用冷系统	采用制冷剂直接与水进行热交换，使水结成絮状冰晶；同时，生成和溶化过程不需二次热交换，由此大大提高了空调的能效。冰浆的孔隙远大于固态冰，且与回水直接进行热交换，负荷响应性能好。总体移峰填谷能力优于传统冰蓄冷技术。	中央空调	制冷机组额定功率600RT，蓄冷量3600RTh，蓄冰槽360m³供冷面积20000m²	255	转移峰时电量86万kWh	平均转移峰时电量41000kWh/套·年	<1	5	2340000	全年转移峰时电量52亿kWh，减少电厂装机容量1180万kW

国家重点节能技术推广目录（第四批）

序号	节能技术名称	适用范围	主要技术内容	典型项目				单位节能量	目前推广比例（%）	预计2015年		
				适用的技术条件	项目建设规模	投资额（万元）	项目节能量（tce/a）			该技术在行业内的推广比例（%）	总投入*（万元）	节能能力（万tce/a）
19	中央空调全自动清洗节能系统技术	建筑行业各种建筑楼宇及工业厂房	采用纯物理方法，运用特殊球每天全自动清洗中央空调冷凝器36次，使中央空调冷凝器始终处于无任何结垢、清洁状态，杜绝人工化学水处理方法的使用。系统全自动运行，其自身不耗电，具有较好的节能减排效果。	中央空调及水载式热交换器	2台450冷吨、2台500冷吨、2台1100冷吨中央空调节能技术改造	100	546	平均每冷吨节约电耗15%以上	<1	5	320000	200
20	新型轮胎式集装箱门式起重机节能技术	交通行业港口、中转站装卸集装箱或件杂货等	1）采用“四卷筒”组合驱动技术，实现整机重量的轻型化；2）通过电力驱动，满足RTG机动性要求；3）电动RTG采用变频调速、可编程控制器和现场总线控制组成电力驱动控制系统，实现调速、控制一体化。通过各项技术的组合实现节能降耗的目的。	无条件限制，适用条件同通用轮胎式集装箱门式起重机	8台轮胎式集装箱门式起重机	2322	1606	0.33kgce/TEU	2	20	60000	10

国家重点节能技术推广目录（第四批）

序号	节能技术名称	适用范围	主要技术内容	典型项目				单位节能量	目前推广比例（%）	预计 2015 年		
				适用的技术条件	项目建设规模	投资额（万元）	项目节能量（tce/a）			该技术在行业内的推广比例（%）	总投入*（万元）	节能能力（万tce/a）
21	热管/蒸汽压缩复合制冷技术	通信、IT、金融等行业通讯基站、信息中心机房等	在同一设备载体上实现分离式热管技术和蒸汽压缩式制冷技术的复合，优势互补，最大限度地利用室外自然冷源，从而达到节能的目的。	全年或全年绝大部分时间需要制冷的建筑空间	总制冷量为 608kW 的机房制冷系统	300	379	年平均节电率 35%	<1	20	250000	30
22	过程能耗管控系统技术	建材、机械、交通等行业大型用能单位电、气、水等能源使用过程管理	电、水、气等能源过程参数实时测量并进行多测点时间同步，实现对用户生产设施主要用能设备的同步精确实时测量，对能源、用能设备与用能过程进行实时监测、分析和管控，发现并消除无效能耗，鉴别并管控低能效行为，以实现用能效率的持续改善。	规模以上用能单位电、气、水等能源使用过程	年产 20 万 TEU 的集装箱工厂用电系统及压缩空气系统的全负载用能过程管控	800	3990	生产能耗平均降低约 8%	<1	20	900000	260

工业领域节能减排电子信息应用技术导向目录(第二批)

工信部、科技部 2011年1月24日

序号	技术名称	适用范围	主要技术原理和内容	典型项目 节能/减排效果	推广前景
1	电解铝智能槽控技术	有色金属行业	采用生产槽实时监控技术和CAN总线结构，对生产过程实现能量平衡控制和物料平衡控制。	单位电解铝综合交流电耗可减少300kwh/t-AL，电流效率达94%以上。按25万吨电解铝系统280台槽计算，投入280套槽控系统，可实现节电7021.92万kwh/年。	该技术提高了电网安全运行的保障度，延长了铝电解槽寿命，技术比较成熟，技术成果处于国际先进水平，市场前景良好。
2	水泵风机目标电耗节能控制技术	钢铁、化工、石油、电力行业	采用软件集成多项技术，建立水泵风机站目标电耗数学模型，通过计算最省电目标电耗值，确定出设备的最佳运行方式。	该技术在某大型钢铁企业应用后实现年节电量1641万kwh；应用于钢铁行业的平均节电率为25.56%，CO_2平均减排率为25.56%。	第三次全国工业普查公布的统计资料表明，水泵风机用电量占全社会总用电量的33%，其中水泵21%，风机12%，该领域节能工作的开展意义重大。该技术节能效果突出，实用价值很高，市场推广前景良好。
3	远程监控电磁调衡技术	大型用能企业	采用电磁调恒技术，通过自耦变压器的物理特性和运用特殊的绕组线圈，平衡三相电压、电流，提高功率因数。	钢铁行业节电413.44kwh/t；建材行业节电8.26kwh/t；煤碳行业节能1048kwh/万元产值。减少CO_2排放量230克/t钢；4.48克/t水泥；470克/万元产值煤炭。	该技术为经过试点使用验证后的实用新型技术，应用领域广泛，使用和安装简单，节能效果明显，具有良好的推广前景。

序号	技术名称	适用范围	主要技术原理和内容	典型项目 节能/减排效果	推广前景
4	工业用串行通讯标准接口多功能智能测量技术	冶金、石化、轻工、建材等行业	采用两个485接口将用能数据参量和GPRS通讯接口相连，实时采集系统数据，显示运行参数。	采用该技术的能源信息监测系统应用于某工业企业，实现节能3%。	预计今后五年内进行较大范围的推广应用，在全国范围内推广应用达10%，钢铁、冶金、石化等高能耗企业市场前景良好。
5	LV自动喷吹控制技术	冶金行业	采用特有的气动输送技术，结合自动控制技术、网络技术和反应工程学技术，脱除液体铜中溶解的氧和以氧化亚铜状态存在的氧。	铜冶炼万元产值节电量30kwh，吨铜标准能耗下降10kg标煤。	相比以前铜冶金行业中的能源消耗，使用该项技术后可节约30%的能源，技术推广前景良好。
6	高效电磁感应加热控制技术	化工行业	采用大功率电磁感应线圈设计技术、均匀加热技术、PID控制技术、智能检测技术等实现高效电磁感应加热控制。	单位节能量200kwh/万元产值。	以注塑机为例，目前塑料机械的市场销售容量已达10万台/年，产值400亿元，按电加热部分的产值占整机产值的5%计，其市场年产值近20亿元，技术市场前景良好。

序号	技术名称	适用范围	主要技术原理和内容	典型项目 节能/减排效果	推广前景
7	采用智能复合开关和低压分组载波传输技术的无功补偿技术	电力行业	采用接触器和可控硅电容复合开关技术、低压分组载波传输技术、投切装置的安装技术，实现无功补偿。	平均节电率 2.3%，功率因数均提高到 0.95 以上，变压器容量利用率平均提高了约 6%。	目前国内无功补偿装置需要开关的市场需求量达 90 万台/年，预计今后三年，年增长率在 10%以上，技术具有良好的推广前景。
8	采用 PWM 脉宽调制和硬件均流技术的高频开关电源控制技术	装备行业	采用 PWM 脉宽调制和硬件均流技术，将输入 380V 三相市电转换成实际需要的低压直流电。	工作频率 20Hz，负载率 60%以下时，省电 20%以上；负载率 60-80%时，省电 10%以上。	除在一些特殊大功率要求的场合，今后高频开关电源将取代可控硅整流器，有很强的技术替代价值。
9	企业生产和能耗过程耦合建模技术	石化、冶金、有色、制药、建材等行业	采用颜色扩展混杂 Petri 网的建模优化技术，建立生产过程和能源消耗过程耦合模型，通过调节用能参数，优化生产过程的能源消耗和排放。	单位节能量达 1045kwh/万元产值；试点企业年用电费用降低 540 万元。	目前，企业生产和能耗过程耦合建模与能源综合优化系统只部分在氯化工行业中得到应用，在石化、冶金、有色、制药、建材等行业的应用空间和节能潜力巨大。

序号	技术名称	适用范围	主要技术原理和内容	典型项目 节能/减排效果	推广前景
10	数控机床的有源功率补偿技术	装备行业	采用三相全桥受控整流/逆变技术，实现高功率因数和能量回馈，提升数控系统和伺服驱动的控制性能。	以单台数控机床平均视在功率 20kw，单台年产值15万元计，每年单台节电量533kwh/万元。	2009 年我国数控机床产量超过 14 万台，目前在数控机床装备制造领域应用该技术的国产化产品属于空白，具有很强的推广应用前景。
11	注塑机智能变频节能控制技术	塑胶行业	采用变频技术对定量泵型注塑机进行节能改造，实现每个工作周期内油泵的流量随着负载的变化而改变。	理论上每年每台节电量 45000kwh，减少 CO_2 排放量 18450kg，实际节电效果可达 25%~60%。	华南地区在未来两年内该领域的节能市场总容量为 65.7 亿元，预计采用该技术的市场份额为 10%。注塑行业服务于多个工业行业，产业规模较大，技术具有良好的推广前景。
12	盐加工生产自动化技术	盐加工业	采用单回路、串级、前馈调节技术控制生产参数，采用 DCS 系统联锁控制生产中的联动设备。	每吨盐节约标煤 0.008 吨，减少 CO_2 排放量 0.02 吨。	随着技术的成熟，将广泛应用于盐的生产加工工艺中。

序号	技术名称	适用范围	主要技术原理和内容	典型项目 节能/减排效果	推广前景
13	镍铬废水在线回收技术	电镀行业	采用阳离子交换树脂和阴离子交换树脂分别吸附清洗废水中重铬酸根离子、镍离子。	废水含铬量低于国家排放标准 0.1mg/l，100%回用；废水含镍量低于国家排放标准 0.1mg/l，75%回用。	该技术节省大量药剂，避免了二次污染，节约用水，节能减排效果显著，市场前景良好。
14	烟尘类高腐蚀环境下污染源排放在线监测技术	能源生产、石化、建材、钢铁等行业	采用防腐型不锈钢与非金属耐高温、耐腐蚀混合材料技术，采用环境自动监测及数字信息化融合技术，实现污染减排治理。	某超大型冶炼企业在“十一五”期间，大气降尘量、二氧化硫、烟粉尘、废水及废水中 COD 平均减排 50%以上。	属工业领域落实《清洁生产标准》工作的重要支撑性技术，可将污染物排放考核指标与企业产能挂钩，促进污染物排放前期预处理与在线监测设备企业的发展，在完成减排指标方面有重大的推广价值。
15	柴油机尾气排放检测控制技术	汽车制造业	采用专有的控制器控制催化剂注射系统，将添加剂喷入排气系统，保证催化剂和过滤器的净化功能及耐久性。	动力性增强约 5~10%，降低制造成本 50%、运行成本 70%以上。	目前国内还没有完整、成熟的柴油车后处理技术，该技术属于解决行业环保问题的关键技术，节能潜力巨大，市场前景广阔。

重大课题与项目

柔性直流输电技术领域取得重大突破

2011年1月3日，新能源接入电网最佳方式——柔性直流输电技术领域取得在我国重大突破。国家电网中国电力科学研究院研制的柔性直流输电成套设备获得成功，配装在上海南汇风电场工程。此举标志着国家电网公司成为继ABB、西门子之后，世界第三家完全掌握柔性直流输电成套设备设计、试验、调试和生产全系列核心技术的企业。柔性直流输电技术是当今世界电力电子技术应用领域的制高点，也是智能电网关键技术之一。国网公司于2006年5月全面启动该领域研究。经过攻关，掌握了基于IGBT可关断器件柔性直流输电关键技术，拥有完全自主知识产权并实现量产。南汇风电场并网的重要节点；该示范工程建成，将成为我国智能电网建设的标志性成果之一，其系统理论研究及工程化应用在亚洲尚属首次。

"混合动力自动变速控制系统研发和产业化"项目完成验收

2011年1月20日，由国家发展改革委支持建设的"混合动力自动变速控制系统研发和产业化"项目完成验收。该项目由东风电动车辆股份有限公司承担建设，开发了混合动力自动变速控制系统，形成了批量生产能力。

我国首个二氧化碳捕集与封存项目净化装置一次开车成功

世界首例工业示范装置、 年产10万吨的神华集团CCS全流程示范项目的液化与净化装置于2011年1月打通了全流程，并一次开车成功，生产出了纯度为99.2%适应地下封存的二氧化碳液体。该项目每年能减少约5100万立方米二氧化碳的排放量，相当于274公顷阔叶林碳汇造林。此次开车突破了神华CCS示范项目中二氧化碳通过捕集并转为液态的关键性一步，为即将把液态二氧化碳注入地下岩层进行永久封存创造了条件。同时通过本项目实验，能够为我国CCS系统提供宝贵的基础数据和经验借鉴。

焦炉煤气低温甲烷化制天然气工业示范装置投运

焦炉煤气高效利用又有新途径，山西同世达煤化工集团建设的5000标准立方米/日焦炉煤气低温甲烷化制天然气工业示范装置于2011年2月成功投运。项目采用了该校开发的焦炉气制合成天然气技术，以及林达公司的合成气甲烷化方法和设备。十多天的运行状况表明，示范装置工艺流程短，成本低，节能显著，为高碳能源低碳化利用奠定了技术基础。仅以山西省为例，如果将40亿m^3/年的剩余焦炉煤气全部制成SNG,其产量可达20亿m^3，同时还可减排CO_2 638.4万吨左右，减排二氧化硫近4万吨。

37个项目和国家科技成果奖

2月14日，2011年度国家科学技术奖励大会在京举行，在374个获奖项目中，与能源相关项目共计37个，占获奖项目总数的将近一成。这些获奖科技项目涉及煤炭与油气资源勘探开采，煤炭清洁高效利用、石油化工、电网技术，电气设备、水电、生物质能、节能减排等多个领域，将有力支撑和推动我国能源产业健康、高效发展，对增强我国能源保障能力也具有积极意义。

天大柴油机节能减排技术获国家技术发明二等奖

在2月14日举行的国家科学技术奖励大会上，由天津大学等研发的两个柴油机节能减排新技术项目，分别获得2010年度国家技

我国第一座高温气冷堆商业化示范电站的建设正式启动

术发明奖二等奖和国家科技进步二等奖。"柴油机混合率与化学反应率协同控制技术及应用"项目，通过化学反应率和混合率的协同控制，使燃烧过程向高效和清洁的燃烧路径发展。该成果应用在柴油机上，可实现降低柴油机成本30%以上和节油5%。

"高能环保系列锂铁扣式电池产业化"项目完成验收

2011年2月27日，由国家发展改革委支持建设的"高能环保系列锂铁扣式电池产业化"项目完成验收。该项目由山东神工海特电子科技有限公司承担建设，形成了高能环保系列锂铁扣式电池的批量生产能力，获专利授权5项。

"动力煤优质化技术与高效燃煤锅炉技术开发"项目通过验收

2011年2月，"十一五"国家科技支撑计划项目"动力煤优质化技术与高效燃煤锅炉技术开发"通过科技部高新司组织的专家验收。该项目开发出小型空气分级低NO_X煤粉燃烧技术、系列半悬浮回燃式抛煤机锅炉技术、适应多种优质动力煤链条锅炉燃烧关键技术、四种工业锅炉烟气除尘脱硫一体化技术、高效重介分选工艺系统和模块化技术、动力配煤煤质预测和多元优化配煤技术等，并进行了技术经济及环境综合评价等跟踪研究。项目形成的成果应用于87个示范工程，申请发明专利30项，研制国家及行业标准共7项，获得国家和省部级奖共5项。

我国第一座高温气冷堆商业化示范电站的建设正式启动

2011年3月，国务院批准山东荣成石岛湾高温气冷堆核电站项目，我国第一座高温气冷堆商业化示范电站的建设启动，是"大型先进压水堆及高温气冷堆核电站"重大专项在过去两年所取得的最重大的进展之一。

我国科学家研究南极冰架正以每年60亿吨至100亿吨的速度消融

中科院测地所科学家发现，南极冰架正以每年60亿吨至100亿吨的速度消融。该课题组研究表明，南极西南部一块数十万平方公里的冰架，冰雪消融速度较快，年均下降10厘米至20厘米，如果这一冰架全部融化，海平面将上升6米。此项以遥感技术研究极地冰体变化的课题，陆洋自上世纪90年代开始涉足，2007年上升为国家高技术研究发展计划（863计划）项目。他们融合卫星重力、卫星测高、卫星图像遥感等技术，引入时间动态概念，去除条带噪音等干扰信息，绘制出目前世界上最完整、最准确的南极重力变化图，成为国际上不同领域的专家研究南极的重要参考数据。

室内半导体照明技术与产品研发成果显著

"十一五"国家863计划"半导体照明工程"重大项目课题"室内LED照明灯关键技术研究与产品开发"实施期间取得显著成果。在国家863计划的支持下，课题承担单位上海三思科技发展有限公司经过多年的研究开发工作，形成了拥有自主知识产权的专利技术，解决了室内LED照明高透光率与无眩光间的矛盾，研制的灯具达到见光不见灯的面光源效果，光效高、不刺眼、视觉安全、投射范围大。到2011年目前，室内面光源LED照明灯具的光效达80 lm/W以上，产品已用于深圳地铁二号线全线照明，并为"十城万盏"半导体照明试点工作提供了技术支撑，具有重要的示范推广意义。

"LED道路照明关键技术及产业化研究"课题取得重要进展

"十一五"国家863计划新材料技术领域"半导体照明工程"重大项目"LED道路照明关键技术及产业化研究"课题实施期间取得重要进展。在国家863计划支持下，四川九州光电科技有限公司以提高LED道路照明灯具的效率和可靠性为出发点，重点研究功率LED成组使用的散热与配光设计、高效驱动电路和智能控制技术。课题研发的LED路灯使用电力载波通讯，实现智能管理和智能节能控制；光源模块采用独立散热结构设计，灯具热阻低，散热效果好；自主设计的二次光学配光透镜具有偏光技术，可实现椭圆配光。经测试，电源效率90%以上，整体光效率80lm/W以上，符合

燃煤电厂烟气脱硫脱硝脱汞技术工程项目

IP65防护等级标准和通讯基站设备防雷标准要求；灯具使用寿命是高压钠灯寿命4倍以上，耗电量为高压钠灯的60%以下，可应用于城市主干道、次干道等照明场合。本课题的实施促进了我国LED道路照明灯具的发展，为“十城万盏”半导体照明应用试点示范工作提供了重要的技术支撑。

我国科学家对热带太平洋地区世纪尺度气候变化机制提出新认识

英国自然出版集团发行的子刊《自然•通讯》杂志发表中国科学技术大学极地环境研究室孙立广课题组的研究论文《过去千年南海水文变化与太平洋沃克环流变化》，对南海地区过去千年降雨变化进行了研究，并对热带太平洋地区世纪尺度的气候变化机制提出了新的认识，将有助于揭示热带地区气候变化的驱动机制、提出新的模型，并有助于预测未来气候变化的趋势。这一证据的发现和新机制的提出是对热带气候变化研究领域的重要贡献，将激发科学家对这一研究领域的好奇与兴趣。

“高效节约型建筑用钢产品开发及应用研究”重点项目通过验收

2011年4月27日，“十一五”国家科技支撑计划“高效节约型建筑用钢产品开发及应用研究”重点项目在北京通过科技部组织的验收。项目由安徽省科学技术厅负责组织实施，针对高强度多功能建筑用H型钢、低成本节约型热轧带肋钢筋、钢结构连接件用低成本高强度非调质冷镦钢等产品，开展了冶炼、轧制及应用技术研究，形成了具有自主知识产权的高效节约型建筑用钢低成本生产成套核心技术；建成了热轧钢筋、热轧H型钢、高速线材3条示范生产线；成功开发出3大系列13项高效节约型建筑用钢产品，实现了工业性批量生产和应用。该技术已应用于多个示范工程，经济和社会效益显著。

“MW级并网光伏电站系统”重点项目两课题通过验收

国家863计划项目“MW级并网光伏电站系统”的“兆瓦级BIPV并网系统关键技术及工程化应用研究”和中国科学院电工研究所承担的“和景观、建筑结合的MW级并网光伏电站及关键设备研制”两课题分别于4月7日、4月25日通过验收。由上海太阳能科技有限公司承担的“兆瓦级BIPV并网系统关键技术及工程化应用研究”课题结合建筑物特点，开发了与建筑结合光伏并网电站工程化应用技术，研制了多种与建筑相结合的光伏组件，依托于上海太阳能工程技术研究中心建设工程，建成1.012MW光伏并网示范电站，解决了城市大型建筑MW级光伏建筑一体化（BIPV）并网示范电站设计技术和与建筑相结合的光伏组件实用技术，其研究成果在2010上海世博会永久场馆得到了应用，为上海世博会大型场馆光伏发电系统建设提供了有力的技术支撑及示范经验。“和景观、建筑结合的MW级并网光伏电站及关键设备研制”课题进行关键设备研制，并开展了和景观、建筑结合的并网光伏电站系统集成技术研究，在浙江义乌国际商贸城三期一阶段建成与景观建筑结合的1.295MWp并网光伏电站。

“高效节能工业泵阀节能技术开发与应用”课题通过验收

2011年4月，由合肥豪克化工设备节能工程技术公司等单位共同承担的“十一五”国家科技支撑计划“工业电机及典型泵阀节能关键技术”重点项目“高效节能工业泵阀节能技术开发与应用”课题在安徽合肥通过验收。课题针对石化用泵、蒸汽系统凝结水回收装置等典型产品的节能技术开发与应用，开展了高效水力模型、整体结构节能优化设计等关键技术研究，开发了离心泵、混流泵、贯流泵高效无过载水力模型，解决了泵的关键制造工艺、耐磨材料的配方和密封技术；攻克了蒸汽疏水阀凝结水回收装置的节能关键技术，研制的炼油装置塔底泵、电站脱硫泵、大型贯流泵平均效率比国内同类产品提高了5%以上；高效率的蒸汽系统疏水阀凝结水回收装置，可实现凝结水回收率95%。研制的节能产品已在石化、煤化工、电站、南水北调东线等领域成功应用。该项研究对提高蒸汽系统热能利用率，推动我国蒸汽管网系统节能产品和技术的推广与更新，增加热能的回收利用都有着积极作用。

一种新型太阳能电池引起广泛关注

厦门大学物理与机电工程学院康俊勇教授课题组研发成功一种新型太阳能电池，即将氧化锌和硒化锌两种宽带隙半导体材料用作太阳能电池，从而大大稳定了太阳能电池的性能并使其寿命延长。这也是国际上首次实现了宽带隙半导体在太阳能电池中的应用。英国皇家化学学会的《材料化学》杂志于2011年5月 发表了这一成果，在国际上引起广泛关注。经过深入研究，课题组发现，有两个制约“转化”的瓶颈：一是能否形成光生电流;二是能否提高宽带隙半导体的吸光率。

“1.5MW风电机组智能控制技术及在线监测技术”通过验收

2011年6月，“十一五”863 计划课题“1.5MW风电机组智能控制技术及在线监测技术”近日通过了科技部高技术中心组织的专家验收。该课题通过对1.5MW风电机组智能控制及在线监测技术的研究，完成了具有载荷优化控制、在线监测、故障诊断与预警等功能的智能化控制系统和远程监控系统。该系统在试验样机上通过了国内外权威部门的验证和测试，并在风电场示范运行10000小时以上，已实现了批量生产和规模化应用。课题实施过程中，共申请国家发明专利3项、实用新型专利3项；申请软件著作权8项；在国内外科技出版物上发表论文30篇。课题开发的具有载荷优化功能的智能控制系统，降低了机组的结构疲劳载荷，提高了机组的年发电量，增加了风电场的运行收益，减小了机组的维护成本，具备很强的市场竞争力。智能控制系统的批量化应用，代表我国大功率风电机组的控制技术已达到了国际先进水平。

“燃煤电厂烟气脱硫脱硝脱汞关键技术研究与工程示范”项目通过验收

6月15日，科技部组织专家在北京对“十一五”国家科技支撑计划“燃煤电厂烟气脱硫脱硝脱汞关键技术研究与工程示范”项目进行了项目验收。该项目针对我国燃煤电厂烟气脱硫、脱硝、脱汞技术能耗高、工艺不优化、国产化程度不高以及污染物协同处理能力差等行业共性问题，开展了广泛而深入的研究，在降低燃煤烟气污染控制工程建设成本，优化工艺技术等研究方面获得重要进展。项目开发了双相整流烟气脱硫、两级式烟气脱硝、石灰石活性在线测试技术等烟气脱硫新技术共8项，冷却塔烟气排放、吸收塔烟气直排等脱硫新工艺3项；烟气脱硝喷氨混合器、大流量低背压喷嘴等新装备7项；并建成了烟气流量规模国内最大的燃煤烟气脱硫脱硝脱汞示范工程，实现烟气净化技术的集成应用示范。项目共申请发明专利39项，主持和参与编制国家标准、行业标准各1项，开发的技术、工艺和装备已在我国多个燃煤电厂推广应用，取得了较好的经济和社会效益，为推动我国燃煤电厂烟气净化技术的发展起到了示范作用。通过两级式脱硝技术的示范应用，实现产值8000万元，节省工程造价1100万元，减少运行维护费500万元/年，每年可减少氮氧化物排放0.5万吨。

“下一代高性能纯电动轿车动力系统技术平台研发”课题启动

2011年6月22日，863计划“下一代高性能纯电动轿车动力系统技术平台研发”课题启动会在北京召开。科技部高新司张志宏副司长出席会议并讲话。下一代高性能纯电动轿车动力系统技术平台是综合当前电动汽车发展新形式，在我国两个五年计划电动汽车研发基础上提出的，将对我国电动汽车研发产生积极的影响。

“十一五”国家科技支撑计划“煤制烯烃”项目通过验收

2011年6月，“十一五”国家科技支撑计划“煤制烯烃”项目在北京通过了项目验收。该项目由流化床甲醇制丙烯（FMTP）催化剂研制及规模化生产技术开发、多段流化床反应器研究和工程放大技术开发、万吨级FMTP工业试验3个课题组成。经过1年半多的努力，建设了33吨（干基）/年SAPO-18/34分子筛原粉生产工业试验装置和300吨（干基）/年FMTP催化剂造粒试验装置，完成了27.5吨分子筛原粉和70吨FMTP成型催化剂的生产工作。采用自主开发的SAPO-18/34 FMTP催化剂和多段流化床技术，建成了3万吨/年甲醇处理量FMTP工业试验装置，甲醇单程转化率99.9%，丙烯选择性67.3%，吨丙烯甲醇消耗为3.39吨。FMTP工艺是具有国际领先水平的甲醇制取低碳烯烃新技术，该技术的成功开发对于我国综合利用能源，拓展煤炭清洁高效利用新途径，推动我国煤化工发展具有重要意义。

我国首座快中子堆实现并网发电

“风电场接入电力系统关键技术研究”项目通过验收

2011年6月，“十一五”国家科技支撑计划“风电场接入电力系统关键技术研究”项目在北京通过了验收。该项目由风电机组/风电场数学模型开发与验证、风电场接入电力系统的稳定性技术研究、风电场输出功率预测系统的开发及示范应用、风电场

控制技术研究及控制系统开发、风电场接入电力系统的输电可靠性分析与应用5个课题组成。经过3年的努力，开发了具有自主知识产权的风电机组/风电场静态与动态仿真模块，提出了提高风电接入后电力系统稳定控制措施，建立了风电场及风电场接入系统的可靠性分析模型，并提出相应的分析评估方法。开发了具有自主知识产权的风电功率预测系统，能够符合电网调度系统软件规范和安全防护要求，并成功投入实际应用。开发了风电场/变电站一体化的风电场综合监控系统，研制了风电场无功电压控制系统，实现利用双馈风电机组的无功调节能力对风电场的无功电压控制，并成功应用于风电场。本项目的研究和实施，对解决我国风电发展过程中遇到的关键技术难题发挥了重要作用，对促进电网与新能源发电协调发展，促进风力发电健康持续发展具有重要意义。

可再生能源与建筑集成技术研究与示范项目

“农村新能源开发与节能关键技术研究”重点项目通过验收

2011年7月，科技部农村科技司、条件财务司联合组织专家在北京对“十一五”国家科技支撑计划“农村新能源开发与节能关键技术研究”重点项目进行了验收。项目针对我国农村能源特点，主要围绕多家优势单位承担项目针对我国农村能源特点，围绕农村适用太阳能、生物质能、风/水/光能、低品位能等能源的开发与综合利用，开展了农村生活与建筑能源供应和节能集成技术研究。经过“十一五”攻关，探索了我国典型气候区农村能源利用模式，重点攻克了小品种畜禽粪便高效沼气技术、火炕与土暖气一体化复合技术、农宅被动式节能改造技术等农村能源利用新技术。开发出了农村高效太阳能空气集热器、农村配变多功能测控装置等关键装备。示范工程覆盖了黑龙江、河南、湖南、四川、西藏、浙江、广东等全国五个气候区的十余个省市、自治区，取得了良好的社会效益和经济效益，为我国新农村建设和村镇发展提供了重要的科技支撑。

“工业电机及典型泵阀节能关键技术”重点项目通过验收

2011年8月，“十一五”国家科技支撑计划“工业电机及典型泵阀节能关键技术”重点项通过科技部在北京组织的验收。该项目以节能为主线，研制了一批具有自主知识产权的高效、超高效工业电机、超高效专用稀土永磁电机、高效高压电机、变频装置、电化学工业电源、变频螺杆压缩机、疏水阀装置等高效节能产品，实现了推广应用和产业化；研制的典型石油化工流程泵、大型水利工程用泵、高炉煤气余压透平发电装置、大型空分配套等温型压缩机、大型板壳式和缠绕式换热器等一批重大产品实现自主化，打破了国外垄断的局面。项目形成试验基地、中试线、生产线61个（条），促进了行业的技术进步，并对相关行业的节能减排提供了有力的技术支撑。

长庆油田油气开发重大专项示范工程项目创新三项理论和七项技术取得一批重大成果

2011年7月，中国石油长庆油田承担的“大型油气田及煤层气开发”国家科技重大专项项目——鄂尔多斯盆地大型岩性地层油气藏勘探开发示范工程实施以来，形成了多项勘探开发配套技术和两大标志性技术成果，部分成果参加了“十一五”国家重大科技成就展。其中，大型缓坡型三角洲沉积模式、内陆坳陷湖盆砂体成因模式的创新和非达西渗流理论的发展，奠定低渗透油气藏勘探开发基础；低渗透油层多级加砂、多缝压裂技术及致密砂岩气田中低压集输等原始创新技术，打破国外技术垄断，达到国际领先水平；全数字多波地震储层预测、水平井不动管柱水力喷砂多段压裂工艺等引进吸收再创新技术，填补了国内技术空白；低渗透油藏测井定量评价和超前注水等集成创新技术具有重要示范意义。“鄂尔多斯盆地大型岩性地层油气藏勘探开发示范工程”取得的关键核心技术，为国家油气重大专项技术系列的形成提供有力保障，推动苏里格致密气藏和陇东超低渗透油藏的快速、规模增储上产，实现“产、学、研、用”的有机融合。

深圳大运会新能源汽车示范运行取得成功

我国首座快中子堆实现并网发电

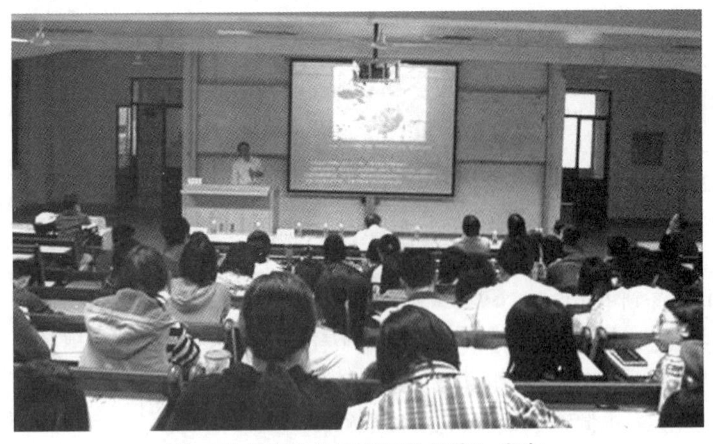
《第二次气候变化国家评估报告》发布

2011年7月21日，国家863计划支持的重大项目、我国第一座快中子堆——中国实验快堆于近日成功并网发电。中国实验快堆是中国实验快堆采用先进的池式结构，核热功率65MW，实验发电功率20MW，是目前世界上为数不多的大功率、具备发电功能的实验快堆，其主要系统具有固有的安全性，安全性已达到第四代核能系统要求。中国实验快堆成功并网发电，标志着我国在核能技术领域、建立可持续发展的先进核能系统上跨出了重要一步。

“生物质液体燃料产业化关键技术研究”项目通过验收

2011年7月15日，“十一五”国家科技支撑计划“生物质液体燃料产业化关键技术研究”项目在安徽省合肥市通过了验收。该项目经过3年多的科技攻关工作，研究了生物柴油原料预处理、固体催化剂制备工艺，研发了新型生物质热解液化技术与装置，建成了处理能力为200kg/h的试验线，使生物油成本低于每吨1000元；开展了秸秆碱法预处理、固态发酵产纤维素酶、混合糖发酵研究，建立了年产3000吨秸秆乙醇示范线。该项目所取得的成果为我国生物质液体燃料的进一步开发，提供了有利的科技基础和支撑。

“生物质高效水解制取生物汽油和丁醇新技术”课题通过验收

2011年7月，科技部农村司组织相关专家在辽宁省营口市对“十一五”863计划“生物质高效水解制取生物汽油和丁醇新技术”课题进行了验收。该课题以保障国家能源安全和维护生态环境为目标，以玉米芯、玉米秆等生物质为研究对象，在木质纤维素水解、糖发酵制丙酮丁醇、糖催化重整制生物汽油等方面的研究取得了重要突破，开发了微分式渗滤床低酸水解、高温液态水-超低酸与酶高效水解工艺、选育高耐受性、高转化率的己糖、戊糖和纤维二糖共发酵制取丙酮丁醇梭菌，并研制出高性能复合分子筛负载型水相重整镍基催化剂，该研究成果显著提升了我国在生物质高效水解和转化制取生物汽油和丁醇领域整体技术水平，并为进一步产业化应用推广奠定了基础。

“夏热冬冷地区建筑科学用能关键技术与装备研究及示范”项目通过验收

2011年7月下旬，“十一五”国家科技支撑计划“夏热冬冷地区建筑科学用能关键技术与装备研究及示范”项目通过了科技部主持的验收。该项目针对长江中下游地区研发了多种建筑材料与技术，与建筑节能降耗密切相关的热湿处理、供暖和供热水、可再生能源利用、高效蓄能和能量回收等技术，建筑物（群）全天候耦合能量传递优化控制等技术，节能建筑安全性、节能新技术和节能效果测评技术和方法、节能建筑用能监测及能源管理技术，植物纤维水泥复合生态墙板、草泥生态复合墙体、植物纤维水泥屋面等技术，建立了夏热冬冷地区气候及可再生能源资源分布基础数据库，并将成果应用于示范工程。项目申请中国专利122项，国际专利1项，其中中国发明专利38项已授权，国内使用新型专利27项授权，工程示范50万平方米。

全球首条丙烷分体式空调示范生产线竣工

全球首条碳氢制冷剂R290(俗称“丙烷”)分体式空调示范生产线2011年7月14日在珠海格力电器正式竣工，达到“国际领先”水平。R290冷媒空调生产线的建成，不仅将对我国乃至全球空调器行业环境友好技术的应用起到示范作用，也将对我国各行业全面履行环境国际公约、加速淘汰R22制冷剂(又称“氟利昂”)起到积极的推动作用。这是中国企业在新冷媒技术的研究和应用上首次走在国际前列。

我国首座快堆成功并网发电

2011年 7月21日　在北京西南郊的中国实验快堆主控室，我国首座快堆发出强大电流，开始源源不断地输往华北电网，从而实现了我国首座快堆成功并网发电的目标。专家指出，这一国家“863”计划重大项目目标的全面实现，标志着列入国家中长期科技发展规划前沿技术的快堆技术取得重大突破。也标志着我国在占领核能技术制高点，建立可持续发展的先进核能系统上跨出了重要的一步。

中国实验快堆是我国快中子增殖反应堆(快堆)发展的第一步，安全性已达到第四代核能系统要求。在长达20多年的研发过程中，我国全面掌握了快堆技术，取得了一大批自主创新成果和专利，实现了实验快堆的自主研究、自主设计、自主建造、自主运行和自主管理，形成了完整的研发能力，并培养了一批优秀的技术人才队伍。

油气开发重大专项稠油开发技术取得重大突破

截至2011年8月20日，辽河油田曙一区稠油蒸汽辅助重力泄油（SAGD）区日产原油稳定在1545吨以上，并且呈上升趋势，原油年产达到57万吨，比蒸汽吞吐方式增油36万吨。这标志着油气开发重大专项课题SAGD试验及配套技术取得喜人成果。辽河油田从实际出发，在SAGD先导试验跟踪研究的基础上，开展已开发油田转SAGD开发关键技术研究，并进行配套工艺技术攻关，成功突破中深层超稠油油藏吞吐后期转SAGD开发技术瓶颈，解决黏度大、埋藏深和布井方式难的技术难题，形成直平和双水平井组合布井方式。SAGD开发技术突破中深层超稠油油藏提高SAGD采收率操作界限，填补国内外空白。

“可再生能源与建筑集成技术研究与示范”项目通过验收

2011年9月，科技部高新司在北京组织召开“十一五”国家科技支撑计划“可再生能源与建筑集成技术研究与示范”项目验收会。项目研制出建筑用系列新型定形相变材料、建筑板材和暖通空调末端，开发了高效除湿材料及生产工艺和膜全热交换器；针对可再生能源系统与建筑的接口技术，开展了太阳能建筑一体化技术与系统研究，实现了几种太阳能空调制冷设备的定型化、系列化；研制出多种新型太阳能集热模块和构件，建设了空气集热器性能检测平台。建立了示范工程标准化管理体系和面向公众的推广平台，建成了部分新产品的示范生产线，完成了涵盖各主要气候区的示范工程。

“水泥生产过程余热发电技术与装备开发”项目通过验收

2011年9月9日，“十一五”国家科技支撑计划“水泥生产过程余热发电技术与装备开发”项目通过科技部高新司在安徽芜湖市组织主持的验收。该项目针对水泥窑余热资源特点，开发了闪蒸热力系统技术，完成了窑头、窑尾余热锅炉补气凝气式气能发电机组等余热发电关键装备国产化开发；开发了水泥余热发电智能化集散控制系统，开发并实施了30500kW的纯低温余热发电机组，运行效果良好；开发了水泥低温余热发电成套技术，实现了余热发电系统与水泥窑安全、稳定、高效运行。该项目的实施进一步提高了国内相关装备制造企业的研发水平，建立了企业之间、行业之间相互支撑的研发体系，形成了不同规模水泥熟料生产线配套余热发电工程的系列化设计标准，已获得国家多项专利，截至2010年底，已成功推广应用于国内外208条水泥熟料生产线，设计总装机容量达到1734MW，取得了显著的社会、经济和环境效益。

深圳大运会新能源汽车示范运行取得成功

第26届世界大学生夏季运动会于8月12-23日在深圳举办。在国家科技支撑计划支持下，围绕绿色、低碳、科技大运会宗旨，深圳市编制了大运会新能源汽车示范运行方案，在大运会期间实际投入示范运行1995辆新能源汽车。除40辆纯电动大巴作为大运会专用车及50辆纯电动出租车作为大运会保点车外，大部分车辆投放在全市128条公交线路，覆盖全部44个赛事场馆。据不完全统计，大运会期间，各类新能源汽车累计安全行驶里程超过400万公里，载客量突破604万人次，未发生一次安全事故。其中，62辆燃料电池场地车从8月6日投入大运村至大运会闭幕的17天时间里，累计安全运行4950小时，行驶里程达35400公里，共发867个车次、11790班次，累计运送人员达45.9万人次，得到了大运村管委会及各国运动员、教练员和赛会官员的一致好评。由57座公交充电站组成的公交充电网络和1座临时加氢站于7月30日建成并投入使用。大运会期间，每日充电约800辆次，充电量约为5万千瓦时；累计充电约9600辆次，充电量约为60万千瓦时。充电站网络自启用未出现安全问题。与使用传统燃油车相比，大运会新能源汽车示范运行为深圳市减少了1028吨二氧化碳的排放量。其中，混合动力公交车减少了73吨二氧化碳的排放量，纯电动公交车减少了250吨二氧化碳的排放量，纯电动出租车减少了705吨二氧化碳的排放量。

"40000KVA密闭式电石炉清洁生产技术及电石炉尾气提纯与处理关键技术开发"项目通过验收

2011年9月，由国家发展改革委支持、新疆天业（集团）有限公司承担的国家重大产业技术开发项目——40000KVA密闭式电石炉清洁生产技术及电石炉尾气提纯与处理关键技术开发项目通过专家验收。项目针对国内电石行业中小型电石炉能耗高、效率低、污染治理难和炉气资源回收利用难等问题进行技术开发，完成了40000kVA密闭式电石炉相关生产设备的开发和制造，研发了电石炉清洁生产技术，电石炉尾气提纯及处理技术和粉料制球返炉技术，整体技术达到国内领先水平。通过项目实施，建成了单炉产能达7万吨国内规模最大的电石炉，提升了电石行业技术装备水平，解决了电石行业尾气净化与提纯的关键共性技术，有力推进了电石行业的装备升级、节能降耗、污染减排和清洁生产。该项目技术已推广应用到天业二期40万吨聚氯乙烯配套64万吨电石项目中，具有很好的经济、环保和社会效益。

世界最先进第三代核反应堆主管道实现国产化

2011年10月26日，由中船重工集团公司渤海造船厂集团有限公司承制的三门核电1号机组反应堆主冷却剂管道实现首批交付。这是世界上首套AP1000核反应堆不锈钢锻造主冷却剂管道设备，其交付标志着世界最先进的三代核电关键部件实现"中国造"，对保证AP1000核电站首堆建设的工程进度具有重要意义。AP1000核电技术是我国从美国西屋公司引进的第三代核电技术，也是当前世界上技术最先进、安全性能最高的压水堆非能动型核电技术。从2005年初开始，渤船集团所属国家级企业技术中心就开展了三代核电主管道弯制技术预先研究。

"国家燃料电池汽车及动力系统工程技术研究中心"通过验收

2011年10月，国家燃料电池汽车及动力系统工程技术研究中心通过科技部的验收。该中心通过研发平台建设、关键技术突破、人员培训、成果转化、学术交流等，新增了硬件在环仿真开发、动力系统匹配、PCU综合测试环境和带环境舱的燃料电池发动机测试4个研发平台，完成了燃料电池汽车集成与匹配、燃料电池汽车及动力系统控制和试验、燃料电池汽车高压氢气供应3项关键共性技术研发等。中心已建立了较完整的燃料电池汽车及动力系统开发条件，拥有了较完备的科研开发平台和仪器设备，具备比较完善的燃料电池技术开发人才队伍。

"十一五"国家863计划燃料电池课题通过验收

2011年10月，"十一五"国家863计划节能与新能源汽车重大项目"国产质子交换膜燃料电池电堆及关键材料的研制开发"和"燃料电池汽车发动机集成与控制及可靠性关键技术研究与开发"两个课题验收会在大连通过科技部组织的验收。通过"国产质子交换膜燃料电池电堆及关键材料的研制开发"课题的实施，课题承担单位开发出了全氟磺酸树脂、复合质子交换膜、炭纸、催化剂、金属双极板等关键材料及其小批量生产工艺；以国产关键材料为基础研发出的电堆重量比功率和体积比功率分别为814W/kg、1043W/L，成本降低约50%，寿命超过4000小时；由国产材料电堆模块组装的车用燃料电池发动机参加了2010年上海世博会电动汽车示范项目测试，电堆模块输出功率达到62kW。同时该课题建立和完善了关键材料和部件的专项测试方法与平台，形成了相应的企业规范和标准。通过"燃料电池汽车发动机集成与控制及可靠性关键技术研究与开发"课题的实施，新源动力研发了新一代膜基MEA技术和模压薄金属双极板等燃料电池零部件技术，基于零部件技术进步，开发了新一代电堆及燃料电池发动机整机，在整机性能、系统架构、可靠性等方面取得突破，在不损失效率前提下，发动机额定工作电流大幅提升，电堆模块功率密度提升60%，发动机集成度高，零部件车用化度大幅增加，由于功率密度的提升，大幅减少燃料电池关键材料用量，贵金属用量由2.8g/kW降至1.1g/kW，达到国际先进水平；完善了燃料电池发动机开发平台，初步形成了燃料电池发动机小批量制造能力；所研发的40台燃料电池发动机应用于2010年上海世博会燃料电池汽车规模示范运行，示范期间运行安全稳定，累计运行里程约13万公里。

"锂离子动力电池系统产业化技术研究"课题通过验收

2011年11月11日，"十一五"国家863计划"节能与新能源汽车"重大项目"锂离子动力电池系统产业化技术研究"课题在天津通过验收。课题组加强电池关键材料攻关，研发的隔膜、负极材料可替代进口同类产品，实现了动力锂离子电池关键材料的国产化，开发出具有自主知识产权的三种能量型电池和三种功率型电池，并形成为10万辆车配套的年生产能力。

《第二次气候变化国家评估报告》发布

2011年11月15日，科学技术部、中国气象局和中国科学院在北京联合召开《第二次气候变化国家评估报告》发布与专家解读会。会上，报告编写领导小组组长、国务院参事刘燕华介绍了报告编写过程。受编写专家组组长秦大河院士委托，编写专家组办公室主任、国家气候中心罗勇副主任介绍了《第二次气候变化国家评估报告》的主要结论，对我国气候变化的科学事实、影响与适应、减缓等内容进行解读，并与中国农业科学院林而达研究员、国家发展改革委能源所徐华清研究员等报告编写领衔专家共同回答了记者的提问。会议由科技部社会发展科技司司长马燕合主持。

《第二次气候变化国家评估报告》编制工作于2008年12月启动，由科技部、中国气象局、中国科学院牵头，会同外交部、国家发展和改革委员会、环保部、教育部、农业部、水利部、国家林业局、国家海洋局、国家自然科学基金委员会等部委组成了编写领导小组和编写专家组组织实施。此次评估报告的编制工作，先后六易其稿，历经多次部门和专家评审，凝练成文。

《第二次气候变化国家评估报告》全面、系统汇集我国应对气候变化有关科学、技术、经济和社会研究成果，客观地反映了我国科学界在气候变化领域的研究进展。《第二次气候变化国家评估报告》与第一次《气候变化国家评估报告》相比，还增加了气候变化有关评估方法等内容。报告注意将评估结论建立在坚实的科学研究基础之上，可供国家和地方各级应对气候变化管理部门决策参考以及应对气候变化专家学者开展科研参考使用。

“车用永磁驱动电机系统产业化集成技术研究”课题通过验收

2011年11月26日，由上海安乃达驱动技术有限公司、上海电驱动有限公司牵头承担的国家863计划“节能与新能源汽车”项目“车用永磁驱动电机系统产业化集成技术研究”课题通过验收。通过三年的持续研发和试验，课题组开发出了具有自主知识产权、适用于燃料电池汽车、纯电动汽车和混合动力汽车的四大类车用永磁电机及其控制系列化产品，技术水平达到国际先进，混合动力汽车和纯电驱动汽车用电机及其控制系统均有成熟产品批量生产；完成20种车用电机及其控制系统第三方检测，列入国内多个汽车企业的新能源汽车公告目录产品；为多个国内主流的整车企业进行同步开发，产品在国内电动汽车市场的覆盖率超过50%；为多个国外整车企业提供了多套样品装车成功；完成了智能功率模块、电力电子集成控制器样机开发，完成了车用电工钢、位置转速传感器系列化产品开发与产业化，并批量应用于电动汽车领域，带动了车用电驱动系统产业链的发展。

“大型光伏并网系统设计集成技术研究及装备研制”重大项目启动

2011年12月10日，由国电集团龙源电力公司牵头承担，青海省电力公司、中国电科院、中科院电工所等单位参加的“十二五”先期立项的863计划重大项目“大型光伏并网系统设计集成技术研究及装备研制”在京启动。本项目的实施，不仅有助于解决规模化光伏发电并网的技术难题，对推动青海省经济发展和产业结构调整也有重要意义。

“双高”能源甘蔗优良种苗培育及高效生产高技术产业化示范工程项目竣工验收

2011年，广东大华糖业有限公司“双高”能源甘蔗优良种苗培育及高效生产高技术产业化示范工程项目日前通过竣工验收。项目总投资7664万元，项目建成“双高”能源甘蔗原种基地1000亩、良种基地3000亩以及研发中心等，形成年产能源甘蔗128万吨及6万吨甘蔗专用复混肥的生产能力。

“年产10万吨棉籽油转化生物柴油高技术产业化示范工程”项目竣工验收

2011年，国家发展改革委批准的山东创世纪生物技术有限公司年产10万吨棉籽油转化生物柴油高技术产业化示范工程项目日前完成竣工验收。项目通过建设形成年产生物柴油10万吨，副产品2.26万吨甘油、2400吨废渣燃油和1800吨燃油渣的生产能力。项目采用酸溶处理加多级式淬取等技术，实现新型锂离子电池正极材料的产业化，形成年产1000吨金属镍钴、500吨镍钴锰酸锂和500吨磷酸铁锂的生产能力。项目建设地点宁夏石嘴山市。

“年产1万吨生物质降解材料高技术产业化示范工程”项目竣工验收

2011年，国家发展改革委批准建设的浙江华发生态科技有限公司年产1万吨生物质降解材料高技术产业化示范工程项目完成竣工验收。项目建成生物质降解材料示范生产线等，形成年产生物质降解材料1万吨的生产能力。

“信息产业专用大功率锂离子电池负极材料产业化”项目验收

2011年，由国家发展改革委支持建设的“信息产业专用大功率锂离子电池负极材料产业化”项目完成验收。该项目由宁波杉杉新材料科技有限公司承担建设，形成了大功率锂离子电池负极材料的批量生产能力。

“年产10万吨棉籽油转化生物柴油高技术产业化示范工程”项目竣工验收

山东创世纪生物技术有限公司年产10万吨棉籽油转化生物柴油高技术产业化示范工程项目日前竣工验收。项目通过建设形成年产生物柴油10万吨，副产品2.26万吨甘油、2400吨废渣燃油和1800吨燃油渣的生产能力。

“高温高压干熄焦余热锅炉技术的开发“项目通过验收

2011年，由国家发展改革委支持、苏州海陆重工股份有限公司承担的国家重大产业技术开发项目——高温高压干熄焦余热锅炉技术的开发项目通过专家验收。该项目研究了锅炉各受热面悬吊形式的实施方案、尾部烟道中受热面的布置、炉墙结构及水冷壁结构形式的布置技术、受热面管子的防磨技术、总体密封技术、水循环安全性研究等，完成了高温高压系列的干熄焦余热锅炉的开发和制造。通过项目实施，取得了6项实用新型专利，申请7项发明专利。经测试，锅炉热效率达到89.04%，产品性能指标达到国际先进水平，取得了良好的经济和社会效益。

“半导体照明用蓝宝石基片产业化”项目完成验收

2011年，由国家发展改革委支持建设的“半导体照明用蓝宝石基片产业化”项目完成验收。该项目由云南玉溪蓝晶科技有限责任公司承担建设，形成了半导体照明用蓝宝石基片的批量生产能力。

“烧结余热高效回收发电关键技术开发“项目通过验收

2011年，由国家发展改革委支持、安阳钢铁股份有限公司承担的国家重大产业技术开发项目——烧结余热高效回收发电关键技术开发项目通过专家验收。该项技术指标已达到国际先进水平。通过项目的实施，形成具有自主知识产权的中低温余热发电关键技术，申请国家发明专利1项，获国家实用新型专利2项，具有显著的经济效益、节能效益和社会效益。

>>>

低碳能源
节能与新能源汽车

清洁能源和再生能源

《中国低碳年鉴》编辑部

低碳能源主要包括清洁能源和可再生能源。2011年是“十二五”开局之年，中国能源行业遇到来自外界和内在的各种冲击，中国在全球应对气候谈判中承受的减排压力，国内类似渤海湾油田漏油的环境事件、日本核泄漏事故引发的中国式核电反思等，从各个层面影响着2011年的能源行业的发展，加速了能源行业结构调整的进程。

全国人大十一届四次会议通过的“十二五”发展规划中，明确推动能源生产和利用方式的变革，包括坚持节约优先、立足国内、多元发展、保护环境，加强国际互利合作，调整优化能源结构，构建安全、稳定、经济、清洁的现代能源产业体系。为此，2011年采取了一系列重大举措。包括：一年内三次上调电价，4月10日，上调全国16个省（区、市）上网电价；6月1日，上调15个省份销售及上网电价；11月30日，上调全国销售电价和上网电价，并推出居民阶梯电价的全国性指导意见；8月5日，国家能源局发布“大型风电场并网技术规范”等18项重要标准。与此同时，国家能源局从地方政府回收审核权，地方政府不再拥有对5万千瓦以下的陆上风电场项目的审核权；8月初，国家发改委发出《关于完善太阳能光伏发电上网电价政策的通知》，确定2011年7月1日以前核准建设、2011年12月31日建成投产、国家发改委尚未核定价格的太阳能光伏发电项目，上网电价统一核定为每千瓦时1.15元；9月，《火电厂大气污染物排放标准》发布，被称为“史上最严标准”，火电企业为此将承受较大的成本压力；11月1日，《中华人民共和国资源税暂行条例实施细则》施行，原油、天然气的资源税税率定为销售额的5%～10%；煤炭资源税维持从量计征方式，其中焦煤资源税率为每吨8～20元，其他煤炭资源税率为每吨0.35元。此外，稀土矿资源税率为每吨0.4～60元；12月26日，国家发改委在广东、广西两省（区）开展天然气价格形成机制改革试点，推动了能源结构发生重大变化，“开源节流”已成为主旋律，促使传统能源将得到更有效的利用，可再生能源和新能源将获得更充分地发展。国家能源局提出，“十二五”以及未来长远电力投资发展战略为“优先开发水电、优化发展煤电、大力发展核电、积极推进新能源(风能、太阳能、生物质能等)发电”。2011年12月15日，国家能源局披露了中国可再生能源“十二五”发展规划目标。规划提出，到2015年，我国将努力建立有竞争性的可再生能源产业体系，风电、太阳能、生物质能、太阳能热利用及核电等非化石能源开发总量将达到4.8亿吨标准煤。其中，到2015年，风电将达到装机容量1亿千瓦，年发电量1900亿千瓦时，其中海上风电达500万千瓦；太阳能发电将达到1500万千瓦，年发电量200亿千瓦时。更为关键的是，我国可再生能源的发展，需要克服发电、上网和市场消纳三大障碍，而三大障碍的消除，单纯依靠技术进步是不可能实现的，必须进行重大的制度创新。对此，能源局将推出可再生能源电力配额制。2012年1月6日至7日，全国能源工作会议明确“十二五”能源发展思路：一方面控制传统能源消费总量，提高能源利用效率；一方面则要加快开发新能源和可再生能源。

在这样明确的思想、目标、规划的指引下，2011年是低碳能源发展迅速的一年。水电装机达到2.3亿千瓦，在建规模5500万千瓦。新开工糯扎渡等9个大型水电站，装机规模1260万千瓦。风电装机容量已经占据世界第一，超过4000万千瓦，风电并网容量新增1600万千瓦，累计达到4700万千瓦；年发电量800亿千瓦时，同比增长60%以上。光伏发电增长强劲，装机容量达到300万千瓦，比上年增加3倍以上。光热产量多年来保持世界第一，代替了2000万吨标准煤；太阳能光伏电池从2007年开始连续4年世界第一，2011年产量占全球的45%。

2011年7月9日至10日，国家能源局、财政部、农业部联合召开全国农村能源工作会议，这是近30年来国家部委第一次围绕农村能源召开专题会议。会议明确了农村能源重点工作：一是全面启动绿色能源示范县建设。到2015年，要建成200个绿色能源示范县；二是实施新一轮农网改造升级工程，实现城乡用电同网同价目标。通过扩大电网覆盖面与使用小型分散可再生能源开发利用，到2015年力争全部解决500万无电人口的用电问题；三是大力发展农村可再生能源。到2015年，生物质发电装机达到1300万千瓦，集中供气达到300万户，成型燃料年利用量达到2000万吨，生物燃料乙醇年利用量达到300万吨，生物柴油年利用量达到150万吨。建成1000个太阳能示范村。

2011年是我国精心谋划能源长远发展的一年。能源科技、煤层气、电力、煤炭、炼油、天然气、可再生能源

（包括水电、风电、太阳能、生物质能）、页岩气、煤炭深加工示范等18项规划，经国家能源局局长办公会审议通过，将陆续颁布实施。合理控制能源消费总量取得重要进展，统一了思想，形成了共识，初步形成了工作方案。增加能源科研投入，新设立第三批21家国家能源研发中心及重点实验室，首批13个能源应用技术研究及工程示范项目科研专项，在能源科技进步和重大装备国产化方面取得一批重大成果。

经过多年的培育和推进，中国已成为全球可再生能源大国。到2020年，中国非化石能源消费量占一次能源消费比重要达15%。这是国务院总理温家宝2009年12月在哥本哈根气候变化大会上对世界做出的承诺。“十二五”规划纲要则进一步提出，到2015年非化石能源占一次能源消费总量比重达11.4%。“十二五”开局之年的2011年，包括水电、核电、风电及太阳能发电在内的非化石能源全年发电量占能源消费总体比重仍较低，特别是其中份量最大的水电和核电占比与11.4%目标下所对应的数字相差较大。中电联发布的《2011年全国电力工业统计快报》显示，2011年全年全社会用电量46928亿千瓦时，新增装机容量9041万千瓦，年底发电装机容量达到10.56亿千瓦，其中水电、核电、风电等非火电类型发电装机容量比重达到27.50%。2011年电力工业统计数据，2011年全年水、核、风等非火电2011年全年发电量占全部总发电量的比重则仅达17%，与装机比重相差10多个百分点。

综合相关数据粗算，2011年全年水电发电量达6626亿千瓦时，核电、风电和太阳能发电量分别为874亿、732亿和32亿千瓦时。按每千瓦时折合0.404千克标煤来换算，2011年全年水、核、风和光四大主体非化石能源消费量约合3.2亿吨标煤，占到2011年全年能源消费总量（约34亿吨标煤）的9.4%，这一数字比“十二五”11.4%的目标低出2个百分点。

水电：从大国走向强国

能源是最重要的支柱产业，水电是能源中不可替代的重要组成部分。中央高度重视水电事业的发展，在保证生态和农民利益的前提下，加快水能能源开发利用。经过几代人的努力，中国水电走过了一百年不平凡的光荣历程，成为全球水电大国，2010年底中国水电装机达到2.13亿千瓦，居世界第一。“十一五”期间，水电投产9000千瓦，全国水电装机突破2亿千瓦。从石龙坝开始，中国水电建设走了一百年，前95年水电投产1.1亿万千瓦，最后这五年水电投产9000万千瓦。发电设备、水轮机能做到单机70万千瓦，各种复杂水电建设、技术都达到国际前列；设计、施工、制造全面达到国际先进水平，皆为世人瞩目。

目前我国拥有百万千瓦及以上大型水电站100余座，绝大部分集中在15个水电基地，总装机容量超过3.4亿千瓦。其中已建成有20座，在建和待建90余座。单站装机容量在300万千瓦以上的电站有30座，总装机容量1.9867亿千瓦，这些电站在我国水电开发中具有十分重要的地位，其中已建成2座，在建10座，正在核准的2座，正在进行可研的4座，进行预可研的3座，正在规划的1座，已完勘测的8座。这30座大型电站中，总装机容量超过500万千瓦的电站有11座，超过1000万千瓦的电站有7座，超过2000万kW的特大电站有2～3座，其中雅鲁藏布江大拐弯处的墨脱电站单站装机容量可达4000万千瓦。

一、水电实现了“十二五”开门红

我国已向世界承诺到2020年单位国内生产总值二氧化碳排放比2005年下降40%至45%，非化石能源占一次能源消费的15%左右。电力工业“十二五”规划报告提出了优先发展水电的方针，这是保障国家能源安全、应对气候变化、落实对世界承诺、实现可持续发展的必然选择。2011年水电实现了“十二五”开门红，全年新增水电装机预计超过1500万千瓦，全国水电装机累计超过了2.2亿千瓦。水电事业的快速发展，为加快转变经济发展方式，促进低碳经济发展和节能减排作出了重要贡献。2011年，全国平均降水量556.8毫米，比常年偏少9%，为60年来最少，特别是南方部分省市出现了历史罕见的汛期抗旱现象。受此影响，全国重点水电厂来水总体偏枯，水电发电明显回落。据国家电网公司统计，全国水力发电量6205亿千瓦时，同比下降5.5%。从区域分布看，除黄河流域降水偏多外，其他流域降水都偏少，其中长江流域降水量是33年来最少，红水河、澜沧江流域降水量偏少接近50%。湖南、贵州两省年降水量为1951年以来最少，导致水电出力大幅减少，严重影响了本地电力供应和西电东送计划的完成。

二、独特的中国小水电

中国水电在世界上具有广泛影响，被形象地概括为一大一小。“大”的就是举世闻名的三峡工程，“小”的就

是星罗棋布、遍布全国的小水电。小水电是指装机容量5万千瓦及以下的水电站。小水电在中国已有百年历史。新中国成立后，特别是改革开放以来，在邓小平同志亲自倡导下，结合农村电气化建设，我国小水电发展迅速，至今已建成小水电站4.5万座，装机容量5400多万千瓦，年发电量1600多亿千瓦时，装机容量和发电量约占全国水电的30%。小水电的发展开创了中国特色农村电气化道路，为我国农村经济社会发展做出了巨大贡献。

小水电是国际公认和我国《可再生能源法》确定的可再生能源，与其他能源相比，具有突出优势。一是资源最丰富。我国小水电技术可开发量1.28亿千瓦，居世界第一位，分布在全国30个省（市、自治区）的1715个县（市），与我国贫困人口、退耕还林区、自然保护区、天然林保护区和水土流失重点治理区的分布基本一致，其中398个县是国家级扶贫重点县。二是技术最成熟。小水电没有大量水体集中和移民，规模适宜，已有100多年历史，是大规模开发利用最早、技术最成熟的可再生能源。我国在小水电规划、设计、施工、设备制造、运行管理等方面都已处于世界领先行列，向50多个国家的数百个项目提供了技术咨询、对外劳务和工程承包，为60多个国家培训了数千名工程技术人员。三是成本最经济。从全国平均上网电价来看，目前火电为0.36元/千瓦时，核电为0.50元/千瓦时，风电大体为0.55元/千瓦时，太阳能标杆电价为1.09元/千瓦时，小水电仅为0.27元/千瓦时。

新的形势呼唤着小水电的进一步发展。生态文明需要小水电。减少了温室气体排放，小水电替代化石能源，减少温室气体和污染物排放效果明显。2009年小水电发电量相当于2个三峡水电站，为1600多亿千瓦时，替代燃煤发电，相当于节约了5500万吨标准煤，减少二氧化碳排放1.4亿吨，二氧化硫排放70多万吨；保护了森林植被，在水电农村电气化建设中的“以电代柴”，对保护森林植被发挥了很大作用。

特别是2003年启动的小水电代燃料工程，通过开发山区丰富的小水电资源，为农民提供廉价的电力，在已完成的试点和扩大试点工作中有100多万山区农民实现了小水电代燃料，改变了他们依靠砍伐树木作为生活用能的传统生活方式，保护森林面积400多万亩，巩固了退耕还林，避免了水土流失，恢复了青山绿水；改善了生产生活条件，通过开发小水电，初步治理了数千条中小河流，形成水库库容2000多亿立方米、有效灌溉面积上亿亩，在保障山区防洪安全、改善灌溉和供水条件等方面发挥了重要作用，使封闭的山村有了电、供了水、通了路、改了厨，农村科学技术不断普及，农民生活习惯发生了很大改变，逐步形成了健康文明的生活方式。通过发展小水电，全国二分之一的地域、三分之一的县市、3亿多农村无电人口用上了电，可以说，“用水点灯”照亮了广袤山村。经过６０多年的发展，目前我国已建成小水电站４５０００座，装机容量５９００多万千瓦，年发电量２０００多亿千瓦时，约占全国水电装机和年发电量的３０％。小水电被誉为山区的“夜明珠”“小太阳”和“点燃大山希望的德政工程”，深受群众欢迎。在小水电的发展过程中，各地创造了很多经验和做法，并逐步上升为国家的方针政策。例如，小水电自建、自管、自用的“三自”方针，“优先调度”“全额上网、同网同价”“小水电企业执行６％增值税率”等扶持政策。另外，国家连续５个“五年计划”开展水电农村电气化县建设，从“十一五”开始全面实施小水电代燃料生态保护工程，国家每年安排专项资金引导小水电科学有序开发。水利部在全国开展了专项行动，共清查整改了５２００多座违规水电站，会同相关部门联合下发了《关于加强小水电安全生产工作的通知》。湖南、吉林、贵州、辽宁、广东等１０多个省份出台了水能资源管理的地方性法规，陕西就小水电站如何确保下泄生态流量进行了明确规定，浙江实施了“农村水电千站惠农保安工程”，广东鼓励、引导资源所在地村民采取多种方式参股兴办电站，分享水电发展成果。

目前我国小水电的开发率只有４６％，与发达国家平均７０％至８０％的开发率相比，潜力还很大。按照规划，发展小水电要实现四个转变：从过去强调水能的充分利用，转变为有限、有序、有偿开发水能资源；从强调发电功能，转变为更加重视发挥水工程的生态功能和环境效应；从注重经济效益，转变为更加重视地方发展和农民利益；从重视新建项目开发，转变为更加注重对原有电站的增效扩容改造和持续利用。具体来说，要加大政府投入，把水电新农村电气化县建设、小水电代燃料工程、农村水电增效扩容改造试点等项目建成保护生态、农民受益、安全可靠、良性运行的样板工程，引导小水电健康、有序开发。同时，出台配套政策，使小水电能享受到作为可再生能源的上网、电价、税收等国家扶持政策。鼓励农民以股份制、合作制等方式开发小水电，允许农民用所征土地补偿费入股，拓宽受益渠道。按照谁开发谁保护、谁受益谁补偿的原则，探索建立生态补偿机制和环境恢复治理责任制。

三、全面强化管理，确保在移民和环境保护的基础上有序发展水电

2011年5月17日国家能源局发出《关于加强水电建设管理的通知》(国能新能[2011]156号)，要求加强水电工程前期设计工作，主要是查明工程建设条件，确定工程建设方案和移民安置方案；高度重视水电工程建设质量，落实建设质量管理主体责任，发挥好建设监理的作用，切实加强施工质量管理，发挥工程质量监督作用；认真做好移民安置工作，落实地方各级政府工作责任，加强移民安置实施工作，建设单位要积极参与移民安置工作，加强设管理和综合监理工作，加强移民干部培训和移民生产技能培训。建立移民突发事件应急管理机制。《通知》强调各有关单位和相关部门要按照上述要求，高度重视，加强领导，各尽其责，切实提高水电工程的建设质量，统筹做好移民安置工作，促进我国水电建设健康、和谐、可持续发展，确保实现“十二五”规划纲要制定的水电发展目标。

2011年5月18日国务院总理温家宝主持召开国务院常务会议，讨论通过《三峡后续工作规划》和《长江中下游流域水污染防治规划》。会议指出，在党中央、国务院的坚强领导和全国人民的大力支持下，经过十七年艰苦努力，三峡工程初步设计建设任务如期完成，防洪、发电、航运、水资源利用等综合效益开始全面发挥。三峡工程在发挥巨大综合效益的同时，在移民安稳致富、生态环境保护、地质灾害防治等方面还存在一些亟需解决的问题，对长江中下游航运、灌溉、供水等也产生了一定影响。会议强调，开展三峡后续工作，必须坚持以人为本、关注民生，保护环境、持续发展，统筹兼顾、突出重点，国家扶持、多元投入，区分缓急、分步实施的原则。关于《长江中下游流域水污染防治规划》，会议指出由于经济社会发展迅速，流域水污染问题日渐突出，饮用水水源和水生态安全面临考验。“十二五”时期，必须坚持分区控制、突出重点，统筹规划、综合治理，海陆兼顾、河海统筹，以优化经济结构和产业布局为重点，综合运用工程、技术和生态的方法，加大生态环境保护和建设力度，全面提升流域及近岸海域水污染治理和环境监管水平，保障饮用水水源地水质安全，解决突出的流域水环境问题，促进流域经济社会可持续发展。会议要求加强项目管理，保证工程质量；开展考核评估，确保规划顺利实施。

这些，既是对三峡后续工作和《长江中下游流域水污染防治规划》提出的方针、目标和要求，也是对全国水电敲响了警钟，发出了动员令。

为加强水电工程建设管理，规范验收工作，保障水电工程安全及上下游人民生命财产安全，促进水电建设持续健康发展，2011年8月13日国家能源局发出《关于印发水电工程验收管理办法的通知》（国能新能〔2011〕263号），使水电工程建设管理、规范验收，有法可依，违法必究。

2011年12月27日，国家发改委联合环保部出台了《河流水电规划报告及规划环境影响报告书审查暂行办法》。该《办法》不仅成为2011年出台的一系列水电开发规程规范的最后一笔，同时也传达了一个声音，那就是此后的水电开发，要求将会更加严格。

2011年，国家能源局和国家发改委一共出台了6个关于水电开发的文件，除上述的3个之外，还有《水电工程概算调整管理办法（试行）》（国能新能【2011】92号）、《水电工程勘察设计管理办法和水电工程设计变更管理办法》（国能新能【2011】361号）、《关于进一步做好抽水蓄能电站建设的通知》（国能新能【2011】242号）。

上述文件从宏观和具体操作两个层面进一步规范了水电建设从规划、审查到建设管理运行方面的做法，提出了具体要求。例如，以被热议的《河流水电规划报告及规划环境影响报告书审查暂行办法》，就规定了将来水电开发一定要注重做好群众工作。其中特别强调，将审查公众意见采纳情况及改进措施的有效性，如果环境影响报告书不采纳公众意见的理由或者理由明显不合理，将会被退回。

核　能

一、大力发展核能已成为我国能源中长期发展的战略重点

核能具有绿色、高效、低碳排放和可规模生产的突出优势，在世界范围内全面复兴——在国际上被称为“核文艺复兴”。据统计，截止到2010年10月，全世界共有441座反应堆在运行，总装机容量达到376.3GW，为全球提供大约16%的电力；法国、瑞士等18个发达国家的核电超过本国供电的20%。

历经30余年发展，中国“十一五”期间核电建设可用“迅速”形容。2005年新开工1台机组，2006年新开工2台机组，2007年新开工2台机组，2008年开工6台机组，2009年开工9台机组，2010年开工8台机组。2010年底我国核电在运行13个核电机组，装机容量为10.234兆瓦，约占全国发电总量的1.5%。

2011年3月11日，由于地震及海啸影响，日本福岛核电站发生核泄漏。面对本次核危机，由于政治制度、能源结构、经济发展的差异，各国政府对于核电的态度迥然不同，但发展核电仍是主流。德国和瑞士已宣布逐步取消核电，但其电力缺口部分仍需通过加大进口其他国家的核电电力来弥补。意大利已通过全民公决的形式放弃核电。美国、法国、俄罗斯及印度等国表示，不会动摇发展核电的决心。美国政府仍会把核能作为其发展美国新能源计划的重要部分，日本仍将核电列为今后的主要能源。英国政府年内批准了8台核电机组的建设。

3月16日，国务院总理温家宝主持召开国务院常务会议，听取应对日本福岛核电站核泄漏有关情况的汇报。会议强调，要充分认识核电安全的重要性和紧迫性，核电发展要把安全放在第一位。会议决定：(一)立即组织对我国核设施进行全面安全检查。通过全面细致的安全评估，切实排查安全隐患，采取相关措施，确保绝对安全。(二)切实加强正在运行核设施的安全管理。监管部门要加强监督检查，指导企业及时发现和消除隐患。(三)全面审查在建核电站。要用最先进的标准对所有在建核电站进行安全评估，存在隐患的要坚决整改，不符合安全标准的要立即停止建设。(四)严格审批新上核电项目。抓紧编制核安全规划，调整完善核电发展中长期规划，核安全规划批准前，暂停审批核电项目包括开展前期工作的项目。

核电安全大检查于2011年8月底正式结束，《核电安全规划》制定工作已在国家能源局及环保部陆续展开。此前一直暂缓的新建核电项目审批工作在提高安全等级的前提下或将在不久后重启。

核电已成为国家能源结构调整的重要路径。高效发展核电写入国家“十二五”规划，其前提是确保安全。《“十二五”规划纲要》提出，到2015年底开工建设核电4000万千瓦。用5年时间，上马过去30年4倍核电装机容量，核电产业正步入“跃进”时期。预计，今后每年维持在8~9台左右，个别年份有可能开工10台。电力“十二五”专项规划也将核电列入“加快发展”序列。规划称，2011年开工建设首个内陆核电，力争2015年投产首台内陆机组。到2015年我国核电装机4294万千瓦，2020年核电规划装机容量9000万千瓦。据中国电力联合会2012年3月公布，2011年核电的发电量为874亿千瓦，比2010年增长16.95%。

在空间布局上，核电站选址正从沿海向内陆渗透，我国将形成“东中部核电带”，即在辽宁、山东、江苏、浙江、福建、广东、广西、海南等沿海省区加快发展核电；稳步推进江西、湖南、湖北、安徽、吉林等中部省份内陆核电项目。

二、中国核电运营管理达到世界先进水平

大亚湾核电基地2011年度上网电量逾405千瓦时。截至2011年12月31日24时，中广核集团大亚湾核电基地六台机组2011年度上网电量总计405.19亿千瓦时。其中，大亚湾核电站全年实现上网电量153.36亿千瓦时，能力因子为93.27%（1号机组为99.98%，2号机组86.56%）；岭澳核电站一期全年实现上网电量153.06亿千瓦时，能力因子为92.72%（1号机组为91.39%，2号机组94.05%）。两电站年度上网电量合计达306.4亿千瓦时，已连续第四年年度上网电量超过300亿千瓦时，两电站四台机组平均能力因子为93.00%。岭澳核电站二期全面投产并实现年度上网电量98.78亿千瓦时。

大亚湾核电基地实现连续十年无非计划自动停堆。截至2011年12月31日，大亚湾核电基地六台核电机组年度上网电量首次超过405亿千瓦时，大亚湾核电站1号机组实现无非计划停机停堆连续安全运行3387天（不计机组正常停机大修天数。至2012年1月12日，安全运行天数3399天），实现连续十年无非计划自动停堆，在国际同类机组中排名第一。这标志着中国核电运营管理达到世界先进水平。

2011年中广核集团所属大亚湾核电基地在运机组运行业绩也继续保持国际先进水平，与世界核营运者协会（WANO）9项关键业绩指标比对，在运机组在总共45项指标中有28项达到世界先进水平。其中，大亚湾核电站1号机组9项全部达到世界先进水平、2号机组5项指标达到世界先进水平；岭澳核电站一期1号机组有5项、2号机组有6项指标达到世界先进水平；岭澳核电站二期1号机组有3项指标达到世界先进水平。

截至2011年12月31日，大亚湾核电站已累计实现上网电量超过2460．9亿千瓦时，其中70%的电力输送香港，已达1693．4亿千瓦时，约占香港全社会用电量的四分之一。

长期以来，大亚湾核电基地放射性废气、废液年排放量远远低于国家排放限值。据香港环境监测站（点）的长期跟踪监测，核电站环境放射性水平与本底相比没有变化，区域内陆地、海洋生物种群数量没有发生变化。据测算，与同等规模的燃煤电站相比，大亚湾核电基地6台百万千瓦级核电机组每年可减少标煤消耗约1530万吨，减少向环境排放二氧化碳约4400万吨，二氧化硫约23万吨，氮氧化物约18万吨，环保效益相当于种植了近30万公顷的森林。

大亚湾核电基地建设经验总结大会暨岭澳核电站二期2号机组投产仪式11月26日在深圳举行。中共中央政治局常委、全国人大常委会委员长吴邦国作重要批示，对岭澳核电站二期2号机组投入商业运行表示祝贺，要求广大核电建设运营工作者更加注重核电安全。

三、中国核电“三代引擎，四代突破”

纵观世界核电发展的历史，20世纪五六十年代建设的第一代实验性原型核电站证明了核能发电在技术上是可行的,其后发展的第二代核电站证明了其在经济上是可行的。但20世纪七八十年代美国三哩岛核电站和前苏联切尔诺贝利核电站二代核电站发生的严重事故,对世界核电发展带来消极影响.目前,国际上新建核电站,除续建和恢复建设项目外,基本不再采用二代技术。以美国AP1000以及其他有关核电技术为代表的三代核电技术正成为发展主流,同时第四代核能技术研发及各种新概念的核能技术也正在不断涌现。

（一）成功引进AP1000技术，大力开展自主研发，使我国核电技术研发跻身国际先进前列

第三代先进核电AP1000技术是全世界核电50年发展经验和智慧的结晶。引进AP1000三代核电技术，统一技术路线，实现核电自主化发展，是党中央、国务院做出的重大战略决策。2006年,我国在第三代核电国际招标中,AP1000技术脱颖而出。2006年12月25日下午，山东海阳市政府与中国核工业第二三建设公司举行核电设备制造项目签约仪式，采用第三代核电生产技术。山东石岛湾核电站石岛湾核电站高温气冷堆核电站示范工程基础土建工程全面开工。这是国内第一座高温气冷堆示范电站，是世界上第一座具有第四代核能系统安全特征的20万千瓦级高温气冷堆核电站。2007年7月24日，国家核电经国务院授权，代表国家作为唯一受让方与美国西屋公司等六家国外转让方签订了一揽子五项技术转让合同，全面引进AP1000三代压水堆核电技术。作为全球第一台AP1000核电技术的三代核电机组，中核集团浙江三门核电1号机组计划建设工期为56个月。计划2013年末，三门核电1号机组就能够并网发电。2010年12月27日,浙江三门AP1000核电2号机组CA01模块在核岛中就位,这意味着我国在浙江三门、山东海阳建设的世界首批AP1000三代核电自主化依托项目4台机组在2010年的18个里程碑节点全部完成,工程总体形象进度满足计划要求。2011年1月18日,在美国华盛顿,中国国家核电技术公司又与美国西屋公司决定,将双方的战略合作再续两年。

2011年三门核电一期工程的建设基本未受日本福岛核事故影响，各项工作按计划推进。安全壳厂房、附属厂房、辅助厂房、放射性废物厂房和柴油发电机厂房等核岛五大厂房全部开工建造。9月22日，全球首个三代核电机组——浙江三门核电1号机组被植入“心脏”，未来盛放核燃料的反应堆压力容器被顺利吊装到位。蒸汽发生器、主管道、环吊、一体化顶盖、堆内构件等一批核级设备也将于今年年底前陆续抵达现场，核岛即将迎来安装高峰。同日，山东海阳核电也顺利实现1号机组钢制安全壳筒体第四环(CV4)环吊装就位，只等植入关键设备。

2009年以来，中广核集团在推进CPR1000技术标准化、集约化建设的基础上，展开自主知识产权三代核电技术ACPR1000的研发工作。大亚湾核电ACPR1000技术具有更为安全、可靠，更为先进、经济的特点，特别是汲取日本福岛核事故的经验教训，重点在安全性与成熟性等方面进行了多项重大技术创新，各项设计指标均能够满足我国最新核安全法规（HAF102），以及美国用户要求文件（URD）文件和欧洲用户要求文件（EUR）的要求。按计划，这一技术将于2013年底全面完成，于2015年前具备实施首堆建设的条件，“届时各项技术经济指标都将达到国际三代核电技术先进水平”。2011年8月14日，中国首批国际核聚变试验堆（ITER）部件开工典礼在合肥召开。中国国际核聚变能源计划执行中心（ITER中心）、中科院等离子体物理研究所、合肥物质研究院等单位代表出席了本次开工仪式。中国制造的首批ITER部件，所选用的材料全部自主研发。目前仅有两个国家在完成制造任务时可以完全自主研发生产，中国为其中之一。我国生产样品均一次性通过国际组织检测且性能优异。在经历了前期的生产资质认证、样品测试等环节后，我国提供的首批ITER部件即正式生产，于年底将交付。2011年12月，广东台山核电站研制的700MVA/500kV世界单相容量最大核电百万千瓦机组用发电机变压器一次试验合格，各项性能参数远优于技术协议和IEC标准要求。目前，全世界只有中国、法国、芬兰等在建的极少数核电站采用了法国的EPR1000技术。由于该技术单机发电量达到175万kW，相比二代核电技术的单机发电量100万kW有明显提高。让国人感到自豪的是,我国第三代核电技术在自主化的道路上实现了四个新突破:科技创新的突破——“国家核电”从参与AP1000依托项目的

设计,到自主完成AP1000内陆核电标准设计的初步设计,再到完成重大专项CAP1400示范工程概念设计,三步跨越,见证了我国核电研发设计能力的提升、核电技术创新体系的建立和完善;工程建设的突破——AP1000“首堆”4台机组的开工建设,使我国掌握了诸多世界首创技术,实践了一场三代核电“标准化设计、工厂化预制、模块化施工、专业化管理和自主化建设”的新路子。这都第三代先进核电技术在中国正从图纸变为现实。大亚湾核电站和岭澳核电站一期技术设备均以引进为主,在两者基础上通过渐进式改进,中广核集团形成了我国首个百万千瓦级核电站技术方案CPR1000,其中实施了15项重大技术和40余项其他技术改进项目,总体性能达到国际同类型在役核电站的先进水平。目前ACPR1000技术日臻成熟和完善,占据了国内在建核电站的半壁江山,其中岭澳二期的设备制造国产化率达到64%,反应堆压力容器、蒸汽发生器、主泵等一批关键设备的自主化比例超过70%;以岭澳二期为基础,目前我国已全面形成百万千瓦级核电设备国产化能力,从红沿河核电站二期 1 号机组开始,设备国产化率将超过80%。

ACPR1000的自主研发使中国核电四代堆确定技术主攻方向。我国核电技术研发跻身国际先进前列,有力推动我国三代核电自主化建设,为我国后续核电建设提供有力的选择,为我国核电“走出去”战略提供坚实的技术支撑。

（二）四代技术取得重大突破

目前全世界运行的反应堆绝大多数是热堆,即由热中子引发裂变反应。热堆消耗的主要核燃料是铀235。自然界中铀235的蕴藏量仅占0.71%,其余绝大部分是铀238,占99.2%。因此,我国乃至世界核能的快速发展均面临核燃料未来能否稳定供应的严峻挑战。

中国核电四代堆确定技术主攻方向。钍基熔盐堆是第四代反应堆核能系统的六种候选堆型之一,是瞄准未来20~30年后核能产业发展的需求。相比目前的主流核电技术－－第三代反应堆,四代堆包括了核燃料加工技术、反应堆技术和核废料处理技术,所以称为核能系统。第四代核能系统的预定目标,是具备核燃料长期稳定供应、核废物最小化、本征安全性、物理防核扩散和经济性。

研发钍基熔盐核能系统,计划要用20年左右的时间,所有技术均达到中试水平并拥有全部的知识产权,最终实现产业化。中科院制定了20年分三步走的发展规划:2010~2015年为起步阶段,要建立完善的研究平台体系、学习并掌握已有技术、开展关键科学技术问题的研究;工程目标是建成2MW钍基熔盐实验堆并在零功率水平达到临界;2016~2020年为发展阶段,要建成钍基熔盐堆中试系统,全面解决相关的科学问题和技术问题,达到该领域的国际领先水平;工程目标是建成10MW钍基熔盐堆并达到临界;2020~2030年为突破阶段,要建成工业示范性钍基熔盐堆核能系统,并解决相关的科学问题,发展和掌握所有相关的核心技术,实现小型模块化熔盐堆的产业化;工程目标是建成示范性100MW钍基熔盐堆核能系统并达到临界。

2011年中国“四代堆”取得重大突破。2011年3月,国务院批准山东荣成石岛湾高温气冷堆核电站立项建设,我国第一座高温气冷堆商业化示范电站的建设启动,这标志着“大型先进压水堆及高温气冷堆核电站”重大专项取得重大进展,全世界这个领域的科学家从上世纪80年代开始,就梦想着能研究出具有固有安全性,并能够提供高温热能的先进核反应堆,总投资50多亿元的荣成石岛湾核电站项目是我国拥有自主知识产权的世界上中国核电四代堆确定技术主攻方向。第一座具有第四代核能系统安全特性模块式高温气冷堆商用规模示范电站,对推进我国核电和能源的创新发展都具有重要意义。

快中子反应堆是世界上第四代先进核能系统的首选堆型,代表了第四代核能系统的发展方向,可以从根本上解决世界能源的可持续发展和绿色发展问题。2011年7月21日,由中国原子能科学研究院自主研发的由快中子引起核裂变反应的中国第一座快中子反应堆(CEFR)成功实现并网发电。中国实验快堆(CEFR)首次成功临界,标志着中国第四代先进核能系统技术实现了重大突破。由此,中国成为继美、英、法等国之后世界上第八个拥有快堆技术的国家。中国实验快堆这一国家“863”计划重大项目目标的全面实现,标志着列入国家中长期科技发展规划前沿技术的快堆技术取得重大突破。这也标志着我国在占领核能技术制高点,建立可持续发展的先进核能系统上跨出了重要的一步。

中国核电站项目一览表

（2011年3月20日）

状态	省份	名称	开工时间	投产时间（预计）	技术来源	投资额	主要股东
运营	浙江	秦山核电站	1985.3.20	1991.12.15	中国	12亿元	中核
		秦山二期核电站（1/2号机组）	1996.6.2	2004.5.3	中国	148亿元	中核、浙江电力
		秦山三期核电站	1998.6.8	2003.7.24	加拿大	28.80亿美元	中核、中电投、浙江电力、申能股份、江苏国信
	广东	大亚湾核电站	1987年	1994.5.6	法国	40亿美元	广核、香港核电
		岭澳核电站一期	1997.5.15	2003.1.8	中国	40.25亿美元	广核
	江苏	田湾核电站一期	1999.10.20	2007.5.17	俄罗斯	32.04亿美元	中核50%、中电投30%、江苏国信20%
建设中	广东	岭澳二期核电站	2005.12.15	2011年	中国	260亿元	广核
		阳江核电站	2008.12.16	2014.5.1	中国	近960亿元	中广核、广核
		台山核电站一期	2009.12.21	—	法国	237亿元	中广核
	辽宁	红沿河核电站一期	2007.8.18	—	中国	486亿元	广核、中电投、大连建投
	福建	宁德核电站一期	2008.2.18	2013年	中国	490亿元	中广核、大唐、福建煤炭
		福清核电站	2008.11.21	—	法国	800亿元	中核、华电
	浙江	秦山核电站扩建	2008.12.26	2014.10	中国	260亿元	中核
		三门核电站	2008.2.26	2014.9.1	美国	250亿元	中核、浙江能源、中电投、华电、中核建设
	北京	中国实验快堆	2000.5.1	2010.6	俄罗斯		
	山东	海阳核电站	2009.12.28	—	美国	400亿元	中电投、山东国信、烟台电力
		石岛湾核电站		2013.11	中国	1100亿元	华能、中核、清华控股
	海南	昌江核电站一期	2010.4.25	2014年底	中国	160亿元	中核、华能
筹建中	广东	陆丰核电站一期	—	—	中国	120亿美元	中广核
		海丰核电站	—	—	～		中核
		揭阳核电站	—	—	中国		中广核
		韶关核电站	—	—	～	560亿元	
		肇庆核电站	—	—	中国	500亿元	中广核
		台山核电站一期	—	2013.12	法国		中广核

状态	省份	名称	开工时间	投产时间（预计）	技术来源	投资额	主要股东
筹建中	辽宁	徐大堡核电站	2010.3.1	—	—	250亿元	中核
		东港核电站	—	—	—	430亿元	华电
	福建	漳州核电站	—	—	美国	544亿元	中电投、国电
		三明核电站	—	2016.11	中国	540亿元	中核、福建投资、三明市
	湖南	桃花江核电站	—	—	法国	600亿元	中核、华润、长江三峡、湖南湘投
		华容小墨山核电厂	—	—	美国	600亿元	中电投、五凌电力
	湖北	咸宁大畈核电站	—	2012年	—	600亿元	中广核、湖北能源
		松滋核电站	—	—	中国	800亿元	湖北核电
	江西	彭泽核电站	—	2015.8	美国	600亿元	中电投
		万安烟家山核电	—	—	—		中核、赣能股份
	广西	防城港红沙核电站	—	—	中国	690亿	广核、广西投资
	重庆	涪陵核电站	—	2015年	美国	1000亿元	中电投
	四川	蓬安三坝核电站	—	—	—	500亿元	
	浙江	龙游核电站	—	—	—	600亿元	中核、浙江能源
		苍南核电站	—	—	中国		中广核
	安徽	芜湖核电站	—	—	—	460亿元	中广核、申能股份、皖能股份、上海电力
		池州吉阳核电站	—	2015年	—	400亿元	中核、皖能股份
		安庆核电站	—	—	—		华能、中核、清华控股
		宣城核电站	—	—	—	400亿元	大唐
	河南	南阳核电站	—	2017.6	—	480亿元	中核、中电投、河南投资
	吉林	靖宇核电站	—	2016.3	美国		中电投
	黑龙江	佳木斯核电站	—				中广核

（数据来源：中国核能信息网）

风 能

2011年是中国风电发展史上具有历史转折和里程碑意义的一年。这一年中国在风电总装机和年度新增装机上成为了名副其实的全球第一；已有4家风机制造厂家进入了全球TOP10之列。出台的“十二五”规划明确提出，“十二五”期间，国内风电并网装机容量将达1亿千瓦。以2010年并网装机量为3100万千瓦左右来核算，1亿千瓦意味着5年内中国国风电并网规模将实现200%的增长。

一、从“高速”到“健康”，中国风电进入可持续发展期

近年来中国风电“风驰电掣”、“风光无限”发展速度之快世界瞩目，这表现在两个方面。一是风电装机容量的快速增长。自2005年以来，我国风电装机容量连续五年翻番，中国风能协会中国可再生能源学会风能专业委员会发布的《2010年中国风电装机容量统计》报告显示，2010年中国新增安装风电机组12904台，装机容量18927.99兆瓦，同比增长73.3%；累计装机容量达44733.29兆瓦，超过美国，居世界第一位。2011年又是中国风电发展“极不平凡的一年”，新增安装风电机组11409台，装机容量17630.9兆瓦，累计安装风电机组45894台，装机容量62364.2兆瓦，年增幅达39.4%，并网装机容量达到4700万千瓦，创造了世界风电的“中国奇迹”，中国已是名副其实的世界风电大国。二是风电制造业发展迅猛。经过多年的技术积累和资本投入，中国风电装备制造业快速发展，不仅风电主机自主化研发取得丰硕成果，关键零部件也迅速扩张，市场竞争日趋激烈，中国风电占全球市场40%左右。

但在这种超常规增长的背后，风电质量与发展速度之间的矛盾，风电标准滞后与风电快速发展的矛盾，风电与电网、风电与常规电源不协调的矛盾日益凸显。2011年也就因之成为风电转折年。一是风电机组发生大规模脱网事故，2月24日，甘肃酒泉风电基地一个风电场出现电缆头故障，导致16个风电场598台风电机组脱网。国家电监会认为，此次事故是近几年中国风电“对电网影响最大的一起事故”。4月17日，甘肃瓜州一个风电场因电缆头击穿，造成15个风电场702台机组脱网。同日，在河北张家口，一风电场发生事故致644台风电机组脱网。4月25日，酒泉风电基地再次发生事故，上千台风机脱网……据调度部门统计，2011年以来，国家电网公司经营范围内共发生风机脱网事故35次，其中大规模脱网事故6次，脱网风机3848台次。正如业内专家所说，近期频发的风电大规模脱网事故，是近年来中国风电持续高速发展中积累问题的集中爆发。二是电励磁风机下线受困稀土上涨。目前国内的风电机组主要分为两种，一种是应用最多的双馈异步式风力发电机，另一种则是永磁直驱风力发电系统。永磁风电机组的核心原材料钕铁硼是第三代的稀土永磁材料。2011年2月16日的国务院常务会议提出，力争用5年左右时间，形成合理开发、有序生产、高效利用、技术先进、集约发展的稀土行业持续健康发展格局等四点措施，被业内称为“国4条”。5月19日，国务院发布《关于促进稀土行业持续健康发展的若干意见》，被业内称为“国22条”。稀土业“国4条”和“国22条”的颁布，一个直接的作用是使稀土价格大幅上涨。三是风电整机业绩出现集体下滑，一方面，应该承认这是风机制造行业发展到一定阶段后，从高额利润回归社会平均利润的正常现象，符合新兴产业发展的一般规律。另一方面当前风机制造业利润下降也是内外部多种因素共同作用的结果。主要是综合生产成本，原材料成本和人工成本近期大幅增加，挤压了利润空间。特别是稀土价格大幅提高，金风、湘电等以永磁直驱风电机组为主的风机制造企业受到明显影响；产能过剩导致行业同质化竞争加剧，造成风机价格下降；受国家信贷紧缩政策及协议付款时间延长的影响。

“冷静思考，我们风电确实出现了不少问题。”国家能源局新能源和可再生能源司副司长史立山如是说，“一是无序竞争和盲目发展，无论是项目布局还是设备制造，都缺乏科学的规划和统筹安排，一些企业甚至不顾市场环境、不顾技术条件盲目发展；二是行业企业管理粗放，行业技术标准和管理要求不够严格，一些企业把抢资源、上项目作为主要目标，对技术和质量特别是对未来运行重视不够，由此造成风电场事故频发；三是并网难和弃风问题十分突出。”

突出的矛盾和问题引起了强烈的震动，带来了重拳出击，国家给力。2011年8月5日，国家能源局召开能源行业风电标准化工作会议，批准《风力发电机组振动状态监测导则》等17项能源行业风电标准（2011年第5号公告文件），加上之前发布的《大型风电场并网设计技术规范》，共计18项风电标准出台。风电标准分为国际标准、国家标准和行业标准，风电领域的国家标准以1999年为分水岭。在此之前，全国风力机械标准化委员会的重点工作是离网型风电机组，1999年以后才转至并网型机组，目前，关于并网机组的国家标准已经颁布40项，尚有26项正在编制中，而后26项标准更加适用于中国的情况。上述18项标准则属于行业标准。按照风电标准一级分类，18项标准涉及

风电并网、风电场运行维护管理、风电场规划设计、风力机械设备和风电电器设备，覆盖了风电产业的关键核心部分，而风能资源测量评价和预报、风电场施工与安装的标准还在制定中，不久也会问世，届时，一套全面完整的风电标准体系将在中国首次确立。

8月25日，国家能源局发布《风电开发建设管理暂行办法》。《办法》规范风电规模和速度明确，省级政府投资主管部门核准的风电场工程项目，要按照报国家能源局备案后的风电场工程建设规划和年度开发计划进行。风电场未按规定程序和条件获得核准擅自开工建设的，不能享受国家可再生能源发展基金的电价补贴，电网企业不接受其并网运行，违规擅自开工建设的项目一经发现，省级以上能源主管部门将责令其停止建设，并依法追究有关责任人责任。原本可独立批准5万千瓦以下风电场的地方政府，从今开始不能再轻易审批风电项目了，风电审批将正式纳入国家统一规划。地方政府在审批项目之前，需要先向国家能源局申请计划。《风电开发建设管理暂行办法》的出台，被认为是国家能源局上收审批权的手段。综合来看，国家能源局收回风电项目地方审批权，有利于国家的统一规划和管理。

11月30日，国家发改委宣布，自12月1日起，上调销售电价和上网电价，其中销售电价全国平均每千瓦时涨3分钱，上网电价对煤电企业上涨每千瓦时2分6，对居民实行阶梯电价制度。同时，本次调整还将可再生能源电价附加标准由现行每千瓦时0.4分钱提高至0.8分钱。可再生能源电价附加翻番对风电行业是一个利好消息。据测算，从2009年到2020年，如果按照4厘/度提取可再生能源电价附加，共可累计筹集2572亿元资金用于可再生能源发电补贴；而如果提升到8厘/度提取，则累计筹资额将超过5000亿元，基本可以保障再生能源的发展。12月，国家电监会发布的《2011风电安全监管报告》提出，政府将出台与《可再生能源法》相配套的行政法规及政策，完善风电全额保障性收购工作机制，制定调峰调频电源的电价补贴政策，合理确定风电接入系统工程造价的补偿标准；研究制定分散式风电上网电价、电源侧峰谷电价、用户侧可中断负荷电价的政策，促进风电消纳。

从目前决策层的表态来看，未来国内风电产业发展的一个政策基调仍是提升发展质量，而以电价为杠杆出台一系列经济刺激政策，将使得制造商和风电场开发商同时获得实质性政策“红包”，未来将有望启动起更加庞大的风电市场空间。

“优先发展水电”是必须的，“优化发展煤电”也是应该的，但这并不意味着要放缓风电发展。从发电成本上讲，随着中国风电装备业的快速发展和市场竞争的不断加剧，风电开发的成本正在大幅度降低，其经济性和市场竞争力不断提高，资源好的地方的成本已接近煤电。

我国能源消费以煤为主，由此产生的资源和环境压力很大，特别是煤炭的运输和二氧化碳排放问题十分突出，能源结构调整的任务很艰巨。总体来看，风电是新能源发电领域最成熟的技术，目前世界有70多个国家和地区开始利用风能发电，欧洲一些地区甚至将风能作为主要的发电方式之一。我国近年来风电飞速发展的事实也充分证明了这一点。

《国家“十二五”规划纲要》提出，“适应大规模跨区输电和新能源发电并网的要求，加快现代电网体系建设”。同时还明确提出“加强并网配套工程建设，有效发展风电”。“有效发展风电”的提法表明国家已考虑到风电产业发展中存在的突出问题——即并网问题，并在“十二五”发展规划中明确提出，要从电网建设着手解决这一问题。同时，国家电网公司也明确提出，将加快特高压电网和坚强智能电网建设步伐，在更大范围消纳风电，各有关方面都在着力解决风电发展面临的新问题。

此外，对于风电产业另一问题——即装备制造业“散”和“乱”的问题，近两年来也开始向好的方向转变。2010年华锐、金风、东汽三家风机制造商新增市场份额总和达到56.8%，累计市场份额则为56%，与上一年相比三家企业的市场份额总和上升1.5%。这表明，在激烈的市场竞争中，我国风电装备制造业集中程度再提高，企业实力不断增强。这些都将为“十二五”中国风电产业“健康可持续”发展奠定基础。

风电是目前技术最成熟、最具规模化开发条件和商业化发展前景的新能源，风电作为国家战略性新兴产业的重要地位不会改变。按照有关发展规划，“十二五”时期我国风电仍将保持年均新增1500万千瓦左右的发展速度，市场需求潜力巨大。在我国风电标杆电价不变的情况下，随着风机单位造价的下降，风电开发商的利润仍然十分丰厚。总之，历经“十一五”高速增长之后，中国风电产业“十二五”将进入一个持续健康的发展时期。

二、中国单机容量最大的风电机组出产，一批研究成果达到了国际先进水平

中国风电发展之所以受到全球关注，不仅因为风电装机容量跃居世界第一，还因为自主风电装备制造业的异军突起；不仅在风电开发领域形成了龙源电力、华能新能源等一批具有国际影响力的大公司，还在风电制造业领域形成了华锐、金风、东汽、联合动力等一批风电装备业巨头。特别是随着海上风电开发的启动，风电产业将进入大机组时代。

2011年5月31日，华锐风电科技（集团）股份有限公司宣布，由其自主研发的中国首台6兆瓦风电机组日前在其江苏盐城综合产业基地正式出产。这是目前中国单机容量最大的风电机组。这台机组取名为“华锐风电SL6000系列风力发电机组”，可广泛应用于陆地、海上、潮间带各种环境和不同风资源条件的风场。机组叶轮直径长达128米，增加了扫风面积，提升了捕风能力，大大提高了风资源的有效利用率；同时可适应零下45摄氏度的极限温度，并通过了62.5米/秒的极限风速测试。商业化利用的风电机组中6兆瓦算是最大级别的了，这至少证明了中国的风电机组在单机功率上已经达到了世界先进水平。10月20日，湘电股份也宣布其5MW直驱风机在荷兰成功并网发电。紧接着10月23日，华锐更进一步宣布，其6兆瓦机组已完成吊装。2011年，湘电风能公司台电励磁风力发电机型试验在国家风力发电机试验中心获得成功，各项数据均达到了设计要求，这标志着公司在风电产业领域又一重大结构性突破。公司首台电励磁风力发电机型试验在国家风力发电机试验中心获得成功，各项数据均达到了设计要求，这标志着公司在风电产业领域又一重大结构性突破。

世界第一的维斯塔斯在闻听华锐风电生产出6兆瓦机组后，宣布正在研发7兆瓦机组。也许单机功率越大不见得越好，但其代表了先进的设计制造技术。在中国，风电机组大型化是普遍的趋势，这是由经济技术特点和风电发展模式决定的：单机功率越大，则发电的单位成本越低，是风电可持续发展的根本动力；另外，中国风电的主导发展模式是“大基地”，单机功率大的风机占据优势。过去，国外风电巨头在欧洲市场销售大功率风机，在中国倾销落后的小功率风机，人为分割市场，凭借的就是中国无法自己生产出先进的风机。如今，在华锐风电等一批中国企业的引领下，国外最先进的风机陆续来到了中国市场。中国乃至世界的风电行业竞争绝不仅是产能、市场的竞争，更重要的是技术领先、自主创新以及优质服务的竞争。要在全球风电市场竞争中树立领导地位，打造自身的核心竞争力，就必须走自主研发之路，否则就会面临被淘汰的危险。

中国风电制造业尽管“散”和“乱”问题目前尚未根本解决，尽管个别地方还有设备质量事故偶尔发生，但总体而言中国风电制造业产业集中度在不断提高。

大规模开发风能资源给中国风电带来并网和输送的难题，迫使中国加强风电技术攻关。2012年1月初，甘肃省电网风电实时监测与超短期风电功率预测系统”、“高速、重载电铁与风电场相互影响及应对措施研究”、“风电机组和风电场模型参数及其实测验证研究”和“甘肃电网接入大规模风电后的系统稳定及运行控制技术研究”等四项成果，通过中国电机领域的院士和专家的鉴定。专家组认为，四项成果全部达到国际先进水平，部分成果达到国际领先水平。这将是“十二五”中国风电产业实现健康持续发展的重要支撑力量。

三、“海陆并举，全面发展”

2011年我国开工建设甘肃酒泉二期500万千瓦、新疆哈密200万千瓦、内蒙古开鲁200万千瓦、吉林通榆150万千瓦风电项目；启动江苏新的100万千瓦海上风电项目。同时，推动河北、山东、浙江、福建等地海上风电发展，抓紧建设上海东海大桥海上风电项目二期工程。由此，我国风电开发已逐渐由陆上风电向海陆风电双重发展。

2010年2月，国家能源局、国家海洋局联合下发《海上风电开发建设管理暂行办法》，规范海上风电建设。2011年7月15日，国家能源局与国家海洋局联合制定并出台了《海上风电开发建设管理暂行办法实施细则》。该细则的出台，进一步完善海上风电建设管理程序，促进海上风电健康有序发展。《细则》共有21条规定，适用于海上风电项目前期、项目核准、工程建设与运行管理等海上风电开发建设管理工作，对海上风电规划的编制与审查、海上风电项目预可研和可研阶段的工作内容和程序、建设运行管理中的要求等作了具体规定。根据该细则，海上风电规划应与全国可再生能源发展规划相一致，符合海洋功能区划、海岛保护规划以及海洋环境保护规划。要坚持节约和集约用海原则，编制环境评价篇章，避免对国防安全、海上交通安全等的影响。海上风电场原则上应在离岸距离不少于10公里、滩涂宽度超过10公里时海域水深不得少于10米的海域布局。在各种海洋自然保护区、海洋特别保护区、重要渔业水域、典型海洋生态系统、河口、海湾、自然历史遗迹保护区等敏感海域，不得规划布局海上风电场。

海上风电是全球风电技术发展和产业竞争的前沿,中国企业必须在这一领域达到国际先进水平。按照“十二五”规划纲要，我国将“建设六个陆上和两个海上大型风电基地，新建装机7000万千瓦以上。”这意味着，在“十二五”期间，我国风电新增装机将保持平均每年不低于1400万千瓦的速度增长。按照发展规划，到2015年,海上风电装机总量将发展到5000MW,2020年提高到3万MW。也就是说，中国风电建设将由此进入“海陆并举，全面发展”的新阶段。

太阳能

按照“十一五”规划对能源可持续发展提出要求，我国太阳能产业快速发展。光热产量多年来保持世界第一，代替了2000万吨标准煤；太阳能光伏电池从2007年开始连续4年世界第一，2011年产量占全球的45%。

随着国内光伏产业规模逐步扩大、技术逐步提升，光伏发电成本会逐步下降，未来国内光伏容量将大幅增加。中国已将新能源产业上升为国家战略产业，未来10年拟加大对包括太阳能在内的新能源产业投资，以减少经济社会发展对石化能源依赖和降低碳排放。2011年12月15日，国家能源局披露了中国可再生能源“十二五”发展规划目标。其中，到2015年太阳能发电将达到1500万千瓦，年发电量200亿千瓦时。

一、太阳能光伏发电发展迅速

太阳能光伏发电是目前发展最为迅速、并且前景最为看好的可再生能源产业之一。截止2010年，全球光伏发电累计装机容量达到了40GW，国际能源署预计2020年光伏发电在许多地区能够实现电网平价，到2050年能够提供全球发电量11%。

从太阳能光伏发电发展现状看：中国大陆光伏组件生产，已成为全球主要的太阳能电池和组建制造中心，其后是中国台湾、德国和日本。全球前20家太阳能电池制造商中，有8家中国大陆企业、4家中国台湾企业、5家欧美企业、3家日本企业，中国大陆有6家企业进入前十位。

光伏装机。欧盟累计装机容量超过29GW，占到全球光伏装机总量的70%。2011年德国安装量达到7.5GW，比2010年的7.4GW略高。按照德国相关管理机构计划，政府从2012年起将上网电价补贴下调15%，刺激德国国光伏装机在年底出现一波抢装潮。2011年第四季度德国太阳能发电站安装大约达到了4GW，仅12月就达到了3G，占全年7.5GW安装量的40%。意大利2011年太阳能光伏系统安装量达到8GW，其累计安装量已达12GW。意大利和德国市场占据了全球50%的市场份额，欧洲市场在全球的市场份额降至65%。北美市场具有强大的增长潜力，占据了全球9.2%的市场份额。亚洲和其他新兴发达国家占据了18.7%的市场份额。

2010年，我国光伏装机容量为89万千瓦，其中并网容量24万千瓦，占全球光伏发电装机总量的2.2%。2011年，中国光伏发电增长强劲，装机容量达到300万千瓦，比上年增加3倍以上。成为全球第三大太阳能市场。新疆太阳年辐射照度达每平方米550～660万千焦，年日照时数达3500小时，位居全国第二位，仅次于西藏。其中，总面积约78万平方公里的塔克拉玛干和古尔班通古特沙漠阳光炽烈，利用其中20%的面积就可建造115亿千瓦的太阳能电站，年发电量相当于47亿吨标准煤。新疆最大光伏电站所在的哈密地区全年日照时数最高累计达3380小时，具备优越的太阳能发电条件。截至2011年底，中电投、中广核、国电、华电等一批发电企业均在这里投资建设光伏项目，已建成的2个光伏电站总装机为4万千瓦。到2015年，哈密地区光伏发电装机规模预计达到百万千瓦，成为新疆打造“西部光谷”的桥头堡和示范区。中电投哈密光伏电站享有“新疆最大光伏电站”之称，总投资3.26亿元，年平均发电量3000万千瓦时以上，特许经营期为25年，太阳能电池板多晶硅转化效率最高能达到14%，规划20兆瓦光电设备全年能够产生最高发电量3712万千瓦时。

（一）光伏行业重要里程碑：标杆上网电价和《多晶硅行业准入报告》出台

国家发展改革委2011年7月24日发出《关于完善太阳能光伏发电上网电价政策的通知》，通知规定，2011年7月1日以前核准建设、2011年12月31日建成投产、发改委尚未核定价格的太阳能光伏发电项目，上网电价统一核定为每千瓦时1.15元。2011年7月1日及以后核准的太阳能光伏发电项目，以及2011年7月1日之前核准但截至2011年12月31日仍未建成投产的太阳能光伏发电项目，除西藏仍执行每千瓦时1.15元的上网电价外，其余省（区、市）上网电价均按每千瓦时1元执行。该通知明确了全国光伏上网的基准电价，在此基础上，地方政府可出台地方性的光伏上网电价补贴，补贴部分由地方政府负担。

《多晶硅行业准入报告》发布，依规强化整合、重组多晶硅行业。中国工业和信息化部向各省市发布通知，要求对首批准入申请企业的材料进行核实,并于2011年7月15日前将审核结果及材料报送工信部。根据《通知》，各地工业和信息化主管部门负责受理本地区的多晶硅企业准入公告申请，并将核实意见和企业填报材料上报。工信部将组织专家并委托相关检测机构对申报材料复核、检查后，会同有关部委以公告形式发布符合准入条件的多晶硅企业名单。

（二）新疆大型光伏并网电站规模突破10万千瓦

天山南北4个2万千瓦大型光伏并网电站按期建成投产，并实现并网发电，加上2010年底并网发电的中电投哈密2万千瓦光伏并网电站，新疆大型光伏并网电站规模已突破10万千瓦光，光伏发电装机总量预计超过100万千瓦，已成为名副其实的“西部光谷”。

（三）青海崛起

2011年青海省42个太阳能光伏发电项目获得政府核准，成为国内光伏项目最大赢家，其中柴达木千兆瓦级光伏电站群已经开始大规模开工建设。国家电网青海省电力公司光伏电站并网工程检验与核查小组已完成柴达木地区30个光伏项目的第一阶段梳理工作，为后期并网验收和启动投产做好了各项准备工作。

（四）太阳能技术长足发展

经过国家能源局一年多的评审，英利集团自主研发的“熊猫”N型单晶硅高效太阳能电池技术，获得“2010年度国家能源科学技术进步奖”二等奖。该项技术的出现，标志着我国在新多晶硅工艺获重大突破铸锭法生产类单晶——多晶硅工艺获重大突破。多晶硅工艺路线获得重大突破，类单晶硅工艺路线渐成多晶硅企业选择的主流技术路线。所谓类单晶技术，就是用多晶硅铸锭方法生产接近单晶转换率的产品技术路线。采用新铸锭技术生产的准单晶硅产品不仅转换率可以与单晶硅媲美，而且可以大规模生产。

结晶硅太阳能电池仍是主流技术，2010年其市场份额约占85%，主要优势是能够在相对较短的时间内提供、组装和开工生产。2005年—2009年，薄膜太阳能电池投资有大幅度的增加，目前，该行业已有超过200家。聚光光伏（CPV）也是一个新兴市场：一种是高聚光倍数，超过300个日照强度；另一种是中低聚光倍数。目前CPV的市场份额还很低，但有越来越多的企业开始关注该领域。此外，染料敏化太阳能电池也已准备进入市场，电池主要由纳米多孔半导体薄膜、染料敏化剂、氧化还原电解质、对电极和导电基底等几部分组成，欧、美、日等发达国家已投入大量资金对其进行研发。

非晶硅薄膜太阳电是新一代的太阳能电池，与传统晶体硅电池相比，具有原材料丰富、无毒、无污染，能耗低等优点，已实现大规模生产的产业化技术。产品可广泛应用于大规模地面电站、屋顶电站、建筑光伏一体化等领域。耗能回收期仅为1～1.5年。薄膜光伏行业的顶级公司，美国的第一太阳能、通用电气，日本的夏普、昭和壳牌和中国的汉能控股仍在迅速扩张。2011年11月，第一太阳能年产能250兆瓦的新工厂在德国如期投产，至此，其在德国的总产能达到近500兆瓦。

2011年6月15日，拥有世界先进技术水平、目前全球单厂产量最高的薄膜太阳能电池生产线——四川成都双流经济开发区的汉能控股集团一期300兆瓦新能源碲化镉薄膜太阳能电池生产线正式建成投产，标志着我国自有知识产权的薄膜太阳能电池技术的产业化取得重大进展。

太阳能光伏电池的发展经过了晶硅电池、薄膜电池等几个阶段,晶硅电池的问题是成本高、污染大,薄膜光伏电池的问题是转化率低。我国已开始进行生物太阳能光伏电池的相关研究,期望能够构建生物/有机杂合材料太阳能光伏电池,通过光合作用膜蛋白捕获的太阳能,大幅度提高光电转化率。

（五）中国光伏企业用决心与法律捍卫权益

2011年10月19日，SolarworldIndustriesAmericaInc牵头联合其他6家美国光伏企业，向美国商务部和美国国际贸易委员会提出申诉，称“中国光伏企业向美国市场非法倾销多晶硅光伏电池，中国政府向国内生产企业提供包括供应链补贴、设置贸易壁垒等非法补贴”，要求“联邦政府对来自中国的光伏产品征收超过10亿美元的关税”。即所谓“双反”。

2011年11月9日，美国商务部针对中国光伏产品的“双反”正式进入立案程序。12月2日，美国国际贸易委员会(ITC)初裁中国输美太阳能电池对美相关产业造成实质性损害。短短2个月的时间，几家美国光伏企业的嫁祸伎俩便得到了来自于美国商务部、美国国际贸易委员会的鼎力支持。

对于“双反”调查，中国16家光伏企业选择了站在统一战壕，直面所谓的调查。在国际贸易争端日趋常态化的大环境下，中国光伏企业敢于发出自己的声音，用决心与法律捍卫自身的权益，让我们看到了中国光伏企业正在寻求有尊严的发展之路。

目前“双反”一事已出现转机，一方面，美国光伏业内以平价太阳能联盟(CASE)为代表的绝大多数企业对“双反”表示反对；另一方面，近期美国联邦巡回上诉法院(CAFC)对同样遭遇美国“双反”的中国轮胎业作出的判决，从根本上确认了美国商务部(DOC)对中国出口企业进行反倾销和反补贴调查“不合法”。

“双反”出现转机，“双反”的阴霾在短期内也不会退去，2012年其仍将笼罩中国光伏业。更何况1月9日，

SolarworldAG首席执行官FrankAsbeck表示，计划春节后在欧洲对中国光伏竞争对手发起“双反”。

（六）光伏电市场的低迷

多晶硅在经历了2010年1～4月份高位运行以及5月之后的大幅下挫后，全年多晶硅均价保持在46万元/吨左右，同比下滑了14.8%。同时，多晶硅进口量大幅增加，2011年1～11月份，我国共进口多晶硅58543吨，同比增长39.7%。下游大厂扩建是刺激多晶硅进口量增加的关键。具体来看，我国2011年1～11月从韩国进口多晶硅18888吨、从美国进口多晶硅15323吨、从德国进口多晶硅11430吨。前3个主要国家同比去年分别增长86.9%，－4.1%及22.2%。

2012年全球光伏市场面临着真正的考验：欧洲各国经过了2年的迅猛发展，光伏装机增速正在放缓，如果以乐观的态度来推算的话，2012年全球装机量能够达到28GW，但仍先要解决库存问题，根据下游大厂的运行情况来看，即使开工率保持下去，2012年电池片产量至少能够达到25GW。所以除非2012年开工率继续下滑或倒闭企业增加，否则无论需求增长与否，全球光伏产品将继续呈现出供应过剩的情况，全年均价预计将在40～50美元/千克左右。

二、2011年太阳能热利用有看点

“‘十一五’中国太阳能热利用产业成绩斐然，2010年太阳能热水器产量达到4900万平方米，是2005年的3.24倍。2010年以来，产业加速升级之后，正在从太阳能热水器大国向强国地位迈进，涉及出口的太阳能热水器企业就达230家，产品出口国家达154个，遍及六大洲，产销量始终保持世界首位，产品质量得到世界公认。尽管在2011年，太阳能热利用行业发展速度有所减缓，但太阳能热利用行业的发展仍保持着稳定、持续的发展态势，其增长速度高于国家农业的增长速度，也高于普通工业产业发展速度。2010年每千人均占有量为123.5㎡，高于当前德国水平，2011年产量达5760万㎡，增长17.6%，保有量为19360万㎡，仍然保持增长15.2%。在国家可持续发展节能减排战略的指引下，为我国太阳能热利用“十二五”规划，已经规划出一部蓝图，那就是到2015年我国太阳能热利用产量突破1亿平方米，保有量达到4亿平方米。

（一）推进“金太阳”示范工程

2010年财政部、科技部、住房城乡建设部以及能源局发出《关于加强金太阳示范工程和太阳能光电建筑应用示范工程建设管理的通知》（财建[2010]662号）对光电建筑一体化项目的申报及组织实施提出的细则说明。光电建筑一体化示范项目所用关键设备及工程安装等其他费用的补贴由中央财政提供，晶体硅组件、并网逆变器及储能铅酸蓄电池等关键设备按照中标协议供货价格的50%给予补贴，并按之前的“加强通知”所规定的程序将补贴资金拨付至设备供货企业。并且此次补贴标准对于工程安装等其他费用的定额补贴暂定为6元人民币/瓦，该补贴资金将拨付项目业主单位。

2011年1月27日财政部、住建部联合下发了《关于组织实施太阳能光电建筑应用一体化示范的通知》，将连续两年的定额补贴转变为对分类项目按百分比计算的方式。《通知》指出，申请光电建筑一体化示范的项目业主单位应按要求编制太阳能光电建筑应用示范项目实施方案，并统一申请关键设备补贴资金和工程安装等其他费用补贴；对建筑一体化项目提出了明确规定，该示范项目要以一体化程度较高的建材型光伏构件、普通型光伏构件应用为主。建材型光伏构件指太阳能电池与瓦、砖、玻璃等建材复合在一起不可分割的构件，如光伏瓦、光伏砖、光伏玻璃幕墙等，普通型光伏构件指与建筑构件组合在一起直接作为建筑构件的光伏组件。新建的建筑光伏系统应与建筑工程同步设计、施工，并且建筑体需要达到国家或地方建筑节能标准。

住建部在科技部、财政部有关部委大力支持下，实施一系列建筑利用的专项工作，到2011年底，已开展了371个国家级太阳能光热、光电建筑应用项目，328个太阳能光电项目，60个太阳能可再生能源建筑应用示范城市，143个可再生能源建筑应用示范县，还有一些太阳能综合应用的示范城市区域，通过这些项目极大地促进了太阳能可再生能源在建筑中的应用。

2011年7月9日～10日，国家能源局、财政部、农业部在京联合召开了全国农村能源工作会议暨国家绿色能源示范县授牌仪式。会议的主题是：总结农村能源工作，分析农村能源面临的形势，明确工作思路和重点，并部署绿色能源示范县建设工作。会议为首批108个绿色能源示范县进行了授牌。会议对我国农村能源工作进行了总结。党中央、国务院高度重视农村能源工作，自上世纪80年代以来，国家持续实施了一系列农村能源建设工程，取得了重要成就。全国累计安排农村电网建设与改造，以及无电地区电力建设投资5270多亿元，农村电力服务基本达到城市同等水平。全国农村已累计安装太阳能热水器约5000万平方米，建成太阳房1700多万平方米，太阳灶保有量达到140

多万台。建成太阳能独立光伏电站800多座，安装太阳能户用光伏系统10万余套。

（二）颁布强制性国家标准

太阳能热利用行业第一个强制性国家标准——GB26969—2011《家用太阳能热水系统能效限定值及能效等级》（以下简称《能效等级标准》），千呼万唤，终于尘埃落定，已由国家质量监督检验检疫总局、国家标准化管理委员会批准，并通过中华人民共和国国家标准公告2011年第14号，于10月10日正式发布，2012年8月1日起实施。

此次《能效等级标准》是在对81家太阳能企业多款产品试验与研究的基础上形成的，并依据产品的实际调研和使用情况及已有标准将产品划分为紧凑式、分离式与间接式和闷晒式3个种类；根据日用得热量与热损耗两个技术指标而确定太阳能热水器产品的能效级别，而每种产品中又分为3个能效等级，其中1级为最高能效产品，2级为节能评价值，3级为能效限定值（强制性）；达不到3级能效限定值的太阳能产品为不合格产品，不得进入市场，将直接被淘汰掉。

（三）升级转型

2011年成为太阳能热利用行业转型期，大中型企业都在产品技术上所有提升，如：四季沐歌、皇明、力诺瑞特、太阳宝、辉煌、同济阳光、海尔、清华阳光等企业在完成了产业升级和产能扩张后，纷纷发力产品技术创新，先后围绕城市市场、工程市场、工业市场推出了物联网太阳能、分体壁挂式太阳能、全自动智能控制太阳能等新品，全面推动太阳能热水器市场竞争的升级转型。

生物质能

生物质发电主要是利用农业、林业和工业废弃物为原料，也可以将城市垃圾为原料，采用直接燃烧或汽化的发电方式。

生物质能源被称为全球一次能源中的第四大能源。美国2003年可再生能源占能源消费总量的6%，其中近一半是生物质能源，约1亿吨标煤，占能源消费总量的3%。2010年度美国能源展望中提到，到2035年非水电可再生能源发电将占发电增量的41%，其中生物质发电占49.3%，风电占37%；燃料乙醇的消费量将占石油的17%。目前，全球生物质能发电装机容量已超过5000万千瓦，可替代9000多万吨标准煤。在生物质发电居世界领先地位的美国，生物质能发电总装机容量超过1万兆瓦，占美国可再生能源发电装机的40%以上。有资料显示，到2020年，西方工业国家15%的电力将来自生物质发电，而目前生物质发电只占整个电力生产的1%。届时，西方将有1亿个家庭使用的电力来自生物质发电，生物质发电产业还将为社会提供40万个就业机会。

据测算，我国不含太阳能的清洁能源的年开采资源量为21.48亿吨标煤，其中生物质占54.5%，大水电、小水电和风电分别占18.5%、8.7%和15.5%，核电为2.8%，生物质能源的资源量是水能的2倍和风能的3.5倍。《可再生能源发展“十二五”规划》明确要大幅度提高生物质能源发展目标，“到2015年年底，生物质发电装机将达1300万千瓦”，具体包括农林生物质发电将达800万千瓦，沼气发电将达200万千瓦，垃圾焚烧发电将达300万千瓦。在庞大的装机目标引导下，未来5年我国将兴起建设生物质发电厂的高潮。据推算，1300万千瓦的生物质发电装机容量意味着要增加500~700个生物质发电厂。为避免低水平重复开发浪费资源，《规划》拟定，“十二五”期间，在提高行业技术标准后，全国将形成约300个生物质发电厂的格局。

同时，有效地开发利用生物质能对农村地区更具有特殊的意义。我国大多数人口生活在农村，秸秆和薪柴等生物质能是农村的主要生活燃料，约占农村生活用能总量的一半以上。1998年至2008年的10年间，我国农村能源消费总量从7.68亿吨标准煤增加到11.42亿吨标准煤，增加了48.7%，年均增长4.9%。如果使每年可用于能源的4亿吨秸秆得到开发，转化为电力相当于8座三峡发电站，农民每年增收800~1000亿元。因此，发展生物质能产业与技术，为广大的农村地区提供生活和生产用能，是促进农村工业化、城镇化，农村剩余劳动力就近转移，缩小城乡差距，实现小康目标的一条重要途径。

一、沼气开辟了农村发展新途径

农村沼气建设既是农业生产方式的变革，也是农民生活方式的革新，更是炊事能源方式的转变，这项工程被广大干部群众誉为民心工程、致富工程、生态工程。2008年底，农村沼气列入国家应对国际金融危机、扩大内需、振兴经济的一揽子计划，随着国家新能源发展战略的实施和应对气候变化措施的强化，农村的沼气发展空间更加广阔。为了拉动内需，中央下达的农业拉动内需新增投资项目中，第一批于2008年底下拨515亿元，其中沼气占到

60%～70%，共30亿元；2009年下拨第二批，共1847亿元，其中沼气占50亿元。新增50亿元沼气项目的实施，带动地方和企业自筹175亿元进行沼气项目建设，对拉动内需发挥积极和应有的作用。从2009年开始，为了加强沼气服务体系建设、强化其服务功能，农业部科教司与计划司会同国家发展与改革委员会共同将服务网点项目中央补助标准由原来的东中西09万、15万、19万提高到25万、25万、45万，东中西中央补贴标准分别提高了278%、233%、237%，平均提高246%，各地反映中央投资标准提高幅度大，满足了本地的沼气建设需要，对发挥好村级服务网点意义重大。2011年3月17日，国家发展和改革委员会发布第9号令《产业结构调整指导目录（2011年本）》。沼气产业及装备多项反复被列入了该目录。在该“目录”第一类鼓励类中，有7处直接提到了沼气和多处涉及沼气的条目。在农林业中，有秸秆沼气和农村可再生能源综合利用开发工程（沼气工程、“三沼”综合利用、沼气灌装提纯等）。在新能源业中，有以畜禽养殖场废弃物、城市填埋垃圾、工业有限废水等为原料的大型沼气生产成套设备，沼气发电机组、沼气净化设备、沼气管道供气、装罐成套设备制造。在机械业中，有沼气发生设备、沼气发酵及储气一体化（储气容积300~2000立方米系列产品）、沼气抽渣设备（抽吸量1立方米/分钟以上）等。在环境保护与资源节约综合利用中，有涉及沼气的城镇垃圾与其他固体废弃物减量化、资源化、无害化处理和综合利用工程，餐厨废弃物资源化利用技术开发及设施建设等。该“目录”的发布施行，充分表明了国家更加重视沼气产业化发展工作，由此可以预见我国沼气产业化将会呈现出更加光辉的发展前景。2011年8月9日，国家发展改革委与农业部联合印发文件（发改投资【2011】1694号），下达了2011年第一批农村沼气项目中央预算内投资计划。2011年，中央安排预算内投资33.2055亿元，用于该年度第一批农村沼气项目建设。其中277625万元用于建设户用沼气池，计划发展项目户441364家，余下的54430万元用于建设农村沼气服务网点13847个。文件称，为促进农村沼气事业又好又快发展，考虑到建设成本大幅上升等因素，决定从2011年开始，适当提高户用沼气中央补助标准。具体标准是：东、中、西部地区（东北比照西部地区标准）中央补助标准分别为1300元、1600元和2000元，西藏自治区中央补助标准为3500元，四川、云南、甘肃、青海四省藏区和新疆南疆三地州中央补助标准为3000元。9月1日(12月1日实施),《沼气工程规模分类》行标发布实施。为适应我国沼气工程的发展，促进我国沼气工程上规模、上水平、上档次，该“标准”不只是重新划分了沼气工程规模，还对配套系统根据规模的不同做出了不同的配置要求。该标准的划分由日产沼气量、厌氧消化装置的单体容积和厌氧消化装置总体容积三个主要指标组成，把日产沼气量作为一项划分指标，规范了沼气工程的关键性约束指标，给沼气工程验收提供了重要的性能依据。2011年12月15日，全国沼气标准化技术委员会暨国际标准化组织沼气技术委员会秘书处在北京成立，挂靠于农业部科技发展中心。成立全国沼气标准化技术委员会有利于加强沼气行业标准化工作，提高沼气技术水平。有利于规范沼气行业发展，提高沼气工程建设质量。有利于沼气产业健康发展，创沼气产业名牌。

在国家的大力倡导和支持下，经过多年的建设与发展，我国农村沼气实现了历史性跨越，取得举世瞩目的成就。2011年中央安排资金40亿，建设户用沼气140多万户、大中型沼气570多处、小型沼气4200处、服务网点13000处。在中央投资带动下，新增沼气用户300多万户，大中型沼气工程1000处。截至目前，全国沼气年利用量约150亿立方米，户用沼气达到4000多万户左右，受益人口达1.6亿以上，沼气年利用量达到150亿立方米，可实现二氧化碳年减排6000万吨，生产有机肥4亿吨，生物固体成型燃料达到100多万吨，建设了200多万千瓦农林剩余物直燃发电厂，年发电量超过100亿千瓦时，消耗农林剩余物约1000多万吨，增加农民收入约30多亿元，从而开辟了农村经济发展新途径。

同时，户用沼气“一气独大”的局面也在改变。全国沼气用户稳步跨上1000万、2000万、3000万三个台阶。《2011中国沼气市场趋势观察研究预测报告》中数据表明：当前，迫于形势的需要，同时为了提高农村沼气池的使用率，农村沼气投资格局发生了重大变化，过去以户用为主转向现在以多元发展为主，改变过去户用沼气“一气独大”的局面，从而带动投资结构发生变化，户用沼气由2008年的816%下降到2009年的476%，大中型沼气和服务网点分别由2008年的3%和112%提高到2009年的351%和141%。2011年3月5日，中国首座日产万方车用生物天然气工程在南宁正式汽车对加气站供气。南宁的生物燃气项目，将突破国内使用沼气的“瓶颈”，改变沼气直接用于锅炉燃烧发电等传统利用方式，把沼气通过净化压缩后变成生物燃气，替代天然气。南宁正在开展新燃料汽车运输工程，主要是发展生物气体出租车和公共汽车项目，利用产业化沼气工程提供的压缩气体原料，将全市城区内60%的出租车和公共汽车改造成使用生物气体燃料车。2012年后让30%城区出租车和公共汽车使用生物气体燃料，2015年完成60%的改造目标。2011年4月，河南天冠集团建设完成了日产50万立方米的沼气工程，成功向南阳市城区居民供气。该工程是南阳市利用日元贷款城市环境综合治理项目的子项目之一，工程总投资4.3亿元，共计利用日元贷款资金

1.6亿元。根据天冠沼气利用规划，整个项目达产后，每天所产沼气10万立方米用于城市居民用气，10万立方米脱碳提纯制取车用天然气，30万立方米用于沼气发电。届时可确保满足中心城区30万居民的生活用气和1000辆出租车、部分公交车加气。预计年新增销售收入1亿元，年利润总额3150万元，年减少二氧化碳排放85万吨，年节约标煤12万吨，节约清水300万吨。8月22日，全球首个户用沼气碳基金减排收入发放仪式在湖北恩施举行。恩施市50位项目农户代表领取了第一个监测期（2009年2~8月）的减排收入。全州3.3万个产生减排的项目农户共获得第一期减排净收益204.9万元人民币。湖北省户用沼气碳基金减排项目2006年开始申报，2009年正式获联合国清洁发展机制执行理事会批准，是全球第一个在联合国成功注册并顺利实现交易的户用沼气减排项目。项目最大的亮点是让农户在使用沼气的同时获得减排收益。10年内项目农户每户每年可获得近百元的项目现金收入。这一项目的成功实施，可以有效地调动农户建好、管好、用好沼气池的积极性，进一步完善沼气产业链条，推动户用沼气步入“建设有补贴、服务有保障、使用有收益”的良性发展轨道。也证明中国完全可以通过开发户用沼气CDM项目，来增加农民收入，推进户用沼气发展。

二、生物质发电和生物产业

生物质发电主要是利用农业、林业和工业废弃物为原料，也可以将城市垃圾为原料，采取直接燃烧或气化的发电方式。世界生物质发电起源于20世纪70年代，当时，世界性的石油危机爆发后，丹麦开始积极开发清洁的可再生能源，大力推行秸秆等生物质发电。自1990年以来，生物质发电在欧美许多国家开始大发展。

中国是一个农业大国，生物质资源十分丰富。中国拥有充足的可发展能源作物，同时还包括各种荒地、荒草地、盐碱地、沼泽地等。我国年产秸秆8.2亿吨左右(风干、含水量15%)，居世界之首。约有70%秸秆存在回收的经济性，可以作为能源加以利用。以此计算，折合可利用的秸秆总量约为5.7亿吨/年。生物质电厂普遍较小，装机容量多为25兆瓦左右，按照单个电厂年消耗20万吨燃料计算，全国可建电厂2850座，生物质发电具有较大发展空间。

为推动生物质发电技术的发展，2003年以来，国家先后核准批复了河北晋州、山东单县和江苏如东3个秸秆发电示范项目，并实施了生物质发电优惠上网电价等有关配套政策，从而使生物质发电，特别是秸秆发电的不断发展。

在生物质一代燃料走出“与民争粮，与粮争地”的困境之后，我国生物质能产业界已经认清并调整了生物质能产业的发展方向，即利用非粮原料生产生物燃料。当前，在全世界范围内，第二代生物质燃料技术研发及产业化的发展已渐入佳境。我国对于二代生物燃料利用的途径正在向多元化方向发展，这也对生物质原料供应的多元化提出要求。国家发展改革委能源研究所完成的研究报告显示，我国以非食用粮、糖类农作物为原料的燃料乙醇生产潜力近、中期约为1500万吨；以废油为原料的生物柴油生产潜力近、中期约为200万吨；以油料林为原料的生物柴油生产潜力在中、长期约为数百万吨；以纤维素和藻类生物质为原料的先进生物燃料生产潜力在长期可达每年数千万吨。由此看来，以非粮作物或植物生产生物燃料的潜力越来越大，生物质原料的供应将继续朝多元化的方向发展。

（一）在中国生物质发电的道路上，国家政策和规划给力

2011年，生物质能产业受到了前所未有的青睐。从年初至年末，多项政策接踵而至。5月26日，国家发展改革委、财政部联合发布《循环经济发展专项资金支持餐厨废弃物资源化利用和无害化处理试点城市建设实施方案》，明确设专项资金重点支持试点城市餐厨废弃物的收集、运输、利用和处理体系的建设和改造升级，以及法规、标准、管理体系等能力建设。回收的废弃油脂将用于炼化生物柴油和化工产品，以及一些低碳环保的装修材料。餐厨废弃物问题处理利用好了则可以变废为宝、化害为利，从源头上解决用“地沟油”加工食用油的非法行为，避免将餐厨废弃物直接喂猪，有效解决餐厨废弃物作为生活垃圾填埋或焚烧造成的资源浪费和环境污染问题，实现社会效益、经济效益和环境效益的统一。

6月30日，财政部、国家税务总局联合发布通知，划定了废弃动植物油生产纯生物柴油免征消费税的适用范围，详细列出四种免征消费税的生物柴油原料。此前，国家曾发布过生物柴油免征消费税的政策，但并没有明确免征范围。出台这个措施是为了防止地沟油、潲水油流入食品行业，鼓励企业将这些废弃动植物油转化为工业用油。生物柴油作为一种绿色能源，对柴油是一个补充。生物质能的相关扶持政策日益指向“货币化”。未来5年，多项税费减免等实质性支持也有望陆续落地。

10月初，财政部下发《关于开展第一批绿色低碳重点小城镇试点示范工作的通知》，并配有《推广应用可再生能源和新能源专项实施方案》。同时，《全国林业生物质能源发展规划（2011~2020年）》通过专家评审，再为生物质能产业发展“添砖加瓦”。财政部、农业部和国家能源局等多部门合力推进绿色能源示范县工作，计划“十二五”期间兴建200个绿色能源示范县，目前首批绿色能源示范县已达108个。仅以绿色能源示范县的补贴为

例，中央财政对生物质能发展的直接补贴就将达到47.5亿元。这种“毫不吝啬”的重金扶持，无疑将对生物质能产业化形成有力推动。

9月已上报国务院审议的《可再生能源“十二五”发展规划》中附有《生物质能源专项发展规划》。《规划》提出的“十二五”期间生物质能源发展目标是：到2015年年底，生物质发电装机容量将达1300万千瓦，到2020年将达3000万千瓦，在2010年年底550万千瓦的基础上分别增长1.36倍和4.45倍。其中“十二五”末，农林生物质发电将达800万千瓦，沼气发电将达200万千瓦，垃圾焚烧发电将达300万千瓦。生物质固体成型燃料利用量将达1000万吨，生物质乙醇利用量将达350万到400万吨，生物柴油利用量将达100万吨，航空生物燃料利用量将达10万吨。在庞大的装机目标引导下，未来5年我国将兴起建设生物质发电厂的高潮。据推算，1300万千瓦的生物质发电装机容量意味着要增加500~700个生物质发电厂。为避免低水平重复开发浪费资源，《规划》拟定，“十二五”期间，在提高行业技术标准后，全国将形成约300个生物质发电厂的格局。

“十二五”生物质能源规划除明确具体的生物质发电装机容量目标外，还划定了各子产业的相关目标。这一系列目标将发挥较强的政策引导作用，并为涉足生物质发电、垃圾焚烧发电以及生物燃料领域的相关企业带来积极影响。

科技部发布《“十二五”生物技术发展规划》明确“十二五”期间生物能源技术主攻方向：大力发展非粮生物乙醇、生物柴油等生物能源产品相关关键技术和专用设备，研究开发微藻生物固碳核心关键技术，建立年固定二氧化碳总量超过万吨的工业化示范系统，率先在国际上首次实现微藻固碳的产业化，在“十二五”期间获得突破性进展，并促使相关技术形成在全球范围内的领先地位。《规划》还提出，要“研究开发非粮生物乙醇、生物柴油、生物燃气、生物制氢等生物能源产品制造过程的共性关键技术和专用设备，以工业和城市生活废弃物为原料，建立生物能源产品的规模化生产技术示范”。

国家政策和规划的阳光，照亮了中国生物质能产业。“十一五“期间，国家电网公司、五大发电集团等大型国有、民营以及外资企业纷纷投资参与中国生物质发电产业的建设运营。截至2009年底，全国投产、在建和开展前期工作的生物质发电项目有170多个，装机容量460多万千瓦，其中已投产50多个，装机容量100多万千瓦。根据国家能源局的数据，“十一五”期间，我国已建设了200万千瓦农林剩余物直燃发电厂，年发电量超过100亿度电。

（二）2011年中国生物质能产业，亮点凸显

民航客机加载生物燃料飞行夺人眼球。生物航空煤油是以可再生资源为原料生产的航空煤油，与传统航空煤油相比，具有较好的降低二氧化碳排放的作用。为了减少碳排放，多个国家的航空公司正在尝试生物航空煤油的商业飞行。中石油采用非粮作物小桐子油脂为原料研制生产的15吨航空生物燃料，2011年10月28日，国航使用现役波音747～400型客机加载由中石油与霍尼韦尔旗下UOP公司合作生产的航空生物燃料，在首都国际机场执行了验证飞行，并取得成功。在我国首次航空生物燃料验证飞行中应用成功，标志着我国航空生物燃料产业发展的关键技术瓶颈已得到解决，集原料种植、采集加工、储运加注、安全飞行于一体的上下游产业链初步形成，并有助于削减运营成本并降低飞机温室气体排放量，在中国航空发展史上具有重要里程碑意义。该生物燃料由小桐子油脂和航空煤油按照1:1的比例混合制成，可替代传统航空煤油，减少二氧化碳排放量60%～70%。目前，中石油已在四川和云南省利用荒坡林地建成小桐子能源林120万亩，还将利用成熟技术建设一套年产3万吨航空生物燃料的示范装置。

2012年2月28日，中国民用航空局正式受理了中国石化提出的生物航空煤油适航审定申请。中国石化介绍说，此次向中国民用航空局提出适航审定申请的产品——1号生物航空煤油，是中国首个自主开发成功的生物航空动力新产品，并具有批量生产能力的企业。包括中国石化在内，中国能源公司近年来对生物航空煤油研发也表现出了较大兴趣。中国石化研发的生物航煤，以多种动植物油脂为原料。目前，该公司还在研发以餐饮废油和海藻为原料的生物航煤技术。

接受中国石化提出的适航审定申请后，中国民用航空局将根据国际通行的检测标准，进行一系列审定，确保航煤的安全。适航审定通过后，生物航空煤油方可获准用于商业飞行。中国民用航空局副局长李健2012年2月28日在北京表示，中国已成为年消费量近2000万吨的航空燃料消费大国。预计，2020年中国航空燃料消费量将超过4000万吨。届时，预计生物航煤将占航油总量的30%。按照每吨一万元的价格计算，2020年中国生物航煤市场容量将达到1200亿元。

世界最大生物质发电厂在广东运营。2011年10月18日，由广东省粤电集团投资的目前世界上单机容量及总装机容量最大的生物质发电厂正式投入商业运营。广东粤电湛江生物质发电项目为2台5万千瓦机组，其中1号机组已于2011年8月底投运；2号机组现已顺利通过96小时满负荷试运行，试运期间，机组平均负荷率达100.6%，各项技术参数指标优良。该生物质发电项目每年可替代约10万吨标煤，减少二氧化碳排放约30万吨，减少二氧化硫排放近2000

吨。该项目在纯生物质燃料前提下，采用具有自主知识产权的循环流化床技术，进一步提升发电机组的效率，成本和污染物排放更低、燃料适应性强，燃烧温度低有效抑制结渣、腐蚀令灰渣综合利用价值提高，更为节能环保。

国内首个生物质炉VER自愿减排项目在河北启动。2011年12月10日，由河北光磊炉业有限公司实施的。“30万台生物质炉具VER自愿减排项目”在河北省故城县启动。项目第一期于2011年底前在故城县推广5000台生物质炉具，配套建设30个秸秆成型燃料厂，年产秸秆成型燃料1.5万吨，替代标准煤7500吨，年减排二氧化碳近2万吨。这是国内首个在生物质炉具行业实施的VER自愿减排项目。生物质炉具是一种新型高效低排放炉具，燃料以生物质为主，采用半汽化燃料方式，节能减排效果明显。

中科院西双版纳植物园生物能源组年内从造纸厂“黑水”中提取木质素为原料合成的碳质固体酸催化剂，并用于生产生物柴油。所制备的催化剂用于催化油酸与甲醇的酯化反应，在80℃反应5小时，酯化率可达97%；用于催化高酸值小桐子油与甲醇的转酯化反应，在120℃反应5小时，生物柴油率可达96%。

三、垃圾焚烧发电在争议中前行

目前，中国每年生活垃圾产生量超过3.6亿吨，其中城市生活垃圾1.5亿至1.6亿吨，约占世界总量的三分之一，并且以年均8%的速度增长。在垃圾处理方式上，中国以填埋、焚烧和堆肥为主。填埋是目前主要方式，占比近一半;焚烧占比12%左右;堆肥不到10%;仍有30%的生活垃圾未能处理。

垃圾填埋是主要方式，但处理比较初级，而且有占地多、臭气不易控制、稳定周期长、存在污染风险等问题。与之相比，焚烧方式占地小，稳定化速度快，减量效果好，臭气容易控制。对于人口密度大、土地紧缺的大城市来说是一个理性的选择。中国的垃圾焚烧项目，绝大多数为垃圾焚烧发电项目，特点是前期投入大、运营成本低，且收益稳定丰厚。其收入来源，不仅包括垃圾处理补贴和售电收入，还包括税收优惠、供热收入、售渣收入等。据业内估算，垃圾焚烧厂项目投资回收期为8至12年。目前中国垃圾焚烧项目主要采用BOT（建设—经营—转让）和BOO（建设—拥有—运营）两种模式。两模式对投资方的特许经营期一般均为25至30年。这相当于投资方最多可以净赚22年。以北京市朝阳区高安屯垃圾焚烧厂为例，其处理垃圾量为1600吨/日，全年53万吨，年发电2亿度，上网电量1.6亿度，售电收入为1.04亿元，折合每吨垃圾发电收入195元。经济效益不仅比卫生填埋和堆肥高，和许多其他行业相比利润也非常丰厚。

然而，选择的这条路，注定不会平坦。一直面临两方面的夹击：一边是城市周边堆积如山的垃圾，另一边是居民对于垃圾焚烧的反对声。

从2007年6月北京由于居民反对而叫停六里屯垃圾焚烧厂建设起，到2011年1月，全国至少发生了十次因为垃圾焚烧选址引发的群体事件，其中北京市三次，江苏省三次，广东省三次，上海市一次。

中国因垃圾焚烧项目引发群体性事件的根本原因在于：原有垃圾焚烧厂标准偏低，管理力度不够，造成烟气超标、臭气扰民的现象，如何管理、如何避免各种污染还没有一个明确标准，由环保部牵头修订、原定在2011年内出台的《生活垃圾焚烧污染控制标准》，已经失约；土地价格、房产价格持续推高，加重了居民对于环境质量的要求;二噁英的污染引起居民的恐慌。

国家环保部门内部对于垃圾处理的方向也一直持有两派意见。一为主烧派，一为反烧派，双方一直僵持不下。这种局面在2011年4月发生了变化。国务院印发《关于进一步加强城市生活垃圾处理工作的意见》，明确指出，土地资源紧缺、人口密度高的城市，要优先采用焚烧处理技术。此后，各地垃圾焚烧项目纷纷上马，但均低调推进。山东省、浙江省各自规划了20座;福建省规划了17座;江苏省、广东省分别规划了14座和13座。2011年9月30日，由重钢三峰环境产业集团公司联合美国卡万塔控股集团共同建设的成都九江环保发电厂正式投入试运行。该项目占地约90亩，共配置了3台垃圾焚化炉，是目前西部规模最大、工艺最先进的垃圾焚烧发电厂。该发电厂每天处理城市生活垃圾约2000余吨，平均每日发电74.7万千瓦时。除电厂自用外，剩余的电全部送至九江变电站，可供8万户居民使用。到2011年底，中国建成和在建的垃圾焚烧厂，总数超过160座。

“十二五”期间，全国将新增处理能力约40万吨/日，新增投资约1400亿元。此外还有一些续建项目需要追加投资，续建投资约300亿元。收运转运约360亿元，存量治理约200亿元，餐厨垃圾约90亿元，垃圾分类约200亿元，监管能力约50亿元。“十二五”期间中国在垃圾处理上的投资高达2600亿元。业内人士透露，2600亿元大蛋糕中，超千亿元将切给垃圾焚烧发电。按照相关规划，到“十二五”末，中国的垃圾焚烧厂总数将超过300座，日处理能力将达到30万吨，占垃圾处理总量的30%。

节能汽车和新能源汽车

《中国低碳年鉴》编辑部

2011年，我国节能与新能源汽车积极推进，技术和产业化提高，试点示范取得成效。

2011年，全国共有54家汽车生产企业的190个车型列入《节能与新能源汽车示范推广应用工程推荐车型目录》。据中国汽车工业协会公布的数据，2011年我国生产汽车1841.89万辆，同比增长0.84%，销售1850.51万辆，增长2.45%，汽车销售量位居全球第一。2011年中国生产新能源汽车8368辆，比上年有较大幅度的提高。其中纯电动5655辆、混合动力2713辆；销售新能源汽车8159辆，其中纯电动5579辆、混合动力2580辆。2011年生产的新能源汽车8368辆，相对于中国1841.89万辆的总体销量，只占了0.04%的份额。截至2011年底，我国混合动力汽车产量累计达16622辆，尚未进入规模化生产阶段。此外，2011年生产代用燃料汽车3.11万辆，销售3.13万辆。

一、国家高度重视，坚持节能与新能源汽车的发展战略，相关政策密集出台

电动汽车发展已达成全球战略共识——面向低碳目标的乘用车技术发展与规模商业化。世界主要汽车生产国纷纷将发展新能源汽车作为国家战略，推进技术研发和产业化，发展和推广应用汽车节能技术。

汽车电动化这一革命性的技术创新，推动了全球汽车产业格局发生重大调整，未来20~30年将是世界新能源汽车产业格局形成的关键时期。美国、日本、德国等世界主要汽车强国，都将发展新能源汽车上升到国家战略的高度加大电动车辆的研制与开发力度，积极开发和应用以动力电池为核心的汽车电动化技术，加快推进电动汽车产业化进程。

综合分析各种预测结果表明，到2015年，各类电动汽车(包括混合动力)约占乘用车市场的8%左右(其中纯电驱动约1%左右，全球总量约80万辆左右);至2020年各类电动汽车(包括混合动力)约占乘用车市场的20%左右(其中纯电驱动约8%左右，全球总量约800万左右)。当前各类电动汽车已成为世界各大汽车公司激烈竞争的焦点，美国的通用、福特公司，日本的丰田、日产及本田公司，欧洲的宝马、奔驰、雪铁龙公司都在电动汽车的研制与开发上显示了很强的实力。

中国继2006年超过日本成为全球第二大汽车生产国之后，在2009年又超过美国已成为全球最大的汽车生产和消费国。2010年、2011年产销汽车均超过1800万辆。

目前，在我国每年有85%的汽油和20%的柴油被汽车烧掉，汽车无疑成为了能源消耗大户，能源紧张与汽车行业发展的关系十分密切。各种预测表明，2015年我国汽车保有量将超过1.5亿辆左右。2020年和2030年我国汽车中乘用车保有量将会达到1.5亿辆和2.5亿辆的规模。如果中国的人均汽车拥有量追上美国，中国的道路上就会奔跑着6亿多辆小汽车，这一数字将超过世界其他国家小汽车数量的总和，对能源的需求将不言而喻，中国必将成为第一大油耗和石油进口国。

从我国油耗总量来看，继美国之后，中国取代日本成为全球第二大石油消费国，原油消费年均增长率为6%以上，与国际通行的石油消费强度比较，我国石油消费强度为0.19，大体相当于日本的4倍，欧洲的3倍，美国的2倍；从我国单车油耗量来看，我国平均单车所耗油的实际值约2.5吨，比美国高10%~25%，比日本高1倍以上。中国能源问题已经成为国民经济发展的战略问题，从国家安全角度看，石油资源已经和国家安全紧密联系起来，能源资源的稳定供应始终是一个国家特别是依赖进口的国家关注的重点，并成为中国能源安全战略的核心内容。电随着汽车保有量的快速增长，道路交通消耗的燃料量也将持续上升，导致石油消费进入快速增长期，石油对外依存度不断攀升，2020年车用燃油消费量将超过3亿吨，石油对外依存度超过70%。由此可见，实现我国交通能源动力系统转型已是大势所趋，节能和新能源汽车拥有最广阔的前景。如果中国采用一系列先进技术，包括电动汽车、压缩天然气汽车和以天然气为燃料的内燃机技术，到2030年，中国汽车的二氧化碳排放总量有可能降低45%。如果电动汽车在2030年占中国全部乘用车的30%，将节省其石油总需求量的10%。如果到2030年电动汽车能实现30%的市场占有率，市场规模将达到1.5万亿元以上。

从国家战略性新兴产业看，发展电动汽车是我国汽车工业技术转型和培育战略性新兴产业的历史机遇。从车用能源角度看，电可以作为我国车用主体替代能源之一。电动汽车大规模应用后，可在电网负荷低谷时段常规充电，对电网起到“填谷”作用，提高发电设备的综合利用率，起到节能减排的效果。而且我国发展电动汽车也具有独特的资源和市场优势，具有电动汽车相关材料资源优势，在锂离子动力电池永磁电机等电动汽车关键零部件的核心材料方面也具有资源优势。我国还具有巨大的多元化的汽车市场优势，并在电动汽车基础设施建设方面有后发优势。

我国城镇化城市化过程中，电动汽车充电站等基础设施建设拥有较大的发展空间。

因此，加快培育和发展节能与新能源汽车，是有效缓解我国能源和环境压力、推动汽车产业可持续发展的紧迫任务，也是加快汽车产业转型升级、培育新的经济增长点、发展战略性新兴产业和节能减排的重大战略。

基于以上认知，中国高度重视节能和新能源汽车的发展。经过多年努力，我国节能和电动车发展战略的高度和支持政策的力度处于世界前列，形成了技术导向性较强、产业链培育与市场支持的政策体系。

从“十五”开始，“十一五”期间节能与新能源汽车一直列入国家重大项目，“十二五”期间电动汽车依然是发展重点。在整个发展过程中，一直坚持“三纵三横”的基本研发布局。即“三纵”方面，纯电动汽车、增程式电动汽车和插电式混合动力汽车作为纯电驱动汽车的基本类型归为一个大类；燃料电池汽车作为纯电驱动汽车的特殊类型继续独立作为一“纵”；混合动力汽车主要为常规混合动力汽车。“三横”方面，“电池”包括动力电池和燃料电池；“电机”包括电机系统及其与发动机、变速箱总成一体化技术等；“电控”包括电转向、电空调、电制动和车网融合等在内的电动汽车电子控制系统技术。

近几年来，我国进一步明确节能与新能源汽车的发展战略，相关政策、规划密集出台。2009年国务院颁布《汽车产业调整与振兴规划》，提出了“形成50万辆纯电动、充电式混合动力和普通型混合动力等新能源汽车产能；推动纯电动汽车、充电式混合动力汽车及其关键零部件的产业化”等目标。同时，节能汽车推广政策开始实施。至2011年9月，1.6升及以下排量节能汽车车型由推广前的101个增加到427个，14个月共生产433万辆。2010年10月18日，在《国务院关于加快培育和发展战略性新兴产业的决定》中，我国正式将新能源汽车列入到了七大战略新兴行业，提出要着力突破动力电池、驱动电机和电子控制领域关键核心技术，推进插电式混合动力汽车、纯电动车汽车推广应用和产业化，将新能源汽车行业打造成为国民经济的先导产业。

2010年6月1日，财政部、国家发展改革委、工业和信息化部报经国务院同意，启动了节能汽车推广工作，对消费者购买节能汽车给予一次性3000元定额补助。截至2011年底共公布了七批节能汽车(1.6升及以下乘用车)推广目录，涉及511个车型型号。2011年2月25日，经第十一届全国人大常委会第十九次会议通过并于2012年1月1日起施行的《车船税法》第四条中规定，纯电动汽车、燃料电池汽车和插电式混合动力汽车免征车船税，其他混合动力汽车按照同类车辆适用税额减半征税。2011年3月发布的《国民经济和社会发展第十二个五年规划纲要》中，新能源汽车是七大战略性新兴产业之一，提出要重点发展插电式混合动力汽车、纯电动汽车和燃料电池汽车技术。2011年4月，财政部、科技部、工业和信息化部、国家发展改革委联合出台的《关于开展私人购买新能源汽车补贴试点的通知》，确定自6月1日起上海、长春、深圳、杭州、合肥等5个城市启动私人购买新能源汽车补贴试点工作，纯电动乘用车每辆最高补贴6万元。2011年7月14日，科学技术部出台了《国家“十二五”科学和技术发展规划》，新能源汽车被摆在重要位置，提出全面实施“纯电驱动”技术转型战略，实施新能源汽车科技产业化工程。2011年9月，财政部 、国家发展改革委 、工业和信息化部发出《关于调整节能汽车推广补贴政策的通知》，财政部、国家发展改革委、工业和信息化部报经国务院批准同意，决定对现行节能汽车推广补贴政策进行调整。10月，节能汽车推广政策调整，将节能汽车推广标准提高了8%，推广车型综合工况燃料消耗量从百公里平均6.9升调整为6.3升。

从2009年以来，我国对于扶持电动车等新能源汽车出台多项补贴和优惠政策，到2011年国家补贴加上一些地方的补贴政策，电动车消费可以获得12万元以上的优惠。节能汽车推广政策对节能技术的持续进步发挥了积极的推动作用，汽车产品升级换代提速。2011年10～12月，节能汽车推广车型快速发展，产量逐月攀升，列入第七批节能汽车推广目录的49个车型共生产25.55万辆。2011年12月27日，“中华人民共和国国家标准公告2012年第21号”批准发布由工业和信息化部公布了由国家能源局、工业和信息化部组织，电力企业联合会和中国汽车技术研究中心等机构共同起草的《电动汽车传导充电用连接装置第1部分：通用要求》、《电动汽车传导充电用连接装置第2部分：交流充电接口》、《电动汽车传导充电用连接装置第3部分：直流充电接口》和《电动汽车非车载传导式充电机与电池管理系统之间的通信协议》四项标准，于2012年3月1日起实施。此次发布的四项标准，被认为是电动汽车领域的基础性法规，将为电动汽车基础设施建设提供重要的技术和标准支撑，对健全我国新能源汽车标准体系、推动新能源汽车示范试点、促进我国新能源汽车协调发展具有重要意义。同时，有了标准后，中国就可能形成“牵全球电动汽车产业牛耳”的优势。这样，国外企业在进入中国市场后就必须按照中国的标准办事，中国标准也可能作为国际标准，在世界舞台上拥有话语权。至此，我国现行有效的电动汽车国家标准和相关行业标准共有有56项。其中国家标准40项，行业标准16项，正在研究和制定的技术标准59项。科技部部长万钢指出，“我国的电动汽车技术标准已能够基本满足当前电动汽车科学研究、产品试验、产业化生产指导、产品市场准入和商业化示范推广应用的基本需要，被公认为处于世界前列”。继工信部发布电动汽车充电接口等四项国家标准之后，国家电网公司在其官网上发布了覆盖电池更换站、电池配送中心、电池配送站等三类电动汽车电池充换电站工程设计内容的深度规定。2011年12月31日，财政部、工信部、国家税务总局联合发布了首批不属于车船税征收范围的车型目录，其中包括纯电动乘

用车42款、燃料电池乘用车7款。免征车船税后，每辆电动车或燃料电池车的使用成本能降低4000至10000元不等。

在2011年中，有关部委还建立了节能汽车推广专项核查制度，为政策有效实施提供了保障。组织了两次全国性的汽车燃料消耗量专项核查行动，在市场抽取了148辆样车进行油耗检测，发布了两批节能汽车推广专项核查检测结果公告。2012年3月，温家宝总理在《政府工作报告》中，先后7次提到汽车业，并3次提及“新能源汽车”，反复强调，要“大力培育”、“大力发展”新能源汽车。

总之，发展新能源汽车已成为国家战略，提出了明确的发展方向、战略目标、主要任务及政策措施。与此同时，从发展规划、消费补贴、税收政策、科研投入、政府采购、标准制定等方面，构建了一整套支持新能源汽车加快发展的政策体系。

二、汽车节能管理体系进一步完善

2011年，我国已建立了较为完善的乘用车产品节能管理体系。从汽车燃料消耗量检测方法、限值、标识等国家标准到汽车燃料消耗量公示制度、汽车燃料消耗量抽样核查制度，以及与燃料消耗量挂钩的节能汽车推广、节能与新能源汽车车船税减免等财税政策，都已建立并实施。工信部先后发布了10 多批《节能与新能源汽车示范推广应用工程推荐车型目录》）。工业和信息化部还建立了“中国汽车燃料消耗量网站”，进一步完善了汽车燃料消耗量公示制度。2011年，工业和信息化部发布了12批“轻型汽车燃料消耗量通告”，累计发布127家企业、3912条轻型汽车燃料消耗量数据。在中国境内市场上销售的所有轻型汽车(包括进口轻型汽车)燃料消耗量情况都可通过“中国汽车燃料消耗量网站”查询、对比。

2011年12月，《乘用车燃料消耗量评价方法及指标》、《重型商用车辆燃料消耗量测量方法》、《重型商用车辆燃料消耗量限值(第一阶段)》等发布，汽车产品节能管理体系进一步完善。国家电网公司发布了覆盖电池更换站、电池配送中心、电池配送站等三类电动汽车电池充换电站工程的设计内容深度规定，针对不同工程电池充电、转运、更换等各环节，规范了工艺流程、设备选择、平面布置、监控系统的设计和建设要求，合理解决了目前电池技术不支持快充、电动汽车产业因服务网络不完善发展受限，以及配电网难以承受大规模随机充电等问题，形成了电动汽车充换电服务网络的合理发展模式，可以通过智能电网、物联网和交通网的“三网”技术融合，实施网络化、信息化和自动化的“三化”管理，提供电动汽车用户跨区域同网、同质和同价的“三同”服务，体现了智能化、便利性、低用户成本的特点，以实现电动汽车高效、快捷的电能补充。三类工程设计内容深度规定的发布应用，有利于精益化、标准化、规范化电动汽车智能充换电网络的建设，有利于推动电动汽车产业的发展。

三、技术发展和产业化取得进展

经过近１０年发展，我国新能源汽车基本具备产业化发展基础，电池、电机、电控等关键技术取得重大进步。科技部对电动汽车关键技术的研发投入累计已经超过20亿元，带动社会和企业的投入超过百亿元，围绕着混合动力、纯电动，以动力电池驱动电机以电池共性为关键技术开展了产学研联合攻关，形成了一大批创新成果，并基本建立起以企业为技术中心、国家工程技术研究中心、国家重点实验室为主体的创新体系，形成了较强的基础研究、产品开发、设施检验、评价的能力。

关键零部件技术。纯电驱动动力电池技术水平快速的提高，普遍超过100，最高达到130。在混合动力用的动力型电力方面，逐步到“十一五”锂电池性能超过镍氢电池，锂电池功率达到2.8千瓦。在实验室环境条件下的动力电池寿命，单体电池目前水平寿命是2500~3500次之间，在25度条件下100%BOD条件下，1390个循环下容量大于87%。在安全性方面，我国实施了全球最严格单体电池安全性法规，这个法规不断严格和完善。在系统技术方面，动力系统性能优化方面比如安全性、耐久性、一致性、以及耦合关系，作为电池模块和系统性能国内单位开始加强研究，取得一系列进展，还要进一步深化。燃料电池升功率持续升高，0.8千瓦/升翻了一倍。在燃料电池发动机电池寿命有大幅度提高，2009年1500小时衰减7%，在2011年3000小时衰减10%，整个寿命稳步提升，成本下降。车用电机功率密度跟国外相当，效率也不比国外差。我国车用电机系统已经实现批量出口，出口电机功率密度3.2千瓦/升，而且动力性等方面，最高效率区达97%，功率密度达3.2等，代表中国车用电机发展的标志。另外在生产技术方面已经有一系列生产工艺流程设备批量化认证等，也取得重大的进展。

整车技术。 混合动力大客车经过多年研发已经大规模产业化，并形成主流产品和主流模式。主要有两种，第一种是在并联式AMT混合方面，已经批量生产，成为国内厂家的主导产品。另外一种不采用AMT并联，其模式20公里以下分离串联，20公里以上并联。纯电动客车处于不同模式示范考核小规模商业化阶段。整车电动汽车研发重点，基本掌握了整车控制、动力系统匹配与集成设计等关键技术，总体上由样车开发进入量产开发阶段，但高性能纯电动汽车产品在可靠性和工程化能力上仍落后于国外先进产品。我国的燃料电池汽车技术已经进入示范考核阶段，比如2008年北京奥运会示范、2009年UEDP示范持续一年，出口到新加坡参加四轻会的示范等，目前正处于示范、优化考核阶段。与国际先进水平相比，燃料电池汽车技术差距在进一步拉大。

与此同时，我国还建立了电动汽车关键零部件和整车测试平台，包括动力电池、车用电机、整车等。在电池检测方面，先有两家天津的18所和北京的201所，后扩展到6家，大大增强了电池检测能力。积极建立电动汽车技术标准体系，包括已有标准有57项，正在研究制定45项，可以说我国是目前国际上覆盖最广、标准数量最多的电动汽车标准体系。尤其是在标准方面我国开展一系列国际合作，包括中德合作、中欧合作、中美合作、中日合作通过合作我们标准登上国际舞台。

四、深入推进节能和新能源汽车试点示范

2008年开始的奥运示范项目，在大中城市公共服务领域开展新能源汽车示范，实现595辆电动汽车规模化示范运行。科技部、财政部、国家发展改革委、工业和信息化部于2009年1月共同启动 “十城千辆”工程，即十城千辆节能与新能源汽车示范推广应用工程，确定了13个试点城市，即北京、上海、重庆、长春、大连、杭州、济南、武汉、深圳、合肥、长沙、昆明、南昌。当年5000辆节能与新能源汽车投入示范运营；计划用3年左右的时间，每年发展10个城市，每个城市推出1000辆新能源汽车开展示范运行，力争使全国新能源汽车的运营规模到2012年占到汽车市场份额的10%。四部委又于2010年上半年确定第二批参与“十城千辆”工程的7个城市，即天津、海口、郑州、厦门、苏州、唐山、广州。第三批试点城市沈阳、成都、呼和浩特、南通、襄樊也于2010年下半年公布。这样，2010年全国示范城市从13个增加到25个，重点转向纯电驱动汽车，全国25个示范城市约8000辆节能与新能源汽车投入示范运营。

2011年8月18日，科技部、财政部、工信部和发改委等四部委，联合发布《关于加强节能与新能源汽车示范推广安全管理工作的函》，被称之为新能源汽车示范推广“安全令”，其中强调要对示范运行的新能源汽车进行安全监控，特别是加强对动力电池和燃料电池工作状态的监控。要求新能源汽车试点城市要立即开展全面、系统、彻底的安全隐患排查，对发现的安全隐患，必须限期改正。所有示范运行的节能与新能源汽车应与《节能与新能源汽车示范推广应用工程推荐车型目录》确认的技术状态严格一致，对投入示范运行的插电式混合动力汽车、纯电动汽车要全部安装车辆运行技术状态实时监控装置，特别是要加强对动力电池和燃料电池工作状态的监控。对混合动力汽车按一定比例进行实时监控。另外，试点城市要建立事故预警信息系统及事故紧急处置机制。

为进一步做好试点示范工作，2011年10月14日，国家科技部、国家发改委、财政部、工业和信息化部正式下发《关于进一步做好节能与新能源汽车示范推广试点工作的通知》，就建立健全试点工作组织机构、按照示范推广实施方案和年度工作计划、建立健全示范运行安全监督管理机制、研究制定新能源汽车示范推广鼓励政策、大力推进基础设施建设、严格执行国家和行业标准、建立公平竞争的市场秩序、加强示范运行的监控和评价、加强中央财政补助资金的使用管理等对试点城市提出了工作要求；对生产企业也提出了工作要求。要“广泛调动政府、企事业单位和个人购买、使用节能与新能源汽车的积极性”。并开展对试点工作进行评估与考核，加强对试点工作的监督和动态评估管理，加强对示范产品和企业的动态管理，对各试点城市示范推广工作进行咨询和检查督导，进一步加强试点工作协调联动机制，积极推进自主创新产品示范推广。同时，积极研究针对新能源汽车落实免除车牌拍卖、摇号、限行等限制措施，并出台停车费、电价、道路通行费等扶持政策。按照规定，这25座的示范城市，必须在2012年之前达到示范项目要求的1000辆新能源汽车数量。如不能完成指标，将遭遇“末尾淘汰”。

截至2011年底，我国在25个示范城市公共服务领域总计推广节能与新能源汽车16834辆，达到预计推广数量的35%以上。2012年，25个示范城市投入车辆计划目标为73200辆。

2011年，公共服务领域节能与新能源汽车示范推广和私人购买新能源汽车补贴试点城市混合动力汽车、纯电动汽车等节能与新能源汽车市场应用继续推进。截至2011年底，共有75家汽车生产企业的361个车型列入《节能与新能源汽车示范推广应用工程推荐车型目录》。2011年，列入推荐目录的车型共生产12784辆，同比增长74.3%，其中商用车生产5722辆，乘用车生产7062辆。

通过25个城市示范运行的实践，在公共交通领域出现了一批性能与可靠性良好的混合动力与纯电动汽车产品，在少数城市（深圳、合肥、杭州）私人电动汽车推广上取得初步突破，开展了多种基础设施的建设，国家充电接口标准普遍推行，广泛进行了多种商业运营模式的试验探讨，对节能与新能源汽车产业发展具有很大的引导性、激励性。同时，出现了一些示范亮点城市。

（一）北京公共服务领域新能源汽车持续增加

作为国家首批“十城千辆”示范城市，北京市提出以公交、市政、出租和公务等公共领域的示范应用牵引新能源汽车持续增加；在治理PM2.5方面，能源调整重点放在优质能源利用方面，而新能源汽车的推广是重中之重。

——在公交领域，曾先后服务于奥运村、84路公交线的50辆纯电动客车，在长安街上服务于90路纯电动公交示范线运营。2011年运营的5000辆新能源车，以公交车、环卫车和出租车为主。2012年底，北京全市公共服务领域的新能源汽车总量将达到5000辆，新增数量近1500辆。2011年1000辆纯电动环卫车公开招标采购工作于12月底全部完

成；2012年实现1000辆电动环卫车规模化应用。从2011年3月起，延庆县已投入运营由北汽福田汽车自主研发的50辆迷迪纯电动出租车。目前400辆电动出租车已在房山、延庆等区县内示范运营，400辆电动公交车在长安街沿线等重要路段示范运营。北京市实行私人购买电动汽车补贴为12万元、不摇号、免费安装充电桩、补贴政策、停车费和过桥费减免等优惠政策。

——中国最大的北京高安屯电动汽车充换电站投入运营。高安屯充换电站集目前国内所有充换电模式于一站，集成使用了十余种自主研发的充换电设备，年累计换电服务能力可达14.6万次，居国内之首。该站共设置4条换电流水线、1条配送线，安装充电机1044台，充电机容量10080千瓦，可同时服务8辆电动车，整车每次换电时间4至6分钟，预计每天能满足400辆纯电动环卫车的充换电需求，可服务北京市现有电动环卫车所有车型。该站同时具备电动大巴车的换装条件，可满足周边乘用车电池更换提供配送需求。验收专家组认为，高安屯循环产业园充换电站总体达到国内领先、世界一流水平。正式投入使用后，将成为北京东部地区电动环卫车的集中中转站及动力电池更换中心，服务范围覆盖朝阳、通州、顺义等地区。高安屯充换电站还体现了绿色环保、循环经济的理念。充换电站实现由垃圾发电厂、太阳能发电提供电源的理念；该站主体建筑屋顶安装的1280块太阳能电池组件，利用微网控制系统将光伏发电接入系统，日平均发电量超过1200千瓦时，年均发电量26.72万千瓦时，每年可少排放二氧化碳400吨以上。目前，北京市已经建设完成航天桥、延庆、熊猫环岛等15座充换电站，充电桩370个，能够满足1332辆电动公交车、乘用车和环卫车的充换电需求，处于中国领先水平。“十二五”期间，北京市将重点建设电动公交车、环卫车、乘用车等各种电动车辆充换电站，形成站点多、覆盖面广、区域联系紧密的智能充换电服务网络体系。预计到2015年底，建成由6座大型集中充电站、250座充换电站、210座小型配送站组成的电动汽车充换电三级服务网络。在时间规划上，2015年底，北京将初步建成乘用车智能充换电服务网络，五环内充换电服务半径将不超过5公里。地铁、公交接驳站将设快速充电桩，仅需半小时就能为电动汽车充电80%。

——推进新能源汽车产业。北汽集团于2009年11月成立了北京新能源汽车有限公司，重点进行新能源乘用车的研发生产以及售后服务。2011年5月，北汽福田汽车股份有限公司分别与北京华林特装车有限公司、北京天路通科技有限责任公司和长沙中联重工科技发展股份有限公司签订了共计1060辆福田纯电动环卫车(含底盘)产品的采购合同，为北汽电动汽车的迄今为止最大一笔订单。2011年12月20日实现了北京牌纯电动轿车的小批量下线，一共下线了30多辆车。同时，北汽集团还建了两个合资公司，一个生产动力电池，一个生产电机以及控制系统，整车控制系统是在北京新能源公司生产。这样，国内电动汽车的三大核心技术，即整车控制、电池、电机，北汽都可以做到自主。可以说，北汽目前是国内最先掌握三大核心技术的汽车集团。2011年小批量下线的三十多辆车当中，这三大系统100%是我们自主的。2015年北汽目标是70万辆。

（二）杭州创新推进新能源汽车示范推广工作

作为全国首批13个节能与新能源汽车示范推广试点城市之一，杭州市获得2011年度示范运营城市创新奖。国内获此殊荣的城市，还有深圳和合肥，杭州是全国规模运用换点模式的“第一城”。目前杭州市换电模式的纯电动汽车已达到200多辆。在2011全球新能源汽车大会上，杭州模式受专家肯定。杭州是全国乃至全球规模运行换电模式的第一个城市。也就是说，纯电动汽车可直接到换电站去换电池。2011年，杭州开工建设两座大型集中充电站，建成12座充换电站，“铺到”萧山、余杭、滨江、下沙、机场以及高速公路等区域。同时还建设30座动力电池配送站以及600个充电桩。到2012年，杭州市计划建成集中充电站4座，充电站38座，配送中心145座，充电桩3500套，争取达到近4万辆电动车的电力供应能力，充换电网络基本覆盖杭州市区。

目前，在杭州街头上跑的节能与新能源汽车，总计1374辆。其中包括800多辆混合动力的公交车，120辆纯电动出租车（注，纯电动出租车至去年底，数量已达200辆）、电力部门采购的40多辆电动车以及近200辆私人购买和租赁的电动汽车。力争到2012年年底，推广2万余辆节能与新能源汽车。

（三）深圳成为全球新能源汽车保有量最高城市

深圳市深圳新能源汽车产业起步于2004年，在2009年和2010年先后被列入全国首批“十城千辆”节能与新能源汽车示范推广试点首批13个城市和首批6个私人购买新能源汽车补贴试点城市之一，成为全国为数不多的“双试点”城市之一。经过三年多的推广，特别借助2011年举办第六届大学生运动会契机，进一步加快新能源汽车示范推广的步伐。大运期间深圳投放新能源车2011辆，占大运会交通车辆总需求的52.8%，赛会期间77条大运会新能源公交专线将全部覆盖44个比赛场馆。实现安全行驶里程累计超过400万公里，载客量突破604万人次，未发生安全事故，圆满完成了大运会新能源汽车示范运行任务。

深圳是全球新能源汽车保有量最高的城市。2011年底，全市公交与私人领域新能源车保有量已达3035辆。拥有充电站62座，简称充电桩超过2400个。 截至2012年6月底新能源汽车总数量达到3147辆，其中公交车2050辆，混合动力1771辆、纯电动253辆、纯电动中巴26辆纯电动出租车300辆，燃料电池车62辆，公务车20辆，家用车超过751辆。

新能源车配套设施建设迅速，总共建成各类充电站62座，其中公交充电站为主，占57座，社会充电站5座；建成充电桩超过2400个，主要分布于深圳全市各处的小区、公共停车场和办公区域。近三年来，深圳新能源汽车累计实现安全行驶里程超过1.6亿公里，其中公交车实现安全行驶里程1.45亿公里，出租车1500万公里以上，纯电动出租车单车已接近22万公里。随着深圳新能源汽车示范运行规模的不断扩大，节能减排效果日益显现。已投入运营的混合动力公交大巴平均节油率约15%，纯电动汽车的能源消耗成本约为传统燃油车的30%。

——以政策为导向，营造扶持新能源汽车推广的良好环境。深圳被确定为新能源汽车示范推广城市以来，先后制定了《节能与新能源汽车示范推广试点实施方案（2009-2012年）》、《私人购买新能源汽车补贴试点实施方案》、《节能与新能源汽车示范推广中央财政购车补助资金管理办法》、《节能与新能源汽车示范推广扶持资金管理办法》等政策，大力扶持新能源汽车的推广应用。通过特许经营方式，积极引导社会资本投入新能源汽车充电设施建设管理，引入南方电网、中国普天从事公交和充电设施网络运营。另外充分利用供电的谷期补充电力，实施新能源汽车峰谷电价。深圳首批电动汽车充电站于2009年12月28日建成投运。该站目前设置6台快速充电机，可向出租车、小轿车、公交车提供充电服务。此外，首批投入运营的还有134个充电桩，主要分布在全市各区的公共停车场和小区停车场，方便市民利用夜间停车的谷期电为电动汽车充电。

为了大规模建设慢速充电桩，2010年市政府明确全市住宅区按有效停车位5%，社会公共停车场有效停车位10%加装慢速充电桩，消除对消费者对充电的担忧。对购买新能源家用汽车，承诺全市住宅区和工作场所免费安装两个充电桩。

深圳还大手笔鼓励新能源汽车消费，出台私人购买新能源汽车补贴政策，在国家补贴的基础上追加补贴标准，一台混合动力车的补贴总额达8万元，纯电动车补贴总额最高达12万元。已设立总额约21.05亿元的新能源汽车示范推广扶持资金，其中购车与运营补贴12.11亿元，配套基础建设补贴7.59亿元，科研补贴3460万元及新能源公交车（出租车）示范推广贷款贴息1亿元。中国首款面向个人销售的的纯电动车比亚迪e6先行者也是在深圳正式上市，每辆车国家和深圳市政府各补贴6万元。比亚迪e6先行者是目前全球续驶里程最长的纯电动车，在综合工况下单次充电最远可行驶300公里。

——以公交为突破，扩大新能源汽车推广规模。截至目前，新能源公交车应用数量达2050辆，占全市公交车保有量的12.8%。

——以示范为基础，完善和鼓励新能源汽车应用的长效机制。继续加大公共领域推广力度。2012年计划投入运营纯电动公交车1000辆，纯电动出租车500辆，大运会期间全市43万辆机动车停使，出现十年以来最好的环境效果，继续大力提倡停运少运、绿色出行，同时新能源汽车建立碳积分账户，鼓励公交企业和消费者购买使用、用好新能源汽车。继续开展私家车停用少用、限排征费的研究，加快在公共停车场等建设社会充电设备，应用推广和产业发展结合，加快规划建设国家级新能源产业基地，加大创新成果的研发、制造、应用，通过应用推广和技术创新，全面推动新能源汽车产业的发展。据政府规划，2015年纯电动公交车将占公交车总量的50%。力争2015年阶段性实现产值500亿元、年产10万辆新能源整车的产能。

——以标准为先导，建立规范统一的安全保障体系。按照充电设施统一接口、统一支付、统一监管，标准化、集约化、网络化建设的要求，积极组织南方电网等相关企业，在广泛吸收国内最新标准成果基础上，2010年6月颁布了《深圳市电动汽车充电系统技术规范》，率先在全国实施充电设施地方性技术标准，为充电设施大规模建设奠定基础。为保障新能源公交车安全运行，制订《新能源公交汽车车载系统标准》、《深圳市公共服务领域新能源汽车监控系统》，建立了新能源公交车运营安全监控中心。目前，纯电动公交车实时监控覆盖率达100%，混合动力公交车实时监控覆盖率达60%。确保了新能源汽车的安全运行。

为满足新能源汽车充电需求，深圳还先后编制了《新能源公交场站近期建设计划》、《新能源汽车公共充电设施实施方案（2009-2012）》，规划建设22200个各类公交、公共充电设施，满足新能源汽车示范推广的需要。2010年，深圳发布了《关于住宅区和社会公共停车场加装新能源汽车充电桩的通告》，明确将在全市所有住宅区、社会公共停车场中分批安装新能源汽车充电桩，并探索充电桩配置比例纳入新建物业的设计规范。至2010年底，深圳的充电桩建设已覆盖全市28个住宅区、30个政府物业和社会停车场，共安装6900个充电桩。深圳在去年57座公交充电站基础上，2010年，深圳增加新能源汽车配套设施的覆盖面，实现现有住宅区停车场5%、社会公共停车场10%的停车位配置充电桩的目标。

——以创新为驱动，探索可持续的商业化运营模式。新能源汽车推广都处于发展期，购买成本比较高，动力电车寿命和公交车使用期不匹配，车辆维护和传统汽车相比差异比较多。针对几个特点，深圳市按照政府扶持监管、企业融资运营、技术创新规范的基本思路，通过三个结合，充电设施专业运营商和金融租赁机构相结合、纯电动裸车与动力电池分离销售相结合、动力电池维护与充电设施建设运营相结合。提出“融资租赁、车电分离、充维结

合”的新能源公交车购买、运营及维护方案。引进专业运营商，投资运营充电设施，购买新能源车辆动力电池并维护保养，确保动力电池与车辆使用周期的一致性。引进融资租赁公司，以融资租赁方式，购买新能源“裸”车，降低新能源车辆当期购置支出，实现了新能源汽车的可持续商业化运营。另外对出租车提供免五年牌照费的方式，投入300辆纯电动出租车示范运行，单车包干、维保外包、免费充电、全天运营，出租车运行效率和收益都比较好。

——通过大力推广和应用新能源汽车，带动新能源汽车产业快速发展。目前，深圳已拥有了较为完整的新能源汽车产业链。涌现出了比亚迪、五洲龙等新能源车整车企业及比克、航盛、星源材质、贝特瑞等一批新能源车关键零部件与关键材料企业。在动力电池隔膜、电助力、电空调及电刹车方面，部分企业也掌握了核心技术，并带动电机、电池、汽车电子、汽车关键零部件和汽车服务业等相关产业发展。据测算，2012年深圳新能源汽车产业可实现年销售收入600亿元以上。

根据新能源汽车产业基地发展规划，在“十二五”期间，深圳将进一步发挥新能源汽车的产业集群优势，在汽车产业整体发展的基础上，重点打造年产值800亿元至1000亿元的国家级新能源汽车产业基地，实现20万辆新能源汽车整车、60万套电动汽车动力总成的产能规模，建立2至3个国家级新能源汽车及关键零部件研发测试中心，使深圳成为全国乃至全球重要的新能源汽车整车与关键零部件研发、测试、制造中心之一。

五、低碳交通试点城市助推节能和新能源汽车发展

2011年初，交通运输部确定选择南昌、天津、重庆、深圳、厦门、杭州、贵阳、保定、武汉、无锡10个城市开展低碳交通运输体系建设试点工作。组织实施阶段为2011年7月至2013年10月。交通部并已编制完成《建设低碳交通运输体系指导意见》、《建设低碳交通运输体系试点工作方案》，为低碳交通运输体系建设提供了系统的工作指南和具体方案。本次试点主要有六项内容：建设低碳型交通基础设施，推广应用低碳型交通运输装备，优化交通运输组织模式及操作方法，建设智能交通工程，完善交通公众信息服务，建立健全交通运输碳排放管理体系。2011年2月24日，车船路港千家企业交通运输专项行动总结大会暨低碳交通运输体系城市试点启动会在江苏无锡举行，交通运输部副部长、部节能减排工作领导小组副组长高宏峰与江苏省副省长史和平共同揭牌，标志着低碳交通运输体系城市试点工作正式启动。

2012年2月2日，交通运输部发出《关于开展低碳交通运输体系建设第二批城市试点工作的通知》，选定北京、昆明、西安、宁波、广州、沈阳、哈尔滨、淮安、烟台、海口、成都、青岛、株洲、蚌埠、十堰、济源市开展低碳交通运输体系建设试点工作。试点期限原则定为2012～2014年。“通知”要求第二批试点城市尽快健全完善交通运输节能减排与低碳发展工作的组织机构，安排专人负责试点工作，积极配套相关工作经费，建立交通运输能源消耗与碳排放统计、核算体系；明确提出建设低碳交通运输体系的目标，制定有利于促进交通运输节能减排低碳发展的政策和措施，认真选择试点项目，科学合理制定试点实施方案。试点工作将建立“交通运输部—省级交通运输主管部门—试点城市交通运输主管部门—试点项目实施主体”四级机制。

株洲成为全国首个公交电动化城市。株洲是低碳交通运输体系建设城市试点之一，也是全国六大电力机车生产基地之一，全市627台公交车，全部是电动或油电混合动力的。作为老工业城市，株洲曾是全国十大空气污染城市之一。如今，株洲街头连垃圾车都实现了电动化，城市绿化率达到50%，空气良好率达到97%。株洲新能源汽车城销售规模正在接近100亿元，主要生产厂家中国南车株洲所今年将实现年产销售电动汽车1000辆、电传动系统1万套的能力。

六、目前中国新能源（电动）汽车发展正处于导入期

2009年国务院颁布《汽车产业调整和振兴规划》提出，到2011年我国要形成50万辆新能源汽车产能。但2011年实际产销量和25个示范试点城市推广节能与新能源汽车实际情况，都不如人意，与规划相距较大。

我国电动汽车技术取得较大进步，但部分领域发展滞后，关键技术差距较大。混合动力汽车发展不均衡，产品技术全面落后。插电式混合动力汽车总体上处于研发阶段。产品种类较少，主要集中于乘用车的研发。我国燃料电池汽车发展与国外同时起步，虽然在技术上取得一定进展，仍处于研发和试验考核阶段。动力电池技术进步明显，但关键技术尚未完全突破。动力电池单体性能接近国际先进水平，但在产品特别是成组产品系统（电池包）的工程化能力、成组技术、寿命、可靠性、充放电能力、能量管理与热管理等方面，明显落后于国际先进水平。

此外，我国电动汽车产业化开始起步，尚未进入规模化生产阶段，与国际水平差距也在拉大。混合动力商用车产业化取得较大进展；纯电动和插电式混合动力汽车产业化开始起步，进展缓慢。与通用、日产的Volt和Leaf等量产车型相比，我国纯电动和插电式混合动力汽车缺少明星、主力车型，产业化方面的差距迅速被拉大。动力电池产业化总体水平有所提升，但主要企业与国际差距较大。

我国在电动汽车示范推广时间上与国际同步，规模上处于国际前列，但仍存在亟待解决的问题。以企业为主推动基础设施建设，开展了多种商业模式探索，但主导的商业模式还未确定，未来相当长时间内多种模式将会并存。

之所以形成我国电动汽车发展与其他国家的差距局面，究其原因，虽然我国新能源汽车研发起步不晚，发展不慢，但由于基础不牢、投入不足，与世界先进国家比较，我国在电动汽车总体上还不具备竞争优势。从技术方面来看，尽管最近十几年我国政府在电动车的研发方面给予了很大支持，投入了数十亿元，但这种投入的力度和美国、日本及欧盟在电动汽车上的投入相去甚远。在这种情况下，要想使我国新能源汽车的研发水平很快领先于世界先进水平是非常不现实的。电动汽车的关键技术包括“三电(电池、电机、电控)”、底盘与整车等。其中，底盘和整车更多基于传统汽车基础上，“三电”技术是电动车区别于传统汽车的新技术。日本政府从1971年已经开展对电动汽车的研发支持，法国早在1975年就成立了“电动汽车跨部协调委员会”，而美国也早在1976年就开始以立法、政府资助和财政补贴等手段加速发展电动车，英国在电动汽车的使用历史就超过50年相比上述国家，中国起步晚投入小，因此在技术上差距明显。按照目前的技术水平看，动力电池还不具备完全替代传统汽车动力技术的条件，尤其是纯电动汽车。以锂离子电池为例，中国是锂离子动力电池的生产大国，约占全球25%的市场份额。但国内的锂离子动力电池生产技术与国际先进水平仍有差距。核心技术和材料也落后于国际先进水平。中高端技术竞争压力越来越大。

从国际新兴产业的发展路径来看，大约要经历酝酿期、导入期、快速发展期。一是酝酿期（或萌芽期）。在此阶段，技术取得突破性成果，在某些细分市场获得一定的应用，但具有不稳定性与不确定性；二是导入期。在此阶段，政府与骨干企业认识到该新兴产业的重要意义及发展前景后，开始旨在实现产业化的行动。政府采取政策措施积极支持与培育，企业大力投入，在技术和产业体系尚不成熟、成本未达到盈亏平衡点的情况下，使该新兴产业获得一定的发展空间，典型做法是通过示范项目和特定的细分领域培育产业链，推动基础设施与市场环境建设，使产品逐步为消费者接受；三是快速发展期。在此阶段，技术趋于成熟，产业链基本形成，基础设施初步完善，产品被消费者广泛接受，标准法规趋于完善，大量跟随者进入，规模化形成，产品进入主流市场，产销量快速增长，新兴产业优势显现；四是成熟发展期。在此阶段，新技术与新产业向相关产业扩展，向社会各相关经济领域渗透，产业体系日益完善，产销量稳步增长。

综合分析我国新能源汽车发展现状，我国的新能源汽车产业总体上说已经走过了“酝酿期”，目前正处于“导入期”的初期或初始阶段。我国的新能源汽车的“酝酿期”，是在“十五”与“十一五”期间国家科技项目引领下进行的。通过产学研结合，开展了“三纵三横”的技术研发，在技术上取得了突破性的成果，为导入期做了重要的准备。“十二五”开始，我国的新能源汽车总体进入导入期。其特征：一是企业成为技术研发的主体，多数汽车企业将电驱动汽车从科研项目转入主要产品研发计划，摆到与传统产品项目同等重要的位置，投入了较大的资金与力量；二是新能源汽车上升到国家新兴产业战略高度，予以支持，四部委联合行动支持示范运行与产业发展，我国新能源汽车的“导入期”开始不久就已经取得可喜的进展。

国务院总理温家宝2011年5月在中国科协第八次全国代表大会上的讲话指出，我国混合动力车现在有了一些进展，但技术上与发达国家还有较大差距。电动车开发刚刚起步，总体上还处于初级探索和跟踪外国技术阶段，主要设备和材料都依靠进口。发展新能源汽车下一步要集中解决哪些问题，包括技术路线问题、关键核心技术问题、投入问题、政策支持问题，必须尽快明确下来。

国务院在2009年就部署制定节能与新能源汽车产业发展规划，明确工信部、科技部、国家发改委等部门负责。经过两年多努力，2012年7月9日，国务院终于正式发布《节能与新能源汽车产业发展规划》，明确新能源汽车产业发展以纯电驱动为新能源汽车发展和汽车工业转型的主要战略取向，当前重点推进纯电动汽车和插电式混合动力汽车产业化。“规划”还对新能源汽车产业发展目标做出了具体要求。首先，在销量上，到2015年，纯电动汽车和插电式混合动力汽车累计产销量力争达到50万辆；到2020年，纯电动汽车和插电式混合动力汽车生产能力达200万辆、累计产销量超过500万辆。其次，在电动车里程上，到2015年，纯电动乘用车、插电式混合动力乘用车最高车速不低于100公里/小时，纯电驱动模式下综合工况续驶里程分别不低于150公里和50公里。，三是在电动车节油性能上，到2015年，当年生产的乘用车平均燃料消耗量降至6.9升/百公里，节能型乘用车燃料消耗量降至5.9升/百公里以下。《节能与新能源汽车产业发展规划》的出台，标志着我国节能与新能源汽车产业发展进入了新的历史发展时期。

>>>

节能减排

节能减排

《中国低碳年鉴》编辑部

节能减排是应对气候变化、加快绿色碳发展、加快转变经济发展方式的根本与基础。“十一五”期间，全国单位GDP能耗下降19.1%，全国二氧化硫排放量减少14.29%，基本完成了目标任务。但不容忽视的是，这期间，一些地方的节能减排出现前松后紧，在后期为保证任务完成不惜拉闸限电的情况。

2011年，中国确定的目标是单位GDP能耗下降3.5%，实际只下降了2.01%，全国氮氧化物排放总量不降反升5.73%。这种状况大大增加了后四年的工作压力。

2011年没有全部完成年初确定的节能减排方面的目标，原因很多，但最根本的是经济发展方式转变没有到位，经济增长方式依然比较粗放，结构调整滞后，特别是重化工业比重较大，产业技术水平也有待进一步提高。

“十二五”期间，中国将坚持以科学发展为主题，牢固树立绿色、低碳发展理念，把合理控制能源消费总量，节能减排，优化产业结构和能源结构，发展循环经济，作为经济社会发展的重大战略，加强领域国际合作，促进经济社会可持续发展。

2011年是“十二五”规划的开局之年，节能减排总体态势良好。全年能源消费总量34.8亿吨标准煤，全国万元国内生产总值能耗下降2.01%。七大水系的398个水质监测断面中Ⅰ-Ⅲ类水质断面比例占56.3%，比上年提高0.3个百分点；劣Ⅴ类水质断面比例占15.3%，下降2个百分点。七大水系水质总体上保持稳定。在监测的330个城市中，有293个城市空气质量达到二级以上（含二级）标准，占监测城市数的88.8%。但全国万元国内生产总值能耗下降计划下降3.6%，应当说没有完成。根据2011年上半年数据来看，氨氮排放量仅下降0.73%，氮氧化物排放量则上升了6.17%，而在“十二五”减排目标中，这两项指标都需要减少10%。这表明经济增长的资源环境约束持续强化，节能减排压力逐年加大，任重而道远。

一、政府大力主导，密集出台规划、方案、政策

（一）国务院总理温家宝3月5日在十一届全国人大四次会议上作的《政府工作报告》强调，要扎实推进资源节约和环境保护。提出“十二五”非化石能源占一次能源消费比重提高到11.4%和单位国内生产总值能耗和二氧化碳排放分别降低16%和17%、主要污染物排放总量减少8%至10%的约束性指标。要求突出抓好工业、建筑、交通运输、公共机构等领域节能。继续实施重点节能工程。大力开展工业节能，推广节能技术，运用节能设备，提高能源利用效率。加大既有建筑节能改造投入，积极推进新建建筑节能。大力发展循环经济。加强节能环保和生态建设，积极应对气候变化。推进低碳城市试点。加强适应气候变化特别是应对极端气候事件能力建设。建立完善温室气体排放和节能减排统计监测制度。加快城镇污水管网、垃圾处理设施的规划和建设，推广污水处理回用。加强化学品环境管理。启动燃煤电厂脱硝工作，深化颗粒物污染防治。加强海洋污染治理。加快重点流域水污染治理、大气污染治理、重点地区重金属污染治理和农村环境综合整治，控制农村面源污染。继续实施重大生态修复工程，加强重点生态功能区保护和管理，实施天然林资源保护二期工程，落实草原生态保护补助奖励政策，巩固退耕还林还草、退牧还草等成果，大力开展植树造林，加强湿地保护与恢复，推进荒漠化、石漠化综合治理。完善防灾减灾应急预案，加快山洪地质灾害易发区调查评价、监测预警、防治应急等体制建设。

（二）全国人大十一届四次会议3月17日通过的《国民经济和社会发展十二五规划纲要》在指导思想中强调，坚持把建设资源节约型、环境友好型社会作为加快转变经济发展方式的重要着力点。深入贯彻节约资源和保护环境基本国策，降低温室气体排放强度，发展循环经济，推广低碳技术，积极应对全球气候变化，促进经济社会发展与人口资源环境相协调，走可持续发展之路。

（三）国家发展改革委等14部门5月3日发出《关于2011年全国节能宣传周活动安排意见的通知》(发改环资[2011]911号)。2011年6月11至17日，由国家发展改革委等14部门联合举办2011年全国节能宣传周活动，主题是“节能我行动低碳新生活”。强调2011年是“十二五”开局之年，要充分总结和宣传“十一五”节能减排成就，为“十二五”节能减排工作营造良好社会氛围，加快构建资源节约、环境友好的生产方式和消费模式，增强可持续发展能力。

（四）国家发展改革委、国家统计局6月7日发布“十一五”各地区节能目标完成情况表2011年第9号公告（2011年第9号）。“公告”称：“十一五”时期，各地区、各部门认真落实党中央、国务院的决策部署，把节能作为调整经济结构、转变发展方式的重要抓手和突破口，放在更加突出的位置，采取了一系列强有力政策措施，取得了显著成效，全国单位国内生产总值能耗降低19.1%，完成了“十一五”规划《纲要》确定的约束性目标。五年来，我国以能源消费年均6.6%的增速支持了国民经济年均11.2%的增速，能源消费弹性系数由“十五”时期的1.04下降到0.59，扭转了我国工业化、城镇化加快发展阶段能源消耗强度大幅上升的势头，为保持经济平稳较快发展提供了有力支撑，为应对全球气候变化做出了重要贡献。

“公告”称：除对新疆另行考核外，全国其他地区均完成了“十一五”国家下达的节能目标任务，有28个地区超额完成了“十一五”节能目标任务，超额完成目标较多的十个地区分别为：北京（超额32.95%，下同）、天津（5%）、山西（3%）、内蒙古（2.82%）、黑龙江（3.95%）、福建（2.81%）、湖北（8.35%）、广东（2.63%）、重庆（4.75%）、云南（2.41%），其中北京、湖北、天津分别超出目标6.59、1.67、1个百分点。

（五）国务院总理、国家应对气候变化及节能减排工作领导小组组长温家宝7月19日主持召开国家应对气候变化及节能减排工作领导小组会议，审议并原则同意“十二五”节能减排综合性工作方案，以及节能目标分解方案、主要污染物排放总量控制计划，提出了12个方面、50条政策措施。

国务院确定的“十二五”节能减排目标任务包括：到2015年，全国万元国内生产总值能耗下降到0.869吨标准煤(按2005年价格计算)，比2010年的1.034吨标准煤下降16%，比2005年的1.276吨标准煤下降32%；“十二五”期间，实现节约能源6.7亿吨标准煤。

财政部、国家发展改革委6月22日发出《关于开展节能减排财政政策综合示范工作的通知》称：“十二五”期间，财政部、国家发展改革委决定在部分城市开展节能减排财政政策综合示范，通过整合财政政策，加大资金投入力度，力争取得节能减排工作新突破。为做好相关工作，选定了北京市、深圳市、重庆市、浙江省杭州市、湖南省长沙市、贵州省贵阳市、吉林省吉林市、江西省新余市等8个第一批示范城市。

（六）财政部、科技部、工信部、国家发展改革委7月22日在北京召开节能与新能源汽车示范推广工作会议。25个示范城市新能源汽车示范推广领导小组及相关部门的负责人，一汽、东风、上汽、长安、奇瑞、江淮、北汽、广汽、比亚迪、海马、南车时代电动等企业的代表共200多人参加了此次会议。

会上，财政部代表四部委通报了我国节能与新能源汽车示范推广规模及车辆运行情况，示范推广资金投入及政策保障情况，基础设施建设情况和技术进步情况等，总结肯定了节能与新能源汽车示范推广取得的成绩。四部委也分别总结了示范推广工作在“科学规划落实推广目标”、“加大推广力度，均衡开放发展”和“联合攻关，提高产品水平及供给能力”等方面存在的主要问题和不足。一汽、江淮、比亚迪三家企业分别介绍了新能源汽车研发及产业化经验，北京、深圳、杭州三个试点城市介绍了示范推广经验。济南、苏州、沈阳、呼和浩特、海口五个试点城市汇报了其示范推广情况以及落实示范推广总体目标的保障措施。

（七）国务院8月31日发出《关于印发“十二五”节能减排综合性工作方案的通知》（国发〔2011〕26号），要求各省、自治区、直辖市人民政府，国务院各部委、各直属机构结合本地区、本部门实际，认真贯彻执行。充分认识做好“十二五”节能减排工作的重要性、紧迫性和艰巨性，真正把思想和行动统一到中央的决策部署上来，切实增强全局意识、危机意识和责任意识，树立绿色、低碳发展理念，进一步把节能减排作为落实科学发展观、加快转变经济发展方式的重要抓手，作为检验经济是否实现又好又快发展的重要标准，下更大决心，用更大气力，采取更加有力的政策措施，大力推进节能减排，加快形成资源节约、环境友好的生产方式和消费模式，增强可持续发展能力；严格落实节能减排目标责任，进一步形成政府为主导、企业为主体、市场有效驱动、全社会共同参与的推进节能减排工作格局。要切实发挥政府主导作用，综合运用经济、法律、技术和必要的行政手段，加强节能减排统计、监测和考核体系建设，着力健全激励和约束机制，进一步落实地方各级人民政府对本行政区域节能减排负总责、政府主要领导是第一责任人的工作要求。要进一步明确企业的节能减排主体责任，严格执行节能环保法律法规和标准，细化和完善管理措施，落实目标任务，确保实现“十二五”节能减排目标。主要目标。到2015年，全国万元国内生产总值能耗下降到0.869吨标准煤（按2005年价格计算），比2010年的1.034吨标准煤下降16%，比2005年的1.276吨标准煤下降32%；“十二五”期间，实现节约能源6.7亿吨标准煤。2015年，全国化学需氧量和二氧化硫排放总量分别控制在2347.6万吨、2086.4万吨，比2010年的2551.7万吨、2267.8万吨分别下降8%；全国氨氮和氮氧化物排放总量分别控制在238.0万吨、2046.2万吨，比2010年的264.4万吨、2273.6万吨分别下降10%。

（八）国家发展改革委9月14日宣布将全国节能减排目标合理分解到各地区，作为约束性硬指标，实行考核和问责制。“十二五”期间，天津、上海、江苏、浙江、广东等省份单位国内生产总值(GDP)能耗要下降18%；北京、河北、辽宁、山东单位GDP能耗要下降17%；山西、吉林、黑龙江、安徽、福建、江西、河南、湖北、湖南、重庆、四川、陕西单位GDP能耗要下降16%；内蒙古、广西、贵州、云南、甘肃、宁夏单位GDP能耗要下降15%；海南、西藏、青海、新疆单位GDP能耗要下降10%。

（九）国务院9月26日发出《关于对“十一五”节能减排工作成绩突出的省级人民政府给予表扬的通报》（国发〔2011〕31号）。“通报”说，节约资源和保护环境是我们的基本国策。“十一五”时期，各地区、各部门认真贯彻落实党中央、国务院的决策部署，把节能减排工作作为调整经济结构、转变经济发展方式、推动科学发展的重要抓手和突破口，积极采取有效措施，节能减排工作取得了显著成效。经过各方面的共同努力，全国单位国内生产总值能耗下降19.1%，二氧化硫、化学需氧量排放总量分别下降14.29%和12.45%，基本实现了“十一五”规划纲要确定的节能减排目标，为保持经济平稳较快发展提供了有力支撑，为实现“十二五”节能减排目标奠定了坚实基础，为应对全球气候变化作出了重要贡献。

省级人民政府是本地区开展节能减排工作的责任主体。为表扬先进，进一步推进节能减排工作，国务院决定，对“十一五”期间在节能工作中成绩突出的北京、天津、山西、内蒙古、吉林、江苏、山东、湖北等8省（区、市）人民政府，在减排工作中成绩突出的山东、江苏、广东、河南、浙江、辽宁、上海、陕西等8省（市）人民政府，予以通报表扬。希望受到表扬的地区以此为起点，珍惜荣誉，再接再厉，作出新的更大贡献。

各地区、各部门要按照国务院关于“十二五”节能减排工作的总体部署，深入贯彻落实科学发展观，不断增强全局意识、危机意识和责任意识，树立绿色、低碳发展理念，把建设资源节约型、环境友好型社会作为加快转变经济发展方式的重要着力点，进一步加大工作力度，确保实现“十二五”节能减排目标。

（十）9月27日，国务院召开全国节能减排工作电视电话会议，全面动员和部署“十二五”节能减排工作，吹响了节能减排新的进军号。国务院总理温家宝发表重要讲话强调，要从战略和全局高度认识节能减排的重大意义，全面落实节能减排综合性工作方案，下更大决心、花更大气力，打赢节能减排持久战和攻坚战，建设资源节约型、环境友好型社会。温家宝总理在讲话中再次强调了当前和今后五年节能减排工作的重点任务，主要包括着力调整优化产业结构促进节能减排，坚持以科技创新和技术进步推进节能减排，完善节能减排长效机制，加强节能减排能力建设，推进重点领域节能减排等，对于确保实现“十二五”节能减排约束性指标具有十分重要的指导意义。国务院副总理李克强主持会议。国务院副总理张德江、王岐山出席会议。国务委员兼国务院秘书长马凯在会上宣读了《国务院关于对“十一五”节能减排工作成绩突出的省级人民政府给予表扬的通报》。国家发展改革委、环境保护部负责人和河北省、上海市、贵州省政府负责人在会上先后发言。

（十一）国家发展改革委、商务部、海关总署、国家工商总局、国家质检总局11月1日联合印发《关于逐步禁止进口和销售普通照明白炽灯的公告》，决定从2012年10月1日起，按功率大小分阶段逐步禁止进口和销售普通照明白炽灯。

《公告》明确，中国逐步淘汰白炽灯路线图分为五个阶段：2011年11月1日至2012年9月30日为过渡期，2012年10月1日起禁止进口和销售100瓦及以上普通照明白炽灯，2014年10月1日起禁止进口和销售60瓦及以上普通照明白炽灯，2015年10月1日至2016年9月30日为中期评估期，2016年10月1日起禁止进口和销售15瓦及以上普通照明白炽灯，或视中期评估结果进行调整。通过实施路线图，将有力促进中国照明电器行业健康发展，取得良好的节能减排效果，预计可新增照明电器行业产值约80亿元（人民币）、新增就业岗位约1.5万个，形成年节电480亿千瓦时、年减少二氧化碳排放4800万吨的能力。

中国是照明产品的生产和消费大国，节能灯、白炽灯产量均居世界首位，2010年白炽灯产量和国内销量分别为38.5亿只和10.7亿只。据测算，中国照明用电约占全社会用电量的12%左右，采用高效照明产品替代白炽灯，节能减排潜力巨大。逐步淘汰白炽灯，对于促进中国照明电器行业结构优化升级、推动实现“十二五”节能减排目标任务、积极应对全球气候变化具有重要意义。

中国发布逐步淘汰白炽灯路线图，再次表明中国政府深入开展绿色照明工程、大力推进节能减排、积极应对全球气候变化的坚强决心和采取的积极行动，将会对中国乃至全球淘汰白炽灯进程产生重要而深远的影响。

（十二）国务院总理温家宝11月9日主持召开国务院常务会议，讨论通过了《“十二五”控制温室气体排放工作方案》，明确了我国控制温室气体排放的总体要求和重点任务。

会议要求，各地区、各部门要按照“十二五”规划纲要提出的到2015年单位国内生产总值二氧化碳排放比2010年下降17%的目标要求，把积极应对气候变化作为经济社会发展的重大战略，作为加快转变经济发展方式、调整经济结构和推进新的产业革命的重大机遇，落实各项任务。

（十三）国务院副总理李克强11月26日出席第六届中日节能环保综合论坛开幕式并发表致辞。他指出，中日节能环保合作已经成为两国经贸合作的新亮点，应当登高望远，从战略上推动节能环保合作不断深化，增强创新转型发展的能力，培育新的经济增长点，为两国经济稳定增长和世界经济逐步复苏作出贡献。“十二五”时期，我们将综合采取结构调整、工程技术、管理创新等措施，大力推进能源节约和污染物减排，促进能源效率提高、环境质量改善，使经济增长质量和效益再上新台阶，促进经济长期平稳较快发展。

（十四）12月1日，国务院日印发《“十二五”控制温室气体排放工作方案》（国发〔2011〕4号）。“方案”明确到2015年全国万元国内生产总值（按2005年价格计算）二氧化碳排放为1.9吨左右，比2010年下降17%，比2005年下降34%左右，对非能源活动二氧化碳排放、二氧化碳以外的其他温室气体排放也提出了控制要求。

《方案》要求，各省（区、市）要将大幅度降低二氧化碳排放强度纳入本地区经济社会发展规划和年度计划，明确任务，落实责任，确保完成本地区的目标任务。要将二氧化碳排放强度下降指标完成情况纳入各地区（行业）经济社会发展综合评价体系和干部政绩考核体系。

中国提出清晰量化指标，已远远超出了‘巴厘路线图’对发展中国家的要求，显示了中国力促哥本哈根大会取得成功的认真态度，以及为人类应对气候变化所做的重大承诺。

《方案》提出，到2015年全国单位国内生产总值二氧化碳排放比2010年下降17%。控制非能源活动二氧化碳排放和甲烷、氧化亚氮、氢氟碳化物、全氟化碳、六氟化硫等温室气体排放取得成效。应对气候变化政策体系、体制机制进一步完善，温室气体排放统计核算体系基本建立，碳排放交易市场逐步形成。通过低碳试验试点，形成一批各具特色的低碳省区和城市，建成一批具有典型示范意义的低碳园区和低碳社区，推广一批具有良好减排效果的低碳技术和产品，控制温室气体排放能力得到全面提升。

《方案》提出，要推动行业开展减碳行动。钢铁、建材、电力、煤炭、石油、化工、有色、纺织、食品、造纸、交通、铁路、建筑等行业要制定控制温室气体排放行动方案，对重点企业要提出温室气体排放控制要求，研究确定重点行业单位产品(服务量)温室气体排放标准。选择重点企业试行“碳披露”和“碳盘查”，开展“低碳标兵活动”。

《方案》强调，要加强组织领导和评价考核。各省(区、市)要将大幅度降低二氧化碳排放强度纳入本地区经济社会发展规划和年度计划，明确任务，落实责任，确保完成本地区目标任务。要将二氧化碳排放强度下降指标完成情况纳入各地区(行业)经济社会发展综合评价体系和干部政绩考核体系，完善工作机制。各省级人民政府和相关部门要对本地区、本部门控制温室气体排放工作负总责。加强对各省(区、市)“十二五”二氧化碳排放强度下降目标完成情况的评估、考核。对控制温室气体排放工作实行问责和奖惩。对作出突出贡献的单位和个人按国家有关规定给予表彰奖励。这是首次把单位生产总值二氧化碳排放下降指标作为约束性指标分解到地方。总之，作为指导我国未来5年控制温室气体排放工作的重要纲领性文件，《方案》的颁布吹响了我国绿色低碳发展的号角，对推动我国应对气候变化、节能减排，具有里程碑式的重要意义。

（十五）12月7日，国家发展改革委、教育部、工业和信息化部、财政部、住房城乡建设部、交通运输部、商务部、国务院国资委、国家质检总局国家统计局、银监会、国家能源局联合发出《关于印发万家企业节能低碳行动实施方案的通知》。《通知》提出“十二五”期间，国家将从强化目标责任、建立能源管理体系、加强能源计量统计、开展能源审计和编制节能规划、加大节能技术改造力度、加快淘汰落后用能设备和生产工艺、开展能效达标对标、健全节能激励约束机制、开展节能宣传与培训等方面加强万家企业的节能监管，力争“十二五”期间实现节能2.5亿吨标准煤。

（十六）12月10日，国家发展改革委印发《“十二五”资源综合利用指导意见》和《大宗固体废物综合利用实施方案》，提出了矿产资源综合开发利用、产业废物综合利用和再生资源回收利用三大领域的9项具体定量指标。这些指标包括：到2015年，矿产资源总回收率与共伴生矿产综合利用率提高到40%和45%；大宗固体废物综合利用率达到50%，其中工业固体废物综合利用率达到72%，农作物秸秆综合利用率力争超过80%；主要再生资源回收利用率提高到70%，其中再生铜、铝、铅占当年总产量的比例分别达到40%、30%和70%。《指导意见》还确定了包括共伴生矿产综合开发利用、产业废物综合利用的传统重点领域以及海洋废物、废旧纺织品回收利用等具有一定前瞻

性的新兴领域在内的31项重点领域。

（十七）12月30日，国务院发出《关于印发工业转型升级规划（2011—2015年）的通知》提出的“十二五”时期工业转型升级的主要指标：通过工业转型升级，资源节约、环境保护和安全生产水平显著提升。单位工业增加值能耗较“十一五”末降低21%左右，单位工业增加值用水量降低30%，单位工业增加值二氧化碳排放量减少21%以上；工业化学需氧量和二氧化硫排放总量分别减少10%，工业氨氮和氮氧化物排放总量减少15%；主要耗能行业单位产品能耗持续下降，重点行业清洁生产水平明显提升。安全生产保障能力进一步提升。

二、实施重点工程、公共机构节能，开展千万家企业节能低碳行动

我国“十一五”期间实施了十大重点节能工程，包括：燃煤工业锅炉（窑炉）改造工程、区域热电联产工程、余热余压利用工程、节约和替代石油工程、电机系统节能工程、能量系统优化工程、建筑节能工程、绿色照明工程、政府机构节能工程、节能监测和技术服务体系建设工程。“十一五”十大重点节能工程取得了显著的节能效果，在到2011年底的五年中，中国中央预算内投资安排80多亿元、中央财政节能减排专项资金安排220多亿元，共支持5200多个重点节能工程项目，中央、地方和企业累计形成节能能力约3．4亿吨标准煤，为完成“十一五”单位GDP能耗下降20%左右的约束性目标提供了重要支撑，做出了重要贡献。

在2011年“十大重点节能工程”建设中，如余热余压利用工程、建筑节能工程、绿色照明工程等，我国都出台了相应的政策，各地根据相应的政策也出台了相应的政策和法规。2011年在十大重点节能工程建设中的燃煤工业锅炉(窑炉)改造工程、余热余压利用工程等很多环节上已得到改善。

“十一五”期间，全国公共机构节能减排成效显著，累计节能3391万吨标准煤，减排二氧化碳8477.5万吨，完成了“十一五”的节能目标和任务。

“十一五”期间，各地区累计投入近30亿元，稳步推进空调、采暖等重点耗能系统和建筑围护结构节能改造，推广应用节能新技术、新产品，开展新能源和可再生能源应用试点，取得了积极成效。中央国家机关投入５亿元，实施办公建筑节能改造200余万平方米、住宅楼平改坡52.5万平方米，改造燃煤锅炉127台、燃气锅炉60台、燃气灶具2500台，更新高耗能电开水器1700台，推广高效照明灯具830万只。

在降低公车油耗方面，“十一五”期间，中央国家机关狠抓公车节油，更新淘汰“黄标车”1240辆，集中采购低排量、经济型国产汽车900余辆，采取了限行和停驶等措施，2008年以来中央国家机关公车用油量累计下降31.7%。

为了充分发挥公共机构的表率示范作用，带动全社会节能工作深入开展，“十二五”时期，公共机构节能将坚持“全面推进，重点突破；政策引导，市场推动；源头控制，存量优化；经济适用，因地制宜”的指导原则，全国公共机构节能以2010年能源资源消耗为基数，到2015年人均能耗下降15%，单位建筑面积能耗下降12%。“十二五”时期，公共机构节能的五大重点领域是建筑及其用能系统、附属设施、公务用车、新能源与可再生能源利用、节水和资源综合利用等。按照规划，到2015年，我国将建立起比较完善的公共机构节能组织管理体系、政策法规体系、计量监测考核体系、技术支撑体系、宣传培训体系和市场化服务体系。

开展企业节能是节能减排的重要措施。2011年12月2日，国家发展改革委公布了各省、自治区、直辖市及新疆生产建设兵团节能主管部门对本辖区内千家企业“十一五”节能目标完成情况和节能措施落实情况，截至2010年底，纳入考核的千家企业共881家。2009年考核的901家千家企业中，24家由于兼并、破产、关停等原因没有参加2010年考核。2006-2009年停产的企业中，4家企业恢复生产，纳入2010年考核。纳入考核的881家企业“十一五”期间共实现节能量16549万吨标准煤。其中866家企业完成了“十一五”节能目标；15家企业未完成“十一五”节能目标。

“十二五”时期，推进重点项目、重点领域、重点企业节能减排仍作为我国完成“十二五”节能减排任务目标的重要抓手。

一是强化重点用能单位节能管理。依法加强年耗能万吨标准煤以上用能单位节能管理，开展万家企业节能低碳行动，实现节能2.5亿吨标准煤。落实目标责任，实行能源审计制度，开展能效水平对标活动，建立健全企业能源管理体系，扩大能源管理师试点。实行能源利用状况报告制度，加快实施节能改造，提高能源管理水平。

二是加强工业节能减排。重点推进电力、煤炭、钢铁、有色金属、石油石化、化工、建材、造纸、纺织、印染、食品加工等行业节能减排，明确目标任务，加强行业指导，推动技术进步，强化监督管理。发展热电联产，推广分布式能源。开展智能电网试点。推广煤炭清洁利用，加快煤层气开发利用。实施工业和信息产业能效提升计划。推动信息数据中心、通信机房和基站节能改造。加强重点区域、重点行业和重点企业重金属污染防治，以湘江流域为重点开展重金属污染治理与修复试点示范。

三是推动建筑节能。制定并实施绿色建筑行动方案，新建建筑严格执行建筑节能标准，提高标准执行率。推进北方采暖地区既有建筑供热计量和节能改造，实施“节能暖房”工程，改造供热老旧管网，实行供热计量收费和能耗定额管理。做好夏热冬冷地区建筑节能改造。推动可再生能源与建筑一体化应用，推广使用新型节能建材和再生建材，继续推广散装水泥。

四是推进交通运输节能减排。加快构建综合交通运输体系，优化交通运输结构。积极发展城市公共交通，科学合理配置城市各种交通资源，有序推进城市轨道交通建设。提高铁路电气化比重。实施第四阶段机动车排放标准，在有条件的重点城市和地区逐步实施第五阶段排放标准。积极推广节能与新能源汽车。

五是促进农业和农村节能减排。推广农用节能机械、设备和渔船。推进节能型住宅建设，推动省柴节煤灶更新换代，开展农村水电增效扩容改造。发展户用沼气和大中型沼气，加强运行管理和维护服务。治理农业面源污染，加强农村环境综合整治，实施农村清洁工程。

六是推动商业和民用节能。在居民中推广使用高效节能家电、照明产品，鼓励购买节能环保型汽车，支持乘用公共交通，提倡绿色出行。减少一次性用品使用，限制过度包装，抑制不合理消费。

七是加强公共机构节能减排。公共机构新建建筑实行更加严格的建筑节能标准。加快公共机构办公区节能改造，建立完善公共机构能源审计、能效公示和能耗定额管理制度，加强能耗监测平台和节能监管体系建设。

2011年12月出台的《“十二五”节能减排综合性工作方案》再次明确实施实施锅炉窑炉改造、电机系统节能、能量系统优化、余热余压利用、节约替代石油、建筑节能、绿色照明等节能改造工程，以及节能技术产业化示范工程、节能产品惠民工程、合同能源管理推广工程和节能能力建设工程。到2015年，工业锅炉、窑炉平均运行效率比2010年分别提高5个和2个百分点，电机系统运行效率提高2～3个百分点，新增余热余压发电能力2000万千瓦，北方采暖地区既有居住建筑供热计量和节能改造4亿平方米以上，夏热冬冷地区既有居住建筑节能改造5000万平方米，公共建筑节能改造6000万平方米，高效节能产品市场份额大幅度提高。“十二五”时期，形成3亿吨标准煤的节能能力。

同时，实施污染物减排重点工程。推进城镇污水处理设施及配套管网建设，改造提升现有设施，强化脱氮除磷，大力推进污泥处理处置，加强重点流域区域污染综合治理。到2015年，基本实现所有县和重点建制镇具备污水处理能力，全国新增污水日处理能力4200万吨，新建配套管网约16万公里，城市污水处理率达到85%，形成化学需氧量和氨氮削减能力280万吨、30万吨。实施规模化畜禽养殖场污染治理工程，形成化学需氧量和氨氮削减能力140万吨、10万吨。实施脱硫脱硝工程，推动燃煤电厂、钢铁行业烧结机脱硫，形成二氧化硫削减能力277万吨；推动燃煤电厂、水泥等行业脱硝，形成氮氧化物削减能力358万吨。

从企业是节能主体来说，按照《关于印发万家企业节能低碳行动实施方案的通知》，从千家走向万家企业节能低碳行动。按照该《通知》的规定范围，全国约为15000家，加之各省市区增加的约5000家，这样就有约20000家参加节能低碳行动。

工业和信息化部在全国性会议上进行节能减排部署，坚决要求实施好工业转型升级规划、工业节能、清洁生产和综合利用规划确定的9大重点节能工程、10项综合利用工程和8项清洁生产工程。切实加强节能减排共性关键技术开发、示范和推广应用。

三、淘汰落后产能

国家“十二五规划”和2011年3月5日温家宝总理的《政府工作报告》都明确了淘汰落后产能的指导思想、目标任务；国务院8月31日发出《关于印发“十二五”节能减排综合性工作方案的通知》国发〔2011〕26号，对加快淘汰落后产能作出了全面部署。要求抓紧制定重点行业“十二五”淘汰落后产能实施方案，将任务按年度分解落实到各地区。完善落后产能退出机制，指导、督促淘汰落后产能企业做好职工安置工作。地方各级人民政府要积极安排资金，支持淘汰落后产能工作。中央财政统筹支持各地区淘汰落后产能工作，对经济欠发达地区通过增加转移支付加大支持和奖励力度。完善淘汰落后产能公告制度，对未按期完成淘汰任务的地区，严格控制国家安排的投资项目，暂停对该地区重点行业建设项目办理核准、审批和备案手续；对未按期淘汰的企业，依法吊销排污许可证、生产许可证和安全生产许可证；对虚假淘汰行为，依法追究企业负责人和地方政府有关人员的责任。据此，国务院有关部委、各地展开了工作。

（一）目标任务下达到各省（区、市）、行业，分解落实到企业，发布公告，接受社会监督，并进行严格考核

2011年4月，工业和信息化部向各省级人民政府下达了2011年18个工业行业淘汰落后产能目标任务（工信部产业〔2011〕161号）。6月，在各地公告企业名单的基础上，工业和信息化部向社会公告了18个工业行业2255家淘汰落后产能企业名单（2011年第17号公告），对全国2011年18个工业行业淘汰落后产能企业名单、淘汰落后生产线（设备）及产能进行了公告，接受社会监督，并要求各地采取有效措施确保列入公告名单的企业落后产能在2011年底前被彻底淘汰，并做好检查验收和完成目标任务情况公告工作。2011年18个工业行业淘汰落后产能共涉及2255家企业。其中淘汰落后产能炼铁3122万吨、涉及96家企业，炼钢2794万吨、涉及58家企业，焦炭1975万吨、涉及87家企业，铁合金211万吨、涉及171家企业，电石152.9万吨、涉及48家企业，电解铝61.9万吨、涉及22家企业，铜冶炼42.5万吨、涉及24家企业，铅冶炼66.1万吨、涉及38家企业，锌冶炼33.8万吨、涉及32家企业，水泥15327万吨、涉及782家企业，平板玻璃2940.7万重量箱、涉及45家企业，造纸819.6万吨、涉及599家企业，酒精48.7万吨、涉及31家企业，味精8.38万吨、涉及4家企业，柠檬酸3.55万吨、涉及3家企业，制革487.9万张、涉及58家企业，印染19.9亿米、涉及144家企业，化纤34.98万吨、涉及13家企业。

2011年12月26日，工业和信息化部向各省、自治区、直辖市人民政府下达了“十二五”期间工业领域19个重点行业淘汰落后产能目标任务（工信部产业〔2011〕612号）。同时要求各地认真贯彻执行《淘汰落后产能工作考核实施方案》（工信部联产业〔2011〕46号）有关规定，尽快将目标任务分解形成年度计划，落实到具体企业，并采取综合措施，加强监督考核，确保落后设备（生产线）彻底拆除，不得向中西部地区和周边国家转移，全面完成“十二五”期间淘汰落后产能工作各项目标任务。具体目标任务分别为：淘汰炼铁落后产能4800万吨，炼钢4800万吨，焦炭4200万吨，电石380万吨，铁合金740万吨，电解铝90万吨，铜冶炼80万吨，铅（含再生铅）冶炼130万吨，锌（含再生锌）冶炼65万吨，水泥（含熟料及磨机）3.7亿吨，平板玻璃9000万重量箱，造纸1500万吨，酒精100万吨，味精18.2万吨，柠檬酸4.75万吨，制革1100万标张，印染55.8亿米，化纤59万吨，铅蓄电池746万千伏安时。与“十一五”节能减排综合性工作方案确定的12个重点工业行业目标任务相比，“十二五”期间淘汰落后产能增加了铜冶炼、铅（含再生铅）冶炼、锌（含再生锌）冶炼、制革、印染、化纤、铅蓄电池等7个行业，电解铝、铁合金、电石、水泥、平板玻璃、造纸等6个行业淘汰落后产能任务有所增加，增加幅度分别为38.5%、85%、90%、48%、200%、130%。

同时，工业和信息化部组织部际协调小组成员单位，对各地2010年淘汰落后产能工作进行检查考核。2011年1月26日工信部发出《关于印发淘汰落后产能工作考核实施方案的通知》工信部联产业[2011]46号，《通知》强调：加强淘汰落后产能工作检查考核，是确保完成淘汰落后产能目标任务的重要措施。各地区、各有关部门要站在深入贯彻落实科学发展观，加快转变经济发展方式、促进国民经济又好又快发展的高度，充分认识淘汰落后产能工作的重要意义，切实按照国家有关政策规定和《实施方案》要求，认真制订和落实淘汰落后产能目标任务，落实完善相关政策措施，加强监督检查和考核。2011年2月底前，各地区要将本地区2011年度淘汰落后产能目标任务和计划淘汰落后产能的企业名单（申请中央财政奖励资金企业必须为列入该计划名单的企业），一并报工业和信息化部、财政部、能源局。2011年3月底前，各地区要按照《实施方案》的要求，完成本地区2010年淘汰落后产能企业的检查验收和完成任务企业名单公告工作，并将2010年淘汰落后产能目标任务完成情况报工业和信息化部、能源局。2011年4月底前，淘汰落后产能工作部际协调小组将完成对各地2010年淘汰落后产能工作情况的检查考核。4月，部际协调小组成员单位组成10个考核组，对各省、自治区、直辖市2010年淘汰落后产能工作进行了检查考核。工信部部党组成员、总工程师朱宏任同志高度重视淘汰落后产能检查考核工作，参加了由工业和信息化部、国土资源部、电监会组成的上海、湖北、浙江三省市考核组，对检查考核工作进行指导。4月21日，朱宏任同志参加了对湖北省的考核工作，召开座谈会听取情况，对淘汰落后产能企业进行现场检查，并对做好淘汰落后产能工作提出要求。朱宏任强调，各级领导要高度重视淘汰落后产能工作，工作中要有整体考虑，把淘汰落后产能与发展改造工作结合起来，要充分发挥市场机制的作用，运用经济、法律和必要的行政手段，要高度重视职工安置工作。7月 国家发改委公布《各地区2011年上半年节能目标完成情况晴雨表》，通过分析显示，2011上半年8个地区形势十分严峻，以此警示各地、各行业、相关企业。10月，工信部联合能源局向社会发布2010年全国淘汰落后产能目标任务完成情况公告（2011年第36号），考核结果表明，2010年淘汰落后产能目标任务全面超额完成。11月，对2010年未彻底拆除落后生产线（设备）的29户企业发文督办（工信厅产业函〔2011〕851号），要求相关省（市）加强监管、明确责任、挂牌督办、直至拆除。11月15日，工信部发布2010年全国淘汰落后产能目标任务全面超额完成。工信部公告称：根

据检查考核情况，2010年全国淘汰落后产能目标任务全面超额完成。2010年，全国18个工业行业淘汰落后产能炼铁4100万吨、炼钢1186万吨、焦炭2533万吨、铁合金245.6万吨、电石115.3万吨、电解铝37.8万吨、铜冶炼24.7万吨、铅冶炼32万吨、锌冶炼29.6万吨、水泥14031万吨、平板玻璃1843.5万重量箱、造纸539.2万吨、酒精85.2万吨、味精23.4万吨、柠檬酸1.7万吨、制革1576万标张、印染41.9亿米、化纤68.3万吨，涉及企业2349户。此外，还淘汰电力落后产能1690万千瓦，涉及企业225户；煤炭落后产能2.31亿吨，关闭小煤矿2173处。并向国务院上报了《关于2010年淘汰落后产能工作考核情况的报告》。2011年全年中央预算内投资继续安排150亿元重点产业振兴和技术改造专项资金，18个工业行业淘汰落后产能工作进展良好，公告的2255个企业落后生产线基本已经关停。

（二）完善政策措施，建立和完善奖励机制

2011年4月，财政部、工业和信息化部制定《淘汰落后产能中央财政奖励资金管理办法》（财建〔2011〕180号），规范资金申报、审核下达、分配使用的程序和要求。协同人力资源社会保障部出台了《关于做好淘汰落后产能和兼并重组企业职工安置的意见》（人社部发〔2011〕50号），指导地方妥善安置职工。5～6月，工业和信息化部协同财政部、能源局联合审核各地奖励资金申报材料，在此基础上，财政部于6月下达了2011年中央财政奖励资金预算指标。

四、优化产业结构，转型升级

“十一五”期间，我国产业结构不断优化。组织实施重点产业调整和技术改造项目8955项，带动社会投资1万亿元。2010年全国高技术产品出口占全部商品出口的31.2%，较2005年提高3.1个百分点。企业兼并重组步伐加快，钢铁、汽车、船舶、水泥等行业产业集中度明显提高。东部向中西部地区产业转移步伐加快，“十一五”期间中西部地区工业增加值占全国工业增加值的比重提高5.8个百分点。全国电话用户和网民数分别从7.4亿户、1.11亿户增加到11.5亿户、4.59亿户，互联网国际出口带宽从136G增加到超过1000G；电子商务交易额从1.5万亿元增加到约4.5万亿元。“十一五”时期，中国（除了很少数欠发达地区外）在总体上进入了工业化中期阶段，并跨入了“中等收入”国家行列。特别是，由于中国巨大的经济规模和人口数量，许多总量指标跃居世界前列：成为世界第一大出口国、以GDP计算的世界第二大（仅次于美国的）经济体、大多数主要工业品产量居世界第一。经过五年努力，产业结构进一步优化，创新能力持续增强，行业整体素质明显改善，经济社会信息化水平显著提升，为未来发展再上新台阶奠定了良好基础。

经济结构、产业结构调整是加快转变经济发展方式重中之重，也是节能减排的根本途径。按照《十二五规划》，国务院8月31日发出《关于印发“十二五”节能减排综合性工作方案的通知》，对调整优化产业结构的指导思想、政策、路径、举措作了进一步明确和部署。主要是：推动传统产业改造升级，严格落实《产业结构调整指导目录》；调整能源结构，在做好生态保护和移民安置的基础上发展水电，在确保安全的基础上发展核电，加快发展天然气，因地制宜大力发展风能、太阳能、生物质能、地热能等可再生能源。到2015年，非化石能源占一次能源消费总量比重达到11.4%；提高服务业和战略性新兴产业在国民经济中的比重。到2015年，服务业增加值和战略性新兴产业增加值占国内生产总值比重分别达到47%和8%左右。

国务院2011年12月印发的《“十二五”控制温室气体排放工作方案》在产业结构调整方面，明确到2015年服务业增加值占比要比2010年提高4个百分点，而“十一五”时期服务业增加值比重仅提高了2.5个百分点。在节能和发展低碳能源领域，《方案》对各种行动措施的定位更加明确，不仅很好地契合了“十二五”规划纲要中提出的相关发展目标，如到2015年单位国内生产总值能耗下降16%、非化石能源占一次能源比重达到11.4%等目标，还奠定了相关领域各项工作的发展重点和基调。

2011年12月30日国务院发出《关于印发工业转型升级规划（2011—2015年）的通知》（国发〔2011〕47号）。《规划》明确了“十二五”工业转型升级的指导思想和总体要求，确定了未来五年工业转型升级的主要目标，从转型升级要素角度提出了工业转型升级的主要任务。还提出了重点行业和领域的发展导向和升级路径。为确保主要目标任务的顺利实现，《规划》还提出了完善产业政策体系及功能、强化工业标准规范及准入条件、加大财税支持力度等八个方面的保障措施，并从建立部际协调机制、明确规划实施责任、加强和创新工业管理、强化规划监测评估等方面对规划实施进行了具体部署。据此，工信部重点推进了规划的解读和宣传贯彻，落实目标责任；抓好重大项目的落实，推动规划稳步有序地实施；完善产业政策功能，营造有利于转型升级的体制机制，明确提出五转型，即向创新驱动转型，向绿色低碳转型，向智能制造转型，向服务化转型，向内需主导、消费驱动转型。相关部门也积极健全促进工业转型升级的长效机制。包括：动态修订重点行业产业和制定新兴领域产业政策，并加强与财税、金融、贸易、政府采购、土地、环保安全、知识产权、质量监督、标准等政策的协调配合。

在2011年中，我国经济结构调整取得积极进展。全年国内生产总值471564亿元，比上年增长9.2%。其中，第一产业增加值47712亿元，增长4.5%；第二产业增加值220592亿元，增长10.6%；第三产业增加值203260亿元，增长8.9%。第一产业增加值占国内生产总值的比重为10.1%，第二产业增加值比重为46.8%，第三产业增加值比重为43.1%。

从制造业内部看，高技术制造业增加值比上年增长16.5%，高于规上工业增速2.6个百分点，而六大高耗能行业增长12.3%，低于规上工业增速1.6个百分点。

从区域发展协调性看，2011年中西部地区的工业和投资增速均快于东部地区，其中中、西部地区规上工业增速分别快于东部6.5和5.2个百分点；固定资产投资（不含农户）增速分别快于东部7.5和7.9个百分点。2011年我国规模以上工业增加值同比增长13.9%，保持较快增长的态势。在工业增长逐步放缓的压力和转变经济发展方式的推力作用下，工业转型升级成果显著。据国家统计局统计，全年高技术产业增加值同比增长16.5%，比全部规模以上工业快2.6个百分点。全国电信业主营业务收入达到9880亿元，比上年增长10%，电信业务综合资费同比下降4.8%。截至2011年12月底，我国电话用户达到12.7亿户。其中3G电话用户达到1.28亿户，3G网络已覆盖所有城市和县城以及部分乡镇。在加快培育发展战略性新兴产业的同时，传统产业的改造升级也在加强。2012年1月，工业和信息化部在接连发布了纺织、轻工、医药、化纤、产业用纺织品、制糖、马铃薯加工等多个产业的“十二五”发展规划。之后，又陆续发布了有色金属、铝工业、石化和化学工业等多个规划。上述一系列规划的密集发布，意味着我国工业转型升级的一场“攻坚战”已经打响。

（四）加快节能服务产发展

强化节能服务和加快节能报务产业的发展，是节能减排的重要内容之一。

继2010年4月,国务院办公厅发布《关于加快推行合同能源管理促进节能服务产业发展的意见》后，2011年，国家出台了一系列的政策支持节能服务产业的发展。

2011年8月，国务院印发的《“十二五”节能减排综合性工作方案》，明确将“合同能源管理推广工程”列入节能重点工程，并提出“十二五”时期将形成3亿吨标准煤的节能能力。“2012年，要扶持培育一批专业化节能服务公司，发展壮大一批综合性大型节能服务公司，建立充满活力、特色鲜明、规范有序的节能服务市场。到2015年，建立比较完善的节能服务体系，专业化节能服务公司进一步壮大，服务能力进一步增强，服务领域进一步拓宽，合同能源管理成为用能单位实施节能改造的主要方式之一。”2011年12月14日，中央经济工作会议举行，“强化节能减排政策引导，加快建立节能减排市场机制。”成为今年经济工作的主要任务之一。

2011年4月5日，环境保护部下发《关于环保系统进一步推动环保产业发展的指导意见》。《意见》提出，环保产业要以改善环境质量为目标，以加强环保产业需求侧管理为中心，以各项环境管理制度措施与环保产业发展互动促进为主线，以提升产业发展水平、着力培育环境服务业为重点，以强化环保要求为手段，努力突破制约环保产业健康发展的瓶颈，促进环保产业又好又快发展。着重发展环境服务总包、专业化运营服务、咨询服务、工程技术服务等环境服务业。大力推进环境服务体系建设，推动环保需求的产业化。

从2011年1月1日开始，财政部对符合条件的合同能源管理进行节能奖励；税务总局发布了针对合同能源管理项目的税收优惠政策。国家对节能服务公司开展了备案登记，各部委和地区纷纷对产业加大的扶持力度，不仅合同能源管理推广工程首次作为国家重点节能工程，节能服务产业发展也首次纳入国家发展规划。全国36个省、市、区还专门针对节能服务公司和合同能源管理项目制定了鼓励措施。节能服务产业发展规划也逐渐明确。

据中国节能协会节能服务产业委员会的不完全统计，截止到2011年底，全国从事节能服务业务的公司数量将近3900家，其中备案节能服务企业1719家，实施过合同能源管理项目的节能服务公司1472家，比去年的782家增加了88.23%；行业从业人数也有大幅度增加，从原来的175000人，增加到378000人，增加116%。节能服务产业产值首次突破1000亿元人民币，达到1250.26亿元，比2010年同期增长49.5%。

据中国环境科学学会科技与产业发展工作委员会发布的数据，目前我国现有节能服务公司以自有资金为主，占全部投资的65.2%，其次是银行信贷，占全部投资的28.1%。近年来，民间资本和租赁业务开始进入节能服务市场，但所占份额极小，分别占全部投资的4.2%和3.5%。

2011年，全国共有5749个合同能源管理项目获得财政专项资金支持。过去5年，除中央财政已投入的600多亿元节能减排专项资金外，全国36个省、市、区设立了针对合同能源管理项目的专项补贴。合同能源管理项目投资额从

2010年的287亿元的基础上增长到2011年的412.43亿元，增加了43.45%，实现的节能量达到1648.39万吨标准煤。

由于节能服务企业多属小而分散，存在融资难等现实问题，“十二五”中国政府将扶持节能服务企业发展壮大，通过加大中央财政支持力度、税收优惠和金融手段等，催生一批大型节能服务企业。在节能减排的约束性指标压力下，中国节能服务产业在“十二五”将迎来黄金发展期，预计到2015年从业人员可达100万人，实现年产值3000亿元，实现节能量超过4000万吨标准煤。

（五）加强调查研究，总结交流经验，

2011年，工业和信息化部到铅蓄电池生产较为集中的江苏省、浙江省调研，听取行业协会、生产企业以及有关部门的意见，将铅蓄电池纳入“十二五”淘汰落后产能重点行业。8月，在郑州和成都分别召开了工作交流会，交流各地有效做法和经验，探索工作新思路、新措施。11月，在河南召开淘汰落后产能工作座谈会，与河南有关部门、部分地市和企业进行座谈，了解2011年淘汰落后产能工作进展情况、存在的问题及工作建议。

11月10日，工业和信息化部召开全国工业系统节能减排工作电视电话会议，要求各地、各行业坚决完成淘汰落后产能各项任务，并研究提出把强制性能耗物耗和清洁生产标准作为落后产能界定的主要依据的具体操作办法，根据污染防治工作需要逐步增加落后产能淘汰的行业。同时抓紧制定“十二五”重点行业淘汰落后产能目标，发布下达年度淘汰落后产能计划。

加快节能服务发展是推进节能减排的重要措施。2011年，我国节能服务产业产值首次突破1000亿元人民币，达到1250亿元，比前年增长49.5%。截至2011年底，全国从事节能服务业务的公司数量近3900家，其中实施过合同能源管理项目的节能服务公司1472家，比2010年增加了88.23%；行业从业人数大幅度增加，从原来的17.5万人增加到37.8万人，增加116%。

>>>

碳交易

启动中的中国碳交易

《中国低碳年鉴》编辑部

联合国政府间气候变化专门委员会通过艰难谈判，于1992年5月9日通过《联合国气候变化框架公约》。1997年12月于日本京都通过了《公约》的第一个附加协议，即《京都议定书》（简称《议定书》）。为达到《联合国气候变化框架公约》全球温室气体减量的最终目的，《公约》与《京都议定书》的法律架构约定了三种减排机制，清洁发展机制（Clean Development Mechanism，CDM），是发达国家出资帮助发展中国家发展减排项目从而获得排放指标；联合履行（Joint Implementation，JI），是发达国家之间在“监督委员会”监督下，转让排放指标；排放交易（Emissions Trade，ET），则是在发达国家的国家登记处之间，进行包减排单位核证的转让或获得。这就把市场机制作为解决二氧化碳为代表的温室气体减排问题的新路径，即把二氧化碳排放权作为一种商品，从而形成了二氧化碳排放权的交易，简称“碳交易”。

碳交易的基本原理是，合同的一方通过支付另一方获得温室气体减排额，买方可以将购得的减排额用于减缓温室效应，从而实现其减排的目标。在6种被要求减排的温室气体中，二氧化碳为最大宗，所以这种交易以每吨二氧化碳当量（tCO_2e）为计算单位，通称为“碳交易”，其交易市场称为碳市场。

一、碳交易的国际态势

碳排放权交易市场因温室气体中的主要成分二氧化碳而得名。碳市场的兴起源于国际气候政策的变化以及两个具有重大意义的国际公约——《联合国气候变化框架公约》和《京都议定书》。1992年6月4日，联合国环境与发展大会签署了《联合国气候变化框架架公约》，其最终目标是将大气中温室气体的浓度稳定在防止气候系统受到危险的人为干扰的水平上。1997年12月于日本京都举行的第三次缔约方会议上促生了《联合合国气候变化框架公约》的第一个附加协议，即《京都议定书》规定了《联合国气候变化框架公约》附件一国家（发达国家和经济转型国家）的量化减排指标，即在2008~2012年（第一承诺期）其温室气体排放量在1990年的水平上平均削减5.2%。《京都议定书》为发达国家分别规定了量化减排指标，并确立了全球碳减排的三个交易机制——国际排放交易机制（ET）、联合履约机制（JI）和清洁发展机制（CDM）。以上述三种“灵活机制”支持附件一所列缔约方以成本有效的方式实现其部分减排目标，这为碳市场的发展奠定了重要的制度基础，即可以通过交易贸易的方式买卖减排义务。

目前全球碳交易市场的性质分为两类，一类是配额和项目交易市场，其前提是交易者必须完成量化减排指标；另一类是自愿交易市场。配额市场的基础是国际排放交易机制，即采用区域性的“总量控制与排放交易”，允许企业把分配来的减排配额的完成余额进入市场交易；项目市场的基础是联合履约机制和清洁发展机制，即项目合作产生的核证减排量可以冲抵企业的减排额度并进入市场交易。进入自愿减排交易市场的企业和机构一般是为了履行社会责任或出于品牌建设和未来发展的目的，这些企业和机构大多来自没有签署《京都议定书》的发达国家。

在全球碳交易市场，供给方主要是减排成本较低的企业实体、项目开发商、国际金融组织、碳基金机构、各大银行和咨询中介机构等；需求方的履约买家是减排成本较高的企业实体，自愿买家大多是企业、政府机构、非政府组织和个人等。

目前国际碳市场规则还在制订、完善中，尚未形成全球市场，各国、各地区都在发展自己的区域性的碳市场。主要有：

欧盟排放交易体系。作为全球碳交易的引领者，欧盟排放交易体系成立于2005年，其总部位于荷兰，是为达到《京都议定书》规定的欧盟减排目标而设立的官方机构，自2005年运行以来一直是世界上最大的交易市场，涉及欧洲29个国家的1.2万个温室气体排放实体。该体系现拥有8个交易中心：欧洲气候交易所、欧洲能源交易所以及分别设在法国、荷兰、奥地利、意大利、英国和挪威的交易所。欧盟排放交易体系实行总量控制方式，首先每个成员国每年需向相关管理机构预定可能排放量，然后各国政府按照本国的总排放量将“欧盟排放配额”分配给国内排放实体，一个配额为1吨二氧化碳当量。排放实体能否将自己的配额上市交易，需视自己的减排情况而定，不足部分必须购买或用合作项目的减排量来补充。因此，该交易体系的大部分业务属于配额交易和项目交易。为了保证碳交易制度顺利实施，欧盟管理机构还设计了严格的履约纪律，规定从2005年起企业排放量每超标1吨处以40欧元的罚款，而且从2008年开始罚款额增加到每吨100欧元。这种罚款数额远远高于碳排放配额平均每吨12~15欧元的售价，足以激励企业努力进行减排。欧盟已提出欧盟排放交易体系第三阶段（2012~2020年）的方案，这使欧盟排放交易体系成为目前世界上唯一一个承诺在2012年后减排温室气体的交易体系。

澳大利亚新南威尔士温室气体减排体系。澳大利亚新南威尔士温室气体减排体系是一个地方性的温室气体减排体系，2003年1月1日开始实施，在澳大利亚新南威尔士州的电力部门建立基准线。从2005年1月1日起，澳大利亚首都直辖区（ACT）的电力部门加入了新南威尔士温室气体减排体系。澳大利亚气候交易所（ACX）——澳大利亚第一家排放交易的电子平台于2007年7月建成启用。2007年底，澳大利亚宣布了加入《京都议定书》的决定。2010年4月27日，鉴于国内的政治僵局和对于未来国际气候政策的不确定性，陆克文宣布澳大利亚的排放交易体系——碳污染减排体系（CPRS）将被推迟，将在2012年底重新审核。

芝加哥气候交易所。美国虽因拒绝签署《京都议定书》而未进入量化减排国家的行列，但在全球碳交易市场却表现得相当活跃。2003年成立的芝加哥气候交易所是世界上第一个自愿型碳交易平台，现已拥有超过25个行业的200多个跨国会员，由会员设计和治理，自愿形成一套交易的规则。交易所的会员自愿承担从法律上捆绑联合承诺减少温室气体排放承诺：到2010年，其温室气体排放量比1998~2001年的平均水平减排6%。2004年，芝加哥气候交易所与伦敦国际原油交易所（IPE）合作，在欧洲建立了分支机构——欧洲气候交易所；2005年与印度商品交易所建立了伙伴关系；2006年7月又在加拿大建立了蒙特利尔气候交易所（MCdCeX）；2008年9月25日，在芝加哥气候交易所持股25%的天津排放权交易所（TCX）成立。2007年，芝加哥气候交易所以2300万吨CO2e的交易量打破纪录，比2006年翻了一番还多。2007年的成交额为7200万美元。2010年7月，芝加哥气候交易所的母公司被美国洲际交易所（Ice）以6.22亿美元的价格收购。

目前全球以配额为主的碳交易市场为总额的2/3左右。在以配额为主的碳交易市场上，欧盟的碳交易体系占据主要地位，欧盟排放交易体系已经成为世界最大的区域碳市场。根据世界银行的报告，2009年发达国家碳排放配额市场的二氧化碳交易总量就达到73亿吨，市值达1200多亿美元。作为全球目前最大的强制性碳交易市场，欧洲气候交易所的期货合约交易规模2005年为9000多万吨，2010年达50多亿吨，5年间增长50多倍。在2003年到2010年的8年间，芝加哥气候交易所完成了美国规模最大的碳交易试点。这个试点共分两期：第一个阶段，从2003年到2006年；第二个阶段，从2007年到2010年。2010年全球碳排放权交易成交额同比增加了5%，达到930亿欧元，合1200亿美元。碳市场成交额增加的原因是碳价格在2010年有所上升。

2010年全球各地碳交易的加权平均价格增加了17%，由每吨二氧化碳当量11.6欧元上升至13.6欧元。其中，占全球交易量80%的欧洲排放交易体系（EUETS），其加权平均碳价上升6.6%，从2009年的每吨二氧化碳当量13.6欧元增加到2010年的14.5欧元。与价格上涨相反，世界各地的碳贸易量在2010年下降了10%，从2009年的77亿吨二氧化碳当量下降到2010年的69亿吨二氧化碳当量。交易量下降的主要原因在于区域温室气体减排行动（RGGI）在美国失败。2009年，RGGI占全球碳市场交易量的9%，但在2010年，美国联邦政府一级的总量控制下碳交易计划失败，使得RGGI的比重下降到不足1%。2010年，清洁发展机制（CDM）下的碳交易项目数增长了1%，而EUETS的主要市场的交易量几乎没有变化，稳定在5.5亿吨二氧化碳当量。

2011年全球碳市场市值达到了960亿欧元，约比2010年增长了4%。全球最大的碳市场欧盟碳交易体系的价值增长至760亿欧元，增长了6%。包括期权和拍卖在内的欧盟碳配额(EUAs)的总体交易量在2011年达到了60亿，比2010年增长了17%。 到2012年，全球的碳交易总额有望高达1500亿美元，超过石油成为全球第一大市场，中国有望在其中占据3成以上的份额。

二、中国启动碳交易路线图

《京都议定书》和巨大的碳交易商机，给中国探索碳交易提供了依据和动力。从《京都议定书》建立发展中国家参与国际碳交易的机制开始，中国一直在探索自己的碳交易之路。从单个的CDM项目交易到中国本土的自愿减排交易，从国家出台相关规划到特定行业特定地区碳交易机制的研究，积极探索试水。

（一）初始探索

我国早在1991年就开始了排污权交易（碳交易）试点工作。1993年国家环保局开始在包头市、柳州市、太原市、平顶山市、贵阳市和开远市试行SO_2和烟尘的排污权交易政策。

1999年4月，国家环保总局与美国环保局签署了关于"在中国运用市场机制减少二氧化硫排放的可行性研究"的合作协议，确定了江苏省南通市与辽宁省本溪市为该项目的试点城市。2001年9月开始，由美国RFF和中国环境科学院共同承担的亚洲银行贷款项目的赠款项目"二氧化硫排污交易机制"在太原市试行。江苏省2002年推出了《江苏省二氧化硫排污权交易管理暂行办法》，在江苏省全面推行SO2排污权交易。2002年，国家环保总局在山东、山西、江苏、河南、上海、天津和柳州进行了二氧化硫排放总量控制及排污权交易示范工作。2003年3月全国"两会"期间，国家环保总局明确表示要在一些重点地区首先实施二氧化硫排污权交易制度。2004年3月，河南省开始进行二氧化硫排污权交易和二氧化硫排放许可证制度试点，筹建二氧化硫交易市场管理系统，设立二氧化硫排放账户，承办二氧化硫富余总量登记、交易划转、跟踪监督交易合同执行情况等，力图探索出一条遏制二氧化硫和酸雨污染的路子来。

2008年8月，全国首家环境权益交易机构北京环境交易所和上海环境能源交易所在京、沪两地同时挂牌成立，这是中国率先建立的国家级环境权益交易机构。同年9月25日，天津排放权交易所成立。2008年11月10日，在浙江嘉兴国内首个排污权交易中心挂牌成立，把市场化这只无形的手引入到了环保治污领域，排污权交易制度在我国开始浮出水面。据世界银行统计，2008年中国的碳交易市场规模是54.6亿美元。

2009年3月27日，华中地区第一家环境资源交易机构——湖北环境资源交易所在武汉成立。8月4日，上海环境能源交易所正式启动"绿色世博"自愿减排交易机制和交易平台的构建，由各国参观者通过这个平台来购买支付自己行程中的碳排放，实现自愿减排。公众可登录这个网站，以电子支付方式购买。这些都是自愿减排，具体不定价，价格也是自愿，整体是公益性的。所集得的资金，上海环境能源交易所将用来购买碳排放权，平抑世博期间的碳排放，达到全球范围内的碳排放数量的平衡。8月5日，北京环境交易所成立一周年，奥运会"绿色出行"活动产生的碳减排指标中的8026吨指标才被天平汽车保险公司以27.7万元的价格购得，这是国内首单自愿碳减排交易。8月16日，昆明环境能源交易所正式挂牌成立。9月，北京环境交易所携手美国BlueNext环境交易所推出了中国首个自愿碳减排的标准，主要针对自愿限制农林业的温室气体排放。9月8日，天津排放权交易所发起"中国企业自愿减排联合行动"首次推介会，以试点符合中国国情和企业实际的CO2温室气体测量、报告、核实体系以及减排和交易体系等。9月17日，天津排放权交易所已收到天津华能杨柳青热电有限责任公司、天津国华盘山发电有限责任公司、天津滨海能源发展股份有限公司、劲量（中国）有限公司、远大空调有限公司、济丰包装（上海）有限公司、PPG涂料（天津）有限公司、天津荣程联合钢铁集团有限公司等企业递交的书面函件，确认参与企业自愿减排联合行动计划。11月17日，上海济丰纸业包装股份有限公司向厦门赫仕环境工程有限公司成功购买了6266吨的碳排放量，用于抵消自2008年1月1日至2009年6月30日在上海济丰运营过程中产生的碳排放量。这笔按照国际自愿减排标准的自愿减排交易在天津排放权交易所达成。2009年9月23日，北京环境交易所和法国BlueNext交易所宣布，双方共同启动中国第一个自愿碳减排标准——"熊猫标准"的开发，该标准结合中国实际，按照国际一流规则开发，专注于中国及其他国家大农业碳减排项目，在未来两年内，努力成为一个得到国际和国内广泛认可的标准。这是中国运用政府手段大力推动的同时，以市场化机制推动低碳经济的重大成果。这一标准的开发，对于推动中国自愿碳减排交易市场建设、改变全球碳市场秩序都将产生一定的影响。12月16日，在哥本哈根会议上，中国首个自愿减排标准——熊猫标准向全球发布。

（二）浮出水面

2010年1月13日，中国首笔基于交易所平台的合同能源管理项目启动，同时也标志着天津排放权交易所合同能源管理服务模式正式推出。2月10日，天津能效市场首批交易合同签署。该市场是中国首个自主研发的基于强制能效目标的排放权交易体系。4月27日，由上海环境能源交易所建立的中国首个自愿碳减排交易平台正式运行。5月19日，央企中唯一以节能环保为主业的中国节能环保集团公司正式成立。中国在节能环保领域打造具有国际竞争力的企业集团迈出重要步伐。6月5日，全球首个合同能源管理投融资交易平台在北京环境交易所正式推出并上线运行。

2010年1月，北京环交所启动国内首个碳中和联盟。联盟成立后将为国内企业、机构、团体提供全方位的碳中和服务，帮助其以高效、快捷、透明的方式实现碳中和目标。8月，国家启动低碳省和低碳城市试点工作。首先在广东、辽宁、湖北、陕西、云南5省和天津、重庆、深圳、厦门、杭州、南昌、贵阳、保定8市开展发展低碳产业、建设低碳城市、倡导低碳生活的试点工作。根据国家发改委通知，试点省区和试点城市要将应对气候变化工作全面纳入本地区"十二五"规划，研究制定试点省区和试点城市低碳发展规划。这个举动被多方认为是探索开展碳交易历程中具实质意义的一步。10月19日，《中国自愿碳减排标准》在上海世博会正式发布。在发布会上，同时还举行了《中国自愿碳减排标准》第三方认证机构（DOE）战略合作签约仪式、交易所联盟签约仪式。《中国自愿碳减排标准》是由上海人大人科学发展研究院和上海环境能源交易所共同发起，参照国际规则自主研发的中国首个完整的标准体系。《中国自愿碳减排标准》体系包括章程、碳减排技术标准、碳交易标准、登记注册核销流程、调解与仲裁规则等，是将国际形势与中国实际相结合、中国主导与借鉴国际经验相结合、科学性与适用性相结合、政府作用与市场作用相结合的中国自愿碳减排标准体系。通过《中国自愿碳减排标准》审定与核查的碳减排量将具有国际权威性，为国内外市场所认可。另外，《中国自愿碳减排标准》在碳减排领域是中国首个自主研发的标准，体现了中国完全有能力自主研发科学的国际高水平的碳减排标准。10月，国家发改委应对气候变化司官员在联合国气候变化谈判天津会议上透露，《中国温室气体自愿减排交易活动管理办法（暂行）》已经过反复修改，目前基本成熟，将“争取尽快出”。中国将在5年内在部分行业和地区试点推出碳排放交易，这不啻是中国建立碳交易市场的一个发端。10月27日公布的《中共中央关于制定国民经济和社会发展第十二个五年规划的建议》提出：积极应对全球气候变化，逐步建立碳排放交易市场。一向被中国政府有意回避的“碳交易”，首次以中央文件的形式，给出了明确的实施时间。这强力推动了中国构建自己的碳市场的速度。一些地方，尤其是低碳试点省市，开始规划本地碳交易的实行。10月下旬，国务院在下发的《国务院关于加快培育和发展战略性新兴产业的决定》中提出，要建立和完善主要污染物和碳排放交易制度。这是中国第一次在官方文件中提到碳交易。

2010年度，北京环境交易所共成交CDM项目3个，交易量56万吨；自愿减排交易实现交易量10万吨，交易项目（含企业碳中和）16个，个人购碳案例超过15000笔。2010年6月5日新上线运营的合同能源管理投融资平台已有挂牌项目6个、节能量超过1100万吨标准煤、挂牌标的1.3亿元人民币。在会员发展方面，2010年共发展新会员22家，目前共有会员52家，其中经纪会员17家，服务会员13家，买方会员5家，战略会员17家。到2011年6月，北京环境交易所在环境权益交易和低碳经济服务领域不断创新，共挂牌CDM（清洁发展机制）项目77个，挂牌量837.7万吨二氧化碳当量。截至目前，北京环交所共挂牌VER（自愿减排）项目51个，挂牌量608万吨二氧化碳当量；共挂牌合同能源管理投融资项目6个，节能量超过1100万吨标准煤。包括节能环保技术转让、节能环保企业投融资等相关的各类环境权益在内的累计挂牌金额达到145亿元。近三年来，北京环交所场内共成交CDM项目11个，交易量180万吨，国内仅有的两个“单边”CDM项目场内交易均发生在北京环交所；自愿减排实现交易量45万吨，交易项目（含企业碳中和）24个，个人购碳案例超过20000笔。在中国国内处于领先的地位。

北京环交所还与纽约泛欧证券交易所旗下的BlueNext交易所合作在国内率先推出了清洁发展机制项目国际合作平台，并建成了最大规模的项目和买方数据库；并应用其开发和储备中西部地区的农林减排项目；与VPVP、中证指数有限公司共同推出了全球第一个反映中国低碳产业发展和证券化程度的指数——“中国低碳指数”，力争引导资金技术向低碳领域集中；并建立了绿色发展联盟、北京国际碳金融研究院，携手中国节能协会节能服务产业委员会，推出全球首创的合同能源管理投融资交易平台。

继上海、北京、天津和深圳建立排放权交易所后，各地都在筹建交易所，争取碳交易市场的主导地位。国内首个低碳经济产品展示交易中心选址深圳宝安，一期工程2010年完工，二期工程计划明年底完工。根据初步预测，该交易市场前两年每年产值将超过20亿元，创税1亿元。三年后每年产值将达到100亿元，五年后每年产值达到500亿元。12月21日，福建省住房和城乡建设厅编制的《福建省建筑节能“十二五”专项规划》提出，在厦门开展低碳城市建设试点和碳减排量交易试点。

（三）政府给力，步伐加快

2011年，中国开展碳交易的步伐明显加快。3月，全国人大十一届四次会议通过的“十二五”规划明确提出了“建立完善温室气体排放统计核算制度，逐步建立碳排放交易市场”、“增加森林碳汇”的举措，这是中国政府首次在国家级正式文件中提出建立中国国内碳市场，表明碳交易市场建设已经进入政府工作程序。根据“十二五”规划，中国将全面构建国内碳市场，主要工作包括：构建国内自愿减排体系；开展五省八市的低碳试点工作；建立中国绿色碳汇基金会；企业和机构自发的碳中和行动；CDM等。

3月29日，方兴地产通过北京环境交易所首次按照熊猫标准成功购买16800吨自愿碳减排量。该项目为云南西双版纳竹林碳汇项目，在西双版纳地区造林59000公顷，并对当地退化林地进行改造。

7月，国内首个以温室气体自愿减排量为主要衡量指标的企业排行榜——中国企业自愿减排2010年度排行榜在北京发布，共有41家机构入选该排行榜。中国企业自愿减排排行榜是由北京环境交易所发起、联合多家专业机构共同发布的。该自愿减排排行榜汇集了过去一年中通过购买自愿碳减排指标（VER）实现碳抵消的企业与机构，梳理了2010年国内自愿减排市场的发展状况。中国企业自愿减排2010年度排行榜创立自愿减排领域真实的披露体系，成为国内外各机构践行自愿减排、履行社会责任的风向标。中国企业自愿减排2010年度排行榜凸显目前我国自愿减排市场五大特点：一是上市公司积极参与碳减排行动；二是行业分布较为集中，服务行业表现突出；三是碳排放抵消类型各异，重大活动成为主要碳减排对象；四是碳减排指标来源多样化，水电项目广受认可；五是沪京广三地最为活跃，参与自愿减排企业占比最大。超过40%的上榜机构来自于上海。这些数据表明，建设低碳城市，倡导低碳生活的发展理念已经成为区域发展的新模式。

9月23日，全国首个《温室气体排放量化、核查、报告和改进的实施指南》标准在武汉市发布，填补了我国在温室气体排放核查、报告和改进方面实施指导的空白。这个标准的实施将为企业、政府和第三方交易机构提供真实可靠的碳数据来源，推动工业企业规范开展碳排放核查，摸清工业企业温室气体排放家底，从而有针对性地通过技术引进、流程优化、节能改造等方式降低碳排放量。与此同时，华中地区首笔自愿性碳交易在汉签字。

10月29日，国家发改委办公厅发出《关于开展碳排放权交易试点工作的通知》。《通知》称：根据党中央、国务院关于应对气候变化工作的总体部署，为落实“十二五”规划关于逐步建立国内碳排放交易市场的要求，推动运用市场机制以较低成本实现2020年我国控制温室气体排放行动目标，加快经济发展方式转变和产业结构升级，经综合考虑并结合有关地区申报情况和工作基础，我委同意北京市、天津市、上海市、重庆市、湖北省、广东省及深圳市开展碳排放权交易试点。请各试点地区高度重视碳排放权交易试点工作，切实加强组织领导，建立专职工作队伍，安排试点工作专项资金，抓紧组织编制碳排放权交易试点实施方案，明确总体思路、工作目标、主要任务、保障措施及进度安排，报我委审核后实施。同时，各试点地区要着手研究制定碳排放权交易试点管理办法，明确试点的基本规则，测算并确定本地区温室气体排放总量控制目标，研究制定温室气体排放指标分配方案，建立本地区碳排放权交易监管体系和登记注册系统，培育和建设交易平台，做好碳排放权交易试点支撑体系建设，保障试点工作的顺利进行。

11月1日，经国家林业局同意，由中国绿色碳汇基金会与华东林业产权交易所合作开展的全国林业碳汇交易试点在浙江义乌正式启动。阿里巴巴、歌山建设、德正志远碳汇基金、杭州凯旋街道、杭州钱王会计师事务所、富阳木材市场、龙游外贸笋厂、建德宏达办公家具、浙江木佬佬玩具、杭州雨悦投资等10家企业和单位，现场签约认购了首批14.8万吨林业碳汇指标，价格为每吨18元，并获得华东林业产权交易所颁发的林业碳汇交易凭证。这是我国林业碳汇交易的创新和尝试，是我国林业碳汇交易规范化运作的首创，也是森林生态服务价值的具体体现，为促进企业自愿减排提供了更多的渠道，可以实现增加森林碳汇与企业承担社会责任的双赢。目前，我国实施的林业碳汇项目共有两类，一类是基于《京都议定书》条款下的CDM碳汇项目，属于京都规则的碳汇交易；另一类是国家林业局造林司(气候办)依托中国绿色碳汇基金会捐资实施的碳汇造林项目，属于自愿市场的碳汇交易。我国在国际碳交易市场按CDM标准交易的项目，大部分是一些能源转化利用、生物质能源、沼气、水电、风电等，碳汇项目只有3个，全球也只有28个。

11月9日国务院通过《“十二五”控制温室气体排放工作方案》提出，到2015年，全国单位国内生产总值二氧化碳排放比2010年下降17%，碳排放权交易市场初步形成。根据形势发展并结合合理控制能源消费总量的要求，建立碳排放总量控制制度，开展碳排放权交易试点，制定相应法规和管理办法，研究提出温室气体排放权分配方案，逐步形成区域碳排放权交易体系。在此基础上，加强碳排放交易支撑体系建设。制定我国碳排放交易市场建设总体方案研究制定减排量核算方法，制定相关工作规范和认证规则。加强碳排放交易机构和第三方核查认证机构资质审核，严格审批条件和程序，加强监督管理和能力建设。

《方案》提出，建立自愿减排交易机制。制定温室气体自愿减排交易管理办法，确立自愿减排交易机制的基本管理框架、交易流程和监管办法，建立交易登记注册系统和信息发布制度，开展自愿减排交易活动。

11月13日，上海环交所完成了我国新建建筑领域首例碳交易，这也是我国首例按《中国自愿碳减排标准》进行的“碳交易”。此次碳交易是上海鸿泰房地产有限公司为旗下正在施工的项目“浦江国际金融广场”购买“自愿减排量指标”，共向上海医疗器械(集团)有限公司认购了2012吨的碳交易量，价格为每吨38元人民币，以“中和”项目建设期的二氧化碳排放量，实现建设期间的“零排放”。据了解，建筑领域的节能减排一般是对现有老旧建筑进行技术改造和能源管理，而此次合同能源管理的创新模式则是要在建筑物的“全生命周期”的各个环节全面考量能源管理，将以往的“末端”治理提升为“源头”管理。

11月14日，国家发改委在北京召开碳排放权交易试点工作启动会，首批碳排放交易试点省市北京、广东、上海、天津、重庆、湖北和深圳七省市出席。会议要求各试点地建立专职工作队伍，安排试点工作专项资金，组织编制碳排放权交易试点实施方案。同时，要测算并确定本地区温室气体排放总量控制目标，研究制定温室气体排放指标分配方案，建立本地区碳排放权交易监管体系和登记注册系统，培育和建设交易平台，做好碳排放权交易试点支撑体系建设，保障试点工作顺利进行。会议并提出2013年中国将全面启动以上区域的总量限制碳排放交易。

11月17日，中国公布《国务院关于加强环境保护重点工作的意见》,将推进环境税费改革 开展排污权交易试点。

特别值得一提的是上海的探索。2008年8月初，上海环境能源交易所经国家发改委同意、上海市人民政府批准正式成立，成为全国首家环境能源交易机构。上海环境所成立后，积极创新环境能源市场领域的新机制，拓展环境能源市场的新领域，完善环境能源交易市场的各项基础性工作。2009年8月4日，上海环境能源交易所正式启动“绿色世博”自愿减排交易机制和交易平台的构建，由各国参观者通过这个平台来购买支付自己行程中的碳排放，实现自愿减排。公众可登录这个网站，以电子支付方式购买。这些都是自愿减排，具体不定价，价格也是自愿，整体是公益性的。所集得的资金，上海环境能源交易所将用来购买碳排放权，平抑世博期间的碳排放。这是目前国内最大的自愿减排交易平台，已完成了包括联合国馆、英国馆、广东馆等在内的多个上海世博场馆的碳中和，开户数已经达到25万户，推动了自愿减排交易从“单笔化交易向系统化交易”的发展。同年，上海环境能源交易所还开通了全国首个合同能源管理融资平台，当年即实现挂牌项目32个，探索出一条合同能源管理发展的新模式。此外，率先探索国内碳排放权的交易机制，制定了国内首个综合性核查方法以及建筑行业的核查方法，推动了碳排放权交易的进程。

上海环境能源交易所已成为全国环境能源交易的中心市场之一，推出了包括了清洁发展机制(CDM)项目交易、自愿减排交易、合同能源管理融资项目、低碳技术产权交易、南南环境能源交易系统、日本经产省项目交易等6个品种。截至2011年底，上海环境所共实现挂牌金额326亿元，成交金额74亿元，交易规模领先全国。与此同时，在国内建立了7家分所，逐步建立起了全国性的环境能源交易网络。并与联合国开发计划署合作，建立了南南全球环境能源交易系统，已在全球30个国家设立了34个工作站，加强了发展中国家之间的环境能源交易。通过市场的方式，提高了发展中国国家应对气候变化的能力。同时，上海环境所积极组织开展国际间的自愿碳减排交易，组织和承办了2011年南非德班联合国气候变化大会碳中和等多项自愿碳减排交易项目，中国机构登上了联合国官方认可的国际碳市场舞台。

同时，上海环境能源交易所成功改制为股份有限公司，引进了英大国际控股集团(国家电网)、财政部清洁发展机制基金管理中心、宝钢集团、华能集团、申能、联合投资等10家中央和地方的企事业单位作为股东，集合了全国各类环境领域内的优质资源，为推动全国性环境交易市场的形成和发展打下了良好基础。改制完成后，上海环境所资金总规模将达到2.5亿元，成功中国第一个改制为股份有限公司的碳交易所。

三、中国目前在世界上拥有最多的清洁发展机制项目

清洁发展机制（Clean DevelopmentMechanism,CDM）：《京都议定书》第十二条规范的“清洁发展机制”针对附件一国家（开发中国家）与非附件一国家之间在清洁发展机制登记处（CDMRegistry）的减排单位转让。旨为使非附件一国家在可持续发展的前提下进行减排,并从中获益;同时协助附件一国家透过清洁发展机制项目活动获得“排放减量权证”（Certified EmmissionsReduction,CERs,专用于清洁发展机制）,以降低履行联合国气候变化框架公约承诺的成本。清洁发展机制详细规定于第17/Cp.7号决定“执行《京都议定书》第十二条确定的清洁发展机制的方式和程序”。清洁能源机制最通俗的解释就是，别人掏钱，你来减排。作为碳交易的一种形式，与发展中国家比较贴近。目前CDM市场的供需双方都比较集中，从2002年到2010年上半年的数据来看，主要的CDM购买方为欧盟成员国，主要的CDM供给方为中国和印度。CDM机制应该是一个双赢的机制，对购买方而言，使发达国家达到其减排承诺；对供给方而言，给发展中国家带来减排投资和技术。在CDM项目开发过程中，企业需要先得到国家发改委批准，然后到联合国进行CDM执行理事会注册，获得碳减排指标转让资格，并由联合国认证的专业机构做测算。待项目建成后的第一年，经联合国核实后，签发当年的碳减排指标，以后每年联合国都要进行一次碳减排量的核实。

根据《京都议定书》，我国作为发展中国家，可以清洁发展机制为基础，参与以项目为基础的温室气体排放交易。2004年7月1日，我国颁布了《清洁发展机制项目运行管理暂行办法》，提出我国清洁发展机制项目实施的优先领域、许可条件、管理和实施机构、实施程序以及其他相关安排，并于2005年10月12日开始实施。根据这一办法，中国设立了三个层次的相关机构：一是由国家发改委作为中国政府展开清洁发展机制项目活动的主管机构；二是成立国家气候变化对策协调小组，由发改委等15个政府部门的代表组成，主要审议清洁发展机制项目的相关国家政策；三是成立国家清洁发展机制项目审核理事会（即理事会），由发改委和科技部作为理事会的联合主席，主要职责是评审清洁发展机制项目建议书。在2004年中国政府首次批准了4个CDM项目的申请；2005年有18个项目获得政府的批准；2005年6月26日内蒙古辉腾锡勒风电场项目（注册号：0064）正式在联合国气候变化框架公约秘书处注册成功，从而成为中国第一个注册成功的CDM项目，和世界第一个注册成功的风电项目。此项目作为“中国CDM能力建设项目”的示范项目，被广泛宣传。中国巨化股份的CDM项目2005年11月获国家发改委批准，2006年3月获联合国注册，并最终签发。2006年有235个项目获得中国政府的批准，截至2007年4月初，我国共有383个CDM申请项目获得国家发改委的批准通过，其中大部分项目为新能源和可再生能源类项目，包括风电、水电、生物质能、天然气发电项目等。其中HFC-23（氟里昂的副产品）分解项目所产生的减排额占这些项目减排总额的90%以上。从2006年7月份，南京天井洼垃圾填埋气项目成为我国第一个获得实际收益即CERs的CDM项目，全年我国在EB（联合国CDM执行理事会）注册的69个项目中，已有10个项目获得了实际收益——EB核准颁发的核证减排额（CERs），签发总量共计530万吨。截至2007年底，中国清洁发展机制项目产生的核证减排量的成交量已占世界总成交量的73%，在原始CDM市场的卖方市场上，中国占据了绝对的比重。在2002～2008年期间，中国占所有签约CDM交易额的66%。而在2008年中，中国的市场份额已占世界总成交量的84%，远远超过了其他发展中国家。截至2010年12月，中国政府已批准的CDM项目达2700多个，在联合国已注册的中国CDM项目1153个，世界排名第一。2011年12月15日CDM与碳交易经验交流会在重庆召开。来自科技部社会发展科技司、合作司以及国家发展改革委、国家林业局、国内外CDM相关领域的专家、各地方CDM服务机构和企业、清华大学等科研机构代表以及媒体代表等近200人参加了会议。一方面宣传了中法CDM项目阶段成果，分享了农村、林业领域我国CDM项目开发和碳交易的经验；另一方面搭建了全国CDM领域技术交流、经验共享的平台，对推动我国CDM的健康发展与开展地方碳交易试点具有积极意义。截至2011年12月30日，中国国家发改委共计批准CDM项目3625个，成功注册1573个，占东道国注册项目的46.81%，预计产生的二氧化碳年减排量的356.1万吨，占东道国注册项目预计年减排量的63.8%。据测算，到2012年，仅通过CDM项目，中国就有望获得18亿吨的碳交易份额，金额高达数百亿美元。这些项目包括扩大风力、水力、生物质能，提高能效，推广森林再造和改进型农业作业，获得填埋垃圾气和氢氟碳化物（工业废气）。

数据表明，我国主导了CDM的供应方，但CDM市场的隐患也已经浮现出来，在中国的实体经济企业为碳市场创造了众多减排额的同时，中国还处在碳交易产业链的最底端，碳交易机制还没有建立，碳交易的条件与环境还未形成，碳交易的准备工作才刚刚起步。国家将进行低碳交易试点，摸索经验，加强引导，逐步开展。

四、中国碳交易面临的一些问题

中国碳市场的发展是渐进式的。目前还处于自愿减排阶段，且还要在非强制性和非证券化两个原则的基础上发展。在国际上还处在碳交易产业链的最底端，碳交易机制还没有建立，碳交易的条件与环境还未形成，碳交易的准备工作才刚刚起步，面临着一些亟待突破的重大问题。

（一）建立符合国情的、全国统一的碳交易体系

如前所上述，中国的碳交易所相继建立，也有一定业绩，但在国家层面尚没有设计明朗的碳市场机制，没有一套完整的包括定价、核证在内的制度体系，使得这些交易所的交易都还不够活，基本上是各自为战，在开展碳交易活动过程中，难免受到各地经济结构模式、计量办法、交易规则等一系列影响的因素，也就背离了碳交易活动统一化的初衷。这种分散的不公开的市场状况，也难以形成一定规模的交易量和提高交易效率，不利于碳交易产品的国际对接，使中国企业在国际交易谈判中处于弱势地位。因此，建立符合国情的、全国统一的碳交易体系势在必行。

建设碳交易、排污权交易以及其他环保能源权益交易市场和体系，构建全国交易平台，是一项综合性的重大机制创新，是一个社会经济发展系统工程。涉及碳交易法规政策、交易平台、政府和企业的参与模式、利益分配、项目核证、技术标准等诸多方面，需要运用市场化的运行手段，由政府引导建立包括规则的制定、总量的制定、排放权的分配、排放量的检测和核证等在内的一整套体系。现阶段，在地方或行业层面已经开展的主要工作是，构建国

内自愿减排体系；开展低碳试点工作；建立中国绿色碳汇基金会；企业和机构自发的碳中和行动。作为全国首批碳排放权交易试点地区之一的上海，正在主动顺应“运用市场机制推进节能减排”的国际主流趋势，积极推进交易平台的建设，开展碳市场建设的前期准备工作。

建立统一市场还要建立一个包括碳排放在内的统一的排放权市场。因为统一的碳交易市场不仅有利于减少买卖双方的交易成本，还能极大地增强中国在国际碳交易定价方面的话语权。

再就是交易所的建立和运行。从国际经验看，欧盟、英国、美国建立的都是统一的碳交易市场，一个国家或地区一般只有一个交易所。无论是国有还是民营，在政策标准、交易制度、具体程序方面都应当全国统一。交易所要努力协调供给方、需求方和认证机构、咨询机构、研究机构、核证机构等第三方机构之间的关系，以及交易所、政府监管机构之间的关系，逐步探索着碳交易体系的建立。面对越来越多的能源交易机构出现，政府要做的是制定有关游戏规则，让交易所充分竞争。并从确定总量、分配、核证注册、交易、惩罚五个环节来推动碳交易市场的体系建设。

（二）亟需制定国家的统一标准

一个减排项目是否成为可交易的碳商品，必须通过相应标准的认定，需要通过第三方审核机构根据相应要求给予审核意见。标准的制定标志着一个国家在相关领域的行业地位与话语权轻重，也决定着该国企业的战略定位与发展方式。碳交易作为新兴的商业领域，因其既具有标准化的金融属性又包含国际化的政治因素，已经成为世界各国关注的热点，都力争在未来巨大的市场中占得先机。

目前全球自愿减排市场48%的交易都采用美国的VCS标准。截至今年9月，在采用VCS标准注册的项目中，36%是来自中国。在此前的国际碳交易中，项目认定、减排流程、核算方法等标准都由买家制定，卖家只能被牵着鼻子走。值得注意的是，买家是清一色的发达国家，卖家则是清一色的发展中国家，一个由买家单方面制定的游戏规则，能否带来对买卖双方都公平的碳交易？答案显而易见。事实上，正是由于不掌握话语权，中国、印度等一级碳交易市场达成的每一笔交易，价格都比在欧洲的二级交易低一半以上，以至于到中、印发现及“倒卖”碳减排项目已成为一种新兴行业，大批碳交易中介应运而生。

目前我国已成立多个地方能源环境交易机构，由于没有统一的标准作指导，各机构只能催生地方的、区域性的碳交易市场。如果继续割裂发展，不仅不利于全国性碳交易市场的形成，更不利于中国与国际碳交易市场的接轨。还应当认识到，全球应对气候变化的挑战，已使低碳发展成为国际共识和世界潮流。低碳产业和技术竞争已成为国际竞争的新领域，为抢占新一轮经济科技竞争制高点和“话语权”，发达国家一面利用自身技术和资本优势加快发展新能源、低碳节能等新兴产业，另一面借应对气候变化的名义，企图对发展中国家设置碳关税、“环境标准”等贸易壁垒。中国作为最大的发展中国家，既要保障自身的发展权益又要积极应对气候变化，争夺碳金融的话语权，制定碳交易的统一标准就变得尤为重要。

总之，从国内需求和借鉴国际上的经验，最成功的路径就是采用市场化手段应对气候变化的方式，就是建立碳交易市场。而要在中国建立一个有效的碳交易市场，就必须制定一套完整的、有公信力的、适合中国的碳减排标准体系。正是在这样的大背景下，中国近年来已在尝试运用自愿碳减排交易等市场手段，发布了一些自愿碳减排标准，为制定中国的碳减排标准体系奠定了一定基础。

2009年12月哥本哈根气候变化大会上北京环境交易所联合其他参与方正式对外发布“熊猫标准”，迈出了中国参与碳交易标准建设的第一步，增强了中国在碳排放市场上的话语权，也是中国在探索建立自己的碳排放交易市场上迈出的重要一步。该标准确立了流程、规则、监测标准、评定机构和相应的原则，从而完善中国的碳排放交易市场机制。该标准借鉴美国杜克法则，大力推动农、林、牧、副、渔业的生态补偿类项目，促进市场向工业补偿农业、城市补偿农村、东部补偿西部、高排放者补偿低排放者的方向发展。并应用其开发和储备中西部地区的农林减排项目；与VPVP、中证指数有限公司共同推出了全球第一个反映中国低碳产业发展和证券化程度的指数——“中国低碳指数”，力争引导资金技术向低碳领域集中；携手中国节能协会节能服务产业委员会，推出全球首创的合同能源管理投融资交易平台。上海环境能源交易所也紧随其后，在上海市虹口区正式启动碳强度标准研究试点，开始尝试相关标准的制订，在已初步完成的碳强度标准框架中，碳强度标准参考了国际标准组织的原则和方法。

2010年10月19日，在上海世博会联合国馆，《中国自愿碳减排标准》正式发布。这是中国参照国际规则自主研发的首个完整的自愿碳减排标准体系。包括章程、碳减排技术标准、碳交易标准、登记注册核销流程、调解与仲裁规则等内容，是将国际形势与中国实际相结合、中国主导与借鉴国际经验相结合、科学性与适用性相结合、政府作用与市场作用相结合的中国自愿碳减排标准体系。《中国自愿碳减排标准》在碳减排领域是中国首个自主研发的标准，表明中国完全有能力自主研发“科学的、国际高水平的碳减排标准”。通过《中国自愿碳减排标准》审定与核查的碳减排量将具有国际权威性，为国内外市场所认可。

制定国家的统一标准，首先就要认真总结和运用这些相关标准的经验、原则和方法，国家有关部门联手相关研究机构，结合中国国情，参照国际惯例研究制定我国相关碳排放标准，为核算碳排放量提供科学依据，从而为碳交易市场提供标准化的、可信服的交易标的。

应当认识到，国家的统一标准的制定和实施要循序渐进，要掌握好度。初始过于严格会缩小交易的空间，过于宽松又激发不起参与方的积极性，达不到通过“碳交易”手段实现碳抵消的目的。

（三）加速建设碳金融体系，掌握碳交易市场话语权

严格的金融体系，才能确保碳交易市场的稳定性、流动性。随着低碳市场的兴起和碳交易的活跃，碳排放权的“准金融属性”已日益凸显，并成为继石油等大宗商品之后又一新的价值符号。随着碳交易市场规模的扩大，碳货币化程度越来越高，碳排放权进一步衍生为具有投资价值和流动性的金融资产。可以说，碳金融势必成为掌握碳交易话语权，进而抢占低碳经济制高点的关键。因此，发达国家围绕碳减排权，已经形成了碳交易货币，以及包括直接投资融资、银行贷款、碳指标交易、碳期权期货等一系列金融工具为支撑的碳金融体系，推动了全球碳交易市场的价值链分工。然而，目前我国碳金融体系和金融市场的构建还没有提到国家层面的议事日程。

目前全球碳交易暂时形成了欧元计价方式，但尚未构成牢固的捆绑关系，加之美元霸主地位日渐式微，谋局碳交易市场，掌握未来市场的金融话语权，无疑为其他货币的崛起提供了机会。虽然美国和澳大利亚没有签署《京都议定书》，但芝加哥碳交易所和澳洲国家信托也如期成立，欧盟排放权交易制和英国排放权交易制在区域碳交易领域拔得头筹。这四大交易所都在积极推动区域性碳交易业务扩展。亚洲国家中有新加坡碳交易所进行远期合约。韩国、印度、阿联酋等亚洲国家也正在筹划本国的碳交易体系。但是目前还没有真正形成全球统一的碳交易市场体系和金融中心，国际政治和金融博弈正在气候变化谈判中显现，碳市场的出现为推动人民币成为国际货币提供了一个契机。毫无意义，我国应当抓住时机，加速碳金融体系的建立，围绕碳减排交易定价权的争夺，积极推动碳交易所开展各种碳衍生品的金融创新;鼓励各金融机构设立碳金融相关业务部门,开展相关融资业务;倡导专注于碳管理技术和碳技术开发领域投资的碳产业基金;支持节能减排和环保项目债券的发行。

（四）建立法律支撑体系，逐步加强监管和体制机制建设

碳交易市场化是以法制化为前提和保障的。总量控制、初始配置、市场交易运行，都要有一套完善的、配套的法律、规则和制度体系，以保证交易的公平、公开、公正，保障交易市场的健康发展。从国际来看，我国在2011年底召开的南非德班联合国气候大会上，已明确表态愿意在2020年之后有条件地接受具有法律约束力的全球减排协议。因此，中国构建法律支撑体系，逐步加强监管已到了势在必行的阶段。

我国现行的《大气污染防治法》、《水污染防治法》等已提到了排污总量控制及排污许可证制度。有些地方根据当地条件，分别制定了一些区域性的排污权交易条例。如《上海市环境保护条例》中提到了可以进行排污指标的有偿转让；《本溪市大气污染物排放总量控制管理条例》第一次在中国建立了超额处罚措施；贵阳市人大常委会借鉴发达国家经验，已实施的《贵阳市大气污染防治办法》对排污权交易做了明确规定：“环境保护行政主管部门核发主要大气污染物排放许可证时，应当以本市同行业清洁生产的单位产品或者万元产值的排污量为基础，核定向大气排放主要污染物的单位的大气污染物排放总量指标，并向社会公布。向大气排放污染物的单位，提前完成总量削减计划的，可以将削减的大气污染物排放总量指标有偿转让。具体办法由市人民政府规定。”由此，贵阳成为全国首家通过地方性法规确立排污权交易制度的城市。中国是未来低碳产业链上最有潜力的供给方。作为《京都议定书》的缔约国，中国政府于2004年6月颁布了《清洁发展机制项目运行管理暂行办法》，2005年10月又对该暂行办法进行了修订，颁布了《清洁发展机制项目运行管理办法》。2011年8月日国家发展改革委主任张平、科技部部长万钢、外交部部长杨洁篪、财政部部长谢旭人联合发布《清洁发展机制项目运行管理办法（修订）》（发展改革委令2011年第11号），称：“为进一步推进清洁发展机制项目在中国的有序开展，促进清洁发展机制市场的健康发展，我们对《清洁发展机制项目运行管理办法》进行了修订。现予发布，自发布之日起施行。2005年10月12日施行的《清洁发展机制项目运行管理办法》同时废止。”特别是由国家发改委牵头制定的《温室气体自愿减排交易管理暂

行办法》即将推出，将确立我国自愿减排交易机制的基本管理框架、交易流程和监管办法，建立自愿减排交易登记注册系统和信息发布制度，鼓励和引导自愿减排交易活动；制定我国碳排放交易市场建设总体方案，部署推动编制登记注册系统、企业温室气体核算和报告指南等基础工作；《低碳产品认证管理办法（暂行）》也即将出台，将建立低碳产品标准、标识和认证制度，并选择典型产品开展低碳产品认证试点，引导并促进低碳消费。《国家应对气候变化规划（2011-2020）》和《国家适应气候变化的总体战略》正在征求意见；《关于加强应对气候变化工作的决定》也在进行起草和报批工作。所有这些，都标志着我国应对气候变化和碳交易在向法治化道路上迈出了里程碑式的一步。

总起来说，在建立碳交易法规保障方面，已经作了不少工作，有了一定基础。但依然很不健全，还在相关法规和部、省级层面上。应当加大力度，循序渐进，推出国家关于应对气候变化和低碳发展的条例和法律。

国家级碳交易平台和碳交易市场的真正建立，需要包括政府、温室气体审核机构、认证机构、投资机构、保险机构、银行、碳交易市场买家、碳基金、咨询机构、项目业主以及金融和商品交易所等在内的多方共同参与。各方的共同努力，才能使中国碳交易市场的整体建设、机制设计和规则制定更为合理和完善。这样就必须加强监管和体制机制建设。目前政府既是主导者，又是“游戏规则”制定者和操控、监管者，扮演多个角色，显然难以适应碳交易市场化的要求，当前亟需建立监管机构。可以考虑，模仿“银监会”（中国银行监督管理委员会）和“保监会”（中国保险监督管理委员会），成立一个“碳监会”，即碳交易监督管理委员会，实施依法依规监督职能。

相关各交易机构要借鉴上海交易所的经验，引进国内外投资者，加快建立健全符合现代企业制度要求的股份制公司，构建决策层（董事会）、执行层（经理）、监督层（监事会）的治理结构，规范化运作。

地方应对气候变化和低碳发展

2011年北京应对气候变化和低碳发展

北京市发展和改革委员会

2011年是“十二五”开局之年，北京市深入实施“人文北京、科技北京、绿色北京”发展战略，按照国家应对气候变化工作的总体战略部署，进一步推进应对气候变化基础能力建设，着力完善工作机制，创新工作手段，强化节能和能源结构调整对温室气体减排的支撑力度，深入推动应对气候变化各项工作。经初步估算，万元GDP二氧化碳排放超额完成3.5%的年度目标。

一、不断完善应对气候变化政策体系和体制机制

以完善政策措施、创新工作机制为应对气候变化工作的重要手段，不断提升应对气候变化工作的系统化、规范化。

（一）强化规划引导，落实政策措施

一是高标准编制系列规划。按照国家要求，将单位地区生产总值二氧化碳减排目标作为约束性指标纳入我市国民经济和社会发展“十二五”规划，并将“积极应对气候变化”作为专节纳入规划纲要。编制《绿色北京建设发展规划》、《节能降耗及应对气候变化规划》2个市级综合专项规划；围绕重点领域，编制发布公共机构节能、民用建筑节能、节能环保产业、循环经济、固体废弃物处理与综合利用、城乡市容环境、新能源和可再生能源利用等10多个专项规划。

二是制定工作方案和年度工作计划。制定发布“十二五”节能降耗与应对气候变化综合性工作方案，明确“十二五”节能减碳工作主要措施。分解下达2011年度绿色北京行动计划年度计划，部署年度重点工作。

三是完善政策标准。出台《北京市生活垃圾管理条例》等地方法规，制定《能源管理师试点管理办法》等规范文件。加快国Ⅴ机动车排放标准研究，制定发布绿色建筑评价标准，启动百项节能标准创制工程。

（二）强化制度机制创新

一是率先实行能源消费总量控制并完成三级“双控”目标分解。根据国家“十二五”规划纲要“合理控制能源消费总量”的要求，结合我市能源消费需求和节能形势，超前思考、及早谋划，在全国率先开展能源消费总量控制，并按照“纵向到底、横向到边”的分解原则，将“十二五”末万元GDP能耗下降率（约束性指标）和能源消费总量（指导性指标）下达16个区县、14个重点行业领域和57家重点用能企业，完成三级“双控”目标分解。

二是积极探索市场化温室气体减排推进机制。认真落实《清洁发展机制项目运行管理办法（修订）》，做好项目初审工作。深入研究制定适合我市特点的碳排放权交易方案，积极申请并获批国家首批碳排放权交易试点省市。大力推广合同能源管理机制，增强市场服务能力，我市通过国家备案节能服务公司总数达329家，数量全国最多；将合同能源管理项目进纳入市级专项资金支持范围，落实财政资金奖励政策。实施一批合同能源管理工程，完成21家医院、62所学校、130家重点用能单位能耗测评，落实一批改造工程，预计形成节能能力6万吨标准煤。通过积极探索市场化机制推进温室气体减排的新路径，降低减排综合成本。

二、充分发挥节能降耗对温室气体减排的基础支撑作用

坚持产业结构调整与节能措施推动相结合，着力提升重点领域能效，全市能源消费总量增长0.6%，全市万元GDP能耗同比降低6.94%，节能工作对温室气体减排的贡献率进一步提升。

（一）加快推动建筑节能

一是持续开展建筑节能改造。完成324.3万平方米既有居住建筑节能改造和100万平方米公共建筑节能改造，住宅产业化试点规模达到100万平方米，启动第三批政府机构节能改造和房屋建筑抗震节能综合改造工程。

二是深入推进供热计量改革。制定公共机构供热计量改革方案，推进供热计量改造工程；完成190余台锅炉节能改造，涉及供热面积约1000万平方米；完成180多个小区老旧供热管网改造，涉及供热面积2000万平方米。

三是启动淘汰白炽灯工程。制定实施淘汰白制定行动方案（2011—2015年），在低保户、残疾人、部分中小学校中推广高效照明产品500万只。

（二）继续推进工业节能

一是深化结构调整。首钢钢铁主流程全面停产，推进38家“三高”小企业淘汰退出。进一步压缩水泥产能，全

面关停北京新港水泥制造有限公司等年产能20万吨以下水泥生产企业。北新建材股份公司等企业调整搬迁工作基本完成，制定渣土烧结砖生产企业退出方案。

二是推进清洁生产。近70家企业开展清洁生产审核，30家工业企业完成审核，安排285万清洁生产审核费用补助资金。

（三）强化交通领域节能减排

一是建立老旧机动车淘汰长效机制。制定实施老旧机动车淘汰更新方案，全年淘汰老旧机动车22.4万辆。

二是实施治理交通拥堵综合措施。合理控制机动车增长规模，逐步提高出行效率。

三是进一步优化居民出行结构。地铁8号线2期等3条线路顺利开通，运营总里程达到372公里，公共交通出行比例达到42%。四是加快新能源汽车推广应用。全年推广新能源公交车200辆，电动环卫车1000辆。

三、进一步调整能源结构，推动单位能耗温室气体排放降低

继续加大优质能源替代力度，天然气等优质能源占能源消费总量的比重达到73.5%，比2010年提高2个百分点；新能源和可再生能源开发利用总量约280万吨标煤，单位能耗温室气体排放进一步降低。

（一）推动新能源发展实现新突破

一是进一步优化政策环境。编制发布《“十二五”新能源及可再生能源发展规划》；出台《北京市太阳能系统建筑应用项目管理办法》，在民用住宅领域全面实施集中太阳能热水系统；建立全国首个地方新能源和可再生能源利用统计方法制度；制定阳光校园金太阳工程建设指导意见。

二是加快推进重点示范项目。全面建成国家数字电视产业园5兆瓦太阳能光伏屋顶、延庆新能源产业基地2兆瓦光伏屋顶、顺义汽车产业基地20万平方米热泵供暖等一批重点项目；顺利推进鲁家山垃圾焚烧发电、八达岭太阳能31兆瓦地面大型光伏发电和中科院1兆瓦太阳能光热发电等项目。

三是促进新能源技术研发与产业化发展。获批建设国家能源非粮生物质原料研发中心、风能太阳能仿真与检测认证技术研发（实验）中心、浅层地热能开发利用等一批新能源国家重点实验室；大功率风电整机系统集成、新能源汽车等产业化项目取得突破。

（二）推进安全高效低碳城市能源供应体系建设

一是推进中心城区无煤化建设。发布《城六区大型燃煤锅炉房清洁能源改造方案》，全年完成改造燃煤锅炉房1218蒸吨；核心城区率先完成燃煤锅炉清洁改造，改造完成15座燃煤锅炉，削减供热燃煤总量约30万吨。

二是设施建设稳步推进。四大热电中心建设全面提速，建成东南热电中心，7座新城集中供热中心建成投产，以30座现代化、清洁高效的新城集中供热中心代替670余座分散小燃煤锅炉房，综合能效提高30%以上。建成怀密天然气干线工程，开工建设唐山LNG、陕京三线二期良乡-西沙屯段等重点工程，完善输气系统。

四、继续推进生态建设，提升林业碳汇能力

（一）持续推进生态环境建设

推进11个新城滨河森林公园建设，大兴、昌平等4处建成开放。永定河、北运河、潮白河流域综合治理全面展开，永定河“四湖一线”工程竣工开放。建成城市休闲公园200公顷，完成生态清洁小流域治理400平方公里。全市林木绿化达到54%，比2010年提高1个百分点。

（二）加强林业碳汇管理的基础能力建设

完善林业碳汇相关管理办法和技术指南，发布《北京地区森林增汇经营技术指南》、《北京市园林绿化工程碳汇效益评估管理办法》、《北京碳汇专项基金管理暂行办法》和《北京碳汇基金项目管理暂行办法》。制定《北京市林地绿地碳储量和碳汇能力计量监测方案》，形成覆盖全市不同绿地类型的林业碳汇监测体系，共布置42个标准地进行碳汇能力的固定监测和2个碳通量瞬时监测点。

（三）全面开展增汇技术研究示范推广

开展山区、平原、城区森林绿地增汇技术研究、杨树速生丰产林和果园复合系统固碳增汇技术及管理模式研究，以及主要果树种类碳储量与碳汇能力研究，形成5套不同林木绿地类型固碳增汇技术管理模式。建设碳汇造林和营林示范区7600亩、近自然森林经营示范区2万亩。

五、强化废弃物处理领域温室气体排放控制

（一）加强资源再生和循环利用能力

持续推动垃圾分类，完成1200个居住小区和1200个行政村垃圾分类试点建设，广泛开展“周日垃圾减量日”活

动，新增再生资源回收站点300个，生活垃圾产生量保持负增长。启动“城市矿产”示范基地建设，实施朝阳区餐厨垃圾资源化处理试点。生活垃圾资源化率达到44%，比2010年提高3个百分点。

（二）提高废弃物处理能力和水平

建成高安屯餐厨垃圾处理厂二期工程，首钢生物质能源项目完成厂房主体结构工程，平谷区生活垃圾综合处理厂基本完成设备安装，加快推进海淀区生活垃圾循环园可再生能源发电厂等焚烧厂项目。2011年，生活垃圾焚烧、生化、填埋处理比例优化为15：15：70。建成德清源生态养殖园等一批示范工程和生态养殖项目，实施畜禽养殖场粪污综合治理工程。不断提升废水处理领域温室气体减排能力，出台全市污泥处置近期建设计划，确定全市污泥处置总体方案和投资政策。

六、持续提升应对气候变化能力

将能力建设作为推进应对气候变化工作的重要保障，加强温室气体统计核算等基础能力，提升科技支撑能力，推进应对气候变化工作深入化。

（一）提升能源消费统计和温室气体排放核算监测能力

一是系统深入编制全市温室气体清单。严格按照《省级温室气体清单编制指南（试行）》的要求，组织编制全市2005-2010年温室气体清单，全面覆盖二氧化碳（CO_2）、甲烷（CH_4）、氧化亚氮（N_2O）、氯氟甲烷（HFCs）、全氟化物（PFCs）和六氟化硫（SF_6）6种温室气体，并首次对全市交通运输领域温室气体排放进行系统研究核算。组织开展部门、区县、重点用能单位温室气体清单编制方法培训。

二是狠抓计量、统计、监测能力建设。推进能源计量器具标准化、规范化建设，启动建设建筑、交通、公共机构等重点领域能耗、温室气体排放和可再生能源利用统计制度研究，推进“1+4+N”节能监测服务平台建设。建立重点用能单位管理岗位备案和能源利用状况报告制度，率先将非工业企业纳入能源利用状况报告范围，并实行公报。支持有条件的企业建设能源管理中心，全年培训能源管理师136名。

（二）强化科技支撑，促进低碳技术研发应用

一是深入开展系列基础课题研究。推进低碳城市发展路径和试点建设、绿色低碳发展指标体系、森林生态系统增汇技术研究与推广示范研究等系列研究，谋划下一步全市应对气候变化措施与路径。

二是搭建节能低碳创新服务平台。整合全市技术、资金、机构等各类资源，打造集需求调研、技术研发和应用推广于一体的全链条服务体系。

三是强化节能低碳技术产品推广应用示范。公开征集节能低碳技术（产品）400余项，制定发布《北京市2011年节能低碳技术产品推荐目录》，向社会推荐低碳节能技术产品72项（种），举办多场推广会、技术推介会、交流会，推动技术（产品）与实际需求有效对接。安排财政专项资金3亿元支持低碳产品推广，新增节能超市门店5家、全市累计达到11家，二级及以上能效产品市场占有率达到65%，比2010年提高5个百分点。

（三）强化交流合作，学习借鉴先进经验

一是广泛开展国际合作项目。完成世行贷款北京环境二期项目GEF赠款余款低碳研究，实施“中德国际气候变化项目”“缓解交通拥堵与应对气候变化”子课题研究和英国驻华大使馆2011年度“繁荣基金”（SPF）项目“北京市大型建筑碳交易体系及其应用研究”。深化与瑞典驻华大使馆在生态城市规划建设、应对气候变化和环保技术应用方面的合作，举办“园林绿化应对全球气候变化”——首届亚太经合组织（APEC）林业部长级会议八达岭纪念林植树活动。

二是加强对外合作管理。完善应对气候变化领域对外合作管理制度，研究制定《北京市应对气候变化领域对外合作管理实施细则》，明确合作项目申报程序、审核流程及项目管理要求。做好合作项目的初审，及时向国家发展改革委申报，加强数据审核和研究成果信息发布管理。

（四）加强应对气候变化宣传教育

2011年节能宣传周期间，以“节能我行动，低碳新生活——我为‘绿色北京’做贡献”为主题，举办“低碳校园日”、“低碳办公日”等7大“主题日”系列活动。制作并在电视、地铁移动电视播放《绿色北京，低碳生活》系列宣传动画，介绍绿色低碳生活小常识。结合国际森林年行动计划，与联合国粮农组织（FAO）合作开展中小学生森林体验和环境教育活动，加深青少年对森林、气候变化和林业碳汇的认识。开展“第二届零碳音乐季”、“绿色低碳家庭”和“绿色出行文明交通时尚达人”评选等活动。用形式丰富的宣传活动，动员全社会积极参与应对气候变化各项活动。

（撰稿：金陶陶、林淦，北京市发展和改革委员会应对气候变化处）

2011年天津应对气候变化和低碳发展

天津市发展和改革委员会

积极应对气候变化，推动绿色低碳发展，是加快形成以低碳排放为特征的产业体系和消费模式，建设生态文明的必然要求，也是全面贯彻落实科学发展观，加快经济发展方式转变，实现可持续发展的必由之路。2011年是“十二五”开局之年，也是天津市开展国家低碳城市试点工作的起步阶段。一年来，按照国家发展改革委的统一部署，在市委、市政府的领导下，以科学发展为主题，以加快转变经济发展方式为主线，以调整优化经济结构为主攻方向，大力加强应对气候变化能力建设，调结构、促转变，狠抓节能降碳工作，全面做好低碳城市试点基础准备，低碳发展工作稳步有序推进。

一、加强应对气候变化能力建设

（一）编制“十二五”专项规划，加强低碳发展的规划指导

按照国家要求，将应对气候变化和低碳经济发展纳入天津市国民经济和社会发展“十二五”规划纲要，明确了经济结构调整、能源结构优化、能源效率提升、碳排放强度下降等发展目标。市发展改革委组织编制了天津市应对气候变化与低碳经济发展“十二五”规划，从提高能源利用效率、调整产业结构、控制燃煤总量、创新低碳技术等方面，进一步细化落实纲要提出的低碳发展目标，加强对低碳发展的规划指导。

（二）制定对外合作管理办法实施细则，规范应对气候变化领域对外合作项目管理

根据国家发展改革委《关于印发〈应对气候变化领域对外合作管理暂行办法〉的通知》（发改气候〔2010〕328号）要求，结合我市实际，市发展改革委制定了《天津市应对气候变化领域对外合作管理办法实施细则》，经市政府批准，以津政办发〔2011〕73号文件印发实施，指导全市应对气候变化领域对外交流合作工作有序开展。根据《清洁发展机制项目运行管理办法（修订）》（国家发展和改革委员会令〔2011〕第11号）及国家发展改革委有关规定，加强对地方CDM申报项目的初审、送审和备案管理，认真组织项目执行单位参加国家清洁发展机制项目审核理事会会议，指导天津市清洁发展机制项目服务办公室积极开展CDM项目能力建设，切实提高CDM项目合作管理水平。

（三）组织编制温室气体排放清单，夯实低碳发展工作基础

根据国家发展改革委的部署，天津市作为全国7个试点之一，先行开展2005年省级温室气体清单编制工作。在积极做好准备工作的基础上，2011年5月，市政府召开“天津市温室气体清单编制工作启动会”，动员部署全市清单编制工作，同步启动2010年全市及区县的清单编制。成立由市发展改革委、统计局、经信委、建交委等部门组成的清单编制工作小组，建立清单编制工作联络员协调机制，明确责任分工，加强技术培训指导，落实各项任务。在国家发展改革委气候司和能源研究所的指导下，采取统一部署、全面行动、集中核算、分块校验的方式，较高质量编制完成了全市2005年温室气体排放清单，探索形成“市政府高度重视、主管部门积极协调、职能单位密切合作、区县清单同步推进、一个机构技术支撑”的清单编制模式。通过“分部门测算、牵头部门汇总”，“技术项目委托、地方协作参与”，“地方主要承担、专家技术指导”等不同形式，各区县在较短时间内先后完成清单初稿，成为开展低碳工作的基础数据。

（四）制定排放权交易发展总体方案，指导利用市场机制促进节能降碳

根据《天津市国家低碳城市试点工作实施方案》，结合“十二五”节能减排工作需要，在认真总结我市排放权交易市场建设工作的基础上，市发展改革委会同市建交委、市环保局和天津排放权交易所等单位拟定了“天津排放权交易市场发展总体方案”。总体方案经第56次市长办公会审议通过，以津政办发〔2011〕86号文件印发实施。为加快推进总体方案落实，市领导多次主持会议，听取工作汇报，研究具体举措，部署工作安排，指导我市排放权交易市场健康有序建设。

（五）争取国家资金支持，开展碳排放权交易支撑体系建设

围绕碳排放权交易试点相关工作，市发展改革委积极组织开展天津市碳交易基础研究，指导牵头单位联合有关科研机构成立了课题组；联系国家相关领域专家组建了专家组和顾问组；及时推动项目启动，加快碳排放权交易管

理办法和配额分配方案制定、2020年温室气体排放总量测算、碳排放权交易登记注册系统建立等专项课题研究，完善碳排放权交易体系建设。

（六）成立低碳发展研究中心，增强低碳发展支撑能力

为进一步加强低碳发展能力建设，结合低碳试点工作开展前瞻性研究，成立了以市环科院为主体的天津市低碳发展研究中心，2011年10月28日揭牌并开展工作，成为国内率先在省市层面成立的低碳发展综合性研究机构。研究中心将紧紧围绕为各级政府和相关单位提供决策咨询服务、技术支撑的定位，开展低碳发展政策研究、低碳技术开发与应用推广、国际合作等工作，在促进地方低碳发展中发挥了积极作用。

二、狠抓低碳发展工作落实

（一）加强示范试点建设，有序推进低碳试点工作

按照国家要求和我市工作安排，市发展改革委组织编制了天津市国家低碳城市试点工作实施方案，指导低碳城市试点工作有序推进。选择低碳园区为优先领域，积极争取国家资金，支持基础条件较好的天津经济技术开发区、中新天津生态城、于家堡中心商务区、天津高新区和空港经济区，研究制定适合自身特点的低碳发展方案，培育建设低碳示范园区。市有关部门积极指导静海县大邱庄镇做好全国绿色低碳重点小城镇试点实施方案编制，加强相关项目的组织申报，在小城镇建设方面探索积累绿色低碳发展经验。

（二）大力发展第三产业，加大产业结构调整力度

结合加快转变经济发展方式要求，在继续提升工业发展质量的基础上，《天津市国民经济和社会发展第十二个五年规划纲要》确定了“十二五”时期服务业增加值占全市生产总值比重达到50%的发展目标，并且从重点发展生产性服务业、提升发展生活性服务业、大力发展新型服务业、优化服务业发展环境等方面加强部署，着力推动第三产业健康持续发展。初步核算并经国家统计局评估审定，2011年，全市生产总值完成11190.99亿元，其中第三产业增加值5153.88亿元，占全市生产总值的46.1%。

（三）完善考核管理体系，加强节能降耗工作

“十一五”时期，我市万元生产总值能耗累计下降21%，超额完成了国家下达的节能指标任务。2011年，我市将节能目标考核由工业扩大到建筑、交通、批发零售业、公共机构等领域；对重点考核的耗能企业由33户增加到50户，其能源消费量占全市工业的85%。首次将26个市重点企业集团纳入考核，要求其单位增加值能耗下降相当或高于全市水平。对各区县下达单位能耗下降目标，同时增加能源消费弹性系数作为指导性目标。对重点监控耗能企业下达了万元产值能耗同比下降和能源消耗总量双控目标。2011年，全市单位地区生产总值能耗同比下降4.28%。

（四）实施燃煤总量控制，进一步优化能源结构

为了统筹完成“十二五”节能减排降碳目标，按照市政府第68次常务会议确定的控制煤炭消费总量的重点任务，全面完成“十二五”新增燃煤量控制在1500万吨以内的目标，市发展改革委从增加燃气使用量、提高外购电比例、发展风力和太阳能发电、关停小机组等方面制定了控制煤炭消费增长的保障措施。并积极与中石油、中海油、中石化等上游供气企业衔接，加大天然气资源落实力度，初步确定燃煤增量指标分解方法和各重点部门、重点企业和区县控制目标，制定了《天津市“十二五”合理控制燃煤增量目标分解考核实施方案》。

（五）夯实工作基础，加快开展国家碳排放权交易试点

按照开展碳排放权交易的要求，全面推进区县清单编制工作，为碳排放权交易提供必要技术支持。天津排放权交易所完成了外资股份退出工作，为碳排放权交易提供有效的交易平台支撑。在加快推进相关工作的同时，将争取列入国家试点与推进我市工作相结合，市发展改革委认真做好试点争取的沟通协调。经积极努力，我市被批准为国家7个碳排放权交易试点之一，先行开展碳排放交易支撑体系建设，探索建立碳排放权交易市场。

（六）加强低碳宣传，倡导绿色低碳生活

通过温室气体排放清单编制工作启动会，向各部门、各区县和有关单位宣传国家和我市低碳发展政策和相关文件精神，市发展改革委组织编写了《气候变化与温室气体50问》，向各区县、各单位广泛发放，积极宣传绿色低碳发展理念。结合“全民低碳行动”在天津的启动，我市积极组织社区、学校和居民，发起低碳生活倡议，普及低碳消费知识，提高低碳消费意识，倡导绿色低碳生活。

（撰稿：高迎春，天津市发展和改革委员会环资气候处）

2011年河北应对气候变化和低碳发展

河北省发展和改革委员会

“十二五”以来，河北省委、省政府认真落实党中央、国务院关于应对气候变化的决策部署，把应对气候变化作为转变发展方式、调整经济结构的重大机遇，作为建设经济强省、和谐河北的重大举措，抓住关键、突出重点，完善措施、强力推进，应对气候变化工作迅速、扎实、有效开展起来。

一、应对气候变化，着力低碳发展

2011年，全省单位生产总值能耗同比下降3.69%，2012年上半年同比下降5.63%，累计实现节能量2023万吨标准煤，减少二氧化碳排放量约4900万吨。

（一）全力以赴攻坚，强化节能支撑作用

分解目标任务。按照区别对待的原则，综合考虑各地经济发展、产业结构、资源环境容量、节能减碳潜力等因素，分四类分解下达了各设区市“十二五”节能减排指标和碳排放强度调控目标。按照省里的统一要求，各设区市政府将节能、降碳、减排目标逐级分解到各县（市、区）及重点企业，做到工作全覆盖、责任全落实、目标全量化，建立起纵向到底、横向到边、一级抓一级、层层抓落实的目标责任体系。

严格跟踪督导。坚持规模以上工业用能月分析、全社会用电月会商、全省节能目标完成情况季通报制度，按月发布各地节能进展情况。按照转方式监督检查、绩效管理试点要求，一并开展年中督导和年终考核，对设区市节能减排目标完成和政策措施落实情况进行监督检查。对上半年单位生产总值能耗降幅和主要污染物排放量削减率不达标的设区市，由省节能减排工作领导小组办公室给予黄牌警示；对完不成全年节能减排目标任务的设区市采取除节能减排项目外的建设项目区域禁（限）批，取消市政府主要领导和主管领导评先评优资格等惩戒措施。

实施重点工程。深入实施“双三十”节能减排示范工程，在“十一五”开展“双三十”示范工程的基础上，重新筛选新“双三十”单位，与老“双三十”单位统一推进、统一调度、统一考核，促其走在全省前列，示范带动全省节能减排工作。大力实施“千家企业”节能工程，把抓好1203家年能耗5000吨标准煤以上的用能单位（简称“千家企业”）作为全省节能工作的重中之重，合理分解各企业节能量目标，组织制定《千家企业节能低碳行动方案》；开展专项节能监察行动，对千家企业能耗限额标准执行情况、使用淘汰落后机电设备情况、节能目标制定及分解落实情况、能源管理体系建设和基础工作情况进行监察，对查出的违规行为严厉处理。组织开展3255循环经济示范工程，省政府办公厅以办字[2012]50号文件印发了《河北省3255循环经济示范工程实施方案》，选取3个设区市、20个县（市、区）、50家园区和企业开展循环经济试点，每年滚动实施50个循环经济示范项目，在区域、产业、企业层面培育一批发展循环经济的典型，探索循环经济发展模式和有效途径，带动全省循环经济形成较大规模。

抓好重点领域。推进建筑领域节能，颁布《河北省绿色建筑评价标准》，组织开展“十佳绿色建筑”、“十佳绿色小区”评选表彰活动，实施新建建筑节能规划、设计、建设、验收、销售、保修的全过程闭合管理，强力推进既有居住建筑供热计量及节能改造、可再生能源建筑应用一体化工作。2011年，共完成“既改”项目1695.25万平方米，可再生能源建筑应用947.8万平方米，可再生能源建筑应用比率达36.5%。推动交通领域节能，组织大型交通运输企业开展“车、船、路、港”低碳交通专项行动，推广应用车辆智能化调度系统和甩挂运输技术，年节约标准煤约4.2万吨。强化公共机构节能，印发《关于省直机关带头厉行节约发挥表率作用的通知》，组织实施零待机能耗、绿色照明等工程，推动公共机构节能工作深入开展。

（二）加快调整步伐，优化产业结构

严把准入关口。实行能耗增量控制，核定下达各设区市能源消费增量，要求新上项目能耗必须锁定在增量指标之内，倒逼各地加大结构调整力度，多上附加值高、能耗低的项目，以产业结构优化促进节能降碳。对拟建的没有能耗增量来源的高耗能项目，各级投资主管部门一律不得审批、核准和备案。所有新上工业项目必须采用国内最先进的技术工艺，必须按照循环经济理念考虑产业链延伸，必须达到同行业能耗先进水平，必须将能耗增量控制在核

定范围内。

培育新兴产业。制定《河北省人民政府关于加快培育和发展战略性新兴产业的意见》，组织实施新能源及应用示范工程、信息产业升级工程、生物产业创新发展工程、新材料产业链壮大工程、高端装备制造工程、节能环保技术产业化工程、新能源汽车示范工程、新兴海洋产业培育工程等八大重点工程，省财政设立10亿元战略性新兴产业培育资金，着力提高战略性新兴产业对全省经济的支撑引领作用。2011年，全省高新技术产业增加值增速高于规模以上工业6.9个百分点；2012年上半年，全省高新技术产业增加值同比增长14.8%，高于同期工业增速1.8个百分点，占同期工业增加值比重达到11.2%，同比提高0.9个百分点。

淘汰落后产能。制定了《河北省淘汰落后产能考核实施方案》，提出设区市淘汰落后产能工作考核内容、考核方法和考核程序，下达了各设区市淘汰落后年度计划，对未完成淘汰落后产能的企业，投资管理部门不予审批、核准、备案新的投资项目；国土资源部门不予批准新增建设用地；质量技术监督部门不予办理工业产品生产许可证，安全生产监督管理部门不予办理安全生产许可证；环境保护部门吊销排污许可证；银行业金融机构不得提供任何形式的新增授信支持。2011年及2012年上半年，共淘汰落后炼铁产能961万吨、水泥4677万吨、平板玻璃1853万重量箱、造纸212万吨、制革164万标张、酒精6万吨、铁合金8.8万吨。

（三）发展新能源产业，积极改善能源结构

出台新能源产业、千万千瓦级风电基地、农林生物质直燃发电等发展规划以及促进光伏产业发展的指导意见。依托优势资源，组织实施大型风电基地建设、太阳能利用、生物质开发利用三大工程，加快推进张承地区千万千瓦级风电基地建设，推广太阳能采暖房156.86万平方米，积极开展生物质直燃发电、垃圾焚烧发电和清洁利用。到2011年底，全省风电总装机容量达到480万千瓦；水电装机容量达180万千瓦；光电装机容量达6.5万千瓦；生物质发电装机容量达42.2万千瓦；太阳能集热面积达到550万平方米，新能源发电装机占比达到11.9%，非化石能源（含水电）占一次能源消费比重达到3.3%。天然气等清洁能源推广应用加快，全省天然气消费量达到36.1亿立方米，是2005年的3.6倍。

（四）地方积极推进低碳发展

为推动低碳试点城市建设，保定市认真贯彻落实国家发展改革委批复的《低碳城市试点工作实施方案》，培育光电、风电、输变电、储电、节电、电力自动化六大产业体系，实施“太阳能之城”建设和金太阳工程等重点工程，开展太行山新能源示范区、低碳交通等试点，组织“蓝天行动”、“碧水计划”和“森林固碳”行动，初步形成了以新能源为主导的低碳产业，有效推动了以绿色、生态、节能为特征的低碳城市建设。2011年，保定市已拥有新能源企业200余家，销售收入达500亿元，被国家列为中国金太阳工程示范城市和全国首批低碳交通试点城市。

二、制定政策 ，积极行动

在减缓气候变化的同时，河北省也积极采取适应气候变化政策与行动，取得了显著成效。

（一）农业领域

着力推进农业抗旱、能源结构优化、秸秆还田和防灾减灾等适应气候变化工作。加强农业抗旱，印发《2011年河北省冬小麦抗旱促春管技术规程》、《关于开展抗旱保春播促春管技术指导服务的通知》等文件，指导小麦田间管理。积极改善农村能源结构，重点发展大中小型沼气工程和秸秆沼气集中供气工程，减少农业温室气体排放。推广机械化保护性耕作和小麦、玉米机械化秸秆粉碎还田、小麦秸秆打捆、秸秆青贮、机械化秸秆压块(饲料)等农机作业模式。开展测土配方施肥行动，积极推广抗逆品种，提高农业防灾减灾能力。截止2011年底，全省累计建成户用沼气305万户，建成大中小型沼气工程1788处，年产气量约4120.686万立方米。2011年，秸秆粉碎还田面积达4898.52万亩，秸秆青贮数量达775.53万吨，农作物秸秆综合利用率接近75%。建立国家级耕地质量监测点10个，落实国家测土配方施肥补贴资金4150万元，覆盖全省151农业县（市、区）。

（二）水资源领域

围绕防御水旱灾害，实现水资源的可持续利用，着力健全水资源管理制度，加强农业节水，推进重大水利工程建设。出台《河北省人民政府关于实行最严格水资源管理制度的意见》（冀政[2011]114号），把实现水资源可持续利用作为严格水资源管理的根本任务，建立用水总量控制、用水效率控制、水功能区限制纳污制度，全面建立和实行最严格的水资源管理制度。积极推进小农水重点县和现代农业项目农田水利建设，2011年，实施41个小农水重点县和26个现代农业项目县，完成投资11.37亿元，全省新增节水灌溉面积385万亩。加快推进南水北调工程，京石段主体工程全线率先建成投运，2008年至今，我省岗南、黄壁庄、王快和安各庄4座水库，先后3次累计向北京应急供水近10亿立方米；邯石段工程和天津干线工程征迁安置任务基本完成；廊涿干渠和石津干渠已开工建设。

（三）气象领域

围绕提升气象领域对适应气候变化的支撑作用，着力加强理论研究和预警监测设施建设。编制完成《气候变化对华北水资源影响评估报告》、《气候变化对华北农业生产影响评估报告》和《河北省气象变化评估报告》、《华北地区适应气候变化战略研究》等课题报告，基本掌握了气候变化对我省水资源、农业等领域的影响，为研究制定适应气候变化政策措施提供参考。加快气象观测站点建设，合理布局气象监测设施，截止目前，共建立了109个自动土壤水分观测站、86个特色林果业和设施蔬菜小气候自动观测站、15个酸雨观测站点、2个国家级无人站、30个大气电场监测站等，干旱监测网、大气电场监测网、酸雨观测站网、GPS/MET综合观测网初步建成。

三、加强能力建设

（一）健全领导体制

针对省节能减排和应对气候变化工作领导小组组长、副组长及成员单位主要负责同志变动等情况，及时调整和充实领导小组成员，建立了联系会议制度，为工作顺利开展提供了有力保障。设区市和县（市、区）政府也相应成立应对气候变化和节能减排工作领导小组，明确了应对气候变化管理机构，确定了专管人员，形成了发展改革部门牵头，成员单位按职责分工密切配合的工作格局。

（二）加强规划指导

印发了《河北省"十二五"控制温室气体排放工作方案》，明确控制温室气体排放的总体要求和主要目标，突出工作重点，强化政策措施，力促应对气候变化工作尽快开展起来。同时，为确保各项工作部署落到实处，参照国家任务分工，制定《河北省"十二五"控制温室气体排放重点任务分解表》。此前，《河北省节能减排"十二五"规划》和《河北省新能源产业"十二五"发展规划》已编制出台，助力对应对气候变化工作加快开展。

（三）编制温室气体排放清单

为摸清温室气体排放情况，完善目标考核工作基础，组织召开了清单编制启动会，制定了《河北省温室气体排放清单编制工作方案》，成立综合、能源活动、工业生产过程、农业、土地利用变化与林业、废弃物处理等六个专题工作小组，每个专题工作小组由协调组、清单编制组和专家咨询组构成，分别负责牵头协调、具体编制和审核把关等工作。多次召开工作协调会议，研究解决清单编制过程中的重大问题，确保编制清单切实、合理、科学、实用。

四、积极开展国际合作

积极组织企业申报清洁发展机制项目，推进温室气体减排国际合作。2011年以来，已有115个清洁发展机制项目获得国家发展改革委批准，主要为新能源和可再生能源、节能和提高能效项目，其中风力发电、生物质发电和垃圾发电项目82个，占项目总数的70%。

（撰稿：黄建梅、袁业，,河北省发展和改革委员会应对气候变化处）

2011年山西应对气候变化和低碳发展

山西省改革和发展委员会

山西省是我国重要的能源和原材料供应基地，是全国以高碳产业为特征的资源型经济的典型代表，应对气候变化工作面临巨大压力和严峻挑战。山西省委、省政府高度重视应对气候变化工作，把积极应对气候变化作为关系经济社会发展全局的重大议题，纳入经济社会发展中长期规划。2011年以来，我省以“国家资源型经济转型综合配套改革试验区”建设为契机，围绕绿色低碳发展，努力转变经济发展方式，应对气候变化工作取得了积极进展。

一、减缓气候变化的政策与行动

2011年以来，山西省加快转变经济发展方式，通过推进传统产业整合重组和技术改造，培育壮大新兴产业和服务业，发展新型能源，优化能源结构，推进节能减排，发展循环经济，加强生态文明建设，努力提高森林碳汇等多种途径控制温室气体排放。

（一）大力推进传统产业整合重组和技术改造

煤炭资源整合煤矿兼并重组圆满结束，煤炭工业发生质的变化，山西彻底告别了小煤窑时代，进入了现代化大矿时期，整合重组后，煤炭产业可持续发展能力进一步增强。同时，全面启动非煤矿山、焦化、钢铁和水泥等行业的整合重组，积极推进落后产能淘汰和环境污染末位淘汰。2011年共淘汰小钢铁814万吨、小焦炭506万吨、小火电44万千瓦、小水泥1315万吨、小电石31万吨。加强对电力、冶金、化工等行业的限制和对“两高一资”项目管理，抑制了高耗能、高污染产业发展，结构性碳排放呈下降趋势。

（二）加快培育壮大新兴产业和服务业

大力发展先进装备制造业、现代煤化工、新型材料工业、特色食品工业，四大行业增加值均增长20%以上。大运二期5万辆重卡、焦煤60万吨焦炉煤气制烯烃、太钢不锈钢精密带钢、杏花村一期10万吨白酒等重大项目加快推进或部分投产。

积极发展新能源、节能环保、信息等产业，新增风电装机100万千瓦。投资226亿元的潞安180万吨煤基多联产项目、投资26亿元的晋中吉利10万辆新能源汽车项目、投资170多亿元的大同协鑫多晶硅及光伏产业项目、投资近50亿元的阳泉百度云计算10万台服务器数据处理项目等一大批标志性转型项目开始布局。

加快发展文化旅游产业，云冈石窟环境综合治理全面完成，五台山景区提升工程加快推进，印象平遥大型实景演出项目进展顺利，2011年全省旅游总收入达到1343亿元，增长23.9%。有力推进产业绿色低碳发展。

（三）大力发展新型能源，优化能源结构

能源结构调整是山西转型跨越发展重要内容之一。2011年水电、风电、太阳能发电、生物质发电、燃气发电等新兴能源发电装机达511.69万千瓦，比2010年增长193.69万千瓦。加快建设“气化山西”，充分利用我省丰富的煤层气、焦炉煤气、煤制天然气和过境天然气等清洁能源，大力实施“四气”产业一体化工程。2011年煤层气抽采量达到52亿立方米，增长21.5%；天然气利用量达到15亿立方米，增长超过30%。新建省级干线管道超过600公里。“四气”工程推动我省能源结构显著改善，有力地促进了温室气体减排和环境质量改善。

（四）积极推进节能减排，大力发展循环经济

全面推进节能减排工作，重点抓好工业、建筑、交通、公共机构等领域节能，通过多种途径努力提高能源效率。2011年全省万元生产总值综合能耗下降3.55%。

大力发展循环经济，全省范围内开展了各层次循环经济试点项目。建成以大同塔山煤炭循环经济示范区为首的一批循环经济园区，全省循环经济总体规划确定的100个试点项目75%以上建成投产，温室气体减排效应明显。

（五）加强生态文明建设，努力提高森林碳汇

启动了绿色生态工程，继续推进造林绿化和生态湿地建设，实施太原西山环境综合整治、汾河流域生态环境修复治理，生态文明建设取得积极成效。加大森林资源保护力度，推行森林防火重点治理县管理制度和事前问责制度，强化森林消防专业队伍建设，森林火灾受害率0.04‰，低于省政府0.5‰的要求。推进集体林权改革和国有林区管理创新。“十一五”期间，森林覆盖率由14.1%提高到18%，2011年完成植树造林约453万亩，森林碳汇有效增加。

二、适应气候变化的政策与行动

2011年以来，山西省加强气候变化科学研究和影响评估，提高重点领域适应气候变化的能力，减轻了气候变化对经济社会发展和人民生活的不利影响。

（一）提高水资源适应能力

加强流域管理和水资源调度工作，我省全面启动了“两纵十横、六河连通”大水网建设工程。到2011年底，四大骨干工程前期工作顺利完成，各项基础工作扎实推进。开工建设一批水利重点工程，实现引黄北干工程引水到大同和朔州，全年完成35项应急水源工程，58座病险水库的除险加固任务和9条中小河流治理工程（竣工或主体完工）。加大水保生态建设力度，2011年全省新建水保淤地坝281座，完成水土流失治理面积384万亩，坡改梯工程10.4万亩，水土流失累计治理度达到51%。增加农村饮水安全投入，农村饮水安全标准进一步提高，自来水入户率由2010年的75%提高到81%。全年共完成水利投资148亿元，适应气候变化能力得到加强。

（二）提升农业综合生产能力

加强农田水利等基础设施建设，推进大型灌区改造、山区“一村一井”和粮食高产创建；加强农业科技创新，研究培育抗旱、抗涝、抗高温、抗病虫害等抗逆品种，扩大良种种植面积，完成改造中低产田210万亩；加快发展现代农业，扎实推进运城、晋中、大同三大现代农业示范区建设，重点扶持42个“一县一业”示范县和2000个“一村一品”专业村；不断加大投入力度，全年“三农”投入达到650亿元，增长20%，全年粮食产量达到119.3亿公斤，再创历史新高。

（三）加强气象监测预警能力建设

制定了《山西省气象灾害防御规划（2011-2020年）》，进一步建立健全气候变化监测与评估系统，加强对气候变化和极端气候事件的监测，增强对干旱、高温、洪涝、霜冻等气象灾害及其次生、衍生灾害的预测、预警和信息发布能力，开展气候变化对农业、水资源、生态环境和敏感行业的影响评估，全面提升气象服务的能力和水平。2012年6月，召开了全省农村气象灾害防御体系信息化建设推进会，加快推进农村综合信息化建设，提高了农村气象灾害防御能力。

（四）强化卫生健康适应能力建设

实施健康山西战略，改善城乡生态环境，加强食品药品安全监管，积极发展体育运动，不断提高人民群众的生活质量和健康水平。落实《全国自然灾害卫生应急预案（试行）》，制定了不同灾种自然灾害卫生应急工作方案。编制《2011年全省饮用水卫生监测工作方案》，科学实施饮用水卫生监督管理，防范因饮用水引起的重大传染病和中毒发生。组织开展气候变化对环境相关疾病影响机制研究，为制定适应气候变化的政策和措施提供技术支撑。

三、应对气候变化的能力建设

2011年以来，山西省加快相关制度建设，不断完善应对气候变化管理体制和工作机制,加大对温室气体减排项目的政策扶持力度,开展应对气候变化专题研究,能力建设进一步加强。

（一）强化制度建设

2011年7月，省政府制定下发了《山西省应对气候变化办法》（晋政发〔2011〕19号），全面指导我省应对气候变化工作。2012年5月底，山西省第十一届人民代表大会常务委员会第二十九次会议通过了《山西省循环经济促进条例》，并于2012年10月1日起施行，《条例》的出台标志着全省循环经济工作步入新的发展阶段。

出台了一系列规划和政策。发布了《山西省“十二五”节能减排综合性工作方案》、《山西省气象发展“十二五”规划》、《山西省新兴能源产业“十二五”发展规划》、《山西省煤层气产业“十二五”发展规划》和《山西省“十二五”节约能源专项规划》等。《山西省“十二五”控制温室气体排放工作方案》已经起草完毕，将于近期发布。2011年6月，制定下发了《关于全面开展应对气候变化工作的通知》（晋发改气候发〔2011〕840号），对推动全省开展控制温室气体排放工作发挥了重要作用。

（二）完善管理体制和工作机制

2012年4月，我省成立了山西省应对气候变化及节能减排工作领导组，王君省长任组长，牛仁亮副省长任常务副组长，任润厚副省长任副组长，相关30个部门的主要领导为成员。领导组下设办公室，办公室设在省发展改革委，负责统筹协调和归口管理应对气候变化工作。省发展改革委于2009年设置应对气候变化处，承担应对气候变化领域的日常具体工作。省政府相关部门逐渐完善应对气候变化工作机制，负责组织开展本领域应对气候变化工作。各地市人民政府也在不断完善应对气候变化工作体制和机制。2012年6月，省发展改革委下发了《关于推荐山西省应对气候变化专家库专家候选人的通知》（晋发改气候函（2012）579号），正在抓紧筹建的山西省应对气候变化专家库将为全省应对气候变化工作提供全领域、全方位的指导和支持。

（三）加大政策扶持力度

安排省煤炭可持续发展基金等政府资金支持低碳项目建设。2011年选定西山煤电杜儿坪煤矿中部风井风排瓦斯氧化处理项目、水塔老陈醋公司甲烷综合利用项目、晋城大宁远孚公司利用瓦斯气生产金属钙减排改造项目等三个温室气体减排项目进行了初步尝试，年减排CO2当量约51.7万吨。此外，对国际能源350MW富氧燃烧发电及CO2利用与封存示范项目给予400万元的前期研发费用；对山西省温室气体观测站网项目给予725万元的资金支持，已先后建成温室气体观测中心站，太原、临汾和大同子站。2011年全省各级各部门加大资金投入，从节能减排、煤炭可持续发展基金等财政资金中筹措资金，支持应对气候变化工作，发挥了很好的引导、示范效应。

（四）开展应对气候变化专项课题研究

完成了“山西省2005年温室气体排放量初步测算”研究课题，对全省2005年能源活动、工业生产过程、农业和畜牧业、土地利用变化和林业以及废弃物处理五个领域的温室气体排放量做了初步测算，基本掌握了我省各领域温室气体的排放情况。

申报了国家发展改革委中国清洁发展机制基金赠款项目三项：分别是《山西省2005年省级温室气体清单编制》、《山西省应对气候变化规划思路研究》、《山西干旱缺水区适应气候变化对策研究》。目前，三个课题均已签订合同，课题研究已经正式启动，预计将于2012年年内全部完成。

四、应对气候变化的国际合作与公众参与

积极推进清洁发展机制项目开发，鼓励符合条件的企业参与CDM项目合作。2011年全年，山西省26个CDM项目获得国家发展改革委批准，年减排量约6083982吨二氧化碳当量；18个项目在联合国注册成功，年减排量约4041656吨二氧化碳当量。通过开展清洁发展机制，促进了能效提高与新能源和可再生能源的开发利用。

采取多种形式，大力宣传应对气候变化科学知识，引导全民积极参与应对气候变化行动。组织相关部门和企业参加了在江西南昌举办的第二届世界低碳与生态经济大会暨技术博览会，布设了以“转型跨越谋发展，绿色低碳兴山西”为主题的展厅，展示了我省围绕转型跨越取得的绿色低碳发展成效。举办了首届山西省节能减排博览会，以展览结合论坛、宣传结合推广、项目结合产品等形式，鼓励公众参与低碳行动，提高低碳意识。积极参与全国低碳日活动，倡导绿色低碳、健康文明的生活方式和消费模式，树立绿色低碳的价值观、生活观和消费观，使低碳理念广泛深入人心，成为全社会的共识和自觉行动。

（撰稿：李玲、张浩，山西省发展和改革委员会应对气候变化处）

2011年内蒙古应对气候变化和低碳发展

内蒙古自治区改革和发展委员会

内蒙古是全国受气候变化影响较严重的省区之一。自治区党委、政府坚持认真落实党中央和国务院关于应对气候变化工作的各项部署，并把积极应对气候变化纳入《内蒙古国民经济和社会发展第十二个五年规划纲要》。2011年是“十二五”开局之年，自治区相继出台一系列与应对气候变化相关的政策及规划，并全面展开各项工作。

一、减缓气候变化，推进低碳发展

（一）转变发展方式，优化产业结构

内蒙古自治区把优化产业结构作为应对气候变化和低碳发展的重要举措。稳步发展一、二产业，巩固资源型产业，大力发展非资源型产业和战略性新兴产业，加快发展服务业，构建多元发展的现代产业体系。

稳步发展一、二产业。2011年，自治区第一产业实现增加值1304.9亿元，增长5.8%，对经济增长的贡献率为3.8%。全年粮食总产量创历史新高，牧业年度牲畜存栏连续七年保持1亿头只以上。工业经济发展的质量和效益全面提升。2011年，工业投资5035.2亿元，增长16.3%；实现工业增加值7158.9亿元，增长18.2%，对经济增长的贡献率为68.3%；规模以上工业企业实现利润1835.2亿元，增长50.8%。

大力发展第三产业。2011年全区第三产业实现增加值4849.1亿元，增长11%，对经济增长的贡献率为27.9%。第三产业完成投资5153.8亿元，首次超过工业投资总额。

培育壮大非资源型产业和战略性新兴产业。2011年1月，《内蒙古自治区人民政府关于承接产业转移发展非资源型产业构建多元发展多极支撑工业体系的指导意见》正式实施。2011年区非资源性产业增加值实现快速增长。其中，装备制造业中，专用设备制造业同比增长50.9%，快于全区平均31.9个百分点；电器机械及器材制造业实现增加值同比增长47.5%，快于自治区平均28.5个百分点；通用设备制造业同比增长34.3%，快于全区平均15.3个百分点；化工行业中，化学原料及化学制品业实现增加值同比增长22.8%，增速快于全区平均3.8个百分点；医药制造业实现增加值同比增长34.6%，增速快于全区平均15.6个百分点。2011年自治区能源工业投资占规模以上工业投资的比重由2010年的49%下降到2011年的38%，非资源型和战略性新兴产业投资比重由47.5%上升到59.2%。60个非资源型产业集群实现销售收入5800亿元，增长41%，占规模以上工业的1/3；化学、装备制造工业分别增长23.1%和33.1%，对规模以上工业增长的贡献率提高了7.3个百分点；新型煤化工示范工程加快推进，形成产能1300万吨甲醇当量。同时自治区云计算产业开始起步，汽车、光伏材料等新兴产业发展势头较好，产业多元发展的态势初露端倪。

（二）淘汰落后产能，提高能源效率

能源领域是温室气体主要排放源，抓好能源节约，提高能源利用效率，是减缓温室气体排放的重要着力点。2011年自治区不断加大资金投入力度，扎实推进节能减排重点工程。以国家鼓励建设的“十大节能工程”和自治区重点推进的节能“三百工程”为抓手，加大了节能减排资金扶持力度，有效拉动了工程性节能减排。2011年自治区完成年度节能目标任务，单位GDP能耗同比下降2.51%。

工业领域。开展国家万家企业节能低碳行动。内蒙古经信委印发了《关于自治区工业企业贯彻落实国家万家企业节能低碳行动实施方案的通知》，将全区年综合能源消费量1万吨标煤以上的697家企业列入了国家万家企业节能低碳行动监管范围，分解落实了目标责任。

淘汰落后产能。根据《内蒙古自治区关停和淘汰落后产能验收办法》，2011年全年全区关停小火电装机容量42.4万千瓦，淘汰落后产能炼铁188.5万吨、炼钢15万吨、焦炭25万吨、铁合金28.83万吨、电石38.1万吨、铅冶炼2万吨、水泥217万吨、平板玻璃390万重量箱、造纸9万吨、制革15万标张，超额完成了国家下达的年度淘汰落后产能任务。

推广先进节能减排技术。实施了工业余热余压利用、燃煤工业锅炉(窑炉)改造、区域热电联产等技术项目78个，累计实现节能量约70.72万吨标准煤。

发展循环经济。截至2011年底，全区列入国家循环经济试点示范企业、园区7个，培育自治区循环经济试点示范企业、园区56个，涉及钢铁、有色金属、建筑材料、化工、电力等重点行业。

建筑领域。积极推进建筑节能。2011年共完成建筑节能改造任务1100万平方米，全年新开工的1亿平方米建筑面积全部按照节能设计标准进行建设。积极推进了太阳能光电建筑应用项目、可再生能源建筑应用等项目建设。

鼓励发展绿色建筑。成立了绿色建筑委员会，制定了全区绿色建筑发展规划，并开展了节能、节地、节水、节材和室内外环境保护方面的研究工作。

交通领域。推广节能与新能源汽车。呼和浩特市入围新能源汽车示范推广试点城市，首批50量新能源公交车于2011年正式投入运营，预计2012年，200辆新能源公交车全部投入使用。截止到2011年年末，全区出租车清洁燃料使用率达到了32%。

加强节能改造。全年完成交通运输和机场节能改造项目10个。

加强领导。成立了自治区交通运输厅节能减排工作领导小组；印发了《内蒙古自治区交通运输厅建设低碳交通运输体系实施意见》和《内蒙古自治区交通运输厅2011年节能减排工作要点》等相关文件。

商业和民用领域。鼓励和引导商场、超市、宾馆饭店等商业企业加大节能改造，开展创建“节约型零售企业”和“节约型专业店”，对营业面积5000平方米以上的重点零售企业进行了能耗调查。

公共机构领域。建立了自治区公共机构节能领导小组工作议事制度，以自治区政府主席令颁布了《内蒙古自治区公共机构节能管理办法》，编制了《内蒙古自治区公共机构“十二五”节能专项规划》(征求意见稿)，全年公共机构能源消费实现了下降2%的节能目标。

（三）调整能源结构，发展低碳能源

加快发展天然气等清洁能源，积极开发利用非化石能源，不断优化能源结构。

“气化内蒙古”战略取得进展。2011年，内蒙古天然气产量达到249亿立方米，增长22.8%，占全国的四分之一。天然气消费量38.5亿立方米，增长12.2%；调出211亿立方米，增长24.8%。根据内蒙古天然气利用和天然气管道建设规划，完成了2011年天然气和煤制气的项目建设，并规划到2015年80%旗县通天然气，天然气使用规模达到100亿立方米，到2020年全区101个旗县（区）全部用上天然气（煤制气）。加快了天然气管道建设，2011年新开工建设天然气管道3条。积极开发LNG汽车技术以及推广应用，已建成LNG项目7个，年用气规模6亿立方米。

积极开发利用非化石能源。风力发电。自治区能源开发局按照控制总量、减少主体、提高运行水平的总体要求，下发了《内蒙古“十二五”风电发展及接入电网规划》、《内蒙古风能资源开发利用管理办法实施细则》、《关于推进我区风电企业整合重组减少主体的指导意见》等三个规范风电的政策性文件，明确了各盟市2015年前风电总量；严格按总量控制建设规模，当年核准规模同比减少294万千瓦，开发主体由原来的78家减少到目前的40家；开展了风电为城镇供热试点项目；推进风电预测等技术手段，截止2011年底，全区近75%风电场已加装风电预测系统，96%以上风电场具备了低电压穿越与无功补偿能力，从技术上保证了电网的科学调度和安全运行。2011年，风电总装机容量达到1456万千瓦，发电量达到259亿千瓦时，已核准的风电项目353个，总装机容量2034万千瓦。

太阳能发电。2011年自治区已核准光伏发电项目总规模达34万千瓦，已投运项目的装机容量达11.2万千瓦，其中并网发电装机容量9.6万千瓦。在光热发电方面，2011年核准了中国大唐集团新能源股份有限公司内蒙古5万千瓦槽式太阳能热发电特许权示范项目；开展了两个总规模达6万千瓦光热发电项目的前期工作。此外，内蒙古科技大学200千瓦的太阳能热气流试验电站在乌海市金沙湾地区建成并开始并网发电，成为全国第一个也是唯一一个利用太阳能热气流发电的项目。

生物质发电。生物质发电项目总规模达11.4万千瓦，发电总量3.4亿千瓦时。2011年全年新建户用沼气池43711口，小型和大中型沼气工程135座和19座。累计建设户用沼气池共57.6万口，小型和大中型沼气工程401和51座，沼气服务网点1857个。部分农村牧区已初步形成了“人畜粪便和秸秆——沼气——燃料——肥料”循环经济产业链条。

（四）增加碳汇潜力，开展碳汇交易

碳汇潜力巨大。截止2011年底，内蒙古森林覆盖率为20%，森林总面积2366.4万公顷，居全国第一；还有宜林地1560万公顷，可以为发展林业碳汇提供丰富的林地资源。湿地面积424.5万公顷，居全国第三，占自治区国土总面积3.66%；草原总面积7880.5万公顷，居全国第二，当年新增种草面积179.9万公顷，碳汇能力进一步增加。

开展碳汇交易及研究工作。2011年7月，欧洲投资银行内蒙古碳汇造林项目在通辽启动，项目计划贷款2500万欧元，对自治区积极探索利用国外贷款开展碳汇造林模式具有重要意义；国家林业局正式批复多伦县碳汇造林项目，成为中国绿色碳基金在自治区确定的第一个碳汇造林示范项目。2011年11月，由内蒙古低碳发展研究院等单位主办的内蒙古草地碳汇高层论坛举办，为推介内蒙古草地碳汇试点项目，推动开展草地碳汇交易提供了理论和技术支撑。

二、适应气候变化政策与行动

（一）农业、林业与草原畜牧业

加强农业基础设施建设。截至2011年底，全区兴建水库496座，灌溉机电井40.4万眼，修筑输水干渠2.7万公里，发展有效灌溉面积305.3万公顷，其中节水灌溉面积达到219.3万公顷，高效节水灌溉面积突破66.7万公顷。

推广农田保护性耕作技术。2011年全区实施保护性耕作农田面积105.6万公顷，比上年增加9.5万公顷，规模化作业的面积占到了30%左右。开展保护性耕作的旗县达到64个，掌握技术的农牧民达到5万多人。

提升农田土壤有机质含量。土壤有机碳含量的提升不仅可以固碳减排，还可改良土壤结构，增强土壤对不良气候环境的抵抗力。2011年，自治区农牧业厅安排6个旗县开展粮肥轮作、绿肥与农作物间作技术的推广，种植绿肥总面积1.2万公顷；在12个旗县开展秸秆还田技术的推广，实施面积3.4万公顷；在4个旗县开展增施有机肥技术推广，实施面积1.6万公顷。

加强森林资源保护和建设。2011年自治区完成营造林面积73.2万公顷。其中，人工造林33.5万公顷，飞播造林11.4万公顷，封山育林28.3万公顷。全年完成退耕还林和荒山荒地造林面积4万公顷，完成天然林资源保护工程造林面积8.7万公顷，完成京津风沙源治理工程造林面积40.8万公顷，完成“三北”防护林五期工程造林面积12.5万公顷，完成幼林抚育(作业)面积59.9万公顷。

巩固草原生态保护和建设成果。2011年5月，《内蒙古草原生态保护补助奖励机制实施方案》出台，草原生态保护和建设工作得到加强。继续落实“草原保护、草畜平衡、禁牧休牧和划区轮牧”三项制度。全年内蒙古实施阶段性禁牧面积2953.3万公顷，占全区可利用草原面积的43%；实施“草畜平衡”面积3780万公顷，占可利用草原面积的55%。

（二）水利

党委、政府高度重视水利建设。2011年1月5日，自治区党委书记胡春华在召开党委常委会议时，强调要将水利设施建设作为“十二五”时期基础设施建设的重点；2011年2月17日，自治区党委审议通过了《内蒙古党委、政府关于进一步加快水利改革发展的实施意见》，并于2月22日以自治区党委一号文件印发；印发了《关于加快水利改革发展的实施意见重要政策措施分工方案》，将自治区一号文件提出的水利改革发展7个方面58项政策措施，逐一分解到26个部门，明确了牵头部门与配合部门。

加大资金投入，建设重点工程。2011年全年下达水利项目投资计划64.89亿元。2011年8月，自治区“四个千万亩”节水灌溉工程开始实施，估算总投资359亿元，年均投入强度为40亿元，年新增节水灌溉面积300万亩。内蒙古把农村牧区饮水安全工程列为“十大重点民生工程”之一，从资金、政策等方面支持农村牧区饮水安全工程建设，共完成投资9.12亿元，建成各类饮水水源工程1921处，解决了130.62万人的饮水安全问题。

（三）气象灾害预警及突发公共卫生事件应急能力建设

加强气象基础设施建设。截止2011年底，自治区有119个国家级自动气象站、23个无人自动气象站、643个区域自动气象站、12个L波段高空气象探测站、6部新一代天气雷达、5部数字化雷达投入业务使用。EOS卫星接收站和静止、极轨气象卫星接收系统投入运行，达到了全国省区领先水平。建成了由117个生态监测站组成的全国最大生态监测网。

完善气象预警信息发布手段。完善了由电视、互联网、手机短信、广播、报刊、12121、电子显示屏等传播手段。截止2011年底，全区共有农村大喇叭4205台，175.7万气象短信定制用户，317个气象信息服务站，329块气象信息显示屏，形成了独特的气象灾害预警信息发布体系。2011年全年各级气象部门共向自治区党政部门报送专题材料615期，发布预警信号260次，发送人数2422万人次。

加强突发公共卫生事件应急处置能力。2011年8月，自治区卫生应急工作会议上确定在“十二五”末，内蒙古要形成统一指挥、布局合理、反应灵敏、运转高效、保障有力的突发公共卫生应急体系，建立应对各类突发公共卫生事件的专业化卫生应急队伍，健全卫生应急工作机制，完善应急组织管理、指挥决策、监测预警、物资储备和调运、科技支撑5个系统。

三、应对气候变化及低碳发展保障措施

（一）制定政策规划

结合区情，相继制定和实施了《内蒙古自治区“十二五”节能减排综合性工作方案》、《内蒙古自治区“十二五”节能减排规划》、《内蒙古自治区“十二五”合理控制能源消费总量工作方案》、《内蒙古自治区气象灾害预警信号发布与传播办法》、《关于进一步加强高耗能特种设备节能减排工作实施意见的通知》等政策及规划。

（二）开展科研工作

组织编制省级温室气体清单，在全区范围内开展了基础调研工作；2011年12月，“内蒙古应对气候变化规划思路研究”项目启动；2011年7月，以“草地•气候•管理”为主题的蒙古高原草地与气候变化国际学术研讨会在呼和浩特召开；开展了“煤电用”发展战略研究，并于7月28日召开了《“煤电用”循环经济产业链——北方经济论坛》。

（三）强化监督管理

2011年，自治区将全区年度节能减排目标任务、淘汰落后产能目标任务等约束性指标逐级分解落实到了盟市、企业和责任人，加强了目标责任评价考核，并将考核结果作为各级政府领导班子和领导干部综合考核评价的重要依据，强化了行政约束。督促节能减排综合性方案、节能减排规划以及相关政策措施落实情况，特别是加大了对重点地区和重点行业节能检查力度，严肃查处违法违规案件。

（四）开展国际合作

积极引导企业开展CDM项目国际合作。2011年内蒙古全年新批准CDM项目76个，注册64个。截止2011年底，共批准CDM项目288个，注册254个，获签发107个。

积极参与国际科研合作项目。其中2011年内蒙古低碳发展研究院、内蒙古大学、内蒙古财经大学与德国国际合作机构（GIZ）合作完成了《内蒙古草地碳固持评估及其碳汇交易研究》和《内蒙古自治区发展低碳经济中的金融创新研究》两项课题研究。截止到2011年末，自治区相继与日本、德国、韩国、意大利等国家合作，完成6个林业生态治理项目，利用外资13.7亿元人民币，建设面积457.97万亩，利用国际先进的项目管理经验和运作方式加快了生态建设步伐。

（五）加强宣传教育

编写中蒙文应对气候变化宣传手册，努力提高公众节能和减少温室气体排放意识；加强对《清洁发展机制项目运行管理办法》的宣传，鼓励企业参与清洁发展机制项目的国际合作；开展了节能宣传周、无车日、世界水日等宣传活动，按照国家发展改革委等14部门联合印发的《关于2011年全国节能宣传周活动安排意见的通知》（发改环资[2011]911号）要求，于2011年6月11日—17日在全区范围内开展了以“节能我行动、低碳新生活” 为主题的节能宣传周活动。

（撰稿：迟瑞平、马国安、陈大岭，内蒙古自治区发展和改革委员会应对气候变化处）

2011年辽宁应对气候变化和低碳发展

辽宁省发展和改革委员会

2011年是“十二五”的开局之年，也是国家低碳试点工作步入实施的第一年。在国家发展改革委的指导和大力支持下，在省委、省政府的正确领导下，全省上下始终将应对气候变化作为贯彻落实科学发展观、转变经济发展方式、实现可持续发展的重要内容，采取有效措施，加大工作力度，取得了明显成效。

一、主要工作

（一）统筹部署全省低碳试点工作，扎实开展国家低碳试点省建设

2010年7月，国家发展改革委确定了包括辽宁省在内的五省八市为国家低碳试点地区，率先开展低碳发展的先行先试工作。试点工作计划用五年左右时间完成。根据国家发展改革委的总体部署，2011年辽宁省主要做了六项工作。一是完成了《辽宁省低碳试点工作实施方案》。继2010年9月底上报国家发展改革委《实施方案》初稿后，在国家低碳试点工作专家组的指导下，历经多次修改，已形成定稿上报国家发展改革委并得到正式批准。《实施方案》涵盖了未来五年我省低碳试点的工作目标和主要任务，对全省低碳试点工作具有十分重要的指导性作用。二是印发了《辽宁省国家低碳试点工作实施意见》。为贯彻落实《实施方案》，省低碳试点工作领导小组办公室起草了《实施意见》，在全省范围内统筹部署试点工作，将《实施方案》中的目标任务按职责分工，分解下达给省直各相关部门及各市，并对试点工作提出了总体要求。《实施意见》在国家发展改革委批准《实施方案》后，已经以省政府文件正式印发。三是编写了《辽宁省低碳发展规划》初稿。根据国家发展改革委对低碳试点工作的部署，在编制《实施方案》的同时，省发展改革委着手开展了《低碳发展规划》的编写工作，现已基本定稿，还将在此基础上，进一步广泛征求意见，组织专家论证，集思广益，不断修改完善，力争做到既体现辽宁特色又符合科学发展。四是部署了全省低碳试点工作。为全面推进试点工作，形成全省上下广泛参与、积极促进的工作局面，省发展改革委组织召开了全省发展改革系统低碳试点工作会议，对试点工作进行了全面部署，并提出总体工作要求。省政府还专门召开了节能减排和低碳试点工作促进会议，在全省范围内对低碳试点工作作了进一步的动员和部署。五是推动了鞍山市的试点工作。作为省低碳试点市，鞍山市的低碳试点工作对全省试点具有典型的示范意义和积极的推动作用。省发展改革委先后几次赴鞍山市，对低碳试点工作进行了实地调研，并结合鞍山市的实际提出了工作要求和建议。截至2011年底，鞍山市发展改革委已完成低碳发展方案初稿。六是促进了低碳项目的实施。为有效推动全省低碳试点工作，切实加强低碳试点省建设，在资金紧张的情况下，省发展改革委专项安排了省本级资金，支持了9个低碳项目的建设。

（二）认真编制省级温室气体排放清单，着力强化应对气候变化工作基础

摸清温室气体排放量和排放构成，编制省级温室气体排放清单是应对气候变化体系建设的重要基础性工作，是温室气体排放统计和管理的量化依据，对全省绿色低碳发展至关重要。这项工作在我省乃至全国都是首次开展，涉及能源、工业、农业、畜牧、土地、林业、环保等多个领域。我们充分利用国家试点的有利时机，组织中科院沈阳应用生态研究所、省农业科学院、省节能监察中心、省畜牧科学研究院、省林业科学研究院、省环境科学研究院等相关科研单位，委托省发展改革委经济研究所具体承办，组成了由这些科研单位的业务骨干参加的课题组，历时1年多的时间，采集了涵盖多个行业的近万个基础数据，收集了多个领域的大量基础资料，在国家发展改革委专家组的大力指导下，编制完成了辽宁省2005年省级温室气体排放清单。

（三）全力支持清洁发展机制（CDM）项目合作，严格履行清洁发展机制管理职责

作为应对气候变化工作现阶段的主要抓手，CDM项目越来越被广泛认知。从2011年8月起，国家发展改革委将CDM项目的初审权下放给地方，并进行了专门的业务培训。CDM项目管理程序和审批方法与传统的项目管理截然不同，需要不断加强学习，不断提高业务水平和项目管理能力，认真做好项目的初审工作，把好审批关，确保申报项目符合国家要求，我们积极参加国家组织的相关培训，深入学习，不断研究，努力提高工作水平。在CDM项目管理上，认真执行相关规定，严格履行既定程序，同时积极热情为企业做好服务。全年共参加国家CDM项目评审理事会召开的评审会议10次。2011年国家共批准我省CDM项目39个，其中，新能源和可再生能源项目36个，甲烷回收利

用项目2个，节能和提高能效项目1个。在CDM执行理事会成功注册项目23个，获签发项目19个。

（四）积极推进应对气候变化能力建设，全面提升应对气候变化工作水平

应对气候变化是一项崭新的工作，涉及面广，工作要求高，需要不断学习，深入研究，全面提升全战线的整体水平和能力，共同推动应对气候变化事业的发展。一是组织开展了《辽宁省低碳发展实践路径研究》。委托省社会科学院承办，组织省内外专家，高角度、宽视野、深层次的研究探索辽宁的绿色低碳、可持续发展之路，为省委、省政府决策提供科学依据。二是举办了两期全省发展改革系统业务培训。内容包括应对气候变化基本知识、温室气体排放清单编制方法和低碳发展思路等。分市、县（区）两个层次分别组织的两期培训，参训人员包括全省14个地级市、100个县（市、区）发展改革系统应对气候变化工作的主管领导和处科室工作人员近200人。三是参与国际交流与研讨。国家发展改革委气候司委托宏观经济研究院与美国能源基金会开展“低碳发展方案编制基本原理与方法”项目合作，并选择我省作为项目的地方参与方之一。根据项目内容安排，在沈阳举办了地方官员培训会辽宁专场，邀请了国际、国内低碳领域的知名专家和学者进行现场研讨与交流，省内相关部门及各市近50人参加了会议。四是积极参加国家组织的国内外业务研讨和培训。充分利用国家发展改革委提供的国内外业务研讨和培训机会，积极参加，认真学习，不断增强应对气候变化业务水平和工作能力。全年共参加国家发展改革委组织的业务研讨和培训近20人次。五是做好简报出版发行工作。结合应对气候变化工作需要，我们不定期出版工作简报，及时报道应对气候变化工作进展情况、最新动态等，加强应对气候变化工作的宣传和普及力度，全年共出版简报8期，每期发送250余份，包括国家相关部门，省内主要领导及相关部门等。

二、取得的主要成效

（一）经济结构不断优化

按照省委、省政府制定的以增量带动结构优化的发展战略，我省相继出台了一系列的产业政策和专项规划，以科技创新引领产业结构不断升级。2011年重点推进了包括100个重大工业项目和100个重大服务业项目在内的两个“百项工程”。到2011年底，100个重大工业项目完成投资占全部投资的25.6%，100个重大服务业项目完成投资占全部投资的17.8%。高技术产业继续保持快速发展态势，规模不断扩大，质量不断提高。到2011年底，全省高技术产业增加值同比增长20%以上。产业结构和工业结构调整优化的步伐明显加快。

（二）能源结构不断改善

风电有序平稳增长。到2011年底，全省风电装机容量同比增长30.4%。核准全省第一个太阳能光伏大型地面电站工程，装机10兆瓦。核准并开工建设全省第一个垃圾焚烧发电工程，装机2.4万千瓦，日处理生活垃圾1500吨。加快推进红沿河核电一期项目建设，继续推进红沿河核电二期、徐大堡核电一期、桓仁抽水蓄能电站、抚顺油页岩热电厂新建工程、大唐沈抚连接带热电“上大压小”等项目的前期工作，以及水泥、化工、钢铁等企业余热余压资源综合利用发电项目的前期和建设工作。积极推进绿色能源示范县建设，大力发展农林废弃物、畜禽养殖废弃物、太阳能等可再生能源利用。天然气开发利用已由资源短缺型全面进入市场培育的新阶段，天然气利用工程已全面展开。关闭小煤矿11处，淘汰落后产能20万吨。推进电力行业“上大压小”，协调关停6台小火电机组和老旧机组，总装机25.4万千瓦。

（三）节能降耗不断进步

一是重点领域节能取得新成效。重点抓好工业节能，确保重点单位完成万元工业增加值能耗降低5%的目标，坚决杜绝“两高一资”项目盲目上马，实现淘汰落后产能既定目标；大力推进建筑节能改造，严格贯彻执行建筑节能设计标准，完成国家下达的1200平方米既有建筑改造任务，加强公共建筑节能监管体系建设，推动节能改造与运行管理，推广可再生能源与建筑一体化应用，加强城市照明管理；加强交通领域节能管理，严格推行营运车辆燃料消耗量准入制度，强化对当年道路运输新增加班线和车辆的审批，推动甩挂运输发展，促进新能源车辆的推广应用；做好农业领域节能工作，推进农村节能减排技术，开展农村清洁工程示范村建设；加强公共机构节能管理，贯彻落实《公共机构节能条例》和《辽宁省公共机构节能管理办法》，进一步提高节能意识。二是节能重点工程建设取得新突破。组织实施全省重点节能工程、循环经济、资源综合利用等51个项目。三是节能项目评审管理水平取得新提高。印发了《辽宁省固定资产投资项目节能评估和审查实施暂行办法》，建立了省、市、县三级节能评估审查管理体系，有力促进了企业科学合理利用能源，从源头上杜绝了能源浪费。目前，已评审了200余个固定资产投资项目。四是节能监督检查工作取得新进展。狠抓节能目标的贯彻落实，专门成立了5个监督检查组，分头赴各市进行指导和督促，发现问题，及时解决，确保年度目标的顺利实现。此外，通过节能宣传周等活动，不断增强全社会的

参与意识。到2011年底，全省完成了单位GDP能耗下降的目标。

（四）森林碳汇不断增加

一是大规模造林绿化工程。累计完成1375万亩。二是坡地绿化工程。完成造林面积63.6万亩。三是辽西北防护林体系拓宽工程。在一期工程内侧拓宽五公里范围内，完成造林35.2万亩。四是“万村千树”绿化工程。新植树3394万株。五是启动实施了全省青山工程。完成了摸底调查，启动了立法前期工作，正在编制青山保护与治理规划。截至2011年9月底，全省已完成人工造林作业面积552.8万亩，超全年计划任务的10.4%，是2010年同期历史最高水平的1.3倍。

（五）清洁发展机制（CDM）项目不断发展

从2006年我省上报第一个CDM项目起，截至2011年底，国家共批准我省CDM项目118个。其中，节能和提高能效项目16个，新能源和可再生能源项目87个，甲烷回收利用项目11个，氧化亚氮分解消除项目3个，造林和再造林项目1个。在CDM执行理事会成功注册项目59个，获签发项目20个。

（六）能力建设不断提升

通过推进国家低碳试点省建设，应对气候变化工作得到进一步深化。通过编制温室气体排放清单，应对气候变化体系建设得到进一步加强。通过开展应对气候变化课题研究，减缓和适应气候变化的认知度得到进一步提高。通过举办应对气候变化业务培训，应对气候变化工作的管理水平得到进一步强化。

（撰 稿：杨俊峰， 辽宁省发展和改革委员会应对气候变化处）

2011年吉林应对气候变化和低碳发展

吉林省发展和改革委员会

吉林省2011年应对气候变化工作开展情况和2012年工作安排。

一、2011年应对气候变化工作开展情况

2011年，在国家发展改革委的指导下，吉林省委、省政府高度重视应对气候变化工作，加强领导，强化措施，认真贯彻落实国家方案，以转变经济增长方式、控制温室气体排放、增强应对气候变化能力为目标，以制定规划、节能减排、发展低碳经济为手段，全面推进了我省应对气候变化工作进程，促进了经济社会协调可持续发展。

（一）组织编制吉林省应对气候变化规划

根据国家应对气候变化规划启动会议的精神，我省已委托吉林大学编制了《吉林省应对气候变化“十二五”规划》，提出了“十二五”期间应对气候变化工作和低碳发展的基本思路，目标任务、具体措施，完成了规划初稿。“十二五”期间，我省重点发展新能源、高新技术、装备制造、交通、建筑、农业、碳汇储备、现代服务业等八大产业，积极应对气候变化，并规划低碳发展重点项目100个。目前，我省为了与国家制定的应对气候变化规划时限相一致，已将规划的时限调整为2011-2020年，现正在组织专家对规划目标、重点任务及对策措施进行相应调整。

（二）启动省级温室气体清单编制工作

2005年省级温室气体排放清单编制工作是应对气候变化的一项重要的基础工作，也是今后分解制定温室气体减排指标的重要依据。按照国家要求，今年5月，我省启动了省级温室气体清单编制工作，召开了清单编制启动会议，明确了任务和要求，并安排省财政专项资金140万元，委托吉林大学、吉林省农科院、吉林省环科院、吉林省电科院、吉林省节能监察中心、吉林省农业环境保护与农村能源管理总站等单位分别编制我省能源活动、工业生产过程、农业活动、土地利用变化和林业、城市废弃物处理等领域的温室气体排放清单。在编制过程中，组织编制单位多次参加国家举办的温室气体清单编制相关培训，得到了国家专家的指导和帮助，同时开展了相关领域的温室气体排放情况的调研、实测和计算。目前，各领域基本完成清单编制的初稿。

（三）大力开展节能减排

“十二五”期间，国家下达我省单位GDP二氧化碳减排指标为17%，即在单位GDP能耗下降16%的基础上增加1个百分点。因此，抓好节能减排，对完成二氧化碳减排指标意义重大。我省积极推进节能减排，努力提高能源效率，减缓温室气体排放。一是全面推进结构节能减排。加快淘汰落后产能步伐，全省淘汰落后产能水泥283.6万吨、火电机组4.2万千瓦，铁合金3万吨、焦化56万吨、化纤5.5万吨等，完成了淘汰任务。二是有效推进管理节能减排。按照国务院要求，编制了《吉林省“十二五”节能减排综合性实施方案》。同时，严格执行节能评估和审查制度，合理控制了能源消费总量。三是扎实推进工程节能减排。重点实施了锅炉窑炉改造等十大节能工程，预计可形成100万吨左右的节能能力。加大资金投入力度，安排生态省建设、发展循环经济和推进节能减排专项资金6000万元，重点支持了119项重点工程建设。四是着力促进工业、建筑、交通、商务流通、农业及机关等重点领域节能减排。特别突出的是“暖房子”工程，经过两年的努力，全省新增供热能力1.16亿平方米、改造撤并小锅炉2565座、改造陈旧管网3465公里、实施既有居住建筑供热计量及节能改造5117万平方米、完成老旧小区环境综合整治1114万平方米，可节约标准煤105.6万吨，减少二氧化碳排放276.6万吨。2011年预计我省单位GDP能耗同比下降3.5%，为完成“十二五”末全省单位GDP能耗下降16%，单位GDP二氧化碳排放下降17%的目标打下了坚实基础。

（四）积极推动低碳发展

2011年我省清洁发展机制项目取得新进展。在国家发改委的领导指导下，积极进行CDM项目组织、开发和申报工作。截至目前，已有101个项目通过国家审核批准（其中2011年19个项目），47个项目在联合国完成注册（其中2011年12个项目），15个项目获得联合国CDM执行理事会的签发（其中2011年5个项目），签发项目估计年CO_2减排量可实现161.3万吨。清洁发展机制项目的实施，推动了气候友好技术的推广应用，促进了我省能效的提高和可再生能源的开发；大力发展循环经济，依托国内外先进的处理技术，积极开展农业废弃物的资源化利用示范工程建设；主动探索碳交易市场建设。我省在以碳交易为手段，促进吉林省实现低碳发展方面做了有益的尝试。经省政府批准，我省于2011年4月成立了吉林环境能源交易所，到目前为止，国内外会员单位已达100个。交易所积极争取CDM项目进场交易，已达成交易的两项，CO_2减排量140万吨，达成交易意向的10个项目，合同CO_2减排量达到2000万吨。结合我省农业大省的特点，还对森林碳汇项目进行了深入研究并做了项目储备。

（五）不断增强适应气候变化能力

我省农业基础设施建设投入力度不断加大，农业生产条件得到明显改善，耕地综合产出能力明显提高，预计2011年吉林省的粮食产量达到600亿斤的历史最高水平；水利基础设施建设得以进一步加强，开工建设了一批重点水利工程；重点实施了天然林保护工程、三北防护林五期工程、退耕还林工程、荒山荒地人工造林、湿地恢复建设、森林防火、森林病虫害防治等建设项目，预计新增造林面积94万亩，森林覆盖率预计达到43.7%，有效增强了碳汇能力。

（六）切实加强宣传教育

充分利用吉林电视台、吉林日报等新闻媒体，广泛宣传应对气候变化、发展低碳经济等相关知识。同时，利用节能宣传周等开展多种形式的主题实践活动，积极倡导居民生活方式向低碳生活和低碳消费转变，有效提升了全民参与节能减排、低碳发展和积极应对气候变化的意识。

二、工作中存在的问题

2011年我省在应对气候变化工作方面取得了一定成效，但还存在着一些突出问题：一是高耗能、高污染、资源消耗型企业比重大，高新技术产业和现代服务业比重偏低，单位GDP能耗高于全国平均水平；二是能源结构不合理，以煤炭为主的能源生产和消费结构短期内难以改变，节能减碳任务艰巨；三是森林质量下降,生态功能减弱，生态环境保护任务艰巨；四是缺乏低碳技术研发和推广的激励机制，低碳技术研发和推广能力不能适应应对气候变化工作发展需要；五是对应对气候变化工作还存在认识不到位、配套法规不健全、能力建设滞后等亟待解决的问题。

三、2012年重点工作

2012年我省将进一步贯彻落实应对气候变化国家方案，将积极应对气候变化放到更加重要的位置，增强危机意识，树立绿色、低碳发展理念，把建设资源节约型、环境友好型社会作为加快转变经济发展方式的重要着力点，努力降低能源消耗强度和二氧化碳排放强度，实现国家确定的控制温室气体排放行动目标。为此重点开展以下工作：

（一）进一步修改完善吉林省应对气候变化中长期规划

落实国家发展改革委办公厅《关于印发地方应对气候变化规划编制指导意见的通知》（发改办气候〔2011〕2552号）要求，加快研究修改吉林省应对气候变化中长期专项规划，充分考虑我省经济发展水平、产业结构和节能减碳潜力等因素，科学合理制定二氧化碳减排目标，既要完成2020年行动目标，又要给经济发展留有足够的空间。同时充分发挥规划综合引导作用，将调整产业结构、优化能源结构、节能增效、增加碳汇等工作结合起来，明确重点任务和具体措施，积极探索低碳绿色发展模式，增强可持续发展能力。

（二）加快完成省级温室气体清单编制工作

我省能源活动、工业生产过程、农业活动、土地利用变化和林业、城市废弃物处理等领域的温室气体清单编制工作初稿基本完成，正在修正完善。我省将继续加强对这项工作的组织领导，加快工作进度，提高工作质量，学习借鉴试点省清单编制工作的经验和成果，聘请国家清单编制指导专家对我省清单编制工作进行指导和审定，保质保量按时完成省级2005年温室气体排放清单编制工作。在编制排放清单的基础上逐步探索建立温室气体动态管理平台，掌握存量和增量变化情况，适时建立能够反映温室气体排放全面情况的工作机制。

（三）深入开展节能减排

综合考虑全省经济发展预期、能源消耗强度及“十二五”节能目标总体进度，初步安排全省2012年单位GDP能耗同比下降3.5%。一是抓好重点领域和重点工程建设。加大既有建筑供热计量及节能改造力度，实施“暖房子”工程和绿色建筑示范工程；全面实施燃煤锅炉改造、余热余压利用等十大重点节能工程，提高能源利用效率。二是大力推进技术创新。加大节能减排新技术、新工艺、新设备的研发与推广应用力度；加快淘汰落后产能步伐，实施节能技术改造升级，落实好退出机制。积极推进合同能源管理、电力需求侧等节能新机制。三是强化节能减排监管。严格执行固定资产节能评估和审查制度，合理控制能源消费总量。四是积极发展循环经济。加强共伴生矿产及尾矿综合利用，大力推进工业固体废弃物和建筑、道路废物以及农林废弃物资源化利用。

（四）大力发展战略性新兴产业

2012年我省将抓住绿色低碳发展的战略机遇，积极应对气候变化，加快发展战略性新型产业。积极调整产业结

构，加快发展低能耗、技术含量高的高新技术产业、加快培育发展新能源汽车、新材料、生物医药、生物化工、高端装备、新一代信息技术、节能环保等战略性新兴产业。严格控制高耗能行业的发展，加快淘汰落后产能，提高高耗能、高污染行业和产能过剩行业的准入标准，为先进产能腾出发展空间，逐步改变吉林省偏重型的工业结构。

（五）加快可再生能源开发建设

依托吉林省西部风电资源优势，建设好大型风电场。充分利用水电资源，加大水电开发力度。利用吉林农业大省资源，大力发展秸秆、畜禽粪便等农林废弃物资源化利用，大力扶持生物质发电、生物质气化和液化燃料与沼气利用。积极开发太阳能和地热能。加强常规油气资源和非常规油气资源勘探工作，增加油气产量，加快“气化吉林”建设，努力提高可再生能源占一次能源消费的比重。

（六）加强应对气候变化能力建设

一是增强防御和减轻极端气候灾害的能力。完善综合观测系统、信息传输收集处理系统和技术支持与保障系统，提高气象灾害监测预警水平。完善多灾种的监测预警应急机制、多部门参与的决策协调机制、全社会广泛参与的行动机制，加强应对极端气象灾害的能力。二是加大控制温室气体和减缓气候变化的技术开发力度。建立以政府为主导，企业为主体，产学研相结合的技术创新体系，加快相关技术的研发、示范和推广，提高科技创新和推广应用水平。加快建立人才基地，培养一批专业化的人才队伍。三是不断提高政府应对气候变化的能力和水平。加强应对气候变化工作的组织领导，明确各部门的职责分工，把应对气候变化工作落到实处。研究制定应对气候变化发展战略，结合建设资源节约型、环境友好型社会和节能减排的工作需求，不断提高政府应对气候变化的能力和水平。

（七）增强适应气候变化能力

一是加强农业基础设施建设。加大基本农田保护力度，建立和完善农业高效灌溉体系。调整优化农业种植结构，发展适应性种植。实施农业面源污染防治工程，增加农田土壤碳贮存。治理东中部水土流失，保护中部黑土资源，遏止西部土壤沙化、盐碱化和退化。建设人工草场，控制草原载畜量，恢复草原植被，增加草原覆盖度，防治荒漠化蔓延。二是加强生态林业建设。继续开展生态保护重点工程建设，促进自然生态恢复。在长白山重点国有林区及国家级自然保护区，继续实施天然林保护工程。结合三北防护林五期工程建设，大力营造防风固沙林和水源涵养林等防护林。加强林业有害生物监测预警体系、检疫御灾体系、防治减灾体系建设，建立和完善重大林业灾害应急体系。三是加强水资源管理和保护。强化水资源管理，抓好工业和城市节水，提高水的重复利用率。以巩固提高防洪能力为重点，加快洪水控制工程和骨干河道治理，加强城市防洪工程建设，增强对洪水调控能力。大力推广旱作农业节水技术，增强农业抗旱、减灾、避灾能力。加大水资源保护力度，有效利用各种水资源。完善松花江、辽河等重点水流域水污染监测体系，开展水污染防治。

（八）加大应对气候变化的宣传力度

继续加强宣传教育力度，通过各种渠道宣传应对气候变化的重大意义，宣传低碳理念和低碳行为，引导城乡居民转变消费观念和消费模式，大力发展节能低碳产品，弘扬低碳生活理念，推动全民广泛参与和自觉行动。

（撰稿：王农，吉林省应对气候变化与节能减排工作领导小组办公室）

2011年江苏应对气候变化和低碳发展

江苏省发展和改革委员会

2011年，江苏全省上下高度重视应对气候变化工作，将促进绿色低碳发展作为转变发展方式的重要着力点，从强化全局部署、推进试点示范、整合社会资源、加强能力建设、促进国际合作等重点领域入手，全面提升全省绿色低碳发展的水平。

一、减缓气候变化取得实效

2011年，江苏加快转变经济发展方式，通过优化产业结构和提高能源利用效率、优化能源结构、增加碳汇等多种途径控制温室气体排放，取得了显著成效。

（一）以产业结构优化促进结构性降碳

2011年，江苏省新能源和智能电网、新材料、生物技术和新医药、节能环保、软件和服务外包、物联网等六大战略性新兴产业规模不断扩张，当年实现销售收入2.61万亿元，同比增长26.4%，占规模以上工业销售收入比重达到24.4%。截至2011年底，几年来服务业增加值占GDP比重年均提高1个百分点以上，2011年全省服务业占GDP比重达到42.6%。

加大淘汰落后产能力度，将淘汰落后产能企业扩大到66家，实际淘汰落后或相对落后低端产能：焦炭33.2万吨、水泥585万吨、造纸27.3万吨、制革22万标张、印染3.6亿米、酒精5万吨，关停小火电组125.3万千瓦。

（二）以能源利用效率提高推进节能减排

开展节能评估和审查。2011年，江苏省出台《江苏省固定资产投资项目节能评估和审查实施办法（试行）》，未经节能评估和审查的项目，一律不得立项；未通过节能评估和审查的项目，一律不得开工。

实施重点节能工程。突出主要耗能行业，大力组织实施锅炉(窑炉)、电机系统、余热余压利用、能量系统优化等重点节能改造项目。2011年，省级以上支持的工业企业节能改造项目共计投产290多项，形成节能能力220多万吨标准煤，全省规模以上工业单位增加值能耗比上年下降5.41%。

推进重点领域节能。建筑、交通运输等重点领域节能工作深入推进。2011年，45个项目获住房城乡建设部绿色建筑设计、运行一至三星标识，完成既有住宅节能改造面积达50万平方米，新增节能建筑14426.7万平方米，新增节能量136余万吨标准煤，减少二氧化碳排放300余万吨。截止2011年底已建立了18个国家级可再生能源建筑应用示范项目，4个市、6个县（市）获批国家级可再生能源建筑应用示范城市和示范县，建设41个国家级太阳能光电建筑应用示范项目。绿色低碳交通得到大力发展，2011年新辟和优化公交线路308条，新增、更新公交客运车辆3178辆，新增甩挂牵引车235辆、挂车690辆，新建高速公路ETC专用车道398条，总数达622条。

发展循环经济。循环经济示范试点工作全面推进，资源综合利用产业规模进一步扩大，再制造、“城市矿产”、城市餐厨废弃物资源化利用和无害化处理、循环经济教育示范基地建设、园区循环化改造等循环经济新兴领域迈出重大步伐。苏州市被确定为全国餐厨废弃物资源化利用和无害化处理试点城市，苏州高新技术开发区被列入国家循环经济典型模式案例，邳州市循环经济产业园再生铅产业集聚区被确定为国家“城市矿产”示范基地，张家港市被列入国家再制造产业基地，扬州经济开发区成为国家首批循环经济教育示范基地。

江苏省政府召开全省低碳经济试点工作推进会议，启动省级低碳试点工作

（三）以能源结构优化推进能源低碳化

在提高能效的同时，江苏省将发展低碳能源和可再生能源放在了重要位置。2011年完成吊装风电机组50万千瓦，成为全国海上风电建成规模最大的省份。太阳

能利用态势良好，2011年全省新增装机容量达到300兆瓦，对光伏发电的补贴力度也位居全国前列，正实现由光伏制造大省向应用大省的转变。

（四）以绿化建设增强森林碳汇

近年来，江苏省高度重视绿色江苏建设，实施了森林资源10年倍增计划，努力增强碳汇能力。到2011年底森林覆盖率已超过20%，实现了全省森林覆盖率年均递增1个百分点的奋斗目标，固碳能力大大增强。同时，大力强化林业抚育、湿地保护和田间管理，促进了生态系统碳汇的增加。

（五）以低碳试点示范探索低碳发展路径

推进省级低碳试点工作。2011年启动江苏省低碳试点工作，确定了无锡等4个城市、苏州工业园区等10家园区和沙钢集团等10家企业共24家单位作为全省首批低碳经济试点单位。部分城市开展了市级试点，南通市在全省率先开展了市级低碳经济试点，确定了海安经济开发区等7个产业园区和南通联荣集团有限公司等17家企业为南通市首批市级低碳经济试点单位。无锡市选择了1个县区、1个园区、1个小城镇、4个企业作为低碳试点，探索新型发展之路。

二、适应气候变化稳步推进

在开展减缓气候变化多项行动的同时，江苏省也在适应气候变化采取了系列行动和措施，取得了积极成效。

（一）农业方面

着力推进农村清洁能源工程、农作物秸秆综合利用工程、生态循环农业工程、禽养殖场综合治理工程、农村生活污水生态净化处理以及农业湿地和野生植物等农业资源保护和建设工程。2011年，我省大中型沼气、养殖小区沼气、秸秆气化集中供气等工程快速发展，结构不断优化。全省新建农村户用沼气5.13万处，规模畜禽场沼气治理工程550处，秸秆气化集中供气工程37处。至2011年底，全省共有农村户用沼气池70万处；大中型沼气工程2817处，秸秆气化集中供气工程187处，全省年产沼气2亿多m^3，折合30万吨民用煤，减排$CO_2$27.4万吨。秸秆肥料化、能源化、饲料化、基料化和工业原料化等多种形式利用农作物秸秆量达到2016.5万吨，占可收集秸秆总量的50.9%，全省全年秸秆综合利用率达78.55%。

（二）水资源方面

全省水资源综合调控能力和水环境防控能力不断增强，制定了2015年全省各市用水总量控制目标，2011年江苏单位GDP用水量下降为120吨，单位工业增加值用水量下降为21吨。全年完成了11个省级节水型社会试点验收工作，截至2011年底全省已有12个城市获得国家级节水型城市称号，数量为全国第一。

（三）海洋方面

结合江苏沿海区位和资源优势，加强了现有海洋自然保护区和海洋生态特别保护区建设、加强湿地保护修复工程建设、提高海洋生物物种多样性指标、合理确定了滩涂围垦规模。进一步加强海洋灾害预警与响应能力建设，优化和完善了海洋环境综合监测体系，沿海海洋台站和浮标观测网建设全面推进，海洋预警报服务体系正逐步健全。加大海洋环境监测和保护力度，重点加强风暴潮、海浪、海水水质、海平面高度变化等监测预警服务工作，增加土壤盐渍化、河口海水倒灌等与气候变化密切相关现象的监测工作，开展了海平面变化影响调查评估工作。

（四）卫生与气象方面

编制了《江苏风能资源详查评估工作成果报告》，《江苏省气候资源管理条例》列入省政府立法计划。《江苏太阳能属三类丰富区，各地有差异性》等决策服务材料为全省清洁能源开发利用提供了依据加强风能和太阳能资源评估详查和服务工作。

江苏150MW潮间带风电示范风场

三、体制机制不断完善

2011年，江苏省围绕应对气候变化重点领域，不断完善体制机制，夯实工作基础，推动减缓和适应行动。

（一）加强政策规划指导

出台一系列重大政策性文件。编制《“十二五”节能规划》、《“十二五”节能减排综合性工作方案》、《江苏省节能环保产业“十二五”发展规划》、《江苏

全省低碳经济能力培训班

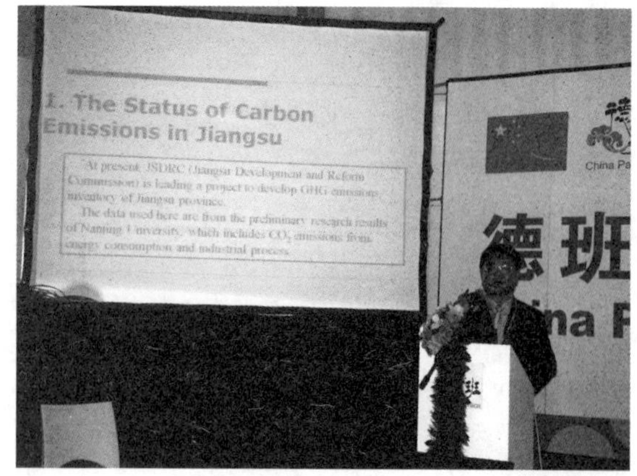

省发改委王汉春副主任在德班世界气候大会上作专题报告

省公共机构节能“十二五”规划》、《江苏省公路水路交通运输节能减排“十二五”规划纲要》，印发了《进一步加强节能工作的意见》、《江苏省节能减排监督检查方案》。

（二）健全工作机制

积极促进资源整合，形成上下联动、多方参与的工作格局。充分调动多方面资源，支持引导更多社会力量投身低碳发展事业，无锡、苏州等市依托大学科研力量组建城市低碳经济研究中心；苏州工业园区管委会与有关方面联合筹建了苏州环境交易所。

（三）加大基础研究力度

加强气候变化战略和政策研究。围绕江苏省“十二五”应对气候变化重点任务，研究江苏应对气候变化的中长期战略、绿色低碳循环发展路径等相关研究。

按照《省级温室气体编制指南》，积极开展省级温室气体清单编制工作，分能源活动、工业生产过程、农业、土地利用变化与林业、废弃物处理五个方面对全省2005年和2010年温室气体排放情况进行摸底。

（三）加强能力建设

围绕碳交易、绿色低碳建筑、低碳技术等重大专题，举办了多场全省低碳经济能力培训班和研讨会，对全省有关部门、相关机构进行了系统培训。大力提升企业低碳意识，对省内千余家企业ISO14064标准的宣贯，并在不同行业选取典型企业完成碳排放核查，开创了多项全国第一。充分发挥江苏省高校资源优势，成立了多家研究平台。积极开展碳交易市场的政策框架和体系平台研究，为推动市场机制减排进行必要的能力储备。

（四）加强对外合作

与德国环境部、美国可持续发展社区协会（ISC）、英国外交与联邦事务部开展了低碳国际合作项目。中德“江苏省低碳发展”合作项目正式启动，进行了多项低碳项目的研究和能力建设。英国SPF项目在我省共开展了4个项目的合作。另外，江苏省积极开展清洁发展机制（CDM）项目，截止到2011年底，我省获批CDM项目104个，签发二氧化碳减排量419.2万吨，其中在2011年内我省获批CDM项目20个，签发二氧化碳减排量241.8万吨。

（五）加大教育宣传

在德班联合国气候大会上，通过发放宣传图册对江苏低碳试点城市建设情况进行了宣传。在全省范围内组织开展以“低碳我行动，低碳新生活”为主题的节能宣传周系列活动，组织中央和省主要媒体开展“江苏节能行”系列宣传报道，举办“江苏‘十二五’节能在行动”网上访谈，宣传节能低碳形势，营造社会氛围。

（撰稿：彭飞，江苏省发展和改革委员会资源节约和环境保护处）

2011年江西应对气候变化和低碳发展

江西省发展和改革委员会

积极应对气候变化，推动绿色低碳发展是我国经济社会发展的一项重大战略，也是加快经济发展方式转变和经济结构调整的重大机遇。2011年，是“十二五”开局之年，江西省坚持以科学发展观为指导，紧紧围绕鄱阳湖生态经济区建设，以努力控制和减缓温室气体排放，提高适应气候变化能力和积极开展国际合作为工作重点，把推动绿色低碳发展与实施可持续发展战略、加快建设资源节约型、环境友好型社会结合起来，促进全省经济发展与人口、资源、环境相协调。

一、加强组织领导，精心部署应对气候变化工作

江西省委、省政府高度重视应对气候变化工作，2009年成立应对气候变化工作领导小组以来，特别是在江西省发改委单独设立应对气候变化处后,各项工作有条不紊地开展。为切实加强全省应对气候变化工作的组织领导，2011全国发展改革系统应对气候变化工作会议后,江西省发改委召开了全省发展改革系统应对气候变化工作座谈会。会议总结了全省“十一五”应对气候变化工作，分析了应对气候变化工作面临的新形势，明确了工作职责和2011年工作重点。通过健全全省发改系统应对气候变化组织机构和召开一系列座谈会，加强对全省应对气候变化工作的组织和领导，督促有关部门认真履行职责，密切配合，从而形成应对气候变化的合力。

二、强化规划先行，编制《十二五应对气候变化规划》

为做好江西省“十二五”应对气候变化工作，努力控制和减缓温室气体排放，提高适应气候变化的能力，把落实“十二五”碳强度下降指标作为总抓手，推动节能减碳、清洁能源、森林碳汇等各方面工作开展，按照《江西省“十二五”规划编制工作方案》的有关规定和要求，依据《鄱阳湖生态经济区规划》和江西省“十二五”能源、新能源发展、农业、林业和水利等专项规划，结合江西省应对气候变化工作的实际，省发改委会同省气象局编制了《江西省“十二五”应对气候变化规划》。该规划征求意见稿在征求江西省应对气候变化领导小组成员单位意见后，已经江西省气候专家委员会专家审议，并报送国家发展改革委应对气候变化司审核。

三、加强节能降耗，减缓温室气体排放

江西省在大力开展应对气候变化工作的同时,以节能降耗为抓手,推动节能减排工作深入展开，初步形成了政府节能管理、节能监察、节能服务三位一体的节能管理体系，2011年首次把降低温室气体排放作为强制性指标列入全省国民经济和社会发展计划,并把全年及“十二五”节能减排目标任务分解到设区市、省直相关部门和重点企业。预计，全年单位GDP能耗0.82吨标准煤,能耗同比下降3%，温室气体排放同比下降3%。

四、发展新能源，优化能源结构

2011年，新能源进入快速发展期。江西省十分重视推进新能源项目建设,改善能源结构，大力发展风电、水电、生物质能等清洁能源发展。目前，风电装机容量达到13.35万千瓦，水电装机容量达到393.1万千瓦，生物质能装机容量达到5.7 万千瓦。一批风电、生物质发电项目正在开展前期工作，以光伏产业为代表的技术装备能力不断提高，新能源产业体系初具雏形。省发改委在修订完善《新能源发展“十二五”规划》的基础上，编制完成《江西省太阳能发电“十二五”发展规划》和《江西省“十二五”生物质能利用规划》。

五、加强基础设施建设，提高适应气候变化能力

气象评估监测基础设施薄弱一直是制约江西省适应气候变化能力的瓶颈。建立健全基本防灾减灾体系是加强能力建设的基础。为此，全省各部门大力配合，加大基本设施建设投入，加强自然灾害的监测、预警、预报和应急服务。促使公共服务能力和效益进一步提高，公共服务体系更加完善，服务领域进一步拓宽。突发灾害预警信息覆盖面进一步扩大，气象情报、灾情收集、处理、反馈速度加快。气象预报预测能力进一步加强,预报产品不断丰富，产品已达10余类76种,24小时晴雨预报准确率提高到86%。防灾减灾体系已经初步完善，防灾减灾能力明显提高，自然灾害造成的人员损失和经济损失明显减低。同时积极优化农作物种植和畜禽养殖结构，推广低排放、高产水稻品种和低碳栽培等技术，加强对畜禽废渣、污水及秸秆等农业废弃物无害化处理，加大沼气利用力度，控制甲烷排放增长速度。加大林业生态建设。继续实施植树造林、封山育林、森林抚育、生态公益林和天然林资源保护等工程和政

2011年6月10日江西省温室气体清单编制项目启动

策措施，进一步提高森林质量，增强生态功能。合理开发和优化配置水资源，建立较为完善的防洪减灾和水生态安全保障体系，增强水利对应对气候变化的支撑保障能力。争取了一批资金用于五河重点段治理、防护林、大型灌区续建配套和节水改造、农村饮水安全、鄱阳湖二期第6个单项、峡江水利枢纽工程、大中型病险水库除险加固等工程建设。

六、着手摸底调查，启动温室气体排放清单编制工作

江西省未列入全国省级温室气体排放清单试点省份，但为尽快摸清江西省温室气体排放情况，找准主要排放源，根据国家发展改革委要求，制定了《江西省温室气体排放清单编制工作实施方案》，在工作经费缺乏、无经验借鉴的条件下，边学边干，认真组织有关科研单位，结合江西省实际，研究部署编制省级温室气体排放清单工作。明确了江西省科学院能源研究所为清单编制工作总承担单位，并分别由江西省科学院、江西省环科院、江西省农科院、江西省林科院、南昌大学、江西财经大学、江西师范大学、江西航空大学、江西省气候中心承担子课题分包任务，确定了能源活动、工业生产过程、农业活动、土地利用变化和林业、城市废弃物处理等领域温室气体排放清单主要清单编制负责人和技术专家，启动了收集整理编制温室气体排放清单相关的统计和数据调查，开展了建立温室气体排放清单数据库工作，为下一步清单编制工作奠定了基础。为推动省级温室气体清单工作，召开了江西省温室气体排放清单编制目启动暨培训会，邀请国家有关专家对江西省承担清单编制任务的全体科研人员进行培训及现场指导。目前，清单编制工作调查摸底工作基本结束，已着手开始资料的分析汇总工作。

七、加强组织协调，推进绿色低碳发展试点工作

国家发展改革委2010年确定南昌市为国家低碳试点城市后，江西省根据国家部署，积极主动地做好协调指导工作。目前，南昌市借助建设国家低碳试点城市的契机，正逐步完善低碳基础设施网络，通过改善城市道路，完善市内交通微循环等多项措施改善城市交通拥堵，加大新能源公交车、出租车等投放力度，在公共场所继续推广安装节能灯，使“森林城乡、花园南昌”城市美景初现。通过加大国际合作，引进项目、资金和技术，一大批低碳项目正在陆续实施。为探索地方试点经验，江西省率先在全国开展省级低碳试点工作，经推荐筛选，选择了贵溪市、婺源县等10个县（市、区）开展省级绿色低碳发展试点工作。2011年上半年，在江西省发改委资金扶持和技术指导下，各低碳试点县（市、区）低碳试点实施方案编制工作和专家组论证评审工作已经完成，省级试点各项工作正逐步展开。

八、规范项目申报，推动清洁发展机制项目建设

为促进和规范清洁发展机制(CDM)项目申报工作的有序开展，在国家发改委等四部委《清洁发展机制项目运行管理办法（修订）》（第11号令）颁布后，江西省发改委立即召开了全省清洁发展机制项目申报受理座谈会，就清洁发展机制项目初审的有关问题和注意事项进行了详细说明，并按照相关规定，认真组织协调地方的项目申报工作，对申报项目进行严格把关。同时聘请有关专家积极帮助省内相关企业和机构深入了解清洁发展机制（CDM）项目运作情况，掌握碳汇市场动态，支持有潜力的企业参与清洁发展机制项目建设。目前，江西省清洁发展机制项目经国家发展改革委批准的62个（其中2011年批准6个），估计年减排量约600万吨二氧化碳当量；在联合国CDM执行理事会成功注册的项目有31个（其中2011年注册8个）；已获得经联合国CDM执行理事会签发经核证减排量（CERs）的项目有11个，累计签发减排约117万吨二氧化碳当量。通过CDM项目，共争取碳交易国际资金约930万欧元。

九、加大科技投入，助推绿色低碳发展

江西省全年共组织实施科技支撑计划、重大科技专项、节能减排科技创新专项和可持续发展实验区建设专项等各类科技项目113项，投入专项科研经费930多万元；遴选了一批企业作为江西省“十二五”节能减排科技创新示范企业。着重从生态系统修复与重建关键技术、水土流失综合治理技术、不同污染源的综合处理技术和循环利用技术、工农业废弃物和城市垃圾资源化利用技术、生态示范市（县）和生态工业园区等区域循环经济技术等5个优先领域，推动了一系列低碳技术成果转化与应用示范工程。整合全省相关领域科技资源，夯实低碳科技研发基础平台，引进和培育创新型人才。截至目前，建立了9个国家级科技创新研发平台和示范基地，组建了“鄱阳湖生态保

护与资源开发重点实验室”等10个省级重点实验室、12个省工程技术研究中心、9个科技创新团队，通过项目的实施和平台的建设，培育了一批资源综合开发利用、生态保护与环境建设低碳绿色发展创新型人才。

十、加强基础研究，强化自身能力建设

2011年11月11日，第二届世界低碳与生态经济大会暨技术博览会在南昌召开

为强化江西省低碳绿色基础研究和对外交流，江西省发改委采取请进来、走出去的办法，在聘请国内知名专家来江西讲学传经的同时，组织全省各设区市发改委和省有关科研人员前往湖南、贵州等兄弟省学习考察，使从事应对气候变化工作的同志既了解了国内外有关信息，也拓展了视野。在江西省发改委的组织协调下，积极发挥省气候变化专家委员会的作用，促进江西省在气候变化科学、应对气候变化重大战略、政策制定、碳交易等方面的工作开展。省内科研人员完成了《江西省重点水库蓄水前后上游流域气候变化分析》、《近50年气候变化对柘林水库影响分析》、《鄱阳湖流域气候变化评估报告》、《华东区域气候变化评估报告》、《江西省大型养殖场沼气工程CDM关键技术研究》等课题研究。

十一、立足本省实际，拓展国际合作

江西省发改委与德国国际合作机构（GIZ）开展《江西省自然保护区应对气候变化管理评估项目》合作取得成功。该项目今年邀请国内外专家学者多次赴鄱阳湖南矶湿地国家级自然保护区、九连山国家级自然保护区、武夷山国家级自然保护区和南风面省级自然保护区开展考察与评估活动，并组织试点保护区管理人员赴德国和国内保护区交流学习先进的管理理念。通过召开“江西省典型保护区应对气候变化管理策略阶段成果汇报及研讨会”，对生态系统气候脆弱性评估以及对自然保护区管理人员一系列的能力培训，有效提高了江西省有关部门和保护区管理人员应对气候变化的能力，增强了自然保护区周边社区居民应对气候变化的责任和意识。今年10月，合作项目圆满结束，并编制了《江西省自然保护区应对气候变化管理脆弱性评估报告》。南昌市与奥地利开展低碳城市战略合作进展顺利。南昌市与奥地利国家科学院联合编制了《南昌市低碳城市发展规划（2011-2020年）》，用欧洲先进的低碳理念，对南昌市的城市空间结构、城市景观格局、建筑形态格局、交通体系、产业选择及布局、能源结构、政策支撑体系进行全方位的规划，引领低碳城市发展。与奥地利联邦交通创新技术部进行了低碳城市战略合作，目前已完成了四轮谈判，南昌市将在低碳规划、低碳建筑、低碳技术、低碳产业等多领域与奥地利进行合作。

十二、扩大低碳宣传，深入推进低碳型社会建设

组织开展了一系列丰富多彩的活动，有效地推进绿色低碳发展工作。在企业单位，开展“节能节电全民行动”系列专题活动，在学校，开展大学生低碳环保进农村“三下乡”社会实践活动和“节能减排从我做起”等活动；在城市，利用全国节能宣传周，围绕“节能我行动，低碳新生活”和通过对“酷中国”项目的大力支持，积极倡导广大市民主动参与“7个降碳承诺”，增强公众的低碳环保意识，构筑低碳社会发展的坚实基础。2011年11月，江西省发改委参与承办了由国家发展改革委、科技部、财政部、工信部、商务部、住建部、环保部、国务院国资委和江西省人民政府联合主办的第二届世界低碳与生态经济大会暨技术博览会，国家发展改革委解振华副主任莅临大会指导并发表演讲。此次大会以“扩大低碳合作、发展生态经济、共建绿色家园”为主题，旨在通过与会各方的共同努力，促进世界各国及区域间低碳与生态经济合作，加快低碳与生态经济发展，更好地宣传和展示当今世界低碳科技及我国节能减排领域的最新成果，并为国内外各界的交流合作搭建良好平台。

（撰稿：唐正，江西省发展和改革委员会气候变化处）

2011年湖北应对气候变化和低碳发展

湖北省发展和改革委员会

2011年，是湖北省应对气候变化工作取得显著成效的一年。一年来，湖北将应对气候变化工作作为贯彻落实科学发展观、实现可持续发展的重要内容，从适应和延缓气候变化两个层面入手，紧紧围绕国家低碳省区试点、碳排放权交易试点和温室气体清单编制试点开展工作，控制温室气体排放取得积极成效，适应气候变化能力不断增强。主要表现在以下方面:

一、努力控制温室气体排放

通过调整产业结构和能源结构，节约能源、提高能效，增加森林碳汇等手段，湖北经济在快速发展的同时，努力减缓温室气体排放增速，取得了积极成效。2011年，全省单位生产总值二氧化碳排放量下降3.5%以上。一是调整优化产业结构。三次产业结构由2010年的13.4∶48.7∶37.9调整为13.1∶50.1∶36.8。七大战略性新兴产业加快发展，现代物流、金融、信息、现代商务、旅游、文化等六大现代服务业发展迅速。二是全面推进重点领域的节能降耗。2011年，全省单位生产总值能耗下降3.79%。重点推进了工业、交通、建筑等领域的节能降耗。全省关闭各类高能耗、高排放企业48家。其中，关闭小炼铁企业7家，淘汰落后产能124万吨；关闭小水泥企业16家，淘汰落后产能299.8万吨；关闭小印染企业13家，淘汰落后产能36732万米。大力推广建筑节能新工艺、新技术，促进可再生能源建筑应用规模化发展，建筑面积达1487.12万㎡。打造无缝衔接的综合运输枢纽和现代物流基础，构建“零距离”换乘中心，推广新能源、清洁燃料车船、普及“王静工作法”。组织实施办公楼节能改造示范项目，公共机构节能进一步加强。三是围绕资源高效利用，促进循环经济发展。建设了一批循环经济关键链接项目，循环经济发展模式逐步建立。目前，已经形成了以宜化、兴发为代表的化工循环经济发展模式，以武钢为代表的钢铁循环经济发展模式，以华新、葛洲坝为代表的建材循环经济发展模式，以格林美为代表的再生资源回收利用模式，以东风康明斯、千里马为代表的再制造发展模式。四是改善能源结构，加快发展清洁能源。在大力推进核电前期工作、有序开发水电资源的同时，风能、太阳能、生物质能等可再生能源产业发展迅速。已建、在建和正在开展前期工作的新能源建设项目总装机超过110万千瓦，鹤峰、利川等6个县（市）获国家首批“绿色能源示范县”称号。五是碳汇建设加强。森林覆盖率达到38.46%，活立木总蓄积量31324.69万立方米，森林植被碳汇量达到1.4亿吨，相当于固定二氧化碳5.2亿吨。其中，碳汇造林已在10个县市区实施，累计实现造林面积12000亩。

二、不断完善制度框架体系

管理体制和工作机制逐步健全，先后成立了节能减排（应对气候变化）工作领导小组和应对气候变化专家委员会，形成了政府主导、多部门参与、专家咨询的决策管理体制机制。编制出台了《湖北省低碳发展规划》、《湖北省“十二五”控制温室气体排放工作实施方案》等，这与省委、省政府之前出台的《湖北省应对气候变化领域对外合作管理实施细则（试行）》、《关于加强应对气候变化能力建设的意见》、《关于发展低碳经济的若干意见》和《湖北省应对气候变化行动方案》等，形成了基本完善的政策合力。设立低碳发展专项资金，规模达3.7亿元，扶持建设了一批低碳典型项目。分解落实碳强度下降指标，把单位生产总值二氧化碳下降率等指标纳入“十二五”

利川齐岳山风电场

宜城生物质能电厂

市（州）领导班子年度考核目标体系，分年度作为硬性指标对各地进行考核，切实把低碳发展纳入全省总体战略之中，与经济社会发展同规划、同部署、同推进、同考核，努力实现战略实施与低碳试点共进步、双丰收。

三、切实增强适应气候变化能力

加强适应气候变化与应对极端天气、气候事件的能力建设。扩挖300多座小型水库溢洪道，提高洪泄保安能力；坚持严格实施水库防洪调度规程，对947座病险水库，降低水位或空库运行。加大了对水利设施、水资源、农业等敏感行业和领域适应能力的建设。

水利基础设施建设方面，完成了656座水库除险加固任务，加固堤防1033公里，完成60处大型排涝泵站更新改造任务。水资源方面，加强水资源保护，确立严格管理水资源的总体思路，推动水资源管理法规建设。大力推进节约用水和节水型社会建设，鄂州市成为水利部第一批节水型社会建设试点，襄阳市节水型社会建设通过验收。加大水资源治理和管理。以重要湖泊水生态修复工程建设为重点，以点带面，全面推动水生态修复工作。开展对梁子湖、“四湖”流域等湖泊的综合治理。汉阳六湖连通工程全面完成，咸宁淦河、黄冈长河、十堰泗河、黄石磁湖、鄂州洋澜湖、孝感澴东湖泊等城市水生态保护与修复项目稳步推进。

农业方面，进一步加大农作物良种补贴力度，初步预计，全年粮食增产13.34亿斤，实现“八连增”；狠抓了大中型灌区续建拍套节水改造和粮食主产区的灌排骨干工程建设，开展了田间节水灌溉示范与推广，恢复和改善灌溉面积217万亩，改善排涝面积2048万亩，改善防洪面积3万亩。气象方面，启动了气象灾害防御规划编制工作，完善了气象灾害监测网络，全省20个县120加密观测站基本建设完成，神农架、襄阳、麻城3部新一代天气雷达工程进展顺利。加强气象灾害应急体制机制建设，提升气象灾害预警预报能力，预警信息快速发布绿色通道建成。深化气候变化科学研究，加强我省主要极端天气气候事件及重大气象灾害的监测 评估关键技术研究，发布了55期极端气候事件监测报告。

四、大力推进低碳试点示范建设

全面推进低碳城市、园区、社区和企业四级试点，把襄阳和咸宁、东湖新技术开发区和黄石黄金山工业园、武汉百步亭社区和鄂州峒山社区纳入首批试点示范。通过探索建设，努力彰显地方特色，试点示范建设特色各展。武汉市大力建设“零碳未来城”，引领并推动中部地区节能环保及资源循环利用产业发展，成为武汉城市圈“两型”社会建设的重要投资主体、技术支撑主体和产业发展主体；襄阳市编制了《低碳试点的实施方案》，新能源汽车产业加快发展；咸宁市编制完成了《咸宁市低碳经济发展规划》和《华彬金桂湖低碳经济示范区发展规划》,华彬金桂湖低碳经济示范区建设已经启动；武汉东湖新技术开发区生物产业、节能环保产业、新能源产业等高新技术产业和战略性新兴产业加快壮大，花山生态新城着力打造绿色生态居住区；黄石黄金山开发区大力发展低碳产业，推进新能源建设；武汉市百步亭社区积极开展太阳能利用、地源热泵技术应用，建设雨水收集系统；鄂州市长港镇峒山社区建设低碳示范项目，倡导低碳生活方式。

五、稳妥推进碳排放权交易试点工作

立足于“打基础、管长远”，组织开展了方案设计、支撑条件、体系建设、经验借鉴等四大类共计13个方面的课题研究，强化战略和政策支撑。

加强调查研究，了解企业意愿。碳交易的主体是企业，企业的积极性是做好交易的前提和基础。为了充分了解企业意愿，对武钢、东汽、华新水泥、葛店化工等30多家企业进行了实地调研和问卷调查。其中，问卷调查设计了包括企业基本情况、经营情况、能源消费情况、节能技术改造和投资情况等七大类。

华中科技大学在武汉东湖新技术开发区的3MW碳捕捉试验平台

襄阳电动公共汽车

强化顶层设计，抓紧编制《实施方案》和《管理办法》等各类规章制度。在战略和政策支撑研究的基础上，抓紧起草了《碳排放权交易工作实施方案》和《碳排放权交易试点管理办法》等规章制度达近30余个。同时，推动自愿性减排交易。2011年，华中首个自愿性碳交易项目在武汉成功进行，自愿性碳交易实现零的突破，交易金额达40万元，温室气体2万吨。为了做好碳排放数据收集工作，摸清家底，为科学、准确、高效、规范获取碳排放基本数据提前做好准备，湖北省编制了《温室气体排放量化、核查、报告和改进的实施指南》，于2011年在国家标准委备案。

2011年9月，武汉光谷联合产权交易所组织的华中地区首个自愿性碳交易项目正式签约

六、有效探索低碳消费模式

积极引导绿色消费、绿色包装和回收再利用等，推动低碳消费方式的形成。2011年，武汉、荆门建设了3家以“出售低碳商品、废旧家电回收和二手商品寄售”为主要功能的低碳超市。在超市里，每一件低碳商品都添加“碳标识”，并采用电子信息平台和积分卡，对居民每一次低碳产品消费、寄售、收废行为进行碳积分。同时，荆门格林美公司还与我省大型超市，如中百仓储、武商量贩店等，以租借柜台方式专门出售低碳商品，设立低碳超市和低碳柜台约50多家（个）。这些低碳超市（柜台）的建立，既加强了节能、可再生能源等新技术和产品应用，加强资源节约和综合利用，同时有利于改进营销理念和模式，加强运营管理，加强对顾客消费行为引导，显著减少试点商业机构二氧化碳排放。

七、认真做好温室气体清单编制工作

成立了包括省内权威专家和部门在内的工作专班，开展2005年和2010年温室气体清单编制工作，加强排放因子测算、活动水平数据收集工作，大大提高了清单的完整性和准确性，为逐步建立温室气体排放的统计核算和考核体系奠定了较好的基础。同时，加强编制温室气体排放清单队伍的培训，增强编制能力。

八、有效推进清洁发展机制项目

截至2011年底，共有103个清洁合作项目获得国家发改委批准，在联合国清洁发展机制执行理事会注册的项目有53个，预计年减排量约646.3万吨二氧化碳当量；签发项目14个，预计年减排量147.6万吨二氧化碳当量，获得资金不少于1180万欧元。低碳技术推广应用得到加强，技术改造投资占工业投资的比重保持在40%以上。

九、不断加强国际合作交流

积极推进与欧盟等地区和国家的合作，开展中英政府合作框架协议低碳备忘录项目，学习借鉴发达国家先进的低碳技术、成熟的管理经验和碳排放交易机制。推进武汉城市圈中法城市可持续发展合作试点，成功主办了中法城市可持续发展论坛，邀请法方专家参与编制《大梁子湖生态旅游度假区规划》。

十、积极扩大舆论宣传

低碳发展的社会氛围日趋浓厚。低碳生活方面，启动了以“倡导广大家庭实行低能量、低消耗、低开支、低代

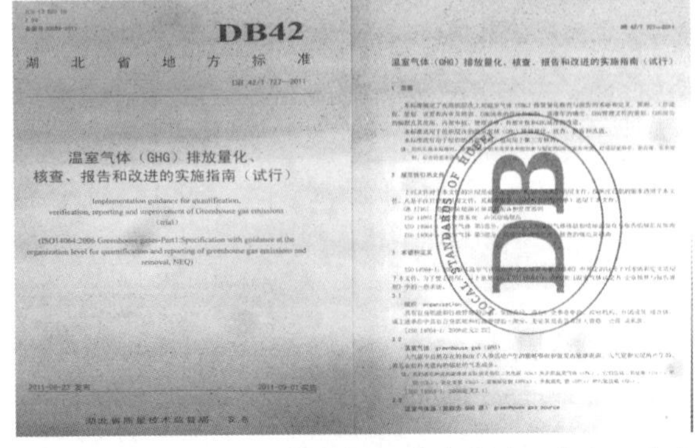
DB42
湖北省地方标准
温室气体（GHG）排放量化、核查、报告和改进的实施指南（试行）

2011年9月，国家标委会正式备案并公布武汉碳减排协会组织编制的碳盘查标准

3R循环低碳超市

"低碳环保"的城市绿色自行车为市民提供便利

价的低碳生活方式"为主题的"低碳家庭·时尚生活"活动和"酷中国——全民低碳行动"湖北巡回展活动。低碳交通方面，以"免费自行车服务网络"为代表的慢行交通系统进一步完善，武汉市免费自行车已达5万辆。绿色建筑方面，建立了国家机关办公建筑和大型公共建筑能耗监测平台，启动绿色建筑示范项目38个，总建筑面积345万平方米。企业行动方面，一些企业积极参与推进低碳发展。如华彬集团计划投资100亿元在咸宁打造国内一流、华中首家低碳产业示范区；中国移动湖北公司开展"低碳新生活·湖北会更好"大型社会责任工程等。

2011年，湖北深入贯彻落实科学发展观，紧紧围绕加快转变经济发展方式这条主线，以减少温室气体排放、应对气候变化、增强可持续发展能力为目标，以加快建立以低碳排放为特征的产业体系为核心，以积极倡导低碳绿色生活方式和消费方式为导向，以技术创新和制度创新为动力，努力建设低碳发展的先行区、绿色发展的示范区和科学发展的试验区，实现生产发展、生活富裕、生态良好的和谐统一。

（撰稿：田啓， 湖北省发展和改革委员会应对气候变化处 ）

2011年广东应对气候变化和低碳发展

广东省发展和改革委员会

2011年以来，广东省委、省政府始终把握科学发展主题和加快转变经济发展方式主线，围绕加快转型升级、建设幸福广东核心任务，扎实做好国家低碳省试点和碳排放权交易试点工作，为“十二五”应对气候变化工作开好局、起好步奠定了良好的基础。

一、坚持社会主义市场机制的改革方向，基本完成碳排放权交易试点前期工作

（一）省政府正式印发《广东省碳排放权交易试点工作实施方案》

根据国家开展碳排放权交易试点的工作要求，实施方案明确了我省开展碳排放权交易试点的指导思想、工作目标、总体安排、主要任务和保障措施，为碳排放权交易试点的全面开展提供了坚实保障。

（二）正式启动碳排放权交易试点

2012年9月11日，省政府举行广东省碳排放权交易试点启动仪式，朱小丹省长亲自宣布广东省碳排放权交易试点启动，国家发展改革委解振华副主任出席仪式并作重要讲话。广东碳排放权交易试点工作已从制度设计阶段转向实际操作阶段，将加强政府主导和市场运作，逐步形成促进节能减碳、产业结构调整和区域协调发展的市场机制。

（三）正式挂牌设立广州碳排放权交易所

根据国务院《“十二五”控制温室气体排放工作方案》在试点地区建立碳排放权交易平台的要求，省政府于2012年7月正式批复同意广州碳排放权交易所注册设立。9月11日，朱小丹省长等省领导与国家发展改革委解振华副主任共同为广州碳排放权交易所揭牌。解振华副主任对我省率先在全国建设碳排放权交易所给予了充分肯定。

（四）创新碳排放权交易研究工作机制

加强政研合作，成立了碳排放权交易机制研究设计工作小组，由省发展改革委领导担任召集人，纳入有关机构、高校50多位专家、学者和业务骨干开展相关研究。目前，已经起草完成较完善的碳排放权管理和交易暂行办法和碳排放信息报告核证、碳排放权配额管理、碳排放权交易规则等制度文件。

二、加强组织领导，完善工作机制

（一）分解落实工作任务

我省先后出台《广东省低碳试点工作实施方案》、《广东省“十二五”控制温室气体排放工作实施方案》、《广东省“十二五”节能减排综合性工作方案》、《关于进一步加大节能工作力度确保完成“十二五”节能任务的意见》等政策文件，贯彻落实国家节能、减碳工作部署，落实地方、部门工作分工。省政府已将我省“十二五”控制温室气体排放和节能约束性指标分解落实到各地级以上市政府。开展对各市政府落实节能目标的责任考核，加强对重点耗能企业节能措施实施情况的监督检查。

（二）加大资金扶持力度

省财政从2011年起正式设立省低碳发展专项资金，每年安排3000万元重点支持低碳发展相关基础性和示范性工作。2011、2012年，省财政分别安排2亿和2.6亿元节能专项资金，重点支持十大重点节能工程。实施低碳技术创新与示范重大科技专项，支持低碳关键技术、产品、设备的研发和产业化。

（三）加强基础研究

按照国家发展改革委部署，结合广东实际，编制完成广东省2005年和2010年温室气体清单，其中2005年的温室气体清单编制成果已通过国家审核验收。根据应对气候变化工作需要，组织开展若干课题研究。

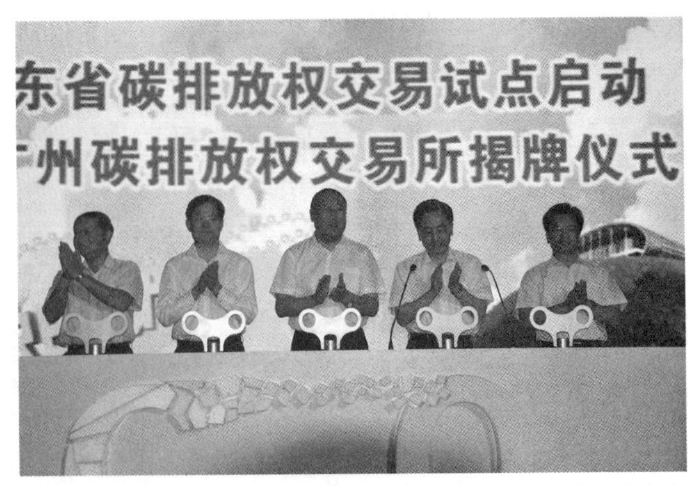

2012年9月11日，广东省政府举行广东省碳排放权交易试点启动暨广州碳排放权交易所揭牌仪式。广东省省长朱小丹、国家发展改革委副主任解振华、广东省常务副省长徐少华等领导出席

三、积极减缓气候变化，推动绿色低碳发展

（一）调整优化产业结构

2011年12月16日，由广东省发改委、南方日报等举办"南方低碳2011年度标杆暨广东省低碳示范园区、社区、企业颁奖盛典"。

实施建设现代产业体系战略，大力发展现代服务业、先进制造业和战略性新兴产业，淘汰落后产能，推动产业低碳化发展。实施产业和劳动力"双转移"战略，促进区域经济协调发展。2011年，我省服务业增加值占生产总值比重达到45.2%。

（二）认真做好节能工作

印发《"十二五"广东省万家企业节能低碳行动实施方案》，推动重点用能单位强化节能低碳管理。2011年，全省单位生产总值能耗降至0.563吨标准煤/万元，同比下降3.78%；据初步核算，2012年上半年，全省单位生产总值能耗下降5.13%。认真实施固定资产投资项目节能评估和审查制度，处理好新上重大项目与节能、减碳的关系，中科炼化、湛江钢铁等重大项目顺利通过国家审批并开工建设。推广实施合同能源管理和电力需求侧管理，编制发布第三批节能技术、设备（产品）推荐目录，实施节能产品惠民工程。

（三）积极调整能源结构

继续实施电力行业"上大压小"，2011年关停小火电机组23.7万千瓦，超额完成国家下达的目标任务。全省核电装机容量达到600万千瓦，建成岭澳核电站二期2号机组，阳江核电和台山核电建设进展顺利。风电装机容量达到约110万千瓦，运营风电装机容量93万千瓦。推进太阳能光伏发电示范工程建设，2011年有总装机容量72兆瓦的20个项目列入国家"金太阳"示范工程。

（四）发展低碳建筑

颁布实施《广东省民用建筑节能条例》，制定《科技促进建筑节能减排实施方案》和《广东省建筑节能"十二五"规划》。在全国率先要求控制建设用地用电指标，从源头遏制高能耗建筑。开展绿色建筑评价标识工作，已有69个项目获得绿色建筑评价标识，建筑面积达到496万平方米。2011年全省新建建筑节能执行率达到了97.5%，新增节能建筑约1亿平方米，实现建筑节能约95.69万吨标准煤，减排二氧化碳约248.794万吨，5个项目被批准为国家级绿色建筑和低能耗建筑"双百"示范工程。

（五）发展低碳交通

制定《广东省交通运输"十二五"节能减排发展规划》、《广东省交通运输行业建设低碳交通运输体系实施意见》。配合国家实施千家企业低碳交通运输专项行动，推动广州、深圳列入国家交通运输行业低碳试点城市。促进珠三角毗邻市公交互联互通和多种客运方式衔接，推动农村客运发展。实施"绿色货运"项目，开展甩挂运输试点，开展"铁水联运"。完善城市公共客运服务，全省已有城际轨道运营里程约139公里，城市轨道运营里程约394公里。推广应用新能源汽车，实施隧道"绿色照明工程"。

（六）积极增加森林碳汇

整合林业重点生态工程，启动实施森林碳汇重点项目工程，编制完成《广东省森林碳汇重点生态工程建设规划（2012-2015年）》。全省已完成森林碳汇重点生态工程造林面积137万亩，森林覆盖率达57.3%。全省已投入近25亿元，建成生态景观林带2336公里。促成广东长隆集团向中国绿色碳汇基金会捐赠1000万元，设立中国绿色碳汇基金会广东碳汇基金。实施森林进城围城工程，打造珠三角森林城市群和粤港澳优质生活圈。

（七）推进试点示范

省政府同意将广州、珠海、河源、江门四市和珠海横琴、佛山禅城、佛山顺德、韶关乳源、河源和平、梅州兴宁、梅州大埔、云浮云安八县（区、市）列为省低碳试点地区，以点带面推动国家低碳省试点工作。推进循环经济试点，2011年组织认定了第一批11个广东省循环经济工业园、第一批10个省市共建循环经济产业基地和第二批42个广东省循环经济试点单位。按照国家有关要求，组织开展资源节约型、环境友好型企业（"两型"企业）创建、国家"城市矿产"示范基地申报、餐厨废弃物资源化利用和无害化处理试点申报工作。

四、努力适应气候变化，提高抵御气候风险的水平

（一）加强生物多样性保护

完善对自然保护区的监督管理，提升自然生态功能，为生态安全提供重要保障。建立生物多样性保护联席会议制度，组织开展生物多样性保护评价和自然保护区基础调查，编制《广东省生物多样性保护战略与行动计划》。组织开展广东省生态环境十年变化（2000-2010年）遥感调查与评估。

2011年6月9日，首届国际（广东）节能展以“节能、低碳、未来”为主题，充分展示了“十一五”期间广东省在节能工作在各方面的取得的成果

建设中的台山核电站

（二）加强海洋适应气候变化工作

加快海洋功能区划编制，修编海洋环境保护规划，规范海洋环境监管。开展海洋生态环境修复，启动创建国家级海洋生态文明示范区工作。加快建设海洋与渔业保护区，至2011年底全省海洋与渔业保护区总数达到98个，总面积达68万公顷。建设人工鱼礁和海洋牧场，保护和恢复海洋渔业资源。建设海洋可再生能源研发及示范工程，研发海洋风能、波浪能、潮汐潮流能等关键技术。率先在全国建立用海项目海洋灾害风险评价制度，推进海洋观测预报体系建设。

（三）实行最严格水资源管理制度

在全国率先出台《广东省最严格水资源管理制度实施方案》和《广东省实行最严格水资源管理制度考核暂行办法》，落实水资源开发利用控制、用水效率控制、水功能区限制纳污等“三条红线”。大力推进节水型社会建设，全省人均综合用水量、万元GDP用水量和万元工业增加值用水量连续八年呈下降态势。开展重要河湖健康评估和重要饮用水水源地达标建设，加强入河排污口管理和水功能区管理。

（四）强化气象工作对经济社会发展的服务

广东已被列为全国率先基本实现气象现代化的四个试点省市之一。开展城市内涝、暴雨洪涝、热带气旋、干旱、寒冷等气象灾害影响的定量化评估，完善气候监测和影响评估技术。开展温室气体监测平台建设前期工作，发布大气成分公报。加强气候资源开发利用，编制完成核电、桥梁、高速公路和输电线路等重大工程气候论证业务指南，完成有关重大项目气候可行性论证。建立突发灾害性天气应急技术研究中心，提升对突发灾害性天气的应急处置能力。

（五）加强公共卫生适应气候变化工作

加强预警和应急能力建设，制定和完善《广东省突发公共卫生事件应急预案》、《广东省突发公共事件医疗卫生救援应急预案》、《广东省低温冰冻天气灾害卫生应急预案（试行）》、《广东省应对气象条件引发公共卫生安全问题合作机制》等一系列文件。全面建设公共卫生应急体系，重点加强监测预警系统、信息与指挥系统、应急队伍和物资保障等方面的建设。开展气候变化对健康影响的机制研究，加强气候变化健康风险评估、适应性政策研究和极端气候事件影响研究。

五、开展对外交流合作，加强能力建设

（一）务实开展对外交流合作

加强与外国政府和国际非政府组织在应对气候变化领域的沟通联系，借鉴先进经验，争取资金支持。赴欧盟考察碳排放权交易机制，取得较大收获。省发展改革委、住房城乡建设厅与西门子公司签署了谅解备忘录，深化发展低碳绿色建筑领域的合作。成立粤港应对气候变化联络协调小组，签署粤港应对气候变化合作协议，召开了联络协调小组第一次会议。

（二）加强宣传培训

组织全省发展改革系统低碳发展战略专题培训，召开《温室气体自愿减排交易管理暂行办法》宣讲研讨会，举办低碳发展国际论坛。协调新闻媒体对低碳发展工作进行系列报道，编印《2011广东低碳发展年度报告》。制作广东低碳发展宣传片并在南非德班联合国气候大会上播放，收到较好效果。承办首届中国国际绿色创新产品技术展，并专门设置广东国家低碳试点省展区。将节能宣传周扩展为节能宣传月，加大对节能、低碳的宣传倡导力度。

下一步，广东将按照国家的部署要求，扎实做好国家低碳省试点和碳排放权交易试点工作，不断探索创新低碳发展体制机制，为加快转型升级、建设幸福广东提供有力支撑。

（撰稿：陈斌，广东省发展和改革委员会资源节约与环境气候处）

2011年海南应对气候变化和低碳发展

海南省改革和发展委员会

2011年以来，海南省大力推进经济发展方式转变和产业结构调整，努力控制和减缓温室气体排放，提高适应气候变化能力，为实现海南省绿色崛起奠定了良好的基础。

一、减缓气候变化的政策与行动

减缓气候变化是海南省应对气候变化的重要手段，主要通过调整优化产业结构，引进一批重大低碳项目，在交通、建筑等重点领域实施节能、提高能效工程等，进一步减缓温室气体排放。

（一）优化产业结构

加快产业结构优化升级。三次产业结构由2005年的33.3∶25.2∶41.5调整到2011年的26.3∶28.8∶44.9，逐步构建以旅游业为龙头的服务业、热带特色现代农业、新型工业的海南特色经济结构。2011年全省接待过夜游客3000多万人次，比上年增长16%，实现旅游收入324 亿元，增长25.8%。第三产业增加值达1141.64亿元，增长13.3 %，对经济增长的贡献率达到51.3%。2011年全省冬季瓜菜种植面积282万亩，出岛瓜菜310万吨，其中供应北京地区44.2万吨，全国城镇居民人均大约消费海南瓜菜4.3公斤。南繁育制种总面积达20万亩，为全国提供优质水稻、棉花、玉米等主要农作物优良种子3500万公斤。2011年以来，在800万吨炼油、100万吨纸浆、90万吨造纸、140万吨大颗粒尿素、140万吨甲醇、15万辆汽车等大项目基础上，大力发展太阳能光伏、特种玻璃、新型建材等新兴产业并初具规模。2011年全省工业增加值475亿元，同比增长13.4%。

（二）推进能源结构调整

优化能源结构，积极开发利用清洁能源，安全有序推进核电建设，加快推进太阳能、风能、水电、生物质能等建设。

（1）核电项目：昌江核电一期2台65万千瓦2010年开工建设，现基建施工有序进行。建成后，年发电量近90亿千瓦时，年减少二氧化碳约780万吨；作为昌江核电的配套调峰电源——琼中抽水蓄能电站，3台20万千瓦装机容量的抽水蓄能电站亦在抓紧建设，预计将与昌江核电同期投产。

（2）太阳能项目：2011年以来，临高金太阳20兆瓦光伏发电站顺利投产发电，预计年发电量2857万度，年减少排放二氧化碳约1.5万吨；继续推进海口国家高新技术产业开发区、海口综合保税区15兆瓦连片光伏发电项目，海南橡胶集团橡胶加工厂10兆瓦分布式用户侧光伏发电示范工程建设；培育海南老城经济开发区及海南金盛达建材商城集中连片光伏发电项目（30兆瓦）、两岸新能源合作海南航天智能微网光伏发电示范项目一期（50兆瓦）等太阳能项目。

（3）水电项目：积极建设红岭、迈湾、天角潭等大中型水利枢纽。红岭水电站建成后，年发电量9920万度，每年可减少二氧化碳排放约7万吨。

（4）风能项目：2011年以来，海南省正式启动了海上风电开发，组织编制了《海南省“十二五”海上风电规划》，与央企签约一批海上风电项目，核准了大唐新能源临高海上6兆瓦实验风电机组。

（5）生物质能源项目：积极推进澄迈沼气新能源项目，设计日产车用净化沼气近30万立方米，年产沼气近亿立方米，每年可减少二氧化碳排放18万吨。

（三）继续开展节能减排

认真贯彻落实国务院《“十二五”节能减排综合性工作方案》，继续开展节能减排工作。2011年，海南省淘汰了落后钢铁产能8万吨、立窑水泥产能78万吨、小造纸产能1.1万吨，超额完成国家下达海南省2011年度淘汰落后产能任务。实施差别电价

海南临高20兆瓦光伏发电

海南文昌华能风电项目

政策，将水泥、造纸、实心黏土砖3个行业的全部落后产能纳入差别电价实施范围，对落后产能和重点用能行业单位产品能耗超限额企业实施了高于国家标准的差别电价和超限额加价政策。严格实行固定资产投资项目节能评估和审查管理制度，年度完成132个项目的节能审查，核减能源消费量2.9万吨标准煤；为进一步控制“两高”行业过快增长的势头，从2011年10月起，海南省对万元工业增加值能耗超过0.59吨标准煤的新上项目，进一步严把项目准入关口，不予审批和暂缓审批7个能耗较高的项目，年减少能源消耗约19万吨标准煤。

（四）积极推进低碳试点

积极学习省外低碳试点经验，推进省内低碳试点工作。2011年以来，海南省一方面积极向国家首批试点省市学习，编制了低碳试点工作实施方案，并由省政府专门向国家发展改革委申报第二批低碳试点省；另一方面积极推进省内低碳试点工作，取得一定进展：海口打造慢行低碳交通体系，推广了一批新能源汽车的应用；三亚推广农村绿色公共照明、冰蓄冷技术；琼海博鳌乐城项目研究制定了符合园区实际的低碳指标体系；在保亭县开展“旅加农”富民新农村建设；在澄迈县老城工业园区推进光电建筑一体化技术落地等；呀诺达低碳旅游景区深化人与自然的和谐低碳理念，实现景区建筑和交通系统低碳化等等。

（五）努力增加碳汇

加快植树造林，强化现有森林资源保护，提高了碳汇储存能力。编制了《海南省“绿化宝岛”工程建设总体规划》和《海南省“绿化宝岛”工程建设实施方案》，大力开展绿化造林。在海南陵水成立了中国首个县级碳汇专项基金，为“绿化宝岛”工程建设提供有力的资金支持。2011年全省共完成造林23万亩，义务植树1030万株，中幼林抚育30万亩，培育造林苗木5000万株。海防林工程实现断带合拢、窄带加宽、残带增强的建设目标。通过“绿化宝岛”行动，到2015年，全省将完成造林绿化150万亩。

积极增加“蓝色碳汇”。大力发展海洋生态经济，继续完善海洋生态保护区建设。在海南岛周边海域养殖海洋贝类和海洋植物，以推动“碳汇渔业”发展。加强对现有红树林保护，在适宜种植红树的沿海滩涂人工种植红树，促进红树林群落恢复。

二、适应气候变化的政策与行动

海南在农业、林业、水资源、海洋、公共卫生等重点领域方面开展了适应气候变化的建设工作。

（一）农业领域

提高农业领域的总体适应能力。加强农田水利等基础设施建设，建设一批重点水源和大型水利枢纽工程，基本完成病险水库的除险加固工程，继续实施农村居民饮水安全工程，抓好大中型灌区的续建配套和节水改造工程，提升农业综合生产能力，提高灾害应对能力。建立和完善农业气象监测与预警系统。研究培育产量高、品质优良的抗旱、抗涝、抗高温、抗病虫害等抗逆品种，扩大良种种植面积，进一步加大农作物良种补贴力度，加快推进良种培育、繁殖、推广一体化进程，提高海南农业适应气候变化能力水平。

海南绿化宝岛大行动

（二）林业领域

加强森林、湿地等生态系统的保护，提高林业防护功能。大力开展造林绿化，巩固和扩大退耕还林成果，重点加强生态脆弱区的生态治理与功能恢复；构建林业适应技术，提高森林抗逆性、稳定性和适应性；强化森林资源保护，严格控制森林采伐，禁止采伐原始林、生态重要区天然林。

（三）水资源

提高水资源保护力度。加强重点水土流失地区和生态脆弱河流的综合治理；加强水资源调蓄和配置工程建设，逐步构建全省水资源总体配置格局和区域水资源配置格局；加强城镇污水、垃圾处理等基础设施建设。海南省已建成29座污

水处理厂，是全国第七个实现污水处理能力覆盖所有市县的省份，日污水处理能力达105.9万吨、污水处理率达71.2%。建成15座垃圾卫生填埋场、3座垃圾焚烧发电厂，城镇垃圾无害化处理率达86%。

（四）海洋

建设了覆盖全省的海洋环境监测网络，沿海市县建立了海洋环境监测站，配置了海洋环境现场监控、监测设备，及时发布各类海洋环境监测通报和海洋环境质量状况公报等公益服务。加强全省海洋灾害信息发布工作，提高预警预报能力，有效降低了各类海洋灾害造成的人员伤亡和财产损失。全面开展了海域海岸带和重点海岛整治修复工作。

海南省发改委朱华友副主任在南非德班气候大会发言

（五）公共卫生保障

提高应对突发公共卫生事件应急反应能力。2011年海南省坚持加强传染病的监测和防控，降低重大传染病发率和病死率。进一步加强卫生应急管理体系和预案体系建设，健全突发公共卫生事件决策指挥、预警和信息报送系统，全面提高卫生应急管理能力和应对各类突发事件的能力。

三、加强应对气候变化的能力建设

2011年以来，面对气候变化带来的严峻挑战，海南省委、省政府始终保持清醒的头脑，高度重视应气候变化问题，在体制机制、研究培训、统计监测和宣传教育等多方面取得了一定进展，较大地提高了应对气候变化能力。

（一）科学规划，引领应对气候变化工作

加快战略规划工作。2011年制定实施的《海南省国民经济和社会发展第十二个五年规划纲要》确立了5年绿色、低碳发展的政策导向，首次将单位地区生产总值二氧化碳排放降低率作为约束性指标纳入其中。陆续出台了《海南省“十二五”高新技术产业暨战略性新兴产业发展规划》、《海南省现代服务业“十二五”规划》等规划，完成“十二五”太阳能、海上风能及交通节能、建筑节能等规划编制工作。《海南省应对气候变化规划（2011-2020）》和《海南省低碳发展规划（2011-2020）》初稿已完成，待评审完善后形成正式稿报省政府审定后执行。

（二）完善政策，保障应对气候变化工作

因地制宜完善海南省应对气候变化法律体系建设。2011年以来，颁布《海南省公共机构节能管理办法》，推动海南省公共机构进一步发挥节能表率作用，促进公共机构节能工作有效开展。在全国率先出台《海南省人民政府关于低碳发展的若干意见》，积极引导和调整产业结构、构建低碳化体系，大力发展清洁能源，打造低碳工业、建筑和交通等体系等；出台《海南省人民政府关于加快培育和发展战略性新兴产业的实施意见》，重点发展生物、新能源、新材料、新一代信息技术、高端装备制造、节能环保、新能源汽车等产业。

（三）加强研究，强化培训

进一步加强应对气候变化课题研究，增强应对气候变化方面的业务培训。海南省专业技术研究单位海南低碳经济政策与产业技术研究院2011年以来，重点围绕海南低碳经济政策及发展战略、新能源及节能减排技术、低碳生活模式设计与示范区建设规划等方面的课题开展了研究，为海南低碳发展提供技术支持、人才支撑和政策咨询服务等。积极建立业务培训机制，多次参加国家发展改革委举办的气候变化能力建设培训研讨活动；派出委领导参加德班联合国气候大会中国角活动，并发表了《积极应对气候变化 建设海南国际旅游岛》演讲；参加中国高级别官员赴英国进行应对气候变化工作培训，并着重就低碳政策进行调研；参加中美低碳发展战略与政策研讨班；参加了意大利“气候变化、环境管理与可持续发展研讨班”。

（四）加强统计监测，提高信息化程度

统筹构建公共气象服务体系、完善预报预测体系、健全综合观测体系和台站建设等。出台了《海南省“十二五”气象事业发展规划》、《海南省综合防灾减灾“十二五”规划》和《海南省气象灾害防御规划（2010～2020年）》，重点建设了中国南海气象预警工程、三沙气象保障海口基地建设工程、海南旅游农业航天气象保障工程等一批项目。2011年以来，海南省共建成覆盖海南岛及南海部分岛屿的各类自动气象站425个，可提供每10分钟一次的观测数据，为提高气象预测预报能力、防灾减灾能力、应对气候变化能力和开发利用气候资源能力奠定了基础。

（五）扩大宣传，深化教育

通过广播电视、平面媒体、网络媒体等诸多形式，积极向社会宣传低碳理念。在全省党政机关、企事业单位组织了形式多样宣传低碳理念的活动，使低碳理念深入人心，倡导群众养成良好的低碳生活习惯。引导游客选择低碳的旅游产品和服务，有效控制和减少“奢侈消费”等行为，从需求端引导低碳产业发展，努力降低二氧化碳排放，形成绿色、低碳的科学消费模式。2011年以来，陆续开展了节能技术产品和节能减排科普知识宣传、绿色建筑有关知识、节能进企业、节能进社区、节能进学校等一系列宣传活动，广泛宣传节约能源、提高能效的重要性、形成浓厚的节能减排社会氛围。

四、应对气候变化的国际合作

清洁发展机制（CDM）是国际应对气候变化的一个积极的措施，截至2011年底，海南省20个CDM项目得到国家发改委批准，预计可实现年减排量为98.4万吨CO_2当量，已注册10个CDM项目，年减排66万吨CO_2当量，已签发5个CDM项目，年减排27.7万吨CO_2当量。2011年3月海南举办了世界屋顶绿化论坛，2011年8月举办了太阳能热发电技术三亚国际论坛等，进一步加强应对气候变化工作的国际合作与交流。2011年12月，海南省发改委副主任朱华友在德班气候大会的“中国角”边会上，代表海南发出了“积极应对气候变化、建设国际旅游岛”的声音。

（撰稿：时丽艳，海南省发展和改革委员会区域经济和资源节约环境保护处）

2011年重庆应对气候变化和低碳发展

重庆市发展和改革委员会

2011年，重庆市应对气候变化工作在“十一五”工作基础上，根据国家低碳试点和碳排放权交易试点工作要求，着重在低碳产业体系构建、能源结构优化、节能减排、森林工程建设等方面，全力控制温室气体排放；在农业、水资源、卫生健康、气象等领域积极适应气候变化，推动我市应对气候变化工作取得显著成效。

一、2011年应对气候变化行动与成效

（一）建立应对气候变化体制

一是在国家发展改革委支持和指导下，2011年修改完善了我市低碳试点实施方案，明确了发展低碳经济的思路和政策措施，形成了2011-2020年低碳发展的内容框架、发展目标和工作机制，并细化分解了制度体系建立、市场机制创新、低碳产业构建、低碳能源发展、低碳技术研发、低碳城市建设六个方面的40多项具体行动。目前国家发展改革委已正式批复。二是开展应对气候变化及低碳发展立法工作，将重庆市应对气候变化条例纳入2012年预备项目。三是启动温室气体排放清单制工作，摸清我市温室气体排放的总量及构成，明确重点碳排放领域和行业。四是启动实施低碳产品认证制度研究，目前已编制完成低碳产品评价技术规范及认证实施方案，计划明年下半年正式实施，通过产品链条，吸引整个社会在生产和消费环节的低碳转型。

（二）创新碳交易市场机制

2011年10月国家确立我市为碳排放权交易试点城市，按照国家碳排放权交易试点要求，目前已编制完成《重庆市碳排放权交易试点方案》，建立基于总量控制和配额交易的碳交易市场机制，确定碳交易产业链在市场主体确定、初始配额分配、签发、交易、流转、审核、服务、融资等环节的管理办法和工作流程。探索建立区域性的碳减排项目以及碳汇项目与配额交易市场相关联的补充机制，以进一步推动实现企业碳减排技术升级的积极性，拓宽城乡统筹背景下的工业反哺农业和“缩差共富”的民生之路。

（三）推动产业低碳化转型

目前我市六大低碳产业集群雏形初步显现，形成了以重钢三峰科技、远达环保为代表的垃圾焚烧发电和烟气脱硫治理产业，以长安集团和恒通公司为龙头的混合动力汽车及变速箱等配套产业，以海装公司为龙头企业的风电装备制造产业，以大全、兰花、天原为龙头的高纯硅材料生产产业，以四联集团、硕朗倍德公司为代表的LED元器件和灯具产业集群。以海装风电成套装备为龙头，形成以整机为主，关键核心零部件同步发展的格局，建成风电装备产业链，到2020年力争达到500万kW生产能力，占全国市场份额的10%以上。围绕大全等龙头企业，壮大太阳能光伏产业集群，力争到2020年形成400万kW生产能力，占全国市场份额的10%以上。目前，正在加紧规划建设低碳产业园区，推动低碳产业集群集聚，打造我市低碳经济亮点。

（四）构建低碳能源供需体系

构建多样、安全、清洁、高效的能源供应和消费体系。一是合理控制能源消费总量。根据国家相关工作要求，

国家低碳省区低碳城市试点工作座谈会在重庆召开

国家发改委副主任解振华考察重庆同兴垃圾焚烧发电厂

按照区县为主，市级调剂，点面结合的原则，编制全市合理控制能源消费总量工作实施方案。二是优化发展煤炭利用体系，大力促进煤炭绿色生产与清洁利用。三是加快实施水电开发项目，按照市政府《关于加快中小水电建设的会议纪要》，加快中小水电开发建设进度，目前已完成全市在建和规划的1000千瓦及以上中小水电项目摸底调查工作，一批大中型水电项目相继投产，新投水电装机容量110万千瓦。四是加快建成投用我市第一个风力发电项目，装机4.9万千瓦；积极推进垃圾焚烧发电，主城区第二座垃圾焚烧发电厂（日处理垃圾2400吨）已建成投产，年发电2.2亿千瓦时；推进农村沼气建设，截至2011年底，累计建成农村沼气145万户，大中型沼气工程130处。五是推进智能电网建设，实现电能资源优化配置。

（五）推进低碳城市建设

一是科学制定城市规划。将低碳发展理念纳入城市规划和城市系统建设中，规划紧凑化的城市空间，开展重点绿色低碳小城镇示范。二是发展低碳交通。推进“畅通重庆”建设；推广天然气等清洁能源汽车，主城区公交车和出租车均实现了100%的CNG改装和应用；未来五年，规划建设30作充电站，在主城区范围形成较为完善的充电服务网络。贯穿主城区东西方向的轨道交通一号线开通，贯穿主城区南北方向的三号线一期工程已通车，目前我市轨道交通里程数达到75公里，初步形成了以低碳排放为特征的交通体系。三是发展低碳建筑。编制完成了重庆市低碳建筑标准，为低碳建筑和低碳社区的认定提供技术依据；推进可再生能源建筑示范工程，签署了江北城CBD江水源集中供冷供热项目特许经营权协议；结合小城镇建设和房地产开发，大力发展绿色建筑、绿色生态住宅小区；推进我市巴南区木洞镇国家绿色低碳小城镇试点示范。四是建立可再生资源回收网络体系；运用特许经营模式，实施主城区餐厨废弃物资源化利用和无害化处理试点工程；开展限制使用塑料购物袋专项行动。

（六）大力推进节能增效

继续加快淘汰落后产能和优化生产力布局，预计全年将超额完成淘汰焦炭220万吨、铁合金5.1万吨、铜冶炼0.1万吨、铅冶炼4.5万吨、水泥460万吨、平板玻璃130万重量箱、造纸19万吨、印染1500万米的目标任务；发布了第六批主城区环境污染安全隐患重点搬迁企业名单，搬迁企业总数达到207户，其中：重钢环保搬迁于9月份全面完成，其对主城区环境改善的贡献，超过了过去十年所有搬迁企业的总和，具有重大里程碑意义。继续大力实施“十大重点节能工程”，通过积极争取中央预算内投资和中央财政补助资金，有力地支持了一批示范工程建设。深入贯彻落实绿色照明和节能产品惠民工程，取得了重大成效，其中：我市累计有77款车型进入了国家前六批节能汽车推广目录，占全国总数的18.6%，名列全国第一，在国家最新政策要求下，我市截至目前已有30多款车型入围第七、八批节能汽车推广目录。按照国家要求，全面实行了固定资产投资项目节能评估和审查制度，从源头上控制能源消费，防止能源浪费。

（七）大力发展循环经济

今年我市循环经济及资源综合利用工作逐步改变了以往点多面广、规模小、特点不突出的工作局面，集中力量抓好重点工作，突出规模效应和亮点特色。开展城市矿产示范基地创建工作，编制完成了城市矿产示范基地建设“十二五”规划，统筹全市再生资源回收网络体系和综合利用项目布局，以基地为载体，形成产业链，促进再生资源综合利用尽快形成较大规模；同时，永川港桥工业园区纳入了国家第二批城市矿产示范基地，国家已安排中央补助资金支持基地建设。加强“渝新欧”铁路返程货源组织工作，依托国际大通道进口废旧金属，发展壮大我市再生有色金属产业。开展国家级餐厨废弃物资源化利用和无害化处理试点，我市主城区餐厨废弃物资源化利用和无害化

重庆市发改委举行低碳讲座

签署仪式

处理项目纳入了国家第一批试点，目前正在加快建设。在重点领域开展资源综合利用示范，重点推进电解锰废渣和煤矸石综合利用工作，并得到国家资金支持。

（八）推动气候友好技术研发应用

在工业领域，组织实施了低浓度矿井瓦斯气能源化技术及装置、垃圾焚烧发电关键技术研究及产业化等研发项目，研制了国内首台具有自主知识产权的2MW变速恒频风力发电机并成功应用，5MW的海上风机正在加紧研制；研制成功了混合动力轿车，排放标准达到欧III标准，节油20%，在国家科技支撑计划项目“机床再制造关键技术与应用”支持下，成功掌握机床再制造与综合提升成套技术，使再制造机床的功能和主要技术指标达到或超过原机床，资源循环利用率达80%左右，污染排放减少90%以上。在建筑领域，研究适宜我市的建筑节能成套技术路线，积极推进可再生能源建筑应用工作，开展江水源集中供冷供热技术和污水源区域循环水集中供冷供热技术的集成研制和示范应用。在交通领域，组织开展了山区高速公路隧道节能型照明系统研究与应用、船舶内燃机应用等研发项目。三峡库区农业循环经济标准化试点的农用沼液无害化处理及利用技术和橘渣再利用技术得到了进一步深化和推广应用；在二氧化碳捕捉封存方面，电投远达环保自主研发了我国首个万吨级燃煤电厂二氧化碳（CO2）捕集装置，已在我市合川双槐电厂正式投入运行，主要用于电厂烟气中“捕捉”二氧化碳，然后将其变成液态，用于灭火、制冷、金属保护焊接、生产碳酸饮料等。

（九）增创绿色林业碳汇

2011年，全市森林覆盖率达到39%，同比提高2个百分点，新增造林500万亩；主城建成区绿化覆盖率达到45%。累计完成“森林重庆”建设总体规划的48%，初步估算，我市现有森林每年固碳量为580万吨，折合二氧化碳2127万吨。

（十）强化适应气候变化能力

启动实施可持续农业发展项目，加强农业基础设施建设，推进农业种植结构的优化，加强农业防灾减灾体系建设，开展农业适应性科技的研究和开发利用；改进和完善大气综合监测系统，提高重大气象灾害及其次生灾害的监测预报预警水平，增强突发气象灾害的应急处置能力；加快三峡库区自然生态保护建设，强化生物物种资源的保护和管理。协助组织国家发展改革委对适应气候变化的能力培训，强化机关和个人应对气候变化和低碳生活的意识习惯。

（十一）开展应对气候变化国际合作

一是启动汇交易机制研究和“零碳”社区创建等3个SPF项目；启动低碳社区指标体系研究项目；在美国能源基金会的资助下，开展碳交易制度研究；在联合国计划开发署资助下，推进低碳产品认证研究。二是依托国家发展改革委与英国能源和气候变化部关于低碳合作的谅解备忘录，对市级有关部门、中央在渝企业、区县（自治县）发展改革委、企业单位等实施碳交易专题培训。三是推动清洁发展机制项目合作，截至2011年底，国家累计批准我市61个CDM项目（其中：2011新批准3个），18个项目在CDM执行理事会成功注册，7个项目获得碳交易资金，约计近800万欧元（约合人民币7000多万元）。

（十二）强化公众应对气候变化意识

通过开展深化节能减排家庭社区行动、“宜居重庆·低碳家庭·时尚生活”和“绿色低碳地产·和谐宜居重庆”、“低碳重庆·万人签名”等主题活动或巡展活动，促进社会和民众树立低碳生活理念，营造“低碳发展，绿色重庆”

运行中的重庆3号轨道交通线路

快速充电纯电动客车

的社会氛围。开展了针对气候变化与发展低碳经济的专业培训，着力提高政府管理人员有关气候变化和低碳经济的认识和能力。

二、2012年应对气候变化的思路及工作重点

按照胡锦涛总书记“314”总体部署和国务院《关于推进重庆市统筹城乡改革和发展的若干意见》，以全面贯彻落实科学发展观，促进经济社会协调发展为中心任务，以控制温室气体排放、增强可持续发展能力为目标，以转变经济发展方式、提高能源效率、优化能源结构、探索低碳绿色发展模式为重点，依托政策机制激励和科技创新，促进全市应对气候变化工作的深入开展。

重庆同兴垃圾焚烧发电厂

（一）总体思路

按照市委第四次党代会精神要求，统筹兼顾近期和长远、局部和全局的发展需要，将应对气候变化与优化产业结构、加快城市建设、促进科技进步相结合。以控制温室气体排放为目标，以应对气候变化的体制机制为关键，以低碳能源体系建设为核心，以低碳产业发展为载体，以气候友好型技术创新为动力，利用低碳城市建设的平台作用和碳交易市场的环境机制，实施应对气候变化重点示范工程，培育催生以低碳排放为特征的产业体系和产品供需市场，倡导低碳绿色消费模式和生活方式，增强全民气候变化意识，积极探索低碳发展路径。逐步形成政府主导、企业为主体、市场调节、多元投入、全社会共同推进的应对气候变化新局面。

（二）重点工作

推进国家低碳试点城市建设，不断提高减缓和适应气候变化的能力。一是大力发展低碳经济，降低温室气体排放强度，2012单位地区生产总值二氧化碳排放比2011年减少4%左右。二是建立促进低碳发展的政策法规、标准和统计、监测及目标考核体系，制定财税、金融、土地、生产原料价格等方面支持政策，鼓励和引导社会资金向低碳经济领域快速渗透和转移；三是鼓励低碳技术创新、引进、研发和应用，强化低碳发展的技术支撑；四是以调整产业结构、提高能源效率、优化能源结构、促进低碳技术研发应用为重点，打造以低碳排放为特征的产业体系，着重抓好工业、建筑和交通等重点领域碳减排，促进重点行业和支柱产业向低碳转型；五是加快清洁能源、可再生能源、生物质能源建设，提高低碳能源供给总量；六是开展低碳企业和产品认证，低碳园区试点和示范；七是建立碳排放权交易市场，以及市场组织服务体系和政策支持体系；八是建成国家森林城市、生态园林城市、环保模范城市，森林覆盖率提高到40%以上，九是倡导低碳绿色生活方式和消费模式，培育壮大低碳产品的消费市场。十是加强基础设施建设，增强农业、林业、水利等敏感领域适应气候变化的能力，以及对极端气候的预警和抵御能力。十一是以技术、资金和能力建设为重点，开展应对气候变化和低碳发展的国内外合作。（2012年8月）

（撰稿：董晓川、刘强，重庆市发展和改革委员会资源环境和应对气候处）

2011年四川应对气候变化和低碳发展

四川省发展和改革委员会

四川地处长江上游，生态安全战略地位重要。近年来，四川在深入实施西部大开发战略、加快建设西部经济发展高地的实践中，坚持把应对气候变化作为贯彻落实科学发展观、调整经济结构、实现经济发展方式转变和可持续发展的重要抓手，紧紧围绕实现国家确定的控制温室气体行动目标和省委、省政府提出的“加快发展，科学发展，又好又快发展”的经济发展总体取向，致力于建设长江上游生态屏障，加快应对气候变化工作从能力建设阶段向实施阶段的转变，在经济结构调整、节能减排、绿色低碳和生态环境保护等方面开展了大量工作，取得了明显成效。

一、统筹规划，科学分解下达碳强度目标

一是根据国家发展改革委“十二五”规划编制的有关要求和省政府领导指示精神，组织编制了《四川省应对气候变化“十二五”规划》，从总体和战略层面，明确了我省应对气候变化工作的指导思想、主要目标、总体部署、重点任务和政策导向。目前该规划已经通过了专家审查，将于近期印发。

二是认真贯彻落实国务院“十二五”控制温室气体排放工作方案，组织制定《全省“十二五”控制温室气体排放工作方案及重点工作部门责任分工》，安排部署全省控制温室气体排放工作重点任务，明确省级部门分工，落实目标责任。成立由我委牵头的部门间协调机制，统筹“十二五”控制温室气体排放工作方案的贯彻落实工作，会同有关部门做好跟踪和督促检查。

三是围绕国务院确定我省“十二五”单位国内生产总值二氧化碳排放下降指标为17.5%的目标，组织专家对各市州碳强度下降指标进行测算研究，参照国家的分解方法并结合四川实际，根据规划期各地区能源消费结构的变化及电力跨地区调度等因素，并考虑个别特殊情况和市州间的平衡，科学提出了全省“十二五”各市州碳强度下降目标分解建议方案，已通过省政府常务会审定，将于近期下达各市（州）。

二、试点探索，积极加强低碳城市建设

一是本着“因地制宜，突出特点，注重实效，重点推进”的原则积极开展省级低碳城市试点，重点对一些低碳建设项目给予政策倾斜和资金支持。以制定支持绿色低碳产业发展的配套政策、构建以低碳排放为特征的产业体系、建立温室气体排放数据统计和管理体系，倡导绿色低碳生活方式和消费模式等四个方面为主要内容，以发展低碳建筑、低碳交通、低碳社区和低碳产业为重点，先行先试，总结经验，探索符合四川特色的低碳绿色发展之路。

二是针对不同发展水平和区域特点，2011年，确定成都市（特大中心城市和全国统筹城乡综合配套改革试验区）、广元市（地震恢复重建和川北丘陵山区中等城市）、宜宾市（川南老工业城市）为我省首批省级低碳试点城市。今年，我省在低碳城市试点取得积极成效的基础上，又将遂宁市（新兴产业经济快速发展的人居环境范例城市）和雅安市（全国生态示范市）纳入省级低碳城市试点，力争低碳发展取得更大成绩。

三是积极申报广元市、遂宁市为国家第二批低碳城市试点城市。广元市拥有较丰富的水能、天然气、风能、太阳能等清洁能源资源，森林覆盖率达53.6%，具有明显的低碳资源优势。设立了市低碳发展局，专门负责广元市应对气候变化和绿色低碳发展相关工作，编制了《广元市“十二五”低碳经济发展规划》，推动全市绿色低碳发展。大力发展电子、食品饮料等等优势产业，产业低碳化特征比较突出，综合能源效率逐步提高。成立市环境交易所，积极探索开展碳交易。广元市先后成功实施“中国四川西北部退化土地的造林再造林”、“广元市农业温室气体减排”等碳交易项目。遂宁市大力发展绿色经济，成立了创建绿色低碳示范城市工作领导小组，初步建立了全市绿色经济发展指标体系，加快发展电子信息、现代物流、绿色能源等新兴产业，绿色产业体系初步形成。加快建设现代生态田园城市。积极开展全民节能低碳行动，出台“绿色生活一揽子计划”，成功承办了由省政府、全国政协人资环委、国土资源部、环保部、住建部、农业部、国家林业局共同主办的“2012绿色经济遂宁会议”，中央政治局常委、全国政协主席贾庆林同志发来贺信，高度评价“2012绿色经济遂宁会议”的战略定位、办会宗旨以及为绿色经济发展作出的积极贡献。

三、摸清家底，认真编制温室气体排放清单

一是根据国家发改委关于编制温室气体排放清单工作要求，抓紧向省政府汇报落实，加强各部门协调，解决地方配套资金。制定了《四川省温室气体清单编制工作方案》。确定了我省清单编制的方法、领域和温室气体种类，明确了工作进度安排。

二是为加快推进全省温室气体排放清单编制工作，成立由省级相关部门人员组成的清单编制协调工作组，负责

相关资料数据的收集整理、咨询研究和指导决策等任务，保证经济活动数据的科学性和真实可靠。落实了清单编制主要领域承担单位和技术牵头人。参与单位包括省科技促进发展研究中心、省农科院等7家单位，同时明确了主要领域清单编制负责人和技术专家，并研究制定了各领域编制计划。

三是建立健全会商检查制度，定期召开清单编制工作会议，检查清单各领域技术单位工作进度和进展情况，对存在的问题和困难进行研究探讨，寻求解决方案，加快推进编制工作。加强学习交流和培训，采取多种形式，紧扣实际，力求实效，有针对性地开展学习培训和交流工作。

四、加强研究，提升绿色低碳创新水平

一是在国家的统一部署下，坚决落实省政府领导指示精神，加强重大课题的前瞻性、战略性研究，形成有序推进应对气候变化工作的体制机制和政策措施。编制完成《四川省绿色低碳发展调研报告》；启动《四川省应对气候变化规划思路研究》，提出我省应对气候变化工作的总体思路。

二是研究建立四川省绿色低碳发展指标体系。研究制定《四川省绿色低碳发展指导意见》，在总体部署、产业结构调整、重大项目实施、关键技术突破、低碳产品推广以及实施进程和保障措施等方面提出指导性意见。同时做好适应气候变化战略研究，完善有关政策，推动项目实施，力求取得实效。

三是我省高等院校和科研机构相继组建应对气候变化和绿色低碳研究机构，金融、会计、质量标准等业界积极开展相关研究，进行低碳技术的研发和推广、绿色低碳发展的途径和前景、碳交易市场建立、低碳产品标准和认证等多方面的研究和探索。目前，成都环境交易所将碳减排指标纳入交易范围，积极研究制定碳交易标准和规则；四川省注册会计师协会根据国家财政部要求，积极探索开展企业碳排放计量认证工作，着手对宜宾五粮液集团、成绵乐高铁、成都地铁2号线等企业和工程项目开展碳排放认证示范。四川大学成立了低碳技术和经济研究中心，并组建低碳技术研究实验室，开展碳捕捉和封存科研攻关。这些研究机构的建立和研究项目的开展，提升了四川绿色低碳科技创新水平，为推进四川应对气候变化和绿色低碳发展工作打下了良好基础。

五、对外合作，推进应对气候变化项目实施

一是积极参加我国与国际组织和政府间开展的有关应对气候变化和低碳技术、项目、管理方面的国际合作交流，积极开展国际间务实交流合作，《可推广的四川低碳城市发展的范式及行动计划研究》，已获得中英繁荣基金项目支持。

二是发挥我省中小水电、提高能效、森林碳汇、农村沼气、农业耕作技术改良、浅层地温能开发利用等低碳资源优势，开展清洁发展机制（CDM）项目的国际合作。截至2012年7月，国家批准我省的清洁发展机制（CDM）项目累计达404个，每年可减少温室气体排放7650万吨二氧化碳当量。2011年度，我省清洁发展机制（CDM）项目个数和减排量分别约占全国的1/10，在各省市区中分别居第二和第一位。按每吨二氧化碳当量8欧元计算，我省目前已在联合国执行理事会（EB）注册的152个项目实现的年减排量达3194万吨二氧化碳当量，均居各省市区第三位。

三是按国家发改委的要求，引导和推进温室气体自愿减排项目的实施。积极支持，大力开展国内、省内的各类节能减碳、清洁生产、低碳发展相关项目的实施力度。目前，我省与国际机构实施的以免耕、滴灌、测土配方、沼气为合作内容的农村温室气体自愿减排交易项目进展顺利。

六、强化保障，深入推进应对气候变化能力建设

一是根据《国家发展改革委关于印发〈应对气候变化领域对外合作管理暂行办法〉的通知》，起草了《四川省应对气候变化领域对外合作管理实施细则》，规范我省应对气候变化工作对外合作管理。

二是会同省法制办、省气象局研究制定《四川省应对气候变化办法》，强化应对气候变化工作组织领导，严格办事程序，加强信息沟通，建立和完善多部门参与的决策协调机制，形成政府推动、企业实施、全社会参与低碳建设的共同行动，进一步增强了四川应对气候变化的组织和实施能力。

三是探索建立温室气体排放统计核算体系。抓紧开展温室气体排放统计核算前期研究工作，研究建立我省温室气体排放数据信息系统，积极推行重点行业、企业温室气体排放的计量和核算，探索建立温室气体排放核算统计体系。在现有合同能源管理项目、财奖节能项目和自愿减排项目开展碳计量监测和核查之外，鼓励支持大中型企业和主要碳源企业建立碳计量监测系统，开展碳计量和碳核查，推进广大企业节能减碳。

七、全民参与，全面提升公众应对气候变化意识

积极开展国家机关、事业单位、团体组织等公共机构节能，在省级机关等系统推进低碳节能示范项目。大力开展各种形式的宣传培训工作，继续办好“低碳日”等活动，宣传低碳生活典型，倡导绿色低碳、健康文明的生活方式和消费方式，使低碳理念广泛深入人心，成为全社会的共识和自觉行动，营造良好的舆论氛围和社会环境。（2012年11月29日）

（撰稿：易成波，四川省发展和改革委员会应对气候变化处）

2011年贵州应对气候变化和低碳发展

贵州省发展和改革委员会

贵州省委省政府高度重视应对气候变化工作，积极推进低碳技术的引进和转化，控制工业、建筑、交通和农业等领域温室气体排放。开发能源高效利用技术，大力发展可再生能源，优化能源结构；提高森林蓄积量，增加森林碳汇，增强固碳能力；开展区域气候变化影响综合评估；加强极端气候事件监测预警，建立防灾减灾和应急系统，积极加强国际国内合作，增强适应气候变化能力。努力推进加强应对气候变化知识普及，提高公众气候变化意识。2011年以来，贵州省应对气候变化工作取得了积极成效。

一、减缓气候变化的政策与行动

（一）强力推进节能减碳,确保完成年度和“十二五”节能减碳目标

完善政策措施，加强综合协调。制定和实施《贵州省“十二五”控制温室气体排放实施方案》，狠抓贯彻落实，坚决防止出现温室气体排放工作前松后紧的问题，确保完成我省“十二五”节能减碳目标任务。为进一步明确责任，制定了《贵州省“十二五”控制温室气体排放工作方案部门分工》，将“十二五”控制温室气体减排各项工作细化分解到省各有关部门，确保各项工作有序推进。为进一步健全节能减排法规制度，我省开展了《贵州省节约能源条例》立法调研工作，并已列入2012年正式立法计划，相关起草工作正在有序推进。出台了《贵州省节能减排监察暂行办法》，进一步规范了节能减排监察行为，提高了监察的透明度和公信度。

合理分解节能减碳目标任务，强化目标责任制。一方面，层层落实节能减碳目标责任。在充分考虑全省各市（州）经济发展水平、产业结构、节能减碳潜力等因素基础上，将“十二五”节能减碳目标任务按地区分成四个档次。明确了各市（州）政府、各有关部门“十二五”节能减碳具体目标任务。另一方面，积极开展节能减碳目标评价考核。对全省列入国家“千家企业节能行动”的企业开展了2010年暨“十一五”节能目标责任评价考核工作。

加强重点用能单位管理，大力实施节能重点工程。一方面，启动万家企业节能低碳行动。根据国家《“十二五”万家企业节能低碳行动方案》要求，对全省重点用能单位基本情况进行了反复调研，提出了我省纳入国家“十二五”万家企业节能低碳行动企业名单和节能目标分解方案。另一方面，积极组织实施节能重点工程。2011年争取中央预算内投资和中央财政奖励节能重点示范项目30个，补助和奖励资金22561万元。安排省预算内资金和省节能专项资金2000万元，支持一批节能减碳重点工程。上述项目建成投产后，年可节能约60万吨标准煤，相当于年减排二氧化碳150万吨二氧化碳。

推广节能技术和产品，普及先进技术应用。制定我省节能技术产品推广目录，通过企业申报和甄别遴选，组织专家评审，评选出15项符合条件、节能效果明显的产品（技术）列入《贵州省节能产品（技术）推荐目录（第四批）》；同时，组织开展高效照明产品推广工作，通过各级节能主管部门的共同努力，2011年共推广317.26万只节能灯，超额完成了国家下达我省节能灯推广任务，每年可实现节电1.92亿千瓦时，折标煤约6.72万吨，减排二氧化碳约17.55万吨。

大力推行合同能源管理，促进节能服务产业发展。按照国家要求，遴选出贵州汇通华城楼宇科技有限公司等25家节能服务公司通过国家审核备案，2011年，共完工重大合同能源管理项目9个，形成节能能力3万余吨标准煤。

实行节能评估和审查制度，严把项目能耗准入关。对固定资产投资项目节能评估按照项目年综合能源消费总量实行分类管理，将节能评估文件及其审查意见，作为项目审批、核准和备案类项目开工建设的前置性条件以及项目设计、施工和竣工验收的重要依据，从项目建设源头把好节能准入关。全年共完成211个项目的节能审查，其中完成节能登记备案190个，出具审查意见21个，核减能源消费量11.6万吨标准煤，相当于减排29万吨二氧化碳。

着力推进公共机构节能减碳，充分发挥示范带头作用。编制印发了《贵州省“十二五”公共机构节能专项规划》，明确了我省“十二五”公共机构节能工作的思路、节能目标、重点领域、重点工程和保障措施等。为进一步完善工作机制，建立了贵州省公共机构节能工作联席会议制度，确保工作协调推进。印发了《关于做好2011年公共机构节能工作的通知》和《贵州省贯彻公共机构能源资源消耗统计制度实施方案》，要求各级政府和有关部门进一步加大公共机构节能工作力度，提高公共机构节能管理水平，健全公共机构能耗统计体系。实施了一批公共机构节

能示范项目。

加强监督检查，力促重点工程发挥节能效益。为促使重点节能工程尽早发挥效益，对贵定海螺盘江公司9MW纯低温余热发电节能改造项目等21个国家重点节能工程开展了专项监察，印发了现场监察报告，并对存在问题的企业下达了专项监察整改通知。对全省火力发电企业开展了节能技术标准执行情况专项检查，督促电厂进一步规范合理用能，降低工艺系统能耗。对全省高效节能空调推广情况进行了专项核查，并向国家节能中心报送了专项核查工作总结报告。对全省9个市（州）供电局进行了综合线损和供、发电能耗专项监察，有力地推动了电力结构调整和升级，促使电网企业持续健康发展。

（二）大力推进循环经济，促进资源综合利用

完善政策措施，加强宏观指导。颁布实施了《关于支持循环经济发展的投融资政策措施意见的通知》，提出了支持循环经济发展的融资政策和途径。编制了《贵州省“十二五”发展循环经济专项规划》，提出了“十二五”发展循环经济的重点领域、任务、重点工程和保障措施。启动了《贵州省循环经济促进条例》和《贵州省资源综合利用条例》的立法调研工作。

循环经济试点取得初步成效，循环经济规模不断壮大。一方面，积极组织贵阳市、贵州瓮福（集团）有限责任公司、贵州开磷（集团）有限责任公司、贵州赤天化纸业股份有限公司、贵州茅台酒厂有限责任公司等五个国家循环经济试点单位（城市）开展示范试点。通过大力开展资源综合利用工作，提高“三废”资源综合利用率，加强产业链延伸和耦合，实现废弃物的循环利用，各试点单位（城市）达到了以尽可能少的资源消耗和环境成本获得尽可能大的经济效益和社会效益的目标，探索出了各具特色的新型工业化道路。同时，组织试点单位进行总结，开展典型模式案例研究，其中贵阳市和贵州开磷集团入选《国家循环经济典型模式案例》。另一方面，为大力创新循环经济发展模式，加快推进全省循环经济基地建设，我省以发展电力、煤及煤化工、磷及磷化工、铝及铝加工等优势产业为重点，遵循循环经济理念编制了一批循环经济基地规划。目前，贵阳市开阳磷煤化工循环经济工业基地、桐梓煤化工循环经济工业基地等一批循环经济基地项目建设进展顺利。

大力实施循环经济和资源综合利用重大示范项目。2011年，实施了10个具有规模效应、技术装备水平较高的循环经济和资源综合利用重大示范项目。项目建成后，年利废量230万吨，利用黄磷尾气3000万m^3/年，减排焦化尾气21900 m^3/年。目前，全省建成粉煤灰、磷渣微粉加气混凝土砌块生产线18条，粉煤灰、磷石膏、磷渣等蒸压蒸养混凝土砖、砌块等生产线200余条，形成年产360万立方米砌块（折合100亿块标砖）的生产能力。工业固体废弃物综合利用量达4174万吨，综合利用率为50.9%，比2005年提高16.8个百分点。积极支持黄磷尾气和燃煤锅炉烟气回收利用，全省年利用各种工业废气规模约10亿立方米。

积极推进餐厨废弃物资源化利用和无害化处理试点工作。指导全国低碳试点城市——贵阳市编制餐厨废弃物资源化和无害化处理试点实施方案，并组织申报国家试点城市。目前，贵阳市已被列为国家第一批餐厨废弃物资源化和无害化处理试点城市，国家已安排一期800万元专项资金，支持贵阳市试点城市建设。同时，贵阳市还被列为国家发改委与日本国际协力机构“城市典型废弃物循环利用体系建设及试点项目”国际合作四个试点城市之一，目前，各项工作正有序开展。

（三）优化能源结构，发展低碳能源

全省非煤发电装机并网规模1596.15万kW，占全省发电装机的43.83%，其中风电33.55万kW，水电1562.6万kW。火电通过上大压小，全省累计关停小火电机组224.9万kW，目前全省煤电60万千瓦及以上的机组比例达到41.4%以上，全省平均供电煤耗下降310克。

（四）增加森林碳汇

加强生态建设，扎实推进石漠化治理，努力提高森林固碳能力。2011年全省完成石漠化治理面积1115平方公里。完成造林414万亩，到2011年底森林覆盖率已超过41.5%，继续保持全省森林覆盖率年均递增1%奋斗目标，固碳能力大大增强。同时，大力强化林业抚育、湿地保护和田间管理，促进了生态系统碳汇的增加。

（五）积极推进低碳试点城市工作

积极协助贵阳市编制低碳发展实施方案，根据贵阳市实现低碳发展的条件分析、碳排放现状和降低单位生产总值碳排放强度的基本要求，以降低单位工业增加值CO_2的排放量为重点和突破口，加快改造传统产业，推动产业升级，狠抓工业节能减排提高工业碳生产力，打造低碳工业体系；加快建设低碳交通体系和建筑节能的工作进度，减缓CO_2排放量在交通和建筑领域的增长；统筹兼顾农业和其他领域的低碳发展，全面推进低碳城市建设；建立和完

善政策体系、激励机制和低碳技术开发创新体系，保障低碳城市试点工作有效、有序推进。

二、适应气候变化的政策与行动

（一）农业领域

着力推进农村清洁能源工程、生态循环农业工程、大中型养殖场综合治理工程、农村生活污水生态净化处理以及农业湿地和野生植物等农业资源保护和建设工程。全省共建有农村户用沼气池200万口，大中型中温沼气池132个，小型常温沼气池431个。年产沼气约1亿立方米，折合约15万吨标煤，可减排二氧化碳约37.7万吨。

（二）水资源领域

水利建设取得突破性进展。《贵州省水利建设生态建设石漠化治理综合规划》（以下简称《规划》）经国务院批准，由国家发改委印发实施。开工建设了20座中型水库，开工项目数列全国第一，黔中水利枢纽工程和“滋黔”一期工程进展顺利，基本完成9座中型水库建设任务，完成病险水库除险加固工程275座，完成“烟水配套”工程80万亩，新增有效灌溉面积130万亩；实施了96个中小河流域治理工程，我省第一批全国山洪灾害防治县非工程措施项目开工建设。

（三）气象领域

颁布和实施了《贵州省气象条例》，建立了城市规划、重大基础设施建设、新能源开发等重点项目的气候可行性论证制度，提高了气候资源开发利用能力。

三、加强应对气候变化的能力建设

（一）制定重大政策文件

制定了《贵州省“十二五”控制温室气体排放实施方案》、《贵州省“十二五”控制温室气体排放工作方案部门分工》，明确“十二五”期间贵州省控制温室气体的总体要求、主要目标、重大任务和相关政策措施。出台了一系例重大政策文件，包括《贵州省节能产品（技术）推荐目录（第四批）》、《贵州省合同能源管理项目财政奖励资金管理暂行办法》、《贵州省“十二五”公共机构节能专项规划》、《贵州省节能减排监察暂行办法》等。

（二）健全工作机制

成立了由省里主要领导任组长，省直各相关厅局为成员单位的贵州省应对气候变化工作领导小组。研究和确定我省应对气候变化的重大战略、方针和政策，协调解决应对气候变化工作中的重大问题。

（三）开展基础研究，加大教育宣传

积极开展应对气候变化的基础性研究，目前《贵州省应对气候气候变化“十二五”规划研究》已完成初稿，正在做进一步修改完善。开展了《贵州省2005年、2010年省级温室气体清单》编制工作。积极开展宣传工作，为普及应对气候变化相关知识，我们编印了《应对气候变化知识手册》、《应对气候知识读本》，免费发放，收到了很好的宣传效果。

四、应对气候变化的国际合作

为积极开展应对气候变化的国际合作，促进应对气候变化领域对外合作有序开展，根据国家发改委《应对气候变化领域对外合作管理暂行办法》及有关规定，结合贵州省实际，制定了《贵州省应对气候变化领域对外合作管理实施细则（暂行）》。与英国、丹麦、德国、美国开展了应对气候变化领域内的多方面合作。

（稿：王庆卫，贵州省发展和改革委员会应对气候变化处）

2011年云南应对气候变化和低碳发展

云南省发展和改革委员会

011年以来，云南省采取有效措施应对气候变化。节约能源与提高能效。积极发展可再生能源，增加森林碳汇，开展低碳试点，减缓气候变化；在农业领域、气象领域、水资源领域分别采取了适应气候变化的措施；不断加强应对气候变化的能力建设，加强应对气候变化的国际合作。我省应对气候变化的各项举措有效提升了我省应对气候变化的能力，取得了良好的效果。

一、减缓气候变化的政策与行动

（一）节约能源与提高能效

强化节能目标责任考核。国家下达云南省的“十二五”节能目标任务是单位地区生产总值能耗下降15%，云南省人民政府确定的年度工作目标为：2011年单位地区生产总值能耗分别下降3.2%。为保证目标任务的顺利完成，云南省制定了各州市年度节能目标分解方案，通过省人民政府与各州市人民政府签订节能目标责任书的形式，分解下达了各州市的年度节能目标，将年度责任目标分解落实到各级政府、有关部门、重点用能单位等责任单位，形成层层有任务、逐级抓落实的责任机制。

加快淘汰落后产能。2011年云南省分行业淘汰的落后产能为：炼铁179万吨、炼钢35万吨、焦炭194万吨、铁合金6.15万吨、电石11.2万吨、电解铝1.3万吨、铜冶炼3.2万吨、锌冶炼8.78万吨、水泥102.6万吨、造纸0.28万吨、电力8.05万千瓦。淘汰的落后产能涉及11个行业、66户企业，共计106条生产线（装置）。

推进节能示范项目建设。坚持把推进企业节能技术进步作为实现节能目标、促进产业升级、提高企业效益的重要抓手。以余热余压利用、电机系统节电、能量系统优化等节能改造工程为重点，在钢铁、化工、有色、建材等行业组织实施省级重点节能项目，2011年组织实施116项。2011年省级财政安排1.2亿元专项资金支持企业实施节能低碳技术改造、淘汰落后产能等。推广合同能源管理加快项目建设，我省共有24家节能服务公司通过国家审核备案。

积极推进重点领域节能工作。狠抓工业企业节能降耗。按照国家《万家企业节能低碳行动实施方案》要求，共有358家工业企业进入国家名单，“十二五”预计实现节能量499.6万吨标准煤。积极推进“资源节约型、环境友好型”示范企业创建，推进钢铁、化工、有色行业企业能源管理中心示范点建设。加快推进资源节约型、环境友好型企业示范点创建工作。加强企业计量、统计等基础管理，组织企业开展能源审计、能效对标管理。编制完成《重点行业“十二五”节能规划》，节能管理制度不断完善。

加强建筑节能。加快推进绿色建筑示范工程，2011年全省完成太阳能热利用与建筑一体化使用面积11.5万平方米，完成全年目标任务115%。我省共有6个县市、13个光热光伏示范项目列入了国家试点示范，共得到可再生能源建筑应用国家补助资金3亿元，目前8个光伏光热项目通过了验收。组织实施大型建设项目初步设计审查75项，项目建筑节能的审查率达到100%。对全省新建、改扩建建设工程项目施工图设计文件建筑节能进行严格审查，共计完成审查7267项次，审查率达到100%。

加强交通运输节能。发布《云南省交通运输行业“十二五”节能减排工作规划》，明确了交通行业节能目标任务。加强公路节能改造，组织开展公路隧道LED照明、沥青路面就地冷再生技术应用等示范项目。2011年，以昆明市为试点，在各运输企业加快推广节能与新能源汽车，已推广节能新能源汽车622辆。加快淘汰老旧汽车，加强交通运输调度，全省营业性公路运输综合燃料单耗下降0.63%；内河船舶运输燃料单耗下降0.20%。

加强商业和农村节能。2011年在全省住宿行业全年共创建52家绿色饭店，超额完成了目标任务。积极推进城市再生资源体系建设，玉溪市创建成为再生资源体系建设试点城市。大力开展农村沼气建设、省柴节煤灶改造等农村节能和替代能源工作，2011年新建农村户用沼气15.2万户，完成年度目标101%，全省完成省柴节煤灶改造13.5万户，完成年度目标135%。

积极推进公共机构节能。强化公共机构节能基础管理，完成全省公共机构能耗状况基本调查，政府机关带头节能，积极采用高效照明产品、电器等节能产品，认真执行节能产品强制采购目录。各行业节能工作推进有力，为全

省节能目标顺利完成发挥了坚实的支撑作用。

（二）发展可再生能源

大力发展可再生能源。截至2011年底，水电装机达到2956万千瓦。“三江”干流水电开发进入建设、投产高峰，装机达1110万千瓦。中小水电较快发展，继续发挥着重要作用。2011年全省水电发电量1007.41亿千瓦时，按照每度电替代320克标煤计算，可替代标煤约3224万吨，减排二氧化碳约8382万吨。风电产业迅猛发展，完成了新一轮全省风电规划修编，规划可开发风电装机3600万千瓦。截至2011年底，累计投产装机70千瓦，在建装机100万千瓦，筹建装机260万千瓦。2011年全年全省风电发电量10.05亿千瓦时，按照每度电替代320克标煤计算，可替代标煤约32万吨，减排二氧化碳约83万吨。2011年全省风电平均利用小时数达2440小时居全国第二位，高于全国平均水平近30%。截止2012年6月30日，我省投产风电装机98万千瓦，占全省电力装机的2.94%。在建风电装机200万千瓦，居南方省区第一位。上半年发电量14亿千瓦时，占全省发电量的2.56%。太阳能稳步发展，截至2011年底，在建装机19.6万千瓦，筹建装机22.3万千瓦。生物质发电项目投产0.06万千瓦，筹建装机21.4万千瓦。生物质液体燃料推进取得进展，15万吨/年燃料乙醇工程项目已报国家申请开展齐前期工作；地沟油制生物柴油在昆明试点推广取得积极进展。7个县成功申报国家绿色能源示范县，成为获首批绿色能源示范县数量最多省（区）之一。

（三）增加森林碳汇

继续实施森林云南建设计划。云南省继续实施森林云南建设计划，进一步加大植树造林力度，有效增加了森林面积和森林碳汇。2011年，全省完成营造林929.94万亩，其中：人工造林826.68万亩，无林地新封山育林103.26万亩。截至2012年6月底，全省完成营造林423.58万亩，与同期相比增长4.02%，其中：人工造林385.07万亩，无林地新封山育林38.47万亩。2011年完成湿地恢复工程5项，新增国家公园3个、国家湿地公园2个、生物多样性保护教育基地8个；编制了4个省级自然保护区总体规划，昆明轿子山成功晋升为国家级自然保护区；在全国率先开展了自然保护区生态服务功能价值评估并向社会公开发布。

（四）深入开展云南省低碳试点工作

低碳试点工作稳步推进。编制完成了《云南省低碳发展规划纲要（2011-2020年）》（以下简称“规划纲要”）和《云南省低碳省区试点工作实施方案》（以下简称“实施方案”）。成立了云南省低碳发展试点推进工作领导小组。开发清洁发展机制项目成效明显，云南省清洁发展机制项目在联合国执行理事会签发成功的项目总数一直位居全国前列。组织开展了云南省2005年温室气体清单报告编制工作。设立了省级低碳发展引导资金，引导全省低碳发展。率先开展了温室气体统计、核算、考核体系研究，分解低碳工作目标，完成年度低碳发展目标考核工作。

二、适应气候变化的政策与行动

2011年以来，我省在农业领域、气象领域、水资源领域分别采取有效措施，适应气候变化。

（一）农业领域

2011年云南省新建农村户用沼气池15.2万口，2012年上半年新建农村户用沼气池5.35万口。经过多年的建设、使用，截至2011年底，全省农村户用沼气池保有量达288.3万口，位列全国第六。2011年新建农村沼气乡村服务网点1200个，累计达5001个，有效提高了沼气的使用率，极大地方便了农户对沼气池的管理和维护。

（二）气象领域

云南省气象局针对我省连续三年重大干旱灾害，积极开展全球气候变暖背景下我省重大气象干旱成因分析及影响评估工作。组织做好客观化气候预测新技术的发展和省级本地化应用，进一步加强气候变化预测预估能力建设。以云南气候变化的基本事实、趋势预估、影响评估以及极端天气气候事件分析等科学研究为重点，围绕有关气候变化的科学问题及应对需求开展科学研究。出版了研究专著《西南地区气候变化基本事实及极端气候事件》。加强交流与学习，参加中国气象局组织的气候变化培训，协助国家气候中心开展了气候变化在滇考察取样工作，多次与西南区域各省区气候中心开展了气候变化评估的技术交流。利用“3.23”世界气象日和“5.12”减灾日向公众开放，举行公众面对面气象科普现场咨询。策划制作了大风、冰雹、雷电、寒潮气象防灾减灾科普宣传材料。

（三）水资源领域

云南省以建立“水资源开发利用控制红线、用水效率控制红线和水功能区限制纳污红线”为重点，通过开展用水总量控制工作，初步完成全省用水总量控制红线及其目标分解工作；选择牛栏江流域和普洱市开展最严格水资源管理制度试点工作；编制完成《云南省流域和区域水资源管理战略研究》、《云南省州市界河水量水质监测网络体系建设实施方案》、《云南省地表水功能区纳污能力及限制排放总量意见》、《云南省节水型社会建设“十二五”规划》等规划和方案，强化水资源管理的政策支撑；进一步完善区域及行业用水考核体系，开展重点企业水平衡测试工作，启动重点行业用水效率监控评价，并对建设节水型社会的部分州市进行试点考核，探索建立云南省用水效率考核监督评价体系。

三、应对气候变化的能力建设

（一）提高公众低碳意识，促进低碳消费

云南利用每年节能宣传周活动、世界环境日、全国防灾减灾日等主题日，积极开展气候变化科普宣传，通过开展“十一五”节能活动回顾展，节能新技术、新产品展示，“我为节能减排献一策”评选等活动，广泛开展宣传。同时通过中国移动等通讯网络系统发送节能低碳宣传公益短信，倡导全社会进一步把低碳理念转化为全民行动，提高了公众低碳意识。制作了一期低碳生活公益广告宣传片，在云南省电视台黄金时段循环播出，倡导低碳生活理念，增进社会各界对气候变化的了解和认识。

（二）加强节能统计监测分析

不断完善能源统计公报制度，云南省及时发布了2011年度全省及各州市单位地区生产总值能耗等指标公报。同时进一步完善能源统计监测体系，初步建立《云南省节能降耗监测预警统计指标体系》，在对工业节能指标逐月统计监测、单位地区生产总值能耗指标季度监测的基础上，通过完善监测指标、建立预警监测模型，实现单位地区生产总值能耗逐月预测，第一时间跟踪掌握全省及各州市能源消费情况、单位地区生产总值能耗变化情况。

四、应对气候变化的国际合作

积极开展应对气候变化国际合作。充分利用各种渠道争取国际资金和技术支持，增强应对气候变化的能力，促进技术进步和可持续发展。2011年，继续实施德国援助人工造林、节柴改灶、森林可持续经营示范项目。引进法国开发署优惠贷款资金3500万欧元开展生物固碳造林和沼气建设项目。云南西双版纳勐象竹业有限公司竹林碳汇在北京交易所成功交易。组织实施了亚洲开发银行技术援助项目《昆明低碳经济发展示范项目》、大湄公河次区域环境合作框架下的《西双版纳生物多样性保护廊道气候变化脆弱性研究》，组织开展了世界银行大湄公河次区域水和环境卫生合作框架下的技术援助项目《丽江地区气候变化对水和环境卫生的影响分析》，根据研究成果，结合应对气候变化政策分析，提出当地应对气候变化的干预措施建议。

（撰稿：寸文娟，云南发展和改革委员会应对气候变化处）

2011年西藏应对气候变化和低碳发展

西藏自治区发展和改革委员会

全球气候变化及其不利影响是人类共同关心的问题，我区经济发展水平低、气候条件复杂、生态环境脆弱，易受气候变化的影响。2011年我区积极贯彻落实国家、自治区在应对气候变化工作上的一系列决策部署，按照《中国应对气候变化方案》和《西藏自治区应对气候变化方案》,不断加强应对气候变化能力建设。现将我区2011年应对气候变化的政策与行动总结如下：

一、减缓气候变化的政策与行动

2011年以来，西藏自治区采取了以下行动努力减缓气候变化：

（一）调整产业结构，淘汰落后产能

根据自治区党委、政府的决策部署，各地市和有关部门按照《关于转发<水泥行业准入条件>的通知》（藏工信发〔2010〕240号）要求，严格水泥（熟料）建设项目核准、备案管理、土地审批、环境影响评价、信贷融资、生产许可、产品质量认证、工商注册登记等规定，促进水泥行业节能减排、淘汰落后和结构调整，有效控制落后产能扩大化。通过组建高新集团、督促拉萨远大建材公司、东嘎水泥厂、信通水泥厂3家水泥企业加快整合淘汰落后产能等途径，进一步增强了现有水泥企业淘汰落后产能的自觉性和积极性。上述3家水泥企业拟联合建立2条年产60万吨的新型干法生产线，目前该项目已批准开展前期工作。3家企业5台机立窑将在2012年前淘汰，届时我区水泥落后产能将下降到20%。“十二五”末，新型干法水泥产能将达到90%以上。

（二）推动重点领域节能减排

交通运输领域积极推广以石油液化气清洁燃料为主的车辆及混动力汽车的应用，在主要城市推动出租汽车进行“油改气”技术改造，并继续对能耗高、排放超标的老旧车辆进行集中清理，有效地减少了废气排放和保护环境。建筑领域大力推广应用建筑节能新技术新工艺，加快推进新型墙体材料革新和推广节能建筑，拉萨市等重点市（县）已逐步禁止或限制生产落后的墙体材料产品，纯低温余热发电技术也在水泥行业得到重点应用。

（三）加快节能减排项目建设进程

一是城镇污水垃圾处理设施建设稳步推进。2011年，国家发展改革委共安排我区泽当镇、八一镇、日喀则市、狮泉河镇、亚东镇、樟木镇等6座污水处理设施建设项目资金3.2亿元，完成规划城市污水处理工程总投资的39%，日处理污水8.5万吨。国家发展改革委共安排我区14座县城生活垃圾填埋场建设资金2.9439亿元，完成规划城镇生活垃圾收集与处理能力建设总投资的38%。其余23座县城（口岸）生活垃圾填埋场和8个垃圾收运设施项目和拉萨市餐厨垃圾处理站正在开展前期工作。二是地方财政对节能减排项目的支持力度加强。西藏自治区发改委和财政厅安排地方预算1000万元，专项用于我区100万只高效照明产品推广等9个节能减排项目的实施。

（四）严格落实能评环评制度

强化节能、环保、土地、安全等指标约束，依法严格节能评估审查、环境影响评价、建设用地审查，严格贷款审批。建立健全项目审批、核准、备案责任制。为从源头控制新增污染，我区严格环境准入条件，对不符合国家和自治区产业政策、有关规划和环境功能区划、污染物排放和生态保护要求的项目，坚决不予审批。通过环境影响评价工作，有效控制了各类开发建设活动对环境的不利影响和新增污染物排放量。同时，按照《关于印发西藏自治区实施<西藏自治区固定资产投资项目节能评估和审查暂行办法>的通知》（藏发改环资〔2011〕59号）的要求，对新上固定资产投资项目进行了节能评估。并严格工作程序，将节能评估文件及其审查意见、节能登记表及其登记备案意见，作为项目审批、核准、备案或开工建设的前置条件以及项目设计、施工和竣工验收的重要依据。今年完成固定资产投资项目节能登记备案326件，节能评估报告和节能评估报告表审查各1件。

（五）加强节能减排、环境执法专项检查

西藏自治区人民政府办公厅1月份根据各单位落实2010年节能减排任务情况，对区（中）直单位、各地（市）和重点耗能企业节能减排目标责任考核任务完成情况进行了通报。根据自治区人民政府要求，3月份全区各部门和单位完成了节能自查工作，根据自查报告情况，3月17日～22日由我委牵头开展了节能专项检查。通过自查和专项检查，进一步提高了全社会节能意识，各地（市）相继成立了节能减排领导小组和公共机构节能领导小组，研究部署节能减排工作并协调解决有关重大问题。同时为加强环境执法监督，在全区范围内深入开展了整治违法排污企业保障群众健康环保专项行动，对全区涉及的矿产资源开发、重点建设项目、城镇集中式饮用水源地和重点污染企业落实环境保护措施情况进行了认真督察。

二、适应气候变化的政策与行动

一是逐步健全气象科技支撑体系。自治区气候中心积极实施了我区“十一五”重大项目“西藏农牧业防灾减灾气象科技支撑体系建设”之“西藏农牧业气候资源区划与开发利用”，“两个体系”即农业气象服务体系和农村气象灾害防御体系建设，完成泽当镇观测站建设气候可行性论证报告，《西藏气候》、《西藏自治区气候图集》等专著的编制，开展了风能、太阳能等气候资源的调查评估等工作。

二是不断加强气候变化预测、预警工作。围绕我区防灾抗灾工作，自治区气候中心认真开展气候影响评价、气候公报、气象干旱监测、气候预测、土壤墒情监测、产量预报、特色农业等气象服务，制定了《2011年农业气象服务周年方案》，首次发布了《月内重要天气过程预测》，制作发布《2011年入冬以来气候特征及后期趋势预测》。西藏高原大气科学环境科学研究所积极推进应对气候变化基础研究，收集资料，分析我区气候特征。

三是区人影部门不断加大空中云水资源开发力度。区人影部门多次抓住有利天气过程成功实施了人工增雨作业，同时，区人影中心结合所申报的科研课题，初步调查评估了全区县级以上行政区域和空中云水资源的时空分布特征及其开发利用潜力，向减灾司和国家级人影业务单位提交本地空中云水资源评估报告，为下一步开展人工增雨业务提供科学决策和理论依据。通过不懈努力，初步建立起了西藏气候变化数据库，进一步增强了我区应对气候变化技术支撑能力。

四是积极开展造林绿化工作。2011年，西藏自治区编制印发了《西藏自治区十二五“造林绿化专项发展规划》、编制了《西藏自治区核桃基地建设规划》（2011-2020年）。全区完成植树造林70.06万亩，其中：重点区域造林完成33.16万亩；拉萨及周边造林14.6万亩；退耕还林工程配套荒山荒地造林和封山育林13万亩；迹地更新0.78万亩；天保工程封育5万亩；义务植树3.52万亩。完成了拉萨市等4地市防沙治沙工程10800公顷。

五是大力开展农村沼气建设。截止2011年底，我区累计建设59个县农村户用沼气22.5万座，乡村沼气服务网点817个，大中型沼气及养殖小区（联合）集中供沼气工程21个。各地顺利完成农村沼气工程18.5万户，已使92.5万农牧民用上了方便、清洁沼气，减少了电力、煤炭、石油的消耗，提高了农牧民生活条件，取得了较好的经济、社会和生态效益。

三、应对气候变化的能力建设

（一）建立健全应对气候变化规章制度

为进一步加强节能减排工作，有效抑制能耗过快增长，合理利用能源，提高能源利用效率，推进资源节约型、环境友好型社会建设，我区先后制定并发布了《西藏自治区固定资产投资项目节能评估和审查暂行办法》（藏发改环资〔2011〕59号）、《西藏自治区公共机构节能办法》（藏政发〔2011〕27号）、《西藏自治区节能目标责任评价考核暂行办法》（藏政办发〔2011〕23号）。

（二）制定应对气候变化规划

西藏自治区党委、政府一直十分重视应对气候变化工作，将应对气候变化工作与推动科学发展和促进经济社会跨越式发展紧密地联系在一起。为进一步强化防灾减灾和应对气候变化能力，推进我区气象灾害防御体系建设，根据国务院批准的《国家气象灾害防御规划（2009—2020）》（以下简称《规划》）指导意见，结合我区经济社会发展实际和气象灾害防御工作需求，编制了《西藏自治区气象灾害防御规划》。根据国家发展改革委“十二五”应对气候变化专项规划编制工作的相关要求，组织研究并完成了我区“十二五”应对气候变化的基本思路，并向贵司申请了中国清洁发展机制基金赠款项目（即编制西藏自治区应对气候变化“十二五”规划建议文本），委托中国农业科学院农业环境与可持续发展研究所负责编制。

（三）加快温室气体排放清单编制工作

为进一步加强我国应对气候变化能力建设，推动温室气体排放清单编制工作，我委派人参加了意大利温室气体排放清单编制培训任务和全国省级温室气体清单编制试点工作总结交流会。根据贵司要求，我区已启动温室气体清单编制前期准备工作，具体工作由自治区气候中心负责。

四、应对气候变化的社会参与

2011年利用节能宣传周活动契机，气象部门也开展了应对气候变化科普宣传系列活动，活动期间利用媒体、宣传手册等多种形式，向公众宣传有关适应气候变化和防灾减灾等基本知识，提高民众保护气候意识，为有效应对气候变化创造良好的社会氛围。

五、应对气候变化的未来展望

受客观条件制约，我区应对气候变化工作存在以下问题：一是应对气候变化能力建设滞后，管理体制、机制尚不健全。二是少数地方政府和部门对应对气候变化认识不到位，对本行业应对气候变化工作职能定位模糊。三是公众在衣食住行等生活中的节能减排意识和社会责任感有待提升。四是交通能源等基础设施落后，建设、发展和开发、利用的现实需求对生态保护构成一定压力。

为进一步贯彻落实国家应对气候变化政策措施和《西藏自治区应对气候变化方案》，我区“十二五”期间特别是2012年主要加强以下工作：

（一）加强应对气候变化宏观管理

加快制定西藏自治区“十二五”应对气候变化规划，稳步推进《西藏生态安全屏障保护与建设规划（2008-2030年）》。

（二）加强应对气候变化能力建设

建立健全组织机构，充实应对气候变化人才队伍。有序推进气象部门各类重大建设项目，加强对我区重大工程建设和风能、太阳能等气候资源开发利用的气候可行性论证工作意义重大，加强应对气候变化能力建设。以中央第五次西藏工作座谈会精神和“十二五”规划的实施为契机，全面加强应对气候变化和气候资源开发利用能力建设，加大应对气候变化、气象防灾减灾和气候资源开发利用的科普宣传力度；重点加强应对气候变化和气候资源开发利用工作。大力培养应对气候变化和气候可行论证人才，积极拓展应对气候变化服务领域，进一步开展精细化的应对气候变化和气候资源调查、评估和服务等工作。出台相关配套政策，规范和完善我区应对气候变化和气候可行性论证工作，进一步促进西藏应对气候变化能力建设。

（三）加强舆论引导，倡导低碳消费

加强宣教工作力度，广泛通过各种渠道，大力宣传低碳消费理念和低碳行为的好做法，引导民众转变消费观念和消费模式，提升民众节能减排意识。

（撰稿：谢慧，西藏自治区发展和改革委员会应对气候变化处）

2011年陕西应对气候变化和低碳发展

陕西省发展和改革委员会

气候变化是国际、国内普遍关注的全球性发展的重大议题。陕西作为全国能源大省充分认识到应对气候变化的重要性和紧迫性，积极开展应对气候变化工作，以发展经济为核心，以节约能源、优化能源结构、加强生态保护和建设为重点，紧紧抓住创建国家低碳试点省的战略机遇，以“重化工业低碳转型、新兴产业低碳发展”为路径，确定目标，体现特色，先行先试，着力探索西部资源富集地区低碳转型发展之路，努力控制和减缓温室气体排放，不断提高适应气候变化能力。

一、减缓气候变化的政策与行动

陕西积极推进减缓气候变化的政策和行动，在调整经济结构，转变发展方式，提高能源效率，培育低碳产业，加快技术创新，抓好区域低碳转型和增加森林碳汇等方面做出了不懈努力，取得了一定成效。

（一） 制定减缓气候变化的政策及规划

2011年以来，陕西省颁布实施了《陕西省循环经济促进条例》，对工农业生产过程中的循环节能，提高资源利用率提出了新的要求和标准。印发了《陕西省“十二五”应对气候变化规划》，明确了“十二五”期间应对气候变化的工作目标任务、方法措施和重点领域的要求，全面系统地对应对气候变化做了科学的设计和规范。

（二）调整优化能源结构、发展低碳能源

围绕建设国家新能源基地的目标，大力发展水电、风电产业，培育壮大光伏产业。启动了延安低速风电场、秦岭山地风电场和分布式风电场等示范项目，靖边张家山新增风电装机10万千瓦；陕南小水电流域开发等12个小水电建成发电，新增并网装机15.8万千瓦；靖边太阳能光伏产业园建设初具规模，20兆瓦光伏发电项目顺利并网运行。新增新能源发电装机29万千瓦，发电装机规模达到301万千瓦，占全省电力总装机容量的11%。生物质能、地热能等可再生能源的开发利用也有了新的进展。

（三）控制能源消费，强化节能减排

2011年全社会能源消费总量和增速控制在9756万吨标准煤和9.84%的之内，单位生产总值能耗下降了3.56%，工业增加值能耗下降了5.05%。电力、钢铁、焦炭、水泥等39项高耗能产品单耗较上年明显下降，其中电力、合成氨等19项产品单耗水平明显好于全国平均水平。持续推进6大高耗能行业、20个县级工业园区、50家重点企业的节能减碳试点示范。吨钢综合能耗降到587千克标准煤，比全国平均水平低14.5千克标准煤。金属镁单位产品能耗降到了5.3吨标准煤，跨越式进入国内领先水平。全省30万千瓦以上发电机组已占到总装机容量的81%，高出全国平均水平8个百分点。

（四）加快培育低碳产业，推进产业转型

制定下发了《加快培育和发展战略性新兴产业的意见》，实施了一批标杆性项目，电子信息、航空航天、生物医药和新材料产业等新兴产业产值增长均在18%以上。研究出台了《陕西省服务业发展规划》和《生产性服务业项目建设规划》，重点建设一批物流园区、金融服务中心、公共信息服务平台，重点支持工程设计、信息咨询、服务外包等83个服务业重点项目建设，2011年服务业投资达到5880多亿元。以举办世界园艺博览会为契机，大力倡导绿色消费，推进低碳发展，有力带动了文化旅游、商贸会展、文化演艺等产业发展，2011年，文化产业增加值达372.56亿元，增长30.2%。旅游业收入1325亿元，增长34.7%。

（五）加快低碳技术创新

能源化工行业的科技创新投入大幅增长，一批国际国内先进技术得到推广应用。煤制芳烃在榆林进入中试阶段；自主研发的DMTO-Ⅱ技术在渭北煤化工业园区进入产业化生产阶段；引进美国KBR公司悬浮床加氢裂化技术开工建设的煤油共炼示范项目，开创了资源综合循环利用新路径，使煤油资源深度利用跨入世界先进水平。西安热工研究院能源清洁高效火力发电技术研究中心、陕西煤化集团煤化工研究院、西安交大电气学院等15个能源科研机构被认定为国家级研发中心。延长石油集团的二氧化碳驱油试验进入现场试验阶段。云化绿能公司以二氧化碳为原料生产碳酸二甲酯进入扩能阶段，年利用二氧化碳超过了设计规模的5万吨。全省各类相关企业收集转化二氧化碳总

量有较大提升。

（六）交通和建筑领域加强节能减排

将智能化交通管理技术、土壤菌永久绿化技术、泡沫沥青再生技术等新技术引用到道路建设中，大大降低了综合能耗和成本，提高了道路生态环境质量。以推广清洁燃料客车为突破口，增强节能减碳的效果，分别在宝鸡、咸阳、延安等市投放双燃料和天然气公交车辆129辆。在全省23个收费站建成50余条不停车收费系统，通过能力比人工收费站提高了8倍，显著减少车辆污染物的排放。引导建筑企业大量使用外墙外保温和中空玻璃等新材料新技术，部分小区还应用承压集中太阳能、可控式自平衡中央新风系统、风能发电技术，实现了绿色、环保、节能要求，有16项工程获得2011年度绿色建筑评价标识。

（七）抓好区域低碳转型

实施分类指导，一市一策区域发展战略，关中坚持创新发展，着力建设低碳化的交通、建筑、产业体系，构建新型低碳化社会生活模式。陕北坚持可持续发展，紧紧围绕能源资源的深度转化，实施科学开发，集约开发，绿色开发；陕南实施循环发展，从保护青山绿水、推进生态和谐入手，重点培育生态旅游、绿色食品等低碳产业。

（八）增加森林碳汇

继续巩固和扩大退耕还林的成果，加大榆林沙区、黄土高原水土流失区、秦巴山区百万亩防护林基地建设。2011年启动了天保二期工程，总投资2440.2亿元，完成造林488.6万亩，抚育管护幼龄林8500多万亩，构建起稳定的生态屏障。

（九）推进低碳试点工作

在国家发改委气候司的指导下，经过反复推敲修改，完成了《陕西省低碳试点工作实施方案》并获得国家批准，今年4月省政府办公厅以陕政办发[2012]48号文将《陕西省低碳试点工作实施方案》印发各设区市人民政府，省人民政府各工作部门、各直属机构实施。该方案根据陕西省经济社会发展实际，确定了试点期间的任务、目标、具体行动和时间节点，理出了“重化工业低碳转型、新兴产业低碳发展”的低碳试点思路，是“十二五”低碳试点工作的指导性文件。同时，根据低碳试点实施方案，分别在关中、陕南、陕北三大区域确定了7个市县、5个园区，15家企业为省级低碳试点单位，从不同层次、不同产业、不同行业探索区域低碳转型的路径和方式。

二、适应气候变化的政策与行动

陕西完善法规政策，提高重点领域适应气候变化的能力，减轻了气候变化对经济社会发展和人民生活的不利影响。

（一）农业领域积极适应气候变化

颁布实施了《陕西省特色农业气象服务示范基地实施方案》，在陕南部分县建立了农业气候预警系统，对危害农业生产的极端恶劣天气提前预测，提前应对，减少了异常气候对农业生产造成的不利影响。启动了黄河流域农业领域应对气候变化行动，从调整作物种植结构布局，预防灾害天气、平衡施肥、增加植被保持水土、开发生物质能源等方面对我省境内黄河流域农业生产做了全面系统的研究论证，并根据区域经济发展状态，引导黄河沿岸的部分区县按照应对气候变化方案要求，进行农业生产结构和方向。

（二）水利领域积极适应气候变化

充分认识气候变化对水资源的影响和水利应对气候变化工作面临的严峻形势，从水资源保护、调配利用等方面积极适应气候变化需要，组织实施了引汉济渭工程，加强渭河干流堤防加固和水质治理，加强水资源的调配和管理，增强了干旱地区适应气候变化的能力。

三、应对气候变化基础能力建设

作为低碳试点省份，陕西健全相关法律法规体系，推进低碳试点省份工作、加强统计核算建设，加强气候变化的培训和国际交流，能力建设进一步加强。

（一）加强适应气候变化政策、理论研究

陕西省社科院、西北工业大学、农林科技大学、西安交通大学等一批大专院校和专业研究机构均设立了应对和适应气候变化方面的专项课题，集中力量开展攻关研究。各级政府部门也根据工作需要，开展了不同领域的应对气候变化政策和理论研究。《陕西省低碳发展战略研究》、《陕西低碳发展历程研究》、《陕西黄河流域农业领域的重大行动专项研究》、《陕西气候变化评估报告》等一批研究成果相继出炉，为更好做好应对气候变化工作提供了理论指导。

（二）完成了2005年省级温室气体清单编制并通过国家专家组验收

采取走访、调研、咨询等方式，查阅大量相关统计年鉴，系统地收集了陕西省2005年温室气体排放的活动水平数据。通过编制清单，基本摸清了全省2005年温室气体的主要排放源和吸收汇，为今后定期开展温室气体排放量核算提供了基础数据和方法支撑，为制订相关政策和开展考核提供了重要依据。

（三）分解碳排放指标并开展考核

根据国家下达陕西省“十二五”碳减排目标意见，在综合研究三大区域能源结构和经济发展特征，“十一五”各市节能减排任务完成情况的基础上，将全省碳减排年度指标分解到各市，纳入全省经济社会发展年度目标责任考核，实行考核。

（四）积极推进清洁发展机制项目建设

向各市发展改革委和省级有关部门转发了新的《清洁发展机制项目运行管理办法》。积极做好项目初审，对神兴电厂锅炉改造利用兰炭尾气项目、丹凤县宝仓小水电项目等共计15个CDM项目进行了初审，并向国家发改委气候司出具了初审函。

（五）加强应对气候变化培训

通过举办集体学习、讲座、报告会等形式，加强对领导干部气候变化知识的培训，举办了能源管理师培训班、应对气候变化省级决策者能力建设培训班、适应气候变化能力建设培训研讨班、省级温室气体清单编制能力建设培训班等，有效提高各级领导干部气候变化意识和科学管理水平。

积极宣传应对气候变化科学知识，利用媒体宣传提高普及公众的低碳发展意识，推广低碳发展技术，发挥企事业单位积极性，举办各种活动，引导全社会积极参与应对气候变化行动。

四、加强宣传动员，号召全社会积极参与

积极宣传应对气候变化科学知识，利用媒体宣传提高普及公众的低碳发展意识，推广低碳发展技术，发挥企事业单位积极性，举办各种活动，引导全社会积极参与应对气候变化行动。

（一）通过媒体宣传普及低碳观念

多措并举推广低碳理念，先后四次协调《陕西日报》、《21世纪经济导报》以专题报道的形式全面系统地开发了我省低碳试点和低碳发展的成效和做法。《人民日报》在头版头条刊发了我省探索低碳化发展道路的报道。《新华社内参》也对我省低碳试点工作做了专题报道，客观反映了全省低碳发展的总体进展。与此同时，还联合西北农林大学等单位开展了陕西低碳发展专题研讨讲座，进一步扩大了我省低碳试点的影响力。

（二）举办低碳理念普及活动

联合省妇联、团省委、各大高校开展了植树1+1系列活动，与联合国妇女组织、美国能源基金会联合，先后举办了“妇女与绿色生活国际文化周”、“酷中国--全民低碳行动计划巡展”等低碳理念普及活动，向社会各界广泛推广低碳发展理念，取得了良好效果。

积极推动低碳发展和节能减排，应对全球气候变化，既是国家战略，也是陕西可持续发展的必然选择，我们将在继续抓好基础建设和能力提升的同时，紧紧围绕落实低碳试点工作实施方案和应对气候变化“十二五”规划两个纲领性文件，从能源大省的产业结构和发展阶段的特征出发，紧紧围绕国家确定的低碳转型目标，充分吸收和借鉴兄弟省市好的经验和做法，创新创优，踏实工作，坚定不移地走可持续发展道路，为应对气候变化作出更大的贡献。

（撰 稿：纳新武，陕西省发展和改革委员会应对气候变化处）

2011年宁夏应对气候变化和低碳发展

宁夏回族自治区改革和发展委员会

宁夏回族自治区作为西部欠发达省区，经过多年的快速发展，全区经济社会发展取得了积极成效。由于自然环境、产业结构倚重倚能不够合理等因素，对加快经济社会科学发展提出了严峻挑战。积极应对气候变化，加快产业结构调整，推进绿色低碳发展已成为全区经济社会发展的重大战略任务。2011年以来，自治区采取多种措施积极应对气候变化，取得了较好成效。

一、减缓气候变化的政策与行动

坚持以加快转变经济发展方式为主线，通过优化产业结构、提高能源利用效率、增加碳汇等多种途径控制温室气体排放。

（一）着力优化产业结构

积极调整产业结构。对铁合金、电石、焦炭、建材等能耗高、附加值低的产业，严格能耗环保标准和市场准入，推进行业内部整合，切实做好节能降耗减排工作；对石化、有色、造纸等能耗高、附加值也相对较高的行业，提高行业准入标准；对附加值较高、耗能量相对较低的机械、纺织等传统产业，鼓励运用高新技术和先进适用技术进行改造，促进产业产品结构优化升级；加快发展能耗低、贡献大的第三产业，提高现代服务业在国民经济中的比重，逐步使产业结构向低能耗、高技术和高水平方向发展。累计淘汰铁合金落后产能12万吨、电石22万吨、生铁62万吨、焦炭40万吨、水泥186万吨。

（二）着力提升能源利用效率

大力发展循环经济。以沿黄经济区为重点，把循环经济作为调整经济结构、转变经济增长方式的重要抓手，推进全区循环经济工作。编制完成了《宁夏循环经济总体规划（2011-2020）》，对循环经济产业统筹安排，合理布局；大力推进银川市“国家餐厨废弃物资源化利用和无害化处理试点城市”、灵武市国家“城市矿产”示范基地建设，推动废旧汽车、铝、铜等废旧金属、电子废弃物等“城市矿产”和餐厨废弃物的集中处置资源化利用，提高利用效率。自治区确定了38个循环经济试点城市、园区和企业，投入专项资金近3亿元，有力推动了全区循环经济发展。

认真开展节能评估审查。按照《固定资产投资项目节能评估和审查暂行办法》的要求，加强固定资产投资项目能评管理，把能评文件及其审查批复作为项目审批、核准的前置性条件和项目设计、施工和竣工验收的重要依据，促进科学合理利用能源，完成固定资产投资项目节能评估260个。

严格落实节能目标责任制。制定下发了《宁夏回族自治区“十二五”节能减排综合性工作方案》，明确目标任务，与各市政府签订目标责任书。及时出台了《节能目标评价考核办法》，分部门和市、县区进一步细化考核内容，增加考核工作操作性。

突出重点行业节能。以石嘴山市、宁东能源化工基地和金昱元化工集团有限公司等国家级循环经济试点为依托，重点抓好冶金、化工、建材、电力等行业节能，组织实施锅炉（窑炉）、电机系统、余热余压利用、能量系统优化等重点节能改造项目，累计投入37.4亿元资金用于推进节能项目建设。

推进重点领域节能。以加快推进重点领域节能为突破口，加快推进节能步伐。建立了交通运输行业节能减排监测考核体系，制定城市综合交通体系规划,大力发展公共交通，科学设置公交优先车道（路）和优先通行信号系统，推进快速公共汽车系统和智能交通系统建设，银川市开通了BRT系统，全区高速公路开通了电子不停车收费系统（ETC）专用车道；引导消费者购买低油耗汽车，降低油耗，提高燃油经济性；全区城市公交车和出租车使用了天然气（含双燃料）；严格执行汽车燃料消耗量限值标准；加速淘汰高耗能的老旧汽车，完善报废汽车回收机制；加快运输企业集约化进程，优化运输组织结构。大力推进建筑节能，新建建筑全面实行国家和自治区建筑节能设计标准；积极推动建筑供热计量及节能改造，实行了居住及公共建筑集中采暖按计量收费的办法；中央空调系统采用风机水泵变频调速技术，推广使用节能门窗、新型墙体材料等建筑节能技术。

（三）着力增加森林碳汇

紧紧围绕构建祖国西部生态屏障、改善生态环境、促进经济发展、建设生态文明的目标要求，以建设全国防沙治沙综合示范区为重点，以“六个百万亩”生态林业工程为抓手，实施好三北防护林、天然林保护、退耕还林等国家重点建设工程。全区共完成营造林面积150万亩，其中：人工造林90万亩，封育60万亩。全区林地面积达到3266.3万亩，湿地面积384万亩，年可固定二氧化碳102万吨，森林覆盖率达到11.89%。认真抓好封山禁牧，加强森林抚育和湿地田间保护管理，进一步促进了生态系统碳汇增加。

（四）大力发展低碳能源

全区风电装机达100万千瓦，太阳能光伏发电达到10万千瓦，年发电量为20亿度，相当于替代标煤100万吨，二氧化碳的减排量高达360万吨。积极发展农村清洁能源，全力推广沼气、太阳能、秸秆综合利用，改善村容村貌和环境卫生，提高农民生活质量。已推广沼气池用户24万户、太阳灶25万台、太阳能热水器25万台，使150多万农村人口使用上了清洁能源。石油、天然气等清洁能源消费量不断提高。

二、适应气候变化的政策与行动

在抓好减缓气候变化工作的同时，积极采取措施，不断推进适应气候变化工作发展。

（一）农业领域

按照“搬得出、稳得住、能致富”的目标要求，着眼提高农业农村适应气候变化和抵御灾害的能力，大力组织实施了生态移民工程，2011年搬迁移民6万人。过去30年宁夏共搬迁66万贫困人口，生活水平在搬迁后得到了极大改善。这是功在当代，利在千秋的民生工程，“十二五”期间计划再搬迁35万贫困人口，预计总投资超过150亿元。

主动调整农业发展思路，变被动抗旱为主动适应，推广抗旱品种，发展优势特色产业和避灾农业，累计建设设施农业79.8万亩，枸杞70.5万亩，葡萄35万亩，红枣72万亩，苹果71万亩，压砂瓜100万亩，马铃薯面积387.2万亩。切实抓好畜禽粪便无害化处理及农作物秸秆综合利用。切实抓好畜禽粪便无害化处理及农作物秸秆综合利用。

（二）水资源领域

围绕水资源综合利用，坚持北部节水、中部调水、南部开源的分区治水思路，走出了一条成功的节水之路。宁夏每年从黄河向中南部地区引水7.3亿立方米，发展灌溉面积165万亩，同时解决了2百万人口的饮水短缺问题。

通过实施工程节水、技术节水、管理节水，建设重大水利工程、节水改造工程和重点人饮工程，在一定程度上缓解了水资源短缺对经济社会发展的制约，累计完成节水灌溉面积239万亩、改造中低产田378万亩，解决了193.8万农村人口的饮水安全问题。引黄灌渠的渠系水利用系数从历史最低的0.2提高到0.43，水资源得到进一步优化配置，水资源的可持续利用支持了经济社会的可持续发展。

三、加强应对气候变化的能力建设

围绕气候变化重点领域，采取多项措施，切实加强应对气候变化能力建设。

（一）制定政策

制定下发了《宁夏应对气候变化方案》和《宁夏“十二五”应对气候变化专项规划》，明确了应对气候变化的指导思想、基本原则、总体目标、重点领域和保障措施等。配套制定了《宁夏循环经济发展总体规划》、《建设节水型社会规划》、《宁夏回族自治区新能源产业发展规划》、《宁夏生态建设“十二五”规划》等，为宁夏积极开展应对气候变化工作奠定了基础。

（二）完善机制

成立了自治区发展改革委应对气候变化处，明确职责分工和任务，加强统筹协调和牵头抓总，全力做好全区应对气候变化工作。充分调动各方面力量，引导支持更多社会力量参与低碳发展事业。

（三）加强宣传培训

围绕低碳发展主题，切实抓好教育、宣传工作。以《联合国气候变化框架公约》、《京都议定书》、《中国应对气候变化国家方案》和《宁夏应对气候变化方案》等相关内容为重点，着力加强对相关部门管理人员能力建设培训。以世界气象日、科技活动周、全国科普日和气象夏令营为契机，相继开展了“全球气候变暖与宁夏气候变化”、“我与祖国共奋进—青年科学家走进校园系列辅导讲座”等多种形式的知识讲座和报告会，大力宣传普及应对气候变化知识，增强了全社会参与减缓气候变化的意识。

四、应对气候变化国际合作

积极开展国际合作，在风电、水电、太阳能利用等领域与英国、德国、瑞典、日本开展国际合作。组织实施了中英瑞宁夏地区ACCC课题研究，完成了“气候变化对宁夏农业影响的模拟研究”、“宁夏气候对全球气候变化的

响应及其机制研究”、“宁夏气候变化对全球气候变暖的响应及其对策预研究”、“气候变化对宁夏主要农作物及适应性影响研究”、“气候变化下北方五省区草地畜牧业脆弱性评价”、“气候变暖对宁夏中部干旱带降水资源变化的影响研究”等课题研究。自治区发展改革委会同国家发展改革委气候司和英国大使馆开展了“2011年绿色大使宁夏科考行”等活动，为全球绿色大使在应对气候变化方面提供了学习、实践、对话和协作的机会。在2011年召开的南非德班联合国气候变化大会上，宁夏作为中国应对气候变化的典型受到了广泛关注，一些国家对宁夏的荒漠化治理、生态移民、生态环境的恢复，以及新能源的开发技术等方面都很为赞赏。

截至目前，宁夏共获国家发展改革委批准的CDM项目有89个，项目实施后年可减排二氧化碳873万吨。

五、应对气候变化的问题和未来展望

全区应对气候变化工作取得了一定成效，由于受自然、历史、区位基础条件等因素制约，面临的形势与挑战仍然十分严峻，主要表现为：一是经济基础差。宁夏人均生产总值、城镇居民人均可支配收入和农民人均纯收入分别相当于全国平均水平的79%、82%和77%，发展差距与发达地区在逐年拉大，自我发展能力弱。二是产业结构调整难度大。受资源禀赋的影响，长期以来形成了煤炭、电力、化工、冶金、建材等为主的产业结构在短时期内难以改变，今后宁夏能源消耗仍处于一个较高的水平，节能减排任务十分艰巨。三是生态环境压力大。中南部地区生态环境脆弱，水资源短缺，人口严重超载，扶贫开发任务十分艰巨，人口与资源环境矛盾突出。四是减排空间有限，形势严峻。随着全区经济社会加快发展，一些大项目相继落户，我区污染物排放的总量空间越来越小。长期以来宁夏结构性污染问题比较突出，经济发展方式在短期内还难以明显转变。

下一步，我们将全面贯彻落实国家、自治区关于应对气候变化的各项政策要求。加强领导，建立应对气候变化专家队伍，充分调动和整合地方、部门和行业资源，进一步推进应对气候变化工作；加大新能源开发力度，力争到2020年，宁夏风电总装机达到500万千瓦以上，建成200万千瓦太阳能光伏并网项目，在5个地级市建设垃圾发电项目，稳步推进煤层气发电项目；加强能力建设，积极与国际、国内有关研究机构的技术合作，加强对节能、提高能效、洁净煤、可再生能源以及碳捕获利用与封存等低碳和无碳技术的研发和产业化投入。不断提高宁夏低碳技术领域的研究水平以及试点、示范和推广应用水平；强化节能减排目标责任制，努力控制温室气体排放，节约资源，优化能源结构，发展低碳经济；加强生态保护和环境治理，促进经济与人口、资源、环境的协调发展，增强可持续发展能力；加快建设资源节约型、环境友好型社会，到2015年，单位GDP能耗比2010年降低15%，单位GDP二氧化碳排放比2010年降低16%。

（撰稿：霍振祥，宁夏回族自治区发展和改革委员会资源节约与环境保护处）

2011年新疆应对气候变化和低碳发展

新疆自治区改革和发展委员会

2011年是“十二五”规划的开局之年，新疆自治区党委、政府高度重视应对气候变化工作，认真落实党中央、国务院关于应对气候变化工作的各项部署，坚持以科学发展观为指导，以加快转变经济发展方式为主线，树立“环保优先、生态立区”、“资源开发可持续、生态环境可持续”发展理念，扎实工作，开拓创新，充分发挥主动性、积极性和创造性，在工作机制建立、产业结构调整、能源结构优化、能力水平建设等方面取得了积极进展。

一、增强应对气候变化能力

（一）加强组织领导

为切实加强应对气候变化工作的组织领导，我区专门成立了由自治区政府副主席担任组长，自治区发改、环保、科技等17家单位为成员的应对气候变化领导小组，主要负责研究制定自治区应对气候变化的战略、方针和政策，协调解决自治区在应对气候变化工作中的重大问题，形成了统一领导、分工负责、广泛参与的工作机制；另外，还先后成立了促进新疆清洁发展机制项目办公室、自治区循环经济、节能减排工作领导小组等机构，为应对气候变化，控制温室气体排放，大力发展循环经济，保护生态环境提供了强有力的组织保障。

（二）科学制定政策

为科学推进应对气候变化工作，进一步增强政策方案的指导性和可操作性，着眼区域绿色低碳发展的新路线和新目标，立足我区高起点、高标准、高效率推进新型工业化对能源需求和消耗、碳排放总量刚性增长的发展趋势，我区积极开展了相关法规、专项规划、实施方案的制定、修编和完善工作。修订并颁布了《新疆维吾尔自治区环境保护条例》，颁布了《伊犁河流域生态环境保护条例》；制定出台了《新疆自治区实施<公共机构节能条例>办法》、《自治区固定资产投资项目节能评估和审查暂行办法》，进一步规范项目节能评估、审查的范围和程序；坚持以绿色低碳为主线，对2007年已批准实施的《自治区应对气候变化实施方案》进行了全面的修编；及时启动了《自治区“十二五”应对气候变化规划》编制的前期准备工作；组织编制了《自治区“十二五”节能减排工作实施意见》、《自治区“十二五”污水垃圾设施建设实施意见》、《自治区综合防灾减灾规划（2011－2015年）》等一系列政策文件。

（三）增强支撑能力

一是加强统计核算能力建设。启动开展了《新疆自治区2005年温室气体排放清单》编制准备工作，并研究制定了部分领域温室气体排放核算、统计制度；加强对重点用能单位能源统计和计量工作，建立重点用能单位能源利用状况报告制度，规范重点用能单位能源利用状况报告报送工作。二是推进应对气候领域技术研发、交流。举办了第三届低碳经济技术·新疆学术研讨会暨热能技术与供热改造论坛，推动新疆绿色低碳发展；开办了中亚太阳能电源开发利用技术国际培训班，促进太阳能电源开发利用技术的示范、应用和推广；成立了荒漠与绿洲生态国家重点实验室，为区域可持续发展提供科技支撑。三是着眼新疆融雪型洪水发生频次增多、洪峰流量增大的特殊性区域气候，

第三届低碳经济技术·新疆学术研讨会暨热能技术与供热改造论坛

国电青松吐鲁番新能源有限公司180kW太阳能热发电中试装置成功实现并网试运

积极开展了新疆融雪型洪水灾害综合防治领域的科学研究、观测和影响评估，从而增强自身适应区域性气候变化的能力。

（四）广泛宣传教育

一是将加强宣传教育、提高低碳经济发展认识、强化绿色低碳发展理念作为一项持续性工作，积极举办自治区级、地方性的以低碳发展为主题的论坛、会议、讲座，广泛宣传倡导绿色低碳发展理念，让各级领导干部和企业家深入了解应对气候变化政策与行动，切实转变发展理念。二是从提高基层应对气候变化能力建设入手，重点加强基层从事应对气候变化工作的管理人员的培训力度，提高应对气候变化工作的管理能力。积极举办了自治区应对气候变化能力建设培训班，对各地（州、市）从事应对气候变化工作的有关人员进行了系统培训，并向各地（州、市）发放了新疆应对气候变化能力建设培训资料和相关书籍，为提升应对气候变化工作能力构建了技术人才支撑体系。三是积极引导社会广泛参与应对气候变化。积极开展绿色学校、绿色社区、环境教育基地和绿色大学系列创建活动，把环保、低碳理念带入大中小学校、社区；组织开展以“节能我行动 低碳新生活”为主题的2011年节能宣传周活动，提高全民环保、低碳和节约意识。

“低碳时代世界彩棉发展新趋势”论坛在新疆举行

二、加强减缓气候变化工作

（一）积极调整优化产业结构

全区牢固树立绿色、低碳发展理念，采取有效措施加快优化产业结构，调整能源结构，淘汰落后产能，改造提升传统产业，培育和壮大战略性新兴产业。三次产业比例由2005年的19∶44.7∶36.3调整为2011年的17.3∶50∶32.7，呈现第一产业趋降、第二产业加速、第三产业稳健发展，三次产业不断优化、整体快速、协调发展的新格局。能源资源转换取得重大突破，煤—电、煤—电—化、煤—电—冶产业链发展态势已经形成，“疆电外送”四大通道建设全面推进，一批钢铁、建材等优势资源开发项目加快建设，汽车制造等装备制造业和战略性新兴产业重大项目落地建设，战略性新兴产业规模以上企业实现产值超过700亿元。加快推进农业四大基地建设，农业基础地位不断强化，农业综合生产能力显著提高。加大城市快速公交系统、城市主干道、城镇污水垃圾处理和城市园林绿化、周边绿环等基础设施建设力度城镇公共服务能力和综合承载能力不断增强，人居环境明显改善。制定出台了《关于加快发展服务业的若干意见》、《关于加快发展服务业若干政策措施的实施意见》、《加快发展高技术服务业的指导意见》等一系列政策措施，支持服务业重点领域和薄弱环节发展，房地产、金融保险、信息服务、物流配送、社区服务、餐饮等生产、生活性服务业快速发展。

（二）着力提高能源利用效率

大力实施能源资源转换战略，坚持规划指导，有序开发，围绕促进能源结构调整，提高能源利用效率，积极发展可再生能源。水电方面，建成了和田波波娜等3座水电站，新增装机37万千瓦，预计全区水电装机规模达到336

新疆若羌县500千伏独立光伏电站

达坂城风力发电站

万千瓦。风电方面，累计风区工程规划12个，规划总规模1100万千瓦，基本覆盖了全区主要大型风区。同时，积极推动我区风电的小型分散式开发，核准了中广核玛依塔斯一期等47个4.95万千瓦风电项目。预计全区风电规模（建成及在建）达到405万千瓦。太阳能发电方面，编制完成了《新疆太阳能发电“十二五”发展规划》，核准了中电投和田等7个2万千瓦大型光伏并网电站项目，预计全区光伏发电装机规模8.5万千瓦。全区可再生能源装机规模达到530万千瓦，占到全区装机总规模的25%。

（三）扎实推进节能降耗

大力推进重点领域节能减排，共安排国家和自治区节能减排资金10.3亿元，带动社会投资49.7亿元，支持了节能、节水、循环经济、资源综合利用、合同能源管理等192个项目建设，全区单位地区生产总值能耗实现1.6307吨标准煤。组织开展家庭社区、青少年、企业、学校、军营、农村、政府机构、科技、科普和媒体等10个节能减排专项行动。出台《新疆维吾尔自治区实施〈公共机构节能条例〉办法》，140余家区直机关及直属中小学、19个地（州、市）机关更换高效照明节能灯具21万余只，实现全区公共机构能源资源消耗总量276.13万吨标准煤，较2010年人均能耗下降了1.01%。研究制定了《交通行业节能减排具体方案》，实施道路运输车辆燃料消耗量限值标准和准入制度，逐步实施机动车环保检验合格标志管理制度，发布第四批共20个节能减排示范项目。在全区县级以上城市全部执行建筑节能设计标准，建成节能建筑面积约1.35亿平方米，实施绿色建筑等示范项目30多项。加强重点流域防治，组织申报重点流域农村连片整治示范项目25个，建成重点流域水污染治理设施1个，污水处理厂改扩建工程5个。农村沼气“一池三改”工程新增户用沼气8万户。

（四）大力增加碳汇

坚持“生态立区、环保优先”，加大生态保护和建设力度，加快实施了天然林保护、退耕还林、生态修复等生态工程，从源头上有效遏制生态环境恶化。积极增加森林碳汇，提高森林蓄积量，以天然林保护、三北四期等为重点的林业生态工程有序推进。新增造林334.89万亩，将5919万亩天然林纳入天然林保护工程实施范围，投入4.7亿元政策补助和建设资金，兑现退耕还林原补助政策面积65.7万亩，完善政策面积245.1万亩，改造低质低效林1.2万亩。全区森林覆盖率由2.94%提高到4.02%，建成区绿化覆盖率由33.5%提高到33.9%。提高农田和草地碳汇，制定了《新疆自治区草原禁牧和草畜平衡监督管理办法》，在草原牧区落实草畜平衡和禁牧、休牧、划区轮牧等草原保护制度，控制草原载畜量，遏止草原退化，截止2011年底，全区累计完成草原禁牧面积1.5亿亩，并对5.4亿亩草原实行草畜平衡管理。扩大退牧还草工程实施范围，加强人工饲草地和灌溉草场建设，退牧还草1630万亩，实施草原围栏1380万亩，退化草原补播415万亩。启动实施了草原生态保护补助奖励机制。通过一系列生态建设与环境保护工程的实施，重点区域生态环境得到改善，农业可持续发展能力进一步增强。

（五）主动推动低碳经济发展

遵循自治区新型工业化的发展思路，全面推进各类产业特别是传统产业循环化发展，打造煤—电一体化、煤—电—化一体化、煤—电—冶一体化、煤—电—硅—太阳能一体化产业链条，提高煤矸石、粉煤灰、工业废渣、矿井水、中水等废弃物综合利用水平。一是开展循环经济试点单位建设，批复第二批15家试点单位实施方案，在化工、电力、有色、冶炼、建材、轻工、资源综合利用等行业及产业（工业）园区启动了自治区第三批循环经济试点工作。乌鲁木齐市纳入了国家城市餐厨废弃物资源化利用和无害化处理试点城市。二是大力开发天然气、推进煤改气

上海环境能交易所新疆分所成立

百万奇迹　低碳知识普及活动

等非常规油气资源开发利用，对城区集中、分散和居民自采暖燃煤小锅炉的天然气实施改造。三是申报新疆清洁生产工程技术研究中心，为我区重点产业发展和战略性新兴产业培育提供重要的科技支撑。四是投资建设自治区重点循环经济工程，发挥了产值达30亿元以上的集聚效应；支持了15个合同能源管理项目，年实现节能量6.3万吨标准煤。五是建成标准化社区回收站278个，分拣中心4个，区域性再生资源循环经济示范园、报废汽车回收拆解升级改造中心、再生资源加工利用基地、再生资源信息平台和从业人员培训中心各1个，逐步推进再生资源回收体系建设。六是推广节能技术和发展产品。积极开发新型高效煤粉锅炉系统技术和温湿度独立调节系统技术，推广应用“稠油注汽系统节能技术改造”工程，重点改造新疆油田公司的190台(套)锅炉及热漏较大的30公里注汽管线，预计可节约天然气2000万立方米/年。通过财政补贴推广高效照明产品、高效空调、节能电机等节能产品，实施节能产品惠民工程。对全区近40万辆的客货营运车辆大力推广节能技术的应用，鼓励利用节能添加剂产品以及车辆燃油改气。七是积极开展CDM项目合作，截止到2011年累计获批项目86个，预计减排二氧化碳当量4443.9万吨。

低碳发展讲座

三、积极适应气候变化趋势

（一）农业方面

加强农田基础设施建设，继续转变农业增长方式，推进农业结构调整，进一步提升农业综合生产能力。以调整优化农业产业结构为抓手，把提升农业综合生产能力和适应气候变化相结合，根据各区域资源禀赋，因地制宜加大新品种、新技术推广和田间管理力度。提高棉花新品种的推广应用，总产、单产、商品调拨量等连续18年位居全国首位。围绕红枣、核桃、巴旦木、杏、香梨等特色林果基地建设，加大了林木种苗等项目建设力度，积极探索林果节水增效新路子，启动实施南疆万亩特色林果基地节水示范工程。大力发展农区畜牧业，推进奶牛、生猪标准化规模养殖小区（场）项目建设，提高规模化养殖水平，积极支持动物防疫体系建设，畜牧业经济效益显著提升。加快实施农产品质量安全检验检测体系和特色农产品及优质无公害、绿色、有机食品生产基地建设。加大以农田水利为重点的基础设施建设力度，全区新增高效节水面积370万亩，年末全区农业高效节水灌溉面积达到1770万亩；积极推进中央小型农田水利重点县建设，第一批13个县（市）区域内基本形成了较为完善的灌排工程体系，初步实现了基本农田“旱能灌，涝能排”的局面。

（二）水资源方面

以重大水利项目为支撑，积极推进水利建设，提高水资源适应能力。继续加强水资源流域治理，累计下达中央补助资金101.79亿元实施塔里木河流域近期综合治理，实现干流连续21个月不断流，年增加下水量26亿立方米。不断加大小流域水土保持投入力度，完成水土流失治理面积85平方公里，建成水土保持监测二期国家级监测点18个。启动实施了农村饮水安全工程、27项定居兴牧水源工程和69项骨干配套水利工程，破解了多年牧区水利建设的难题，广大农牧民生产生活条件得到改善，全年解决了120万农村人口的饮水安全问题。大型灌区续建配套与节水改造工程2010年项目全部完成。全疆最大的水利工程—阿尔塔什水利枢纽工程奠基。

（三）气象方面

一是成立了由自治区政府副主席担任指挥长的气象灾害应急指挥部，并在7个“三农”气象服务专项试点县相应制定了配套措施，逐步建立健全了政府主导，气象牵头，部门联动，社会参与的气象防灾减灾机制。二是组织实施了自治区空中运水资源综合开发工程，新疆人工增雨(雪)和防雹作业面积将由17万平方公里增加到57万平方公里，作业区年增加降水量提升5至6倍。三是编制完成了《新疆自治区气象灾害防御规划》、13个地（州、市）气象灾害防御规划，并已在2个县组织实施规划。四是绘制完成了暴雨洪涝、暴雪、高温、大风、沙尘暴、霜冻、雷电、冰雹等8种主要气象灾害综合风险区划图和分灾种气象灾害风险区划图；建立了焉耆县、伊宁县等6个乡村气象服务试点县；乌鲁木齐市将《乌鲁木齐市气象灾害防御办法》列为了年度立法工作计划。

（撰稿：徐卫新，新疆维吾尔自治区展和改革委员会地区经济处）

2011年新疆生产建设兵团应对气候变化和低碳发展

新疆生产建设兵团改革和发展委员会

2011年是“十二五”规划开局之年，开好局、起好步事关“十二五”时期新疆兵团经济社会发展全局。2011年新疆兵团认真贯彻落实党中央、国务院，新疆自治区党委重要决策部署，在实施优势资源转换战略，加快新型工业化、农业现代化和城镇化的进程中，把节能减排工作做为调整经济结构、转变经济发展方式、推动科学发展的重要抓手和突破口。通过大力发展循环经济和清洁生产，资源综合利用率得到提高，低碳发展取得明显成效。

一、循环经济和低碳发展成效

2011年全兵团实现生产总值968.8亿元（现价），比上年增长16%；结构调整初见成效，三次产业结构由2010年的35.5：34.5：30调整到2011年的34：38：28。资源产出率和资源综合利用率得到大幅提高，循环经济取得积极进展。能源产出率从2010年的0.587万元/吨标准煤下降到2011年的0.54万元/吨标准煤；土地产出率从1.743万元/公顷提高到2.022万元/公顷，提高16%；水资源的产出率从6.118元/立方米提高到6.919元/立方米，提高13%。

单位生产总值取水量从2010年的1634立方米/万元下降到2011年的1445立方米/万元，下降11.6%；单位生产总值能耗从1.73吨标煤/万元上升到1.85吨标煤/万元，上升6.8%；农业灌溉水有效利用系数稳定在0.52左右。

资源综合利用率稳步提高，工业固体废物综合利用率达到70%以上；工业用水重复利用率稳定在82%左右。

2011年化学需氧量、氨氮、二氧化硫、和氮氧化物排放量分别为9.88万吨、0.52万吨、10.49万吨和9.92万吨，相比2010年分别增加4.45 %、2.39%、9.41%和13.19% %，只有氨氮完成了2011年度减排目标（计划分别控制在增长4%、6%、8%、8%的目标）。

2011年推广高新节水面积达到1091.6万亩，比上年增加了68.4万亩，增加了6.3%。

二、循环经济和低碳发展的主要工作

（一）积极安排部署“十二五”节能减排工作

根据国家节能减排电视电话会议精神和工作要求，兵团召开了节能减排工作电视电话会议，全面总结了“十一五”节能减排工作，对“十一五”期间在节能减排工作中成绩突出的农一师、二师、四师、六师、七师、十二师予以通报表扬，对兵团“十二五”节能减排工作进行了安排部署。为落实“十二五”节能减排目标，兵团印发了《“十二五”节能减排综合性工作方案》，提出“十二五”兵团单位GDP能耗五年下降10%，化学需氧量、氨氮、二氧化硫和氮氧化物排放量与2010年持平的节能减排目标。同时，将目标责任分解落实到各师、重点行业，层层签订目标责任书，并从强化目标责任、优化产业结构、实施重点工程、加强管理、发展循环经济、强化监督检查等方面提出具体工作措施。

（二）加大实施循环经济重点工程

为加快循环经济发展，加大循环经济重点工程建设，2011年兵团积极利用中央预算内资金、财政节能专项资金、合同能源管理等多种资金渠道，加大节能减排基础设施投入。在化工、电力、建材等重点行业和城镇污水、垃圾治理等重点领域，围绕十大重点节能工程、循环经济、资源综合利用等方面实施一批项目，当年共落实国家各类节能减排资金18656万元，其中：中央预算内资金8156万元，财政节能奖励资金6000万元，合同能源管理财政奖励资金4500万元。

2011年4个综合利用项目计划总投资14483万元，其中：中央预算内投资1720万元，安排了对新疆白桦林原生态板业科技有限公司年加工3万立方米棉秸秆板材生产线项目、农二师金川矿业有限公司塔什店煤矿矿井水处理综合利用项目、屯南煤业有限责任公司矿井水处理综合利用项目、乌鲁木齐希望电子有限公司节电产品系列产业化扩建项目建设。

2011年围绕燃煤锅炉改造、能量系统优化、电机系统节能等重点节能工程，争取阿拉尔市蓝天热力公司集中供热设施节能改造、新疆如意毛纺织有限公司系统节能技术改造、天富股份有限公司多热源联网能量系统优化、天业(集团)有限公司燃煤锅炉节能技改、北屯热力有限责任公司燃煤锅炉改造、乌鲁木齐西城热力有限公司供热设施节能改造等6个项目列入国家财政奖励计划，项目总投资40343万元，经第三方审核机构青海省节能技术中心现场预审核，建成后可实现节能量20.36万吨标准煤，获得国家财政奖励资金6108万元。

（三）加强循环经济试点示范工作

根据国家发改委“关于确定首批国家循环经济教育示范基地初选名单及有关事项的通知”（发改办环资【2011】2734号）精神，为提高社会公众对循环经济的认识，宣传循环经济典型模式，推广普及循环经济理念，对照国家申报条件，经新疆兵团有关部门认真审查，新疆天业（集团）有限公司被国家发展改革委、教育部、财政部和国家旅游局列为国家首批循环经济教育示范基地。同时，新疆天业（集团）有限公司多产业共生的氯碱化工企业循环经济发展模式，被列入国家发改委60个《循环经济典型模式案例》。新疆天业（集团）有限公司依托石灰矿、煤矿、盐矿等资源优势，构建的“煤炭-电力-废渣-水泥”、“石灰石-电石-聚氯乙烯-废渣-水泥”等多条循环经济产业链，自主研发国内首创的电石渣干法生产水泥技术，实现了电石渣替代石灰石原料生产水泥；利用部分电石渣用于电厂脱硫，脱硫石膏用于水泥生产，实现了废弃物逐级资源化利用；利用电石炉气送至电厂及烧碱装置替代燃煤和天然气，也降低了综合能耗。新疆天业（集团）有限公司多产业共生的氯碱企业循环经济发展模式，为全国氯碱行业加快资源节约型和环境友好型企业的建设步伐提供很好借鉴。

（四）积极发挥循环经济成果辐射带动作用

为积极推进循环经济成果应用工作，2011年，新疆天业集团通过“中国新疆节能环保与能源工业技术博览会”向社会公众积极宣传循环经济发展，展示新疆天业集团变废为宝的脱硫石膏、粉煤灰蒸压砖、电石渣水泥等20多种环保产品、节水滴灌器材等，受到广大客商和社会公众的好评。同时，新疆天业集团积极发挥节水滴灌技术优势，与辽宁省合作推广的1000万亩节水滴灌农业工程正式启动，工程的实施将极大促进辽宁省节水高效农业的快速发展，同时对新疆天业集团节水技术的广泛推广和应用，对我国北方节水型农业的发展产生重要而深远的意义。

（五）加大结构调整力度，积极淘汰落后产能

按照《国家产业结构调整指导目录(2011年本)》，进一步加大国家鼓励类项目的引进，承接产业转移坚持高标准，严禁污染产业和落后生产能力转入。继续加快发展服务业和高技术产业，积极发展节能环保、新能源等战略性新兴产业。进一步调整优化能源结构，依托新疆丰富的水能、风能、太阳能和天然气等资源，增加清洁能源和可再生能源比重。加快淘汰落后生产能力步伐，制定“十二五”期间淘汰落后产能目标任务，并将淘汰落后产能任务按年度分解落实到有关师。2011年兵团淘汰落后小水泥产能40万吨，已完成“十二五”计划任务的51.2%；电力行业也加大了对现有电厂的技术改造力度，通过大力发展热电联产，提高机组发电效率，逐步淘汰50MW以下小机组。

（六）开展合同能源管理

2011年兵团进一步加大合同能源管理推进工作力度，发改、财务部门积极配合，推荐新疆天业节能服务有限责任公司、新疆乾坤环能投资有限公司、新疆中兴达科技节能服务有限公司、新疆沃德节能服务有限责任公司等企业成为申报实施中央财政奖励资金的节能服务公司，被列入国家二批、三批节能服务公司备案名单之中。为做好2010年财政奖励合同能源管理项目的组织上报、自查和现场核查工作，特别是做好合同能源财政奖励管理项目的现场核查工作，9月中旬，兵团发改委积极配合国家发改委委托的青海省节能技术中心对兵团2010年四个合同能源管理项目，进行现场核查确认，争取合同能源管理项目中央预算内财政奖励资金4500万元。

（七）认真做好资源综合利用工作

为了更好地贯彻落实国家对资源综合利用的优惠政策，促进合理利用和节约资源，为企业做好协调、服务工作，积极协调配合自治区经信委及各相关行业管理办公室，认真做好兵团2011年资源综合利用项目(产品)认定申报和换证工作。协助和田青松建材有限责任公司、博乐南岗、雁池新型建材等哈密南岗建材有限公司、青松天业水泥有限公司等13家企业涉及32.5复合硅酸盐水泥、42.5普通硅酸盐水泥等21个品种办理资源综合利用换证，奎屯南岗建材有限责任公司、石河子开发区天业建材科技有限公司、石河子新天众利工贸有限公司、阿克苏市青松龙仁塑化有限责任公司等4家企业的32.5复合硅酸盐水泥、32.5粉煤灰硅酸盐水泥、蒸压粉煤灰砖、加气混凝土砌块、水泥包装袋等5个产品通过资源综合利用产品认证。预计2011年为兵团35家资源综合利用企业可享受增值税、所得税减免可达2.15亿元，资源综合利用废弃物650万吨。

（八）做好节能评估审查工作

2011年新疆兵团积极贯彻落实国家固定资产投资项目节能评估和审查管理办法，认真制定了《新疆生产建设兵团固定资产投资项目节能评估和审查暂行办法》，并于2011年初对管理办法进行了实施。2011年共审批了18个节能

评估报告书、2个节能评估报告表，对40余个年能源消费量小于1000吨标准煤的项目进行了节能登记；按照审批权限，对4个需要国家审查的节能评估报告书(表)进行了初审，严把新建项目能耗消费准入关，严防落后产能、落后工艺技术项目落户兵团，从源头上杜绝能源浪费，提高能源利用效率。

（九）加强高效照明产品推广工作

绿色照明工程是一项实实在在的惠民工程，2008--2010年，兵团累计推广172万只节能灯，为职工群众带来了更加舒适、光亮的照明环境，实现了生活方式的绿色转换。2011年，新疆兵团继续加强绿色照明推广工作，通过张贴海报、横幅、现场宣传推广等多种方式，向社会公众宣传高效照明产品、国家补贴政策。认真编制了《新疆生产建设兵团2011年推广财政补贴高效照明产品实施方案》，确保2011年兵团高效照明产品50万只推广任务顺利实施。兵团、师两级发改、财务、建设、机关事务管理、妇联等部门密切配合，加强协调，通过与中标企业广东佛山照明有限公司的积极合作，圆满完成推广高效照明产品50万只目标任务。

（十）开展循环经济宣传活动

2011年兵团积极联合新闻媒体重点报道各师、各部门节能减排、循环经济新举措、新进展、新成效，进一步增强全社会的能源忧患意识和节约意识，倡导健康文明、节约环保的消费模式和生活习惯。在6月11日—17日的全国节能宣传周活动期间，围绕“节能我行动 低碳新生活”主题，兵团发改委会同建设局在机关大楼西区进行展板展示宣传，使节能低碳和绿色消费成为每个单位、每个家庭、每个社会成员的自觉行动，通过宣传，全社会对发展循环经济重要性认识进一步提高，节约资源、保护环境正在成为全民自觉行动，发展循环经济的良好社会氛围正在形成。

三、存在的主要问题

一年来，新疆兵团在节能减排、发展循环经工作中取得了一定的成绩，但也存在一些困难和问题。

一是节能减排形势还相当严峻。“十一五”时期兵团单位生产总值能耗计划下降20%，实际仅下降6.3%，万元生产总值能耗2.21吨标准煤，为全国能耗水平的2.1倍。“十二五”时期，是兵团推进跨越式发展的关键时期，产业结构加速调整，重化工业快速发展，能源消费需求呈刚性增长态势，节能降耗及污染减排压力进一步加大。

二是思想认识不到位。目前，仍有一些师和企业对节能减排、循环经济发展的重要性、紧迫性、艰巨性认识不足，不能正确处理经济发展与节能减排的关系，把经济高速增长作为硬任务，把节能减排作为软指标，或者仅仅停留在口头上；对转变发展方式、调整优化经济结构的重要性认识不足，做规划、上项目考虑资源节约和环境保护不够，盲目上高耗能高排放项目，搞低水平重复建设，第三产业发展缓慢，比重有所下降，战略型新兴产业发展更是严重滞后。

三是循环经济技术推广应用难度大。当前，循环经济工作尚处于起步阶段，同时由于兵团城市、园区相距较远，各类生产规模总量相对小，废弃物综合再利用投入大、成本高、效益不高，各类循环经济产业深加工、工业三废、城市污泥、餐厨垃圾废物利用等技术的推广应用有待进一步加强。

四、下一步工作打算

（一）积极推进循环型工业发展

在实施优势资源转换战略过程中，坚持循环经济发展与新型工业化建设相结合。按照循环经济理念和要求进行规划、设计和建设，实现产业升级转型。重点推进国家级、兵团级产业园区的循环经济发展，着力解决工业“三废”问题，通过企业内部的小循环、企业间的中循环，推进产业内部快速循环和再生资源生产利用，加强能源和水等资源消耗管理，实现土地集约利用、废物交换利用、能源梯级利用、废水循环利用和污染物集中处理，力争做到“吃干榨净”，实现经济效益、社会效益和生态效益的最大化。同时，进一步优化能源结构，依托新疆丰富的水能、风能、太阳能资源，提高可再生能源的比例。

（二）继续扩大节水型农业的发展成果

以提高水资源利用率和减少农业污染为目标，进一步提高农业用水效率，推广高效节水技术，降低灌溉用水定额，提高农业用水效率，农业灌溉有效利用系数稳定在0.55左右，高新节水面积2015年达到1300万亩。科学合理使用肥料、农药、农膜，推进农业清洁生产和可持续发展。大力发展设施农业，推进测土施肥技术，提高农业废弃物综合利用率，发展生物有机肥和沼气工程，不断巩固和提高农业高效节水和机械化水平，继续保持兵团农业的领先优势。

（三）推进产业园区循环经济发展

重点突破，夯实基础，着力启动一批高起点、高效益和见效快的循环经济试点园区和示范项目。重点打造支持

石河子市、阿拉尔市、五家渠市三个国家级经济开发区和兵团级产业园区循环经济园区建设，形成氯碱化工、煤化工、建材、再生铝、镁合金等循环经济产业链，使产业园区的各类废弃物合理利用，形成企业间、区域间深层次的循环经济发展模式。

（四）扩大循环经济试点范围

充分发挥好石河子市和天业集团这两家国家级循环经济试点单位的示范带动作用，围绕电力、水泥、造纸、煤化工等重点行业，组织实施一批对发展循环经济起关键作用的示范项目，建设一批符合清洁生产和循环经济理念的消耗少、成本水平低、科技含量高、经济效益好的一批示范企业。做好天业集团的国家循环经济教育示范基地建设，开展争创国家循环经济试点和教育示范基地试点工作，不断扩大循环经济覆盖面，推进节能减排工作深入开展。

（五）进一步加强资源综合利用和循环经济工程建设

积极争取国家十大重点节能工程、循环经济和资源节约综合利用等项目资金，加大兵团节能减排基础设施投入。围绕共伴生矿产资源、煤层气、焦炉尾气、矿井水综合开发利用和粉煤灰、煤矸石、电石渣、脱硫石膏等大宗工业废弃物的综合利用，组织实施一批循环经济重点工程。继续加大城镇污水处理再利用、生活垃圾处理工程建设，进一步促进兵团城镇生活污水循环再利用。继续加强建筑节能、公共机构节能工程的实施，努力完成兵团“十二五”节能减排目标的实现。

（六）继续加强循环经济宣传

开展形式多样的宣传教育活动，宣传典型案例，特别是加大天业集团的国家循环经济教育示范基地宣传，扩大公众参与度，普及循环经济发展理念和相关知识，建设增强全社会节约资源、环境保护意识。积极倡导“绿色消费”理念，加大绿色学校、绿色社区等绿色经济的宣传创建，大力培育循环型社会，使“绿色消费”理念深入人心。

（撰稿：杨安民，新疆生产建设兵团发展和改革委员会）

2011年深圳应对气候变化和低碳发展

深圳市改革和发展委员会

经过31年的不懈努力，深圳经济特区创造了世界工业化、现代化、城市化发展史上的奇迹，成为世界观察当代中国的重要窗口。自2010年7月深圳成为国家首批低碳试点城市以来，以成功举办“创新、创意、低碳、绿色”的第26届世界大运会、建设低碳城市和创建国家节水型城市为契机，加快转变经济发展方式，在创造“深圳速度”奇迹的基础上努力打造更具科学发展内涵的“深圳质量”，取得了明显成效。

一是资源能源利用更加高效。“十一五”期间，因能耗降低而减少二氧化碳排放量2345万吨，圆满完成“十一五”节能减排指标任务。2011年，万元GDP建设用地较上年下降11.9%；万元GDP能耗、水耗分别为0.47吨标准煤和18.7立方米，为全国平均水平的1/2和1/10左右。用更少的资源消耗和更低的环境代价实现了更有质量的增长。

二是产业低碳特征更加鲜明。高技术含量、高附加值和低消耗、低排放成为深圳产业体系的突出特点，高新技术产业和金融、物流、文化等现代服务业成为深圳四大支柱产业，增加值占GDP的比重超过60%。生物、互联网、新能源等战略性新兴产业成为低碳发展新引擎，2011年，三大产业实现整体增速高于GDP增速 2 倍以上。

三是城市生态环境更加优化。以举办“绿色大运”为契机，着力打造低碳绿色的生态城市。在大运场馆建设中广泛采用中水回用、太阳能风能利用等16项低碳技术，仅大运中心每年中水利用量约70万立方米。建成335公里省立绿道和200多公里城市绿道和社区绿道。生活污水集中处理率达到 88.81%，全市河流化学需氧量平均浓度下降38.5%。空气质量优良率保持在95%以上，大运期间空气质量更是创下10年来最优。

四是低碳发展环境更加完善。坚持立法先行，制定了加快经济发展方式转变促进条例、循环经济促进条例；在节能减排方面，制定了建筑废弃物减排与利用条例、建筑节能条例、资源综合利用条例等法规;在环境保护方面，制定了环境保护条例、机动车排气污染防治条例等法规，形成了一整套促进低碳发展的法规体系。

我们的主要做法是:

一、坚持战略统领，牢固树立低碳发展理念

组织编制《深圳市低碳发展中长期规划（2011—2020年）》，规划明确了全市未来5～10年低碳发展的总体思路、2015年和2020年低碳发展目标、碳排放总量、具体指标、重点任务以及保障措施，低碳发展规划成为今后指导全市低碳绿色发展的纲领性文件。与此同时，结合规划进一步细化《深圳低碳试点城市实施方案》，分解任务、层层落实、分步实施，稳步推进低碳发展各项工作。

二、加强组织协调，统筹推进低碳发展工作

一是调整市节能减排工作领导小组为应对气候变化及节能减排工作领导小组，由市长任组长，全面统筹协调低碳发展工作，决策低碳发展重大事项，及时解决发展过程中出现的问题；领导小组下设应对气候变化和节能减排工作领导小组办公室，办公室设在市发展改革委，负责低碳发展的日常管理工作，协调各相关部门，形成低碳发展合力，共同推动全市低碳发展工作。二是建立专家咨询顾问团队和研究机构，对低碳经济的发展方向、重点产业、重要课题与重大技术问题提供咨询。

三、坚持结构调整，以产业升级助力低碳发展

一是大力发展高技术产业，2011年高新技术产品产值以高于工业增速 7 个百分点的速度快速增长。二是出台生物、互联网、新能源、新一代信息技术等六大战略性新兴产业振兴发展规划。三是加快发展以生产性服务业为重点的现代服务业，2011年现代服务业税收增速高于一般服务业税收增速11.7个百分点。四是促进传统产业向研发设计和总部品牌转型升级；淘汰落后产能，积极推进“高能耗”、“高污染”、“高排放”企业的关停迁转工作。

四、优化能源结构，构筑低碳清洁能源保障体系

全市继续加大新能源和可再生能源开发力度，扩大装机规模，提高新能源和可再生能源发电量和供给比例。实施以引进天然气为主的石油替代战略，拓展天然气资源供应渠道，大力推进西气东输二线深港支干线、西气东输二线深圳LNG应急调峰站、迭福LNG接收站项目等气源项目的规划建设，形成多气源供应格局。积极开展太阳能空

调、地源热泵等可再生能源建筑应用试点，加快风电开发进度，加大生物质能利用程度，强化电网改造力度，推进电网建设工作，完善电网结构，增强深圳电网受电能力。

五、突出发展重点，打造低碳发展亮点

一是开展国际合作，建设国际低碳城。结合深圳市低碳城市试点工作实施方案，将深圳国际低碳城项目作为方案实施的具体项目加速推进。二是开展碳交易试点，探索低碳发展体制机制。成为国家首批碳排放权交易试点城市。研究建立以碳交易制度为核心，形成体现环境稀缺程度的价格机制，通过市场机制的经济刺激作用，降低减碳成本，实现资源优化配置。三是大力推进示范项目。投放使用新能源汽车2288辆，累计达3035辆，实现碳减排2.4万吨，成为全球新能源汽车推广力度和应用规模最大的城市。

六、坚持共建共享，动员全社会参与低碳发展

广泛深入宣传低碳理念，提倡科学生活消费方式，充分调动全社会积极性，共同营造低碳氛围，共建绿色家园。大运期间，市委市政府向全社会发出“绿色出行”活动倡议，得到广大市民积极响应，自愿申报停驶超过43万辆机动车，其中私家车占90%以上，开闭幕式车流量、拥堵路段、拥堵时间均减少30%，比赛日车流量减少17%以上，总计减少碳排放 10.7 万吨。“绿色出行”活动实现社会管理创新，成为公民与政府携手进行城市管理、共建生态文明的有益尝试。

（撰稿：曹先强，深圳市发展和改革委员会能源与循环经济处）

2011年厦门应对气候变化和低碳发展

厦门市经济发展局

2011年是“十二五”的开局之年。在这一年里，《厦门市深化两岸交流合作综合配套改革试验总体方案》获国务院批准，社会经济继续快速发展，规模以上工业总产值持续增加，全市经济保持平稳较快发展，各项社会事业全面进步，实现了全国文明城市“三连冠”，荣膺全国科学发展典范城市、全国十大创新型城市、全国十大低碳城市，名列中国服务型政府十佳城市前茅，实现了“十二五”时期良好开局。全年地区生产总值2535亿元。全市的万元GDP综合能耗、万元工业增加值能耗、二氧化硫和COD排行等指标居全省前列。

2011年，厦门市以建设国家低碳城市试点为契机，积极探索具有厦门特色的低碳发展模式，在创新低碳发展体制机制、促进产业低碳发展、强化节能降耗、实施试点示范工程、加强国际合作交流等方面取得了积极成效。

一、加强规划引导，统筹部署低碳试点工作

（一）制定完善低碳发展相关规划

——将应对气候变化、低碳发展纳入《厦门市国民经济和社会发展第十二个五年规划纲要》。2011年2月出台《厦门市国民经济和社会发展第十二个五年规划纲要》将推进低碳生态城市建设作为重要内容，加快建设国家低碳试点城市，把低碳发展理念融入经济社会发展全局，统筹推进产业发展、城市建设、生活方式低碳化，突出对台合作交流，突出体制机制创新，持续推进产业发展低碳化、持续推进城市建设低碳化、持续推进居民生活方式低碳化、完善资源综合利用和循环利用体系，促进节能降耗和碳排放强度持续下降，建成厦门特色的国家低碳示范城市。到2015年，万元生产总值能耗、万元生产总值二氧化碳排放量控制在国家、省下达的目标内。

——2011年12月出台了《厦门市低碳城市建设规划方案》、《厦门市“十二五”低碳经济发展专项规划》的《厦门市低碳城市试点工作实施方案》，明确了应对气候变化，促进低碳发展的指导思想、原则和重点任务，提出相关政策措施。

二、以点带面，加快推进低碳试点建设

（一）强化节能降耗，力促产业低碳发展

通过抓规划、抓源头、抓重点、明确目标责任，督促检查落实，使我市产业发展朝低碳化方向扎实推进。

制定我市“十二五”能源发展规划与节能专项规划，分解落实“十二五”节能工作目标，努力推进各项节能工作，确保完成年度节能目标。

——加快低碳产业园区规划建设。编制完成《厦门市科技创新园低碳生态规划研究》，启动科技创新园基础设施项目建设。完成《翔安低碳产业园规划》编制工作。

——加强对重点耗能企业节能目标责任制管理，全面实行重点用能企业“三色”节能监管制度。

——设立节能和循环经济专项资金。2011年我市安排1000万元节能和循环经济专项资金用于扶持节能示范工程。

——低碳环保产业稳步发展。重点发展的节能灯、LED照明及LCD平板显示等产业，占全国同类产品市场份额大。厦门作为首批“国家半导体照明工程产业化基地”，是我国节能灯三大生产基地之一，产销量约占全国节能灯的20%-30%，已基本形成从外延、芯片到封装、应用产品的较为完整的产业链，产业化及技术水平居全国前列；厦门金龙客车作为国内新能源汽车的先行者之一，目前拥有低碳客车生产线2条，年产新型清洁燃料客车3000多辆。同时，在新材料、新能源等产业带动下，形成了环保产品生产企业、资源综合利用企业、环保服务企事业单位、清洁技术产品生产企业的产业体系，产品主要包括膜过滤设备、水质监测仪器设备、餐厨垃圾处理设备、中空纤维膜、袋除尘器及滤袋、无汞电池、环保电视、生物柴油、新型保温建材及防火涂料系列产品等。

（二）建设低碳新城，推进建筑节能

通过优化城市空间布局、规划建设低碳生态新城、严格建筑节能管理、实施既有建筑节能改造、发展绿色建筑、开展建筑领域清洁发展机制试点等多措并举力促节能减碳。

——开展低碳生态新城规划设计，完成集美新城（14平方公里）低碳生态指标体系与土地控制指引及翔安南部

新城起步区、低碳研究所及产业基地选址规划，一批新城基础设施项目开工建设。

——开展全国首个建设领域规划类清洁发展机制（PCDM）试点。

——实施既有建筑节能改造。获得财政部、住建部2011年公共建筑节能监管体系建设补助资金1025万元。完成天虹商场、中国银行大厦建筑节能改造。

——大力推动绿色建筑发展。全面推广绿色建筑评价与标识工作。开展金帝•中洲滨海城、金都•海尚国际等面积227万平方米的绿色建筑示范。

（三）发展低碳交通，鼓励低碳出行。推进以公共交通为导向的城市交通发展模式，推动大运量轨道交通规划建设，优化常规公交线路，规划建设慢行交通系统，加快节能环保型汽车投放，倡导绿色出行。

——成为全国建设低碳交通运输体系试点城市之一，编制完成《厦门市低碳交通试点城市建设规划》。

——推进轨道交通规划建设。轨道交通线网规划共6条线，规模达到250公里左右。规划至2020年形成三条轨道线，形成“岛内成网，岛外放射”的网络框架，线网规模约85公里。目前基本完成规划评估、建设规划行业评审、环评批复等报批准备工作，轨道交通集团已挂牌成立。

——规划建设慢行交通系统。编制完成《厦门本岛公共自行车交通系统规划》、《集美核心区慢行系统专项规划》等。将慢行交通系统规划纳入岛外四个新城规划中，岛内五缘湾、湖边水库主要慢行系统已实施。

——加快节能与新能源汽车更新投放。新购CNG公交车96台、油电混合动力公交车62台投入运营。完成1000辆符合环保标准出租车的更新投放。完善新能源汽车配套基础设施。

——推动实施机动车环保检验标志管理。发布机动车环保标志限行预通告。加快核发机动车环保标志工作。截至9月末，厦门市共发出环保标志11.7万个。

（四）推动试点示范，积极扶持引导

以“十城万盏”、“十城千辆”、“金太阳”等国家级试点工程为示范，通过加大政策、资金、技术扶持，以点带面，力促节能减排，启动低碳生活示范点创建工作，倡导低碳生活。

——“十城万盏”LED应用试点工程。根据LED照明技术发展阶段和场所应用条件，实施环岛路剩余路段，新建政府投资大型公共建筑等LED照明产品示范工程，进一步扩大试点示范范围，截止2011年9月底，我市已成功实施34921盏LED应用照明灯具的安装启用。

——“金太阳”示范工程。实施“三安光电聚光太阳能并网发电系统示范工程（2MW）”及太古公司1.2MW的并网光伏发电系统项目。

——“十城千辆”新能源汽车试点建设。试点启动实施以来全市已投放节能与新能源汽车共计215辆，其中包括189辆混合动力公交车和26辆纯电动汽车。共建成交流充电桩76个。

——启动集美灌口国家绿色重点小城镇试点建设。

三、提升能力建设，完善低碳发展机制

以加强能力建设、完善机制为重要支撑，通过开展碳排放清单编制、建立低碳发展指标体系、完善低碳相关法规等切实夯实应对气候变化工作基础，不断提高能力水平。

（一）加强温室气体统计核算工作

开展厦门市碳排放清单编制，制定厦门市低碳城市发展指标测算体系初步方案。

（二）建立健全促进低碳发展的体制机制

成立“厦门市碳和排放权交易中心”，推动碳交易市场机制建设。

（三）完善低碳发展相关法规

编制完成《厦门经济特区机动车排气污染防治条例》草案。开展《厦门市建筑节能条例》等相关法规立法调研。

四、加强宣传引导，促进国际交流合作

通过加大宣传、开展低碳国际合作交流，树立低碳发展理念，培养居民适度消费和可持续消费的意识，营造全社会关注、参与和支持低碳发展的浓厚氛围。

（一）举办“厦门低碳城市建设与发展中日洽谈会”

来自日本低碳相关研究机构、银行及企业的40多名代表考察了低碳产业园区建设情况，并就加强中日在低碳发展领域的投资与技术合作开展了深入交流。

（二）举办第六届中国（厦门）建筑节能博览会

展会以“促进节能减排、建设低碳城市”为主题，打造中国南方地区建筑节能产业国际性交流合作平台。

（三）新闻栏目全面关注，公益广告密集播出

以“全球熄灯一小时”、“节水日”、“无车日”、“植树节”、“厦门人居展”、“海西汽博会”等重要活动为契机，适时推出各类报道和访谈类节目，倡导低碳环保新理念。

（四）强化宣传指导

高度重视和切实抓好知识普及、信息发布和政策宣传工作，提高全市人民对气候变化的危机意识和责任意识。教育系统指导中小学把低碳生活等环保知识和教学要求结合到相关学科的教学内容之中，通过主题班会、家校互动活动等多种形式倡导“节能我行动，低碳新生活”理念。积极推广“碳平衡”理念；加强气候变化和低碳经济的宣传教育，研究制定和免费发放低碳生活方式指南，吸引市民关注，鼓励企业参与；倡导绿色消费，打造低碳生活，鼓励市民低碳旅游、低碳购物、低碳装修，努力形成全社会关注、参与和支持低碳经济发展的浓厚氛围。

从2009年开始，积极开展了“倡导低碳生活，唤起绿色希望”活动：

——举办“2009年全民低碳行动厦门项目启动仪式”；

——举办“倡导低碳生活，唤起绿色希望”厦门外国语学校附属小学启动仪式；

——举办“厦门科技馆环保展厅揭幕仪式暨全民低碳行动厦门项目启动仪式”；

——举办同心环境教育基地启动仪式；

——开展4月22日世界地球日系列活动；

——厦门晚报等几家联合启动纪念六.五世界环境日系列活动；

——举办”节能减排从我做起，手拉手共建绿色社区“必胜客环保周等活动；

——在三所学校覆盖的400户家庭开展了低碳生活问卷调查；

——开展“低碳大讲堂”活动；

——举办高校“环保电影周”；

——举办企业与社区环境圆桌会议；

——组织编写出版了环保校本地方课程教材；

——组织厦门大学生参加全国大学生环保创意大赛；

——组织2009年“环保嘉年华”主题乐园厦门站活动等。

通过开展这些活动，使我市全民环保意识，尤其是低碳意识有所提高，为厦门市发展低碳经济，构建低碳城市奠定了基础。

（撰稿：林斌忠，厦门市经济发展局环境和资源综合利用处）

贵阳市－绿色低碳发展

近年来，贵阳市积极探索加速经济发展与加快绿色转型的可持续发展之路，生态文明市建设取得明显成效。2011 年，全市生产总值 1383 亿元，年均增长 14.7%；人均 GDP31712 元；万元 GDP 综合能耗下降至 1.55。先后荣获国家森林城市、中国人居环境范例城市等称号，入选中国十大低碳城市，被确定为联合国可持续发展试点城市和全国生态文明建设试点城市。

推动资源型传统产业升级改造和能源结构调整

提高资源型产业准入门槛。贵州广铝铝业有限公司一期年产 80 万吨氧化铝项目，首创引入最先进的综合过滤系统和湿式氨法脱硫技术，多次优化工艺流程，使得该项目综合能耗较国家标准低 21.5%，实现了氧化铝项目吨综合能耗最低。**延长资源型产业产业链，提高产品附加值，以发展精深加工的后续产品降低行业单位产品能耗**。引进浙江“今飞”轮毂企业在贵阳开发建设 100 万件汽车铝合金轮毂项目，充分利用地理位置较近的优势，将铝合金轮毂原材料的熔炼工艺直接转移到中铝贵州分公司，实现了铝轮毂生产企业与铝锭原材料供应企业“液—液”产销模式。“今飞”贵铝一期项目，年可节约标煤 7200 吨，减排二氧化碳 1.9 万吨。**加快产业园区建设，鼓励企业向园区集中**。以生物医药、装备制造和战略性新兴产业的迅速发展降低重化工业在工业经济中的比重，根本改变资源型产业一家独大的局面，实现结构性减排。**积极发展低碳能源，改善能源结构**。新建贵州华电塘寨电厂，使用超临界国产燃煤机组代替传统燃煤发电，规划装机总容量为 2520MW，项目发电煤耗 285 克 / 千瓦时，仅为全省统调火电供电煤耗的 84.8%，可减排二氧化碳约 244 万吨 / 年。深入挖掘可再生能源开发潜力，积极推进花溪云顶、息烽南山等风电场，逐步形成多种能源形式并存，以低碳能源为主导的电力供应格局。

旅游、高新技术、装备制造等低碳产业快速发展

大力发展生态旅游业。以低碳、绿色、可持续发展为主题，举办 2011、2012 生态文明会议，打造爽爽贵阳避暑季、温泉季品牌和酒博会等活动，游客接待量和旅游总收入平均增长连续五年保持 20% 和 40% 以上的增速。**加大高新技术和装备制造业发展**。支持企业构建互惠共生网络，提高产业配套能力，促进集群发展，初步形成了行业结构合理、产品门类齐全、综合配套能力强、专业技术人才聚集、有较强科研开发与生产能力的工业体系。**大力发展现代金融业**。加大资源整合力度，积极为企业和银行搭建沟通合作的平台，促进金融与产业的协调发展，引进花旗银行、浦发银行、中信银行、招商银行等国内外知名银行在筑开设分支机构。2011 年，全市金融机构人民币存、贷款余额年均增长 19.3%、20.2%。

贵阳中天凯悦酒店

抓好节能减耗和淘汰落后产能

加快推广先进节能技术，提高能源利用效率。2011 年起，鼓励企业以多种形式推动节能改造。在中铝贵州分公司实施了 6 个合同能源管理项目，项目建成后年可节能 6494 吨标准煤，减排二氧化碳 1.72 万吨。**加大淘汰落后产能力度，落实淘汰落后产能政策**。2011 年至 2012 年，完成黄磷、水泥、铝合金、电力等行业的 42 家企业相关生产线落后产能淘汰，共实现节能量 83.37 万吨标煤，减排二氧化碳 220 万吨。

促进交通、建筑等领域低碳发展

推进低碳交通试点改造，打造低碳交通运输体系。积极申报国家“公交都市”建设示范工程，着力构建城市内部及其周边区域的循环网络，实施“公交优先”战略。2012 年，新增 20 辆气电混合动力公交车，每车可节约能源 20% 到 30%，减少 25% 的二氧化碳排放。启动了贵阳市慢行交通系统建设，开工了观山湖区（金阳新区）“慢交通系统”一期——贵阳市首条自行车道工程。**出台绿色建筑标识星级评价鼓励政策，推动建筑绿色低碳化**。依据绿色建筑标识星级评价结果和中央财政补助措施，在二环四路城市带建设中，对星级绿色建筑及应用可再生能源技术的项目给予补助。

桃源河漂流

开展低碳社区创建，倡导低碳生活方式和消费模式

积极低碳社区建设模式。将贵阳市乌当区的″碧水人家″小区作为首个低碳试验社区，进行了具有贵阳特色的“G 模式”改造，打造“低成本、低投入、效果佳”的低碳社区之路。通过安装太阳能路灯、垃圾分类箱、住户家里更换节能灯、节水阀、电管家等低碳化改造，每年可减排二氧化碳约 173.4 吨。

倡导低碳生活方式和消费模式

开展以低碳、环保为主题的“地球一小时”和节能减排宣传周等活动，编制《低碳生活市民手册》，向市民普及低碳知识，鼓励低碳生活方式和行为，推广使用低碳产品，弘扬低碳生活理念，推动全民广泛参与和自觉行动。

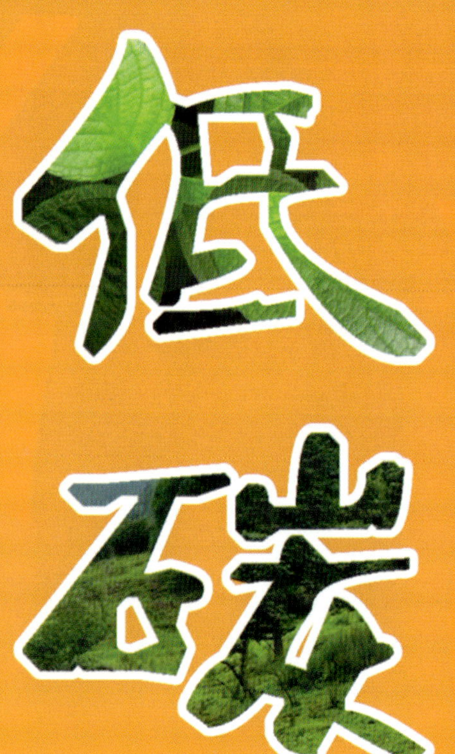

坚持以科学发展为主题，以加快转变经济发展方式为主线，牢固树立绿色、低碳发展理念。把控制温室气体排放工作作为我市实施“一统三化两转变”战略的一项重要举措。以控制温室气体排放、增强可持续发展能力为目标，以转变经济发展方式、提高能源利用效率优化能源结构、探索低碳绿色发展模式为重点坚持走新型工业化道路，合理控制能源消费总量，综合运用优化产业结构和能源结构、节约能源和提高能效、增加碳汇等多种手段，推进控制温室气体排放工作。完善体制机制和政策体系，健全激励和约束机制，更多地发挥市场机制作用，加强低碳技术研发和推广应用，加快建立以低碳为特征的工业、能源、建筑、交通等产业体系和消费模式，促进我市经济又好又快发展。

到2015年，全市单位地区生产总值二氧化碳排放比2010年下降17%。单位国内生产总值能耗比2010年下降16%；非化石能源在一次能源消费中的比重达到13%。全市森林覆盖率提高到45%，新增森林面积和蓄积量分别为1500万亩和5000万立方米。控制温室气体排放的体制机制和政策体系进一步完善，温室气体排放统计核算体系基本建立，碳排放交易市场形成，建成一批低碳园区和低碳社区，建成西南地区绿色低碳发展示范城市和全国低碳发展先导示范区。

重庆数据：幅员面积8.24万平方公里，气候为亚热带季风性湿润气候，年平均温度为19摄氏度总人口3200万人，城镇化率55%国内生产总值为10011.37亿元，三次产业结构比为8.4：55.4：36.2，人均生产总值为34500元。

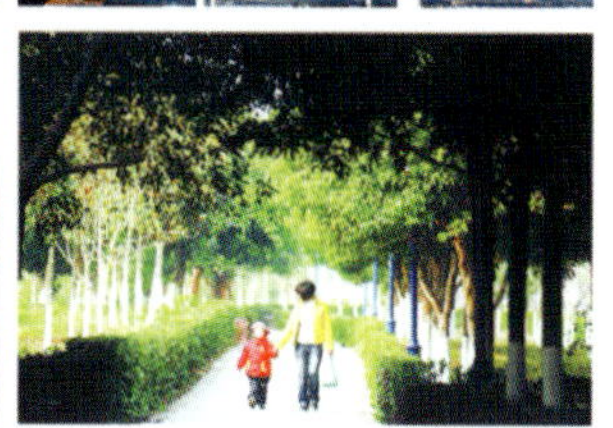

- 构建低碳能源体系
- 打造低碳产业体系
- 推进资源节约与综合利用
- 推动低碳技术创新
- 建设绿色低碳城市
- 增创森林碳汇
- 建立低碳制度体系
- 创新低碳市场机制
- 加强低碳领域国际合作
- 创建国家环境保护模范城市

1、节能增效典型案例：重庆钢铁集团节能减排和环保搬迁工程

2、低碳装备产业典型案例：重庆三峰环境产业集团有限公司垃圾焚烧发电装备制造及应用

3、低碳交通典型案例：长安新能源汽车研发和推广

4、低碳能源利用典型案例：重庆江北城CBD区域江水源热泵集中供冷供热项目（图4－1）
江水源热泵集中供冷供热项目离心式水源热泵机组（图4－2）

5、低碳先进技术研发应用典型案例：中电投远达环保公司碳捕捉项目

6、清洁发展机制（CDM）典型案例：重庆能源集团瓦斯利用和水电清洁发展机制（CDM）项目

7、产业结构调整案例：重庆西永微电园发展电子信息产业

低碳科技馆夜景

坚持低碳发展战略 构筑东方品质之城

杭州市深入实施“环境立市”战略和“六位一体”低碳城市发展战略，统筹经济社会发展和资源环境保护，杭州被列入国家低碳试点城市、节能减排财政策试点城市和国家生态文明建设试点城市。“十一五”期间，全市以年均 7.15% 的能源消耗支撑了年均 15.11% 的经济较快增长，为“打造东方品质之城、建设幸福和谐杭州”奠定扎实基础。

一、加大产业调整结构，促进经济发展方式转变

近年来，杭州市不断加大产业结构调整，着力发展以“十大产业”为重点的现代服务业、战略新兴产业，推进产业链向高端转移，加快建立低碳型产业体系，促进产业集聚化发展。

现代服务业加快发展。“十一五”以来，杭州市围绕建设服务业强市和长三角南翼现代服务业中心目标，深入实施“服务业优先”战略，努力推动服务业集聚发展、创新发展、融合发展，服务业综合实力、创新能力和整体发展水平位居全省首位和长三角城市前列。2010 年，全市实现服务业增加值 2896.69 亿元，是 2005 年的 2.23 倍，年均增长率 17.4%，远高于全国平均水平 9.08%。到 2015 年，力争全市服务业增加值占地区生产总值的比重达 54% 左右。

战略新兴产业培育发展。充分利用杭州现有和潜在优势，强化科技创新，掌控产业核心关键技术和自主知识产权，重点推进了新一代信息技术产业、高端装备制造产业、生物产业、节能环保产业、新能源产业、新材料产业、新能源汽车产业等战略新兴产业发展，到 2015 年，力争战略性新兴产业销售产值占规模以上工业销售产值比重达 30%。

产业集聚区加速升级。以开发区、工业功能区等为平台的块状经济已占全市工业总量的 70%，其中萧山纺织化纤产值超千亿元，余杭家纺、富阳造纸、临安装备制造等块状经济产值超百亿元。服务业集聚区加快推进。出台了《杭州市服务业集聚区总体布局规划》、《杭州市现代服务业重点集聚区认定管理暂行办法》和《杭州市现代服务业集聚区考核办法》，认定并奖励第一批 19 个现代服务业重点类集聚区和 13 个培育类集聚区，9 个集聚区列入省首批现代服务业集聚示范区名单，加快引导服务业集聚发展。

二、大力推进节能减排，能源利用效率不断提升

杭州市大力推进节能减排，取得了显著成效。2010 年，全市万元 GDP 能耗降至 0.68 吨标准煤，仅为全国平均水平的 67%，全省平均水平的 94.4%。“十一五”其间已累计下降 20%，超额完成“十一五”下降 19.5% 的目标。

淘汰落后产能。“十一五”期间，通过淘汰落后产能，推进工业节能，全市单位工业增加值综合能耗降至 0.93 吨标准煤，比“十五”末下降 30.6%。制定了《杭州市合同能源管理财政奖励资金管理实施细则》，出台了《合同能源管理项目减免税收操作流程》。着力推进“十五小”和“新五小”整治，关停落后的水泥机立窑生产线 154 条，粘土砖瓦窑 236 座，小火电机组和自备柴油发电机组 70 多万千瓦；关停或转产 2.9 米以下水泥磨机 111 台；关停淘汰小炼铜、手工电镀等生产线 100 余条，落后小造纸产能 300 多万吨。

狠抓建筑节能。“十一五”期间，全市累计实施建筑节能工程 3500 万平方米，太阳能光热建筑应用面积达 350 万平方米，地源热泵建筑应用面积 150 万平方米，其中 15 个项目获国家级示范。开展太阳能光电建筑应用项目 21 个，总装机容量达 20.55 兆瓦。完成了 60 余幢机关办公建筑和大型公共建筑能耗监测，实施了 468 个庭院、2614 幢房屋建筑节能改造。积极探索“四节一环保”绿色（低碳）建筑创建工作，现已获绿色建筑星级评价和标识项目 16 个。建立了绿色低碳建筑专项资金，2010 年共安排专项资金 800 万元，光伏发电建筑应用配套资金 6000 万元，用于建筑节能、可再生能源建筑应用、机关办公建筑和大型公建能耗监测和绿色低碳建筑的示范创建工作。

推进交通节能。持续推进公共自行车建设，自 2008 年 5 月投入运营以来，已累计投放公共自行车 6.5 万辆，建设服务点 2674 个，驻站维修点 40 个，日均使用量超过 20 万人次，日最高租用量达 32.2 万人次。大力推进“五位一体”绿色公交体系建设，已推广节能与新能源公交车 1380 辆，纯电动出租汽车 200 辆，占到公交运营车辆总数的 14.82%；开通 4 条快速公交（BRT）线路。已开通水上巴士运营线路 8 条，船舶 53 艘。地铁 1 号线和 2 号线正在建设，预计分别将于 2012 年国庆节和 2013 年底建成通车。

大力推广绿色照明。杭州被科技部批准为“十城万盏”试点城市及“国家半导体照明高新技术产业化基地”，着力推进绿色照明，2011 年在建或拟建试点工程 15 项，年可节电 1454 万度。

三、开发利用清洁能源，能源结构进一步优化

大力发展可再生能源。“十一五”期间，光伏发电、太阳能热利用、水能发电和生物质能高效利用取得了明显进展，2010年我市非化石能源（主要包括水电、核电、风电、太阳能、生物质能等）占一次能源的比重达3.9%，比2005年上升1.99个百分点；非化石能源消费量由2005年的33.86万吨标煤上升为2010年的78.12万吨标煤，年均增长率达18.2%。

推进天然气替代煤炭工程。全市煤炭消费总量比重由2005年的53.3%下降到2010年的31.0%，天然气由0.7%提高到约5.5%。2010年天然气、电力等优质、清洁能源在全市能源消费总量中的比重达到52.2%，比2005年提高19.6个百分点。

加大政策支持和扶持力度。制定了《杭州市“十二五”能源发展规划》、《杭州市太阳能光伏等新能源产业发展五年行动计划（2009-2013）》和《杭州市新能源产业发展规划（2010-2015年）》等规划，出台了《杭州市阳光屋顶示范工程配套补助资金管理暂行办法》、《杭州市农村清洁可再生能源利用工程项目实施管理办法》和《杭州市农村清洁可再生能源利用工程综合示范乡镇建设项目实施管理办法》，着力推进新能源和可再生能源发展。

天子岭垃圾填埋场明天更美好

社区太阳能热水器

四、强化资源综合利用，废弃物回收利用水平不断提高

按照“焚烧为主、填埋为辅；直运为主、中转为辅；分散为主、集中为辅”的城市垃圾处理原则，推进生活垃圾资源化利用。城市垃圾资源化利用已走在全国前列。

推进生活圾垃分类。制定了《杭州市区生活垃圾分类收集处置工作实施方案》，提出垃圾分类“四分法”，即“厨房垃圾”、“有害垃圾”、“可回收物”和“其它垃圾”。主城区（除滨江区）已推广实施生活垃圾分类的小区800余个，占生活小区总数的60%，覆盖40.7万户家庭。

推进垃圾清洁直运。下发了《关于推行垃圾清洁直运的实施意见》，编制了《杭州市垃圾清洁直运工作实施方案》。主城区已开通清洁直运线路316条，设置桶车直运点5265个，日均清运生活垃圾量达2818吨，主城区生活垃圾直运比例达69%。

推进生活垃圾资源化。通过焚烧发电和卫生填埋场沼气收集发电，实现市区生活垃圾的资源化利用，减少甲烷的排放。2011年，市区生活垃圾焚烧发电量33.8×104 MW·hr，填埋场沼气发电量3.5×104 MW·hr。

五、全面开启低碳试点，低碳发展扎实推进

以杭州市被列入国家低碳试点城市为契机，大力推进乡镇、社区、园区、交通、建筑等低碳试点。

开展低碳乡镇试点。选择萧山区临浦镇、临安市潜川镇、富阳市新登镇、淳安县枫树岭镇4个乡（镇）作为平原、半山区、山区乡镇的代表开展低碳试点工作。建立了“乡镇一区、县（市）一市”三级联动工作机制，重点开展“农业投入减量化、农业废物资源化、农村能源再生化、农村环境清洁化、农村土地绿色化、农民生活节约化”等有利于减少碳源排放、增加碳汇资源的试点工作。

开展低碳社区试点。在下城区11个社区开展了形式多样低碳试点活动，建立了“政府推动、社区主体、部门联动、全民参与”的工作机制，研究制定了“低碳社区考核（参考）标准”和“低碳（绿色）家庭参考标准”，把水循环再利用降温、太阳能科普画廊、LED节能灯亮灯、太阳能光热利用、绿色屋面、泡沫生态厕所、雨水利用等生态节能技术应用于试点活动。

探索低碳园区建设。推进杭州新加坡低碳科技园建设前期工作，规划面积约345亩，总建筑面积逾50万平米，围绕“低碳建筑、低碳产业、低碳生活、低碳交通、低碳经济”等五大主题，运用47项低碳技术，着力构建低碳总部经济中心、金融中心、产业化中心、标准化中心、研发中心、孵化中心、营销中心、服务业中心等，打造集产业、商务、住宅为一体的城市综合体。

开展低碳交通试点。以入选交通部低碳交通运输体系建设试点为契机，组织编制《杭州市低碳交通试点工作方案》，大力发展低碳交通。推广新能源车辆应用，加强车辆更新和报废，有效控制碳排放水平；推进公共自行车交通服务系统建设，服务范围已由主城区向县（市）延伸。深化港航水上一体化管理，航区船舶96%以上已安装GPS通讯终端，视频监控已覆盖京杭运河杭州段，钱塘江、富春江、新安江正逐步设立。

开展建筑节能示范试点。重点推进示范区建设、绿色建筑、即有建筑节能改造、可再生能源建筑示范等。开展临平新城可再生能源建筑规模化应用示范区建设，示范区建筑面积达215万平方米；钱江科技城低碳生态园示范区建设，示范区建筑面积达50万平方米；绿色建筑示范面积达600万平方米；可再生能源建筑应用示范面积达1300万平方米。

六、强化基础能力建设，低碳发展基础进一步夯实

成立机构健全机制。2009年，市委市政府作出了《关于建设低碳城市的决定》，并成立了以市委书记为组长，市长为第一副组长，相关四个副市长为副组长，以及34个部门和13个区、县（市）负责人组成的杭州市建设低碳城市试点工作领导小组，办公室设在市发改委。其主要职能是负责牵头协调推进低碳城市建设的整体工作，研究制定低碳发展规划和实施方案，定期组织召开工作例会，研究协调推进过程中的重大问题。

编制规划落实责任。围绕打造低碳经济、低碳建筑、低碳交通、低碳生活、低碳环境和低碳社会“六位一体”杭州特色低碳城市建设目标，组织编制并发布了《杭州市“十二五”低碳城市发展规划》和《杭州市低碳城市工作方案》。从2010年开始，每年编制低碳城市建设年度行动计划，将低碳城市建设工作分解到市级各个部门，明确各部门工作目标、主要任务和保障措施，落实工作职责，推进低碳城市试点各项工作。

编制清单完善监测。成立了由市政府副秘书长任组长，市发改委、经信委、统计局、农业局、林水局、环保局等部门组成的杭州市温室气体排放清单编制工作领导小组，并根据温室气体排放清单编制的五大领域和特点，成立四个专项编制小组，开展了2005-2010各个年度的清单编制工作。着手开展杭州市温室气体排放数据统计及管理系统建设，完成温室气体监测网络建设可行性研究。

七、加强低碳宣传教育，低碳发展理念深入民心

组织开展国际论坛。成功举办国际循环经济论坛（2007-2011年连续五次）、第六届中国城市森林论坛（2009年）、中国杭州2011太阳能光伏发电建筑一体化应用技术论坛；组织开展“中日建设领域节能技术交流会”、“中荷绿色建筑技术论坛”国际交流活动。

开展学校低碳活动。组织开展七批杭州市绿色学校和2011年度环保小卫士评选活动、“低碳生活我做主”——杭州市中学生公益宣传片DV作品大赛、中学生“我为低碳献一策”创意大赛、“我是低碳小达人”——杭州市优秀优秀学生干部“绿之源”环保夏令营活动。

加强低碳科普活动。建成中国杭州低碳科技馆，全力打造低碳科技普及中心、绿色建筑展示中心、低碳学术交流中心和低碳信息资料中心；完善了杭州气象科普体验馆，增设低碳厅，已接待人员四万人次。先后编印《低碳的科学生活》2.5万本、《大气污染防治市民读本》1万本、《生态文明之路》1万份、《低碳生活》宣传折页2万份等，各种宣传品4万多份（件）。

大力推进低碳发展 全面建设美丽鞍山

鞍山市委书记王世伟(右二) 考察高新区荣信股份有限公司

鞍山地处辽东半岛东部，是我国钢铁工业摇篮，全市面积9252平方公里，人口400万，是辽宁省第三大城市。鞍山矿产资源十分丰富，铁矿石储量占全国的四分之一，菱镁矿储量占全国的80%，是一个典型的以钢铁工业为主的资源型重工业城市。鞍山是中国优秀旅游城市、国家卫生城市、创建全国文明城市工作先进市、全国实施畅通工程模范管理城市、国家技术创新试点城市和全国科技进步先进市，是中国经济最具活力、发展最快的城市之一。

2012年鞍山低碳建设取得较大进步，完成了温室气体清单编制，逐步实

2012年鞍山经济开发区新能源等项目开工仪式

施低碳方案，初步构建低碳决策支持平台。一大批低碳项目通过招商引资落户鞍山，资源综合利用得到明显提高，低碳产业、产值较上年有了大幅度增加，"青山、碧水、蓝天、净土"四大生态工程有序发展，探索出一条符合鞍山的低投入、低消耗、低排放、少污染的绿色低碳发展之路。

创建低碳产业园区。抓好鞍钢循环经济示范园区建设的同时，以辽宁九夷三普电池有限公司、鞍山东方钢结构有限公司、辽宁重机轴承有限公司、海华油脂化学有限公司、荣信股份公司、辽宁光电科技有限公司等企业为基础，创建我市低碳经济产业园区。

创建低碳试点社区。选择了社区作为试点，在试点区内建设室外雨水收集设施，建设中水回收利用系统，推广节能灯具，楼道内及公共区域照明系统逐步采用声光控制节能灯，景观灯采用LED灯，推广节水器具及节能燃气灶，既有建筑全部增设保温面层，鼓励少开空调、少坐电梯、少开私家车出行，引导转变生活方式，提倡低碳环保。

鞍山玉佛院

构建低碳能源体系和产业体系。大力发展新兴能源，结合我市现有的能源现状，开发太阳能、风能、地热能等新能源，逐步扩大新兴能源利用规模，加大对垃圾焚烧等生物质能以及钢铁行业等余热余压综合利用，

积极推进天然气分布式能源和绿色交通等气化鞍山项目建设；降低高碳产业特别是钢铁、水泥等行业在我市产业结构中的比重，全面打造钢铁深加工、菱镁新材料、装备制造、化工新材料、光电“五大产业”集群。

支持低碳产品创新和促进产业调整。走以镁合金、镁建材、镁制药、镁化工为重点的镁产品精深加工之路，走以激光、电池、LED为重点的光电产业发展之路，走以柔性输变电、泵阀为重点的先进装备制造业发展之路。大力发展一、三产业，特别是提高服务业比重，既可保证我市“五大产业”发展建设目标，又可破解碳排放过高难题。

全力推进低碳项目，建设美丽鞍山。“十二五”后三年拟投入资金150余亿元，全面加快“青山、碧水、蓝天、净土”工程建设。通过开荒还林、坡地造林、矿山治理、路网绿化等恢复青山5万余亩，增加碳汇；通过污水处理厂和湿地建设、河道封育工程、河道水系建设、水系公园建设等生态保护项目建设打造碧水城市；通过区域一体化供暖、污水源热泵利用、气化鞍山、工业污染治理及提标改造等工程，减少一次能源消耗和温室气体排放；建设环保产业园，实现城市固废资源化、危险废物综合利用、工业废物资源化。

发展低碳经济是加快经济结构转变的重要手段，是实现“尊重自然、顺应自然、保护自然”的重要途径。未来三年，鞍山市将全面贯彻落实科学发展观，探索和实现一条经济以低碳产业为主、市民以低碳生活为理念、政府以低碳社会建设为蓝图的发展道路。市委、市政府以低碳建设为重点，继续抓好产业结构转型、积极调整能源结构，按照“天更蓝，水更清、路更畅、房更靓、城更美”的目标要求，建设美丽低碳鞍山！

鞍钢高炉矿渣微细粉工程

鞍钢高炉煤气（资源综合利用，回收煤气）

鞍山岫岩县大洋河城镇段综合整治工程

淮安市——全国低碳试点城市

中共淮安市委刘永忠书记参加清洁发展机制项目碳减排量购买协议签约仪式

淮安市，地处江苏省北部，现辖四县四区，全市总面积1.01万平方公里、人口540万，是长三角北部重要中心城市。淮安是国家历史文化名城、国家卫生城市、国家园林城市、国家环保模范城市、中国淮扬菜之乡、中国运河之都和中国优秀旅游城市。

历史古城。淮安历史上曾是漕运枢纽、盐运要冲，明清鼎盛时与扬州、苏州、杭州并称为京杭大运河沿线“四大都市”。文化名城。淮安是一代伟人周恩来的故乡，诞生过大军事家韩信、民族英雄关天培、《西游记》作者吴承恩等众多历史名人。生态水城。淮安被誉为“漂浮在水上的城市”，京杭大运河、里运河、古黄河、盐河、淮沭新河等五河穿越，洪泽湖及高邮湖、白马湖、宝应湖等四湖镶嵌，淮安已建成6个国家级生态示范县（区），是适宜居住的生态家园。工业新城。淮安重点培育的特钢、IT、盐化工新材料、食品和节能环保五大千亿元主导产业初具规模，新医药、新材料、新能源、软件和服务外包四大新兴产业加速发展，随着富士康科技城等一批基地型台资项目成功落户，台资集聚新高地正加速隆起，初步形成了具有淮安特色的工业体系。

2011年，全市完成地区生产总值1690亿元，增长13.2%；财政总收入、地方一般预算收入分别突破400亿元、200亿元，分别增长35.9%和44.7%；全社会固定资产投资2000亿元，增长34.6%；城镇居民人均可支配收入20260元、农民人均纯收入8645元，分别增长14.6%和19.5%。5项主要经济指标增幅在全省排名第一、5项排名第二、两项排名第三。

低碳试点城市大事记：

2011年2月，淮安市获批为江苏省首批低碳试点城市，江苏淮河化工有限公司为试点企业，并正式授牌；

2011年3月，淮安市获全省节能目标完成优秀奖，并连续三年获得省政府表彰；

2011年5月，成立以市委书记、市长为组长的低碳城市创建工作领导小组，领导小组办公室设在市发改委。

2011年6月，编制完成十二五低碳经济发展规划；

2011年8月，获国家可再生能源示范市、获资金7000万元；

2011年12月，在南非德班全球气候大会上，淮安市作为江苏省唯一的低碳试点城市进行对外推介；

2011年12月，出台《淮安市“十二五”低碳城市创建工作实施意见》；

2011年5月-12月，通过举办“万人自行车环市行暨低碳城市你我同行”、“我眼中的低碳城市”有奖征文比赛和“我心中的低碳淮安”书画大赛等各种活动全方位、多角度宣传低碳城市创建工作；

2012年2月，向省发改委申报第二批国家级低碳试点城市；

2012年2月，获国家低碳交通运输体系试点市称号；

2012年5月，淮安生态新城科技园荣获科技部颁发“中国自主创新园区先锋奖”；

2012年6月，编制国家级低碳试点城市试点工作初步实施方案；

2012年8月，国家发改委应对气候变化司苏伟司长一行来淮调研国家级低碳城市创建工作；

2012年9月，淮安市低碳试点工作初步实施方案在国家发改委组织的专家评审中获得通过；

2012年11月，获批为第二批国家级低碳试点城市；

2012年12月，召开国家级低碳试点城市授牌仪式暨全市低碳城市试点工作动员大会。

兴隆热带花园

兴隆热带花园始建于1992年，占地约5800亩，地处海南省东南部，著名的万宁市兴隆温泉华侨旅游度假区内，紧临滨海度假胜地石梅湾。热带花园以两大旅游区为依托，在海南万宁东南部海岸线上与石梅湾、日月湾、南燕湾、神州半岛等形成了一个旅游接待的整体区域优势。

兴隆热带花园中心位于北纬18°1'30"，东经110°13'07"，为世界三大热带区之一的印尼——马来热带区北缘，是目前海南东线上离海岸最近的保护较完好的低海拔热带雨林区。

热带花园以植物为载体，致力于恢复本地区的生物多样性，重建并完善该地区的生态结构，使之形成良性循环的生态环境。经过近20年的坚持，在各级政府、有关部门和兴隆华侨农场的积极配合下，使园区初步呈现热带雨林原生态景观，开发创造恢复保护自然环境与园林艺术环境的事例，实现人与自然环境的完善融合，在热带雨林旅游方面摸索出人与自然和谐共存的发展道路。

兴隆热带花园作为一种企业行为，突破传统的经济模式，树立"环境主业"的全新理念，创建了一个融自然、人文、园艺、园林与环境生态保护为一体，聚科普、环保教育、健康休闲、旅游度假为一身的大型综合性景区，为保护森林、保护生态环境，做出了相当显著的贡献，开创了一种雨林旅游的新模式。

在这里可以领略热带雨林的壮丽景色（雨林日出、日落、云海、雾海等等奇妙景观），可以了解热带雨林的丰富结构，直观认识热带的花、草、树、果，感受植物形态的神奇与美。可以认识热带雨林中的生物链、能量流，了解破坏环境、毁灭物种将造成生物链断裂、能量流转换不畅，引发环境破坏的多米诺骨牌效应。通过参观游览，让每一个游客从思维和行为方式上，自觉自律地保护环境，保护生态，并将这种观念传播开来。

热带花园保护恢复热带雨林的同时，引进了大量的热带珍稀植物花卉，现有植物4000多种，其中珍稀濒危植物有65种。在这些珍稀濒危的植物中，被列入《中国植物红皮书》的有27种（如：坡垒、琼棕、矮琼棕、粘木、海南大风子、海南石梓、野山茶等），许多面临灭绝命运的植物得到迁地保护、繁殖并形成群落。

在这里，可以尽情欣赏各种珍稀植物的神秘与植物在自然界中的生存法则，欣赏人文园艺和自然的融合，观赏鸟类、昆虫及各种小动物自由自在的生态意趣。

游客还可以在园区内通过对大型水库景观、植物园区景观、橡胶园景观、果园景观、苗圃、农田、农舍等景观的游览，了解兴隆的归国华侨（兴隆地区聚居了21个国家和地区的归国华侨）与当地原住民的融合，体验本地独特的人文风情，感受多元旅游文化元素的多姿多彩。

热带花园所处的地区面临南海，冬无严寒，夏无酷暑，光照充足，雨量充沛，年平均气温为24.4℃，年降雨量高达2141.4mm，年平均相对湿度为85%，大气中负离子含量充足，空气清新。独特的地形地貌，为各种生物的繁衍生息提供了优越的自然条件，是热带生物多样性保护最有潜力的地区之一。

花园地形属于丘陵，海拔100米以下，地形多起伏变化。园内有南旺水库（面积600多亩），水面宽阔，波光潋滟，又有多处雨林沟谷，潺潺流水蜿蜒曲折，形成多类型水景和大面积湿地。

1992年，爱国华人郑文泰先生个人出资，自己规划设计，在这片既有老化橡胶园、丢荒耕地，同时又有残留沟谷雨林的土地上，开始了兴隆热带花园的建设历程。本着保护和恢复热带雨林资源，优化生态环境，促进海南旅游业可持续发展的初衷，进行热带雨林的原结构恢复和保护工作，并对许多珍稀热带雨林物种进行迁地保护。

热带花园建园初期，以封山育林、严禁砍伐、禁止狩猎等措施，保护基地内现存的自然林和各种生物，尤其是乡土树种，并铺种草皮以保持水土，促进了当地植物资源的恢复。

随后，采取在不同种群内引种的办法，对许多特有树种、珍稀濒危植物如海南苏铁、桫椤、琼棕、海南龙血树、降香檀、青皮树、长叶竹柏等进行迁地保护，移植到园内适当区位。

同时，为促进生物多样性的保护和发展，营造适合各种微生物、昆虫和动物如蝴蝶、鸟类及狐、野猪、猴等小型野生动物的繁衍生息的环境，种植了大量的蜜粉及花粉源、浆果、坚果类以及爬藤、荫生、兰科、蕨类、地衣等多种植物。

随着热带雨林的保护和恢复，热带花园的发展向着成为一个生态环境达到最优化及人与自然和谐共处的示范基地的目标迈进。园内生态环境日益改善，生物量不断增加。现在的热带花园拥有4000多个植物品种，近百万株。景区分为六个游览区，分别是：热带植物观赏区、热带雨林观赏区、生物哺育区、再造热带雨林区（名人植树区）、园艺观赏区、森林野营区。同时，热带花园还成为野生动物的保护区，各种鸟类的栖息地。

热带花园本身已是一个巨大的造氧基地，同时还坚持推广低碳旅游，减少一切可以减少的碳排量。园中全部使用节能环保的电瓶车，房屋建筑充分利用自然风和流水系统以及林荫降温，园内的灌溉系统都是尽可能依山势而建的多条自流水道。

当人们置身兴隆热带花园，会看到热带雨林遮天蔽日，珍稀植物数不胜数，蝴蝶在花丛中飞舞，鸟鸣声随处可闻，山清水秀，白云缭绕，是一个神秘而令人陶醉的地方。

园区在建设发展的过程中，得到了许多国家领导人及国外一些国家领导人、社会各界友好人士的高度关注，多次到园区视察游览并植树留念，对园区给予了高度的评价和支持。

兴隆热带花园多年来获得很多荣誉，其中包括：

1995年 全国旅游重点建设项目

1997年 海南省青少年生物知识教育基地

海南省生物多样性保护基地及青少年环境知识教育基地

2002年 中国侨联命名“科教兴国示范基地”

2003年 中国政府向联合国推荐的全球“环境500佳”评选项目

“热带雨林恢复”国家级引智推广基地

2006年 中国国际经济发展研究中心行业定点研究单位

中国亚太经济发展研究中心行业定点研究单位

中华爱国先进示范 单位

海南省文明风景旅游区

2007年 海南省诚信单位

海南省游客满意十佳旅游景点

海南省优质服务十佳示范单位

2008年 国务院侨办列入“侨爱工程项目”——侨爱热带花园

海南省环境友好型企业

游客喜爱的海南岛特色品牌景区

2010年 海南省农业厅授予休闲农业示范单位

2010年 海南省商务厅授予“海南国际旅游岛建设与发展特色旅游 十大楷模”

2011年 海南省工信厅授予“自主创新型十大知名景区”称号

行车路线：

1. 海南东线高速公路石梅湾出口下，沿兴梅大道向兴隆方向行驶，约3公里，路边有标牌。

2. 海南东线高速公路莲花出口下，沿莲兴路向兴隆方向，到兴梅大道左转向石梅湾方向行驶，约1.8公里，路边有标牌。

联系方式：

兴隆热带花园网址：www.tropicalgarden.cn

博客地址：http://blog.sina.com.cn/u/1781895922

售票处电话：0898-62571666

营销部电话：0898-62571668

办公室电话：0898-62571890

传真：0898-62571890

邮箱：tropicalgarden@sina.cn

QQ：652774953

北京市水泥有限公司

充分发挥循环经济试点效应 努力构建"两型"企业

北京水泥厂有限责任公司是国家发改委等六部委联合确立为全国第一批循环经济试点单位，2010年底被国家工信部、科技部和财政部确立为全国第一批资源节约型、环境友好型（"两型"）企业试点单位。北水年产200万吨高标号优质水泥，年处置20多万吨北京市工业废弃物，实现了传统水泥企业向环保产业的成功转型，引领水泥行业走上发展低碳经济、实践循环经济之路，为首都环境建设做出了应有的贡献。

2011年北京水泥厂凤山矿建设国家级绿色矿山

坚持自主研发，构建循环经济示范基地。1999年，公司率先在国内开展利用水泥窑处置废弃物的技术研究和实践，实现了水泥企业向环保产业的转型。

一是自主研发出国内首套利用水泥窑处置工业废弃物的核心工艺和技术。公司借鉴欧美发达国家处置工业废弃物理论和工艺技术，开展了利用水泥回转窑处置城市工业废弃物的探索和实验，取得了初步成功。解决了国内品种繁杂的废弃物与发达国家的工业废弃物预处理技术相结合的难题。通过深入研究水泥熟料煅烧技术与工业废弃物处置技术的相容性，北水跨越了处置技术研究、预处理工艺设备创新等障碍，自主研发出国内首套具有自主知识产权的处置工业废弃物的生产线和浆渣制备焚烧系统、替代燃料制备焚烧系统、废液处置系统等八个工业废弃物预处理系统。

2006年纯低温余热发电项目投入运行

目前，北水处置废弃物种类和规模均为全国最全和最大，能够处置《国家危险废物名录》中49类中的30类危险废弃物。2011年处置和综合利用各类工业废弃物20多万吨，包括近5万吨危险废弃物、10万吨污染土和6万多吨城市污水厂污泥。

2008年10月20日，时任副总理的李克强参观中国北京国际节能环保展览的金隅集团展区—图为北京水泥厂沙盘模型6156

二是发挥循环经济试点效应，打造循环经济示范基地。“十一五”期间，公司严格按照《循环经济试点方案》开展各项工作，从石灰石开采源头到水泥产品出厂终端全过程各环节创新工作，切实践行实现循环经济“减量化、再利用和资源化”的“3R”原则，全力打造循环经济示范基地。

在“提高废弃物资源综合利用水平及利用工业废弃物替代水泥生产原燃材料”的技术研究基础上，公司结合固废处置与水泥生产的特点，已成功实现了利用首钢收尘灰替代部分铁粉和石灰石，废玻璃、污染土和废白土等硅质原料替代砂岩，实现了变“废”为“宝”，成为了城市环境的“净化器”。

公司依托企业优势，积极开展节能降耗工作。在水、电、煤等资源的使用上，拥有日处理污水700立方米的污水处理场，实现了水资源的100%回收利用，而且吨水泥综合耗水量为0.189吨，处于国内先进水平；厂区建成华北地区第一座不带补燃技术的纯低温余热电站，2010年供电自给率达20%，而且全部采用高压变频技术，大大节约电能；废玻璃钢等含热值废弃物已成为了水泥生产高温环境的充足燃料。阶梯型能源利用平台，也使北水2010年被北京市应对气候变化及节能减排工作领导小组、市发改委等授予“北京市节能减排先进集体”荣誉称号。

2009年11月27日挪威环境环境与发展部大臣爱立克·索尔海姆（Mr. Erik Solheim）到北京水泥厂参观

三是低温余热发电系统经济效益显著。2006年底建成纯低温余热发电站工程项目，电站装机容量6MW，为华北地区建成的第一座纯低温余热电站，是能源梯级利用和循环经济在水泥行业的具体体现。2011年发电量4000万度左右，供电自给率达20%。

四是建设处置污水厂污泥项目，解决城市环境污染问题。2009年10月，北水建成了处置污水厂污泥工程项目。该项目日处理含水80%脱水污泥500吨（年处置污泥17万吨）。该项目主要包括三大系统，即供热系统、污泥干化及蒸发液冷凝系统、污水（冷凝废液）处理系统。该项目的实践不仅可为市政污泥无害化、减量化、资源化、稳定化处置提供了一个安全的模式，较好地解决北京市当前生活污泥亟待处理的难题。

2011年实施的废玻璃钢燃料替代项目

五是履行企业社会责任，服务首都发展。公司始终坚持“履行企业社会责任，发展特色环保产业，实现水泥生产与环保产业顺利对接”的发展理念，承担了如地铁五号线宋家庄段污染土的安全处置、八达岭高速公路焦油泄露事故处置等数项城市公共突发事件，协助北京市公安局、海关、药监局等部门多次销毁查获物品，得到了社会、政府的认可与支持。

中国石油安全环保技术研究院

中国石油安全环保技术研究院是中国石油天然气集团公司于2007年批准成立的以石油行业安全环保节能低碳领域科技开发、评价与认证服务、监测与分析服务、工程设计和承包为主业的独立法人企业，注册资本金1.52亿元。它是中国石油的直属科研机构，是中国石油的安全环保战略决策参谋部，安全环保技术研究中心、安全环保技术支持及HSE信息中心、安全环保技术服务中心。研究院总部设在北京，下设13个技术研究、技术支持、技术转化、技术服务机构，包括顺应低碳发展潮流，2011年组建的低碳经济与技术研究所。

“国家环境标准化TC207/SC4分委会秘书处”、“国家石油工业环境专业标准化工作组秘书处”、“国家油气田清洁生产标准化委员会秘书处”、“中国石油学会石油环保专业委员会秘书处”、“健康安全环境标准化直属工作组”挂靠在中国石油安全环保技术研究院。

中国石油天然气集团公司环境监测总站、环境应急监测中心、污染源在线监控中心、HSE技术中心、环境影响评价中心、劳动安全卫生预评价中心、环境工程技术中心等中石油的21个机构挂靠在中国石油安全环保技术研究院。同时还拥有16个国家甲级资质和证书。

研究院以建设“国内第一、国际一流”的石油安全环保与节能减排研究机构为发展目标，致力于为石油企业的安全发展、清洁发展、低碳发展、循环发展、节约发展、可持续发展提供全方位服务和支持。近年来，研究院发力石油石化行业低碳经济与低碳技术研究与示范，积极推进节能服务产业发展，大力推进节能和低碳技术研发、应用和推广。作为中国石油行业低碳研究领域的核心力量，中国石油安全环保院低碳研究的主要领域包括：石油行业低碳经济政策法规与标准、CCUS、节能与能效管理等技术研究与应用。

通过几年的技术攻关，形成了一批石油石化行业特色的专有节能和低碳技术，如石油企业温室气体评估、油田伴生气回收与利用、CCUS、天然气清洁重整制氢发电技术、石油生产装置节能等多项核心技术，并配套建有高水平实验平台。研究院已获得了国家能源管理体系认证，2011年列入国家节能服务公司备案名录。目前，研究院已初步建成了“培训、研究、转化、推广”一体化节能低碳服务队伍，“理念、政策、标准、技术、管理、机制”六位一体的节能低碳支持体系，形成八大优势：资质优势；国家有关技术政策、标准和规范研究的优势；机构优势；实验、检测监测、监控的设施设备优势；

技术优势；业绩优势；人才优势。

研究院紧紧围绕建设“绿色、国际、可持续”的中石油，为完成中石油节能减排考核目标做了大量富有成效的工作，同时还先后承担了国家支撑气候变化谈判重大专项中国家973项目“推动中国绿色发展的重大战略及技术问题研究—行业减排机制研究”和“碳关税、碳市场相关研究”、“中澳CO2在油田封存与提高采收率中安全环保评估体系研究”等低碳研究项目，成功跻身于国家紧急启动的“国家支撑气候变化谈判重大专项”核心研究团队，积极支持了多哈气候大会“中国角”系列边会，主办了“中国石油低碳发展”企业日主题活动，为我国参加世界气候变化谈判提供了有效的支持和服务。

研究院在节能低碳领域的贡献得到了国家有关部门的高度认可，也积累了丰硕的成果。2012年8月，国家工信部与国家发改委联合组织对3500家节能服务公司开展了全国节能服务公司百强榜评比中，中国石油安全环保技术研究院名列全国第6位。“油田含油污泥热解处理与资源化利用技术”被评为2012中国“低碳产业自主创新高新技术”，在“中国环境报”上发布。2011年荣获了“十一五”全国石油和石化行业节能减排优秀服务单位，成为中国节能协会节能服务产业委员会常务会员单位。研究院共获得省部级及有关科技协会科技成果奖项50项，申报专利69项（其中发明专利23项），已获得授权专利29项，登记软件著作权28项。

中国石油安全环保技术研究院在低碳领域的快速发展得益于中国石油对低碳发展的高度重视。“十一五”中国石油，提出打造绿色、国际、可持续的中石油的发展理念，高度重视安全环保节能低碳工作，积极践行社会责任。在低碳领域，中国石油围绕低碳战略与标准、清洁能源开发、节能与提高能效、碳减排与资源化四大领域积极采取措施。“十一五”中国石油投资超过168亿元人民币实施节能、CO_2－EOR示范、氧化亚氮减排等工程，温室气体排放强度下降约9%。同时通过积极发展天然气产业，大力支持了国家温室气体减排工作。2011年，中国石油投入9亿多人民币设立了“低碳关键技术研究”重大科技专项，中国石油安全环保技术研究院是牵头单位。该重大专项将为“十二五”中国石油节能减排规划、绿色发展行动计划目标的实现提供技术支持。

江苏省徐州市

古老煤城舒展生态画卷——徐州老工业基地的历史性跨越

走进徐州大地到处山清水秀、天蓝如镜。作为一个老牌工业城市，“灰头土脸”曾经是徐州的城市标签。近年来，徐州市委市政府按照科学发展观的要求，大力调整产业结构，经济社会发展呈现稳步增长的良好势头，生态建设和环境保护实现历史性跨越。昔日煤城正在向资源环境友好型城市转型。

不断加大环境治理力度　实现了从煤城到“环保模范城”历史性跨越

“进了徐州府，先喝二两土。”对于上世纪五、六十年代的徐州人来说，这句顺口溜流行一时。煤城徐州，曾被列入全国113个大气污染防治重点城市之一，也是淮河流域、南水北调污染防治重点地区，曾因环境伤疤饱受诟病。

近年来，徐州在全省率先关闭了立窑水泥生产线及小造纸、小焦化企业，先后关闭小火电机组325万千瓦，拆除66个煤港码头，拆除燃煤锅炉1000余台、烟囱800余根，基本做到“煤炭城市不燃煤，工业城市无烟囱”，生态环境得到了有效改善。2011年5月，徐州市被授予“国家环境保护模范城市”称号，摘掉了老灰城的帽子。一跃成为全国第一个按照环保部新指标新办法验收通过的国家环保模范城市。

不断强化产业结构调整 实现经济增长和环境保护双赢的跨越

徐州贾汪区，过去经济主要依赖煤矿和水泥厂，在先后关闭30个水泥厂后，现在贾汪区已向电力、建材等行业拓展，水泥厂只剩2家，其中徐州中联水泥有限公司，生产线产生的工艺废水全部循环利用，生活污水经处理后用于厂区绿化和道路洒水，实现了厂区废水零排放。

来自徐州市环保局的数据显示，目前，徐州市造纸企业已由2000年的138家锐减到16家，同时，先后有200多家污染企业退出城区，印染、电镀等重污染企业全部进入工业园区，污水集中处理。通过对传统重污染行业的优化升级，腾出环境容量，用于支持壮大新医药、新材料、电子信息等新兴产业。

徐州市产业调优调新，经济实现高增长。统计表明，2011年徐州战略性新兴工业产值达到1854亿元，增长115.9%；高新技术产值突破2000亿元，增长91.5%，总量是2006年的8倍。如今，装备制造业、新能源、农副产品加工、商贸物流等四大主导产业规模全部超过千亿元。实现了经济增长和环境保护双赢。

不断加大考核力度和资金投入 实现城市品位由灰到绿的跨越

在推进现有污染总量的减排工作同时，徐州市逐步提高各类项目环保准入门槛，把总量控制指标作为建设项目环评审批的前置条件。

为提升环保指标，根据规划，到2015年，徐州市对282家涉及五个重金属污染防治重点行业、七个产能过剩行业和其他行业的重点企业，制定清洁生产推行年度计划和实施方案。

2011年底，徐州全面启动了国家生态市创建工作，设立3000万元专项资金，用于引导和支持国家生态县、生态镇、生态村创建工作。

一个美好、宜居的生态徐州画卷正在向人们展开…

徐州市委书记曹新平（右三）检查环保工作

徐州市行政服务中心环保窗口优质服务工作获好评

绚丽的云龙湖之夜

金山公园

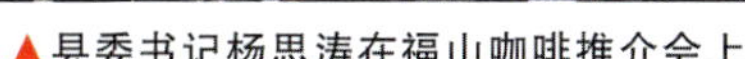

▲县委书记杨思涛在福山咖啡推介会上

澄迈：发展低碳旅游助推绿色崛起

▲永庆寺

▲美榔双塔

▲富力红树湾

近年来，澄迈县紧紧围绕海南国际旅游岛建设目标，坚持把低碳旅游作为绿色崛起的先锋产业，牢固树立绿色、生态、低碳理念，借助新能源、生物技术产业，从旅游配套设施、旅游管理工作、旅游信息服务、旅游路线设计、游客行为模式等五个方面的“低碳化”入手，着力打造低碳生态景区，不断加快旅游低碳化发展，取得了较好的成效。

目前，澄迈已形成咖啡之旅、历史文化之旅、福寿文化之旅、海洋之旅、森林之旅、红色之旅、美食之旅等七大系列低碳绿色旅游品牌，打造了永庆生态文化旅游区、福山咖啡文化风情小镇、盈滨半岛旅游度假区、宋代美榔双塔、加笼坪热带季雨林生态旅游区、红岗济公山风景旅游区、九乐宫温泉度假山庄、棕王园休闲农庄、欧洲文化风情小镇、台湾民俗文化风情小镇等重点旅游精品，其中盈滨半岛旅游度假区、永庆生态文化旅游区、福山咖啡文化风情小镇等项目被列为海南省重点建设旅游项目，而盈滨半岛旅游度假区正在申报国家4A级旅游景区。

低碳化成了澄迈旅游发展的一大优势，使澄迈先后获得了“中国最佳休闲旅游县”、“国际王牌旅游目的地”、“中国低碳旅游示范区”等殊荣。随着旅游品质的不断提升，澄迈的旅游魅力日益凸显。2011年，全县累计旅游接待过夜人数46.57万人次，比上年增长18.3%，名列全省第五；旅游总收入4.20亿元，同比增长35.41%。

借助前述荣誉的品牌效应和“中国长寿之乡”、“中国绿色名县”等名片，澄迈正以金江休闲文化娱乐之都、盈滨半岛国家4A级度假旅游区、加笼坪热带雨林旅游区、福山咖啡文化风情小镇、海南欧洲文化风情小镇、海南地中海风情小镇、台湾民俗文化风情小镇等旅游项目为重点，大力推进低碳战略、精品战略，努力把自身打造成为琼北旅游新热点。澄迈县的旅游业必将迎来低碳化大发展的新时期。

低碳广元 生态城市

城市全貌

广元市地处四川北部、秦岭南麓，嘉陵江上游，毗邻陕甘两省，素有“川北门户、蜀道咽喉”之称，“千里嘉陵第一城”之誉。1985年建地级市，幅员面积1.63万平方公里，总人口314万。2011年，全市经济总量比震前接近翻一番，地方财政一般预算收入是2007年的3.36倍，全社会投资是2007年的4.15倍。万元GDP能耗由2007年的1.44吨标煤降低到2011年的1.2吨标煤；清洁能源占比达23.4%；全市森林覆盖率达53.6%。

低碳发展理念进一步深入

通过开展第二个“广元低碳日”、“地球一小时”、“节能宣传周”、“地球环境日”等系列活动，积极倡导广大市民践行低碳生活，在全市发出“广元市民十大低碳生活新风尚”的倡导，低碳婚礼、低碳出行等低碳生活方式正逐步成为广大市民的自觉行动和流行时尚，低碳发展的氛围日渐浓厚。

2011年8月27日，市四大班子领导参加广元市第四批碳交易项目暨节能灯惠民节能行动启动仪式

低碳志愿者招募

全市公共机构能源资源消耗统计工作培训会

召开广元市低碳经济发展领导小组扩大会议

低碳产业发展成效明显

加大产业结构调整力度，严格执行项目环评制度，重点发展战略性新兴产业，实施传统产业低碳化升级改造工程，大力发展循环经济，低碳工业占工业比重达到40%以上。发展生态农业，建设41个现代农业示范园区，79万亩全国绿色食品原料标准化生产基地，通过国家认定的“三品”生产基地面积193万亩。农产品地理标志产品保护数量居全省第二。加快低碳旅游景区建设，天曌山、明月峡和唐家河等景区先后建成，国家级4A旅游景区已达11个。2011年，全市旅游接待人数1447.57万，增长103.77%，旅游收入53.55亿元，增长67.19%。

苍溪三井低碳农业示范园区

天曌山低碳旅游景区

广元低碳日活动启动暨项目集中开工仪式

国家级自然保护区—唐家河

旺苍攀成钢废弃物循环利用

能源结构不断优化

装机110万KW的亭子口水利枢纽工程等水电项目加快推进，全市水电装机87.57万千瓦。建成农村户用沼气31.4万口，入户率达50%。全市城镇天然气用户19.8万户，气化率达75%以上，完成“五小”行业煤改气483户，积极推广使用CNG和LNG。大力开发利用地热资源，发展温泉产业。2011年，全市清洁能源占比由2007年的19.5%提高到23.4%。

亭子口水利枢纽工程总装机容量为110万千瓦，是嘉陵江的大型控制性骨干水利枢纽工程，具有防洪、灌溉、发电、航运等综合利用功能，设计灌面340万亩，通航能力为2*500吨

气化广元工程

开发利用地热资源，建成剑阁天赐温泉

风光互补应用示范点—莲花初级中学

低碳生活方式融入寻常百姓

投放便民自行车1000辆，建成绿道4KM，倡导自行车、公共交通、步行等低碳出行方式，积极开展公共机构节能减排工作，制定《广元市低碳住宅（建筑）小区评价标准》，科学地开展低碳建筑评价标识工作，建成了翡翠城等一批节能或低碳建筑示范小区。

市领导带头践行低碳生活

健康绿道

重建后的新村

灾后重建的生态青川县城

低碳发展的政策体系初步形成

强化低碳发展的制度设计，从规划引领、政策措施、奖惩激励等方面积极构建低碳发展的制度框架。在全省率先编制完成《“十二五”低碳经济发展规划》，先后出台了《关于推广清洁能源的工作方案》、《建设循环经济产业园区、实现低碳发展的意见》等政策文件，形成了较为完善的低碳发展政策体系。

天津排放权交易所

中国首家综合性环境能源交易平台

2010年10月21日，国家发改委解振华副主任、美国气候变化特使托德斯特恩一行参观交易所。

2012年3月15日，国家发改委彭森副主任一行到交易所检查指导工作。

天津排放权交易所由中国石油天然气集团公司（持股78%）和天津产权交易中心（持股22%）共同出资建立，位于国务院批准的国家综合配套改革试验区——天津滨海新区，致力于通过市场化手段和金融创新方式促进节能减排。交易所立足天津、面向全国，为温室气体、主要污染物和能效产品提供安全高效的电子竞价和交易平台，同时为自愿碳交易（碳中和）、清洁发展机制（CDM）项目开发、合同能源管理（EPC）项目开发、低碳规划方案设计等提供综合服务。

在市场建设方面，按照国家主管部门在应对气候变化、促进节能减排、加强环境保护方面的总体部署，在天津市委市政府的大力支持下，交易所积极推动国家和区域碳市场、建筑能效市场和主要污染物市场的建设，参与有关课题研究和实践。作为国家发改委确定的低碳省市试点、温室气体排放清单编制试点、碳排放权交易试点城市，天津市已确立天津排放权交易所为天津区域碳市场、建筑能效市场和主要污染物市场的指定交易平台。

在碳中和服务方面，按照国家鼓励企业和个人参与自愿碳交易的精神，交易所推出了碳中和综合服务模式，并组织了一系列创新性试点交易。

在EPC服务方面，按照国家“关于进一步改善金融服务，推广合同能源管理、支持节能产业发展”的要求，交易所着力打造EPC综合服务平台，为具有节能减排需求的企业、节能服务公司、金融机构提供项目开发、融资咨询、法律合规、减排测量等综合性专业服务，截止2012年6月，已发展了60余家节能服务伙伴，开发形成六种融资模式，包括保证保险、节能项目保理、收益买断、抵押贷款、融资租赁、信托计划，并分别启动试点项目。

★ 2008年12月23日组织中国首笔基于互联网的SO_2排放指标电子竞价交易
★ 2009年11月17日组织中国首笔基于碳足迹盘查的碳中和交易
★ 2009年12月27日签署中国首笔通过排放权交易市场达成的合同能源管理项目
★ 2010年2月9日启动中国首个基于强制能效目标的排放权交易体系
★ 2011年6月10日组织中国大陆首笔基于PAS2060标准的碳中和交易

地址：天津经济技术开发区第三大街51号W3-A-2　　邮编：300457
电话：0086-22-66370691 66224928
传真：0086-22-66370691 66224916
邮箱：tcx@mailtcx.com
网址：www.天津排放权交易所.com　　　www.chinatcx.com.cn

2010年10月6日，交易所和国家发改委能源研究所共同主办的“中国碳市场未来之路高层论坛”在天津举行。国家发改委气候变化司孙翠华副司长讲话。

2010年9月29日，国家财政部副部长张少春一行到交易所视察并听取工作汇报。

www.cbeex.com.cn

用市场机制解决环境问题
为低碳经济融资

China Beijing
Environment Exchange

北京环境交易所董事长杜少中

公司简介

环交所于2008年8月5日成立，是经北京市人民政府批准设立的特许经营实体，是集各类环境权益交易服务为一体的专业化市场。环交所是利用经济手段解决环境问题的公共平台，是技术先进、结构合理的国家级环境交易中心市场，是国际环境合作的专业化窗口，是重要的环境金融衍生品市场。

环交所作为各类环境权益的价值发现渠道和市场交易枢纽，通过其先进的交易系统、广泛的会员网络与合作伙伴，将优化节能减排领域的资源配置，降低污染防治的社会成本和交易成本，提高环境治理的效率。环交所以建设资源节约型、环境友好型社会为己任，通过金融创新推动实现可持续发展。

业务范围

碳交易

- 碳交易试点：根据国家的统一部署，北京市已经正式启动碳交易试点。在国家与北京市各有关部门的领导下，规划建设北京市碳交易试点交易平台，组织开展交易活动，推进国家碳交易中心市场和碳金融创新中心建设。
- CDM信息服务：CDM项目中外双方信息服务、价格发现与交易撮合。
- 自愿减排交易与碳资产管理咨询：企业与个人的碳中和及碳补偿交易，自愿减排项目开发管理和咨询。

排污权交易

- 北京市老旧机动车淘汰更新办理服务：根据北京市政府《关于进一步促进本市老旧机动车淘汰更新方案》，将排污权交易原理用于解决首都交通拥堵与空气污染问题的创新实践，经济鼓励与强化监管结合促进老旧机动车淘汰更新。
- 区域排污权交易：北京市老旧机动车淘汰更新服务模式复制推广，移动源等领域的排污权交易。

节能量交易

- 合同能源管理项目投融资服务：根据中央部委和北京市关于合同能源管理项目财政奖励资金管理办法，为合同能源管理项目提供融资支持、信用增强和交易配套服务。
- 节能量交易：针对工业、建筑和商业等领域，推进节能和能效项目开发融资并提供节能量挂牌交易等服务。

低碳转型咨询服务

- 低碳试点规划咨询：低碳发展规划和城市减排方案，低碳园区建设咨询和区域碳资产管理，区域温室气体盘查、潜在减排领域甄别和碳资产开发。
- 低碳技术引进和投融资：国际低碳技术引进和转让，节能环保项目投融资咨询，低碳试点城市招商咨询。
- 低碳能力建设：低碳城市和区域碳资产管理专业培训（资质证书）及成果转移。

广州碳排放权交易所

——国内首家以碳排放权命名的交易所

广州碳排放权交易所由广州交易所集团独资成立，致力于搭建“立足广东、服务全国、面向世界”的第三方公共交易服务平台，为企业进行碳排放权交易、排污权交易提供规范的、具有信用保证的服务。

广州碳排放权交易所将依法开展碳排放权、自愿减排量、碳汇、节能减排技术和节能量交易；提供二氧化硫、化学需氧量和氮氧化物等主要污染物排放权交易服务及相关的投融资、咨询、培训等配套服务。

为实现我国2020年单位国内生产总值二氧化碳排放下降目标，完成广东省“十二五”期间单位国内生产总值二氧化碳排放下降19.5%的指标任务，广东省正加快建设碳排放交易市场，为我国探索以中心城市引领，以市场手段发展低碳经济、推进节能减排，探索低碳发展模式，加快经济发展方式转变和产业升级积累经验。

广交所集团与国际碳排放研究、核证、交易等机构交流频繁，与德意志交易所集团、BLUE NEXT交易所也开展了战略合作，有利于广州碳排放权交易市场与国际碳交易市场的对接。

2010年12月，广交所集团董事长、总裁李正希一行参加坎昆联合国气候变化大会。

2011年12月，广交所集团董事长、总裁李正希一行出席南非德班联合国气候变化大会“中国角”系列“中国碳排放交易和低碳转型”边会。

和静县——坚持旅游兴县，努力打造低碳生态宜居东归名城

近年来，新疆维吾尔自治区和静县紧紧围绕“宜居休闲、和谐宁静的钢铁、旅游新城”建设目标，大力发展绿色经济，着力打造“美丽和静”。通过不懈努力，该县2011年获得“中国宜居宜业典范县”、“全国低碳经济示范县”等多项荣誉，主要措施是：

● 抓景区管理，大力发展低碳旅游。

2012年，全县拥有国家A级景区4处，即巴音布鲁克4A级景区、巴伦台黄庙

3A级景区、克尔古提2A级景区和晒经岛2A级景区；拥有国内旅行社1家，旅游公司3家；营业星级酒店8家，在建星级酒店4家；星级农（牧）家乐64家，其中3星级13家，2星级10家。为保护生态，发展低碳旅游，该县全面推进草畜平衡和禁牧限牧措施，完成围栏草场843万亩，限牧81.82万只绵羊单位；按照《新疆天山巴音布鲁克提名地申报世界自然遗产综合整治工作方案》总体要求，深入开展巴音布鲁克提名地、缓冲区禁牧限牧、房屋搬迁和宣传引导工作，顺利完成该区域267名牧民房屋拆迁。

● 优化工业结构，加快淘汰落后产能。

对钢铁、水泥、化工等高耗能产业强制执行国家《淘汰落后生产能力、工艺和产品目录》，有步骤地实行限期关停、改造。金特钢铁公司实施循环利用环保工程，投资1900万元新建脱S项目，投资820万元新建静电除尘项目，拟新建6500立方米污水场，该项目已申请国家环保补助资金；新兴铸管新疆有限公司大力倡导“发挥央企社会责任，保持西部蓝天”的环保理念，实现了金属料、废水、固废、煤气、余热“五个闭路循环”等节能环保生产方式，废气再发电产生的电量可负担企业全部用电量的80%以上，投入1亿多元配置了30余套除尘系统，从源头治理各类污染源，提高资源利用率，全面创建“节能减排、循环经济、低碳发展”的环保企业。投资4.68亿元建设大山口二级水电站，设计年发电量2.38亿kW.h，投资4.08亿元建设小山口三级水电站，电站装机容量49.5MW，将和静打造成为全疆最大的绿色能源基地。2011年，全县规模以上工业企业——新疆金特钢铁股份有限公司工业总产值为50.26亿元，同比上升68.33%，万元产值综合能耗为1.56吨标准煤/万元，同比下降25.91%。

● 引导服务，全面开展低碳节能工作。

低碳建筑方面：根据《民用建筑节能管理规定》（建设部令143号）、《关于新建居住建筑严格执行节能设计标准的通知》等规定法律法规，自2010年1月起，和静县所有居住建筑一律执行建筑节能65%的标准。2011年，完成建筑节能改造5万平方米，总计达到10万平方米，使房屋节能效率由原来的50%提高到65%；推广供热节能改造，地源热泵供和天然气供热面积达85万平方米，县城天然气供气居民普及率达95%以上；投入1985万元建成符合环保标准的县城镇垃圾填埋场；引进公司计划投资2亿元在县城新建全疆唯一一座日处理400吨生活垃圾无公害处理（焚烧发电）项目。**低碳交通方面：**鼓励运营汽车、公务车、私家车使用清洁能源，全县2000余辆出租车和公交车全部使用天然气作为燃料，有效改善了城市空气质量。**低产田改造方面：**2012年，投资1.47亿元新建高效节水灌溉设施，灌溉面积7.16万亩；新建防渗渠道30.6公里；改造中低产田1.8万亩，平整土地10.6万亩；推广测土配方施肥面积35万亩，实现全线农作物节本增效126.5元的目标。**低碳办公方面：**在全县范围内推广OA办公系统，节约用纸；对各单位办公用品实行政府统一采购，统一管理，严禁铺张浪费。

拉法基瑞安水泥有限公司

致力于成为中国水泥行业可持续发展的典范

拉法基集团1833年成立于法国巴黎，是当今世界建材领域的领袖企业，其水泥、骨料与混凝土业务均居世界领先地位，现在64个国家拥有1600个工作场所，68000名员工，是2011年世界财富500强之一。拉法基集团多年来始终致力于可持续发展，大力推行将专业技术与生产经营、创造价值、尊重员工和当地文化、保护环境、保护自然资源和能源相结合的发展战略。2011年拉法基集团名列道琼斯可持续发展指数；居碳披露项目全球前十。

拉法基集团于1994年进入中国，2005年11月与香港瑞安建业有限公司合资组建拉法基瑞安水泥公司，总部设于北京，目前拥有约8000名员工，31个水泥工作场所，4个混凝土工作场所，1个骨料工作场所，2011年水泥年生产能力达3000万吨，混凝土年生产能力达200万立方米，是中国特别是西南地区水泥行业的领军企业。为了实现节能减排、减缓气候变化、发展循环经济、保护环境和人类健康的承诺，2005-2010年间，拉法基瑞安共关闭了41条高耗能、高污染的立窑、湿法窑落后生产线，同时投资61亿元人民币用于技术更新和兴建新型干法生产线。按照中国《循环经济促进法》和《应对气候变化国家方案》对水泥工业的要求，积极发展新型干法窑外分解技术，采用节能粉磨设备和余热发电技术，利用可燃废弃物替代矿物燃料，综合利用工业废渣和尾矿，积极协助地方政府利用水泥窑协同处置市政污泥，大力发展余热发电。目前，拉法基瑞安已有8个工厂成功运行余热发电，每个项目平均投资6-9千万元人民币，平均年减排二氧化碳7-9万吨。到2012年，拉法基瑞安所有日产熟料2000吨以上的水泥生产线将全部配备余热发电设施。单位产品能耗平均值已达到并超过了GB16780-2007《水泥单位产品能源消耗限额》的推荐执行的先进水平。

在大力节能减排的同时，拉法基集团还投入大量的人力物力，潜心研究可持续建筑建材产品与解决方案，并于2011年9月在重庆成立了全球首家可持续建筑研究实验室，研究领域包括减少产品及相应建筑的碳足迹、降低生产过程和建筑物本身的能耗，减少与优化建筑成本。随着研发工作在中国的不断推进，拉法基瑞安将根据西南地区的材料和条件，为当地的建设开发更多更轻、更强、更美观的创新建材，提供更快、更新、更生态友好的可持续建筑创新解决方案，同时利用水泥窑的独特工艺优势，无害化协同处置城市固废，使西南地区的城市化建设具有更小的生态影响和碳足迹、更低的能耗和建设成本、更多的可持续建筑与生态园区、更美的城市天际线。

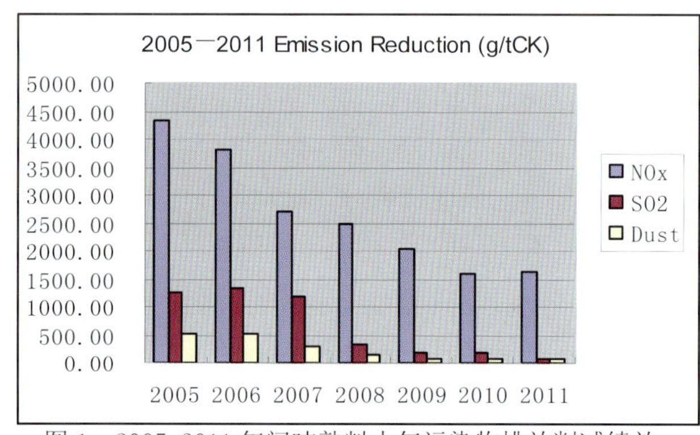

图1. 2005-2011年间吨熟料大气污染物排放削减绩效

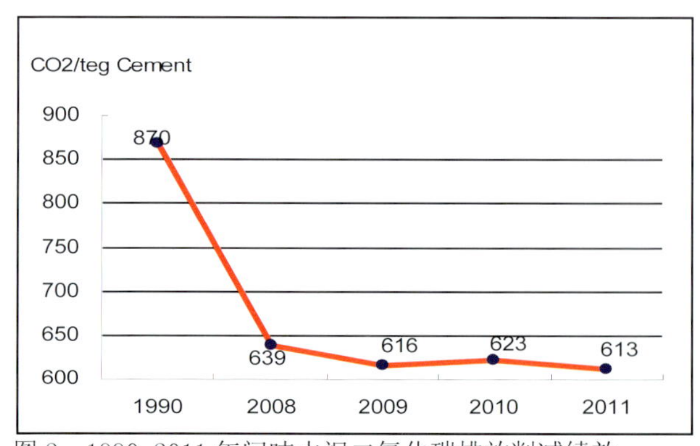

图2. 1990-2011年间吨水泥二氧化碳排放削减绩效

辽宁能源环境工程技术有限公司

辽宁能源环境工程技术有限公司是辽宁福鞍控股有限公司的全资子公司，公司座落于祖国钢都——鞍山，毗邻沈大高速公路和中长铁路、大连港、营口港、鲅鱼圈港，座拥区位、交通、资源三大优势。公司拥有先进完备的生产、试验设备，汇聚了具有多年科技产品开发和具有丰富生产经验的中高级技术人员，拥有较强的技术研发能力，是集设计研发、设备供应、施工安装、调试服务专业化管理为一体的资质完备、经验丰富、业绩优良的科技工程总承包商和服务商。

辽宁能源环境工程技术有限公司是专业从事环境污染治理设施运营的企业，拥有国家环保部颁发的专业运营资质证书，证书等级为：烟气除尘脱硫甲级。公司同时致力于粉煤灰的开发、综合利用，其中包括粉煤灰制作漂珠；粉煤灰、炉渣回收及销售；免烧砖生产销售。公司生产的免烧砖系列：抗压强度高、容重低、隔音隔热、保温性能好、坚固抗震，是墙改、节能的首选产品。

脱硫系统控制室

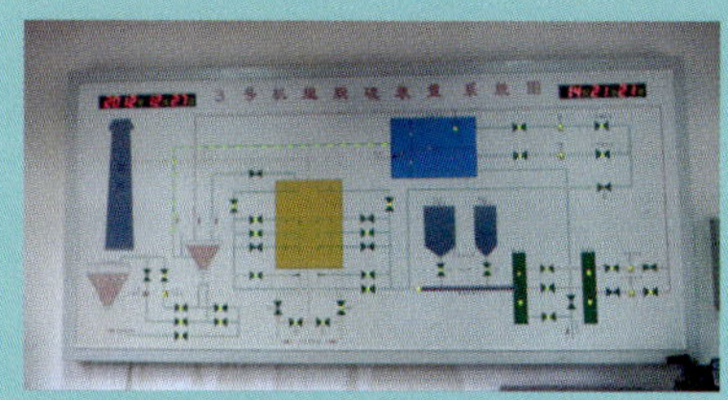

脱硫装置系统图

一、脱硫项目

公司脱硫运营的主要项目：鞍钢一发电厂4台×220t/h锅炉、鞍钢二发电厂#1锅炉370t/h、鞍钢齐大山铁矿2台×75t/h锅炉，均采用法国阿尔斯通NID氧化钙半干法工艺技术脱硫除尘；鞍钢二发电厂#2锅炉370 t/h和#3锅炉480 t/h脱硫除尘工艺采用镁氨双碱湿法。其运营项目处理烟气总量已达到286万m³/h，成为全省环境污染治理设施运营大型骨干企业之一。

各运营项目平均脱硫效率达到85%以上，其它全部排污指标都优于国家排放标准，每年可减少向大气层中排放二氧化硫25000吨，是鞍山地区二氧化硫减排量最多的运营企业。经过国家和省市环保部门多次检查，所有运营项目均得到好评，其中鞍钢二发电厂#1锅炉脱硫除尘项目被国家环保产业协会评审为“国家重点环保实用技术示范工程”。

鞍钢二发电厂#3烟气脱硫工程

二、粉煤灰项目

近年来，鞍钢一、二发电厂和齐矿发电厂年排放粉煤灰渣60多万吨，这些粉煤灰渣都由辽宁能源环境工程技术有限公司负责处理。为加大粉煤灰消化处理能力，公司购进20多台粉煤灰运输车辆，相继建成了10万立方米粉煤灰砌块生产线、50t/h粉煤灰分选生产线、8座共计20万吨粉煤灰钢板储库，并积极与国内外大专院校合作研发粉煤灰高附加值项目，加大粉煤灰利用力度。与此同时，陆续对鞍钢二发电厂6座废弃的重油储罐进行改造，用来储存粉煤灰。且仅用100多天时间，建成了国内最大的两座5万立方米粉煤灰储库，创造了国内钢板仓建设新记录，现在这两座储库内部气化系统已投入使用。6座旧油罐改造成功后再加上两座5万立方米储库的建成，现公司已具备15万吨储灰能力。从2011年开始，鞍钢三座电厂粉煤灰实现零排放。以往冬季粉煤灰四处排放、污染环境和占地的历史在福鞍人的手中宣告结束，它为鞍钢电厂的正常生产和鞍山城市环境保护做出了积极贡献，实现了社会效益和企业效益双丰收。

2×5万立方米粉煤灰储库

福鞍之意源自“福纳社会、鞍载炳业”。福鞍将这一核心理念植入企业文化和发展之中，在致力于开发“绿色能源、低碳产品”的同时，坚持以打造绿色环保企业为宗旨，通过加强产品研发，改进生产工艺，提高原材料利用率，安装除尘设备等手段，不断深化低碳减排工作，向国际标准看齐。

辽宁能源环境工程技术有限公司

鞍山钦元节能设

调速型永磁涡流柔性传动装置(ASD)

鞍山钦元节能设备制造有限公司成立于2006年，是美国麦格钠磁动力股份有限公司的控股公司。公司现在已经发展成为拥有核心技术、拥有自主知识产权、拥有全球市场潜力的技术型、专业化、最具发展潜力的增长型企业。

公司的主导产品——永磁涡流柔性传动装置适用于电力、冶金、矿山、石油、水泥、化工等领域。

公司目前已获得调速型永磁涡流柔性传动系统专利发明2项、实用新型17项、外观设计2项，正在受理14项。

公司的永磁涡流柔性传动装置产业化项目获得国家发改委东北老工业基地调整改造专项装备制造业项目支持。

永磁涡流柔性传动装置的特点

1、高效节能

永磁涡流柔性传动装置，可以通过调节气隙来实现流量或压力的连续控制，取代原系统中控制流量和压力的阀门，在电机转速不变的情况下，调节风机或水泵的转速而达到节能的目的。

2、安全环保

- 结构简单，安全性高
- 没有液力耦合器的漏油污染，更环保
- 没有变频器调速时对电网产生的谐波污染

3、安装精度要求不高，简化了安装调试过程

产品型号:WH-2500 电机功率:1250KW

4、显著减少系统振动

除永磁涡流柔性传动装置外所有装置，因为机械安装要求，必须对电机、风机或水泵进行精密校准。否则系统安装后，会引起强烈的机械振动，并会造成轴承、密封圈等部件的加速磨损，增加维修成本。永磁传动装置采用气隙而不采用物理性连接来传递扭矩，因而对电机和负载的连接精度要求大大降低，实践证明，这种气隙连接方式，可降低振动80%左右。

5、缓冲启动

6、具有过载保护功能，提高了整个电机驱动系统的可靠性，完全消除了系统因过载而导致的损害现象

7、结构简单、安全可靠、降低设备的维修率和维修费用

8、过程控制简单，易于实现无级调速

9、延长设备寿命，减少设备故障周期

备制造有限公司

应用领域	典型应用
·水和废水业	·泵机
·发电业	·风机
·矿业和水泥行业	·皮带运输机
·冶金行业	·电梯及其他大型装卸设备
·石油和天然气行业	·压缩机
·化学处理行业	·离心机
·制浆造纸业	·削片机、粉碎机
·暖通空调业	·制浆机、碎浆机
·灌溉业	·破碎机、锤磨机
·海运业	·搅拌机
·一般制造业	
·以及许多其他行业	

产品型号:WH-4000 电机功率:2400KW

产品型号:ASD24.5/28.5 电机功率:250KW

产品型号:ASD14.5RPM 电机功率:90KW

产品型号:ASD10.5 电机功率:30KW

杭州桐庐洪风新技术新燃料开发有限公司

中共中央政策研究室、国务院研究室、工信部、科技部、国家能源局、环保部等国家六部委有关司局领导和专家到洪风公司和山西长治HF燃油乳化生产基地考察（图为俞正良董事长向领导和专家介绍产品性能）

国务院参事、国家科技部原秘书长石定寰教授在杭州桐庐洪风公司考察HF节能环保重油、柴油及汽油、柴油节能剂

杭州桐庐洪风新技术新燃料开发有限公司创建于1993年，是一家主要从事研制、开发、生产经营节能与环保高新技术系列产品，以及配套的乳化合成自动化成套设备的科技型实体企业。主要节能环保技术产品有：

一、HF节能环保柴油

由俞正良研究员研制的HF节能环保柴油，是以普通柴油为主，加入多种不同性能、不同作用的软水介质和化学添加剂、催化剂、助燃剂，用科学的方法调合反应而成的一种环保乳化新燃油。其颜色基本与0＃柴油相同，洁净透明，其使用性能优于0＃柴油。油品内含有强力催化、助燃、清洁、润滑、分散等高效作用的有效成分，HF节能环保柴油有消除发动机积碳，提高燃烧值，清洁燃油喷咀和燃油系统，延长各种机器部件的寿命等功能。在各种汽车上正常应用，经国家权威部门对比测试，节油率达到16～20%，车辆尾气排放净化率达76%以上，为用户创造了多种效益，仅经济效益就达油价的5%以上。该项节能环保柴油在三万多辆各种汽车、船舶、推土机等设备上正常使用了十万多吨，为用户创造了经济效益，取得广大用户的一致肯定和支持。

二、HF节能环保重油

HF节能环保重油，是以180＃、250＃重油、渣油为主，加入多种不同性能、不同作用的软水和化学添加剂、催化剂、助燃剂，用科学的方法调合反应而成的一种节能环保新燃油。其颜色基本与普通重油相同，使用性能优于普通重油。油品内含有强力催化、助燃、清洁、润滑、分散等高效作用的有效成分，有消除喷咀积碳，提高燃烧值，清洁燃油喷咀和燃油系统，延长各种机器、设备寿命等功能。

荣获“2011节能中国十大新技术应用奖”荣誉

美国美中友好协会、美国联合基金会授予俞正良先生“为国际事业做出杰出贡献的企业家”国际荣誉证书

荣获“2010节能中国贡献奖”荣誉

经权威部门的对比检测，并经我国十多家中央和地方大型企业分别在各种炉窑上对比燃烧，以及在电站锅炉、发电机组等实际使用后得出：该产品连续使用于工业产业化的节油率为13～20%。国家科技部组织“专家组”进行多个工况的对比检测得出的平均节油率为12.3%，且产品在3～5年内不分离、不沉淀、不变质，能保持与普通180#、250#重油和渣油基本相同的质量效果。其各项理化指标与普通180#、250#重油、渣油基本无大区别，能降低烟气排放和含硫量55%以上，以及能降低氮氧化物等有害物25%以上，有显著的环保效益，可降低用户的燃油成本5%以上。

以上两项高效“节能减排”技术成果，属国家“十一五”十大重点节能工程实施意见“节约和替代石油资源”的推广项目之一，并列入“国家重点火炬计划产业化项目”、交通运输部“十二五”期第一批全国重点推广公路水路交通运输节能技术（产品）、环保部（2011）环境经济政策配套环境友好工艺综合名录、浙江省“十一五”重大科技专项重点项目。2008年12月1日被中国企业联合会、中国企业家协会组织专家评审为“中国企业新纪录节能减排双十佳企业”的国家荣誉，并对其进行了表彰。2009年被全国节能监测管理中心收录为“全国节能产品数据库”节油类节能减排产品。2010年5月，荣获“中国节能贡献奖”的国家级荣誉。2010年6月获得“2010年中国上海世博会联合国馆高新技术产品”。

交通运输部“十二五”期第一批全国重点推广公路水路交通运输节能技术产品公布证书

三、TG02型汽油节能剂、SL03型柴油节能剂

该项汽油、柴油节能环保产品是由多种精细化学制剂合成的一种有色液体，内含有强力催化、助燃、清洁、润滑、分散等高效作用的有效成分，加入汽油、柴油中可立即改善燃油雾化、提高燃烧值、增加动力、节能燃油、消除积碳、清洁燃油系统、增强机器润滑性、延长机器寿命、降低排烟度值、减少对社会的环境污染等。

国家火炬计划重点项目证书

该系列节能环保技术产品经在我国部分地区的各种汽车、公交车、轮船、锅炉等进行试用和长期应用的结果表明：产品应用节油率达到12～22%，平均节油率为16%以上，降低车辆排烟量70%左右，各种车辆的发动机噪音下降20%以上，汽车最大输出功率提高20%以上，爬坡提高一至二个档位，每燃用一吨汽油、柴油，采用该项节能技术产品能降低燃油成本6%以上，且经济效益和社会效益十分可观。

2009-2011年，SL03型柴油节能剂被国家交通部公布为“全国重点推广营运车船节能产品（技术）”，在全国范围内进行广泛推广和应用。

上述多项高效节能减排技术成果，已形成较好的产业化生产和应用，十多年来分别在我国十多家大、中型企业用户使用了120多万吨节能环保油，已为国家节约石油资源十万吨以上，降低和减少二氧化硫的排放一万多吨，并取得了较好的社会效益和经济效益。

中国新兴产业最具创新力企业荣誉证书

地址：浙江省杭州市桐庐县城南街道大丰
电话：0571-64213478　64211507
传真：0571-64213468
网址：www.hf-fuels.com
邮箱：hf_fuels@yahoo.com.cn

上海世博会联合国馆授予HF燃油乳化技术产品为“2010年中国上海世博会联合国馆高新技术产品”国际荣誉

桃源湖

桃源仙谷风景名胜区

桃源仙谷是国家AAAA级风景名胜区，是以生态绿色为品牌的旅游景区，距北京90公里，东起密云水库西岸，西至观峰台顶巅，全长8公里，总面积16平方公里，景区峡谷森林茂密，潭瀑众多，山峰雄伟，环境洁美，特别是一湖六瀑十三潭，冬天冰雪有奇观，天画八峰神仙界，远望云海碧水天等80余处景观镶嵌其中，构成世外桃源的一幅天然风景画廊。

水上娱乐区

桃源湖：湖容五万立方米，水面一万四千平方米，平均水深8米，最深12米，坝高13.75米，湖的两端又有古长城横跃，在此处可垂钓、划船、游览湖光山色。

“世外桃园区”

“世外桃园”西、南、东三面环水，四面环山，东靠古长城，五谷掰珠之处，参天白杨丛中，是休闲、度假的好去处，如踏入幽雅神境，恰似步入仙境。东登长城看日出奇观、西望隐形瀑高悬，瀑下野草馥郁、鸟语花香、绿色生态、勃勃生机，松鼠忙于造洞集食，野兔竖耳警惕，更给游客增添情趣。西临涌泉潭，水面不大，形似长方看来无奇观，但传说：“大旱之年，水涌泉翻，永不枯干”。

观潭望瀑金龟奇景

童乐瀑、壁画天书片麻崖、隐形瀑、天书洞、鸳鸯槐、一线天等都是天然奇景，气势雄伟的桃源瀑高达66米，青龙潭长80 米、宽10 米、面积800平方米、水深2—6米使游客留恋忘返。由此登上青龙天梯观看近在咫尺，飞流直下的桃源瀑，令人惊奇，有惊无险。向北登上一线天，东北半山上有一“金龟影”，神话传说：“很早以前，有一年大旱，很多乡亲到青龙潭求雨，潭中的老龟心中实在不忍，凭自身的真功，降下清风细雨，乡亲们得救了，可是老龟擅自行雨犯了天条！有一天在电闪雷鸣之中，一股水柱冲天而起，潭中的老龟不见了，人们为了纪念它，到处寻找，发现青龙潭对面山洞石壁上现出了老龟的身影，乡亲们每逢年过节为它烧香上供，盼望“金龟”常在，保护乡亲们丰收、平安、幸福”。

图腾集锦

岳母刺字

慈母洞

群峰奇特，天画多变

迎客峰、将军峰、骆驼峰、五指峰、雄狮峰、金钟峰、仙女峰、莲花峰，群峰竞秀，峰形各异，犬牙交错，山崖翠柏高悬，二佛观画的天画更引人入胜，面对天画仔细观品，如一幅庞大山水画，侧观，似七仙女下凡前的沉思之意，服带随风飘荡，品后拍手称快。再侧观，似头顶金佛观、身披红袈裟去西天取经的唐僧，三徒不在。置人迷途时，双手合掌，低头面南，朝拜观音之状。观翁言颂，云在峰中游，峰行画中留，天女思凡界，唐僧西天求。

天然森林，鸟兽故居

高大的楸子树，青青树、野山杨、白桦树、青松翠柏等，茂密丛生，给整个坡谷搭了凉棚。更让游人奇观有：神榆、古柳、迎客松、刺楸和九龙桦等五棵名树。矮些的榛子秸、芝麻角，好似草莓的酸甜可口的托盘、山葡萄、弥猴桃，这些蔓生植物，互相攀绕，恰入迷宫之境。

绿树成荫，花草遍野，峡谷俏峻。山峦如屏，潺潺溪水，飞泻瀑布，融溪、潭、瀑、石、洞、峰、峡、林、果、花于一体的桃源仙谷，交通便捷、气候宜人、食宿方便的景区环境，是广大旅游者的理想胜地。

水上娱乐

难度赛比赛场地

桃源仙谷每年举办的活动是：

1—2月 举办冰雪健身游；3—4月 举办桃杏花观赏活动；6—8月 举办保护水源夏令营活动；9—10月 举办金秋采摘活动；11—12月 举办红叶观赏活动。

火　车：由北京北站——石塘路站下车距景区2公里。

汽　车：由东直门汽车站——乘坐980到密云大剧院——乘面的车到景区。

自驾车：京顺路——京密路——密关路——桃源仙谷。

京承高速——密云收费站出口——密关路——桃源仙谷

联系电话：010-61025309　　010-61025667

传　　真：010-61025309

网　　址：www.bjtyxg.com

观峰台

桃源瀑

名人碑

中华孝悌美名传

莲花峰

伟翔环保科技发展（上海）有限公司

伟翔环保科技发展（上海）有限公司成立于2005年，是新加坡TES Environcorp (Holding) Pte Ltd全额投资、中国团队运作、专业从事电子废弃物处置的跨国企业。投资总额为1800万美金，年处理废弃物能力达39000吨，是目前上海地区唯一具有全段处理能力的电子废弃物处置利用厂商。

伟翔主要从事电子产品及衍生废弃物的回收及循环再生利用；废水、废液、废渣、废纸的综合利用和处理处置；危险废弃物处理处置资源再生及综合利用技术的研发推广和相关产品的生产；环境保护产品的研制；环境污染治理设施的建设经营及为产废企业提供相关服务等。在当今世界同行业中，伟翔的技术处于国际一流水准。

先进的技术及优良的服务也使公司获得了社会各界的广泛赞誉和认可。2007年，伟翔被国家发改委等六部委指定为“国家第二批循环经济试点单位”。同年，伟翔也作为电子废弃物回收的示范企业，被国务院新闻办指定为环保事业发展采访点之一，对境外媒体开放。2009年8月开始，在国家废旧家电“以旧换新”项目中，伟翔又成为上海“以旧换新”项目指定的拆解企业，迄今为止收集处置量以达190多万台。2011年，伟翔获得国家高新技术企业和上海市科技小巨人培育企业称号。2012年，伟翔取得《废弃电器电子产品处理资格证书》；被国家发改委列为全国9家首批循环经济教育示范基地之一，同时也被评为全国循环经济工作先进单位。

在循环经济的试点工作中，伟翔已初步完成了一系列重点工作，如：在发展中进一步加强和完善公司对电子废弃物回收网络的建设；与清华大学，同济大学等高等学府建立产学研联盟。此外，伟翔环保科技发展（上海）有限公司是在中国的电子废弃物处理处置中心，为进一步提升伟翔在电子废弃物处理领域的实力，适应循环经济发展的需要及中国政府对电子废弃物管理的新规定，完成伟翔集团在全球的战略部署， 伟翔将建设新厂房。新厂房将集伟翔集团全球最先进的生产工艺于一体，包含完善的回收体系、系统化的分类和拆解、创新的物理处理工艺、湿法化学线的生产、各类塑料的环保利用及全面的环境保护措施。

在循环经济的实践中，伟翔已经形成了有自身发展特色的专业电子废弃物处理模式：以高科技为依托，凭借自身节能降耗和不产生二次污染、再生利用率高。最大限度的对电子废弃物进行循环利用，使多样化的电子废弃物“变废为宝”，实现环境和经济的双赢。

公司成立伊始，就将“我们有志于成为中国环保事业的杰出先锋，为我们的子孙后代构造一个清洁、绿色及安全的环境”作为公司的方针。为实现这一方针，公司发挥跨国集团的优势，将先进的技术和设备优化整合为高效的处理流程；将成熟的管理和优质的服务引入中国；将“4R”理念和环保责任感传递给客户和合作者。立志作为中国电子废弃物处置技术的领跑者、中国环保产业的探索者、中国环保理念的传播者。

伟翔员工工作图

伟翔处理的电子废弃物样本

伟翔处理的电子废弃物再生利用产品样品

婺源县

发展低碳经济 建设美丽家园

婺源县位于江西东北部，东邻国家历史文化名城衢州，西毗瓷都景德镇，北枕国家级旅游胜地黄山，南接江南第一仙山三清山，是一颗镶嵌在皖、浙、赣三省交界处的绿色明珠。婺源生态优美，文化厚重，素有“书乡”、“茶乡”之称，是全国著名的文化与生态旅游县，被外界誉为“中国最美乡村”。

近年来，婺源县委、县政府始终坚持建设“中国最美乡村、世界最大文化生态公园”的大目标，立足县内文化与生态优势，大力发展低碳产业经济，积极实施节能减排，着力建立低碳发展机制，在建设生态文明社会方面做了一些有益的尝试。

一、立足文化生态优势，发展低碳产业经济

1、发展旅游产业。婺源旅游产业从2000年起步，经历了放活、整合、提升三个阶段10余年的发展，现已成为县域经济的主导产业，先后获得“中国旅游强县”、“全国旅游标准化示范县”、“国家级文化与生态旅游示范县”、“中国旅游建设杰出成就奖”、“CCTV中国最美村镇年度品牌”、“国家乡村旅游度假实验区”等荣誉。一是坚持景区开发上品位。在景区的开发过程中，坚持规划先行，编制高品位的规划，努力打造差异化旅游产品。对现有景区，进一步完善功能，加强文化内涵挖掘，加大景区环境整治和污染治理力度，着力提升景区品位；对新上景区，坚持高起点高品位打造，注重招商选资，引进大企业、大集团来开发建设。二是坚持服务设施上档次。围绕旅游六要素，加快旅游综合服务区及景区游客中心、星级饭店、旅游农家乐、文化休闲会展场所、餐饮购物场所建设，提升景区景点的旅游服务接待能力，形成多元、多层结构，以满足游客不同层次的消费需求。目前，全县有大小宾馆198家、农家乐3160余家，总床位数达3.2万张。其中：已建成营业的五星级宾馆1家、四星级宾馆4家、三星级宾馆7家。三是坚持旅游管理上水平。全面实施旅游标准化建设，形成了“以国家标准、行业标准为主体，地方标准为补充”的一整套旅游标准化工作模式。积极开展国标、行标、地标的宣传与贯彻，培训标准化人员4500余人次。编写了婺源县旅游标准化体系，新拟定婺源地方标准36项，其中《婺源县古村落保护与利用》、《婺源县乡村旅游景区开发与管理》、《婺源县乡村旅游区评定》、《婺源县驴行线路的设置》等4个规范性文本已通过评审并作为江西省地方标准予以发布。今年3月被国家旅游局授予“全国旅游标准化示范县”称号。四是坚持市场拓展上台阶。加大品牌推广力度，在央视、新华网、人民画报社等高端媒体宣传推介婺源，加强与全国著名旅行社的合作，不断拓展婺源旅游市场空间。2011年全县共接待游客616.8万人次（其中单日接待游客最高达16万人次），实现门票收入1.67亿元，综合收入28.96亿元。在旅游业的带动下，全县商贸流通、交通运输、金融保险及服务业蓬勃发展，第三产业实现增加值占全县生产总值的45.5%。

2、发展生态农业。一是突出做强茶产业。婺源属于赣浙皖绿茶金三角核心产区，也是著名的中国绿茶之乡。全县有茶园面积16.5万亩，年产茶叶7600吨，有机绿茶出口占据了欧盟市场70%以上的份额。近年来，我县着重加快对传统茶产业的优化升级，每年新种和改造一万亩标准化良种茶园，同时依靠科技进步提升茶叶加工水平和科技含量，提高婺源绿茶品质。二是突出抓好“两菜”生产。油菜和蔬菜是婺源的特色农业，近年来，我县着力把种植油菜、蔬菜与发展乡村旅游结合起来，为广大农民增收致富。一方面继续实施好高产油菜示范种植工作，尤其是在核心景区实行土地集中流转、公司规模化经营，高品位打造集中连片的油菜花景观，做大做强“油菜花”经济；另一方面，以婺源良好的生态环境为依托，加快有机蔬菜商品化进程，通过制定蔬菜扶持政策，培育发展蔬菜种植大户，推进规模化种植基地建设。

3、发展低碳工业。一是着力建设生态工业园区。婺源县生态工业园区自2004年建园以来，坚持以“人性化、社区化、生态化、现代化”为主题，累计投入造林绿化资金1亿余元，大力推进园区绿化工程建设，实现绿化覆盖率达30%以上，形成以林木为主体，总量适宜、布局合理、植被复层、生物多样、景观优美的绿化生态环境，使园区整体面貌达到了公园式、园林化的效果，彰显出幽雅秀丽的自然环境。目前，园区区域环境整体通过了ISO14000环境管理体系认证。2011年，园区被省政府列为创建省级生态工业园区试点，并通过了省生态工业园区专家评审。二是着力发展低碳工业产业。在全县工业发展过程中，婺源县以发展低碳经济、循环经济、生态经济为导向，重点发展新能源材料、机械电子、绿色食品、旅游商品加工等四大产业集群，着力培育了大鄣山绿色食品、林生有机茶、小妹生态农产品、聚芳永茶业、华龙木雕、中呈光电等一批生态、低碳、新兴产业，努力创建全国绿茶加工基地、全省旅游商品产业基地、鄱阳湖生态经济区新能源材料生产示范基地。

4、发展文化产业。婺源是书乡，自古名人辈出，文化底蕴深厚，文物古建保存完好。近年来，我县以国家级徽州文化生态保护实验区建设为契机，全面培育发展文化产业。一是高起点、高标准编制《婺源文化产业发展规划》，出台系列扶持文化产业发展措施，推进文化产业的蓬勃发展。二是完善县、乡、村三级文化设施建设，着力夯实基层文化建设基础，争创国家文化工作先进县。三是全面推进徽州文化生态保护实验区建设，建设好全县六个非物质文化遗产传承基地和文化生态保护小区。继续加强文化资源的保护挖掘整理，实施好文化创作“五个一”工程，即精心打造一台具有浓郁婺源特色的原创演艺节目、创作一首唱响婺源旅游品牌的县歌、制作一张最美乡村音画光盘、完善一套婺源历史文化旅游丛书、出版一本人民画报（婺源）特刊，努力构建全县大文化、大旅游的发展格局。四是推进实施文化产业项目，在着力打造朱子龙尾砚文化园、“三雕”艺术馆、篁岭民俗文化村、旅游商贸文化演艺中心等精品项目的基础上，高品位包装项目，大手笔运作招商引资，推进文化产业的快速发展。

二、保护婺源青山绿水，大力实施节能减排

1、推进生态建设工程。扎实推进造林绿化“一大四小”、“花开百村”、“百万果树进新村”等生态建设工程；积极争取并实施100万亩国家天然林保护、10万亩封山育林、森林防火综合治理、黄喉噪鹛保护、国家级湿地公园等生态工程项目。

2、加大环境保护力度。从2009年开始，通过政府研究、人大作决议，婺源县开始对全县范围内的天然阔叶林实行十年禁伐，同时强化林政管理，严厉打击盗伐滥伐林木行为。2012年，我县以县、乡、村、组“四级联动”的方式全面启动实施农村面源污染防治工程，重点从农村垃圾处理，控制化肥养鱼及打击电、炸、毒鱼，规模化畜禽养殖污染防治，沿河沿溪建设项目污染防治，“农家乐”污染防治，农村工业企业污染治理，村镇居民污水处理，矿山环境整治，绘画写生污水防治等九个方面切实加大生态环境保护力度。

3、实施节能减排工程。建成县垃圾处理场、污水处理厂等环保设施并投入使用，加快城镇污水管网和垃圾处理设施建设，切实改进水源污染治理和垃圾处理方式。关闭了阔叶林耗材大户迈尔泰木业和高宝、盛发两个电石厂以及县内主要公路沿线、景区景点80余家采石场、石灰厂和砖瓦窑。同时，深入开展对企业违法排污行为、旅游景区（点）环境、饮食娱乐服务业环境、铁路施工环境等4项综合整治行动，确保全面完成我县“十二五”减排任务。

神华准格尔能源有限责任公司

向建设具有核心竞争力的世界一流煤炭综合开发利用能源企业进军

公司董事长党委书记　张维世

神华准格尔能源有限责任公司是集煤炭开采、坑口发电、铁路运输及粉煤灰提取氧化铝为一体的大型综合能源企业，是中央企业神华集团有限责任公司的控股子公司。公司拥有年生产能力2500万吨的黑岱沟露天煤矿和年生产能力2000万吨的哈尔乌素露天煤矿及配套的选煤厂；装机总容量116万千瓦的发电厂；正线全长264公里、年运输能力7600万吨的大（同）—准（格尔）电气化铁路专用线。截止2012年底，公司累计生产商品煤3.85亿吨，铁路运输5.6亿吨，发电336.9亿度，创造利润总额235.3亿，缴纳税费154.53亿元。

一、依靠科技保障安全，安全生产形势稳定

准能公司推行安全风险预控管理体系，近年来累计投入科研资金2.1亿元，大力开展露天采矿安全生产科学技术的研究与应用，取得科研成果62项，获得国家级、行业级、市级科技进步奖4项，开展科技创新项目10项，申报专利66项，获得神华集团“三小”成果奖230项。

二、以建设“七彩准能”为引领，掀起第三次创业高潮

纵观准能公司36年的发展历程，每一阶段都有鲜明的特征，具体的标志。第一次创业，从1976年到2000年，历时25年，完成了准格尔项目一期工程的论证、筹备、开发和建设，建立了公司各项规章制度，形成了经营管理体系。

三、加大环境保护投入，树立良好社会形象

作为能源企业，准能公司深知环境保护对实现可持续发展的重要意义。多年来，公司坚持走“绿色开采、低碳高效、综合利用、和谐共赢”的可持续发展的新型工业化道路，先后投入25.09亿元资金用于环境保护、土地复垦和生态重建。两大露天煤矿采用先进的采煤工艺，煤炭资源回采率达到98.73%，在同一每天范围内回采率比大型井工矿高出30%以上。选煤厂选矿回收率达到92%以上，高于设计5个百分点。特别是利用粉煤灰提取氧化铝的循环经济产业项目的研发实施，将实现煤炭销售到哪里、循环经济延伸到哪里。通过优化方案、科学组织、严格管理、降低能耗等措施，“十一五”期间，准能公司共节约标准煤5.11万吨，超额完成国家下达的任务指标，成功走出一条人与自然和谐共处、煤炭开采与生态保护同步、节能减排与环境再造并行的发展之路。同时，公司在做大做强企业的同时，积极履行社会责任，大力支持地方基础设施建设，将投入2.4亿元

神华准格尔能源有限责任公司

准能黑岱沟露天矿电铲作业现场

小沙湾取水

的公用事业资产无偿移交地方政府；累计投入资金30亿元治理地下火区，改善当地居民居住条件。

从2011年开始，公司在林业复垦为主的基础上，提出发展生态农牧业的思路，规划在已完成复垦的六个排土场，建设集生态设施农业、农业种植基地、现代畜牧养殖、生态景观防护林、农业观光、农业科普展示为一体，融合国内外生态农业先进发展理念，具有鲜明煤炭矿区特色，具有一定辐射力和一定规模的生态农业产业化示范基地，让绿色准能向生态准能转型。

未来，在神华集团的统一部署下，准能公司将努力通过打造准格尔矿区亿吨级煤炭基地、建立循环经济工业园区、形成以大准铁路为核心的运输网络，全力推进矿区生态建设，进一步拓展煤电路一体化格局，进而形成煤炭开采、循环经济、铁路运输以及生态建设一体化得区域经济模式，做好七彩准能事业，在行业内率先走出一条更加安全、更加高效、更加环保、更加科学、更加合理的可持续工业化发展道路，为早日建成具有核心竞争力的世界一流煤炭综合开发利用能源企业而努力奋斗！

准能选煤厂洗煤水闭路循环系统——沉淀池

辽宁天河科技股份有限公司

辽宁天和科技股份有限公司成立于2006年，目前注册资本7500万元，总资产2.8亿元，现有员工180余人，是国内专业从事预熔型冶金辅料研发、生产和销售的主要厂商之一。公司坐落在辽宁省鞍山市台安工业园区，距沈阳桃仙机场80公里，南临营口、鲅鱼圈、大连三大海港，西接锦州港，距京沈高速公路台安出口仅1.5公里。交通运输方便快捷，具有强大的区域优势。

公司是国家高新技术企业，主导参与了我国“炼钢用预熔型铝酸钙”和“冶金用预熔型铁酸钙”两项行业标准的制定。主导产品预熔型铁酸钙、预熔型铝酸钙系列、耐火砂等产品是铁水预处理、转炉炼钢、电炉炼钢、钢水炉外精炼中作为脱磷剂、脱硫剂、脱氧剂、精炼渣等重要的冶金辅料。公司产品在炼钢过程中能够缩短时间、降低能耗、节约成本、减少环境污染、实现节能环保，并远销日本、韩国、俄罗斯、印度等国。目前公司已为国内外100余家知名钢铁企业提供优质的产品和完善的服务。

公司始终秉承“机遇有限，智慧无限，和谐发展，利益共享”的企业理念，愿与国内外各界朋友精诚合作，共创美好未来。

让员工满意　让客户满意　让社会满意

重庆农村水电增效扩容改造

水利部、财政部从2011年起在重庆等六省（自治区、直辖市）开展农村水电增效扩容改造试点，以“中央补助、地方配套、企业自筹”的方式，解决农村老旧水电站改造资金困局；重庆市以地方财政配套、实施税收优惠、提高上网电价、并网支持等政策提高水电企业改造升级的积极性。目前该项工作开展顺利，社会反响积极。

中央财政扶持，调动地方和企业改造积极性

重庆现有1995年前建成投产的农村水电站近900座，主要分布在重庆老少边穷地区。目前农村老旧水电站主要存在安全隐患突出和水能资源未得到合理有效利用。水流量漏掉50%以上，每年损失电量在一半以上。

1995年前建设的电站，大部分是由国家、集体投资、结合水利建设、江河治理开发建成的，承担着防洪、灌溉等公益性任务，需要一定数量的人员和资金用于管理和维修养护。由于收入不足，不少电站无法足额计提折旧，已经提取的折旧费绝大部分已经用于解决人员和日常维修支出，无法形成自身积累。目前重庆近900座农村老旧水电站中，不足1/3的电站能保持微利，其余电站处于亏损状态，绝大部分电站自身根本不具备自我更新改造的能力。以酉阳县龙潭水库坝后电站为例，电站修建于上世纪70年代，装机容量2×400kW，设计年发电量350万kW时。电站除发电外，还承担着下游3万亩农田灌溉、2.5万农民的供水任务，电站的收益除了保障运行管理费之外，多数要补贴在渠道、管网维修管护上，加之电站机组老化致使出力不足，发电收入逐年减少，电站根本就没有多余资金对现有机电设备进行升级改造。不少农村水电企业负责人告诉记者，由于农村水电站多数经营困难，企业积累少，仅靠自身难以实施改造。通过中央财政补助，可以有效发挥财政资金“四两拨千斤”的引导作用，调动地方和企业开展增效扩容改造的积极性，推动农村水电走上长期可持续发展的道路。

电站改造社会经济生态效益突显，应进一步加速实施

农村老旧水电站增效扩容改造后，可以实现社会、生态、经济三方面的效益。

一是可全面消除电站安全隐患。重庆市实施农村水电增效扩容改造后，可全面消除电站改造前存在的一系列安全隐患，有效保障电站自身安全和公共安全。

二是可提高农村水电服务“三农”的能力。实施农村水电增效扩容工程，不仅可解决山区农村分散供电问题，提高灾害性气候条件下或大电网故障时区域的供电保障能力，有效保证农村供电，还可以使农村水电的防洪、灌溉、供水等综合功能得到有效发挥，进一步增强农村水电服务“三农”的能力。

三是可有效促进节能减排。据重庆市水利局统计，重庆市完成全部试点项目增效扩容改造任务后，将巩固和新增电量22亿千瓦时，每年可节约标准煤75万吨，减少二氧化碳排放190万吨。

四是可增强电站发展活力。以江津区长冲水电站为例，该电站改造前为4台机组总装机容量1665千瓦，平均年发电量为647万千瓦时，改造后为2台机组总装机容量2500千瓦，年发电量可达1120万千瓦时。改造后增加发电量473万千瓦时，可增加发电收入137万元；据了解，该电站原有运行、检修工人20人，改造后自动化程度提高，将实现“无人值班，少人值守”，远程视频监控，可将电站运行、检修工调整12人用于其它生产性安排，按年人均工资3.5万元计，可节省开支42万元。增收节支可增强电站发展活力，促进电站可持续发展。

同时，实施农村水电增效扩容改造，能解决长期困扰农村水电站的诸多问题。建国以来，我国建成了约4.5万座农村小水电，总装机容量达6200多万千瓦，这些电站为我国农村经济发展做出了巨大贡献。但一些早期建设的电站受当时技术水平、经济发展程度及能源需求状况的影响，再加上经过多年运行，大量农村水电站存在水能利用率较低、机电设备老化、发电效率低下、安全隐患较多等一系列问题。为全面消除农村水电安全隐患，提高清洁能源供应，宜加大中央投入，强化地方配套，以缓解农村水电站改造资金难题，加速农村水电增效扩容改造工作。（樊新中供稿）

实施农村水电增效扩容改造，是国家节能减排形势的需要，也是农村水电转变发展方式、实现可持续发展的内在要求，重庆、浙江等6省试点项目完成后，将大幅提高老旧电站能效，巩固和新增发电量41亿千瓦时，替代燃煤发电每年可节约150多万吨标准煤，减排二氧化碳380万吨，为增加可再生能源供应、促进节能减排做出贡献。

>>>

低碳试点

试点示范单位名单

国家低碳省低碳城市试点

（经国务院领导同意，国家发展和改革委员会二〇一〇年七月十九日公布）

广东省　辽宁省　湖北省　陕西省　云南省

天津市　重庆市　深圳市　厦门市　杭州市　南昌市　贵阳市　保定市

碳排放权交易试点

（国家发展改革委办公厅二〇一一年十月二十九日公布）

北京市　天津市　上海市　重庆市　广东省　湖北省　广东省　深圳市

交通运输部低碳交通运输体系建设城市试点单位

（二〇一一年二月）

天津市　重庆市　深圳市　厦门市　杭州市　南昌市　贵阳市　保定市　武汉市　无锡市

全国第一批试点示范绿色低碳重点小城镇

（财政部　住房城乡建设部　国家发展改革委二〇一一年九月二十六日公布）

北京市密云县古北口镇　天津市静海县大邱庄镇　江苏省苏州市常熟市海虞镇　安徽省合肥市肥西县三河镇

福建省厦门市集美区灌口镇　广东省佛山市南海区西樵镇　重庆市巴南区木洞镇

上海市首批低碳发展实践区

（上海市发展和改革委员会二〇一一年五月公布）

虹桥商务区　崇明县　长宁区虹桥地区　临港地区（包括产业区和主城区）
卢湾区中南部地区　徐汇区滨江地区　金桥出口加工区　奉贤区南桥新城

天津首批低碳示范建设单位

（天津市发展和改地委员会二〇一二年三月十九日公布）

一、低碳产业示范

天津经济技术开发区新材料和新能源低碳产业试验区

二、低碳能源示范

空港经济区

三、低碳建筑示范

低碳楼宇建设示范：天津经济技术开发区建设低碳大楼示范工程。

绿色建筑认证示范：空港经济区办公区A地块和研发区B地块

四、低碳交通示范

中新天津生态城

五、低碳技术示范

碳捕获与封存（CCS）技术示范：联合临港经济区、南港工业区绿色煤电IGCC项目和大港油田

智能电网示范：中新天津生态城智能电网综合配套示范工程

六、低碳园区示范

天津经济技术开发区

中新天津生态城

于家堡中心商务区

滨海高新区

空港经济区

七、低碳社区示范

天津经济技术开发区西区和南港生活区建设低碳社区示范项目

八、低碳小城镇示范

静海县大邱庄镇

江苏省低碳经济试点单位

（江苏省发展和改革委员会二〇一〇年九月公布）

一、低碳试点城市

无锡市　淮安市　如皋市　溧阳市

二、低碳试点园区

南京江宁经济技术开发区　江苏宜兴经济开发区　徐州经济技术开发区　新沂—无锡工业园
金坛光伏产业园　苏州工业园区　昆山国家高新技术产业开发区　江苏盐城环保产业园
扬州经济技术开发区　泰州医药高科技术产业开发区

三、低碳试点企业

江苏高淳陶瓷股份有限公司　江苏花厅酒业有限公司　常州天合光能有限公司　江苏恒盛化肥有限公司
江苏沙钢集团有限公司　江苏九九久科技股份有限公司　连云港三吉利化学工业有限公司
江苏淮河化工有限公司　江苏丹阳富丽华有限公司　江苏绿陵润发化工有限公司

江西省低碳发展试点县（市、区）

（江西省发展和改革委员会二〇一〇年四月三十日公布）

贵溪市　浮梁县　共青城　婺源县　分宜县　袁州区　芦溪县　吉安市吉州区　大余县　资溪县

广东省第一批低碳试点示范单位

（广东省发展和改革委员会二〇一一年十一月二十九日公布）

广州市　珠海市　河源市　江门市　珠海市横琴新区　佛山市禅城区　佛山市顺德区
韶关市乳源县　河源市和平县　梅州市兴宁市　梅州市大埔县　云浮市云安县

湖北省首批省级低碳试点示范单位

（湖北省发展和改革委员会二〇一一年十一月二十五日公布）

襄阳市　咸宁市　东湖新技术开发区　黄石经济开发区黄金山工业园
武汉市百步亭社区　鄂州市长港镇峒山社区

海南省低碳发展试点示范单位

（海南省人民政府二〇一〇年十一月三十日公布）

一、　低碳城市试点

海口市　三亚市

二、低碳城镇试点

保亭黎族苗族自治县　海口市秀英区永兴镇　博鳌乐城太阳与水示范区

三、低碳园区试点

澄迈老城经济开发区　三亚创意产业园为试点园区

四、低碳景区试点

保亭黎族苗族自治县呀诺达热带雨林景区

陕西省首批省级低碳试点单位名单

（陕西省发展和改革委员会二〇一一年十一月二十五日公布）

一、低碳试点市、县

渭南市　凤县　彬县　安塞县　靖边县　西乡县　镇安县

二、低碳试点园区

西安浐灞生态区　西安市大兴新区　商丹循环工业经济园区　宝鸡高新技术产业开发区　榆横工业园区

三、低碳试点企业

陕西重型汽车有限责任公司　青岛啤酒西安汉斯集团有限公司　陕西交运运输集团有限公司
西安市宝润实业发展有限公司　陕西东岭集团股份公司　宝鸡市海浪锅炉设备有限公司
陕西宝鸡第二发电有限责任公司　彬长新生能源有限公司　榆林云化绿能有限公司
神木晶元清洁发展有限公司　陕西奥维加能焦电化工有限公司　府谷镁业集团
延长油田股份有限公司　汉川机床集团有限公司　陕西春光生物质能源开发有限公司

中国应对气候变化和低碳发展大事记

中国应对气候变化和低碳发展大事记

（2011年）

1月

1月8日 中共中央政治局就世界主要国家财税体制和深化我国财税体制改革进行第十八次集体学习。中共中央总书记胡锦涛在主持学习时强调：加大推动自主创新和培育战略性新兴产业力度，支持发展环保产业、循环经济、绿色经济，加大统筹城乡区域协调发展力度。

1月9日 首届中国国际绿色创新技术产品展在广州开幕，中共中央政治局委员、广东省委书记汪洋，全国人大常委会副委员长蒋树声出席开幕式。工业和信息化部副部长苏波出席开幕式，并在“绿色创新低碳发展”主题论坛上发表演讲。

1月10日 北京市科委、北京市发改委、北京市规划委等组织举办“2011年北京（国际）低碳技术论坛”，主题为“新理念、新技术引领和支撑北京低碳城市建设”。

1月13日 国家发展改革委副主任解振华主持召开国家应对气候变化规划编制启动会议，研究部署规划编制有关工作。国家发展改革委气候司司长苏伟介绍了前期开展的工作和规划编制工作方案，规划编制领导小组成员就编制规划工作方案和规划初步提纲进行了讨论并提出意见和建议。

国家应对气候变化规划是“十二五”一项重要的国家级专项规划，编制和实施国家应对气候变化规划，对于贯彻落实党的十七届五中全会精神，做好应对气候变化相关工作，形成良好的体制机制和有效的政策体系，顺利实现2020行动目标具有重要作用。解振华要求，各部门、各司局要高度重视国家应对气候变化规划的编制工作，加强协作，抓紧落实有关工作任务。

1月14日 住房和城乡建设部发出《关于成立住房和城乡建设部低碳生态城市建设领导小组的通知》（建科函[2011]16号），决定成立住房和城乡建设部低碳生态城市建设领导小组，住房和城乡建设部副部长仇保兴任组长 。

1月16日 住房城乡建设部与深圳市人民政府在深圳举行共建国家低碳生态示范市合作框架协议签字仪式，住房城乡建设部副部长仇保兴与广东省委常委、深圳市人民政府代市长王荣分别代表双方签字。深圳市成为我国首个建设国家低碳生态示范市的城市。

1月16日 主题为“低碳经济发展与城市经济转型”的“第二届中国低碳经济论坛”在北京召开。

1月18日 中国国家主席胡锦涛在访问美国期间，中美企业签署了一系列协议。美铝和中电投集团当日签署铝和清洁能源合作协议，潜在投资规模75亿美元；GE与中国华电达成在华销售并安装燃气涡轮发电机组的合资项目，项目收入约5亿美元；中美两国能源部签署18份能源合作协议，总额超过130亿美元；杜克能源、神华集团、美国电力、华能集团等十几家美国和中国企业签署多项清洁能源合作协议，涉及高能效建筑、碳捕捉、清洁煤、电动汽车、智能电网等；中国国电与美国UPC签署风电协议，涉资逾15亿美元。

1月18日 由中国国家创新与发展战略研究会和美国布鲁金斯学会联手举办“第二届中美清洁能源务实合作战略论坛”在美国华盛顿举行。中国国家主席胡锦涛及美国总统奥巴马分别致信祝贺。中国全国政协副主席董建华，全国政协副主席、科技部部长万钢，美国驻华大使洪博培，美国能源部长朱棣文等200余名中美政要、企业领袖、专家出席论坛。当日上午，还举行了“中美清洁能源技术研究与合作专题会议”和“中美清洁能源研究中心成立仪式”，两国能源部还签署了18份总额超过130亿美元的能源合作协议。

1月18日 参加“第二届中美清洁能源务实合作战略论坛”未来十年中美关系”（简称中美清洁能源论坛）的中美专家表示，中美两国都面临能源安全、气候变化等诸多挑战，双方应在新能源领域携手合作，以便更好地应对这些挑战。

美国白宫科技政策办公室主任约翰·霍尔德伦在论坛上发言时表示，气候变化是全球性挑战，美中是温室气体排放大国，而且是利益攸关方，这个挑战必须一起来应对。此外，美中分别是最大的发达国家和最大的发展中国家，尽管在一些地区和领域存在竞争关系，但如果双方能在清洁能源领域开展合作，就可以向世界发出这样的信息：尽管面临的问题比较严重，我们仍有办法解决它。

霍尔德伦建议，美中在清洁能源领域进行研发合作时做到风险和成本分享，使彼此利用对方的专长。

中国科技部长万钢在论坛上发言时指出，当今世界气候变化、能源和资源安全、粮食安全等问题日益突出，面对这些挑战，没有一个国家能够独善其身，各国应该依靠科技创新，推动从化石能源时代走向清洁能源时代。

万钢表示，近两年来，在中美两国政府和产业界、大学、研究院所的共同努力下，中美清洁能源合作取得新进展，两国今后应积极推进中美清洁能源科技合作，实现互利双赢，为两国及世界人民的福祉做出积极贡献。

1月19日 全国低碳经济媒体联盟发布了《全国低碳城市评价体系》标准。其构成是：城市低碳发展规划指；媒体传播指标；新能源与可再生能源、低碳产品应用率；城市绿地覆盖率指标；低碳出行指标；城市低碳建筑指标；城市空气质量指标；城市直接减碳指标；公众满意度和支持率；一票否决指标。

1月20日 住房城乡建设部建筑节能与科技司和德国国际合作机构城市可持续项目在北京共同召开《中国低碳生态城市发展指南》项目启动会，对指南的提纲、编制体例与内容等进行了广泛讨论，并对项目具体工作进度安排进行了详细部署。

1月21日 国家发展改革委、国家电监会发出《关于2010年1~9月可再生能源电价补贴和配额交易方案的通知》(发改价格[2011]122号)，明确“可再生能源电价附加资金补贴范围为2010年1~9月可再生能源发电项目上网电价高于当地脱硫燃煤机组标杆上网电价的部分、公共可再生能源独立电力系统运行维护费用、可再生能源发电项目接网费用。对纳入补贴范围内的秸秆直燃发电项目1~6月份继续按上网电量给予临时电价补贴，补贴标准为每千瓦时0.1元。”

1月24日 国家发展和改革委在重庆召开国家低碳省区低碳城市试点工作座谈会，对前段低碳试点工作做了总结，部署了下一步工作。国家发展改革委副主任解振华主持会议并讲话。解振华强调，我国的低碳试点取得了一定进展，开局良好，各试点省区高度重视，建立了完备的组织体系，形成了各具特色的低碳试点方案，各省市都在结合本地特点，积极探索绿色低碳发展路径。根据这次会议精神，尽快修改完善低碳试点方案，尽快全面展开低碳试点工作，按期完成2005年省级温室气体排放清单编制，力求从二氧化碳监测网络建设、二氧化碳回收利用技术研发、能源化工领域低碳化发展等方面取得突破，为全国探索低碳发展的经验。座谈会上，担负低碳试点任务的5省8市领导汇报了试点进展情况。

1月26日 工业和信息化部、国家发展改革委、监察部等18个部委局印发《淘汰落后产能工作考核实施方案》，2011年4月底前，淘汰落后产能工作部际协调小组将完成对各地2010年淘汰落后产能工作情况的检查考核。

1月26日 世界自然基金会（WWF）发布《中国经济刺激计划对气候与能源的影响》报告。报告指出中国的经济发展计划需要进一步推动低碳经济。

1月27日 住房和城乡建设部办公厅、财政部办公厅发出《关于组织实施太阳能光电建筑应用一体化示范的通知》（财办建[2011]9号），明确提出了示范项目与建筑一体化、并网技术、关键设备质量、项目建设周期等要求；关于补贴资金审核及拨付作出了规定。

1月30日 浙江省首个天然气低碳经济项目——燃气冷热电“三联供”系统进入试运行阶段。该系统每年可减少二氧化碳排放量1835吨，综合利用效率72.6%左右，节能减排的效果明显。

2月

2月2日 交通运输部公布第二批低碳交通运输体系建设城市试点单位。试点单位是：北京市、昆明市、西安市、宁波市、广州市、沈阳市、哈尔滨市、淮安市、烟台市、海口市、成都市、青岛市、株洲市、蚌埠市、十堰市、济源市。

2月16日 中证指数有限公司、北京环境交易所与优点资本联合发布了中国低碳指数。中国低碳指数的推出，是为了反映中国清洁技术领域境内外上市公司的整体表现，同时为投资者提供新的投资标的。

2月18日 《中国气候变化第二次国家信息通报》编写工作启动会在京召开。本次报告编写工作借鉴初始国家

信息通报编制经验，抽调来自权威部门的资深专家组成编写组，共同完成《中国气候变化第二次国家信息通报》编写工作。

2月21～22日 全国发展改革系统应对气候变化工作会议在广州召开，国家发展改革委副主任解振华出席会议并讲话，应对气候变化司司长苏伟作工作报告。来自全国各省、自治区、直辖市及计划单列市、副省级省会城市、新疆生产建设兵团发展改革部门和国家发展改革委相关司局负责人100多名代表参加了会议。广东省委常委、常务副省长朱小丹出席会议并致辞。

会议以科学发展观为指导，认真贯彻党的十七届五中全会和中央经济工作会议精神，按照全国发展改革工作会议的总体部署，深入分析当前应对气候变化工作面临的形势，全面总结“十一五”和2010年应对气候变化工作，研究部署了“十二五”特别是2011年应对气候变化各项工作任务。

2月21日 交通运输部印发《建设低碳交通运输体系指导意见》和《建设低碳交通运输体系试点工作方案》。目标是：到2015年，交通运输行业降低温室气体排放强度的行动成效更为明显。行业节能减排意识进一步增强，低碳交通运输理念更加深入人心，交通运输生产、运营、消费的各个环节碳排放强度逐步降低。行业应对气候变化的综合能力显著增强，低碳交通运输技术创新体系、政策法规体系建设全面有效开展，碳排放统计、监测、考核体系基本建立。交通运输低碳排放的特征初步显现，成为现代交通运输业发展的重要支撑。力争到2020年，基本建立起符合国家应对气候变化工作要求、以低碳排放为特征的交通运输体系。

2月21日 广东省首份低碳发展年度报告《2010年广东低碳发展报告》发布。

2月23日 财政部、住房城乡建设部发出《关于绿色重点小城镇试点示范的实施意见》（财建[2011]341号），财政部、住房城乡建设部决定“十二五”期间开展绿色重点小城镇试点示范，并制定实施意见：一、开展绿色重点小城镇试点示范的重要意义；二、开展绿色重点小城镇试点示范的指导思想和基本原则；三、绿色重点小城镇试点示范的工作内容；四、绿色重点小城镇试点示范的支持政策。要求地方各级财政、住房城乡建设部门要根据以上实施意见，制订推进绿色重点小城镇试点示范工作的具体办法。试点示范工作开展的情况，及时向财政部、住房城乡建设部报告。

2月23日 江苏省发展改革委启动首批低碳试点。确定4座城市、10个园区、10家企业等24家单位成为江苏省低碳经济试点。从2011年起，江西省选择了低碳发展基础较好的10个县（市、区）正式开展省级低碳发展试点。这10个县（市、区）为：贵溪、浮梁、共青城、婺源、分宜、袁州、芦溪、吉州、大余和资溪。这些县（市、区）一类是生态条件较优越的地区，另一类是产业和经济基础较雄厚的地区。2011至2015年为方案实施的第一阶段，2016至2020年为第二阶段。试点各县（市、区）碳排放到2020年单位GDP二氧化碳排放要降低40%以上。

2月24日 交通运输部“车、船、路、港”千家企业低碳交通运输专项行动总结会暨低碳交通运输体系城市试点启动会在无锡举行。会议提出全面建设低碳交通运输体系，到2015年，交通运输行业能源利用效率明显提高，二氧化碳排放强度明显降低，低碳交通运输体系建设取得明显进展。会议总结了“十一五”交通运输节能减排工作，特别是2010年以来开展的“车、船、路、港”千家企业低碳交通运输专项行动以来取得的阶段性成果和经验。会议确定天津、重庆、深圳、厦门、杭州、南昌、贵阳、保定、武汉、无锡10个城市作为低碳交通运输体系试点城市。

2月26～27日 “基础四国”第六次气候变化部长级磋商会议在印度新德里举行，中国国家发展改革委副主任解振华率团与会。四国部长就气候变化国际谈判形势和重大问题交换意见，取得广泛共识，并发表了联合声明。会前还举行了“基础四国”专家研讨会和谈判代表会议。

3月

3月2日 中国社会科学院城市发展与环境研究所、湖南工业大学、经济杂志社等单位联合发布《中国低碳城市发展绿皮书》。

3月3日 由“863计划”先进能源领域办公智能电网、煤基清洁燃料、风电、太阳能等四个专项规划专家研讨会室在京召开。会议要求编写组认真吸纳专家的意见和建议，进一步完善专项规划稿，按照“成熟一项发布一项”的原则，尽早发布专项规划，为“十二五”能源科技计划的顺利实施打好基础。

3月4日 辽宁能源投资(集团)有限责任公司与海通证券股份有限公司签署设立辽宁新能源和低碳产业投资基金合作协议，资金总规模达50亿元。

3月5日 国务院总理温家宝在十一届全国人大四次会议上作政府工作报告时提出：要扎实推进资源节约和环境保护。积极应对气候变化。加强资源节约和管理，提高资源保障能力，加大耕地保护、环境保护力度，加强生态建设和防灾减灾体系建设，全面增强可持续发展能力。非化石能源占一次能源消费比重提高到11.4%，单位国内生产总值能耗和二氧化碳排放分别降低16%和17%，主要污染物排放总量减少8%至10%，森林蓄积量增加6亿立方米，森林覆盖率达到21.66%。切实加强水利基础设施建设，推进大江大河重要支流、湖泊和中小河流治理，明显提高基本农田灌溉、水资源有效利用水平和防洪能力。

《政府工作报告》提出，积极推动能源生产和利用方式变革，提高能源利用效率。推进传统能源清洁利用，加强智能电网建设，大力发展清洁能源。统筹发展、加快构建便捷、安全、经济、高效的综合运输体系。坚持陆海统筹，推进海洋经济发展。大力推动节能环保、新能源、生物、高端装备制造、新材料、新能源汽车等产业发展。加强现代能源产业和综合运输体系建设。推进传统能源清洁利用，加强智能电网建设，大力发展清洁能源。

《政府工作报告》提出，加强节能环保和生态建设，积极应对气候变化。突出抓好工业、建筑、交通运输、公共机构等领域节能。继续实施重点节能工程。大力开展工业节能，推广节能技术，运用节能设备，提高能源利用效率。加大既有建筑节能改造投入，积极推进新建建筑节能。大力发展循环经济。推进低碳城市试点。加强适应气候变化特别是应对极端气候事件能力建设。建立完善温室气体排放和节能减排统计监测制度。加快城镇污水管网、垃圾处理设施的规划和建设，推广污水处理回用。加强化学品环境管理。启动燃煤电厂脱硝工作，深化颗粒物污染防治。加强海洋污染治理。加快重点流域水污染治理、大气污染治理、重点地区重金属污染治理和农村环境综合整治，控制农村面源污染。继续实施重大生态修复工程，加强重点生态功能区保护和管理，实施天然林资源保护二期工程，落实草原生态保护补助奖励政策，巩固退耕还林还草、退牧还草等成果，大力开展植树造林，加强湿地保护与恢复，推进荒漠化、石漠化综合治理。完善防灾减灾应急预案，加快山洪地质灾害易发区调查评价、监测预警、防治应急等体制建设。

3月7日～13日 “十一五”国家重大科技成就展举办期间，科技部高新司及高技术中心成功组织了电动汽车试乘试驾活动。通过7天的试乘试驾，广大观众亲身体验了电动汽车科技创新带来的绿色出行，唤起了民众购买新能源汽车的热情。活动总计接待咨询人数超过2万人次，发放试乘试驾活动及车辆宣传资料15000余份，期间共有1753人参加了试乘试驾。

3月8日 中共中央政治局常委、全国人大常委会委员长吴邦国参加十一届全国人大四次会议河北代表团审议时强调，要针对影响和制约经济社会协调发展的重大结构性问题，着力增强自主创新能力，积极推行低碳技术，大力发展循环经济，努力构建现代产业体系，切实做好推动科学发展和加快转变经济发展方式这篇大文章。

3月8日 国家发展改革委、财政部公布《“节能产品惠民工程”高效电机推广目录（第二批）》。

3月9日 中国国家发展改革委副主任解振华应约与美国总统气候变化特使斯特恩举行视频会议，双方通报了各自国内应对气候变化政策和行动的最新进展，并就坎昆会议成果、目前谈判形势和德班会议等国际谈判相关问题交换了意见。

3月9日 北京市住房和城乡建设委员会和英国驻华大使馆、英国威尔大议会厅在北京共同举办“中英低碳建筑改造研讨会”。

3月17日 全国人大十一届四次会议通过的《国民经济和社会发展十二五规划纲要》把积极应对气候变化、加快低碳发展作为主要导向之一。《规划纲要》在指导思想中强调，坚持把建设资源节约型、环境友好型社会作为加快转变经济发展方式的重要着力点。深入贯彻节约资源和保护环境基本国策，节约能源，降低温室气体排放强度，发展循环经济，推广低碳技术，积极应对全球气候变化，促进经济社会发展与人口资源环境相协调，走可持续发展之路。

3月17～18日 全国发展改革系统资源节约和环境保护工作会议在湖南长沙召开，解振华出席会议并作“扎实做好资源节约和环境保护工作，加快经济发展方式转变”的报告。

3月19日 财政部、国家发展改革委在湖南湘潭召开2011年全国高效电机推广工作会议。国家发展改革委副主任解振华在题为“提高认识完善机制加快高效节能电机的推广应用”的讲话中指出，我国电机年用电量超过2万亿千瓦时，约占全国用电量的60%，但高效节能电机市场份额不到3%，电机系统整体运行效率比发达国家低20%左右。如果我国每年新增的电机及拖动系统均采用高效节能产品，电机系统优化设计，每年可节电上千亿千瓦时,减排近亿吨二氧化碳，可以有效提高电机行业竞争力，推进节能环保产业发展。

3月20日 中共中央政治局常委、国务院副总理李克强出席“第十二届中国发展高层论坛”开幕式并致辞指出，中国将按照加快转变经济发展方式的要求，推动经济转型，创新发展模式，大力培育战略性新兴产业，加快发展低碳技术、节能环保产业和循环经济，构建现代能源产业体系和综合运输体系，使服务业增加值比重提高4个百分点，推动形成科技引领、创新支撑的产业发展格局。推动经济尽快走上内生增长和创新驱动的轨道。

3月22日 为应对气候变化，宣传和营造低碳社会大氛围，促进低碳发展，由《中国低碳年鉴》编委会、北京现代循环经济研究院、中国经济导报、中国经济时报、中国科技投资杂志共同主办的“2010中国低碳十大新闻发布会暨《中国低碳年鉴 2011》首发式”在北京举行。国家发展改革委应对气候变化司司长苏伟作主旨讲话。2010中国低碳十大新闻是：一、低碳成为两会热点，并首次写入国务院总理《政府工作报告》；二、“低碳家庭·时尚生活”主题活动在全国开展，数百万家庭体验“低碳生活”；三、上海世博会首次提出并贯彻“低碳世博”理念，为提升全社会低碳意识产生了积极示范作用；四、全国“车、船、路、港”千家企业低碳交通运输专项行动启动，节能超过200万吨标准煤；五、国家低碳省区和低碳城市试点启动，标志着中国绿色低碳发展迈出重要步伐；六、中国水电喜迎百年华诞，装机容量突破两亿千瓦；七、我国首个碳捕获与封存全流程项目工程开工建设；八、天津成功承办联合国气候变化谈判会议，为坎昆会议的成功召开发挥了积极促进作用；九、中共中央“十二五”规划《建议》提出树立绿色低碳发展理念，要求把大幅降低二氧化碳排放强度作为约束性指标纳入“十二五”规划；十、“十一五”节能目标实现，控制温室气体排放取得积极成效。

3月24日 由清华大学、剑桥大学、麻省理工学院主办的“2011低碳能源与应对气候变化国际会议”在北京召开。三校联盟明确了6个主要合作领域：洁净煤技术和CCS(碳捕获和埋存)，建筑节能、城镇规划、工业节能与可持续交通，生物质能与其他可再生能源，先进核能技术，智能电网，能源政策与能源规划。

3月24日 深圳综合开发研究院发布在其院长樊纲的指导下完成的《中国的无悔减排政策——给力低碳城市发展》报告。报告首次在中国提出构建低碳政府的指标体系。报告认为，在中国低碳政府必须包括四个方面：政府必须要具有低碳发展理念，以促进低碳经济以及低碳社会发展作为其基本职能之一；不断提供推动低碳发展的各种制度保障，努力提升低碳发展管理能力；实现在国内事务管理的低碳化和国际事务管理的低碳化政府；提倡低碳政府理论和构建低碳政府是推动和保障当前低碳经济以及低碳社会发展的内在要求和迫切呼唤。

3月26日 工业和信息化部副部长苏波在中国电力企业联合会主办的“2011年经济形势与电力发展分析预测会”上表示，要大力发展新能源装备产业以及能源装备制造的相关支撑技术和装备，加快促进能源装备的绿色低碳发展。他特别指出，实现能源装备绿色发展，一是要大力发展高效洁净燃煤发电装备;二是发展先进输电技术装备，大力发展特高压;三是发展智能电网。

3月26日 上海虹桥商务区核心区区域集中功能项目开工暨6号、8号地块建设项目奠基仪式举行，三个项目的正式动工标志着“大虹桥”核心区建设的正式启动。该项目采用集中式的区域冷供热模式，能提高能源综合利用效率，实现高效用能和低碳排放。项目建成后，将是国内最大的区域供能系统。

3月27日 耗资300亿元打造的重庆“千亿汽车城”一期工程全面落成。经过一年建设，这个以绿色环保为建设基调的国内最大低碳汽车生产基地将在2015年实现80万整车的产能目标，以及产出150万台以新能源汽车发动机为主的配套产品。重庆“千亿级汽车城”将作为长安汽车在国内的一个全新“大本营”。

3月28～29日 全国工业节能与综合利用工作会议在江苏省南京市召开。工业和信息化部苏波副部长出席会议并讲话表示，“十二五”期间工信部将采取四项措施促进节能环保低碳产业的发展。

3月28～31日 中国国家发展改革委解振华副主任率团访问澳大利亚，出席中澳气候变化第三次部长级对话，就中澳应对气候变化国内政策、国际谈判、双方务实合作等议题与澳政界、学术界、企业界进行了广泛沟通和磋商，取得了重要成果。期间他还出席了中澳气候变化论坛、全球基金会圆桌会议，并发表了主旨演讲。解振华向澳各界详细介绍了中国“十一五”应对气候变化采取的重大举措和取得的显著成效，以及中国“十二五”规划在应对气候变化、节能减排等方面的目标任务和政策措施，加深了澳各界人士对中国应对气候变化工作的了解，澳各界对中国在应对气候变化方面采取的措施和取得的巨大成效给予高度肯定。

3月28日 国际NGO组织——气候组织（The Climate Group），在北京正式启动“中国再设计”项目。“中国再设计”项目涵盖能力建设、示范项目、政策建议与投融资以及宣传与推广等四个要素，涉及城市规划、能源管理、绿色产业化、可再生能源的利用、建筑、交通、金融等七个领域。

3月29日 我国首个海上大型风电一期上海东海大桥100兆瓦海上风电示范项目一期通过竣工验收。2010年6月，由34台单机容量为3兆瓦的国产风电机组组成、总装机容量102兆瓦的上海东海大桥海上风电场在世博会期间并网投产，总装机容量102兆瓦，截至2010年年底，东海大桥风电场累计发电量为12196.29万千瓦时。预计未来年发电量可达2.6亿度，相当于每年替代约8.3万吨标准煤燃烧，减少二氧化碳排放约21万吨。成为除欧洲之外世界上第一座海上风电场。上海东海大桥海上风电场示范工程的成功并网，拉开了中国海上风电开发的序幕，对推进节能减排、优化能源结构以及提高我国风电装备制造业自主研发能力等都具有十分重要的意义。2011年上海将着手建造东海风电二期扩建项目，实现又一个100兆瓦海上风电场的建设目标。

3月 国务院批准山东荣成石岛湾高温气冷堆核电站项目建设，我国第一座高温气冷堆商业化示范电站的建设启动，这标志着“大型先进压水堆及高温气冷堆核电站”重大专项取得的重大进展。

“大型先进压水堆及高温气冷堆核电站”重大专项于2008年正式启动。大型先进压水堆核电站（简称“压水堆”）、高温气冷堆核电站（简称“高温堆”）这两个相关又极具独立性的研究项目在各自的科研道路上迅速发展。荣成石岛湾核电站项目是我国拥有自主知识产权的第一座高温气冷堆示范电站，也是世界上第一座具有第四代核能系统安全特性模块式高温气冷堆商用规模示范电站。由华能集团、中核建和清华大学投资共同建设运营。该项目一期工程建设1×20万千瓦级高温气冷堆核电机组，电厂建设费用30多亿元，加上科研投入大概需要50多亿元。

3月 2011年全球首个风电场CDM项目——内蒙古华电辉腾锡勒2#库伦风电场CDM项目正式通过黄金标准审查，注册成功。内蒙古华电辉腾锡勒2#库伦风电场CDM项目以年碳减排量471803吨成为全球注册规模最大的黄金标准CDM项目，同时也是2011年全球首个注册的该类项目。目前，全球共有182个CDM项目申请黄金标准，仅有29个项目注册成功。

3月 交通运输部公布“低碳港口建设”主题性管理试点单位，开展交通运输部 “低碳港口建设”主题性管理试点。

4月

4月2日 住房和城乡建设部发出《关于印发“十二五”城市绿色照明规划纲要的通知》（建城[2011]178号）。总体目标是：发展城市绿色照明，建立有利于城市照明节能、城市照明品质提升的管理体制和运行维护机制；完善城市照明法规、标准和规章制度；建立和落实城市照明能耗管理考核制度；积极使用节能环保产品和技术，提高城市照明系统的节能水平。具体目标是：完成节能任务。以2010年底为基数，到“十二五”期末，城市照明节电率达到15%；完成城市照明规划编制。2015年前，全国地级及以上城市和东中部地区县级城市，要按照国家有关规划编制要求，完成城市照明规划的编制或修编工作，并按法定程序批准实施。完善城市绿色照明标准体系。完成《城市照明规划规范》、《城市照明节能评价标准》编制；修订《城市道路照明设计标准》等相关标准规范；研究制订城市绿色照明评价方法和标准。提高城市照明设施建设和维护水平。完善城市功能照明，消灭无灯区；新建、改建和扩建的城市道路装灯率应达到100%；道路照明主干道的亮灯率应达到98%，次干道、支路的亮灯率应达到96%；道路照明设施的完好率应达到95%，景观照明设施的完好率应达到90%等。

4月6～7日 中国科技部部长万钢率团出席了在阿布扎比召开的第二届清洁能源部长级会议（CEM）并发言。本届部长级会议讨论了清洁能源供给、能源效率、公共资金支持清洁能源技术创新及推广部署三个主要议题。万钢在发言中介绍了“十二五”期间中国政府提高能效、发展非化石能源的目标及主要措施，特别是大力发展节能与能效技术，加强清洁煤技术研发应用、开展碳捕获利用封存技术的研发示范，大力发展可再生能源技术、加快智能电网技术研发示范，加强新能源汽车、半导体照明产业化技术攻关和示范推广等并从多个方面介绍了中国的经验。万钢部长及中国代表团其他成员还出席了主题分别为“支持全球可再生能源发展的政策”、“技术和商业模式创新以提高能效”、“可持续发展的城市：可持续经济增长和清洁能源发展的驱动因素”、“提高电力企业能效的管制战略”四场公共—私营部门高层圆桌讨论会。会议期间，万钢部长与美国能源部部长朱棣文、韩国知识经济部崔重卿部长等举行了会谈，就加快推进中美清洁能源联合研究中心事交换了意见。

4月7日 由上海太阳能科技有限公司承担的863计划“MW级并网光伏电站系统”重点项目之一的“兆瓦级BIPV并网系统关键技术及工程化应用研究”课题通过验收。“兆瓦级BIPV并网系统关键技术及工程化应用研究”课题结合建筑物特点，开发了与建筑结合光伏并网电站工程化应用技术，研制了多种与建筑相结合的光伏组件，依托于上海太阳能工程技术研究中心建设工程，建成1.012MW光伏并网示范电站，累计运行时间已超过3000小时。课题解决

了城市大型建筑MW级光伏建筑一体化（BIPV）并网示范电站设计技术和与建筑相结合的光伏组件实用技术，其研究成果在2010上海世博会永久场馆得到了应用，为上海世博会大型场馆光伏发电系统建设提供了有力的技术支撑及示范经验。

4月8日 北京银行与中国节能协会节能服务产业委员会签署战略协议，共同搭建节能融资平台，以加大对节能减排领域的融资支持力度。北京银行在签约现场启动“节能贷”金融服务方案，并现场为四家企业提供合计3.5亿元人民币贷款额度，支持企业在建筑、工业等领域的节能项目。截至2011年底，北京银行“节能贷”产品已发放贷款70余笔，金额超过10亿元，初步估算年节能能力达56万吨标煤，实现年减排二氧化碳140万吨。

4月9日 2011国际友人义务植树暨国际森林年中国行动启动仪式在京举行。国家林业局局长贾治邦、北京市副市长夏占义等为国际森林年纪念碑揭幕。来自50多个国家驻华使馆、20多个国际组织驻华机构的代表和北京市民代表参加了植树活动。国际森林年中国行动将在国内开展4项活动，在国际上参与3项活动。4项国内活动包括：由国家和各省（区、市）层面组织开展的特色造林绿化活动，由各级共青团、妇联等社会团体组织开展的保护母亲河行动、三八绿色工程活动，由国内大型企业、在华国际知名企业开展的植树造林及相关主题活动，由广大适龄公民参与的义务植树活动。3项国际行动是：承办联合国粮农组织亚太林业委员会第二十四届会议及第二届亚太林业周活动，组织国际友人参加植树活动，主办或与民间组织合办有关森林的研讨培训活动。

4月13日 住房和城乡建设部发布对2010年全国建筑节能工作检查通报。此次检查涵盖了除江苏、浙江、甘肃、青海及西藏外的22个省、自治区和4个直辖市，共对5个计划单列市、22个省会（自治区首府）城市、22个地级城市以及22个县（县级市）进行了检查，抽查了385个工程建设项目的施工图设计文件和391个在建工程施工现场。同时， 截至2010年年底，全国共完成能耗统计3.3万栋，完成能源审计4850栋，公示了近6000栋建筑的能耗状况，已对1500余栋建筑的能耗进行了动态监测。结果表明，建筑节能各项工作取得明显成效，新建建筑执行节能强制性标准成效显著。到2010年年底，全国城镇新建建筑设计阶段的比例为99.5%，施工阶段的比例为95.4%，完成了国务院提出的比例达到95%以上的工作目标。截至2010年年底，财政部会同住房城乡建设部共实施了371个可再生能源建筑应用示范项目、210个太阳能光电建筑应用示范项目、47个可再生能源建筑应用城市、98个示范县。

4月13日 上海市人大新闻通气会发布《上海市“十二五”期间低碳发展的初步思路和对策建议》，对上海未来五年探索低碳发展之路中的种种挑战，从多个领域提出具有针对性的解决对策。

4月13日 住房和城乡建设部办公厅发出《关于2010年全国住房城乡建设领域节能减排专项监督检查建筑节能检查情况通报》（建办科[2011]25号）。称：2010年12月12日至28日，住房和城乡建设部组织对全国建筑节能工作进行了检查。检查范围涵盖了全国除江苏、浙江、甘肃、青海及西藏外的22个省、自治区、4个直辖市，共对5个计划单列市、22个省会（自治区首府）城市、22个地级城市以及22个县（县级市）进行了检查，抽查了385个工程建设项目的施工图设计文件和391个在建工程施工现场。对检查中发现的问题，下发了63个执法建议书。“十一五”期间，天津、北京、山东、吉林、山西、内蒙古、宁夏、黑龙江、青海、河北、河南、上海、重庆、江苏、浙江、安徽、湖北、四川、广西、福建、海南等省（区、市），以及深圳、青岛、宁波、厦门、太原、哈尔滨、银川、沈阳、乌鲁木齐、石家庄、西宁、南京、武汉、合肥、成都、长沙、南宁、广州等城市建筑节能目标明确，责任落实，政策完善，管理到位，工作成效比较突出，给予表扬。“十一五”期间，中央财政共计安排资金152亿元，用于支持北方采暖地区既有居住建筑供热计量及节能改造、可再生能源建筑应用、国家机关办公建筑和大型公共建筑节能监管体系建设等方面。北京、上海、内蒙古、山西、江苏、深圳等地对建筑节能的财政支持力度较大，安排了专项资金。据不完全统计，“十一五”期间，省级财政共安排69亿元建筑节能专项资金，地级及以上城市市级财政安排65亿元建筑节能专项资金工作，为建筑节能提供了良好的政策环境和财力保障。“十一五”期间，国家科技支撑计划把建筑节能、绿色建筑、可再生能源建筑应用等作为重大项目，对一批共性关键技术进行研究攻关，取得了明显成效。

4月15日 “博鳌亚洲论坛2011年年会”在海南博鳌开幕。中国国家主席胡锦涛出席开幕式讲话强调，未来5年，中国将着力建设资源节约型、环境友好型社会，深入贯彻节约资源和保护环境基本国策，节约能源，降低温室气体排放强度，发展循环经济，推广低碳技术，积极应对气候变化，促进经济社会发展与人口资源环境相协调，走可持续发展之路。

4月15日 在上海市市政府召开的2011年全市节能减排和产业结构调整工作会议上，授牌启动上海市第一批低碳发展实践区试点，经过市政府批准，首批8个试点地区分别是：虹桥商务区、崇明县、长宁区虹桥地区、临港地区

（包括产业区和主城区）、卢湾区中南部地区、徐汇区滨江地区、金桥出口加工区、奉贤区南桥新城。

4月18日 云南省省长秦光荣在全省"十二五"低碳节能减排工作会议上称，"十二五"期间，云南省将把低碳发展和节能减排工作与用电、用地需求，项目审批、核准，财税、价格政策及金融、信贷扶持政策相挂钩，促进低碳发展和节能减排工作目标的实现。

4月20～22日 由中国科技部、国际能源署（IEA）、上海市政府共同主办的“2011国际电动汽车示范城市及产业发展论坛”在上海举行。科技部部长万钢、上海市市长韩正及国际能源署署长田中伸男出席会议，美国能源部部长朱棣文为论坛发来了贺信。本届论坛是国际上就电动汽车在城市的示范推广议题首次召开的大规模会议。论坛就电动汽车发展的政府战略、政策和监管，国家及城市规划、发展目标和示范经验，公共和私营部门的合作伙伴关系（PPP），产学研合作，示范推广中的新商业模式，市场和投融资，基础设施包括充电设备、车路系统，数据收集、技术协调和标准等议题开展了对话和交流。论坛通过了《国际电动汽车示范城市上海宣言》，表达了与会各国代表就加强电动汽车研发、示范推广及其合作达成的广泛共识。在4月22日的开幕式上，万钢与韩正共同为中国（上海）电动汽车国际示范城市授牌。

4月25日 由中国科学院电工研究所承担的863计划“MW级并网光伏电站系统”重点项目之一的“和景观、建筑结合的MW级并网光伏电站及关键设备研制”课题通过验收。

“和景观、建筑结合的MW级并网光伏电站及关键设备研制”课题进行关键设备研制，并开展了和景观、建筑结合的并网光伏电站系统集成技术研究，在浙江义乌国际商贸城三期一阶段建成与景观建筑结合的1.295MWp并网光伏电站，同时，课题还完成了和景观、建筑结合的MW级并网光伏电站设计、安装、施工指导手册、太阳能发电系统操作手册及认证技术规范。

4月28日 西安世界园艺博览会开幕。西安世园会以“天人长安，创意自然——城市与自然和谐共生”为主题，通过打造“花、绿、水”相互和谐的自然景观，将陕西和西安的历史文化、地域特色，与人类追求绿色、环保、低碳的理念融为一体，展示了世界园林园艺促进人与自然相和谐、城市与自然相和谐的发展成就，体现了陕西人民建设生态文明的决心。世园会期间，700种花卉植物、4000万盆花卉、50万株树木在古都西安绚丽登场，向世人展示花卉园艺的美不胜收，以及古都西安的秦韵唐风。

4月29日 由中国低碳行动联盟举办的首届“中部低碳崛起高峰论坛”在武汉举行，200多位中部民营企业家共同发出倡议，摒弃“三高一低”发展模式，加快创新、积极创新，实现中部地区经济的可持续发展。

5月

5月3日 国家发展改革委等发出关于2011年全国节能宣传周活动安排意见的通知(发改环资[2011]911号)。决定于2011年6月11至17日，由国家发展改革委等14部门联合举办2011年全国节能宣传周活动，主题是“节能我行动低碳新生活”。

5月4日 科学技术部开展第二批十城万盏半导体照明应用工程试点示范工作。试点单位有：北京市、山西省临汾市、江苏省常州市、浙江省湖州市、安徽省合肥市、安徽省芜湖市、福建省漳州市、福建省平潭综合试验区、山东省青岛市、湖南省郴州市、湖南省湘潭市、广东省广州市、广东省佛山市、广东省中山市、海南省海口市、陕西省宝鸡市等16个城市（地区）开展第二批半导体照明应用工程（以下简称“十城万盏”）试点示范工作。

5月10日 科技部召开全球变化研究国家重大科学研究计划“十二五”专项规划战略咨询会。参加会议的咨询专家包括两院院士、973计划专家顾问组成员、全球变化研究计划专家组成员等。与会专家在听取全球变化研究国家重大科学研究计划“十二五”发展思路与原则、发展目标、发展重点、主要任务、政策与保障措施汇报的基础上，开展了深入的讨论。专家们认为，该专项规划集中反映了我国全球变化领域主要需求和发展趋势，总体思路明确，相关内容覆盖了全球变化科学的主要领域，一致同意原则通过该规划。

5月15日 《杭州市“十二五”低碳城市发展规划》在北京通过专家评审。规划提出，杭州市要推广利用清洁能源，构建低碳能源体系；加大森林城市建设，构建固碳减碳载体；加强低碳技术研发应用，构建低碳创新载体；优化城市功能结构，构建低碳建筑载体；发展公共交通，构建低碳交通体系等发展任务和示范建设工程。

5月17日 国家能源局发出《关于加强水电建设管理的通知》(国能新能[2011]156号)强调，水能是重要的可再生能源。我国水能资源丰富，开发利用水电资源，是增加能源供应，保障能源安全，构建稳定、经济、清洁现代能源

体系的重要选择；也是减排温室气体，应对气候变化，实现节能减排目标的重要举措。

5月20日 国务院在京召开全国天然林资源保护工程工作会议，研究部署工程二期建设工作。中共中央政治局委员、国务院副总理回良玉在会上强调，推进天然林资源保护工程二期建设，是党中央、国务院从战略全局出发作出的一项重大决策，是一项功在当代、泽被子孙、造福人类的德政之举。要把保护天然林资源作为建设生态文明的战略举措，加快建立布局合理、结构稳定、功能强大的森林生态系统，为经济社会可持续发展提供牢固的资源基础和坚强的绿色屏障。

5月20日 “2011低碳经济国际研讨会暨低碳技术和重大项目推介会”在北京举行。

5月21日 国内首家民营低碳技术与成果交易博览会——光之明（国际）低碳产品交易中心在深圳市宝安区正式开业。

5月23日 国家应对气候变化规划（2011～2020年）编制工作东部片会在海口市召开。会议就国家应对气候变化规划框架和主体内容听取了地方发展改革部门代表的意见和建议。北京、上海、天津、江苏、浙江、河北、辽宁、福建、广东、山东、海南等东部11省市发展改革部门代表40余人参会。国家发展和改革委应对气候变化司司长苏伟指出，国家应对气候变化规划（2011～2020）是中国首次编制的应对气候变化国家级专项规划。编制这一规划是统筹做好应对气候变化各项工作的需要，是推动中国绿色低碳发展的重要抓手，有助于破除资源环境瓶颈制约，形成转变发展方式和调整经济结构的促进机制，切实提高中国可持续发展能力，也有助于中国树立负责任的大国形象，对顺利实现2020年中国控制温室气体排放行动目标具有重要意义。

5月23日 在2011年全国基础研究工作会议上，新奥煤基低碳能源国家重点实验室获科技部授牌。煤基低碳能源国家重点实验室已成为重要的研发试验平台，为保障新奥在清洁能源领域内的领先优势奠定了坚实基础。

5月23～25日 “建立中国农村地区科技创业和低碳型示范区”项目2011年度工作会议在内蒙古呼伦贝尔市召开。来自西北、华北等干旱半干旱地区的十个省份的40多名学者和专家参加了此次会议。

5月28日 举办“限塑令”实施三周年宣传活动。国家发展改革委副秘书长赵家荣在宣传活动会上讲话强调，国家将继续完善政策措施，宣传推广典型经验，研究解决突出问题，不断巩固“限塑”成果。

6月

6月4日 住房和城乡建设部发布《住房和城乡建设部低碳生态试点城（镇）申报管理暂行办法》。

6月5日 第40个世界环境日。联合国环境署确定的世界环境日主题是“森林：大自然为您效劳”，旨在配合联合国国际森林年，强调森林的生态价值，提高人们的森林保护意识。

6月6～17日 来自190多个国家和地区的气候谈判代表重聚前西德首都，为年底南非德班的第17届联合国气候大会作出准备。本次会议在技术层面取得一定进展，但在《京都议定书》第二承诺期存续等核心问题上依然没有打破僵局。以苏伟为团长的中国气候谈判代表团参加大会。

6月7日 国家发展改革委、国家统计局发布“十一五”各地区节能目标完成情况表2011年第9号公告（2011年第9号），称：五年来，我国以能源消费年均6.6%的增速支持了国民经济年均11.2%的增速，能源消费弹性系数由“十五”时期的1.04下降到0.59，扭转了我国工业化、城镇化加快发展阶段能源消耗强度大幅上升的势头，为保持经济平稳较快发展提供了有力支撑，为应对全球气候变化做出了重要贡献。

除对新疆另行考核外，全国其他地区均完成了“十一五”国家下达的节能目标任务，有28个地区超额完成了“十一五”节能目标任务，超额完成目标较多的十个地区分别为：北京（超额32.95%，下同）、天津（5%）、山西（3%）、内蒙古（2.82%）、黑龙江（3.95%）、福建（2.81%）、湖北（8.35%）、广东（2.63%）、重庆（4.75%）、云南（2.41%），其中北京、湖北、天津分别超出目标6.59、1.67、1个百分点。

6月9日 环境保护部印发《国家环境保护“十二五”科技发展规划》。具体目标包括：（1）初步构建国家环境科技的理论体系；（2）产出一批污染防治技术成果和示范工程；（3）提供满足国家环境管理决策的技术支撑；（4）形成与国家环境科技需求相适应的环境科技创新能力。

6月11～17日 主题为“节能我行动、低碳新生活”的全国第22个节能宣传周活动在全国范围内开展。

6月12日 在“2011中国 青海绿色经济投资贸易洽谈会海西蒙古族藏族自治州柴达木循环经济试验区项目专场签约仪式”上，共签约26个项目，签约金额329.19亿元，签约项目涉及盐湖化工、煤化工、农牧业产业化、金属冶炼、资本合作、商贸物流等领域，其中新能源签约项目11个，签约金额117.2亿元。海西州人民政府、柴达木循环经济试验区管委会项目筹备领导小组与青海庆华集团签订的煤基多联产项目一期投资额100亿元，建设内容包括400万吨煤焦化、120万吨焦炉煤气制甲醇、60万吨烯烃及烯烃下游产品。

6月13日 农业部、财政部印发《关于2011年草原生态保护补助奖励机制政策实施的指导意见》

6月14日 “十一五”国家科技支撑计划“风电场接入电力系统关键技术研究”项目在北京通过了验收。经过3年的努力，开发了具有自主知识产权的风电机组/风电场静态与动态**模块，提出了提高风电接入后电力系统稳定控制措施，建立了风电场及风电场接入系统的可靠性分析模型，并提出相应的分析评估方法。开发了具有自主知识产权的风电功率预测系统成功投入实际应用。开发了风电场/变电站一体化的风电场综合监控系统，研制了风电场无功电压控制系统，实现利用双馈风电机组的无功调节能力对风电场的无功电压控制，并成功应用于风电场。本项目的研究和实施，对解决我国风电发展过程中遇到的关键技术难题发挥了重要作用，对促进电网与新能源发电协调发展，促进风力发电健康持续发展具有重要意义。

6月15日 位于四川成都双流经济开发区的汉能控股集团一期300兆瓦新能源碲化镉薄膜太阳能电池生产线正式建成投产，拥有世界领先技术，是目前全球单厂产量最高的薄膜太阳能电池生产线，标志着我国自有知识产权的薄膜太阳能电池技术的产业化取得重大进展。非晶硅薄膜太阳电池是新一代的太阳能电池，与传统晶体硅电池相比，具有原材料丰富、无毒、无污染，能耗低等优点，是已实现大规模生产的产业化技术。产品可广泛应用于大规模地面电站、屋顶电站、建筑光伏一体化等领域。耗能回收期仅为1～1.5年。

6月18日 “第八届中国城市森林论坛”在大连市举行。中共中央政治局委员、全国政协副主席、关注森林活动组委会主任王刚出席开幕式并讲话。

6月19日 以“经济转型与发展中的低碳使命”为主题的“第四届世界环保大会”在青岛开幕。与会专家将就中国的低碳发展模式与机遇、企业的市场与未来、生态城市建设、区域经济和绿色工业、固废处理、绿色建筑、绿色金融体系、新能源和可再生能源、绿色交通和新能源汽车等热点问题进行探讨和交流。

6月21日 在天津举行的“APEC低碳示范城镇论坛”上，国家能源局副局长钱智民介绍，过去5年，我国共关停小火电机组7700万千瓦左右，每年可节约燃煤8700万吨，减少二氧化碳排放17700万吨。预计到2015年，中国将建设100座新能源城市，200个绿色能源示范县，1000座新能源示范区和10000个新能源示范镇。

6月22日 国家第二批光伏电站特许权项目招标工作启动。本次招标总建设规模为28万千瓦，包括陕西榆林靖边县，青海共和县、河南县，甘肃白银市、金昌市、武威市，内蒙古阿拉善盟、包头市、巴彦淖尔市，宁夏青铜峡市，新疆哈密市、吐鲁番市、和田市6个省（区）13个项目。项目通过公开招标选择投资企业，采用特许权方式建设管理，特许经营期25年。

6月22日 财政部、国家发展改革委印发《关于开展节能减排财政政策综合示范工作的通知》，决定“十二五”期间，在部分城市开展节能减排财政政策综合示范，并选定北京、深圳、重庆、杭州、长沙、贵阳、吉林、新余8个城市作为首批示范城市。

6月22～24日 由国家发展改革委和联合国工业发展组织驻华代表处共同举办的“应对气候变化与绿色低碳发展高级别国际研讨会”在北京举行。中国国家发展改革委副主任解振华出席开幕式暨欢迎晚宴并致辞，着重介绍了中国“十一五”期间应对气候变化、践行绿色低碳发展的政策行动与成就，以及“十二五”期间将要开展的工作。他还就全面应对气候变化、推动全球绿色低碳发展提出了三点建议：一是从各国国情出发推动绿色低碳发展；二是加强国际合作推动绿色低碳发展；三是把技术创新作为全球绿色低碳发展的动力。

6月23日 中国应对气候变化首席谈判代表、国家发展改革委应对气候变化司司长苏伟在“应对气候变化与绿色低碳发展高级别国际研讨会”上表示，“十二五”期间，中国计划在部分地区启动碳交易试点，目前已提上日程，中国的碳交易市场将进入活跃期。国家发展改革委和国家能源局已着手准备启动包括北京、重庆、上海、天津、湖北和广东等六省市在内的碳交易试点相关的准备工作。

6月24日 700℃超超临界燃煤发电技术研发计划正式启动。根据700℃超超临界发电技术的难点及与国外差距，我国已初步拟定其技术发展路线图（2010—2015），争取在“十二五”末建立示范电站。

6月24日 交通运输部公布“十二五”期第一批全国重点推广公路水路交通运输节能产品（技术）目录。

6月24日 国内首个集课外低碳教育课外活动与实践基地、节能竞赛与志愿活动为一身的公益性城市青少年低碳教育志愿者活动中心——上海科学节能展示馆/WWF（世界自然基金会）低碳教育活动基地在上海花园坊节能环保

产业园正式启动。

6月27日 交通运输部印发《公路水路交通运输节能减排“十二五”规划》。主要指标：与2005年相比，营运车辆单位运输周转量能耗下降10%。二氧化碳排放强度与2005年相比，营运车辆单位运输周转量二氧化碳排放下降11%。

6月28日 中华人民共和国国务院总理温家宝和德意志联邦共和国总理安格拉·默克尔在柏林共同主持首轮中德政府磋商。两国总理就中德在替代动力、电动交通以及相关并网技术方面的合作进行了深入交流，并共同发表了《中德关于建立电动汽车战略伙伴关系的联合声明》。

《声明》认为：中德两国政府高度重视替代动力、电动交通和并网技术对经济可持续发展的重要意义。为进一步统筹协调并发挥各自资源和优势，有序、高效开展相关产业和技术的全面合作，协调当前和今后政府间双边合作项目，中德建立电动汽车战略伙伴关系。双方每年至少召开一次由上述部门参加的司级以上联席会议。鼓励双方企业、研究机构建立合作伙伴关系。鼓励两国地方政府和企业参与合作。继续就发展战略和政策法规加强交流。

6月29日 工信部发出通知，开展2011年度重点用能行业单位产品能耗限额标准执行情况和高耗能落后机电设备（产品）淘汰情况监督检查。

6月30日 全国第一家专业从事城市矿产交易的交易所——武汉城市矿产交易所在武汉揭牌。交易所初期将重点服务企业、服务武汉“１＋８”城市圈两型社会建设，逐步向全国发展。预计2011年交易10万～20万吨城市矿产资源，交易额可达５亿～10亿元。三年内，其交易量将力争达到100万吨以上，交易值达50亿元以上。

“城市矿产”是对废弃资源再生利用的形象比喻，是指工业化和城镇化过程中产生和蕴藏于废旧机电设备、电线电缆、通讯工具、汽车、家电、电子产品、金属和塑料包装物以及废料中，可循环利用的钢铁、有色金属、贵金属、塑料、橡胶等资源，其利用量相当于原生矿产资源。

2010年５月，发展改革委、财政部联合下发了《关于开展城市矿产示范基地建设的通知》，决定用５年时间在全国建成30个“城市矿产”交易示范基地，促进废弃资源再生利用规模化发展。

7月

7月3～4日 第二次彼得斯堡气候变化部长级非正式对话会议在德国柏林举行，约35个国家的部长或部长级代表参加了会议，德国总理默克尔出席会议并讲话。中国国家发展改革委解振华副主任率团与会。会议就气候变化国际谈判中的重大问题和德班会议进行了磋商。

7月4日 科学技术部印发《国家“十二五”科学和技术发展规划》，大力培育和发展节能环保、新能源、新能源汽车等产业领域，集中优势力量进行攻关，为增强战略性新兴产业的核心竞争力奠定坚实基础。

7月7日 由中国可再生能源行业协会、联合国工业发展组织、世界自然基金会等共同举办的“2011中国国际低碳产业博览会”在北京展览馆举行。展会以“低碳”为主题，突出节能、低碳、减排、智能四大方面，旨在为展商及观众提供一个专业化、国际化的合作交流平台。

7月8～9日 中央水利工作会议在北京举行。中共中央总书记胡锦涛在会议上发表重要讲话。强调加快水利改革发展，是事关我国社会主义现代化建设全局和中华民族长远发展重大而紧迫的战略任务，是转变经济发展方式和建设资源节约型、环境友好型社会的迫切需要，是应对全球气候变化、增强抵御自然灾害综合能力的迫切需要。

7月8日 中国水产科学研究院院黄海水产研究所碳汇渔业实验室揭牌。

7月9日 国家能源局、财政部、农业部在北京联合召开全国农村能源工作会议。这是近30年来，第一次围绕农村能源召开的专题会议。会议提出要按照“十二五”规划纲要关于强农惠农、加快社会主义新农村建设的要求，以建设绿色能源示范县、实施新一轮农网改造升级工程、大力发展农村可再生能源为重点，全面推动农村能源建设取得新进展，为改善农民生活和发展农村经济提供优质、清洁、经济、可靠的现代能源保障。国家发展改革委副主任、国家能源局局长刘铁男出席会议并讲话。

7月11日 国家发展改革委、环境保护部在北京组织召开《“十二五”节能减排规划》专家论证会。会议由国家发展改革委副主任解振华主持，环境保护部副部长周建出席会议。清华大学何建坤研究员担任专家组组长，傅志寰、杜祥琬、刘昌明、郝吉明院士等11名专家参加了评审会。与会专家听取了国家发展改革委环资司关于规划编制有关情况的汇报，对《规划》基本原则、主要目标和内容进行了认真讨论和审议。与会专家还就“十二五”节能减排面临的形势、提高结构节能减排能力、规划实施保障措施等方面，提出了一些意见和建议。

7月11日 由中国科技部主办的“发展中国家干旱环境下沼气生物质能源技术应用与优化培训班”在兰州大学开班。在为期20天的培训中，来自巴基斯坦、韩国等国家的22名学员将就干旱环境下沼气生物质能源技术与优化以及相关领域最新科研动态与发现开展深入地培训和研讨。

7月11日 《无锡市低碳交通运输体系建设试点实施方案》通过交通运输部政策法规司组织的专家评审。

7月11日 富国基金旗下首只以低碳经济为投资主题的基金——富国低碳环保基金正式发行。

7月12日 应对气候变化立法研究项目启动会在京召开。国家发展改革委应对气候变化司司长苏伟、美国能源基金会北京办事处首席代表袁伟、中国政法大学副校长张保生出席会议并讲话。会上，中国政法大学国际环境法研究中心主任林灿铃和中国政法大学气候变化与自然资源法研究中心主任曹明德分别介绍“国外应对气候变化法所涉重点问题识别研究”和“中国已有相关法律与应对气候变化内容分析”两个课题的工作方案。全国人大法工委、环资委、国务院法制办有关司局负责人以及清华大学、中国科学院、社会科学院、北京环境交易所和国家发展改革委法规司、能源研究所等单位的专家对项目的研究内容和方法进行了讨论。该项目是受国家发展改革委应对气候变化司委托，由中国政法大学组织实施的，美国能源基金会为该研究项目提供了资助。

7月15日 《科学技术部关于加快发展民生科技的意见》印发，强调提升环境质量。加强环境污染治理和生态环境保护，加强清洁能源、资源高效勘探与开发利用、清洁生产等技术的开发和示范应用，促进资源节约型、环境友好型社会发展。加强气候变化和防灾减灾技术研究，全面提高应对能力，保障人民生命财产安全。实施生态环境科技工程。建立区域大气污染联防联控技术体系，支撑改善区域空气质量，保障民众呼吸清新空气。推广节能和绿色建筑，加强村镇低成本自助建造技术开发，倡导绿色低碳消费，促进绿色社区建设。开展城镇绿化、园林建设、水环境整治与湿地保护等，建设宜居生态环境。实施防灾减灾科技工程。研究开发全球气候变化减缓和适应技术，积极应对全球气候变化。

7月16日 国家发展改革委主办、以“低碳发展的政策与行动”为主题的“全国低碳发展现场交流研讨会”在贵阳举行。来自全国低碳试点城市和部分非试点城市的负责人、联合国有关机构官员及国内低碳发展领域的专家，围绕“低碳发展的政策与行动”的主题进行了广泛深入交流。贵阳市、南昌市、苏州市、天津市、厦门市、杭州市及保定市做了交流发言。贵州省发展改革委、深圳市和常州市也在会上做了发言。

7月17日 国家发展改革委环资司和财政部经建司联合发起开展“光爱之行·十万只节能灯情系怀来”活动。截止2011年底，国家通过中央财政资金对城乡居民和大宗用户分别补贴50%的方式，累计推广节能照明产品5.2亿只，年可节能210亿千瓦时，减排二氧化碳2100万吨。

7月19日 国务院总理、国家应对气候变化及节能减排工作领导小组组长温家宝主持召开国家应对气候变化及节能减排工作领导小组会议，审议并原则同意“十二五”节能减排综合性工作方案，以及节能目标分解方案、主要污染物排放总量控制计划。国务院确定的“十二五”节能减排目标任务包括：到2015年，全国万元国内生产总值能耗下降到0.869吨标准煤(按2005年价格计算)，比2010年的1.034吨标准煤下降16%，比2005年的1.276吨标准煤下降32%；“十二五”期间，实现节约能源6.7亿吨标准煤。

7月20日 国家发展改革委办公厅、财政部办公厅发出《关于进一步加强合同能源管理项目监督检查工作的通知》。

7月21日 由中国原子能科学研究院自主研发的由快中子引起核裂变反应的中国第一座快中子反应堆 (CEFR)成功实现并网发电。这一国家863计划重大项目目标的全面实现，标志着列入国家中长期科技发展规划前沿技术的快堆技术取得重大突破，中国成为继美、英、法等国之后世界上第八个拥有快堆技术的国家。

快中子反应堆是世界上第四代先进核能系统的首选堆型，代表了第四代核能系统的发展方向。其形成的核燃料闭合式循环，可使铀资源利用率提高至60%以上，也可使核废料产生量得到最大程度的降低，实现放射性废物最小化。国际社会普遍认为，发展和推广快堆，可以从根本上解决世界能源的可持续发展和绿色发展问题。

在科技部、国防科工局领导和中国核工业集团公司组织下，中国原子能科学研究院组织国内相关大学、研究院和企业等数百家单位并大力开展国际合作，经过不断创新探索和协作攻关，先后完成了研究、设计、建造、调试，2009年5月开始系统热调试，2010年7月21日实现首次核临界。在长达20多年的实验快堆研发过程中，我国全面掌握了快堆技术，取得了一大批自主创新成果和专利，实现了实验快堆的自主研究、自主设计、自主建造、自主运行和自主管理，形成了完整的研发能力，并培养了一批优秀的技术人才队伍。

7月22日 财政部、科技部、工信部、国家发展改革委在北京召开节能与新能源汽车示范推广工作会议。25个示范城市新能源汽车示范推广领导小组及相关部门的负责人，一汽、东风、上汽、长安、奇瑞、江淮、北汽、广汽、比亚迪、海马、南车时代电动等企业的代表共200多人参加了此次会议。

会上，财政部代表四部委通报了我国节能与新能源汽车示范推广规模及车辆运行情况，示范推广资金投入及政策保障情况，基础设施建设情况和技术进步情况等，总结肯定了节能与新能源汽车示范推广取得的成绩。四部委也分别总结了示范推广工作在“科学规划落实推广目标”、“加大推广力度，均衡开放发展”和“联合攻关，提高产品水平及供给能力”等方面存在的主要问题和不足。四部委相关司局领导进行了总结发言，对于示范城市和新能源汽车相关企业提出了具体要求。

7月22日 “第三届国际青年能源与气候变化峰会”在北京开幕。来自世界十几个国家和地区的近300名青年代表，围绕当前备受关注的气候变化、低碳经济、清洁能源等议题，同与会的政府、学界和商界等领域的权威人士进行了广泛交流。本次峰会以“绿色发展，青年行动”为主题，涉及低碳经济时代政府和企业的角色与责任、节能材料与技术、绿色金融与碳交易以及中美青年气候交流、国际青年组织圆桌会议等内容，旨在构建一个多元化的沟通平台，为青年提供分享、交流和相互学习的机会，增强青年人在能源和气候变化问题上的认同，推动青年人参与到相关领域的实践和行动当中。

国际青年能源与气候变化峰会由青年应对气候变化行动网络、清华大学学生绿色协会和北京大学清洁发展机制研究会，联合全球和国内50多所著名高校的学生共同举办。

7月24日 国家发展改革委发出《关于完善太阳能光伏发电上网电价政策的通知》(发改价格[2011]1594号)，为规范太阳能光伏发电价格管理，促进太阳能光伏发电产业健康持续发展，决定完善太阳能光伏发电价格政策制定全国统一的太阳能光伏发电标杆上网电价。按照社会平均投资和运营成本，参考太阳能光伏电站招标价格，以及我国太阳能资源状况，对非招标太阳能光伏发电项目实行全国统一的标杆上网电价。

7月28日 国家发展改革委应对气候变化司和亚洲开发银行在京联合举办“碳捕集和封存国际研讨会”，国家发展改革委解振华副主任出席研讨会并致开幕辞。国家发展改革委、国家能源局、科技部、工信部等有关部门的相关负责人以及相关国际组织、中外研究机构、企业、金融机构、驻华使领馆的代表150余人参加了此次研讨会。

7月29日 低碳交通运输体系建设城市试点推进会在河北保定召开。交通运输部副部长、部节能减排工作领导小组副组长高宏峰在会上强调，试点城市要在把握“科学发展”主题的前提下，注重突出试点工作的特点、亮点和重点。交通运输部今年2月召开低碳交通运输体系建设城市试点启动会以来，天津、重庆、深圳、厦门、杭州、南昌、贵阳、保定、武汉、无锡等十个试点城市的交通运输主管部门已基本完成试点实施方案，并通过交通运输部组织的专家评审。会上，十个试点城市介绍了各自试点方案的主要内容，部分省级交通运输主管部门介绍了保障试点工作顺利推进的相关政策和措施。河北省副省长宋恩华出席会议并致词。

7月29日 总投资50亿元的桦甸凯迪生物质能源综合开发项目近日在吉林桦甸开工建设。主要建设100万亩能源林基地、装机容量为2台30MW的生物质能发电厂、生物质液体燃料深加工工厂和一个有机肥厂。项目全部建成后，每年可发电4.5亿千瓦时，生产汽油、柴油和航空煤油20万吨及有机肥50万吨，实现销售收入50亿元、利税5亿元，并带动一大批人就业。

7月30日 世界大学生运动会新能源汽车与充电设施投放启动仪式在深圳湾口岸举行。世界大运会期间交通车辆需求为3810辆，共投放各类新能源汽车2011辆，占52.8%，其中混合动力公交大巴1370辆（含20辆双层大巴）、纯电动公交大巴253辆、纯电动公交中巴26辆、纯电动出租车300辆及燃料电池车62辆（含2辆大巴）。新建改建57座公交充电站，并组成智能管理充换电网络，以满足大运新能源汽车日常充电的需求。该网络分布在深圳市内全部44个比赛场馆周边，共有850个充电位，覆盖为大运会专设的77条新能源公交专线。网点的设计服务能力为纯电动大巴260辆以上，混合动力大巴1750辆，纯电动中巴26辆，纯电动出租车300辆。

7月30日 柴达木循环经济试验区总体规划中的重点项目“低碳循环经济产业园氯碱及热电联产项目”奠基。该项目在德令哈工业园占地面积4000亩，项目规划建设年产120万吨PVC、100万吨烧碱、180万吨电石、200万吨焦化、18万吨合成氨、30万吨尿素以及2×30万kW热电联产项目，项目总投资172亿元。预计项目建成后可实现年销售收入60亿元，利税19.7亿元，为4500人提供就业岗位。

7月30日 天津生态城中新联合协调理事会第四次会议在新加坡举行。中国国务院副总理、理事会中方主席王岐山和新加坡副总理、理事会新方主席张志贤共同主持会议。会议审议并通过了《中新天津生态城工作报告》。

7月31日 国家能源局发出《关于进一步做好抽水蓄能电站建设的通知》(国能新能[2011]242号)，要求坚持为系统服务的原则，坚持“厂网分开”，坚持建设项目技术可行、经济合理，坚持机组设备自主化，坚持科学合理调度。要根据电网运行特性和电力系统安全要求，科学制定调度规则，合理调度运行蓄能机组，充分发挥抽水蓄能电站在电力系统中的综合效益。

7月 国家林业局印发《林业发展“十二五”规划》提出：根据经济社会发展的客观要求，为确保实现2020 年奋斗目标奠定坚实基础，“十二五”林业发展目标是：5 年完成新造林3000 万公顷、森林抚育经营（含低效林改造）3 5 0 0 万公顷，全民义务植树120 亿株。到2015年，森林覆盖率达到21.66 %，森林蓄积量达到143亿立方米以上，森林植被总碳储量力争达到84亿吨，重点区域生态治理取得显著成效，国土生态安全屏障初步形成，林业产业总产值达到3.5万亿元，特色产业和新兴产业在林业产业中的比重大幅度提高，产业结构和生产力布局更趋合理；生态文化体系初步构成，生态文明观念广泛传播。。

7月 “十一五”国家科技支撑计划“农村新能源开发与节能关键技术研究”重点项目通过科技部组织的专家验收。经过“十一五”攻关，探索了我国典型气候区农村能源利用模式，重点攻克了小品种畜禽粪便高效沼气技术、火炕与土暖气一体化复合技术、农宅被动式节能改造技术等农村能源利用新技术。开发出了农村高效太阳能空气集热器、农村配变多功能测控装置等关键装备。示范工程覆盖了黑龙江、河南、湖南、四川、西藏、浙江、广东等全国五个气候区的十余个省市、自治区，取得了良好的社会效益和经济效益，为我国新农村建设和村镇发展提供了重要的科技支撑。

8月

8月1日 山西焦煤集团60万吨/年甲醇制烯烃工程在山西焦化公司开工建设。这是山西省开工建设的第一套甲醇制烯烃项目，标志着山西焦煤与神华集团共同建设3000万吨级煤焦化循环经济一体化项目正式启动。

8月1日 由日本北九州市政府主办的“中日低碳经济论坛”在北京举行。论坛举行了北九州市政府、亚洲低碳化中心、北京环境交易所的三方合作备忘录签署仪式。

8月3日 “十一五”中国省级应对气候变化方案项目总结大会在北京召开。国家发展改革委气候司汇报了项目整体执行情况和资金使用情况。能源研究所、中国社会科学院、中国农业科学院、清华大学、人民大学和各位地方代表分别汇报了各自在本项目下开展的工作及取得的成果。地方方案或行动计划的制定为地方省份初步测算了温室气体排放情况，明确了目标、原则和措施，提出了减缓与适应工作的重点领域，指明了经济和社会发展道路，同时推动了地方应对气候变化工作的机构设置，增强了地方实际应对气候变化的工作能力。

8月4～5日 国家应对气候变化规划编制工作中部片会在黑龙江省哈尔滨市召开。国家发展改革委副主任解振华、黑龙江省常务副省长杜家毫出席并讲话。会议就国家应对气候变化规划编制中的一些重大问题进行了认真研讨，并就如何做好“十二五”应对气候变化工作进行了交流。会议还征求了对《“十二五”控制温室气体排放综合实施方案》和《地方应对气候变化规划编制指导意见》的意见。

8月5日 “十一五”省级应对气候变化方案中部片会在哈尔滨召开。国家发展改革委副主任解振华在会上讲解了当前应对气候变化面临的国际形势，就做好《国家应对气候变化规划（2011-2020）》编制工作，加强应对气候变化能力建设等作了重要讲话。与会人员围绕未来10-20年我国经济社会发展态势及温室气体排放趋势，如何实行差别化应对气候变化区域政策，逐步建立碳排放交易市场，全面开展低碳试点示范，国家需要出台的政策措施，加强应对气候变化能力建设，以及适应气候变化的重点任务等进行了深入座谈。

8月5日 太阳能光伏发电预报系统建设与推广进展汇报会在京举行。会议由中国气象局副局长矫梅燕主持，中国气象局预报与网络司，公共气象服务中心、湖北省气象局以及项目组主要成员等参加了汇报。项目组汇报了过去一年多来太阳能光伏发电预报系统建设与推广情况，对太阳能光伏发电预报系统的脱机版进行了现场演示。太阳能光伏发电预报系统研制和推广，是一项突破性工作，具有超前性；同时是依靠科研带动业务，不断提高服务能力，体现气象部门科技能力的典型范例。

8月6日 大运会举行“碳中和”暨“我为大运碳抵消”活动启动仪式暨新闻发布会。此次活动由第26届世界大学生夏季运动会环境保护指挥部主办，深圳排放交易所承办，旨在传播“绿色大运，低碳大运”的理念。

8月10日 环境保护部、国家发展和改革委发出《关于进一步加强规划环境影响评价工作的通知》。

8月12日 全国首家都市低碳有机农业示范基地落户签约仪式在上海举行。该示范基地占地1620亩，是科技部和上海市"部市合作"低碳农业研发与示范项目，由多利农庄与上海市崇明县共同合作。多利农庄崇明基地总投资预计达2.5亿元，项目建设周期约两年，建成后将成为国内领先、国际一流的低碳有机农业产业园，年产有机蔬菜将达500万千克，逐步发展成为集"蔬果种植、水产养殖、加工配送、休闲度假、观光旅游、务农体验"为一体的综合低碳有机农业园区。

8月14日 中国首批国际热核聚变实验堆（ITER）部件开工仪式在合肥举行。我国制造的首批ITER部件，所选用的材料全部自主研发，目前，仅有两个国家在完成制造任务时可以完全自主研发生产，我国为其中之一。我国所生产的样品均一次性通过国际组织检测，并且性能优异。我国在较短的时间内攻破了各种关键技术难关，并且若干技术指标远超过ITER组织要求，为未来规模化生产奠定了基础。在经历了前期的生产资质认证、样品测试等环节后，我国向ITER计划提供的首批ITER部件即将正式生产，今年年底之前将交付。我国在切实履行国际承诺的同时，培养了一批高水平的聚变人才、发展了一系列新的工艺技术。国际热核聚变实验堆计划（ITER计划）是目前我国以平等、全权伙伴身份参加的规模最大的国际科技合作计划。参与ITER计划，展现了我国面对人类共同面临的现实和未来能源问题负责任的大国形象。

8月15日 中国石油股份公司科技管理部在北京组织召开"中国石油低碳关键技术研究"重大科技专项开题论证会，标志着中国石油低碳技术重大科技专项全面启动实施。这一重大科技专项重点围绕节能与提效、碳减排与废物资源化、战略与标准三大领域，将攻克9项核心技术，集成11项核心配套技术，形成3套评价指标体系和3大标准规范体系，解决11项关键技术问题，占领低碳技术制高点，掌握低碳发展主动权，使中国石油低碳技术总体达到国际先进水平，为中国石油"绿色发展行动计划"的实施提供强有力的科技支撑。

8月16日 交通运输部水运科学研究院等单位共同主办的"低碳交通运输——水运发展峰会"在北京举行。交通运输部副部长高宏峰表示，在构建交通运输体系过程中，重点要不断提高运输系统效率，加快完善综合运输网络，着力发展高效运输方式、优化运力结构，积极推进运输信息化和智能化进程；大力研发、推广低碳交通运输技术，加强交通运输基础设施、装备和运营等领域节能减排技术的研发，强化成果转化和推广应用；促进社会低碳交通选择，推进发展低碳型运输服务、推广节能操作技术、加强城市交通供求管理、倡导公众低碳出行方式。

8月17日 国家发展和改革委副主任解振华主持召开国务院节能减排工作领导小组联络员会议，传达贯彻国家应对气候变化及节能减排工作领导小组会议精神，研究讨论"十二五"节能减排综合性工作方案部门分工。环境保护部、教育部、科技部等32个部门有关单位负责同志参加会议。会后，解振华副主任主持讨论绿色建筑行动方案（征求意见稿），住房城乡建设部等9个部门有关单位负责同志参加讨论。

8月23日 在深圳举行的第26届世界大学生夏季运动会新能源汽车示范运行取得成功。从8月12日至23日，在大运会期间实际投入示范运行1995辆新能源汽车。除40辆纯电动大巴作为大运会专用车及50辆纯电动出租车作为大运会保点车外，大部分车辆投放在全市128条公交线路，覆盖全部44个赛事场馆。

据不完全统计，大运会期间，各类新能源汽车累计安全行驶里程超过400万公里，载客量突破604万人次，未发生一次安全事故。其中，62辆燃料电池场地车从8月6日投入大运村至大运会闭幕的17天时间里，累计安全运行4950小时，行驶里程达35400公里，共发867个车次、11790班次，累计运送人员达45.9万人次，得到了大运村管委会及各国运动员、教练员和赛会官员的一致好评。由57座公交充电站组成的公交充电网络和1座临时加氢站于7月30日建成并投入使用。大运会期间，每日充电约800辆次，充电量约为5万千瓦时；累计充电约9600辆次，充电量约为60万千瓦时。充电站网络自启用未出现安全问题。与使用传统燃油车相比，大运会新能源汽车示范运行为深圳市减少了1028吨二氧化碳的排放量。其中，混合动力公交车减少了73吨二氧化碳的排放量，纯电动公交车减少了250吨二氧化碳的排放量，纯电动出租车减少了705吨二氧化碳的排放量。

8月23日 商务部副部长蒋耀平地国务院新闻办公室就中国外贸发展及第110届广交会情况举行新闻发布会上表示，2011年广交会展出要贯彻外贸转变方式的理念，积极倡导并鼓励低碳环保、绿色节能产品参展。

8月25～26日 由国家发展改革委应对气候变化司、中科院科技政策与管理科学研究所主办的"中国适应气候变化政策与行动专题培训"在重庆召开，20多个省市发改委主管气候变化同志及研究机构有关专家近百名代表与会。

8月27～28日 以"林业与应对气候变化"为主题的第二届东北亚生态(伊春)论坛在伊春市举行。来自中国、韩国、日本、德国、印度等国家的官员、联合国机构和国际组织代表、国内外专家学者150多人共同研究解决危及生态安全的世界难题，推动东北亚国家紧密合作，为维护东北亚地区乃至世界的生态安全作出贡献。通过讨论，本届论坛发出了《发挥林业作用，应对气候变化》的倡议。

8月29日 环境保护部印发《污染减排政策落实情况绩效管理试点工作实施方案》，通过开展污染减排政策落实情况绩效管理试点工作，使绩效管理的理念和方法在污染减排管理工作中得到有效应用，探索建立污染减排绩效管理制度的基本框架，构建统筹兼顾、重点突出、导向明确的污染减排绩效考评指标体系和考评程序，制定完善一批污染减排绩效管理规章制度，力争到2012年底形成比较规范的污染减排绩效管理模式，为国家重大专项绩效管理积累经验。

8月30日 “中国首个国际标准的低碳功能区—Z区”在安徽江南产业集中区项目正式启动。这是北京理想伟业节能投资有限公司与全球排名第一的设计咨询集团AECOM合力打造的国内首个低碳功能区。

8月30日 20千伏凤林路充电站——江苏常州地区面向社会的首座电动汽车充电配套项目启动试运行，凤林路充电站占地面积2708平方米，站内配备4台充电机和2台交流充电桩；20千伏进线2回，配置SCB20~500千伏安变压器两台，电压等级20/0.4千伏。该站具备为电动公交大巴和中小电动车充电的功能，能提供每日96次的电动大巴车和48次的小型车辆的快充服务。

8月31日 国务院发出《关于印发“十二五”节能减排综合性工作方案的通知》（国发〔2011〕26号)，要求各省、自治区、直辖市人民政府，国务院各部委、各直属机构结合本地区、本部门实际，认真贯彻执行。充分认识做好“十二五”节能减排工作的重要性、紧迫性和艰巨性，真正把思想和行动统一到中央的决策部署上来，切实增强全局意识、危机意识和责任意识，树立绿色、低碳发展理念，进一步把节能减排作为落实科学发展观、加快转变经济发展方式的重要抓手，作为检验经济是否实现又好又快发展的重要标准，下更大决心，用更大气力，采取更加有力的政策措施，大力推进节能减排，加快形成资源节约、环境友好的生产方式和消费模式，增强可持续发展能力；严格落实节能减排目标责任，进一步形成政府为主导、企业为主体、市场有效驱动、全社会共同参与的推进节能减排工作格局；全面加强对节能减排工作的组织领导，狠抓监督检查，严格考核问责，结合实际抓紧制定具体实施方案，明确目标责任，狠抓贯彻落实，坚决防止出现节能减排工作前松后紧的问题，确保实现“十二五”节能减排目标。

《“十二五”节能减排综合性工作方案》主要内容包括：一、节能减排总体要求和主要目标；二、强化节能减排目标责任；三、调整优化产业结构;；四、实施节能减排重点工程；五、加强节能减排管理；六、大力发展循环经济；七、加快节能减排技术开发和推广应用；八、完善节能减排经济政策；九、强化节能减排监督检查；十、推广节能减排市场化机制；十一、加强节能减排基础工作和能力建设；十二、动员全社会参与节能减排。

《方案》提出的主要目标是：到2015年，全国万元国内生产总值能耗下降到0.869吨标准煤（按2005年价格计算），比2010年的1.034吨标准煤下降16%，比2005年的1.276吨标准煤下降32%；“十二五”期间，实现节约能源6.7亿吨标准煤。2015年，全国化学需氧量和二氧化硫排放总量分别控制在2347.6万吨、2086.4万吨，比2010年的2551.7万吨、2267.8万吨分别下降8%；全国氨氮和氮氧化物排放总量分别控制在238.0万吨、2046.2万吨，比2010年的264.4万吨、2273.6万吨分别下降10%。

8月 山西省政府出台《山西省应对气候变化办法》。该《办法》是继青海之后我国第二部应对气候变化的省级地方政府规章。《办法》明确了应对气候变化的责任主体，确定了县级以上政府在应对气候变化中的主导作用，明确了各级政府及其有关部门应对气候变化的基本职责；将应对气候变化工作纳入了全省各级政府国民经济和社会发展规划；明确了地方应对气候变化工作的基本原则、重点任务、重点领域；规定了地方应对气候变化的财政保障、税收优惠、节能减排监管等重点保障措施；规定了地方各级政府及其有关部门和企事业单位、国家工作人员在应对气候变化工作中的责任和义务，增强全社会应对气候变化的责任意识。

9月

9月1日 《全国农业和农村经济发展第十二个五年规划》公布。到2015年，农业资源利用与生态环境保护。化肥、农药的利用水平明显提高，农作物秸秆综合利用率力争达到80%以上，适宜农户沼气普及率达到50%以上；草原退化得到有效遏制；水生生物资源养护水平显著提高，累计放流各类水生生物苗种1500亿尾。

9月2日 我国《建筑业发展“十二五”规划》公布，对建筑业节能降耗的要求，成为贯穿整个规划始终的亮点。《规划》明确了“十二五”期间我国建筑节能的目标：基本建立绿色建筑、绿色施工评价体系；建筑产品施

工过程的单位增加值能耗下降10%，C60以上的混凝土用量达到总用量的10%，HRB400以上钢筋用量达到总用量的45%，钢结构工程比例增加；新建工程的工程设计符合国家建筑节能标准要达100%，新建工程的建筑施工符合国家建筑节能标准要求；全行业对资源节约型社会的贡献率明显提高。《规划》强调，“十二五”建筑业的发展要以建筑节能减排为重点，坚持节能减排与科技创新相结合。发展绿色建筑，加强工程建设全过程的节能减排，实现低耗、环保、高效生产；大力推进建筑业技术创新、管理创新，推进绿色施工，发展现代工业化生产方式，使节能减排成为建筑业发展新的增长点。

9月2日 住房城乡建设部、国家发展改革委在北京召开全国节水型城市创建工作会议。国家发展改革委副主任解振华、住房城乡建设部副部长仇保兴出席会议并讲话。解振华指出，“十二五”时期，国家发展改革委将采取六项措施，大力推动节水型城市创建活动，一是优化产业结构，二是发展循环经济，三是抓好示范工程，四是完善水价政策，五是推动公共机构节水，六是研究节水重大问题。仇保兴副部长要求各地高度重视城市节水工作，以城市规划、建设和市政公用行业为平台，落实责任，增加投入，加强监管，完善政策，进一步推进城市节水工作。科技部、工业和信息化部、环境保护部、水利部、国家能源局等部委，各省（区、市）住房城乡建设、发展改革部门，57个全国节水型城市，相关行业协会、学会和科研院所的代表共400余人参加了会议。

9月6～9日 中国国家发展改革委副主任解振华率团参加由南非主办的气候变化部长级非正式磋商会议在南非比勒陀利亚举行，会议就气候变化国际谈判中的重大问题和德班会议成果进行了磋商。

9月6日 首届亚太经合组织林业部长级会议在北京人民大会堂开幕。国家主席胡锦涛出席开幕式并发表题为《加强区域合作 实现绿色增长》的致辞。胡锦涛强调，国际和地区热点此起彼伏，气候变化、生态恶化、能源资源安全、粮食安全、重大自然灾害等全球性挑战日益突出。森林在推动绿色增长中具有重要功能。胡锦涛强调，中国将继续加快林业发展，力争到2020年森林面积比2005年增加4000万公顷、森林蓄积量比2005年增加13亿立方米，为绿色增长和可持续发展作出新的贡献。中国将继续通过亚太森林恢复与可持续管理组织，为亚太经合组织发展中成员提供力所能及的支持。

9月6日 国家林业局局长贾治邦在北京举行的首届亚太经合组织林业部长级会议上表示，林业具有独特的碳汇功能，在应对气候变化中发挥着特殊作用。森林是最有效、最经济的减排方式，为世界各国走绿色低碳发展之路提供了有效选择。9月7日，会议通过了《北京林业宣言》，《宣言》呼吁亚太各经济体从15个方面作出努力，以实现绿色增长。

9月7日 国务院新闻办公室发表的《中国的和平发展》白皮书指出，中国是最早制定并实施《应对气候变化国家方案》的发展中国家，也是近年节能减排力度最大、新能源和可再生能源研发速度最快的国家之一。为实现从温饱到小康再到中等发达水平的目标，中国将确立绿色、低碳发展理念，加快转变经济发展方式，加快构建资源节约、环境友好的生产方式和消费模式。

9月9日 为期两天的“城市低碳行”杭州站结束。气候组织“中国再设计”项目组深入考察了杭州的新能源汽车、公共自行车、低碳社区以及低碳城区管理等领域，并与各方进行了深入的座谈。这是气候组织首次尝试将NGO的专业知识与资源和城市的低碳实践深度结合,为识别城市低碳发展需求，挖掘与传播中国城市低碳实践中的有效模式、推动城市低碳发展提供了多方共赢的模式。“城市低碳行”将陆续走进重庆、广东等地,。

9月13日 为做好绿色低碳重点小城镇试点示范的遴选、评价和指导工作，推进绿色低碳重点小城镇试点示范的实施，住房城乡建设部、财政部、国家发展改革委发布《绿色低碳重点小城镇建设评价指标（试行）》。

9月14日 “ 2011大连夏季达沃斯年会”开幕。国务院总理温家宝发表重要讲话。他强调，中国将坚持节约资源和保护环境，走绿色、低碳、可持续的发展道路，显著提高资源利用效率和应对气候变化能力。节约资源、保护环境是实现可持续发展的必由之路，是我国的一项基本国策。我们将加快构建有利于节约资源和保护环境的产业结构、生产方式和消费模式，促进人与自然的和谐统一。“十二五”期间，把非化石能源占一次能源消费比重提高到11.4%，单位国内生产总值能源消耗和二氧化碳排放分别降低16%和17%，主要污染物排放总量减少8%至10%。我们要健全法规和标准，强化目标责任考核，理顺能源资源价格体系，加强财税、金融等政策支持，推动循环经济发展，大力培育以低碳排放为特征的工业、建筑和交通体系，全面推进节能、节水、节地、节材和资源综合利用，保护与修复生态，增加森林碳汇，全面增强应对气候变化能力。

9月14日 国家发展和改革委宣布，将全国节能减排目标合理分解到各地区。“十二五”期间，天津、上海、江苏、浙江、广东等省份单位国内生产总值(GDP)能耗要下降18%；北京、河北、辽宁、山东单位GDP能耗要下降17%；山西、吉林、黑龙江、安徽、福建、江西、河南、湖北、湖南、重庆、四川、陕西单位GDP能耗要下降16%；内蒙古、广西、贵州、云南、甘肃、宁夏单位GDP能耗要下降15%；海南、西藏、青海、新疆单位GDP能耗要下降10%。

9月15日 “第十六届中国国际生态建筑建材及城市建设博览会”在廊坊国际会展中心举行。住房和城乡建设部副部长陈大卫、副省长宋恩华出席开幕式。本届城博会以“打造绿色生态建筑，建设环保低碳城市”为主题，以“高水准的展览展示、高层次的专业论坛”为载体，将积极推广国内外目前最前沿的技术产品，全面服务区域经济一体化、环首都绿色经济圈建设，为保障性安居工程建设贡献力量。

9月16日 联合国工业发展组织国际太阳能技术促进转让中心与江苏现代低碳技术研究院在江苏昆山发布《2010上海世博会低碳技术应用研究报告》。《报告》认为，在世博会上应用的节能技术比新能源技术更容易普及，建筑节能的普及率更高，而新能源的推广则还需要政策引导、市场认可。在上海世博园区，太阳能技术、风机、新能源汽车、智能电网等示范技术都得到大规模应用，其中不少技术在世博会后还将得到推广。《报告》详细地列举了整个世博会各个场馆和基础设施所涉及的低碳技术，而可再生能源和新能源表现最为抢眼。

《报告》认为，在太阳能光伏发电方面，上海世博会涉及应用的光伏建筑一体化规模最大、应用技术最多。目前，中国已对光伏建筑一体化项目的推广和应用，出台了多项扶持政策，大型公共建筑的光伏建筑一体化是太阳能技术应用的国际趋势，也将是未来国内市场的最大增长点。参与报告的专家们集中建议大规模推广“太阳能光伏屋顶计划”和“太阳能南墙采暖与降温计划”，尤其是集成上述新型低碳建筑技术，快速推广“太阳能光热光伏建筑一体化”。

《报告》称，2010上海世博会太阳能技术运用占低碳节能技术运用的50%，其中太阳能光伏发电技术又占整个太阳能利用的87%。具体而言，在世博园区应用的太阳能技术就包括了光伏发电、太阳能制冷、光伏照明、太阳能光热、太阳能热水发电、太阳能广电光热建筑一体化以及太阳能汽车等，甚至在园区的路灯、草坪灯、园区亮化、灭蚊虫装置等公共设施，也可以发现太阳能技术的痕迹。

从场馆建设角度看，各国场馆建设都从不同角度展示了新型低碳理念和技术。在这方面，发展中国家和发达国家差距较大，尤其是在新型低碳技术应用比例、技术成熟度及其产业链体系建设方面，发达国家遥遥领先。当然，“在一些领域的先进低碳技术和产品展示中，中国本土企业也表现不俗。”

联合国工业发展组织总干事高级顾问、投资与技术促进司原司长梁丹也告诉本报记者，金融危机之后，全球关注低碳领域的技术和资金都从西方转向了东方，尤其是聚集到了中国，而发展中国家在发展本国工业的同时，也顺应了全球的趋势——打造绿色工业。“不少发达国家也将其低碳技术应用于发展中国家，而且有些技术更适合这些国家。中国也在积极推动低碳技术方面的南南合作。”

对于这些应用于世博的低碳技术的市场前景，《报告》也给出了一个基本的判断：新型低碳节能技术比新能源应用更容易普及并提高节能普及率、扩大其涵盖面。新型低碳节能技术直接通过节能减排和能源消耗体现，同时节能节材也符合市场良性发展规律。新能源应用的推广应用需要经历技术培育至成熟期、政策引导、市场认可和检验的漫长过程，所以新能源推广应用与普及相对困难。

9月16日 江苏黄埔再生资源利用有限公司举行“员工无车日”活动，董事长陈光标带领员工进行环保宣誓，亲自带领员工骑自行车上下班，用实际行动呼吁和宣传“大力发展公共交通，大力提倡低碳绿色出行”的绿色低碳理念。

为鼓励员工低碳绿色出行，陈光标为全体员工购置了200多辆自行车。陈光标当日宣布：本企业员工骑自行车上班，路程在5公里之内的每月补贴300元，10公里之内的每月补贴600元。同时，为当日前来采访的记者每人赠送一辆自行车，让大家都能亲身体验并融入到这样一个有意义的城市无车日活动中来。

陈光标在活动日呼吁：企业家朋友们都不要买大排量的车，即使买了，也争取少开。“无车日”活动上，陈光标亲手将自己的一部还有3年才报废的大排量车当场销毁，并下令当日将公司的公务用车全部封存。两天内，国内外已经有1031家媒体对此次事件进行了报道和评论，国内媒体有900多家。

9月16日 深圳市建科大楼、华侨城体育中心荣获全国绿色建筑创新一等奖，这是国内绿色建筑评比的最高奖项。

9月16～18日 “中国德州第二届太阳能开发利用博览会”在山东德州举行。本届博览会以“绿色能源引领未来”为主题，以提升“中国太阳城”品牌，搭建世界级太阳能开发利用平台，促进新能源产业跨越发展为指导，通

过产品展览、专家论坛、重点项目签约、资本交易大会等活动，推动新能源技术创新、企业成长、产业发展、合作共赢。全国政协副主席陈宗兴宣布大会开幕，王仁元常务副省长出席会议并作重要讲话。

9月18～19日 由科技部国际合作司、国际能源署（IEA）共同主办，“碳捕集、利用与封存（CCUS）技术合作研讨会”在北京举行。陈霖豪副司长在发言中为推进CCUS技术在中国等发展中国家的发展，他提出三点建议：一是在发达国家率先开展CCUS试点、示范项目，加快CCUS技术的发展进程；二是设立碳捕集、利用与发展技术基金以支持发展中国家开展CCUS技术研发和项目示范；三是加强CCUS技术的国际合作以及知识与经验共享，促进全球CCUS技术的共同进步。彭斯震副主任作了题为“中国CCUS技术发展路线图：现状、愿景与需求”的主旨报告，介绍了中国CCUS技术发展路线图研究的有关结论。中国发展CCUS技术的愿景是为应对气候变化提供技术可行和经济可承受的技术选择，促进经济社会的可持续发展。通过路线图研究明确发展愿景、阶段目标、重点方向等，对指导中国CCUS关键技术研发和全流程示范部署具有重要意义。

9月19日 由国家能源局和美国能源部共同举办，神华集团和美国西弗吉尼亚大学承办的“2011中美煤洁净转化和碳管理技术国际研讨会”在北京神华集团召开。来自中美两国能源管理部门、20多个高等院校、科研院所以及大型能源企业的70多位教授、专家和企业家参加了会议。代表们围绕煤液化、煤化工、煤制烯烃、富氧燃烧、二氧化碳收集与储存、二氧化碳提高油田采收率等煤洁净转化和碳管理技术进行了交流，神华集团、博地能源等大型能源企业也介绍了清洁能源发展战略，代表们就未来煤洁净转化和碳管理技术发展和中美合作前景进行了讨论。此次会议对扩大中美能源领域交流与合作，应对全球气候变化带来的挑战，实现全球煤炭产业可持续发展，具有一定的积极意义。

9月21日 我国首个关于碳捕集、利用及地质封存（CCUS）监管的技术和实施指南——《二氧化碳捕集和封存技术与实施》发布。该指南由世界资源研究所（WRI）和清华大学合作编写，对中国发展CCUS具有重要价值。

9月22日 主题为“绿色交通·城市未来”的2011年中国城市无车日活动开展，这也是至今开展的第五届中国城市无车日活动。自住建部面向全社会大力推行城市无车日以来，已有140多个城市承诺开展城市无车日活动，并在各地推出了内容丰富、形式多样的绿色交通举措，取得了良好的效果。

9月22日 由中国科学技术部、国家发展和改革委联合举办的“碳收集领导人论坛(CSLF)”第四届部长级会议在北京举行开幕式，会议以“携手推动下一个十年的碳捕集、利用和封存(CCUS)的研究、示范与部署”为主题展开磋商与交流。中国科技部部长万钢、国家发展改革委副主任解振华，美国能源部部长朱棣文，以及CSLF成员国部长级高官、国际组织、中外企业、研究机构和其他代表近500人与会。

万钢在开幕式上致辞指出，CCUS技术被认为是应对气候变化重要的技术路径之一，但从全球看，该技术仍处于研发和早期系统示范阶段，尚存在高成本、高能耗、长期安全性和可靠性待验证等突出问题。“未来十年将是决定全球CCUS技术未来发展最重要的时期，中方愿与各方一道，共同推动其发展”。会议期间，万钢还与朱棣文、澳大利亚资源能源部长弗格森、英国能源及气候变化国务部长休恩等会谈，就加强双边应对气候变化科技合作等议题交换意见。

9月23日 由国家发展改革委、住房和城乡建设部、天津市政府和中国国际经济交流中心共同主办的“第二届中国（天津滨海）国际生态城市论坛暨博览会”在滨海新区开幕。国家发展改革委副主任解振华在论坛上表示，十二五期间，将投资2万亿元推进绿色低碳发展，包括建设一百个资源综合利用的示范基地，在五省八市进行低碳试点项目。

9月23日 全国首个《温室气体排放量化、核查、报告和改进的实施指南》标准在武汉市发布，填补了我国在温室气体排放核查、报告和改进方面实施指导的空白。这个标准的实施将为企业、政府和第三方交易机构提供真实可靠的碳数据来源，推动工业企业规范开展碳排放核查，摸清工业企业温室气体排放家底，从而有针对性地通过技术引进、流程优化、节能改造等方式降低碳排放量。与此同时，华中地区首笔自愿性碳交易在汉签字。

9月23日 中美清洁能源联合研究中心指导委员会会议在北京举行。会议由科技部万钢部长与美国能源部朱棣文部长共同主持召开，双方电动汽车、建筑节能和清洁煤产学研联盟的代表与会发言。本次指导委员会通过了产学研联盟技术管理计划协议，启动了中美清洁能源联合研究中心官方网站。

9月26日 国务院发出《关于对“十一五”节能减排工作成绩突出的省级人民政府给予表扬的通报》（国发〔2011〕31号）称：省级人民政府是本地区开展节能减排工作的责任主体。为表扬先进，进一步推进节能减排工作，国务院决定，对“十一五”期间在节能工作中成绩突出的北京、天津、山西、内蒙古、吉林、江苏、山东、湖北等8省（区、市）人民政府，在减排工作中成绩突出的山东、江苏、广东、河南、浙江、辽宁、上海、陕西等8省（市）人民政府，予以通报表扬。希望受到表扬的地区以此为起点，珍惜荣誉，再接再厉，作出新的更大贡献。

9月26日 财政部、住房城乡建设部、国家发展改革委下发《关于开展第一批绿色低碳重点小城镇试点示范工作的通知》和《推广应用可再生能源和新能源专项实施方案编写提纲》、《建筑节能及发展绿色建筑专项实施方案编写提纲》、《城镇污水管网建设专项实施方案编写提纲》、《环境污染防治专项实施方案编写提纲》、《商贸流通服务业发展实施方案编写提纲》，要求加快编制工作方案、抓紧组织实施、加强监督考核，提高质量和水平。第一批试点示范绿色低碳重点小城镇有北京市古北口镇、天津市静海县大邱庄镇、江苏省苏州市常熟市海虞镇等7个镇。

9月27日 国务院召开全国节能减排工作电视电话会议，全面动员和部署“十二五”节能减排工作。国务院总理温家宝发表了重要讲话强调，要从战略和全局高度认识节能减排的重大意义，全面落实节能减排综合性工作方案，下更大决心、花更大气力，打赢节能减排持久战和攻坚战，建设资源节约型、环境友好型社会。国务院副总理李克强主持会议。国务院副总理张德江、王岐山出席会议。国务委员兼国务院秘书长马凯在会上宣读了《国务院关于对“十一五”节能减排工作成绩突出的省级人民政府给予表扬的通报》。国家发展改革委、环境保护部负责人和河北省、上海市、贵州省政府负责人在会上先后发言。

9月27日 北京师范大学、西南财经大学、国家统计局中国经济景气监测中心9月24日联合发布《2011中国绿色发展指数报告》。报告测算了全国30个省(市、自治区)及34个重点城市的绿色发展指数，并进行排序。 绿色发展指数的测算从2010年开始，今年中国统计学会又推出了综合发展指数，与当前使用的GDP指标相比，这样的指标无疑在转变经济发展方式方面能起到更大作用。

9月29日 我国“天宫一号”飞船发射升空。“天宫一号”的技术对低碳经济、绿色环保、环境工程、低碳材料与工业设计等领域有着难以估量的意义，或将带来中国低碳领域新革命。

9月 “十一五”国家科技支撑计划“可再生能源与建筑集成技术研究与示范”项目通过验收。项目研制出建筑用系列新型定形相变材料、建筑板材和暖通空调末端，开发了高效除湿材料及生产工艺和膜全热交换器；针对可再生能源系统与建筑的接口技术，开展了太阳能建筑一体化技术与系统研究，实现了几种太阳能空调制冷设备的定型化、系列化；研制出多种新型太阳能集热模块和构件，建设了空气集热器性能检测平台。建立了示范工程标准化管理体系和面向公众的推广平台，建成了部分新产品的示范生产线，完成了涵盖各主要气候区的示范工程。

10月

10月1日 天安门国庆花坛首次使用低碳环保新型滴灌系统。根据不同植物的需水量差异，花坛采用了新型的滴灌技术，每一个花盆中都有一个与滴灌管道相连的“滴箭”，通过这些小细管儿，植物缺水时就可自动吸取主管道里剩下的存水。新型滴灌系统水流缓慢，能有效解决流量过大而产生的浪费。与过去相比，使用了新型滴灌技术后花坛可节水50%。

10月9日 国家发展改革委、财政部、住房城乡建设部、国家能源局发出《关于发展天然气分布式能源的指导意见》(发改能源[2011]2196号)。《意见》提出了明确的指导思想和目标、基本原则、主要政策措施。天然气分布式能源是指利用天然气为燃料，通过冷热电三联供等方式实现能源的梯级利用，综合能源利用效率在70%以上，并在负荷中心就近实现能源供应的现代能源供应方式，是天然气高效利用的重要方式。与传统集中式供能方式相比，天然气分布式能源具有能效高、清洁环保、安全性好、削峰填谷、经济效益好等优点。目前，我国天然气供应日趋增加，智能电网建设步伐加快，专业化服务公司方兴未艾，天然气分布式能源在我国已具备大规模发展的条件。

10月10日 水利部部长陈雷在水利节能减排工作会议上强调，要充分认识节能减排工作的重要意义，准确把握水利节能减排的形势任务，加快落实最严格的水资源管理制度，进一步加大节水型社会建设力度，搞好水土流失防治和水生态环境保护，加强对水利节能减排工作的组织领导。

10月10日 国家发展改革委海水淡化产业发展重点示范项目竣工仪式在唐山曹妃甸阿科凌海水淡化有限公司举行。曹妃甸北控阿科凌5万吨/日海水淡化项目集成了我国海水淡化领域的科技成果和设计、工程管理经验，是我国首个自主设计建设的大型海水淡化工程，是海水淡化技术及工程领域国产化、项目化的重要里程碑。项目总投资40293.3万元，占地面积约33亩，采用膜法工艺，建设气浮、超滤等预处理设施，配置5套单体产能1万立方米/日的

反渗透装置以及后矿化设施等。该项目使用了经国际脱盐协会、世界水协会认证的目前世界最高水平的反渗透装置，其能量回收效率在平稳运行状态下可达到98.5%以上，最低水平也在95%以上。项目的建成投产，为我国大型海水淡化项目建设及商业化运营提供了示范样板，并为海水淡化项目开发探索了新的合作发展模式。在竣工仪式上，曹妃甸新区、北控水务集团、华润电力、唐山三友集团、河北南堡盐场共同签署了《曹妃甸海水淡化产业发展战略合作框架协议》。曹妃甸针对该项目开展了浓海水综合利用工程：一方面建设了日处理5000吨浓海水的提钾、溴元素中试工程，目前已开工建设；同时整合区域资源，与唐山三友化工有限公司和南堡盐场达成协议，由上述两单位全部接收该项目排放的浓海水，用于盐化工生产和晒盐生产，目前浓海水输送管线工程正在加紧建设，年内即可投入使用。该项目浓海水处置利用方式，为我国海水淡化产业大规模的资源化利用浓海水提供了很好的示范作用。

10月11日 《全国林业生物质能源发展规划（2011~2020）》通过专家评审。

10月12日 交通运输部在江苏连云港召开“十二五”水运节能减排实施方案现场推进会。按照方案确定的目标，“十二五”末，与2005年相比，要达到港口生产单位吞吐量综合能耗下降8%以上，二氧化碳排放下降10%以上；营运船舶单位运输周转量能耗下降15%以上，二氧化碳排放下降16%以上。

交通运输部副部长徐祖远出席会议并讲话。交通运输部组织编制了《“十二五”水运节能减排总体推进实施方案》，以政策法规、标准规范、示范推广、重点技术攻关四个方面为重点，提出了10项重点工作、35项具体工作任务及实施计划，并明确了各项工作的单位、完成时间和成效要求，提出了保障措施。会议代表结合《实施方案》的具体内容，对靠港船舶使用岸电情况、油气回收推进工作、绿色水运发展长效机制研究、航运企业和船舶能效统计考核认证工作进行了情况介绍和技术交流，并现场观摩了“中韩之星”轮停靠连云港港接用岸电全过程的演示。交通运输部水运科学研究院、中国船级社等“十二五”水运节能减排总体推进实施方案任务的承担单位代表签署了承诺书。

10月13日 中国电器工业低碳技术研讨会暨中国电器工业低碳技术联盟成立。

10月16日～12月29日 由环境保护部宣教中心等主办的“酷中国—全民低碳行动计划”10月16日在天津启动。到12月29日，将在5省8市国家低碳试点省市，以及北京、上海等地开展多种形式的低碳活动，举行低碳巡展，倡议“每周绿色出行一天，每周素食一天，每周手洗一次衣服，每周少看一小时电视，每周少搭一次电梯、每周收集一次洗澡水冲洗厕所、每周少喝一个瓶装水”。通过巡展活动，鼓励学校、企业和社区的公众实践和了解各种低碳生活的方式和减排量；公众可以登录网站，计算自己和家庭的日常碳排放；学习垃圾分类、绿色出行、节电节水等生活小窍门。全国有600多所学校加入了该活动。“酷中国”项目作为中国公众参与应对气候变化的重要行动，写进了《中国应对气候变化的政策与行动（2011）》白皮书。项目的阶段性成果在南非德班会议上的“中国角”展区展出，引起了世界各国气候代表的关注。

10月18日 以循环消费为主题的全国首家“3R循环消费社区连锁超市”在湖北省武汉市和荆门市两地三店首次亮相。在新开张的3R店中，低碳产品占所有商品比重高达90%以上。格林美3R超市创造性引入“碳揭露计划”与“碳积分计划”，让低碳名副其实，让低碳消费人人参与，让减碳指标人人量化，构建中国社区居民全面参与减碳减排的评估、量化、累计、核查的低碳消费与低碳信息系统，建立中国公民减碳减排的信誉体系，在方便大家购买便民商品的同时享受低碳消费的乐趣和价值。

10月16～17日 国家发展改革委应对气候变化司和德国国际合作机构在京联合举办了“中德适应气候变化战略研讨会”，来自中德双方的70多位专家和相关政府官员就适应气候变化战略的决策和科学等问题进行了广泛而深入的讨论。

10月19日 美国SolarWorld公司联合其他6家生产商，向美国国际贸易委员会和美国商务部提出申请，要求对中国出口的太阳能电池（板）进行“双反”（反倾销和反补贴）调查，共涉及75家中国企业。2011年，世界光伏组件领域5大厂全部集中在中国。

10月19日 水利部和财政部在京共同召开农村水电增效扩容改造试点启动视频会暨责任书签署仪式，启动农村水电增效扩容改造试点工作。水利部部长陈雷在启动仪式上强调，实施农村水电增效扩容改造使命光荣，任务艰巨，责任重大，一定要高度重视，精心组织，强化管理，切实把这一利国惠民的好事办实、实事办好。财政部副部长张少春与水利部副部长胡四一分别代表财政部、水利部，与浙江、湖北、湖南、广西、重庆、陕西6省（自治区、直辖市）人民政府签署农村水电增效扩容改造试点责任书。

10月19～20日 科技应对气候变化南南合作国际研讨会在北京召开。本次会议由科技部、联合国开发计划署（UNDP）驻华代表处、联合国环境规划署（UNEP）、联合国教科文组织（UNESCO）、南方中心（The South Center）、第三世界网络（TWN）共同主办。来自40个发展中国家和国际组织的160余名中外代表出席了会议。

中国科技部副部长王伟中在致辞中表示，中方愿意在平等互利互惠的基础上，加深与发展中国家的合作以共同应对全球气候变化带来的诸多挑战。大会向代表介绍了正在编制的《南南科技合作应对气候变化适用技术手册》（第二版）和拟在年内启动的"应对气候变化国际科技合作平台网络"。19位专家分别就"技术研发和转移、信息共享的南南合作机制"、"发展中国家技术需求"等议题进行了主题演讲。许多发展中国家代表还表达了与中方开展技术合作的意向。会议通过了《北京宣言》，强调应加强南南科技合作以应对气候变化，并同意共同建设"应对气候变化国际科技合作平台网络"。

10月19～21日 "2011北京国际风能大会暨展览会"于在北京举办。来自近30个国家和地区600余家企业参加展览。

10月20日 北京、广东、辽宁等地20个市县政府在京共同发出"绿色倡议"，拟通过整合资金、技术、人才等方式，结成绿色联盟，以实现资源节约和环保节能。北京经济技术开发区、广东省恩平市等6市县与地球卫士环保新材料股份有限公司签订合约，计划引进石头纸环保项目，一期意向投资达20亿元人民币。

10月22日 中国建筑技术集团有限公司与日照市人民政府签署合作协议，在东港区两城镇打造低碳产业基地。中国建筑技术集团日照分公司将在日照市生产轻型建材光伏、推广太阳能蓄热地源热泵、节能门窗等实用技术，并建立低碳研发基地，积极参与日照市农村住房建设与危房改造，建设绿色低碳示范社区。

10月24日 全国人大常委会审议通过了《清洁生产促进法修正案（草案）》，明确提出国家要建立清洁生产推行规划制度，进一步促进环境保护和节能减排，强化各级政府推行清洁生产的职责。这表明中国政府已经决心加快国内经济发展方式转型、走低碳经济、可持续发展经济之路。

10月24日 中德电动汽车科技创新合作研讨会在京举行。来自中德两国政产学研各界近100名代表共同与会。中国全国政协副主席、中国科技部部长万钢介绍了中国电动汽车发展现状以及落实中德两国总理"联合声明"的重大举措，并对中德联合项目研究和互动示范运行合作提出了具体建议。中德电动汽车城市示范及技术研究合作项目的负责人就具体合作方案做了会议报告，中德企业代表也就合作模式和内容也进行了深入探讨。会上，大连市与不来梅州的政府代表签订了关于"电动汽车领域合作"的谅解备忘录。

10月26日 由中船重工集团公司渤海造船厂集团有限公司承制的三门核电1号机组反应堆主冷却剂管道实现首批交付。这是世界上首套AP1000核反应堆不锈钢锻造主冷却剂管道设备，其交付标志着世界最先进的三代核电关键部件实现"中国造"，对保证AP1000核电站首堆建设的工程进度具有重要意义。

AP1000核电技术是我国从美国西屋公司引进的第三代核电技术，也是当前世界上技术最先进、安全性能最高的压水堆非能动型核电技术，国内首个反应堆机组在浙江三门建设。主管道作为反应堆压力容器、主泵、蒸发器等核岛七大关键设备之一，被称作核电站的"主动脉"，其制造技术在国内外没有任何经验可以借鉴。

10月26日 经过8天的深入交流和探讨，"2011中国（大连）低碳地球峰会"在大连落下帷幕。此次峰会共吸引了来自中国、美国、加拿大、英国等58个国家和地区的4000余名专家学者、企业代表参加。

10月28日 英国伊尔姆环境资源管理咨询有限公司、江苏现代低碳技术研究院和南京工业大学共同签署了中英低碳垃圾处理繁荣基金项目协议。这是中英两国在低碳垃圾处理领域开展的全新合作。

10月29日 国家发展改革委办公厅发出《关于开展碳排放权交易试点工作的通知》。根据党中央、国务院关于应对气候变化工作的总体部署，为落实"十二五"规划关于逐步建立国内碳排放交易市场的要求，推动运用市场机制以较低成本实现2020年我国控制温室气体排放行动目标，加快经济发展方式转变和产业结构升级，经综合考虑并结合有关地区申报情况和工作基础，国家发展改革委同意北京市、天津市、上海市、重庆市、湖北省、广东省及深圳市开展碳排放权交易试点。《通知》要求各试点地区高度重视碳排放权交易试点工作，切实加强组织领导，建立专职工作队伍，安排试点工作专项资金，抓紧组织编制碳排放权交易试点实施方案，明确总体思路、工作目标、主要任务、保障措施及进度安排，报我委审核后实施。各试点地区要着手研究制定碳排放权交易试点管理办法，明确试点的基本规则，测算并确定本地区温室气体排放总量控制目标，研究制定温室气体排放指标分配方案，建立本地区碳排放权交易监管体系和登记注册系统，培育和建设交易平台，做好碳排放权交易试点支撑体系建设，保障试点工作的顺利进行。

10月29日 “中美生物质燃气研讨会”在北京隆重召开。来自美国俄亥俄州立大学、华盛顿州立大学、德克萨斯A&M大学、夏威夷大学以及中国21世纪议程管理中心、清华大学、中国农业大学、北京环卫集团、中国沼气协会和青岛天人环境股份有限公司等生物质能研究领域的100多位专家、学者、企业代表参加了本次研讨会。与会专家、学者和工业界随后就生物废弃物的处置、甲烷气体的制备与提纯技术、生物质燃气的利用模式等领域展开了讨论。本次“中美生物质燃气研讨会”是中美环境科技合作框架下开展的国际科技合作计划项目“城市生物质垃圾厌氧消化生产车用生物燃气技术研究”的重要内容之一。

10月29日 中非合作论坛中方后续行动委员会秘书长、中国外交部非洲司司长卢沙野在中非智库论坛第一届会议上表示，为提高非洲国家适应气候变化的能力，中国一直积极推进100个援非清洁能源项目的实施，包括太阳能，沼气和小水电站等项目。

10月29～30日 “世界环保大会WEC 2011中国国际气候变化论坛”在北京举行，此次论坛主题为“绿色发展政策与行动”。由联合国工业发展组织(UNIDO)在中国发起与国际节能环保协会(IEEPA)共同主办。联合国系统、全国人大、政协、国家发展和改革委员会、工业与信息化部、住房与城乡建设部、环境保护部等高级别官员分别就全球和中国应对气候变化情况做主题演讲。国务院参事、科技部原副部长刘燕华在2011中国国际气候变化论坛上表示，目前气候问题演化为经济问题和政治问题，全球碳排放交易量到2020年预计将达到3.5万亿美元，或超过石油市场成为第一大能源交易市场。“论坛”以“低碳经济发展与市场机制”为主议题、以“绿色工业与低碳城市建设”、“先进能源技术创新与产业化发展”为分议题,召开三场圆桌对话会议,分别围绕多个低碳发展议题进行了讨论。

10月30日 由发改委西部开发司、科技部高新司共同举办的“新能源与新能源汽车产业发展高级研修班”在上海结业。来自25个节能与新能源汽车示范推广试点城市和17个西部省、市从事科技和产业管理部门的人员40余人参加研修。

10月31日 财政部、科技部、工业和信息化部、发展和改革委在北京召开了“节能与新能源汽车示范推广试点督导检查动员会”。会议传达了日前四部委联合下发的《关于进一步做好节能与新能源汽车示范推广试点工作的通知》、《关于加强节能与新能源汽车示范推广安全管理工作的函》等文件精神，宣布成立节能与新能源汽车示范推广试点工作督导联络组和专家组，并对节能与新能源汽车示范推广试点督导检查工作作出了整体部署。督导检查组将奔赴25个节能与新能源汽车示范推广试点城市进行督导检查。现场督导检查工作将于12月底前完成。

10月31日～11月1日 “基础四国”第九次气候变化部长级会议在北京举行。中国国家发展和改革委员会副主任解振华、外交部部长助理刘振民与会，四国部长就德班会议成果和气候变化国际谈判中的重要问题进行磋商，取得广泛共识，并于11月1日发表了“基础四国”第九次气候变化部长级会议联合声明，联合声明强调，四国坚持公约、议定书和巴厘路线图授权，要求德班会议对议定书第二承诺期作出明确安排，建立并尽快运行支持发展中国家应对气候变化的资金、技术、适应和能力建设等机制，在促进公约和议定书的全面、有效和持续实施方面取得积极进展。部长级会议前还举行了“基础四国”专家研讨会和谈判代表会议，会后举行了新闻发布会。下一次“基础四国”气候变化部长级磋商会议将于2012年第一季度在印度新德里举行。

10月31日 国家电力监管委员会日前发布《关于加强“十二五”电力行业节能减排监管工作的通知》，就进一步加强电力行业节能减排监管作出如下部署：加强跨省跨区电力调度交易监管，在电能余缺调剂上取得明显成效。督促电网企业在调度运行管理、信息披露等方面，平等对待各市场主体，继续推进节能发电调度。进一步优化电力调度和运行方式安排，建立完善区域调峰运行机制和备用共享机制。进一步完善跨省跨区电能交易机制，实现富余地区与短缺地区的余缺调剂。

10月下旬 “国家燃料电池汽车及动力系统工程技术研究中心”通过科技部的验收。该中心通过研发平台建设、关键技术突破、人员培训、成果转化、学术交流等，新增了硬件在环仿真开发、动力系统匹配、PCU综合测试环境和带环境舱的燃料电池发动机测试4个研发平台，完成了燃料电池汽车集成与匹配、燃料电池汽车及动力系统控制和试验、燃料电池汽车高压氢气供应3项关键共性技术研发等。

11月

11月1日 国家发展改革委、商务部、海关总署、国家工商总局、国家质检总局联合印发《关于逐步禁止进口和销售普通照明白炽灯的公告》，决定从2012年10月1日起，按功率大小分阶段逐步禁止进口和销售普通照明白炽灯。

《公告》明确，中国逐步淘汰白炽灯路线图分为五个阶段：2011年11月1日至2012年9月30日为过渡期，2012年10月1日起禁止进口和销售100瓦及以上普通照明白炽灯，2014年10月1日起禁止进口和销售60瓦及以上普通照明白炽灯，2015年10月1日至2016年9月30日为中期评估期，2016年10月1日起禁止进口和销售15瓦及以上普通照明白炽灯，或视中期评估结果进行调整。通过实施路线图，将有力促进中国照明电器行业健康发展，取得良好的节能减排效果，预计可新增照明电器行业产值约80亿元（人民币）、新增就业岗位约1.5万个，形成年节电480亿千瓦时、年减少二氧化碳排放4800万吨的能力。

中国是照明产品的生产和消费大国，节能灯、白炽灯产量均居世界首位，中国照明用电约占全社会用电量的12%左右，采用高效照明产品替代白炽灯，节能减排潜力巨大。逐步淘汰白炽灯，对于促进中国照明电器行业结构优化升级、推动实现“十二五”节能减排目标任务、积极应对全球气候变化具有重要意义。

11月1日 中国首个林业碳汇交易试点日前在浙江义乌启动。这是经国家林业局同意，由中国绿色碳汇基金会与华东林业产权交易所先行开展的林业碳汇交易试点，旨在积极应对全球气候变化。实现林业碳汇交易对于创新林业发展机制，突破林业发展瓶颈，促进林业资源优化配置和社会林业发展，建立森林生态效益市场化的新机制，切实提高林农收入等具有十分重要的作用。试点启动仪式上，阿里巴巴、歌山建设等10家企业签约认购了首批14.8万吨林业碳汇。

11月2日 国家发展改革委召开全国节能主管部门系统节能工作会议，会议分析了当前和“十二五”节能形势，交流了各地区节能工作经验，对“十二五”和今年后两个月的节能工作进行了部署。解振华在讲话中要求，各地区节能主管部门要加强节能工作统筹协调和指导监督，切实执行“十二五”节能减排综合性工作方案各项措施，明确任务，落实责任，周密部署、扎实推进，确保实现“十二五”节能目标。“十二五”节能要重点抓好十项工作：一是强化节能目标责任；二是大力调整优化产业结构；三是严格落实能评制度；四是突出抓好重点领域节能；五是加快实施重点节能工程；六是全面推广节能技术和产品；七是完善激励和约束政策；八是加快推广市场化节能机制；九是着力推进能力建设；十是深入开展全民行动。

11月2日 在2011北京国际城市轨道交通建设运营及装备展览会同期举行的“城市轨道交通节能低碳技术交流会”上，吸引了200多名来自国内外城市轨道交通领域的节能、环保专家、学者参加会议。

11月4日 中华人民共和国农业部和德国联邦食品、农业和消费者保护部联合举办的“中德沼气合作战略研讨会”在京召开。中国农业部副部长张桃林和德国联邦食品、农业和消费者保护部副部长穆勒分别在开幕式上致辞。张桃林在致辞时强调，中国政府高度重视可再生能源开发利用，经过多年的发展，中国已成为可再生能源发展速度最快的国家之一。预计到2015年，中国水电、核电、其他可再生能源的消费量分别为2.8亿吨标煤、0.9亿吨标煤、1亿吨标煤，未来五年内中国其他可再生能源年消费量将增加2.3倍。本着双赢互利的原则，围绕提高沼气工程产气率、发酵原料多元化、沼气提纯罐装、沼肥综合利用、自动化控制等方面，与德国等国家开展联合攻关，合作建立示范工程，进一步提升沼气工程建设质量和运营水平，促进沼气发展迈上新台阶，为改善农民生活和发展农村经济提供优质、清洁、可靠的能源保障，为国际生物质能可持续发展做出新贡献。穆勒表示，德国是大型沼气技术的领先者，愿意和中国在沼气应用领域，互惠互利，进行更紧密的合作。中德两国农业部下一步将在成立中德沼气研究发展中心、建立沼气示范工程、加强人员和信息交流等方面加强合作，并在明年召开的“第二轮中德政府磋商”签署《中德沼气合作备忘录》。

11月8日 大连化物所的用于甲醛乙醛氨合成吡啶碱的钛基催化剂及其制备方法专利和一种临氢异构化催化剂及其制备方法专利获第十三届中国专利优秀奖。

11月8日 第五次中国—欧盟能源对话在比利时布鲁塞尔召开。国家发展改革委副主任、国家能源局局长刘铁男与欧盟能源委员衮特•厄廷格共同主持会议。会议期间，国家发展改革委副主任、国家能源局局长刘铁男和欧盟能源委员衮特•厄廷格签署了会议纪要，就提高能源加工转换效率、清洁能源开发利用以及能源的监管体制和管理、加强核电安全技术方面的交流与合作等达成共识。

11月9日 国务院总理温家宝主持召开国务院常务会议，讨论通过了《“十二五”控制温室气体排放工作方案》，明确了我国控制温室气体排放的总体要求和重点任务。会议要求，各地区、各部门要按照“十二五”规划纲要提出的到2015年单位国内生产总值二氧化碳排放比2010年下降17%的目标要求，把积极应对气候变化作为经济社会发展的重大战略，作为加快转变经济发展方式、调整经济结构和推进新的产业革命的重大机遇，落实各项任务。

11月9日 “首届中国国际绿色创新技术产品展”在广州广交会展馆举行，商务部国际贸易谈判代表兼副部长高虎城在“绿色创新低碳发展”主论坛上发表演讲。

11月9日 由清华大学气候政策研究中心和社会科学文献出版社共同举办的“2012年《低碳发展蓝皮书》发布会暨第二届中国低碳发展论坛”在京举行。

《蓝皮书》指出，“十一五”期间，中国对新能源和可再生能源不仅远高于历次五年计划，而且跃居全球第一。五年间共投入1.73万亿元支持新能源和可再生能源领域。相比而言，处于全球第二位的美国，在这五年间的投资总额相当于中国的86%。蓝皮书指出，由于大量的基础建设投资拉动了高耗能产业的增长，中国的产业结构在“十一五”期间还未得到很好调整，这将对中国未来的低碳投资产生深远影响。中国在“十二五”期间将投入更多的资金进行结构节能和降碳，中国的低碳投资还将继续高速增长。

11月9日 绿色低碳重点小城镇试点示范工作会议在京召开。财政部经济建设司、住房城乡建设部村镇建设司、发展改革委气候变化司有关负责人，相关省市财政、住房城乡建设、发改等部门有关负责人，试点示范镇所在县（市）负责人，试点示范镇主要负责人等参加了会议。北京市密云县古北口镇、天津市静海县大邱庄镇等7个第一批试点示范绿色低碳重点小城镇各自阐述了本镇的基本情况、总体规划、重点建设项目、筹资方案及进度安排等情况。

11月11日 社会科学文献出版社发布《气候变化绿皮书：应对气候变化报告（2011）》。绿皮书表示，欧盟将国际航空业纳入碳排放体系，中国航空业应多方入手化解难题。

11月11日 为期5天的第二届世界低碳与生态经济大会在江西南昌召开。会议由商务部、国家发展改革委、工业和信息化部、科技部、财政部、环境保护部、住房和城乡建设部、国资委、江西省人民政府主办。会议主题是“扩大低碳合作发展生态经济共建绿色家园”。全国人大副委员长蒋树声、中共江西省委书记苏荣、江西省代省长鹿心社等出席大会。国家发展改革委解振华副主任在发言中指出，“十一五”时期的发展实践表明，加快绿色、低碳发展，不仅不会阻碍我国的发展进程，反而提高了我国经济增长质量，同时还培育出一个初具规模的节能环保产业，成为我国加快经济结构调整和转变经济发展方式的重要着力点。

联合国工发组织、联合国贸发组织、奥地利国家技术研究院、IBM等代表参加了会议。大会期间共举办了低碳与生态经济发展高峰论坛、低碳与生态技术及产品博览会、第七届国际投资促进论坛、中国（江西南昌）·低碳城市建设推进会、智能交通体系建设推进会、生态产业发展推进会等一系列专题活动，共有155个重大项目达成投资合作协议，签约总投资金额888亿元，签约投资总额较上届翻番。南昌市人民政府发布了南昌市低碳城市发展规划。

11月11日 “2011生物质固体成型燃料与燃烧技术国际研讨会”在北京召开。会议就生物质成型燃料产业发展政策、技术、示范推广以及市场运作模式等进行了广泛而深入的交流、研讨。与会专家学者建议要进一步推动我国农作物秸秆等生物质能源化开发利用，促进我国生物质固体成型燃料产业化进程。

11月11日 “十一五”国家863计划“节能与新能源汽车”重大项目“锂离子动力电池系统产业化技术研究”课题在天津通过验收。课题组研发的隔膜、负极材料可替代进口同类产品，实现了动力锂离子电池关键材料的国产化。课题组开发出具有自主知识产权的三种能量型电池和三种功率型电池，并形成为10万辆车配套的年生产能力。

11月12日 《中华人民共和国气候变化应对法》项目组召开起草小组会议和专家咨询小组会议，汇报了调研的成果，听取了专家对《中华人民共和国气候变化应对法》（社科院建议稿）的框架设计建议。此次会议的召开，标志着《中华人民共和国气候变化应对法》进入起草阶段。

11月13日 国家主席胡锦涛在美国夏威夷州首府檀香山举行的亚太经合组织第十九次领导人非正式会议上发表题为《转变发展方式 实现经济增长》的重要讲话。他指出，绿色增长是《亚太经合组织领导人增长战略》核心内容，也是经济社会发展趋势。我们应该以首届亚太经合组织林业部长级会议为契机，加强亚太地区森林可持续恢复和管理，应对气候变化，为绿色和可持续增长作出贡献。我们应该共同稳定能源等大宗商品价格、防止过度投机和炒作，保障各国能源需求，维护能源市场正常秩序。我们应该改善能源结构，加强先进能源技术研发和推广，大力发展清洁和可再生能源，在相关领域积极开展国际合作。我们应该积极推进低碳城镇示范项目合作，加强新能源和可再生能源、节能减排、循环经济、提高能效等领域国际合作。

11月13日 上海环交所完成了我国新建建筑领域首例碳交易，这也是我国首例按《中国自愿碳减排标准》进行的“碳交易”。此次碳交易是上海鸿泰房地产有限公司为旗下正在施工的项目“浦江国际金融广场”购买“自愿减排量指标”，共向上海医疗器械(集团)有限公司认购了2012吨的碳交易量，价格为每吨38元人民币，以“中和”项目建设期的二氧化碳排放量，实现建设期间的“零排放”。据了解，建筑领域的节能减排一般是对现有老旧建筑进行技术改造和能源管理，而此次合同能源管理的创新模式则是要在建筑物的“全生命周期”的各个环节全面考量能源管理，将以往的“末端”治理提升为“源头”管理。

11月14日 国家发展改革委在北京召开碳排放权交易试点工作启动会，首批碳排放交易试点省市北京、广东、上海、天津、重庆、湖北和深圳七省市出席。会议要求各试点地建立专职工作队伍，安排试点工作专项资金，组织编制碳排放权交易试点实施方案。同时，要测算并确定本地区温室气体排放总量控制目标，研究制定温室气体排放指标分配方案，建立本地区碳排放权交易监管体系和登记注册系统，培育和建设交易平台，做好碳排放权交易试点支撑体系建设，保障试点工作顺利进行。会议并提出2013年中国将全面启动以上区域的总量限制碳排放交易。

11月14日 世界单机容量及总装机容量最大的生物质电厂——广东粤电湛江生物质发电项目（2×50MW）2号机组顺利通过72+24小时满负荷试运行，标志着该项目全面正式投入商业运营。湛江生物质发电有限公司两台机组总装机容量为2×50MW，是目前世界上单机容量及总装机容量最大的生物质发电厂。第1号机组已于2011年8月20日投入运营。试运期间，该机组平均负荷为50.3兆瓦，负荷率达100.6%，各项技术参数指标优良，创造了国内生物质发电领域新纪录。该项目属于国家鼓励和支持的环保可再生能源产业，同时也是国家和省重点发展节能减排的阳光产业。

11月14日 由全国心系系列活动组委会主办的心系女性——家庭环保工程之“低碳·健康家生活” 2011-2012年度宣教活动在中国妇女活动中心启动。全国政协社会和法制委员会副主任，全国妇联原副主席、书记处第一书记黄晴宜宣布“心系女性——家庭环保工程‘低碳.健康家生活’”宣教活动正式启动。教育活动2011－2012年度首先在——北京、宁波、南京、深圳、济南五个城市开展。“心系女性——家庭环保工程之“低碳·健康家生活”宣教活动分三阶段五年开展，通过免费发放教育宣传册、宣传折页，举办专家课堂，开展大型宣教活动，争做“环保先锋家庭”等形式，广泛深入地开展宣传教育和丰富多彩的实践活动，在广大妇女和家庭中倡导节能减排的科学观念，倡导文明健康、简约环保的生活方式，将有逾千万户家庭从中受益。“低碳·健康家生活”宣教活动”2011-2012年度启动仪式之后，将走进全国其他重点城市举行宣传推广活动，将环保理念与低碳行为播撒至全国各地，惠及70万户女性及家庭。

11月15日 工业和信息化部发布，2010年全国淘汰落后产能目标任务全面超额完成。工信部正在研究确定2012年落后产能淘汰目标。根据检查考核情况，2010年全国淘汰落后产能目标任务全面超额完成。2010年，全国18个工业行业淘汰落后产能炼铁4100万吨、炼钢1186万吨、焦炭2533万吨、铁合金245.6万吨、电石115.3万吨、电解铝37.8万吨、铜冶炼24.7万吨、铅冶炼32万吨、锌冶炼29.6万吨、水泥14031万吨、平板玻璃1843.5万重量箱、造纸539.2万吨、酒精85.2万吨、味精23.4万吨、柠檬酸1.7万吨、制革1576万标张、印染41.9亿米、化纤68.3万吨，涉及企业2349户。此外，还淘汰电力落后产能1690万千瓦，涉及企业225户；煤炭落后产能2.31亿吨，关闭小煤矿2173处。

11月15日 科学技术部、中国气象局和中国科学院在北京联合召开《第二次气候变化国家评估报告》发布暨专家解读会。会上，报告编写领导小组组长、国务院参事刘燕华对《第二次气候变化国家评估报告》编写过程进行了介绍。国家气候中心研究员罗勇受编写专家组组长秦大河院士委托，介绍了《报告》的主要结论，并对气候变化的科学事实、影响等内容进行了解读。《报告》汇集了我国应对气候变化有关科学、技术、经济和社会的最新研究成果，客观反映了我国科学界在气候变化领域的研究进展。与第一次相比，本次报告增加了气候变化有关评估方法等内容。《报告》称，近半个世纪以来，青藏高原由于多年冻土退化，每年释放的水量估计达50亿～110亿立方米，中国大部分地区冰川面积缩小了10%；中国海平面将继续上升，到2030年全海域海平面将上升80～130毫米；气候变化将对农业生产产生重大影响，还将影响人体健康。

11月16日 节水型社会建设试点验收工作会在银川召开，宁夏作为全国首个省级节水型社会建设试点通过验收。试点建设以来，宁夏全区用水总量减少5.7亿立方米，万元GDP用水量从1274立方米下降到651立方米，万元工业增加值用水量从173立方米下降到91立方米。城市污水处理率由30%提高到70%，黄河干流宁夏段水质明显好转。

11月15～17日 为期三天的“中国环境与发展国际合作委员会(简称国合会)2011年年会”召开。11月15日，中共中央政治局常委、国务院副总理、国合会主席李克强出席会议开幕式并发表了重要讲话，李克强说，中国的转型发展，要突出扩大内需、创新驱动、民生改善、绿色低碳。一是通过调整结构，充分发挥巨大的内需潜力，增强经济的内生动力和抗冲击力。二是鼓励科技创新，增强产业核心竞争力，形成经济发展新的支撑力量。三是从13亿多人口生存和发展的实际出发，实施好一批重大民生工程，使发展成果更好地惠及广大群众。四是提高能源资源利用效

率，以解决损害群众健康的环境问题为重点，加大空气、水、土壤污染等的治理力度，尽量多还旧账、努力不欠新账，创造宜居环境，不断提高人民群众生活质量。环境保护部部长、国合会执行副主席周生贤出席闭幕式并作总结讲话。

会议听取了中国绿色经济发展机制与政策创新、中国低碳工业化战略、投资贸易与环境、中国绿色供应链、中国汞管理政策等5个课题的研究成果报告和中国实现“十二五”环境目标政策机制课题研究的中期报告，讨论并通过了给中国政府的政策建议。

11月16～21日 在深圳举行的第十三届中国国际高新技术成果交易会上，6项涵盖太阳能、风能、小水电等领域的领先技术获得联合国组织的2011年度全球可再生能源领先技术“蓝天奖”。

11月17日 《国务院关于加强环境保护重点工作的意见》发布，提出推进环境税费改革，开展排污权交易试点。

11月17日 林业应对气候变化专业技术人员能力建设高级研修暨第五期全国林业碳汇计量监测培训班在湖南长沙举办，全国31个省区市营造林处长及碳汇计量监测技术人员等100多人参加了培训。

11月19日 我国首套全面阐述林业和气候变化、低碳经济关系的“林业应对气候变化”丛书编撰工作开始启动。这套10部著作组成的丛书，已被国家新闻出版总署列入“十二五”时期国家重点图书出版规划，将于2013年底前全部出版发行。

11月21日 农业部、国家能源局、财政部印发关于印发《绿色能源示范县建设技术管理暂行办法》。

11月21日 国家发展和改革委、商务部在北京举办了应对气候变化与绿色低碳发展研修班，这是我国首次利用气候变化应对气候变化国际合作专项资金，为最不发达国家、小岛屿国家和非洲国家提供力所能及的支持和帮助，同时也是积极开辟新渠道，宣传我国应对气候变化立场、政策和成效的重要尝试。中国国家发展和改革委员会副主任解振华在研修班开幕式上表示，中国对其他发展中国家遭受的气候变化不利影响感同身受，愿通过气候变化“南南合作”为他们提供力所能及的帮助。中国政府专门追加预算召开此次研修班，标志着气候变化“南南合作”又进入了一个新阶段。下一步中国将重点从适应气候变化基础设施建设、适应气候变化技术推广、节能和可再生能源产品技术的推广应用及能力建设四个方面为发展中国家提供帮助。此举再次表明中国积极参与应对气候变化行动的积极态度。2005年到2010年，中国政府已对发展中国家援助应对气候变化项目98个，培养了2400多名急需的人才，为发展中国家应对全球气候变化提供了力所能及的支持。

11月21日 第22届中美商贸联委会期间，中国国家发展改革委副主任、国家能源局局长刘铁男与美国贸易发展署署长扎克共同签署了《中国国家能源局和美国贸易发展署关于支持中美能源合作项目的谅解备忘录》。《备忘录》的主要内容包括：通过中美能源合作项目(ECP)平台，扩展和加深中美双方在清洁能源领域的合作，并由美国贸易发展署为中国清洁高效能源最佳实践的可行性研究、咨询、考察、研讨会和相关的工程开发工作提供资金支持。

11月22日 国务院新闻办公室发表《中国应对气候变化的政策与行动（2011）》白皮书。国家发展改革委副主任解振华在当日举行的国新办新闻发布会上介绍了“白皮书”主要内容。

“白皮书”主要介绍了中国在“十一五”期间应对气候变化的一些政策、措施、行动和取得的成效，介绍了“十二五”期间中国在应对气候变化方面已经确定的目标和为了实现这个目标已经确定的政策措施。

“白皮书”分为前言、减缓气候变化、适应气候变化、基础能力建设、全社会参与、参与国际谈判、加强国际合作、“十二五”时期的目标任务和政策行动、中国参与气候变化国际谈判的基本立场、结束语等部分。

“白皮书”指出，中国政府一贯高度重视气候变化问题，把积极应对气候变化作为关系经济社会发展全局的重大议题，纳入经济社会发展中长期规划。“十一五”期间，中国加快转变经济发展方式，通过调整产业结构和能源结构、节约能源提高能效、增加碳汇等多种途径控制温室气体排放，取得了显著成效。中国还加强气候变化科学研究和影响评估，完善法规政策，提高重点领域适应气候变化的能力，减轻了气候变化对经济社会发展和人民生活的不利影响。同时，中国健全相关法律法规体系，完善应对气候变化管理体制和工作机制，加强统计核算研究及制度建设，提高科技和政策研究水平，加强气候变化教育培训，能力建设进一步加强。

“白皮书”称，中国政府以高度负责任的态度，积极建设性参与应对气候变化国际谈判，加强与各国在气候变化领域的多层次磋商和对话，努力推动各方就气候变化问题凝聚共识，为推动建立公平合理的应对气候变化国际制度作出了积极贡献。同时，中国本着“互利共赢，务实有效”的原则积 极参加和推动与各国政府、国际组织、国际机构的务实合作，为促进国际社会合作应对气候变化发挥着积极的建设性作用。

“白皮书”指出，“十二五”期间，中国将把积极应对全球气候变化作为经济社会发展的一项重要任务，坚持以科学发展为主题，以加快转变经济发展方式为主线，牢固树立绿色、低碳发展理念，把积极应对气候变化作为经济社会发展的重大战略、作为调整经济结构和转变经济发展方式的重大机遇，坚持走新型工业化道路，合理控制能源消费总量，综合运用优化产业结构和能源结构、节约能源和提高能效、增加碳汇等多种手段，有效控制温室气体排放，提高应对气候变化能力，广泛开展气候变化领域国际合作，促进经济社会可持续发展。

“白皮书”说，中国认为，2011年11月底到12月初将在南非德班召开的联合国气候变化会议应落实2010年坎昆会议上各方达成的共识，确定相关机制的具体安排，并就坎昆会议未能解决的问题继续谈判，在已有共识的基础上取得积极成果。

11月23日 世界自然基金会（WWF）在京启动“气候创行者”项目，计划从2012年起扶持一批拥有创新性低碳技术的中国中小企业。“气候创行者”项目的对象是在民生、运输、能源生产等领域具有创新性低碳技术与产品和全球市场前景的中小企业。入选后，企业将获得包括政策、资金、市场、技术等多方面的支持，通过国际化平台推广其技术与产品。

11月25日 湖北省发展和改革委公布湖北省首批省级低碳试点示范单位名单，省级低碳试点工作正式启动。首批省级低碳试点示范单位有：襄阳市、咸宁市、东湖新技术开发区、黄石经济开发区黄金山工业园、武汉市百步亭社区、鄂州市长港镇峒山社区。

11月25日 陕西省发展和改革委公布陕西省首批省级低碳试点单位名单，陕西省省级低碳试点工作正式启动。首批低碳试点单位包括：一、渭南市、凤县 等7个低碳试点市、县：西安浐灞生态区、西安市大兴新区等5个低碳试点园区：陕西重型汽车有限责任公司、青岛啤酒西安汉斯集团有限公司等15个低碳试点企业。

11月25日 中国（上海）电动汽车国际示范城市领导小组第一次会议在上海嘉定召开。科技部曹健林副部长、上海市人民政府沈晓明副市长出席会议并发言，上海市嘉定区代区长马春雷汇报了中国（上海）电动汽车国际示范区的建设情况，中国（上海）电动汽车国际示范城市领导小组成员单位就如何推动示范区的下一步工作进行了讨论。

上海电动汽车国际示范城市项目已成为北京奥运会、上海世博会后规模最大、具有广泛国际参与的电动汽车示范行动。多家中外车企的电动汽车已入驻示范区，在国内外引起广泛的关注。

11月26日 中共中央政治局常委、国务院副总理李克强出席第六届中日节能环保综合论坛开幕式并发表致辞。他指出，中日节能环保合作已经成为两国经贸合作的新亮点，应当登高望远，从战略上推动节能环保合作不断深化，增强创新转型发展的能力，培育新的经济增长点，为两国经济稳定增长和世界经济逐步复苏作出贡献。

李克强指出，推进节能环保贯穿于中国现代化建设的整个进程。中国节能环保领域正展现出广阔的市场和无限的商机。“十二五”时期，我们将综合采取结构调整、工程技术、管理创新等措施，大力推进能源节约和污染物减排，促进能源效率提高、环境质量改善，使经济增长质量和效益再上新台阶，促进经济长期平稳较快发展。

11月26日 国家发展和改革委印发《煤层气（煤矿瓦斯）开发利用“十二五”规划》。

11月26日 由上海安乃达驱动技术有限公司、上海电驱动有限公司牵头承担的国家863计划“节能与新能源汽车”项目“车用永磁驱动电机系统产业化集成技术研究”课题通过了验收。通过三年的持续研发和试验，课题组开发出了具有自主知识产权、适用于燃料电池汽车、纯电动汽车和混合动力汽车的四大类车用永磁电机及其控制系列化产品，技术水平达到国际先进，混合动力汽车和纯电驱动汽车用电机及其控制系统均有成熟产品批量生产；完成20种车用电机及其控制系统第三方检测，列入国内多个汽车企业的新能源汽车公告目录产品；为多个国内主流的整车企业进行同步开发，产品在国内电动汽车市场的覆盖率超过50%；为多个国外整车企业提供了多套样品装车成功；完成了智能功率模块、电力电子集成控制器样机开发，完成了车用电工钢、位置转速传感器系列化产品开发与产业化，并批量应用于电动汽车领域，带动了车用电驱动系统产业链的发展。

11月26日 重庆市低碳交通系统示范项目——渝中区步行交通系统、北部新区步行和自行车交通系统示范项目示范段建设，通过了住房和城乡建设部组织的专家验收。重庆市渝中区规划了“五横十二纵”步道交通系统。整个“五横十二纵”步行网络结构，利用了两江现有的公共活动空间和资源，形成了完整的穿越半岛的步行交通系统。北部新区步行、自行车交通系统示范项目全长4.5公里，包括自行车道土建改造、自行车设施租赁系统设置、交通信号系统设置等5项内容。

重庆市主城区居民的出行方式结构中，步行占49.9%，其比例在全国城市名列前茅。2010年5月，重庆市被列为全国步行和自行车交通系统示范城市之一。

11月26日 中国国务院副总理李克强出席第六届中日节能环保综合论坛开幕式并发表指出，加强节能环保并融入经济社会各个方面，是一项战略任务，也是一项现实和紧迫的选择。中日节能环保合作已经成为两国经贸合作的新亮点，应当登高望远，从战略上推动节能环保合作不断深化，增强创新转型发展的能力，培育新的经济增长点，为两国经济稳定增长和世界经济逐步复苏作出贡献。

11月28日～12月1日 由联合国亚太经济与社会理事会（UN ESCAP）下属亚太技术转移中心（APCTT）和中国科技部国际合作司联合主办的APCTT第七届技术委员会会议在广州召开。同期，中国科技部国际合作司与APCTT联合主办了“促进可再生能源农用微型系统技术研发合作研讨会”。

11月28日～12月9日 新一轮联合国气候变化大会在南非德班召开。以中国国家和改革和发展委员会副主任解振华为团长的中国代表团在联合国气候变化德班大会上坚持立场、积极斡旋、积极“解疑释惑”、据理力争，推动整个气候谈判的进程，维护了发展中国家的根本利益。在中国、印度等发展中国家的坚持下，大会终于通过了“德班一揽子决定”，取得了五大成果。一是坚持了国际气候谈判的“双轨”机制，坚持了“共同但有区别的责任”原则；二是就《京都议定书》第二承诺期问题作出了安排；三是启动了绿色气候基金；四是进一步明确和细化了适应、技术、能力建设和透明度的机制安排；五是深入讨论了2020年后进一步加强公约实施的安排，并明确了相关进程。

在南非德班联合国气候变化周日凌晨的最后一次全体大会上，中国代表团团长解振华在即席发言中，强烈批评西方国家拒不履行已经做出的各项承诺，致使午夜时分的德班国际会议中心掌声雷动。

11月29日 广东省发展和改革委公布广东省第一批低碳试点示范单位名单，启动省级低碳试点示范工作。试点单位包括：广州市、珠海市、河源市、江门市、珠海市横琴新区、佛山市禅城区、佛山市顺德区、韶关市乳源县、河源市和平县、梅州市兴宁市、梅州市大埔县、云浮市云安县。

11月29日 国家发展改革委、商务部在北京举办了发展中国家应对气候变化专题研修班，国家发展改革委副主任解振华、商务部副部长李金早出席开班仪式并致辞。解振华再次重申了下一步中国将从适应气候变化基础设施建设、适应气候变化技术推广、节能和可再生能源产品技术的推广应用，及能力建设四个方面为发展中国家提供帮助。商务部副部长李金早表示，商务部还将在农业、科技、医疗、防灾减灾、清洁能源、绿色经济等重点领域加强与最不发达国家、小岛屿国家和非洲国家的支持与帮助。来自30多个最不发达国家、小岛屿国家和非洲国家的60多名官员参加了研修班。

11月30日 财政部、科技部、工业和信息化部、发展改革委等四部委相关司在北京组织召开了节能与新能源汽车示范推广试点城市督导检查阶段总结会。会上通报了5个督导检查工作组现场督导检查工作情况，并对第二阶段督导检查工作进行了动员和部署。目前，已完成10个试点城市督导检查，将于12月中旬前完成第二阶段其余15个试点城市督导检查。

11月 第22届中美商贸联委会期间，中国国家发展改革委副主任、国家能源局局长刘铁男与美国贸易发展署署长扎克共同签署了《中国国家能源局和美国贸易发展署关于支持中美能源合作项目的谅解备忘录》。《备忘录》的主要内容包括：通过中美能源合作项目(ECP)平台，扩展和加深中美双方在清洁能源领域的合作，并由美国贸易发展署为中国清洁高效能源最佳实践的可行性研究、咨询、考察、研讨会和相关的工程开发工作提供资金支持。

12月

12月1日 绿色技术与适应气候变化主题边会在南非德班国际会议中心召开，会议发布了由万钢部长作序的《南南科技合作应对气候变化适用技术手册》（第二版）和“应对气候变化国际科技合作平台网络”。第二版技术手册是在科技部973经费支持下，与联合国开发计划署（UNDP）驻华代表处、联合国环境规划署（UNEP）、联合国教科文组织（UNESCO）、南方中心（The South Center）和第三世界网络（TWN）等机构共同编制。

12月1日 国务院发布《“十二五”控制温室气体排放工作方案》，确定到2015年全国单位国内生产总值二氧化碳排放比2010年下降17%。控制非能源活动二氧化碳排放和甲烷、氧化亚氮、氢氟碳化物、全氟化碳、六氟化硫等温室气体排放取得成效。应对气候变化政策体系、体制机制进一步完善，温室气体排放统计核算体系基本建立，碳排放交易市场逐步形成。通过低碳试验试点，形成一批各具特色的低碳省区和城市，建成一批具有典型示范意义的低碳园区和低碳社区，推广一批具有良好减排效果的低碳技术和产品，控制温室气体排放能力得到全面提升。

《方案》称，要推动行业开展减碳行动。钢铁、建材、电力、煤炭、石油、化工、有色、纺织、食品、造纸、交通、铁路、建筑等行业要制定控制温室气体排放行动方案，对重点企业要提出温室气体排放控制要求，研究确定重点行业单位产品(服务量)温室气体排放标准。选择重点企业试行“碳披露”和“碳盘查”，开展“低碳标兵活动”。

《方案》强调，要加强组织领导和评价考核。各省(区、市)要将大幅度降低二氧化碳排放强度纳入本地区经济社会发展规划和年度计划，明确任务，落实责任，确保完成本地区目标任务。要将二氧化碳排放强度下降指标完成情况纳入各地区(行业)经济社会发展综合评价体系和干部政绩考核体系，完善工作机制。各省级人民政府和相关部门要对本地区、本部门控制温室气体排放工作负总责。加强对各省(区、市)“十二五”二氧化碳排放强度下降目标完成情况的评估、考核。对控制温室气体排放工作实行问责和奖惩。对作出突出贡献的单位和个人按国家有关规定给予表彰奖励。

12月2日 《农业部关于进一步加强农业和农村节能减排工作的意见》印发。《意见》提出：力争到2015年，农业源化学需氧量排放总量比2010年降低8%，氨氮排放总量比2010年降低10%；测土配方施肥覆盖率达到60%，化肥利用率提高3个百分点；推广节能减排型种植制度，减少高耗能低效率的种植环节；50%以上的规模化畜禽养殖场配套建设废弃物处理利用设施；农村沼气用户达到5500万户，年用沼气216亿立方米，形成年开发3400万吨标准煤的能力；淘汰一批高能耗高污染的老旧农机和渔船，对乡镇企业进行节能改造，农村生产用能效率得到提高。

12月2日 财政部、科技部、工业和信息化部、发改委联合下发了《关于进一步做好节能与新能源汽车示范推广试点工作的通知》，要求试点城市在落实好中央试点政策的同时，研究制订新能源汽车示范推广鼓励政策，落实免除车牌拍卖、摇号、限行等限制措施。至此，我国有包括北京、上海、大连、广州等25个新能源汽车示范推广试点城市。《通知》要求，试点城市要制订充电基础设施建设规划，为个人新能源汽车用户在其住宅小区停车位，或工作场所停车位配套建设充电桩，此类充电桩与新能源车辆的配比不得低于1∶1。到2011年年底，国家电网将在27个省(市)建75座充电站和6000多个充电桩；到2016年，将建立400座电动汽车充电站；2016~2020年，将建立1万座电动汽车充电站。

12月2日 工业和信息化部与欧盟企业和工业总司共同主办的中欧工业对话磋商机制下工业能效与减排工作组第二次会议在北京举行。会上，双方对第一次会议的内容进行了简单的回顾，并各自介绍了会后取得的重要进展。对下一步寻求合作的机会和重点领域进行了充分的讨论，深入交换了意见。第二次会议进一步拓展了中欧工业能效与减排合作，有利于促进中欧工业绿色可持续发展。

12月2日 为进一步交流和探讨中欧工业节能减排合作，工业和信息化部与欧盟企业和工业总司2011年在北京共同召开了中欧工业对话磋商机制下工业能效与减排工作组第二次会议。双方对下一步寻求合作的机会和重点领域进行了充分的讨论，深入交换了意见。

12月7日 国家发展改革委员会、教育部、工业和信息化部、财政部、住房城乡建设部、交通运输部等十二个部门联合印发了《万家企业节能低碳行动实施方案》。万家企业是指年综合能源消费量10000吨标准煤以上以及有关部门制定的年综合能源消费量5000吨标准煤以上的重点用能单位。初步统计，2010年全国万家企业共用17000家左右，能源消费量占全国能源消费总量的60%以上。“十二五”期间，国家将从强化目标责任、建立能源管理体系、加强能源计量统计、开展能源审计和编制节能规划、加大节能技术改造力度、加快淘汰落后用能设备和生产工艺、开展能效达标对标、健全节能激励约束机制、开展节能宣传与培训等方面加强万家企业的节能监管，力争“十二五”期间实现节能2.5亿吨标准煤。

12月10日 国家发展改革委印发《“十二五”资源综合利用指导意见》和《大宗固体废物综合利用实施方案》。两份文件研究提出了“十二五”资源综合利用工作的指导思想、基本原则、主要目标、重点领域以及政策措施，同时提出了在工业、建筑业和农林业等领域选择产生堆存量大、资源化利用潜力大、环境影响广泛的固体废物编制实施方案。

根据《“十二五”资源综合利用指导意见》，到2015年，矿产资源总回收率与共伴生矿产综合利用率提高到40%和45%。到2015年，我国大宗固体废物综合利用率达到50%；工业固体废物综合利用率达到72%；主要再生资源回收利用率提高到70%，再生铜、铝、铅占当年总产量的比例分别达到40%、30%、40%；农作物秸秆综合利用

率力争超过80%。资源综合利用政策措施进一步完善，技术装备水平显著提升，综合利用企业竞争力普遍提高，产品市场份额逐步扩大，产业发展长效机制基本形成。

12月10日 863计划重大项目“大型光伏并网系统设计集成技术研究及装备研制”启动会。项目旨在开发具有国际水平的光伏系统集成与工程技术、成套关键设备，建成百兆瓦级光伏示范电站，建立光伏系统及平衡部件实证性研究示范基地，为我国太阳能发电规模化利用提供技术支撑。开展大型光伏电站并网关键技术、光伏电站功率预测技术及与环境关系研究；百兆瓦级光伏系统设计集成技术研究及关键设备研制；以及光伏系统和平衡部件现场测试与实证性示范研究。

12月10日 我国与世界银行（WB）和全球环境基金（GEF）合作开展的全球规模最大的可再生能源国际合作项目，中国可再生能源规模化发展项目（CRESP）一期项目实施顺利结束，标志我国可再生能源规模化发展取得重要成果。全部项目实施后，将增加年增加可再生能源发电近35亿千瓦时，实现温室气体减排（碳计）约900万吨，生态环境效益显著。

12月13日 中国全民义务植树运动迎来30周年。30年来，全国参加义务植树人数累计达到127亿人次，义务植树589亿株.。以每棵树年吸收二氧化碳10千克计算，每年可减少二氧化碳5.89亿吨。30年来，我国各地荒山荒地绿化速度大大提高，森林资源持续增长。广东、福建、湖南等12省区率先实现了基本消灭宜林荒山荒地的目标，全国森林面积由1.15亿公顷增加到1.95亿公顷，人工林面积由0.22亿公顷扩大到0.62亿公顷，并保持世界首位。

1981年12月13日，全国人大五届四次会议通过《关于开展全民义务植树运动的决议》。1982年国务院颁布《关于开展全民义务植树运动的实施办法》。从此，全民义务植树运动首次以国家法定形式固定下来，并成为世界上参加人数最多、持续时间最长、声势最浩大、影响最深远的一项群众性运动。

12月15日 国家能源局中国可再生能源规模化发展项目在北京召开成果总结会，会议发布了中国可再生能源“十二五”规划的一系列目标：到2015年风电将达1亿千瓦，年发电量1900亿千瓦时，其中海上风电500万千瓦；太阳能发电将达1500万千瓦，年发电量200亿千瓦时；加上生物质能、太阳能热利用以及核电等，2015年非化石能源开发总量将达到4.8亿吨标准煤。

12月15日 国家环境保护“十二五”规划印发。

12月17日 具有完全自主知识产权、填补国内外研究与产品空白的全球首台双级高效永磁同步变频离心式冷水机组在珠海格力电器股份有限公司问世。格力高效直流变频离心机组的成功研制，攻克了中央空调领域的多项世界难题，技术处于国际领先水平，提升了我国中央空调在世界舞台上的竞争力，打破了国外企业在该领域的长期垄断，进一步彰显了我国中央空调行业的技术创新实力，标志着我国中央空调行业的技术水平已经与欧美企业相媲美。该机组比普通离心式冷水机组省电达40%以上，机组效率提升65%以上，是迄今为止最节能的大型中央空调，可广泛用于大型办公楼宇、医院、学校、商场等，对大型公共建筑节能乃至国家能源战略具有十分重要的意义。该项目共获得11项国家授权发明专利，1项公开国际发明专利，获2011年度国家科技进步奖。

12月18日 中国、美国在环保节能领域重点合作项目——中美清洁能源研究中心碳捕获试验基地，在位于光谷的武汉未来科技城竣工。标志着我国在碳减排技术方面取得重大进展。试验基地投入运行后，每年可捕获万吨以上二氧化碳。

12月19日 《农业部关于推进渔业节能减排工作的指导意见》印发。力争到2015年，渔业单位产值能耗明显下降；更新淘汰一批老旧、高耗能渔船，建造一批节能型、标准化玻璃钢和钢质渔船，渔船节能技术与节能产品得到推广应用，新船综合节能效率达15%以上；循环水养殖技术、生态健康养殖技术日益完善，综合节水达50%以上；水产品加工综合利用水平有所提高；初步建立比较完善的渔业节能减排法规和标准体系、政策保障体系、技术支撑体系、监督管理体系；形成政府主导、市场驱动、科技支撑、协会推动、渔民参与的节能减排工作格局，全行业节能减排意识有较大提升，能源利用水平有较大提高，渔业污染排放得到有效控制。

12月21日 环保部部长周生贤在2012年中国环境保护工作会议上表示，从2012年起，北京、天津、河北和长三角、珠三角等重点区域以及直辖市和省会城市将开展PM2.5和臭氧监测。

2011年下半年，美国驻华大使馆PM2.5监测数据被网民大量引用和转播，城市空气清洁和PM标准门槛成为网络焦点，PM10还是PM2.5、公布还是掩饰，相关政府部门与公众开展了热烈的争论和互动。中国工程院院士郝吉明透露目前我国大部分城市PM2.5浓度超过世界卫生组织规定第一阶段的排放标准。此一舆论热点推动了北京、南京、广东等地做出不等反应。

12月25日 国务院总理温家宝与日本首相野田佳彦举行会谈时表示，中日双方要进一步发挥中日节能环保综合论坛、绿色博览会等机制和平台的作用，尽快启动中日节能环保投资基金，办好中日生态工业园区，着力提升在节能环保、绿色经济、低碳经济、高新技术领域的合作水平和规模。

12月28日 工信部印发《环保装备“十二五”发展规划》印发。支持和鼓励研发大气污染治理装备、水污染治理装备、固体废物处理装备、资源综合利用装备、环境监测专用仪器仪表、环境污染治理配套材料和药剂以及环境应急装备等 7 大类 9 6 项产品和技术。96项产品和技术主要用于燃煤电厂、冶金企业除尘、转炉烟气净化及煤气回收、电力行业脱硫脱硝、重型柴油机尾气净化、海上溢油应急处理等环保和资源综合利用。

12月30日 国务院印发《工业转型升级规划（2011—2015年）》。提出“十二五”目标之一是：资源节约、环境保护和安全生产水平显著提升。单位工业增加值能耗较“十一五”末降低21 % 左右，单位业增加值用水量降低30%，单位工业增加值二氧化碳排放量减少21% 以上；工业化学需氧量和二氧化硫排放总量别减少10 %，工业氨氮和氮氧化物排放总量减少15 %；主要耗能行业单位产品能耗持续下降，重点行业清洁生产平明显提升。安全生产保障能力进一步提升。

《规划》“第四节促进工业绿色低碳发展”提出：按照建设资源节约型、环境友好型社会的要求，以推进设计开发生态化、生产过程清洁化、资源利用高效化、环境影响最小化为目标，立足节约、清洁、低碳、安全发展，合理控制能源消费总量，健全激励和约束机制，增强工业的可持续发展能力。一是大力推进工业节能降耗。二是促进工业清洁生产和污染治理。三是发展循环经济和再制造产业。

12月30日 国家发展改革委公告《国家重点节能技术推广目录(第四批)》。本目录涉及煤炭、电力、钢铁、有色金属、石油石化、化工、建材、机械、纺织、轻工、建筑、交通、通信等13个行业，共22项重点节能技术。

12月 工业和信息化部向各省、自治区、直辖市人民政府下达“十二五”期间工业领域19个重点行业淘汰落后产能目标任务，要求各地尽快将目标任务分解形成年度计划，落实到具体企业，并采取综合措施，加强监督考核，确保落后设备(生产线)彻底拆除，不得向中西部地区和周边国家转移，全面完成“十二五”期间淘汰落后产能工作各项目标任务。

具体目标任务分别为：淘汰炼铁落后产能4800万吨，炼钢4800万吨，焦炭4200万吨，电石380万吨，铁合金740万吨，电解铝90万吨，铜冶炼80万吨，铅(含再生铅)冶炼130万吨，锌(含再生锌)冶炼65万吨，水泥(含熟料及磨机)3.7亿吨，平板玻璃9000万重量箱，造纸1500万吨，酒精100万吨，味精18.2万吨，柠檬酸4.75万吨，制革1100万标张，印染55.8亿米，化纤59万吨，铅蓄电池746万千伏安时。与“十一五”节能减排综合性工作方案确定的12个重点工业行业目标任务相比，“十二五”期间淘汰落后产能增加了铜冶炼、铅(含再生铅)冶炼、锌(含再生锌)冶炼、制革、印染、化纤、铅蓄电池等7个行业，电解铝、铁合金、电石、水泥、平板玻璃、造纸等6个行业淘汰落后产能任务有所增加，增加幅度分别为38.5%、85%、90%、48%、200%、130%。

12月 由中国气象局和国家发展改革委会同有关部门编制的《气象发展规划（2011—2015年）》发布。《规划》提出的发展目标是：到2015年，基本建立满足国家需求、结构完善、布局合理、功能齐备的公共气象服务系统、气象预报预测系统、综合气象观测系统，建成较完善的气象科技创新体系和充满活力的气象人才体系，显著提升气象现代化水平，进一步优化气象法制、文化、管理等发展环境，为实现国务院3号文件确定的2020年奋斗目标奠定坚实的基础。《规划》突显积极应对气候变化。强调要强化应对气候变化；服务加强气候变化科技支撑；加强气候资源开发利用服务；加强应对气候变化国际合作。

12月 甘肃省历时四年的甘肃风能资源详查和评价工作完成并验收，探明风能资源技术可开发量约为2.36亿千瓦、可开发面积逾6万平方公里，为甘肃省风电发展规划、风电场选址和风电机组设计提供了精细化的数据支持。

由甘肃省气象局承担的“甘肃省风能资源详查和评价工作”项目于2007年7月开始，2011年10月完成，并于日前通过中国气象局等单位验收。此次详查完成该省风能资源分析评估，确定详查区域风能资源等级，并开展了气象灾害风险评估。甘肃省投资1000余万元在资源区内建立了专业风能资源观测网，进行风能资源观测，并结合当地气象数据，建成风能资源数据库，利用数值模拟的方法对风能资源分布状况和各种要素进行计算分析，获得了精细的风能资源立体图谱和数据集，为甘肃省实现风能资源精细化开发利用奠定了基础。

\>\>\>

数据资料

2011年国家统计局统计数据

（国家统计局提供）

一、自然资源

表1-1 土地状况

项目	面积(万平方公里)	占总面积(%)
总面积	**960.00**	**100.00**
耕地	121.72	12.80
园地	11.79	1.24
林地	236.09	24.83
牧草地	261.84	27.54
其他农用地	25.44	2.68
居民点及独立工矿用地	26.92	2.83
交通运输用地	2.50	0.26
水利设施用地	3.65	0.38

注：本表数据来源于国土资源部，为2008年底数据。

表1-2 主要河流基本情况

名称	流域面积(平方公里)	河长(公里)	年径流量(亿立方米)
长江	1782715	6300	9857
黄河	752773	5464	592
松花江	561222	2308	818
辽河	221097	1390	137
珠江	442527	2214	3381
海河	265511	1090	163
淮河	268957	1000	595

注：本表数据由水利部提供，为2002年至2005年进行的第二次水资源评价数据。

表1–3 河流流域面积

流域名称	流域面积(平方公里)	占外流河、内陆河流域面积合计
合计	**9506678**	**100.00**
外流河	**6150927**	**64.70**
黑龙江及绥芬河	934802	9.83
辽河、鸭绿江及沿海诸河	314146	3.30
海滦河	320041	3.37
黄河	752773	7.92
淮河及山东沿海诸河	330009	3.47
长江	1782715	18.75
浙闽台诸河	244574	2.57
珠江及沿海诸河	578974	6.09
元江及澜仓江	240389	2.53
怒江及滇西诸河	157392	1.66
雅鲁藏布江及藏南诸河	387550	4.08
藏西诸河	58783	0.62
额尔齐斯河	48779	0.51
内陆河	3355751	35.30
内蒙内陆河	311378	3.28
河西内陆河	469843	4.94
准嘎尔内陆河	323621	3.40
中亚细亚内陆河	77757	0.82
塔里木内陆河	1079643	11.36
青海内陆河	321161	3.38
羌唐内陆河	730077	7.68
松花江、黄河、藏南闭流区	42271	0.44

注：本表数据由水利部提供，为2002年至2005年进行的第二次水资源评价数据。

表1-4 主要矿产基础储量

项目		2011
石油	(万吨)	323967.9
天然气	(亿立方米)	40206.4
煤炭	(亿吨)	2157.9
铁矿	(矿石，亿吨)	192.8
锰矿	(矿石，万吨)	18240.9
铬矿	(矿石，万吨)	413.3
钒矿	(万吨)	1230.6
原生钛铁矿	(万吨)	24585.4
铜矿	(铜，万吨)	2812.4
铅矿	(铅，万吨)	1291.7
锌矿	(锌，万吨)	3124.4
铝土矿	(矿石，万吨)	105064.3
镍矿	(镍，万吨)	272.0
钨矿	(WO_3，万吨)	156.7
锡矿	(锡，万吨)	138.8
钼矿	(钼，万吨)	586.1
锑矿	(锑，万吨)	55.8
金矿	(金，吨)	1790.4
银矿	(银，吨)	36042.2
菱镁矿	(矿石，万吨)	185163.4
普通萤石	(矿物，万吨)	3547.2
硫铁矿	(矿石，万吨)	136900.6
磷矿	(矿石，亿吨)	28.9
钾盐	(KCl，万吨)	60800.0
盐矿	($NaCl$，亿吨)	2053.0
芒硝	(Na_2SO_4，亿吨)	94.2
重晶石	(矿石，万吨)	4194.8
玻璃硅质原料	(矿石，万吨)	161192.4
石墨	(矿物，万吨)	6229.9
滑石	(矿石，万吨)	11808.5
高岭土	(矿石，万吨)	37764.6

注：本表资料由国土资源部提供。其中，石油和天然气的数据为剩余技术可采储量(下表同)。

表1-5 各地区主要能源、黑色金属矿产基础储量（2011年）

地 区	石 油(万吨)	天然气(亿立方米)	煤 炭(亿吨)	铁 矿(矿石,亿吨)	锰 矿(矿石,万吨)	铬 矿(矿石,万吨)	钒 矿(万吨)	原生钛铁矿(万吨)
全 国	**323967.94**	**40206.41**	**2157.89**	**192.76**	**18240.92**	**413.31**	**1230.62**	**24585.40**
北 京			3.76	0.86				
天 津	2742.16	273.66	2.97					
河 北	27736.14	333.10	38.41	26.73	7.05	4.64	10.72	294.42
山 西			834.59	13.40				
内蒙古	8520.38	8040.48	368.89	13.57	566.00	60.02	0.77	
辽 宁	17880.89	194.82	30.97	52.06	1386.77			
吉 林	17788.93	827.29	9.52	2.44	0.40			
黑龙江	51273.08	1407.46	61.75	0.35				
上 海								
江 苏	2933.35	24.04	10.81	1.83			2.40	
浙 江			0.44	0.39			3.76	
安 徽	208.80	0.15	79.91	8.41	8.17		7.82	
福 建			4.29	3.61	136.85			
江 西			4.26	1.57			2.16	
山 东	34329.40	379.20	74.10	9.02				654.42
河 南	5190.34	98.51	97.46	2.19	0.82			0.52
湖 北	1302.57	4.57	3.25	5.92	777.87		25.17	1053.23
湖 南			13.29	1.48	2565.20		225.60	
广 东	8.05	0.30	0.23	1.12	75.23			
广 西	142.88	3.38	2.02	0.29	5860.10		171.49	
海 南	-34.44	-4.24	1.19	0.73				
重 庆	159.05	1955.33	18.57	0.15	1739.43			
四 川	818.74	7973.07	51.82	29.15	97.74		689.74	22536.21
贵 州		10.50	58.74	0.14	2981.90			
云 南	12.21	2.32	59.67	3.76	935.21		0.07	
西 藏			0.12	0.17		178.27		
陕 西	29844.34	5478.00	107.59	3.87	283.37		0.89	
甘 肃	15529.15	191.63	23.51	5.47	259.04	124.82	89.87	
青 海	5529.44	1329.11	16.12	0.06		0.37		
宁 夏	709.96	2.54	31.28					
新 疆	56299.10	8809.93	148.36	4.02	559.77	45.19	0.16	46.60
海 域	45043.41	2871.27						

表1-6　各地区主要有色金属、非金属矿产基础储量（2011年）

地　区	铜 矿 (铜,万吨)	铅 矿 (铅,万吨)	锌 矿 (锌,万吨)	铝土矿 (矿石,万吨)	菱镁矿 (矿石,万吨)	硫铁矿 (矿石,万吨)	磷 矿 (矿石,亿吨)	高岭土 (矿石,万吨)
全 国	**2812.43**	**1291.70**	**3124.39**	**105064.32**	**185163.43**	**136900.57**	**28.93**	**37764.63**
北 京	0.02							
天 津								
河 北	13.19	20.91	89.39	2.57	882.34	1140.42	1.75	58.30
山 西	211.44	0.55	0.32	18146.20		614.98		160.20
内蒙古	364.19	310.56	603.13			15561.90	0.02	433.12
辽 宁	34.59	9.70	48.29		169189.47	1947.78	0.81	525.00
吉 林	22.88	12.35	18.55		1.10	762.70		49.66
黑龙江	112.06	6.37	32.77			48.20		
上 海								
江 苏	3.94	9.80	16.70			353.20	0.13	727.78
浙 江	8.91	8.97	20.89			552.38		768.08
安 徽	182.57	10.59	14.92			15078.68	0.20	158.17
福 建	86.15	26.00	68.22			1134.33		5585.69
江 西	672.05	56.22	81.84			15950.62	0.61	3138.62
山 东	17.98	0.25	0.06	158.90	14852.02	3.18		418.82
河 南	11.67	43.82	47.37	16119.19	2.11	5706.07	0.03	32.88
湖 北	117.55	5.22	20.49	502.87		3833.11	8.19	465.93
湖 南	28.72	65.05	98.80	485.53		3925.77	1.41	2119.13
广 东	30.90	144.61	254.55			16558.90		5495.63
广 西	3.35	25.52	102.79	41146.02		682.25		15174.70
海 南	3.05	0.92	0.78					1872.60
重 庆		5.56	18.22	6890.18		1485.60		9.00
四 川	74.96	80.51	217.29	14.40	186.49	40988.03	3.43	71.87
贵 州	0.19	1.23	11.06	20045.31		5497.32	5.28	16.05
云 南	277.20	199.25	713.16	1551.84		4898.29	6.42	402.30
西 藏	233.54	8.58	5.81					
陕 西	19.83	27.90	65.29	1.31		108.30	0.05	81.10
甘 肃	164.64	82.43	332.92			1.00		
青 海	36.40	79.98	149.97		49.90	50.20	0.60	
宁 夏							0.01	
新 疆	80.46	48.85	90.81			17.36		
海 域								

二、土地利用与生态

表2–1 各地区城市绿地和园林(2011年)

地区	城市绿地面积(公顷)	#公园绿地	公园(个)	公园面积(公顷)	建成区绿化覆盖率(%)
全 国	**2242856**	**482620**	**10780**	**285751**	**39.2**
北 京	63540	19728	218	10325	45.6
天 津	21728	6341	77	1680	34.5
河 北	71103	22321	397	13326	42.1
山 西	32513	10295	193	6571	38.3
内蒙古	41059	12161	193	9617	34.1
辽 宁	95968	23174	322	11693	39.8
吉 林	38740	11776	153	4611	34.2
黑龙江	72166	15664	296	9339	36.3
上 海	122283	16446	153	2151	38.2
江 苏	237486	35634	701	15687	42.1
浙 江	105200	21480	954	13511	38.4
安 徽	75977	15001	265	9576	39.5
福 建	50802	12111	451	9681	41.4
江 西	45063	11546	264	7501	46.8
山 东	165577	44800	660	22919	41.5
河 南	69596	19207	267	9414	36.6
湖 北	62062	18010	275	9844	38.4
湖 南	49593	11790	175	7395	36.8
广 东	410600	67958	2811	60802	41.1
广 西	64461	10012	168	7205	37.4
海 南	49784	2807	49	1892	41.8
重 庆	43854	18626	248	8895	40.2
四 川	77406	17902	377	9423	38.2
贵 州	30521	4255	59	4087	32.3
云 南	31940	8154	535	5872	38.7
西 藏	2943	524	75	681	24.1
陕 西	28164	9118	130	3217	38.7
甘 肃	16337	4570	92	2572	27.9
青 海	3894	1229	26	904	31.1
宁 夏	18399	3795	59	2086	37.5
新 疆	44097	6185	137	3274	36.6

#公园绿地面积包括综合公园、社区公园、专类公园、带状公园和街旁绿地。

表2–2　各地区土地利用情况（2008年）

单位：万公顷

地区	土地调查面积	农用地			建设用地			
			园地	牧草地		居民点及工矿用地	交通运输用地	水利设施用地
北　京	164.1	109.6	12.0	0.2	33.8	27.9	3.3	2.6
天　津	119.2	69.3	3.5	0.1	36.8	28.1	2.2	6.5
河　北	1884.3	1308.2	70.5	79.9	179.4	154.5	12.0	12.9
山　西	1567.1	1014.3	29.5	65.8	86.9	77.3	6.3	3.3
内蒙古	11451.2	9523.0	7.3	6560.9	149.2	123.9	16.0	9.3
辽　宁	1480.6	1122.8	59.6	34.9	139.9	115.9	9.2	14.8
吉　林	1911.2	1639.3	11.5	104.4	106.5	84.2	6.7	15.6
黑龙江	4526.5	3792.4	6.0	220.8	149.2	116.1	11.9	21.2
上　海	82.4	36.7	2.1		25.4	23.0	2.1	0.2
江　苏	1067.4	671.6	31.6	0.1	193.4	161.0	13.1	19.3
浙　江	1054.0	867.2	66.1		104.9	81.7	9.5	13.8
安　徽	1401.3	1119.0	33.9	2.8	166.2	133.4	10.1	22.7
福　建	1240.2	1073.1	62.9	0.3	64.7	50.7	7.9	6.1
江　西	1668.9	1416.4	27.8	0.4	95.4	67.5	7.5	20.5
山　东	1571.3	1156.6	100.7	3.4	251.1	209.3	16.3	25.5
河　南	1655.4	1228.1	31.4	1.4	218.7	188.3	12.2	18.2
湖　北	1858.9	1465.2	42.4	4.4	140.0	100.9	9.2	30.0
湖　南	2118.5	1789.8	49.0	10.4	139.0	108.8	10.4	19.8
广　东	1798.1	1489.1	100.8	2.7	179.0	145.7	12.1	21.1
广　西	2375.6	1786.6	53.9	71.6	95.4	71.0	8.8	15.5
海　南	353.5	282.3	53.2	1.9	29.8	22.3	1.4	6.1
重　庆	822.7	692.0	24.0	23.7	59.3	48.9	4.8	5.5
四　川	4840.6	4239.8	71.6	1371.1	160.3	136.6	13.5	10.2
贵　州	1761.5	1524.6	12.1	159.8	55.7	45.7	6.1	4.0
云　南	3831.9	3176.0	84.2	78.2	81.6	62.8	10.0	8.8
西　藏	12020.7	7760.6	0.2	6444.1	6.7	4.2	2.4	0.1
陕　西	2057.9	1847.8	70.6	306.4	81.7	71.0	6.6	4.0
甘　肃	4040.9	2387.9	20.0	1261.3	97.7	88.2	6.6	2.9
青　海	7174.8	4372.4	0.7	4034.7	32.7	24.7	3.2	4.8
宁　夏	519.5	417.4	3.4	226.4	21.2	18.6	1.9	0.7
新　疆	16649.0	6308.5	36.4	5111.4	124.0	99.3	6.3	18.4

表2-3 各地区森林资源情况

地 区	林地面积(万公顷)	森林面积(万公顷)		森林覆盖率(%)	活立木总蓄积量(万立方米)	森林蓄积量(万立方米)
			人工林			
全 国	**30590.41**	**19545.22**	**6168.84**	**20.36**	**1491268.19**	**1372080.36**
北 京	101.46	52.05	35.65	31.72	1291.29	1038.58
天 津	14.22	9.32	8.88	8.24	277.01	198.89
河 北	705.37	418.33	212.27	22.29	10183.91	8374.08
山 西	754.58	221.11	102.74	14.12	8846.96	7643.67
内蒙古	4394.93	2366.40	303.91	20.00	136073.62	117720.51
辽 宁	666.28	511.98	283.03	35.13	21174.91	20226.85
吉 林	848.73	736.57	148.94	38.93	88244.21	84412.29
黑龙江	2184.16	1926.97	235.68	42.39	165191.60	152104.96
上 海	7.46	5.97	5.97	9.41	275.20	100.95
江 苏	128.64	107.51	104.15	10.48	5022.59	3501.75
浙 江	667.97	584.42	267.44	57.41	19382.93	17223.14
安 徽	439.40	360.07	209.87	26.06	16258.35	13755.41
福 建	914.81	766.65	359.18	63.10	53226.01	48436.28
江 西	1054.92	973.63	291.87	58.32	45045.51	39529.64
山 东	342.12	254.46	244.38	16.72	8627.99	6338.53
河 南	502.02	336.59	217.39	20.16	18051.16	12936.12
湖 北	822.01	578.82	167.01	31.14	23121.55	20942.49
湖 南	1234.21	948.17	464.04	44.76	38177.20	34906.67
广 东	1073.07	873.98	503.18	49.44	32160.74	30183.37
广 西	1496.45	1252.50	515.52	52.71	51056.78	46875.18
海 南	208.73	176.26	125.29	51.98	7940.93	7274.23
重 庆	400.18	286.92	76.20	34.85	13803.63	11331.85
四 川	2311.66	1659.52	415.65	34.31	168753.49	159572.37
贵 州	841.23	556.92	199.86	31.61	27911.53	24007.96
云 南	2476.11	1817.73	326.77	47.50	171216.68	155380.09
西 藏	1746.63	1462.65	3.36	11.91	227271.36	224550.91
陕 西	1205.80	767.56	183.27	37.26	36144.16	33820.54
甘 肃	955.44	468.78	80.77	10.42	21708.26	19363.83
青 海	634.00	329.56	4.44	4.57	4413.80	3915.64
宁 夏	179.03	51.10	10.38	9.84	625.93	492.14
新 疆	1066.57	661.65	61.75	4.02	33914.50	30100.54

注：1.本表为第七次全国森林资源清查（2004—2008)资料。
2.全国总计数包括台湾省和香港、澳门特别行政区数据。

表2-4 造林面积

单位：公顷

年份地区	造林总面积	按造林方式分			按林种用途分				
		人工造林	飞播造林	无林地和疏林地新封山育林	用材林	经济林	防护林	薪炭林	特种用途林
2000	5105138	4345008	760130		1218461	1350277	2430834	82338	23228
2001	4953038	3977324	975714		905518	1068540	2913538	45611	19831
2002	7770971	6896041	874930		898736	964211	5828810	59144	20070
2003	9118894	8432486	686408		1175812	797318	7087319	37070	21374
2004	5598079	5018885	579194		871132	456691	4210768	49966	9522
2005	3647942	3231556	416386		607547	337816	2678214	16074	8291
2006	2717925	2446122	271803		481629	403322	1824687	4837	3450
2007	3907711	2738521	118671	1050519	610367	478417	2790172	7993	20762
2008	5354387	3684913	154065	1515409	782109	850774	3697812	4020	19672
2009	6262330	4156293	226337	1879700	801317	1002555	4407654	23705	27099
2010	5909919	3872762	195948	1841209	809937	1110896	3943432	18887	26767
2011	5996613	4065693	196931	1733989	1019320	1218281	3688827	36805	33380
北 京	20796	6510		14286	11	390	19698		697
天 津	7401	7401			1973	1037	4391		
河 北	286423	175906	40665	69852	24789	21437	240164		33
山 西	299713	215390	2668	81655	300	81295	212168	5950	
内蒙古	731837	335136	113598	283103	17738	14030	699445		624
辽 宁	246767	140167		106600	11947	16673	218032	62	53
吉 林	36424	34090		2334	1819	3082	31480		43
黑龙江	123763	71921		51842	17005	1899	102108	260	2491
上 海	710	710				105	605		
江 苏	57294	57294			7601	7683	41082		928
浙 江	40473	36536		3937	2665	8158	28734		916
安 徽	45629	23373		22256	10329	14924	19997	334	45
福 建	212724	212724			144061	20590	46154	286	1633
江 西	164521	141693		22828	71029	33418	56942	1617	1515
山 东	219028	217329		1699	34598	51154	130896		2380
河 南	237740	193500		44240	56717	28704	150747	666	906
湖 北	194654	145911		48743	66712	38733	85697	34	3478
湖 南	402435	235823		166612	115459	48334	235527	1106	2009
广 东	125476	121640		3836	51541	13115	60478	200	142
广 西	147810	132213		15597	113198	12201	22165		246
海 南	10914	10914			458	1133	8715		608
重 庆	244644	139288		105356	53047	22834	164516	3655	592
四 川	251926	131636		120290	84882	50926	109431	667	6020
贵 州	202409	98724		103685	30013	67872	101038	2365	1121
云 南	619961	551252		68709	67076	433746	109746	9293	100
西 藏	46705	34306		12399	27847	2115	8789	7954	
陕 西	325752	200151	40000	85601	4051	84570	237131		
甘 肃	189807	106043		83764		15718	167756		6333
青 海	177492	49731		127761			177492		
宁 夏	90478	59810		30668	1630	21472	67376		
新 疆	216907	160571		56336	824	100933	112327	2356	467

注：2011年全国合计造林面积中包括军事管理区18000公顷退耕还林工程荒山荒地造林。根据造林技术规程(GB/T 15776—2006)，自2006年起将无林地和疏林地新封山育林面积计入造林总面积。

表2-5　林业重点工程造林面积

单位：公顷

年份地区	造林总面积	天然林保护工程	退耕还林工程	三北及长江流域等防护林建设工程	京津风沙源治理工程	速生丰产用材林基地建设工程
2001	3160181	948081	870986	1034924	217320	88870
2002	6777364	856077	4423607	775625	676375	45680
2003	8262781	688257	6196128	533544	824427	20425
2004	4802849	641446	3217542	448320	473272	22270
2005	3109105	424808	1898360	368202	408246	9488
2006	2810800	774815	1050526	566823	409541	9095
2007	2681646	732882	1056020	574219	315132	3393
2008	3438150	1009016	1190347	765770	469042	3975
2009	4596244	1360913	886666	1893077	434817	20771
2010	3669648	885479	982617	439126	1360649	1777
2011	3093865	553564	730177	1264026	545191	907
北京	17953			200	17753	
天津	7401			7401		
河北	181654		12380	73935	94705	634
山西	181776	46343	45291	65408	24734	
内蒙古	660392	87317	39696	125380	407999	
辽宁	129279		30664	98615		
吉林	35273		11269	24004		
黑龙江	110428		27091	83064		273
上海						
江苏	29517			29517		
浙江	13595			13595		
安徽	38684		15335	23349		
福建	46288			46288		
江西	52890		22660	30230		
山东	63733			63733		
河南	99952	4664	48261	47027		
湖北	102892	23694	42672	36526		
湖南	70093		35487	34606		
广东	44587			44587		
广西	45592		18246	27346		
海南	9016		2465	6551		
重庆	58938	32669	26269			
四川	105096	78199	26897			
贵州	51241	19336	18667	13238		
云南	230605	72985	137060	20560		
西藏	11999	3333	8666			
陕西	231076	88634	59356	83086		
甘肃	141323	50311	22164	68848		
青海	101707	28132	22516	51059		
宁夏	40698	17947	5999	16752		
新疆	162187		33066	129121		

注：2011年退耕还林工程中包括军事管理区18000公顷荒山荒地造林。

表2–6 各地区草原建设利用情况(2011年)

单位：千公顷

地区	草原总面积	可利用草原面积	累计种草保留面积	当年新增种草面积	草原鼠害		草原虫害		草原火灾受害面积
					危害面积	治理面积	危害面积	治理面积	
全国	392832.7	330995.4	19511.0	7439.9	38724.0	7020.7	17659.6	5404.2	17.5
北京	394.8	336.3	11.4	7.7					
天津	146.6	135.4	7.1	6.5					
河北	4712.1	4085.3	677.8	139.8	506.7	262.7	570.0	306.2	
山西	4552.0	4552.0	465.9	184.8	400.7	84.0	318.7	102.2	
内蒙古	78804.5	63591.1	4311.8	1798.5	6034.0	1301.3	7476.8	2102.4	12.3
辽宁	3388.8	3239.3	608.7	356.3	268.0	151.3	300.8	165.9	
吉林	5842.2	4379.0	680.6	409.9	498.7	470.0	373.3	154.3	2.4
黑龙江	7531.8	6081.7	1375.7	412.4	661.3	120.0	601.1	134.3	0.4
上海	73.3	37.3							
江苏	412.7	325.7	38.6	28.1					
浙江	3169.9	2075.2	50.5	34.9					
安徽	1663.2	1485.2	116.3	71.4					
福建	2048.0	1957.1	54.5	30.3					
江西	4442.3	3847.6	235.0	135.5					
山东	1638.0	1329.2	201.5	113.1					
河南	4433.8	4043.3	231.8	45.8					
湖北	6352.2	5071.5	218.2	93.7					
湖南	6372.7	5666.3	199.4	42.5					
广东	3266.2	2677.2	33.7	19.7					
广西	8698.3	6500.3	81.6	18.3					
海南	949.8	843.3	18.2	0.2					
重庆	2158.4	1867.2	88.0	41.8					
四川	20380.4	17753.1	1822.7	1083.7	3081.3	339.3	827.0	401.6	0.7
贵州	4287.3	3759.7	576.0	160.0					
云南	15308.4	11925.6	685.4	203.4					
西藏	82051.9	70846.8	113.2	49.3	6877.3	960.0	36.4	13.3	
陕西	5206.2	4349.2	853.3	93.5	732.7	204.7	351.3	58.3	
甘肃	17904.2	16071.6	2644.2	624.3	4985.3	458.0	1466.1	316.9	0.2
青海	36369.7	31530.7	845.3	498.7	8333.3	828.0	1664.5	371.3	1.2
宁夏	3014.1	2625.6	663.7	249.6	578.7	92.0	712.3	105.2	
新疆	54504.2	45902.2	1394.4	397.5	5491.3	1585.3	2669.3	1026.7	0.2
新疆兵团	2754.6	2104.6	206.2	88.6	274.7	164.0	291.8	145.6	

表2–7　各地区湿地面积

地区	湿地面积(千公顷)	天然湿地					人工湿地	湿地面积占辖区面积比重(%)
			近岸及海岸	河流	湖泊	沼泽		
全 国	38485.5	36200.6	5941.7	8207.0	8351.6	13700.3	2285.0	4.01
北 京	34.4	5.0		5.0			29.4	1.93
天 津	171.8	133.7	58.1	55.1	12.3	8.2	38.1	14.95
河 北	1081.9	1042.3	278.8	319.3	307.2	136.9	39.6	5.82
山 西	499.9	462.2		454.1	8.1		37.7	3.19
内蒙古	4245.0	4200.8		607.5	495.2	3098.1	44.3	3.66
辽 宁	1219.6	1106.8	738.1	252.2	6.3	110.2	112.9	8.37
吉 林	1203.4	1016.4	5.8	581.4	74.5	354.7	187.0	6.37
黑龙江	4314.8	4182.8		460.7	401.9	3320.3	132.0	9.49
上 海	319.7	319.4	305.4	7.2	6.8		0.3	53.68
江 苏	1674.7	1651.1	843.5	203.3	604.2		23.6	16.32
浙 江	802.2	695.9	574.3	118.5	3.0	0.1	106.3	7.88
安 徽	653.9	590.0		239.5	350.5		63.9	4.73
福 建	443.0	421.2	370.6	31.1	19.5		21.8	3.65
江 西	998.8	872.9		314.9	443.2	114.8	125.9	5.99
山 东	1784.1	1681.4	1210.9	301.1	165.5	3.9	102.7	11.72
河 南	624.1	482.2		472.7	2.6	6.9	141.9	3.74
湖 北	927.3	730.5		377.4	294.7	58.4	196.9	4.99
湖 南	1226.9	1047.5		683.1	359.3	5.1	179.5	5.79
广 东	1398.1	1252.0	1017.8	231.7	1.5	1.0	146.0	7.86
广 西	656.1	567.5	348.4	219.1			88.6	2.76
海 南	311.5	256.6	190.0	38.3	17.3	11.0	54.9	9.13
重 庆	43.2	31.9		31.6	0.3		11.3	0.52
四 川	961.7	919.5		563.9	13.4	342.3	42.1	1.98
贵 州	79.4	65.9		58.0	2.3	5.7	13.5	0.45
云 南	235.3	220.3		119.8	96.5	4.0	15.0	0.61
西 藏	5232.0	5231.5		231.1	2538.6	2461.7	0.5	4.26
陕 西	292.9	277.2		252.1	7.3	17.8	15.7	1.42
甘 肃	1258.1	1131.4		565.6	44.3	521.5	126.7	2.80
青 海	4126.0	4087.7		107.5	1232.0	2748.1	38.3	5.72
宁 夏	255.6	252.4		104.1	148.3		3.2	3.85
新 疆	1410.2	1264.6		200.2	694.9	369.5	145.5	0.86

注：本表为中国首次湿地调查（1995–2003)资料，不包括台湾省、香港和澳门特别行政区；湿地面积不包括水稻田湿地。

表2-8 红树林各地类面积

单位：公顷

地 区	红树林各地类总面积			
		现有面积	未成林面积	宜林地面积
全 国	82757.2	22024.9	1884.1	58848.2
浙 江	5452.3	20.6	236.1	5195.6
福 建	13410.1	615.1	286.4	12508.6
广 东	32325.9	9084.0	981.3	22260.6
广 西	18029.2	8374.9	380.3	9274.0
海 南	13539.7	3930.3		9609.4

注：本表数据为2002年全国红树林资源调查资料。

表2-9　各地区自然保护基本情况（2011年）

地区	自然保护区个数(个)	国家级	自然保护区面积(万公顷)	国家级	自然保护区占辖区面积比重 (%)
全 国	2640	335	14971.1	9315.3	14.9
北 京	20	2	13.4	2.6	8.0
天 津	8	3	9.1	3.8	8.1
河 北	35	12	58.7	23.8	3.1
山 西	46	5	115.7	8.3	7.4
内蒙古	184	24	1380.5	395.0	11.7
辽 宁	101	13	271.5	94.8	12.8
吉 林	38	14	230.4	94.6	12.3
黑龙江	221	24	660.5	240.0	14.5
上 海	4	2	9.4	6.6	5.2
江 苏	30	3	56.5	33.6	4.1
浙 江	32	10	19.7	14.7	1.5
安 徽	102	7	52.5	13.9	3.8
福 建	92	12	44.5	20.6	3.0
江 西	195	9	119.1	15.6	7.1
山 东	86	7	109.8	22.0	4.8
河 南	34	11	73.5	42.6	4.4
湖 北	64	11	95.9	26.1	5.2
湖 南	123	18	125.0	51.8	5.9
广 东	368	11	355.3	22.6	6.7
广 西	78	16	145.3	30.8	6.0
海 南	50	9	273.5	10.7	7.0
重 庆	57	4	85.0	21.9	10.3
四 川	167	24	899.4	277.1	18.6
贵 州	129	8	95.2	24.4	5.4
云 南	163	17	297.8	144.4	7.8
西 藏	47	9	4136.9	3715.3	33.9
陕 西	55	14	117.2	46.7	5.7
甘 肃	59	16	734.7	482.5	16.2
青 海	11	5	2182.2	2025.2	30.2
宁 夏	14	6	53.6	42.7	10.3
新 疆	27	9	2149.4	1360.6	13.0

表2-10 各地区自然灾害损失情况(2011年)

单位：千公顷

地区	农作物受灾面积合计		旱灾		洪涝、山体滑坡、泥石流和台风		风雹灾害		低温冷冻和雪灾		人口受灾		直接经济损失(亿元)
	受灾	绝收	受灾	绝收	受灾	绝收	受灾	绝收	受灾	绝收	受灾人口(万人次)	死亡人口(人)	
全国	32470.5	2891.7	16304.2	1505.4	8409.9	872.8	3309.3	302.4	4447.1	211.1	43290.0	1014	3096.4
北京	56.1	5.1	2.0		39.7	3.6	14.4	1.5			25.7	8	14.7
天津	8.1	0.3	2.8		3.8	0.3	1.5				3.6		0.9
河北	1383.3	55.3	855.7	27.5	227.3	8.7	260.5	18.3	39.8	0.8	2181.9	14	69.2
山西	1015.0	72.4	476.7	28.8	240.8	21.6	192.8	20.5	104.7	1.5	1273.6	35	74.2
内蒙古	2036.6	307.6	1131.2	129.0	389.9	130.0	346.4	44.8	169.1	3.8	692.0	29	103.1
辽宁	450.2	50.2	6.7		375.6	49.3	41.6	0.9	26.3		255.6		36.6
吉林	616.4	33.0	252.0	11.5	58.2	9.8	107.6	2.5	198.6	9.2	201.5	2	41.4
黑龙江	1536.8	99.6	703.4	30.0	234.0	11.0	518.5	57.3	80.9	1.3	660.6	1	90.3
上海	24.3	2.7			24.2	2.7	0.1				44.1	5	3.6
江苏	1032.1	37.0	481.6	20.0	342.9	17.0	204.5		3.1		1907.5	22	90.5
浙江	431.1	43.7	4.1		298.2	40.9	1.4		127.4	2.8	784.7	14	163.9
安徽	1317.2	38.9	687.3	3.3	396.1	30.4	88.6	5.2	145.2		2990.3	19	115.2
福建	133.1	4.4	55.6	1.7	58.8	2.5	1.5	0.2	17.2		156.1	24	15.1
江西	1075.3	68.5	518.4	25.3	447.4	41.7	9.2		100.3	1.5	1659.3	34	135.7
山东	2117.2	50.1	1294.9	16.7	694.2	31.3	107.3	2.1	20.8		3083.3	12	147.5
河南	1477.6	27.4	1020.4	12.9	287.3	10.0	146.2	4.5	23.7		2468.0	28	62.0
湖北	2580.0	143.3	1205.4	49.0	891.1	63.8	160.5	11.8	323.0	18.7	2843.3	65	216.2
湖南	2374.8	290.8	1190.7	177.5	502.7	56.0	21.1	1.7	660.3	55.6	4308.7	74	266.9
广东	501.7	33.6	112.7	2.6	329.7	22.2	5.7	0.1	53.6	8.7	479.2	31	57.3
广西	1437.9	61.3	406.6	20.9	595.6	24.8	5.3	0.2	430.4	15.4	1473.4	55	76.5
海南	516.6	50.8	33.3	0.7	454.2	50.1			29.1		516.7	4	85.8
重庆	816.0	54.0	387.6	23.1	204.3	19.0	17.2	2.1	206.9	9.8	1466.8	38	71.9
四川	1528.2	183.8	552.8	58.0	519.0	102.1	95.2	2.9	361.2	20.8	4652.4	115	360.4
贵州	2570.2	552.2	1822.5	487.2	111.1	15.5	84.4	21.5	552.2	28.0	3479.2	83	249.2
云南	1989.3	259.6	1230.5	207.4	107.6	17.0	141.1	8.7	510.1	26.5	2163.2	114	191.2
西藏	17.8	0.3			5.3		9.7		2.8	0.3	57.3	49	16.0
陕西	762.5	73.6	260.0	4.9	369.9	65.4	127.1	3.3	5.5		1372.7	86	156.3
甘肃	1266.6	155.7	915.6	113.3	102.0	15.6	200.7	22.7	48.3	4.1	1452.3	21	79.0
青海	285.5	14.0	184.7	8.4	27.7	2.5	65.8	3.1	7.3		235.6	6	21.5
宁夏	434.7	49.7	366.7	43.3	8.7	0.3	54.6	5.3	4.7	0.8	181.2	1	16.4
新疆	420.6	56.5	89.0	1.4	45.0	6.0	149.2	48.5	137.4	0.6	171.5	25	36.5
新疆兵团	257.7	16.3	53.3	1.0	17.6	1.7	129.6	12.7	57.2	0.9	48.7		31.4

表2–11　林业投资完成情况(2011年)

单位：万元

地区	本年完成投资	生态建设与保护	林业支撑与保障	林业产业发展	其他投资
全国	26326068	13024982	3006631	5224114	5070341
北京	953587	754659	30598	10028	158302
天津	87612	81034	2883	20	3675
河北	546499	313886	28749	128932	74932
山西	1040002	765393	43864	5968	224777
内蒙古	1146495	693969	240494	7707	204325
辽宁	1201371	690411	66294	312425	132241
吉林	609980	218481	279845	41885	69769
黑龙江	1867830	676016	1039119	17305	135390
上海	79598	68794	8562	556	1686
江苏	953810	807222	39670	29465	77453
浙江	650354	334561	40858	182704	92231
安徽	401092	205249	40488	35157	120198
福建	1670013	524021	62241	1065262	18489
江西	570750	291581	73025	56133	150011
山东	1199874	813511	118986	185347	82030
河南	974898	667400	15591	272084	19823
湖北	406200	244305	40714	61903	59278
湖南	609371	325009	35344	73917	175101
广东	505088	241534	103753	44171	115630
广西	5159485	1146371	300934	2069424	1642756
海南	77965	33720	7820	4445	31980
重庆	424075	314258	19767	13313	76737
四川	1433823	650013	47714	397523	338573
贵州	381500	332264	10309	4870	34057
云南	734802	317230	78926	59703	278943
西藏	148938	135227	8801	3597	1313
陕西	498242	368071	17532	31209	81430
甘肃	608123	293594	65471	6606	242452
青海	165341	120814	8752	13779	21996
宁夏	188696	134851	5967	6156	41722
新疆	463570	247213	51393	62347	102617
大兴安岭	424215	180927	41046		202242

注：全国合计数包含国家林业局直属单位的固定资产投资数据。

三、能源

表3–1 能源生产总量及构成

年 份	能源生产总量(万吨标准煤)	占能源生产总量的比重 (%)			
		原 煤	原 油	天然气	水电、核电、风电
1978	62770	70.3	23.7	2.9	3.1
1980	63735	69.4	23.8	3.0	3.8
1985	85546	72.8	20.9	2.0	4.3
1990	103922	74.2	19.0	2.0	4.8
1991	104844	74.1	19.2	2.0	4.7
1992	107256	74.3	18.9	2.0	4.8
1993	111059	74.0	18.7	2.0	5.3
1994	118729	74.6	17.6	1.9	5.9
1995	129034	75.3	16.6	1.9	6.2
1996	133032	75.0	16.9	2.0	6.1
1997	133460	74.3	17.2	2.1	6.5
1998	129834	73.3	17.7	2.2	6.8
1999	131935	73.9	17.3	2.5	6.3
2000	135048	73.2	17.2	2.7	6.9
2001	143875	73.0	16.3	2.8	7.9
2002	150656	73.5	15.8	2.9	7.8
2003	171906	76.2	14.1	2.7	7.0
2004	196648	77.1	12.8	2.8	7.3
2005	216219	77.6	12.0	3.0	7.4
2006	232167	77.8	11.3	3.4	7.5
2007	247279	77.7	10.8	3.7	7.8
2008	260552	76.8	10.5	4.1	8.6
2009	274619	77.3	9.9	4.1	8.7
2010	296916	76.6	9.8	4.2	9.4
2011	317987	77.8	9.1	4.3	8.8

注：电力折算标准煤的系数根据当年平均发电煤耗计算(下表同)。

表3–2　能源消费总量及构成

年份	能源消费总量 (万吨标准煤)	占能源消费总量的比重 (%)			
		煤炭	石油	天然气	水电、核电、风电
1978	57144	70.7	22.7	3.2	3.4
1980	60275	72.2	20.7	3.1	4.0
1985	76682	75.8	17.1	2.2	4.9
1990	98703	76.2	16.6	2.1	5.1
1991	103783	76.1	17.1	2.0	4.8
1992	109170	75.7	17.5	1.9	4.9
1993	115993	74.7	18.2	1.9	5.2
1994	122737	75.0	17.4	1.9	5.7
1995	131176	74.6	17.5	1.8	6.1
1996	135192	73.5	18.7	1.8	6.0
1997	135909	71.4	20.4	1.8	6.4
1998	136184	70.9	20.8	1.8	6.5
1999	140569	70.6	21.5	2.0	5.9
2000	145531	69.2	22.2	2.2	6.4
2001	150406	68.3	21.8	2.4	7.5
2002	159431	68.0	22.3	2.4	7.3
2003	183792	69.8	21.2	2.5	6.5
2004	213456	69.5	21.3	2.5	6.7
2005	235997	70.8	19.8	2.6	6.8
2006	258676	71.1	19.3	2.9	6.7
2007	280508	71.1	18.8	3.3	6.8
2008	291448	70.3	18.3	3.7	7.7
2009	306647	70.4	17.9	3.9	7.8
2010	324939	68.0	19.0	4.4	8.6
2011	348002	68.4	18.6	5.0	8.0

表3–3 按行业分能源消费量（2010年）

行业	能源消费总量(万吨标准煤)	煤炭消费量(万吨)	焦炭消费量(万吨)	原油消费量(万吨)	汽油消费量(万吨)
消 费 总 量	324939.15	312236.50	33687.80	42874.55	6886.21
农、林、牧、渔、水利业	6477.30	1711.10	46.82		169.07
工业	231101.82	296031.63	33583.69	42716.55	689.46
采掘业	18399.39	24638.61	179.97	1020.29	66.32
煤炭开采和洗选业	10574.43	23143.94	25.05		20.11
石油和天然气开采业	4057.55	563.03	0.16	1020.29	24.20
黑色金属矿采选业	1573.35	222.10	125.73		7.70
有色金属矿采选业	954.16	99.19	15.75		7.59
非金属矿采选业	1026.38	607.79	13.28		6.40
其他采矿业	213.52	2.56			0.32
制造业	188497.85	118821.50	33381.02	41692.62	590.92
农副食品加工业	2644.27	1699.66	9.50	0.11	38.93
食品制造业	1508.52	1210.93	3.01	0.01	15.74
饮料制造业	1130.42	792.40	0.68		9.55
烟草制品业	228.89	80.06			0.72
纺织业	6204.53	2618.04	5.10	0.02	26.96
纺织服装、鞋、帽制造业	748.42	233.77	3.76	0.03	17.83
皮革、毛皮、羽毛(绒)及其制品业	392.19	75.11	0.22	0.05	8.40
木材加工及木、竹、藤、棕、草	1035.62	432.64	1.78	0.22	9.29
制品业					
家具制造业	209.66	33.79	1.51	0.01	8.23
造纸及纸制品业	3961.92	4281.61	2.19	0.12	11.32
印刷业和记录媒介的复制	390.97	44.70	0.27	0.01	8.33
文教体育用品制造业	210.84	17.74	3.82	0.06	4.08
石油加工、炼焦及核燃料加工业	16582.66	29780.84	93.45	38624.99	36.18
化学原料及化学制品制造业	29688.93	14703.88	1743.01	3062.50	48.20
医药制造业	1427.68	716.35	0.87	0.02	12.16

表3–3 按行业分能源消费量（2010年）（续一）

行业	能源消费总量(万吨标准煤)	煤炭消费量(万吨)	焦炭消费量(万吨)	原油消费量(万吨)	汽油消费量(万吨)
消 费 总 量	324939.15	312236.50	33687.80	42874.55	6886.21
化学纤维制造业	1440.91	589.10	3.88		1.55
橡胶制品业	1461.17	508.10	2.93	0.02	10.81
塑料制品业	2097.51	377.96	4.04	0.10	23.21
非金属矿物制品业	27683.25	23508.83	385.72	2.45	37.47
黑色金属冶炼及压延加工业	57533.71	28221.59	29448.47	0.33	13.40
有色金属冶炼及压延加工业	12841.45	5714.93	591.98	0.71	10.35
金属制品业	3627.75	316.00	75.56	0.12	32.95
通用设备制造业	3270.81	432.85	657.06	0.09	54.03
专用设备制造业	1851.20	627.83	125.61	0.06	29.51
交通运输设备制造业	3748.85	853.95	168.87	0.17	49.21
电气机械及器材制造业	2121.53	253.54	26.63	0.15	36.48
通信设备、计算机及其他电子设备制造业	2525.15	185.11	2.61	0.27	20.31
仪器仪表及文化、办公用机械制造业	346.47	25.46	5.73		7.26
工艺品及其他制造业	1505.08	471.78	2.13		7.73
废弃资源和废旧材料回收加工业	77.49	12.95	10.63		0.73
电力、煤气及水生产和供应业	24204.58	152571.52	22.70	3.64	32.22
电力、热力的生产和供应业	22584.11	151163.05	4.01	3.64	24.64
燃气生产和供应业	650.11	1341.79	18.55		3.20
水的生产和供应业	970.36	66.68	0.14		4.38
建筑业	6226.30	718.91	5.81		274.70
交通运输、仓储和邮政业	26068.47	639.23	0.12	158.00	3204.93
批发、零售业和住宿、餐饮业	6826.82	1969.87	5.10		168.18
其他行业	13680.50	2006.59	2.77		1166.22
生活消费	34557.94	9159.17	43.49		1213.65

表3–3　按行业分能源消费量（2010年）（续二）

行业	煤油消费量(万吨)	柴油消费量(万吨)	燃料油消费量(万吨)	天然气消费量(亿立方米)	电力消费量(亿千瓦小时)
消费总量	1744.07	14633.80	3758.02	1075.75	41934.49
农、林、牧、渔、水利业	0.90	1206.73	1.14	0.50	976.49
工业	40.20	2163.79	2377.32	687.25	30871.77
采掘业	4.41	500.35	37.33	137.20	1940.39
煤炭开采和洗选业	2.53	141.23	2.32	3.80	751.67
石油和天然气开采业		185.98	34.75	132.61	347.90
黑色金属矿采选业	0.35	62.36	0.07	0.03	361.33
有色金属矿采选业	0.67	20.82	0.01	0.09	258.71
非金属矿采选业	0.24	89.42	0.18	0.66	155.26
其他采矿业	0.62	0.54		0.01	65.52
制造业	35.75	1501.33	2220.15	357.70	22870.00
农副食品加工业	0.51	56.78	9.79	0.88	424.36
食品制造业	0.20	30.47	13.76	2.76	184.69
饮料制造业	0.13	15.91	8.26	1.70	132.34
烟草制品业		4.50	1.06	0.62	45.88
纺织业	0.50	44.63	22.45	1.66	1276.74
纺织服装、鞋、帽制造业	0.25	34.34	5.31	0.32	151.58
皮革、毛皮、羽毛(绒)及其制品业	0.24	13.70	5.87	0.04	89.72
木材加工及木、竹、藤、棕、草制品业	0.17	18.06	0.25	0.30	212.21
家具制造业	0.08	14.53	0.58	0.36	44.49
造纸及纸制品业	0.22	28.43	19.58	1.49	535.44
印刷业和记录媒介的复制	0.10	13.57	2.05	0.77	95.45
文教体育用品制造业	0.11	16.39	1.73	0.32	48.09
石油加工、炼焦及核燃料加工业	5.64	26.53	1033.02	40.04	565.34
化学原料及化学制品制造业	5.02	162.69	514.56	187.28	3144.92
医药制造业	0.34	17.15	6.69	2.92	222.58

表3-3 按行业分能源消费量（2010年）（续三）

行业	煤油消费量(万吨)	柴油消费量(万吨)	燃料油消费量(万吨)	天然气消费量(亿立方米)	电力消费量(亿千瓦小时)
消 费 总 量	1744.07	14633.80	3758.02	1075.75	41934.49
化学纤维制造业	0.01	7.95	15.24	0.44	298.86
橡胶制品业	0.09	10.26	9.16	0.99	329.89
塑料制品业	0.28	56.61	13.67	1.61	533.10
非金属矿物制品业	1.16	289.94	353.57	42.72	2448.48
黑色金属冶炼及压延加工业	0.47	99.88	23.90	20.42	4611.60
有色金属冶炼及压延加工业	1.78	63.98	97.12	9.06	3129.09
金属制品业	1.40	66.29	12.47	3.63	960.72
通用设备制造业	4.47	74.65	7.75	6.66	621.03
专用设备制造业	0.64	47.63	3.75	5.95	317.83
交通运输设备制造业	10.18	110.55	12.50	12.97	790.29
电气机械及器材制造业	0.66	71.92	7.81	4.63	508.19
通信设备、计算机及其他电子设备制造业	0.36	71.22	13.67	6.27	670.76
仪器仪表及文化、办公用机械制造业	0.61	14.22	0.40	0.54	85.83
工艺品及其他制造业	0.10	14.35	2.38	0.34	376.40
废弃资源和废旧材料回收加工业	0.03	4.20	1.80	0.01	14.10
电力、煤气及水生产和供应业	0.04	162.11	119.84	192.35	6061.38
电力、热力的生产和供应业	0.03	154.89	119.43	180.80	5687.51
燃气生产和供应业	0.01	2.61	0.23	11.36	82.87
水的生产和供应业		4.61	0.18	0.19	291.00
建筑业	8.77	490.20	30.76	1.16	483.24
交通运输、仓储和邮政业	1601.08	8518.56	1326.65	106.70	734.53
批发、零售业和住宿、餐饮业	34.98	196.60	8.62	27.24	1292.00
其他行业	38.73	1287.19	13.53	26.00	2451.83
生活消费	19.41	770.73		226.90	5124.63

表3-4 能源加工转换效率

单位：%

年份	总效率	发电及电站供热	炼焦	炼油
1983	69.93	36.94	91.18	99.16
1984	69.16	36.95	90.08	99.17
1985	68.29	36.85	90.79	99.10
1986	68.32	36.69	90.63	99.04
1987	67.48	36.75	90.46	98.81
1988	66.54	36.34	90.77	98.76
1989	66.51	36.74	90.30	98.57
1990	66.48	37.34	91.28	90.19
1991	65.90	37.60	89.90	98.10
1992	66.00	37.80	92.70	96.80
1993	67.32	39.90	98.05	98.49
1994	65.20	39.35	89.62	97.48
1995	71.05	37.31	91.99	97.67
1996	70.19	36.63	94.07	97.46
1997	69.76	35.89	94.01	97.37
1998	69.28	37.09	94.97	96.41
1999	69.25	37.04	96.13	97.51
2000	69.04	37.36	96.21	97.32
2001	69.34	37.63	96.48	97.92
2002	69.04	38.73	96.63	96.71
2003	69.40	38.83	96.13	96.80
2004	70.91	39.46	97.55	96.43
2005	71.55	39.87	97.57	96.86
2006	71.24	39.87	97.77	96.86
2007	70.77	40.24	97.56	97.17
2008	71.55	41.04	97.75	97.17
2009	72.01	41.73	97.38	96.63
2010	72.86	42.43	96.44	97.05

表3–5　平均每天能源消费量

能源品种	1990	1995	2000	2005	2008	2009	2010
合计（万吨标准煤）	270.4	359.4	397.6	646.6	796.3	840.1	890.2
煤炭 (万吨)	289.1	377.2	385.5	635.2	768.0	810.5	855.4
焦炭 (万吨)	18.9	29.4	29.6	68.8	81.7	87.3	92.3
原油 (万吨)	32.2	40.8	58.0	82.4	97.0	104.5	117.5
燃料油 (万吨)	9.2	10.2	10.6	11.6	8.8	7.8	10.3
汽油 (万吨)	5.2	8.0	9.6	13.3	16.8	16.9	18.9
煤油 (万吨)	1.0	1.4	2.4	3.0	3.5	3.9	4.8
柴油 (万吨)	7.4	11.8	18.6	30.1	37.0	37.7	40.1
天然气（亿立方米）	0.4	0.5	0.7	1.3	2.2	2.5	2.9
电力（亿千瓦小时）	17.1	27.5	36.8	68.3	94.4	101.5	114.9

表3–6　生活能源消费量

能源品种	1990	1995	2000	2005	2008	2009	2010
合计（万吨标准煤）	15799	15745	15614	25305	31898	33843	34558
煤炭 (万吨)	16700	13530	8457	10039	9148	9122	9159
煤油 (万吨)	105	64	72	26	13	19	19
液化石油气 (万吨)	159	534	858	1329	1457	1496	1457
天然气 (亿立方米)	19	19	32	79	170	178	227
煤气（亿立方米）	29	57	126	145	184	166	167
热力 (万百万千焦)	8972	12637	23234	52044	62765	67000	67410
电力 (亿千瓦小时)	481	1006	1452	2885	4396	4872	5125

表3-7 各地区能源消耗指标(2011年)

地区	万元地区生产总值能耗(等价值)		万元工业增加值能耗上升或下降(规模以上，当量值)	万元地区生产总值电耗上升或下降
	指标值(吨标准煤/万元)	上升或下降(±%)		
北京	0.459	-6.94	-18.50	-6.10
天津	0.708	-4.28	-7.48	-7.48
河北	1.300	-3.69	-6.68	-0.36
山西	1.762	-3.55	-5.82	0.03
内蒙古	1.405	-2.51	-4.39	4.38
辽宁	1.096	-3.40	-5.02	-3.15
吉林	0.923	-3.59	-4.19	-3.90
黑龙江	1.042	-3.50	-5.17	-4.43
上海	0.618	-5.32	-7.33	-4.42
江苏	0.600	-3.52	-5.41	-0.14
浙江	0.590	-3.07	-2.40	1.41
安徽	0.754	-4.06	-9.54	-0.15
福建	0.644	-3.29	-1.16	2.73
江西	0.651	-3.08	-6.87	2.30
山东	0.855	-3.77	-7.67	-0.58
河南	0.895	-3.57	-8.60	1.27
湖北	0.912	-3.79	-6.88	-4.20
湖南	0.894	-3.68	-8.61	-2.10
广东	0.563	-3.78	-5.13	-1.46
广西	0.800	-3.36	-6.13	-0.28
海南	0.692	5.23	12.53	3.94
重庆	0.953	-3.81	-5.31	-1.63
四川	0.997	-4.23	-7.78	-1.87
贵州	1.714	-3.51	-8.02	-1.70
云南	1.162	-3.22	-9.92	5.47
西藏				
陕西	0.846	-3.56	-5.60	0.38
甘肃	1.402	-2.51	-1.96	2.07
青海	2.081	9.44	9.62	6.24
宁夏	2.279	4.60	14.72	18.36
新疆	1.631	6.96	9.28	14.69

注：地区生产总值和工业增加值按2010年价格计算。

表3-8 各地区城市燃气情况（2011年）

地区	人工煤气生产能力(万立方米/日)	管道长度(公里)			全年供气总量			用气人口(万人)		
		人工煤气	天然气	液化石油气	人工煤气(万立方米)	天然气(万立方米)	液化石油气(吨)	人工煤气	天然气	液化石油气
全国	3311.3	37100	298972	12893	847256	6787997	11658326	2676.3	19027.8	16093.6
北京			17278	311		729608	442535		1333.9	406.8
天津			11731	184		169739	58608		598.0	17.4
河北	166.1	3566	9113	345	84634	193461	224873	185.2	918.8	459.4
山西	207.2	4787	4115	386	93515	176342	74789	244.5	508.7	204.8
内蒙古	164.0	507	3800	119	2806	127724	113190	49.0	287.1	355.1
辽宁	313.2	5580	9059	656	56625	76601	504938	573.6	852.4	668.9
吉林	80.0	1723	4708	100	17445	51758	236297	167.9	359.1	460.4
黑龙江	84.2	625	6377	22	8040	85070	211074	80.7	600.9	430.1
上海	817.4	4710	19068	516	118541	543314	394278	274.8	1231.0	838.7
江苏	53.0	1673	35389	917	10310	591493	766635	45.8	1557.5	1042.6
浙江	1.8	112	15916	2062	493	148674	807562	4.3	643.6	1165.6
安徽			11638	284		138832	567246		786.1	392.5
福建	8.0	293	4981	1053	2892	66297	324768	16.1	287.5	716.1
江西	230.0	1511	4904	507	49641	27004	194329	94.5	259.2	453.6
山东	86.8	1694	28049	908	34513	438016	541533	139.8	1628.3	1016.7
河南	226.1	1781	13777	19	116309	194720	238178	154.5	930.5	559.9
湖北	57.2	1154	13025	629	9950	204472	426496	35.3	819.5	818.4
湖南		412	8979	24	2334	139137	265876	21.4	443.8	718.5
广东	45.2	8	15035	2796	5307	1183316	4049701		1028.1	3295.0
广西	10.6	416	4537	71	4503	13606	297416	45.1	133.3	649.1
海南			1533	18		16374	76650		90.8	119.2
重庆			10565			268790	92861		862.3	107.5
四川	511.0	532	24020	200	159719	564557	206628	42.6	1284.4	126.4
贵州	180.0	2742	330	133	30515	5484	65375	207.7	23.7	188.1
云南	13.6	2605	467	555	35309	212	162402	267.4	27.0	295.1
西藏							24650			40.8
陕西			7407			182495	34059		593.5	142.7
甘肃	9.9	393	1129		1617	88100	151715	15.4	221.1	178.9
青海			887			65738	6633		99.6	17.8
宁夏		207	2543		240	122647	14037	4.7	127.9	76.7
新疆	46.0	71	8613	81	1999	174413	82993	6.2	490.3	131.0

表3-9 农村水电建设和发电量

年份 地区	本年完成投资额（万元）	年末发电设备容量（千瓦）	本年新增发电设备容量	在建电站规模（千瓦）	当年新开工电站规模	发电量（万千瓦时）
1990	348848	13978100	791000			4181100
1991	476529	14942700	1009100			4066800
1992	594081	15728195	964769	4170000		4818494
1993	792747	16622781	995124	9600000		5841049
1994	1020937	17566675	1163873	10500000		5771834
1995	1321689	18721073	1207854	10760000		6316247
1996	1442828	20095552	1408342			6496723
1997	1452004	21771773	1780352			7221270
1998	1585787	23390300	1741631			7560916
1999	1833853	25562760	2344285	8717000	386000	7715124
2000	2220993	27487791	2060127	7459500	2384000	8755014
2001	2133741	28787476	1714454	3547500	1462800	9490187
2002	2393195	31044576	1883648	5680800	1419000	10366868
2003	3006249	34157792	2702834	10850143	6385500	10966512
2004	3762995	38655048	4363322	16652425	5362090	11045527
2005	4343826	43090145	4964672	17727677	4284511	13571702
2006	4604296	47196651	6403520	20653424	4501575	14835889
2007	5117926	53855597	6578193	20944545	4498420	16346041
2008	4568884	51274371	4194106	21239258	3787365	16275902
2009	4563240	55121211	3807072	12890100	2194445	15672471
2010	4398453	59240191	3793551	13700560	2425973	20444256
2011	4243988	62123430	3277465	10309266	1585709	17566867
北 京		42920				2418
天 津		5800	800			1283
河 北	8206	379373	8390	34510	8950	43023
山 西	7370	178398	6291	66250		28887
内蒙古	560	80025	16740	9900		14602
辽 宁	8817	313348	3140	49675	6290	88562
吉 林	78589	452065	52755	250785	8360	118762
黑龙江	41124	259585	17980	98900	43000	47933

表3–9 农村水电建设和发电量（续）

年份 地区	本年完成投资额（万元）	年末发电设备容量（千瓦）	本年新增发电设备容量	在建电站规模（千瓦）	当年新开工电站规模	发电量（万千瓦时）
上海						
江苏		51416	160			8103
浙江	45744	3768133	79560	78520	4800	840546
安徽	26054	919345	79900	47550	14310	177611
福建	19195	7038769	22415	39400		1882212
江西	37017	2753900	140859	162250	9485	628689
山东		79223	3541			12448
河南	13879	382256	13900	11800	640	79403
湖北	432459	2960954	76365	556320	44880	745140
湖南	577297	5401186	343223	351120	76310	1356717
广东	51567	7055838	131871	212935	24880	1567208
广西	344018	3952628	253940	688196	14625	949351
海南	5128	356895	11175	39870	17530	122518
重庆	162169	1778214	103440	640305	61455	495646
四川	909637	7618344	544267	2534119	302109	3067068
贵州	218231	2328709	220238	752506	149535	614174
云南	714274	8903959	717610	2071500	340990	2837884
西藏	17556	167207	500	6600	4000	33007
陕西	115629	1011627	97545	237665	22950	352885
甘肃	323957	1810292	109240	930210	176000	695028
青海	15754	820685	37965	277520	50000	359893
宁夏		3200				800
新疆	3491	843960	168525	145650	189400	245975
新疆兵团	66265	292275	15130	15210	15210	105539
水利部		112900				43555
直属						

注：本表由水利部农村水电及电气化发展局提供。农村水电是以小水电为主体，直接为农村经济社会发展服务的水电站及其供电网络。2008年起，对农村水电统计范围进行了调整，有关数据作了相应调整。

四、气候变化

表4-1 主要城市平均气温(2011年)

单位：摄氏度

城市	1月	2月	3月	4月	5月	6月	7月	8月	9月	10月	11月	12月	年平均
北京	-4.5	-0.1	8.1	15.2	21.3	26.4	27.5	26.4	20.2	14.2	7.1	-1.0	13.4
天津	-5.6	-0.8	7.3	14.5	20.8	26.0	27.2	25.9	19.9	14.6	6.8	-1.6	12.9
石家庄	-2.8	1.5	9.6	16.3	21.5	27.4	28.5	26.0	19.7	15.1	7.6		14.2
太原	-7.6	-0.3	4.3	13.5	18.4	23.7	24.1	22.7	16.2	11.7	5.6	-3.2	10.8
呼和浩特	-13.5	-3.7	0.1	9.3	15.3	22.9	23.1	23.6	15.3	9.1	1.3	-8.1	7.9
沈阳	-17.6	-5.8	0.9	9.2	17.4	21.4	25.0	24.1	16.6	10.4	0.5	-10.2	7.7
长春	-19.4	-9.4	-2.1	7.7	15.3	20.9	24.3	22.9	15.5	9.7	-1.8	-13.1	5.9
哈尔滨	-20.9	-11.6	-3.1	7.6	14.8	21.6	24.5	22.7	15.0	8.9	-3.5	-14.1	5.2
上海	1.5	6.0	9.3	16.0	21.6	24.3	30.0	27.9	24.3	19.1	16.7	6.5	16.9
南京	-0.1	5.0	9.4	17.0	22.3	24.6	28.1	27.0	23.2	17.6	14.7	4.2	16.1
杭州	1.4	6.7	10.0	17.3	22.2	24.9	30.2	28.5	24.5	18.6	15.9	6.3	17.2
合肥	0.3	5.4	9.9	18.0	22.6	25.0	28.3	27.1	23.0	17.9	14.1	3.9	16.3
福州	8.0	11.4	12.7	19.4	22.0	28.8	29.3	29.2	26.7	21.9	19.9	12.7	20.2
南昌	2.7	8.7	11.6	19.6	23.2	25.9	30.2	29.3	25.2	19.7	17.6	7.4	18.4
济南	-3.4	2.6	8.7	15.5	20.9	27.2	27.5	24.9	19.5	16.0	9.1	0.2	14.1
郑州	-1.0	3.3	10.2	17.4	21.9	28.1	29.1	25.5	19.1	16.1	9.7	2.2	15.1
武汉	0.7	6.0	10.3	18.3	22.0	25.1	28.9	27.1	22.4	17.2	13.4	4.5	16.3
长沙(望城)	2.0	8.7	10.9	19.0	22.9	26.1	30.5	28.5	24.0	18.7	16.1	7.0	17.9
广州	9.5	14.5	15.8	22.7	24.9	28.0	28.4	28.9	26.7	22.8	21.1	13.8	21.4
南宁	8.2	14.3	13.9	21.9	24.8	28.2	28.6	27.8	26.3	21.7	20.6	12.5	20.7
海口	14.3	18.0	17.7	23.4	26.9	28.3	28.5	28.3	27.5	25.4	23.2	18.0	23.3
重庆(沙坪坝)	5.2	10.5	12.5	19.2	23.6	26.5	29.1	30.9	24.4	18.7	16.4	8.8	18.8
成都(温江)	2.4	7.6	9.4	17.6	20.7	24.2	24.6	25.9	20.8	16.8	14.2	6.9	15.9
贵阳	-1.5	7.7	6.8	14.5	19.0	21.3	23.3	23.7	20.2	15.1	14.3	3.6	14.0
昆明	8.4	12.4	12.2	17.3	19.2	21.1	20.9	20.1	19.1	15.5	10.9	8.8	15.5
拉萨	0.2	2.5	6.2	9.6	13.4	17.0	16.2	16.1	15.8	10.1	3.3	1.8	9.4
西安(泾河)	-2.8	3.8	8.4	17.5	20.3	25.9	26.7	24.5	18.6	15.0	9.4	1.6	14.1
兰州(皋兰)	-11.6	-2.1	-0.1	11.6	15.0	20.4	20.8	20.6	13.8	8.5	2.7	-7.5	7.7
西宁	-11.2	-2.7	-1.3	9.0	11.9	16.5	16.8	16.6	11.9	6.7	0.9	-7.1	5.7
银川	-10.6	-1.1	1.8	13.8	17.5	24.3	24.7	23.6	15.6	10.5	4.0	-5.7	9.9
乌鲁木齐	-18.8	-8.7	-5.2	13.2	17.1	23.1	24.6	23.2	18.0	9.9	0.2	-9.1	7.3

注：从2004年1月份开始成都站被温江站替代、兰州站被皋兰站替代；从2006年1月份开始重庆被沙坪坝站替代、西安站被泾河站替代。

表4–2　主要城市平均相对湿度（2011年）

单位：%

城市	1月	2月	3月	4月	5月	6月	7月	8月	9月	10月	11月	12月	年平均
北京	26	51	25	36	37	52	67	72	60	62	56	47	49
天津	34	59	31	42	42	54	67	72	63	61	62	55	54
石家庄	29	50	27	38	48	52	64	77	72	68	72	61	55
太原	38	49	29	32	40	51	65	69	73	63	69	61	53
呼和浩特	44	41	28	28	28	38	47	47	40	51	61	56	42
沈阳	70	67	47	52	53	75	82	85	70	76	72	64	68
长春	71	65	54	43	54	63	73	73	58	59	60	57	61
哈尔滨	76	71	62	50	65	66	80	78	62	66	65	64	67
上海	61	69	56	61	62	80	71	79	72	69	76	69	69
南京	57	70	56	57	57	77	79	80	71	69	73	65	68
杭州	63	68	56	62	61	81	70	76	69	72	79	65	69
合肥	53	67	56	54	58	81	82	87	77	73	79	69	70
福州	66	71	58	62	82	72	76	73	71	69	75	63	70
南昌	60	69	61	61	62	79	65	66	65	66	73	61	66
济南	33	46	31	39	49	48	66	78	71	57	67	58	54
郑州	32	52	37	43	49	48	59	75	78	65	72	61	56
武汉	63	70	64	64	74	90	80	85	85	85	86	77	77
长沙(望城)	72	73	71	70	67	81	64	72	75	76	76	67	72
广州	57	76	73	73	78	82	82	77	78	79	78	60	74
南宁	70	79	79	75	73	76	75	76	74	79	76	68	75
海口	81	87	85	83	77	79	81	82	82	82	81	74	81
重庆(沙坪坝)	78	72	68	70	65	69	61	51	68	78	82	81	70
成都(温江)	76	76	71	69	70	72	77	74	76	78	78	74	74
贵阳	82	78	79	80	70	83	74	69	74	83	81	82	78
昆明	72	53	63	61	67	73	75	74	81	79	76	78	71
拉萨	15	15	18	28	37	45	63	54	48	33	37	20	34
西安(泾河)	51	59	46	48	63	57	66	78	84	75	82	69	65
兰州(皋兰)	61	51	40	37	48	54	60	61	76	67	66	64	57
西宁	50	41	36	42	54	57	64	66	76	67	66	58	56
银川	51	47	31	29	41	45	52	59	69	64	71	71	53
乌鲁木齐	74	82	65	40	42	42	36	43	35	53	79	81	56

表4-3 主要城市降水量（2011年）

单位：毫米

城市	1月	2月	3月	4月	5月	6月	7月	8月	9月	10月	11月	12月	全年
北京		12.3		15.3	21.8	117.4	265.7	171.3	64.0	28.7	21.2	2.9	720.6
天津		9.6		27.3	45.9	37.5	180.4	87.8	61.2	18.2	17.5	0.4	485.8
石家庄		13.5	0.2	6.4	36.1	63.2	157.7	230.2	113.2	14.6	36.6	2.5	674.2
太原	1.9	6.9	1.1	7.6	31.0	41.9	126.3	98.1	99.8	37.0	44.5	0.5	496.6
呼和浩特	0.8	16.3		1.4	5.4	18.1	40.7	18.4	14.7	5.3	54.2	1.8	177.1
沈阳	0.4	2.1	5.5	35.6	40.4	68.3	87.2	152.3	14.9	34.9	37.1	1.0	479.7
长春	2.6	5.2	3.3	11.5	61.1	82.3	194.3	69.1	10.0	16.2	12.7	0.1	468.4
哈尔滨	3.3	4.4	5.7	26.9	79.4	41.3	143.3	80.9	29.3	24.8	11.9	0.8	452.0
上海	11.4	17.8	39.4	29.7	44.6	319.1	104.8	302.5	27.0	45.9	38.6	28.3	1009.1
南京	10.8	17.2	43.2	11.6	40.6	312.9	278.0	284.3	12.6	28.7	21.3	15.8	1077.0
杭州	68.0	19.6	43.8	55.4	71.1	541.4	129.9	222.4	60.4	51.5	55.8	40.6	1359.9
合肥	13.3	18.1	43.8	10.0	47.5	249.4	235.5	238.5	26.8	43.5	61.8	12.3	1000.5
福州	19.7	51.5	38.1	34.8	251.0	99.0	258.5	228.3	40.9	45.4	155.0	22.7	1244.9
南昌	39.7	59.8	76.9	88.4	44.5	465.9	99.8	88.7	4.4	93.8	25.4	21.3	1108.6
济南	0.4	16.2	2.1	20.3	55.8	14.9	119.1	227.5	119.8	14.3	67.8	8.9	667.1
郑州		27.1	2.8	15.5	35.7	3.6	69.2	137.0	253.4	39.2	117.2	5.8	706.5
武汉	15.6	19.2	32.1	36.2	76.8	433.9	89.4	133.8	59.4	51.5	33.8	5.5	987.2
长沙(望城)	54.9	22.0	83.0	83.3	57.9	342.9	40.8	37.9	36.6	109.5	43.8	20.2	932.8
广州	26.6	45.2	49.3	27.9	185.3	493.8	363.5	37.4	183.9	154.7	64.6	0.1	1632.3
南宁	13.5	32.3	97.8	78.1	56.1	242.8	102.9	109.3	186.2	312.8	1.4	19.7	1252.9
海口	15.8	28.2	44.9	15.2	126.2	336.8	175.1	70.4	307.2	745.8	97.2	39.3	2002.1
重庆(沙坪坝)	20.7	9.6	40.2	95.7	100.1	144.3	58.8	35.7	52.9	151.3	79.6	48.9	837.8
成都(温江)	16.0	7.7	36.8	8.2	233.8	71.3	292.3	114.6	152.1	43.7	20.1	6.6	1003.2
贵阳	24.7	6.5	22.8	30.8	58.9	183.5	31.3	57.7	56.0	169.7	71.1	22.2	735.2
昆明	22.2		18.6	31.2	29.1	130.3	102.7	57.2	212.9	21.0	19.7	14.1	659.0
拉萨			1.0	2.2	37.1	98.3	198.6	71.2	11.0	1.8	4.2		425.4
西安(泾河)	0.6	14.8	8.8	17.3	81.5	32.7	78.0	84.3	284.3	43.4	65.2	6.9	717.8
兰州(皋兰)	0.8	0.4	0.3	3.3	17.5	44.8	51.1	21.6	29.7	11.2	0.3		181.0
西宁	1.0	0.4	2.1	7.1	49.5	63.4	54.5	85.6	93.1	21.1	11.5	1.1	390.4
银川	0.6	0.3		1.6	23.8	0.3	18.1	43.1	37.1	16.0	24.8	0.5	166.2
乌鲁木齐	11.0	17.2	20.1	46.6	43.5	22.4	64.9	55.4	1.7	36.9	12.7	12.1	344.5

表4-4 主要城市日照时数（2011年）

单位：小时

城市	1月	2月	3月	4月	5月	6月	7月	8月	9月	10月	11月	12月	全年
北京	240.8	144.0	283.4	262.2	275.1	242.0	153.1	190.3	209.6	171.9	139.6	173.7	2485.7
天津	214.9	128.4	260.9	228.9	255.7	200.1	184.7	168.2	183.2	157.9	107.1	155.2	2245.2
石家庄	198.0	105.6	273.9	273.0	276.5	208.5	164.8	153.0	173.3	165.1	92.5	117.6	2201.8
太原	178.0	115.2	266.8	278.6	265.2	228.3	238.0	214.2	166.4	202.5	108.6	111.0	2372.8
呼和浩特	167.9	169.3	266.0	257.5	260.1	285.1	247.4	250.6	240.4	175.0	143.4	166.7	2629.4
沈阳	232.7	188.6	286.7	238.3	255.5	192.1	189.5	186.3	251.3	203.1	172.6	222.3	2619.0
长春	204.9	194.5	254.7	247.1	219.2	251.5	250.8	258.5	271.8	218.3	159.8	168.5	2699.6
哈尔滨	91.3	145.4	245.8	235.9	196.4	231.3	196.9	238.9	249.0	178.6	152.2	120.9	2282.6
上海	122.9	112.7	185.6	191.1	182.5	85.3	147.0	109.4	171.2	127.1	102.8	126.1	1663.7
南京	156.1	109.4	205.2	229.0	231.5	124.2	144.4	137.4	157.2	155.3	133.4	161.2	1944.3
杭州	95.3	106.6	148.8	173.4	172.5	77.9	185.2	143.2	110.7	85.0	95.3	102.2	1496.1
合肥	122.0	113.8	197.4	229.5	217.2	144.6	148.9	101.5	126.6	146.5	125.1	148.8	1821.9
福州	35.2	88.0	88.3	162.3	124.1	144.2	202.3	213.9	115.4	97.7	56.7	66.7	1394.8
南昌	71.7	124.6	136.3	189.4	194.0	94.7	243.4	223.1	169.6	140.3	202.3	112.2	1901.6
济南	177.3	116.4	260.4	267.6	261.8	176.9	122.2	108.6	135.3	182.0	109.5	166.0	2084.0
郑州	107.0	84.0	209.1	241.3	190.8	150.7	161.0	106.9	69.3	131.2	55.5	96.2	1603.0
武汉	106.5	109.3	150.9	184.6	206.7	102.7	192.8	177.0	121.8	136.5	133.9	118.7	1741.4
长沙(望城)	36.7	78.3	106.4	143.9	203.8	136.8	276.7	216.0	126.8	129.4	150.3	97.7	1702.8
广州	115.9	101.8	65.8	138.7	129.3	150.9	200.9	245.0	195.2	165.9	171.6	197.4	1878.4
南宁	23.2	63.4	33.6	101.5	186.5	174.3	228.0	218.6	206.2	131.2	184.6	112.2	1663.3
海口	9.7	78.9	31.0	112.5	173.2	193.8	214.3	239.2	146.3	131.9	87.6	67.8	1486.2
重庆(沙坪坝)	2.0	47.2	77.5	109.8	173.9	143.1	195.6	244.9	81.3	41.0	22.0	11.7	1150.0
成都(温江)	31.4	50.8	67.5	123.9	118.3	137.5	79.5	169.9	42.9	35.8	39.4	29.4	926.3
贵阳	8.3	59.4	38.5	49.2	145.2	56.8	101.8	181.2	75.1	38.4	40.2	9.9	804.0
昆明	206.7	269.5	184.3	240.1	201.7	171.6	160.2	173.9	65.3	81.9	188.9	108.7	2052.8
拉萨	237.5	247.9	256.1	288.8	279.8	273.6	202.8	267.8	265.1	300.9	251.7	275.1	3147.1
西安(泾河)	109.7	106.3	252.0	268.1	240.5	226.8	208.4	192.9	95.7	156.6	93.0	90.3	2040.3
兰州(皋兰)	183.6	196.9	242.4	257.5	239.4	234.4	242.0	253.3	146.8	184.6	179.9	189.2	2550.0
西宁	200.9	210.2	257.6	249.7	230.2	215.9	212.6	237.6	152.3	217.9	174.2	187.9	2547.0
银川	171.0	171.1	236.3	266.4	267.6	257.8	280.0	269.4	170.3	191.0	150.8	126.3	2558.0
乌鲁木齐	109.5	89.2	238.4	307.4	319.6	310.4	361.6	297.9	315.2	243.9	114.0	60.4	2767.5

表4–5 地质灾害及防治情况

年份 地区	发生地质灾害起数(次)	滑坡	崩塌	泥石流	地面塌陷	人员伤亡(人)	死亡人数
2000	19653	13431	2945	1958	347	27697	1179
2001	5793	3034	583	1539	554	1675	788
2002	40246	31247	3097	4976	521	2759	853
2003	15489	10240	2604	1549	574	1333	767
2004	13555	9130	2593	1157	445	1407	734
2005	17751	9367	7654	566	137	1223	578
2006	102804	88523	13160	417	398	1227	663
2007	25364	15478	7722	1215	578	1123	598
2008	26580	13450	8080	843	454	1598	656
2009	10580	6310	2378	1442	326	845	331
2010	30670	22250	5688	1981	478	3445	2244
2011	15804	11504	2445	1356	386	413	244
北 京	13	2	8		3		
天 津							
河 北	18	4	3	5	3		
山 西	14	6	4		4	23	19
内蒙古	8		2		5		
辽 宁	291	19	15	253	4		
吉 林	15	3	9	2	1		
黑龙江	1	1					
上 海							
江 苏	52	42	7	2	1		
浙 江	679	467	162	46	4	4	3
安 徽	175	102	60	6	7	2	2
福 建	102	44	54	4		8	8
江 西	660	307	315	12	26	5	3
山 东	27	7	6	1	11	6	6
河 南	49	14	7		26	1	1
湖 北	580	401	112	26	39	41	23
湖 南	8844	7518	697	497	78	19	11
广 东	100	26	50	2	18	2	2
广 西	411	128	220		56	48	31
海 南	107	7	96		2		
重 庆	133	78	43	1	11	6	2
四 川	1997	1418	226	330	15	70	28
贵 州	214	153	45	2	9	10	5
云 南	346	234	43	53	4	50	17
西 藏	139	32	30	77		3	1
陕 西	667	396	197	18	53	85	69
甘 肃	115	62	24	18	5	15	4
青 海	19	12	6	1		6	1
宁 夏	4	2		1	1		
新 疆	24	19	4	1		9	8

表4–5　地质灾害及防治情况（续）

年 份 地 区	直接经济损失 (万元)	地质灾害防治项目数 (个)	地质灾害防治投资 (万元)
2000	494201	429	33197
2001	348699	999	44639
2002	509740	1595	110022
2003	504325	1815	166514
2004	408828	2247	175231
2005	357678	3179	166860
2006	431590	2914	193570
2007	247528	3492	244885
2008	326936	5325	529939
2009	190109	28061	542368
2010	638509	28106	1159813
2011	413151	20871	928085
北 京	4	3	868
天 津		4	344
河 北	2201	110	19836
山 西	1472	54	21112
内蒙古	810	34	18200
辽 宁	10081	83	26622
吉 林	151	10	3862
黑龙江	1	15	3629
上 海		1	6064
江 苏	2556	171	16856
浙 江	3550	872	35274
安 徽	1570	332	27289
福 建	1949	226	22132
江 西	4077	140	33782
山 东	162	137	15169
河 南	13959	58	9068
湖 北	23647	917	19600
湖 南	24648	684	33717
广 东	2745	2137	116867
广 西	1083	551	59009
海 南	684	8	3657
重 庆	6400	37	20000
四 川	191824	10520	201031
贵 州	12825	1481	52518
云 南	27565	2152	77981
西 藏	5237	4	5001
陕 西	21864	70	21061
甘 肃	51428	23	29777
青 海	78	30	22937
宁 夏	350	2	1514
新 疆	203	5	3310

表4-6　森林火灾情况(2011年)

地区	森林火灾次数(次)					火场总面积(公顷)	受害森林面积(公顷)			伤亡人数(人)		其他损失折款(万元)
		一般火灾	较大火灾	重大火灾	特别重大火灾			天然林	人工林		死亡人数	
全国	5550	2993	2548	9		63416	26950	1696	23916	91	45	20173.4
北京	3	3				2	2	1	1	1	1	
天津	5	5				24	9		9			19.5
河北	108	94	13	1		2169	354	3	350	3	2	12.2
山西	40	18	18	4		6372	3397	108	3289			4428.0
内蒙古	57	21	36			1741	1089	452	189			38.7
辽宁	54	40	14			577	155	1	154			16.0
吉林	58	47	11			240	55		18	1	1	405.2
黑龙江	43	40	3			1741	58	41	17			
上海												
江苏	54	51	3			142	52		52			5.3
浙江	433	83	350			4708	2090		1475	12	6	7.5
安徽	250	179	71			752	255	3	252	2	2	60.0
福建	407	18	387	2		9366	6503	180	6323	20	3	222.4
江西	151	37	114			3828	1435	44	1391	4	3	579.2
山东	32	25	5	2		897	861		861			8944.5
河南	622	398	224			2103	890		890			54.7
湖北	510	379	131			3114	677	25	652			20.1
湖南	873	407	466			5824	3605	265	3341	7	5	741.4
广东	239	76	163			3367	1476	68	1407	1		520.9
广西	350	171	179			5072	883	8	876	1	1	236.0
海南	42	27	15			140	118		118			8.4
重庆	162	115	47			753	296	28	266	2	1	183.1
四川	309	245	64			3450	551	140	410	4	2	550.4
贵州	430	300	130			2626	910	90	820	10	7	778.1
云南	115	64	51			2429	694	13	538	19	10	515.3
西藏	3	3				10	1					3.0
陕西	125	92	33			988	265	97	150	3	1	80.2
甘肃	7	4	3			144	24	14	10			300.0
青海	7	4	3			114	88		24			2.0
宁夏	2	1	1			10	9					14.3
新疆	59	46	13			714	150	114	36	1		1426.9

表4-7　突发环境事件情况(2011年)

地区	突发环境事件次数(次)	特别重大环境事件	重大环境事件	较大环境事件	一般环境事件	未定级环境事件
全 国	542		6	10	465	61
北 京	36				36	
天 津	1				1	
河 北	16			2	14	
山 西	11				11	
内蒙古	14				14	
辽 宁	2				2	
吉 林	2					2
黑龙江	5				5	
上 海	197				197	
江 苏	27			1	26	
浙 江	31			3	28	
安 徽	12			1	11	
福 建	8				8	
江 西	8			1	7	
山 东	8					8
河 南	25		1		24	
湖 北	7					7
湖 南	9					9
广 东	26		3		23	
广 西	31					31
海 南	1				1	
重 庆	18				18	
四 川	25		1	1	23	
贵 州	7		1	1	5	
云 南	1				1	
西 藏						
陕 西	2				2	
甘 肃	4					4
青 海	1				1	
宁 夏	1				1	
新 疆	6				6	

表4-8　主要海洋灾害情况（2011年）

灾种	发生次数(次)	人员死亡、失踪(人)	直接经济损失(亿元)
合　计	114	76	62.07
风暴潮	22		48.81
赤　潮	55		0.03
海　浪	37	68	4.42
海　冰			8.81
涌　潮		8	

五、水资源和废水排放处理

表5-1 水资源情况

年份地区	水资源总量(亿立方米)				人均水资源量(立方米/人)
		地表水资源量	地下水资源量	地表水与地下水资源重复量	
2000	27700.8	26561.9	8501.9	7363.0	2193.9
2001	26867.8	25933.4	8390.1	7455.7	2112.5
2002	28261.3	27243.3	8697.2	7679.2	2207.2
2003	27460.2	26250.7	8299.3	7089.9	2131.3
2004	24129.6	23126.4	7436.3	6433.1	1856.3
2005	28053.1	26982.4	8091.1	7020.4	2151.8
2006	25330.1	24358.1	7642.9	6670.8	1932.1
2007	25255.2	24242.5	7617.2	6604.5	1916.3
2008	27434.3	26377.0	8122.0	7064.7	2071.1
2009	24180.2	23125.2	7267.0	6212.1	1816.2
2010	30906.4	29797.6	8417.0	7308.2	2310.4
2011	23258.5	22215.2	7214.8	6171.5	1730.4
北 京	26.8	9.2	21.2	3.5	134.7
天 津	15.4	10.9	5.2	0.7	116.0
河 北	157.2	69.8	126.2	38.9	217.7
山 西	124.3	76.6	95.0	47.3	347.0
内蒙古	419.0	298.2	213.4	92.5	1691.6
辽 宁	294.8	260.5	111.9	77.6	673.2
吉 林	315.9	262.9	112.9	59.9	1149.5
黑龙江	629.5	512.5	237.2	120.3	1642.0
上 海	20.7	16.2	7.4	2.9	89.1
江 苏	492.4	399.0	115.1	21.7	624.6
浙 江	745.0	733.3	184.2	172.5	1365.7
安 徽	602.3	544.2	143.5	85.4	1010.1
福 建	774.9	773.5	243.4	242.1	2090.5
江 西	1037.9	1018.9	315.2	296.3	2319.1
山 东	347.6	237.5	195.9	85.8	361.6
河 南	328.0	222.5	191.8	86.3	349.0
湖 北	757.5	725.4	251.9	219.8	1319.1
湖 南	1126.9	1120.7	279.9	273.6	1711.9
广 东	1471.3	1461.3	362.1	352.1	1404.8
广 西	1350.0	1350.0	271.2	271.2	2917.4
海 南	484.1	478.8	111.6	106.3	5545.6
重 庆	514.6	514.6	98.3	98.3	1773.3
四 川	2239.5	2238.3	578.2	577.1	2782.9
贵 州	626.0	626.0	216.6	216.6	1802.1
云 南	1480.2	1480.2	548.1	548.1	3206.5
西 藏	4402.7	4402.7	990.9	990.9	145779.8
陕 西	604.4	575.5	164.3	135.4	1616.6
甘 肃	242.2	233.0	129.3	120.1	945.4
青 海	733.1	715.1	331.1	313.1	12956.8
宁 夏	8.8	6.9	21.6	19.7	137.7
新 疆	885.7	841.0	540.2	495.5	4031.3

表5–2　供水用水情况

年份 地区	供水总量(亿立方米)	地表水	地下水	其 他	用水总量(亿立方米)	农 业	工 业	生 活	生 态	人均用水量(立方米/人)
2000	5530.7	4440.4	1069.2	21.1	5497.6	3783.5	1139.1	574.9		435.4
2001	5567.4	4450.7	1094.9	21.9	5567.4	3825.7	1141.8	599.9		437.7
2002	5497.3	4404.4	1072.4	20.5	5497.3	3736.2	1142.4	618.7		429.3
2003	5320.4	4286.0	1018.1	16.3	5320.4	3432.8	1177.2	630.9	79.5	412.9
2004	5547.8	4504.2	1026.4	17.2	5547.8	3585.7	1228.9	651.2	82.0	428.0
2005	5633.0	4572.2	1038.8	22.0	5633.0	3580.0	1285.2	675.1	92.7	432.1
2006	5795.0	4706.8	1065.5	22.7	5795.0	3664.4	1343.8	693.8	93.0	442.0
2007	5818.7	4723.9	1069.1	25.7	5818.7	3599.5	1403.0	710.4	105.7	441.5
2008	5910.0	4796.4	1084.8	28.7	5910.0	3663.5	1397.1	729.3	120.2	446.2
2009	5965.2	4839.5	1094.5	31.2	5965.2	3723.1	1390.9	748.2	103.0	448.0
2010	6022.0	4881.6	1107.3	33.1	6022.0	3689.1	1447.3	765.8	119.8	450.2
北 京	35.2	7.2	21.2	6.8	35.2	10.8	5.1	15.3	4.0	189.4
天 津	22.5	16.2	5.9	0.5	22.5	11.0	4.8	5.5	1.2	177.9
河 北	193.7	36.1	156.0	1.6	193.7	143.8	23.1	24.0	2.9	272.3
山 西	63.8	29.3	34.5		63.8	38.0	12.6	10.6	2.6	182.2
内蒙古	181.9	92.6	88.6	0.7	181.9	134.5	22.6	15.0	9.8	737.9
辽 宁	143.7	72.1	67.6	4.0	143.7	89.8	25.0	25.5	3.4	329.7
吉 林	120.0	75.9	44.2		120.0	73.8	26.1	16.4	3.7	437.6
黑龙江	325.0	178.9	146.1		325.0	249.6	56.0	17.6	1.8	848.6
上 海	126.3	126.1	0.2		126.3	16.8	84.8	23.5	1.2	559.7
江 苏	552.2	543.5	8.7		552.2	304.2	191.9	52.9	3.2	704.4
浙 江	203.0	198.1	4.3	0.6	203.0	94.6	59.7	39.4	9.3	378.7
安 徽	293.1	265.6	26.6	0.9	293.1	166.7	94.0	30.2	2.2	485.0
福 建	202.5	197.5	4.6	0.3	202.5	97.2	81.3	22.7	1.3	550.2
江 西	239.7	229.8	9.9		239.7	151.0	57.4	27.5	3.9	539.1
山 东	222.5	127.1	91.3	4.0	222.5	154.8	26.8	36.2	4.6	233.5
河 南	224.6	88.6	135.1	0.9	224.6	125.6	55.6	36.1	7.3	237.8
湖 北	288.0	278.1	9.0	0.8	288.0	138.3	117.1	32.4	0.2	503.1
湖 南	325.2	304.0	21.1		325.2	185.8	89.8	46.4	3.2	501.2
广 东	469.0	446.4	21.3	1.3	469.0	227.5	138.8	94.2	8.6	456.0
广 西	301.6	289.3	11.1	1.1	301.6	194.6	55.2	46.5	5.3	637.2
海 南	44.4	41.0	3.3		44.4	33.9	3.8	6.5	0.1	511.9
重 庆	86.4	84.6	1.8	0.1	86.4	19.8	47.4	18.6	0.5	300.8
四 川	230.3	210.7	16.9	2.6	230.3	127.3	62.9	38.0	2.1	283.8
贵 州	101.4	93.8	7.2	0.5	101.4	50.0	34.3	16.5	0.6	289.2
云 南	147.5	139.0	4.8	3.7	147.5	95.3	25.5	22.8	3.9	321.6
西 藏	35.2	32.4	2.8		35.2	31.7	1.5	2.0		1177.7
陕 西	83.4	49.5	33.3	0.5	83.4	55.5	12.1	14.8	1.0	223.5
甘 肃	121.8	96.1	24.2	1.5	121.8	94.3	13.7	10.8	3.0	476.3
青 海	30.8	25.6	5.0	0.1	30.8	23.2	3.3	3.5	0.8	549.2
宁 夏	72.4	67.0	5.4		72.4	65.0	4.1	1.8	1.4	1150.4
新 疆	535.1	439.2	95.2	0.7	535.1	484.6	11.2	12.8	26.5	2463.7

注：生态用水仅包括部分河湖、湿地人工补水和城市环境用水。

表5-3 各地区废水中主要污染物排放情况（2011年）

地区	废水排放总量(万吨)	废水中主要污染物排放量											
		化学需氧量(万吨)	氨氮(万吨)	总氮(万吨)	总磷(万吨)	石油类(吨)	挥发酚(吨)	铅(千克)	汞(千克)	镉(千克)	六价铬(千克)	总铬(千克)	砷(千克)
全国	6591922	2499.9	260.4	447.1	55.4	21012.1	2430.6	155242.0	2829.2	35899.0	106395.4	293166.3	146616.0
北京	145469	19.3	2.1	3.3	0.4	82.1	0.9	186.2	1.7	12.4	339.6	508.7	28.1
天津	67147	23.6	2.6	3.7	0.5	199.6	1.3	1459.4	1.1	9.8	105.9	285.2	22.8
河北	278551	138.9	11.4	45.0	6.8	1302.2	308.8	566.5	4.6	33.7	3141.3	8480.5	78.1
山西	116132	49.0	5.9	8.8	1.0	1489.1	1048.0	662.7	5.1	830.9	490.9	519.8	755.4
内蒙古	100389	91.9	5.4	15.9	1.7	808.1	5.9	3086.7	43.5	549.1	31.4	114.2	4929.6
辽宁	232247	134.3	11.1	20.0	2.8	897.6	70.0	982.0	10.5	96.4	462.8	692.5	478.8
吉林	116162	82.5	5.8	11.0	1.4	287.5	4.7	267.8	7.7	35.3	131.5	199.8	1028.7
黑龙江	150661	157.7	9.6	26.9	2.9	1252.1	25.7	37.9	1.7	5.6	195.3	875.4	78.5
上海	214155	24.9	5.0	1.5	0.2	777.0	5.8	175.5	3.4	18.2	1024.6	2548.9	38.0
江苏	592774	124.6	15.7	17.6	1.9	1578.9	63.3	3608.5	98.0	147.8	5400.4	12318.3	804.5
浙江	420134	81.8	11.5	9.2	1.1	981.3	23.7	568.4	8.3	281.2	10008.9	21660.5	218.1
安徽	243265	95.3	11.0	18.9	3.0	785.2	7.0	3026.1	9.6	777.7	5744.0	6965.2	7166.1
福建	316178	67.9	9.5	9.5	1.3	455.0	16.7	5104.5	55.0	422.1	2906.8	15327.6	1504.5
江西	194432	76.8	9.3	9.5	1.4	706.9	76.8	9401.6	1537.1	2791.8	17352.9	22669.2	10851.6
山东	443331	198.2	17.3	56.0	6.5	725.7	48.6	1096.6	48.4	1097.6	754.1	13959.0	2177.7
河南	378785	143.7	15.4	41.5	4.9	1266.5	160.1	7140.8	27.3	2781.3	1606.9	37379.5	1810.7
湖北	293064	110.5	13.1	19.8	2.5	1144.2	22.8	4166.8	223.3	846.6	16645.4	17456.8	11961.7
湖南	278811	130.5	16.5	23.1	2.8	880.4	104.5	42466.5	279.6	14518.2	3336.0	34606.4	55704.9
广东	785587	188.4	23.1	12.5	2.1	837.1	13.2	11512.2	66.1	1147.7	27986.6	75254.3	2287.7
广西	222439	79.3	8.4	11.6	1.4	563.8	64.5	15639.6	81.1	2498.1	4300.4	4666.5	9070.5
海南	35725	20.0	2.3	3.9	0.6	4.6	0.1	32.5	0.4	6.2	0.1	137.6	28.8
重庆	131450	41.7	5.5	5.5	0.7	522.8	35.0	188.0	3.6	12.2	304.2	740.6	1418.3
四川	279852	130.2	14.4	23.0	2.7	552.7	55.6	1760.6	71.2	183.3	542.2	1809.1	3596.2
贵州	77927	34.2	4.0	4.4	0.5	483.8	1.0	536.7	40.1	123.6	202.1	268.8	619.8
云南	147523	55.5	5.9	8.1	0.9	494.4	3.9	27946.6	56.7	3343.6	46.8	134.7	15580.8
西藏	4635	2.7	0.3	0.5	0.1	0.4		0.2		0.1		1.0	2721.1
陕西	121815	55.8	6.3	10.2	1.0	851.5	199.2	4241.9	32.7	965.1	262.8	1655.1	965.6
甘肃	59232	39.7	4.3	5.2	0.5	333.7	11.1	6884.8	72.5	1424.9	240.2	4672.3	5735.6
青海	21292	10.3	1.0	0.8	0.1	321.2	1.7	1120.0	11.0	148.0	1018.3	1033.3	2067.8
宁夏	39432	23.4	1.8	3.1	0.3	146.2	9.5	110.8	4.5	29.4	113.4	452.1	212.9
新疆	83329	67.3	4.7	17.1	1.4	280.6	41.0	1263.8	23.6	760.9	1699.5	5773.5	2673.0

注：2011年环境保护部对统计制度中的指标体系、调查方法及相关技术规定等进行了修订，统计范围扩展为工业源、农业源、城镇生活源、机动车、集中式污染治理设施5个部分。

表5-4　主要城市废水中主要污染物排放情况（2011年）

城市	废水排放总量(万吨)	废水中主要污染物排放量											
		化学需氧量(万吨)	氨氮(万吨)	总氮(万吨)	总磷(万吨)	石油类(吨)	挥发酚(吨)	铅(千克)	汞(千克)	镉(千克)	六价铬(千克)	总铬(千克)	砷(千克)
北　京	145469	19.32	2.13	3.28	0.45	82.08	0.92	186.18	1.72	12.44	339.62	508.68	28.09
天　津	67147	23.58	2.64	3.67	0.47	199.56	1.32	1459.38	1.09	9.80	105.93	285.17	22.81
石家庄	54230	23.64	1.67	5.62	0.63	175.02	4.53	16.68	0.54	1.39	4.95	2141.33	1.69
太　原	19205	2.65	0.56	0.41	0.05	24.69	0.17	173.91	2.07	13.33	126.92	127.98	64.41
呼和浩特	13754	14.15	0.48	3.00	0.31	3.12	0.02	3.79	2.19	0.38	0.90	0.90	0.51
沈　阳	41055	27.24	2.33	4.78	0.61	52.98	51.38	38.41	0.04	1.93	94.46	95.67	0.54
长　春	26767	18.00	1.41	2.98	0.42	31.24	0.26	16.50	0.01	0.07	98.41	102.56	0.28
哈尔滨	41901	33.14	2.37	5.60	0.62	27.79	0.43	22.22	0.30	1.14	151.60	153.87	2.29
上　海	214155	24.90	5.04	1.53	0.20	776.96	5.84	175.54	3.39	18.22	1024.61	2548.91	38.05
南　京	82769	11.42	1.79	0.84	0.09	292.00	9.72	39.95	0.76	10.61	355.20	428.69	52.05
杭　州	96219	11.07	1.42	1.27	0.17	51.18	17.39	44.96	0.25	2.94	2214.25	2659.18	12.81
合　肥	40213	13.07	1.18	1.54	0.23	25.03		71.87	0.63	6.96	9.61	26.33	92.00
福　州	36069	10.90	1.63	1.45	0.21	28.94	0.15	39.38	13.71	2.79	489.11	517.35	8.42
南　昌	40492	9.22	1.13	1.34	0.18	71.82	3.30	70.40	0.44	9.59	16940.42	16955.74	23.80
济　南	29794	12.08	1.02	2.77	0.32	84.27	8.38	6.57	0.27	1.54	201.99	244.35	43.25
郑　州	47307	10.27	1.30	1.94	0.25	135.65	0.76	21.19	0.23	6.30	44.39	52.45	30.56
武　汉	76666	16.56	1.92	1.38	0.18	147.47	0.66	189.54	2.19	4.71	1182.24	1193.58	219.43
长　沙	42271	12.66	1.43	1.58	0.21	84.90	0.02	149.13	0.26	22.39	412.05	554.39	30.08
广　州	141610	19.53	2.48	1.50	0.26	112.15	0.24	682.10	1.10	11.68	2004.86	5352.54	51.65
南　宁	36355	13.69	1.51	1.84	0.24	29.87	11.86	84.59	12.32	3.42	532.65	534.52	82.02
海　口	11911	1.89	0.46	0.51	0.07	3.69		0.27		0.11		131.33	0.47
重　庆	131450	41.68	5.50	5.51	0.69	522.76	35.01	188.00	3.59	12.22	304.17	740.57	1418.27
成　都	84467	20.97	2.45	3.18	0.39	43.35		38.02	0.20	1.68	58.28	399.99	98.43
贵　阳	14508	4.43	0.52	0.28	0.04	113.41	0.03	8.10	0.08	1.15	44.30	60.32	0.51
昆　明	45335	3.21	0.72	0.74	0.13	82.69	1.48	11678.43	3.39	2042.65	2.48	34.32	6751.05
拉　萨	2088	1.05	0.12	0.09	0.05	0.24		0.21		0.06		0.17	2721.06
西　安	40770	12.55	1.43	1.46	0.15	140.48	0.04	60.71	0.21	4.54	73.93	182.22	0.02
兰　州	16102	5.71	1.02	0.38	0.04	87.52	8.40	99.68	0.44	18.54	149.34	154.74	3.79
西　宁	10174	4.23	0.45	0.30	0.03	60.82	0.64	129.45	2.42	75.61	1018.31	1030.05	67.42
银　川	17703	5.32	0.65	0.85	0.09	41.18	4.50	11.80	0.10	0.50	2.24	175.54	38.32
乌鲁木齐	24195	3.26	0.69	0.45	0.05	59.74	18.85	22.48	12.39	40.20	160.00	400.00	77.51

表5-5 各地区废气中主要污染物排放情况（2011年）

单位：万吨

地区	二氧化硫	氮氧化物	烟(粉)尘
全 国	2217.91	2404.27	1278.83
北 京	9.79	18.83	6.58
天 津	23.09	35.89	7.59
河 北	141.21	180.11	132.25
山 西	139.91	128.60	112.99
内蒙古	140.94	142.19	73.99
辽 宁	112.62	106.28	69.32
吉 林	41.32	60.47	43.22
黑龙江	52.19	78.38	65.59
上 海	24.01	43.54	8.98
江 苏	105.38	153.57	52.74
浙 江	66.20	85.91	32.33
安 徽	52.95	95.91	45.22
福 建	38.92	49.45	22.53
江 西	58.41	61.23	39.60
山 东	182.74	179.03	78.38
河 南	137.05	166.54	66.82
湖 北	66.56	66.96	34.61
湖 南	68.55	66.64	38.44
广 东	84.77	138.82	32.43
广 西	52.10	49.40	28.83
海 南	3.26	9.54	1.58
重 庆	58.69	40.26	18.10
四 川	90.20	67.49	38.59
贵 州	110.43	55.32	30.35
云 南	69.12	54.85	38.22
西 藏	0.42	4.06	1.00
陕 西	91.68	83.17	46.34
甘 肃	62.39	48.09	23.62
青 海	15.66	12.41	13.83
宁 夏	41.04	45.82	21.55
新 疆	76.31	75.51	53.19

表5–6　主要城市废气中主要污染物排放情况（2011年）

单位：万吨

城市	二氧化硫	氮氧化物	烟(粉)尘
北　京	9.79	18.83	6.58
天　津	23.09	35.89	7.59
石家庄	20.70	28.54	10.55
太　原	14.12	15.37	8.24
呼和浩特	11.23	19.53	3.40
沈　阳	11.09	13.07	6.58
长　春	7.63	15.35	13.06
哈尔滨	12.23	15.45	13.89
上　海	24.01	43.54	8.98
南　京	12.65	18.34	5.99
杭　州	9.25	12.53	4.29
合　肥	5.18	11.21	4.27
福　州	9.25	12.38	3.68
南　昌	3.62	6.24	2.32
济　南	12.06	11.68	11.57
郑　州	11.69	21.02	5.30
武　汉	11.44	16.83	2.84
长　沙	2.84	4.80	2.05
广　州	7.01	14.43	2.23
南　宁	4.12	6.27	3.55
海　口	0.20	1.00	0.18
重　庆	58.69	40.26	18.10
成　都	5.71	10.51	2.58
贵　阳	11.51	5.43	3.83
昆　明	10.96	11.49	6.32
拉　萨	0.16	1.33	0.15
西　安	11.48	9.79	3.12
兰　州	10.46	10.19	4.22
西　宁	7.83	6.69	5.42
银　川	8.08	10.13	3.25
乌鲁木齐	13.87	17.03	7.37

表5-7 各地区固体废物处理利用情况（2011年）

单位：万吨

地区	一般工业固体废物产生量	一般工业固体废物综合利用量	一般工业固体废物处置量	一般工业固体废物贮存量	一般工业固体废物倾倒丢弃量	危险废物产生量	危险废物综合利用量	危险废物处置量	危险废物贮存量
全 国	322772.34	195214.62	70465.34	60376.74	433.31	3431.22	1773.05	916.48	823.54
北 京	1125.59	748.70	348.61	28.34		11.92	5.05	6.86	
天 津	1752.22	1748.57	9.15			10.27	3.09	7.18	
河 北	45128.51	18821.15	6806.44	20184.41	0.40	52.04	33.27	18.79	
山 西	27555.90	15817.63	9187.25	2577.60	29.10	22.21	18.06	4.11	0.04
内蒙古	23584.11	13701.29	7429.33	2646.88	3.10	111.88	54.43	49.93	11.65
辽 宁	28269.61	10747.78	13394.29	4334.99	8.18	78.49	59.86	25.30	0.09
吉 林	5378.59	3170.63	919.77	1290.09		90.04	60.13	29.90	0.03
黑龙江	6016.68	4138.67	642.58	1307.86	6.72	19.56	3.70	15.16	0.60
上 海	2442.20	2358.11	74.89	11.40	0.47	56.36	30.13	26.01	0.34
江 苏	10475.50	9997.24	334.56	220.02		188.94	95.29	93.33	0.93
浙 江	4445.75	4091.75	309.56	51.10	0.44	78.47	31.83	46.08	1.31
安 徽	11473.25	9366.42	1760.99	1096.22		24.28	21.27	2.95	0.19
福 建	4414.89	3024.33	1304.14	98.43	0.87	10.31	4.38	5.71	0.21
江 西	11372.43	6304.66	651.81	4420.25	15.44	23.24	17.89	5.20	0.19
山 东	19532.59	18298.49	1106.29	349.65	0.00	937.84	657.52	290.96	0.23
河 南	14573.83	10964.22	2602.34	1200.40	2.14	47.62	39.42	7.05	1.49
湖 北	7595.79	6007.12	1424.46	268.48	16.64	40.53	26.85	20.85	0.32
湖 南	8486.74	5678.78	2214.68	695.58	9.32	246.68	194.38	44.22	23.15
广 东	5848.91	5119.47	809.94	74.63	3.41	126.79	70.20	56.91	0.46
广 西	7438.11	4292.36	2050.45	1515.53	2.57	22.94	13.49	5.71	7.44
海 南	420.76	201.30	181.67	42.38	0.05	0.71	0.12	0.52	0.07
重 庆	3299.18	2584.92	518.28	198.76	24.15	46.50	5.64	43.61	0.51
四 川	12684.47	6002.12	3988.20	2772.63	6.02	115.85	77.97	46.75	1.12
贵 州	7598.24	4014.64	2033.08	1552.29	28.88	38.89	12.95	1.05	25.69
云 南	17335.30	8727.68	4969.03	3687.40	168.70	134.10	87.74	19.51	27.05
西 藏	301.39	8.21	16.00	284.28	0.02				
陕 西	7117.63	4265.74	1836.43	1007.85	9.15	33.15	17.32	9.86	6.06
甘 肃	6523.79	3341.77	2041.16	1095.79	6.59	24.68	10.88	17.92	8.06
青 海	12017.17	6785.13	13.85	5225.78	0.49	355.98	56.36	6.10	298.06
宁 夏	3344.12	2047.64	865.20	435.28	1.72	10.81	9.81	0.64	0.36
新 疆	5219.09	2838.11	620.92	1702.43	88.73	470.14	54.01	8.33	407.91

六、废气排放及处理

表6-1　主要城市空气质量指标（2011年）

单位：毫克/立方米

城市	可吸入颗粒物(PM10)	二氧化硫(SO_2)	二氧化氮(NO_2)	空气质量达到及好于二级的天数(天)	空气质量达到二级以上天数占全年比重(%)
北　京	0.113	0.028	0.056	286	78.4
天　津	0.093	0.042	0.038	320	87.7
石家庄	0.099	0.052	0.041	320	87.7
太　原	0.084	0.064	0.023	308	84.4
呼和浩特	0.076	0.054	0.039	347	95.1
沈　阳	0.096	0.059	0.033	332	91.0
长　春	0.091	0.026	0.043	345	94.5
哈尔滨	0.099	0.041	0.046	317	86.8
上　海	0.080	0.029	0.051	337	92.3
南　京	0.097	0.034	0.049	317	86.8
杭　州	0.093	0.039	0.058	333	91.2
合　肥	0.113	0.022	0.025	303	83.0
福　州	0.069	0.009	0.032	360	98.6
南　昌	0.088	0.056	0.038	347	95.1
济　南	0.104	0.051	0.036	320	87.7
郑　州	0.103	0.051	0.047	318	87.1
武　汉	0.100	0.039	0.056	306	83.8
长　沙	0.083	0.040	0.047	341	93.4
广　州	0.069	0.028	0.049	360	98.6
南　宁	0.073	0.026	0.033	351	96.2
海　口	0.041	0.008	0.016	365	100.0
重　庆	0.093	0.038	0.031	324	88.8
成　都	0.100	0.031	0.051	322	88.2
贵　阳	0.079	0.049	0.030	349	95.6
昆　明	0.065	0.037	0.044	365	100.0
拉　萨	0.040	0.009	0.023	364	99.7
西　安	0.118	0.042	0.041	305	83.6
兰　州	0.138	0.048	0.042	244	66.8
西　宁	0.105	0.043	0.026	316	86.6
银　川	0.095	0.038	0.030	333	91.2
乌鲁木齐	0.132	0.079	0.068	276	75.6

表6-2　按地区类别及路边情况划分的大气质量(2011年)

单位：微克 / 立方米

地区类别及路边	全年平均大气污染浓度			
	二氧化硫	二氧化氮	总悬浮粒子	可吸入悬浮粒子
市区①	15	63	74	49
新市镇②	12	49	72	49
郊区③	10	12	—	47
路边④	12	122	102	61

①包括葵涌、中西区、深水、观塘、东区及荃湾。
②包括大埔、沙田、元朗及东涌。
③包括塔门。
④包括铜锣湾、中环及旺角。

七、固体废物与生活垃圾处理利用

表7–1　主要城市固体废物处理利用情况(2011年)

单位：万吨

城市	一般工业固体废物产生量	一般工业固体废物综合利用量	一般工业固体废物处置量	一般工业固体废物贮存量	一般工业固体废物倾倒丢弃量	危险废物产生量	危险废物综合利用量	危险废物处置量	危险废物贮存量
北　京	2251.19	1497.39	697.21	56.68		23.84	10.11	13.73	
天　津	3504.43	3497.13	18.29			20.54	6.19	14.35	
石家庄	3040.46	3033.32	18.11	247.37		49.35	24.90	24.50	
太　原	6307.03	3345.35	2845.16	88.72	2.68	10.46	4.19	6.27	
呼和浩特	1784.28	717.10	960.26	106.93		10.35	10.05	0.30	
沈　阳	1409.22	1321.25	274.96	59.63		14.80	10.14	4.65	
长　春	1233.79	1225.88	7.91			3.37	0.22	3.15	
哈尔滨	1128.93	1036.87	71.34	208.41		4.73	2.15	2.59	
上　海	4884.40	4716.22	149.78	22.81	0.94	112.72	60.25	52.01	0.68
南　京	3518.80	3008.89	230.15	291.46		64.36	32.03	31.69	1.18
杭　州	1526.52	1415.15	111.34	0.06		22.90	17.36	5.49	0.12
合　肥	2131.93	2001.67	16.37	115.89		3.32	2.37	0.94	0.01
福　州	1387.36	1246.04	137.74	10.66	0.54	4.32	1.92	2.20	0.21
南　昌	370.49	364.33	4.94	0.00	1.22	3.07	2.18	0.88	
济　南	2252.69	2233.59	11.89	7.22		30.78	8.55	26.40	0.05
郑　州	2498.61	1837.40	605.77	55.60		1.77	0.43	1.34	0.01
武　汉	2759.34	2747.66	100.25	11.21		11.66	4.75	6.91	
长　沙	355.19	349.64	5.53	0.02	0.04	0.21	0.14	0.02	0.06
广　州	1318.70	1251.03	59.67	9.52		60.58	23.65	36.92	
南　宁	697.49	631.59	26.24	45.22		0.34	0.29	0.05	
海　口	9.54	8.60	0.93			0.36	0.12	0.24	
重　庆	6598.37	5169.84	1036.56	397.52	48.30	92.99	11.27	87.22	1.01
成　都	1036.03	1023.28	12.25	0.50		9.47	3.03	6.36	0.09
贵　阳	2280.10	1284.98	945.92	52.94	0.08	2.55	3.54	0.59	
昆　明	7339.84	3365.62	3725.62	713.73	28.54	116.90	109.49	7.41	
拉　萨	496.22	15.26	31.99	466.33	0.03				
西　安	555.94	542.60	10.30	2.99	0.05	1.84	0.15	1.72	
兰　州	1209.10	1122.31	86.79	0.09		20.19	10.12	10.07	
西　宁	1002.38	985.48	21.17	11.62		51.41	37.84	12.19	10.44
银　川	1249.45	1046.98	144.89	56.35	1.22	6.05	5.20	0.85	
乌鲁木齐	2001.39	1619.74	376.89	3.30	1.47	44.78	39.06	5.72	0.01

表7-2　各地区城市生活垃圾清运和处理情况（2011年）

地区	生活垃圾清运量(万吨)	无害化处理厂数(座)				无害化处理能力(吨/日)			
			卫生填埋	焚 烧	其 他		卫生填埋	焚 烧	其 他
全 国	16395.3	677	547	109	21	409119	300195	94114	14810
北 京	634.4	21	15	2	4	16930	12080	2200	2650
天 津	189.9	9	6	3		9500	6200	3300	
河 北	584.6	29	23	4	2	13163	9174	2589	1400
山 西	420.0	16	12	3	1	10646	4546	2600	3500
内蒙古	340.0	18	18			8788	8788		
辽 宁	876.0	28	28			18200	18200		
吉 林	493.0	13	11	2		8643	6603	2040	
黑龙江	796.6	22	20	2		10954	10454	500	
上 海	704.0	5	3	1	1	7850	5350	1500	1000
江 苏	1119.8	51	30	21		42170	21465	20705	
浙 江	1018.1	50	29	21		35067	16806	18261	
安 徽	435.1	20	16	4		11530	8980	2550	
福 建	433.5	26	18	8		15385	8685	6700	
江 西	306.6	16	16			8215	8215		
山 东	959.5	54	44	7	3	32878	26318	5000	1560
河 南	729.5	40	37	2	1	21036	18236	2400	400
湖 北	736.3	25	21	4		13832	9423	4409	
湖 南	531.6	26	26			11500	11500		
广 东	1978.8	47	31	14	2	42578	27983	12575	2020
广 西	255.8	21	17	2	2	8241	7061	600	580
海 南	113.6	7	6	1		2789	2564	225	
重 庆	281.6	13	12	1		6465	5265	1200	
四 川	669.0	34	29	4	1	15182	12682	1800	700
贵 州	218.3	13	13			5568	5568		
云 南	300.2	15	11	3	1	6018	2858	2960	200
西 藏	17.3								
陕 西	428.3	17	15		2	11609	11409		200
甘 肃	276.2	13	13			3230	3230		
青 海	83.1	3	3			1600	1600		
宁 夏	120.5	6	6			2548	2548		
新 疆	344.5	19	18		1	7004	6404		600

表7-2 各地区城市生活垃圾清运和处理情况（2011年）（续）

地区	无害化处理量(万吨)				粪便清运量(万吨)	粪便无害化处理量(万吨)	生活垃圾无害化处理率(%)
		卫生填埋	焚烧	其他			
全国	13089.6	10063.7	2599.3	426.6	1962.9	652.8	79.7
北京	623.2	429.6	94.5	99.2	207.5	186.8	98.2
天津	189.9	120.7	69.3		24.8	6.3	100.0
河北	424.2	294.2	92.2	37.9	91.9	32.3	72.6
山西	325.5	121.2	54.3	150.0	79.1	0.8	77.5
内蒙古	283.8	283.8			147.1	21.7	83.5
辽宁	704.7	704.7			118.5	25.7	80.5
吉林	242.6	197.7	44.9		72.4	53.7	49.2
黑龙江	348.1	338.7	9.4		175.5	47.6	43.7
上海	429.7	362.7	59.2	7.8	207.0		61.0
江苏	1050.0	502.2	547.8		95.2	35.3	93.8
浙江	981.7	513.8	468.0		77.1	50.2	96.4
安徽	378.5	318.0	60.4		64.0	9.6	87.0
福建	409.9	263.5	146.4		1.2		94.6
江西	270.6	270.6			36.8	8.2	88.3
山东	887.9	702.1	148.9	36.9	125.1	44.2	92.5
河南	615.9	538.0	70.7	7.1	52.9	14.1	84.4
湖北	449.3	315.6	133.7		62.0	4.7	61.0
湖南	459.0	459.0			2.9	0.3	86.4
广东	1449.0	1094.2	326.4	28.4	104.6	40.4	72.1
广西	244.3	219.1	10.4	14.8	22.0	9.5	95.5
海南	103.8	97.7	6.1		13.2		91.4
重庆	280.3	217.5	62.8		75.3		99.6
四川	591.6	520.7	70.9		20.6	6.1	88.4
贵州	193.3	193.3			3.5	2.7	88.6
云南	222.6	94.1	123.2	5.3	19.5	10.5	74.1
西藏							
陕西	386.6	364.0		22.6	37.2	27.0	90.3
甘肃	115.2	115.2			17.7	9.6	41.7
青海	74.3	74.3			1.2		89.5
宁夏	80.7	80.7			3.9	2.9	67.0
新疆	273.8	257.0		16.8	3.4	2.9	79.5

表7–3 按种类划分的日均产生的固体废物量

单位：吨 (每日计)

种类	2007	2008	2009	2010	2011
于堆填区弃置的固体废物					
都市固体废物①					
家居废物②	6370	6080	6020	6140	5970
商业废物③	2190	2280	2320	2350	2360
工业废物④	620	660	630	630	660
小计	9180	9020	8960	9110	9000
整体建筑废物①⑤	3160	3090	3120	3580	3330
特殊废物⑥	1560	1390	1240	1120	1130
总计	13900	13500	13330	13820	13460
已回收都市固体废物⑦	7700	8590	8720	9870	

①都市固体废物包括运往弃置设施的家居废物、商业废物及工业废物，但不包括建筑废物及已回收都市固体废物。
②家居废物包括使用后的住宅固体废物，及由公共洁净服务收集的废物。
③商业废物包括所有类型的商业活动产生的固体废物。
④工业废物包括由工业活动产生的固体废物，但不包括化学废物及建筑废料。自2007年开始运往堆填区处置并包括在工业废物类别的废弃混凝土已被重新归类于整体建筑废物，有关的数量已从工业废物类别中扣除。
⑤建筑废物包括由建筑及拆卸活动所产生的废物，但不包括可运往公众填土区作填海用途的物料。在堆填区弃置的整体建筑废物包括来自建筑地盘的建筑废物，以及在建筑地盘以外设立的混凝土配料厂和水泥/砂浆生产厂所产生的废弃混凝土。
⑥特殊废物包括弃置于堆填区的动物尸体、屠房废物、报废货物、滤水厂及污水处理后的污泥、污水处理厂的隔滤物、禽畜废物、医疗废物及化学废物。
⑦都市固体废物回收后会在本地或香港以外地方循环再造。

八、交通运输

表8-1　各地区城市公共交通情况（2011年）

地区	年末公共交通车辆运营数(辆)	公共汽、电车	轨道交通	运营线路总长度(公里)	公共汽、电车	轨道交通	公共交通客运总量(万人次)	公共汽、电车	轨道交通	出租汽车(辆)
全国	412590	402645	9945	521253	519554	1699	7439185	6725785	713400	1002306
北京	24478	21628	2850	19832	19460	372	722552	503272	219280	66646
天津	7954	7628	326	12690	12606	84	122363	114798	7565	31940
河北	15503	15503		17512	17512		197470	197470		47441
山西	7226	7226		12592	12592		124029	124029		29116
内蒙古	5646	5646		9673	9673		92547	92547		37520
辽宁	20514	20160	354	20251	20136	115	426751	411312	15439	79248
吉林	10521	10273	248	10366	10327	39	156953	152458	4495	54922
黑龙江	14241	14241		13661	13661		220063	220063		62092
上海	19488	16589	2899	23360	22906	454	491180	281075	210105	50438
江苏	29655	29205	450	47468	47383	85	442942	408572	34370	46342
浙江	21927	21927		39982	39982		300425	300425		33285
安徽	11035	11035		9551	9551		198662	198662		36525
福建	11203	11203		15209	15209		216866	216866		17491
江西	7297	7297		10968	10968		122042	122042		11444
山东	31230	31230		41492	41492		380085	380085		58462
河南	17601	17601		17035	17035		256311	256311		44539
湖北	16590	16458	132	16456	16427	29	317261	309524	7737	30845
湖南	12600	12600		15631	15631		265211	265211		23648
广东	51736	49532	2204	79498	79085	413	884536	685606	198930	60624
广西	7208	7208		8360	8360		143137	143137		14139
海南	2356	2356		4737	4737		39908	39908		4651
重庆	8118	7822	296	8950	8880	70	183262	174930	8332	15004
四川	17699	17597	102	16748	16729	19	319471	313943	5528	29495
贵州	4879	4879		5201	5201		122646	122646		10260
云南	7531	7531		16240	16240		137730	137730		15415
西藏	366	366		790	790		7251	7251		1379
陕西	10692	10608	84	8857	8837	20	242897	241279	1618	22385
甘肃	4965	4965		4513	4513		96662	96662		19465
青海	2038	2038		1870	1870		39158	39158		7119
宁夏	2570	2570		4658	4658		30427	30427		12827
新疆	7723	7723		7103	7103		138388	138388		27599

注：另有上海市磁悬浮列车14辆，运营线路总长度29公里。

表8–2 交通运输业基本情况

指标	2007	2008	2009	2010	2011
运输线路长度 (万公里)					
铁路营业里程	7.80	7.97	8.55	9.12	9.32
公路里程	358.37	373.02	386.08	400.82	410.64
#高速公路	5.39	6.03	6.51	7.41	8.49
内河航道里程	12.35	12.28	12.37	12.42	12.46
定期航班航线里程	234.30	246.18	234.51	276.51	349.06
管道输油(气)里程	5.45	5.83	6.91	7.85	8.33
客运量总计 (万人)	2227761	2867892	2976898	3269508	3526319
铁路	135670	146193	152451	167609	186226
公路	2050680	2682114	2779081	3052738	3286220
水运	22835	20334	22314	22392	24556
民航	18576	19251	23052	26769	29317
旅客周转量总计 (亿人公里)	21592.6	23196.7	24834.9	27894.3	30984.0
铁路	7216.3	7778.6	7878.9	8762.2	9612.3
公路	11506.8	12476.1	13511.4	15020.8	16760.2
水运	77.8	59.2	69.4	72.3	74.5
民航	2791.7	2882.8	3375.2	4039.0	4537.0
货运量总计 (万吨)	2275822	2585937	2825222	3241807	3696961
铁路	314237	330354	333348	364271	393263
公路	1639432	1916759	2127834	2448052	2820100
水运	281199	294510	318996	378949	425968
民航	401.8	407.6	445.5	563.0	557.5
管道	40552	43906	44598	49972	57073
货物周转量 (亿吨公里)	101419	110300	122133	141837	159324
铁路	23797	25106	25239	27644	29466
公路	11355	32868	37189	43390	51375
水运	64285	50263	57557	68428	75424
民航	116.4	119.6	126.2	178.9	173.9
管道	1866	1944	2022	2197	2885
民用汽车拥有量 (万辆)	4358.36	5099.61	6280.61	7801.83	9356.32
私人汽车	2876.22	3501.39	4574.91	5938.71	7326.79
其他机动车拥有量 (万辆)	9434.03	9756.92	10489.01	11305.55	11549.16
民用运输船舶拥有量 (艘)	191771	184190	176932	178407	179242
机动船	157544	152247	149367	155624	157950
驳船	34227	31943	27565	22783	21292
沿海规模以上港口货物吞吐量 (万吨)	388200	429599	475481	548358	616292

注：1.2004年起内河航道里程为内河航道通航里程数(以下各表同)。
2.2005年起公路里程包括村道(以下各表同)。
3.2008年公路、水路运输量统计口径有调整(以下各表同)。
4.从2009年起，沿海规模以上港口统计范围为年吞吐量1000万吨以上的沿海港口，内河规模以上港口统计范围为年吞吐量200万吨以上的内河港口(以下各表同)。
5.2011年起民航航线里程改为定期航班航线里程（以下各表同）。

表8–3　各地区运输线路长度（2011年底）

单位：公里

地区	铁路营业里程	内河航道里程	公路里程	等级公路				等外公路
					高速	一级	二级	
全国	93249.6	124612	4106387	3453590	84946	68119	320536	652796
北京	1228.4		21347	21155	912	999	3279	193
天津	866.9	88	15163	15163	1103	1127	3244	
河北	5170.5		156965	149057	4756	4302	16728	7908
山西	3773.7	467	134808	131002	4005	2070	14421	3806
内蒙古	9161.9	2403	160995	147946	2874	3710	13689	13049
辽宁	4302.3	413	104026	87650	3300	3023	17250	16376
吉林	3988.1	1456	91754	83790	2252	1880	8756	7964
黑龙江	5945.3	5098	155592	124132	3708	1289	8849	31460
上海	461.3	2226	12084	12084	806	422	3069	
江苏	2349.6	24252	152247	144113	4122	9949	21779	8134
浙江	1779.1	9750	111776	107880	3500	4565	9224	3896
安徽	3120.8	5596	149535	143403	3009	627	10640	6131
福建	2110.3	3245	92322	73669	2652	683	7510	18653
江西	2834.5	5638	146632	114463	3603	1428	9464	32169
山东	4200.3	1150	233190	231428	4350	8710	24151	1761
河南	4261.1	1267	247587	191234	5196	564	24981	56353
湖北	3354.9	8260	212747	196452	4006	2354	17135	16295
湖南	3696.3	11495	232190	198903	2649	1009	9406	33287
广东	2832.1	11850	190724	172382	5049	10339	19044	18342
广西	3194.2	5433	104889	87296	2754	944	9132	17592
海南	693.7	343	22916	22104	660	267	1359	812
重庆	1373.4	4331	118562	83614	1861	565	7522	34948
四川	3516.4	10720	283268	220947	3009	2834	13140	62321
贵州	2070.0	3442	157820	79643	2022	164	3831	78177
云南	2491.3	3158	214524	165843	2746	842	9553	48681
陕西	4083.4	1066	151986	139453	3803	839	7611	12533
甘肃	2441.5	914	123696	91692	2343	170	5856	32003
青海	1857.6	421	64280	49971	1133	312	5289	14309
宁夏	1266.5	130	24506	23875	1306	696	2567	631
新疆	4319.7		155150	104336	1459	1433	11099	50814

九、环境治理投资

表9—1　各地区城市公共交通情况（2011年）

指标	2007	2008	2009	2010	2011
环境污染治理投资总额(亿元)	3387.3	4490.3	4525.3	6654.2	6592.8
#城市环境基础设施建设投资	1467.5	1801.0	2512.0	4224.2	3469.4
燃气	160.1	163.5	182.2	290.8	331.4
集中供热	230.0	269.7	368.7	433.2	437.6
排水	410.0	496.0	729.8	901.6	770.1
园林绿化	525.6	649.8	914.9	2297.0	1546.2
市容环境卫生	141.8	222.0	316.5	301.6	384.1
工业污染源治理投资	552.4	542.6	442.6	397.0	444.4
建设项目“三同时”环保投资	1367.4	2146.7	1570.7	2033.0	2679.0
环境污染治理投资总额占国内生产总值比重(%)	1.36	1.49	1.33	1.66	1.39

表9-2 工业污染治理投资完成情况

年份地区	工业污染治理完成投资(万元)						本年竣工项目数(个)
		治理废水	治理废气	治理固体废物	治理噪声	治理其他	
2000	2347895	1095897	909242	114673	13692	214390	21070
2001	1745280	729214	657940	186967	6424	164734	10277
2002	1883663	714935	697864	161287	10464	299113	9733
2003	2218281	873748	921222	161763	10139	251408	9568
2004	3081060	1055868	1427975	226465	13416	357336	11290
2005	4581909	1337147	2129571	274181	30613	810396	11158
2006	4839485	1511165	2332697	182631	30145	782848	11972
2007	5523909	1960722	2752642	182532	18279	606838	12547
2008	5426404	1945977	2656987	196851	28383	598206	11184
2009	4426207	1494606	2324616	218536	14100	374349	8236
2010	3969768	1295519	1881883	142692	14193	620021	5866
2011	4443610	1577471	2116811	313875	21623	413831	7005
北 京	10946	5893	4515	104	16	418	59
天 津	152848	31318	46800	33245	14	41472	99
河 北	243399	70721	156828	7766	595	7490	280
山 西	279450	48858	145001	28718	2305	54570	424
内蒙古	310164	40808	214617	17299	659	36782	136
辽 宁	116032	63953	44932	2869	573	3704	123
吉 林	65624	25059	35434	815		4315	88
黑龙江	100891	18565	78077	694		3555	50
上 海	63602	4930	51244	60	879	6490	93
江 苏	310062	125481	134461	13905	1421	34795	660
浙 江	178373	88098	65063	2233	1486	21494	712
安 徽	92793	26865	29532	2074	273	34050	158
福 建	142599	54268	62601	10482	580	14669	233
江 西	66235	24441	18401	4745	12	18636	176
山 东	624466	295540	244688	53923	204	30110	770
河 南	213728	50859	146766	5374	658	10070	286
湖 北	92873	35041	38972	10086	475	8298	149
湖 南	97039	50215	31816	8853	1745	4410	196
广 东	166420	55886	76909	7973	146	25506	690
广 西	86230	45998	34460	3242	46	2483	198
海 南	27534	18404	7039	1218	120	753	44
重 庆	49384	24915	8241	14281	354	1593	169
四 川	166537	66136	84726	3656	6150	5869	274
贵 州	131970	7873	64249	56023	89	3735	129
云 南	137331	40870	67799	12016	1215	15432	388
西 藏	1628	660	580	380		8	4
陕 西	237248	157712	60409	5583	1418	12127	165
甘 肃	105338	29085	69926	389	98	5840	88
青 海	27858	8510	10091	5705		3552	35
宁 夏	38735	17417	20529	166	18	606	65
新 疆	106276	43093	62105		75	1003	64

关于2010年各省（区、市）淘汰落后产能目标任务完成情况的公告

工业和信息化部 国家能源局

2011年 第36号

加快淘汰落后产能是转变经济发展方式、调整产业结构、提高经济增长质量和效益的重大举措，是加快节能减排、积极应对全球气候变化的迫切需要。各省（区、市）人民政府高度重视淘汰落后产能工作，认真贯彻落实《国务院关于进一步加强淘汰落后产能工作的通知》（国发[2010]7号）精神，加强组织领导，落实政策措施，分解落实任务，加强监督考核，稳步推进淘汰落后产能工作。各省（区、市）对2010年淘汰落后产能企业组织了现场检查，出具了书面验收意见，对分解落实目标任务和完成目标任务情况进行了公告。淘汰落后产能工作部际协调小组对各省（区、市）目标任务完成情况进行了检查考核。

2010年全国淘汰落后产能目标任务全面超额完成。根据检查考核情况，2010年全国18个工业行业淘汰落后产能炼铁4100万吨、炼钢1186万吨、焦炭2533万吨、铁合金245.6万吨、电石115.3万吨、电解铝37.8万吨、铜冶炼24.7万吨、铅冶炼32万吨、锌冶炼29.6万吨、水泥14031万吨、平板玻璃1843.5万重量箱、造纸539.2万吨、酒精85.2万吨、味精23.4万吨、柠檬酸1.7万吨、制革1576万标张、印染41.9亿米、化纤68.3万吨，涉及企业2349户。淘汰电力落后产能1690万千瓦，涉及企业225户；煤炭落后产能2.31亿吨，关闭小煤矿2173处。

现将2010年各省（区、市）淘汰落后产能目标任务完成情况予以公告，欢迎社会各界予以监督。

湖南、甘肃、青海、江西、福建等5省部门间淘汰落后产能工作协调配合机制仍需完善；广东、北京、山西、河南、江苏、云南等6省（市）29户企业落后产能虽已按要求关停，但由于涉及职工安置、资产抵押、债权债务纠纷等问题，暂时尚未按要求彻底拆除。有关地方人民政府要加强监管，确保其不能再投入生产，条件成熟时立即组织拆除。

附表：1.2010年全国淘汰落后产能目标任务完成情况表

2.2010年未彻底拆除落后产能的企业名单

二〇一一年十月二十九日

2010年全国淘汰落后产能目标任务完成情况表

单位：万吨（玻璃：万重量箱；制革：万标张；印染：万米；电力：万千瓦；完成率：%）

行业地区	炼铁			炼钢			焦炭		
	下达量	完成量	完成率	下达量	完成量	完成率	下达量	完成量	完成率
北 京									
天 津	140	140	100						
河 北	1000	1181	118	200	346	173	126	126	100
山 西	400	1039	260	20	20	100	502	548	109
内蒙古	100	104	104				36	36	100
辽 宁	120	175.3	146						
吉 林									
黑龙江	40	43	108	45	46	102	28	37	132
上 海									
江 苏	80	80	100	60	110	183	60	61	102
浙 江				20	30.5	153			
山 东	240	330	138		76.3		134.7	247.7	184
河 南	45	45.2	100	30	30.4	101	35	60	171
安 徽	60	60	100						
江 西				100	100	100	10	27	270
湖 北	8	8	100	50	50	100			
湖 南	52	52	100	50	50	100			
广 东	50	71	142	100	169	169			
福 建	20	26	130						
海 南	10	10	100	30	30	100			
四 川	25	26	104	10	24.3	243	48	48	100
重 庆	40	100	250	15	80	533			
广 西	200	200	100						
贵 州	50	56.8	114				146	320	219
云 南	180	200.3	111	15	15	100	671	681	101
陕 西	60	69	115				160	160	100
甘 肃									
青 海	20	20	100						
宁 夏	10	11	110				40	50	125
西 藏									
新 疆	50	52	104	8.2	8.2	100	131	131	100
新疆兵团									
合 计	3000	4099.6	137	753.2	1185.7	157	2127.7	2532.7	119

行业地区	铁合金			电石			电解铝		
	下达量	完成量	完成率	下达量	完成量	完成率	下达量	完成量	完成率
北 京									
天 津									
河 北									
山 西		5.1		20	23	115	4.2	4.2	100
内蒙古	10	10	100	16.1	16.1	100			
辽 宁	3	5.43	181	6	6.8	113			
吉 林									
黑龙江	0.15	2	1333						
上 海									
江 苏									
浙 江									
山 东	30	90	300	1	4.2	420	3.2	3.4	106
河 南	8.88	8.88	100				3	11.4	379
安 徽									
江 西									
湖 北	8.75	8.8	100	9.5	9.5	100			
湖 南	36.46	37.2	102				0.6	0.6	100
广 东									
福 建									
海 南									
四 川	5.8	10.1	174		34				
重 庆									
广 西		2.1							
贵 州	17.3	18.3	106	2	2	100	8	8	100
云 南	4.47	5.22	117	1.25	1.25	100			
陕 西	16.16	16.16	100	3.2	3.2	100	0.72	0.72	100
甘 肃							4	4.5	113
青 海		21.4			1.2		5	5	100
宁 夏	2.5	4.5	180	5.26	6.52	124			
西 藏									
新 疆	0.5	0.5	100	7.5	7.5	100			
新疆兵团									
合 计	144	245.6	171	71.8	115.3	161	28.7	37.8	132

行业地区	铜冶炼			铅冶炼			锌冶炼		
	下达量	完成量	完成率	下达量	完成量	完成率	下达量	完成量	完成率
北 京									
天 津									
河 北	1	3	300						
山 西							1	1	100
内蒙古									
辽 宁	0.05	3	6000				2	2	100
吉 林									
黑龙江									
上 海									
江 苏									
浙 江									
山 东		7			3				
河 南									
安 徽				2	2	100	2	2	100
江 西	3	3.3	110						
湖 北									
湖 南				9.8	9.8	100	3	3	100
广 东									
福 建									
海 南									
四 川									
重 庆									
广 西									
贵 州				0.99	3.28	331	1.2	19.3	1606
云 南	6.6	7.44	113	7	7	100	0.8	0.8	100
陕 西					2.4		1	1.24	124
甘 肃	1	1	100	1.5	1.5	100	0.3	0.3	100
青 海									
宁 夏				3	3	100			
西 藏									
新 疆									
新疆兵团									
合 计	11.7	24.7	212	24.3	32	132	11.3	29.6	262

行业地区	水泥			平板玻璃			造纸		
	下达量	完成量	完成率	下达量	完成量	完成率	下达量	完成量	完成率
北 京	202	202	100						
天 津	60	60	100						
河 北	867.8	1314	151	150	474	316	35	35.5	101
山 西	398	844.8	212				9.6	9.6	100
内蒙古	143	143.5	100	34	34	100	6.8	6.8	100
辽 宁	520	658.2	127				18	22.8	127
吉 林	77.9	77.9	100				1.5	1.5	100
黑龙江	203.8	287.8	141					19.5	
上 海									
江 苏	75	100	133	14.5	14.5	100	3	4	133
浙 江	500	1067	213				5	14.2	284
山 东	488	2067.7	424		570		5	64.9	1298
河 南	862	862	100	204	204	100	239.5	239.5	100
安 徽	376.8	773.2	205				3	3	100
江 西	161	179.5	111				4	4.2	105
湖 北	277	277	100	105	105	100	5.9	5.9	100
湖 南	349.4	349.4	100	100	100	100	15	15.2	101
广 东	500	811	162				1.5	4.5	300
福 建	336.4	367.4	109						
海 南	171	176	103					2.1	
四 川		470.7			230		17	21	124
重 庆	200	242	121	40	90	225			
广 西	312.2	366.4	117				11.2	12.5	112
贵 州	272.5	308.6	113						
云 南	738	789	107					1	
陕 西	538	567.8	106				46.3	46.3	100
甘 肃	90	117	130						
青 海	245	294	120						
宁 夏	80	80	100				2	2.5	125
西 藏									
新 疆	70	131	187		22		2.7	2.7	100
新疆兵团	40	46	115						
合 计	9154.8	14030.9	153	647.5	1843.5	285	432.0	539.2	125

行业地区	酒精			味精			柠檬酸		
	下达量	完成量	完成率	下达量	完成量	完成率	下达量	完成量	完成率
北 京									
天 津									
河 北	3	3	100						
山 西	0.3	0.3	100				1.2	1.2	100
内蒙古									
辽 宁	2	2	100						
吉 林	1.5	1.5	100						
黑龙江	4.5	5	111						
上 海									
江 苏									
浙 江									
山 东	3	19.6	653	2.4	2.4	100			
河 南	47.4	47.7	101	16	16.1	101	0.5	0.5	100
安 徽									
江 西									
湖 北	3.5	3.5	100						
湖 南									
广 东				0.5	1	200			
福 建									
海 南									
四 川	2	2.1	105						
重 庆									
广 西									
贵 州	0.5	0.5	100						
云 南									
陕 西									
甘 肃									
青 海									
宁 夏					3.9				
西 藏									
新 疆									
新疆兵团									
合 计	67.7	85.2	126	18.9	23.4	124	1.7	1.7	100

行业地区	制革			印染			化纤		
	下达量	完成量	完成率	下达量	完成量	完成率	下达量	完成量	完成率
北 京									
天 津				1000	2500	250			
河 北	578.8	583.8	101	12000	12300	103			
山 西							3	3	100
内蒙古									
辽 宁				2000	2100	105	3	3	100
吉 林									
黑龙江									
上 海				2000	2294	115			
江 苏	10	11	110	25000	25870	103	15	16.5	110
浙 江	160	374.5	234	200000	236832	118	20	23.8	119
山 东	70	74.5	106	20000	40700	204	2	3.7	185
河 南	100	100.7	101	4000	47100	1178	2.3	4.5	196
安 徽				1000	1500	150			
江 西	10	10	100				0.5	0.5	100
湖 北	3	3	100	2000	2000	100	1.5	1.5	100
湖 南	40	40	100	7000	7000	100	0.3	0.4	133
广 东	50	55	110	10000	11674.5	117	0.2	0.3	170
福 建	140	280.1	200	14000	14000	100	.4	4	100
海 南									
四 川	30	30	100	6000	6000	100	3	6	200
重 庆				3000	3000	100			
广 西	8	13	163						
贵 州									
云 南									
陕 西				4000	4000	100			
甘 肃									
青 海									
宁 夏									
西 藏									
新 疆							1	1	100
新疆兵团									
合 计	1199.8	1575.5	131	313000	418870.5	134	55.8	68.3	122

行业地区	煤炭			电力		
	下达量	完成量	完成率	下达量	完成量	完成率
北 京	106	106	100	15	40	267
天 津				17.5	17.5	100
河 北	230	450	196	29.9	70.3	235
山 西	7316	16900	231	155.06	185.21	119
内蒙古	84	514	612	48.9	53.91	110
辽 宁	20	48	240	90	141	157
吉 林	200	200	100	24	24	100
黑龙江	548	585	107	10	60	600
上 海					87.9	
江 苏				111.5	122.5	110
浙 江				98.95	98.95	100
山 东				110.05	205.15	186
河 南	447	520	116	44	87	198
安 徽	69	69	100		25	
江 西	47	48	102			
湖 北	42	57	136	16.45	37.35	227
湖 南	470	597	127		25	
广 东				49.69	57.69	116
福 建	68	75	110	14.2	20.3	143
海 南					13.8	
四 川	235	235	100	20	38.2	191
重 庆	958	958	100	2.55	13.1	514
广 西	104	124	119	64.4	64.4	100
贵 州	254	297	117	40	40	100
云 南	480	565	118			
陕 西	72	228	317	5	27	540
甘 肃	210	222	106	50	54.41	109
青 海	48	48	100	10	10	100
宁 夏	103	159	154	22	44	200
西 藏						
新 疆	56	56	100	11.2	26.4	236
新疆兵团						
合 计	12167	23061	190	1060	1690	159

2011年各省、自治区、直辖市节能目标完成情况

根据《中华人民共和国节约能源法》、《国务院关于印发“十二五”节能减排综合性工作方案的通知》(国发[2011]26号)和《国务院批转节能减排统计监测及考核实施方案和办法的通知》(国发[2007]36号)，国家发展改革委会同国务院有关部门，对各地区2011年度节能目标完成情况和节能措施落实情况进行了现场评价考核，考核结果公告如下：

超额完成的地区有北京、天津、河北、山西、上海、山东、河南、湖北、四川、贵州10个省(市)；完成的地区有吉林、黑龙江、安徽、湖南、广西、重庆、云南、陕西8个省(区、市)；完成了年度节能目标但落后于“十二五”节能目标进度的地区有内蒙古、辽宁、江苏、福建、江西、广东6个省(区)；未完成的地区有浙江、海南、甘肃、青海、宁夏、新疆6个省(区)，其中青海因玉树地震灾害的影响未完成年度节能目标。

2011年各地区节能目标完成情况表

单位：%

地 区	2011年万元GDP能耗降低目标	2011年万元GDP能耗降低率	“十二五”节能目标完成进度
北 京	6.50	6.94	38.58
天 津	4.00	4.28	22.05
河 北	3.66	3.69	20.17
山 西	3.50	3.55	20.71
内蒙古	2.50	2.51	15.63
辽 宁	3.40	3.40	18.55
吉 林	3.50	3.59	20.95
黑龙江	3.50	3.50	20.42
上 海	4.50	5.32	27.56
江 苏	3.50	3.52	18.06
浙 江	3.50	3.07	15.72
安 徽	3.50	4.06	23.75
福 建	3.20	3.29	19.17
江 西	3.00	3.08	17.93
山 东	3.66	3.77	20.61
河 南	3.50	3.57	20.83
湖 北	3.50	3.79	22.14
湖 南	3.50	3.68	21.49
广 东	3.50	3.78	19.42
广 西	3.30	3.36	21.02
海 南	-6.00	-5.23	-48.27

重 庆	3.80	3.81	22.26
四 川	3.50	4.23	24.77
贵 州	3.20	3.51	21.97
云 南	3.20	3.22	20.13
陕 西	3.50	3.56	20.77
甘 肃	3.20	2.51	15.63
青 海	1.50	-9.44	-85.42
宁 夏	-3.50	-4.60	-27.66
新 疆	2.00	-6.96	-63.71

注：1、2011年万元GDP能耗降低目标依据各省、区、市人民政府确认函；

2、2011年万元GDP能耗降低率依据国家统计局核定数（西藏自治区数据暂缺）；

3、负号表示单位GDP能耗上升。

国家发展改革委2011年度批准的清洁发展机制（CDM）项目

中国清洁发展机制网 整理

2011年1月1日~27日批准的CDM项目(41个)

1 广水安江水电开发有限公司
2 莆田后海风电场
3 张北大西山风电场项目
4湖南省通道县老溶滩水电站工程
5 四川大发水电项目
6 四川仁宗海水电项目
7 四川金窝水电项目
8内蒙古赤峰市林西县大水菠萝风电场一期工程
9 华能启东风电场二期工程
10 徐州协鑫光伏电力有限公司20兆瓦光伏发电项目
11河北崇礼红花梁49.5兆瓦风电项目
12 河北张北喜顺沟风电场项目
13 河北张北李家营风电场项目
14中广核内蒙古乌力吉风电场二期项目
15浙江华电舟山定海长白风电场项目
16华电宁夏宁东杨家窑三期风电项目
17华电宁夏宁东风电场一、二期扩建项目
18 康保照阳河风电场项目
19湟水湟惠水电站项目
20云南陆良杨梅山大路湾风电项目
21宁夏盐池麻黄山风电场国电一期49.5兆瓦工程
22甘肃华电嘉峪关10兆瓦并网光伏发电项目
23河南利源焦炉煤气联合循环发电工程
24甘肃玉门黑厓子一期48兆瓦风电工程
25华电内蒙古克旗乌套海一期风电项目
26河北崇礼轿车山49.3兆瓦风
27甘肃洮河吉利水电站工程
28 辽宁康平张家窑风电项目
29 双峰生物质能发电厂工程
30 临澧凯迪生物质能发电厂工程
31 张家口市桥西区集中供热工程
32 云南省宾川县清水河新田水电站项目
33 武汉市江北西部（新沟）垃圾焚烧发电项目
34 秦皇岛西部生活垃圾焚烧发电项目
35 温州市临江垃圾焚烧发电厂二期扩建工程项目
36 临海市垃圾焚烧发电工程

37 安徽省阜阳沪千人造板制造有限公司热能中心木质废料替代煤供热项目
38 青岛胶南生活垃圾厌氧发酵沼气发电项目
39 河北张北坝头风电场一期工程新能源和可再生能源
40 界牌河一级和腰村一级打捆小新能源和可再生能源
41 重庆市富丰水泥9兆瓦低温余热发电项目

2011年1月28日~2月25日批准的CDM项目(53个)

1 天津大神堂风电场项目
2 云浮业华余热回收和利用项目
3 深圳能源义和塔拉2号风电场项目
4 中节能内蒙古乌兰察布兴和风电场一期项目
5 江苏华电灌云风电场项目
6 四川省甘孜州康定县拉角沟I级水电站项目
7 山西玉龙右玉牛心堡风电项目
8 新疆塔城天润玛依塔斯二期风电项目
9 桥河二级电站新能源和可再生能源
10 云南山草坪水电项目
11 广东文笔岭风电项目
12 云南保山白花树小水电打捆项目
13 上海长兴岛风力发电项目
14 禹功河24兆瓦水电项目
15 临沂中联水泥有限公司水泥生产中增加混材项目
16 青州中联水泥有限公司水泥生产中增加混材项目
17 宿迁中联水泥有限公司水泥生产中增加混材项目
18 淮海中联水泥有限公司水泥生产中增加混材项目
19 徐州中联水泥有限公司水泥生产中增加混材项目
20 连云港中联水泥有限公司水泥生产中增加混材项目
21 南京中联水泥有限公司水泥生产中增加混材项目
22 邯郸中棉紫光棉花产业化科技有限公司秸秆锅炉供热项目
23 邱县神龙印染有限责任公司工业锅炉节能技术改造
24 河北旭隆化工有限公司 20 万吨硫磺制酸余热发电工程
25 河北航宇集团有限公司造纸污水处理综合利用项目
26 焦作市河阳酒精实业有限公司年产10万吨DDGS资源综合利用技术改造项目
27 安阳市有机废弃物处理年产400万方沼气示范项目
28 山东济矿民生热能有限公司焦炉煤气综合利用项目
29 辽宁法库卧牛石风电项目
30 辽宁法库叶茂台风电项目
31 吉林龙源长岭双龙风电场二期工程
32 云南陆良大莫古风电项目
33 甘肃玉门玉新风电项目
34 甘肃瓜州北大桥第三风电项目
35 江苏如东风电项目三期（150兆瓦）工程
36 山东滨州沾化套儿河风电项目
37 山东滨州沾化东风风电项目

38 广西上思生物质发电项目
39 腾冲县荷花打捆水电项目（甘蔗寨项目和银河项目）
40 莆田石城风电场二期工程
41 江苏龙源潮间带风电项目
42 龙源如东潮间带风电场示范项目
43 宁夏青铜峡风电场牛首山国电一期49.5兆瓦工程
44 宁夏青铜峡风电场牛首山国电二期49.5兆瓦工程
45 宁夏青铜峡风电场牛首山国电三期49.5兆瓦工程
46 内蒙古华鑫生物质热电联产项目
47 云南临沧忙糯河小水电项目
48 云南临沧仟信河小水电项目
49 潍坊市生活垃圾填埋场填埋气体回收利用发电工程
50 营口经济开发区集中供暖项目
51 宁夏中卫香山风电场中电投一期工程
52 攀枝花攀煤联合焦化有限责任公司攀枝花干熄焦余热回收项目
53 开封县金土燃料乙醇废液沼气发电项目

2011年2月26日~4月14日批准的CDM项目(50个)

1 中广核广东汶村风电场
2 中广核广东广海风电场
3 中广核广东端芬风电场
4 江西萍钢废能综合利用自备电厂项目
5 彬县瓦斯乏风项目
6 山西神池二期 49.5 兆瓦风力发电项目
7 华电内蒙古通辽开鲁街基风电场项目
8 云南省槟榔江苏家河口水电站
9 甘肃永登县龙林梯级水电站项目
10 华电尚德东台太阳能发电项目
11 安徽来安龙头港风电项目
12 安徽来安东寺港风电项目
13 安徽来安龙卧寺风电项目
14 安徽来安宝山风电项目
15 新疆达坂城一期风电项目
16 国电新疆阿拉山口二期风电项目
17 海南儋州峨蔓二期风电场项目
18 湖北利川齐岳山风电项目
19 福建牛头山水电站
20 国电山西右玉曹家山风力发电项目
21 河北尚义东山风电场工程
22 新疆吉木乃中广核一期风电项目
23 中广核大连西中岛风电场
24 内蒙古商都长胜梁风电场
25 山东沂水唐王山风电项目
26 山东文登张家产风电项目

27 山东太平山风电场项目
28 贵州北盘江善泥坡水电项目
29 新疆托北渠一级和二级小水电打捆项目
30 新疆温宿县多浪渠一级和二级小水电打捆项目
31 赤峰翁牛特旗五分地风电场工程
32 河北康保处长地一期 49.5 兆瓦风电工程项目
33 甘肃玉门黑崖子二期 48 兆瓦风电工程
34 广西武鸣县合立淀粉酒精污水处理沼气利用项目
35 金沙一号瓦斯综合利用项目
36 成都市九江环保发电厂项目
37 赤峰宁城马架子风电项目
38 赤峰宁城大城子风电项目
39 山西三元福达煤业有限公司煤矿瓦斯综合利用项目
40 舟山市垃圾焚烧发电工程项目
41 荆州市垃圾焚烧发电项目
42 光大新能源(砀山）有限公司生物质能发电项目
43 中国湖北省安能安陆生物质热电项目
44 和清太阳灶项目I
45 和清太阳灶项目II
46 浙江嘉兴超超临界发电项目
47 华电宁夏宁东光伏电站
48 华能四平一期风电场项目
49 华能四平三期风电场项目
50 三河亿能环境技术有限公司沼气应用项目

2011年4月15日~5月17日批准的CDM项目(61个)

1 内蒙古赤峰市马宗山 49.5MW风电项目
2 内蒙古乌套海南二期 49.5MW风电项目
3 阜蒙马牛虎风电场工程项目
4 阜蒙古力本皋风电场工程项目
5 内蒙古乌拉特后旗潮格风电工程
6 国电武川西乌兰不浪红山风电场二期风电项目
7 平鲁区大山台风电场一期工程
8 山东开泰生物质热电联产项目
9 华能内蒙古满洲里东湖风电场项目
10 华能内蒙古陈巴尔虎旗大良风电场项目
11 华能武川什拉兔风电场项目
12 华能科右中旗登高风电场项目
13 华能科右中旗好力风电场项目
14 乾安网新才字乡风电场一期工程
15 甘肃阿克塞当金山风电49.5MW一期项目
16 华能山西原平段家堡风电场工程
17 华能山西宁武东马坊风电场二期项目
18 华能山西省偏关县黑家庄风电场工程

19 华能山西天镇风电场一期工程
20 广西大化水电站扩建工程项目
21 内蒙古通辽科左后旗新艾里风电项目
22 内蒙古达茂旗满都拉风电项目
23 河北张北白庙滩二期风电项目
24 河北张北博德神龙小二台风电项目
25 辽宁朝阳梨树沟风电项目
26 甘肃玉门大坝风电项目
27 辽宁康平方家风电项目
28 华电内蒙古固阳红泥井风电场项目
29 内蒙古华电玫瑰营风电场项目
30 湖南郴州仰天湖风电场项目
31 山东省海阳市峨山风电项目
32 青海纳子峡87MW水电项目
33 库伦旗额勒顺南良少若风电场项目
34 国电北镇杨家店风电场项目
35 北塔子风电项目
36 株洲旗滨玻璃集团有限公司余热发电项目
37 甘肃武威丰乐光伏发电项目（I期）
38 凉山州跑马坪水电站项目
39 宁夏太阳山风电场宁夏电投一期49.5MW工程项目
40 中电投太阳山光伏并网电站一期30MWp工程项目
41 宁夏中卫香山风电场中电投二期49.5MW工程项目
42 上海临港新城风力发电项目
43 山西祁县2×12MW生物质发电项目
44 青海格尔木光伏发电项目
45 四川省德昌县安宁河峡谷风电场（一期）示范工程
46 临颍县南街生物质能热电项目
47 内蒙古大唐国际红牧风电场二期工程项目
48 内蒙古汇通能源卓资巴音锡勒风电场48MW工程项目
49 江西省萍乡市山口岩 12MW 小水电项目
50 江苏省节能灯发放规划类项目
51 凌海西八千49.5兆瓦风电场 新能
52 云南省元阳县逢春岭三级小水电项目
53 河南邓州生物质电厂项目
54 甘肃瓜州北大桥第一风电场项目
55 木里县烟岗水电站
56 辽宁建平杨树岭风电场项目
57 辽宁建平龙岗风电场项目
58 九龙县斜卡水电站项目
59 黑龙江人和生物质热电联产项目
60 无锡东沃硫黄制酸余热回收项目
61 杜儿坪煤矿中部风井风排瓦斯分解CDM项目

2011年5月18日~6月28日批准的CDM项目(54个)

1 肃南县隆畅河一级5MW小水电项目
2 云南功果桥水电项目
3 房县鸡鸣口水电站项目
4 四川小金木坡水电项目
5 中国广东省怀集县莫湖 17MW水电项目
6 福清嘉儒风电场二期工程项目
7 内蒙古兴安盟科右前旗风电项目
8 大连驼山风电项目
9 铜陵上峰水泥股份有限公司纯低温余热发电项目（二期）
10 怀宁上峰水泥有限公司纯低温余热发电项目
11 广东省湛江市徐闻县角尾灯楼角风电场项目
12 雷波县马拉水电站
13 雷波县长河水电站
14 华能茂明风电场二期项目
15 华能通辽科左中旗达古拉风电场项目
16 华能通辽宝龙山风电场四期项目
17 华能云南洱源干海子风电场项目
18 华能云南洱源黄草坡风电场项目
19 华能广东饶平大埕风电场项目
20 华能广东饶平所城风电场项目
21 甘肃瓜州桥湾第二风电场项目
22 华能甘肃桥湾第三风电场北（三北）项目
23 华能即墨丰城风电场一期项目
24 华能鄂温克旗辉河风电场项目
25 华能鄂温克旗伊敏苏木风电场项目
26 华能镇赉马力风电厂二期项目
27 华能乌江源百草坪风电场项目
28 华能乌江源大法风电场项目
29 华能乌江源海柱风电场项目
30 华能乌江源祖安山风电场项目
31 内蒙古奈曼旗一期49.5MW 风电项目
32 河北蔚县永胜庄49.5MW 风电场
33 河北蔚县茶山49.5MW风电场
34 陕西众喜8MW水泥余热发电项目
35 南阳市丹江口水库太阳灶推广项目一期
36 南阳市丹江口水库太阳灶推广项目二期
37 河南省睢县龙源纸业有限公司沼气回收项目
38 河南省龙源纸业股份有限公司沼气利用项目
39 河南省龙源纸业股份有限公司新生产线沼气利用项目
40 睢县龙源纸业有限公司锅炉改造项目
41 龙源纸业股份有限公司锅炉替换项目
42 硅铁冶炼烟气余热发电项目

43 甘肃金塔光伏发电项目
44 新疆向新沼气发电项目
45 山东淄博鑫港CDQ技术改造项目
46 湖南沅江华顺漉湖风电项目
47 睢县龙源纸业有限公司纸机节能项目
48 康平郝官49.5MW风电场
49 内蒙古自治区包头市汇全白云鄂博风电场
50 邯郸郴电电力能源有限责任公司焦炉煤气电站工程
51 山西广灵甸顶山二期风电场项目
52 甘肃蓝天浮法玻璃熔窑烟气余热发电项目
53 四川华蓥山广能集团瓦斯发电项目
54 湖南大兴小水电项目

2011年6月29日~7月12日批准的CDM 项目(49个)

1 天津大港沙井子风电场二期49.5兆瓦项目
2 国电山西静乐娑婆风力发电项目
3 中广核云南牟定风电场
4 中广核罗定亚婆髻风电场
5 中电蓬莱风电一期项目
6 漳平华口水电站项目
7 陕西草山梁风电项目
8 陕西繁食沟风电项目
9 赤峰翁牛特旗风电项目
10 华电宁夏宁东四期49.5MW 风电场项目
11 宁波鄞州垃圾填埋场填埋气发电项目
12 国电宁夏平罗二期20MWp并网光伏电站工程
13 内蒙古赤峰翁根山风电场京能49.5MW工程
14 国华通辽科左中旗前四井风电场项目
15 国华通辽科左中旗后四井风电场项目
16 国华开鲁太平沼风电项目
17 巴彦淖尔市川井风电场国华三期4.95万千瓦风力发电项目
18 吉林省长白县宝泉小水电项目
19 贵州省盘县英武大山小水电项目
20 内蒙古京能辉腾锡勒风电场二期项目
21 内蒙古赤峰松山区三道沟风电场项目
22 中广核吉林四平山门风电场一期工程
23 华电黑龙江汤原渠首风电场项目
24 华能通辽科左后旗哈伦呼都嘎风电场项目
25 华能通辽努古斯台景观风电场项目
26 四川珊瑚沟水电站项目
27 四川达县木头水电站
28 四川阆中市保宁水电站
29 四川秀观水电站项目
30 太仓金诸种猪场大型沼气工程项目

31 隆回凯迪生物质能发电厂工程
32 来凤凯迪生物质能发电厂工程
33 莆田石井风电场二期工程
34 陕西礼泉生物质能发电项目
35 甘肃敦煌市西域矿业硫化钠焙烧炉尾气余热利用节能改造项目
36 缅甸太平江一期240MW水电项目
37 湖北堵河潘口水电站项目
38 四川省大渡河泸定水电站项目
39 安徽黄山里石亭垃圾填埋气回收和利用项目
40 吉林延边和龙甄峰风电项目
41 四川科光一级水电项目
42 四川科光二级水电项目
43 湖南省张家界市山羊溪水电项目
44 江西乐平矿务局低浓度煤层气发电项目
45 甘肃省橙子沟水电站工程项目
46 2×15MW生物质热电联产项目
47 内蒙古达拉特旗和乌审旗太阳灶打捆项目
48 河南天冠南阳民用沼气工程及发电项目
49 内蒙古和林49.5MW风电项目

2011年7月13日~8月17日批准的CDM 项目(86个)

1 宁夏太阳山风电一期项目
2 云南曲靖朗目山一期风电项目
3 甘肃玉门月亮湾二级水电站项目
4 长塘小水电项目
5 中广核吉林大安来福风电场一期项目
6 中广核通榆新发B风电场项目
7 中广核通榆新发C风电场项目
8 华电大安风水山风电场二期项目
9 华电铁岭李家屯风电场项目
10 华能阜北良官营子风力发电场项目
11 华能阜西扎兰山风力发电场项目
12 华能铁岭平顶堡风电场项目
13 华电徐闻前山风电场工程项目
14 华电固原月亮山风电场一期49.5MW工程项目
15 云南丽江宁蒗牦牛坪 49.5MW风电场项目
16 中广核新兴风电场
17 国电山西右玉曹家山二期风力发电项目
18 国电山西平鲁北山一期风力发电项目
19 华能大理五子坡一期风电场项目
20 湖北省十堰市竹溪县白沙河水电站
21 临洮县安家咀水电站项目
22 中国陕西东岭冶炼有限公司余热综合利用发电项目
23 阜阳中联水泥有限公司水泥生产中增加混材项目

24 宁夏红寺堡风电场嘉泽一期项目
25 宁夏红寺堡风电场嘉泽二期项目
26 宁夏盐池麻黄山风电场（王乐井）哈纳斯一期工程
27 宁夏盐池麻黄山风电场（王乐井）马斯特一期工程
28 盐池风电场（惠安堡）马斯特二期工程
29 盐池风电场（惠安堡）哈纳斯二期工程
30 盐池风电场（大水坑）哈纳斯二期项目
31 盐池风电场（麻黄山）马斯特二期工程
32 华能四平鑫丰风电场二期工程
33 华能四平鑫丰风电场四期工程
34 福建青峰风电项目
35 福建连江北茭风电项目
36 甘肃马昌山风电场项目
37 宁夏灵武京能一期风力发电项目
38 宁夏京能灵武白土岗风力发电项目
39 云南石房水电站项目
40 林口胜利风电项目
41 肇源新龙顺德风电项目
42 辽宁台安威华生物质发电项目
43 河北邱县秸秆发电工程项目
44 玉环县生活垃圾焚烧发电工程
45 华润电力风能蓬莱大辛店一期风电场项目
46 湖南华菱湘潭钢铁有限公司干熄焦余热发电项目
47 宁蒗县沈家村水电站项目
48 厦门西部垃圾焚烧发电项目
49 厦门东部垃圾焚烧发电项目
50 辽宁阜新前查台风电项目
51 辽宁阜新后查台风电项目
52 辽宁法库二期风电场项目
53 山西五路山三期风电项目
54 甘肃省迭部县白龙江花园水电站工程
55 内蒙古通辽市扎鲁特旗阿日昆都楞三期49.5MW风电项目
56 科左后旗花灯二期49.5MW 风电项目
57 吉林大安红岗子风电场项目
58 广东沙角B电厂汽轮机改造项目
59 重庆平翔煤层气利用项目
60 宁夏太阳山风电场京能二期49.5MW工程
61 惠安县生活垃圾焚烧发电项目
62 株洲市垃圾填埋场填埋气体发电项目
63 安徽池州 25MW 生物质发电项目
64 辽宁铁岭台子山风电场工程
65 四川康定县小沟水电项目
66 四川省泸定县共和水电站
67 云南省德宏州盈江县那邦水电站
68 临潭县青石山水电站增容项目

69 福建永泰县梧桐 25MW 水电项目
70 大石桥市集中供暖项目
71 上海奉贤海湾风电场扩容工程
72 唐山燕东 12MW 水泥余热发电项目
73 遵化市秸秆发电工程
74 安阳市塘沟生活垃圾卫生填埋场填埋气发电项目
75 内蒙古化德尔力格图 49.5MW风电项目
76 内蒙古化德车力勿素 49.5MW风电项目
77 内蒙古化德四台房子 49.5MW风电项目
78 内蒙古化德牛家房子 49.5MW风电项目
79 内蒙古化德牛家村49.5MW 风电项目
80 内蒙古化德和平49.5MW 风电项目
81 内蒙古化德三道沟49.5MW 风电项目
82 宁夏盐池青山风电场国电一期49.5MW工程
83 宁夏盐池青山风电场国电二期49.5MW工程
84 宁夏红寺堡石板泉风电场国电一期49.5MW工程
85 江苏宏东生物质热电联产项目
86 新疆达坂城光伏发电项目

2011年8月18日~9月20日批准的CDM 项目(43个)

1 大唐喀左公营子风力发电场工程
2 内蒙古呼和浩特大元山风电项目
3 内蒙古辉腾梁B区III期风电项目
4 四川越西瓦岩一级 5.0MW、二级3.2MW水电打捆项目
5 四川娘拥水电项目
6 安徽卧龙湖煤矿卧龙矿井瓦斯发电项目
7 滨海新区大港垃圾焚烧发电厂工程
8 安徽省节能灯发放规划类项目
9 国华赤城马营孤山风电场项目
10国华赤城摩天岭风电场项目
11国华沽源盘道沟风电场项目
12国华沽源小二号风电场项目
13黑龙江密山林场柳毛风电场项目
14黑龙江兴凯湖蜂蜜山风电场项目
15吉林通榆乌兰花D风电场项目
16吉林通榆乌兰花E风电场项目
17四川华能飞仙关水电项目
18河北华电尚义二工地风电场项目
19台吉营风电项目
20盐源县塔尔堤水电项目
21镇雄县桐坪水电项目
22镇雄县寨上水电项目
23湖北洞沟水电项目
24福建省谋成水泥发展有限公司

25福建永安万年水泥生产中增加混材项目
26呼和浩特鹤亮水泥生产中增加混材项目
27陕西实丰水泥股份有限公司纯低温余热电站工程
28华能格尔木光伏电站项目
29 昌吉市一级热网工程 节能和提高能效
30 互助土族自治县太阳灶项目
31 明水生物质能热电联产工程项目
32 大唐海派东岗风电场工程
33 大唐景泰沙塘子风电项目
34 托克逊风电场一期项目
35 大唐科右中旗奈曼铺和好腰风电场项目
36 江苏国信东凌风力发电有限公司东凌风电场二期（48MW）工程
37 焦作市周流城市生活垃圾卫生填埋场填埋气发电项目
38 广东粤电徐闻勇士风电场工程项目
39 兰溪市热电有限公司燃煤锅炉和利用生物质能技改项目
40 哈尔滨市城市集中供热项目道里集中供热工程（三期）
41 内蒙古三盛公二期水电站工程
42 陕西省紫阳县八庙梁和下关田
43 炎陵县新生水电站

2011年9月21日~10月19日批准的CDM项目(62个)

1 大唐景泰乾丰风电项目
2 定边张家山风电场一期工程
4 大唐栖霞臧家庄花园风电场项目
5 山西利民二期风电场项目
6 山西平鲁白玉山风电场项目
7 华能通榆团结风电场A期项目
8 烟台龙骏招远风电场一期工程
9 通辽扎鲁特旗阿日昆都楞风电场二期49.5MW风电项目
10 国华富裕风电场二期 49.5MW工程
11 湖南沅水桃源水电站
12 宁夏发电集团太阳山光伏并网电站二期10MWp工程项目
13 宁夏国电大武口光伏并网电站一期10MWp工程项目
14 宁夏中卫香山风电场中电投三期49.5MW工程项目
15 青铜峡牛首山风电场宁夏发电集团一期49.5MW工程项目
16 青铜峡牛首山风电场宁夏发电集团二期49.5MW工程项目
17 盐池（大水坑）风电场银仪一期49.5MW工程项目
18 盐池（大水坑）风电场银仪二期49.5MW工程项目
19 中宁风电场（大战场）银星能源一期49MW工程
20 中宁风电场（大战场）银星能源二期49MW工程
21 四川省节能灯发放规划
22 辽宁大唐国际昌图红山风电场新建工程项目
23 辽宁大唐国际瓦房店安台风电场新建工程项目
24 华润围场御道口百花坡风电场(49.5MW)工程

25 华润围场御道口羊百顺风电场(49.5MW)工程
26 华润电力风能（海阳）东方风电场一期工程
27 辽宁固本风电场项目
28 山东五莲东风风电场一期工程
29 云南丹达河水电项目
30 四川世创阳坝22MW水电项目
31 甘肃多架山扩容小水电项目
32 京能内蒙古科右中旗一期49.5MW风电项目
33 中广核辽宁泡崖大北山风电项目
34 海南南圣河水电打包项目
35 山东中华发电有限公司石横发电厂1、2 号汽轮机通流部分改造项目
36 贵州盘江煤矿瓦斯发电项目
37 贵州盘江低浓度煤矿瓦斯发电项目二期
38 岳城煤矿煤层气发电项目
39 天水凯迪生物质能发电厂工程
40 安阳广源能源生物质能热电项目
41 陕西韩城瓦斯乏风项目
42 江西省信丰五洋水电项目
43 云南省巧家县治乐河二级、三级梯级水电项目
44 蒙阴县太阳灶项目
45 华能国际化德大地泰泓风电场二期49.5MW工程
46 江苏海丰奶牛场粪便处理和沼气利用项目
47 四川农村中低收入家庭户用沼气建设规划类清洁发展机制项目
48 四川红旗坝小水电项目
49 山东招远夏甸一期风电项目
50 朔城利民一期49.5MW 风电场工程
51 张北乌登山风电一期项目
52 福清市生活垃圾焚烧发电项目
53 福建福清高山二期风电项目
54 内蒙古赤峰西大梁风电项目
55 阜新凯迪台喇嘛东山风电项目
56 丰都凯迪生物质能发电厂工程
57 贵州花山水电站项目
58 安钢集团信阳钢铁有限责任公司高炉、转炉煤气综合回收利用节能减排项目
59 华能康保风电场一期 49.5MW工程项目
60 贵州纳雍县袁家坝5MW水电项目
61 甘肃景泰兴泉本地化试验风电场
62 云南保山等壳水电项目

2011年9月21日~11月16日批准的CDM项目(76个)

1 宁夏太阳山风电场大唐二期项目
2 宁夏太阳山风电场大唐三期项目
3 宁夏同心风电场（张家塬）项目
4 宁夏同心风电场大唐新能源一期项目

5 华能山东乳山风电二期三期打包项目
6 山东牟平风电场一期项目
7 华能山东蓬莱大柳行风电项目一期工程
8 云南省泸西县东华风电项目
9 云南省泸西县东山风电项目
10 中广核林口青山风电场项目
11 中广核民勤红沙岗咸水井风电场
12 四川康定县色玉水电项目
13 山东东兴风电场二期项目
14 中广核上川岛分水岭风电场
15 国电电力宁波穿山 45MW 风电项目
16 雷州东里49.5MW风电项目
17 大唐胶南六汪风电场一期项目
18 大唐胶南六汪风电场二期项目
19 国家风光储输示范工程孟家梁风电场
20 国家风光储输示范工程小东梁风电场
21 国家风光储输示范工程大河光伏储能电站
22 城步县老寨水电项目
23 马边彝族自治县黑阻水电站项目
24 洛泽河云贵桥水电项目
25 湖南会同高椅水电项目
26 湖南会同长寨水电项目
27 湖南创元铝电解工程优化节能改造项目
28 宁夏青铜峡并网光伏电站中广核一期10MWp工程项目
29 宁夏石嘴山 10MW 光伏发电并网项目
30 陕西彬长煤矿通风瓦斯氧化规划类项目
31 上海崇明北沿风电项目
32 甘肃西大河水电项目
33 国华尚义北石塄风电场一期项目
34 国华尚义炕塄风电场一期项目
35 黑龙江依兰鸡冠山二期风电场项目
36 华能贵州赫章韭菜坪风电场二期工程
37 华能云南洱源大龙潭风电场项目
38 烟台润丰庄子风电场项目
39 贵州六盘水市 20MW 岔河水电站
40 云南甲岩水电项目
41 云南省万马河一级水电项目
42 云南省腾冲县小田河水电站
43 金平县荞菜坪二三级水电站打捆项目
44 新疆公格尔水电项目
45 四川九寨沟县松柏水电站项目
46 四川九寨沟县顺和水电站项目
47 四川九寨沟马家水电站项目
48 乾安网新才字乡风电场二期工程
49 中广核安丘城顶山风电场工程

50 四川省中心沟、611林场和615林场小水电打捆项目
51 中国江西省紧凑型荧光灯（CFLs）替代白炽灯（ICLs）规划项目
52 邯郸峰峰峰泰焦炉煤气综合利用发电项目
53 黑龙江省大庆市让胡路地区利用工业余热供热项目
54 古尔图河梯级水电站四级站工程
55 奎屯河六级水电站项目
56 奎屯河十级水电站和奎屯河2#水电站打捆项目
57 维西县岩瓦24MW水电站工程
58 新疆开都河柳树沟180MW水电站项目
59 新疆哈巴河吉勒布拉克水电站工程
60 新疆齐热哈塔尔水电站项目
61 新疆通力塔格拉克一、二级17MW打捆水电站项目
62 广西桂林冲口垃圾填埋气回收及利用项目
63 贵州省遵义市垃圾填埋气回收及利用项目
64 陕西华能靖边风电工程
65 江西于都跃洲水电项目
66 唐山市燕南水泥有限公司 9MW余热发电项目
67 中广核敦煌 10MW 并网光伏发电项目
68 中广核塔城玛依塔斯风电场一期49.5MW风电项目
69 康定县两河口水电站项目
70 康定县龙头水电站项目
71 康定县火地水电站项目
72 福建诏安梅岭风电场项目
73 新疆伊犁河南岸干渠雅玛渡水电站
74 辽宁省锦州市黑山县（LN1）农村户用沼气项目
75 辽宁省凌源市（LN2）农村户用沼气项目
76 云南省红河县永兴二级5MW小水电项目

2011年11月17日~12月13日批准的CDM项目(79 个)

1 大唐新能源察右后旗韩勿拉风电场项目
2 大唐宁夏宁东风电场（白土岗乡长流水）项目
3 大唐宁夏宁东风电场（白土岗乡勒水沟）项目
4 霍林河东山风电项目
5 大唐威海汪疃一期风电项目
6 建平石营子风电场工程
7 内蒙古乌力吉二期风电项目
8 中广核沙沟风电场一期工程项目
9 中广核宁安老爷岭风电场项目
10 广西玉林大容山25.5MW 风电项目
11 内蒙古二连浩特一期 49.5MW风电场项目
12 华能义县老龙口风力发电项目
13 内蒙古大唐镶黄旗49.5MW 风电项目
14 四川省甘洛县阿呷水电站项目
15 四川省甘洛县瓦古脚水电站项目

16 中国四川三叉河一级和二级打捆水电项目
17 中国四川头道桥 10MW 水电项目
18 华能托克逊白杨河三期49.5MW风电项目
19 天长高邮湖风电场项目
20 华能大理骑马山风电项目
21 华能上海崇明前卫风电场扩建项目
22 内蒙古兴安盟天源风电场一期项目
23 中广核象山涂茨风电场工程项目
24 阿拉善左旗国电电力5MW光伏电站和神舟光伏呼和浩特市土默特左旗5MW太阳能光伏发电打捆项目
25 宁夏红寺堡风电场（大河乡磨脐子）嘉泽49.5MW工程
26 宁夏红寺堡风电场(大河乡小井子)嘉泽49.5MW工程
27 光大光伏能源（镇江）有限公司利用废弃宕口建设3.5MW薄膜光伏电站项目、光大光伏能源（镇江）有限公司利用屋顶建设9.8MW光伏电站打包项目
28 光大宿迁、怀宁太阳能发电项目
29 福安潭头水电项目
30 新疆伊犁喀什河尼勒克一级水电站
31 新疆伊犁喀什河塔勒德萨依水电站
32 新疆伊犁喀什河萨里克特水电站
33 贵州威宁马摆大山风电项目
34 贵州威宁西凉山风电项目
35 天津龙源大港二期风电项目
36 山西神池南桦山风电项目
37 华电海原武塬风电场一期49.5MW工程
38 华电固原月亮山风电场二期49.5MW工程
39 茂名中坳风电场一期工程
40 华能湛江南三（海丰）风电场项目
41 华能阳江东平风电场项目
42 华能阳江新洲风电场项目
43 华能山东沂水马站一期风电项目
44 双鸭山老平岗风电场
45 双鸭山锅盔山风电场
46 双鸭山杨木岗风电场
47 国投青海省格尔木二期 30 兆瓦并网光伏发电项目
48 沧州垃圾发电厂项目
49 河北灵达垃圾转化热电站二期工程项目
50 兰州市餐厨垃圾资源化处理项目
51 开封市城市生活垃圾焚烧发电项目
52 四川省冕宁县大马乌水电项目
53 武汉长利玻璃余热发电项目
54 沁水县120MW瓦斯发电项目
55 湾田煤矿瓦斯综合利用项目
56 富源县戛达煤矿瓦斯综合利用项目
57 山西太原李家楼煤层气（煤矿瓦斯）综合利用项目
58 武安瑞康 48MW 生物质发电项目
59 保定环保热电工程

60 福建LNG冷能空分项目
61 大唐华银南山风电项目
62 青海锡铁山中广核一期
63 包头达茂旗珠日和风电场天润4.95万千瓦风力发电项目
64 合肥市生活垃圾焚烧发电厂项目
65 洮河上川水电站项目
66 四川雷波县围子坪和三望坡水电项目
67 四川雷波乐都一级水电项目
68 四川雷波乐都二级水电项目
69 四川马边小水电打捆项目
70 福建照口水电站
71 新疆阿克牙孜河斯木塔斯水电站项目
72 河南省洛阳市宜阳县东部（HN1）农村户用沼气项目
73 河南省洛阳市宜阳县北部（HN2）农村户用沼气项目
74 河南省洛阳市宜阳县-洛宁县（HN3）农村户用沼气项目
75 河南省洛阳市洛宁县北部（HN4）农村户用沼气项目
76 河南省洛阳市洛宁县南部（HN5）农村户用沼气项目
77 河南省洛阳市汝阳县西北部（HN6）农村户用沼气项目
78 河南省洛阳市汝阳县西南部（HN7）农村户用沼气项目
79 河南省洛阳市栾川县西部（HN8）农村户用沼气项目

2011年12月14日~12月28日批准的CDM项目(60 个)

1 七台河前峰风电场项目
2 七台河七里嘎山风电场项目
3 宁夏同心风电场（张家塬险崖子）大唐风电项目
4 宁夏同心风电场（马高庄李鲜崖子）大唐风电项目
5 宁夏同心风电场（马高庄赖家洼）大唐风电项目
6 华电莱州风电有限公司金城风电场一期48MW工程
7 新疆华电哈密风电十三间房一期工程49.5MW风电项目
8 国华内蒙古苏尼特右旗风电场一期项目
9 国华广饶风电场一期工程
10 国华河口（二期）风力发电工程
11 国华东营河口风电场三期工程
12 国华东营河口风电场四期工程
13 国华利津（三期）风力发电工程
14 吉林通榆兴隆山 1A 风电场工程
15 吉林通榆兴隆山 1B 风电场工程
16 吉林通榆兴隆山 1C 风电场工程
17 吉林通榆兴隆山 1F 风电场工程
18 吉林通榆新发A风电场工程
19 宁夏同心风电场龙源风电一期49.5MW工程
20 宁夏同心风电场（马高庄乡马原山）龙源49.5MW风电项目
21 宁夏宁东风电场（灵武）龙源一期49.5MW工程项目
22 宁夏中卫香山风电场中电投刘家山49.5MW工程项目

23 元谋县雷应山风电场项目
24 华能武川后湾兔风电场项目
25 华能云南洱源观音山风电场项目
26 大唐浑源密马鬃梁一期49.5MW风力发电项目
27 大唐浑源密马鬃梁二期 49.5兆瓦风力发电项目
28 甘肃华电民勤10MWp光伏电站
29 山西临汾染化能效提高项目
30 河北省节能灯发放规划类项目
31 华电宁夏宁东五期风电场项目
32 华电宁夏宁东六期风电场项目
33 青海华电格尔木光伏发电项目
34 昭苏夏塔水电开发有限公司夏塔河东都果尔水电站项目
35 尼勒克县孟克特水电投资有限公司孟克特水电站项目
36 湖南洞潭水电项目
37 莆田后海风电场二期项目
38 福建惠安小岞风电项目
39 涞源黄花梁风电项目
40 涞源东团堡风电项目
41 云南省兰坪县罗松场河一级水电站项目
42 富民马英山40.5MW风电项目
43 富民大风丫口33MW风电项目
44 四川省甘孜州九龙县龙溪沟二级水电站
45 华能北京热电厂燃气热电联产扩建工程
46 辽源市巨峰生化科技有限责任公司污水沼气回收利用项目
47 梅河口市海山纸业有限公司造纸污水沼气回收利用项目
48 辽宁铭笙纸业有限公司造纸污水沼气回收利用项目
49 国水投达坂城风电场一期49.5兆瓦风电项目
50 京能镶黄旗文贡乌拉风电场4.95万千瓦风力发电项目
51 中广核青海锡铁山二期30MWp光伏电站项目
52 邯郸垃圾填埋场沼气发电项目
53 深圳宝安区老虎坑垃圾焚烧发电厂二期工程项目
54 永康市垃圾焚烧发电厂项目
55 河南兴泰纸业有限公司废水深度处理项目
56 兰考县秸秆热电项目
57 南陵生物质能发电厂工程
58 北流凯迪生物质能发电厂工程
59 广西崇左2×15MW生物质发电项目
60 云南石房水电站项目

已获得CERs签发的中国CDM项目

（截至2011年12月29日）

中国清洁发展机制网编译整理

一、总签发数：663项

二、总签发量（tCO_2e）：477,997,332

三、签发项目（按最新签发到最早签发排列）

福建省闽侯县旺源20MW水电项目
山西沙曲一期14MW瓦斯发电项目
贵州下坝水电项目
黑龙江依兰马鞍山风电项目
山西屯兰矿瓦斯利用项目
河北围场龙源建投山湾子风电CDM项目
福贡拉布罗河水电项目
云南香格里拉县仕旺河水电站
云南阿墨江三江口水电项目
四川省毛尔盖河晴朗水电站项目
强凌节能灯发放项目
吉林松原长岭腰井子风电项目
京能国际辉腾锡勒49.5MW风电场项目
陕西万家宝庙梁浪河小水电打捆项目
湖北省利川市云口30MW水电项目
杭州华电半山发电有限公司天然气发电项目
洛阳市生活垃圾填埋场填埋气发电项目
山东民和规模化养鸡场粪污沼气化处理及发电减少温室气体项目
河南淅川水泥余热回收用发电项目
重庆鲤鱼塘梯级水电站工程项目
吉林大安（大岗子）风电场二期扩建工程项目
辽宁昌图太阳山一期 49.5MW风电项目
辽宁法库慈恩寺风电项目
吉林大安（大岗子）风电场四期扩建工程项目
吉林长岭风电场二期项目
内蒙古通辽宝龙山49.5兆瓦风电项目
辽宁阜新高山子100.5兆瓦风电项目
岚皋泥坪水电项目
华能乐亭风电场一期工程49.5兆瓦项目
内蒙古京能赛汗风电场一期项目
广东潮南沙陇风电场项目
内蒙古锡盟哲里根图风电场一期项目
新疆维吾尔自治区特克斯河山口水电站
山西五路山二期风电项目
福贡县腊吐底河水电站
重庆天府煤层气综合利用项目

辽宁法库一期风电项目
黑龙江黑化集团有限公司氧化亚氮减排项目
甘肃卡坝班九12兆瓦小水电项目
山东蓬莱风电场二期工程项目
赤峰孙家营风电项目
中广核内蒙古辉腾梁一期风电场项目
内蒙古察右后旗红牧48兆瓦风电项目
上海崇明东滩风电场
福建水泥4＃&5＃窑余热发电项目
四川屏边、观音沱水电站项目
云南维西格登水电项目
云南云天化水富氧化亚氮减排项目
龙口水利枢纽项目
文山州盘龙河威龙水电站
海南东方感城风电场一期工程项目
广东柳城（蓝口）25.5兆瓦水电项目
山东海阳丘儿山风力发电项目(15MW)
湖南牛力水泥股份有限公司13.5兆瓦余热发电项目
内蒙古巴音锡勒风电项目
华润电力风能惠来县仙安风电项目
贵州桐梓河圆满贯水电项目
湖南三江口左岸扩机5MW水电项目
福建屏南亭头港水电站
甘肃瓜州干河口第五风电场项目
内蒙古通辽风电场四期项目
山西常源24MW焦炉尾气废热回收发电项目
国华乌拉特中旗一期49.5MW风电场项目
川化硝酸生产氧化亚氮减排项目
内蒙古卓资三期风电场工程
云南大理大风坝48MW风电项目
云南省金平族瑶族傣族自治县克思口水电站
山西马兰矿瓦斯利用项目
贵州省白水泉20MW水电项目
甘肃省大年14MW小水电项目
广东横门电厂天然气联合循环发电工程项目
甘肃省陇南市武都区石门12.6MW水电项目
唐山冀东水泥古冶区12MW水泥余热利用项目
内蒙古商都县吉庆梁49.5兆瓦风电项目
中国长潭河水电项目
云南省盈江县勐勇河一级水电站
云南老屋河二级10MW水电项目
中国新村小水电项目
青海加定水电项目
新疆阿拉山口一期风电项目
甘肃文县麒麟寺111MW水电项目

国华滨州沾化一期49.5MW风电场项目
陕西兴化氧化亚氮减排工程
云南维西吉岔水电项目
华电莱州风电项目
国华河北黄骅二期49.5MW风电场项目
云南丽江五郎河二级水电站工程
柳州化工股份有限公司硝酸尾气N2O减项目
陕西太白县观音峡水电站
江西龙头滩25MW水电项目
贵州开阳紫江水电站项目
贵州开阳南江水电站项目
内蒙古华电辉腾锡勒2#库伦风电场项目
中联巨龙水泥余热回收与发电项目
河北省围场御道口东坝梁风电场49.5MW项目
四川省平武县龙池&草源9MW小水电打捆项目
重庆中梁山煤矿煤层气利用项目
吉林向阳风电场一期工程
甘肃瓜州大梁西风电场项目
香格里拉县浪他涌水电站
内蒙古通辽三期风电场项目
华电通辽北清河300MW风电项目
华能镇赉马力风电场一期工程
福建漳浦六鳌三期风电项目
江苏东凌风力发电有限公司70.5MW风电项目
云南迤资19.2兆瓦水电项目
四川嘉陵江新政水电站
广西宜州三岔21MW水电站项目
沈阳法库望海寺风电项目
江苏省淮安市楚州秸秆发电项目
辽宁法库柏家沟风电场工程
莱芜钢铁集团有限公司干熄焦余热发电项目
河北省围场御道口月亮山风电场49.5MW项目
辽源金刚水泥纯余热回收与发电
华电开鲁义和塔拉一期49.5MW风电项目
晋城寺河煤矿矿井甲烷发电项目
新疆喀什下坂地水电
江苏启东东元风电项目
中国贵州团坡水电项目
四川米易城南水电项目
四川省九龙县一道桥水电站项目
中节能港能张北绿脑包风电项目
安阳钢铁股份有限公司高炉煤气压差回收透平发电项目
云南大关县红沙岩9.6MW小水电站项目
四川马边彝族自治县永乐溪水电站
云南省思茅地区景谷县威远江72兆瓦水电项目

堵堵洛河水电站
湖南老坡口水电项目
山西五路山一期风电项目
中华人民共和国河南省登封市金岭煤矿瓦斯发电项目
国华新巴尔虎左旗一期49.5MW风电场项目
云南省盈江县盏达河水电站
贵州格里桥水电项目
安徽宿州垃圾填埋气发电项目
化德大地泰泓风电场49.5MW风电项目
福建屏南鹫峰水电站
江苏响水201兆瓦风电场项目
化德长顺风电场一期49.5兆瓦风电项目
莱芜钢铁集团银山型钢公司富余煤气25MW发电项目
江苏如东秸秆发电项目
华能通辽宝龙山风电场三期项目
山西太钢不锈钢股份有限公司烟气余热蒸汽回收发电项目
泸水芭蕉河小水电项目
华能海拉尔小良风电场一期工程
南京市轿子山垃圾填埋气回收利用供热项目
国投甘肃黄河乌金峡水电工程项目
云南盈江县芒牙河一级水电站
广东粤电湛江徐闻洋前风电项目
苍溪县梨苑水电站项目
香格里拉县浪都河一级水电站
中华人民共和国河南省焦作市焦作煤业集团煤矿甲烷气（CMM）发电项目
莱芜钢铁集团莱钢股份有限公司富余煤气25MW发电项目
安阳钢铁股份有限公司烧结低温余热回收发电项目
四川省大渡河沙湾水电站
山东省华能集团公司寿光49.5兆瓦风力发电项目
甘肃大通河朱岔峡水电站
洛宁县黄河水电站项目
大连毛茔子垃圾填埋场沼气回收与发电项目
济南化肥厂有限责任公司氧化亚氮减排项目（1系统）
福建屏南后垄溪48MW水电项目
香格里拉县浪都河二级水电站
云南省大姚县渔泡江三级水电站
四川九龙河杉树坪12MW小水电项目
甘肃玉门低窝铺风电场二期
内蒙古锡盟阿巴嘎49.5MW风电特许权试点项目
重庆嘉陵江草街水电项目
合肥市龙泉山生活垃圾填埋气发电工程
甘肃省大通河铁城水电站项目
甘肃瓜州向阳风电场二期项目
云南省赛珠水电项目
海南儋州峨蔓风电场项目

湖北省恩施市云龙河三级水电站
云南省泸水县老窝河25MW水电项目
广西省长瓦10MW小水电项目
吉林双辽风电场二期风电项目
广州珠江电厂燃气（LNG）联合循环项目
湖南冷水江浪石滩36兆瓦水电项目
云南马关拉气水电项目
华能通辽珠日河风电场一期项目
华能辽宁阜新风电场二期项目
广东潮南成田风电场项目
陕西兴龙热电有限公司资源综合利用发电项目
内蒙古乌拉特后旗赛乌素二期风电场项目
四川嘉陵江小龙门水电站
中国江西省罗洪口8.25兆瓦水电项目
四川省平武县仙女堡水电站项目
厦门市东孚垃圾卫生填埋场填埋气体利用工程
浙江省庆元县左溪水电站
福建将乐高唐水电站项目
内蒙古科右前旗风电场项目
湖南省祁阳县浯溪100兆瓦水电站工程
云南省泗南江水电项目
广东省龙川县稔坑25兆瓦水电站工程
福建省武夷山坑口三级水电站
甘肃白银平川捡财塘风电场45MW特许权项目
福建晋江LNG发电项目
内蒙古赤峰亿合公风电项目
乌拉山第1硝酸生产线氧化亚氮减排项目
中广核吉林大安49.5MW风电项目
湖北宣恩县鱼泉水电站项目
湖北省鹤峰县燕子乡百顺村桃花山水电站项目
甘肃永昌县东河湾梯级水电站
鞍山钢铁集团公司（营口）干熄焦发电项目
沈阳老虎冲垃圾填埋沼气发电项目
湖北省恩施州生态家园户用沼气池项目
南钢转炉煤气回收项目
福建屏南县金造桥水电站
福州红庙岭垃圾填埋气发电项目
乌拉山第2硝酸生产线氧化亚氮减排项目
贵州落脚河20MW水电项目
甘肃坎峰15MW水电站项目
甘肃玉门低窝铺风电项目
大连驼山瓦房店风电项目
云南省盈江县槟榔江狮子山水电站
云南省盈江县槟榔江勐乃水电站
山西晋城永红/侯村/曲堤等9个煤矿瓦斯发电项目

陕西省宁陕县小规模水电项目
福建福安马头山水电站项目
内蒙古通辽霍林河风电项目
丰联红茹河太阳灶项目
辽宁康平富饶山风电项目
四川陈家河20MW坝水电项目
南京天然气联合循环并网发电项目
龙州一级水电站项目
重庆富源高压硝酸生产线氧化亚氮减排项目
丰联彭阳太阳灶项目
陕西汉中狮坝14MW水电项目
河南平煤集团煤矿瓦斯综合利用项目
天脊集团第1硝酸生产线氧化亚氮减排项目
湖北玉皇滩10MW小水电站项目
广东南澳华润（26MW）风电场项目
四川川威24MW废气自备电厂项目
广东韩江东山75MW水电项目
湖北省恩施老渡口水电站
江西刘家山10MW小水电项目
甘肃金口坝28MW水电项目
黑龙江汤原生物质热电联产项目
广西西平和普合14兆瓦小水电打捆项目
河南省南阳镇平水泥余热回收发电项目
石家庄金石硝酸生产线氧化亚氮减排项目
四川百花滩120MW水电项目
福建省武夷山市温林溪二、三级水电站项目
中化重庆涪陵4×30万吨/年硫磺制酸装置废热回收发电项目
新疆开都河察汗乌苏水电站
四川省小金县结马水电站项目
山东无棣生物质发电项目
江苏无锡桃花山垃圾填埋气发电项目
安徽淮北矿业集团水泥有限责任公司低温余热发电项目
江西九江长岭风电项目
江苏戚墅堰天然气发电项目
广西那劳8MW小水电项目
四川米易湾滩水电开发有限公司32MW水利发电项目
新疆乌鲁木齐博格达40.5MW风电场项目
福建寿宁下东溪25MW水电项目
福建屏南黛溪50MW水电项目
湖南省辰溪县大洑潭水电站
甘肃张掖三道湾水电站工程
四川绿叶60MW水电站项目
建瓯杨墩水电CDM项目
上海东海大桥海上风电场项目
四川白溪24兆瓦水电项目

四川省石龙水电站项目
四川省芦山县大川河梯级水电站打包项目
淮南潘一、谢桥煤矿瓦斯利用项目
陕西汉中白果树13MW水电项目
贵州清溪28MW水电项目
四川县九龙县偏桥水电站项目
湖南张家界九肖河水电站工程项目
华阳迪尔第1硝酸生产线氧化亚氮减排项目
广州兴丰垃圾填埋气回收利用项目
江苏张家港制硫酸废热回收发电上网项目
中国益阳修山水电项目
中国牌楼水电项目
中国晒北滩水电项目
中广核内蒙古杜尔伯特风电场项目
中国鲤鱼江小型水电项目
云南省广南县对门河水电站项目
湖南省淇南水电项目
湖南省芋子塘小水电项目
锡林郭勒灰腾梁风电场国泰一期
新疆达坂城三场三期风电项目
辽宁法库和平风电场工程
四川丝梨坪水电站项目
中国茶林河水电项目
华安西陂水电项目
贵州红岩8MW小水电项目
云南大理者磨山风电项目
山东枣庄联丰焦电实业有限公司余热发电一期工程
广东惠州LNG发电项目
盈江县戛独河真通水电站项目
版纳流沙河五级电站
浙江龙游18MW水电项目
黑龙江桦南横岱山西风电厂
浙江温岭东海塘风电项目
河南南阳方城风电项目
巴基河一级径流式10MW水力发电项目
四川省高县月江水电站项目
中国穿洞峡小水电项目
云南省金平苗族瑶族傣族自治县大坡水电站项目
楚雄市泥堵河三级水电站项目
新疆华电小草湖风力发电一场二期项目
四川嘉陵江金溪水电站
山西省小五台41.25MW风电项目
中国四川省柳坪水电项目
湖北九宫山风电场
中国四川省色尔古水电项目

国能单县秸秆直燃发电项目
江西井冈山36MW水电项目
广西巴江口水电项目
中国团结梯级小水电项目
江西省瑞金市留金坝水电发展有限责任公司水电项目
湖南金家沟小水电项目
甘肃舟曲虎家崖水电站
广西右江那吉水电站工程
四川巴郎口96MW水电项目
天津市双口垃圾填埋场填埋气回收发电项目
广西下福水利枢纽项目
国华通辽科左中旗二期49.5MW风电场项目
中国艳洲水电站扩建项目
中国江西省功阁15MW水电项目
云南德宏州弄另水电项目
云南省盈江县香柏河支那水电站项目
湖南皂市水电项目
甘肃白龙江大立节水电站
江苏青狮水泥低温余热电站工程
甘肃迭部尼傲加尕12.9MW水电站项目
福建周宁后垄40MW水电项目
华电宁夏宁东杨家窑二期45MW风力发电项目
保山市苏帕河朝阳水电站
河北承德枫泽风电场项目
华能通辽宝龙山风电场二期项目
河北崇礼清三营49.3MW风电场项目
中国土木溪小水电项目
湖南筱溪135兆瓦水电项目
马鞍山钢铁股份有限公司（新厂区）干熄焦余热利用项目
云南云鹏水电站项目
马鞍山钢铁股份有限公司（老厂区）干熄焦余热利用项目
青海格尔木南山口一级12MW小水电项目
北方龙源灰腾梁风电项目
贵州天生桥22MW水电项目
金风达茂风电场项目
广南县上石龙水电站项目
浙江塔底16MW水电项目
黑龙江桦南横岱山东风电场
贵州松桃县马槽河10MW水电项目
河池市盘阳河良湾25MW水电站工程项目
国华河北黄骅一期49.5MW风电场项目
福建顺昌洋口水电站项目
甘肃玉门三十里井子风电场项目
山西省败虎堡33.75MW风电项目
湖南省沅水清水塘水电站

江西省浮梁县樟树坑水电站项目
广西南丹县新纳力25.5MW水电站工程项目
贵州省兴义市老江底水电站
云南省瓦窑河四级水电站项目
云南临沧遮奈水电站项目
华电内蒙古辉腾锡勒风电场扩建项目
新宁县大龙6.6MW小水电打捆项目
甘肃黄河炳灵水电站
福建华安绵良44兆瓦水电站
中国河南驻马店中原燃气－蒸汽联合循环发电项目
浙江东南发电股份有限公司萧山发电厂天然气发电工程项目
江苏望亭天然气发电项目
内蒙古乌兰察布市乌兰水泥余热利用项目
广东蓝口（白坭塘）26兆瓦水电项目
山东蓬莱平顶山风电场项目
福贡木克基水电站项目
广东深圳前湾LNG发电项目
广西壮族自治区梧州市滕县金鸡水电站
重庆南桐煤层气利用项目
云南雷打滩108MW水电项目
云南旱谷地5MW水电项目
内蒙古二连浩特风电场一期项目
广东省马房水电项目
安徽荻港海螺水泥股份有限公司余热发电工程
四川二道桥水电CDM项目
云南苏帕河三江口水电站扩建工程
河北博德万全玉龙36MW风电场
三狮25.3兆瓦余热发电项目
建德海螺水泥有限责任公司余热发电工程
广东省和平县罗营口水电项目
内蒙古巴音敖包49.5MW风力发电项目（一期）
包头钢铁（集团）有限责任公司焦化厂3#干熄焦余热发电项目
中国包头钢铁（集团）有限责任公司焦化厂5＃～8＃焦炉配套干熄焦改造项目
内蒙古亿利冀东电石渣生产水泥熟料项目
湖北宜昌宜化太平洋热电有限公司废热回收综合利用项目
贵州都匀明英（扩机）3.75MW水电项目
云南大春河50MW水电项目
贵州杨家湾9MW水电项目
辽宁阜新煤矿区CMM/CBM利用项目
云南省泸水县金满河水电站
安徽怀宁海螺水泥有限公司余热发电工程
中国大唐内蒙古辉腾梁49.5MW风电项目
中国湖南高涌洞小水电项目
湖北省利川市龙桥水电站项目
双柏县鄂嘉镇麻嘎河水电站项目

云南末坡河12.5MW水电项目
四川省白水江双河水电CDM项目
甘肃省黄河柴家峡水电站项目
江苏启东91.5MW风电项目
江苏如东凌洋风电场项目
广东省韶关市滃州水电站
中国湖北省峡口水利水电枢纽工程项目
中华人民共和国甘肃省兰州市小水池水电项目
广西弄南12.6MW小水电项目
安徽枞阳海螺水泥股份有限公司余热发电工程
云南省盈江县钻水河水电站
苍溪东河峰子岩水电站项目
广西那沙和那宾12.8MW小水电项目
国投海南水泥有限公司纯低温余热电站技改工程项目（8MW）
浙江慈溪风电场项目
云南省元江县路同水电站
江西都昌矶山湖风电项目
中水电内蒙古锡盟洪格尔风电项目
河北尚义石人风电场一期工程
石门开2×0.5万kW电站
福建平潭长江澳100MW风电场项目
贵州三岔湾32MW水电项目
四川省万源市白杨溪水电站
宁夏银仪红寺堡49.5MW风电项目
云南南底河20MW水电项目
贵州从江县龙王潭15MW水电项目
广东风光24.9MW水电项目
苏里格天然气发电项目
云南大理漾洱49.8MW水电项目
张家港市天然气发电工程项目
中广核甘肃安西大梁49.5MW风电项目
内蒙古巴音杭盖49.5MW风电场项目
内蒙古包头巴音风电场项目
云南省盈江县槟榔江芒康水电站
中国云南大关县灵观岩小型水电项目
四川赵家山20MW水电项目
青海格尔木燃气轮机电站项目
内蒙古五道沟50.25MW风电场项目
贵州省镇远县铺田水电站项目
四川宜宾市珙县曹营水电站项目
内蒙古达里五期49.5MW风电项目
杜儿坪煤矿瓦斯利用项目
湖北省来凤县纳吉滩水电站
华能通榆100.5MW风电项目
四川省九龙县沙坪水电站

贵州翁元20MW水电项目
调兵山风电场新建工程项目
中国云南泽玛河15MW小水电项目
河北承德汇枫风电场项目
云南腾冲县龙川江一级水电站
新疆维吾尔自治区温宿县塔尕克水电站项目
河南三门峡25.5MW风电项目
金象公司第1硝酸生产线氧化亚氮减排项目
贵州省黄鱼塘水电站项目
云南白水江梯级电站项目
安徽铜陵海螺水泥有限公司余热发电工程
浙江省镇海电厂燃油改建燃气发电工程项目
江西桃江水电站项目
中国所街小水电项目
内蒙古孙家营50.25MW风电场项目
余姚天然气发电项目
49.5MW北京官厅风力发电项目
鹰鹏化工有限公司HFC23分解项目
四川夹江千佛岩水电站项目
广东省陆丰市甲东风电场一期工程项目
中节能张北大羊庄风电场项目
广东省龙潭2×7兆瓦水电站项目
河南省义马煤业（集团）有限责任公司煤矿瓦斯综合利用项目
孟拖水电站项目
云南省德宏州陇川县别乃河一级、二级水电站项目
贵州省水城县金狮子水电站项目
河南郑煤集团煤矿瓦斯综合利用项目
中国江苏省宜兴市恒来建材股份有限公司水泥余热发电项目
鞍山钢铁集团公司（鞍山）高炉煤气燃气蒸汽联合循环发电项目
新疆塔城玛依塔斯风电项目
内蒙古巴彦淖尔川井苏木49.3MW风电场项目
鞍山钢铁集团公司（营口）高炉煤气燃气蒸汽联合循环发电项目
河南黄河同力余热发电项目
国华瑞丰（荣成）风力发电有限公司48.75MW风电项目
河北蔚县空中草原49.5MW风电场项目
河南豫鹤同力余热发电项目
湖南华菱涟钢废热自备电厂项目
中国上堡小水电项目
山东莱州市叼龙嘴风力发电场工程项目
天脊集团第2硝酸生产线氧化亚氮减排项目
内蒙古赤峰东山二期50MW风电项目
内蒙古赤峰玻力克50MW风电项目
山西煤炭运销总公司阳泉分公司煤矿瓦斯利用项目
甘肃迭部多儿32MW水电项目
贵州坝盘12.7MW水电项目

中广核蒙古灰腾梁300MW风电项目
中国金滩水电项目
鞍山钢铁集团公司（鞍山）干熄焦发电项目
中节能港建单晶河风电场项目
云南阿鲁河12.6MW小水电项目
福建建瓯北津水电项目
越西大岩水电站项目
河南平原同力余热发电项目
河北海兴49.5MW风电场项目
云南普仕河二级10MW小水电项目
云南匹河9.6兆瓦小水电项目
云南茅草坪8MW小水电项目
云南力士洛二级6.4MW小水电项目
海南省文昌潮滩鼻风电场一期项目
四川甘洛开建桥水电项目
黑龙江北安屯49.5MW风电项目
黑龙江大架子山49.5MW风电项目
吉林通榆同发风电厂100.3MW项目
河北尚义满井（西）风电场项目
内蒙古多伦大西山30.6MW风电项目
内蒙古达里四期49.5MW风电项目
中国湖南省株溪口水电项目
内蒙古北方龙源灰腾梁风电场项目
珠海横琴岛风电场项目
内蒙古北方龙源辉腾锡勒风电场项目
内蒙古北方龙源朱日和风电场项目
云南红河南沙150MW水电项目
山西灵石中煤九鑫20MW焦炉煤气发电项目
重庆钢铁集团公司废气、余压利用发电项目
山东砣矶岛风电场项目
天脊集团第3硝酸生产线氧化亚氮减排项目
山西阳城县煤矿瓦斯综合利用项目
河南豫龙同力余热发电项目
富汇内蒙古那仁宝力格风电场项目
云南沙坝24MW水电项目
富汇内蒙古图古日格风电场项目
安徽海螺水泥有限公司宁国水泥厂9100KW余热发电项目
浙江衢山风电场项目
湖南安石星源发电有限公司焦炉废气余热发电项目
甘肃大唐玉门49MW风电场项目
甘肃鹿儿台12.2MW水电站项目
包钢（集团）公司高炉煤气燃气蒸汽联合循环发电项目
北京金隅集团有限责任公司10.5MW纯低温废热发电项目
浙江红狮30MW纯低温余热发电项目
贵州从江县加平5MW、平中4.4MW水电项目

山东长岛27.2MW风电项目
中国铜湾水电项目
重庆市云阳县门坎滩水电站项目
安徽淮北海孜、芦岭煤矿瓦斯利用项目
贵州从江县令里7.5MW水电项目
湖北东流溪二级12.6MW水电项目
湖北长沙头10MW水电项目
国华齐齐哈尔富裕49.5MW风力发电项目
云南茅沙坪水电站项目
中国芷江和平小水电项目
华电国际宁夏宁东杨家窑45MW风力发电项目
青海省东旭二级8MW水电项目
山东威海69MW风电项目
阳泉煤业（集团）有限责任公司煤层气在氧化铝焙烧炉利用项目
河南郑州天然气联合循环并网发电项目
辽宁兴城海滨风力发电项目
云南腊寨水电项目
贵州务川县沙坝30MW水电项目
山东禹城新园15MW生物质热点联产项目
湖南炎陵深渡水电项目
中国安果尔25.2MW水电项目
广东粤电石碑山风电项目
新疆天风达坂城风电场二期项目
湖南涟钢废气自备电厂项目
甘肃张掖二龙山水电站工程
北京太阳宫燃气热电冷联供工程
北京第三热电厂天然气燃气－蒸汽联合循环发电项目
河南开封晋开化工有限责任公司N2O分解项目
江西丰城矿务局煤矿瓦斯利用项目
深圳下坪固体废弃物填埋场填埋气体收集利用项目
箱子岩水电站项目
国华内蒙古辉腾梁风电场项目
湖南东坪72MW水电项目
辽宁桓仁牛毛大山24.65MW风力发电场
挖黑水电站项目
中国渔梁湾小水电项目
河南神马尼龙化工有限责任公司N2O分解项目
重庆酉水石堤水电站项目
内蒙古卓资40MW风电场项目
绵阳市垃圾填埋气发电项目
湖北省宣恩县洞坪水电站项目
新疆小草湖风电场项目
江苏常熟海科化学有限公司HFC23分解项目
河北晋州24MW秸秆发电项目
海南省吊罗河小水电项目

中国甘肃省5MW可再生能源发电并网项目

杉木沟小水电项目

甘肃舟曲石门坪15MW水电站项目

青海省青岗峡43.8MW水电项目

青海金沙峡70MW水电项目

中国长泥坪水电项目

平武县任家坝水电站项目

河北曲寨水泥9000KW余热回收发电项目

中国关门岩水电站项目

宁夏银仪49.50MW风力发电项目

邯钢废气回收联合循环发电项目

欧盟气候变化政策进展

根据国家发展改革委与意大利环境、国土和海洋部达成的协议，2012年6月，意大利邀请方安排中方人员在罗马、威尼斯和都灵进行了为期10天的学习和访问，期间，重点介绍了欧盟气候变化政策进展。

欧盟视气候变化为潜在威胁，甚至上升到损害国家安全和政治稳定的高度，同时也将应对气候变化作为一个重要的发展机遇。欧盟认为未来社会必将向低碳经济转变，低碳经济将促使可再生能源的大发展和能源效率的稳步提升，不仅可使欧盟摆脱对化石燃料的依赖，确保能源安全，而且可通过抢占未来低碳经济和技术的制高点确保欧盟在未来全球限排时代的国际竞争优势。因此，欧盟一直在积极推动全球共同减缓和适应气候变化，倡导将全球地表平均气温较工业化前水平增幅控制在2℃以内，主张到2050年全球温室气体排放量比1990年至少减少50%。

一、欧盟以指令形式规范和指导各成员国应对气候变化行动

为实现到2020年温室气体排放总量相比1990年水平下降20%的承诺目标，欧盟在2009年4月通过了气候和能源一揽子法令。

一是促进可再生能源发展指令(EC Directive 2009/28)。确定2020年欧盟可再生能源对能源消费总量的贡献率达到20%以上，并将该目标分解落实到各成员国(表1)，规定到2020年每个成员国交通能源消费中生物燃料所占比例至少应达到10%。每个成员国都必须制定明确的国家可再生能源行动计划(National Renewable Energy Action Plan, NREAP)实现各自目标。

表1　欧盟27国就非EU ETS覆盖的行业到2020年相比2005年下降10%达成的内部分担方案

	EC Decision 406/2009确立的到2020年非EU ETS覆盖行业相比2005年的下降目标(%)	EC Directive 2009/28确立的到2020年可再生能源占最终能源消费量的贡献率目标(%)
奥地利	-16.0	34
比利时	-15.0	13
保加利亚	20.0	16
塞浦路斯	-5.0	13
捷克共和国	9.0	13
丹麦	-20.0	30
爱沙尼亚	11.0	25
芬兰	-16.0	38
法国	-14.0	23
德国	-14.0	18
希腊	-4.0	18
匈牙利	10.0	13
爱尔兰	-20.0	16
意大利	-13.0	17
拉脱维亚	17.0	40
立陶宛	15.0	23
卢森堡	-20.0	11
马耳他	5.0	10
荷兰	-16.0	14

波兰	14.0	15
葡萄牙	1.0	31
罗马尼亚	19.0	24
斯洛伐克	13.0	14
斯洛文尼亚	4.0	25
西班牙	-10.0	20
瑞典	-17.0	49
英国	-16.0	15

二是改进欧盟排放交易体系的指令(EC Directive 2009/29)。2003年欧盟通过“EC Directive 2003/87”号指令，建立了以“限额-交易”(cap & trade)为核心的排放交易体系(EU ETS)，统一对符合条件的单个排放设施进行强制性排放配额控制。在第一阶段(2005-2007年)和第二阶段(2008-2012年)的配额分配方案主要由各成员国制定本国分配计划并按祖父原则(Grandfathering)免费分配。2009年欧盟委员会发布了EC Directive 2009/29指令，决定从EU ETS第三阶段(2013-2017)开始，对EU ETS下受控设施排放配额分配方案在方法和规则上进行重大变革，包括：(1) EU ETS覆盖的行业和设施的配额分配将不再受成员国控制，而是由欧盟委员会制定统一的配额分配方案；(2) 扩大EU ETS行业覆盖范围，同时逐年缩减配额，2013年为20.39亿，以后每年下降1.74%，到2020年相比2005年降低21%；(3) 对不参与国际竞争的电力和热力生产行业引入配额拍卖制度并逐步扩大拍卖比例，其中第一年(即2013年)为20%，2020年达到70%，到2027年实现100%拍卖。其余比例以及对可能引起“国际碳泄漏”的行业仍免费分配；(4) 免费分配的规则将不同于第一阶段和第二阶段，各受控设施免费获得的额度等于其过去三年的平均产品产量乘以欧盟境内排名前10%的单位产品碳排放强度基准(Benchmark)，超出该基准的部分则需要通过拍卖获得；(5)修订受控设施的排放监测、报告和验证指南。

三是燃油质量指令(EC Directive 2009/30)。规定了道路交通和航运的燃料质量标准，目标是到2020年把燃油在生产、输配和使用整个生命周期的温室气体排放强度降低10%以上。

四是碳捕集和封存项目指令(EC Directive 2009/31)。建立了关于捕集工业设施排放CO2并进行地质封存的法律框架，包括选址、勘探、许可、项目运行、终止以及项目终止后监测措施等相关的标准或指南，旨在预防或减少碳封存给环境和健康带来的负面影响和风险。

五是“新的减排责任分担协议”(EC Decision 406/2009)。1998年6月，欧盟15国为履行《京都议定书》第一承诺期（2008-2012年）的减排承诺目标通过了第一份“内部减排量分担协议(Burden Sharing Agreement) [1]”（表2）。在单方面承诺到2020年减排20%的目标后，欧盟在2009年发布了EC Decision 406/2009指令，对27个成员国2012年后的减排目标进行了分配。一是成员国的减排目标分担仅限于非EU ETS覆盖的行业。欧盟非EU ETS覆盖的行业整体减排目标是到2020年相比2005水平下降10%；二是分配原则更加简化，主要是按照各成员国之间人均GDP的差距，以各国经核证的2005年排放量为基准，把到2020年非EU ETS覆盖的行业的温室气体排放减限排目标分解到27个成员国(见表2)，总体上看，原欧盟15个成员国的温室气体排放相比2005年都要有不同程度地下降，而剩余12个东欧经济转型国家则允许一定程度的上升。

表2　欧盟15国就其在《京都议定书》下的8%的整体性减排指标达成的内部分担方案

国家	京都承诺目标（相比1990年排放基准下降，%）	内部减排责任分担目标（相比1990年排放基准下降，%）
奥地利	-8	-13
比利时	-8	-7.5
丹麦	-8	-21
芬兰	-8	0
法国	-8	0
德国	-8	-21
希腊	-8	25

爱尔兰	-8	13
意大利	-8	-6.5
卢森堡	-8	-28
荷兰	-8	-6
葡萄牙	-8	27
西班牙	-8	15
瑞典	-8	4
英国	-8	-12.5
欧盟15国	-8	-8

二、欧盟形成了以低碳为核心的政策体系

一是欧盟总量控制下的碳排放权限额和交易（cap &trade）政策。欧盟预先决定排放配额总量并分配到各个受控实体，受控实体分到欧盟排放配额(EUA)后可通过场内、场外交易机制自由买卖配额，并最终于每年4月30日前上缴与其经核证的前一年实际排放量等量的配额，上缴的配额随即被注销不能再被使用，如果在规定的时间内企业无法上缴足够的配额则面临高额罚款。碳交易市场具有价格发现的功能，能刺激企业通过技术投入等手段减少温室气体排放并将多余的配额出售给其他企业以获利，而减排成本过高的企业则可以在市场上购买配额满足自身排放需求。因此，EU ETS能够帮助欧盟找到最成本有效的方式，实现既定排放总量控制目标。欧盟建立了国家电子登记簿和排放权账户、欧盟中央登记系统(CITL)等交易平台，以及《排放贸易指令》、《温室气体排放监测和报告指南》、《温室气体排放核查及核查机构认证指南》等一系列法令文件，以规范、监督和保障EU ETS的有效运作。EU ETS在第一阶段和第二阶段尽管存在制度设计上的缺陷，但在实践中仍成功地将绝大多数成员国在EU ETS下受控设施的实际排放量控制在预设的配额上限之内，更保证了欧盟2009年和2010年的整体排放量比EU ETS配额分别低10%和8%，这么大的降幅单凭经济衰退是无法解释的。从这一角度而言，EU ETS在控制排放方面还是取得了显著成效。如果欧盟及其成员国未来有决心强化配额发放量控制的话，EU ETS将发挥更大的减排作用。

二是能源税（碳税）为主的税收政策。能源税或碳税也是欧洲一些国家采取的减排刺激政策，如芬兰、挪威、瑞典、丹麦、荷兰和英国都制定了碳税制度（税率基本情况见表3）。税收优惠/减免等也是欧盟或其成员国经常用到的经济措施。英国对高能耗行业实施低税率(仅为其他行业的20%)，但这些行业必须与政府签订提高能效或减少排放的协议，即气候变化协议(Climate Change Agreements, CCAs)。

表3　欧盟一些国家的能源税或碳税政策

国家	征税额	征税对象：燃料或排放
丹麦	6.8欧元/兆焦(约5.5-11欧元/ tCO_2)	矿物燃料
芬兰	16.54-56.80欧元/吨(约4.5-15.5 欧元/tCO_2)	碳
荷兰	0.0639欧元/kWh	电力，对可再生能源部分免除
挪威	NOK 104/吨(约12欧元/tCO_2)	CO_2
瑞典	36.5 öre/公斤排放(约？37欧元/tCO_2)	CO_2
英国	对电力，£0.43/kWh (约0.55欧元/KWh); 对天然气，£0.15/kWh (约0.19欧元/KWh);对煤炭，£1.17/kg (约1.49欧元/kg)	商用电，天然气，煤，石油制品

三是可再生能源发展政策。欧盟成员国激励可再生能源特别是可再生电力发展的经济政策主要有可再生能源绿色证书(Green Certificates)和固定电价政策(Feed-in tariff)。意大利实施可再生能源绿色证书制度，所有的传统电力生产/进口者必须根据电力生产/进口量从可再生电力生产者手里购买相应数量的可再生能源绿色证书，从而使可再生

电力生产者在正常出售电量之外还可获得可再生能源绿色证书的收益，以弥补额外的可再生能源发电成本。固定电价政策(Feed-in tariff)是由政府参考可再生能源发电成本和市场拓展程度制定优惠上网电价,保障可再生能源企业获得长期稳定的售电合同。根据各成员国向欧盟委员会提交的国家可再生能源行动计划(NREAP)，大多数成员国都计划超额或恰好完成EC Directive 2009/28指令所确定的2020年可再生能源发展目标，只有卢森堡和意大利国家可再生能源行动计划拟定的目标低于指令目标。总体预计，到2020年可再生能源对欧盟能源消费总量的贡献率可达到20.7%。

四是能源效率提升政策。欧盟的能源效率政策以《能源效率绿皮书》及其行动计划为代表。该行动计划主要措施包括：1) 长期的、有目标的提高能效行动，包括建筑能效等，尤其是公共建筑；2)努力提高运输部门能效，特别是迅速提高欧洲大城市市内运输的能效；3) 利用金融手段，加强商业银行对节能项目和提高能效服务公司的投资力度；4)启动能源效率白色证书系统，能源利用效率高的公司，可将其盈余的碳信用额出售给低能效公司；5) 广泛评估和标示主要耗能产品能耗，对装置、车辆和工业设备等制定最低能效标准，引导消费者和制造商合理消费和生产。欧盟《能源效率绿皮书》及其行动计划的预期性目标是到2020年相比基准情景节约20%的能源，其能效提升目标不具强制性，目前的实施力度和进展距离2020年节能20%的目标还有很大差距。预计未来欧盟将进一步强化节约能源和改进能源效率方面的政策。

总体上，由于实施了比较积极的能源和气候变化政策，再加上不断吸纳东欧经济转型国家作为新成员国以及近年来遭遇了较为严重的金融危机，综合原因促使欧盟27国2009年的整体温室气体排放量较1990年下降了17.4%，其整体温室气体排放水平在1990-2009年间保持了大幅度的下降。

三、欧盟适应气候变化通过阶段性推进将成为和减缓同样重要的领域

适应气候变化作为一种预期行动或反应，目的是通过气候防护(climate proofing) 减少风险损失并增加潜在的收益，确保投资的稳定性。欧盟开展适应气候变化工作可分为两个阶段。第一个阶段为2005-2009年，这一阶段明确了适应行动的框架，主要内容是将适应内容纳入欧盟其它政策行动，通过气候变化综合研究建立知识库，减少气候变化不确定性，同时社会、经济和公共部门密切合作实现适应的综合性战略。第二个阶段是从2010年开始，这一时期的特征是提高欧盟应对气候变化的能力。2010年欧盟白皮书提出了提高欧盟应对气候变化适应能力，并且适应气候框架将尊重各成员国实现可持续发展的目标。这一阶段又可划分为两个时期：

2010到2012年，这一时期确立适应行动的四个方面，并为欧盟适应战略做准备。一是建立欧盟应对气候变化的影响与后果知识库；发展新的方法、模型和预测工具等。二是将适应纳入到欧盟的各项政策之中，检查和修订现行政策以更好的适应气候变化，并提高各个部门对应对气候变化影响的理解；三是实施综合性的政策工具确保实施效果；四是加强适应领域的国际合作。

从2013年开始，欧盟实施适应战略，提高在欧盟、成员国、地区和地方不同层级应对气候变化的能力。在这一目标下，分为三个层次：一是知识层面，提高和扩展知识库并且确认差距，进一步理解脆弱性和适应选择的关系，加强知识的利用和沟通。二是政策和市场层面，将适应作为欧盟政策的主要内容，包括通过立法和明确一些潜在的行动提高市场效率等措施加强适应工作。三是加强合作和易操作性，增强成员国、地区、城市和其它利益相关方之间的合作，并为适应行动提供指南。

从2014年到2020年，欧盟计划将财政收入的20%用于应对气候变化相关领域，并制定相应政策。在环境领域开展生物多样性、水和绿色设施战略；在防灾减灾领域，针对欧盟面临的主要自然灾害和人为灾害考虑其在应对气候变化领域的影响；在就业方面，增加绿色工作的就业岗位。在农业领域，将资金投入到自然资源的可持续利用方面，保护生态系统免遭气候变化不利影响，启动“地平线2020”研究计划等。欧盟适应战略允许各成员国之间实施有弹性的适应行动，特别是对一些刚刚开始实施适应战略的国家提供支持，并提供一揽子的解决方案。

在控制温室气体排放、发展低碳经济和实施碳交易等一系列措施之后，适应气候变化作为欧盟的另外一个政策着力点，成为其在2012年之后应对气候变化工作的重要内容。适应战略的提出虽然在时间上晚于减缓战略，但也反映了其应对气候变化工作的全面性。在适应战略中，欧盟关注人与自然的和谐、防灾减灾、生态脆弱与生物多样性、人类健康、水资源等众多目标，从而将单一的减排目标拓展到了以人和环境共生的适应领域。

通过分阶段的实施，欧盟各个成员国内部通过修改立法和政策全面推进适应战略，加强适应战略在整个应对气候变化中的地位和作用。可以预见，在未来一段时期，适应战略将成为欧盟应对气候变化政策中与减缓气候变化同等重要的内容。

（原载国家发改委网站）